U0921963

2016
中国证券期货统计年鉴

贰零壹陆

贰零
壹陆

贰零壹陆

贰零壹陆

China Securities and Futures Statistical
YEARBOOK

中国金融出版社

责任编辑：刘　钊　石　坚
责任校对：潘　洁
责任印制：程　颖

图书在版编目（CIP）数据

中国证券期货统计年鉴. 2016（Zhongguo Zhengquan Qihuo Tongji Nianjian 2016）/ 中国证券监督管理委员会编. —北京：中国金融出版社，2016. 10
ISBN 978 - 7 - 5049 - 8705 - 1

Ⅰ. ①中…　Ⅱ. ①中…　Ⅲ. ①资本市场—统计资料—中国—2016—年鉴　②期货交易—统计资料—中国—2016—年鉴　Ⅳ. ①F832. 5 - 66

中国版本图书馆CIP数据核字（2016）第222609号

出版
发行　中国金融出版社
社址　北京市丰台区益泽路2号
市场开发部　（010）63266347，63805472，63439533（传真）
网 上 书 店　http://www.chinafph.com
（010）63286832，63365686（传真）
读者服务部　（010）66070833，62568380
邮编　100071
经销　新华书店
印刷　北京市松源印刷有限公司
尺寸　210毫米 × 297毫米
印张　59
字数　1600千
版次　2016年10月第1版
印次　2016年10月第1次印刷
定价　288.00元
ISBN 978 - 7 - 5049 - 8705 - 1/F.8265

编者说明

一、《中国证券期货统计年鉴 2016》（中英文）收录了 2015 年证券期货市场的统计数据以及与证券期货市场相关的部分宏观经济数据，是一部全面反映中华人民共和国证券期货市场发展情况的资料性年刊。

二、年鉴分为概况、股票、债券、证券投资基金、期货、投资者、上市公司、证券期货经营机构 8 个篇章，另附世界主要国家的证券化率，世界主要交易所业务量排名，全球主要经济体资本市场业务量排名，全球期货及期权市场交易所排名，上市公司名录和退市公司名录，非上市公众公司名录，上海、深圳证券交易所收费标准。

三、年鉴数据主要来自中国证监会各业务部门、交易所和证监会下属单位；宏观经济数据主要来自于国家统计局、中国人民银行、世界交易所联合会（WFE）。

四、与 2015 年版《中国证券期货统计年鉴》相比，本年鉴稍有调整，增加了新出现的证券期货产品。为方便读者使用，每章末附有“主要统计指标解释”。

五、年鉴中部分数据合计数由于单位取舍不同而产生的计算误差，均未作机械调整。

六、年鉴各表中，度量单位均在该表上方，对表中部分指标的注释、资料来源、汇率换算标准等内容注释在该表的下方。凡带续表的资料，对部分指标的注解一律在最后一张续表的下方。

七、年鉴各表中的“—”表示该项统计指标数据不详或无该项数据。

编　者

2016 年 7 月

目 录

CONTENTS

一、概 况
Summary

深化改革健全制度加强监管防范风险　促进资本市场长期稳定健康发展 …… 3
1-1 证券期货市场概况 …… 12
Overview of Securities and Futures Market
1-2 交易所市场证券登记存管情况 …… 15
Depository Securities Statistics of Stock Exchange Market
1-3 证券市场指数运行情况 …… 18
Securities-Market Indexes
1-4 国内有价证券分类发行情况 …… 22
Statistics of Domestic Securities Issuance
1-5 境内外证券市场筹资情况 …… 23
Proceeds Raised in Domestic and Foreign Capital Markets
1-6 证券市场投资者账户情况 …… 24
Investor Accounts of Securities Market
1-7 证券期货市场参与主体情况 …… 25
Participant of Securities and Futures Market
1-8 证监会系统境内筹资与全社会融资规模的比例 …… 26
Proportion of Domestic Financing of Securities Governed by CSRC to Total Social Financing
主要统计指标解释 …… 27
Explanatory Notes on Main Statistical Indicators

二、股 票
Stocks

2015 年股票市场情况概述 …… 33
2-1 股票市场概况 …… 34
Overview of Stock Market
2-2 股票市场历史记录情况 …… 37

Historical Records of Stock Market
2-3 股票市场分板块规模 …… 40
Dimensions of Stock Market by Board
2-4 股票市场分股份类型规模 …… 43
Dimensions of Stock Market by Type of Share
2-5 股票市场分监管辖区规模 …… 45
Dimensions of Stock Market by Regulatory Jurisdiction
2-6 境内股票首发筹资按板块分类情况(IPO) …… 46
Statistics for Domestic IPO Financing by Board
2-7 境内股票首发筹资按股份类型分类情况(IPO) …… 47
Statistics for Domestic IPO Financing by Type of Shares
2-8 新股首发及上市首日情况 …… 48
Issue-Day Statistics of IPO
2-9 2015 年境内股票市场首发及上市首日表现 …… 51
Issue-Day Statistics of IPO in the Domestic Stock Market in 2015
2-10 A 股首发行业分布 …… 61
Industry Distribution of A-shares IPO
2-11 A 股 IPO 发行筹资监管辖区分布 …… 62
Regulatory Jurisdiction Distribution of A-shares IPO
2-12 2015 年境外股票发行情况 …… 63
Stocks Issued Aboard in 2015
2-13 股票市场分板块交易情况 …… 64
Statistics for Stock-market Transaction by Board
2-14 股票市场分股份类型交易情况 …… 66
Statistics for Stock Transaction by Type of Shares
2-15 上海证券交易所股票市场交易情况 …… 67
Stock Transaction of Shanghai Stock Exchange
2-16 深圳证券交易所股票市场交易情况 …… 69
Stock Transaction of Shenzhen Stock Exchange
2-17 股票分行业成交情况 …… 69
Statistics for Stock Transaction by Industry
2-18 股票按监管辖区成交情况 …… 70
Statistics for Stock Transaction by Regulatory Jurisdiction
2-19 2015 年 A 股总市值前 50 只股票交易情况 …… 71
Statistics of Top 50 A-share Stocks Ranked by Stock Market Capitalization in 2015
2-20 2015 年 A 股流通市值前 50 只股票交易情况 …… 73
Statistics of Top 50 A-share Stocks Ranked by Stock Free Float Market Capitalization in 2015
2-21 2015 年 A 股成交金额前 50 只股票交易情况 …… 75
Statistics of Top 50 A-share Stocks Ranked by Stock Trading Turnover in 2015
2-22 2015 年 A 股涨幅前 50 只股票交易情况 …… 77
Statistics of Top 50 A-share Stocks Ranked by Stock Price Increase Rate in 2015
2-23 2015 年 A 股跌幅前 50 只股票交易情况 …… 79
Statistics of Top 50 A-share Stocks Ranked by Stock Price Decrease Rate in 2015
2-24 2015 年 B 股总市值前 50 只股票交易情况 …… 81
Statistics of Top 50 B-share Stocks Ranked by Stock Market Capitalization in 2015
2-25 2015 年 B 股成交金额前 50 只股票交易情况 …… 83
Statistics of Top 50 B-share Stocks Ranked by Stock Trading Turnover in 2015
2-26 股票市场估值水平概况 …… 85

Level of Stock Market Valuation
2-27 股票市场行业估值水平情况 …… 86
Level of Stock Market Valuation by Industry
2-28 证券市场股息率情况 …… 87
Dividend Yield Ratio of Securities Market
2-29 融资融券业务情况 …… 87
Statistics of Margin Requirement
2-30 2015 年转融通业务情况 …… 89
Statistics of Refinancing Securities in 2015
2-31 股改限售股份累计解禁及减持情况 …… 90
Cumulative Unlocking and Reduced Volume of Restricted Shares Resulted from Share Reform
2-32 全国中小企业股份转让系统市场运行情况 …… 91
NEEQ Market Operation
2-33 优先股情况 …… 91
Overview of Preference Stock
主要统计指标解释 …… 92
Explanatory Notes on Main Statistical Indicators

三、债 券
Bonds

2015 年债券市场情况概述 …… 97
3-1 债券市场概况 …… 98
Overview of Bond Market
3-2 债券发行、兑付、余额情况 …… 100
Statistics of Bond Issuance, Payment, Balance
3-3 公司信用类债券发行额按监管辖区分布 …… 105
Regulatory Jurisdiction Distribution of Company Credit Bond Issuance
3-4 交易所债券交易情况 …… 108
Bond Trading in Stock Exchange
3-5 上海证券交易所债券交易情况 …… 110
Bond Trading in Shanghai Stock Exchange
3-6 2015 年上海证券交易所国债预发行情况 …… 112
Bond Pre Issuance in Shanghai Stock Exchange in 2015
3-7 深圳证券交易所债券交易情况 …… 113
Bond Trading in Shenzhen Stock Exchange
3-8 交易所债券回购交易情况 …… 116
Bond Repo Trading in Stock Exchange
3-9 2015 年银行间市场债券买卖按交易机构分类情况 …… 117
Statistics for Bond Trading in Interbank Market by Institution in 2015
3-10 银行间市场债券回购按交易期限分类情况 …… 118
Statistics for Bond Repo Trading in Interbank Market by Duration
3-11 2015 年银行间市场债券回购余额按机构分类情况 …… 119
Statistics for Bond Repo Balance in Interbank Market by Institution in 2015
3-12 债券托管额情况 …… 120
Value of Bonds under Custody
3-13 国债发行情况明细 …… 122
Details of T-Bonds Issuance

3-14 公司债发行情况明细 …… 146
Details of Corporate Bonds Issuance
3-15 可转债发行情况明细 …… 169
Details of Convertible Bonds Issuance
主要统计指标解释 …… 170
Explanatory Notes on Main Statistical Indicators

四、证券投资基金
Securities Investment Funds

2015 年证券投资基金监管综述 …… 173
4-1 证券投资基金概况 …… 174
Overview of Securities Investment Funds
4-2 证券投资基金规模 …… 176
Dimensions of Securities Investment Funds
4-3 基金对外开放情况 …… 176
Statistics of QFII, RQFII and QDII
4-4 基金市场指数情况 …… 178
Fund Index
4-5 上市基金成交情况 …… 179
Transaction Data of Listed Fund
4-6 2015 年封闭式基金名录 …… 180
List of Close-ended Funds in 2015
4-7 2015 年开放式基金名录 …… 188
List of Open-ended Funds in 2015
4-8 2015 年 QDII 基金名录 …… 290
List of QDII Funds in 2015
主要统计指标解释 …… 292
Explanatory Notes on Main Statistical Indicators

五、期 货
Futures

2015 年上海期货交易所工作综述 …… 295
2015 年郑州商品交易所工作综述 …… 297
2015 年大连商品交易所工作综述 …… 300
2015 年金融期货市场综述 …… 302
5-1 期货交易品种名录 …… 305
List of Futures Products
5-2 期货市场规模概况 …… 305
Dimensions of Futures Market
5-3 期货会员机构数情况 …… 306
Number of Futures Exchange Members
5-4 期货交易概况 …… 307
Overview of Futures Trading
5-5 期货品种交易情况 …… 308
Statistics for Futures Transaction by Futures Products
5-6 按监管辖区划分的商品期货交易情况 …… 310

Statistics for Futures Transaction by Regulatory Jurisdiction
5-7 2015 年农产品期货交易情况 …… 312
Futures Trading of Agricultural Products in 2015
5-8 2015 年金属期货交易情况 …… 318
Futures Trading of Metal Products in 2015
5-9 2015 年能源、化工及其他期货交易情况 …… 324
Futures Trading of Metal Products Building Materials, Energy & Chemical Products & Others in 2015
5-10 2015 年金融期货交易情况 …… 332
Futures Trading of Financial Futures in 2015
5-11 2015 年期货市场主力合约情况 …… 333
Statistics of Dominate Contract in 2015
5-12 2015 年农产品期货持仓情况 …… 334
Positions of Agricultural Products Futures in 2015
5-13 2015 年金属期货持仓情况 …… 340
Positions of Metal Products Futures in 2015
5-14 2015 年能源、化工及其他期货持仓情况 …… 346
Positions of Metal Products Building Materials, Energy & Chemical Products & Others in 2015
5-15 2015 年金融期货持仓情况 …… 353
Positions of Financial Futures in 2015
5-16 2015 年农产品期货合约月末结算价 …… 354
Clearing Price of Agricultural Products Futures Contracts in 2015
5-17 2015 年金属期货合约月末结算价 …… 360
Clearing Price of Metal Products Futures Contracts in 2015
5-18 2015 年能源、化工及其他期货合约月末结算价 …… 365
Clearing Price of Building Materials, Energy & Chemical Products & Others Futures Contracts in 2015
5-19 2015 年金融期货合约月末结算价 …… 372
Clearing Price of Financial Futures Contracts in 2015
5-20 2015 年农产品期货实物交割情况 …… 373
Physical Delivery of Agricultural Products Futures in 2015
5-21 2015 年金属期货实物交割情况 …… 377
Physical Delivery of Metal Products Futures in 2015
5-22 2015 年能源、化工及其他期货实物交割情况 …… 379
Physical Delivery of Building Materials, Energy & Chemical Products & Others Futures in 2015
5-23 2015 年金融期货交割情况 …… 383
Cash Delivery of Financial Futures in 2015
5-24 2015 年农产品期货合约汇总 …… 384
Collection of Agricultural Products Futures Contracts in 2015
5-25 2015 年金属期货合约汇总 …… 388
Collection of Metal Products Futures Contracts in 2015
5-26 2015 年能源、化工及其他期货合约汇总 …… 392
Collection of Building Materials, Energy & Chemical Products & Others Futures Contracts in 2015
5-27 2015 年金融期货合约汇总 …… 396
Collection of Financial Futures Contracts in 2015
主要统计指标解释 …… 398
Explanatory Notes on Main Statistical Indicators

六、投资者
Investors

2015 年证券期货市场投资者情况概述 …… 400

6-1 证券期货市场投资者账户情况 …… 402
Investor Accounts of Securities and Futures Market

6-2 股票账户情况 …… 403
Stock Accounts

6-3 A 股期末账户交易情况 …… 405
Transaction of A-Share Accounts

6-4 B 股期末账户交易情况 …… 406
Transaction of B-Share Accounts

6-5 投资者按持有分类情况 …… 407
Investors Classification by Stock Holding

6-6 信用证券账户情况 …… 410
Margin Trading Accounts

6-7 全国期货市场投资者分类交易情况 …… 410
Statistics for Futures Transaction by Investors

主要统计指标解释 …… 411
Explanatory Notes on Main Statistical Indicators

七、上市公司
Listed Companies

业绩增速换挡　结构调整加速 …… 415

7-1 上市公司及全国中小企业股份转让系统挂牌公司数量 …… 417
Number of Listed Companies

7-2 上市公司及全国中小企业股份转让系统挂牌公司数量按行业分布 …… 418
Number of Listed Companies by Industry

7-3 上市公司数量按监管辖区分布 …… 419
Number of Listed Companies by Jurisdiction

7-4 2015 年新上市的上市公司数量按行业分布 …… 420
Number of Newly Listed Companies by Industry in 2015

7-5 2015 年新上市的上市公司数量按监管辖区分布 …… 422
Number of Newly Listed Companies by Jurisdiction in 2015

7-6 2015 年各监管辖区按行业上市公司数量分布 …… 424
Number of Listed Companies by Jurisdiction and by Industry in 2015

7-7 全国中小企业股份转让系统 2015 年新挂牌的公司数量按行业分布 …… 426
Number of Newly Listed Companies by Industry in 2015 of NEEQ

7-8 按股份类别划分的上市公司数量 …… 427
Number of Listed Companies by Stock Type

7-9 上海证券交易所按股份类别划分的上市公司数量 …… 428
Number of Listed Companies by Stock Type of SSE

7-10 深圳证券交易所按股份类别划分的上市公司数量 …… 428
Number of Listed Companies by Stock Type of SZSE

7-11 按股本规模划分的上市公司数量 …… 429
Number of Listed Companies by Equity Scale

7-12 全国中小企业股份转让系统按股本规模划分的挂牌公司数量 …… 430

Number of Listed Companies by Equity Scale of NEEQ
7-13 按市值规模划分的上市公司数量 …… 430
Number of Listed Companies by Market Capitalization
7-14 2015 年主板上市公司行业规模 …… 431
Industry Scale of Main Board Listed Companies in 2015
7-15 2015 年中小板上市公司行业规模 …… 432
Industry Scale of SME Board Listed Companies in 2015
7-16 2015 年创业板上市公司行业规模 …… 433
Industry Scale of GE Board Listed Companies in 2015
7-17 历年末股本结构 …… 434
Equity Structure by the End of Year
7-18 历年末主板、中小板及创业板公司股本结构 …… 434
Equity Structure of Main Board, SME Board and GE Board by the End of Year
7-19 上市公司境内首发筹资按板块分类情况(IPO) …… 435
Statistics for Domestic IPO Financing by Board
7-20 上市公司境内首发筹资按股份类型分类情况(IPO) …… 436
Statistics for Domestic IPO Financing by Type of Shares
7-21 上市公司境内再筹资按板块分类情况 …… 437
Statistics for Domestic Stock Refinancing by Board
7-22 上市公司境内再筹资按股份类型分类情况 …… 438
Statistics for Domestic Stock Refinancing by Type of Shares
7-23 境内外股票市场筹资情况 …… 439
Proceeds Raised in Domestic and Foreign Stock Markets
7-24 2015 年按行业划分上市公司募集金额情况 …… 441
Summary of Listed Companies Financing by Industry in 2015
7-25 2015 年按监管辖区划分上市公司募集金额情况 …… 442
Summary of Listed Companies Financing by Jurisdiction in 2015
7-26 上市公司分红情况 …… 443
Summary of Dividend of Listed Companies
7-27 按行业划分的上市公司分红情况 …… 444
Summary of Dividend of Listed Companies by Industry
7-28 按类别划分的上市公司分红情况 …… 445
Summary of Dividend of Listed Companies by Category
7-29 上市公司主要财务指标 …… 445
Financial Indicator of Listed Companies
7-30 2015 年按行业划分上市公司主要财务指标 …… 448
Financial Indicator of Listed Companies by Industry in 2015
7-31 2015 年按辖区划分上市公司主要财务指标 …… 450
Financial Indicator of Listed Companies by Jurisdiction in 2015
7-32 货币金融类上市公司与其他上市公司主要财务指标对比 …… 452
Financial Indicator of Monetary Financial Listed Companies and Others
7-33 2015 年上市公司按行业每股收益分布 …… 454
EPS of Listed Companies by Industry in 2015
7-34 2015 年上市公司按监管辖区每股收益分布 …… 456
EPS of Listed Companies by Jurisdiction in 2015
7-35 2015 年上市公司按行业每股净资产分布 …… 458
BPS of Listed Companies by Industry in 2015
7-36 2015 年上市公司按监管辖区每股净资产分布 …… 460

BPS of Listed Companies by Jurisdiction in 2015
7-37 2015 年上市公司按行业平均净资产收益率分布 …… 462
ROE of Listed Companies by Industry in 2015
7-38 2015 年上市公司按监管辖区平均净资产收益率分布 …… 464
ROE of Listed Companies by Jurisdiction in 2015
7-39 2015 年上市公司按行业每股经营活动产生的现金流量净额分布 …… 466
Net Cash Flow from Operating Activities Per Share of Listed Companies by Industry in 2015
7-40 2015 年上市公司按监管辖区每股经营活动产生的现金流量净额分布 …… 468
Net Cash Flow from Operating Activities Per Share of Listed Companies by Jurisdiction in 2015
7-41 全国中小企业股份转让系统挂牌公司主要财务指标 …… 468
Financial Indicator of NEEQ Companies
7-42 2015 年全国中小企业股份转让系统分行业主要财务指标 …… 470
Financial Indicator of NEEQ Companies by Industry
7-43 2015 年挂牌公司按行业每股收益分布 …… 474
EPS of Listed Companies by Industry in 2015 of NEEQ
7-44 2015 年挂牌公司按行业每股净资产分布 …… 474
BPS of Listed Companies by Industry in 2015 of NEEQ
7-45 2015 年挂牌公司按行业平均净资产收益率分布 …… 476
ROE of Listed Companies by Industry in 2015 of NEEQ
7-46 2015 年挂牌公司按行业每股经营活动产生的现金流量净额分布 …… 478
Net Cash Flow from Operating Activities Per Share of Listed Companies by Industry in 2015 of NEEQ
7-47 上市公司配股情况 …… 480
Rights Issue of Listed Companies
7-48 上市公司送转股情况 …… 481
Bonus Shares of Listed Companies
7-49 上市公司红利分配情况 …… 515
Dividend of Listed Companies
7-50 上市公司增发情况 …… 559
Re-Issuing of Listed Companies
7-51 挂牌公司增发情况 …… 578
Re-Issuing of Listed Companies of NEEQ
7-52 并购重组统计表 …… 633
Statistics for M&A
主要统计指标解释 …… 634
Explanatory Notes on Main Statistical Indicators

八、证券期货经营机构
Securities and Futures Institutions

2015 年机构监管工作概述 …… 637
8-1 证券期货经营机构数量 …… 642
Number of Securities and Futures Institutions
8-2 2015 年证券期货经营机构按监管辖区分布 …… 643
Regulatory Jurisdiction Distribution of Securities and Futures Institutions in 2015
8-3 证券期货经营机构业务资格情况 …… 644
Qualification of Securities and Futures Institutions
8-4 证券公司重要指标情况 …… 645
Important Indicators of Securities Companies

8-5 2015 年证券公司资产负债表 …… 646
Balance Sheet of Securities Companies in 2015
8-6 2015 年证券公司利润表 …… 648
Income Statement of Securities Companies in 2015
8-7 2015 年证券公司净资本表 …… 649
Net Capital Sheet of Securities Companies in 2015
8-8 2015 年证券公司风险资本准备表 …… 649
Risk Capital Reserve Sheet of Securities Companies in 2015
8-9 2015 年期货公司资产负债表 …… 650
Balance Sheet of Futures Companies in 2015
8-10 2015 年期货公司利润表 …… 651
Income Statement of Futures Companies in 2015
8-11 2015 年证券公司财务情况前 20 排名表 …… 652
Top 20 Securities Companies Ranked by Pecuniary Condition in 2015
8-12 2015 年证券公司股票成交金额前 20 排名表 …… 653
Top 20 Securities Companies Ranked by Stock Trading Turnover in 2015
8-13 2015 年证券公司债券交易金额前 20 排名表 …… 654
Top 20 Securities Companies Ranked by Bond Trading Turnover in 2015
8-14 2015 年证券公司经纪业务前 20 排名表 …… 655
Top 20 Securities Companies Ranked by Brokerage Business in 2015
8-15 2015 年证券公司承销业务前 20 排名表 …… 656
Top 20 Securities Companies Ranked by Underwriting Business in 2015
8-16 2015 年证券公司资产管理业务前 20 排名表 …… 657
Top 20 Securities Companies Ranked by Asset Management Business in 2015
8-17 2015 年证券公司客户交易结算资金余额前 20 排名表 …… 658
Top 20 Securities Companies Ranked by Balance of Clients' Transaction Settlement Funds in 2015
8-18 2015 年期货公司期货成交金额前 20 排名表 …… 659
Top 20 Futures Companies Ranked by Futures Trading Turnover in 2015
8-19 2015 年期货公司期末客户权益总额前 20 排名表 …… 660
Top 20 Futures Companies Ranked by Total Value of Customer Equity in 2015
8-20 2015 年证券公司名录 …… 661
List of Securities Companies in 2015
8-21 2015 年具有外资股业务资格的境外证券经营机构名录 …… 665
List of Overseas Securities Institutions with Foreign Business Qualification in 2015
8-22 2015 年基金管理公司名录 …… 667
List of Fund Management Companies in 2015
8-23 2015 年基金托管人名录 …… 670
List of Fund Custodians in 2015
8-24 2015 年基金销售机构名录 …… 671
List of Fund Sales Institutions in 2015
8-25 2015 年合格境外机构投资者(QFII)名录 …… 678
List of QFII in 2015
8-26 2015 年人民币合格境外机构投资者(RQFII)名录 …… 685
List of RQFII in 2015
8-27 2015 年期货公司名录 …… 689
List of Futures Companies in 2015
8-28 2015 年证券投资咨询机构名录 …… 693
List of Securities Investment Consulting Institutions in 2015

8-29　2015 年外资证券经营机构驻华代表处名录 …… 695
List of Chinese Representative Offices of Foreign Securities Institutions in 2015
主要统计指标解释 …… 698
Explanatory Notes on Main Statistical Indicators

附　录
Appendix

附录 1-1　世界主要国家的证券化率 …… 701
附录 1-2　世界主要交易所业务量排名表 …… 701
附录 1-3　全球主要经济体资本市场业务量排名表 …… 702
附录 1-4　全球期货及期权市场前 30 大交易所排名表 …… 703
附录 1-5　历年上市公司名录 …… 704
附录 1-6　历年非上市公众公司名录 …… 818
附录 1-7　历年退市公司名录 …… 920
附录 1-8　2015 年上海证券交易所收费标准 …… 926
附录 1-9　2015 年深圳证券交易所收费标准 …… 928

后　记
Postscript

贰零壹陆

一、概况

Summary

贰零壹陆

深化改革健全制度加强监管防范风险 促进资本市场长期稳定健康发展①

2015年，证监会认真学习贯彻党的十八大和十八届三中、四中、五中全会及中央经济工作会议精神，深入学习领会和全面落实习近平总书记、李克强总理关于资本市场改革发展的一系列重要指示精神，总结2015年工作，部署2016年重点任务。主要归纳为以下几点。

一、反思教训、深刻总结，明确2016年监管工作总体要求

2014年7月开始，我国股市出现了一轮过快上涨行情，至2015年6月12日，上证综指上涨152%，深成指上涨146%，创业板指上涨178%。股市过快上涨是多种因素综合作用的结果，既有市场估值修复的内在要求，也有改革红利预期、流动性充裕、居民资产配置调整等合理因素，还有杠杆资金、程序化交易、舆论集中唱多等造成市场过热的非理性因素。过快上涨必有过急下跌。2015年6月15日至7月8日的17个交易日，上证综指下跌32%。大量获利盘回吐，各类杠杆资金加速离场，公募基金遭遇巨额赎回，期现货市场交互下跌，市场频现千股跌停、千股停牌，流动性几近枯竭，股市运行的危急状况实属罕见。如果任由股市断崖式、螺旋式下跌，造成股市崩盘，股市风险就会像多米诺骨牌效应那样跨产品、跨机构、跨市场传染，酿成系统性风险。

在党中央、国务院的坚强领导下，各有关部委果断出手，迅速行动，综合施策，遵循市场规律，依法打好“组合拳”，稳定市场、稳定人心，并将稳定市场、修复市场和建设市场有机结合起来。这次应对股市异常波动，本质上是一次危机处理，着眼于解决市场失灵问题，通过各方的共同努力，防范住了可能发生的系统性风险。

这次股市异常波动充分反映了我国股市不成熟，不成熟的交易者、不完备的交易制度、不完善的市场体系、不适应的监管制度等，也充分暴露了证监会监管有漏洞、监管不适应、监管不得力等问题，我们必须深刻汲取教训，举一反三，学有所得，深化改革，健全制度，加强监管，防范风险，促进资本市场稳定健康发展。

过去的一年是不平凡的一年，也是资本市场在曲折波动中发展的一年，证监会系统和证券期货行业的工作取得了很大成绩。一是稳步提升投融资功能，有力支持了实体经济发展。改进新股发行制度，优化再融资审核机制，提高审核效率，完善并购重组配套融资政策，推进优先股试点。加快公司债券市场化改革。全年共有220家企业完成首发上市，融资1578.29亿元，分别同比增长76%和136%；399家上市公司完成再融资发行，融资8931.96亿元、同比增长31%，其中12家上市公司发行优先股，融资2036.5亿元、同比增长93%；上市公司并购重组交易2669单，交易总金额约2.2万亿元、同比增长52%。新三板市场新增挂牌公司3557家，融资1216.17亿元，分别同比增长193%和821%。已设立的37家区域性股权市场共有挂牌股份公司3375家，展示企业4.15万家，累计为企业实现各类融资4331.56亿元。全年交易所债券市场共发行公司债券2.16万亿元，发行资产支持证券2092亿元，同比大幅增长。二是拓展期货及衍生品市场功能。启动上证50ETF期权交易试点，开展10年期国债期货、上证50和中证500股指期货交易，推出锡和镍期货品种，推进原油期货上市各项准备工作，启动“期货＋保险”、“期货＋保险＋银行”等试点，对服务“三农”发挥了积极作用。三是

①本文为2016年证券期货监管工作会议报告，文中数据为当时的初步数，部分数据与年鉴数据可能存在差异。

促进证券基金期货经营机构和私募基金健康发展，行业整体实力大幅提升。截至2015年底，全行业125家证券公司总资产6.42万亿元、净资产1.45万亿元，分别同比增长57%和58%；具有公募牌照的资产管理机构112家，公募基金管理规模8.4万亿元、同比增长85%；150家期货公司总资产932.21亿元（不含客户权益），同比增长30%；已登记私募基金管理机构2.5万家，基金认缴规模5.1万亿元、同比增长138%。四是积极稳妥推动资本市场双向开放。推进境外上市审批制度改革，成立离岸人民币证券产品交易平台，推动内地与香港基金产品实现互认，扩大人民币合格境外机构投资者（RQFII）试点范围至16个国家和地区。全年共核准69家境内企业境外首发和再融资、同比增长82%，融资454亿美元、同比增长23%。五是推进监管转型，加强事中事后监管。优化信息披露监管制度，实施上市公司分行业监管试点，稳妥有序实施新退市制度。加强非上市公众公司监管。完善债券市场风险防控机制。以问题和风险为导向对证券基金期货经营机构及其从业人员开展专项检查，强化对私募基金的监管执法和自律管理服务。全年累计对281家次上市公司采取行政监管措施，对92家次证券基金期货经营机构和48人次从业人员采取行政监管措施，对190多家有风险隐患的私募基金管理机构进行现场检查或非法集资排查，对141家互联网非公开股权融资平台进行专项检查。六是强化稽查执法，严厉打击违法违规行为，加强投资者保护工作。全年共受理违法违规有效线索723件，新增立案调查345件、同比增长68%。开展“2015证监法网”专项执法行动，集中部署8批次共计120起重大典型违法违规案件。全年移交处罚审理案件273件，对767个机构和个人作出行政处罚决定或行政处罚事先告知，同比增长超过100%，涉及罚没款金额逾54亿元，超过此前十年罚没款总和的1.5倍，投资者保护工作取得新的进展。

总结过去一年的工作，我们深切感受到，要做好监管工作，必须正确处理好以下几个关系：

一要处理好虚拟经济与实体经济的关系。虚拟经济是虚拟资本以增值为目的进行独立的权益交易活动，股票所代表的实际资产已经被投入企业的生产经营过程去创造价值，而股票本身又在市场流通转让，当做交易对象进行买卖，股票价格合理反映企业的经营价值和盈利前景是市场有效配置资源的前提，可见，实体经济是虚拟经济的基础。发展虚拟经济有利于实现资源跨时空流动，扩大企业股权融资，促进企业并购重组，优化资源配置，支持实体经济发展，但股票价格一旦严重背离企业价值，就会形成泡沫，泡沫过大总是要破灭的。因此，发展资本市场，必须牢固坚持服务实体经济的宗旨，着力发挥好市场配置资源和风险管理等功能，遏制过度投机，绝不能“脱实向虚”，更不能“自娱自乐”。

二要处理好发展与监管的关系。监管部门要承担促进市场发展的任务，注重发展的规模、效率与质量，这是监管部门“两维护、一促进”职责的应有之义。但是，市场发展越快，就越要严格监管。股市异常波动警示我们，监管部门必须强化监管本位，牢固树立从严监管、一以贯之的理念，紧跟市场发展变化，保持监管定力，只有严格监管下的发展才是可持续的发展，才是高质量的发展。在我国特定的市场环境下，还必须特别关注资产价格虚高的风险。

三要处理好创新与规范的关系。创新是市场发展的不竭动力，也是增强证券基金期货经营机构竞争力的根本途径，但创新必须加强风险管理，与风险管控能力相匹配。对产品服务的创新，不仅要评估论证自身存在的风险，还必须分析对市场全局的影响；不仅要以客户需求为导向，还必须严格落实投资者适当性管理、账户实名制管理、信息系统接入管理等基础性制度，切实维护客户合法权益；不仅要考虑经营机构的经济效益，还必须要有相应的监管机制与手段跟上。要高度关注单一业务、单一产品、单一机构的风险外溢问题，制定完善系统性风险的跟踪、监测、预警、处置工作机制。创新应是全方位的，不仅是产品业务创新，还应当包括经营机制与内控机制的创新，还有监管体制机制的创新。

四要处理好借鉴国际经验与立足国情的关系。发展我国股市需要学习借鉴境外市场的有益经验，但必须从我国实际出发，准确把握我国市场的特点与规律，不照抄照搬。同时，要善于借鉴国际经验，对境外市场行之有效的做法，要知其然，更要知其所以然，真正做到以我为主、为我所用。不仅要借鉴境外产品创新的经验，也要借鉴其有效监管的经验。

2016 年是全面建成小康社会决胜阶段的开局之年。中央经济工作会议强调，要在适度扩大总需求的同时，着力推进供给侧结构性改革，提高供给体系质量和效率，增强持续增长动力，推动社会生产力整体改善。这将为资本市场长期稳定健康发展奠定坚实基础。当前，我国经济运行保持在合理区间，经济结构调整亮点纷呈，市场资金总体充裕，国企改革深入推进，股市风险得到相当程度释放，这些都有利于资本市场稳定运行。作为市场化配置资源的平台，资本市场具有服务和支持供给侧结构性改革的独特优势，迎来了难得的发展机遇。资本市场可以为企业提供多样化融资方式，降低企业杠杆率和融资成本，支持企业并购重组，助力产能化解和存量盘活，培育新产业、新业态、新商业模式，服务大众创业、万众创新，激发经济增长新动力。同时，也要看到，当前国际经济金融形势错综复杂，进入 2016 年以后，国际金融市场避险情绪上升，全球股市出现新一轮下跌，大宗商品价格加速下跌，一些新兴市场经济体汇率贬值，我国经济金融面临的外部环境不确定因素增多。国内经济下行压力依然较大，企业盈利下滑，企业杠杆率仍然高企，信用违约风险增加；人民币贬值预期升温，资金外流加大；商业银行不良贷款上升，盈利增幅下降，股市、汇市、债市、货币市场等风险因素交互影响，也给今年资本市场发展和监管带来挑战。

党中央、国务院对资本市场发展高度重视。习近平总书记指出，发展资本市场是中国的改革方向，不会因为股市波动而改变，要求加快形成融资功能完备、基础制度扎实、市场监管有效、投资者合法权益得到充分保护的股票市场。李克强总理强调，要继续推进多层次资本市场建设，坚持市场化和法治化的方向，加强制度建设，提高监管效能，努力培育公开透明、长期稳定健康发展的资本市场。习近平总书记和李克强总理的重要指示批示，指明了我国资本市场发展的前进方向，也对资本市场监管提出了明确要求。证监会系统各级领导班子和全体干部要认真学习领会，坚决贯彻落实，把思想和行动统一到中央的决策部署上来，坚定信心，振奋精神，真抓实干，攻坚克难，努力开创监管工作的新局面。2016 年工作的总体要求是，认真贯彻落实党中央、国务院的决策部署，深化改革、健全制度、加强监管、防范风险，促进资本市场长期稳定健康发展。

二、深化改革开放，增强资本市场服务实体经济能力

（一）发展多层次股权市场

研究制定股票发行注册制改革的相关制度规则，做好启动改革的各项准备工作。注册制改革的本质是市场化改革，核心是处理好政府与市场的关系，形成市场参与各方各司其职、各尽其责的责任体系。注册制改革是一个循序渐进的过程，不可能一步到位，对新股发行节奏和价格不会一下子放开，不会造成新股大规模扩容。要进一步发展壮大证券交易所主板，增强蓝筹股市场活力。深入发展中小企业板，深化创业板改革。建立上海证券交易所战略新兴板，拓展市场深度，加大对已跨越创业阶段、具有一定规模的战略新兴产业企业的支持力度。

加快完善新三板制度规则体系，优化小额、快速、灵活、多元的投融资机制，更好地发挥对创新型、创业型、成长型中小微企业的支持作用。

规范发展区域性股权市场，探索建立区域性股权市场与新三板的合作机制，引导登记备案、运作规范的私募投资基金等机构投资者参与区域性股权市场。区域性股权市场要坚持私募市场定位，以提高为中小微企业直接融资服务能力为中心，开展运营模式和服务方式创新。开展股权众筹融资试点，建立符合股权众筹“大众、小额、公开”特点的发行方式。

（二）深入推进并购重组市场化改革

随着供给侧结构性改革和国企改革的深入推进，上市公司并购重组将发挥重要作用。要完善资本市场并购重组机制，推动消除跨行业、跨地区、跨所有制并购重组的障碍，支持上市公司特别是国有控股上市公司通过资产注入、引入战略投资者、

吸收合并、整体上市等多种方式做优做强，更好地支持经济结构转型和产业升级。要深化并购重组市场化改革，进一步取消简化上市公司并购重组行政许可，研究实行并购重组股份协商定价，推动扩大并联审批范围，完善分行业审核，提高审核效率。支持并购重组方式创新，丰富并购重组支付手段，研究出台发行优先股、定向发行可转换债券等作为并购重组支付方式的实施细则。要密切关注并购重组中可能出现的风险、问题和矛盾，及时制订应对预案和措施，重点加强对“忽悠式”重组、“跟风式”重组、虚假重组等情况的检查和监管，严厉打击利用并购重组进行内幕交易、市场操纵、利益输送等违法违规活动。

（三）规范发展债券市场

研究发展绿色债券、可续期债券、高收益债券和项目收益债券，增加债券品种，发展可转换债、可交换债等股债结合品种。发展企业资产证券化，推进基础设施资产证券化试点，研究推出房地产投资信托基金（REITs）。深化债券市场互联互通。

（四）稳妥推进期货及衍生品市场发展

适应金融改革和产业风险管理需要，在充分评估、严防风险的基础上，做好原油等战略性期货品种的上市工作，完善股票期权试点，推进白糖、豆粕农产品期货期权试点。加大对商品指数期货、利率及外汇期货研发力度。稳步推进“期货+保险”、“粮食银行”、“基差报价”、“库存管理”等创新试点，进一步拓展期货市场服务“三农”的渠道和机制。研究论证碳排放权期货交易，探索运用市场化机制助力绿色发展。

（五）扩大资本市场双向开放

进一步拓宽境内企业境外上市融资渠道，研究解决H股“全流通”问题。完善合格境外机构投资者（QFII）、人民币合格境外机构投资者（RQFII）制度，逐步放宽投资额度，推动A股纳入国际知名指数，引导境外主权财富基金、养老金、被动指数基金等长期资金加大境内投资力度。启动深港通，完善沪港通，研究沪伦通。推进自贸区金融开放创新试点。吸引境外机构投资者通过QFII、RQFII、沪港通和自由贸易账户等多种渠道参与交易所债券市场。推动港资、澳资机构在境内设立合资证券、基金经营机构。支持证券基金期货经营机构境外子公司的发展。深入推进内地与香港基金互认，稳步推进香港互认基金在内地注册。做好跨境监管交流与合作。

三、强化监管本位，防范市场风险

（一）健全制度，促进市场平稳运行

继续推动健全资本市场法律制度体系，适应市场情况，及时填补制度漏洞，提高制度有效性。

规范杠杆融资。进一步完善证券公司融资融券业务逆周期调节机制，合理控制业务规模，促进融资和融券业务均衡发展。依法管理、严格限制杠杆比例过高的股票融资类结构化产品，禁止证券基金期货经营机构为民间配资提供资金和便利。加强对各类股市杠杆融资的风险监测、识别、分析和预警。

严格程序化交易管理。针对我国程序化交易中存在的突出问题，细化证券公司、期货公司为经纪客户提供程序化交易系统接入的规定，完善证券基金期货经营机构在自营、资管、公募基金管理中采用程序化交易的监管要求，维护公平交易环境。

强化期货市场交易管理。制定实控关系账户管理细则和异常交易监管规则，研究完善认定标准及自律监管措施。规范发展股指期货市场交易，合理控制交易持仓比例和期现成交比例，有效抑制过度投机。

加强跨市场联动交易管理。建立期货与现货、场内与场外、公募与私募等多层次资本市场的统一账户体系，实现跨市场交易行为的统一识别和监控。加强对资本市场与其他金融市场之间、境内外资本市场之间“共振”影响的评估研判。

促进资产管理业务规范发展。整合完善证券基金期货经营机构资产管理业务管理办法，统一业务规则，明确监管标准。制定出台统一的证券基金期货经营机构资产管理业务自律规则，强化对资管产品备案、风险监测的自律管理。

（二）从严监管，强化制度规则执行

要把监管制度规则立起来、严起来，切实做到法规制度执行不漏项、不放松、不走样。事中监管要抓早抓小、抓实抓细，坚决遏制苗头性、倾向性问题，不能因未出现大的风险就放过。事后监管要依法从严处罚，严厉打击各类违法违规行为。

加强对投资者适当性管理和开户审查的监管，确保客户身份信息的真实性。加强证券期货账户管理，严格落实账户实名制，坚决查处各类转借账户以及开立虚拟账户、子母账户和“拖拉机”账户等违规使用账户的行为，坚决取缔各类非法证券期货业务。加强对证券基金期货经营机构信息系统外部接入的管理，确保交易指令必须在公司自主控制的系统内全程处理，其他任何主体不得对交易指令进行发起、接收、转发、修改、落地保存或截留。

建立健全上市公司信息披露制度规则体系，推进简明化、差异化、分行业信息披露。完善上市公司股权质押信息报送和披露规则。完善大宗交易减持信息披露规则，增加具体受让人信息。完善停复牌制度，缩短停牌时间，减少随意停复牌现象。统一上市公司行政监管措施实施标准。加强非上市公众公司监管，落实现场检查工作规程。强化新三板挂牌公司制度规则执行和自律管理要求。

多部门联合惩戒机制是我国资本市场诚信建设的重要举措。要认真落实多部门联合签署的《关于对违法失信上市公司相关责任主体实施联合惩戒的合作备忘录》和《失信企业协同监管和联合惩戒合作备忘录》，对被证监会及其派出机构依法予以行政处罚、市场禁入的上市公司及其控股股东、实际控制人、持股5%以上的股东、上市公司收购人、重大资产重组的交易各方，以及这些主体的董事、监事、高管人员等责任主体，严格实施联合惩戒，让失信者“一处失信、处处受限”。

（三）强化一线监管，提高监管有效性

强化交易所、中国结算、期货市场监控中心的市场交易行为监察监控，落实违法违规行为的发现责任。从大数据监管、全视角监控要求出发，打造独立运转、功能强大的市场交易一线监管部门。加强期现货市场实时数据的交换共享，统一归集数据信息，实现跨市场监察。

加强对公募基金流动性监管，进一步完善监管规则，建立公募基金流动性风险综合防控机制。对私募基金等“类金融机构”在新三板挂牌和融资活动，要深入研究并加强监管。加大对利用“举牌”搞利益输送、老鼠仓等违法违规行为的查处力度。加强对会计师事务所和律师事务所、资产评估机构等证券服务中介机构的监督检查，督促其提高执业质量。落实随机抽查检查对象、随机抽取检查人员、检查结果公开的“两随机、一公开”制度，定期开展常规性检查。

完善会机关、派出机构、交易所、协会、其他会管单位的协作联动监管机制，细化工作对接流程，实现对上市公司、非上市公众公司、证券基金期货经营机构、私募基金管理机构的全方位监管协同。充分发挥派出机构贴近一线的优势，重视从现场检查、非现场监管等过程中发现的风险苗头、隐患，形成通畅的信息上报、反馈工作机制。在风险处置过程中，重视信息传递和共享，发挥全系统的工作合力。对注册地和业务管理总部不在同一地的证券基金期货经营机构、私募基金管理机构，要加强派出机构之间的监管衔接和检查配合，重大事项明确牵头单位。加强信息沟通和案例推广，着力解决对同一监管对象的重复监管和重复检查、同一类违法违规行为监管尺度不一的问题。

（四）强化风险防范，严厉打击违法违规行为

建立健全债券市场风险防控体系、监测指标体系、债券台账和报告制度。加强债券回购风险管理，明确结算参与人责任，控制投资主体杠杆倍数，引入和完善债券估值，加强质押券折扣率动态管理。推动建立市场化、法治化的信用违约处置机制。

开展互联网金融风险专项整治，规范互联网股权融资活动，摸底排查风险隐患，严厉查处违法违规行为，妥善处理风险案件。规范私募投资基金运作，组织力量排查以私募基金名义搞非法集资、利益输送等问题和风险，及时查处纠正。

继续做好各类交易场所清理整顿工作，重点配合有关方面做好清理整顿和风险处置工作。抓好贵金属类交易场所专项整治措施落实。严厉打击非法证券期货活动。

持续打击违法违规行为，保持高压态势。抓紧出台线索发现、证据认定有关制度规则和标准。进一步优化稽查局、稽查总队、专员办、交易所和36家派出机构的稽查执法职能定位和分工协作机制，建立健全以调查组为基础单元的组织管理制度

和质量内控体系，加快形成定位准确、分工合理、特点鲜明、优势互补的多层次稽查执法体系。优化专项执法的组织模式，严厉打击重点改革领域和市场各方高度关注的违法违规活动。以破解取证难题、提高执法效率为重点，强化与通信、反洗钱等部门的外部协作，务实优化行刑衔接。

（五）加强投资者保护工作

研究出台证券期货投资者适当性管理制度。发挥投资者保护局和投保基金公司、投资者服务中心的“一体两翼”机制作用，动员市场主体与监管部门共同做好投资者保护工作。创新投资者保护和服务方式，运用市场化手段，开展持股行权试点。持股行权要坚持普通股东的地位，符合法律法规的要求，符合公司治理规范，符合监管规定和自律规则。

把投资者教育放在突出位置。投资者保护工作要更加贴近投资者和市场的实际需求，督促各市场主体多渠道开展投资者教育，充分揭示产品风险，引导投资者树立理性投资理念，自担风险，自负盈亏，提高风险意识和自我保护能力。加强对投教基地的工作指导，鼓励有条件的机构建设投教基地，方便社会公众就近、便捷获取教育资源。继续扩大国民投资理财教育试点。

开展热线投诉直转市场经营主体试点，落实市场经营主体的首要责任。推广热线投诉与调解对接。推进纠纷调解机制、诉讼与调解对接机制建设。开展证券期货仲裁试点。组织投资者保护的自查、抽查、检查，并及时向社会公开结果，强化内部约束和外部监督。

（六）加快监管基础设施建设，强化监管保障

2016年是中央监管信息平台建设的攻坚年。要持续推进监管业务需求数据集中统一到中央数据库，加快历史数据和新增数据入库，确保数据出口、传输、入口和使用的安全，规范开展数据使用授权。启动已上线试运行业务监管子系统的培训、推广、使用，使中央监管信息平台切实服务好监管工作。

启动中央监控系统建设。抓紧完成中央监控系统需求框架设计并投入建设，建成稽查案件线索及数据分析平台。连通沪深证券交易所和中金所监控系统，实现会机关对期现货市场交易情况的实时查询、数据下载和处理等功能。

强化信息采集和分析研判。强化一线单位对市场信息、数据、案例、政策执行以及建议意见的报送，切实发挥中央监管信息平台、中央监控系统的信息集成作用。加强系统内、行业内形势分析和信息交流工作。

做好证监会权力和责任清单编制试点。按照国务院统一部署，全面梳理现有权责事项，分门别类，没有法定依据的，予以取消，确有必要保留的，按程序办理。拟取消和下放的权责事项，要建立第三方评估机制。保留的行政权责事项，要按照透明、高效、便捷的原则，制定行政权力运行流程图，切实减少工作环节，提高科学化、规范化水平。

四、强化依法合规诚信经营，切实履行应尽职责

证券基金期货经营机构、上市公司、私募基金等都是市场主体，与市场同呼吸、共命运，必须以强烈的社会责任感和勇于担当的精神，勤勉尽责，为资本市场健康发展作出积极贡献。

（一）促进证券基金期货经营机构合规经营

证券期货行业先后经历了初期摸索、综合治理、规范发展等阶段，既有试错纠偏的曲折，也有创新探索的不易。近几年来，行业服务覆盖面拓宽，基础功能逐步完备，规模不断壮大，整体实力稳步提升。在新形势下，证券基金期货经营机构必须下大力气提高发展质量和水平。

一要坚持正确的创新方向。近几年来，行业开展了一些创新探索，取得了积极成效，应予充分肯定。但在创新中也出现了一些问题，有的过于倚重搞资金融入融出、赚取利差等资金中介类业务，“以钱炒钱”，偏离了服务实体经济的宗旨；创新业务和产品追求高杠杆，加剧了市场波动；热衷于扩张通道类业务，偏离了现代资产管理方向。证券基金期货经营机构开展创新业务要紧紧围绕服务实体经济宗旨和资本市场中介服务的基本定位，不能为创新而创新。产品创设和新业务推出要坚守法律法规底线，做好风险评估论证，紧扣企业多元化融资需求和投资者多样化财富管理需要，推动解决企业融资难、融资贵和居民财富管理的问题。要加强对证

券基金期货经营机构创新的规范和引导，对新产品、新业务要及时制定监管规则，做好风险监测监控和持续监管，确保监管及时有效、到位不越位。

二要全面落实“了解你的客户”原则。全面落实“了解你的客户”原则，是各类金融机构的法定责任和义务，也是国际通行惯例。“了解你的客户”，就是要充分了解客户的身份、财产与收入状况、投资经验和风险偏好等信息，审查客户身份信息的真实性、准确性和完整性。不少机构在开立证券期货账户、外部接入信息系统中，未按规定审查、了解客户真实身份，未采取可靠措施采集、记录、识别客户身份信息，未实施有效的客户回访、检查等程序，为非法证券期货业务活动提供了便利。全面落实“了解你的客户”原则，要在完善制度、健全流程、明确责任、强化督促落实等方面狠下工夫。完善制度，就是要对照各项监管要求，转化细化为公司内部管理制度；健全流程，就是要从信息采集、信息存储、身份审查、信息更新、客户回访等各个环节，建立健全相应的操作流程；明确责任，就是要切实将各个环节的职责落实到具体岗位、具体人，并强化内部责任追究；强化督促落实，就是要定期对各个环节落实情况进行检查，绝不能流于形式。今年，要加强对证券基金期货经营机构落实“了解你的客户”情况的监管和检查，对落实不到位的，依法采取监管措施；对拒不落实、仍然为非法证券期货活动提供便利甚至协助客户造假的，依法严厉查处。

三要加强投资者适当性管理。把合适的产品卖给合适的投资者，是证券基金期货经营机构必须遵循的原则。不少机构在销售金融产品、提供服务过程中，风险揭示不充分，填了一堆表格，但根本就没有用。证券基金期货经营机构要真正树立以客户为中心的理念，切实强化适当性管理，建立以投资者专业判断能力和风险承受能力为核心的客户分类制度，完善客户动态评估机制，建立各类金融产品和服务的风险评估制度，确保提供的服务或销售的产品与客户的风险承受能力相匹配。要加强对投资者适当性的监管，严格投资者适当性管理要求，真正将适当性管理作为加强投资者保护的重要内容，强化监管力度。对证券基金期货经营机构及其分支机构的适当性管理工作开展随机检查，对适当性管理不到位的，要采取监管措施，并在分类评价中予以从严扣分处理；对因适当性管理不到位导致客户频繁投诉的，要严肃追究公司及相关人员的责任。对新三板、创业板、融资融券、金融衍生品等领域的适当性管理情况，也要进行针对性检查。

四要强化风险管控。加强风险管控就是要充分考虑自身风险承担能力，重在稳健经营上下工夫。一些机构风控意识不强，风控能力与业务增长不匹配，一些机构过度扩张资产管理规模，发生多起违约事件，兑付风险高企。一些公募基金未经审慎风险评估，高比例集中持有创业板股票，自身风险积聚的同时，也给市场造成了较大风险，特别是在股市异常波动期间一度出现流动性问题，险些酿成行业危机。近期的压力测试显示，一些公募基金的流动性风险不容小视。流动性风险具有外溢性，容易引发连锁反应，始终是金融机构最致命的风险。证券基金期货经营机构要树立主动风控、全员风控的理念，着力健全风险管理体系，控制投资杠杆和集中度，做好极端情形下的压力测试，制订应急预案，建立健全自身的流动性保障和应对机制，切实防范风险外溢。

五要强化守法合规。依法经营、合规诚信是证券期货行业的生命线。有的机构履职尽责不到位，不认真落实承销保荐把关责任，甚至与发行人合谋造假，扰乱市场秩序；有些机构放任从业人员发表煽动性、不专业、不负责任的言论或研究报告，误导市场舆论；有些从业人员没有执业底线，缺乏职业操守，近三年有数十名从业人员因涉嫌违法犯罪被行政处罚或者被公安机关调查，有的机构甚至多名高管人员涉案。各家机构必须加强员工教育，把守法合规、勤勉尽责的经营理念让每一位从业人员刻骨铭心。必须强化内部管理，不要一发生从业人员违法违规，就归结为个人问题，推脱管理责任。

六要强化社会责任意识。履行社会责任是社会主义市场经济中证券期货行业价值的重要体现。长期以来，一些机构的领导和从业人员重自身利益、轻社会责任，有的甚至急功近利、唯利是图。在股市异常波动期间，有些机构不仅未能担当起稳定股市的责任，反而放任违法违规行为，影响极其恶劣。证券基金期货经营机构与资本市场的健康发展休戚相关，必须切实增强社会责任感，培育健康向上的行业文化，增强“抱团取暖”的精神，自觉维护市场秩序和行业形象，自觉服务于资本市场改革发展和我国经济社会发展大局。要加强对行业机构履行社会责任的引导和监督，强化行业自律，督促行业提升履行社会责任的自觉性和主动性。

（二）促进上市公司规范发展

经过20多年的培育和发展，我国上市公司规模逐步扩大，质量稳步提高，核心竞争力不断增强。截至2015年底，我国境内上市公司2827家，总市值53.13万亿元。上市公司是资本市场健康发展的基石，代表着“中国企业”形象，肩负着推动经济社会发展的重任。

一要公开透明，给投资者一个真实的公司。公开透明是上市公司信息披露的法定义务。有的公司选择性披露，报喜不报忧；有的公司随意更名编造题材，迎合市场炒作；有的公司信息披露模板化、格式化，缺乏针对性。上市公司要始终把信息披露真实、准确、完整、及时、公平的“十字要求”铭记在心、落到实处，主动增加自愿披露内容，为投资者决策提供更充分的依据。创新运用多样化沟通渠道，加强与投资者的互动。要加强对上市公司信息披露的监管，针对信息披露方面的新情况新问题，一线监管要快速响应，及时采取针对性措施，规范停牌行为，加强对“举牌”上市公司行为信息披露的监管，提高信息披露质量。

二要维护中小股东合法权益。上市公司要公平对待每一位股东，坚决抵制控股股东利用持股优势挖地下通道、搞利益输送。当前不少企业盈利压力大、现金流趋紧，要提防上市公司控股股东、实际控制人占用上市公司资金问题卷土重来。上市公司要牢固树立保护中小股东利益就是保护全体股东利益的经营理念，综合运用网络投票、征集投票权机制为中小股东参与公司决策提供便利。要加强对上市公司维护股东合法权益情况的监管，对未按照规定分红、侵犯中小股东权益的，坚决采取监管措施。

三要规范运作。上市公司要立足于公司价值持续增长进行市值管理，坚决不搞伪市值管理、真欺诈操纵；立足于做强主业进行融资，不能总想“以钱炒钱”、赚快钱。董监高不得利用职权谋取私利或为他人谋利，要远离虚假披露、市场操纵、内幕交易三条高压线，更不能沦为少数利益者的代言人。要加强对上市公司现金分红、市值管理、并购重组和再融资等重点领域的专项检查，对检查发现的问题，要及时采取监管措施，涉嫌违法违规的，要及时立案查处。要加强对上市公司董监高及大股东的培训，推广最佳公司治理和规范运作的实践案例，树好标杆，促进上市公司规范运作。

（三）促进私募基金依法诚信运作

私募基金是我国财富管理行业的新生力量，丰富了居民投资理财渠道和方式，也是资本市场的重要投资者。私募基金行业要立足于服务实体经济和满足居民多元化投融资需要，不断提升行业价值。

一要坚持诚信守约。私募基金行业本质是“受人之托、代人理财”，诚信忠实、契约精神是安身立命之本。随着社会财富管理需求的增长，近年来私募基金发展迅速，但也出现了一些鱼龙混杂、良莠不齐的突出问题，比如有些私募基金管理人不如实填报信息，不如实登记多地注册的多个关联机构或分支机构，长期“失联”，甚至违反合同约定，私自改变投资方向，欺骗投资者搞利益输送等。要强化对私募基金的诚信约束，对诚信缺失的私募基金管理人，要通过取消登记、信息公示、纳入“黑名单”、纳入诚信档案等措施予以惩治，不能让害群之马损害全行业声誉。

二要坚持依法合规。私募基金作为资产管理行业的一员，公司法、合伙企业法、信托法、基金法等法律法规对资产管理的有关规定和私募投资基金监督管理办法的规定，都是必须严格遵守的。现在不少私募基金管理人法律意识淡薄、合规意识缺乏。有的公开推介私募产品，承诺保本保收益，向非合格投资者募集资金；有的因投资失败而“跑路”；有的借私募基金名义搞非法集资，涉案金额巨大，涉及投资者众多，造成极为恶劣的社会影响。加强私募基金监管，既要抓紧完善相关法律法规，健全监管制度，全面加强对宣传推广、投资管理、利益冲突、客户资金安全等风险多发环节的专项检查，同时又要严惩私募基金的违法违规行为，逐步消除风险隐患。

三要强化行业自律。私募基金是面向特定对象提供资产管理服务的行业，行政监管相对较少，行业自律应发挥基础性作用。但是，有些私募基金从业人员自律意识不强，不具备从事资产管理业务的基本素质和能力；有些私募基金管理机构内部管理混乱，没有健全的内控制度，在股市异常波动期间使用高杠杆融资导致风险失控，大面积清盘，加剧股市波动；有些私募证券基金管理人利用非公开信息操纵市场非法获利。要进一步强化行业自律约束，建立声誉约束机制，抓紧制定完善私募基金募集行为管理办法和内部控制、信息披露、投资顾问、托管外包、合同指引等自律规则，增强行业自律的内外部约束。

1-1 证券期货市场概况
Overview of Securities and Futures Market

年份 Year	股票 Stock								
	股票只数（只） Number of Stock (unit)	上市公司家数（家） Number of Listed (unit)	上市公司股本（亿股） Share Capital of Listed Companies (100 million shares)	流通股本（亿股） Negotiable Shares (100 million shares)	股票市值（亿元） Market Capitalization of Shares (100 million yuan)	流通市值（亿元） Negotiable Market Capitalization (100 million yuan)	成交量（亿股） Trading Volume (100 million shares)	成交金额（亿元） Trading Turnover (100 million yuan)	印花税（亿元） Stamp Tax (100 million yuan)
1992	71	53	73.22	—	1048.15	—	36.90	683.04	—
1993	218	183	328.68	81.62	3531.01	832.28	226.56	3627.21	22.00
1994	345	291	641.01	185.63	3690.62	968.90	1013.34	8127.63	48.77
1995	381	323	770.08	224.98	3474.28	938.22	705.31	4036.45	24.22
1996	599	530	1110.73	345.57	9842.58	2867.03	2533.14	21332.18	127.99
1997	821	745	1771.43	560.82	17529.24	5204.42	2560.02	30721.83	250.76
1998	932	852	2346.69	741.70	19514.03	5750.35	2154.11	23544.25	225.75
1999	1031	949	2911.49	953.65	26485.15	8221.11	2932.90	31322.37	248.07
2000	1174	1088	3616.26	1234.35	48121.51	16098.00	4759.45	60835.19	485.89
2001	1248	1160	4851.88	1487.66	43582.90	14488.82	3155.93	38325.39	291.44
2002	1311	1224	5464.19	1680.26	38338.79	12487.20	3017.14	27993.91	111.95
2003	1374	1287	6003.34	1899.05	42477.63	13185.13	4163.08	32115.27	128.35
2004	1463	1377	6714.74	2194.15	37080.95	11701.20	5827.73	42333.95	169.08
2005	1467	1381	7163.54	2498.89	32446.02	10638.01	6623.73	31664.78	66.35
2006	1520	1434	12683.99	3444.50	89441.35	25021.11	16145.23	90468.89	180.94
2007	1636	1550	17000.45	4933.64	327291.31	93140.66	36403.75	460556.23	2062.00
2008	1711	1625	18900.13	6964.97	121541.05	45303.02	24131.39	267112.66	927.68
2009	1804	1718	20606.26	14200.19	244103.91	151342.07	51107.00	535986.77	510.38
2010	2149	2063	26984.49	19442.15	265422.59	193110.41	42151.98	545633.54	545.65
2011	2428	2342	29745.11	22499.86	214758.09	164921.30	33956.57	421644.58	421.66
2012	2579	2494	31833.62	24778.22	230357.62	181658.26	32860.54	314583.27	314.59
2013	2574	2489	33822.04	29997.12	239077.19	199579.54	48372.68	468728.61	468.27
2014	2696	2613	36795.10	32289.25	372546.96	315624.31	73383.09	742385.26	742.38
2015	2909	2827	43024.14	37043.37	531462.70	417880.76	171039.47	2550541.31	695.00

1-1 续表 1 continued

年份 Year	股票 Stock				债券 Bond			
	印花税在中央财政收入中的比重(%) The Percentage of Stamp Tax from Central Revenue(%)	市盈率（倍） P/E Ratio (times)	换手率（%） Turnover Rate (%)	股票账户数（万户） Number of Stock Accounts (10 thousand units)	债券发行额（亿元） Value of Bonds Issued (100 million yuan)	兑付金额（亿元） Amount of Payments (100 million yuan)	债券成交金额（亿元） Bond Trading Turnover (100 million yuan)	年末托管额（亿元） Value of Bonds under Custody at the end of year (100 million yuan)
1992	—	—	—	—	—	—	—	—
1993	2.30	—	—	—	—	—	—	—
1994	1.68	—	—	—	—	—	—	—
1995	0.74	—	—	—	—	—	—	—
1996	3.50	—	—	—	—	—	—	—
1997	5.93	—	—	—	2084.62	—	8.90	4184.07
1998	4.62	—	—	—	6203.73	—	76.39	9884.07
1999	4.28	—	—	—	4369.50	410.16	2544.82	13188.79
2000	6.41	—	491.19	6123.24	4414.50	1629.16	16363.02	16746.19
2001	3.40	81.92	227.07	6898.68	5848.53	1859.97	41030.69	19727.91
2002	1.02	62.51	195.86	6841.84	9943.90	2841.35	106321.69	25610.47
2003	1.08	45.89	237.04	6961.02	17647.17	7886.44	151368.51	37636.37
2004	1.17	32.16	303.45	7106.11	27295.66	12548.65	127849.02	52046.95
2005	0.40	28.59	295.11	7189.44	42182.07	22531.33	228456.96	73402.21
2006	1.05	29.72	547.40	7482.11	57096.11	38597.83	382839.23	92346.98
2007	7.43	44.13	817.95	9279.07	80163.36	49931.98	628787.97	123485.39
2008	2.84	19.29	402.29	10449.69	71732.16	48265.29	956855.15	152554.05
2009	1.42	29.78	582.88	12037.69	87286.22	67282.32	1180369.13	177383.26
2010	1.28	20.32	344.34	13391.04	96408.63	73205.88	1522585.20	205107.77
2011	0.82	14.18	214.16	14050.37	77231.52	64819.78	1642721.63	222572.17
2012	0.56	15.04	180.55	14045.91	80245.86	47625.00	2201120.87	261987.73
2013	0.78	15.53	242.99	13247.15	89202.94	63427.49	2742532.15	299152.65
2014	1.15	20.83	315.92	14214.69	119286.26	72850.52	3583148.62	352840.25
2015	1.00	18.94	320.26	21477.37	232557.99	104981.72	1347813.60	479273.93

1-1 续表 2 continued

年份 Year	基金 Fund					期货 Futures			
	基金只数（只） Number of Funds (unit)	基金份额（亿份） Fund share (100 million units)	基金资产规模（亿元） Fund Asset Value (100 million yuan)	上市基金成交金额（亿元） Trading Turnover of Listed Funds (100 million yuan)	基金账户数（万户） Number of Fund Accounts (10 thousand units)	品种数量（个） Number of Products (unit)	持仓金额（亿元） Value of Positions (100 million yuan)	成交金额（亿元） Trading Turnover (100 million yuan)	期货账户数（万户） Number of Futures Accounts (10 thousand units)
1992	—	—	—	—	—	—	—	—	—
1993	—	—	—	—	—	8	—	2761.00	—
1994	—	—	—	—	—	6	—	15800.71	—
1995	—	—	—	—	—	6	—	50282.65	—
1996	—	—	—	—	—	2	—	42059.58	—
1997	—	—	—	—	—	2	—	30885.33	—
1998	5	100.00	107.00	1016.89	—	9	—	18483.62	—
1999	16	505.00	577.00	2485.48	—	8	—	11171.51	—
2000	34	562.00	847.35	2801.84	—	9	145.57	8041.14	—
2001	51	804.23	809.24	2561.88	—	9	175.75	15071.76	—
2002	71	1318.85	1185.56	1166.62	—	10	277.43	19745.30	—
2003	95	1614.67	1699.22	682.65	—	10	423.66	54194.67	—
2004	161	3308.79	3246.34	479.47	—	12	388.77	73465.27	—
2005	218	4714.18	4691.38	773.15	—	11	350.71	67224.19	—
2006	307	6220.67	8565.05	2002.65	—	14	564.05	105023.16	27.74
2007	346	22339.84	32762.32	8620.09	—	18	990.31	204861.23	44.77
2008	439	25741.78	19403.25	5831.05	16846.00	19	740.90	359570.98	71.28
2009	547	23518.55	26024.80	10340.02	17480.00	23	2775.49	652553.80	110.61
2010	704	23955.33	25040.86	8996.44	19672.00	24	3069.22	1545583.54	150.55
2011	914	26510.37	21918.55	6365.81	22987.00	27	2974.60	1375175.68	179.34
2012	1173	31708.41	28661.81	8123.86	22948.00	32	3831.77	1711224.54	89.69
2013	1552	31176.58	30021.83	14786.16	28773.46	40	6744.94	2674762.02	97.72
2014	1899	42032.72	45374.30	13814.94	46409.34	46	5556.25	2919882.26	99.35
2015	2723	76674.13	83971.83	44251.89	67917.87	51	6185.84	5542346.94	126.88

注：1.2003年起股票账户数均为有效账户数。

2.期货账户数2006—2011年为账户总数，2012年为有效账户数。

数据来源：本书各章相关表。

Source: Relative Tables followed.

1—2 交易所市场证券登记存管情况
Depository Securities Statistics of Stock Exchange Market

年份 Year	登记存管证券只数(只) Number of Securities in Deposit (unit)									
	股票 Stock			权证 Warrants	债券 Bond					
	小计 Subtotal	A股 A Shares	B股 B Shares		小计 Subtotal	国债 T-Bonds	地方债 Local Bonds	政策性金融债	企业债 Enterprise Bonds	公司债 Corporate Bonds
2003	1374	1263	111	0	68	40	0	0	5	0
2004	1463	1353	110	0	97	56	0	0	9	0
2005	1467	1358	109	7	115	75	0	0	11	0
2006	1520	1411	109	27	118	70	0	0	19	0
2007	1636	1527	109	14	120	70	0	0	21	2
2008	1711	1602	109	17	247	91	0	0	98	20
2009	1804	1696	108	12	353	94	1	0	167	57
2010	2149	2041	108	4	463	110	1	0	229	89
2011	2428	2320	108	0	640	109	4	0	322	166
2012	2579	2472	107	0	1170	122	3	0	561	358
2013	2574	2468	106	0	2032	177	6	0	980	518
2014	2696	2592	104	0	3034	189	7	3	1503	687
2015	2911	2810	101	0	4578	223	171	2	1692	1527

1—2 续表 1 continued

年份 Year	登记存管证券只数(只) Number of Securities in Deposit (unit)									
	债券 Bond			基金 Fund					资产证券化产品 Asset Backed Securities	合计 Total
	可转债 Convertible Bonds	分离式可转债 Warrant Bonds	中小企业私募债 Private Placement Bonds	小计 Subtotal	封闭式基金 Close-ended Funds	ETF	LOF	实时申赎货币基金		
2003	23	0	0	55	55	0	0	0	0	1497
2004	32	0	0	57	55	1	1	0	0	1617
2005	29	0	0	68	54	1	13	0	4	1654
2006	26	3	0	79	53	5	21	0	27	1744
2007	18	9	0	71	34	5	32	0	20	1847
2008	18	20	0	71	31	5	35	0	17	2046
2009	13	21	0	91	33	9	49	0	10	2258
2010	13	21	0	146	47	20	79	0	4	2762
2011	20	19	0	226	57	37	132	0	6	3300
2012	23	16	87	330	52	50	228	0	15	4094
2013	27	10	314	436	37	85	306	0	26	5069
2014	30	2	613	516	14	104	388	10	83	6329
2015	6	1	956	750	15	127	599	9	269	8508

1—2 续表 2 continued

年份 Year	登记存管证券面值(亿元) Value of Depository Securities(100 million yuan)											
	权证 Warrants	债券 Bond									资产证券化产品 Asset Backed Securities	合计 Total
		小计 Subtotal	国债 T-Bonds	地方债 Local Bonds	政策性金融债	企业债 Corporate Bonds	公司债 Corporate Bonds	可转债 Convertible Bonds	分离式可转债 Warrant Bonds	中小企业私募债 Private Placement Bonds		
2003	0.00	4087.78	3806.73	0.00	0.00	83.94	0.00	197.11	0.00	0.00	0.00	4087.78
2004	0.00	4786.08	4358.73	0.00	0.00	92.42	0.00	334.93	0.00	0.00	0.00	4786.08
2005	57.48	4711.18	4369.44	0.00	0.00	92.93	0.00	248.81	0.00	0.00	58.80	4827.46
2006	146.81	3467.14	3131.62	0.00	0.00	115.84	0.00	120.69	99.00	0.00	168.60	3782.56
2007	166.10	3413.70	2857.37	0.00	0.00	117.45	52.00	99.08	287.80	0.00	111.55	3691.35
2008	91.99	4490.52	2573.99	0.00	0.00	456.64	400.00	139.24	920.65	0.00	89.85	4672.36
2009	104.30	4947.42	2113.15	0.02	0.00	718.40	1045.40	119.81	950.65	0.00	46.46	5098.18
2010	29.63	6278.32	1977.06	0.02	0.00	922.31	1641.40	786.89	950.65	0.00	10.72	6318.67
2011	0.00	8428.39	1989.13	3.32	0.00	1546.27	2855.60	1162.93	871.15	0.00	8.74	8437.13
2012	0.00	12456.28	1782.43	3.30	0.00	3229.89	5339.50	1255.26	752.15	93.75	33.98	12490.26
2013	0.00	19801.00	2390.86	16.70	0.00	6840.57	7956.24	1605.00	598.35	392.32	72.51	19873.51
2014	0.00	25974.61	2653.36	17.10	300.00	10669.59	9996.06	1155.30	98.00	1085.20	244.29	26218.90
2015	0.00	39735.13	5307.35	366.96	95.00	9084.78	18452.51	132.74	68.00	6227.79	699.81	40434.94

1—2 续表 3 continued

年份 Year	登记存管证券总市值(亿元) Market Capitalization of Depository Securities(100 million yuan)									
	股票 Stock			权证 Warrants	债券现货 Bond(Spot Transaction)					
	小计 Subtotal	A股 A-Shares	B股 B-Shares		小计 Subtotal	国债 T-Bonds	地方债 Local Bonds	企业债 Corporate Bonds	政策性金融债	公司债 Corporate Bonds
2003	42559.73	41616.50	943.23	0.00	4083.95	3780.84	0.00	83.53	0.00	0.00
2004	37090.58	36345.47	745.11	0.00	4464.14	4033.64	0.00	84.08	0.00	0.00
2005	32448.52	31830.36	618.16	60.62	4796.24	4431.82	0.00	99.32	0.00	0.00
2006	90294.17	89008.90	1285.27	329.37	3499.79	3139.75	0.00	118.79	0.00	0.00
2007	327970.22	325437.44	2532.77	494.10	3169.92	2666.53	0.00	108.52	0.00	51.91
2008	121778.98	120977.85	801.14	174.50	4365.83	2516.90	0.00	467.96	0.00	433.21
2009	244783.34	242973.60	1809.74	209.27	4698.97	1947.66	0.02	712.71	0.00	1056.40
2010	266492.22	264298.80	2193.41	14.51	6300.53	1955.58	0.02	919.74	0.00	1654.88
2011	215215.30	213774.56	1440.74	0.00	8252.60	2012.39	3.32	1465.35	0.00	2809.99
2012	230548.71	228968.65	1580.06	0.00	11926.76	1790.37	3.30	2797.95	0.00	5246.60
2013	239584.89	237909.25	1675.64	0.00	19504.52	2332.35	16.70	6805.66	0.00	7787.72
2014	372546.96	370823.17	1723.79	0.00	26584.25	2661.03	17.10	10853.22	314.61	9953.40
2015	532001.64	529790.58	2211.06	0.00	39537.21	5426.29	367.58	9041.98	108.74	18354.95

1—2 续表 4 continued

年份 Year	登记存管证券总市值(亿元) Market Capitalization of Depository Securities(100 million yuan)									
	债券现货 Bond(Spot Transaction)			基金 Fund					资产证券化产品 Asset Backed Securities	合计 Total
	可转债 Convertible Bonds	分离式可转债 Convertible Bonds	中小企业私募债 Private Placement Bonds	小计 Subtotal	封闭式基金 Close-ended Funds	ETF	LOF	实时申赎货币基金		
2003	219.58	0.00	0.00	675.50	675.50	0.00	0.00	0.00	0.00	47319.17
2004	346.41	0.00	0.00	558.58	549.45	0.00	9.14	0.00	0.00	42113.31
2005	265.09	0.00	0.00	608.64	529.55	65.10	13.99	0.00	58.08	37972.10
2006	159.45	81.80	0.00	1424.70	1287.45	102.29	34.95	0.00	163.63	95711.64
2007	163.13	179.83	0.00	4356.91	1860.24	306.26	2190.41	0.00	109.39	336100.53
2008	143.25	804.52	0.00	816.80	485.12	214.49	117.19	0.00	82.10	127218.21
2009	165.94	816.25	0.00	1784.06	982.77	625.39	175.90	0.00	42.24	251517.88
2010	917.47	852.84	0.00	1965.20	1072.50	667.91	224.79	0.00	10.68	274783.13
2011	1157.65	803.90	0.00	1821.50	798.69	755.88	266.92	0.00	8.72	225298.12
2012	1289.12	714.72	84.70	2661.99	701.54	1424.83	535.63	0.00	32.34	245169.79
2013	1610.02	580.98	371.09	2873.61	543.09	1575.76	560.77	0.00	64.52	262027.54
2014	1695.24	93.45	996.21	4381.27	201.70	2477.78	1434.10	267.69	218.61	403731.09
2015	162.46	67.20	6008.01	7027.28	353.75	4703.60	1449.41	520.52	615.32	579181.45

1—2 续表 5 continued

年份 Year	登记存管证券已上市流通市值(亿元) Negotiable Market Capitalization of Depository Securities(100 million yuan)										
	股票 Stock			权证 Warrants	基金 Fund					资产证券化产品 Asset Backed Securities	合计 Total
	小计 Subtotal	A股 A Shares	B股 B Shares		小计 Subtotal	封闭式基金 Close-ended Funds	ETF	LOF	实时申赎货币基金		
2003	13235.95	12360.79	875.16	0.00	669.34	669.34	0.00	0.00	0.00	0.00	13905.29
2004	11702.73	11013.52	689.22	0.00	553.77	544.63	0.00	9.14	0.00	0.00	12256.50
2005	10655.21	10054.79	600.42	60.61	603.99	524.90	65.10	13.99	0.00	58.08	11377.88
2006	25313.05	24044.96	1268.09	281.19	1413.46	1276.21	102.29	34.95	0.00	162.58	27170.27
2007	93470.56	90952.54	2518.02	477.73	4330.98	1843.83	306.26	2180.90	0.00	108.40	98387.67
2008	45694.25	44897.99	796.26	171.86	812.62	481.07	214.49	117.06	0.00	81.17	46759.90
2009	152207.16	150406.42	1800.74	209.27	1777.42	976.17	625.39	175.87	0.00	41.33	154235.18
2010	196083.58	193898.09	2185.48	14.51	1958.94	1066.25	667.91	224.79	0.00	9.75	198066.78
2011	166966.72	165531.89	1434.83	0.00	1817.37	794.58	755.88	266.90	0.00	8.00	168792.08
2012	184250.75	182677.51	1573.24	0.00	2657.84	697.40	1424.83	535.60	0.00	32.34	186940.92
2013	206303.34	204637.95	1665.39	0.00	2869.09	539.50	1575.76	560.74	0.00	64.52	209236.95
2014	315624.31	313910.42	1713.89	0.00	4380.24	200.71	2477.78	1434.06	267.69	218.61	320223.16
2015	439028.12	436827.68	2200.44	0.00	7025.97	352.44	4703.60	1449.41	520.52	615.32	446669.41

注：1.面值包含所有上市公司(包括只发A股、只发B股、既发A股又发B股、既发A股又发H股的上市公司)流通股和非流通股的面值，纯B股上市公司的非流通股的面值暂未纳入计算。

2.B股市值以国家外汇管理局公布的每年最后一个月汇率期平均价换算成人民币。

数据来源：中国证券登记结算公司。

Source：CSDC.

1-3 证券市场指数运行情况
Securities-Market Indexes

年份 Year	上证综指 SSE Composite Index					深证综指 SZSE Composite Index				
	开盘 Opening Price	最高 Highest	最低 Lowest	收盘 Closing Price	涨跌幅 (%) Change Rate (%)	开盘 Opening Price	最高 Highest	最低 Lowest	收盘 Closing Price	涨跌幅 (%) Change Rate (%)
1992	293.74	1429.01	292.76	780.39	165.67	110.53	312.21	107.08	241.21	118.23
1993	802.14	1558.95	750.46	833.80	6.84	241.21	359.44	203.91	238.28	-1.21
1994	837.70	1052.94	325.89	647.87	-22.30	238.28	242.06	96.56	140.63	-40.98
1995	637.72	926.41	524.43	555.29	-14.29	139.62	169.66	112.63	113.25	-19.47
1996	550.26	1258.69	512.83	917.02	65.14	112.85	473.02	105.34	327.34	189.04
1997	914.06	1510.18	870.18	1194.10	30.22	326.33	517.91	305.81	381.29	16.48
1998	1200.95	1422.98	1043.02	1146.70	-3.97	382.85	441.04	317.10	343.85	-9.82
1999	1144.89	1756.18	1047.83	1366.58	19.18	343.29	525.14	310.65	402.18	16.96
2000	1368.69	2125.72	1361.21	2073.48	51.73	402.71	654.37	414.69	635.73	58.07
2001	2077.08	2245.44	1514.86	1645.97	-20.62	636.62	664.85	439.36	475.94	-25.13
2002	1643.49	1748.89	1339.20	1357.65	-17.52	475.14	512.38	371.79	388.76	-18.32
2003	1347.43	1649.60	1307.40	1497.04	10.27	386.61	449.42	350.74	378.63	-2.61
2004	1492.72	1783.01	1259.43	1266.50	-15.40	377.93	470.55	315.17	315.81	-16.59
2005	1260.78	1328.53	998.23	1161.06	-8.33	313.81	333.28	237.18	278.75	-11.73
2006	1163.88	2698.90	1161.91	2675.47	130.43	278.99	552.93	278.99	550.59	97.52
2007	2728.19	6124.04	2541.53	5261.56	96.66	555.26	1567.74	547.89	1447.02	162.81
2008	5265.00	5522.78	1664.93	1820.81	-65.39	1450.33	1584.40	452.33	553.30	-61.76
2009	1849.02	3478.01	1844.09	3277.13	79.98	560.09	1240.64	557.68	1201.34	117.12
2010	3289.75	3306.75	2319.73	2808.07	-14.31	1207.33	1412.63	890.23	1290.86	7.45
2011	2825.33	3067.46	2134.02	2199.42	-21.68	1298.59	1316.18	828.83	866.65	-32.86
2012	2212.00	2478.38	1949.46	2269.13	3.17	871.93	1020.29	724.97	881.17	1.68
2013	2289.51	2444.80	1849.65	2115.98	-6.75	887.36	1106.27	815.89	1057.67	20.03
2014	2112.13	3239.36	1974.38	3234.68	52.87	1055.88	1504.48	1004.93	1415.19	33.80
2015	3258.63	5178.19	2850.71	3539.18	9.41	1419.44	3156.96	1408.99	2308.91	63.15

1—3 续表 1 continued

年份 Year	沪深300指数 CSI 300 Index					上证50指数 SSE 50 Index				
	开盘 Opening Price	最高 Highest	最低 Lowest	收盘 Closing Price	涨跌幅 (%) Change Rate (%)	开盘 Opening Price	最高 Highest	最低 Lowest	收盘 Closing Price	涨跌幅 (%) Change Rate (%)
1992	—	—	—	—	—	—	—	—	—	—
1993	—	—	—	—	—	—	—	—	—	—
1994	—	—	—	—	—	—	—	—	—	—
1995	—	—	—	—	—	—	—	—	—	—
1996	—	—	—	—	—	—	—	—	—	—
1997	—	—	—	—	—	—	—	—	—	—
1998	—	—	—	—	—	—	—	—	—	—
1999	—	—	—	—	—	—	—	—	—	—
2000	—	—	—	—	—	—	—	—	—	—
2001	—	—	—	—	—	—	—	—	—	—
2002	—	—	—	—	—	—	—	—	—	—
2003	—	—	—	—	—	—	—	—	—	—
2004	—	—	—	—	—	997.00	1141.99	833.09	842.73	-15.47
2005	984.66	1008.73	807.78	923.45	-7.65	836.99	889.98	693.53	796.40	-5.50
2006	926.56	2052.86	926.41	2041.05	121.02	801.41	1819.04	800.21	1805.31	126.69
2007	2073.25	5891.72	2030.76	5338.28	161.55	1842.63	4772.93	1791.64	4226.76	134.13
2008	5349.76	5756.92	1606.73	1817.72	-65.95	4230.81	4524.29	1269.29	1384.91	-67.24
2009	1848.33	3803.06	1837.84	3575.68	96.71	1411.08	2849.41	1402.05	2553.80	84.40
2010	3592.47	3597.75	2462.20	3128.26	-12.51	2565.11	2584.53	1771.49	1977.37	-22.57
2011	3155.56	3380.53	2267.11	2345.74	-25.01	1994.36	2214.84	1571.51	1617.61	-18.19
2012	2361.50	2717.83	2102.14	2522.95	7.55	1628.17	1877.43	1528.28	1857.68	14.84
2013	2551.81	2791.30	2023.17	2330.03	-7.65	1885.96	2088.45	1422.98	1574.78	-15.23
2014	2323.43	3542.34	2077.76	3533.71	51.66	1570.05	2590.09	1402.18	2581.57	63.93
2015	3566.09	5380.43	2952.01	3731.01	5.58	2612.85	3494.82	1874.22	2420.80	-6.23

1-3 续表 2 continued

年份 Year	深证成分指数 SZSE Component Index					上证国债指数 SSE T-Bond Index				
	开盘 Opening Price	最高 Highest	最低 Lowest	收盘 Closing Price	涨跌幅 (%) Change Rate (%)	开盘 Opening Price	最高 Highest	最低 Lowest	收盘 Closing Price	涨跌幅 (%) Change Rate (%)
1992	966.22	2918.09	917.37	2309.77	139.71	—	—	—	—	—
1993	2424.00	3422.22	1688.18	2225.38	-3.65	—	—	—	—	—
1994	2221.95	2271.39	944.02	1271.05	-42.88	—	—	—	—	—
1995	1257.65	1473.29	980.25	987.75	-22.29	—	—	—	—	—
1996	987.07	4522.39	924.33	3217.54	225.74	—	—	—	—	—
1997	3195.52	6103.62	2985.40	4184.84	30.06	—	—	—	—	—
1998	4199.51	4336.32	2902.44	2949.32	-29.52	—	—	—	—	—
1999	2945.24	4896.04	2521.08	3369.61	14.25	—	—	—	—	—
2000	3374.11	5062.29	3360.21	4752.75	41.05	—	—	—	—	—
2001	4756.18	5091.46	3124.57	3325.66	-30.03	—	—	—	—	—
2002	3319.21	3586.06	2661.91	2759.30	-17.03	—	—	—	—	—
2003	2743.21	3557.89	2673.25	3479.80	26.11	100.67	102.08	96.86	99.40	-1.27
2004	3473.35	4187.23	2996.08	3067.57	-11.85	99.39	99.42	91.10	95.61	-3.81
2005	3051.24	3481.44	2590.53	2863.61	-6.65	95.64	109.73	95.61	109.06	14.06
2006	2873.54	6687.28	2873.54	6647.14	132.12	109.11	111.63	109.07	111.39	2.14
2007	6730.12	19600.03	6585.06	17700.62	166.29	111.45	111.96	109.33	110.87	-0.46
2008	17731.84	19219.89	5577.23	6485.51	-63.36	110.92	121.53	110.73	121.30	9.40
2009	6557.42	14096.87	6514.49	13699.97	111.24	121.35	122.99	119.62	122.35	0.87
2010	13766.10	13936.88	8945.20	12458.55	-9.06	122.39	127.10	122.13	126.28	3.21
2011	12578.45	13233.02	8555.12	8918.82	-28.41	126.32	131.39	126.31	131.39	4.05
2012	8980.76	10616.28	7660.45	9116.48	2.22	131.45	135.82	131.44	135.79	3.35
2013	9204.11	10057.97	7045.60	8121.79	-10.91	135.84	139.91	135.84	139.52	2.75
2014	8083.77	11050.85	6959.25	11014.62	35.62	139.54	145.78	139.42	145.68	4.42
2015	11150.98	18211.76	9259.65	12664.89	14.98	145.75	154.67	145.75	154.54	6.09

1–3 续表 3 continued

年份 Year	上证企业债指数 SSE Corporate Bond Index					中证综合债指数 CSI Universal Bond Index				
	开盘 Opening Price	最高 Highest	最低 Lowest	收盘 Closing Price	涨跌幅 (%) Change Rate (%)	开盘 Opening Price	最高 Highest	最低 Lowest	收盘 Closing Price	涨跌幅 (%) Change Rate (%)
1992	—	—	—	—	—	—	—	—	—	—
1993	—	—	—	—	—	—	—	—	—	—
1994	—	—	—	—	—	—	—	—	—	—
1995	—	—	—	—	—	—	—	—	—	—
1996	—	—	—	—	—	—	—	—	—	—
1997	—	—	—	—	—	—	—	—	—	—
1998	—	—	—	—	—	—	—	—	—	—
1999	—	—	—	—	—	—	—	—	—	—
2000	—	—	—	—	—	—	—	—	—	—
2001	—	—	—	—	—	—	—	—	—	—
2002	—	—	—	—	—	—	—	—	—	—
2003	104.38	105.45	98.67	99.93	-4.27	99.91	102.66	99.87	101.34	1.34
2004	99.99	100.04	86.72	95.84	-4.09	100.95	101.34	97.75	100.38	-0.94
2005	95.84	118.98	90.90	118.92	24.08	100.43	108.90	100.43	108.68	8.26
2006	118.91	122.19	115.35	119.84	0.77	108.64	111.36	108.64	111.24	2.36
2007	119.84	121.65	112.68	113.27	-5.49	111.28	111.28	111.28	111.24	0.00
2008	113.27	132.80	112.25	132.64	17.11	—	—	—	124.50	11.92
2009	132.69	134.70	130.91	133.55	0.68	123.68	124.06	123.68	124.02	-0.39
2010	133.61	144.01	133.61	143.45	7.42	124.06	129.22	123.92	127.09	2.48
2011	143.52	148.51	143.24	148.48	3.50	127.23	134.14	126.60	134.14	5.54
2012	148.56	159.65	148.22	159.60	7.49	134.19	138.95	134.16	138.95	3.59
2013	159.70	167.41	159.63	166.56	4.36	138.92	142.58	137.71	138.36	-0.42
2014	166.61	181.54	166.05	181.10	8.73	138.33	152.34	138.18	151.84	9.74
2015	181.25	197.18	181.24	197.12	8.84	151.83	163.98	151.83	163.91	7.95

数据来源：上海证券交易所、深圳证券交易所、中证指数有限公司。
Source：SSE、SZSE、CSI.

1-4 国内有价证券分类发行情况
Statistics of Domestic Securities Issuance

年份 Year	股票 Stock				债券 Bond					
	发行量(亿股)	股票筹资金额(亿元) Proceeds Raised through Offering of Shares(100 million yuan)			全市场 Whole Market		银行间 Interbank Market		交易所 Stock Exchange	
	Number of Shares Issued (100 million shares)	首发筹资金额 Proceeds raised by IPO	再筹资金额 Proceeds raised by Subsequent Offerings of Shares	合计 Total	发行额(亿元) Value of Bonds Issued (100 million yuan)	兑付金额(亿元) Amount of Payments (100 million yuan)	发行额(亿元) Value of Bonds Issued (100 million yuan)	兑付金额(亿元) Amount of Payments (100 million yuan)	发行额(亿元) Value of Bonds Issued (100 million yuan)	兑付金额(亿元) Amount of Payments (100 million yuan)
1992	10.65	68.91	0.00	68.91	—	—	—	—	—	—
1993	51.07	184.83	60.19	245.02	—	—	—	—	—	—
1994	48.64	154.44	59.19	213.63	—	—	—	—	—	—
1995	18.01	42.37	57.41	99.78	—	—	—	—	—	—
1996	66.54	241.32	66.71	308.04	—	—	—	—	—	—
1997	129.64	651.56	208.42	859.98	2084.62	—	2084.62	—	—	—
1998	81.37	412.22	375.22	787.44	6203.73	—	6203.73	—	—	—
1999	86.87	494.71	378.93	873.63	4369.50	410.16	4369.50	410.16	—	—
2000	122.17	862.56	653.26	1515.82	4414.50	1629.16	4414.50	1629.16	—	—
2001	84.57	614.03	624.11	1238.14	5848.53	1859.97	5848.53	1859.97	—	—
2002	117.34	498.75	221.29	720.05	9943.90	2841.35	9943.90	2841.35	—	—
2003	89.34	472.42	193.08	665.51	17647.17	7886.44	17647.17	7886.44	—	—
2004	56.13	361.05	289.47	650.53	27295.66	12548.65	27295.66	12548.65	—	—
2005	13.92	57.63	281.40	339.03	42182.07	22531.33	42182.07	22531.33	—	—
2006	377.89	1341.70	1032.80	2374.49	57096.11	38597.83	57096.11	38597.83	—	—
2007	430.63	4770.83	3043.91	7814.74	80163.36	49931.98	79756.08	49931.98	407.28	—
2008	114.96	1034.38	2278.01	3312.39	71732.16	48265.29	70734.11	48265.29	998.05	—
2009	244.47	1878.98	2955.36	4834.33	87286.22	67282.32	86474.71	67282.32	811.51	—
2010	553.95	4882.59	4917.21	9799.80	96408.63	73205.88	95088.33	73205.88	1320.30	—
2011	163.99	2824.43	4330.00	7154.43	77231.52	64819.78	75501.82	64709.81	1729.70	109.97
2012	78.86	1034.32	3508.08	4542.40	80245.86	47625.00	77474.98	47269.27	2770.88	355.73
2013	0.00	0.00	4283.69	4283.69	88178.65	63428.22	84298.96	62332.88	3879.69	1095.34
2014	65.76	668.89	6799.56	7468.45	116461.45	72850.52	112287.81	71358.08	4173.64	1492.44
2015	175.86	1648.37	6751.77	8400.14	232557.99	104981.72	210936.25	101718.69	21621.74	3263.03

注：1.股票发行量仅指A股、B股IPO数量合计。
2.股票发行量和筹资金额均以股份上市日口径统计。
3.2008—2012年股票筹资金额包含行权部分(不包含可转债)。
4.交易所债券仅指证监会系统核准或备案的债券。

数据来源：中国人民银行、上海证券交易所、深圳证券交易所。

Source:PBC、SSE、SZSE.

1-5 境内外证券市场筹资情况

Proceeds Raised in Domestic and Foreign Capital Markets

单位：亿元人民币 (100 million RMB)

年份 Year	境内筹资金额 Proceeds Raised in Domestic Capital Market			境外股票筹资金额 Proceeds Raised in Foreign Capital Market	合计 Total	境外股票筹资与实际利用外商直接投资金额的比率 Proportion of Foreign Stock Financing to Actual Utilization of Foreign Capital
	小计 Subtotal	股票筹资金额 Proceeds Raised in Stock Market	交易所债券筹资金额 Proceeds Raised in Bond Market			
1992	68.91	68.91	—	0.00	68.91	—
1993	245.02	245.02	—	60.84	305.86	2.85
1994	213.63	213.63	—	188.75	402.38	4.88
1995	99.78	99.78	—	31.52	131.31	0.78
1996	308.04	308.04	—	100.57	408.61	2.19
1997	859.98	859.98	—	387.91	1247.89	7.32
1998	787.44	787.44	—	37.83	825.28	0.78
1999	873.63	873.63	—	47.11	920.74	1.41
2000	1515.82	1515.82	—	562.08	2077.90	16.68
2001	1238.14	1238.14	—	73.00	1311.14	1.88
2002	720.05	720.05	—	192.28	912.33	4.40
2003	665.51	665.51	—	537.32	1202.83	12.13
2004	650.53	650.53	—	647.72	1298.24	12.91
2005	339.03	339.03	—	1666.25	2005.29	34.23
2006	2374.49	2374.49	—	3072.57	5447.06	62.44
2007	7814.74	7814.74	—	927.47	8742.21	16.98
2008	4532.49	3312.39	1220.10	311.38	4843.88	4.93
2009	5549.35	4834.34	715.01	1067.66	6617.00	17.37
2010	11120.10	9799.80	1320.30	2343.11	13463.21	33.46
2011	8861.83	7154.43	1707.40	732.42	9594.24	10.02
2012	7265.17	4542.40	2722.77	997.82	8262.99	14.21
2013	8365.76	4283.69	4082.07	1063.89	9429.65	14.85
2014	11550.52	7468.45	4082.07	2253.40	13803.92	30.80
2015	26159.37	8400.14	16793.44	2905.43	28959.07	35.99

注：1.债券筹资=可转债+可分离债+公司债+中小企业私募债。
2.境外股票筹资仅指H股筹资。
3.2008—2012年股票筹资金额包含行权部分(不包含可转债)。
4.本表中美元折算汇率均使用当年最后一个交易日的中间价，港元均按1美元=7.8港元转化为美元后再按美元汇率折算。

数据来源：国家统计局、中国证监会、商务部、上海证券交易所、深圳证券交易所。
Source:NBSC、CSRC、MOFCOM、SSE、SZSE.

1-6 证券市场投资者账户情况
Investor Accounts of Securities Market

年份 Year	股票 Stock		基金 Fund	期货 Futures	
	股票账户数（万户） Number of Stock Accounts (10 thousand units)	股票投资者数（万户） Number of Stock Investors (10 thousand units)	基金账户数（万户） Number of Fund Accounts (10 thousand units)	期货账户数（万户） Number of Futures Accounts (10 thousand units)	客户数（万个） Number of Futures Investors (10 thousand units)
2003	6956.22	4011.22	—	—	—
2004	7133.94	4086.99	—	—	—
2005	7220.97	4127.76	—	—	—
2006	7517.90	4262.54	—	27.74	24.46
2007	9335.06	4944.74	—	44.77	39.55
2008	10516.85	5509.02	16846.00	71.28	61.64
2009	12105.42	6266.11	17480.00	110.61	91.63
2010	13458.38	6934.00	19672.00	150.55	121.37
2011	14050.32	7244.20	22987.00	179.34	141.14
2012	14045.84	7255.23	22948.00	89.69	71.73
2013	13247.15	6757.97	28773.46	97.72	77.24
2014	14214.69	7295.03	46409.34	99.35	82.26
2015	21477.37	9910.53	67917.87	126.88	107.52

注：1.股票账户数为有效账户数。
2.期货账户数2006—2011年为账户总数，2012年为有效账户数。
数据来源：中国证券登记结算公司、中国期货保证金监控中心公司。
Source:CSDC、CFMMC.

1－7 证券期货市场参与主体情况
Participant of Securities and Futures Market

年份 Year	上市公司 Listed Company		证券公司 Securities Company		基金管理公司 Fund Management Company		期货公司 Futures Company	
	家数（家）Number of Companies (unit)	总资产（亿元）Total Assets (100 million yuan)	家数（家）Number of Companies (unit)	总资产（亿元）Total Assets (100 million yuan)	家数（家）Number of Companies (unit)	总资产（亿元）Total Assets (100 million yuan)	家数（家）Number of Companies (unit)	总资产（亿元）Total Assets (100 million yuan)
1993	183	1821.00	—	—	—	—	—	—
1994	291	3309.00	91	—	—	—	—	—
1995	323	4295.00	97	—	—	—	—	—
1996	530	6352.00	94	—	—	—	329	—
1997	745	9660.58	90	—	—	—	294	—
1998	851	12407.52	90	—	6	—	278	—
1999	949	16107.36	90	—	10	—	213	—
2000	1088	28542.22	100	—	10	—	178	—
2001	1160	37690.36	109	—	15	—	200	—
2002	1224	45007.35	127	—	21	—	179	—
2003	1287	147643.82	133	—	33	79.98	186	—
2004	1377	237316.34	133	—	44	79.95	188	—
2005	1381	283446.89	116	—	52	81.16	183	—
2006	1434	336624.70	104	—	57	128.66	183	—
2007	1550	483151.92	106	17313.39	58	366.53	177	—
2008	1625	578566.76	107	11912.23	60	365.96	171	—
2009	1718	730207.97	106	20286.91	60	442.29	167	—
2010	2063	873598.86	106	19686.13	63	486.72	163	—
2011	2342	1033798.69	109	15722.53	69	493.73	163	—
2012	2494	1193593.17	114	17209.32	77	536.63	161	2318.48
2013	2489	1330017.51	115	20788.30	89	655.86	159	2569.07
2014	2613	1501082.96	121	40921.18	95	1047.26	158	3454.49
2015	2827	1725398.24	125	64170.66	101	1177.39	152	4746.21

注：证券公司、期货公司总资产包含客户资金。
数据来源：中国证监会、上海证券交易所、深圳证券交易所。
Source:CSRC、SSE、SZSE.

1-8　证监会系统境内筹资与全社会融资规模的比例
Proportion of Domestic Financing of Securities Governed by CSRC to Total Social Financing

年份 Year	社会融资规模（亿元） Total Social Financing (100 million yuan)	其中：证监会系统核准或备案券种净融资（亿元） Thereinto:Net financing of Securities Approved and Registered by CSRC (100 million yuan)	占比(%) Proportion	其中：直接融资规模（亿元） Thereinto: Direct Financing (100 million yuan)	占比(%) Proportion
2002	20112.00	—	—	995.00	4.95
2003	34113.00	—	—	1058.00	3.10
2004	28629.00	—	—	1140.00	3.98
2005	30008.00	—	—	2349.00	7.83
2006	42696.00	—	—	3846.00	9.01
2007	59663.00	—	—	6617.00	11.09
2008	69802.00	—	—	8847.00	12.67
2009	139104.00	—	—	15717.00	11.30
2010	140191.00	—	—	16849.00	12.02
2011	128286.00	1619.73	1.26	18035.00	14.06
2012	157605.00	2442.33	1.55	25006.00	15.87
2013	172913.00	3195.48	1.85	20326.64	11.76
2014	164571.00	4924.31	2.99	28602.44	17.38
2015	154100.00	7603.73	4.93	37004.00	24.01

注：直接融资规模包含非金融企业公司信用类债净额和非金融企业境内股票融资。
数据来源：中国人民银行、中国证监会。
Source:PBC、CSRC.

主要统计指标解释

Explantory Notes on Main Statistical Indicators

上市公司家数　指在统计期末其发行的股票在上交所、深交所上市的股份有限公司的数量。以股票上市日进行统计，同时发行 A 股、B 股的上市公司，按一家计算。

上市公司股本　也称上市公司总股本，是指统计期末上市公司在境内发行的全部股份数量合计，包括 A 股股本、B 股股本和其他不流通的境内股本。

流通股本　即非限售股本。

公式：流通股本 = 上市公司股本 − 限售股本。

首发筹资公司家数　指在统计期内首次公开发行股份（IPO）进行筹资的公司数量。以吸收合并、分拆等方式且未公开发行新股筹资的公司，不计入首发筹资公司家数。以股份上市日期作为统计指标的计算日；同一家公司在统计期内多次筹资时，筹资公司家数计为 1 家。

再筹资公司家数　指通过增发（公开增发和定向增发）、配股、行权筹资等方式进行筹资的上市公司家数。以股份上市日期作为统计指标的计算日；同一家公司在统计期内多次筹资时，筹资公司家数计为 1 家。其中，增发公司家数是指统计期内通过增发股份进行筹资的上市公司数量，根据增发对象不同，增发公司家数可分为公开增发公司家数和定向增发公司家数两个指标；配股公司家数是指统计期内通过向原股东配售股份进行筹资的上市公司数量；行权筹资公司家数包括权证（期权）行权筹资公司家数和可转债转股公司家数，这里的权证（期权）行权筹资是指权证（期权）持有人根据约定向上市公司认购股份从而增加上市公司股份的行为。

股票筹资金额　指统计期内通过发行股票筹集的资金总额，以股份上市日作为统计指标的计算日。

首发筹资金额　指统计期内首次公开发行股票（IPO）筹集的资金总额。

公式：首发筹资金额 = Σ（每股发行价格 × 发行股份数）。其中，对于发行股份吸收合并已上市公司的筹资金额，计算公式为：首发筹资金额 = 每股发行价格 ×（发行股份数 − 换股股份数）。

对于存在超额配售权的 IPO，根据超额配售权的实际行使情况对统计期内的 IPO 募集资金进行回溯调整。以股份上市日期作为统计指标的计算日。

公式：首发筹资金额 = Σ（每股发行价格 × 发行股份数）；首发筹资金额 = 每股发行价格 ×（发行股份数 − 换股股份数）。

再筹资金额　指统计期内上市公司通过增发（公开增发和定向增发）、配股、行权等方式筹集的资金总额。以股份上市日为统计指标的计算日。其中，增发筹资金额是指统计期内上市公司增发股份筹集的资金总额。根据股份认购对象的不同，增发筹资金额指标可分为公开增发筹资金额和定向增发筹资金额。根据增发时是否以现金认购，增发筹资金额指标可分为增发筹资金额（现金）和增发筹资金额（资产）。配股筹资金额指统计期内上市公司通过向原股东配售股份筹集的资金总额。行权筹资金额包括权证（期权）行权筹资金额和可转债转股金额。

公式：再筹资金额 = 增发筹资金额 + 配股筹资金额 + 行权筹资金额。其中：增发筹资金额 = Σ 增发每股价格 × 发行股份数；配股筹资金额 = Σ 配股价格 × 配售股份数 = Σ 配股价格 × 股份数量 × 配售比例；行权筹资金额 = Σ 行权价格 × 行权认购股份数 + Σ 转股价格 × 可转债转股数量。

股票市值　指统计期末根据上市公司股票价格和对应股票数量计算的股权价值合计。具体统计口径和计算方法如下：如当日无交易价格，采用最后交易日的收盘价；暂停上市股票的价格以零计算；未股改公司的非流通股以流通 A 股价格计算市值；仅发行 B 股的上市公司，其非流通股不进行股票市值计算；对当日除权股票进行市值计算时需要包含在途股份（已登记未上市）的市值。

流通市值 指根据股票价格与其非限售股本计算出的股权价值合计，即A股流通市值和B股流通市值的合计。

涨跌幅 指统计期内股票期末价格相对期初价格的变化幅度。统计区间如果包含上市首日则统计期内股票期末价格相对首发价格的变化幅度。指数涨跌幅参照股票涨跌幅处理；对股票区间涨跌幅的计算需要对股票价格进行复权处理，复权因素包括分红、送股、配股等，复权价格的公式为：复权价格＝当前价格×（1+送股比例＋配股比例）＋每股红利－配股价格×配股比例，若统计期内存在多次分红、送股、配股事件，复权价格采用递归方式进行计算。在计算复权价时，通常采用区间分段涨跌幅连乘或复权因子连乘进行速算。

公式：涨跌幅＝（期末收盘价／期初前收盘价－1）×100%。

成交量 指统计期内全部股票成交数量的合计，包含竞价交易和协议交易（大宗交易）。

成交金额 指在统计期内全部股票成交金额合计，包含竞价交易和协议交易（大宗交易）。

换手率（股本） 换手率可采用股票成交量／相应股票股本，通常称为股本换手率。对于某一区间换手率的计算，通常采用统计期内全部交易日的股本换手率合计进行计算。通常对单只股票采用股本换手率，对一组股票采用市值换手率；在计算一组股票换手率时，暂停上市股票不纳入计算。

公式：换手率（股本）＝（当日成交股数／流通股本）×100%。

换手率（市值） 换手率可采用股票成交金额／股票市值，通常称为市值换手率。对于某一区间换手率的计算，通常采用统计期内全部交易日的市值换手率合计进行计算。通常对单只股票采用股本换手率，对一组股票采用市值换手率；在计算一组股票换手率时，暂停上市股票不纳入计算。

公式：换手率（市值）＝（当日成交金额／流通市值）×100%。

市盈率（静态） 指上市公司每股股价与每股收益的比率，通常用上市公司股票市值与其对应的归属母公司股东净利润的比率进行计算。需要注意事项如下：每股收益和净利润数据在财务报告公告截止日的次日集中更新，且每股收益根据期末股本计算；如截止日未公布财务报告，在计算个股市盈率时采用向前追溯的净利润数据，在计算市场市盈率时剔除该股票；对单个股票计算市盈率时仅考虑每股收益为正的股票；对多个股票计算平均市盈率时通常采用上市公司股票市值合计与其对应的归属母公司股东的净利润合计的比率进行计算（剔除暂停上市公司股票，含净利润为负的股票）；对于发行多种类型股份的公司，根据各类性质股份股本按比例分配该公司归属母公司股东净利润。首发市盈率为股票首发价格与每股收益的比率，其中每股收益按照最新年度财务报告中对应的归属母公司股东净利润除以发行后总股本计算。

公式：市盈率（静态）＝Σ股票市值／Σ该股份对应的归属母公司股东净利润。

市净率 指上市公司每股股价与每股净资产的比率。通常用股票市值与对应的归属母公司股东权益的比率进行计算。每股净资产数据在财务报告公告截止日的次日集中更新；通常用最新财务报告中的每股净资产数据进行市净率计算；对单只股票计算市净率时仅考虑每股净资产为正的股票；对多只股票计算平均市净率时通常采用上市公司股票市值合计与其对应的归属母公司股东的权益合计的比率进行计算（剔除暂停上市公司股票，含权宜为负的股票）。

公式：市净率＝Σ股票市值／Σ该股份对应的归属母公司股东权益。

股息率 指每股现金分红与股票价格之间的比率，通常用对应的实际分红总额与期末股票市值的比率来计算。统计时剔除暂停上市公司；对一组股票的平均股息率通常用总体法计算。

股票有效账户数 指统计期末股票账户数中减去休眠账户数之后的股票账户数量。

股票投资者数 指统计期末已开立股票账户的投资者数量。统计时按照“投资者全称相同且证件代码相同”合并。

债券发行只数 指统计期内成功发行的债券数量。按发行首日口径计算。

债券发行额 指统计期内各类债券发行票面金额合计。按发行首日口径计算。

债券兑付金额 指统计期内债券发行人按照约定向债券投资者偿还本金和支付利息的金额合计。

债券成交金额 指统计期内各类债券成交金额合计，包括债券现货成交金额和债券回购成交金额。

公式：现货成交金额 = Σ［成交价格 × 成交量（现货）］；回购成交金额 = Σ［成交量（回购）×1000］。

债券托管额 指统计期末托管在债券登记结算机构的各类债券面额合计。

债券筹资金额 即债券融资金额，是指统计期内债券发行所募集到的资金总额。通常统计范围包括中国证监会审批的公司债券（含证券交易所备案的中小企业私募债）；以发行首日计算。

基金只数 指统计期末基金市场上基金产品的只数。自基金合同生效日（基金成立日）纳入统计，自基金合同终止日从统计中剔除。一般根据证监会主代码（基金主合同）口径统计。

基金份额 指统计期末基金市场基金份额的合计。

基金资产规模 指在统计期末市场上基金产品资产的合计。FOF产品、联接基金不纳入资产规模统计。对统一募集，自动拆分的分级基金统计基金资产规模时，只计母基金资产规模。对分开募集的分级基金统计基金资产规模时，同时统计不同子基金份额的资产规模。

上市基金成交金额 指统计期内在交易所上市的各类基金成交金额合计。

基金账户数 通常称基金TA账户，是指统计期末注册登记人为投资人建立的用于管理和记录基金持有的账户数量。

基金投资者数 是指统计期末已开立基金账户的投资者的数量。按照“投资者全称相同且证件代码相同”原则合并的基金投资者数量。

期货账户数 统计期末投资者通过期货公司向中国期货保证金监控中心有限责任公司报备的期货账户数量合计。

期货客户数 统计期末已在期货市场开户，按照“客户全称相同且证件代码相同”原则合并的客户数量。

期货成交金额 指统计期内全部期货合约成交金额合计。期货品种的成交金额为统计期内该品种全部期限合约的成交金额合计。

期货持仓金额 是指统计期末未平仓期货合约的金额合计。某一期货品种的持仓金额为统计期末该品种所有期限合约的持仓金额合计值；期货市场的持仓金额为统计期末全部期货品种的持仓金额合计值；商品期货合约统计采用历史期货交易发生时的交易单位，股指期货合约统计采用历史期货交易发生时的合约乘数。

公式：持仓金额 = Σ（T日某只期货合约持仓量 ×T日某只期货合约交易单位或合约乘数 × 某只期货合约结算价格）。

证券公司家数 统计期末已获得中国证监会颁发经营证券业务许可证的证券公司数量合计，以获得经营证券业务许可证为标准，已办理机构注销的证券公司从统计中剔除。

基金管理公司家数 统计期末经中国证监会批准，并获得基金管理资格证书的基金管理公司的数量合计，以获得基金管理资格证书为标准，已办理取消基金管理资格证书的基金管理公司从统计中剔除。

期货公司家数 统计期末经中国证监会批准，并获得中国证监会颁发经营期货业务许可证的期货公司的数量合计，以获得经营期货业务许可证为标准，已办理机构注销的期货公司从统计中剔除。

总资产 统计期末证券期货机构全部资产总额合计。证券期货机构包括证券公司、基金管理公司、期货公司；总资产来自机构的财务报表。

贰 零 壹 陆

二、股票

Stocks

贰 零 壹 陆

2015年股票市场情况概述

截至12月31日，全国上市公司2827家，总市值53.15万亿元，流通市值41.79万亿元。其中，沪市上市公司1081家，总市值29.54万亿元，流通市值25.41万亿元；深市上市公司1746家，总市值23.61万亿元，流通市值16.38万亿元。年底全国股票总市值国际排名列第二位，上交所在全球主要交易所市值排名列第4位，深交所在全球主要交易所市值排名列第5位。

股票筹资总额（现金）8295.14亿元，较上年同期增加71.60%。其中，首次发行筹资1578.08亿元；再次发行筹资6717.06亿元，较上年同期增加61.27%。

自年初以来，沪深指数大多上涨。沪深300指数收盘报3731.01点，涨幅5.58%；上证综指收盘报3539.18点，涨幅9.41%；深证综指收盘报2308.91点，涨幅63.15%；深证成指收盘报12664.89点，涨幅14.98%；中小板指收盘报8393.83点，涨幅53.70%；创业板指收盘报2714.05点，涨幅84.41%；上证50指数收盘报2420.80点，跌幅6.23%；上证180指数收盘报7995.77点，跌幅0.61%。截至12月31日，沪深300指数、上证综指、深证综指、深证成指、中小板指数、创业板指数、上证50指数和上证180指数的静态市盈率分别为15.56倍、18.94倍、62.36倍、42.54倍、48.53倍、97.00倍、10.54倍和13.13倍。

全年全国股票市场总成交金额为255.05万亿元，日均成交金额为1.04万亿元，同比增加242%。其中，上交所全年股票成交金额132.56万亿元，日均成交金额0.54万亿元，同比增加251%；深交所全年股票成交金额122.50万亿元，日均成交金额为0.5万亿元，同比增加233%。

2-1 股票市场概况
Overview of Stock Market

年份 Year	股票只数(只) Number of Stocks (unit)		上市公司家数(家) Number of Listed Companies(unit)		上市公司股本(亿股) Share Capital of Listed Companies(100 million shares)		流通股本(亿股) Negotiable Shares (100 million shares)	
	上交所	深交所	上交所	深交所	上交所	深交所	上交所	深交所
1992	38	33	29	24	46.94	26.28	—	8.55
1993	123	95	106	77	206.62	122.06	45.43	36.19
1994	203	142	171	120	419.06	221.95	108.06	77.57
1995	220	161	188	135	498.25	271.83	119.85	105.13
1996	329	270	293	237	671.19	439.54	186.81	158.76
1997	422	399	383	362	975.57	795.86	285.76	275.06
1998	477	455	438	414	1280.35	1066.34	379.73	361.97
1999	525	506	484	465	1580.15	1331.34	494.41	459.24
2000	614	560	572	516	2032.42	1583.84	648.99	585.36
2001	690	558	646	514	3164.44	1687.44	837.53	650.13
2002	759	552	715	509	3727.84	1736.35	992.53	687.73
2003	824	550	780	507	4170.39	1832.95	1157.10	741.95
2004	881	582	837	540	4700.55	2014.19	1366.58	827.57
2005	878	589	834	547	5023.05	2140.49	1561.21	937.68
2006	886	634	842	592	10279.54	2404.45	2254.48	1190.02
2007	904	732	860	690	14173.10	2827.35	3399.30	1534.34
2008	908	803	864	761	15410.39	3489.74	4916.04	2048.93
2009	914	890	870	848	16659.96	3946.30	11578.56	2621.63
2010	938	1211	894	1169	21939.51	5044.98	16031.30	3410.85
2011	975	1453	931	1411	23466.65	6278.46	17993.80	4506.06
2012	998	1581	954	1540	24617.62	7216.00	19521.33	5256.89
2013	997	1577	953	1536	25751.69	8070.35	23731.13	6265.99
2014	1039	1657	995	1618	27085.17	9709.93	24914.59	7374.66
2015	1125	1784	1081	1746	30244.86	12779.28	27417.77	9625.60

2-1 续表 1 continued

年份 Year	股票市值(亿元) Market Capitalization of Shares(100 million yuan)		流通市值(亿元) Negotiable Market Capitalization(100 million yuan)		成交量(亿股) Trading Volume (100 million shares)		日均成交量(亿股) Average Daily Volume (100 million shares)	
	上交所	深交所	上交所	深交所	上交所	深交所	上交所	深交所
1992	558.40	489.75	—	170.64	17.78	19.12	0.07	0.07
1993	2195.69	1335.32	423.94	408.34	147.42	79.15	0.57	0.31
1994	2600.13	1090.49	586.96	381.94	656.76	356.58	2.61	1.41
1995	2525.66	948.62	587.00	351.22	513.83	191.48	2.03	0.76
1996	5478.01	4364.57	1408.74	1458.29	1101.88	1431.26	4.46	5.79
1997	9218.07	8311.17	2513.47	2690.95	1215.68	1344.34	5.00	5.53
1998	10625.91	8888.12	2947.45	2802.90	1127.95	1026.15	4.59	4.17
1999	14580.47	11904.68	4249.69	3971.42	1560.38	1372.52	6.53	5.74
2000	26930.86	21190.65	8481.33	7616.67	2437.65	2321.80	10.20	9.71
2001	27590.57	15992.33	8382.11	6106.71	1819.95	1335.97	7.58	5.57
2002	25363.72	12975.07	7467.30	5019.90	1781.10	1236.05	7.52	5.22
2003	29804.92	12672.71	8201.14	4983.99	2692.73	1470.36	11.17	6.10
2004	26014.34	11066.61	7350.88	4350.32	3607.74	2219.99	14.85	9.14
2005	23096.13	9349.89	6754.61	3883.40	3986.59	2637.14	16.47	10.90
2006	71612.38	17828.97	16428.33	8592.78	10283.93	5861.29	42.67	24.32
2007	269838.87	57452.44	64532.17	28608.49	24325.38	12078.37	100.52	49.91
2008	97251.91	24289.14	32305.91	12997.11	16311.60	7819.79	66.31	31.79
2009	184655.23	59448.68	114805.00	36537.07	33679.64	17427.36	138.03	71.42
2010	179007.24	86415.35	142337.44	50772.97	25964.43	16187.55	107.29	66.89
2011	148376.22	66381.87	122851.36	42069.94	21192.91	12763.66	86.86	52.31
2012	158698.44	71659.18	134294.45	47363.81	18928.43	13932.12	77.89	57.33
2013	151165.27	87911.92	136526.38	63053.16	26718.86	21653.82	112.26	90.98
2014	243974.02	128572.94	220495.87	95128.44	42567.36	30815.73	173.74	125.78
2015	295386.90	236075.80	254117.39	163763.37	101701.68	69337.80	416.81	284.17

2–1 续表 2 continued

年份 Year	成交金额(亿元) Trading Turnover (100 million yuan)		日均成交金额(亿元) Average Daily Turnover (100 million yuan)		市值换手率(%) Turnover Ratio of Market Capitalization(%)		市盈率(倍) P/E Ratio (times)		股息率(%) Dividend Yield Ratio (%)	
	上交所	深交所	上交所	深交所	上交所	深交所	上交所	深交所	上交所	深交所
1992	248.96	434.08	0.97	1.69	—	329.78	—	33.81	—	—
1993	2340.54	1286.67	9.04	4.97	—	459.54	42.48	33.36	—	—
1994	5735.07	2392.56	22.76	9.49	1134.65	579.90	23.45	10.29	—	—
1995	3103.46	932.99	12.27	3.69	528.72	241.55	15.70	9.48	—	—
1996	9114.82	12217.36	36.90	49.46	913.43	1173.86	31.32	34.85	—	—
1997	13763.17	16958.66	56.64	69.79	701.81	746.40	39.86	39.86	—	—
1998	12386.11	11158.14	50.35	45.36	453.63	379.34	34.38	30.62	—	—
1999	16965.79	14356.58	70.99	60.07	471.46	386.79	38.13	36.32	—	—
2000	31373.86	29461.33	131.27	123.27	498.80	483.10	58.22	56.03	—	0.44
2001	22709.38	15616.01	94.62	65.07	243.60	206.30	37.71	39.80	—	0.95
2002	16959.09	11034.82	71.56	46.56	202.68	186.14	34.43	36.99	—	1.02
2003	20824.14	11291.13	86.41	46.85	252.07	213.29	36.54	36.19	—	0.95
2004	26470.60	15863.35	108.93	65.28	304.69	301.36	24.23	24.64	—	1.41
2005	19240.21	12424.57	79.51	51.34	283.49	315.18	16.33	16.36	—	2.19
2006	57816.60	32652.29	239.90	135.49	544.39	552.01	33.30	32.72	—	1.09
2007	305434.29	155121.94	1262.13	641.00	817.72	818.67	59.24	69.75	—	0.46
2008	180429.95	86682.71	733.46	352.37	384.11	447.24	17.99	16.73	2.23	1.48
2009	346511.91	189474.86	1420.13	776.54	523.12	747.76	27.04	46.01	1.21	0.50
2010	304312.01	241321.53	1257.49	997.20	259.25	587.29	16.71	44.69	1.42	0.56
2011	237555.30	184089.28	973.59	754.46	163.75	353.48	12.08	23.11	2.18	1.01
2012	164460.86	150122.41	676.79	617.79	128.19	325.84	12.59	22.02	2.49	1.14
2013	230266.02	238462.58	967.50	1001.94	169.22	423.79	10.99	27.76	2.96	0.89
2014	375634.40	366750.86	1533.20	1496.94	242.01	471.99	16.85	41.91	2.04	0.91
2015	1325590.45	1224950.86	5432.75	5020.29	489.63	826.28	18.94	62.36	1.72	0.48

数据来源：上海证券交易所、深圳证券交易所。
Source:SSE、SZSE.

2-2　股票市场历史记录情况
Historical Records of Stock Market

年份 Year	日收市综合指数 Daily Closing Composite Index							
	最高 Highest				最低 Lowest			
	上证综指 SSE Composite Index	日期 Date	深证成指 SZSE Composite Index	日期 Date	上证综指 SSE Composite Index	日期 Date	深证成指 SZSE Composite Index	日期 Date
1992	1421.57	1992-05-25	312.21	1992-05-26	293.75	1992-01-02	107.08	1992-01-16
1993	1536.82	1993-02-15	359.44	1993-02-22	778.33	1993-10-27	203.91	1993-07-21
1994	1033.47	1994-09-13	242.06	1994-01-07	333.92	1994-07-29	96.56	1994-07-29
1995	897.42	1995-05-22	169.66	1995-05-22	532.49	1995-02-07	112.63	1995-12-28
1996	1247.66	1996-12-09	473.02	1996-12-11	516.46	1996-01-22	105.34	1996-01-22
1997	1500.40	1997-05-12	517.91	1997-05-12	876.50	1997-01-06	305.81	1997-01-06
1998	1420.00	1998-06-03	441.04	1998-06-03	1070.41	1998-08-17	317.10	1998-08-18
1999	1739.21	1999-06-29	525.14	1999-06-29	1059.87	1999-05-18	310.65	1999-05-18
2000	2119.44	2000-11-23	654.37	2000-11-23	1406.37	2000-01-04	414.69	2000-01-04
2001	2242.42	2001-06-13	664.85	2001-06-13	1520.67	2001-10-22	439.36	2001-10-22
2002	1732.93	2002-07-08	512.38	2002-06-24	1357.65	2002-12-31	371.79	2002-01-22
2003	1631.47	2003-04-15	449.42	2003-04-15	1316.56	2003-11-18	350.74	2003-11-18
2004	1777.52	2004-04-06	470.55	2004-04-07	1260.32	2004-09-13	315.17	2004-09-13
2005	1317.27	2005-03-08	333.28	2005-03-09	1011.50	2005-07-11	237.18	2005-07-18
2006	2675.47	2006-12-29	552.93	2006-12-29	1180.96	2006-01-04	278.99	2006-01-04
2007	6092.06	2007-10-16	1567.74	2007-10-08	2612.54	2007-02-05	547.89	2007-01-05
2008	5497.90	2008-01-14	1584.40	2008-01-15	1706.70	2008-11-04	452.33	2008-11-04
2009	3471.44	2009-08-04	1240.64	2009-12-04	1863.37	2009-01-13	557.69	2009-01-05
2010	3306.75	2010-01-05	1412.64	2010-11-11	2319.74	2010-07-05	890.24	2010-07-02
2011	3057.33	2011-04-18	1311.34	2011-03-09	2166.21	2011-12-27	849.76	2011-12-28
2012	2460.69	2012-03-02	1010.46	2012-03-13	1959.77	2012-12-03	734.28	2012-12-03
2013	2434.48	2013-02-06	1101.59	2013-10-21	1950.01	2013-06-27	877.76	2013-01-04
2014	3234.68	2014-12-31	1503.58	2014-12-16	1991.25	2014-01-20	1007.27	2014-04-28
2015	5166.35	2015-06-12	3140.66	2015-06-12	2927.29	2015-08-26	1428.37	2015-01-19

2-2 续表 1 continued

年份 Year	日收市综合指数 Daily Closing Composite Index							
	最大涨幅(%) Maximum Change of Increment(%)				最大跌幅(%) Maximum Change of Decrement(%)			
	上证综指 SSE Composite Index	日期 Date	深证成指 SZSE Composite Index	日期 Date	上证综指 SSE Composite Index	日期 Date	深证成指 SZSE Composite Index	日期 Date
1992	105.27	1992-05-21	12.02	1992-04-13	-11.18	1992-10-27	-10.04	1992-11-16
1993	16.44	1993-06-02	12.43	1993-08-24	-13.08	1993-12-20	-11.80	1993-08-17
1994	33.46	1994-08-01	31.29	1994-08-01	-12.68	1994-08-09	-12.66	1994-10-05
1995	30.99	1995-05-18	28.28	1995-05-18	-16.39	1995-05-23	-17.21	1995-05-23
1996	9.83	1996-12-02	11.04	1996-04-26	-9.91	1996-12-16	-10.00	1996-12-16
1997	7.58	1997-02-19	6.55	1997-06-20	-8.91	1997-02-18	-9.75	1997-02-18
1998	5.11	1998-08-19	5.87	1998-08-19	-8.36	1998-08-17	-8.32	1998-08-17
1999	6.59	1999-09-09	7.03	1999-07-20	-7.61	1999-07-01	-7.99	1999-07-01
2000	9.05	2000-02-14	9.07	2000-02-14	-4.40	2000-03-16	-4.75	2000-03-16
2001	9.86	2001-10-23	9.68	2001-10-23	-5.27	2001-07-30	-5.50	2001-07-30
2002	9.25	2002-06-24	9.05	2002-06-24	-6.33	2002-01-28	-6.59	2002-01-28
2003	5.81	2003-01-14	4.65	2003-01-14	-3.04	2003-05-13	-2.90	2003-05-13
2004	4.22	2004-09-15	4.68	2004-09-15	-3.88	2004-10-14	-4.99	2004-10-14
2005	8.21	2005-06-08	7.92	2005-06-08	-3.76	2005-08-18	-3.38	2005-08-18
2006	4.26	2006-05-12	4.42	2006-05-15	-5.34	2006-06-07	-5.79	2006-06-07
2007	5.33	2007-08-20	5.26	2007-01-15	-8.84	2007-02-27	-8.54	2007-02-27
2008	9.46	2008-09-19	8.89	2008-09-19	-7.73	2008-06-10	-8.02	2008-06-10
2009	6.12	2009-03-04	6.18	2009-03-04	-6.75	2009-08-31	-7.14	2009-08-31
2010	3.48	2010-05-24	4.28	2010-05-24	-5.16	2010-11-12	-6.12	2010-11-12
2011	3.04	2011-10-12	3.50	2011-10-12	-3.79	2011-08-08	-4.43	2011-08-08
2012	4.33	2012-12-14	5.14	2012-01-17	-2.73	2012-06-04	-4.09	2012-03-14
2013	3.39	2013-09-09	3.63	2013-01-14	-5.30	2013-06-24	-6.10	2013-06-24
2014	4.31	2014-12-04	3.50	2014-12-10	-5.43	2014-12-09	-4.31	2014-12-09
2015	5.76	2015-07-09	6.52	2015-09-16	-8.49	2015-08-24	-7.87	2015-06-26

2-2 续表 2 continued

年份 Year	日成交金额(亿元) Daily Turnover(100 million yuan)							
	最大 Maximum				最小 Minimum			
	上交所 SSE	日期 Date	深交所 SZSE	日期 Date	上交所 SSE	日期 Date	深交所 SZSE	日期 Date
1992	5.96	1992-12-08	5.06	1992-12-01	0.00	1992-01-15	0.11	1992-02-02
1993	38.24	1993-12-07	22.71	1993-11-18	0.98	1993-07-22	0.02	1993-07-17
1994	157.54	1994-09-06	74.49	1994-09-06	1.60	1994-07-12	0.03	1994-07-07
1995	114.30	1995-05-22	42.15	1995-05-22	1.14	1995-02-15	0.02	1995-06-17
1996	192.74	1996-12-03	189.57	1996-11-20	1.53	1996-02-09	0.51	1996-02-07
1997	159.83	1997-05-12	215.81	1997-05-07	11.51	1997-10-14	11.59	1997-10-07
1998	119.00	1998-04-09	101.37	1998-05-11	16.48	1998-12-21	14.77	1998-12-31
1999	404.43	1999-06-25	353.36	1999-06-25	11.62	1999-01-04	10.51	1999-01-04
2000	472.62	2000-02-17	408.34	2000-02-17	42.92	2000-09-27	46.73	2000-09-25
2001	234.13	2001-10-24	187.97	2001-03-23	27.27	2001-11-15	14.41	2001-11-15
2002	494.80	2002-06-24	325.87	2002-06-24	26.60	2002-10-08	16.15	2002-12-09
2003	330.15	2003-04-16	189.41	2003-04-16	27.24	2003-01-03	17.59	2003-09-22
2004	286.68	2004-09-24	185.24	2004-09-24	31.67	2004-09-07	17.45	2004-09-07
2005	221.57	2005-08-18	137.72	2005-08-18	36.75	2005-07-07	24.74	2005-01-04
2006	626.89	2006-12-06	341.23	2006-05-16	67.63	2006-03-13	37.05	2006-03-14
2007	2712.94	2007-05-30	1358.40	2007-05-30	502.08	2007-11-23	241.00	2007-11-23
2008	1896.84	2008-04-24	921.64	2008-01-08	217.96	2008-09-09	89.79	2008-11-03
2009	2969.29	2009-07-29	1781.92	2009-11-24	461.01	2009-01-05	246.16	2009-01-05
2010	3076.92	2010-11-02	2317.56	2010-11-02	432.14	2010-07-05	403.31	2010-07-05
2011	2080.93	2011-03-07	1459.64	2011-02-22	364.74	2011-12-29	307.93	2011-10-10
2012	1709.83	2012-03-14	1542.85	2012-03-14	331.30	2012-11-26	299.30	2012-11-26
2013	1954.28	2013-09-11	1590.18	2013-10-22	522.23	2013-07-09	525.53	2013-04-15
2014	7933.59	2014-12-09	4418.26	2014-12-09	482.99	2014-01-20	583.55	2014-05-19
2015	13107.85	2015-04-20	11150.06	2015-05-28	1565.69	2015-09-30	1672.18	2015-02-10

注：指数最高、最低价分别为收盘最高、最低价。
数据来源：上海证券交易所、深圳证券交易所、中证指数有限公司。
Source:SSE、SZSE、CSINDEX.

2–3 股票市场分板块规模
Dimensions of Stock Market by Board

年份 Year	股票只数(只) Number of Stocks(unit)				上市公司家数(家) Number of Listed Companies(unit)			
	主板 Main Board	中小板 SME Board	创业板 GE Board	合计 Total	主板 Main Board	中小板 SME Board	创业板 GE Board	合计 Total
1992	71	—	—	71	53	—	—	53
1993	218	—	—	218	183	—	—	183
1994	345	—	—	345	291	—	—	291
1995	381	—	—	381	323	—	—	323
1996	599	—	—	599	530	—	—	530
1997	821	—	—	821	745	—	—	745
1998	932	—	—	932	852	—	—	852
1999	1031	—	—	1031	949	—	—	949
2000	1174	—	—	1174	1088	—	—	1088
2001	1248	—	—	1248	1160	—	—	1160
2002	1311	—	—	1311	1224	—	—	1224
2003	1374	—	—	1374	1287	—	—	1287
2004	1425	38	—	1463	1339	38	—	1377
2005	1417	50	—	1467	1331	50	—	1381
2006	1418	102	—	1520	1332	102	—	1434
2007	1434	202	—	1636	1348	202	—	1550
2008	1438	273	—	1711	1352	273	—	1625
2009	1441	327	36	1804	1355	327	36	1718
2010	1465	531	153	2149	1379	531	153	2063
2011	1501	646	281	2428	1415	646	281	2342
2012	1523	701	355	2579	1438	701	355	2494
2013	1518	701	355	2574	1433	701	355	2489
2014	1558	732	406	2696	1475	732	406	2613
2015	1641	776	492	2909	1559	776	492	2827

2–3 续表 1 continued

年份 Year	上市公司股本(亿股) Share Capital of Listed Companies(100 million shares)				流通股本(亿股) Negotiable Shares(100 million shares)			
	主板 Main Board	中小板 SME Board	创业板 GE Board	合计 Total	主板 Main Board	中小板 SME Board	创业板 GE Board	合计 Total
1992	—	—	—	—	—	—	—	—
1993	328.68	—	—	328.68	81.62	—	—	81.62
1994	641.01	—	—	641.01	185.63	—	—	185.63
1995	770.08	—	—	770.08	224.98	—	—	224.98
1996	1110.73	—	—	1110.73	345.57	—	—	345.57
1997	1771.43	—	—	1771.43	560.82	—	—	560.82
1998	2346.69	—	—	2346.69	741.70	—	—	741.70
1999	2911.49	—	—	2911.49	953.66	—	—	953.66
2000	3616.26	—	—	3616.26	1234.35	—	—	1234.35
2001	4851.88	—	—	4851.88	1487.66	—	—	1487.66
2002	5464.19	—	—	5464.19	1680.27	—	—	1680.27
2003	6003.34	—	—	6003.34	1899.05	—	—	1899.05
2004	6682.50	32.23	—	6714.74	2184.56	9.59	—	2194.15
2005	7107.40	56.14	—	7163.54	2476.69	22.20	—	2498.89
2006	12540.78	143.21	—	12683.99	3389.82	54.68	—	3444.50
2007	16660.81	339.64	—	17000.45	4806.99	126.66	—	4933.64
2008	18308.52	591.60		18900.13	6704.75	260.22	—	6964.97
2009	19777.53	794.13	34.60	20606.26	13813.22	380.49	6.48	14200.19
2010	25442.68	1366.74	175.06	26984.48	18686.62	705.15	50.38	19442.15
2011	27402.08	1943.50	399.53	29745.11	21232.99	1124.65	142.22	22499.86
2012	28822.47	2410.25	600.89	31833.62	23049.78	1486.39	242.05	24778.22
2013	30242.00	2818.48	761.56	33822.04	27514.12	2052.99	430.01	29997.12
2014	32247.25	3470.59	1077.26	36795.10	29049.51	2552.05	687.69	32289.25
2015	36329.75	4853.94	1840.45	43024.14	32373.83	3500.65	1168.89	37043.37

2-3 续表 2 continued

年份 Year	股票市值(亿元) Market Capitalization of Shares(100 million yuan)				流通市值(亿元) Negotiable Market Capitalization (100 million yuan)			
	主板 Main Board	中小板 SME Board	创业板 GE Board	合计 Total	主板 Main Board	中小板 SME Board	创业板 GE Board	合计 Total
1992	1048.15	—	—	1048.15	—	—	—	—
1993	3531.01	—	—	3531.01	832.28	—	—	832.28
1994	3690.62	—	—	3690.62	968.90	—	—	968.90
1995	3474.28	—	—	3474.28	938.23	—	—	938.23
1996	9842.58	—	—	9842.58	2867.03	—	—	2867.03
1997	17529.24	—	—	17529.24	5204.42	—	—	5204.42
1998	19514.03	—	—	19514.03	5750.35	—	—	5750.35
1999	26485.15	—	—	26485.15	8221.11	—	—	8221.11
2000	48121.51	—	—	48121.51	16098.00	—	—	16098.00
2001	43582.89	—	—	43582.89	14488.82	—	—	14488.82
2002	38338.80	—	—	38338.80	12487.20	—	—	12487.20
2003	42477.63	—	—	42477.63	13185.13	—	—	13185.13
2004	36667.51	413.43	—	37080.95	11581.24	119.96	—	11701.20
2005	31964.46	481.55	—	32446.02	10452.71	185.29	—	10638.01
2006	87426.06	2015.30	—	89441.35	24297.49	723.63	—	25021.11
2007	316644.48	10646.84	—	327291.31	89317.00	3823.66	—	93140.66
2008	115271.36	6269.68	—	121541.05	42630.34	2672.68	—	45303.02
2009	225621.27	16872.55	1610.08	244103.90	143539.53	7503.57	298.97	151342.07
2010	222692.76	35364.61	7365.22	265422.59	174954.45	16150.32	2005.64	193110.41
2011	179894.98	27429.32	7433.79	214758.10	148073.70	14343.52	2504.08	164921.30
2012	192822.39	28804.03	8731.21	230357.62	162078.83	16244.15	3335.29	181658.26
2013	186821.47	37163.74	15091.98	239077.19	165817.01	25543.70	8218.83	199579.54
2014	299637.81	51058.20	21850.95	372546.96	266533.42	36017.99	13072.90	315624.31
2015	371595.98	103950.47	55916.25	531462.70	316065.04	69737.04	32078.68	417880.76

数据来源：上海证券交易所、深圳证券交易所。
Source:SSE、SZSE.

2–4 股票市场分股份类型规模
Dimensions of Stock Market by Type of Share

年份 Year	股票只数(只) Number of Stocks (unit)		上市公司家数(家) Number of Listed Companies (unit)			上市公司股本(亿股) Share Capital of Listed Companies (100 million shares)	
	A股 A-shares	B股 B-shares	发行A股上市公司家数 Number of Listed Companies Issued the A-shares	发行B股上市公司家数 Number of Listed Companies Issued the B-shares	同时发行A、B股上市公司家数 Number of Listed Companies Issued the A-shares And B-shares	A股 A-shares	B股 B-shares
1992	53	18	53	18	18	—	—
1993	177	41	177	41	35	300.19	28.49
1994	287	58	287	58	54	594.71	46.30
1995	311	70	311	70	58	708.00	62.09
1996	514	85	514	85	69	1025.24	85.49
1997	720	101	720	101	76	1646.13	125.30
1998	826	106	826	106	80	2205.30	141.38
1999	923	108	922	108	81	2760.52	150.97
2000	1060	114	1060	114	86	3442.26	174.00
2001	1136	112	1140	112	92	4662.36	189.53
2002	1200	111	1213	111	100	5284.85	179.34
2003	1263	111	1277	111	101	5813.72	189.62
2004	1353	110	1363	110	96	6505.83	208.91
2005	1358	109	1358	109	86	6936.08	227.47
2006	1411	109	1411	109	86	12445.65	238.34
2007	1527	109	1527	109	86	16746.63	253.84
2008	1602	109	1602	109	86	18629.78	270.35
2009	1696	108	1696	108	86	20332.77	273.49
2010	2041	108	2051	108	96	26701.52	282.97
2011	2320	108	2320	108	86	29448.60	296.52
2012	2472	107	2472	107	85	31551.24	282.38
2013	2468	106	2468	106	85	33538.25	283.79
2014	2592	104	2592	104	83	36517.75	277.35
2015	2808	101	2808	101	82	42753.16	270.98

2–4 续表 continued

年份 Year	流通股本(亿股) Negotiable Shares (100 million shares)		股票市值(亿元) Market Capitalization of Shares (100 million yuan)		流通市值(亿元) Negotiable Market Capitalization (100 million yuan)	
	A股 A-shares	B股 B-shares	A股 A-shares	B股 B-shares	A股 A-shares	B股 B-shares
1992	—	—	—	—	—	—
1993	57.14	24.48	3318.67	212.35	653.68	178.60
1994	144.41	41.22	3516.04	174.58	813.88	155.02
1995	178.98	46.00	3310.58	163.71	790.94	147.28
1996	267.15	78.42	9448.56	394.03	2514.02	353.02
1997	443.25	117.58	17154.19	375.04	4856.09	348.34
1998	607.78	133.92	19307.68	206.35	5554.78	195.58
1999	811.77	141.89	26181.61	303.54	7944.61	276.50
2000	1079.15	155.21	47486.10	635.41	15534.47	563.53
2001	1320.37	167.30	42303.22	1279.68	13367.52	1121.31
2002	1508.76	171.51	37536.23	802.57	11721.40	765.81
2003	1719.66	179.39	41540.40	937.23	12312.53	872.60
2004	1996.65	197.50	36334.72	746.22	11011.02	690.17
2005	2280.84	218.05	31826.28	619.73	10035.93	602.08
2006	3215.54	228.96	88151.42	1289.94	23748.73	1272.38
2007	4682.77	250.87	324738.16	2553.15	90602.83	2537.83
2008	6696.76	268.21	120741.17	799.88	44508.22	794.80
2009	13928.71	271.48	242291.80	1812.11	149539.38	1802.69
2010	19160.47	281.68	263220.54	2202.05	190917.10	2193.31
2011	22204.54	295.32	213309.84	1448.26	163479.07	1442.24
2012	24497.05	281.18	228775.33	1582.29	180082.94	1575.32
2013	29714.53	282.59	237403.27	1673.92	197915.96	1663.57
2014	32013.11	276.14	370823.17	1723.79	313910.42	1713.89
2015	36773.67	269.70	529251.65	2211.05	415680.99	2199.76

注：发A股公司包括既发A股又发B股的公司，发B股公司包括既发A股又发B股的公司。
数据来源：上海证券交易所、深圳证券交易所。
Source:SSE、SZSE.

2–5 股票市场分监管辖区规模
Dimensions of Stock Market by Regulatory Jurisdiction

辖区	Jurisdiction	上市公司家数(家) Number of Listed Companies (unit)		上市公司股本(亿股) Share Capital of Listed Companies (100 million shares)		股票市值(亿元) Market Capitalization of Shares (100 million yuan)	
		2014	2015	2014	2015	2014	2015
北京	Beijing	235.00	263.00	15720.12	16736.80	119581.95	132332.87
天津	Tianjin	42.00	42.00	418.89	466.49	5082.79	6221.35
河北	Hebei	50.00	53.00	536.01	703.21	5755.88	8038.66
山西	Shanxi	35.00	37.00	567.47	691.77	5459.51	5832.85
内蒙古	Neimenggu	25.00	25.00	431.50	671.10	4046.51	5221.67
辽宁	Liaoning	45.00	48.00	391.86	460.12	3357.41	5581.33
吉林	Jilin	40.00	40.00	284.70	346.46	3489.07	4948.55
黑龙江	Heilongjiang	32.00	35.00	301.20	337.52	3210.44	4910.67
上海	Shanghai	206.00	224.00	3330.44	3920.56	37578.22	58054.57
江苏	Jiangsu	255.00	277.00	1512.08	2099.84	19615.74	36251.80
浙江	Zhejiang	221.00	248.00	1371.05	1848.35	18003.75	34976.07
安徽	Anhui	80.00	88.00	634.84	833.71	7042.15	10943.74
福建	Fujian	61.00	66.00	739.69	845.74	8323.63	12293.26
江西	Jiangxi	32.00	35.00	208.93	237.16	2482.82	3884.30
山东	Shandong	135.00	142.00	947.77	1128.27	10151.89	15759.01
河南	Henan	67.00	73.00	517.10	695.85	5475.19	8681.52
湖北	Hubei	86.00	87.00	689.21	754.83	7403.26	10935.39
湖南	Hunan	74.00	81.00	537.14	656.95	6203.36	10053.16
广东	Guangdong	200.00	223.00	1507.40	1960.51	19698.15	36797.56
广西	Guangxi	32.00	35.00	208.78	313.25	2234.19	4059.50
海南	Hainan	27.00	27.00	336.26	352.96	2754.36	3551.34
重庆	Chongqing	40.00	43.00	371.55	468.30	4456.61	6495.47
四川	Sichuan	91.00	103.00	746.80	908.01	8422.78	13817.88
贵州	Guizhou	21.00	21.00	126.49	177.82	3991.50	5273.92
云南	Yunnan	29.00	30.00	222.44	261.95	3087.24	3875.95
西藏	xizang	10.00	11.00	71.04	79.77	835.11	1407.49
陕西	Shaanxi	42.00	43.00	406.38	465.23	4845.87	6946.27
甘肃	Gansu	26.00	28.00	272.04	327.51	2698.70	3413.25
青海	Qinghai	10.00	10.00	75.80	95.77	966.67	1409.80
宁夏	Ningxia	12.00	12.00	58.54	63.90	489.88	817.34
新疆	Xinjiang	40.00	42.00	356.68	517.99	4432.33	6050.64
深圳	Shenzhen	190.00	202.00	1895.00	2258.57	31515.44	44729.98
大连	Dalian	27.00	28.00	341.60	415.73	2514.75	3855.59
宁波	Ningbo	45.00	51.00	373.15	456.56	3281.49	6244.90
厦门	Xiamen	31.00	33.00	158.71	181.11	2070.59	3243.18
青岛	Qingdao	19.00	20.00	126.46	210.45	1886.35	3007.85

注：1.按上市公司注册地口径统计。
2.由于使用汇率存在差异，本表中各辖区合计股票市值与表2–3数据有差异。
数据来源：上海证券交易所、深圳证券交易所。
Source:SSE、SZSE.

2-6 境内股票首发筹资按板块分类情况(IPO)
Statistics for Domestic IPO Financing by Board

年份 Year	境内首发筹资公司家数(家) Number of Listed Companies Financing in Domestic Capital Market by IPO(unit)				境内股票首发筹资金额(IPO)(亿元) Proceeds Raised in Domestic Capital Market by IPO(100 million yuan)			
	主板 Main Board	中小板 SME Board	创业板 GE Board	合计 Total	主板 Main Board	中小板 SME Board	创业板 GE Board	合计 Total
1990	8	—	—	8	2.11	—	—	2.11
1991	5	—	—	5	1.03	—	—	1.03
1992	41	—	—	41	68.91	—	—	68.91
1993	134	—	—	134	184.83	—	—	184.83
1994	117	—	—	117	154.44	—	—	154.44
1995	36	—	—	36	42.37	—	—	42.37
1996	212	—	—	212	241.32	—	—	241.32
1997	222	—	—	222	651.56	—	—	651.56
1998	111	—	—	111	412.22	—	—	412.22
1999	100	—	—	100	494.71	—	—	494.71
2000	143	—	—	143	862.56	—	—	862.56
2001	79	—	—	79	614.03	—	—	614.03
2002	71	—	—	71	498.75	—	—	498.75
2003	67	—	—	67	472.42	—	—	472.42
2004	62	38	—	100	269.97	91.08	—	361.05
2005	3	12	—	15	28.55	29.09	—	57.63
2006	14	52	—	66	1180.23	161.46	—	1341.70
2007	26	100	—	126	4379.92	390.91	—	4770.83
2008	5	71	—	76	733.54	300.84	—	1034.38
2009	9	54	36	99	1251.25	423.64	204.09	1878.98
2010	26	204	117	347	1891.51	2027.73	963.34	4882.59
2011	39	115	128	282	1014.01	1018.95	791.47	2824.43
2012	25	55	74	154	333.57	349.25	351.49	1034.32
2013	—	—	—	—	—	—	—	—
2014	43	31	51	125	311.77	197.66	159.46	668.89
2015	89	44	86	219	1086.9	181.86	309.32	1578.08

注：对A股、B股同年首发的公司筹资家数计为1家，筹资金额包含A股、B股首发筹资金额；对不同年份发行A股、B股的公司筹资家数和筹资金额分别计入当年筹资家数和筹资金额。

数据来源：上海证券交易所、深圳证券交易所。

Source:SSE、SZSE.

2-7 境内股票首发筹资按股份类型分类情况(IPO)
Statistics for Domestic IPO Financing by Type of Shares

年份 Year	境内首发筹资公司家数(家) Number of Listed Companies Financing in Domestic Capital Market by IPO(unit)		境内股票首发筹资金额(IPO)(亿元) Proceeds Raised in Domestic Capital Market by IPO(100 million yuan)	
	发行A股的公司 Listed Companies Issued the A shares	发行B股的公司 Listed Companies Issued the B shares	A股 A-shares	B股 B-shares
1990	8	0	2.11	0.00
1991	5	0	1.03	0.00
1992	40	18	20.46	48.45
1993	124	23	143.50	41.34
1994	110	17	143.23	11.21
1995	24	12	21.90	20.47
1996	203	15	211.68	29.65
1997	206	16	613.97	37.59
1998	106	5	404.14	8.08
1999	98	2	494.20	0.51
2000	137	6	852.05	10.51
2001	79	0	614.03	0.00
2002	71	0	498.75	0.00
2003	67	0	472.42	0.00
2004	100	0	361.05	0.00
2005	15	0	57.63	0.00
2006	66	0	1341.70	0.00
2007	126	0	4770.83	0.00
2008	76	0	1034.38	0.00
2009	99	0	1878.98	0.00
2010	347	0	4882.59	0.00
2011	282	0	2824.43	0.00
2012	154	0	1034.32	0.00
2013	0	0	0.00	0.00
2014	125	0	668.89	0.00
2015	219	0	1578.08	0.00

注：对A股、B股同年首发的公司分别计入当年发行A股、B股的公司家数和筹资金额；对不同年份发行A股、B股的公司筹资家数和筹资金额分别计入当年筹资家数和筹资金额。

数据来源：上海证券交易所、深圳证券交易所。

Source:SSE、SZSE.

2-8 新股首发及上市首日情况
Issue-Day Statistics of IPO

年份 Year	平均超募比率(%) Average Oversubscription Rate(%)				上市首日平均换手率(%) Average Turnover Ratio of Issue-day(%)			
	总体 Total	主板 Main Board	中小板 SME Board	创业板 GE Board	总体 Total	主板 Main Board	中小板 SME Board	创业板 GE Board
1995	—	—	—	—	31.57	31.57	—	—
1996	—	—	—	—	57.67	57.67	—	—
1997	—	—	—	—	58.53	58.53	—	—
1998	—	—	—	—	58.96	58.96	—	—
1999	—	—	—	—	58.84	58.84	—	—
2000	—	—	—	—	57.99	57.99	—	—
2001	—	—	—	—	64.31	64.31	—	—
2002	—	—	—	—	62.57	62.57	—	—
2003	—	—	—	—	51.99	51.99	—	—
2004	—	—	—	—	54.80	52.15	59.05	—
2005	—	—	—	—	58.03	72.35	55.64	—
2006	2.20	2.41	1.31	—	71.12	61.54	73.52	—
2007	67.70	84.29	9.64	—	65.59	58.28	66.71	—
2008	18.96	25.19	6.07	—	80.74	71.46	81.39	—
2009	56.42	35.46	96.09	144.88	79.31	73.02	76.44	85.18
2010	124.36	37.81	150.23	234.59	72.14	67.18	72.80	72.11
2011	93.88	57.99	96.48	154.23	68.42	61.31	68.32	70.62
2012	43.46	4.75	65.96	84.59	62.72	65.53	60.74	63.24
2013	0.00	0.00	0.00	0.00	0.00	0.00	0.00	0.00
2014	0.00	0.00	0.00	0.00	5.25	6.00	4.39	5.14
2015	0.00	0.00	0.00	0.00	0.07	0.08	0.09	0.05

2-8 续表 1 continued

年份 Year	首日破发率(%) The Ratio of Breaking Issue Price(%)				平均首发价格(元) Average IPO Price(yuan)			
	总体 Total	主板 Main Board	中小板 SME Board	创业板 GE Board	总体 Total	主板 Main Board	中小板 SME Board	创业板 GE Board
1995	11.11	11.11	—	—	4.06	4.06	—	—
1996	1.38	1.38	—	—	5.57	5.57	—	—
1997	1.35	1.35	—	—	5.87	5.87	—	—
1998	2.70	2.70	—	—	5.28	5.28	—	—
1999	0.00	0.00	—	—	6.15	6.15	—	—
2000	0.00	0.00	—	—	7.95	7.95	—	—
2001	0.00	0.00	—	—	9.49	9.49	—	—
2002	0.00	0.00	—	—	7.23	7.23	—	—
2003	0.00	0.00	—	—	7.33	7.33	—	—
2004	3.00	1.61	5.26	—	8.45	7.61	9.80	—
2005	0.00	0.00	0.00	—	6.87	5.03	7.18	—
2006	0.00	0.00	0.00	—	8.15	5.77	8.75	—
2007	0.00	0.00	0.00	—	11.47	12.17	11.40	—
2008	0.00	0.00	0.00	—	12.04	10.36	12.16	—
2009	0.00	0.00	0.00	0.00	23.32	10.77	23.56	26.11
2010	7.49	19.23	7.84	4.27	29.83	12.52	28.02	36.84
2011	27.40	39.47	27.83	23.44	26.33	19.87	25.96	28.58
2012	26.62	32.00	29.09	22.97	18.84	10.88	18.00	22.17
2013	0.00	0.00	0.00	0.00	0.00	0.00	0.00	0.00
2014	0.00	0.00	0.00	0.00	17.56	13.08	15.25	22.74
2015	0.00	0.00	0.00	0.00	14.05	12.53	13.90	15.70

2–8 续表 2 continued

年份 Year	首日平均涨跌幅(%) Average Price Change Rate on the First Trading Day of IPO (%)				平均网上发行中签率(%) Average Lot Winning Rate for Online Subscription(%)				平均首发市盈率(倍) Average IPO P/E Ratio(times)			
	总体 Total	主板 Main Board	中小板 SME Board	创业板 GE Board	总体 Total	主板 Main Board	中小板 SME Board	创业板 GE Board	总体 Total	主板 Main Board	中小板 SME Board	创业板 GE Board
1995	102.99	102.99	—	—	—	—	—	—	—	—	—	—
1996	111.08	111.08	—	—	—	—	—	—	—	—	—	—
1997	151.59	151.59	—	—	2.05	2.05	—	—	—	—	—	—
1998	142.36	142.36	—	—	0.60	0.60	—	—	—	—	—	—
1999	110.97	110.97	—	—	0.71	0.71	—	—	—	—	—	—
2000	147.35	147.35	—	—	0.50	0.50	—	—	28.55	28.55	—	—
2001	137.43	137.43	—	—	0.58	0.58	—	—	30.54	30.54	—	—
2002	135.48	135.48	—	—	—	—	—	—	19.12	19.12	—	—
2003	72.03	72.03	—	—	—	—	—	—	17.92	17.92	—	—
2004	70.78	72.50	68.02	—	—	—	0.04	—	17.25	17.32	17.14	—
2005	47.53	106.42	37.72	—	—	—	0.06	—	20.69	20.83	20.67	—
2006	84.81	37.90	96.54	—	0.50	1.52	0.24	—	23.23	18.61	24.38	—
2007	191.09	113.40	209.05	—	0.34	0.87	0.21	—	30.10	38.36	28.33	—
2008	115.82	49.94	120.46	—	0.11	0.47	0.08	—	26.94	31.43	26.63	—
2009	74.15	55.95	64.83	92.67	0.56	1.05	0.35	0.73	51.73	46.45	45.37	62.60
2010	41.42	28.52	45.13	37.83	0.88	2.33	0.78	0.73	58.77	39.09	54.59	70.45
2011	20.91	16.10	20.65	22.59	2.27	4.52	2.27	1.61	47.40	39.35	43.85	52.98
2012	26.71	40.05	28.15	21.13	1.84	3.08	1.77	1.48	30.18	23.35	28.71	33.58
2013	0.00	0.00	0.00	0.00	0.00	0.00	0.00	0.00	0.00	0.00	0.00	0.00
2014	43.52	42.72	44.27	43.74	1.07	0.94	1.17	1.11	23.82	21.32	23.45	26.16
2015	44.00	44.00	44.00	44.00	0.49	0.57	0.42	0.43	21.87	22.13	21.87	21.62

注：1.以上数据除超募比率使用整体法计算外，其他均为算数平均。
2.首日破发指的是首日收盘破发。
3.首发市盈率指的摊薄后的是市盈率。

数据来源：上海证券交易所、深圳证券交易所。
Source:SSE、SZSE.

2—9 2015年境内股票市场首发及上市首日表现

序号 No.	股票代码 Stock Code	股票简称 Stock Abbreviation	所属辖区 Jurisdiction	行业分类 Industry Classification	上市日期 Listing Date	首发数量（万股） Number of IPO Shares (10 thousand shares)
1	002734	利民股份	江苏	制造业	2015-01-27	2500.00
2	002739	万达院线	北京	文化、体育和娱乐业	2015-01-22	6000.00
3	002740	爱迪尔	深圳	制造业	2015-01-22	2500.00
4	002741	光华科技	广东	制造业	2015-02-16	3000.00
5	002742	三圣特材	重庆	制造业	2015-02-17	2400.00
6	002743	富煌钢构	安徽	制造业	2015-02-17	3034.00
7	002745	木林森	广东	制造业	2015-02-17	4450.00
8	002746	仙坛股份	山东	农、林、牧、渔业	2015-02-16	3985.00
9	002747	埃斯顿	江苏	制造业	2015-03-20	3000.00
10	002748	世龙实业	江西	制造业	2015-03-19	3000.00
11	002749	国光股份	四川	制造业	2015-03-20	1875.00
12	002750	龙津药业	云南	制造业	2015-03-24	1675.00
13	002751	易尚展示	深圳	制造业	2015-04-24	1756.00
14	002752	昇兴股份	福建	制造业	2015-04-22	6000.00
15	002753	永东股份	山西	制造业	2015-05-19	2470.00
16	002755	东方新星	北京	建筑业	2015-05-15	2534.00
17	002756	永兴特钢	浙江	制造业	2015-05-15	5000.00
18	002757	南兴装备	广东	制造业	2015-05-27	2734.00
19	002758	华通医药	浙江	批发和零售业	2015-05-27	1400.00
20	002759	天际股份	广东	制造业	2015-05-28	2400.00
21	002760	凤形股份	安徽	制造业	2015-06-11	2200.00
22	002761	多喜爱	湖南	制造业	2015-06-10	3000.00
23	002762	金发拉比	广东	制造业	2015-06-10	1700.00
24	002763	汇洁股份	深圳	制造业	2015-06-10	5400.00
25	002765	蓝黛传动	重庆	制造业	2015-06-12	5200.00
26	002766	索菱股份	深圳	制造业	2015-06-11	4580.00
27	002767	先锋电子	浙江	制造业	2015-06-12	2500.00
28	002768	国恩股份	青岛	制造业	2015-06-30	2000.00
29	002769	普路通	深圳	租赁和商务服务业	2015-06-29	1850.00
30	002770	科迪乳业	河南	制造业	2015-06-30	6840.00
31	002771	真视通	北京	信息传输、软件和信息技术服务业	2015-06-29	2000.00
32	002772	众兴菌业	甘肃	农、林、牧、渔业	2015-06-26	3725.00
33	002773	康弘药业	四川	制造业	2015-06-26	4560.00
34	002775	文科园林	深圳	建筑业	2015-06-29	3000.00
35	002776	柏堡龙	广东	科学研究和技术服务业	2015-06-26	2622.00
36	002777	久远银海	四川	信息传输、软件和信息技术服务业	2015-12-31	2000.00
37	002779	中坚科技	浙江	制造业	2015-12-09	2200.00
38	002780	三夫户外	北京	批发和零售业	2015-12-09	1700.00
39	002781	奇信股份	深圳	建筑业	2015-12-22	5625.00
40	002782	可立克	深圳	制造业	2015-12-22	4260.00
41	002783	凯龙股份	湖北	制造业	2015-12-09	2087.00
42	002785	万里石	厦门	制造业	2015-12-23	5000.00
43	002786	银宝山新	深圳	制造业	2015-12-23	3178.00
44	002787	华源包装	江苏	制造业	2015-12-31	3520.00
45	300364	中文在线	北京	文化、体育和娱乐业	2015-01-21	3000.00

Issue-Day Statistics of IPO in the Domestic Stock Market in 2015

发行价格 (元) IPO Price (yuan)	首发筹资金额 (百万元) Proceeds Raised by IPO (million yuan)	上市首日涨跌幅 (%) Price Change Rate on Issue Day of IPO (%)	超募比例 (%) Over-subscription Rate (%)	网上发行中签率 (%) Lot Winning Rate for Online Subscription (%)	首发市盈率(摊薄)(倍) IPO P/E Ratio (times)	上市交易所 Stock Exchange
10.69	267.25	43.97	-0.01	0.71	22.98	深圳证券交易所
21.35	1281.00	43.98	-0.01	0.86	22.96	深圳证券交易所
16.48	412.00	43.99	-0.04	0.94	18.52	深圳证券交易所
12.31	369.30	44.03	-0.07	0.40	22.80	深圳证券交易所
20.37	488.88	43.99	-0.05	1.05	19.59	深圳证券交易所
7.22	219.05	44.04	-17.16	0.77	22.91	深圳证券交易所
21.50	956.75	44.00	-0.01	1.14	22.50	深圳证券交易所
5.28	210.41	43.94	0.00	0.39	22.96	深圳证券交易所
6.80	204.00	43.97	0.00	0.39	22.67	深圳证券交易所
15.38	461.40	44.02	0.00	0.61	22.96	深圳证券交易所
26.92	403.80	43.98	0.00	0.69	16.47	深圳证券交易所
21.21	355.27	43.99	0.00	0.64	22.99	深圳证券交易所
10.48	184.03	43.99	-0.03	0.34	22.98	深圳证券交易所
5.74	344.40	44.08	0.00	0.53	22.96	深圳证券交易所
13.56	334.93	44.03	0.00	0.41	22.99	深圳证券交易所
7.49	189.80	44.06	0.00	0.32	20.49	深圳证券交易所
21.74	1087.00	44.02	-0.02	0.48	17.97	深圳证券交易所
12.94	353.78	43.97	0.00	0.32	22.98	深圳证券交易所
18.04	252.56	44.01	0.00	0.26	22.98	深圳证券交易所
12.02	288.48	44.01	-0.04	0.31	20.16	深圳证券交易所
8.31	182.82	44.04	0.00	0.35	22.97	深圳证券交易所
7.28	218.40	43.96	0.00	0.23	22.75	深圳证券交易所
26.00	442.00	44.00	-0.02	0.29	18.71	深圳证券交易所
13.10	707.40	43.97	-0.04	0.37	21.72	深圳证券交易所
7.67	398.84	43.94	0.00	0.29	22.98	深圳证券交易所
7.53	344.87	43.96	0.00	0.32	22.82	深圳证券交易所
14.87	371.75	43.98	-0.04	0.35	22.43	深圳证券交易所
17.47	349.40	44.02	0.00	0.44	22.99	深圳证券交易所
28.49	527.07	44.02	0.00	0.41	19.64	深圳证券交易所
6.85	468.54	43.94	0.00	0.49	20.81	深圳证券交易所
12.78	255.60	43.98	0.00	0.19	22.98	深圳证券交易所
13.00	484.25	44.00	0.00	0.22	22.98	深圳证券交易所
13.62	621.07	43.98	0.00	0.23	22.98	深圳证券交易所
16.93	507.90	44.00	0.00	0.49	22.98	深圳证券交易所
23.29	610.66	44.01	0.00	0.60	22.98	深圳证券交易所
11.46	229.20	43.98	-0.02	0.14	17.72	深圳证券交易所
12.11	266.42	44.01	0.00	0.16	18.97	深圳证券交易所
9.42	160.14	43.95	0.00	0.15	22.95	深圳证券交易所
13.31	598.95	44.03	-0.19	0.27	20.35	深圳证券交易所
7.58	322.91	44.06	0.00	0.22	22.97	深圳证券交易所
28.68	598.55	44.00	-0.01	0.22	22.98	深圳证券交易所
2.29	114.50	44.10	0.00	0.18	22.90	深圳证券交易所
10.72	340.68	44.03	0.00	0.24	22.81	深圳证券交易所
11.37	400.22	43.98	0.00	0.21	22.86	深圳证券交易所
6.81	204.30	44.05	0.00	0.53	22.87	深圳证券交易所

2–9　续表 1

序号 No.	股票代码 Stock Code	股票简称 Stock Abbreviation	所属辖区 Jurisdiction	行业分类 Industry Classification	上市日期 Listing Date	首发数量（万股）Number of IPO Shares (10 thousand shares)
46	300374	恒通科技	北京	制造业	2015-03-19	2434.00
47	300394	天孚通信	江苏	制造业	2015-02-17	1859.00
48	300404	博济医药	广东	科学研究和技术服务业	2015-04-24	1667.00
49	300413	快乐购	湖南	批发和零售业	2015-01-21	7000.00
50	300414	中光防雷	四川	制造业	2015-05-13	2107.00
51	300415	伊之密	广东	制造业	2015-01-23	3000.00
52	300416	苏试试验	江苏	制造业	2015-01-22	1570.00
53	300417	南华仪器	广东	制造业	2015-01-23	1020.00
54	300418	昆仑万维	北京	信息传输、软件和信息技术服务业	2015-01-21	7000.00
55	300419	浩丰科技	北京	信息传输、软件和信息技术服务业	2015-01-22	1030.00
56	300420	五洋科技	江苏	制造业	2015-02-17	2000.00
57	300421	力星股份	江苏	制造业	2015-02-17	2800.00
58	300422	博世科	广西	水利、环境和公共设施管理业	2015-02-17	1550.00
59	300423	鲁亿通	山东	制造业	2015-02-17	2200.00
60	300424	航新科技	广东	制造业	2015-04-22	3327.00
61	300425	环能科技	四川	制造业	2015-02-16	1800.00
62	300426	唐德影视	浙江	文化、体育和娱乐业	2015-02-17	2000.00
63	300427	红相电力	厦门	制造业	2015-02-17	2217.00
64	300428	四通新材	河北	制造业	2015-03-19	2020.00
65	300429	强力新材	江苏	制造业	2015-03-24	2000.00
66	300430	诚益通	北京	制造业	2015-03-19	1520.00
67	300431	暴风科技	北京	信息传输、软件和信息技术服务业	2015-03-24	3000.00
68	300432	富临精工	四川	制造业	2015-03-19	3000.00
69	300433	蓝思科技	湖南	制造业	2015-03-18	6736.00
70	300434	金石东方	四川	制造业	2015-04-24	1700.00
71	300435	中泰股份	浙江	制造业	2015-03-26	2000.00
72	300436	广生堂	福建	制造业	2015-04-22	1750.00
73	300437	清水源	河南	制造业	2015-04-23	1670.00
74	300438	鹏辉能源	广东	制造业	2015-04-24	2100.00
75	300439	美康生物	宁波	制造业	2015-04-22	2834.00
76	300440	运达科技	四川	信息传输、软件和信息技术服务业	2015-04-23	2800.00
77	300441	鲍斯股份	宁波	制造业	2015-04-23	2112.00
78	300442	普丽盛	上海	制造业	2015-04-24	2500.00
79	300443	金雷风电	山东	制造业	2015-04-22	1407.00
80	300444	双杰电气	北京	制造业	2015-04-23	3448.64
81	300445	康斯特	北京	制造业	2015-04-24	1020.00
82	300446	乐凯新材	河北	制造业	2015-04-23	1540.00
83	300447	全信股份	江苏	制造业	2015-04-22	2025.00
84	300448	浩云科技	广东	信息传输、软件和信息技术服务业	2015-04-24	2000.00
85	300449	汉邦高科	北京	制造业	2015-04-22	1770.00
86	300450	先导智能	江苏	制造业	2015-05-18	1700.00
87	300451	创业软件	浙江	信息传输、软件和信息技术服务业	2015-05-14	1700.00
88	300452	山河药辅	安徽	制造业	2015-05-15	1160.00
89	300453	三鑫医疗	江西	制造业	2015-05-15	1986.00
90	300455	康拓红外	北京	制造业	2015-05-15	3500.00

continued

发行价格 (元) IPO Price (yuan)	首发筹资金额 (百万元) Proceeds Raised by IPO (million yuan)	上市首日涨跌幅 (%) Price Change Rate on Issue Day of IPO (%)	超募比例 (%) Over-subscription Rate (%)	网上发行中签率 (%) Lot Winning Rate for Online Subscription (%)	首发市盈率(摊薄) (倍) IPO P/E Ratio (times)	上市交易所 Stock Exchange
13.21	321.53	43.98	-0.01	0.67	22.94	深圳证券交易所
21.41	326.29	44.00	-0.01	0.61	18.78	深圳证券交易所
12.87	214.54	43.98	0.00	0.30	22.98	深圳证券交易所
9.06	634.20	44.04	-0.07	0.79	22.89	深圳证券交易所
14.74	310.57	44.03	-0.02	0.30	13.24	深圳证券交易所
13.32	399.60	43.99	0.00	1.08	22.69	深圳证券交易所
11.48	180.24	43.99	-0.09	0.45	22.96	深圳证券交易所
16.08	164.02	44.03	-0.05	0.71	22.65	深圳证券交易所
20.30	1421.00	43.99	0.00	0.77	22.99	深圳证券交易所
28.81	296.74	44.01	0.00	0.56	22.94	深圳证券交易所
8.27	165.40	44.01	0.00	0.68	22.59	深圳证券交易所
9.13	255.64	44.03	-0.01	0.89	22.83	深圳证券交易所
10.00	155.00	44.00	0.00	0.58	22.97	深圳证券交易所
10.30	226.60	43.98	0.00	0.90	22.89	深圳证券交易所
11.68	388.59	44.01	0.00	0.43	21.63	深圳证券交易所
15.21	273.78	43.98	-0.06	0.38	22.97	深圳证券交易所
22.83	456.60	44.02	0.00	0.51	22.96	深圳证券交易所
10.46	231.90	43.98	-0.05	0.96	18.34	深圳证券交易所
14.71	297.14	43.98	0.00	0.66	22.98	深圳证券交易所
15.89	317.80	43.99	0.00	0.74	18.67	深圳证券交易所
18.91	287.43	44.00	0.00	0.53	22.89	深圳证券交易所
7.14	214.20	43.98	-0.10	0.34	22.97	深圳证券交易所
13.97	419.10	44.02	0.00	0.57	12.86	深圳证券交易所
22.99	1548.61	44.02	0.00	0.66	22.98	深圳证券交易所
10.57	179.69	43.99	0.00	0.44	22.98	深圳证券交易所
14.73	294.60	43.99	-0.03	0.18	18.09	深圳证券交易所
21.47	375.73	44.01	-2.04	0.30	18.67	深圳证券交易所
10.53	175.85	43.97	0.00	0.50	19.30	深圳证券交易所
14.87	312.27	43.98	0.00	0.45	22.99	深圳证券交易所
27.51	779.63	43.98	0.00	0.60	22.98	深圳证券交易所
21.70	607.60	44.01	0.00	0.61	22.97	深圳证券交易所
9.81	207.19	44.04	-0.03	0.68	22.81	深圳证券交易所
19.17	479.25	43.98	-0.04	0.62	22.55	深圳证券交易所
31.94	449.40	43.99	-0.24	0.54	19.66	深圳证券交易所
12.13	418.32	44.02	0.00	0.77	22.89	深圳证券交易所
18.12	184.82	43.98	-0.02	0.52	22.98	深圳证券交易所
8.85	136.29	43.95	0.00	0.46	7.11	深圳证券交易所
12.91	261.43	44.00	0.00	0.43	22.30	深圳证券交易所
15.79	315.80	44.02	0.00	0.46	22.88	深圳证券交易所
17.76	314.35	43.98	-0.03	0.20	22.98	深圳证券交易所
21.21	360.57	43.99	0.00	0.47	22.98	深圳证券交易所
14.02	238.34	44.01	-0.03	0.20	22.98	深圳证券交易所
14.96	173.54	43.98	-0.01	0.30	22.99	深圳证券交易所
12.87	255.60	43.98	0.00	0.41	22.98	深圳证券交易所
6.88	240.80	44.04	-0.06	0.35	18.11	深圳证券交易所

2–9　续表　2

序号 No.	股票代码 Stock Code	股票简称 Stock Abbreviation	所属辖区 Jurisdiction	行业分类 Industry Classification	上市日期 Listing Date	首发数量（万股） Number of IPO Shares (10 thousand shares)
91	300456	耐威科技	北京	制造业	2015-05-14	2100.00
92	300457	赢合科技	深圳	制造业	2015-05-14	1950.00
93	300458	全志科技	广东	制造业	2015-05-15	4000.00
94	300459	浙江金科	浙江	制造业	2015-05-15	2650.00
95	300460	惠伦晶体	广东	制造业	2015-05-15	4208.00
96	300461	田中精机	浙江	制造业	2015-05-19	1668.00
97	300462	华铭智能	上海	制造业	2015-05-27	1722.00
98	300463	迈克生物	四川	制造业	2015-05-28	4650.00
99	300464	星徽精密	广东	制造业	2015-06-10	2067.00
100	300465	高伟达	北京	信息传输、软件和信息技术服务业	2015-05-28	3334.00
101	300466	赛摩电气	江苏	制造业	2015-05-28	2000.00
102	300467	迅游科技	四川	信息传输、软件和信息技术服务业	2015-05-27	1000.00
103	300468	四方精创	深圳	信息传输、软件和信息技术服务业	2015-05-27	2500.00
104	300469	信息发展	上海	信息传输、软件和信息技术服务业	2015-06-11	1670.00
105	300470	日机密封	四川	制造业	2015-06-12	1334.00
106	300471	厚普股份	四川	制造业	2015-06-11	1780.00
107	300472	新元科技	北京	制造业	2015-06-11	1667.00
108	300473	德尔股份	辽宁	制造业	2015-06-12	2500.00
109	300475	聚隆科技	安徽	制造业	2015-06-10	5000.00
110	300476	胜宏科技	广东	制造业	2015-06-11	3667.00
111	300477	合纵科技	北京	制造业	2015-06-10	2704.50
112	300478	杭州高新	浙江	制造业	2015-06-10	1667.00
113	300479	神思电子	山东	制造业	2015-06-12	2000.00
114	300480	光力科技	河南	制造业	2015-07-02	2300.00
115	300481	濮阳惠成	河南	制造业	2015-06-30	2000.00
116	300482	万孚生物	广东	制造业	2015-06-30	2200.00
117	300483	沃施股份	上海	制造业	2015-06-30	1550.00
118	300485	赛升药业	北京	制造业	2015-06-26	3000.00
119	300486	东杰智能	山西	制造业	2015-06-30	3472.00
120	300487	蓝晓科技	陕西	制造业	2015-07-02	2000.00
121	300488	恒锋工具	浙江	制造业	2015-07-01	1563.00
122	300489	中飞股份	黑龙江	制造业	2015-07-01	1135.00
123	300490	华自科技	湖南	制造业	2015-12-31	2500.00
124	300491	通合科技	河北	制造业	2015-12-31	2000.00
125	300492	山鼎设计	四川	科学研究和技术服务业	2015-12-23	2080.00
126	300493	润欣科技	上海	信息传输、软件和信息技术服务业	2015-12-10	3000.00
127	300494	盛天网络	湖北	信息传输、软件和信息技术服务业	2015-12-31	3000.00
128	300495	美尚生态	江苏	建筑业	2015-12-22	1670.00
129	300496	中科创达	北京	信息传输、软件和信息技术服务业	2015-12-10	2500.00
130	300497	富祥股份	江西	制造业	2015-12-22	1800.00
131	600958	东方证券	上海	金融业	2015-03-23	100000.00
132	600959	江苏有线	江苏	信息传输、软件和信息技术服务业	2015-04-28	59700.00
133	601021	春秋航空	上海	交通运输、仓储和邮政业	2015-01-21	10000.00
134	601069	西部黄金	新疆	采矿业	2015-01-22	12600.00

continued

发行价格 (元) IPO Price (yuan)	首发筹资金额 (百万元) Proceeds Raised by IPO (million yuan)	上市首日涨跌幅 (%) Price Change Rate on Issue Day of IPO (%)	超募比例 (%) Over-subscription Rate (%)	网上发行中签率 (%) Lot Winning Rate for Online Subscription (%)	首发市盈率(摊薄) (倍) IPO P/E Ratio (times)	上市交易所 Stock Exchange
14.01	294.21	43.97	0.00	0.39	22.98	深圳证券交易所
12.41	242.00	44.00	-0.05	0.33	20.34	深圳证券交易所
12.73	509.20	43.99	-0.04	0.43	19.89	深圳证券交易所
7.84	207.76	44.01	0.00	0.33	22.97	深圳证券交易所
6.43	270.57	44.01	0.00	0.34	22.96	深圳证券交易所
7.92	132.11	43.94	0.00	0.12	22.98	深圳证券交易所
14.25	245.39	44.00	0.00	0.35	22.97	深圳证券交易所
27.96	1048.50	43.99	0.00	0.32	22.99	深圳证券交易所
10.20	210.83	44.02	0.00	0.28	22.67	深圳证券交易所
11.26	375.41	43.96	0.00	0.30	22.93	深圳证券交易所
10.25	205.00	44.00	0.00	0.31	22.99	深圳证券交易所
33.75	337.50	44.00	0.00	0.20	22.99	深圳证券交易所
18.76	469.00	43.98	0.00	0.27	22.98	深圳证券交易所
10.14	169.34	43.98	0.00	0.26	22.98	深圳证券交易所
34.60	461.56	43.99	-0.02	0.33	21.84	深圳证券交易所
54.01	799.35	43.99	-1.56	0.53	21.85	深圳证券交易所
11.39	189.87	43.99	0.00	0.35	22.99	深圳证券交易所
28.76	719.00	43.98	0.00	0.59	22.99	深圳证券交易所
8.80	440.00	43.98	0.00	0.27	13.33	深圳证券交易所
15.73	576.82	43.99	0.00	0.46	22.97	深圳证券交易所
10.61	275.86	44.02	-0.06	0.24	15.38	深圳证券交易所
14.84	247.38	44.00	0.00	0.27	22.99	深圳证券交易所
11.02	220.40	44.01	0.00	0.28	22.96	深圳证券交易所
7.28	167.44	43.96	-0.01	0.16	22.99	深圳证券交易所
9.13	182.60	44.03	0.00	0.47	22.95	深圳证券交易所
16.00	352.00	44.00	-0.01	0.39	18.56	深圳证券交易所
11.39	176.55	43.99	0.00	0.32	22.99	深圳证券交易所
38.46	1153.80	43.99	0.00	0.37	22.99	深圳证券交易所
8.94	310.40	43.96	-0.11	0.37	22.96	深圳证券交易所
14.83	296.60	44.03	-0.01	0.47	20.32	深圳证券交易所
20.11	251.58	44.01	0.00	0.15	19.30	深圳证券交易所
17.56	199.31	44.02	-0.01	0.41	22.97	深圳证券交易所
9.09	227.25	44.00	0.00	0.17	22.98	深圳证券交易所
10.48	209.60	43.99	0.00	0.18	22.98	深圳证券交易所
6.90	143.52	44.06	0.00	0.19	22.96	深圳证券交易所
6.87	206.10	43.96	0.00	0.15	22.97	深圳证券交易所
18.10	543.00	43.98	-0.02	0.19	20.85	深圳证券交易所
31.82	531.39	44.00	-1.97	0.29	20.27	深圳证券交易所
23.27	581.75	44.01	0.00	0.24	22.99	深圳证券交易所
15.33	275.94	44.03	-0.02	0.16	21.79	深圳证券交易所
10.03	10030.00	43.97	0.00	1.62	22.98	上海证券交易所
5.47	3265.59	44.06	0.00	1.24	22.98	上海证券交易所
18.16	1816.00	44.00	-0.02	0.65	22.96	上海证券交易所
3.57	449.82	43.98	-0.02	0.76	22.31	上海证券交易所

2–9　续表 3

序号 No.	股票代码 Stock Code	股票简称 Stock Abbreviation	所属辖区 Jurisdiction	行业分类 Industry Classification	上市日期 Listing Date	首发数量（万股） Number of IPO Shares (10 thousand shares)
135	601198	东兴证券	北京	金融业	2015-02-26	50000.00
136	601211	国泰君安	上海	金融业	2015-06-26	152500.00
137	601368	绿城水务	广西	电力、热力、燃气及水的生产和供应业	2015-06-12	14700.00
138	601689	拓普集团	宁波	制造业	2015-03-19	12910.00
139	601968	宝钢包装	上海	制造业	2015-06-11	20833.33
140	601985	中国核电	北京	电力、热力、燃气及水的生产和供应业	2015-06-10	389100.00
141	603012	创力集团	上海	制造业	2015-03-20	7960.00
142	603015	弘讯科技	宁波	制造业	2015-03-03	5010.00
143	603020	爱普股份	上海	制造业	2015-03-25	4000.00
144	603021	山东华鹏	山东	制造业	2015-04-23	2640.00
145	603022	新通联	上海	制造业	2015-05-18	2000.00
146	603023	威帝股份	黑龙江	制造业	2015-05-27	2000.00
147	603025	大豪科技	北京	制造业	2015-04-22	5100.00
148	603026	石大胜华	山东	制造业	2015-05-29	5068.00
149	603030	全筑股份	上海	建筑业	2015-03-20	4000.00
150	603066	音飞储存	江苏	交通运输、仓储和邮政业	2015-06-11	2500.00
151	603085	天成自控	浙江	制造业	2015-06-30	2500.00
152	603108	润达医疗	上海	批发和零售业	2015-05-27	2360.00
153	603116	红蜻蜓	浙江	制造业	2015-06-29	5880.00
154	603117	万林股份	江苏	租赁和商务服务业	2015-06-29	6000.00
155	603118	共进股份	深圳	制造业	2015-02-25	7500.00
156	603158	腾龙股份	江苏	制造业	2015-03-20	2667.00
157	603198	迎驾贡酒	安徽	制造业	2015-05-28	8000.00
158	603199	九华旅游	安徽	水利、环境和公共设施管理业	2015-03-26	2768.00
159	603222	济民制药	浙江	制造业	2015-02-17	4000.00
160	603223	恒通股份	山东	交通运输、仓储和邮政业	2015-06-30	3000.00
161	603227	雪峰科技	新疆	制造业	2015-05-15	8235.00
162	603268	松发股份	广东	制造业	2015-03-19	2200.00
163	603299	井神股份	江苏	制造业	2015-12-31	9000.00
164	603300	华铁科技	浙江	租赁和商务服务业	2015-05-29	5067.00
165	603309	维力医疗	广东	制造业	2015-03-02	2500.00
166	603311	金海环境	浙江	制造业	2015-05-18	5250.00
167	603315	福鞍股份	辽宁	制造业	2015-04-24	2500.00
168	603318	派思股份	大连	制造业	2015-04-24	3010.00
169	603338	浙江鼎力	浙江	制造业	2015-03-25	1625.00
170	603355	莱克电气	江苏	制造业	2015-05-13	4100.00
171	603398	邦宝益智	广东	制造业	2015-12-09	2400.00
172	603508	思维列控	河南	信息传输、软件和信息技术服务业	2015-12-24	4000.00
173	603519	立霸股份	江苏	制造业	2015-03-19	2000.00
174	603558	健盛集团	浙江	制造业	2015-01-27	2000.00
175	603566	普莱柯	河南	制造业	2015-05-18	4000.00
176	603567	珍宝岛	黑龙江	制造业	2015-04-24	6458.00
177	603568	伟明环保	浙江	水利、环境和公共设施管理业	2015-05-28	4580.00
178	603589	口子窖	安徽	制造业	2015-06-29	6000.00

continued

发行价格（元）IPO Price (yuan)	首发筹资金额（百万元）Proceeds Raised by IPO (million yuan)	上市首日涨跌幅(%) Price Change Rate on Issue Day of IPO (%)	超募比例(%) Over-subscription Rate (%)	网上发行中签率(%) Lot Winning Rate for Online Subscription (%)	首发市盈率（摊薄）（倍）IPO P/E Ratio (times)	上市交易所 Stock Exchange
9.18	4590.00	44.01	—	1.44	22.97	上海证券交易所
19.71	30057.75	43.99	0.00	1.57	22.99	上海证券交易所
6.43	945.21	44.01	-0.01	0.30	22.96	上海证券交易所
11.37	1467.87	43.98	0.00	1.14	19.81	上海证券交易所
3.08	641.67	44.16	0.00	0.45	22.93	上海证券交易所
3.39	13190.49	43.95	-2.87	1.63	22.29	上海证券交易所
13.56	1079.38	44.03	-0.01	1.22	22.96	上海证券交易所
10.60	531.06	43.96	-0.02	0.71	22.97	上海证券交易所
20.47	818.80	44.02	0.00	1.16	22.94	上海证券交易所
8.73	230.47	43.99	0.00	0.47	22.97	上海证券交易所
14.31	286.20	44.03	0.00	0.36	22.98	上海证券交易所
13.25	265.00	44.00	0.00	0.26	14.46	上海证券交易所
11.17	569.67	43.96	0.00	0.62	22.98	上海证券交易所
6.51	329.93	43.93	0.00	0.30	32.55	上海证券交易所
9.85	394.00	43.96	0.00	0.83	22.91	上海证券交易所
12.43	310.75	44.01	-0.01	0.26	20.98	上海证券交易所
7.27	181.75	44.02	-0.01	0.27	22.98	上海证券交易所
17.00	401.20	44.00	0.00	0.28	22.97	上海证券交易所
17.70	1040.76	44.01	-0.04	0.77	22.94	上海证券交易所
5.93	355.80	44.01	0.00	0.31	22.98	上海证券交易所
11.95	896.25	44.02	0.00	0.93	19.27	上海证券交易所
14.53	387.52	43.98	0.00	0.90	17.51	上海证券交易所
11.80	944.00	43.98	-0.07	0.70	19.40	上海证券交易所
12.08	334.37	44.04	-0.07	0.72	20.47	上海证券交易所
7.36	294.40	44.02	0.00	0.54	22.96	上海证券交易所
8.31	249.30	44.04	0.00	0.35	22.97	上海证券交易所
4.98	410.10	43.98	0.00	0.30	22.95	上海证券交易所
11.66	256.52	44.00	-0.03	0.59	22.86	上海证券交易所
3.69	332.10	43.90	-0.24	0.25	22.92	上海证券交易所
8.22	416.51	44.04	0.00	0.37	22.98	上海证券交易所
15.40	385.00	44.03	0.00	0.61	22.87	上海证券交易所
5.39	282.98	43.97	-0.01	0.30	22.99	上海证券交易所
10.77	269.25	44.01	0.00	0.47	22.91	上海证券交易所
6.52	196.25	44.02	0.00	0.32	22.97	上海证券交易所
29.56	480.35	44.01	-0.01	0.36	21.34	上海证券交易所
19.08	782.28	44.03	0.00	0.40	22.99	上海证券交易所
13.97	335.28	44.02	0.00	0.23	22.99	上海证券交易所
33.56	1342.40	44.01	0.00	0.40	22.99	上海证券交易所
13.69	273.80	43.97	-0.04	0.57	20.13	上海证券交易所
19.25	385.00	44.00	0.00	0.68	22.92	上海证券交易所
15.52	620.80	44.01	-0.06	0.51	18.89	上海证券交易所
23.60	1524.09	43.98	-0.01	0.83	22.91	上海证券交易所
11.27	516.17	44.01	0.00	0.46	22.97	上海证券交易所
16.00	960.00	44.00	0.00	0.69	22.98	上海证券交易所

2-9 续表 4

序号 No.	股票代码 Stock Code	股票简称 Stock Abbreviation	所属辖区 Jurisdiction	行业分类 Industry Classification	上市日期 Listing Date	首发数量（万股） Number of IPO Shares (10 thousand shares)
179	603598	引力传媒	北京	租赁和商务服务业	2015-05-27	3334.00
180	603599	广信股份	安徽	制造业	2015-05-13	4706.00
181	603600	永艺股份	浙江	制造业	2015-01-23	2500.00
182	603601	再升科技	重庆	制造业	2015-01-22	1700.00
183	603611	诺力股份	浙江	制造业	2015-01-28	2000.00
184	603616	韩建河山	北京	制造业	2015-06-11	3668.00
185	603618	杭电股份	浙江	制造业	2015-02-17	5335.00
186	603669	灵康药业	西藏	制造业	2015-05-28	6500.00
187	603678	火炬电子	福建	制造业	2015-01-26	4160.00
188	603686	龙马环卫	福建	制造业	2015-01-26	3335.00
189	603696	安记食品	福建	制造业	2015-12-09	3000.00
190	603698	航天工程	北京	科学研究和技术服务业	2015-01-28	8230.00
191	603703	盛洋科技	浙江	制造业	2015-04-23	2300.00
192	603718	海利生物	上海	制造业	2015-05-15	7000.00
193	603729	龙韵股份	上海	租赁和商务服务业	2015-03-24	1667.00
194	603778	乾景园林	北京	建筑业	2015-12-31	2000.00
195	603788	宁波高发	宁波	制造业	2015-01-20	3420.00
196	603789	星光农机	浙江	制造业	2015-04-27	5000.00
197	603799	华友钴业	浙江	制造业	2015-01-29	9100.00
198	603800	道森股份	江苏	制造业	2015-12-10	5200.00
199	603808	歌力思	深圳	制造业	2015-04-22	4000.00
200	603818	曲美家居	北京	制造业	2015-04-22	6052.00
201	603828	柯利达	江苏	建筑业	2015-02-26	3000.00
202	603838	四通股份	广东	制造业	2015-07-01	3334.00
203	603866	桃李面包	辽宁	制造业	2015-12-22	4501.26
204	603869	北部湾旅	广西	水利、环境和公共设施管理业	2015-03-26	5406.00
205	603883	老百姓	湖南	批发和零售业	2015-04-23	6700.00
206	603885	吉祥航空	上海	交通运输、仓储和邮政业	2015-05-27	6800.00
207	603898	好莱客	广东	制造业	2015-02-17	2450.00
208	603899	晨光文具	上海	制造业	2015-01-27	6000.00
209	603901	永创智能	浙江	制造业	2015-05-29	2500.00
210	603918	金桥信息	上海	信息传输、软件和信息技术服务业	2015-05-28	2200.00
211	603936	博敏电子	广东	制造业	2015-12-09	4185.00
212	603939	益丰药房	湖南	批发和零售业	2015-02-17	4000.00
213	603968	醋化股份	江苏	制造业	2015-05-18	2556.00
214	603969	银龙股份	天津	制造业	2015-02-27	5000.00
215	603979	金诚信	北京	采矿业	2015-06-30	9500.00
216	603989	艾华集团	湖南	制造业	2015-05-15	5000.00
217	603996	中新科技	浙江	制造业	2015-12-22	5010.00
218	603997	继峰股份	宁波	制造业	2015-03-02	6000.00
219	603999	读者传媒	甘肃	文化、体育和娱乐业	2015-12-10	6000.00

数据来源：上海证券交易所、深圳证券交易所。
Source:SSE、SZSE.

continued

发行价格(元) IPO Price (yuan)	首发筹资金额(百万元) Proceeds Raised by IPO (million yuan)	上市首日涨跌幅(%) Price Change Rate on Issue Day of IPO (%)	超募比例(%) Over-subscription Rate (%)	网上发行中签率(%) Lot Winning Rate for Online Subscription (%)	首发市盈率(摊薄)(倍) IPO P/E Ratio (times)	上市交易所 Stock Exchange
7.20	240.05	44.03	-0.12	0.17	22.96	上海证券交易所
16.11	758.14	44.01	0.00	0.32	20.62	上海证券交易所
10.22	255.50	44.03	-0.02	0.45	22.71	上海证券交易所
7.90	134.30	44.05	-0.12	0.44	22.34	上海证券交易所
18.37	367.40	43.98	-0.01	0.75	21.36	上海证券交易所
11.35	416.32	43.96	-0.07	0.33	20.64	上海证券交易所
11.65	621.53	44.03	-0.09	1.12	22.84	上海证券交易所
11.70	760.50	44.02	0.00	0.41	22.98	上海证券交易所
10.38	431.81	44.03	-0.01	0.63	15.04	上海证券交易所
14.86	495.58	44.01	-0.02	0.52	21.23	上海证券交易所
10.10	303.00	43.96	0.00	0.28	22.95	上海证券交易所
12.52	1030.40	44.01	0.00	0.61	22.97	上海证券交易所
11.32	260.36	43.99	0.00	0.45	22.98	上海证券交易所
6.81	476.70	44.05	-0.14	0.31	21.28	上海证券交易所
26.61	443.59	44.01	0.00	0.54	22.55	上海证券交易所
18.98	379.60	43.99	-5.43	0.17	19.57	上海证券交易所
10.28	351.58	43.97	-0.01	0.31	19.40	上海证券交易所
11.23	561.50	43.99	-0.08	0.66	21.19	上海证券交易所
4.77	434.07	44.03	-0.16	0.53	22.94	上海证券交易所
10.95	569.40	44.02	0.00	0.32	21.15	上海证券交易所
19.16	766.40	44.00	-0.01	0.80	22.96	上海证券交易所
8.98	543.47	43.99	0.00	0.57	22.99	上海证券交易所
17.20	516.00	44.01	0.00	0.96	22.93	上海证券交易所
7.73	257.72	43.98	0.00	0.27	22.96	上海证券交易所
13.76	619.37	43.97	-0.03	0.41	22.98	上海证券交易所
5.03	271.92	43.94	-0.02	0.53	21.33	上海证券交易所
16.41	1099.47	44.00	-0.03	0.54	22.52	上海证券交易所
11.18	760.24	44.01	-0.05	0.31	22.98	上海证券交易所
19.57	479.47	44.00	-0.05	0.91	19.00	上海证券交易所
13.15	789.00	44.03	0.00	0.69	22.99	上海证券交易所
15.81	395.25	44.02	0.00	0.35	22.91	上海证券交易所
9.50	209.00	44.00	0.00	0.21	22.99	上海证券交易所
8.06	337.31	44.04	0.00	0.23	22.98	上海证券交易所
19.47	778.80	44.02	-0.05	0.92	22.93	上海证券交易所
19.58	500.46	44.02	0.00	0.58	22.98	上海证券交易所
13.79	689.50	44.02	0.00	1.11	22.61	上海证券交易所
17.19	1633.05	43.98	-0.01	0.78	22.98	上海证券交易所
20.74	1037.00	44.02	-0.01	0.64	22.99	上海证券交易所
10.52	527.05	44.01	0.00	0.24	22.96	上海证券交易所
7.97	478.20	44.04	-0.05	0.46	17.33	上海证券交易所
9.77	586.20	44.01	-0.02	0.25	19.85	上海证券交易所

2–10 A股首发行业分布
Industry Distribution of A-shares IPO

行业 Industry Classification	首发筹资公司家数(家) Number of Companies Financing by IPO(unit)		首发数量(百万股) Number of IPO Shares (million shares)		首发筹资金额（百万元） Proceeds Raised by IPO (million yuan)	
	2014	2015	2014	2015	2014	2015
农、林、牧、渔业 Agriculture,Forestry,Animal Husbandry and Fishery	1	2	60.50	77.10	722.10	694.66
采矿业 Mining	2	2	1186.67	221.00	5930.17	2082.87
制造业 Manufacturing	90	158	3330.43	5435.65	40024.55	67767.52
电力、热力、燃气及水生产和供应业 Production and Supply of Electricity,Gas and Water	2	2	333.78	4038.00	892.78	14135.70
建筑业 Construction	2	7	52.64	218.29	745.80	3117.64
批发和零售业 Wholesale and Retail Trades	2	6	93.23	231.60	1384.17	3326.37
交通运输、仓储和邮政业 Transport,Storage and Post	1	4	37.53	223.00	582.54	3136.29
住宿和餐饮业 Hotels and Catering Services	0	0	0.00	0.00	0.00	0.00
信息传输、软件和信息技术服务业 Information Transmission,Computer Services and Software	13	18	236.11	1044.34	4122.81	11077.57
金融业 Financial Intermediation	1	3	1200.00	3025.00	6996.00	44677.75
房地产业 Real Estate	0	0	0.00	0.00	0.00	0.00
租赁和商务服务业 Leasing and Business Services	2	5	35.90	179.18	479.77	1983.01
科学研究和技术服务业 Scientific Research,Technical Service	6	4	314.34	145.99	3701.21	1999.12
水利、环境和公共设施管理业 Management of Water Conservancy,Environment and Public Facilities	3	4	129.13	143.04	1306.98	1277.46
教育 Education	0	0	0.00	0.00	0.00	0.00
卫生和社会工作 Health and Social Works	0	0	0.00	0.00	0.00	0.00
文化、体育和娱乐业 Culture,Sports and Entertainment	0	4	0.00	170.00	0.00	2528.10
其他 Others	0	0	0.00	0.00	0.00	0.00

注：以股份上市日口径统计。
数据来源：上海证券交易所、深圳证券交易所。
Source:SSE、SZSE.

2-11 A股IPO发行筹资监管辖区分布
Regulatory Jurisdiction Distribution of A-shares IPO

辖区	Jurisdiction	首发筹资公司家数(家) Number of Companies Financing by IPO(unit)		首发数量(百万股) Number of IPO Shares (million shares)		首发筹资金额（百万元）Proceeds Raised by IPO (million yuan)	
		2014	2015	2014	2015	2014	2015
北京	Beijing	18	29	677.87	5322.46	7489.57	31253.98
天津	Tianjin	4	1	194.20	50.00	1282.42	689.50
河北	Hebei	2	3	27.48	55.60	462.70	643.03
山西	Shanxi	0	2	0.00	59.42	0.00	645.33
内蒙古	Neimenggu	0	0	0.00	0.00	0.00	0.00
辽宁	Liaoning	4	3	156.13	95.01	1456.54	1607.62
吉林	Jilin	2	0	82.01	0.00	755.83	0.00
黑龙江	Heilongjiang	1	3	36.50	95.93	1333.35	1988.39
上海	Shanghai	6	19	135.39	3377.62	1961.88	49480.14
江苏	Jiangsu	18	22	710.31	1230.32	9299.17	10666.01
浙江	Zhejiang	15	27	477.32	889.95	6233.85	10826.66
安徽	Anhui	3	8	147.07	328.68	1121.99	4011.92
福建	Fujian	2	5	114.00	182.45	1317.15	1950.51
江西	Jiangxi	0	3	0.00	67.86	0.00	992.94
山东	Shandong	2	7	71.26	203.00	698.47	1916.50
河南	Henan	1	6	60.50	208.10	722.10	2957.63
湖北	Hubei	2	2	31.45	50.87	575.94	1141.55
湖南	Hunan	3	7	102.70	349.36	1439.14	5543.73
广东	Guangdong	17	23	602.00	632.31	9505.30	8786.52
广西	Guangxi	2	3	71.63	216.56	842.25	1372.13
海南	Hainan	1	0	186.67	0.00	1930.17	0.00
重庆	Chongqing	3	3	283.25	93.00	1486.48	1022.02
四川	Sichuan	2	13	39.99	306.86	437.89	5835.25
贵州	Guizhou	0	0	0.00	0.00	0.00	0.00
云南	Yunnan	1	1	65.10	16.75	794.22	355.27
西藏	Xizang	0	1	0.00	65.00	0.00	760.50
陕西	Shaanxi	3	1	1150.00	20.00	5459.50	296.60
甘肃	Gansu	1	2	100.00	97.25	168.00	1070.45
青海	Qinghai	0	0	0.00	0.00	0.00	0.00
宁夏	Ningxia	0	0	0.00	0.00	0.00	0.00
新疆	Xinjiang	1	2	22.90	208.35	332.73	859.92
深圳	Shenzhen	7	13	1357.51	480.99	8732.51	6319.45
大连	Dalian	0	1	0.00	30.10	0.00	196.25
宁波	Ningbo	2	6	55.35	322.86	428.47	3815.52
厦门	Xiamen	2	2	51.68	72.17	621.29	346.40
青岛	Qingdao	0	1	0.00	20.00	0.00	349.40

注：以股份上市日口径统计。
数据来源：上海证券交易所、深圳证券交易所。
Source:SSE、SZSE.

2–12 2015年境外股票发行情况
Stocks Issued Aboard in 2015

序号 No.	股票代码 Stock Code	公司名称 Name	上市地点 Listing Place	上市时间 Listing Date	发行价格（港元） Issue Price (HKD)	发行数量（百万股） Volume Issued (million shares)	筹资金额（百万港元） Proceeds Raised through Offering of Shares (million HKD)	发行方式 Issue Mode
1	06866	佐力科创	香港主板	2015-01-13	1.30	300.00	390.00	IPO
2	08139	浙江长安仁恒	香港创业板	2015-01-16	9.70	8.00	77.60	IPO
3	01858	春立正达医疗器械	香港主板	2015-03-11	13.88	19.17	266.10	IPO
4	03606	福耀玻璃	香港主板	2015-03-31	16.80	505.63	8494.60	IPO
5	01776	广发证券	香港主板	2015-04-10	18.85	1701.80	32078.90	IPO
6	06826	上海昊海生物科技	香港主板	2015-04-30	59.00	40.05	2362.70	IPO
7	06839	云南水务投资	香港主板	2015-05-27	5.80	330.65	1917.80	IPO
8	06886	华泰证券	香港主板	2015-06-01	24.80	1562.77	38756.70	IPO
9	03396	红星美凯龙	香港主板	2015-06-26	13.28	543.59	7218.80	IPO
10	01528	联想控股	香港主板	2015-06-29	42.98	356.23	15310.80	IPO
11	01456	国联证券	香港主板	2015-07-06	8.00	442.64	3541.10	IPO
12	01461	鲁证期货	香港主板	2015-07-07	3.32	251.90	836.30	IPO
13	03969	中国通号	香港主板	2015-08-06	6.30	1789.82	11275.90	IPO
14	01527	浙江天洁环境科技	香港主板	2015-10-12	10.90	35.00	381.50	IPO
15	01476	恒泰证券	香港主板	2015-10-15	3.92	409.86	1602.70	IPO
16	01533	兰州庄园牧场	香港主板	2015-10-15	5.30	35.13	186.20	IPO
17	01508	中国再保险	香港主板	2015-10-26	2.70	6072.20	16394.90	IPO
18	02799	中国华融	香港主板	2015-10-30	3.09	6374.34	19696.70	IPO
19	03908	中金公司	香港主板	2015-11-09	10.28	639.20	6570.90	IPO
20	02120	温州康宁医院	香港主板	2015-11-20	38.70	22.88	885.50	IPO
21	06865	福莱特玻璃集团	香港主板	2015-11-26	2.10	450.00	945.00	IPO
22	03866	青岛银行	香港主板	2015-12-03	4.75	1041.90	4949.01	IPO
23	00416	锦州银行	香港主板	2015-12-07	4.66	1397.32	6511.51	IPO
24	03996	中国能源建设	香港主板	2015-12-10	1.59	8462.44	13455.27	IPO
25	01768	创美药业	香港主板	2015-12-14	8.60	28.00	240.80	IPO
26	01786	铁建高新装备	香港主板	2015-12-16	5.25	531.90	2792.50	IPO
27	06196	郑州银行	香港主板	2015-12-23	3.85	1200.00	4620.00	IPO
28	01543	广东中盈盛达 融资担保	香港主板	2015-12-23	1.36	266.67	362.70	IPO
29	01558	宜昌东阳光药	香港主板	2015-12-29	15.00	90.13	1352.00	IPO
30	03678	弘业期货	香港主板	2015-12-30	2.43	227.00	551.60	IPO
31	01799	新特能源	香港主板	2015-12-30	8.80	146.50	1289.20	IPO
32	08258	西北实业	香港创业板	2015-10-02	0.34	46.00	15.60	再融资
33	01103	上海栋华石油化工	香港主板	2015-04-01	0.78	307.93	240.20	再融资
34	08227	西安海天天线	香港创业板	2015-02-08	0.19	300.00	56.70	再融资
35	00161	中航国际控股	香港主板	2015-04-14	6.30	55.53	349.84	再融资
36	08189	天津泰达生物	香港创业板	2015-04-28	0.70	175.00	122.50	再融资
37	00747	沈阳公用发展	香港主板	2015-04-22	1.25	84.08	105.10	再融资
38	06881	中国银河证券	香港主板	2015-05-05	11.99	2000.00	23980.00	再融资
39	06837	海通证券	香港主板	2015-05-29	17.18	1916.98	32933.70	再融资
40	06030	中信证券	香港主板	2015-06-16	24.60	1100.00	27060.00	再融资
41	00670	东方航空	香港主板	2015-07-27	7.49	456.91	3422.30	再融资
42	01375	中州证券	香港主板	2015-08-03	4.28	592.12	2534.30	再融资
43	00902	华能国际电力	香港主板	2015-11-20	7.32	780.00	5709.60	再融资
44	06869	长飞光纤光缆	香港主板	2015-12-16	7.15	10.66	76.20	再融资
45	01963	重庆银行	香港主板	2015-12-24	7.65	421.83	3226.98	再融资
46	02488	深圳元征科技	香港创业板	2015-12-29	9.57	27.36	261.80	再融资
47	02039	中集集团	香港主板	2015-12-31	13.48	286.10	3856.60	再融资
48	03698	徽商银行	香港主板	2015-12-31	4.09	572.00	2339.50	再融资
49	03328	交通银行	香港主板	2015-07-30	—	—	19110.00	优先股
50	00939	建设银行	香港主板	2015-12-16	—	—	23790.00	优先股

注：境外股票仅指H股。

数据来源：中国证监会。

Source:CSRC.

2-13 股票市场分板块交易情况
Statistics for Stock-market Transaction by Board

年份 Year	交易天数 (天) Number of Trading Days (day)	成交量(亿股) Trading Volume(100 million shares) 主板 Main Board	中小板 SME Board	创业板 GE Board	合计 Total	日均成交量 (亿股) Average Daily Volume (100 million shares)
1992	257	36.90	—	—	36.90	0.14
1993	259	226.56	—	—	226.56	0.87
1994	252	1013.34	—	—	1013.34	4.02
1995	253	705.31	—	—	705.31	2.79
1996	247	2533.14	—	—	2533.14	10.26
1997	243	2560.02	—	—	2560.02	10.54
1998	246	2154.11	—	—	2154.11	8.76
1999	239	2932.90	—	—	2932.90	12.27
2000	239	4759.45	—	—	4759.45	19.91
2001	240	3155.93	—	—	3155.93	13.15
2002	237	3017.14	—	—	3017.14	12.73
2003	241	4163.08	—	—	4163.08	17.27
2004	243	5768.57	59.16	—	5827.73	23.98
2005	242	6493.43	130.30	—	6623.73	27.37
2006	241	15848.45	296.78	—	16145.23	66.99
2007	242	35588.19	815.56	—	36403.76	150.43
2008	246	22942.14	1189.26	—	24131.39	98.10
2009	244	47784.81	3283.65	38.55	51107.00	209.45
2010	242	37696.10	4055.35	400.53	42151.98	174.18
2011	244	29465.14	3729.74	761.69	33956.57	139.17
2012	243	26306.55	5075.85	1478.14	32860.54	135.23
2013	238	37090.93	8245.92	3035.84	48372.68	203.25
2014	245	58405.71	11313.55	4035.30	73754.56	301.04
2015	244	135690.64	25409.95	9938.88	171039.47	700.98

2-13　续表　continued

年份 Year	成交金额(亿元) Trading Turnover(100 million yuan)				日均成交金额(亿元) Average Daily Turnover (100 million yuan)	市值换手率(%) Turnover Ratio of Market Capitalization(%)		
	主板 Main Board	中小板 SME Board	创业板 GE Board	合计 Total		主板 Main Board	中小板 SME Board	创业板 GE Board
1992	683.04	—	—	683.04	2.66	—	—	—
1993	3627.20	—	—	3627.21	14.00	—	—	—
1994	8127.63	—	—	8127.63	32.25	—	—	—
1995	4036.45	—	—	4036.45	15.95	—	—	—
1996	21332.17	—	—	21332.18	86.37	—	—	—
1997	30721.83	—	—	30721.83	126.43	—	—	—
1998	23527.31	—	—	23544.25	95.71	—	—	—
1999	31319.60	—	—	31322.37	131.06	—	—	—
2000	60826.65	—	—	60835.19	254.54	491.19	—	—
2001	38305.18	—	—	38325.39	159.69	227.07	—	—
2002	27990.46	—	—	27993.91	118.12	195.86	—	—
2003	32115.27	—	—	32115.27	133.26	237.04	—	—
2004	41511.32	822.63	—	42333.95	174.21	298.15	862.32	—
2005	30460.85	1203.92	—	31664.78	130.85	287.77	811.53	—
2006	87397.34	3071.55	—	90468.89	375.39	540.03	918.62	—
2007	444382.56	16173.66	—	460556.22	1903.12	815.84	875.60	—
2008	250475.38	16637.28	—	267112.66	1085.82	394.80	549.73	—
2009	485885.13	48273.52	1828.11	535986.76	2196.67	558.47	1030.48	723.60
2010	444083.25	85832.43	15717.87	545633.54	2254.68	302.98	789.10	1739.37
2011	333739.00	69026.46	18879.12	421644.58	1728.05	187.22	410.88	750.91
2012	229387.19	61891.45	23304.63	314583.27	1294.58	147.19	394.46	792.21
2013	317322.27	100224.40	51181.94	468728.61	1969.45	191.74	467.71	855.08
2014	513705.37	152166.57	78041.34	743912.98	3036.38	363.19	478.76	685.04
2015	1767632.33	497556.18	285352.81	2550541.31	10453.04	533.73	813.95	1068.84

数据来源：上海证券交易所、深圳证券交易所。
Source:SSE、SZSE.

2-14 股票市场分股份类型交易情况
Statistics for Stock Transaction by Type of Shares

年份 Year	成交量(亿股) Trading Volume(100 million shares)		成交金额(亿元) Trading Turnover(100 million yuan)		市值换手率(%) Turnover Ratio of Market Capitalization(%)	
	A股 A-shares	B股 B-shares	A股 A-Shares	B股 B-shares	A股 A-shares	B股 B-shares
1992	32.88	4.02	651.81	31.23	—	—
1993	209.17	17.40	3522.55	104.65	—	—
1994	988.02	25.32	8003.08	124.55	—	—
1995	681.07	24.24	3958.58	77.86	—	—
1996	2464.93	68.22	21052.29	279.87	—	—
1997	2471.30	88.72	30295.21	426.62	—	—
1998	2092.50	61.60	23417.72	126.52	—	—
1999	2810.26	122.64	31052.33	270.04	—	—
2000	4559.06	200.40	60287.20	547.97	501.50	133.27
2001	2466.14	689.79	33260.08	5063.13	211.54	438.72
2002	2860.21	156.94	27145.06	848.41	203.38	88.87
2003	3992.28	170.80	31269.96	845.30	131.25	40.94
2004	5672.91	154.83	41576.19	757.76	321.58	139.88
2005	6470.87	152.86	31099.38	565.40	309.87	79.86
2006	15808.62	336.61	89217.11	1251.78	572.37	135.48
2007	35683.93	719.82	454771.30	5784.93	840.22	264.98
2008	23912.78	218.62	265890.43	1222.23	409.26	85.70
2009	50648.91	458.09	533889.40	2097.37	589.30	153.54
2010	41806.42	345.56	543465.92	2167.63	347.12	114.48
2011	33748.72	207.85	420339.19	1305.40	215.62	67.23
2012	32681.93	178.61	313715.14	868.13	181.65	56.37
2013	47953.66	263.89	466632.02	1439.32	244.30	86.88
2014	73188.22	194.87	741378.07	1007.19	315.85	130.72
2015	170541.00	498.48	2546837.74	3703.57	612.68	167.69

数据来源：上海证券交易所、深圳证券交易所。
Source:SSE、SZSE.

2-15 上海证券交易所股票市场交易情况
Stock Transaction of Shanghai Stock Exchange

年份 Year	成交量(亿股) Trading Volume (100 million shares)			日均成交量(亿股) Average Daily Volume (100 million shares)	成交金额(亿元) Trading Turnover (100 million yuan)			日均成交金额(亿元) Average Daily Turnover (100 million yuan)	市值换手率(%) Turnover Ratio of Market Capitalization(%)		
	A股 A-shares	B股 B-shares	合计 Total		A股 A-shares	B股 B-shares	合计 Total		A股 A-shares	B股 B-shares	总体 Total
1992	15.21	2.56	17.78	0.07	234.37	14.60	248.96	0.97	—	—	—
1993	133.68	13.74	147.42	0.57	2261.68	78.86	2340.54	9.11	—	—	—
1994	634.33	22.43	656.76	2.61	5626.73	108.35	5735.07	22.76	—	—	—
1995	494.50	19.33	513.83	2.05	3042.63	60.83	3103.46	12.36	—	—	—
1996	1074.00	27.88	1101.88	4.46	9020.24	94.57	9114.82	36.90	—	—	—
1997	1166.01	49.67	1215.68	5.00	13550.24	212.93	13763.17	56.64	—	—	—
1998	1085.42	42.54	1127.95	4.59	12304.23	81.88	12386.11	50.35	—	—	—
1999	1488.25	72.13	1560.38	6.53	16826.20	139.59	16965.79	70.99	—	—	—
2000	2310.88	126.78	2437.65	10.20	31029.69	344.17	31373.86	131.27	509.34	145.34	498.80
2001	1429.69	390.26	1819.95	7.58	19876.84	2832.54	22709.38	94.62	228.79	447.12	243.60
2002	1693.53	87.56	1781.10	7.52	16441.71	517.38	16959.09	71.56	210.38	92.84	202.68
2003	2632.63	60.09	2692.73	11.17	20541.25	282.89	20824.14	86.41	262.82	63.31	252.07
2004	3550.88	56.86	3607.74	14.85	26229.30	241.30	26470.60	108.93	316.44	60.18	304.69
2005	3926.89	59.70	3986.59	16.47	19061.49	178.72	19240.21	79.51	292.40	65.93	283.49
2006	10124.28	159.66	10283.93	42.67	57245.11	571.49	57816.60	239.90	559.07	151.79	544.39
2007	23931.39	393.99	24325.38	100.52	301960.29	3473.99	305434.29	1262.13	830.76	333.62	817.72
2008	16207.24	104.36	16311.60	66.31	179762.44	667.51	180429.95	733.46	388.58	94.58	384.11
2009	33476.72	202.92	33679.64	138.03	345443.26	1068.65	346511.91	1420.13	526.69	165.31	523.12
2010	25812.40	152.03	25964.43	107.29	303215.93	1096.08	304312.01	1257.49	260.25	125.57	259.25
2011	21078.72	114.19	21192.91	86.86	236809.12	746.19	237555.30	973.59	164.28	80.88	163.75
2012	18850.54	77.89	18928.43	77.90	164047.38	413.48	164460.86	676.79	128.60	56.51	128.26
2013	26432.16	131.57	26563.73	111.61	228918.82	689.69	229608.51	964.74	169.72	84.70	169.22
2014	42471.35	96.01	42567.36	173.74	375149.95	480.70	375630.66	1533.19	235.59	63.46	234.76
2015	101396.17	305.51	101701.68	416.81	1323231.16	2359.28	1325590.45	5432.75	490.77	203.38	489.6

数据来源：上海证券交易所。
Source:SSE.

2–16 深圳证券交易所股票市场交易情况
Stock Transaction of Shenzhen Stock Exchange

年份 Year	成交量(亿股) Trading Volume (100 million shares)			日均成交量(亿股) Average Daily Volume (100 million yuan)	成交金额(亿元) Trading Turnover (100 million yuan)			日均成交金额(亿元) Average Daily Turnover (100 million yuan)	市值换手率(%) Turnover Ratio of Market Capitalization(%)		
	A股 A-shares	B股 B-shares	合计 Total		A股 A-shares	B股 B-shares	合计 Total		A股 A-shares	B股 B-shares	总体 Total
1992	17.66	1.46	19.12	0.07	417.44	16.63	434.08	1.69	351.80	130.91	329.78
1993	75.49	3.66	79.15	0.32	1260.87	25.80	1286.67	5.13	494.01	86.80	459.54
1994	353.70	2.88	356.58	1.42	2376.35	16.20	2392.56	9.49	650.12	35.08	579.90
1995	186.57	4.91	191.48	0.79	915.96	17.04	932.99	3.82	268.10	37.28	241.55
1996	1390.93	40.33	1431.26	5.80	12032.05	185.30	12217.36	49.46	1295.32	139.26	1173.86
1997	1305.29	39.05	1344.34	5.53	16744.97	213.69	16958.66	69.79	813.95	99.88	746.40
1998	1007.08	19.07	1026.15	4.17	11113.50	44.65	11158.14	45.36	395.92	34.10	379.34
1999	1322.01	50.51	1372.52	5.74	14226.13	130.46	14356.58	60.07	398.52	86.63	386.79
2000	2248.18	73.62	2321.80	9.72	29257.50	203.83	29461.33	123.27	493.22	115.23	483.10
2001	1036.45	299.53	1335.97	5.57	13383.24	2232.77	15616.02	65.07	190.00	422.05	206.30
2002	1166.68	69.37	1236.05	5.22	10703.35	331.47	11034.82	46.56	193.41	83.13	186.14
2003	1359.65	110.71	1470.36	6.10	10728.72	562.41	11291.13	46.85	218.75	138.17	213.29
2004	2122.03	97.96	2219.99	9.14	15346.89	516.46	15863.35	65.28	319.76	110.57	301.36
2005	2543.98	93.16	2637.14	10.90	12037.89	386.68	12424.57	51.34	342.37	88.95	315.18
2006	5684.34	176.95	5861.29	24.32	31972.00	680.29	32652.29	135.49	596.64	124.10	552.01
2007	11752.53	325.84	12078.37	49.91	152811.01	2310.94	155121.94	641.00	859.48	203.27	818.67
2008	7705.54	114.26	7819.79	31.79	86127.99	554.72	86682.71	352.37	461.50	77.15	447.24
2009	17172.19	255.17	17427.36	71.42	188446.14	1028.72	189474.86	776.54	764.97	142.56	747.76
2010	15994.02	193.52	16187.55	66.89	240249.99	1071.55	241321.53	997.20	599.48	104.82	587.29
2011	12670.00	93.66	12763.66	52.31	183530.07	559.21	184089.28	754.46	359.38	55.06	353.48
2012	13831.39	100.72	13932.12	57.33	149667.76	454.65	150122.41	617.79	330.67	56.21	325.84
2013	21521.50	132.32	21653.82	90.98	237713.21	749.11	238462.31	1001.94	431.07	84.13	425.62
2014	30716.87	98.86	30815.73	125.78	366228.12	523.69	366751.81	1496.95	480.79	634.60	476.32
2015	69144.83	192.97	69337.80	284.17	1223606.58	1344.29	1224950.86	5020.29	829.30	163.77	852.02

数据来源：深圳证券交易所。
Source:SZSE.

2-17 股票分行业成交情况
Statistics for Stock Transaction by Industry

行业 Industry	成交量(百万股) Trading Volume(million shares)		成交金额（百万元） Trading Turnover(million yuan)	
	2014	2015	2014	2015
农、林、牧、渔业 Agriculture,Forestry,Animal Husbandry and Fishery	96982.43	194390.79	948594.18	2679274.21
采矿业 Mining	363052.55	894302.36	2668073.67	9133904.01
制造业 Manufacturing	3472398.20	8098014.21	38256635.70	127915819.64
电力、热力、燃气及水生产和供应业 Production and Supply of Electricity,Gas and Water	322652.01	954936.23	1996626.08	9344231.85
建筑业 Construction	358871.02	845588.75	2466302.95	10404532.45
批发和零售业 Wholesale and Retail Trades	360202.30	719114.38	3642271.29	11257432.05
交通运输、仓储和邮政业 Transport,Storage and Post	417092.57	928447.80	2439287.62	9346053.32
住宿和餐饮业 Hotels and Catering Services	18811.69	35089.62	145893.52	469586.48
信息传输、软件和信息技术服务业 Information Transmission,Computer Services and Software	275670.33	677519.41	4864462.69	20062420.80
金融业 Financial Intermediation	907761.07	2144745.40	9680626.86	30032019.76
房地产业 Real Estate	486805.96	1045496.31	3526073.38	12779153.10
租赁和商务服务业 Leasing and Business Services	55184.93	139240.88	771151.86	2743108.41
科学研究和技术服务业 Scientific Research,Technical Service	15000.07	41266.34	261583.64	1029226.43
水利、环境和公共设施管理业 Management of Water Conservancy,Environment and Public Facilities	46786.36	99931.71	640668.59	1907460.04
教育 Education	924.84	1645.05	20997.03	65125.97
卫生和社会工作 Health and Social Works	1525.32	5216.67	52608.24	265771.82
文化、体育和娱乐业 Culture,Sports and Entertainment	67856.17	139328.22	1149848.63	3324190.90
其他 Others	70731.28	139673.45	706812.06	2294826.72

数据来源：上海证券交易所、深圳证券交易所。
Source:SSE、SZSE.

2–18 股票按监管辖区成交情况
Statistics for Stock Transaction by Regulatory Jurisdiction

辖区	Jurisdiction	成交量(百万股) Trading Volume(million shares)		成交金额（百万元） Trading Turnover(million yuan)	
		2014	2015	2014	2015
北京	Beijing	1205269.94	3406713.07	10259553.99	43160978.82
天津	Tianjin	138718.48	269077.63	1413839.66	3931086.66
河北	Hebei	167592.08	337723.43	1418082.65	4124842.93
山西	Shanxi	168369.61	324985.89	1255321.36	3581408.60
内蒙古	Neimenggu	124732.34	263282.60	1116236.10	2949326.45
辽宁	Liaoning	136319.98	245275.36	1140467.57	3430048.11
吉林	Jilin	92762.99	218454.65	1012657.80	3266406.24
黑龙江	Heilongjiang	94069.71	235061.80	772165.21	3559444.55
上海	Shanghai	708304.67	1712442.65	7369376.95	27495971.53
江苏	Jiangsu	465911.73	1094408.60	5332258.40	18375936.01
浙江	Zhejiang	408180.02	985851.23	4963991.34	17902504.41
安徽	Anhui	215569.55	502691.28	2029790.73	6793258.24
福建	Fujian	214320.88	454261.52	2074755.22	6460404.93
江西	Jiangxi	68205.90	155181.49	742361.59	2433234.15
山东	Shandong	291663.62	650569.03	2834975.89	9146388.49
河南	Henan	134342.36	323811.26	1325087.01	4583543.15
湖北	Hubei	200348.61	444319.06	2078605.21	6447510.68
湖南	Hunan	174499.96	361776.25	1813003.48	5356679.57
广东	Guangdong	463114.98	1046546.50	4976528.04	16652620.39
广西	Guangxi	64863.28	147042.73	620894.45	2154483.44
海南	Hainan	119018.68	230545.31	843283.47	2353789.47
重庆	Chongqing	79346.24	214085.31	853497.52	3115014.61
四川	Sichuan	266697.38	554218.67	2767413.77	8255506.29
贵州	Guizhou	43032.78	104994.55	689210.50	2126376.62
云南	Yunnan	80250.03	198118.85	837796.28	2563688.59
西藏	Xizang	16081.48	62532.53	175495.65	955921.38
陕西	Shanxi	107214.71	213105.33	1126055.36	4071519.79
甘肃	Gansu	81386.26	174215.73	736375.02	1891311.28
青海	Qinghai	22016.84	50492.88	201780.72	722741.12
宁夏	Ningxia	15946.03	31206.03	149372.44	441255.90
新疆	Xinjiang	136139.42	303157.59	1236753.58	4108621.13
深圳	Shenzhen	524144.25	1132971.65	7222204.77	23763249.43
大连	Dalian	106413.63	252630.13	735030.56	2279400.63
宁波	Ningbo	97694.35	190002.73	869627.76	2923048.54
厦门	Xiamen	67368.90	120784.26	793143.02	2059447.00
青岛	Qingdao	38397.41	91450.23	451524.91	1632335.41

数据来源：上海证券交易所、深圳证券交易所。
Source:SSE、SZSE.

2–19 2015年A股总市值前50只股票交易情况

排名 Ranking	股票代码 Stock Code	股票简称 Stock Abbreviation	股票市值（百万元） Market Capitalization of Shares (million yuan)	占比（%） Proportion (%)	流通市值（百万元） Negotiable Market Capitalization (million yuan)
1	601857	中国石油	1352049.35	2.55	1352049.35
2	601398	工商银行	1234823.93	2.33	1234823.93
3	601288	农业银行	949798.60	1.79	949798.60
4	601988	中国银行	845169.71	1.60	845169.71
5	601628	中国人寿	589514.13	1.11	589514.13
6	600028	中国石化	473966.54	0.89	473966.54
7	601318	中国平安	389975.92	0.74	389975.92
8	600036	招商银行	371114.71	0.70	371114.71
9	600000	浦发银行	340798.92	0.64	340798.92
10	601166	兴业银行	325223.39	0.61	276186.06
11	601766	中国中车	294492.35	0.56	294492.35
12	600016	民生银行	284879.06	0.54	284879.06
13	600519	贵州茅台	274089.80	0.52	274089.80
14	601328	交通银行	252775.56	0.48	252775.56
15	601088	中国神华	246870.84	0.47	246870.84
16	000002	万科A	237866.53	0.45	237473.84
17	600104	上汽集团	233962.52	0.44	233962.52
18	601998	中信银行	230355.28	0.43	230355.28
19	600900	长江电力	223740.00	0.42	132154.97
20	601390	中国中铁	203515.07	0.38	186650.21
21	600606	绿地控股	198705.96	0.38	8464.17
22	600030	中信证券	190376.54	0.36	189913.70
23	601668	中国建筑	190200.00	0.36	189569.55
24	601211	国泰君安	182237.50	0.34	36447.50
25	601601	中国太保	181434.16	0.34	181434.16
26	002027	分众传媒	175131.18	0.33	8718.22
27	601989	中国重工	172599.65	0.33	168803.84
28	000001	平安银行	171561.03	0.32	141530.61
29	601818	光大银行	168795.92	0.32	168795.92
30	300498	温氏股份	165818.82	0.31	11667.90
31	002736	国信证券	161950.00	0.31	43352.43
32	000166	申万宏源	159115.74	0.30	35110.03
33	601800	中国交建	157530.43	0.30	157530.43
34	601186	中国铁建	155063.75	0.29	138321.59
35	001979	招商蛇口	154401.50	0.29	39622.28
36	600018	上港集团	150165.41	0.28	147453.56
37	601985	中国核电	148494.20	0.28	37120.14
38	002739	万达院线	140915.40	0.27	14400.00
39	000333	美的集团	140037.67	0.26	73533.07
40	002415	海康威视	139925.08	0.26	108514.47
41	000651	格力电器	134451.59	0.25	133476.82
42	601169	北京银行	133438.58	0.25	133438.58
43	600050	中国联通	130994.97	0.25	130994.97
44	600015	华夏银行	129722.85	0.24	94512.62
45	601006	大秦铁路	128151.74	0.24	128151.74
46	600837	海通证券	128017.52	0.24	128017.52
47	600999	招商证券	126036.54	0.24	104227.27
48	600958	东方证券	123011.79	0.23	23290.00
49	600010	包钢股份	117544.26	0.22	56828.71
50	000776	广发证券	115130.22	0.22	115130.22
合计	—	—	13925942.21	26.29	12145474.34

注：1.按2015年末股票市值进行排名。

2.占比为个股市值占A股股票总市值的比重。

数据来源：上海证券交易所、深圳证券交易所。

Source：SSE、SZSE.

Statistics of Top 50 A-share Stocks Ranked by Stock Market Capitalization in 2015

成交量（百万股） Trading Volume (million shares)	成交金额（百万元） Trading Turnover (million yuan)	市盈率（倍） P/E Ratio (times)	市净率（倍） P/B Ratio (times)	涨跌幅（%） Price Change Rate (%)	股本换手率（%） Turnover Ratio of Share Capital (%)
48164.23	570171.82	14.26	1.31	-21.58	29.74
127460.39	639330.05	5.92	0.99	-1.53	47.12
207182.92	756748.86	5.85	0.96	-8.97	71.37
255303.08	1172634.17	6.96	1.02	0.44	121.65
19006.18	663930.91	24.84	2.68	-16.21	91.24
120254.26	807203.11	12.66	0.89	-21.00	126.24
39414.47	2481186.24	16.75	2.00	-2.44	593.75
48129.14	838434.49	8.11	1.30	12.48	231.71
56309.78	923740.96	7.25	1.26	21.87	362.75
76945.60	1307673.43	6.90	1.18	6.48	462.98
87035.14	1539808.86	65.98	3.75	103.27	508.11
91978.53	905232.76	7.90	1.20	-9.78	324.24
1340.76	298723.36	17.86	4.58	28.81	113.67
102097.22	738995.79	7.26	0.92	-1.74	303.21
20074.53	409199.73	8.09	1.01	-24.00	121.72
56977.30	822341.24	17.15	3.04	81.67	576.29
14608.95	342260.81	8.36	1.41	4.38	131.66
41119.37	318390.82	8.30	1.15	-11.30	128.83
12324.10	151957.16	18.91	2.53	30.45	126.41
83535.68	1224563.74	24.08	1.98	17.88	488.69
4585.39	97599.05	-545.00	3.80	26.20	884.66
91147.31	2435332.18	20.68	1.76	-42.19	928.15
150654.05	1211258.62	8.43	1.32	-11.35	504.37
15389.13	403119.57	26.97	1.99	-15.37	1009.12
19065.49	602996.98	23.67	2.06	-9.09	303.19
3097.91	82102.15	26570.13	4.34	482.88	1512.08
147022.02	1829736.88	75.83	2.93	2.31	822.45
36664.06	531190.30	8.66	1.09	-8.39	326.99
116954.84	586645.72	6.85	1.01	-10.14	293.64
557.63	29665.15	62.24	7.99	-17.30	128.36
20434.03	486170.50	32.87	3.48	95.76	1700.40
35941.82	562462.78	46.42	3.43	-45.50	1095.95
28092.54	464039.17	15.62	1.72	-2.50	636.59
43351.94	782269.99	16.14	1.71	-10.89	422.16
795.06	17527.21	48.18	1.67	-10.01	41.86
31612.36	261490.95	22.19	2.58	2.58	138.90
49934.14	544918.14	60.08	3.98	95.49	1283.00
1270.21	158122.51	167.80	28.42	683.30	1672.82
8306.61	270329.26	13.33	2.94	22.89	366.42
7635.16	274577.52	29.99	8.19	55.68	240.20
21021.52	669108.48	9.50	2.99	26.91	476.51
46847.28	540163.14	8.54	1.24	17.95	433.96
105723.77	766741.10	32.90	1.67	26.09	498.73
26474.89	358401.50	7.21	1.16	11.20	386.24
35932.64	418022.22	9.03	1.46	-16.32	241.59
60881.26	1328797.35	23.60	1.76	-33.44	751.61
20981.08	574372.48	32.73	2.75	-20.36	441.59
15326.61	440151.37	52.53	3.89	62.87	1532.64
96857.89	537719.38	586.76	2.38	-11.52	615.24
25067.82	569890.24	29.51	2.02	-24.50	420.21
2776888.05	34747450.22	—	—	—	—

2–20　2015年A股流通市值前50只股票交易情况

排名 Ranking	股票代码 Stock Code	股票简称 Stock Abbreviation	流通市值（百万元） Negotiable Market Capitalization (million yuan)	占比(%) Proportion (%)	股票市值（百万元） Market Capitalization of Shares (million yuan)
1	601857	中国石油	1352049.35	3.25	1352049.35
2	601398	工商银行	1234823.93	2.97	1234823.93
3	601288	农业银行	949798.60	2.29	949798.60
4	601988	中国银行	845169.71	2.03	845169.71
5	601628	中国人寿	589514.13	1.42	589514.13
6	600028	中国石化	473966.54	1.14	473966.54
7	601318	中国平安	389975.92	0.94	389975.92
8	600036	招商银行	371114.71	0.89	371114.71
9	600000	浦发银行	340798.92	0.82	340798.92
10	601766	中国中车	294492.35	0.71	294492.35
11	600016	民生银行	284879.06	0.69	284879.06
12	601166	兴业银行	276186.06	0.66	325223.39
13	600519	贵州茅台	274089.80	0.66	274089.80
14	601328	交通银行	252775.56	0.61	252775.56
15	601088	中国神华	246870.84	0.59	246870.84
16	000002	万科A	237473.84	0.57	237866.53
17	600104	上汽集团	233962.52	0.56	233962.52
18	601998	中信银行	230355.28	0.55	230355.28
19	600030	中信证券	189913.70	0.46	190376.54
20	601668	中国建筑	189569.55	0.46	190200.00
21	601390	中国中铁	186650.21	0.45	203515.07
22	601601	中国太保	181434.16	0.44	181434.16
23	601989	中国重工	168803.84	0.41	172599.65
24	601818	光大银行	168795.92	0.41	168795.92
25	601800	中国交建	157530.43	0.38	157530.43
26	600018	上港集团	147453.56	0.35	150165.41
27	000001	平安银行	141530.61	0.34	171561.03
28	601186	中国铁建	138321.59	0.33	155063.75
29	000651	格力电器	133476.82	0.32	134451.59
30	601169	北京银行	133438.58	0.32	133438.58
31	600900	长江电力	132154.97	0.32	223740.00
32	600050	中国联通	130994.97	0.32	130994.97
33	601006	大秦铁路	128151.74	0.31	128151.74
34	600837	海通证券	128017.52	0.31	128017.52
35	000776	广发证券	115130.22	0.28	115130.22
36	600048	保利地产	114435.82	0.28	114435.82
37	601727	上海电气	113685.08	0.27	113685.08
38	601336	新华保险	108880.79	0.26	108880.79
39	002415	海康威视	108514.47	0.26	139925.08
40	601688	华泰证券	107350.22	0.26	107350.22
41	601018	宁波港	104448.00	0.25	104448.00
42	600999	招商证券	104227.27	0.25	126036.54
43	000858	五粮液	103546.21	0.25	103553.97
44	600887	伊利股份	97786.52	0.24	99644.67
45	601618	中国中冶	97758.78	0.24	97758.78
46	600276	恒瑞医药	95741.63	0.23	96103.24
47	601238	广汽集团	95284.22	0.23	95284.22
48	600015	华夏银行	94512.62	0.23	129722.85
49	600011	华能国际	91665.00	0.22	91665.00
50	600019	宝钢股份	91647.48	0.22	91888.75
合计	—	—	12979149.62	31.24	13283276.71

注：1.按2015年末股票流通市值进行排名。

2.占比为个股流通市值占A股股票总流通市值的比重。

数据来源：上海证券交易所、深圳证券交易所。

Source:SSE、SZSE.

Statistics of Top 50 A-share Stocks Ranked by Stock Free Float Market Capitalization in 2015

成交量（百万股）Trading Volume (million shares)	成交金额（百万元）Trading Turnover (million yuan)	市盈率（倍）P/E Ratio (times)	市净率（倍）P/B Ratio (times)	涨跌幅（%）Price Change Rate (%)	股本换手率（%）Turnover Ratio of Share Capital (%)
48164.23	570171.82	14.26	1.31	-21.58	29.74
127460.39	639330.05	5.92	0.99	-1.53	47.12
207182.92	756748.86	5.85	0.96	-8.97	71.37
255303.08	1172634.17	6.96	1.02	0.44	121.65
19006.18	663930.91	24.84	2.68	-16.21	91.24
120254.26	807203.11	12.66	0.89	-21.00	126.24
39414.47	2481186.24	16.75	2.00	-2.44	593.75
48129.14	838434.49	8.11	1.30	12.48	231.71
56309.78	923740.96	7.25	1.26	21.87	362.75
87035.14	1539808.86	65.98	3.75	103.27	508.11
91978.53	905232.76	7.90	1.20	-9.78	324.24
76945.60	1307673.43	6.90	1.18	6.48	462.98
1340.76	298723.36	17.86	4.58	28.81	113.67
102097.22	738995.79	7.26	0.92	-1.74	303.21
20074.53	409199.73	8.09	1.01	-24.00	121.72
56977.30	822341.24	17.15	3.04	81.67	576.29
14608.95	342260.81	8.36	1.41	4.38	131.66
41119.37	318390.82	8.30	1.15	-11.30	128.83
91147.31	2435332.18	20.68	1.76	-42.19	928.15
150654.05	1211258.62	8.43	1.32	-11.35	504.37
83535.68	1224563.74	24.08	1.98	17.88	488.69
19065.49	602996.98	23.67	2.06	-9.09	303.19
147022.02	1829736.88	75.83	2.93	2.31	822.45
116954.84	586645.72	6.85	1.01	-10.14	293.64
28092.54	464039.17	15.62	1.72	-2.50	636.59
31612.36	261490.95	22.19	2.58	2.58	138.90
36664.06	531190.30	8.66	1.09	-8.39	326.99
43351.94	782269.99	16.14	1.71	-10.89	422.16
21021.52	669108.48	9.50	2.99	26.91	476.51
46847.28	540163.14	8.54	1.24	17.95	433.96
12324.10	151957.16	18.91	2.53	30.45	126.41
105723.77	766741.10	32.90	1.67	26.09	498.73
35932.64	418022.22	9.03	1.46	-16.32	241.59
60881.26	1328797.35	23.60	1.76	-33.44	751.61
25067.82	569890.24	29.51	2.02	-24.50	420.21
64841.44	728538.36	9.38	1.74	-0.04	603.61
42975.72	635330.34	57.93	4.01	40.48	428.76
8530.91	445803.35	25.42	3.01	5.89	409.04
7635.16	274577.52	29.99	8.19	55.68	240.20
32211.39	790766.61	31.48	1.83	-18.07	582.30
28156.72	225975.10	37.06	3.29	78.80	219.97
20981.08	574372.48	32.73	2.75	-20.36	441.59
11724.87	302999.76	17.75	2.48	29.44	307.76
23400.39	498050.06	24.04	5.44	16.92	487.45
64568.11	474321.59	29.01	2.12	20.11	397.61
3337.99	160628.24	63.41	10.22	70.64	191.23
4343.50	63259.90	45.59	3.93	162.29	222.57
26474.89	358401.50	7.21	1.16	11.20	386.24
19261.35	202455.71	12.58	1.67	2.05	183.08
37545.81	281874.53	15.86	0.81	-18.73	228.52
2865289.84	35927566.71	—	—	—	—

2—21 2015年A股成交金额前50只股票交易情况

排名 Ranking	股票代码 Stock Code	股票简称 Stock Abbreviation	成交金额 (百万元) Trading Turnover (million yuan)	占比 (%) Proportion (%)	股票市值 (百万元) Market Capitalization of Shares (million yuan)
1	601318	中国平安	2481186.24	0.98	389975.92
2	600030	中信证券	2435332.18	0.96	190376.54
3	601989	中国重工	1829736.88	0.72	172599.65
4	601766	中国中车	1539808.86	0.61	294492.35
5	600837	海通证券	1328797.35	0.52	128017.52
6	601166	兴业银行	1307673.43	0.51	325223.39
7	601390	中国中铁	1224563.74	0.48	203515.07
8	601668	中国建筑	1211258.62	0.48	190200.00
9	601988	中国银行	1172634.17	0.46	845169.71
10	002024	苏宁云商	1065569.70	0.42	99301.93
11	000725	京东方A	946220.42	0.37	100834.40
12	300059	东方财富	925427.20	0.36	96458.00
13	600000	浦发银行	923740.96	0.36	340798.92
14	600016	民生银行	905232.76	0.36	284879.06
15	600036	招商银行	838434.49	0.33	371114.71
16	600795	国电电力	831836.13	0.33	77226.06
17	000002	万科A	822341.24	0.32	237866.53
18	600028	中国石化	807203.11	0.32	473966.54
19	601688	华泰证券	790766.61	0.31	107350.22
20	601186	中国铁建	782269.99	0.31	155063.75
21	600050	中国联通	766741.10	0.30	130994.97
22	601288	农业银行	756748.86	0.30	949798.60
23	601328	交通银行	738995.79	0.29	252775.56
24	600048	保利地产	728538.36	0.29	114435.82
25	300104	乐视网	714153.78	0.28	109133.69
26	600705	中航资本	682733.63	0.27	69925.58
27	000651	格力电器	669108.48	0.26	134451.59
28	601628	中国人寿	663930.91	0.26	589514.13
29	601398	工商银行	639330.05	0.25	1234823.93
30	601727	上海电气	635330.34	0.25	113685.08
31	600109	国金证券	629378.11	0.25	48752.67
32	601106	中国一重	624578.41	0.25	52107.86
33	601601	中国太保	602996.98	0.24	181434.16
34	601818	光大银行	586645.72	0.23	168795.92
35	600999	招商证券	574372.48	0.23	126036.54
36	601857	中国石油	570171.82	0.22	1352049.35
37	000776	广发证券	569890.24	0.22	115130.22
38	000166	申万宏源	562462.78	0.22	159115.74
39	601377	兴业证券	555876.01	0.22	57200.00
40	600570	恒生电子	549210.70	0.22	37667.58
41	601669	中国电建	546989.19	0.22	110449.71
42	601985	中国核电	544918.14	0.21	148494.20
43	002673	西部证券	543880.32	0.21	92002.20
44	601169	北京银行	540163.14	0.21	133438.58
45	600010	包钢股份	537719.38	0.21	117544.26
46	000001	平安银行	531190.30	0.21	171561.03
47	000100	TCL集团	529577.24	0.21	52092.81
48	000768	中航飞机	519914.82	0.20	68579.34
49	600118	中国卫星	512149.49	0.20	50303.09
50	601901	方正证券	511642.06	0.20	79028.17
合计	—	—	42309372.74	16.66	12105752.66

注：1.按2015年全年股票成交金额进行排名。

2.占比为个股成交金额占A股股票总成交金额的比重。

数据来源：上海证券交易所、深圳证券交易所。

Source:SSE、SZSE.

Statistics of Top 50 A-share Stocks Ranked by Stock Trading Turnover in 2015

流通市值 (百万元) Negotiable Market Capitalization (million yuan)	成交量 (百万股) Trading Volume (million shares)	市盈率 (倍) P/E Ratio (times)	市净率 (倍) P/B Ratio (times)	涨跌幅 (%) Price Change Rate (%)	股本换手率 (%) Turnover Ratio of Share Capital (%)
389975.92	39414.47	16.75	2.00	-2.44	593.75
189913.70	91147.31	20.68	1.76	-42.19	928.15
168803.84	147022.02	75.83	2.93	2.31	822.45
294492.35	87035.14	65.98	3.75	103.27	508.11
128017.52	60881.26	23.60	1.76	-33.44	751.61
276186.06	76945.60	6.90	1.18	6.48	462.98
186650.21	83535.68	24.08	1.98	17.88	488.69
189569.55	150654.05	8.43	1.32	-11.35	504.37
845169.71	255303.08	6.96	1.02	0.44	121.65
67489.61	70292.37	114.55	3.37	49.83	1412.57
69359.49	226584.66	40.75	1.34	-11.30	1106.43
67184.01	16374.58	582.04	12.45	160.91	1306.81
340798.92	56309.78	7.25	1.26	21.87	362.75
284879.06	91978.53	7.90	1.20	-9.78	324.24
371114.71	48129.14	8.11	1.30	12.48	231.71
70015.05	148473.75	12.71	1.51	-12.46	837.59
237473.84	56977.30	17.15	3.04	81.67	576.29
473966.54	120254.26	12.66	0.89	-21.00	126.24
107350.22	32211.39	31.48	1.83	-18.07	582.30
138321.59	43351.94	16.14	1.71	-10.89	422.16
130994.97	105723.77	32.90	1.67	26.09	498.73
949798.60	207182.92	5.85	0.96	-8.97	71.37
252775.56	102097.22	7.26	0.92	-1.74	303.21
114435.82	64841.44	9.38	1.74	-0.04	603.61
63469.43	12100.65	299.79	30.52	298.85	1381.10
58155.44	31518.46	38.63	3.30	-12.59	1433.89
133476.82	21021.52	9.50	2.99	26.91	476.51
589514.13	19006.18	24.84	2.68	-16.21	91.24
1234823.93	127460.39	5.92	0.99	-1.53	47.12
113685.08	42975.72	57.93	4.01	40.48	428.76
45730.17	30046.78	58.28	3.04	-18.45	1059.09
52107.86	55243.32	2029.18	3.32	42.83	844.95
181434.16	19065.49	23.67	2.06	-9.09	303.19
168795.92	116954.84	6.85	1.01	-10.14	293.64
104227.27	20981.08	32.73	2.75	-20.36	441.59
1352049.35	48164.23	14.26	1.31	-21.58	29.74
115130.22	25067.82	29.51	2.02	-24.50	420.21
35110.03	35941.82	46.42	3.43	-45.50	1095.95
57200.00	40575.30	32.11	3.28	-27.02	780.18
37667.58	6916.53	104.48	18.06	11.51	1118.77
26499.00	50008.15	23.08	2.23	-4.09	1515.35
37120.14	49934.14	60.08	3.98	95.49	1283.00
75693.00	14952.57	138.59	7.84	76.09	1075.43
133438.58	46847.28	8.54	1.24	17.95	433.96
56828.71	96857.89	586.76	2.38	-11.52	615.24
141530.61	36664.06	8.66	1.09	-8.39	326.99
38328.62	97359.14	16.36	2.17	13.52	1120.06
65735.05	17258.47	194.87	4.68	31.07	701.27
50303.09	10790.72	141.16	11.29	49.56	912.54
60382.57	42331.72	44.00	2.30	-31.87	685.94
11373173.64	3498765.92	—	—	—	—

2—22　2015年A股涨幅前50只股票交易情况

排名 Ranking	股票代码 Stock Code	股票简称 Stock Abbreviation	涨幅 (%) Price Change Rate (%)	股票市值 (百万元) Market Capitalization of Shares (million yuan)	流通市值 (百万元) Negotiable Market Capitalization (million yuan)
1	300431	暴风科技	1950.88	26348.72	6324.78
2	300364	中文在线	1715.37	21360.00	5340.00
3	002751	易尚展示	1325.29	15087.55	3771.89
4	300446	乐凯新材	804.79	7077.58	1775.16
5	300451	创业软件	767.76	12275.83	2978.40
6	002506	协鑫集成	748.36	52230.24	22855.30
7	300469	信息发展	741.16	8203.71	2050.93
8	000025	特力A	735.46	22721.55	15039.23
9	603601	再升科技	688.49	6088.72	1522.18
10	002739	万达院线	683.30	140915.40	14400.00
11	300410	正业科技	661.79	7549.67	2306.85
12	300467	迅游科技	649.25	14524.80	3631.20
13	002747	埃斯顿	627.71	8645.95	2135.40
14	300437	清水源	597.69	7054.86	1763.71
15	600053	九鼎投资	593.86	25453.18	25453.18
16	002075	沙钢股份	587.50	52013.61	52013.59
17	002625	龙生股份	586.18	14631.69	9146.06
18	300479	神思电子	583.68	8680.00	2170.00
19	603598	引力传媒	563.84	9179.13	2295.13
20	300078	思创医惠	556.80	20435.00	13553.84
21	300383	光环新网	552.44	30406.52	13026.45
22	300450	先导智能	551.77	13517.04	3379.26
23	002771	真视通	550.27	9649.35	2393.00
24	300458	全志科技	549.21	19040.00	4760.00
25	300422	博世科	526.17	5735.46	1396.86
26	300441	鲍斯股份	524.57	7435.93	1858.98
27	300302	同有科技	512.50	14540.72	7697.11
28	600165	新日恒力	510.67	15909.85	11263.85
29	300429	强力新材	509.04	11092.20	2780.00
30	300480	光力科技	504.58	5829.12	1457.28
31	603318	派思股份	484.77	6611.16	1652.79
32	002027	分众传媒	482.88	175131.18	8718.22
33	300438	鹏辉能源	481.50	10458.00	2614.50
34	603678	火炬电子	474.97	14275.46	3568.86
35	300299	富春通信	474.35	17886.72	6981.99
36	002741	光华科技	460.13	11872.80	2968.20
37	300457	赢合科技	458.20	7780.50	1945.13
38	603918	金桥信息	454.61	6676.56	1669.14
39	300418	昆仑万维	450.04	46103.75	11235.77
40	300333	兆日科技	448.05	16128.00	15882.96
41	300447	全信股份	445.99	8221.50	2055.38
42	300436	广生堂	439.60	11680.20	2336.04
43	300465	高伟达	436.77	11601.91	2900.91
44	300482	万孚生物	427.63	10658.56	2664.64
45	300461	田中精机	425.71	3967.46	992.46
46	603718	海利生物	424.57	14408.80	3602.20
47	300420	五洋科技	419.93	5604.12	1234.60
48	002631	德尔未来	415.17	18877.30	14681.38
49	603600	永艺股份	414.59	7555.00	1888.75
50	300412	迦南科技	412.84	5345.34	1341.34
合计	—	—	—	1024477.69	331474.89

数据来源：上海证券交易所、深圳证券交易所。
Source:SSE、SZSE.

Statistics of Top 50 A-share Stocks Ranked by Stock Price Increase Rate in 2015

成交量 (百万股) Trading Volume (million shares)	成交金额 (百万元) Trading Turnover (million yuan)	市盈率 (倍) P/E Ratio (times)	市净率 (倍) P/B Ratio (times)	股本换手率 (%) Turnover Ratio of Share Capital (%)
723.90	88902.36	628.22	42.18	1791.81
858.13	93870.58	462.64	45.44	2860.44
688.62	71271.25	428.09	34.96	2575.65
195.27	23420.95	92.04	17.60	1268.01
171.27	31052.68	258.02	18.39	1007.48
12501.54	141579.78	19.39	15.81	565.00
299.66	28824.55	232.14	27.27	1793.65
2077.08	105373.67	2410.39	29.54	1158.15
855.24	31630.76	166.50	19.04	2952.64
1270.21	158122.51	167.80	28.42	1672.82
527.18	30964.63	259.14	14.53	2800.00
166.27	20364.53	241.38	35.78	584.23
615.85	43316.47	196.65	17.01	2052.84
334.46	27528.14	190.91	17.17	2002.75
656.58	33094.69	336.92	28.93	150.59
2830.51	46224.62	1476.97	22.45	179.57
1925.17	108966.98	373.85	28.77	1034.14
314.79	23586.62	205.43	22.37	1573.39
643.95	31415.40	182.79	16.47	1931.46
1067.55	50783.89	262.09	16.82	667.45
1654.41	109468.17	319.45	42.05	1399.55
429.80	48266.27	206.32	20.81	1742.49
451.01	36165.69	206.53	17.89	2255.05
479.30	43433.15	172.56	12.67	1198.21
437.71	28564.56	183.46	13.68	2228.07
531.75	29487.49	183.36	16.64	1837.91
1217.65	54094.78	560.73	24.39	1432.33
1980.47	42502.84	-147.36	17.69	865.04
235.96	23185.28	163.15	19.05	1179.47
695.49	41908.75	170.88	12.87	3023.88
698.32	35000.30	184.45	14.49	2320.01
3097.91	82102.15	26570.13	4.34	1512.08
377.47	37594.86	173.59	13.18	1797.48
472.80	29618.72	104.09	13.07	1134.39
1069.86	36792.54	1217.93	13.82	936.17
1627.31	61163.41	175.02	16.64	3009.72
435.22	30519.54	154.00	15.33	1868.33
395.07	24772.22	175.21	15.38	1795.77
2759.72	194080.31	141.26	16.76	2204.41
2164.29	86502.06	435.58	19.30	1039.49
378.51	34972.27	166.93	15.15	1869.20
227.14	29698.40	139.44	23.44	1213.86
447.22	33998.04	175.57	15.94	1341.39
397.95	37040.94	108.36	16.13	1808.85
340.02	17662.09	154.25	14.34	2038.50
808.51	34300.14	142.35	15.96	1155.01
411.02	16041.41	180.91	7.34	2055.12
2485.33	55899.67	146.37	12.34	510.47
1023.38	78320.33	139.02	14.12	4077.77
582.83	29715.20	125.00	14.07	2682.58
57036.67	2633166.66	—	—	—

2–23 2015年A股跌幅前50只股票交易情况

排名 Ranking	股票代码 Stock Code	股票简称 Stock Abbreviation	跌幅 (%) Price Decrease Rate (%)	股票市值 (百万元) Market Capitalization of Shares (million yuan)	流通市值 (百万元) Negotiable Market Capitalization (million yuan)
1	000166	申万宏源	-45.50	159115.74	35110.03
2	600030	中信证券	-42.19	190376.54	189913.70
3	601002	晋亿实业	-39.97	9139.72	8514.56
4	002240	威华股份	-38.90	6712.83	4786.50
5	600490	鹏欣资源	-38.74	9776.19	9776.19
6	600485	信威集团	-38.28	78210.12	43641.10
7	600266	北京城建	-37.38	22941.47	20736.83
8	600375	*ST星马	-36.48	4295.87	4295.87
9	601001	大同煤业	-35.78	9289.04	9289.04
10	600208	新湖中宝	-34.43	43405.43	38813.30
11	600169	太原重工	-34.17	13913.50	13913.50
12	600031	三一重工	-33.81	50116.60	49966.59
13	600875	东方电气	-33.53	27217.75	27217.75
14	000528	柳工	-33.49	9328.26	9326.98
15	600717	天津港	-33.47	18874.65	18874.65
16	600837	海通证券	-33.44	128017.52	128017.52
17	601901	方正证券	-31.87	79028.17	60382.57
18	000831	*ST五稀	-30.98	20304.40	15435.01
19	601155	新城控股	-30.80	34690.80	10796.49
20	601099	太平洋	-30.70	34669.19	32459.69
21	600395	盘江股份	-30.42	13587.98	13587.98
22	600880	博瑞传播	-29.82	8199.99	5500.24
23	600259	广晟有色	-28.75	10380.06	10228.91
24	600188	兖州煤业	-28.23	27972.00	27970.39
25	000338	潍柴动力	-28.01	29241.78	20210.36
26	600971	恒源煤电	-27.95	6290.03	6290.03
27	601555	东吴证券	-27.95	43389.00	41637.37
28	600168	武汉控股	-27.82	6868.63	5506.77
29	601699	潞安环能	-27.51	19204.85	19204.85
30	000728	国元证券	-27.33	44369.02	44369.02
31	600348	阳泉煤业	-27.17	15536.30	15536.30
32	601377	兴业证券	-27.02	57200.00	57200.00
33	601225	陕西煤业	-26.68	48600.00	13170.60
34	601117	中国化学	-26.19	33988.37	33988.37
35	002371	七星电子	-26.13	6790.42	6502.22
36	000983	西山煤电	-26.03	19159.30	19159.08
37	600886	国投电力	-25.59	56663.29	56663.29
38	000750	国海证券	-25.55	36113.14	29688.11
39	000783	长江证券	-25.51	58901.45	58900.20
40	600864	哈投股份	-25.48	5944.59	5944.59
41	600549	厦门钨业	-25.46	20344.41	16676.46
42	600219	南山铝业	-25.25	18655.51	18655.51
43	000897	津滨发展	-24.50	9218.45	9217.62
44	000776	广发证券	-24.50	115130.22	115130.22
45	000612	焦作万方	-24.46	9177.70	7307.87
46	601808	中海油服	-24.06	45946.46	45946.46
47	601088	中国神华	-24.00	246870.84	246870.84
48	601991	大唐发电	-23.82	51371.01	51371.01
49	000157	中联重科	-23.63	33576.20	33515.04
50	000669	金鸿能源	-23.51	10852.52	8893.86
合计	—	—	—	2058967.00	1776111.44

数据来源：上海证券交易所、深圳证券交易所。
Source:SSE、SZSE.

Statistics of Top 50 A-share Stocks Ranked by Stock Price Decrease Rate in 2015

成交量 (百万股) Trading Volume (million shares)	成交金额 (百万元) Trading Turnover (million yuan)	市盈率 (倍) P/E Ratio (times)	市净率 (倍) P/B Ratio (times)	股本换手率 (%) Turnover Ratio of Share Capital (%)
35941.82	562462.78	46.42	3.43	1095.95
91147.31	2435332.18	20.68	1.76	928.15
9797.19	154288.16	66.59	4.07	1319.17
5200.38	86316.50	588.33	4.38	1440.68
11180.21	155114.74	129.81	5.57	1039.19
5617.57	159016.93	43.15	6.82	1238.17
9705.97	183671.54	16.71	1.33	832.59
4709.60	49942.37	-11.41	1.34	863.04
8602.43	74448.82	62.35	1.52	513.98
24797.54	187368.86	40.12	1.68	383.39
22714.84	187955.68	432.97	2.57	937.10
44663.99	429130.16	70.67	2.21	585.65
16652.10	355328.94	24.92	1.39	850.23
10101.84	121146.25	46.99	1.05	897.87
10087.64	166284.92	16.39	1.33	602.33
60881.26	1328797.35	23.60	1.76	751.61
42331.72	511642.06	44.00	2.30	685.94
11647.29	313495.34	-363.89	8.40	1559.38
1501.40	35445.54	29.72	5.39	282.44
41918.28	500952.58	63.81	4.97	1357.64
6339.75	66547.10	44.23	2.33	383.05
10456.98	149489.87	29.19	2.26	1425.88
1191.16	66096.19	555.21	14.63	476.77
5707.94	79283.56	20.35	1.22	192.84
9944.86	234656.97	7.69	1.23	800.65
6446.31	54410.65	403.91	1.02	639.63
17938.44	358519.31	38.90	2.79	822.61
3650.48	51523.65	21.14	1.60	641.69
11717.05	118837.78	19.56	1.00	448.14
15486.48	459780.10	32.34	2.32	786.96
12075.70	109589.06	19.62	1.14	502.11
40575.30	555876.01	32.11	3.28	780.18
12565.93	93975.68	51.08	1.47	569.90
24427.83	241257.90	10.74	1.35	493.58
915.64	29770.59	162.17	3.63	271.94
15843.05	129195.22	70.13	1.15	502.77
38809.81	433873.56	10.12	2.21	571.39
20141.92	323344.99	52.34	2.83	948.40
34294.15	492405.25	34.54	3.69	723.07
2899.55	47136.72	20.40	1.82	530.33
5018.52	134313.23	46.12	2.82	606.99
23712.38	241505.21	20.43	0.79	886.00
14861.35	115279.69	905.07	6.72	919.00
25067.82	569890.24	29.51	2.02	420.21
5578.13	49345.04	25.75	1.91	575.08
7992.62	181226.23	9.88	1.59	269.98
20074.53	409199.73	8.09	1.01	121.72
21548.52	154965.42	38.04	1.49	213.40
44985.90	325131.78	69.02	1.04	718.47
1287.74	33545.05	34.38	2.62	535.53
930756.21	14308113.52	—	—	—

2—24 2015年B股总市值前50只股票交易情况

排名 Ranking	股票代码 Stock Code	股票简称 Stock Abbreviation	股票市值（百万元） Market Capitalization of Shares (million yuan)	占比（%） Proportion (%)	流通市值（百万元） Negotiable Market Capitalization (million yuan)
1	900932	陆家B股	13471.50	6.78	13471.50
2	200625	长安B	12921.89	6.50	12921.89
3	900948	伊泰B股	7864.63	3.96	7864.63
4	200550	江铃B	7778.42	3.91	7778.42
5	900947	振华B股	6277.30	3.16	6277.30
6	900905	老凤祥B	5729.52	2.88	5729.52
7	200869	张裕B	5459.79	2.75	5459.79
8	200012	南玻B	4580.75	2.30	4580.75
9	900903	大众B股	4447.83	2.24	4447.83
10	900934	锦江B股	3641.74	1.83	3641.74
11	200771	杭汽轮B	3641.67	1.83	3641.67
12	200726	鲁泰B	3546.55	1.78	2481.74
13	200539	粤电力B	3418.03	1.72	3418.03
14	900911	金桥B股	3276.77	1.65	3276.77
15	900926	宝信B	3226.28	1.62	3226.28
16	900912	外高B股	2991.48	1.51	2991.48
17	200418	小天鹅B	2960.85	1.49	2960.85
18	200152	山航B	2929.88	1.47	2929.88
19	200581	苏威孚B	2881.11	1.45	2881.11
20	200596	古井贡B	2764.67	1.39	2764.67
21	900917	海欣B股	2730.94	1.37	2730.94
22	900933	华新B股	2712.64	1.36	2712.64
23	900936	鄂资B股	2705.49	1.36	2705.49
24	200016	深康佳B	2637.37	1.33	2636.82
25	900914	锦投B股	2486.90	1.25	2486.90
26	200022	深赤湾B	2349.61	1.18	2344.83
27	900908	氯碱B股	2341.71	1.18	2341.71
28	200725	京东方B	2316.30	1.17	2316.30
29	900902	市北B股	2302.06	1.16	2302.06
30	900923	百联B股	2279.19	1.15	2279.19
31	900953	凯马B	2172.50	1.09	2172.50
32	200488	晨鸣B	2162.03	1.09	2162.03
33	900920	上柴B股	2091.20	1.05	2091.20
34	900942	黄山B股	2073.61	1.04	2073.61
35	900915	中路B股	2053.12	1.03	2053.12
36	900909	双钱B股	2052.17	1.03	2052.17
37	900924	上工B股	2046.62	1.03	2046.62
38	200055	方大B	2032.09	1.02	2032.09
39	200541	粤照明B	2008.97	1.01	2008.94
40	900930	沪普天B	1860.68	0.94	1860.68
41	900906	中毅达B	1846.29	0.93	1846.29
42	200028	一致B	1831.01	0.92	1831.01
43	900919	绿庭B股	1789.98	0.90	1789.98
44	200512	闽灿坤B	1769.07	0.89	1769.07
45	900910	海立B股	1743.79	0.88	1743.79
46	900955	海创B股	1735.74	0.87	1735.74
47	900945	海航B股	1686.52	0.85	1686.52
48	900901	仪电B股	1685.95	0.85	1685.95
49	900937	华电B股	1680.34	0.85	1680.34
50	200017	深中华B	1360.80	0.68	1360.80
合计	—	—	166355.36	83.71	165285.17

注：1.按2015年末股票市值进行排名。
　　2.占比为个股市值占B股股票总市值的比重。
数据来源：上海证券交易所、深圳证券交易所。
Source:SSE、SZSE.

Statistics of Top 50 B-share Stocks Ranked by Stock Market Capitalization in 2015

成交量 (百万股) Trading Volume (million shares)	成交金额 (百万元) Trading Turnover (million yuan)	市盈率 (倍) P/E Ratio (times)	市净率 (倍) P/B Ratio (times)	涨跌幅 (%) Price Change Rate (%)	股本换手率 (%) Turnover Ratio of Share Capital (%)
839.67	2761.46	30.83	4.07	58.20	164.77
855.38	15474.84	8.83	2.15	-1.06	94.83
1394.47	1667.47	8.55	0.86	-34.94	105.00
26.89	918.45	9.26	1.73	-8.45	7.82
1649.28	1108.63	85.22	1.15	6.62	101.68
224.64	1011.87	15.48	3.47	48.96	109.04
250.96	7355.43	16.50	2.17	11.98	108.17
1226.13	9908.61	14.27	1.62	34.62	160.81
1028.94	1255.78	31.02	1.77	44.77	192.73
188.44	568.94	38.55	2.35	91.76	120.79
205.76	2490.27	28.46	2.34	93.35	75.07
297.35	3426.94	8.98	1.29	9.31	107.91
871.72	5578.33	7.48	0.97	2.77	121.31
434.12	807.67	31.44	1.68	7.00	159.50
249.28	1011.59	34.33	2.88	74.75	217.90
402.32	960.33	24.26	1.93	9.86	200.60
111.21	1922.81	14.04	2.02	50.06	58.21
425.58	8348.76	29.08	2.43	103.39	303.98
124.07	3643.50	10.95	1.47	-23.67	71.98
103.88	2761.89	19.43	2.52	16.54	86.57
1016.79	812.06	24.17	1.78	55.24	216.87
542.73	573.94	6.34	0.80	-34.13	103.42
381.40	387.20	15.77	0.95	13.66	90.81
1067.86	7428.48	148.74	2.42	133.89	217.00
470.56	817.53	39.76	2.70	96.84	292.18
57.37	942.19	20.17	1.95	-2.01	31.96
990.68	750.59	-11.24	3.14	62.75	243.67
2203.55	6879.11	26.44	0.87	-13.47	169.10
734.79	815.55	511.47	2.75	134.15	315.46
296.76	600.87	20.88	1.46	15.56	165.13
914.04	981.29	-37.99	6.96	158.15	380.85
904.11	4873.86	17.60	0.54	36.50	191.99
687.10	633.07	35.00	1.53	26.01	199.28
203.08	388.24	31.65	2.23	26.93	130.18
286.91	854.00	557.65	17.43	118.15	343.65
661.00	883.61	52.22	1.13	71.34	271.90
776.01	852.44	23.29	2.64	90.56	318.11
606.34	4241.46	47.20	3.57	44.45	180.49
398.93	3293.30	32.80	1.91	63.06	153.23
532.74	776.31	624.65	4.22	192.11	426.87
1035.63	782.04	54.91	4.68	130.03	287.39
52.27	2344.36	18.54	2.30	10.89	95.24
1188.14	790.20	-74.29	5.68	94.38	342.67
256.69	2397.71	34.45	3.22	137.40	138.46
631.28	510.55	56.85	1.38	67.40	222.15
310.50	217.87	154.63	4.04	72.34	94.09
476.18	350.67	21.46	1.85	29.36	128.89
429.83	301.12	70.09	2.04	60.04	146.51
1241.57	834.42	52.00	2.28	36.14	287.40
782.76	5291.64	618.31	242.81	102.48	315.17
31047.71	124589.24	—	—	—	—

2—25 2015年B股成交金额前50只股票交易情况

排名 Ranking	股票代码 Stock Code	股票简称 Stock Abbreviation	成交金额（百万元） Trading Turnover (million yuan)	占比(%) Proportion (%)	股票市值（百万元） Market Capitalization of Shares (million yuan)
1	200625	长安B	15474.84	7.92	12921.89
2	200012	南玻B	9908.61	5.07	4580.75
3	200152	山航B	8348.76	4.27	2929.88
4	200016	深康佳B	7428.48	3.80	2637.37
5	200869	张裕B	7355.43	3.77	5459.79
6	200725	京东方B	6879.11	3.52	2316.30
7	200539	粤电力B	5578.33	2.86	3418.03
8	200058	深赛格B	5305.60	2.72	1156.29
9	200017	深中华B	5291.64	2.71	1360.80
10	200488	晨鸣B	4873.86	2.50	2162.03
11	200413	东旭B	4417.12	2.26	1179.18
12	200055	方大B	4241.46	2.17	2032.09
13	200037	*ST南电B	3839.15	1.97	1346.21
14	200581	苏威孚B	3643.50	1.87	2881.11
15	200726	鲁泰B	3426.94	1.75	3546.55
16	200541	粤照明B	3293.30	1.69	2008.97
17	200468	*ST宁通B	3271.71	1.68	0.00
18	200029	深深房B	3213.83	1.65	675.59
19	200553	沙隆达B	3086.10	1.58	1314.14
20	200596	古井贡B	2761.89	1.41	2764.67
21	900932	陆家B股	2761.46	1.41	13471.50
22	200020	深华发B	2643.52	1.35	862.19
23	200992	中鲁B	2622.18	1.34	0.00
24	200026	飞亚达B	2551.67	1.31	645.04
25	200771	杭汽轮B	2490.27	1.28	3641.67
26	200761	本钢板B	2469.07	1.26	955.07
27	200512	闽灿坤B	2397.71	1.23	1769.07
28	200028	一致B	2344.36	1.20	1831.01
29	200570	苏常柴B	2336.84	1.20	711.28
30	200011	深物业B	2258.97	1.16	466.70
31	200025	特力B	2045.28	1.05	530.82
32	200053	深基地B	1997.64	1.02	0.00
33	200018	神州B	1970.43	1.01	1074.80
34	200418	小天鹅B	1922.81	0.98	2960.85
35	200056	皇庭B	1842.57	0.94	1330.02
36	200530	大冷B	1788.81	0.92	928.76
37	200986	粤华包B	1714.04	0.88	0.00
38	900948	伊泰B股	1667.47	0.85	7864.63
39	200521	皖美菱B	1550.71	0.79	746.35
40	200429	粤高速B	1507.26	0.77	1232.98
41	200706	*ST瓦轴B	1295.37	0.66	1029.76
42	200613	大东海B	1273.02	0.65	549.99
43	900903	大众B股	1255.78	0.64	4447.83
44	900947	振华B股	1108.63	0.57	6277.30
45	900905	老凤祥B	1011.87	0.52	5729.52
46	900926	宝信B	1011.59	0.52	3226.28
47	200045	深纺织B	993.85	0.51	359.55
48	900953	凯马B	981.29	0.50	2172.50
49	900912	外高B股	960.33	0.49	2991.48
50	200030	富奥B	957.94	0.49	214.62
合计	—	—	165372.40	84.68	124713.18

注：1.按2015年全年股票成交金额进行排名。

2.占比为个股成交金额占B股股票总成交金额的比重。

数据来源：上海证券交易所、深圳证券交易所。

Source:SSE、SZSE.

Statistics of Top 50 B-share Stocks Ranked by Stock Trading Turnover in 2015

流通市值（百万元）Negotiable Market Capitalization (million yuan)	成交量（百万股）Trading Volume (million shares)	市盈率（倍）P/E Ratio (times)	市净率（倍）P/B Ratio (times)	涨跌幅（%）Price Change Rate (%)	股本换手率（%）Turnover Ratio of Share Capital (%)
12921.89	855.38	8.83	2.15	-1.06	94.83
4580.75	1226.13	14.27	1.62	34.62	160.81
2929.88	425.58	29.08	2.43	103.39	303.98
2636.82	1067.86	148.74	2.42	133.89	217.00
5459.79	250.96	16.50	2.17	11.98	108.17
2316.30	2203.55	26.44	0.87	-13.47	169.10
3418.03	871.72	7.48	0.97	2.77	121.31
1156.29	777.35	76.10	2.55	62.32	315.41
1360.80	782.76	618.31	242.81	102.48	315.17
2162.03	904.11	17.60	0.54	36.50	191.99
1179.18	651.11	20.54	1.21	-6.40	260.45
2032.09	606.34	47.20	3.57	44.45	180.49
1346.21	621.83	-9.30	2.57	62.40	235.67
2881.11	124.07	10.95	1.47	-23.67	71.98
2481.74	297.35	8.98	1.29	9.31	107.91
2008.94	398.93	32.80	1.91	63.06	153.23
946.69	333.77	-107.26	6.06	152.23	333.77
675.59	489.51	19.11	2.67	81.53	407.92
1314.14	319.48	6.90	1.61	-24.47	138.91
2764.67	103.88	19.43	2.52	16.54	86.57
13471.50	839.67	30.83	4.07	58.20	164.77
862.19	325.01	311.36	7.94	165.53	318.65
1069.43	347.66	134.17	3.59	112.64	251.93
645.04	268.32	21.31	1.82	33.76	328.63
3641.67	205.76	28.46	2.34	93.35	75.07
955.07	698.14	32.16	0.49	-3.34	174.53
1769.07	256.69	34.45	3.22	137.40	138.46
1831.01	52.27	18.54	2.30	10.89	95.24
711.28	382.74	41.46	1.35	11.85	255.16
466.70	269.98	9.85	2.07	28.57	399.35
530.82	155.70	577.79	7.08	264.19	589.78
1850.78	100.04	17.56	2.22	24.81	89.98
1074.80	137.03	1612.50	6.26	89.93	197.39
2960.85	111.21	14.04	2.02	50.06	58.21
1325.57	154.34	-18.67	1.25	55.81	126.91
928.76	197.80	25.20	1.15	38.71	172.00
1365.45	235.21	48.20	2.20	135.73	136.81
7864.63	1394.47	8.55	0.86	-34.94	105.00
741.77	259.91	11.88	0.99	5.91	160.24
1232.98	392.07	13.94	0.88	25.95	112.42
1029.76	175.32	-25.16	1.98	60.79	110.54
549.99	174.70	908.96	29.19	23.31	198.52
4447.83	1028.94	31.02	1.77	44.77	192.73
6277.30	1649.28	85.22	1.15	6.62	101.68
5729.52	224.64	15.48	3.47	48.96	109.04
3226.28	249.28	34.33	2.88	74.75	217.90
359.04	115.57	-32.39	1.70	43.78	233.80
2172.50	914.04	-37.99	6.96	158.15	380.85
2991.48	402.32	24.26	1.93	9.86	200.60
214.62	122.62	12.97	1.79	25.52	320.93
128870.59	25152.40	—	—	—	—

2–26 股票市场估值水平概况
Level of Stock Market Valuation

单位：倍 (times)

	市盈率 P/E Ratio		市净率 P/B Ratio	
	2014	2015	2014	2015
主板	18.19	21.13	2.32	2.46
中小板	46.31	79.11	4.03	6.83
创业板	70.29	116.75	5.76	10.96
A股	20.93	27.46	2.57	3.11
B股	10.51	20.05	1.39	1.76
沪深300指数成分股	15.07	15.56	2.20	2.07
上证50指数成分股	11.79	10.54	1.90	1.52
上证180指数成分股	13.36	13.13	2.04	1.78

数据来源：上海证券交易所、深圳证券交易所。
Source:SSE、SZSE.

2–27 股票市场行业估值水平情况
Level of Stock Market Valuation by Industry

单位：倍 (times)

行业 Industry	市盈率 P/E Ratio		市净率 P/B Ratio	
	2014	2015	2014	2015
农、林、牧、渔业 Agriculture,Forestry,Animal Husbandry and Fishery	72.58	52.09	4.02	6.01
采矿业 Mining	16.01	31.58	1.68	1.41
制造业 Manufacturing	29.54	45	3.01	4.35
电力、热力、燃气及水生产和供应业 Production and Supply of Electricity,Gas and Water	18.02	19.2	2.37	2.53
建筑业 Construction	16.96	19.24	2.25	2.17
批发和零售业 Wholesale and Retail Trades	28.43	43.89	2.82	3.88
交通运输、仓储和邮政业 Transport,Storage and Post	22.33	24.05	2.09	2.46
住宿和餐饮业 Hotels and Catering Services	73.78	87.71	5.06	7.3
信息传输、软件和信息技术服务业 Information Transmission,Computer Services and Software	57.58	97.18	4.91	8.46
金融业 Financial Intermediation	10.11	8.62	1.70	1.33
房地产业 Real Estate	18.74	25.09	2.54	3.41
租赁和商务服务业 Leasing and Business Services	35.69	64.43	4.04	6.24
科学研究和技术服务业 Scientific Research,Technical Service	45.39	70.77	4.97	7.18
水利、环境和公共设施管理业 Management of Water Conservancy,Environment and Public Facilities	28.86	38.61	3.76	4.64
卫生和社会工作 Health and Social Works	—	118.61	—	14.96
文化、体育和娱乐业 Culture,Sports and Entertainment	35.94	65.83	4.03	6.49
其他 Others	44.25	86.74	3.93	5.87

注：行业分类使用2015年第四季度证监会行业分类结果。

数据来源：上海证券交易所、深圳证券交易所。

Source:SSE、SZSE.

2-28 证券市场股息率情况
Dividend Yield Ratio of Securities Market

单位：%

年份 Year	主板 Main Board	中小板 SME Board	创业板 GE Board	上证综指 SSE Composite Index	深证综指 SZSE Composite Index	上证50指数 SSE 50 Index	上证180指数 SSE 180 Index	深证成分指数 SZSE Component Index
2008	2.14	0.85	—	2.23	1.49	2.70	2.52	2.07
2009	1.08	0.48	—	1.21	0.50	1.59	1.43	0.67
2010	1.29	0.39	0.19	1.43	0.56	2.10	1.79	0.91
2011	1.99	0.99	0.73	2.18	1.02	2.73	2.58	1.39
2012	2.25	1.20	1.00	2.49	1.14	3.17	2.91	1.38
2013	2.62	0.92	0.54	2.96	0.89	4.06	3.66	1.68
2014	2.56	0.69	0.40	2.03	0.91	2.86	2.50	1.40
2015	1.53	0.41	0.19	1.73	0.48	2.93	2.41	0.68

数据来源：上海证券交易所、深圳证券交易所。
Source:SSE、SZSE.

2-29 融资融券业务情况
Statistics of Margin Requirement

年份 Year	标的证券数量(只) Number of Designated Securities for Margin Transactions(unit)			融资融券交易金额(亿元) Turnover of Margin Transactions(100 million yuan)		
	股票 Stock	ETF	合计 Total	标的股票 Underlying Stock	其中：融资买入额 Margin Purchase	其中：融券卖出额 Short Selling
2014	899	15	914	102366.89	93501.24	8865.65
2015	891	22	913	337696.37	313045.18	24651.19

2–29 续表 1 continued

年份 Year	融资融券交易金额(亿元) Turnover of Margin Transactions(100 million yuan)					
	标的ETF Underlying ETF	其中：融资买入额 Margin Purchase	其中：融券卖出额 Short Selling	合计 Total	其中：融资买入额 Margin Purchase	其中：融券卖出额 Short Selling
2014	4693.02	2290.91	2402.11	107059.91	95792.15	11267.76
2015	7174.05	3914.07	3259.98	344870.42	316959.25	27911.17

2–29 续表 2 continued

年份 Year	融资融券余额(亿元) Outstanding Balance of Margin Transactions(100 million yuan)								
	标的股票 Underlying Stock	其中：融资余额 Margin Purchase	其中：融券余额 Short Selling	标的ETF Underlying ETF	其中：融资余额 Margin Purchase	其中：融券余额 Short Selling	合计 Total	其中：融资余额 Margin Purchase	其中：融券余额 Short Selling
2014	9399.34	9349.65	49.69	854.56	822.41	32.15	10253.9	10172.06	81.84
2015	11188.97	11173.49	15.47	530.99	516.87	14.12	11719.96	11690.37	29.59

2–29 续表 3 continued

年份 Year	开展融资融券业务证券公司及营业部(家) Securities Companies Operating Margin Transactions(unit)		担保物(亿元) Margin(100 million yuan)					客户维持担保比例(%) Maintenance Ratio
			证券市值 Market Value of Securities Used as Margin			现金	合计	
	证券公司数量 Number of Securities Companies	营业部数量 Number of Branches	小计 Subtotal	股票 Stock	债券、基金及其他 Bond, Fund and Others	Cash	Total	平均维持担保比例 Average Maintenance Ratio
2014	91	5805	25974.51	25943.53	30.98	1339.51	27313.79	240.44
2015	93	7529	35941.93	35798.53	143.40	2442.97	38384.90	277.3

注：1.融资融券交易金额=融资交易额+融券交易额=融资买入额+卖券还款额+融资强制平仓额+融券卖出额+买券还券额+融券强制平仓额。
2.融券余额=融券卖出数量×统计日收盘价格。
3.平均维持担保比例=全市场有融资融券负债的客户资产总额/全市场客户负债总额。

数据来源：中国证券金融公司。
Source:CSF.

2–30　2015年转融通业务情况
Statistics of Refinancing Securities in 2015

项目 Items	指标 Index		2014	2015
借入人数量（家） Number of Borrower	证券公司 Securities Company		81	80
转融券标的证券数量（只）Number of Margin Securities（unit）			625	891
交易金额（亿元） Turnover(100 million yuan)	转融资 Margin Funds	转融资交易金额 Margin Funds Loans	1697.97	1285.91
		其中：新合约融出New Loans	1625.25	1285.91
		展期融出Rollover	72.72	0.00
	转融券 Magin Securities	转融券交易金额Margin Securities Loans	306.77	1183.166
		其中：新合约融出 New Loans	306.77	1177.815
		展期融出 Rollover	0.00	5.351
	合计　Total		2004.74	2469.076
归还金额（亿元） Redemption Value (100 million yuan)	转融资归还金额 Repaid Margin Funds Loans		1162.87	2131.89
	转融券归还金额 Returned Margin Securities Loans		240.91	1271.18
	合计　Total		1403.78	3403.07
余额（亿元） Outstanding Loans (100 million yuan)	转融资余额 Outstanding Margin Funds Loans		1037.09	191.11
	转融券余额 Outstanding Margin Securities Loans		107.52	0.05
	合计　Total		1144.61	191.16
负债（亿元） Liability(100 million yuan)	转融资总负债 Total Liabilities of Margin Funds		1067.73	197.21
	转融券总负债 Total Liabilities of Margin Securities		107.81	0.051
	合计　Total		1175.54	197.261
保证金（亿元） Collateral Value (100 million yuan)	货币资金金额Cash		201.84	83.27
	可充抵保证金证券价值Securities		103.43	18.72
	合计Total		305.27	101.98
保证金比例（%） Collateral Ratio（%）	市场平均Average		25.97	51.71
	市场最低Lowest		20.23	20.28
保证金比例分布（家） Distribution of Collateral Ratio(unit)	≥50%		4	21
	[24%，50%)		37	14
	[20%，24%)		29	2
	<20%		0	0

注：1.转融通交易金额=转融资交易额+转融券交易额=转融资新合约融出额+转融资展期融出合约额+转融券新合约融出额+转融券展期融出合约额。

2.归还额是指归还转融通本金金额，不包含息费。

3.证券公司数量、转融资余额为截至12月31日数据。

4.可充抵保证金证券价值是指折算后的可充抵保证金证券市值。

5.市场平均保证金比例=有转融通余额的证券公司保证金总额/证券公司总负债。

6.保证金和保证金比例及分布仅统计截至12月31日有转融通余额的证券公司。

数据来源：中国证券金融公司。

Source:CSF.

2–31 股改限售股份累计解禁及减持情况
Cumulative Unlocking and Reduced Volume of Restricted Shares Resulted from Share Reform

年份 Year	累计产生股改限售股份数量(亿股) Accumulative Number of Restricted Shares Resulted from Share Reform(100 million shares)			未解禁股改限售股份存量(亿股) Restricted Shares Resulted from Share Reform Still being Locked (100 million shares)			累计解禁数量(亿股) Cumulative Unlocking Volume (100 million shares)		
	大非 Accounts Holding Shares≥5%	小非 Accounts Holding Shares<5%	合计 Total	大非 Accounts Holding Shares≥5%	小非 Accounts Holding Shares<5%	合计 Total	大非 Accounts Holding Shares≥5%	小非 Accounts Holding Shares<5%	合计 Total
2006	3495.90	486.67	3982.57	3465.23	415.01	3880.24	30.67	71.66	102.33
2007	3693.55	636.08	4341.27	3383.21	294.90	3678.11	310.34	341.18	651.52
2008	3934.10	747.48	4681.58	3012.05	293.57	3305.62	910.41	453.91	1364.32
2009	3994.85	772.98	4767.83	1342.40	153.43	1495.83	2640.81	619.55	3260.36
2010	4052.88	789.69	4842.57	1011.57	122.27	1133.83	3029.68	667.42	3697.10
2011	4073.97	811.23	4885.20	590.09	103.58	693.66	3472.25	707.65	4179.90
2012	4109.33	832.62	4941.95	447.06	102.68	549.75	3650.63	729.94	4380.57
2013	4137.49	930.58	5068.07	384.96	186.20	571.16	3740.89	744.38	4485.27
2014	4121.91	1220.04	5341.95	332.32	557.80	890.12	3789.59	662.24	4451.83
2015	4118.57	1072.36	5190.93	187.43	285.37	472.80	3919.50	786.99	4706.49

2–31 续表 continued

年份 Year	累计解禁占比(%) Ratio of Cumulative Unlocking(%)			累计减持数量(亿股) Cumulative Reduced Volume(100 million shares)			累计减持占比(%) Ratio of Cumulative Reduction(%)		
	大非 Accounts Holding Shares≥5%	小非 Accounts Holding Shares<5%	合计 Total	大非 Accounts Holding Shares≥5%	小非 Accounts Holding Shares<5%	合计 Total	大非 Accounts Holding Shares≥5%	小非 Accounts Holding Shares<5%	合计 Total
2006	0.88	14.72	2.57	3.28	18.92	22.20	10.69	26.40	21.69
2007	8.40	53.64	15.01	57.96	142.13	200.09	18.68	41.66	30.71
2008	23.14	60.73	29.14	88.18	198.91	287.09	9.69	43.82	21.04
2009	66.11	80.15	68.38	155.74	257.18	412.92	5.90	41.51	12.66
2010	74.75	84.52	76.35	193.24	286.26	479.50	6.38	42.89	12.97
2011	85.23	87.23	85.56	219.82	302.97	522.79	6.33	42.81	12.51
2012	88.88	87.48	88.64	240.04	321.77	561.81	6.58	44.08	12.82
2013	90.41	79.99	88.50	261.09	338.70	599.79	6.98	45.50	13.37
2014	91.94	54.28	13.78	298.65	437.27	735.92	7.25	35.84	13.78
2015	0.95	0.73	0.91	382.02	400.57	782.59	0.10	0.51	0.17

注：1.累计解禁数量为自股改以来累计解禁数量。
2.累计解禁占比为累计解禁数量占累计产生股改限售股份数量的比重。
3.累计减持数量包括自股改以来通过集中竞价交易方式和大宗交易方式累计减持的数量。
4.累计减持占比为累计减持数量占累计解禁数量的比重。
5.大非账户指在股改实施日日终持有某证券的股改限售股数量占该证券股本的比重大于等于5%的证券账户。
6.小非账户指在股改实施日日终持有某证券的股改限售股数量占该证券股本的比重小于5%的证券账户。

数据来源：中国证券登记结算公司。
Source:CSDC.

2–32 全国中小企业股份转让系统市场运行情况
NEEQ Market Operation

年份 Year	定向发行情况 Directional Issuance				交易情况 Transactions			
	发行次数（次）Number of Issuance (times)	发行股数（亿股）Number of Shares Issued (100 million shares)	发行金额（亿元）Purchase of Shares Issued (100 million yuan)	平均市盈率（倍）Average P/E Ratio (times)	成交金额（亿元）Trading Turnover (100 million yuan)	成交量（亿股）Trading Volume (100 million shares)	成交笔数（笔）Number of Transactions (times)	换手率（%）Turnover Rate (%)
2011	10	0.80	6.48	32.00	5.62	0.96	832	5.57
2012	24	1.93	8.59	20.69	5.84	1.15	638	4.47
2013	60	2.92	10.02	21.44	8.14	2.02	989	4.47
2014	329	26.52	132.09	35.27	130.36	22.82	92654	19.67
2015	2565	230.79	1216.17	47.23	1910.62	278.91	2821339	53.88

注：1.市盈率均采用静态市盈率计算方法：发行市盈率＝发行价格/发行摊薄后每股收益，平均市盈率＝Σ按发行价格计算的市值/Σ归属母公司股东净利润。

2.换手率采用市值换手率计算方法，以统计期内全部转让日的市值换手率合计进行计算，市值换手率＝当日成交金额/当日无限售条件股份市值。

数据来源：全国中小企业股份转让系统。

Source:NEEQ.

2–33 优先股情况
Overview of Preference Stock

年份 Year	证券代码	证券简称	成交金额（万元）	成交量（万股）
2015	360001	农行优1	125135	1200
	360005	兴业优1	44428.78	425.4
	360006	康美优1	211347.04	2034.45
	360006	农行优2	101460	1000
	140001	宁行优1	—	—
2014	360005	兴业优1	42667.62	425.4

数据来源：上海证券交易所。

Source:SSE.

主要统计指标解释

Explantory Notes on Main Statistical Indicators

上市公司家数　指在统计期末其发行的股票在沪、深证券交易所上市的股份有限公司的数量。以股票上市日进行统计，同时发行A股、B股的上市公司，按一家计算。

上市公司股本　也称上市公司总股本，是指统计期末上市公司在境内发行的全部股份数量合计，包括A股股本、B股股本和其他不流通的境内股本。

流通股本 即非限售股本。

公式：流通股本＝上市公司股本－限售股本。

首发筹资公司家数　指在统计期内首次公开发行股份（IPO）进行筹资的公司数量。以吸收合并、分拆等方式且未公开发行新股筹资的公司，不计入首发筹资公司家数。以股份上市日期作为统计指标的计算日；同一家公司在统计期内多次筹资时，筹资公司家数计为1家。

再筹资公司家数　指通过增发（公开增发和定向增发），配股，行权筹资等方式进行筹资的上市公司家数。以股份上市日期作为统计指标的计算日；同一家公司在统计期内多次筹资时，筹资公司家数计为1家。其中，增发公司家数是指统计期内通过增发股份进行筹资的上市公司数量，根据增发对象不同增发公司家数可分为公开增发公司家数和定向增发公司家数两个指标；配股公司家数是指统计期内通过向原股东配售股份进行筹资的上市公司数量；行权筹资公司家数包括权证（期权）行权筹资公司家数和可转债转股公司家数，这里的权证（期权）行权筹资是指权证（期权）持有人根据约定向上市公司认购股份从而增加上市公司股份的行为。

股票筹资金额　指统计期内通过发行股票筹集的资金总额，以股份上市日作为统计指标的计算日。

首发筹资金额　指统计期内首次公开发行股票（IPO）筹集的资金总额，计算公式：首发筹资金额＝Σ（每股发行价格×发行股份数）。

其中，对于发行股份吸收合并已上市公司的筹资金额，计算公式：首发筹资金额＝每股发行价格×（发行股份数－换股股份数）。

对于存在超额配售权的IPO，根据超额配售权的实际行使情况对统计期内的IPO募集资金进行回溯调整。以股份上市日期作为统计指标的计算日。

公式：首发筹资金额＝Σ（每股发行价格×发行股份数）；首发筹资金额＝每股发行价格×（发行股份数－换股股份数）。

再筹资金额　指统计期内上市公司通过增发（公开增发和定向增发）、配股、行权等方式筹集的资金总额。以股份上市日为统计指标的计算日。

其中，增发筹资金额是指统计期内上市公司增发股份筹集的资金总额。

根据股份认购对象的不同，增发筹资金额指标可分为公开增发筹资金额和定向增发筹资金额。

根据增发时是否以现金认购，增发筹资金额指标可分为增发筹资金额（现金）和增发筹资金额（资产）。

配股筹资金额指统计期内上市公司通过向原股东配售股份筹集的资金总额。

行权筹资金额包括权证（期权）行权筹资金额和可转债转股金额。

公式：再筹资金额＝增发筹资金额＋配股筹资金额＋行权筹资金额。

其中：增发筹资金额＝Σ增发每股价格×发行股份数；配股筹资金额＝Σ配股价格×配售股份数＝Σ配股价格×股份数量×配售比例；行权筹资金额＝Σ行权价格×行权认购股份数＋Σ转股价格×可转债转股数量。

股票市值　指统计期末根据上市公司股票价格和对应股票数量计算的股权价值合计。具体统计口径和计算方法如下：如当日无交易价格，采用最后交易日的收盘价；暂停上市股票的价格以零计算；未股改公司的非流通股以流通 A 股价格计算市值；仅发行 B 股的上市公司，其非流通股不进行股票市值计算；对当日除权股票进行市值计算时需要包含在途股份（已登记未上市）的市值。

流通市值 指根据股票价格与其非限售股本计算出的股权价值合计，即 A 股流通市值和 B 股流通市值的合计。

涨跌幅 指统计期内股票期末价格相对期初价格的变化幅度。统计区间如果包含上市首日则统计期内股票期末价格相对首发价格的变化幅度。指数涨跌幅参照股票涨跌幅处理；对股票区间涨跌幅的计算需要对股票价格进行复权处理，复权因素包括分红、送股、配股等，复权价格的公式为：复权价格 = 当前价格 ×（1+ 送股比例 + 配股比例）+ 每股红利 − 配股价格 × 配股比例，若统计期内存在多次分红、送股、配股事件，复权价格采用递归方式进行计算。在计算复权价时，通常采用区间分段涨跌幅连乘或复权因子连乘进行速算。

公式：涨跌幅 =（期末收盘价 / 期初前收盘价 −1）×100%。

成交量 指统计期内全部股票成交数量的合计，包含竞价交易和协议交易（大宗交易）。

成交金额 指在统计期内全部股票成交金额合计，包含竞价交易和协议交易（大宗交易）。

换手率（股本） 换手率可采用股票成交量 / 相应股票股本，通常称为股本换手率。对于某一区间换手率的计算，通常采用统计期内全部交易日的股本换手率合计进行计算。通常对单只股票采用股本换手率，对一组股票采用市值换手率；在计算一组股票换手率时，暂停上市股票不纳入计算。

公式：换手率（股本）=（当日成交股数 / 流通股本）×100%。

换手率（市值） 换手率可采用股票成交金额 / 股票市值，通常称为市值换手率。对于某一区间换手率的计算，通常采用统计期内全部交易日的市值换手率合计进行计算。通常对单只股票采用股本换手率，对一组股票采用市值换手率；在计算一组股票换手率时，暂停上市股票不纳入计算。

公式：换手率（市值）=（当日成交金额 / 流通市值）×100%。

市盈率（静态） 指上市公司每股股价与每股收益的比率，通常用上市公司股票市值与其对应的归属母公司股东净利润的比率进行计算。需要注意事项如下：每股收益和净利润数据在财务报告公告截止日的次日集中更新，且每股收益根据期末股本计算；如截止日未公布财务报告，在计算个股市盈率时采用向前追溯的净利润数据，在计算市场市盈率时剔除该股票；对单只股票计算市盈率时仅考虑每股收益为正的股票；对多只股票计算平均市盈率时通常采用上市公司股票市值合计与其对应的归属母公司股东的净利润合计的比率进行计算（剔除暂停上市公司股票，含净利润为负的股票）；对于发行多种类型股份的公司，根据各类性质股份股本按比例分配该公司归属母公司股东净利润。首发市盈率为股票首发价格与每股收益的比率，其中每股收益按照最新年度财务报告中对应的归属母公司股东净利润除以发行后总股本计算。

公式：市盈率（静态）= Σ股票市值 / Σ该股份对应的归属母公司股东净利润。

市净率 指上市公司每股股价与每股净资产的比率。通常用股票市值与对应的归属母公司股东权益的比率进行计算。每股净资产数据在财务报告公告截止日的次日集中更新；通常用最新财务报告中的每股净资产数据进行市净率计算；对单只股票计算市净率时仅考虑每股净资产为正的股票；对多只股票计算平均市净率时通常采用上市公司股票市值合计与其对应的归属母公司股东的权益合计的比率进行计算（剔除暂停上市公司股票，含权宜为负的股票）。

公式：市净率 = Σ股票市值 / Σ该股份对应的归属母公司股东权益。

股息率 指每股现金分红与股票价格之间的比率，通常用对应的实际分红总额与期末股票市值的比率来计算。统计时剔除暂停上市公司；对一组股票的平均股息率通常用总体法计算。

公式：股息率 =（Σ统计期内的对应现金分红合计 / Σ样本股票期末市值）×100%。

融资融券交易金额 指统计期内通过融资融券方式在市场上进行证券交易的金额。

公式：融资融券交易金额＝融资交易金额＋融券交易金额＝融资买入金额＋卖券还款金额＋融资强制平仓金额＋融券卖出金额＋买券还券金额＋融券强制平仓金额。

融资融券余额 指统计期末投资者未了结的融资交易和融券交易的金额。

公式：融资余额＋融券余额＝Σ（融资买入额－融资偿还额）+Σ（融券卖出量－融券偿还量）× 标的的证券统计日收盘价格。

融资买入金额 指统计期内投资者从证券公司借入资金买入标的证券的金额。融资买入以交易系统中申报指令的标签为计算基准。

融券卖出金额 指统计期内投资者从证券公司借入证券并卖出金额。融券卖出以交易系统中申报指令的标签为计算基准。

维持担保比例 指统计期末客户担保物价值与融资融券债务之间的比例。

转融通交易金额 指统计期内证券金融公司将自有或者依法筹集的资金和证券出借给证券公司的金额。

公式：转融通交易金额＝转融资交易额＋转融券交易额＝转融资新合约融出额＋转融资展期合约融出额＋转融券新合约融出额＋转融券展期合约融出额。

转融通归还金额 指证券公司到期需归还给证券金融公司的转融通本金金额，不包含息费。

公式：转融通归还金额＝转融资归还金额＋转融券归还金额＝转融资归还金额＋Σ（转融券融出归还量 × 标的证券统计日收盘价）。

转融通期末余额 指统计期末证券公司未了结的转融资合约和转融券合约的金额。

公式：转融通期末余额＝转融资期末余额＋转融券期末余额＝Σ（业务开展以来转融资借入总额－业务开展以来转融资归还总额）＋Σ（转融券融出量－转融券融出归还量＋未了结转融券合约的权益补偿量）× 标的证券统计日收盘价。

转融通保证金余额 指统计期末借入人（证券公司）在证券金融公司交存的转融通担保物的余额。担保物包括资金和证券金融公司认可的证券。

公式：转融通保证金余额＝现金＋未到账现金权益＋Σ可充抵保证金证券市值 × 证券转融通折算率＋Σ未到账证券权益市值 × 证券转融通折算率。

其中：

现金＝转融通担保资金账户余额－被异常冻结的保证金＋被临时使用的保证金等；

可充抵保证金证券市值＝(转融通担保证券账户余额－被异常冻结的证券＋被临时使用的证券等）× 证券最近成交价格或公允价格。

平均超募比率 指统计期内全部IPO公司的超募资金与预计募集资金的比率。

平均首发价格 指统计期内IPO股票的平均发行价格。

平均网上发行中签率 指统计期内IPO股票的网上发行发行中签率的平均值。

新股破发率 指统计期内破发的IPO股票占全部IPO股票的比例。

挂牌公司定向发行次数 指统计期内挂牌公司通过定向发行股票筹集资金的次数。

贰 零 壹 陆

三、债券
Bonds

贰 零 壹 陆

2015年债券市场情况概述

一、债券市场情况

（一）一级市场情况

2015年，全国债券市场发行总额232557.99亿元，同比增加94.64%，增幅较大。其中政府债券发行总额同比增加187.57%；公司信用类债券发行总额同比增加32.70%，企业部门债券市场融资功能明显提升。全国债券市场本金兑付118125.7亿元，同比增加62.15%。全国债券市场净筹资114432.29亿元，同比增加146.43%。截至2015年底，全国债券余额479273.93亿元，同比增加35.83%。

（二）二级市场情况

截至2015年底，中证全债净价指数收于103.89点，全年上涨4.07%，延续了2014年以来的上升态势。2015年全市场现券成交901290.2亿元，同比增加108.75 %，回购成交5852936.53亿元，同比增加85.73%。

二、交易所债券市场

2015年，交易所债券发行总额21621.74亿元，其中交易所公司信用类债券发行额为9096.24亿元，占比42.07%。在非金融企业公司信用类债券中，公司债发行额为8900.24亿元，同比增加583.53%，增幅较大；可转债发行额为98亿元，同比减少66.89%，降幅较大；可交换债发行额为98亿元，同比增长145.0%；交易所债券市场交投随发行量的增加而活跃，现券和回购成交金额分别为31587.14亿元和1250957.23亿元。

（一）上海证券交易所

2015年，上交所现券成交金额28612.16亿元，同比增加12.72%；回购成交金额1166702.35亿元，同比增加38.66%。其中国债现货日均成交金额17.34亿元，同比增加240.72%，公司债（含企业债）现货日均成交金额65.63亿元，同比增加3.52%。

（二）深圳证券交易所

2015年，深交所现券成交金额2974.98亿元，同比增加12.77%；回购成交金额84254.88亿元，同比增加28.12%。其中国债现货日均成交金额695万元，同比增加33.16%，公司债（含企业债）现货日均成交金额9.3亿元，同比增加8.54%。

3–1 债券市场概况
Overview of Bond Market

年份 Year	发行额(亿元) Value of Bonds Issued(100 million yuan)			兑付金额(亿元) Amount of Payments(100 million yuan)		
	全市场 Whole Market	银行间 Interbank Market	交易所 Stock Exchange	全市场 Whole Market	银行间 Interbank Market	交易所 Stock Exchange
1997	2084.62	2084.62	—	—	—	—
1998	6203.73	6203.73	—	—	—	—
1999	4369.50	4369.50	—	410.16	410.16	—
2000	4414.50	4414.50	—	1629.16	1629.16	—
2001	5848.53	5848.53	—	1859.97	1859.97	—
2002	9943.90	9943.90	—	2841.35	2841.35	—
2003	17647.17	17647.17	—	7886.44	7886.44	—
2004	27295.66	27295.66	—	12548.65	12548.65	—
2005	42182.07	42182.07	—	22531.33	22531.33	—
2006	57096.11	57096.11	—	38597.83	38597.83	—
2007	80163.36	79756.08	407.28	49931.98	49931.98	—
2008	71732.16	70734.11	998.05	48265.29	48265.29	—
2009	87286.22	86474.71	811.51	67282.32	67282.32	—
2010	96408.63	95088.33	1320.30	73205.88	73205.88	—
2011	77231.52	75501.82	1729.70	64819.78	64709.81	109.97
2012	80245.86	77474.98	2770.88	47625.00	47269.27	355.73
2013	89202.94	85248.00	3954.94	63427.49	62332.88	1094.61
2014	119286.26	115112.62	4173.64	72850.52	71358.08	1492.44
2015	232557.99	210936.25	21621.74	118125.70	114140.25	3985.45

注：1．“发行额”、“兑付金额”中的“交易所”统计数据包括由中国证监会审批的公司债、可转债、可分离债及交易所备案的中小企业私募债；“发行额”、“兑付额”中的“银行间”统计数据是中国证监会审批(或交易所备案)之外的其他债券，包括国债、央行票据、金融债券、企业债、短期融资券、超短期融资券、中期票据、中小企业集合票据、非公开定向债务融资工具和资产支持票据；本章所有“发行额”均按照发行首日口径统计。

2．本表的“兑付金额”包含本金兑付和利息兑付。

3．“成交金额”中的“交易所”统计数据包括在沪、深证券交易所交易的债券的成交金额，“银行间”统计数据包括在银行间市场交易的债券的成交金额。

4．“托管额”中的“全市场”统计数据包括柜台和其他市场，“发行额”、“兑付金额”、“成交金额”均不包括柜台和其他市场。

数据来源：中国人民银行、上海证券交易所、深圳证券交易所、中央国债登记结算公司、上海清算所、中国证券登记结算公司。

Source:PBC、SSE、SZSE、CCDC、SHCH、CSDC.

3-1 续表 continued

年份 Year	成交金额(亿元) Trading Turnover(100 million yuan)				托管额(亿元) Value of Bonds under Custody(100 million yuan)		
	银行间现券 Interbank Market Spot Transaction	银行间回购 Interbank Market Repo Transaction	交易所现券 Stock Exchange Spot Transaction	交易所回购 Stock Exchange Repo Transaction	全市场 Whole Market	银行间 Interbank Market	交易所 Stock Exchange
1997	4.37	—	3600.83	12876.06	4184.07	984.59	—
1998	15.62	—	6120.94	15540.84	9884.07	9199.16	—
1999	60.77	3956.93	5393.59	12890.53	13188.79	12878.71	—
2000	541.03	15714.21	4385.48	14733.68	16746.19	16077.61	—
2001	416.67	40208.99	4930.13	15487.64	19727.91	18931.81	—
2002	4098.47	100918.61	8852.71	24419.64	25610.47	24680.66	—
2003	29866.33	116122.20	6783.11	53000.12	37636.37	32436.51	4087.78
2004	22451.93	96943.42	3717.09	44090.81	52046.95	45326.44	4786.08
2005	58310.02	159297.65	3448.80	23621.17	73402.21	66483.70	4711.18
2006	100461.68	265914.42	1998.11	15489.56	92346.98	68277.56	3467.14
2007	156043.39	447951.18	2093.61	18351.62	123485.39	111355.62	3413.70
2008	371157.70	581331.15	4609.38	24306.77	152554.05	138972.54	4490.52
2009	472655.00	702779.16	4834.26	35975.19	177383.26	159766.72	4947.42
2010	640422.10	875936.00	5927.13	70373.75	205107.77	188751.50	6278.32
2011	636422.90	994534.80	6907.78	209509.63	222572.17	206328.71	8428.39
2012	751952.80	1417140.30	9902.57	393550.94	261987.73	241412.03	12456.28
2013	416106.00	1581639.00	17417.93	661023.00	299152.65	268618.45	19454.67
2014	403565.00	2244226.00	28021.20	907166.25	352840.25	318988.07	25720.48
2015	867370.20	4577637.50	33920.00	1275299.03	479273.93	430616.52	39972.46

3-2 债券发行、兑付、余额情况
Statistics of Bond Issuance, Payment, Balance

单位：亿元 (100 million yuan)

年份 Year	国债 T-Bonds			央行票据 Central Bank Bills			金融债券 Financial Bonds		
	发行额 Value of Bonds Issued	兑付金额 Amount of Payments	期末余额 Ending Balance	发行额 Value of Bonds Issued	兑付金额 Amount of Payments	期末余额 Ending Balance	发行额 Value of Bonds Issued	兑付金额 Amount of Payments	期末余额 Ending Balance
1990	197.23	76.22	890.34	—	—	—	—	—	—
1991	281.25	111.60	1059.99	—	—	—	—	—	—
1992	460.78	238.05	1282.72	—	—	—	—	—	—
1993	381.31	123.29	1540.74	—	—	—	—	—	—
1994	1137.55	391.89	2286.40	—	—	—	—	—	—
1995	1510.86	496.96	3300.30	—	—	—	—	—	—
1996	1847.77	786.64	4361.43	—	—	—	—	—	—
1997	2411.79	1264.29	5508.93	118.92	—	—	1435.70	—	—
1998	3808.77	2060.86	7765.70	0.00	—	—	1930.23	—	—
1999	4015.00	1238.70	10542.00	0.00	—	—	1851.00	175.84	—
2000	4657.00	2179.00	13020.00	0.00	118.92	—	1645.00	708.77	—
2001	4884.00	2286.00	15618.00	0.00	0.00	—	2625.00	835.00	—
2002	5934.30	2216.20	19336.10	1937.50	450.00	—	3220.00	660.00	—
2003	6280.10	2755.80	22603.60	7226.80	5237.50	—	4620.00	995.22	—
2004	6923.90	3749.90	25777.60	17037.34	8456.20	—	5123.30	1460.22	—
2005	7042.00	4045.50	28774.00	27882.00	17162.10	—	7158.77	1932.22	—
2006	8883.30	6208.61	31448.70	36573.81	26472.00	—	9665.80	3642.52	—
2007	23139.10	5846.80	48741.00	40721.28	36102.70	—	12082.68	4216.62	—
2008	8558.20	7531.43	49767.83	42960.00	31105.54	—	12098.98	4462.81	41330.58
2009	17927.24	9745.06	57949.98	39740.00	44771.51	—	14524.10	5064.02	50990.71
2010	19778.30	10043.38	67684.90	46608.00	47767.65	—	14122.20	6445.29	58789.99
2011	17100.10	10958.50	73826.50	14140.00	33370.99	—	23491.20	7682.97	74598.22
2012	16154.20	17987.10	71993.60	0.00	7601.87	13380.00	25962.50	8060.90	92281.60
2013	20230.00	8996.00	95471.00	5362.00	13278.00	5462.00	26890.03	13386.00	106182.21
2014	21120.60	10365.00	107275.00	0.00	1240.00	4222.00	46991.58	19345.00	125489.00
2015	54908.00	12803.00	154524.00	0.00	0.00	4222.00	102095.00	53852.00	184596.00

注：1.国债包括地方政府债。
2.金融债券包括国开行金融债、政策性金融债、商业银行普通债券、商业银行次级债、商业银行资本混合债、非银行金融机构债券、证券公司债、资产支持证券、证券公司债券、证券公司短期融资券、二级资本工具、同业存单公司债(金融公司发行)、可转债(金融公司发行)。
3.企业债包括原铁道部发行的债券，2007年及之前的企业债数据包括短期融资券。
4.本表的兑付金额仅含本金兑付。
5.银行间市场的债券发行数据来自中国人民银行。

数据来源：中国人民银行、上海证券交易所、深圳证券交易所、中央国债登记结算公司。
Source:PBC、SSE、SZSE、CCDC.

3–2 续表 1 continued

单位：亿元 (100 million yuan)

年份 Year	非金融企业公司信用类债 Non-financial Enterprise Inc. Credit Bonds								
	合计 Total			公司债 Corporate Bonds			可转债 Convertible Bonds		
	发行额 Value of Bonds Issued	兑付金额 Amount of Payments	期末余额 Ending Balance	发行额 Value of Bonds Issued	兑付金额 Amount of Payments	期末余额 Ending Balance	发行额 Value of Bonds Issued	兑付金额 Amount of Payments	期末余额 Ending Balance
1990	126.37	77.29	195.44	—	—	—	—	—	—
1991	249.96	114.31	331.09	—	—	—	—	—	—
1992	683.71	192.76	822.04	—	—	—	—	—	—
1993	235.84	255.48	802.40	—	—	—	—	—	—
1994	161.75	282.04	682.11	—	—	—	—	—	—
1995	300.80	336.30	646.61	—	—	—	—	—	—
1996	268.92	317.80	597.73	—	—	—	—	—	—
1997	255.23	219.81	521.02	—	—	—	—	—	—
1998	147.89	105.25	676.93	—	—	—	—	—	—
1999	158.20	56.50	778.63	—	—	—	—	—	—
2000	83.00	—	861.63	—	—	—	—	—	—
2001	147.00	—	—	—	—	—	—	—	—
2002	325.00	—	—	—	—	—	—	—	—
2003	358.00	—	—	—	—	—	—	—	—
2004	327.00	—	—	—	—	—	—	—	—
2005	2046.50	37.00	—	—	—	—	—	—	—
2006	3938.30	1672.40	—	—	—	—	—	—	—
2007	5465.78	2880.90	8181.73	112.00	—	112.00	106.48	—	98.63
2008	9433.45	3277.84	14310.47	288.00	—	400.00	77.20	—	139.20
2009	16675.91	4308.45	25107.31	734.90	—	1134.90	46.61	—	—
2010	16811.75	5099.23	38255.26	603.00	—	1641.40	717.30	—	1942.11
2011	23577.41	10325.59	51628.08	1252.50	51.05	2842.85	445.20	58.92	2328.39
2012	37338.28	14746.33	74011.78	2607.28	186.99	5532.71	163.60	42.05	636.62
2013	36720.91	18812.60	92037.64	1696.10	190.70	7045.08	84.81	38.10	600.21
2014	51172.91	26883.77	115443.77	1307.09	562.13	7543.04	295.99	1.29	586.73
2015	67704.24	34886.70	144152.58	8900.24	889.55	15242.84	98.00	20.15	132.74

3-2 续表 2 continued

单位：亿元 (100 million yuan)

年份 Year	非金融企业公司信用类债 Non-financial Enterprise Inc. Credit Bonds					
	可分离债 Warrant Bonds			企业债 Enterprise Bonds		
	发行额 Value of Bonds Issued	兑付金额 Amount of Payments	期末余额 Ending Balance	发行额 Value of Bonds Issued	兑付金额 Amount of Payments	期末余额 Ending Balance
1990	—	—	—	126.37	77.29	195.44
1992	—	—	—	249.96	114.31	331.09
1993	—	—	—	683.71	192.76	822.04
1994	—	—	—	235.84	255.48	802.40
1995	—	—	—	161.75	282.04	682.11
1996	—	—	—	300.80	336.30	646.61
1997	—	—	—	268.92	317.80	597.73
1998	—	—	—	255.23	219.81	521.02
1999	—	—	—	147.89	105.25	676.93
2000	—	—	—	158.20	56.50	778.63
2001	—	—	—	83.00	—	861.63
2002	—	—	—	147.00	—	—
2003	—	—	—	325.00	—	—
2004	—	—	—	358.00	—	—
2005	—	—	—	327.00	—	—
2006	—	—	—	2046.50	37.00	—
2007	—	—	—	3938.30	1672.40	—
2008	188.80	—	287.80	5058.50	2880.90	7683.30
2009	632.85	—	920.65	2366.90	—	6891.76
2010	30.00	—	—	4252.33	44.40	10970.67
2011	0.00	—	—	3628.53	1.80	14597.40
2012	32.00	—	—	3485.48	185.95	17884.93
2013	0.00	126.69	752.15	7999.31	321.20	25512.20
2014	0.00	153.80	598.35	6252.00	870.00	32069.00
2014	0.00	500.35	98.00	8260.00	1412.00	39302.00
2015	0.00	30.00	68.00	5031.00	2999.00	42869.00

3-2 续表 3 continued

单位：亿元 (100 million yuan)

年份 Year	非金融企业公司信用类债 Non-financial Enterprise Inc. Credit Bonds								
	短期融资券 Short-term Financing Bonds			超短期融资券 SCP			中期票据 Medium Term Notes		
	发行额 Value of Bonds Issued	兑付金额 Amount of Payments	期末余额 Ending Balance	发行额 Value of Bonds Issued	兑付金额 Amount of Payments	期末余额 Ending Balance	发行额 Value of Bonds Issued	兑付金额 Amount of Payments	期末余额 Ending Balance
1990	—	—	—	—	—	—	—	—	—
1991	—	—	—	—	—	—	—	—	—
1992	—	—	—	—	—	—	—	—	—
1993	—	—	—	—	—	—	—	—	—
1994	—	—	—	—	—	—	—	—	—
1995	—	—	—	—	—	—	—	—	—
1996	—	—	—	—	—	—	—	—	—
1997	—	—	—	—	—	—	—	—	—
1998	—	—	—	—	—	—	—	—	—
1999	—	—	—	—	—	—	—	—	—
2000	—	—	—	—	—	—	—	—	—
2001	—	—	—	—	—	—	—	—	—
2002	—	—	—	—	—	—	—	—	—
2003	—	—	—	—	—	—	—	—	—
2004	—	—	—	—	—	—	—	—	—
2005	—	—	—	—	—	—	—	—	—
2006	—	—	—	—	—	—	—	—	—
2007	—	—	—	—	—	—	—	—	—
2008	4331.50	3277.84	4221.86	—	—	—	1737.00	0.00	1737.00
2009	4612.05	4264.05	4264.72	—	—	—	6987.37	0.00	8724.37
2010	6742.35	5097.43	6216.76	150.00	0.00	150.00	4924.00	0.00	13648.37
2011	8032.30	7151.27	7247.79	2090.00	1790.00	450.00	7269.70	1073.00	19845.07
2012	8370.47	7888.80	8342.00	5822.00	2741.00	3531.00	8453.30	3244.00	24952.00
2013	8515.00	8408.00	8444.00	7535.00	6337.00	4729.00	6916.00	2029.00	28882.00
2014	10516.93	8388.00	10366.00	10996.00	8726.00	7000.00	9466.90	5321.00	32524.00
2015	9488.00	10259.00	9455.00	22949.00	15391.00	14726.00	12465.00	4563.00	40115.00

3-2 续表 4 continued

单位：亿元 (100 million yuan)

年份 Year	非金融企业公司信用类债 Non-financial Enterprise Inc. Credit Bonds									合计 Total		
	中小企业集合票据 SMECN			非公开定向债务融资工具 PPN			资产支持票据 ABN					
	发行额 Value of Bonds Issued	兑付金额 Amount of Payments	期末余额 Ending Balance	发行额 Value of Bonds Issued	兑付金额 Amount of Payments	期末余额 Ending Balance	发行额 Value of Bonds Issued	兑付金额 Amount of Payments	期末余额 Ending Balance	发行额 Value of Bonds Issued	兑付金额 Amount of Payments	期末余额 Ending Balance
1990	—	—	—	—	—	—	—	—	—	323.60	153.51	1085.78
1991	—	—	—	—	—	—	—	—	—	531.21	225.91	1391.08
1992	—	—	—	—	—	—	—	—	—	1144.49	430.81	2104.76
1993	—	—	—	—	—	—	—	—	—	617.15	378.77	2343.14
1994	—	—	—	—	—	—	—	—	—	1299.30	673.93	2968.51
1995	—	—	—	—	—	—	—	—	—	1811.66	833.26	3946.91
1996	—	—	—	—	—	—	—	—	—	2116.69	1104.44	4959.16
1997	—	—	—	—	—	—	—	—	—	4221.64	1484.10	6029.95
1998	—	—	—	—	—	—	—	—	—	5886.89	2166.11	8442.63
1999	—	—	—	—	—	—	—	—	—	6024.20	1471.04	11320.63
2000	—	—	—	—	—	—	—	—	—	6385.00	3006.69	13881.63
2001	—	—	—	—	—	—	—	—	—	7656.00	3121.00	15618.00
2002	—	—	—	—	—	—	—	—	—	11416.80	3326.20	19336.10
2003	—	—	—	—	—	—	—	—	—	18484.90	8988.52	22603.60
2004	—	—	—	—	—	—	—	—	—	29411.54	13666.32	25777.60
2005	—	—	—	—	—	—	—	—	—	44129.27	23176.82	28774.00
2006	—	—	—	—	—	—	—	—	—	59061.21	37995.53	31448.70
2007	—	—	—	—	—	—	—	—	—	81408.84	49047.02	56922.73
2008	—	—	—	—	—	—	—	—	—	73050.63	46377.62	105408.88
2009	12.65	0.00	12.65	—	—	—	—	—	—	88867.25	63889.04	134048.00
2010	46.57	0.00	59.22	—	—	—	—	—	—	97320.25	69355.55	164730.15
2011	66.23	15.40	110.05	904.00	0.00	919.00	—	—	—	78308.71	62338.05	200052.80
2012	106.02	19.60	193.80	3759.30	176.00	4502.30	57.00	0.00	57.00	79454.98	48396.20	251666.98
2013	60.00	60.00	191.00	5614.00	719.00	9381.00	48.00	7.00	98.00	89202.94	54472.60	299152.65
2014	4.30	52.00	139.00	10057.86	1905.00	17706.00	89.20	16.00	171.00	119286.26	57833.77	352840.25
2015	4.00	78.00	61.00	8734.00	617.00	21324.00	35.00	40.00	159.00	224707.24	101541.70	487494.58

3–3 公司信用类债券发行额按监管辖区分布

Regulatory Jurisdiction Distribution of Company Credit Bond Issuance

单位：亿元 (100 million yuan)

辖区 Jurisdiction		公司债 Corporate Bonds		可转债 Convertible Bonds		可交换公司债 Exchange Corporate Bonds	
		2014	2015	2014	2015	2014	2015
北京	Beijing	87.68	1580.60	0.00	38.00	0.00	0.00
天津	Tianjin	16.64	151.70	0.00	0.00	0.00	12.00
河北	Hebei	15.00	280.00	0.00	0.00	0.00	0.00
山西	Shanxi	18.45	112.50	0.00	0.00	0.00	0.00
内蒙古	Neimenggu	88.10	95.10	0.00	0.00	0.00	0.00
辽宁	Liaoning	61.40	35.50	0.00	0.00	0.00	0.00
吉林	Jilin	13.00	13.80	17.00	0.00	0.00	0.00
黑龙江	Heilongjiang	4.00	39.50	0.00	0.00	0.00	0.00
上海	Shanghai	53.60	516.02	0.00	60.00	40.00	50.00
江苏	Jiangsu	228.13	914.41	12.32	0.00	0.00	0.00
浙江	Zhejiang	100.39	529.30	104.87	0.00	0.00	0.00
安徽	Anhui	13.98	33.00	0.00	0.00	0.00	0.00
福建	Fujian	18.40	306.45	18.00	0.00	0.00	0.00
江西	Jiangxi	38.50	74.90	0.00	0.00	0.00	0.00
山东	Shandong	177.30	397.90	45.00	0.00	0.00	0.00
河南	Henan	32.78	148.18	49.00	0.00	0.00	0.00
湖北	Hubei	44.10	180.80	0.00	0.00	0.00	0.00
湖南	Hunan	32.00	230.70	0.00	0.00	0.00	0.00
广东	Guangdong	39.10	1159.30	9.80	0.00	0.00	0.00
广西	Guangxi	0.80	115.00	0.00	0.00	0.00	0.00
海南	Hainan	10.90	31.20	0.00	0.00	0.00	0.00
重庆	Chongqing	50.65	314.20	0.00	0.00	0.00	0.00
四川	Sichuan	40.50	267.91	40.00	0.00	0.00	0.00
贵州	Guizhou	10.70	199.60	0.00	0.00	0.00	0.00
云南	Yunnan	16.40	228.30	0.00	0.00	0.00	0.00
西藏	Xizang	0.00	39.00	0.00	0.00	0.00	0.00
陕西	Shaanxi	7.50	32.00	0.00	0.00	0.00	0.00
甘肃	Gansu	30.00	10.00	0.00	0.00	0.00	0.00
青海	Qinghai	2.34	0.00	0.00	0.00	0.00	0.00
宁夏	Ningxia	3.00	0.00	0.00	0.00	0.00	0.00
新疆	Xinjiang	3.30	129.20	0.00	0.00	0.00	6.00
深圳	Shenzhen	40.95	312.88	0.00	0.00	0.00	0.00
大连	Dalian	0.00	242.50	0.00	0.00	0.00	0.00
宁波	Ningbo	7.50	31.79	0.00	0.00	0.00	0.00
厦门	Xiamen	0.00	130.00	0.00	0.00	0.00	0.00
青岛	Qingdao	0.00	17.00	0.00	0.00	0.00	0.00
合计	Total	1307.09	8900.24	295.99	98.00	40.00	68.00

注： 1.企业债包括原铁道部发行的债券。
2.公司债、可转债已扣除金融公司发行。
3.部分非公开定向债务融资工具的发行金额无法获取，因此本表的合计数与表3–2的合计数不一致。

数据来源：中国人民银行、上海证券交易所、深圳证券交易所、中央国债登记结算公司。
Source:PBC、SSE、SZSE、CCDC.

3-3 续表 1 continued

单位：亿元 (100 million yuan)

辖区	Jurisdiction	企业债 Enterprise Bonds		短期融资券 Short-term Financing Bonds		超短期融资券 SCP		中期票据 Medium Term Notes	
		2014	2015	2014	2015	2014	2015	2014	2015
北京	Beijing	2002.00	431.00	2680.80	2311.10	7037.50	11033.00	3925.60	4348.05
天津	Tianjin	167.00	132.00	335.70	249.40	0.00	141.00	268.40	319.70
河北	Hebei	174.00	66.50	244.30	272.00	0.00	125.00	202.00	163.60
山西	Shanxi	51.00	48.00	341.00	404.00	95.00	358.00	142.00	392.70
内蒙古	Neimenggu	110.00	50.50	176.50	176.00	30.00	160.00	88.80	140.00
辽宁	Liaoning	145.50	120.50	197.80	139.20	120.00	257.00	139.70	101.00
吉林	Jilin	51.00	0.00	63.00	17.00	0.00	90.00	30.50	103.00
黑龙江	Heilongjiang	88.00	32.90	36.00	47.00	0.00	74.00	58.40	61.50
上海	Shanghai	117.90	33.00	466.75	631.50	790.00	1564.00	357.50	594.50
江苏	Jiangsu	810.50	384.50	942.40	801.10	378.00	1268.80	565.80	887.30
浙江	Zhejiang	545.00	144.00	517.80	450.70	140.00	847.50	329.90	363.60
安徽	Anhui	317.50	109.00	282.00	317.50	240.00	397.00	231.00	261.45
福建	Fujian	184.00	72.00	181.50	154.50	8.00	216.50	147.50	272.00
江西	Jiangxi	146.00	162.00	102.60	101.00	68.00	226.00	125.00	245.30
山东	Shandong	437.10	193.00	695.30	634.70	496.00	1606.00	453.90	604.00
河南	Henan	159.70	78.00	69.00	171.00	107.00	240.00	136.50	190.00
湖北	Hubei	279.00	129.50	313.20	301.20	93.00	268.20	141.30	157.50
湖南	Hunan	357.10	353.72	127.10	168.50	0.00	79.00	238.50	164.50
广东	Guangdong	247.00	98.00	326.50	236.50	514.00	819.70	352.90	475.50
广西	Guangxi	167.00	25.00	137.50	72.00	3.00	300.00	97.50	125.00
海南	Hainan	42.00	53.00	24.00	33.00	0.00	20.00	27.00	25.00
重庆	Chongqing	273.00	115.00	209.70	178.50	20.00	202.10	180.70	351.70
四川	Sichuan	221.00	161.50	431.50	286.00	12.00	425.00	174.30	324.80
贵州	Guizhou	202.00	172.00	31.60	99.50	5.00	58.00	113.00	114.00
云南	Yunnan	184.50	43.00	236.00	341.80	65.00	195.00	104.60	145.50
西藏	Xizang	0.00	0.00	20.00	0.00	0.00	51.50	0.00	0.00
陕西	Shaanxi	144.00	54.00	200.00	146.50	270.00	595.00	262.00	307.00
甘肃	Gansu	126.00	10.00	175.00	57.50	0.00	90.00	68.00	157.00
青海	Qinghai	22.00	5.00	64.48	105.00	0.00	10.00	79.70	123.00
宁夏	Ningxia	39.40	20.00	32.00	47.80	0.00	0.00	28.00	24.00
新疆	Xinjiang	182.00	91.40	208.00	228.00	0.00	107.00	61.50	120.00
深圳	Shenzhen	59.80	15.00	374.90	234.30	225.00	369.00	141.40	640.00
大连	Dalian	89.00	0.00	44.00	103.40	225.50	341.00	85.00	247.00
宁波	Ningbo	58.00	8.00	85.00	78.80	6.00	95.00	40.00	49.00
厦门	Xiamen	7.00	10.00	89.00	88.00	48.00	452.00	48.00	149.00
青岛	Qingdao	54.00	0.00	55.00	36.00	0.00	0.00	21.00	18.00
合计	Total	8260.00	3421.02	10516.93	9720.00	10996.00	23081.30	9466.90	12765.20

3–3　续表 2　continued

单位：亿元　　(100 million yuan)

辖区	Jurisdiction	中小企业集合票据 SMECN		非公开定向债务融资工具 PPN		资产支持票据 ABN		合计 Total	
		2014	2015	2014	2015	2014	2015	2014	2015
北京	Beijing	2.80	4.26	1480.70	1089.30	0.00	0.00	17217.08	20835.31
天津	Tianjin	0.00	0.00	714.00	611.50	0.00	0.00	1501.74	1617.30
河北	Hebei	0.00	0.00	99.00	180.00	0.00	0.00	734.30	1087.10
山西	Shanxi	0.00	0.00	611.98	596.30	15.00	0.00	1274.43	1911.50
内蒙古	Neimenggu	0.00	0.00	190.50	93.00	0.00	0.00	683.90	714.60
辽宁	Liaoning	0.00	0.00	320.50	141.00	0.00	0.00	984.90	794.20
吉林	Jilin	0.00	0.00	101.00	125.00	0.00	0.00	275.50	348.80
黑龙江	Heilongjiang	0.00	0.00	33.00	57.00	0.00	0.00	219.40	311.90
上海	Shanghai	0.00	0.00	264.30	318.00	4.20	3.00	2094.25	3770.02
江苏	Jiangsu	0.90	0.00	1148.50	1255.65	45.00	12.00	4131.55	5523.76
浙江	Zhejiang	0.00	0.00	230.10	281.70	6.00	0.00	1974.06	2616.80
安徽	Anhui	0.00	0.00	242.00	171.90	6.00	0.00	1332.48	1289.85
福建	Fujian	0.00	0.00	167.00	109.00	0.00	0.00	724.40	1130.45
江西	Jiangxi	0.00	0.00	60.00	100.00	0.00	0.00	540.10	909.20
山东	Shandong	0.00	0.00	506.00	496.20	0.00	0.00	2810.60	3931.80
河南	Henan	0.60	0.00	608.50	484.60	6.00	0.00	1169.08	1311.78
湖北	Hubei	0.00	0.00	281.00	241.10	0.00	0.00	1151.60	1278.30
湖南	Hunan	0.00	0.00	347.00	319.90	0.00	0.00	1101.70	1316.32
广东	Guangdong	0.00	0.00	262.50	144.00	0.00	0.00	1751.80	2933.00
广西	Guangxi	0.00	0.00	220.00	165.00	0.00	0.00	625.80	802.00
海南	Hainan	0.00	0.00	57.00	15.00	0.00	0.00	160.90	177.20
重庆	Chongqing	0.00	0.00	369.60	363.80	0.00	0.00	1103.65	1525.30
四川	Sichuan	0.00	0.00	246.00	229.50	4.00	0.00	1169.30	1694.71
贵州	Guizhou	0.00	0.00	165.00	142.00	0.00	0.00	527.30	785.10
云南	Yunnan	0.00	0.00	335.00	262.50	0.00	20.00	941.50	1236.10
西藏	Xizang	0.00	0.00	0.00	0.00	0.00	0.00	20.00	90.50
陕西	Shaanxi	0.00	0.00	298.28	318.00	3.00	0.00	1184.78	1452.50
甘肃	Gansu	0.00	0.00	146.00	81.50	0.00	0.00	545.00	406.00
青海	Qinghai	0.00	0.00	55.50	17.00	0.00	0.00	224.02	260.00
宁夏	Ningxia	0.00	0.00	5.00	5.00	0.00	0.00	107.40	96.80
新疆	Xinjiang	0.00	0.00	138.00	124.00	0.00	0.00	592.80	805.60
深圳	Shenzhen	0.00	0.00	71.00	51.00	0.00	0.00	913.05	1622.18
大连	Dalian	0.00	0.00	130.00	74.70	0.00	0.00	573.50	1008.60
宁波	Ningbo	0.00	0.00	58.90	74.80	0.00	0.00	255.40	337.39
厦门	Xiamen	0.00	0.00	48.00	9.00	0.00	0.00	240.00	838.00
青岛	Qingdao	0.00	0.00	42.00	55.00	0.00	0.00	172.00	126.00
合计	Total	4.30	4.26	10057.86	8802.95	89.20	35.00	51034.26	66895.96

3-4 交易所债券交易情况
Bond Trading in Stock Exchange

年份 Year	成交量 Trading Volume 现货(万张) Spot Transaction(10 thousand units)							
	合计 Total	企业债 Enterprise Bonds	公司债 Corporate Bonds	可转债 Convertible Bonds	可分离债 Warrant Bonds	可交换公司债 Exchange Corporate Bonds	国债 T-Bonds	政策性银行债 Policy Bank Bonds
1996	49944.26	38.00	—	—	—	—	49906.26	—
1997	42846.13	356.12	—	—	—	—	42490.01	—
1998	48802.55	946.39	—	833.45	—	—	47022.71	—
1999	43783.87	471.12	—	3133.56	—	—	40179.19	—
2000	95140.88	906.15	—	11717.49	—	—	82517.24	—
2001	87991.38	672.13	—	3684.55	—	—	83634.69	—
2002	299205.28	2303.21	—	4830.95	—	—	292071.13	—
2003	111150.66	7463.29	—	23313.32	—	—	80374.05	—
2004	64207.43	2779.49	—	29590.59	—	—	31837.35	—
2005	53944.97	4116.11	—	20905.30	—	—	28923.56	—
2006	34136.24	3016.11	2438.79	10591.25	2438.79	—	15651.31	—
2007	42693.07	5029.66	6154.25	12153.24	6154.25	—	13201.67	—
2008	492992.52	11206.30	53922.30	38316.48	157226.98	—	232162.46	—
2009	477663.32	62912.79	67812.06	47929.04	82620.04	—	216329.32	—
2010	573425.52	88831.84	116267.43	134370.47	66015.61	—	167938.93	—
2011	684152.29	137586.30	152255.63	206720.89	58501.50	—	129057.42	—
2012	981911.48	289918.93	326764.15	221437.63	53399.53	—	90390.46	—
2013	1693793.06	648808.25	445468.66	456452.00	62214.86	—	80325.29	—
2014	2680189.46	1237806.13	586067.75	676779.56	27512.61	1809.76	126431.69	23781.97
2015	2846125.74	1016654.05	784587.79	538383.37	12290.30	27324.07	421342.14	45544.02

数据来源：上海证券交易所、深圳证券交易所。
Source:SSE、SZSE.

3–4 续表 1 continued

年份 Year	成交金额(亿元) Trading Turnover(100 million yuan) / 现货 Spot Transaction / 合计 Total	企业债 Enterprise Bonds	公司债 Corporate Bonds	可转债 Convertible Bonds	可分离债 Warrant Bonds	可交换公司债 Exchange Corporate Bonds	国债 T-Bonds	政策性银行债 Policy Bank Bonds	回购 Repo Transaction
1996	5030.70	1.46	—	—	—	—	5029.24	—	13008.64
1997	3600.83	18.08	—	—	—	—	3582.75	—	12876.06
1998	6120.94	40.69	—	20.30	—	—	6059.95	—	15540.84
1999	5393.59	47.99	—	44.73	—	—	5300.87	—	12890.53
2000	4385.48	92.92	—	135.07	—	—	4157.49	—	14733.68
2001	4930.13	68.84	—	45.68	—	—	4815.60	—	15487.64
2002	8852.71	70.33	—	73.70	—	—	8708.68	—	24419.64
2003	6783.11	363.61	—	663.39	—	—	5756.11	—	53000.12
2004	3717.09	113.36	—	637.26	—	—	2966.46	—	44090.81
2005	3448.80	154.71	—	513.46	—	—	2780.63	—	23621.17
2006	1998.11	142.35	20.28	274.50	20.28	—	1540.71	—	15489.56
2007	2093.61	325.90	45.60	409.24	45.60	—	1267.28	—	18351.62
2008	4609.38	113.60	521.73	442.13	1212.05	—	2318.35	—	24306.77
2009	4834.26	640.64	696.26	636.40	666.90	—	2193.44	—	35975.19
2010	5927.13	913.94	1185.74	1560.61	567.83	—	1699.00	—	70373.75
2011	6907.78	1361.50	1513.41	2217.95	528.29	—	1286.32	—	209509.63
2012	9902.57	2921.52	3293.44	2275.32	498.11	—	914.18	—	393550.94
2013	17417.93	6602.32	4449.37	4960.13	597.04	—	804.26	—	661023.00
2014	28021.20	12511.63	5743.79	7972.97	265.88	22.78	1260.27	243.89	907166.25
2015	31587.14	10339.96	7951.54	8093.91	120.09	365.22	4248.57	467.85	1250957.23

3–4 续表 2 continued

年份 Year	成交笔数(万笔) Number of Transactions(10 thousand times) / 现货 Spot Transaction / 合计 Total	企业债 Enterprise Bonds	公司债 Corporate Bonds	可转债 Convertible Bonds	可分离债 Warrant Bonds	可交换公司债 Exchange Corporate Bonds	国债 T-Bonds	政策性银行债 Policy Bank Bonds	回购 Repo Transaction
1996	184.55	1.34	—	—	—	—	183.21	—	70.09
1997	116.99	5.14	—	—	—	—	111.86	—	36.51
1998	127.95	31.05	—	17.26	—	—	79.64	—	42.10
1999	128.40	23.38	—	51.37	—	—	53.65	—	30.27
2000	164.70	43.44	—	82.72	—	—	38.53	—	29.06
2001	85.88	17.33	—	20.88	—	—	47.67	—	30.30
2002	141.70	12.05	—	19.12	—	—	110.53	—	79.76
2003	217.21	20.72	—	66.59	—	—	129.90	—	249.06
2004	245.27	14.02	—	73.63	—	—	157.62	—	213.37
2005	240.79	13.34	—	50.80	—	—	176.66	—	97.36
2006	133.34	11.07	2.34	32.22	2.34	—	85.38	—	43.26
2007	143.44	28.38	8.25	49.12	8.25	—	49.45	—	37.08
2008	338.51	22.53	56.31	80.13	136.11	—	43.43	—	59.60
2009	309.20	81.05	43.68	69.01	74.78	—	40.65	—	102.42
2010	219.03	58.76	23.09	82.22	31.01	—	23.94	—	303.65
2011	283.44	76.69	41.14	132.08	16.69	—	16.85	—	2458.81
2012	373.70	121.40	119.50	109.74	11.17	—	11.90	—	7649.73
2013	704.43	107.84	180.23	389.62	11.62	—	15.13	—	16136.45
2014	925.44	105.37	242.19	552.97	6.25	0.54	16.75	2.93	22269.09
2015	1036.00	78.77	73.33	845.58	2.52	6.24	24.19	5.38	13965.17

3–5 上海证券交易所债券交易情况
Bond Trading in Shanghai Stock Exchange

年份 Year	成交量 Trading Volume							
	现货(万张) Spot Transaction(10 thousand units)							
	合计 Total	企业债 Enterprise Bonds	公司债 Corporate Bonds	可转债 Convertible Bonds	可分离债 Warrant Bonds	可交换公司债 Exchange Corporate Bonds	国债 T-Bonds	政策性银行债 Policy Bank Bonds
1996	43545.47	9.76	—	—	—	—	43535.71	—
1997	31646.00	128.00	—	—	—	—	31518.00	—
1998	46027.00	170.00	—	—	—	—	45857.00	—
1999	38287.64	300.44	—	—	—	—	37987.20	—
2000	33864.54	790.26	—	—	—	—	33074.28	—
2001	41845.08	610.45	—	—	—	—	41234.63	—
2002	61514.82	454.99	—	228.00	—	—	60831.83	—
2003	61718.68	2992.22	—	3888.19	—	—	54838.27	—
2004	35259.62	978.10	—	2971.42	—	—	31310.10	—
2005	32365.90	1202.02	—	3035.41	—	—	28128.47	—
2006	18077.63	1301.44	—	1459.64	—	—	15316.55	—
2007	17720.26	3711.02	—	1333.19	—	—	12676.05	—
2008	426851.53	6797.35	23612.50	26404.90	142404.72	—	227474.06	—
2009	397681.50	36569.78	41569.82	31075.13	75104.84	—	213301.85	—
2010	482737.87	64290.02	82096.61	115701.01	59905.39	—	160743.57	—
2011	610136.85	119228.16	114775.83	193007.92	55051.08	—	128043.32	—
2012	837788.76	270149.31	217554.58	212269.58	48292.88	—	89521.64	—
2013	1485751.12	627007.52	279538.26	442063.02	59639.14	—	76979.18	—
2014	2417869.63	1217911.04	370961.78	650800.07	27512.61	1809.76	125092.42	23781.97
2015	2584040.59	1005249.10	572000.30	503247.70	12290.30	26036.07	419673.10	45544.02

数据来源：上海证券交易所。
Source: SSE.

3–5 续表 1 continued

年份 Year	成交金额(亿元) Trading Turnover(100 million yuan)								
	现货 Spot Transaction								回购
	合计 Total	企业债 Enterprise Bonds	公司债 Corporate Bonds	可转债 Convertible Bonds	可分离债 Warrant Bonds	可交换公司债 Exchange Corporate Bonds	国债 T-Bonds	政策性银行债 Policy Bank Bonds	Repo Transaction
1996	4963.54	1.16	—	—	—	—	4962.38	—	12439.16
1997	3483.90	15.50	—	—	—	—	3468.40	—	11912.16
1998	6078.02	31.32	—	—	—	—	6046.70	—	15188.54
1999	5322.62	45.84	—	—	—	—	5276.77	—	12124.12
2000	3748.61	91.56	—	—	—	—	3657.06	—	13147.21
2001	4451.06	68.00	—	—	—	—	4383.06	—	15342.98
2002	6454.69	51.04	—	22.82	—	—	6380.83	—	24419.19
2003	6261.71	316.04	—	445.31	—	—	5500.36	—	52981.54
2004	3395.92	95.88	—	338.55	—	—	2961.50	—	44086.22
2005	3219.36	124.88	—	321.68	—	—	2772.79	—	23621.17
2006	1831.03	124.61	—	169.03	—	—	1537.40	—	15487.33
2007	1786.71	312.68	—	211.83	—	—	1262.20	—	18345.08
2008	3981.39	67.65	243.99	301.59	1094.92	—	2271.72	—	24306.77
2009	3986.71	366.66	435.75	418.32	602.13	—	2163.24	—	35929.25
2010	4935.90	658.40	837.86	1300.20	512.04	—	1627.39	—	70017.59
2011	6129.28	1175.41	1140.02	2041.14	496.10	—	1276.30	—	204621.29
2012	8442.99	2722.08	2189.75	2177.36	448.24	—	905.56	—	371375.86
2013	15312.48	6378.24	2792.33	4793.97	571.53	—	771.61	—	610526.93
2014	25383.18	12309.55	3632.44	7661.18	265.88	22.78	1247.47	243.89	841402.16
2015	28612.16	10223.31	5790.56	7426.79	120.09	351.95	4231.61	467.85	1166702.35

3–5 续表 2 continued

年份 Year	成交笔数(万笔) Number of Transactions(10 thousand times)								
	现货 Spot Transaction								回购
	合计 Total	企业债 Enterprise Bonds	公司债 Corporate Bonds	可转债 Convertible Bonds	可分离债 Warrant Bonds	可交换公司债 Exchange Corporate Bonds	国债 T-Bonds	政策性银行债 Policy Bank Bonds	Repo Transaction
1996	181.62	1.10	—	—	—	—	180.52	—	68.62
1997	114.60	4.92	—	—	—	—	109.68	—	35.58
1998	109.22	30.45	—	—	—	—	78.78	—	41.77
1999	75.71	22.58	—	—	—	—	53.12	—	29.79
2000	77.44	42.74	—	—	—	—	34.71	—	27.35
2001	61.37	16.99	—	—	—	—	44.37	—	30.05
2002	117.95	10.41	—	7.76	—	—	99.77	—	79.76
2003	185.75	18.46	—	41.43	—	—	125.85	—	249.03
2004	206.27	12.37	—	38.86	—	—	155.05	—	213.37
2005	214.87	11.19	—	30.86	—	—	172.82	—	97.36
2006	111.13	10.10	—	18.59	—	—	82.44	—	43.25
2007	105.08	27.35	—	31.51	—	—	46.22	—	37.07
2008	256.41	11.84	29.85	56.55	118.46	—	39.71	—	59.60
2009	214.87	30.89	31.89	47.34	68.72	—	36.00	—	102.36
2010	138.51	20.10	14.01	54.27	29.23	—	20.88	—	302.88
2011	201.03	42.56	17.65	110.91	15.30	—	14.61	—	1953.02
2012	255.50	93.65	39.45	102.80	9.36	—	10.24	—	4633.30
2013	547.06	91.44	70.20	361.13	10.55	—	13.74	—	8427.73
2014	739.29	94.13	103.64	516.61	6.25	0.54	15.17	2.93	11573.13
2015	910.48	71.60	31.39	770.78	2.52	6.24	22.58	5.38	6984.15

3–6　2015年上海证券交易所国债预发行情况
Bond Pre Issuance in Shanghai Stock Exchange in 2015

债券简称 Bond Name	交易起始日 Initial Trading Date	交易截止日 Trading Deadline	基准价格/收益率 Bench Mark Price/Yield	总成交金额(亿元) Trading Turnover (100 million yuan)
15国债02	2015-01-15	2015-01-20	3.55	0.20
14国债29	2015-01-22	2015-01-27	1028.45	—
15国债03	2015-01-29	2015-02-03	3.32	1.20
15国债02	2015-02-13	2015-02-17	1004.57	1.21
14国债29	2015-02-27	2015-03-03	1046.21	0.21
15国债03	2015-03-05	2015-03-10	1005.69	—
15国债02	2015-03-12	2015-03-17	1001.94	2.37
15国债04	2015-03-19	2015-03-24	3.26	0.20
15国债05	2015-04-01	2015-04-07	3.59	—
15国债06	2015-04-03	2015-04-09	3.21	0.20
15国债07	2015-04-09	2015-04-14	3.55	—
15国债04	2015-04-13	2015-04-16	1000.99	—
15国债03	2015-04-16	2015-04-21	999.24	0.20
15国债05	2015-04-29	2015-05-05	1021.99	1.02
15国债09	2015-05-04	2015-05-07	2.82	2.00
15国债04	2015-05-07	2015-05-12	1006.15	—
15国债07	2015-05-14	2015-05-19	1011.61	2.03
15国债11	2015-05-21	2015-05-26	3.06	2.00
15国债05	2015-05-28	2015-06-02	1018.86	—
15国债12	2015-06-04	2015-06-09	2.83	4.00
15国债07	2015-06-11	2015-06-16	1008.86	—
15国债14	2015-07-02	2015-07-07	3.51	4.00
15国债15	2015-07-06	2015-07-09	1.80	4.00
15国债16	2015-07-09	2015-07-14	3.46	—
15国债11	2015-07-16	2015-07-21	1002.82	4.01
15国债12	2015-07-23	2015-07-28	1000.25	—
15国债16	2015-07-30	2015-08-04	1007.10	8.06
15国债18	2015-08-03	2015-08-06	2.27	—
15国债11	2015-08-06	2015-08-11	1002.32	—
15国债14	2015-08-13	2015-08-18	994.15	3.97
15国债12	2015-08-20	2015-08-25	1001.16	4.01
15国债19	2015-08-27	2015-09-01	3.19	—
15国债16	2015-09-02	2015-09-08	1019.53	—
15国债14	2015-09-10	2015-09-15	1001.23	6.02
15国债20	2015-09-14	2015-09-17	2.28	—
15国债22	2015-09-17	2015-09-22	2.90	—
15国债26	2015-10-15	2015-10-20	3.15	4.00
15国债22	2015-10-22	2015-10-27	1006.02	2.01
15国债23	2015-10-29	2015-11-03	1001.40	—
15国债27	2015-11-02	2015-11-05	2.40	3.00
15国债19	2015-11-05	2015-11-10	1015.10	—
15国债26	2015-11-12	2015-11-17	989.39	—
15国债22	2015-11-19	2015-11-24	1007.17	2.01
15国债19	2015-11-26	2015-12-01	1013.04	—
15国债23	2015-12-03	2015-12-08	999.60	—
15国债26	2015-12-10	2015-12-15	1005.18	4.03

数据来源：上海证券交易所、深圳证券交易所。
Source:SSE、SZSE.

3–7 深圳证券交易所债券交易情况
Bond Trading in Shenzhen Stock Exchange

年份 Year	成交量 Trading Volume						
	现货(万张) Spot Transaction(10 thousand units)						
	合计 Total	企业债 Enterprise Bonds	公司债 Corporate Bonds	可转债 Convertible Bonds	可分离债 Warrant Bonds	可交换债 Exchangeable Bonds	国债 T-Bonds
1996	6398.79	28.24	—	—	—	—	6370.55
1997	11200.13	228.12	—	—	—	—	10972.01
1998	2775.55	776.39	—	833.45	—	—	1165.71
1999	5496.23	170.68	—	3133.56	—	—	2191.99
2000	61276.34	115.89	—	11717.49	—	—	49442.96
2001	46146.30	61.68	—	3684.55	—	—	42400.06
2002	237690.46	1848.22	—	4602.95	—	—	231239.30
2003	49431.98	4471.07	—	19425.13	—	—	25535.78
2004	28947.81	1801.39	—	26619.17	—	—	527.25
2005	21579.07	2914.09	—	17869.89	—	—	795.09
2006	16058.61	1714.67	2438.79	9131.61	2438.79	—	334.76
2007	24972.81	1318.64	6154.25	10820.05	6154.25	—	525.62
2008	66140.99	4408.95	30309.80	11911.59	14822.26	—	4688.40
2009	79981.82	26343.01	26242.24	16853.91	7515.20	—	3027.47
2010	90687.66	24541.82	34170.82	18669.46	6110.22	—	7195.35
2011	74015.44	18358.14	37479.80	13712.97	3450.42	—	1014.11
2012	146383.72	19769.62	111470.57	9168.05	5106.66	—	868.83
2013	208041.94	21800.73	165930.40	14388.98	2575.72	—	3346.12
2014	262319.83	19895.09	215105.97	25979.49	—	—	1339.27
2015	262085.15	11404.95	212587.49	35135.67	—	1288.00	1669.04

数据来源：深圳证券交易所。
Source:SZSE.

3–7 续表 1 continued

年份 Year	成交金额(亿元) Trading Turnover(100 million yuan)							
	现货 Spot Transaction							回购 Repo Transaction
	合计 Total	企业债 Enterprise Bonds	公司债 Corporate Bonds	可转债 Convertible Bonds	可分离债 Warrant Bonds	可交换债 Exchangeable Bonds	国债 T-Bonds	
1996	67.17	0.30	—	0.00	—	—	66.87	569.48
1997	116.92	2.58	—	0.00	—	—	114.35	963.91
1998	42.92	9.37	—	20.30	—	—	13.25	352.30
1999	70.98	2.15		44.73	—	—	24.09	766.41
2000	636.87	1.37	—	135.07	—	—	500.43	1586.47
2001	479.07	0.84	—	45.68	—	—	432.55	144.66
2002	2398.02	19.29	—	50.88	—	—	2327.85	0.45
2003	521.40	47.57	—	218.08	—	—	255.75	18.58
2004	321.16	17.49	—	298.72	—	—	4.96	4.60
2005	229.44	29.83	—	191.78	—	—	7.84	0.00
2006	167.08	17.74	20.28	105.47	20.28	—	3.31	2.23
2007	306.90	13.22	45.60	197.40	45.60	—	5.08	6.54
2008	627.99	45.95	277.74	140.54	117.13	—	46.63	0.00
2009	847.55	273.98	260.51	218.08	64.77	—	30.20	45.94
2010	991.23	255.54	347.88	260.41	55.79	—	71.61	356.16
2011	778.50	186.09	373.39	176.81	32.19	—	10.02	4888.34
2012	1482.45	199.44	1126.56	97.96	49.87	—	8.62	22175.08
2013	2105.45	224.08	1657.04	166.16	25.51	—	32.65	50496.07
2014	2638.02	202.08	2111.35	311.79	—	—	12.80	65764.09
2015	2974.98	116.65	2160.98	667.12	—	13.27	16.96	84254.88

3–7 续表 2 continued

年份 Year	成交笔数(万笔) Number of Transactions(10 thousand times)							
	现货 Spot Transaction							回购 Repo Transaction
	合计 Total	企业债 Enterprise Bonds	公司债 Corporate Bonds	可转债 Convertible Bonds	可分离债 Warrant Bonds	可交换债 Exchangeable Bonds	国债 T-Bonds	
1996	2.94	0.24	—	0.00	—	—	2.70	1.47
1997	2.39	0.22	—	0.00	—	—	2.18	0.94
1998	18.72	0.61	—	17.26	—	—	0.86	0.33
1999	52.69	0.79	—	51.37	—	—	0.53	0.48
2000	87.26	0.70	—	82.72	—	—	3.83	1.71
2001	24.51	0.34	—	20.88	—	—	3.29	0.25
2002	23.75	1.64	—	11.36	—	—	10.76	0.00
2003	31.46	2.25	—	25.16	—	—	4.05	0.03
2004	39.00	1.66	—	34.77	—	—	2.58	0.01
2005	25.92	2.14	—	19.94	—	—	3.84	0.00
2006	22.21	0.97	2.34	13.63	2.34	—	2.94	0.01
2007	38.36	1.02	8.25	17.61	8.25	—	3.24	0.01
2008	82.10	10.69	26.46	23.58	17.65	—	3.72	0.00
2009	94.33	50.16	11.79	21.67	6.06	—	4.65	0.06
2010	80.52	38.66	9.08	27.95	1.78	—	3.06	0.77
2011	82.41	34.13	23.49	21.17	1.39	—	2.24	505.79
2012	118.22	27.75	80.07	6.94	1.81	—	1.66	3016.43
2013	157.37	16.40	110.02	28.49	1.07	—	1.39	7708.72
2014	187.72	11.24	138.55	36.36	—	—	1.58	10695.96
2015	125.52	7.17	41.94	74.80	—	0.01	1.61	6981.02

3-8 交易所债券回购交易情况
Bond Repo Trading in Stock Exchange

回购方式 Repurchase Ways	合计 Total			
	成交金额(亿元) Trading Turnover (100 million yuan)		成交量(万手) Trading Volume (10 thousand lots)	
	2014	2015	2014	2015
质押式回购 Pledge-style Repo	812941.84	1166865.56	8129423.31	11668667.89
报价回购 Quotation-based Repo	28457.36	30986.49	284573.65	309864.89
约定式购回 Pre-arranged Repo	2.96	0.56	53.60	9.40

数据来源：上海证券交易所、深圳证券交易所。
Source:SSE、SZSE.

3-8 续表 continued

回购方式 Repurchase Ways	上交所 SSE				深交所 SZSE			
	成交金额(亿元) Trading Turnover (100 million yuan)		成交量(万手) Trading Volume (10 thousand lots)		成交金额(亿元) Trading Turnover (100 million yuan)		成交量(万手) Trading Volume (10 thousand lots)	
	2014	2015	2014	2015	2014	2015	2014	2015
质押式回购 Pledge-style Repo	812941.84	1166865.56	8129423.31	11668667.89	—	—	—	—
报价回购 Quotation-based Repo	28457.36	30986.49	284573.65	309864.89	—	—	—	—
约定式购回 Pre-arranged Repo	2.96	0.56	53.60	9.40	—	—	—	—

3–9 2015年银行间市场债券买卖按交易机构分类情况
Statistics for Bond Trading in Interbank Market by Institution in 2015

单位：亿元 (100 million yuan)

机构	Institution	现货 Spot Transaction		
		买入 Buy	卖出 Sell	差额 Difference
大型银行	Large Bank	43847.00	46246.00	-2399.00
中小型银行	Small and Medium-sized Banks	483460.00	508806.00	-25346.00
其中：城市商业银行	Thereinto:City Commercial Bank	288440.00	305618.00	-17178.00
保险	Insurance Company	6043.00	4046.00	1997.00
证券及基金	Security Company and Fund Company	164448.00	173422.00	-8974.00
外资金融机构	Foreign Financial Institution	54297.00	53722.00	575.00
其他金融机构	Other Financial Institution	115275.00	81128.00	34147.00
累计成交金额	Total Trading Turnover	1155810.00	1172988.00	-17178.00

注：1.大型商业银行包括
工商银行、农业银行、中
2.中小型银行包括招商银行等17家银行、小型城商行、农村商业银行、农村合作银行、村镇银行。
3.其他金融机构包括城市信用社、农村信用社、财务公司、信托投资公司、金融租赁公司、资产管理公司、社保基金等。

数据来源：中国人民银行。
Source:PBC.

3–9 续表 continued

单位：亿元 (100 million yuan)

机构	Institution	回购 Repo Transaction					
		质押式 Pledge-style Repo			买断式 Buyout Repo		
		回购 Repo	逆回购 Reverse Repo	差额 Difference	回购 Repo	逆回购 Reverse Repo	差额 Difference
大型银行	Large Bank	277681.00	2129551.00	-1851870.00	2740.00	36505.00	-33765.00
中小型银行	Small and Medium-sized Banks	2493823.00	1743561.00	750262.00	18725.00	149077.00	-130352.00
其中：城市商业银行	Thereinto:City Commercial Bank	1230412.00	645152.00	585260.00	9529.00	89298.00	-79769.00
保险	Insurance Company	137467.00	58446.00	79021.00	18.00	25.00	-7.00
证券及基金	Security Company and Fund Company	164592.00	14531.00	150061.00	223630.00	8883.00	214747.00
外资金融机构	Foreign Financial Institution	109959.00	5191.00	104768.00	8.00	198.00	-190.00
其他金融机构	Other Financial Institution	1140589.00	372830.00	767759.00	8407.00	58841.00	-50434.00
累计成交金额	Total Trading Turnover	5554523.00	4969262.00	585261.00	263057.00	342827.00	-79770.00

3–10 银行间市场债券回购按交易期限分类情况
Statistics for Bond Repo Trading in Interbank Market by Duration

债券类型	Bond Type	1天 1 day		7天 7 days		14天 14 days		21天 21 days	
		2014	2015	2014	2015	2014	2015	2014	2015
质押式债券	Pledge-style Repo	1669081.00	3700895.00	300413.00	461541.00	96061.00	114361.00	16051.00	11337.00
买断式债券	Buyout Repo	83554.00	195776.00	21209.00	38724.00	7761.00	10308.00	2597.00	3196.00
合计	Total Trading Turnover	1752635.00	3896671.00	321622.00	500265.00	103822.00	124669.00	18648.00	14533.00

数据来源：中国人民银行。
Source: PBC.

3–10 续表 1 continued

债券类型	Bond Type	1个月 1 month		2个月 2 months		3个月 3 months		4个月 4 months	
		2014	2015	2014	2015	2014	2015	2014	2015
质押式债券	Pledge-style Repo	22896.00	18661.00	6722.00	5372.00	9854.00	10193.00	1214.00	768.00
买断式债券	Buyout Repo	3387.00	3906.00	1113.00	1216.00	414.00	401.00	—	—
合计	Total Trading Turnover	26283.00	22567.00	7835.00	6588.00	10268.00	10594.00	1214.00	768.00

3–10 续表 2 continued

债券类型	Bond Type	6个月 6 months		9个月 9 months		1年 1 year	
		2014	2015	2014	2015	2014	2015
质押式债券	Pledge-style Repo	1464.00	849.00	123.00	60.00	311.00	73.00
买断式债券	Buyout Repo	-	-	-	-	-	-
合计	Total Trading Turnover	1464.00	849.00	123.00	60.00	311.00	73.00

3—11 2015年银行间市场债券回购余额按机构分类情况
Statistics for Bond Repo Balance in Interbank Market by Institution in 2015

单位：亿元 (100 million yuan)

机 构	Institution	质押式 Pledge-style Repo			买断式 Buyout Repo		
		回购 Repo	逆回购 Reverse Repo	正逆回购差额 Difference	回购 Repo	逆回购 Reverse Repo	正逆回购差额 Difference
大型银行	Large Bank	9093.00	22001.00	-12908.00	35.00	74.00	-39.00
中小型银行	Small and Medium-sized Banks	18704.00	12800.00	5904.00	1385.00	2993.00	-1608.00
其中：城市商业银行	Thereinto:City Commercial Bank	9139.00	3972.00	5167.00	647.00	1674.00	-1027.00
保险	Insurance Company	2214.00	926.00	1288.00	0.00	0.00	0.00
证券及基金	Security Company and Fund Company	1643.00	189.00	1454.00	3065.00	422.00	2643.00
外资金融机构	Foreign Financial Institution	449.00	229.00	220.00	0.00	20.00	-20.00
其他金融机构	Other Financial Institution	16536.00	12495.00	4041.00	614.00	1589.00	-975.00
余额	Balance			5166.00			-1026.00

注：1.大型商业银行包括工商银行、农业银行、中国银行、建设银行、国家开发银行、交通银行、邮政储蓄银行。
2.中小型银行包括招商银行等17家银行、小型城商行、农村商业银行、农村合作银行、村镇银行。
3.其他金融机构包括城市信用社、农村信用社、财务公司、信托投资公司、金融租赁公司、资产管理公司、社保基金等。

数据来源：中国人民银行。
Source: PBC.

3–12 债券托管额情况
Value of Bonds under Custody

单位：亿元 (100 million yuan)

市场	Market	国债 T-Bonds		央行票据 Central Bank Bills		金融债券 Financial Bonds	
		2014	2015	2014	2015	2014	2015
全市场	Whole Market	107275.00	149757.81	4222.00	4281.72	125489.00	171690.97
银行间	Interbank Market	98670.39	137443.92	4222.00	4281.72	119647.49	161529.83
交易所	Stock Exchange	2653.36	5680.31	—	—	3900.27	8275.28
柜台	Over the Counter	5863.57	6623.67	—	0.00	71.24	15.86
其他	Others	87.68	9.90	—	0.00	1870.00	1870.00

注：1.国债包括凭证式国债、储蓄式国债、记账式国债和地方政府债。
2.金融债券包括国开行金融债、政策性金融债、商业银行普通债券、商业银行次级债、商业银行资本混合债、非银行金融机构债券、证券公司债、资产支持证券、证券公司债券、证券公司短期融资券、二级资本工具、同业存单公司债（金融公司发行）、可转债（金融公司发行）。
3.企业债包括原铁道部发行的债券。

数据来源：中央国债登记结算公司、上海清算所、中国证券登记结算公司。
Source:CDC、SHCH、CSDC.

3–12 续表 1 continued

单位：亿元 (100 million yuan)

市场	Market	非金融企业公司信用类债 Non-financial Enterprise Inc. Credit Bonds							
		公司债 Corporate Bonds		可转债 Convertible Bonds		可分离债 Warrant Bonds		可交换公司债 Exchange Corporate Bonds	
		2014	2015	2014	2015	2014	2015	2014	2015
全市场	Whole Market	6672.84	15242.84	586.73	132.74	98.00	68.00	40.00	138.00
银行间	Interbank Market	—	—	—	—	—	—	—	—
交易所	Stock Exchange	6672.84	15242.84	586.73	132.74	98.00	68.00	40.00	138.00
柜台	Over the Counter	—	—	—	—	—	—	—	—
其他	Others	—	—	—	—	—	—	—	—

3–12 续表 2 continued

单位：亿元 (100 million yuan)

市场	Market	非金融企业公司信用类债 Non-financial Enterprise Inc. Credit Bonds							
		企业债 Enterprise Bonds		短期融资券 Short-term Financing Bonds		超短期融资券 SCP		中期票据 Medium Term Notes	
		2014	2015	2014	2015	2014	2015	2014	2015
全市场	Whole Market	39302.00	31634.13	10366.00	9460.00	7000.00	14726.40	32524.00	40206.88
银行间	Interbank Market	28542.19	22713.33	10366.00	9460.00	7000.00	14726.40	32524.00	40205.48
交易所	Stock Exchange	10520.60	8806.24	—	—	—	—	—	—
柜台	Over the Counter	0.45	0.42	—	—	—	—	—	0.00
其他	Others	238.76	114.14	—	—	—	—	—	1.40

3–12 续表 3 continued

单位：亿元 (100 million yuan)

市场	Market	非金融企业公司信用类债 Non-financial Enterprise Inc Credit Bonds						合计 Total	
		中小企业集合票据 SMECN		非公开定向债务融资工具 PPN		资产支持票据 ABN			
		2014	2015	2014	2015	2014	2015	2014	2015
全市场	Whole Market	139.00	60.68	17706.00	21393.99	171.00	158.90	352840.25	133222.56
银行间	Interbank Market	139.00	60.68	17706.00	21393.99	171.00	158.90	318988.07	108718.78
交易所	Stock Exchange	—	—	—	—	—	—	25720.48	24387.82
柜台	Over the Counter	—	0.00	—	—	—	—	5935.26	0.4173
其他	Other	—	0.00	—	—	—	—	2196.44	115.54

3–13　国债发行情况明细
Details of T-Bonds Issuance

债券名称 Bond Name	发行对象 Object of Issuance	期限(年) Term(year)	利率(%) Interest Rate(%)	累计发行额(亿元) Total Issuance(100 million yuan)
一、当年国债发行				
(一)储蓄国债				
1.储蓄国债(凭证式)				
第1期	个人投资者	3	4.92	179.62
第1期	个人投资者	5	5.32	119.49
第2期	个人投资者	3	4.92/4.67	174.07
第2期	个人投资者	5	5.32/5.07	118.85
第3期	个人投资者	3	4.25	147.48
第3期	个人投资者	5	4.67	118.40
第4期	个人投资者	3	4.25	148.47
第4期	个人投资者	5	4.67	134.84
2.储蓄国债(电子式)				
第1期	个人投资者	3	4.92	240.00
第2期	个人投资者	5	5.32	160.00
第3期	个人投资者	3	4.67	211.41
第4期	个人投资者	5	5.07	160.00
第5期	个人投资者	3	4.50	181.62
第6期	个人投资者	5	4.87	158.71
第7期	个人投资者	3	4.50	175.15
第8期	个人投资者	5	4.87	199.97
第9期	个人投资者	3	4.00	199.97
第10期	个人投资者	5	4.42	172.33
(二)记账式国债				
1.记账式附息国债				
第1期	银行间/交易所	1	3.14	200.00
第2期	银行间/交易所	7	3.36	200.00
一次续发2014年第29期	银行间/交易所	10	3.77	482.40
第3期	银行间/交易所	5	3.31	200.00
一次续发第2期	银行间/交易所	7	3.36	400.00
二次续发2014年第29期	银行间/交易所	10	3.77	682.40
一次续发第3期	银行间/交易所	5	3.31	400.00
二次续发第2期	银行间/交易所	7	3.36	600.00
第4期	银行间/交易所	3	3.22	200.00
第5期	银行间/交易所	10	3.64	300.00
第6期	银行间/交易所	1	3.13	220.00
第7期	银行间/交易所	7	3.54	300.00
一次续发第4期	银行间/交易所	3	3.22	500.00
二次续发第3期	银行间/交易所	5	3.31	704.10
第8期	银行间/交易所	20	4.09	260.00
一次续发第5期	银行间/交易所	10	3.64	602.60
第9期	银行间/交易所	1	2.66	220.00
二次续发第4期	银行间/交易所	3	3.22	800.50
一次续发第7期	银行间/交易所	7	3.54	600.70
第10期	银行间/交易所	50	3.99	260.00
第11期	银行间/交易所	5	3.10	301.20
二次续发第5期	银行间/交易所	10	3.64	903.20
第12期	银行间/交易所	3	2.73	300.50
二次续发第7期	银行间/交易所	7	3.54	901.20
第13期	银行间/交易所	2	2.44	251.60
第14期	银行间/交易所	7	3.30	300.00
第15期	银行间/交易所	1	2.40	221.00

3–13　续表 1　continued

债券名称 Bond Name	发行对象 Object of Issuance	期限(年) Term(year)	利率(%) Interest Rate(%)	累计发行额(亿元) Total Issuance(100 million yuan)
第16期	银行间/交易所	10	3.51	300.00
一次续发第11期	银行间/交易所	5	3.10	601.20
第17期	银行间/交易所	30	3.94	260.00
一次续发第12期	银行间/交易所	3	2.73	600.50
一次续发第16期	银行间/交易所	10	3.51	600.00
第18期	银行间/交易所	1	2.16	220.00
二次续发第11期	银行间/交易所	5	3.10	901.20
一次续发第14期	银行间/交易所	7	3.30	600.00
二次续发第12期	银行间/交易所	3	2.73	900.50
第19期	银行间/交易所	5	3.14	300.00
二次续发第16期	银行间/交易所	10	3.51	900.00
一次续发第13期	银行间/交易所	2	2.44	511.60
二次续发第14期	银行间/交易所	7	3.30	900.40
第20期	银行间/交易所	1	2.31	260.00
第21期	银行间/交易所	20	3.74	260.00
第22期	银行间/交易所	3	2.92	300.00
第23期	银行间/交易所	10	2.99	280.00
第24期	银行间/交易所	1	2.41	220.00
第25期	银行间/交易所	30	3.74	260.00
第26期	银行间/交易所	7	3.05	280.10
一次续发第22期	银行间/交易所	3	2.92	580.00
一次续发第23期	银行间/交易所	10	2.99	560.00
第27期	银行间/交易所	1	2.41	220.00
一次续发第19期	银行间/交易所	5	3.14	580.50
一次续发第26期	银行间/交易所	7	3.05	560.10
第28期	银行间/交易所	50	3.89	260.00
二次续发第19期	银行间/交易所	5	3.14	861.00
二次续发第22期	银行间/交易所	3	2.92	860.00
二次续发第23期	银行间/交易所	10	2.99	840.00
二次续发第26期	银行间/交易所	7	3.05	840.10
2.记账式贴现国债				
第1期	银行间/交易所	182天		150.00
第2期	银行间/交易所	273天		150.00
第3期	银行间/交易所	182天		150.00
第4期	银行间/交易所	273天		150.00
第5期	银行间/交易所	182天		150.00
第6期	银行间/交易所	273天		101.40
第7期	银行间/交易所	182天		200.00
第8期	银行间/交易所	182天		150.00
第9期	银行间/交易所	182天		150.00
第10期	银行间/交易所	91天		100.00
第11期	银行间/交易所	91天		100.00
第12期	银行间/交易所	91天		100.00
第13期	银行间/交易所	182天		100.00
第14期	银行间/交易所	91天		100.00
第15期	银行间/交易所	91天		100.00
第16期	银行间/交易所	91天		100.00
第17期	银行间/交易所	182天		100.00
第18期	银行间/交易所	91天		100.00
第19期	银行间/交易所	91天		100.00
第20期	银行间/交易所	91天		100.00

3–13 续表 2 continued

债券名称 Bond Name	发行对象 Object of Issuance	期限(年) Term(year)	利率(%) Interest Rate(%)	累计发行额(亿元) Total Issuance(100 million yuan)
第21期	银行间/交易所	91天		100.00
第22期	银行间/交易所	182天		100.00
第23期	银行间/交易所	91天		100.00
第24期	银行间/交易所	91天		100.00
(三)地方政府债				
江苏省政府债券一般第1期	银行间/交易所	3	2.94	104.40
江苏省政府债券一般第2期	银行间/交易所	5	3.12	156.60
江苏省政府债券一般第3期	银行间/交易所	7	3.41	156.60
江苏省政府债券一般第4期	银行间/交易所	10	3.41	104.40
新疆区政府债券一般第1期	银行间/交易所	3	2.84	11.80
新疆区政府债券一般第2期	银行间/交易所	5	3.07	17.70
新疆区政府债券一般第3期	银行间/交易所	7	3.37	17.70
新疆区政府债券一般第4期	银行间/交易所	10	3.41	11.80
湖北省政府债券一般第1期	银行间/交易所	3	2.85	20.00
湖北省政府债券一般第2期	银行间/交易所	5	3.15	60.00
湖北省政府债券一般第3期	银行间/交易所	7	3.40	60.00
湖北省政府债券一般第4期	银行间/交易所	10	3.45	60.00
广西区政府债券一般第1期	银行间/交易所	3	2.86	40.00
广西区政府债券一般第2期	银行间/交易所	5	3.16	60.00
广西区政府债券一般第3期	银行间/交易所	7	3.42	60.00
广西区政府债券一般第4期	银行间/交易所	10	3.47	40.00
山东省政府债券一般第1期	银行间/交易所	3	2.87	72.00
山东省政府债券一般第2期	银行间/交易所	5	3.20	108.00
山东省政府债券一般第3期	银行间/交易所	7	3.46	108.00
山东省政府债券一般第4期	银行间/交易所	10	3.49	72.00
重庆市政府债券一般第1期	银行间/交易所	3	2.90	40.00
重庆市政府债券一般第2期	银行间/交易所	5	3.26	79.00
重庆市政府债券一般第3期	银行间/交易所	7	3.55	80.00
重庆市政府债券一般第4期	银行间/交易所	10	3.57	66.00
贵州省政府债券一般第1期	银行间/交易所	3	2.91	68.00
贵州省政府债券一般第2期	银行间/交易所	5	3.30	100.00
贵州省政府债券一般第3期	银行间/交易所	7	3.58	100.00
贵州省政府债券一般第4期	银行间/交易所	10	3.60	68.00
安徽省政府债券一般第1期	银行间/交易所	3	2.90	63.00
安徽省政府债券一般第2期	银行间/交易所	5	3.29	93.00
安徽省政府债券一般第3期	银行间/交易所	7	3.58	93.00
安徽省政府债券一般第4期	银行间/交易所	10	3.61	63.00
天津市政府债券一般第1期	银行间/交易所	3	2.89	15.00
天津市政府债券一般第2期	银行间/交易所	5	3.28	39.00
天津市政府债券一般第3期	银行间/交易所	7	3.56	39.00
天津市政府债券一般第4期	银行间/交易所	10	3.60	39.00
浙江省政府债券一般第1期	银行间/交易所	3	2.88	40.00
浙江省政府债券一般第2期	银行间/交易所	5	3.26	120.00
浙江省政府债券一般第3期	银行间/交易所	7	3.54	120.00
浙江省政府债券一般第4期	银行间/交易所	10	3.59	120.00
湖北省政府债券一般第5期	银行间/交易所	3	2.88	36.40
湖北省政府债券一般第6期	银行间/交易所	5	3.26	109.20
湖北省政府债券一般第7期	银行间/交易所	7	3.54	109.20
湖北省政府债券一般第8期	银行间/交易所	10	3.60	109.20
河北省政府债券一般第1期	银行间/交易所	3	2.87	94.00

3–13 续表 3 continued

债券名称 Bond Name	发行对象 Object of Issuance	期限(年) Term(year)	利率(%) Interest Rate(%)	累计发行额(亿元) Total Issuance(100 million yuan)
河北省政府债券一般第2期	银行间/交易所	5	3.25	141.00
河北省政府债券一般第3期	银行间/交易所	7	3.53	141.00
河北省政府债券一般第4期	银行间/交易所	10	3.58	94.00
河北省政府债券专项第1期	银行间/交易所	3	2.87	4.80
河北省政府债券专项第2期	银行间/交易所	5	3.25	4.80
河北省政府债券专项第3期	银行间/交易所	7	3.52	6.40
吉林省政府债券一般第1期	银行间/交易所	3	2.87	22.90
吉林省政府债券一般第2期	银行间/交易所	5	3.25	68.70
吉林省政府债券一般第3期	银行间/交易所	7	3.52	68.70
吉林省政府债券一般第4期	银行间/交易所	10	3.58	68.70
山西省政府债券一般第1期	银行间/交易所	3	2.87	23.00
山西省政府债券一般第2期	银行间/交易所	5	3.25	48.00
山西省政府债券一般第3期	银行间/交易所	7	3.52	48.00
山西省政府债券一般第4期	银行间/交易所	10	3.58	48.00
广东省政府债券一般第1期	银行间/交易所	3	2.87	31.00
广东省政府债券一般第2期	银行间/交易所	5	3.25	93.00
广东省政府债券一般第3期	银行间/交易所	7	3.52	93.00
广东省政府债券一般第4期	银行间/交易所	10	3.58	93.00
江西省政府债券一般第1期	银行间/交易所	3	2.88	41.70
江西省政府债券一般第2期	银行间/交易所	5	3.25	125.10
江西省政府债券一般第3期	银行间/交易所	7	3.52	125.10
江西省政府债券一般第4期	银行间/交易所	10	3.59	125.10
宁夏区政府债券一般第1期	银行间/交易所	3	2.89	7.00
宁夏区政府债券一般第2期	银行间/交易所	5	3.25	21.00
宁夏区政府债券一般第3期	银行间/交易所	7	3.52	21.00
宁夏区政府债券一般第4期	银行间/交易所	10	3.59	21.00
新疆区政府债券一般第5期	银行间/交易所	3	2.89	50.20
新疆区政府债券一般第6期	银行间/交易所	5	3.26	75.30
新疆区政府债券一般第7期	银行间/交易所	7	3.54	75.30
新疆区政府债券一般第8期	银行间/交易所	10	3.61	50.20
四川省政府债券一般第1期	银行间/交易所	3	2.89	135.00
四川省政府债券一般第2期	银行间/交易所	5	3.26	135.00
四川省政府债券一般第3期	银行间/交易所	7	3.54	135.00
四川省政府债券一般第4期	银行间/交易所	10	3.62	45.00
河南省政府债券一般第1期	银行间/交易所	3	2.92	43.00
河南省政府债券一般第2期	银行间/交易所	5	3.27	127.00
河南省政府债券一般第3期	银行间/交易所	7	3.55	127.00
河南省政府债券一般第4期	银行间/交易所	10	3.63	127.00
辽宁省政府债券一般第1期	银行间/交易所	3	2.92	73.00
辽宁省政府债券一般第2期	银行间/交易所	5	3.26	109.00
辽宁省政府债券一般第3期	银行间/交易所	7	3.54	109.00
辽宁省政府债券一般第4期	银行间/交易所	10	3.62	73.00
云南省政府债券一般第1期	银行间/交易所	3	2.92	46.00
云南省政府债券一般第2期	银行间/交易所	5	3.26	80.00
云南省政府债券一般第3期	银行间/交易所	7	3.54	80.00
云南省政府债券一般第4期	银行间/交易所	10	3.62	80.00
青岛市政府债券一般第1期	银行间/交易所	3	2.92	2.80
青岛市政府债券一般第2期	银行间/交易所	5	3.24	8.40
青岛市政府债券一般第3期	银行间/交易所	7	3.53	8.40
青岛市政府债券一般第4期	银行间/交易所	10	3.61	8.40

3–13 续表 4 continued

债券名称 Bond Name	发行对象 Object of Issuance	期限(年) Term(year)	利率(%) Interest Rate(%)	累计发行额(亿元) Total Issuance(100 million yuan)
海南省政府债券一般第1期	银行间/交易所	3	2.92	8.10
海南省政府债券一般第2期	银行间/交易所	5	3.24	24.30
海南省政府债券一般第3期	银行间/交易所	7	3.53	24.30
海南省政府债券一般第4期	银行间/交易所	10	3.61	24.30
江苏省政府债券专项第1期	银行间/交易所	5	3.21	42.28
江苏省政府债券专项第2期	银行间/交易所	7	3.52	16.80
江苏省政府债券专项第3期	银行间/交易所	10	3.59	25.20
山东省政府债券一般第5期	银行间/交易所	3	2.87	72.12
山东省政府债券一般第6期	银行间/交易所	5	3.20	107.00
山东省政府债券一般第7期	银行间/交易所	7	3.52	107.00
山东省政府债券一般第8期	银行间/交易所	10	3.59	71.00
江苏省政府债券置换一般第1期	银行间/交易所	3	3.32	67.90
江苏省政府债券置换一般第2期	银行间/交易所	5	3.71	101.85
江苏省政府债券置换一般第3期	银行间/交易所	7	4.03	101.85
江苏省政府债券置换一般第4期	银行间/交易所	10	4.05	67.90
江苏省政府债券置换专项第1期	银行间/交易所	3	3.32	21.85
江苏省政府债券置换专项第2期	银行间/交易所	5	3.71	32.77
江苏省政府债券置换专项第3期	银行间/交易所	7	4.03	32.77
江苏省政府债券置换专项第4期	银行间/交易所	10	4.05	21.85
河北省政府债券置换一般第1期	银行间/交易所	3	2.95	22.44
河北省政府债券置换一般第2期	银行间/交易所	5	3.31	33.38
河北省政府债券置换一般第3期	银行间/交易所	7	3.60	33.38
河北省政府债券置换一般第4期	银行间/交易所	10	3.62	22.25
河北省政府债券置换专项第1期	银行间/交易所	3	2.90	5.01
河北省政府债券置换专项第2期	银行间/交易所	5	3.26	4.94
河北省政府债券置换专项第3期	银行间/交易所	7	3.55	6.58
广西区政府债券置换一般第1期	银行间/交易所	3	3.39	13.18
广西区政府债券置换一般第2期	银行间/交易所	5	3.79	18.58
广西区政府债券置换一般第3期	银行间/交易所	7	4.11	18.58
广西区政府债券置换一般第4期	银行间/交易所	10	4.21	12.39
湖北省政府债券置换一般第1期	银行间/交易所	3	3.34	29.67
湖北省政府债券置换一般第2期	银行间/交易所	5	3.71	89.00
湖北省政府债券置换一般第3期	银行间/交易所	7	4.05	89.00
湖北省政府债券置换一般第4期	银行间/交易所	10	4.13	89.00
湖北省政府债券置换专项第1期	银行间/交易所	3	3.34	29.23
湖北省政府债券置换专项第2期	银行间/交易所	5	3.71	116.94
湖北省政府债券置换专项第3期	银行间/交易所	7	4.05	58.47
湖北省政府债券置换专项第4期	银行间/交易所	10	4.13	87.70
山东省政府债券置换一般第1期	银行间/交易所	3	3.30	19.98
山东省政府债券置换一般第2期	银行间/交易所	5	3.68	29.97
山东省政府债券置换一般第3期	银行间/交易所	7	4.05	29.97
山东省政府债券置换一般第4期	银行间/交易所	10	4.13	19.98
山东省政府债券置换专项第1期	银行间/交易所	3	3.30	4.59
山东省政府债券置换专项第2期	银行间/交易所	5	3.68	6.88
山东省政府债券置换专项第3期	银行间/交易所	7	4.05	6.88
山东省政府债券置换专项第4期	银行间/交易所	10	4.13	4.59
陕西省政府债券一般第1期	银行间/交易所	3	2.87	18.00
陕西省政府债券一般第2期	银行间/交易所	5	3.20	53.00
陕西省政府债券一般第3期	银行间/交易所	7	3.53	53.00
陕西省政府债券一般第4期	银行间/交易所	10	3.60	53.00

3–13 续表 5 continued

债券名称 Bond Name	发行对象 Object of Issuance	期限(年) Term(year)	利率(%) Interest Rate(%)	累计发行额(亿元) Total Issuance(100 million yuan)
大连市政府债券一般第1期	银行间/交易所	3	2.88	12.70
大连市政府债券一般第2期	银行间/交易所	5	3.21	19.00
大连市政府债券一般第3期	银行间/交易所	7	3.54	19.00
大连市政府债券一般第4期	银行间/交易所	10	3.60	12.60
大连市政府债券专项第1期	银行间/交易所	3	2.88	1.70
大连市政府债券专项第2期	银行间/交易所	5	3.21	2.40
大连市政府债券专项第3期	银行间/交易所	7	3.54	2.40
大连市政府债券专项第4期	银行间/交易所	10	3.60	1.60
贵州省政府债券一般第5期	银行间/交易所	3	2.88	80.00
贵州省政府债券一般第6期	银行间/交易所	5	3.20	120.00
贵州省政府债券一般第7期	银行间/交易所	7	3.54	120.00
贵州省政府债券一般第8期	银行间/交易所	10	3.61	80.00
内蒙古区政府债券一般第1期	银行间/交易所	3	2.88	44.00
内蒙古区政府债券一般第2期	银行间/交易所	5	3.20	88.00
内蒙古区政府债券一般第3期	银行间/交易所	7	3.54	88.00
内蒙古区政府债券一般第4期	银行间/交易所	10	3.61	74.00
新疆区政府债券专项第1期	银行间/交易所	3	2.89	6.60
新疆区政府债券专项第2期	银行间/交易所	5	3.19	9.90
新疆区政府债券专项第3期	银行间/交易所	7	3.54	9.90
新疆区政府债券专项第4期	银行间/交易所	10	3.60	6.60
四川省政府债券一般第5期	银行间/交易所	3	2.89	150.00
四川省政府债券一般第6期	银行间/交易所	5	3.18	150.00
四川省政府债券一般第7期	银行间/交易所	7	3.53	150.00
四川省政府债券一般第8期	银行间/交易所	10	3.60	50.00
北京市政府债券一般第1期	银行间/交易所	3	2.88	28.00
北京市政府债券一般第2期	银行间/交易所	5	3.17	84.00
北京市政府债券一般第3期	银行间/交易所	7	3.52	84.00
北京市政府债券一般第4期	银行间/交易所	10	3.58	84.00
甘肃省政府债券一般第1期	银行间/交易所	3	2.85	20.00
甘肃省政府债券一般第2期	银行间/交易所	5	3.14	60.00
甘肃省政府债券一般第3期	银行间/交易所	7	3.48	60.00
甘肃省政府债券一般第4期	银行间/交易所	10	3.51	60.00
宁波市政府债券一般第1期	银行间/交易所	3	2.84	29.20
宁波市政府债券一般第2期	银行间/交易所	5	3.13	44.10
宁波市政府债券一般第3期	银行间/交易所	7	3.46	29.90
宁波市政府债券一般第4期	银行间/交易所	10	3.47	43.80
宁波市政府债券专项第1期	银行间/交易所	3	2.84	14.20
宁波市政府债券专项第2期	银行间/交易所	5	3.13	15.00
宁波市政府债券专项第3期	银行间/交易所	7	3.46	12.20
宁波市政府债券专项第4期	银行间/交易所	10	3.47	16.90
青海省政府债券一般第1期	银行间/交易所	3	2.84	28.00
青海省政府债券一般第2期	银行间/交易所	5	3.13	40.00
青海省政府债券一般第3期	银行间/交易所	7	3.46	40.00
青海省政府债券一般第4期	银行间/交易所	10	3.47	45.00
广东省政府债券专项第1期	银行间/交易所	5	3.12	27.50
广东省政府债券专项第2期	银行间/交易所	7	3.45	11.00
广东省政府债券专项第3期	银行间/交易所	10	3.46	16.50
福建省政府债券一般第1期	银行间/交易所	3	2.83	11.60
福建省政府债券一般第2期	银行间/交易所	5	3.13	34.80
福建省政府债券一般第3期	银行间/交易所	7	3.45	34.80

3-13 续表 6 continued

债券名称 Bond Name	发行对象 Object of Issuance	期限(年) Term(year)	利率(%) Interest Rate(%)	累计发行额(亿元) Total Issuance(100 million yuan)
福建省政府债券一般第4期	银行间/交易所	10	3.46	34.80
湖南省政府债券一般第1期	银行间/交易所	3	2.83	44.00
湖南省政府债券一般第2期	银行间/交易所	5	3.14	126.00
湖南省政府债券一般第3期	银行间/交易所	7	3.48	126.00
湖南省政府债券一般第4期	银行间/交易所	10	3.50	126.00
广西区政府债券专项第1期	银行间/交易所	5	3.15	6.50
广西区政府债券专项第2期	银行间/交易所	7	3.49	6.50
广西区政府债券一般第5期	银行间/交易所	3	2.84	58.28
广西区政府债券一般第6期	银行间/交易所	5	3.15	85.00
广西区政府债券一般第7期	银行间/交易所	7	3.49	85.00
广西区政府债券一般第8期	银行间/交易所	10	3.52	56.00
湖北省政府债券一般第9期	银行间/交易所	3	2.84	21.10
湖北省政府债券一般第10期	银行间/交易所	5	3.15	63.30
湖北省政府债券一般第11期	银行间/交易所	7	3.49	63.30
湖北省政府债券一般第12期	银行间/交易所	10	3.52	63.30
湖北省政府债券专项第1期	银行间/交易所	3	2.84	2.30
湖北省政府债券专项第2期	银行间/交易所	5	3.17	9.20
湖北省政府债券专项第3期	银行间/交易所	7	3.59	4.60
湖北省政府债券专项第4期	银行间/交易所	10	3.62	6.90
广东省政府债券一般第5期	银行间/交易所	3	2.85	25.90
广东省政府债券一般第6期	银行间/交易所	5	3.16	77.70
广东省政府债券一般第7期	银行间/交易所	7	3.49	77.70
广东省政府债券一般第8期	银行间/交易所	10	3.53	77.70
山东省政府债券专项第1期	银行间/交易所	5	3.16	90.06
山东省政府债券专项第2期	银行间/交易所	7	3.46	36.00
山东省政府债券专项第3期	银行间/交易所	10	3.50	54.00
福建省政府债券专项第1期	银行间/交易所	5	3.16	85.50
福建省政府债券专项第2期	银行间/交易所	10	3.50	85.50
福建省政府债券一般第5期	银行间/交易所	3	2.84	8.00
福建省政府债券一般第6期	银行间/交易所	5	3.16	24.00
福建省政府债券一般第7期	银行间/交易所	7	3.46	24.00
福建省政府债券一般第8期	银行间/交易所	10	3.50	24.00
云南省政府债券专项第1期	银行间/交易所	3	2.84	13.00
云南省政府债券专项第2期	银行间/交易所	5	3.16	13.00
云南省政府债券专项第3期	银行间/交易所	7	3.45	13.00
云南省政府债券专项第4期	银行间/交易所	10	3.49	8.00
黑龙江政府债券一般第1期	银行间/交易所	3	2.85	45.50
黑龙江政府债券一般第2期	银行间/交易所	5	3.17	54.60
黑龙江政府债券一般第3期	银行间/交易所	7	3.45	28.00
黑龙江政府债券一般第4期	银行间/交易所	10	3.50	54.00
黑龙江政府债券专项第1期	银行间/交易所	5	3.16	17.90
黑龙江政府债券专项第2期	银行间/交易所	7	3.45	6.80
黑龙江政府债券专项第3期	银行间/交易所	10	3.49	11.00
大连市政府债券置换一般第1期	银行间/交易所	3	3.26	7.17
大连市政府债券置换一般第2期	银行间/交易所	5	3.69	10.62
大连市政府债券置换一般第3期	银行间/交易所	7	4.14	10.60
大连市政府债券置换一般第4期	银行间/交易所	10	4.29	7.00
大连市政府债券置换专项第1期	银行间/交易所	3	3.26	5.71
大连市政府债券置换专项第2期	银行间/交易所	5	3.69	8.71
大连市政府债券置换专项第3期	银行间/交易所	7	4.14	8.60

3-13　续表 7　continued

债券名称 Bond Name	发行对象 Object of Issuance	期限(年) Term(year)	利率(%) Interest Rate(%)	累计发行额(亿元) Total Issuance(100 million yuan)
大连市政府债券置换专项第4期	银行间/交易所	10	4.29	5.76
新疆区政府债券置换一般第1期	银行间/交易所	3	3.32	9.60
新疆区政府债券置换一般第2期	银行间/交易所	5	3.67	14.40
新疆区政府债券置换一般第3期	银行间/交易所	7	4.07	14.40
新疆区政府债券置换一般第4期	银行间/交易所	10	4.14	9.60
新疆区政府债券置换专项第1期	银行间/交易所	5	3.67	5.00
新疆区政府债券置换专项第2期	银行间/交易所	7	4.07	2.00
新疆区政府债券置换专项第3期	银行间/交易所	10	4.14	3.00
宁夏区政府债券置换一般第1期	银行间/交易所	3	3.28	1.28
宁夏区政府债券置换一般第2期	银行间/交易所	5	3.61	3.63
宁夏区政府债券置换一般第3期	银行间/交易所	7	4.00	3.63
宁夏区政府债券置换一般第4期	银行间/交易所	10	4.04	3.63
宁夏区政府债券置换专项第1期	银行间/交易所	5	3.61	0.82
宁夏区政府债券置换专项第2期	银行间/交易所	7	4.00	0.81
江西省政府债券置换一般第1期	银行间/交易所	3	3.25	7.67
江西省政府债券置换一般第2期	银行间/交易所	5	3.59	22.99
江西省政府债券置换一般第3期	银行间/交易所	7	3.97	22.99
江西省政府债券置换一般第4期	银行间/交易所	10	3.98	22.99
重庆市政府债券置换专项第1期	银行间/交易所	3	3.25	28.62
重庆市政府债券置换专项第2期	银行间/交易所	5	3.60	42.86
重庆市政府债券置换专项第3期	银行间/交易所	7	3.97	42.74
重庆市政府债券置换专项第4期	银行间/交易所	10	3.98	28.49
宁波市政府债券置换一般第1期	银行间/交易所	3	3.26	23.50
宁波市政府债券置换一般第2期	银行间/交易所	5	3.61	37.48
宁波市政府债券置换一般第3期	银行间/交易所	7	4.00	26.94
宁波市政府债券置换一般第4期	银行间/交易所	10	4.03	37.31
宁波市政府债券置换专项第1期	银行间/交易所	3	3.26	13.83
宁波市政府债券置换专项第2期	银行间/交易所	5	3.61	24.46
宁波市政府债券置换专项第3期	银行间/交易所	7	4.00	14.83
宁波市政府债券置换专项第4期	银行间/交易所	10	4.03	23.10
黑龙江政府债券置换一般第1期	银行间/交易所	3	3.27	3.59
黑龙江政府债券置换一般第2期	银行间/交易所	5	3.63	5.59
黑龙江政府债券置换一般第3期	银行间/交易所	7	4.01	5.00
黑龙江政府债券置换一般第4期	银行间/交易所	10	4.05	5.72
黑龙江政府债券置换专项第1期	银行间/交易所	3	3.27	1.20
黑龙江政府债券置换专项第2期	银行间/交易所	5	3.63	2.12
黑龙江政府债券置换专项第3期	银行间/交易所	7	4.01	1.00
黑龙江政府债券置换专项第4期	银行间/交易所	10	4.05	1.00
安徽省政府债券置换一般第1期	银行间/交易所	1	2.81	7.22
安徽省政府债券置换一般第2期	银行间/交易所	3	3.27	7.81
安徽省政府债券置换一般第3期	银行间/交易所	5	3.64	19.26
安徽省政府债券置换一般第4期	银行间/交易所	7	4.00	19.26
安徽省政府债券置换一般第5期	银行间/交易所	10	4.04	14.52
安徽省政府债券置换专项第1期	银行间/交易所	3	3.27	6.54
安徽省政府债券置换专项第2期	银行间/交易所	5	3.64	9.81
安徽省政府债券置换专项第3期	银行间/交易所	7	4.00	9.81
安徽省政府债券置换专项第4期	银行间/交易所	10	4.04	6.54
北京市政府债券置换一般第1期	银行间/交易所	3	3.26	21.40
北京市政府债券置换一般第2期	银行间/交易所	5	3.64	64.20
北京市政府债券置换一般第3期	银行间/交易所	7	3.96	64.20

3-13 续表 8 continued

债券名称 Bond Name	发行对象 Object of Issuance	期限(年) Term(year)	利率(%) Interest Rate(%)	累计发行额(亿元) Total Issuance(100 million yuan)
北京市政府债券置换一般第4期	银行间/交易所	10	4.01	64.20
北京市政府债券置换专项第1期	银行间/交易所	3	3.26	4.49
北京市政府债券置换专项第2期	银行间/交易所	5	3.64	10.76
北京市政府债券置换专项第3期	银行间/交易所	7	3.96	7.75
云南省政府债券置换一般第1期	银行间/交易所	3	3.26	15.00
云南省政府债券置换一般第2期	银行间/交易所	5	3.64	25.00
云南省政府债券置换一般第3期	银行间/交易所	7	3.96	25.00
云南省政府债券置换一般第4期	银行间/交易所	10	4.01	25.00
云南省政府债券置换专项第1期	银行间/交易所	3	3.26	10.00
云南省政府债券置换专项第2期	银行间/交易所	5	3.64	10.00
云南省政府债券置换专项第3期	银行间/交易所	7	3.96	8.00
云南省政府债券置换专项第4期	银行间/交易所	10	4.01	7.00
上海市政府债券置换一般第1期	银行间/交易所	3	3.09	9.10
上海市政府债券置换一般第2期	银行间/交易所	5	3.42	26.70
上海市政府债券置换一般第3期	银行间/交易所	7	3.72	26.70
上海市政府债券置换一般第4期	银行间/交易所	10	3.78	26.70
上海市政府债券置换专项第1期	银行间/交易所	5	3.42	36.00
上海市政府债券置换专项第2期	银行间/交易所	10	3.78	36.00
天津市政府债券置换一般第1期	银行间/交易所	3	3.27	2.44
天津市政府债券置换一般第2期	银行间/交易所	5	3.63	7.00
天津市政府债券置换一般第3期	银行间/交易所	7	3.91	7.00
天津市政府债券置换一般第4期	银行间/交易所	10	3.96	7.00
天津市政府债券置换专项第1期	银行间/交易所	5	3.63	44.56
天津市政府债券置换专项第2期	银行间/交易所	7	3.91	33.00
天津市政府债券置换专项第3期	银行间/交易所	10	3.96	11.00
吉林省政府债券置换一般第1期	银行间/交易所	3	3.27	3.80
吉林省政府债券置换一般第2期	银行间/交易所	5	3.63	11.39
吉林省政府债券置换一般第3期	银行间/交易所	7	3.91	11.39
吉林省政府债券置换一般第4期	银行间/交易所	10	3.96	11.39
吉林省政府债券置换专项第1期	银行间/交易所	5	3.63	16.80
吉林省政府债券置换专项第2期	银行间/交易所	10	3.96	16.80
重庆市政府债券一般第5期	银行间/交易所	3	2.88	62.29
重庆市政府债券一般第6期	银行间/交易所	5	3.19	116.00
重庆市政府债券一般第7期	银行间/交易所	7	3.44	116.00
重庆市政府债券一般第8期	银行间/交易所	10	3.47	97.00
重庆市政府债券专项第1期	银行间/交易所	5	3.19	13.00
重庆市政府债券专项第2期	银行间/交易所	10	3.47	12.00
新疆区政府债券一般第9期	银行间/交易所	3	2.88	7.40
新疆区政府债券一般第10期	银行间/交易所	5	3.19	11.10
新疆区政府债券一般第11期	银行间/交易所	7	3.45	11.10
新疆区政府债券一般第12期	银行间/交易所	10	3.47	7.40
新疆区政府债券专项第5期	银行间/交易所	3	2.88	2.40
新疆区政府债券专项第6期	银行间/交易所	5	3.19	3.60
新疆区政府债券专项第7期	银行间/交易所	7	3.45	3.60
新疆区政府债券专项第8期	银行间/交易所	10	3.47	2.40
上海市政府债券一般第1期	银行间/交易所	3	2.88	38.50
上海市政府债券一般第2期	银行间/交易所	5	3.19	116.10
上海市政府债券一般第3期	银行间/交易所	7	3.45	116.10
上海市政府债券一般第4期	银行间/交易所	10	3.47	116.10
上海市政府债券专项第1期	银行间/交易所	5	3.19	47.00

3–13 续表 9 continued

债券名称 Bond Name	发行对象 Object of Issuance	期限(年) Term(year)	利率(%) Interest Rate(%)	累计发行额(亿元) Total Issuance(100 million yuan)
上海市政府债券专项第2期	银行间/交易所	10	3.47	47.00
辽宁省政府债券一般第5期	银行间/交易所	3	3.17	68.00
辽宁省政府债券一般第6期	银行间/交易所	5	3.48	68.00
辽宁省政府债券一般第7期	银行间/交易所	7	3.75	68.00
辽宁省政府债券一般第8期	银行间/交易所	10	3.67	24.72
辽宁省政府债券专项第1期	银行间/交易所	5	3.45	5.50
辽宁省政府债券专项第2期	银行间/交易所	10	3.99	4.00
青岛市政府债券一般第5期	银行间/交易所	3	3.03	0.80
青岛市政府债券一般第6期	银行间/交易所	5	3.33	2.40
青岛市政府债券一般第7期	银行间/交易所	7	3.57	2.40
青岛市政府债券一般第8期	银行间/交易所	10	3.60	2.40
青岛市政府债券专项第1期	银行间/交易所	5	3.33	3.50
青岛市政府债券专项第2期	银行间/交易所	7	3.57	1.40
青岛市政府债券专项第3期	银行间/交易所	10	3.60	2.10
天津市政府债券一般第5期	银行间/交易所	3	3.04	8.19
天津市政府债券一般第6期	银行间/交易所	5	3.36	23.00
天津市政府债券一般第7期	银行间/交易所	7	3.60	23.00
天津市政府债券一般第8期	银行间/交易所	10	3.62	23.00
天津市政府债券专项第1期	银行间/交易所	5	3.36	45.41
天津市政府债券专项第2期	银行间/交易所	7	3.60	5.00
天津市政府债券专项第3期	银行间/交易所	10	3.62	36.00
甘肃省政府债券一般第5期	银行间/交易所	3	3.03	9.56
甘肃省政府债券一般第6期	银行间/交易所	5	3.36	20.00
甘肃省政府债券一般第7期	银行间/交易所	7	3.60	20.00
甘肃省政府债券一般第8期	银行间/交易所	10	3.61	20.00
甘肃省政府债券专项第1期	银行间/交易所	5	3.36	44.62
甘肃省政府债券专项第2期	银行间/交易所	10	3.61	44.00
安徽省政府债券一般第5期	银行间/交易所	1	2.38	5.00
安徽省政府债券一般第6期	银行间/交易所	3	3.03	47.87
安徽省政府债券一般第7期	银行间/交易所	5	3.36	75.00
安徽省政府债券一般第8期	银行间/交易所	7	3.61	75.00
安徽省政府债券一般第9期	银行间/交易所	10	3.61	50.00
安徽省政府债券专项第1期	银行间/交易所	5	3.36	49.37
安徽省政府债券专项第2期	银行间/交易所	7	3.60	49.00
厦门市政府债券一般第1期	银行间/交易所	3	2.92	6.47
厦门市政府债券一般第2期	银行间/交易所	5	3.26	9.40
厦门市政府债券一般第3期	银行间/交易所	7	3.51	9.40
厦门市政府债券一般第4期	银行间/交易所	10	3.51	6.30
厦门市政府债券专项第1期	银行间/交易所	5	3.26	7.07
厦门市政府债券专项第2期	银行间/交易所	10	3.51	6.90
青海省政府债券一般第5期	银行间/交易所	3	3.02	15.27
青海省政府债券一般第6期	银行间/交易所	5	3.36	26.00
青海省政府债券一般第7期	银行间/交易所	7	3.61	26.00
青海省政府债券一般第8期	银行间/交易所	10	3.61	26.00
青海省政府债券专项第1期	银行间/交易所	3	3.02	8.00
青海省政府债券专项第2期	银行间/交易所	5	3.36	9.00
青海省政府债券专项第3期	银行间/交易所	7	3.61	8.00
青海省政府债券专项第4期	银行间/交易所	10	3.61	8.00
北京市政府债券专项第1期	银行间/交易所	3	3.02	15.60
北京市政府债券专项第2期	银行间/交易所	5	3.36	36.40

3–13 续表 10 continued

债券名称 Bond Name	发行对象 Object of Issuance	期限(年) Term(year)	利率(%) Interest Rate(%)	累计发行额(亿元) Total Issuance(100 million yuan)
北京市政府债券专项第3期	银行间/交易所	7	3.61	15.60
北京市政府债券专项第4期	银行间/交易所	10	3.60	23.40
江苏省政府债券置换一般第5期	银行间/交易所	3	3.29	7.50
江苏省政府债券置换一般第6期	银行间/交易所	5	3.65	11.25
江苏省政府债券置换一般第7期	银行间/交易所	7	3.93	11.25
江苏省政府债券置换一般第8期	银行间/交易所	10	3.97	7.50
江苏省政府债券置换专项第5期	银行间/交易所	3	3.29	8.11
江苏省政府债券置换专项第6期	银行间/交易所	5	3.65	12.16
江苏省政府债券置换专项第7期	银行间/交易所	7	3.93	12.16
江苏省政府债券置换专项第8期	银行间/交易所	10	3.97	8.11
辽宁省政府债券置换一般第1期	银行间/交易所	3	3.31	12.52
辽宁省政府债券置换一般第2期	银行间/交易所	5	3.67	13.08
辽宁省政府债券置换一般第3期	银行间/交易所	7	3.98	13.08
辽宁省政府债券置换一般第4期	银行间/交易所	10	3.99	4.92
辽宁省政府债券置换专项第1期	银行间/交易所	3	3.31	3.28
辽宁省政府债券置换专项第2期	银行间/交易所	5	3.67	5.67
辽宁省政府债券置换专项第3期	银行间/交易所	7	3.98	4.90
辽宁省政府债券置换专项第4期	银行间/交易所	10	3.99	3.83
陕西省政府债券置换一般第1期	银行间/交易所	3	3.32	22.02
陕西省政府债券置换一般第2期	银行间/交易所	5	3.66	33.03
陕西省政府债券置换一般第3期	银行间/交易所	7	3.97	33.03
陕西省政府债券置换一般第4期	银行间/交易所	10	3.98	22.02
陕西省政府债券置换专项第1期	银行间/交易所	3	3.32	18.45
陕西省政府债券置换专项第2期	银行间/交易所	5	3.66	27.67
陕西省政府债券置换专项第3期	银行间/交易所	7	3.97	27.67
陕西省政府债券置换专项第4期	银行间/交易所	10	3.98	18.45
广东省政府债券置换一般第1期	银行间/交易所	3	3.32	14.54
广东省政府债券置换一般第2期	银行间/交易所	5	3.66	43.63
广东省政府债券置换一般第3期	银行间/交易所	7	3.96	43.63
广东省政府债券置换一般第4期	银行间/交易所	10	3.99	43.63
广东省政府债券置换专项第1期	银行间/交易所	5	3.66	19.41
广东省政府债券置换专项第2期	银行间/交易所	7	3.96	7.76
广东省政府债券置换专项第3期	银行间/交易所	10	3.99	11.64
四川省政府债券置换专项第1期	银行间/交易所	5	3.66	23.79
四川省政府债券置换专项第2期	银行间/交易所	7	3.98	9.52
四川省政府债券置换专项第3期	银行间/交易所	10	4.01	14.27
贵州省政府债券置换专项第1期	银行间/交易所	5	3.69	30.14
贵州省政府债券置换专项第2期	银行间/交易所	7	3.98	12.10
贵州省政府债券置换专项第3期	银行间/交易所	10	4.02	18.15
青岛市政府债券置换一般第1期	银行间/交易所	3	3.37	10.61
青岛市政府债券置换一般第2期	银行间/交易所	5	3.71	31.82
青岛市政府债券置换一般第3期	银行间/交易所	7	3.99	31.82
青岛市政府债券置换一般第4期	银行间/交易所	10	4.03	31.82
青岛市政府债券置换专项第1期	银行间/交易所	5	3.71	14.96
青岛市政府债券置换专项第2期	银行间/交易所	7	3.99	5.98
青岛市政府债券置换专项第3期	银行间/交易所	10	4.03	8.98
浙江省政府债券置换一般第1期	银行间/交易所	3	3.37	26.96
浙江省政府债券置换一般第2期	银行间/交易所	5	3.73	80.87
浙江省政府债券置换一般第3期	银行间/交易所	7	4.00	80.87
浙江省政府债券置换一般第4期	银行间/交易所	10	4.04	80.87

3–13 续表 11 continued

债券名称 Bond Name	发行对象 Object of Issuance	期限(年) Term(year)	利率(%) Interest Rate(%)	累计发行额(亿元) Total Issuance(100 million yuan)
浙江省政府债券置换专项第1期	银行间/交易所	3	3.37	59.35
浙江省政府债券置换专项第2期	银行间/交易所	5	3.73	89.03
浙江省政府债券置换专项第3期	银行间/交易所	7	4.00	59.35
浙江省政府债券置换专项第4期	银行间/交易所	10	4.04	89.03
甘肃省政府债券置换一般第1期	银行间/交易所	3	3.37	1.50
甘肃省政府债券置换一般第2期	银行间/交易所	5	3.73	2.24
甘肃省政府债券置换一般第3期	银行间/交易所	7	4.01	2.24
甘肃省政府债券置换一般第4期	银行间/交易所	10	4.04	1.50
甘肃省政府债券置换专项第1期	银行间/交易所	3	3.37	2.07
甘肃省政府债券置换专项第2期	银行间/交易所	5	3.73	3.10
甘肃省政府债券置换专项第3期	银行间/交易所	7	4.01	3.10
甘肃省政府债券置换专项第4期	银行间/交易所	10	4.04	2.07
天津市政府债券置换一般第5期	银行间/交易所	3	3.38	3.76
天津市政府债券置换一般第6期	银行间/交易所	5	3.75	9.00
天津市政府债券置换一般第7期	银行间/交易所	7	4.03	9.00
天津市政府债券置换一般第8期	银行间/交易所	10	4.05	9.00
天津市政府债券置换专项第4期	银行间/交易所	5	3.75	7.64
天津市政府债券置换专项第5期	银行间/交易所	7	4.03	7.00
海南省政府债券置换一般第1期	银行间/交易所	3	3.37	3.25
海南省政府债券置换一般第2期	银行间/交易所	5	3.75	9.75
海南省政府债券置换一般第3期	银行间/交易所	7	4.03	9.75
海南省政府债券置换一般第4期	银行间/交易所	10	4.05	9.75
海南省政府债券置换专项第1期	银行间/交易所	5	3.75	11.15
海南省政府债券置换专项第2期	银行间/交易所	7	4.03	4.46
海南省政府债券置换专项第3期	银行间/交易所	10	4.05	6.69
厦门市政府债券置换一般第1期	银行间/交易所	3	3.18	0.63
厦门市政府债券置换一般第2期	银行间/交易所	5	3.52	0.94
厦门市政府债券置换一般第3期	银行间/交易所	7	3.82	0.94
厦门市政府债券置换一般第4期	银行间/交易所	10	3.84	0.63
厦门市政府债券置换专项第1期	银行间/交易所	5	3.52	5.32
厦门市政府债券置换专项第2期	银行间/交易所	10	3.84	5.32
青海省政府债券置换一般第1期	银行间/交易所	3	3.36	3.23
青海省政府债券置换一般第2期	银行间/交易所	5	3.75	5.50
青海省政府债券置换一般第3期	银行间/交易所	7	4.04	5.50
青海省政府债券置换一般第4期	银行间/交易所	10	4.04	5.50
福建省政府债券置换一般第1期	银行间/交易所	3	3.36	1.11
福建省政府债券置换一般第2期	银行间/交易所	5	3.75	3.33
福建省政府债券置换一般第3期	银行间/交易所	7	4.03	3.33
福建省政府债券置换一般第4期	银行间/交易所	10	4.03	3.33
福建省政府债券置换专项第1期	银行间/交易所	5	3.75	12.61
福建省政府债券置换专项第2期	银行间/交易所	10	4.03	12.61
河北省政府债券置换一般第5期	银行间/交易所	3	3.37	36.34
河北省政府债券置换一般第6期	银行间/交易所	5	3.73	54.19
河北省政府债券置换一般第7期	银行间/交易所	7	4.03	54.19
河北省政府债券置换一般第8期	银行间/交易所	10	4.01	36.12
河北省政府债券置换专项第4期	银行间/交易所	3	3.37	18.35
河北省政府债券置换专项第5期	银行间/交易所	5	3.73	18.26
河北省政府债券置换专项第6期	银行间/交易所	7	4.03	24.38
内蒙古区政府债券置换一般第1	银行间/交易所	3	3.36	2.71
内蒙古区政府债券置换一般第2	银行间/交易所	5	3.72	5.41

3–13 续表 12 continued

债券名称 Bond Name	发行对象 Object of Issuance	期限(年) Term(year)	利率(%) Interest Rate(%)	累计发行额(亿元) Total Issuance(100 million yuan)
内蒙古区政府债券置换一般第3	银行间/交易所	7	4.01	5.41
内蒙古区政府债券置换一般第4	银行间/交易所	10	3.99	4.51
内蒙古区政府债券置换专项第1	银行间/交易所	5	3.72	3.61
内蒙古区政府债券置换专项第2	银行间/交易所	7	4.01	3.61
山西省政府债券置换一般第1期	银行间/交易所	3	3.36	1.24
山西省政府债券置换一般第2期	银行间/交易所	5	3.72	3.71
山西省政府债券置换一般第3期	银行间/交易所	7	4.01	3.71
山西省政府债券置换一般第4期	银行间/交易所	10	3.99	3.71
山西省政府债券置换专项第1期	银行间/交易所	5	3.72	8.31
山西省政府债券置换专项第2期	银行间/交易所	10	3.99	8.31
湖南省政府债券置换一般第1期	银行间/交易所	3	3.37	15.22
湖南省政府债券置换一般第2期	银行间/交易所	5	3.69	36.00
湖南省政府债券置换一般第3期	银行间/交易所	7	3.99	36.00
湖南省政府债券置换一般第4期	银行间/交易所	10	3.97	36.00
陕西省政府债券一般第5期	银行间/交易所	3	3.03	35.34
陕西省政府债券一般第6期	银行间/交易所	5	3.36	52.80
陕西省政府债券一般第7期	银行间/交易所	7	3.62	52.80
陕西省政府债券一般第8期	银行间/交易所	10	3.60	35.30
陕西省政府债券专项第1期	银行间/交易所	3	3.03	26.30
陕西省政府债券专项第2期	银行间/交易所	5	3.36	39.40
陕西省政府债券专项第3期	银行间/交易所	7	3.62	39.40
陕西省政府债券专项第4期	银行间/交易所	10	3.60	26.30
陕西省政府债券专项第5期	银行间/交易所	3	3.03	1.00
陕西省政府债券专项第6期	银行间/交易所	5	3.36	1.50
陕西省政府债券专项第7期	银行间/交易所	7	3.62	1.50
陕西省政府债券专项第8期	银行间/交易所	10	3.60	1.00
河南省政府债券专项第1期	银行间/交易所	3	3.03	31.40
河南省政府债券专项第2期	银行间/交易所	5	3.29	47.00
河南省政府债券专项第3期	银行间/交易所	7	3.54	47.00
河南省政府债券专项第4期	银行间/交易所	10	3.53	31.40
河南省政府债券一般第5期	银行间/交易所	3	3.03	51.00
河南省政府债券一般第6期	银行间/交易所	5	3.29	76.60
河南省政府债券一般第7期	银行间/交易所	7	3.54	76.60
河南省政府债券一般第8期	银行间/交易所	10	3.53	51.00
内蒙古区政府债券一般第5期	银行间/交易所	3	3.14	42.40
内蒙古区政府债券一般第6期	银行间/交易所	5	3.35	127.20
内蒙古区政府债券一般第7期	银行间/交易所	7	3.53	127.20
内蒙古区政府债券一般第8期	银行间/交易所	10	3.52	127.20
内蒙古区政府债券专项第1期	银行间/交易所	3	3.14	11.65
内蒙古区政府债券专项第2期	银行间/交易所	5	3.35	44.70
内蒙古区政府债券专项第3期	银行间/交易所	7	3.53	22.30
内蒙古区政府债券专项第4期	银行间/交易所	10	3.52	33.50
宁夏区政府债券一般第5期	银行间/交易所	3	3.14	5.73
宁夏区政府债券一般第6期	银行间/交易所	5	3.35	10.00
宁夏区政府债券一般第7期	银行间/交易所	7	3.53	10.00
宁夏区政府债券一般第8期	银行间/交易所	10	3.52	10.00
江苏省政府债券一般第5期	银行间/交易所	3	3.26	94.60
江苏省政府债券一般第6期	银行间/交易所	5	3.47	141.90
江苏省政府债券一般第7期	银行间/交易所	7	3.64	141.90
江苏省政府债券一般第8期	银行间/交易所	10	3.63	94.60

3—13　续表 13　continued

债券名称 Bond Name	发行对象 Object of Issuance	期限(年) Term(year)	利率(%) Interest Rate(%)	累计发行额(亿元) Total Issuance(100 million yuan)
江苏省政府债券专项第4期	银行间/交易所	3	3.27	65.17
江苏省政府债券专项第5期	银行间/交易所	5	3.47	97.40
江苏省政府债券专项第6期	银行间/交易所	7	3.64	97.40
江苏省政府债券专项第7期	银行间/交易所	10	3.63	65.00
山东省政府债券专项第4期	银行间/交易所	3	3.23	22.20
山东省政府债券专项第5期	银行间/交易所	5	3.44	22.20
山东省政府债券专项第6期	银行间/交易所	7	3.60	22.20
山东省政府债券专项第7期	银行间/交易所	10	3.59	7.77
山东省政府债券一般第9期	银行间/交易所	3	3.24	202.50
山东省政府债券一般第10期	银行间/交易所	5	3.44	202.50
山东省政府债券一般第11期	银行间/交易所	7	3.61	202.50
山东省政府债券一般第12期	银行间/交易所	10	3.60	68.16
新疆区政府债券一般第13期	银行间/交易所	3	3.13	37.00
新疆区政府债券一般第14期	银行间/交易所	5	3.37	55.50
新疆区政府债券一般第15期	银行间/交易所	7	3.55	55.50
新疆区政府债券一般第16期	银行间/交易所	10	3.49	37.00
新疆区政府债券专项第9期	银行间/交易所	3	2.98	11.60
新疆区政府债券专项第10期	银行间/交易所	5	3.18	17.40
新疆区政府债券专项第11期	银行间/交易所	7	3.41	17.40
新疆区政府债券专项第12期	银行间/交易所	10	3.34	11.60
广西区政府债券一般第9期	银行间/交易所	3	3.23	59.00
广西区政府债券一般第10期	银行间/交易所	5	3.43	88.00
广西区政府债券一般第11期	银行间/交易所	7	3.60	88.00
广西区政府债券一般第12期	银行间/交易所	10	3.59	59.00
广西区政府债券专项第3期	银行间/交易所	5	3.43	9.50
广西区政府债券专项第4期	银行间/交易所	7	3.60	9.50
河北省政府债券一般第5期	银行间/交易所	3	3.18	140.00
河北省政府债券一般第6期	银行间/交易所	5	3.37	140.00
河北省政府债券一般第7期	银行间/交易所	7	3.54	140.00
河北省政府债券一般第8期	银行间/交易所	10	3.53	49.45
浙江省政府债券一般第5期	银行间/交易所	3	2.98	23.30
浙江省政府债券一般第6期	银行间/交易所	5	3.27	69.90
浙江省政府债券一般第7期	银行间/交易所	7	3.38	69.90
浙江省政府债券一般第8期	银行间/交易所	10	3.43	69.90
浙江省政府债券专项第1期	银行间/交易所	3	2.98	43.10
浙江省政府债券专项第2期	银行间/交易所	5	3.17	65.40
浙江省政府债券专项第3期	银行间/交易所	7	3.34	43.10
浙江省政府债券专项第4期	银行间/交易所	10	3.33	65.40
贵州省政府债券专项第9期	银行间/交易所	3	3.22	100.00
贵州省政府债券专项第10期	银行间/交易所	5	3.42	150.00
贵州省政府债券专项第11期	银行间/交易所	7	3.58	150.00
贵州省政府债券专项第12期	银行间/交易所	10	3.57	100.00
河北省政府债券专项第4期	银行间/交易所	3	3.17	47.00
河北省政府债券专项第5期	银行间/交易所	5	3.37	47.74
云南省政府债券一般第5期	银行间/交易所	3	3.17	27.60
云南省政府债券一般第6期	银行间/交易所	5	3.36	50.00
云南省政府债券一般第7期	银行间/交易所	7	3.53	50.00
云南省政府债券一般第8期	银行间/交易所	10	3.52	50.00
云南省政府债券专项第5期	银行间/交易所	3	3.17	44.40
云南省政府债券专项第6期	银行间/交易所	5	3.36	41.00

3-13 续表 14 continued

债券名称 Bond Name	发行对象 Object of Issuance	期限(年) Term(year)	利率(%) Interest Rate(%)	累计发行额(亿元) Total Issuance(100 million yuan)
云南省政府债券专项第7期	银行间/交易所	7	3.53	42.00
云南省政府债券专项第8期	银行间/交易所	10	3.52	42.00
福建省政府债券一般第9期	银行间/交易所	3	3.28	7.22
福建省政府债券一般第10期	银行间/交易所	5	3.45	20.90
福建省政府债券一般第11期	银行间/交易所	7	3.62	20.90
福建省政府债券一般第12期	银行间/交易所	10	3.61	20.90
福建省政府债券专项第3期	银行间/交易所	5	3.45	73.60
福建省政府债券专项第4期	银行间/交易所	10	3.61	73.60
青海省政府债券一般第9期	银行间/交易所	3	3.19	5.00
青海省政府债券一般第10期	银行间/交易所	5	3.35	8.00
青海省政府债券一般第11期	银行间/交易所	7	3.53	8.00
青海省政府债券一般第12期	银行间/交易所	10	3.52	8.00
广东省政府债券置换一般第5期	银行间/交易所	3	3.40	21.59
广东省政府债券置换一般第6期	银行间/交易所	5	3.63	64.78
广东省政府债券置换一般第7期	银行间/交易所	7	3.83	64.78
广东省政府债券置换一般第8期	银行间/交易所	10	3.82	64.78
广东省政府债券置换专项第4期	银行间/交易所	5	3.63	6.58
广东省政府债券置换专项第5期	银行间/交易所	7	3.83	2.63
广东省政府债券置换专项第6期	银行间/交易所	10	3.82	3.95
吉林省政府债券置换一般第5期	银行间/交易所	3	3.42	2.77
吉林省政府债券置换一般第6期	银行间/交易所	5	3.65	8.31
吉林省政府债券置换一般第7期	银行间/交易所	7	3.85	8.31
吉林省政府债券置换一般第8期	银行间/交易所	10	3.84	8.31
吉林省政府债券置换专项第3期	银行间/交易所	5	3.65	20.74
吉林省政府债券置换专项第4期	银行间/交易所	10	3.84	20.74
山东省政府债券置换一般第5期	银行间/交易所	3	3.43	51.30
山东省政府债券置换一般第6期	银行间/交易所	5	3.67	51.30
山东省政府债券置换一般第7期	银行间/交易所	7	3.85	51.30
山东省政府债券置换一般第8期	银行间/交易所	10	3.85	17.10
山东省政府债券置换专项第5期	银行间/交易所	3	3.43	7.49
山东省政府债券置换专项第6期	银行间/交易所	5	3.67	7.49
山东省政府债券置换专项第7期	银行间/交易所	7	3.85	7.49
山东省政府债券置换专项第8期	银行间/交易所	10	3.85	2.50
云南省政府债券置换一般第5期	银行间/交易所	3	3.42	4.40
云南省政府债券置换一般第6期	银行间/交易所	5	3.63	8.00
云南省政府债券置换一般第7期	银行间/交易所	7	3.83	8.00
云南省政府债券置换一般第8期	银行间/交易所	10	3.81	8.00
云南省政府债券置换专项第5期	银行间/交易所	3	3.42	6.60
云南省政府债券置换专项第6期	银行间/交易所	5	3.63	6.00
云南省政府债券置换专项第7期	银行间/交易所	7	3.83	5.00
云南省政府债券置换专项第8期	银行间/交易所	10	3.81	5.00
广西区政府债券置换一般第5期	银行间/交易所	3	3.45	10.00
广西区政府债券置换一般第6期	银行间/交易所	5	3.65	14.50
广西区政府债券置换一般第7期	银行间/交易所	7	3.85	14.50
广西区政府债券置换一般第8期	银行间/交易所	10	3.84	14.50
安徽省政府债券置换一般第6期	银行间/交易所	3	3.47	6.91
安徽省政府债券置换一般第7期	银行间/交易所	5	3.65	10.36
安徽省政府债券置换一般第8期	银行间/交易所	7	3.86	10.36
安徽省政府债券置换一般第9期	银行间/交易所	10	3.85	6.91
安徽省政府债券置换专项第5期	银行间/交易所	5	3.65	12.89

3–13 续表 15 continued

债券名称 Bond Name	发行对象 Object of Issuance	期限(年) Term(year)	利率(%) Interest Rate(%)	累计发行额(亿元) Total Issuance(100 million yuan)
安徽省政府债券置换专项第6期	银行间/交易所	10	3.85	12.89
湖北省政府债券一般第13期	银行间/交易所	3	2.94	7.80
湖北省政府债券一般第14期	银行间/交易所	5	3.07	23.40
湖北省政府债券一般第15期	银行间/交易所	7	3.45	23.40
湖北省政府债券一般第16期	银行间/交易所	10	3.44	23.40
湖北省政府债券专项第5期	银行间/交易所	3	2.94	1.80
湖北省政府债券专项第6期	银行间/交易所	5	3.07	7.20
湖北省政府债券专项第7期	银行间/交易所	7	3.28	3.60
湖北省政府债券专项第8期	银行间/交易所	10	3.30	5.40
四川省政府债券一般第9期	银行间/交易所	3	3.24	84.00
四川省政府债券一般第10期	银行间/交易所	5	3.37	84.00
四川省政府债券一般第11期	银行间/交易所	7	3.58	84.00
四川省政府债券一般第12期	银行间/交易所	10	3.56	28.00
广东省政府债券一般第9期	银行间/交易所	3	3.02	19.26
广东省政府债券一般第10期	银行间/交易所	5	3.14	57.79
广东省政府债券一般第11期	银行间/交易所	7	3.35	57.79
广东省政府债券一般第12期	银行间/交易所	10	3.33	57.79
广东省政府债券专项第4期	银行间/交易所	5	3.15	77.51
广东省政府债券专项第5期	银行间/交易所	7	3.35	31.00
广东省政府债券专项第6期	银行间/交易所	10	3.33	46.50
海南省政府债券一般第5期	银行间/交易所	3	3.07	5.35
海南省政府债券一般第6期	银行间/交易所	5	3.20	15.30
海南省政府债券一般第7期	银行间/交易所	7	3.40	15.30
海南省政府债券一般第8期	银行间/交易所	10	3.39	15.30
海南省政府债券专项第1期	银行间/交易所	5	3.20	18.45
海南省政府债券专项第2期	银行间/交易所	7	3.40	7.00
海南省政府债券专项第3期	银行间/交易所	10	3.39	10.50
浙江省政府债券一般第9期	银行间/交易所	3	2.94	13.20
浙江省政府债券一般第10期	银行间/交易所	5	3.04	39.60
浙江省政府债券一般第11期	银行间/交易所	7	3.23	39.60
浙江省政府债券一般第12期	银行间/交易所	10	3.31	39.60
浙江省政府债券专项第5期	银行间/交易所	3	2.94	28.70
浙江省政府债券专项第6期	银行间/交易所	5	3.04	43.10
浙江省政府债券专项第7期	银行间/交易所	7	3.23	28.70
浙江省政府债券专项第8期	银行间/交易所	10	3.31	43.10
江西省政府债券一般第5期	银行间/交易所	3	3.05	44.86
江西省政府债券一般第6期	银行间/交易所	5	3.18	134.50
江西省政府债券一般第7期	银行间/交易所	7	3.37	134.50
江西省政府债券一般第8期	银行间/交易所	10	3.34	134.50
江西省政府债券专项第1期	银行间/交易所	3	3.03	7.50
江西省政府债券专项第2期	银行间/交易所	5	3.07	7.50
江西省政府债券专项第3期	银行间/交易所	7	3.27	7.50
江西省政府债券专项第4期	银行间/交易所	10	3.34	7.50
江西省政府债券专项第5期	银行间/交易所	3	3.00	1.50
江西省政府债券专项第6期	银行间/交易所	5	3.05	1.50
江西省政府债券专项第7期	银行间/交易所	7	3.36	1.50
江西省政府债券专项第8期	银行间/交易所	10	3.34	1.50
甘肃省政府债券一般第9期	银行间/交易所	3	3.01	9.30
甘肃省政府债券一般第10期	银行间/交易所	5	3.13	7.00
甘肃省政府债券一般第11期	银行间/交易所	7	3.32	7.70

3—13 续表 16 continued

债券名称 Bond Name	发行对象 Object of Issuance	期限(年) Term(year)	利率(%) Interest Rate(%)	累计发行额(亿元) Total Issuance(100 million yuan)
甘肃省政府债券一般第12期	银行间/交易所	10	3.29	10.00
甘肃省政府债券专项第3期	银行间/交易所	5	3.13	10.00
甘肃省政府债券专项第4期	银行间/交易所	10	3.29	10.00
上海市政府债券一般第5期	银行间/交易所	5	2.93	5.00
上海市政府债券一般第6期	银行间/交易所	7	3.10	78.60
上海市政府债券一般第7期	银行间/交易所	10	3.08	78.60
上海市政府债券专项第3期	银行间/交易所	3	2.80	31.50
上海市政府债券专项第4期	银行间/交易所	5	2.93	47.50
上海市政府债券专项第5期	银行间/交易所	7	3.10	47.50
上海市政府债券专项第6期	银行间/交易所	10	3.08	31.50
四川省政府债券专项第1期	银行间/交易所	3	3.09	153.00
四川省政府债券专项第2期	银行间/交易所	5	3.21	153.00
四川省政府债券专项第3期	银行间/交易所	7	3.38	153.00
四川省政府债券专项第4期	银行间/交易所	10	3.37	53.42
福建省政府债券一般第13期	银行间/交易所	3	2.98	3.10
福建省政府债券一般第14期	银行间/交易所	5	3.09	9.30
福建省政府债券一般第15期	银行间/交易所	7	3.26	9.30
福建省政府债券一般第16期	银行间/交易所	10	3.25	9.30
福建省政府债券专项第5期	银行间/交易所	5	3.09	3.30
福建省政府债券专项第6期	银行间/交易所	10	3.25	3.20
福建省政府债券专项第7期	银行间/交易所	5	3.09	1.80
福建省政府债券专项第8期	银行间/交易所	10	3.25	1.70
安徽省政府债券一般第10期	银行间/交易所	3	3.13	95.40
安徽省政府债券一般第11期	银行间/交易所	5	3.24	95.40
安徽省政府债券一般第12期	银行间/交易所	7	3.36	63.60
安徽省政府债券一般第13期	银行间/交易所	10	3.45	64.37
安徽省政府债券专项第3期	银行间/交易所	5	3.19	99.01
安徽省政府债券专项第4期	银行间/交易所	10	3.39	52.00
宁夏区政府债券一般第9期	银行间/交易所	3	3.05	25.00
宁夏区政府债券一般第10期	银行间/交易所	5	3.15	25.00
宁夏区政府债券一般第11期	银行间/交易所	7	3.37	25.00
宁夏区政府债券一般第12期	银行间/交易所	10	3.37	20.10
宁夏区政府债券专项第1期	银行间/交易所	3	3.05	20.00
宁夏区政府债券专项第2期	银行间/交易所	5	3.15	15.00
宁夏区政府债券专项第3期	银行间/交易所	7	3.37	15.00
宁夏区政府债券专项第4期	银行间/交易所	10	3.37	9.18
宁夏区政府债券专项第5期	银行间/交易所	7	3.37	2.00
宁夏区政府债券专项第6期	银行间/交易所	10	3.37	5.00
天津市政府债券一般第9期	银行间/交易所	3	3.00	5.07
天津市政府债券一般第10期	银行间/交易所	5	3.10	15.40
天津市政府债券一般第11期	银行间/交易所	7	3.27	15.40
天津市政府债券一般第12期	银行间/交易所	10	3.27	15.40
天津市政府债券专项第4期	银行间/交易所	5	3.10	8.31
天津市政府债券专项第5期	银行间/交易所	7	3.25	3.10
天津市政府债券专项第6期	银行间/交易所	10	3.27	3.70
贵州省政府债券置换一般第1期	银行间/交易所	3	3.33	11.61
贵州省政府债券置换一般第2期	银行间/交易所	5	3.47	17.42
贵州省政府债券置换一般第3期	银行间/交易所	7	3.71	17.42
贵州省政府债券置换一般第4期	银行间/交易所	10	3.69	11.61
贵州省政府债券置换专项第4期	银行间/交易所	5	3.47	21.89

3–13　续表 17　continued

债券名称 Bond Name	发行对象 Object of Issuance	期限(年) Term(year)	利率(%) Interest Rate(%)	累计发行额(亿元) Total Issuance(100 million yuan)
贵州省政府债券置换专项第5期	银行间/交易所	7	3.71	8.76
贵州省政府债券置换专项第6期	银行间/交易所	10	3.69	13.13
福建省政府债券置换一般第5期	银行间/交易所	3	3.30	2.17
福建省政府债券置换一般第6期	银行间/交易所	5	3.45	6.50
福建省政府债券置换一般第7期	银行间/交易所	7	3.68	6.50
福建省政府债券置换一般第8期	银行间/交易所	10	3.67	6.50
福建省政府债券置换专项第3期	银行间/交易所	5	3.45	18.83
福建省政府债券置换专项第4期	银行间/交易所	10	3.67	18.83
湖南省政府债券置换一般第5期	银行间/交易所	3	3.24	40.11
湖南省政府债券置换一般第6期	银行间/交易所	5	3.36	122.40
湖南省政府债券置换一般第7期	银行间/交易所	7	3.59	122.40
湖南省政府债券置换一般第8期	银行间/交易所	10	3.57	122.40
浙江省政府债券置换一般第5期	银行间/交易所	3	3.24	11.67
浙江省政府债券置换一般第6期	银行间/交易所	5	3.36	35.00
浙江省政府债券置换一般第7期	银行间/交易所	7	3.59	35.00
浙江省政府债券置换一般第8期	银行间/交易所	10	3.57	35.00
浙江省政府债券置换专项第5期	银行间/交易所	3	3.24	36.28
浙江省政府债券置换专项第6期	银行间/交易所	5	3.36	54.41
浙江省政府债券置换专项第7期	银行间/交易所	7	3.59	36.28
浙江省政府债券置换专项第8期	银行间/交易所	10	3.57	54.41
内蒙古区政府债券置换一般第5期	银行间/交易所	3	3.30	25.01
内蒙古区政府债券置换一般第6期	银行间/交易所	5	3.42	74.83
内蒙古区政府债券置换一般第7期	银行间/交易所	7	3.65	74.87
内蒙古区政府债券置换一般第8期	银行间/交易所	10	3.63	74.87
内蒙古区政府债券置换专项第3期	银行间/交易所	3	3.30	4.87
内蒙古区政府债券置换专项第4期	银行间/交易所	5	3.42	19.45
内蒙古区政府债券置换专项第5期	银行间/交易所	7	3.65	9.72
内蒙古区政府债券置换专项第6期	银行间/交易所	10	3.63	14.59
北京市政府债券置换一般第5期	银行间/交易所	3	3.24	34.92
北京市政府债券置换一般第6期	银行间/交易所	5	3.37	38.53
北京市政府债券置换一般第7期	银行间/交易所	7	3.59	44.15
北京市政府债券置换一般第8期	银行间/交易所	10	3.56	36.28
北京市政府债券置换专项第4期	银行间/交易所	3	3.24	26.95
北京市政府债券置换专项第5期	银行间/交易所	5	3.37	12.26
北京市政府债券置换专项第6期	银行间/交易所	7	3.59	14.57
北京市政府债券置换专项第7期	银行间/交易所	10	3.56	17.29
青岛市政府债券置换一般第5期	银行间/交易所	3	3.22	2.21
青岛市政府债券置换一般第6期	银行间/交易所	5	3.37	6.63
青岛市政府债券置换一般第7期	银行间/交易所	7	3.57	6.63
青岛市政府债券置换一般第8期	银行间/交易所	10	3.55	6.63
青岛市政府债券置换专项第4期	银行间/交易所	5	3.37	5.95
青岛市政府债券置换专项第5期	银行间/交易所	7	3.57	2.38
青岛市政府债券置换专项第6期	银行间/交易所	10	3.55	3.57
天津市政府债券置换一般第9期	银行间/交易所	3	3.18	0.41
天津市政府债券置换一般第10期	银行间/交易所	5	3.30	1.07
天津市政府债券置换一般第11期	银行间/交易所	7	3.50	1.10
天津市政府债券置换一般第12期	银行间/交易所	10	3.49	1.10
天津市政府债券置换专项第6期	银行间/交易所	5	3.30	21.10
天津市政府债券置换专项第7期	银行间/交易所	7	3.50	9.96
天津市政府债券置换专项第8期	银行间/交易所	10	3.49	10.88

3-13 续表 18 continued

债券名称 Bond Name	发行对象 Object of Issuance	期限(年) Term(year)	利率(%) Interest Rate(%)	累计发行额(亿元) Total Issuance(100 million yuan)
宁夏区政府债券置换一般第5期	银行间/交易所	5	3.31	2.00
宁夏区政府债券置换一般第6期	银行间/交易所	7	3.50	1.90
宁夏区政府债券置换一般第7期	银行间/交易所	10	3.50	2.00
宁夏区政府债券置换专项第3期	银行间/交易所	10	3.50	2.28
上海市政府债券置换一般第5期	银行间/交易所	3	3.03	15.00
上海市政府债券置换一般第6期	银行间/交易所	5	3.15	10.00
上海市政府债券置换一般第7期	银行间/交易所	7	3.33	18.90
上海市政府债券置换一般第8期	银行间/交易所	10	3.34	18.90
上海市政府债券置换专项第3期	银行间/交易所	3	3.03	17.50
上海市政府债券置换专项第4期	银行间/交易所	5	3.15	26.00
上海市政府债券置换专项第5期	银行间/交易所	7	3.33	26.00
上海市政府债券置换专项第6期	银行间/交易所	10	3.34	17.50
广东省政府债券一般第13期	银行间/交易所	3	2.83	15.89
广东省政府债券一般第14期	银行间/交易所	5	2.96	47.50
广东省政府债券一般第15期	银行间/交易所	7	3.12	47.50
广东省政府债券一般第16期	银行间/交易所	10	3.12	47.50
山西省政府债券一般第5期	银行间/交易所	3	2.87	24.92
山西省政府债券一般第6期	银行间/交易所	5	3.07	66.21
山西省政府债券一般第7期	银行间/交易所	7	3.23	66.21
山西省政府债券一般第8期	银行间/交易所	10	3.23	66.21
山西省政府债券专项第1期	银行间/交易所	5	2.97	69.98
山西省政府债券专项第2期	银行间/交易所	10	3.18	67.48
河南省政府债券一般第9期	银行间/交易所	3	3.02	70.40
河南省政府债券一般第10期	银行间/交易所	5	3.17	102.00
河南省政府债券一般第11期	银行间/交易所	7	3.33	102.00
河南省政府债券一般第12期	银行间/交易所	10	3.33	68.00
河南省政府债券专项第5期	银行间/交易所	3	3.02	42.67
河南省政府债券专项第6期	银行间/交易所	5	3.17	63.00
河南省政府债券专项第7期	银行间/交易所	7	3.33	63.00
河南省政府债券专项第8期	银行间/交易所	10	3.33	42.00
贵州省政府债券专项第1期	银行间/交易所	3	2.99	100.00
贵州省政府债券专项第2期	银行间/交易所	5	3.17	150.00
贵州省政府债券专项第3期	银行间/交易所	7	3.32	150.00
贵州省政府债券专项第4期	银行间/交易所	10	3.33	100.00
江苏省政府债券一般第9期	银行间/交易所	3	2.89	162.40
江苏省政府债券一般第10期	银行间/交易所	5	3.11	243.60
江苏省政府债券一般第11期	银行间/交易所	7	3.26	243.60
江苏省政府债券一般第12期	银行间/交易所	10	3.23	162.40
江苏省政府债券专项第8期	银行间/交易所	3	2.89	71.32
江苏省政府债券专项第9期	银行间/交易所	5	3.07	106.70

3–13　续表 19　continued

债券名称 Bond Name	发行对象 Object of Issuance	期限(年) Term(year)	利率(%) Interest Rate(%)	累计发行额(亿元) Total Issuance(100 million yuan)
江苏省政府债券专项第10期	银行间/交易所	7	3.22	106.70
江苏省政府债券专项第11期	银行间/交易所	10	3.18	71.20
云南省政府债券一般第9期	银行间/交易所	3	2.95	62.90
云南省政府债券一般第10期	银行间/交易所	5	3.14	109.00
云南省政府债券一般第11期	银行间/交易所	7	3.29	109.00
云南省政府债券一般第12期	银行间/交易所	10	3.29	109.00
云南省政府债券专项第9期	银行间/交易所	3	2.95	65.00
云南省政府债券专项第10期	银行间/交易所	5	3.14	65.00
云南省政府债券专项第11期	银行间/交易所	7	3.29	63.00
云南省政府债券专项第12期	银行间/交易所	10	3.29	63.00
内蒙古区政府债券一般第9期	银行间/交易所	3	3.17	19.04
内蒙古区政府债券一般第10期	银行间/交易所	5	3.39	56.70
内蒙古区政府债券一般第11期	银行间/交易所	7	3.56	56.70
内蒙古区政府债券一般第12期	银行间/交易所	10	3.55	56.70
内蒙古区政府债券专项第5期	银行间/交易所	3	3.17	4.94
内蒙古区政府债券专项第6期	银行间/交易所	5	3.39	20.00
内蒙古区政府债券专项第7期	银行间/交易所	7	3.56	14.80
内蒙古区政府债券专项第8期	银行间/交易所	10	3.55	10.00
厦门市政府债券一般第5期	银行间/交易所	3	2.78	1.87
厦门市政府债券一般第6期	银行间/交易所	5	2.98	2.70
厦门市政府债券一般第7期	银行间/交易所	7	3.14	2.70
厦门市政府债券一般第8期	银行间/交易所	10	3.13	1.80
厦门市政府债券专项第3期	银行间/交易所	5	2.98	10.82
厦门市政府债券专项第4期	银行间/交易所	10	3.13	10.80
宁波市政府债券一般第5期	银行间/交易所	3	2.87	10.20
宁波市政府债券一般第6期	银行间/交易所	5	3.08	15.30
宁波市政府债券一般第7期	银行间/交易所	7	3.24	10.20
宁波市政府债券一般第8期	银行间/交易所	10	3.33	15.30
宁波市政府债券专项第5期	银行间/交易所	3	2.78	8.40
宁波市政府债券专项第6期	银行间/交易所	5	3.08	12.60
宁波市政府债券专项第7期	银行间/交易所	7	3.24	8.40
宁波市政府债券专项第8期	银行间/交易所	10	3.33	12.60
陕西省政府债券一般第9期	银行间/交易所	3	3.16	49.60
陕西省政府债券一般第10期	银行间/交易所	5	3.39	49.60
陕西省政府债券一般第11期	银行间/交易所	7	3.57	49.60
陕西省政府债券一般第12期	银行间/交易所	10	3.55	16.67
陕西省政府债券专项第9期	银行间/交易所	3	3.04	66.20
陕西省政府债券专项第10期	银行间/交易所	5	3.24	66.20
陕西省政府债券专项第11期	银行间/交易所	7	3.44	66.20
陕西省政府债券专项第12期	银行间/交易所	10	3.54	22.31

3—13 续表 20 continued

债券名称 Bond Name	发行对象 Object of Issuance	期限(年) Term(year)	利率(%) Interest Rate(%)	累计发行额(亿元) Total Issuance(100 million yuan)
黑龙江政府债券一般第5期	银行间/交易所	3	3.13	130.00
黑龙江政府债券一般第6期	银行间/交易所	5	3.34	130.00
黑龙江政府债券一般第7期	银行间/交易所	7	3.48	130.00
黑龙江政府债券一般第8期	银行间/交易所	10	3.47	52.14
黑龙江政府债券专项第4期	银行间/交易所	5	3.32	15.00
黑龙江政府债券专项第5期	银行间/交易所	7	3.47	9.00
大连市政府债券一般第5期	银行间/交易所	3	3.03	11.80
大连市政府债券一般第6期	银行间/交易所	5	3.26	17.70
大连市政府债券一般第7期	银行间/交易所	7	3.40	17.70
大连市政府债券一般第8期	银行间/交易所	10	3.39	11.80
大连市政府债券专项第5期	银行间/交易所	3	3.08	11.70
大连市政府债券专项第6期	银行间/交易所	5	3.26	17.50
大连市政府债券专项第7期	银行间/交易所	7	3.44	17.50
大连市政府债券专项第8期	银行间/交易所	10	3.43	11.70
吉林省政府债券一般第5期	银行间/交易所	3	3.08	24.47
吉林省政府债券一般第6期	银行间/交易所	5	3.44	73.20
吉林省政府债券一般第7期	银行间/交易所	7	3.45	73.20
吉林省政府债券一般第8期	银行间/交易所	10	3.45	73.20
吉林省政府债券专项第1期	银行间/交易所	5	3.35	54.32
吉林省政府债券专项第2期	银行间/交易所	10	3.45	54.30
吉林省政府债券专项第3期	银行间/交易所	5	3.35	16.48
吉林省政府债券专项第4期	银行间/交易所	10	3.57	8.86
北京市政府债券一般第5期	银行间/交易所	3	2.92	20.17
北京市政府债券一般第6期	银行间/交易所	5	3.10	24.05
北京市政府债券一般第7期	银行间/交易所	7	3.24	25.39
北京市政府债券一般第8期	银行间/交易所	10	3.23	16.74
北京市政府债券专项第5期	银行间/交易所	3	2.93	62.30
北京市政府债券专项第6期	银行间/交易所	5	3.10	69.61
北京市政府债券专项第7期	银行间/交易所	7	3.24	66.91
北京市政府债券专项第8期	银行间/交易所	10	3.23	57.87
北京市政府债券专项第9期	银行间/交易所	7	3.24	2.03
湖南省政府债券一般第5期	银行间/交易所	3	3.04	46.47
湖南省政府债券一般第6期	银行间/交易所	5	3.19	132.00
湖南省政府债券一般第7期	银行间/交易所	7	3.35	132.00
湖南省政府债券一般第8期	银行间/交易所	10	3.33	132.00
上海市政府债券一般第8期	银行间/交易所	3	2.95	50.00
上海市政府债券一般第9期	银行间/交易所	5	3.10	50.00
河南省政府债券置换一般第1期	银行间/交易所	3	3.14	6.45
河南省政府债券置换一般第2期	银行间/交易所	5	3.29	9.67
河南省政府债券置换一般第3期	银行间/交易所	7	3.47	9.67

3–13　续表 21　continued

债券名称 Bond Name	发行对象 Object of Issuance	期限(年) Term(year)	利率(%) Interest Rate(%)	累计发行额(亿元) Total Issuance(100 million yuan)
河南省政府债券置换一般第4期	银行间/交易所	10	3.47	6.45
河南省政府债券置换专项第1期	银行间/交易所	5	3.29	3.57
广东省政府债券置换一般第9期	银行间/交易所	3	3.14	4.46
广东省政府债券置换一般第10期	银行间/交易所	5	3.29	13.38
广东省政府债券置换一般第11期	银行间/交易所	7	3.47	13.38
广东省政府债券置换一般第12期	银行间/交易所	10	3.47	13.38
江苏省政府债券置换一般第9期	银行间/交易所	3	3.14	9.34
江苏省政府债券置换一般第10期	银行间/交易所	5	3.32	14.01
江苏省政府债券置换一般第11期	银行间/交易所	7	3.50	14.01
江苏省政府债券置换一般第12期	银行间/交易所	10	3.50	9.34
江苏省政府债券置换专项第9期	银行间/交易所	3	3.14	9.68
江苏省政府债券置换专项第10期	银行间/交易所	5	3.32	14.51
江苏省政府债券置换专项第11期	银行间/交易所	7	3.50	14.51
江苏省政府债券置换专项第12期	银行间/交易所	10	3.50	9.68
云南省政府债券置换一般第9期	银行间/交易所	3	3.16	5.50
云南省政府债券置换一般第10期	银行间/交易所	5	3.38	8.00
云南省政府债券置换一般第11期	银行间/交易所	7	3.55	8.00
云南省政府债券置换一般第12期	银行间/交易所	10	3.55	8.00
云南省政府债券置换专项第9期	银行间/交易所	3	3.16	9.00
云南省政府债券置换专项第10期	银行间/交易所	5	3.38	9.00
云南省政府债券置换专项第11期	银行间/交易所	7	3.55	9.00
云南省政府债券置换专项第12期	银行间/交易所	10	3.55	9.00
宁波市政府债券置换一般第5期	银行间/交易所	3	3.17	6.13
宁波市政府债券置换一般第6期	银行间/交易所	5	3.39	9.11
宁波市政府债券置换一般第7期	银行间/交易所	7	3.57	6.09
宁波市政府债券置换一般第8期	银行间/交易所	10	3.57	9.10
宁波市政府债券置换专项第5期	银行间/交易所	3	3.17	4.58
宁波市政府债券置换专项第6期	银行间/交易所	5	3.39	6.84
宁波市政府债券置换专项第7期	银行间/交易所	7	3.57	4.57
宁波市政府债券置换专项第8期	银行间/交易所	10	3.57	6.84
陕西省政府债券置换一般第5期	银行间/交易所	3	3.36	21.36
陕西省政府债券置换一般第6期	银行间/交易所	5	3.60	21.36
陕西省政府债券置换一般第7期	银行间/交易所	7	3.80	21.36
陕西省政府债券置换一般第8期	银行间/交易所	10	3.79	7.12
陕西省政府债券置换专项第5期	银行间/交易所	3	3.36	33.13
陕西省政府债券置换专项第6期	银行间/交易所	5	3.60	33.13
陕西省政府债券置换专项第7期	银行间/交易所	7	3.80	33.13
陕西省政府债券置换专项第8期	银行间/交易所	10	3.79	11.04
黑龙江政府债券置换一般第5期	银行间/交易所	3	3.23	24.00
黑龙江政府债券置换一般第6期	银行间/交易所	5	3.46	24.00

3—13 续表 22 continued

债券名称 Bond Name	发行对象 Object of Issuance	期限(年) Term(year)	利率(%) Interest Rate(%)	累计发行额(亿元) Total Issuance(100 million yuan)
黑龙江政府债券置换一般第7期	银行间/交易所	7	3.65	24.00
黑龙江政府债券置换一般第8期	银行间/交易所	10	3.63	10.85
大连市政府债券置换一般第5期	银行间/交易所	3	3.26	1.58
大连市政府债券置换一般第6期	银行间/交易所	5	3.46	2.29
大连市政府债券置换一般第7期	银行间/交易所	7	3.62	2.31
大连市政府债券置换一般第8期	银行间/交易所	10	3.62	1.53
大连市政府债券置换专项第5期	银行间/交易所	3	3.26	3.57
大连市政府债券置换专项第6期	银行间/交易所	5	3.46	5.20
大连市政府债券置换专项第7期	银行间/交易所	7	3.62	5.11
大连市政府债券置换专项第8期	银行间/交易所	10	3.62	3.47
吉林省政府债券置换一般第9期	银行间/交易所	3	3.32	1.08
吉林省政府债券置换一般第10期	银行间/交易所	5	3.50	3.24
吉林省政府债券置换一般第11期	银行间/交易所	7	3.68	3.24
吉林省政府债券置换一般第12期	银行间/交易所	10	3.67	3.24
吉林省政府债券置换专项第5期	银行间/交易所	5	3.50	3.20
吉林省政府债券置换专项第6期	银行间/交易所	10	3.67	3.20
辽宁省政府债券置换一般第5期	银行间/交易所	3	3.31	53.64
辽宁省政府债券置换一般第6期	银行间/交易所	5	3.47	55.00
辽宁省政府债券置换一般第7期	银行间/交易所	7	3.67	53.12
辽宁省政府债券置换一般第8期	银行间/交易所	10	3.63	23.60
辽宁省政府债券置换专项第5期	银行间/交易所	3	3.31	8.57
辽宁省政府债券置换专项第6期	银行间/交易所	5	3.47	11.11
辽宁省政府债券置换专项第7期	银行间/交易所	7	3.67	9.40
辽宁省政府债券置换专项第8期	银行间/交易所	10	3.63	1.57
贵州省政府债券置换一般第5期	银行间/交易所	3	3.28	0.79
贵州省政府债券置换专项第7期	银行间/交易所	5	3.44	5.57
福建省政府债券置换一般第9期	银行间/交易所	3	3.28	4.08
福建省政府债券置换一般第10期	银行间/交易所	5	3.40	12.24
福建省政府债券置换一般第11期	银行间/交易所	7	3.61	12.24
福建省政府债券置换一般第12期	银行间/交易所	10	3.56	12.24
福建省政府债券置换专项第5期	银行间/交易所	5	3.40	45.82
福建省政府债券置换专项第6期	银行间/交易所	10	3.56	45.82
山东省政府债券一般第13期	银行间/交易所	3	3.08	2.80
山东省政府债券一般第14期	银行间/交易所	5	3.19	8.40
山东省政府债券一般第15期	银行间/交易所	7	3.38	8.40
山东省政府债券一般第16期	银行间/交易所	10	3.34	8.40
贵州省政府债券一般第13期	银行间/交易所	3	3.11	27.26
贵州省政府债券一般第14期	银行间/交易所	5	3.22	39.00
贵州省政府债券一般第15期	银行间/交易所	7	3.41	39.00
贵州省政府债券一般第16期	银行间/交易所	10	3.40	26.00

3-13 续表 23 continued

债券名称 Bond Name	发行对象 Object of Issuance	期限(年) Term(year)	利率(%) Interest Rate(%)	累计发行额(亿元) Total Issuance(100 million yuan)
贵州省政府债券专项第5期	银行间/交易所	3	3.09	58.16
贵州省政府债券专项第6期	银行间/交易所	5	3.25	85.00
贵州省政府债券专项第7期	银行间/交易所	7	3.41	85.00
贵州省政府债券专项第8期	银行间/交易所	10	3.47	56.00
浙江省政府债券一般第13期	银行间/交易所	3	2.95	25.60
浙江省政府债券一般第14期	银行间/交易所	5	3.06	76.00
浙江省政府债券一般第15期	银行间/交易所	7	3.24	76.00
浙江省政府债券一般第16期	银行间/交易所	10	3.20	76.00
青岛市政府债券一般第9期	银行间/交易所	3	3.06	1.40
青岛市政府债券一般第10期	银行间/交易所	5	3.15	4.20
青岛市政府债券一般第11期	银行间/交易所	7	3.32	4.20
青岛市政府债券一般第12期	银行间/交易所	10	3.30	4.20
福建省政府债券一般第17期	银行间/交易所	3	3.07	16.18
福建省政府债券一般第18期	银行间/交易所	5	3.15	48.00
福建省政府债券一般第19期	银行间/交易所	7	3.32	48.00
福建省政府债券一般第20期	银行间/交易所	10	3.30	48.00
福建省政府债券专项第9期	银行间/交易所	5	3.15	122.82
福建省政府债券专项第10期	银行间/交易所	10	3.30	122.80
内蒙古区政府债券一般第13期	银行间/交易所	3	3.11	8.70
内蒙古区政府债券一般第14期	银行间/交易所	5	3.29	18.10
内蒙古区政府债券一般第15期	银行间/交易所	7	3.42	18.10
内蒙古区政府债券一般第16期	银行间/交易所	10	3.44	18.10
内蒙古区政府债券专项第9期	银行间/交易所	5	3.19	11.00
内蒙古区政府债券专项第10期	银行间/交易所	7	3.36	10.00
辽宁省政府债券一般第9期	银行间/交易所	3	3.00	216.60
辽宁省政府债券一般第10期	银行间/交易所	5	3.18	216.60
辽宁省政府债券一般第11期	银行间/交易所	7	3.34	216.60
辽宁省政府债券一般第12期	银行间/交易所	10	3.34	72.20
甘肃省政府债券一般第13期	银行间/交易所	3	3.00	7.00
甘肃省政府债券一般第14期	银行间/交易所	5	3.15	15.00
甘肃省政府债券一般第15期	银行间/交易所	7	3.33	15.70
甘肃省政府债券一般第16期	银行间/交易所	10	3.32	15.00
山西省政府债券一般第9期	银行间/交易所	3	2.71	5.50
山西省政府债券一般第10期	银行间/交易所	5	2.83	15.80
山西省政府债券一般第11期	银行间/交易所	7	3.01	15.80
山西省政府债券一般第12期	银行间/交易所	10	3.00	15.80
贵州省政府债券一般第17期	银行间/交易所	3	2.79	6.00
贵州省政府债券一般第18期	银行间/交易所	5	2.99	9.00
贵州省政府债券一般第19期	银行间/交易所	7	3.18	9.00
贵州省政府债券一般第20期	银行间/交易所	10	3.23	6.00

数据来源：中国人民银行。
Source:PBC.

3–14 公司债发行情况明细
Details of Corporate Bonds Issuance

债券名称 Bond Name	发行额(亿元) Value of Bonds Issued (100 million yuan)	利率(%) Interest Rate (%)	期限(年) Term (year)	发行日期 Issue Date	上市交易所 Stock Exchange
14中弘债	9.50	9.90	3.00	2015-01-06	深交所
15华鑫01	3.00	6.00	5.00	2015-01-08	上交所
15西南01	10.00	5.70	1.00	2015-01-09	上交所
招商1501	30.00	5.30	1.00	2015-01-12	深交所
15证金02	3.43	5.60	0.49	2015-01-13	上交所
14兴业D1	25.00	5.47	0.25	2015-01-13	上交所
15中信建	20.00	6.00	5.00	2015-01-16	上交所
15国金D1	11.00	5.60	0.49	2015-01-16	上交所
12广汽03	20.00	4.70	5.00	2015-01-19	上交所
15福星01	10.00	7.50	5.00	2015-01-19	深交所
14北辰01	10.00	4.80	5.00	2015-01-20	上交所
14北辰02	15.00	5.20	7.00	2015-01-20	上交所
15国联01	15.00	6.00	1.00	2015-01-20	上交所
14银河D2	32.00	5.00	0.50	2015-01-20	上交所
14昆高01	14.00	7.50	5.00	2015-01-20	上交所
国信1501	20.00	5.40	0.67	2015-01-20	深交所
15浙商01	5.00	6.30	3.00	2015-01-21	上交所
东证1501	20.00	5.35	0.48	2015-01-21	深交所
15证金05	1.79	5.60	0.49	2015-01-22	上交所
15国君Y1	50.00	6.00	5.00	2015-01-22	上交所
15安信01	40.00	5.90	3.00	2015-01-22	上交所
14西部D3	6.70	5.40	0.41	2015-01-22	上交所
15华泰01	60.00	5.90	2.00	2015-01-23	上交所
14亿利01	10.00	6.95	5.00	2015-01-26	上交所
13包钢03	15.00	4.98	3.00	2015-01-26	上交所
14中炬02	4.00	5.50	5.00	2015-01-26	上交所
14华福债	8.50	6.90	5.00	2015-01-26	上交所
15中投01	20.00	6.20	4.00	2015-01-26	上交所
15东北01	40.00	5.89	3.00	2015-01-26	深交所
15康美债	24.00	5.33	7.00	2015-01-27	上交所
15国信01	60.00	5.88	3.00	2015-01-28	深交所
14齐鲁债	30.00	4.90	5.00	2015-01-29	上交所
15证金06	6.38	5.60	0.49	2015-01-29	上交所
15山证01	13.00	5.87	3.00	2015-01-29	上交所
15光大01	40.00	5.85	3.00	2015-01-29	上交所
15光大02	20.00	5.30	2.50	2015-01-29	上交所
15首创01	9.00	6.00	5.00	2015-01-29	上交所
15昆产投	8.00	7.98	3.00	2015-01-29	深交所
15银河02	28.00	5.90	2.00	2015-01-30	上交所
15银河01	12.00	5.80	2.00	2015-01-30	上交所
14恒泰03	2.00	6.70	5.00	2015-01-30	上交所
15广发01	30.00	5.55	3.00	2015-01-30	深交所
15一创01	8.00	7.00	3.00	2015-02-02	深交所
14浙证债	15.00	4.90	5.00	2015-02-03	上交所
15湘财01	5.00	7.30	5.00	2015-02-03	上交所

3-14　续表 1　continued

债券名称 Bond Name	发行额(亿元) Value of Bonds Issued (100 million yuan)	利率(%) Interest Rate (%)	期限(年) Term (year)	发行日期 Issue Date	上市交易所 Stock Exchange
15华西01	10.00	6.00	4.00	2015-02-03	上交所
14银河G1	15.00	4.65	3.00	2015-02-04	上交所
14银河G2	10.00	4.80	5.00	2015-02-04	上交所
15本钢01	15.00	5.17	3.00	2015-02-05	深交所
15华福01	9.00	6.50	4.00	2015-02-06	上交所
15宏信01	5.00	7.10	5.00	2015-02-09	上交所
15证金03	3.80	5.60	0.49	2015-02-12	上交所
15中原01	14.00	5.85	2.00	2015-02-13	上交所
15信达01	30.00	5.90	3.00	2015-02-13	上交所
15国海01	40.00	5.90	5.00	2015-02-13	深交所
15中投02	30.00	5.80	4.00	2015-03-02	上交所
15南京01	10.00	5.90	2.00	2015-03-03	深交所
15证金07	10.00	5.60	0.49	2015-03-04	上交所
15辉煌01	2.50	9.00	3.00	2015-03-04	深交所
15华融C1	15.00	5.70	3.00	2015-03-05	上交所
14银河D3	26.30	5.02	1.00	2015-03-06	上交所
14太证债	10.00	5.28	3.00	2015-03-09	上交所
15兴业01	25.00	5.49	4.00	2015-03-09	上交所
广发1501	30.00	5.30	1.00	2015-03-09	深交所
15证金08	15.00	5.50	0.52	2015-03-10	上交所
15招商D3	40.00	5.34	1.00	2015-03-10	上交所
15证金09	14.25	5.60	0.49	2015-03-11	上交所
15振业债	15.00	5.20	3.00	2015-03-13	深交所
14渝路01	4.50	5.00	5.00	2015-03-16	上交所
15中信C1	115.00	5.50	5.00	2015-03-16	上交所
15证金10	18.00	5.50	0.52	2015-03-17	上交所
15证金11	2.30	5.50	0.25	2015-03-17	上交所
15证金12	1.10	5.60	0.49	2015-03-17	上交所
15浙商02	15.00	5.80	4.00	2015-03-17	上交所
14华控债	3.00	8.80	3.00	2015-03-17	深交所
15华福02	8.00	5.70	4.00	2015-03-18	上交所
15英大01	10.00	6.00	5.00	2015-03-18	深交所
15沪券01	15.00	6.00	3.00	2015-03-19	上交所
15山证02	7.00	5.79	4.00	2015-03-19	上交所
15招商01	100.00	5.48	3.00	2015-03-19	上交所
15中信投	30.00	5.80	5.00	2015-03-19	上交所
14连云港	6.45	4.94	5.00	2015-03-20	上交所
15大同债	3.60	6.80	3.00	2015-03-20	上交所
15民生01	10.00	6.20	1.00	2015-03-20	上交所
15德邦债	7.00	6.00	4.00	2015-03-20	上交所
15国信02	50.00	5.55	3.00	2015-03-20	深交所
14上实01	10.00	4.92	5.00	2015-03-23	上交所
15财通01	10.00	5.80	4.00	2015-03-23	上交所
15东吴01	30.00	5.90	3.00	2015-03-23	上交所
银河1501	30.00	5.40	1.00	2015-03-23	深交所

3–14 续表 2 continued

债券名称 Bond Name	发行额(亿元) Value of Bonds Issued (100 million yuan)	利率(%) Interest Rate (%)	期限(年) Term (year)	发行日期 Issue Date	上市交易所 Stock Exchange
15招商02	100.00	5.58	5.00	2015-03-24	上交所
15证金13	21.93	5.60	0.25	2015-03-25	上交所
15证金14	11.08	5.60	0.49	2015-03-25	上交所
14昊华01	15.00	5.50	7.00	2015-03-26	上交所
15湘财02	5.80	7.00	5.00	2015-03-27	上交所
山证1501	6.00	5.70	0.50	2015-03-27	深交所
13鲁金02	13.00	4.80	5.00	2015-03-30	上交所
15光大03	60.00	5.40	2.00	2015-03-30	上交所
15证金15	15.00	5.50	0.50	2015-03-30	上交所
15华鑫02	5.00	6.30	3.00	2015-03-30	上交所
15广发02	35.00	5.40	3.00	2015-03-30	深交所
14福田债	10.00	5.10	5.00	2015-03-31	上交所
14财富债	8.00	5.13	5.00	2015-03-31	上交所
15招商D4	40.00	5.40	1.00	2015-04-01	上交所
15华联债	13.00	7.50	7.00	2015-04-01	深交所
15国君Y2	50.00	5.80	5.00	2015-04-03	上交所
14东兴债	20.00	4.89	4.00	2015-04-07	上交所
15海通C1	150.00	5.50	5.00	2015-04-08	上交所
15证金16	9.58	5.60	0.25	2015-04-09	上交所
15华西02	15.00	6.10	3.00	2015-04-09	上交所
15广田债	5.90	5.99	5.00	2015-04-09	深交所
14华融G1	20.00	4.90	3.00	2015-04-10	上交所
15证金17	14.63	5.60	0.49	2015-04-10	上交所
15银河03	43.00	5.80	2.00	2015-04-10	上交所
15方正01	28.00	6.00	2.00	2015-04-10	上交所
14兴业D2	25.00	5.50	0.25	2015-04-10	上交所
山证1502	4.00	5.90	0.50	2015-04-10	深交所
15国信03	80.00	5.70	2.50	2015-04-10	深交所
15招商03	50.00	5.60	3.00	2015-04-13	上交所
15招商04	50.00	5.75	3.00	2015-04-13	上交所
15国金D2	9.00	5.50	0.50	2015-04-13	上交所
15沃尔债	3.50	6.50	3.00	2015-04-13	深交所
15南京02	13.00	6.05	2.00	2015-04-14	深交所
15证金18	4.63	5.50	0.25	2015-04-15	上交所
15证金19	2.96	5.60	0.49	2015-04-16	上交所
15民生02	6.00	6.80	2.00	2015-04-16	上交所
15太证01	18.00	6.00	4.00	2015-04-16	上交所
15东吴02	30.00	5.90	3.00	2015-04-17	上交所
15证金20	30.00	5.50	1.00	2015-04-17	上交所
15中原02	20.00	6.00	3.00	2015-04-17	上交所
15山证03	20.00	6.00	3.00	2015-04-20	上交所
13包钢04	15.00	4.75	3.00	2015-04-21	上交所
15华泰02	70.00	5.60	2.00	2015-04-21	上交所
15华泰03	50.00	5.80	5.00	2015-04-21	上交所
15国信04	50.00	5.65	3.00	2015-04-21	深交所

3–14 续表 3 continued

债券名称 Bond Name	发行额(亿元) Value of Bonds Issued (100 million yuan)	利率(%) Interest Rate (%)	期限(年) Term (year)	发行日期 Issue Date	上市交易所 Stock Exchange
15国信05	50.00	5.78	4.00	2015-04-21	深交所
14富贵鸟	8.00	6.30	5.00	2015-04-22	上交所
15渤海01	5.00	6.20	5.00	2015-04-22	上交所
15兴业02	20.00	5.78	3.00	2015-04-22	上交所
15兴业03	20.00	5.88	3.00	2015-04-22	上交所
15民族01	30.00	6.50	2.00	2015-04-22	上交所
15国海02	20.00	5.88	2.00	2015-04-22	深交所
15证金21	6.33	5.50	0.49	2015-04-23	上交所
15齐鲁01	40.00	5.90	5.00	2015-04-23	上交所
15方正D1	30.00	5.80	0.49	2015-04-23	上交所
15方正D2	18.00	5.90	1.00	2015-04-23	上交所
15安信02	100.00	5.80	3.00	2015-04-24	上交所
15银河04	58.00	5.60	3.00	2015-04-24	上交所
15渤海02	5.00	5.95	4.00	2015-04-24	上交所
15招商05	50.00	5.57	2.50	2015-04-24	上交所
15信达02	30.00	6.00	3.00	2015-04-24	上交所
14渝路02	4.10	4.87	5.00	2015-04-27	上交所
14华远债	14.00	5.24	5.00	2015-04-27	上交所
15光大04	60.00	5.70	5.00	2015-04-27	上交所
15浙商03	10.00	5.69	1.00	2015-04-27	上交所
15中建投	60.00	5.45	3.00	2015-04-27	上交所
广发1502	40.00	4.95	0.56	2015-04-27	深交所
15沪券02	21.00	6.00	3.00	2015-04-28	上交所
15国君C1	100.00	5.70	3.00	2015-04-28	上交所
银河1502	20.00	5.20	1.00	2015-04-28	深交所
15首创02	6.80	6.00	4.00	2015-04-29	上交所
15财通02	15.00	6.00	4.00	2015-04-29	上交所
15湘财03	4.20	6.80	5.00	2015-04-29	上交所
15广发03	90.00	5.40	3.00	2015-04-29	深交所
15华鑫03	5.00	6.20	2.00	2015-04-30	上交所
15申证D1	50.00	5.10	1.00	2015-04-30	上交所
15东北02	40.00	5.90	4.00	2015-04-30	深交所
15银河05	110.00	5.70	2.00	2015-05-08	上交所
15国海债	20.00	4.78	5.00	2015-05-08	深交所
14海通D3	80.00	5.00	1.00	2015-05-13	上交所
15顺鑫01	10.00	4.50	5.00	2015-05-13	深交所
15金一债	3.00	7.30	3.00	2015-05-15	深交所
15方正02	100.00	6.20	2.00	2015-05-18	上交所
西部1501	20.00	5.30	0.24	2015-05-18	深交所
广发1503	60.00	4.30	1.00	2015-05-18	深交所
14财通债	15.00	4.00	5.00	2015-05-19	上交所
15东兴01	50.00	5.68	3.00	2015-05-19	上交所
15东旭债	10.00	6.00	5.00	2015-05-19	深交所
15华东债	10.00	4.70	5.00	2015-05-19	深交所
15翰宇01	2.00	7.50	5.00	2015-05-19	深交所

3-14 续表 4 continued

债券名称 Bond Name	发行额(亿元) Value of Bonds Issued (100 million yuan)	利率(%) Interest Rate (%)	期限(年) Term (year)	发行日期 Issue Date	上市交易所 Stock Exchange
15国都01	25.00	5.45	4.00	2015-05-20	上交所
15舟港债	7.00	4.48	5.00	2015-05-22	上交所
15长江01	70.00	5.70	3.00	2015-05-22	深交所
15申证D2	50.00	4.30	1.00	2015-05-25	上交所
安信1501	30.00	4.30	0.59	2015-05-25	深交所
东证1503	5.00	5.40	0.67	2015-05-25	深交所
14招商债	55.00	5.08	10.00	2015-05-26	上交所
15光大05	60.00	4.80	2.00	2015-05-26	上交所
15光大06	60.00	5.30	3.00	2015-05-26	上交所
15博彦债	1.00	6.50	3.00	2015-05-26	深交所
广发1504	40.00	4.24	0.48	2015-05-26	深交所
广发1505	60.00	4.34	0.66	2015-05-26	深交所
15首置01	30.00	4.58	5.00	2015-05-27	上交所
15中原03	10.00	5.20	1.00	2015-05-27	上交所
国信1502	50.00	4.30	1.00	2015-05-27	深交所
15一创02	8.00	5.90	3.00	2015-05-27	深交所
15国元01	35.00	5.60	3.00	2015-05-27	深交所
15浙商04	10.00	5.70	2.00	2015-05-28	上交所
15华融C2	15.00	5.39	3.00	2015-05-28	上交所
15齐鲁Y1	60.00	5.95	5.00	2015-05-28	上交所
15广发04	60.00	5.00	3.00	2015-05-28	深交所
15广发05	90.00	5.35	2.00	2015-05-28	深交所
14苏新债	7.00	4.67	3.00	2015-05-29	上交所
15中金C1	20.00	5.25	6.00	2015-05-29	上交所
15中金Y1	10.00	5.70	5.00	2015-05-29	上交所
15东方债	60.00	5.60	5.00	2015-05-29	上交所
15兴业04	25.00	5.10	2.00	2015-05-29	上交所
15申证D3	45.00	4.50	0.99	2015-05-29	上交所
15东吴03	20.00	5.70	3.00	2015-06-01	上交所
15洲际01	13.00	7.50	1.00	2015-06-01	上交所
15云旅债	4.00	5.90	3.00	2015-06-01	深交所
15安信03	20.00	5.50	3.00	2015-06-02	上交所
14首开债	40.00	4.80	7.00	2015-06-03	上交所
15东吴04	20.00	5.70	3.00	2015-06-04	上交所
广发1506	25.00	4.15	0.24	2015-06-05	深交所
15漳龙债	5.00	5.50	3.00	2015-06-05	深交所
13楚天02	6.00	4.58	5.00	2015-06-08	上交所
15华西03	40.00	6.00	2.00	2015-06-08	上交所
15广发06	50.00	5.00	3.00	2015-06-08	深交所
15财富C1	10.00	5.86	5.00	2015-06-09	上交所
15国信06	50.00	5.50	3.00	2015-06-09	深交所
14西南01	40.00	4.10	3.00	2015-06-10	上交所
14瀚华01	15.00	6.10	5.00	2015-06-10	上交所
15兴业06	25.00	5.50	3.00	2015-06-10	上交所
15兴业05	30.00	5.20	2.00	2015-06-10	上交所

3–14 续表 5 continued

债券名称 Bond Name	发行额(亿元) Value of Bonds Issued (100 million yuan)	利率(%) Interest Rate (%)	期限(年) Term (year)	发行日期 Issue Date	上市交易所 Stock Exchange
15东海债	10.00	5.70	5.00	2015-06-11	上交所
15陕旅01	5.00	7.80	3.00	2015-06-11	深交所
15大同02	2.30	6.70	4.00	2015-06-12	上交所
15开源01	5.00	6.00	4.00	2015-06-12	上交所
15海通C3	50.00	5.38	5.00	2015-06-12	上交所
15海通C2	150.00	5.30	3.00	2015-06-12	上交所
银河1503	70.00	4.65	0.90	2015-06-12	深交所
山证1503	10.00	5.10	0.50	2015-06-12	深交所
14永诚债	9.00	6.20	10.00	2015-06-15	上交所
15首创03	20.00	6.20	2.00	2015-06-15	上交所
15国都02	20.00	5.39	2.00	2015-06-15	上交所
15岭南债	2.50	6.80	5.00	2015-06-15	深交所
15广发07	80.00	5.40	3.00	2015-06-15	深交所
15中原04	16.50	5.50	1.50	2015-06-16	上交所
15民生03	15.00	6.10	2.00	2015-06-17	上交所
15信建投	60.00	5.32	5.00	2015-06-17	上交所
安信1502	28.00	4.80	1.00	2015-06-17	深交所
15阳光01	13.00	8.00	3.00	2015-06-17	深交所
15太证02	56.50	6.00	3.00	2015-06-18	上交所
15东期债	6.00	6.82	3.00	2015-06-18	上交所
15华西04	20.00	5.95	2.00	2015-06-18	上交所
15恒大01	50.00	5.38	5.00	2015-06-19	上交所
15长城债	20.00	5.80	4.00	2015-06-19	深交所
14亨通01	8.00	5.37	5.00	2015-06-23	上交所
15齐鲁F1	50.00	5.50	3.00	2015-06-24	上交所
15荣盛01	18.00	5.78	5.00	2015-06-24	深交所
15湘金01	3.00	4.50	3.00	2015-06-24	深交所
15中信01	55.00	4.60	5.00	2015-06-25	上交所
15中信02	25.00	5.10	10.00	2015-06-25	上交所
15华创01	5.00	6.00	5.00	2015-06-25	上交所
15广证01	10.00	6.00	5.00	2015-06-25	上交所
14昆高02	11.00	7.20	5.00	2015-06-25	上交所
东证1502	20.00	5.00	0.23	2015-06-25	深交所
15宁证01	40.00	6.00	2.00	2015-06-25	深交所
15国信Y1	50.00	5.80	5.00	2015-06-25	深交所
14京银债	7.79	4.80	3.00	2015-06-26	上交所
15新时代	5.00	5.98	4.00	2015-06-26	上交所
15华泰04	180.00	5.50	2.00	2015-06-26	上交所
15华证01	6.00	6.00	3.00	2015-06-26	上交所
15山证04	10.00	5.79	3.00	2015-06-26	深交所
15华泰G1	66.00	4.20	3.00	2015-06-29	上交所
15普湾01	20.00	6.75	5.00	2015-06-29	上交所
15浙商05	20.00	5.70	1.50	2015-06-29	上交所
15恒泰续	15.00	6.80	5.00	2015-06-29	上交所
15方正03	100.00	5.60	2.00	2015-06-29	上交所

3–14 续表 6 continued

债券名称 Bond Name	发行额(亿元) Value of Bonds Issued (100 million yuan)	利率(%) Interest Rate (%)	期限(年) Term (year)	发行日期 Issue Date	上市交易所 Stock Exchange
银河1504	20.00	5.30	1.00	2015-06-29	深交所
15城乡01	3.00	4.68	5.00	2015-06-30	上交所
15滇路桥	1.10	7.50	3.00	2015-06-30	上交所
15申证C1	100.00	5.30	4.00	2015-06-30	上交所
14武钢债	70.00	4.38	3.00	2015-07-01	上交所
15桂金投	20.00	6.35	3.00	2015-07-01	上交所
15伟驰01	5.00	8.30	5.00	2015-07-02	上交所
15诚兴债	3.00	7.20	3.00	2015-07-03	上交所
15浙资01	12.00	6.05	3.00	2015-07-03	上交所
15新华联	30.00	8.16	3.00	2015-07-03	深交所
15新能债	5.00	8.00	3.00	2015-07-03	深交所
15云能投	5.00	4.49	5.00	2015-07-06	上交所
15鄂能01	10.00	4.25	5.00	2015-07-06	深交所
15龙湖01	20.00	4.60	5.00	2015-07-07	上交所
15宝信债	2.40	7.99	2.00	2015-07-07	上交所
15财富C2	6.00	6.25	3.00	2015-07-07	上交所
15恒大02	68.00	5.30	4.00	2015-07-08	上交所
15恒大03	82.00	6.98	7.00	2015-07-08	上交所
15中银债	30.00	3.95	3.00	2015-07-09	上交所
15巴中债	3.00	9.20	2.00	2015-07-09	上交所
15株国01	10.00	6.00	5.00	2015-07-09	深交所
15迪马债	20.00	7.49	5.00	2015-07-10	上交所
15时代债	20.00	6.75	5.00	2015-07-10	上交所
15滇建工	10.00	5.90	3.00	2015-07-10	上交所
15泉兴债	2.00	9.00	3.00	2015-07-10	上交所
15富力债	65.00	4.95	5.00	2015-07-13	上交所
15华福Y1	12.00	6.10	5.00	2015-07-13	上交所
15北巴债	7.00	4.40	5.00	2015-07-14	上交所
15伟驰02	5.00	8.30	5.00	2015-07-14	上交所
15宁化工	8.00	6.10	5.00	2015-07-15	上交所
15国金01	30.00	5.60	3.00	2015-07-15	上交所
15株国02	10.00	5.88	5.00	2015-07-15	深交所
15宜华债01	12.00	6.88	5.00	2015-07-16	上交所
15建工债	1.00	9.80	3.00	2015-07-16	上交所
15湘财04	5.00	7.00	5.00	2015-07-16	上交所
15中天C1	10.00	5.75	5.00	2015-07-16	上交所
15中信C2	85.00	5.00	5.00	2015-07-16	上交所
15渝八方	4.00	10.00	3.00	2015-07-17	上交所
15洲际02	2.00	7.50	1.00	2015-07-17	上交所
15城建01	58.00	4.40	7.00	2015-07-20	上交所
15伟驰03	5.00	8.30	5.00	2015-07-21	上交所
15天保01	8.00	4.50	5.00	2015-07-21	深交所
15易成债	6.00	8.28	5.00	2015-07-21	深交所
15天恒债	15.00	4.12	5.00	2015-07-22	上交所
15华泰期	6.00	5.80	4.00	2015-07-22	上交所

3–14 续表 7 continued

债券名称 Bond Name	发行额(亿元) Value of Bonds Issued (100 million yuan)	利率(%) Interest Rate (%)	期限(年) Term (year)	发行日期 Issue Date	上市交易所 Stock Exchange
15濮耐01	3.00	5.88	5.00	2015-07-22	深交所
15临安01	5.00	6.27	3.00	2015-07-22	深交所
14西南02	20.00	3.67	5.00	2015-07-23	上交所
15宜华债02	6.00	6.88	5.00	2015-07-23	上交所
15新湖债	35.00	5.50	5.00	2015-07-23	上交所
15湘高速	20.00	5.98	3.00	2015-07-23	上交所
15中投G1	35.00	3.62	3.00	2015-07-24	上交所
15广证债	10.00	3.90	5.00	2015-07-24	上交所
15嘉禾债	1.50	8.57	3.00	2015-07-24	上交所
15冀东01	15.00	7.44	3.00	2015-07-24	深交所
15美都债	12.00	6.50	3.00	2015-07-27	上交所
15龙湖02	20.00	3.93	5.00	2015-07-27	上交所
15龙湖03	20.00	4.20	7.00	2015-07-27	上交所
15棒棰岛	0.50	6.50	3.00	2015-07-27	上交所
15恒运债	5.00	4.19	5.00	2015-07-28	深交所
15荣盛02	19.00	5.10	4.00	2015-07-28	深交所
15荣盛03	22.00	5.30	5.00	2015-07-28	深交所
14招金债	9.50	3.80	5.00	2015-07-29	上交所
15昆药债	3.00	4.28	5.00	2015-07-29	上交所
15精工债	6.00	5.20	5.00	2015-07-29	上交所
15义水债	2.00	6.05	5.00	2015-07-29	上交所
15天门旅	1.90	9.80	3.00	2015-07-29	上交所
15龙投债	6.00	8.50	3.00	2015-07-29	上交所
15华夏债	10.00	5.99	3.00	2015-07-29	上交所
15好民居	20.00	5.50	5.00	2015-07-30	上交所
15东旭集	20.00	6.20	5.00	2015-07-30	上交所
15奥园债	24.00	5.80	3.00	2015-07-30	上交所
15阳房01	15.00	5.18	5.00	2015-07-30	深交所
15阳光02	7.00	8.00	3.00	2015-07-30	深交所
15天风债	12.00	4.23	3.00	2015-07-31	上交所
15梅花01	15.00	4.47	5.00	2015-07-31	上交所
15浏水债	8.00	7.00	3.00	2015-07-31	上交所
15普湾02	20.00	6.85	5.00	2015-07-31	上交所
15增碧01	30.00	4.20	3.00	2015-08-03	上交所
15乐视01	10.00	8.50	3.00	2015-08-03	深交所
15四联01	5.00	6.10	2.00	2015-08-04	上交所
15长交债	10.00	6.70	5.00	2015-08-04	深交所
15盛和债	4.50	4.70	5.00	2015-08-05	上交所
15天房发	30.00	7.00	5.00	2015-08-05	上交所
15新港债	10.00	5.80	3.00	2015-08-05	上交所
15金茂01	3.00	7.50	3.00	2015-08-05	上交所
15天房债	10.00	5.80	5.00	2015-08-06	上交所
15华业债	15.00	5.80	5.00	2015-08-06	上交所
15苏高水	5.00	7.10	3.00	2015-08-06	上交所
15都堰债	2.50	9.30	3.00	2015-08-06	上交所

3–14 续表 8 continued

债券名称 Bond Name	发行额(亿元) Value of Bonds Issued (100 million yuan)	利率(%) Interest Rate (%)	期限(年) Term (year)	发行日期 Issue Date	上市交易所 Stock Exchange
15际华01	20.00	3.60	5.00	2015-08-07	上交所
15际华02	5.00	3.98	7.00	2015-08-07	上交所
15兴市债	6.00	9.00	3.00	2015-08-07	上交所
15长荡湖	3.00	9.30	3.00	2015-08-07	上交所
15荣安债	12.00	6.50	5.00	2015-08-07	深交所
15昆投02	10.00	5.60	3.00	2015-08-07	深交所
15泰禾债	20.00	8.00	3.00	2015-08-07	深交所
15株高01	8.00	5.90	5.00	2015-08-07	深交所
15海亮01	15.00	5.39	5.00	2015-08-10	上交所
15无锡01	10.00	5.45	5.00	2015-08-10	上交所
15天恒01	30.00	5.57	3.00	2015-08-10	上交所
15星海湾	20.00	8.50	3.00	2015-08-10	上交所
15闽高速	20.00	3.53	5.00	2015-08-11	上交所
15增碧02	30.00	4.20	3.00	2015-08-12	上交所
15焦作01	10.00	6.00	5.00	2015-08-12	上交所
15城六局	10.50	7.00	5.00	2015-08-12	上交所
15金禹01	10.00	7.80	5.00	2015-08-12	上交所
15中房债	7.00	4.22	5.00	2015-08-12	深交所
15亚迪01	15.00	4.10	3.00	2015-08-12	深交所
15利尔01	5.50	5.25	5.00	2015-08-12	深交所
15阳房02	13.00	5.40	5.00	2015-08-12	深交所
15东华01	6.00	5.88	5.00	2015-08-12	深交所
15株发01	10.00	5.85	5.00	2015-08-12	深交所
15物美01	15.00	4.70	3.00	2015-08-13	上交所
15海正01	8.00	3.97	5.00	2015-08-13	上交所
15信投01	18.00	4.20	10.00	2015-08-13	上交所
15中环债	1.80	5.25	5.00	2015-08-13	深交所
15五洋债	8.00	7.48	3.00	2015-08-14	上交所
15融创01	25.00	4.50	5.00	2015-08-14	上交所
15融创02	25.00	5.70	5.00	2015-08-14	上交所
15泛海01	60.00	7.90	3.00	2015-08-14	上交所
15鄂长投	20.00	5.85	5.00	2015-08-14	上交所
15伊资01	10.00	6.50	5.00	2015-08-14	上交所
15华邦债	7.00	4.72	5.00	2015-08-14	深交所
15九洲债	10.00	2.30	3.00	2015-08-14	深交所
15云投债	20.00	5.10	3.00	2015-08-17	上交所
15永安债	6.00	5.10	3.00	2015-08-17	上交所
15中粮01	20.00	4.40	5.00	2015-08-17	深交所
15清能债	12.00	4.55	5.00	2015-08-18	上交所
15建安债	5.00	9.00	3.00	2015-08-18	上交所
15锡东债	15.00	6.40	3.00	2015-08-18	上交所
15远洋03	15.00	5.00	10.00	2015-08-19	上交所
15远洋02	15.00	4.15	7.00	2015-08-19	上交所
15远洋01	20.00	3.78	5.00	2015-08-19	上交所
15龙光01	40.00	5.00	5.00	2015-08-19	上交所

3–14 续表 9 continued

债券名称 Bond Name	发行额(亿元) Value of Bonds Issued (100 million yuan)	利率(%) Interest Rate (%)	期限(年) Term (year)	发行日期 Issue Date	上市交易所 Stock Exchange
15常熟债	1.80	7.80	3.00	2015-08-19	上交所
15产投01	6.00	5.75	6.00	2015-08-19	上交所
15株发02	10.00	5.64	5.00	2015-08-19	深交所
15兴发债	6.00	4.40	5.00	2015-08-20	上交所
15红豆债	10.00	5.99	5.00	2015-08-20	上交所
15焦作02	10.00	6.80	5.00	2015-08-20	上交所
15金街01	40.00	3.84	6.00	2015-08-20	深交所
15金街02	10.00	4.20	10.00	2015-08-20	深交所
15桂金债	40.00	5.00	8.00	2015-08-21	上交所
15利春蕾	3.00	8.50	3.00	2015-08-21	上交所
15百色矿	10.00	8.80	3.00	2015-08-21	上交所
15东丽债	2.50	7.50	3.00	2015-08-21	上交所
15浙资02	8.00	5.29	3.00	2015-08-21	上交所
15祥源债	10.00	6.50	3.00	2015-08-24	上交所
15赣长运	6.90	4.30	5.00	2015-08-24	上交所
15鲁焦01	15.00	6.60	3.00	2015-08-24	上交所
15潍坊01	5.00	5.70	3.00	2015-08-24	上交所
15云工01	5.00	5.45	3.00	2015-08-24	上交所
15搜特债	3.50	5.95	5.00	2015-08-24	深交所
15中南01	25.00	7.80	3.00	2015-08-25	深交所
15冠城债	28.00	5.10	5.00	2015-08-26	上交所
15彭统建	5.00	8.80	3.00	2015-08-26	上交所
15广证02	8.00	5.04	5.00	2015-08-26	上交所
15中孚01	2.08	9.00	3.00	2015-08-26	深交所
15万达01	50.00	4.09	5.00	2015-08-27	上交所
15龙光02	10.00	4.77	4.00	2015-08-27	上交所
15绿城01	30.00	4.70	5.00	2015-08-27	上交所
15四联02	10.00	6.35	3.00	2015-08-27	上交所
15金禹02	5.00	7.80	5.00	2015-08-27	上交所
15金鸿债	8.00	5.00	5.00	2015-08-27	深交所
15齐鲁债	25.00	3.80	5.00	2015-08-28	上交所
15兴旅债	3.00	9.30	3.00	2015-08-28	上交所
15眉山债	20.00	6.80	3.00	2015-08-28	上交所
15宝信01	3.00	8.90	3.00	2015-08-28	上交所
15南华01	4.50	5.80	4.00	2015-08-28	上交所
15金科01	20.00	6.40	5.00	2015-08-28	深交所
15雷山债	1.00	9.00	2.00	2015-08-28	深交所
15铁岭01	5.00	6.80	5.00	2015-08-28	深交所
15九鼎债	10.00	6.03	5.00	2015-08-31	上交所
15华夏02	10.00	5.70	4.00	2015-08-31	上交所
15靖新城	15.00	6.70	3.00	2015-08-31	上交所
15金街03	40.00	4.24	7.00	2015-08-31	深交所
15融创03	10.00	4.48	5.00	2015-09-01	上交所
15华融德	30.00	4.95	3.00	2015-09-01	上交所
15云城投	20.00	5.80	5.00	2015-09-01	上交所

3–14 续表 10 continued

债券名称 Bond Name	发行额(亿元) Value of Bonds Issued (100 million yuan)	利率(%) Interest Rate (%)	期限(年) Term (year)	发行日期 Issue Date	上市交易所 Stock Exchange
15天地02	10.00	7.98	3.00	2015-09-02	上交所
15天地01	10.00	7.98	3.00	2015-09-02	上交所
15阳集01	10.00	8.00	3.00	2015-09-02	深交所
15泰丰01	10.00	7.20	3.00	2015-09-02	深交所
15物美02	15.00	4.75	3.00	2015-09-08	上交所
15浏园林	4.00	7.60	3.00	2015-09-08	上交所
15山钢01	30.00	5.80	3.00	2015-09-08	上交所
15山钢02	30.00	0.00	5.00	2015-09-08	上交所
15杭实01	15.00	4.48	10.00	2015-09-09	上交所
15新合作	5.00	5.90	3.00	2015-09-09	上交所
15华夏03	10.00	5.58	4.00	2015-09-09	上交所
15黄海港	10.00	7.18	3.00	2015-09-10	上交所
15文旅债	20.00	7.50	3.00	2015-09-10	上交所
15蒙高01	9.00	6.60	5.00	2015-09-10	上交所
15茅景区	2.00	8.50	3.00	2015-09-10	上交所
15甘电债	7.00	4.23	5.00	2015-09-10	深交所
15五洋02	5.60	7.80	5.00	2015-09-11	上交所
15新航发	2.00	10.50	3.00	2015-09-11	上交所
15永煤01	30.00	5.86	5.00	2015-09-11	上交所
15柳建债	20.00	6.50	5.00	2015-09-11	深交所
15泛海02	30.00	5.10	6.00	2015-09-14	上交所
15春华债	10.00	6.90	3.00	2015-09-14	上交所
15中宝债	50.00	6.99	4.00	2015-09-14	上交所
15金交债	2.00	8.50	3.00	2015-09-14	上交所
15瑞泥01	1.50	8.00	2.00	2015-09-14	深交所
15际华03	20.00	4.10	7.00	2015-09-15	上交所
15联发01	10.00	3.89	3.00	2015-09-15	上交所
15苏名城	3.00	6.30	3.00	2015-09-15	上交所
15常城01	15.00	5.98	5.00	2015-09-15	上交所
15泰丰债	15.00	7.50	7.00	2015-09-15	上交所
15渤租01	10.00	4.62	5.00	2015-09-15	深交所
15绿城02	20.00	4.40	5.00	2015-09-16	上交所
15绿城03	20.00	5.16	7.00	2015-09-16	上交所
15新金债	7.00	4.47	7.00	2015-09-16	上交所
15平高债	5.50	3.93	3.00	2015-09-16	上交所
15正奇债	5.00	3.98	3.00	2015-09-16	上交所
15花样年	20.00	6.95	5.00	2015-09-16	上交所
15常城02	15.00	5.98	5.00	2015-09-16	上交所
15东华02	5.50	5.78	5.00	2015-09-16	深交所
15绵交发	15.00	6.50	3.00	2015-09-16	深交所
15杭实02	10.00	4.36	10.00	2015-09-17	上交所
15华远债	15.00	5.73	3.00	2015-09-17	上交所
15华信01	10.00	6.90	5.00	2015-09-17	上交所
15龙里债	3.00	9.30	3.00	2015-09-17	深交所
15世茂01	60.00	3.90	5.00	2015-09-18	上交所

3–14 续表 11 continued

债券名称 Bond Name	发行额(亿元) Value of Bonds Issued (100 million yuan)	利率(%) Interest Rate (%)	期限(年) Term (year)	发行日期 Issue Date	上市交易所 Stock Exchange
15广越01	75.00	3.75	3.00	2015-09-18	上交所
15广越02	15.00	3.97	5.00	2015-09-18	上交所
15元成债	2.50	9.30	3.00	2015-09-18	上交所
15南山01	10.00	5.80	3.00	2015-09-18	上交所
15平江债	2.00	9.00	3.00	2015-09-18	上交所
15龙控01	5.00	5.70	3.00	2015-09-18	上交所
15五矿01	20.00	3.88	5.00	2015-09-21	上交所
15五矿02	20.00	4.75	10.00	2015-09-21	上交所
15泛海03	10.00	4.85	6.00	2015-09-21	上交所
15宜城01	10.00	5.40	5.00	2015-09-21	上交所
15泰华诚	5.00	8.98	3.00	2015-09-21	上交所
15扬化债	10.00	6.98	5.00	2015-09-21	上交所
15中洲债	13.00	6.30	3.00	2015-09-21	深交所
15翔控01	20.00	6.80	5.00	2015-09-21	深交所
15翔控02	20.00	6.00	5.00	2015-09-21	深交所
15西部01	14.30	4.00	3.00	2015-09-22	深交所
15西部02	25.70	4.08	5.00	2015-09-22	深交所
15渤租02	5.00	4.50	5.00	2015-09-22	深交所
15园兴债	2.50	7.40	3.00	2015-09-23	上交所
15天泥01	1.50	8.00	2.00	2015-09-23	上交所
15乐视02	9.30	7.50	3.00	2015-09-23	深交所
15盛屯债	5.00	7.00	5.00	2015-09-24	上交所
15联发02	10.00	4.20	5.00	2015-09-24	上交所
15格房产	7.00	4.67	5.00	2015-09-24	上交所
15华容债	4.00	9.30	3.00	2015-09-24	上交所
15华信02	10.00	6.70	5.00	2015-09-24	上交所
15锡东科	30.00	6.00	5.00	2015-09-24	上交所
15中利01	2.00	7.50	3.00	2015-09-24	深交所
15海控01	40.00	7.60	3.00	2015-09-24	深交所
15荣发01	20.00	5.70	2.00	2015-09-24	深交所
15柯桥01	30.00	5.79	5.00	2015-09-24	深交所
15新郑债	15.00	5.99	3.00	2015-09-24	深交所
15亿达01	10.00	6.00	5.00	2015-09-25	上交所
15天瑞债	10.00	5.95	5.00	2015-09-25	上交所
15南铝01	5.00	4.97	5.00	2015-09-25	上交所
15南铝02	10.00	4.40	5.00	2015-09-25	上交所
15铁建01	30.00	4.02	5.00	2015-09-25	上交所
15金茂债	10.00	6.50	5.00	2015-09-25	上交所
15新光01	20.00	6.50	5.00	2015-09-25	上交所
15镇交产	12.30	7.50	3.00	2015-09-25	上交所
15甬海城债	12.00	5.50	3.00	2015-09-25	上交所
15万科01	50.00	3.50	5.00	2015-09-25	深交所
15翔控03	20.00	7.00	5.00	2015-09-25	深交所
15东旭01	10.00	7.00	3.00	2015-09-25	深交所
15泰禾02	20.00	7.75	3.00	2015-09-25	深交所

3—14 续表 12 continued

债券名称 Bond Name	发行额(亿元) Value of Bonds Issued (100 million yuan)	利率(%) Interest Rate (%)	期限(年) Term (year)	发行日期 Issue Date	上市交易所 Stock Exchange
15国安债	10.00	5.33	3.00	2015-09-25	深交所
15月星01	20.00	5.50	5.00	2015-09-28	上交所
14粤运01	4.00	4.20	7.00	2015-09-28	上交所
15龙源01	30.00	3.75	5.00	2015-09-28	上交所
15中扬债	5.00	7.95	3.00	2015-09-28	上交所
15济康债	3.00	7.80	3.00	2015-09-28	上交所
15华夏04	10.00	5.69	3.00	2015-09-28	上交所
15山钢03	15.00	5.80	3.00	2015-09-28	上交所
15通顺债	12.00	6.90	5.00	2015-09-28	上交所
15中城01	4.00	8.00	3.00	2015-09-28	深交所
15句福地	15.00	6.90	3.00	2015-09-29	上交所
15海航01	4.00	7.50	3.00	2015-09-29	上交所
16山煤01	15.00	7.60	5.00	2015-09-29	上交所
15扬化01	10.00	6.98	3.00	2015-09-29	深交所
15富阳01	10.00	6.18	3.00	2015 09-30	上交所
15华城债	3.00	9.00	3.00	2015-09-30	上交所
15金国01	10.00	6.90	3.00	2015-09-30	深交所
15晋经01	8.00	6.40	5.00	2015-10-09	上交所
15首开01	20.00	5.34	5.00	2015-10-12	上交所
15山焦01	5.00	7.80	3.00	2015-10-12	上交所
15万通债	15.00	7.99	3.00	2015-10-12	上交所
15盈德债	9.80	5.48	5.00	2015-10-13	上交所
15桂物资	6.00	7.20	3.00	2015-10-13	上交所
15绵投控	20.00	5.96	6.00	2015-10-13	上交所
15万达02	50.00	3.93	5.00	2015-10-14	上交所
15厦住宅	20.00	3.99	5.00	2015-10-14	上交所
15旭辉01	34.95	4.95	5.00	2015-10-14	上交所
15酉桃源	5.00	7.50	3.00	2015-10-14	上交所
15金地01	30.00	4.18	7.00	2015-10-15	上交所
15藏城投	9.00	5.00	7.00	2015-10-15	上交所
15禹地产	20.00	6.70	3.00	2015-10-15	上交所
15潞矿02	4.30	6.50	5.00	2015-10-15	上交所
15潞矿01	25.70	5.99	5.00	2015-10-15	上交所
15长经开	15.00	6.18	3.00	2015-10-15	深交所
15金控01	20.00	4.00	1.00	2015-10-15	深交所
14国电03	15.00	3.87	5.00	2015-10-16	上交所
15世茂02	14.00	4.15	7.00	2015-10-16	上交所
15临电债	3.00	8.46	3.00	2015-10-16	上交所
15恒大04	175.00	7.38	5.00	2015-10-16	上交所
15恒大05	25.00	7.88	5.00	2015-10-16	上交所
15泰禾03	10.00	7.75	3.00	2015-10-16	深交所
15三福01	5.00	6.80	5.00	2015-10-19	上交所
15远洋04	20.00	3.85	6.00	2015-10-19	上交所
15远洋05	30.00	4.76	10.00	2015-10-19	上交所
15天铝01	15.00	7.70	5.00	2015-10-19	上交所

3–14 续表 13 continued

债券名称 Bond Name	发行额(亿元) Value of Bonds Issued (100 million yuan)	利率(%) Interest Rate (%)	期限(年) Term (year)	发行日期 Issue Date	上市交易所 Stock Exchange
15迪马01	10.00	7.30	2.00	2015-10-19	上交所
15银发债	8.00	6.30	5.00	2015-10-19	上交所
15浙国资	16.00	3.78	5.00	2015-10-19	上交所
15东丽01	11.00	6.90	3.00	2015-10-19	深交所
15西建工	10.00	4.50	5.00	2015-10-20	上交所
15海投债	16.00	5.99	3.00	2015-10-20	深交所
15渝高债	20.00	5.85	3.00	2015-10-20	深交所
15阳集02	10.00	8.00	3.00	2015-10-20	深交所
15中南02	15.00	7.80	5.00	2015-10-20	深交所
15淮新01	7.00	5.61	5.00	2015-10-20	深交所
15淮新02	3.00	6.30	5.00	2015-10-20	深交所
14亨通02	7.00	4.44	5.00	2015-10-21	上交所
15哈投01	7.00	4.50	3.00	2015-10-21	上交所
15奥园01	15.00	7.80	3.00	2015-10-21	上交所
15徐新债	10.00	5.29	5.00	2015-10-21	深交所
15新光02	20.00	6.50	5.00	2015-10-22	上交所
15华夏05	40.00	5.10	7.00	2015-10-22	上交所
15福能债	5.00	3.88	5.00	2015-10-22	上交所
15柯桥02	20.00	5.38	5.00	2015-10-22	深交所
15长兴债	11.00	6.30	5.00	2015-10-22	深交所
15宏河矿	5.00	8.20	3.00	2015-10-23	上交所
15虞尚湖	5.00	5.80	3.00	2015-10-23	上交所
15坛国01	10.00	7.05	5.00	2015-10-23	上交所
15苏中能	7.00	7.50	3.00	2015-10-23	上交所
15赣粤02	7.00	3.85	7.00	2015-10-23	上交所
15如意债	20.00	5.95	5.00	2015-10-23	上交所
15鲁星01	11.00	5.64	5.00	2015-10-23	上交所
15广投01	10.00	6.50	3.00	2015-10-23	深交所
15广投02	10.00	6.90	5.00	2015-10-23	深交所
15首业01	25.00	4.70	3.00	2015-10-26	上交所
15时代01	30.00	7.85	3.00	2015-10-26	上交所
15云工02	5.00	5.41	3.00	2015-10-26	上交所
15顺鑫02	10.00	4.00	5.00	2015-10-26	深交所
15海河01	20.00	4.79	5.00	2015-10-27	上交所
15城发01	10.00	4.98	4.00	2015-10-27	上交所
15泰滨01	8.00	6.50	3.00	2015-10-27	上交所
15漳九龙	25.00	5.20	5.00	2015-10-27	上交所
15首股01	30.00	4.80	5.00	2015-10-27	上交所
15湘德山	4.00	6.40	3.00	2015-10-27	上交所
15人居债	15.00	6.00	3.00	2015-10-27	上交所
15中信D1	80.00	3.90	1.00	2015-10-27	上交所
15海投01	2.00	3.80	5.00	2015-10-27	上交所
15荣发02	5.00	5.50	2.00	2015-10-27	深交所
15荣发03	5.00	6.00	4.00	2015-10-27	深交所
15铸康债	5.00	7.95	3.00	2015-10-28	上交所

3–14 续表 14 continued

债券名称 Bond Name	发行额(亿元) Value of Bonds Issued (100 million yuan)	利率(%) Interest Rate (%)	期限(年) Term (year)	发行日期 Issue Date	上市交易所 Stock Exchange
15伊资02	12.00	6.09	5.00	2015-10-28	上交所
15天风次	20.00	5.50	5.00	2015-10-28	上交所
15滇投01	30.00	5.70	3.00	2015-10-28	上交所
15协鑫债	10.00	5.60	5.00	2015-10-28	上交所
15红星01	20.00	4.37	5.00	2015-10-28	上交所
15中骏01	20.00	5.18	5.00	2015-10-28	上交所
15财达债	25.00	3.80	5.00	2015-10-28	上交所
15阳光03	20.00	6.50	3.00	2015-10-28	深交所
15都匀债	5.00	9.50	3.00	2015-10-30	上交所
15株循环	12.00	6.05	5.00	2015-10-30	上交所
15都江堰	20.00	6.80	5.00	2015-10-30	上交所
15清能01	6.00	6.00	3.00	2015-10-30	上交所
15滇度债	20.00	7.00	3.00	2015-10-30	上交所
15梅花02	15.00	4.27	4.00	2015-10-30	上交所
15华控债	5.00	6.49	3.00	2015-10-30	深交所
15山钢04	15.00	5.99	5.00	2015-11-02	上交所
15福投债	30.00	3.86	8.00	2015-11-02	上交所
15华安01	13.00	3.70	3.00	2015-11-02	上交所
15赛轮债	7.00	5.10	3.00	2015-11-02	上交所
15龙湖04	20.00	4.08	7.00	2015-11-02	上交所
15华安02	5.00	3.80	5.00	2015-11-02	上交所
15昆新01	8.00	6.18	3.00	2015-11-02	深交所
15南国01	10.00	6.38	3.00	2015-11-02	深交所
15新奥01	18.00	4.70	3.00	2015-11-03	上交所
14瀚华02	9.00	5.60	4.00	2015-11-03	上交所
15新城01	30.00	4.50	5.00	2015-11-03	上交所
15香建01	10.00	5.80	3.00	2015-11-04	上交所
15振兴债	3.00	7.30	3.00	2015-11-04	上交所
15黔物债	10.00	7.00	5.00	2015-11-04	上交所
15名城01	16.00	6.98	5.00	2015-11-04	上交所
15兴城01	20.00	5.07	3.00	2015-11-05	上交所
15鲁焦02	15.00	6.80	3.00	2015-11-05	上交所
15黔路01	20.00	4.20	3.00	2015-11-05	上交所
15蒙阜丰	10.00	3.98	3.00	2015-11-05	上交所
15邳恒润	7.00	5.80	3.00	2015-11-06	上交所
15沪城开	18.00	4.47	7.00	2015-11-06	上交所
15威宁01	6.00	5.20	5.00	2015-11-09	上交所
15远东01	1.00	7.80	3.00	2015-11-09	上交所
15海资债	10.00	4.95	5.00	2015-11-09	上交所
15增碧03	40.00	4.95	4.00	2015-11-09	上交所
15东吴债	25.00	4.15	5.00	2015-11-09	上交所
15当代债	10.00	5.10	5.00	2015-11-09	上交所
15三福02	4.00	6.00	5.00	2015-11-09	上交所
15华宝债	40.00	3.55	3.00	2015-11-09	上交所
15吉利01	20.00	3.88	6.00	2015-11-09	上交所

3–14 续表 15 continued

债券名称 Bond Name	发行额(亿元) Value of Bonds Issued (100 million yuan)	利率(%) Interest Rate (%)	期限(年) Term (year)	发行日期 Issue Date	上市交易所 Stock Exchange
15金一01	4.00	8.80	1.00	2015-11-09	深交所
15中科债	5.00	5.60	5.00	2015-11-10	上交所
15德感债	5.00	7.30	3.00	2015-11-10	上交所
15新城02	20.00	6.00	3.00	2015-11-10	上交所
15新业01	10.00	5.40	5.00	2015-11-10	上交所
15顺风01	5.50	7.80	3.00	2015-11-10	上交所
15东方D1	30.00	3.70	1.00	2015-11-10	上交所
15花园01	20.00	7.25	5.00	2015-11-10	上交所
15红美01	50.00	4.50	5.00	2015-11-10	上交所
15绍兴债	10.00	5.80	3.00	2015-11-11	上交所
15来宾建	10.00	6.08	3.00	2015-11-11	上交所
15常发投	10.00	4.30	5.00	2015-11-11	上交所
15沪国资	30.00	4.00	5.00	2015-11-11	上交所
15远东一	20.00	3.85	5.00	2015-11-11	上交所
15苏元禾	10.00	4.29	5.00	2015-11-11	上交所
15旭辉02	5.00	5.96	5.00	2015-11-11	上交所
15湘洞庭	10.00	7.00	3.00	2015-11-12	上交所
15黔福磷	2.00	9.50	3.00	2015-11-12	上交所
15华林01	10.00	5.48	5.00	2015-11-12	上交所
15泸工投	10.00	7.20	3.00	2015-11-12	上交所
15兴杭01	20.00	4.09	5.00	2015-11-12	上交所
15邦信01	7.70	4.90	4.00	2015-11-13	上交所
15涪交01	8.00	6.00	3.00	2015-11-13	上交所
15湘型债	12.00	5.80	4.00	2015-11-13	上交所
15永兴债	8.00	6.60	5.00	2015-11-13	上交所
15东旭02	20.00	7.00	5.00	2015-11-13	上交所
15深爱01	6.00	5.95	3.00	2015-11-13	深交所
15汾湖01	10.00	5.60	5.00	2015-11-16	上交所
15正润01	5.00	6.50	5.00	2015-11-16	上交所
15海航02	4.00	7.00	3.00	2015-11-17	上交所
15山焦02	10.00	7.20	3.00	2015-11-17	上交所
15济高债	20.00	5.55	3.00	2015-11-18	上交所
15伊财01	15.00	5.75	5.00	2015-11-18	上交所
15江阴公	15.00	5.30	3.00	2015-11-18	上交所
15渝信01	37.00	3.88	3.00	2015-11-18	上交所
15渝信02	53.00	4.26	7.00	2015-11-18	上交所
15通运01	5.00	4.90	7.00	2015-11-18	上交所
15太湖01	5.00	6.68	5.00	2015-11-19	上交所
15潭九华	20.00	6.50	5.00	2015-11-19	上交所
15海航03	3.00	7.50	3.00	2015-11-19	上交所
15石化01	160.00	3.30	3.00	2015-11-19	上交所
15石化02	40.00	3.70	5.00	2015-11-19	上交所
15中海01	70.00	3.40	6.00	2015-11-19	上交所
15国君G1	50.00	3.60	5.00	2015-11-19	上交所
15国君G2	10.00	3.80	7.00	2015-11-19	上交所

3–14 续表 16 continued

债券名称 Bond Name	发行额(亿元) Value of Bonds Issued (100 million yuan)	利率(%) Interest Rate (%)	期限(年) Term (year)	发行日期 Issue Date	上市交易所 Stock Exchange
15中海02	10.00	3.85	7.00	2015-11-19	上交所
15景德01	5.00	5.30	7.00	2015-11-19	上交所
15司尔债	3.00	4.98	5.00	2015-11-19	深交所
15中城02	11.60	8.50	4.00	2015-11-19	深交所
14安源债	12.00	6.20	5.00	2015-11-20	上交所
15惠城铁	3.00	5.24	2.00	2015-11-20	上交所
15黔江债	10.00	7.35	3.00	2015-11-20	上交所
15复地01	40.00	4.15	5.00	2015-11-20	上交所
15五矿03	15.00	4.50	7.00	2015-11-20	上交所
15五矿04	25.00	4.90	10.00	2015-11-20	上交所
15南航01	30.00	3.63	5.00	2015-11-20	上交所
15漳龙债	10.00	4.90	5.00	2015-11-23	上交所
15威国01	15.00	5.39	3.00	2015-11-23	上交所
15华凌01	12.00	6.50	5.00	2015-11-23	上交所
15玉皇01	5.00	6.35	3.00	2015-11-23	上交所
15东北债	18.00	4.00	5.00	2015-11-23	深交所
15渝德债	2.00	9.00	3.00	2015-11-24	上交所
15惠憬01	10.00	6.25	4.00	2015-11-24	上交所
15惠憬02	10.00	6.39	5.00	2015-11-24	上交所
15九州01	5.00	6.00	4.00	2015-11-24	上交所
15漳州01	5.00	6.00	3.00	2015-11-25	上交所
15太证D1	10.00	4.00	0.49	2015-11-25	上交所
14国贸02	4.00	3.88	3.00	2015-11-25	上交所
15海航04	2.00	7.50	3.00	2015-11-26	上交所
15绵科01	10.00	6.30	5.00	2015-11-26	上交所
15政通债	15.00	6.49	5.00	2015-11-26	上交所
15华发01	30.00	4.50	5.00	2015-11-26	上交所
15宜集债	10.00	5.99	5.00	2015-11-26	上交所
15东证债	120.00	3.90	5.00	2015-11-26	上交所
15大连港	30.00	3.94	5.00	2015-11-26	上交所
15丰汇01	4.00	7.80	3.00	2015-11-27	上交所
15海怡01	30.00	7.99	3.00	2015-11-27	上交所
15香投01	15.00	5.60	3.00	2015-11-27	上交所
15黔江02	10.00	7.35	3.00	2015-11-27	上交所
15铜水务	10.00	6.93	3.00	2015-11-27	上交所
15绵科02	10.00	6.30	5.00	2015-11-27	上交所
15桂铁01	10.00	4.50	5.00	2015-11-27	上交所
15麻柳债	5.00	7.50	3.00	2015-11-27	上交所
15都兴市	10.00	6.80	5.00	2015-11-27	上交所
15晋电01	30.00	4.29	10.00	2015-11-27	上交所
13铁龙02	6.00	3.77	3.00	2015-11-30	上交所
15中利债	2.50	6.50	5.00	2015-11-30	深交所
15济晋债	1.50	7.70	3.00	2015-12-01	上交所
15绿投01	10.00	5.90	5.00	2015-12-01	上交所
15鸿业债	2.00	9.80	3.00	2015-12-01	上交所

3—14 续表 17 continued

债券名称 Bond Name	发行额(亿元) Value of Bonds Issued (100 million yuan)	利率(%) Interest Rate (%)	期限(年) Term (year)	发行日期 Issue Date	上市交易所 Stock Exchange
15洪市政	10.00	4.07	7.00	2015-12-02	上交所
14浙商次	4.00	6.30	10.00	2015-12-03	上交所
15新投01	10.00	5.80	5.00	2015-12-03	上交所
15红旅债	5.00	8.00	3.00	2015-12-03	上交所
15中企01	8.57	6.00	3.00	2015-12-03	上交所
15华宇01	10.00	7.00	3.00	2015-12-03	上交所
15海航05	2.50	7.50	3.00	2015-12-03	上交所
15润弘投	20.00	7.50	5.00	2015-12-03	上交所
15西王01	10.00	7.41	7.00	2015-12-03	上交所
15开元01	14.00	4.25	5.00	2015-12-03	上交所
15开元02	6.00	3.90	3.00	2015-12-03	上交所
15合作债	6.00	4.43	5.00	2015-12-03	上交所
15广汇债	6.00	6.90	2.00	2015-12-04	上交所
15名城03	5.00	8.08	3.00	2015-12-04	上交所
15双欣债	10.60	7.30	5.00	2015-12-04	上交所
15华控02	20.00	6.45	3.00	2015-12-04	深交所
15嘉湘债	10.00	6.00	3.00	2015-12-07	上交所
15增碧04	40.00	5.10	4.00	2015-12-07	上交所
15必康债	8.00	4.68	5.00	2015-12-07	上交所
15桂铁投	10.00	3.80	10.00	2015-12-07	上交所
15禹洲01	30.00	5.10	5.00	2015-12-07	上交所
15中航债	50.00	3.72	5.00	2015-12-07	上交所
15恒泰01	2.80	8.50	3.00	2015-12-07	深交所
15海动迁	10.00	6.30	3.00	2015-12-08	上交所
15遵高速	15.00	7.00	3.00	2015-12-08	上交所
15中骏02	15.00	5.30	5.00	2015-12-08	上交所
15瑞贝卡	5.60	5.68	5.00	2015-12-08	上交所
15广汇01	5.20	6.00	5.00	2015-12-08	上交所
15新禹02	2.50	7.00	3.00	2015-12-09	上交所
15中房01	10.00	6.80	5.00	2015-12-09	上交所
15邦信02	22.30	5.07	4.00	2015-12-09	上交所
15中地01	40.00	4.80	5.00	2015-12-09	上交所
15首集01	20.00	4.16	3.00	2015-12-09	上交所
15首业02	25.00	4.78	3.00	2015-12-09	上交所
15渝新禹	1.00	7.80	3.00	2015-12-09	上交所
15哈投02	8.00	4.00	5.00	2015-12-09	上交所
15金源01	50.00	4.85	5.00	2015-12-09	上交所
15金茂投	22.00	3.55	5.00	2015-12-09	上交所
15金源02	10.00	5.40	7.00	2015-12-09	上交所
15锡新债	5.50	5.95	3.00	2015-12-10	上交所
15浙五金	8.00	5.95	5.00	2015-12-10	上交所
15望城01	15.00	6.30	5.00	2015-12-10	上交所
15伊财02	10.00	5.68	5.00	2015-12-10	上交所
15镇城01	15.00	5.98	3.00	2015-12-10	上交所
15建开发	5.00	6.80	2.00	2015-12-10	上交所

3-14 续表 18 continued

债券名称 Bond Name	发行额(亿元) Value of Bonds Issued (100 million yuan)	利率(%) Interest Rate (%)	期限(年) Term (year)	发行日期 Issue Date	上市交易所 Stock Exchange
15鲁班债	10.00	6.80	3.00	2015-12-10	上交所
15国控债	10.00	5.30	5.00	2015-12-10	上交所
15中天01	9.10	7.50	3.00	2015-12-10	上交所
15北汽01	15.00	3.60	5.00	2015-12-10	上交所
15绿地01	20.00	3.90	5.00	2015-12-10	上交所
15绿地02	80.00	3.80	5.00	2015-12-10	上交所
15连云港	6.60	3.93	5.00	2015-12-10	上交所
15华信债	30.00	4.98	5.00	2015-12-10	上交所
15京威债	16.00	4.50	2.00	2015-12-10	深交所
15粤路建	15.00	4.25	15.00	2015-12-11	上交所
15晋交01	15.00	6.20	5.00	2015-12-11	上交所
15湘财信	20.00	5.00	3.00	2015-12-11	上交所
15云能02	33.00	4.15	5.00	2015-12-11	上交所
15浙交01	10.00	3.68	5.00	2015-12-11	上交所
15浙交02	5.00	4.00	10.00	2015 12-11	上交所
15保利01	30.00	3.40	5.00	2015-12-11	上交所
15保利02	20.00	3.68	7.00	2015-12-11	上交所
15华集01	5.00	6.60	5.00	2015-12-11	上交所
15遵桥梁	23.00	6.50	5.00	2015-12-14	上交所
15长顺债	1.20	9.50	3.00	2015-12-14	上交所
15晋电02	10.00	3.99	10.00	2015-12-14	上交所
15淮水01	8.00	5.50	5.00	2015-12-15	上交所
15白沙洲	15.00	6.50	5.00	2015-12-15	上交所
15海期债	5.00	4.94	6.00	2015-12-15	上交所
15绍交01	5.00	3.90	5.00	2015-12-15	上交所
15滇路01	20.00	4.10	5.00	2015-12-15	上交所
15金债01	5.00	7.00	3.00	2015-12-15	深交所
15新禹03	1.50	7.00	3.00	2015-12-16	上交所
15建工01	2.00	5.00	3.00	2015-12-16	上交所
15南通债	15.00	5.00	5.00	2015-12-16	上交所
15自高01	10.00	6.70	5.00	2015-12-16	上交所
15锡交01	15.00	3.88	5.00	2015-12-16	上交所
15义市01	10.00	3.90	5.00	2015-12-16	上交所
15南城01	2.50	9.50	5.00	2015-12-17	上交所
15苏宁01	100.00	6.75	5.00	2015-12-17	上交所
15鲁高01	10.00	3.67	5.00	2015-12-17	上交所
15合景01	25.00	4.94	6.00	2015-12-17	上交所
15合景02	8.00	6.15	7.00	2015-12-17	上交所
15三友01	5.00	4.20	5.00	2015-12-17	上交所
15三友02	5.00	5.30	7.00	2015-12-17	上交所
14粤运02	3.80	3.58	5.00	2015-12-17	上交所
15南庭债	5.00	7.98	3.00	2015-12-18	上交所
15金坛01	5.00	7.20	5.00	2015-12-18	上交所
15长兴岛	5.00	7.20	3.00	2015-12-18	上交所
15吴江01	10.00	4.80	5.00	2015-12-18	上交所

3–14 续表 19 continued

债券名称 Bond Name	发行额(亿元) Value of Bonds Issued (100 million yuan)	利率(%) Interest Rate (%)	期限(年) Term (year)	发行日期 Issue Date	上市交易所 Stock Exchange
15中民投	40.00	5.19	3.00	2015-12-18	上交所
15柳东01	10.00	5.81	5.00	2015-12-18	上交所
15穗工债	5.50	4.10	5.00	2015-12-18	上交所
15康达债	9.00	5.50	7.00	2015-12-18	上交所
15中环01	6.00	4.00	5.00	2015-12-18	上交所
15新燃01	25.00	3.68	5.00	2015-12-18	上交所
15滕建01	5.00	5.80	3.00	2015-12-21	上交所
15渝开01	2.00	6.00	5.00	2015-12-21	上交所
15市北债	9.00	4.00	5.00	2015-12-21	上交所
15华集02	5.00	6.75	5.00	2015-12-21	上交所
15花园02	10.00	7.47	5.00	2015-12-21	上交所
15广证G2	10.00	3.50	5.00	2015-12-21	上交所
15天富债	6.00	4.30	5.00	2015-12-21	上交所
15苏伟驰	20.00	5.40	5.00	2015-12-21	上交所
15泛控01	15.00	5.35	5.00	2015-12-21	深交所
15中龙建	4.50	6.50	1.00	2015-12-22	上交所
15津思达	0.60	8.00	3.00	2015-12-23	上交所
15碧海债	8.00	7.50	5.00	2015-12-23	上交所
15兴业07	30.00	4.00	2.00	2015-12-23	上交所
15融信01	12.00	6.40	5.00	2015-12-23	上交所
15国创01	4.00	6.88	5.00	2015-12-23	上交所
15鲁能债	30.00	3.76	5.00	2015-12-23	上交所
15常鼎力	10.00	6.70	5.00	2015-12-24	上交所
15郴高投	6.00	6.50	3.00	2015-12-24	上交所
15鄂铁01	10.00	4.50	5.00	2015-12-24	上交所
15协信01	13.50	7.50	3.00	2015-12-24	上交所
15柳东02	10.00	5.80	5.00	2015-12-24	上交所
15天泽债	3.00	5.25	3.00	2015-12-24	上交所
15石建投	13.00	6.30	3.00	2015-12-24	上交所
15天域债	1.50	8.50	3.00	2015-12-24	上交所
15银亿01	3.00	7.28	5.00	2015-12-24	深交所
15华资债	5.00	7.40	4.00	2015-12-25	上交所
15湘创新	3.00	7.56	3.00	2015-12-25	上交所
15昆经开	10.00	5.20	5.00	2015-12-25	上交所
15惠金01	3.50	7.80	3.00	2015-12-25	上交所
15南山02	10.00	4.20	5.00	2015-12-25	上交所
15中合01	7.00	3.60	7.00	2015-12-25	上交所
15中江01	5.00	4.46	5.00	2015-12-25	上交所
15珠投01	16.00	6.00	4.00	2015-12-28	上交所
15宝龙01	2.00	6.80	4.00	2015-12-28	上交所
15宝龙02	3.00	7.30	5.00	2015-12-28	上交所
15洛娃01	10.00	5.80	5.00	2015-12-28	上交所
15鑫苑01	10.00	7.50	5.00	2015-12-28	上交所
15宇通01	5.00	3.38	5.00	2015-12-28	上交所
15圣牧01	10.00	4.48	5.00	2015-12-28	上交所

3–14 续表 20 continued

债券名称 Bond Name	发行额(亿元) Value of Bonds Issued (100 million yuan)	利率(%) Interest Rate (%)	期限(年) Term (year)	发行日期 Issue Date	上市交易所 Stock Exchange
15信中利	1.00	8.60	2.00	2015-12-29	上交所
15海安债	2.50	8.50	3.00	2015-12-29	上交所
15碧园01	10.00	4.99	5.00	2015-12-29	上交所
15桂金02	5.00	5.19	5.00	2015-12-29	上交所
15五建债	1.30	8.50	1.00	2015-12-29	上交所
15中城01	3.00	6.90	3.00	2015-12-30	上交所
15饶城投	20.00	5.97	5.00	2015-12-30	上交所
15贵安债	50.00	5.50	5.00	2015-12-30	上交所
15黔南01	10.00	7.80	5.00	2015-12-30	上交所
15陕投债	5.00	4.00	5.00	2015-12-30	上交所
15驻投01	10.00	5.50	5.00	2015-12-31	上交所
15坪桥债	5.00	8.50	3.00	2015-12-31	上交所
15西游发	2.00	6.00	3.00	2015-12-31	上交所
15纳通01	4.00	5.00	2.00	2015-12-31	上交所
15纳通02	2.00	5.43	3.00	2015-12-31	上交所
15邢钢债	3.00	7.20	5.00	2015-12-31	上交所
14草堂02	3.00	8.90	3.00	2015-01-05	上交所
14江宁02	2.00	8.50	2.00	2015-01-05	上交所
14汤山债	4.00	8.70	3.00	2015-01-13	深交所
14华夏债	1.50	9.40	3.00	2015-01-13	深交所
14福升01	1.50	10.30	3.00	2015-01-15	上交所
14德感02	2.50	9.80	3.00	2015-01-16	上交所
14如顾庄	2.00	9.50	3.00	2015-01-16	上交所
14常公用	3.00	9.80	3.00	2015-01-19	上交所
14茅山湖	1.00	10.00	3.00	2015-01-21	上交所
15余高01	3.00	9.00	3.00	2015-01-21	上交所
14凤凰01	1.25	11.00	3.00	2015-01-21	上交所
14吉高新	5.00	8.50	3.00	2015-01-22	上交所
14维多02	1.90	11.00	3.00	2015-01-26	上交所
15美大债	4.50	5.00	2.00	2015-01-26	深交所
14鑫海02	1.50	9.40	3.00	2015-01-27	上交所
14锦昉债	2.00	11.00	3.00	2015-01-27	深交所
14管廊01	2.00	7.80	2.00	2015-01-28	上交所
15富水债	1.10	7.80	3.00	2015-01-29	深交所
14沃格债	1.00	10.00	2.00	2015-01-30	上交所
14绿洲01	1.40	8.50	3.00	2015-02-03	上交所
14洋口港	3.00	9.00	3.00	2015-02-04	上交所
14云河02	1.00	10.90	3.00	2015-02-04	上交所
14淮交控	4.00	8.80	3.00	2015-02-06	上交所
14圣芳纶	0.80	9.50	3.00	2015-02-06	上交所
14园兴债	1.50	9.50	3.00	2015-02-06	上交所
14东丽02	2.80	9.20	3.00	2015-02-09	上交所
14华宏债	2.00	9.80	3.00	2015-02-09	上交所
14湄潭01	1.00	9.80	3.00	2015-02-09	上交所
14北塘01	2.00	9.00	3.00	2015-02-10	上交所

3–14　续表 21　continued

债券名称 Bond Name	发行额(亿元) Value of Bonds Issued (100 million yuan)	利率(%) Interest Rate (%)	期限(年) Term (year)	发行日期 Issue Date	上市交易所 Stock Exchange
15新农01	2.00	9.30	2.00	2015-02-11	上交所
14绿洲02	1.40	8.50	3.00	2015-02-11	上交所
14华盛债	3.00	10.00	3.00	2015-02-12	上交所
14南水01	2.00	9.50	3.00	2015-02-12	上交所
14北门01	2.00	9.00	2.00	2015-02-12	上交所
14蓉家投	3.00	10.00	3.00	2015-02-12	上交所
14管廊02	1.00	7.80	2.00	2015-02-13	上交所
14阳澄02	1.70	8.50	3.00	2015-02-13	上交所
14普定02	0.30	10.00	3.00	2015-02-13	上交所
14至纯债	0.50	7.50	3.00	2015-02-13	上交所
14锡水01	0.80	9.00	3.00	2015-02-16	上交所
14南水02	1.00	8.90	3.00	2015-02-16	上交所
14北门02	1.00	9.65	2.00	2015-02-16	上交所
14麻柳01	2.10	9.80	3.00	2015-02-16	上交所
14筑经01	0.60	9.50	3.00	2015-02-17	深交所
14众一债	1.20	9.12	3.00	2015-02-27	上交所
14明泰02	1.00	9.90	2.00	2015-03-03	上交所
14凤凰02	1.25	11.00	3.00	2015-03-04	上交所
15财源债	2.00	9.50	3.00	2015-03-04	上交所
14武陵山	5.00	9.50	3.00	2015-03-05	上交所
14金坛债	1.00	9.00	3.00	2015-03-18	上交所
14中鼎债	0.45	9.40	3.00	2015-03-18	上交所
14龙翔01	2.50	9.30	3.00	2015-03-19	上交所
15四方债	0.80	8.28	3.00	2015-03-19	深交所
14长湖03	1.00	9.70	3.00	2015-03-20	上交所
15光韵达	2.48	9.00	1.00	2015-03-20	深交所
14南湖01	0.99	8.50	3.00	2015-03-25	上交所
14福升02	1.50	10.30	3.00	2015-03-25	上交所
14镇宁债	1.00	10.00	3.00	2015-03-25	上交所
14驾培01	1.69	10.00	3.00	2015-03-27	上交所
14温泉01	2.00	8.80	3.00	2015-03-27	上交所
14金沙02	1.00	7.05	3.00	2015-03-30	上交所
14南湖02	2.01	8.50	3.00	2015-04-01	上交所
14锡水02	0.70	9.00	3.00	2015-04-01	上交所
14青水债	5.00	9.60	3.00	2015-04-02	上交所
14株金科	2.50	9.50	3.00	2015-04-02	上交所
14龙翔02	2.50	9.30	3.00	2015-04-09	上交所
15净源债	1.00	7.50	3.00	2015-04-09	上交所
15迎宾馆	0.70	10.50	3.00	2015-04-10	深交所
14金禹02	1.00	9.30	3.00	2015-04-13	上交所
15余高02	2.00	8.00	3.00	2015-04-14	上交所
14泰华诚	3.00	10.00	3.00	2015-04-14	上交所
14德胜01	1.00	8.20	3.00	2015-04-14	上交所
14航空02	2.00	8.28	3.00	2015-04-15	上交所
14徽路网	1.00	10.55	3.00	2015-04-15	上交所
14长公债	1.50	9.40	3.00	2015-04-21	上交所
14溧农科	1.50	9.20	3.00	2015-04-23	上交所
14筑经02	0.40	9.50	3.00	2015-04-24	深交所

3—14 续表 22 continued

债券名称 Bond Name	发行额(亿元) Value of Bonds Issued (100 million yuan)	利率(%) Interest Rate (%)	期限(年) Term (year)	发行日期 Issue Date	上市交易所 Stock Exchange
14百矿01	2.00	9.00	3.00	2015-04-27	上交所
15渝共享	3.00	8.50	3.00	2015-04-28	上交所
14雪浪01	1.00	8.00	3.00	2015-04-28	上交所
14雪浪02	2.00	10.00	3.00	2015-04-28	上交所
14驾培02	0.32	8.00	3.00	2015-04-28	上交所
14百矿02	1.00	10.00	3.00	2015-04-30	上交所
15豪美01	1.00	9.60	3.00	2015-04-30	深交所
14恒兴01	1.80	7.50	3.00	2015-05-05	上交所
14武隆债	1.50	11.00	3.00	2015-05-07	上交所
14云峰02	2.50	9.80	3.00	2015-05-13	上交所
14德胜02	1.00	8.20	3.00	2015-05-15	上交所
14海高新	2.00	10.50	3.00	2015-05-19	上交所
14北山债	3.50	9.50	3.00	2015-05-19	上交所
14临医药	2.00	9.50	3.00	2015-05-19	上交所
14华安债	2.00	9.50	3.00	2015-05-19	上交所
14丰碑债	3.00	10.20	3.00	2015-05-19	上交所
14海供水	2.60	8.00	3.00	2015-05-19	上交所
14彭发债	3.00	7.80	3.00	2015-05-21	上交所
14天自源	5.00	8.80	3.00	2015-05-28	上交所
14湘华建	2.00	10.50	3.00	2015-05-29	上交所
15瀛洲债	1.25	10.50	3.00	2015-06-04	上交所
14安阳山	2.00	9.50	3.00	2015-06-04	上交所
15德恒01	2.50	9.50	3.00	2015-06-05	上交所
14长湖04	4.00	9.70	3.00	2015-06-11	上交所
14天子湖	2.50	10.00	3.00	2015-06-12	上交所
14高新债	1.00	11.00	3.00	2015-06-16	深交所
14兴路债	1.50	11.00	3.00	2015-06-18	上交所
14东和债	2.00	10.30	3.00	2015-06-18	上交所
14锡长绿	1.00	7.50	3.00	2015-06-18	上交所
14湄潭02	2.00	9.60	3.00	2015-06-23	上交所
14六水债	1.50	9.70	3.00	2015-06-24	上交所
14都建债	2.00	10.20	3.00	2015-06-30	上交所
14黑旅01	2.00	9.90	3.00	2015-06-30	上交所
15开盛01	2.30	7.40	2.00	2015-07-01	上交所
14纳雍债	3.00	10.20	3.00	2015-07-01	上交所
14恒瑞债	1.50	10.50	3.00	2015-07-03	上交所
14新津01	0.91	9.80	3.00	2015-07-07	上交所
14黑旅02	1.00	9.90	3.00	2015-07-09	上交所
14海广债	2.50	9.30	3.00	2015-07-15	上交所
15德恒02	2.50	9.00	3.00	2015-07-22	上交所
14西太湖	2.50	8.50	3.00	2015-07-28	上交所
14寿金海	5.00	9.50	3.00	2015-08-10	深交所
14包发展	4.00	9.00	3.00	2015-08-19	上交所
15开盛02	1.70	7.40	2.00	2015-08-19	上交所
14松花湖	0.60	10.50	3.00	2015-08-24	上交所
14松花02	0.20	10.00	3.00	2015-08-24	上交所
15海交债	2.00	8.50	2.00	2015-09-01	上交所
14大竹海	2.00	8.50	3.00	2015-09-24	上交所
14云厦债	2.00	10.60	3.00	2015-09-29	上交所
14城西北	3.00	8.00	3.00	2015-09-30	上交所

数据来源：上海证券交易所、深圳证券交易所。

Source:SSE、SZSE.

3-15　可转债发行情况明细
Details of Convertible Bonds Issuance

债券名称 Bond Name	发行额(亿元) Value of Bonds Issued (100 million yuan)	利率(%) Interest Rate(%)	期限(年) Term(year)	发行日期 Issue Date	上市交易所 Stock Exchange
电气转债	60	0.20	6	2015-02-02	上交所
航信转债	24	0.20	6	2015-06-12	上交所
蓝标转债	14	0.50	6	2015-12-18	深交所

数据来源：上海证券交易所、深圳证券交易所。
Source:SSE、SZSE.

主要统计指标解释

Explantory Notes on Main Statistical Indicators

债券发行只数 指统计期内成功发行的债券数量。按发行首日口径计算。

债券发行额 指统计期内各类债券发行票面金额合计。按发行首日口径计算。

债券兑付金额 指统计期内债券发行人按照约定向债券投资者偿还本金和支付利息。

债券成交金额 指统计期内各类债券成交金额合计，包括债券现货成交金额和债券回购成交金额。

公式：现货成交金额＝Σ［成交价格×成交量（现货）］；回购成交金额＝Σ［成交量（回购）×1000］。

债券托管额 指统计期末托管在债券登记结算机构的各类债券面额合计。

债券成交量 指统计期内各类债券成交数量合计，包括债券现货成交数量和债券回购成交数量。现货成交量的单位以张计，回购成交量的单位以手计，每手 10 张。

贰 零 壹 陆

四、证券投资基金

Securities Investment Funds

贰 零 壹 陆

2015年证券投资基金监管综述

2015年，证券投资基金监管工作紧紧围绕“两维护、一促进”核心职责展开，在支持行业创新发展、服务实体经济和推进监管转型等方面取得了一定成效。

一、支持行业创新发展，服务实体经济转型升级

（一）支持符合条件的市场主体发起设立基金公司或申请公募基金管理资格。继续稳步推进公募基金管理公司及公募业务牌照审批，2015年初以来，共新批6家基金管理公司，有4家证券公司和1家保险资产管理公司取得公募牌照，并推进保险机构设立基金管理公司。

（二）支持基金管理公司开展专业人士持股。核准业内首家专业人士作为主要股东发起设立的泓德基金管理公司。

（三）推动产品业务创新。研究起草《公开募集房地产证券投资基金管理规定》、《基金中基金的指引》和《基金投资全国中小企业股份转让系统挂牌股票的指引》，通过自律组织发布《基金参与融资融券及转融通指引》；完成首只商品期货基金（国投瑞银白银期货证券投资基金LOF）和房地产证券投资基金注册审查工作（鹏华前海万科REITs封闭式混合型发起式证券投资基金）；推出新设公募基金管理人（新疆前海联合基金）中后台业务外包试点，助推基金管理公司专业化、轻型化发展；研究推动基金份额质押试点，鼓励推出货币市场基金协议转让业务。

二、简化事前审批，加强事中事后监管

（一）深化公募基金注册制改革。贯彻实施《公开募集证券投资基金运作管理办法》，进一步简化产品审核程序，扩大简易程序适用范围，优化审核方式，简化申报材料，改进审核机制，不断提高注册效率。2015年以来，共受理1682只基金的注册申请，批复1288只，市场活力进一步释放。

（二）规范基金行政审批管理工作。根据“确保效果、程序从简”的原则，统一证券、基金、期货的审核工作程序，逐项编制基金公司设立、公募基金产品注册等现有21项行政许可事项的服务指南和审查工作细则，进一步明确许可时限，加大公开力度。

（三）清理备案报告事项和部函。2015年，已废止限制约束证券、基金、期货三类机构的172件部函，正在积极推进规章和规范性文件的清理工作；已取消调整了118项机构类备案报告事项，明确和强化了取消许可和备案报告事项的后续配套监管安排。

（四）加强底线监管。继续督促行业严格遵守资产管理业务“八个不得”的底线要求，明确机构和人员严禁违反的职业操守和职业规范。

（五）强化违规处罚。2015年以来，依法采取共计70余项行政监管措施，涉及基金管理公司、专户子公司、基金销售机构等多类机构及公司高管、基金经理、交易员等责任人，责令赔偿基金财产损失合计近400万元。组织完成公募基金行业从业人员利用未公开信息从事交易行为专项整治活动，依法及时对存在问题的11家基金管理公司采取行政监管措施；配合稽查局组织开展“两个加强、两个遏制”专项整治活动，对12家基金公司或其子公司采取行政监管措施；开展信息技术系统管理及运行安全专项现场检查，对1家基金公司和3家基金子公司采取行政监管措施；持续加强公募基金销售监管，叫停部分基金销售相关服务机构开展的零申（认）购费率活动，向行业通报基金销售费用优惠活动监管标准。

4-1 证券投资基金概况
Overview of Securities Investment Funds

年份 Year	基金只数(只) Number of Funds(unit)			基金份额(亿份) Fund Units (100 million units)		
	合计 Total	封闭式 Close-ended Funds	开放式 Open-ended Funds	合计 Total	封闭式 Close-ended Funds	开放式 Open-ended Funds
1998	5	5	—	100.00	100.00	—
1999	16	16	—	505.00	505.00	—
2000	34	34	—	562.00	562.00	—
2001	51	48	3	804.23	686.73	117.50
2002	71	54	17	1318.85	817.00	501.85
2003	95	54	41	1614.67	817.00	797.67
2004	161	54	107	3308.79	817.00	2491.79
2005	218	54	164	4714.18	817.00	3897.18
2006	307	53	254	6220.67	812.00	5408.67
2007	346	36	310	22339.84	844.14	21495.70
2008	439	33	406	25741.78	890.32	24851.46
2009	547	31	516	23518.55	945.02	22573.53
2010	704	39	665	23955.33	1119.80	22835.53
2011	914	57	857	26510.37	1371.32	25139.05
2012	1173	68	1105	31708.41	1424.85	30283.56
2013	1551	130	1421	31167.18	1953.94	29213.24
2014	1899	135	1764	42032.72	1256.71	40776.00
2015	2723	164	2559	76674.13	1669.54	75004.59

注：1.本表中封闭式基金分类以截至统计时点的基金运作模式划分。
2.本章所有基金资产规模均指公募基金，不包括社保基金、基金专户等。

数据来源：中国证监会、上海证券交易所、深圳证券交易所。

Source: CSRC、SSE、SZSE.

4-1 续表 continued

年份 Year	基金资产规模(亿元) Fund Asset Value (100 million yuan)			上市基金成交份额(亿份) Trading Volume of Listed Funds (100 million units)			上市基金成交金额(亿元) Trading Turnover of Listed Funds(100 million yuan)		
	合计 Total	封闭式 Close—ended Funds	开放式 Open—ended Funds	合计 Total	上交所 SSE	深交所 SZSE	合计 Total	上交所 SSE	深交所 SZSE
1998	107.00	107.00	—	555.33	329.58	225.75	1016.89	605.28	411.61
1999	577.00	577.00	—	1623.12	827.95	795.17	2485.48	1365.82	1119.66
2000	847.35	847.35	—	2180.62	995.32	1185.30	2801.84	1334.18	1467.66
2001	809.24	691.15	118.09	2208.62	1148.35	1060.27	2561.88	1348.92	1212.96
2002	1185.56	717.06	468.50	1218.60	573.69	644.91	1166.62	556.77	609.85
2003	1699.22	862.00	837.22	849.18	441.62	407.56	682.65	362.16	320.49
2004	3246.34	809.71	2436.63	589.72	297.78	291.94	479.47	249.10	230.37
2005	4691.38	822.17	3869.21	1098.41	778.73	319.68	773.15	576.78	196.37
2006	8565.05	1623.64	6941.41	2058.16	1042.85	1015.31	2002.65	1024.35	978.30
2007	32762.32	2442.17	30320.15	4330.52	1981.36	2349.16	8620.09	4298.24	4321.85
2008	19403.25	758.95	18644.30	3742.28	2001.43	1740.85	5831.05	3700.23	2130.82
2009	26024.80	1238.78	24786.02	6531.40	3690.94	2840.46	10340.02	6549.06	3790.96
2010	25040.86	1299.00	23741.86	6582.01	3580.37	3001.64	8996.44	4771.71	4224.73
2011	21918.55	1234.15	20684.40	6125.90	2370.84	3755.06	6365.81	2901.41	3464.40
2012	28661.81	1413.01	27248.80	9375.05	2541.17	6833.88	8123.86	3171.36	4952.49
2013	30011.54	1987.56	28023.98	11281.55	3744.80	7536.75	14786.16	8989.48	5796.68
2014	45374.30	1366.81	44007.49	6465.89	4277.60	2188.29	13814.94	10335.68	3479.26
2015	83971.83	1947.72	82024.11	11377.94	4786.24	4786.24	44251.69	30941.91	13309.78

4-2 证券投资基金规模
Dimensions of Securities Investment Funds

基金类型	Type of Funds	基金只数(只) Number of Funds (unit)		基金份额(亿份) Fund Units (100 million units)		基金资产规模(亿元) Fund Asset Value (100 million yuan)	
		2014	2015	2014	2015	2014	2015
封闭式基金合计	Close-ended Funds	135	164	1256.71	1669.54	1366.81	1947.72
开放式基金合计	Open-ended Funds	1764	2559	40776.00	75004.59	44007.49	82024.11
其中：股票型	Thereinto:Equity Funds	699	587	10772.46	5988.13	13142.02	7657.13
混合型	Blend Funds	395	1184	5525.28	17948.31	6025.23	22287.25
债券型	Bond Funds	171	220	20804.36	44371.59	20862.43	44443.36
货币市场型	Money Market Funds	409	467	3048.65	5895.92	3482.28	6973.84
QDII	Qualified Domestic Institutional Investor	90	101	625.26	800.64	495.54	662.53
私募证券投资基金		7665	12297	—	—	21295.10	12873.58
合计	Total	9654	15121	42657.98	77474.77	67164.93	97507.93

注：1.本表中封闭式基金分类以截至统计时点的基金运作模式划分。
2.私募证券投资基金规模为认缴规模。
数据来源：中国证监会、中国证券投资基金业协会。
Source: CSRC.

4-3 基金对外开放情况
Statistics of QFII, RQFII and QDII

年份 Year	QFII Qualified Foreign Institutional Investor					
	累计批准额度(亿美元) Cumulative Approved Quota (100 million USD)	基金资产规模(亿美元) Fund Asset Value(100 million USD)				
		合计 Total	股票 Stock	债券 Bond	现金 Cash	其他 Other
2003	17.00	—	—	—	—	—
2004	34.75	37.00	11.30	11.20	11.00	3.50
2005	56.95	47.80	28.90	7.80	3.70	7.40
2006	90.95	62.75	48.76	0.69	7.88	5.42
2007	99.45	296.22	157.34	5.63	113.30	19.96
2008	133.43	261.58	118.36	28.54	108.27	6.41
2009	165.70	424.57	311.22	24.88	77.40	11.07
2010	197.20	448.66	357.66	33.81	47.36	9.83
2011	216.40	401.56	282.13	57.60	49.98	11.84
2012	360.43	525.81	393.11	67.15	46.74	18.82
2013	497.01	693.64	496.39	100.05	70.55	26.65
2014	669.23	1027.89	723.63	95.32	134.10	74.84
2015	810.68	1049.07	626.52	124.99	154.90	142.66

注：1.RQFII统计中“债券”定义为固定收益类资产。
2.RQFII基金资产规模数据中，不含证券公司香港子公司数据。
数据来源：中国证监会、国家外汇管理局。
Source: CSRC、SFFE.

4-3 续表 1 continued

年份 Year	RQFII RMB Qualified Foreign Institutional Investor					
	累计批准额度(亿元) Cumulative Approved Quota (100 million yuan)	基金资产规模(亿元) Fund Asset Value (100 million yuan)				
		合计 Total	股票 Stock	债券 Bond	现金 Cash	其他 Other
2003	—	—	—	—	—	—
2004	—	—	—	—	—	—
2005	—	—	—	—	—	—
2006	—	—	—	—	—	—
2007	—	—	—	—	—	—
2008	—	—	—	—	—	—
2009	—	—	—	—	—	—
2010	—	—	—	—	—	—
2011	107.00	0.00	0.00	0.00	0.00	0.00
2012	670.00	507.00	443.52	109.85	21.43	3.62
2013	1575.00	532.26	430.53	74.01	8.96	18.76
2014	2997.00	2195.40	1058.06	785.57	181.73	170.04
2015	4443.25	1735.44	715.27	649.63	218.86	151.68

4-3 续表 2 continued

年份 Year	QDII Qualified Domestic Institutional Investor					
	成立的产品数量(只) Number of Products (unit)	累计批准额度(亿美元) Cumulative Approved Quota (100 million USD)	基金资产规模(亿元) Fund Asset Value (100 million yuan)			
			合计 Total	股票 Stock	债券 Bond	其他 Other
2003	—	—	—	—	—	—
2004	—	98.90	—	—	—	—
2005	—	98.90	—	—	—	—
2006	1	206.65	—	—	—	—
2007	4	523.66	1081.73	799.56	0.00	282.17
2008	9	551.21	522.41	319.86	71.35	131.20
2009	10	668.00	742.24	542.07	4.93	195.24
2010	27	759.17	735.50	546.84	11.68	176.98
2011	51	783.97	576.02	358.83	9.51	207.68
2012	67	828.77	632.02	422.87	33.61	175.54
2013	83	842.32	597.60	390.70	28.73	178.17
2014	90	833.23	495.54	342.61	41.13	111.80
2015	101	—	662.53	412.46	38.98	211.09

4-4 基金市场指数情况
Fund Index

年份 Year	上证基金指数 SSE Fund Index					
	开市 Open	最高 Highest	最低 Lowest	收市 Close	涨跌幅(%) Change Rate(%)	振幅(%) Amplitude(%)
2000	996.69	1121.71	968.70	1121.71	12.17	15.80
2001	1133.17	1367.37	1077.73	1183.13	5.48	26.88
2002	1168.82	1237.98	934.54	942.33	-20.35	32.47
2003	933.96	1057.46	889.81	1016.96	7.92	18.84
2004	1012.37	1101.88	836.81	872.01	-14.25	31.68
2005	866.93	866.93	706.53	840.19	-3.65	22.70
2006	837.92	2091.30	837.82	2090.52	148.82	149.61
2007	2132.24	5112.83	2041.89	5070.79	142.56	150.40
2008	5088.47	5525.57	2214.27	2512.49	-50.45	149.54
2009	2541.64	4813.13	2528.83	4765.75	89.68	90.33
2010	4785.96	5038.23	3752.78	4557.66	-4.37	34.25
2011	4580.40	4854.30	3516.42	3592.26	-21.18	38.05
2012	3603.59	4014.86	3347.34	3921.09	9.15	19.94
2013	3956.37	4319.18	3398.71	3880.27	-1.04	27.08
2014	3874.76	5557.49	3624.31	5550.63	43.05	53.34
2015	5578.87	7670.68	5114.16	5904.92	6.38	49.99

数据来源：上海证券交易所、深圳证券交易所。
Source:SSE、SZSE.

4-4 续表 continued

年份 Year	深证基金指数 SZSE Fund Index					
	开市 Open	最高 Highest	最低 Lowest	收市 Close	涨跌幅(%) Change Rate(%)	振幅(%) Amplitude(%)
2000	1297.50	1600.09	932.23	1145.20	-11.51	71.64
2001	1156.99	1363.26	1042.26	1139.75	-0.47	30.80
2002	1112.72	1176.06	866.22	876.97	-23.06	35.77
2003	864.76	975.31	824.25	938.47	7.01	18.33
2004	935.33	999.95	742.81	771.25	-17.82	34.62
2005	764.18	783.51	640.30	772.13	0.11	22.37
2006	769.07	2004.62	757.62	1997.62	158.72	164.59
2007	2035.86	5018.60	1886.81	4977.27	149.16	165.98
2008	5011.70	5404.91	2373.40	2626.25	-47.24	127.73
2009	2651.82	4768.90	2641.21	4720.45	79.74	80.56
2010	4739.89	5976.42	4191.79	5655.98	19.82	42.57
2011	5672.33	6005.05	4200.91	4274.31	-24.43	42.95
2012	4285.31	4726.69	4104.95	4567.49	6.86	15.15
2013	4595.10	5141.80	4306.84	4976.74	8.96	18.28
2014	4974.04	6357.06	4719.62	6216.27	24.91	32.92
2015	6217.17	9695.56	5504.56	8278.72	33.18	76.14

4–5 上市基金成交情况
Transaction Data of Listed Fund

年份 Year	交易天数（天） Trading days (day)	封闭式基金 Close-ended Funds			交易型开放式指数基金 ETF		
		成交份额（亿份） Trading Volume (100 million units)	成交金额（亿元） Trading Turnover (100 million yuan)	日均成交金额（亿元） Daily Average Turnover (100 million yuan)	成交份额（亿份） Trading Volume (100 million units)	成交金额（亿元） Trading Turnover (100 million yuan)	日均成交金额（亿元） Daily Average Turnover (100 million yuan)
2005	242	562.07	341.09	1.41	—	—	—
2006	241	1723.59	1626.36	6.75	306.21	339.97	1.41
2007	242	3152.77	5085.80	21.02	475.88	1544.62	6.38
2008	246	1722.55	2051.89	8.34	1411.50	3178.58	12.92
2009	244	1932.25	1694.95	6.95	3452.19	7652.13	31.36
2010	242	1178.04	1206.69	4.99	4020.86	6450.80	26.66
2011	244	510.29	509.25	2.09	3933.13	4213.25	17.27
2012	243	395.59	309.32	1.27	4766.86	4781.75	19.68
2013	238	491.94	435.83	1.83	5956.32	8962.32	37.66
2014	245	403.47	383.46	1.57	5878.95	13247.02	54.07
2015	244	815.73	981.84	4.02	11979.64	40302.88	165.18

数据来源：上海证券交易所、深圳证券交易所。
Source: SSE、SZSE.

4–5 续表 continued

年份 Year	上市型开放式基金 LOF			合计 Total		
	成交份额（亿份） Trading Volume (100 million units)	成交金额（亿元） Trading Turnover (100 million yuan)	日均成交金额(亿元) Daily Average Turnover (100 million yuan)	成交份额（亿份） Trading Volume (100 million units)	成交金额（亿元） Trading Turnover (100 million yuan)	日均成交金额(亿元) Daily Average Turnover (100 million yuan)
2005	11.33	11.14	0.05	573.40	352.23	1.46
2006	28.36	36.32	0.15	2058.17	2002.65	8.31
2007	651.53	919.52	3.80	4330.53	7620.09	31.49
2008	378.71	415.29	1.69	3742.28	5831.06	23.70
2009	365.10	324.73	1.33	6531.40	10340.02	42.38
2010	324.26	307.07	1.27	6582.02	8996.44	37.18
2011	238.34	214.16	0.88	6125.90	6365.81	26.09
2012	213.19	186.12	0.77	9374.61	8123.61	33.43
2013	185.32	173.02	0.73	11260.12	12735.06	53.51
2014	183.47	184.47	0.75	6465.89	13814.94	56.39
2015	3368.81	2966.97	12.16	16164.18	44251.69	181.36

4–6　2015年封闭式基金名录
List of Close-ended Funds in 2015

序号 No.	基金名称 Fund Name	发行时间 Issue Date	基金份额 (亿份) Fund Units (100 million units)
1	嘉实增强信用定期开放债券型证券投资基金	2013-02-18	10.33
2	泰达宏利信用合利定期开放债券型证券投资基金	2013-02-25	0.62
3	摩根士丹利华鑫纯债稳定增利18个月定期开放债券型证券投资基金	2013-05-27	23.28
4	工银瑞信信用纯债一年定期开放债券型证券投资基金	2013-04-22	2.08
5	工银瑞信信用纯债两年定期开放债券型证券投资基金	2013-05-27	1.21
6	南方稳利1年定期开放债券型证券投资基金	2013-05-13	16.57
7	建信安心回报定期开放债券型证券投资基金	2013-04-15	1.52
8	易方达纯债1年定期开放债券型证券投资基金	2013-05-03	8.97
9	嘉实如意宝定期开放债券型证券投资基金	2013-05-13	0.97
10	嘉实丰益纯债定期开放债券型证券投资基金	2013-04-17	0.88
11	民生加银岁岁增利定期开放债券型证券投资基金	2013-07-01	13.22
12	诺安信用债一年定期开放债券型证券投资基金	2013-05-10	0.58
13	嘉实丰益信用定期开放债券型证券投资基金	2013-07-22	1.86
14	嘉实丰益策略定期开放债券型证券投资基金	2013-07-04	0.65
15	富国目标收益一年期纯债债券型证券投资基金	2013-05-30	13.36
16	博时岁岁增利一年定期开放债券型证券投资基金	2013-06-03	0.65
17	诺安泰鑫一年定期开放债券型证券投资基金	2013-09-30	3.53
18	富国目标收益两年期纯债债券型证券投资基金	2013-08-22	5.79
19	泰信鑫益定期开放债券型证券投资基金	2013-06-19	1.16
20	汇添富年年利定期开放债券型证券投资基金	2013-08-15	10.68
21	长盛年年收益定期开放债券型证券投资基金	2013-07-03	0.56
22	华安年年红定期开放债券型证券投资基金	2013-10-16	20.19
23	诺安稳固收益一年定期开放债券型证券投资基金	2013-07-22	33.82
24	国投瑞银岁添利一年定期开放债券型证券投资基金	2013-07-10	10.13
25	华安年年盈定期开放债券型证券投资基金	2015-01-12	3.36
26	天弘稳利定期开放债券型证券投资基金	2013-06-27	2.75
27	博时月月薪定期支付债券型证券投资基金	2013-07-02	3.62
28	方正富邦互利定期开放债券型证券投资基金	2013-08-01	0.28
29	长城增强收益定期开放债券型证券投资基金	2013-08-08	23.23
30	上投摩根岁岁盈定期开放债券型证券投资基金	2013-07-29	6.74
31	易方达恒久添利1年定期开放债券型证券投资基金	2014-08-18	1.36
32	广发集利一年定期开放债券型证券投资基金	2013-07-29	17.74
33	中邮定期开放债券型证券投资基金	2013-10-08	33.98
34	博时双月薪定期支付债券型证券投资基金	2013-08-29	2.04
35	鹏华丰泰定期开放债券型证券投资基金	2013-08-19	25.73
36	鹏华丰信分级债券型证券投资基金	2013-10-08	5.18
37	鹏华丰实定期开放债券型证券投资基金	2013-08-19	8.14
38	长盛双月红1年定期开放债券新证券投资基金	2013-08-22	0.65
39	安信永利信用定开放债券型证券投资基金	2013-10-16	6.66
40	中海惠利纯债分级债券型证券投资基金	2013-10-17	23.20

List of Close-ended Funds in 2015

基金资产规模（亿元）Fund Asset Value (100 million yuan)	基金管理公司 Fund Management Company	基金托管银行 Fund Custodian Bank	上市地点 Listing Location
10.68	嘉实	中国工商银行股份有限公司	—
0.65	泰达宏利	中国银行股份有限公司	—
25.07	摩根士丹利华鑫	中国民生银行股份有限公司	—
2.55	工银瑞信	招商银行股份有限公司	—
1.42	工银瑞信	交通银行股份有限公司	—
17.19	南方	中国农业银行股份有限公司	—
1.78	建信	中国工商银行股份有限公司	—
10.26	易方达	中国建设银行股份有限公司	—
1.12	嘉实	中国建设银行股份有限公司	—
0.90	嘉实	中国银行股份有限公司	—
13.99	民生加银	中国建设银行股份有限公司	—
0.61	诺安	中国银行股份有限公司	—
1.89	嘉实	中国农业银行股份有限公司	—
0.67	嘉实	交通银行股份有限公司	—
13.79	富国	中国农业银行股份有限公司	—
0.71	博时	中国工商银行股份有限公司	—
3.56	诺安	中国工商银行股份有限公司	—
6.10	富国	中国建设银行股份有限公司	—
1.21	泰信	中信银行股份有限公司	—
12.74	汇添富	中国工商银行股份有限公司	—
0.69	长盛	中国银行股份有限公司	—
21.75	华安	中国工商银行股份有限公司	—
34.28	诺安	中国工商银行股份有限公司	—
10.79	国投瑞银	中国银行股份有限公司	—
3.50	华安	中国银行股份有限公司	—
3.34	天弘	中国工商银行股份有限公司	—
4.14	博时	招商银行股份有限公司	—
0.31	方正富邦	交通银行股份有限公司	—
24.99	长城	中国建设银行股份有限公司	—
6.97	上投摩根	交通银行股份有限公司	—
1.49	易方达	中国工商银行股份有限公司	—
20.76	广发	中国工商银行股份有限公司	—
38.03	中邮创业	中国农业银行股份有限公司	—
2.41	博时	中国建设银行股份有限公司	—
26.30	鹏华	上海浦东发展银行股份有限公司	—
5.27	鹏华	上海银行股份有限公司	—
8.49	鹏华	中信银行股份有限公司	—
0.66	长盛	中国农业银行股份有限公司	—
6.94	安信	中国农业银行股份有限公司	—
23.43	中海	招商银行股份有限公司	—

4–6 续表 1

序号 No.	基金名称 Fund Name	发行时间 Issue Date	基金份额 (亿份) Fund Units (100 million units)
41	鹏华丰融定期开放债券型证券投资基金	2013-10-14	1.02
42	建信安心回报两年定期开放债券型证券投资基金	2013-10-10	1.98
43	富兰克林国海岁岁恒丰定期开放债券型证券投资基金	2013-10-21	4.19
44	信诚年年有余定期开放债券型证券投资基金	2013-10-21	5.42
45	中银惠利纯债半年定期开放债券型证券投资基金	2013-10-14	44.42
46	中融增鑫一年定期开放债券型证券投资基金	2013-11-11	1.98
47	国开泰富岁月鎏金定期开放信用债券型证券投资基金	2013-11-18	8.22
48	嘉实绝对收益策略定期开放混合型发起式证券投资基金	2013-11-07	3.10
49	摩根士丹利华鑫纯债稳定添利18个月定期开放债券型证券投资基金	2014-08-04	20.99
50	大成信用增利一年定期开放债券习惯证券投资基金	2014-01-06	3.60
51	易方达裕惠回报定期开放混合型发起式证券投资基金	2013-12-10	19.80
52	融通月月添利定期开放债券型证券投资基金	2014-05-25	9.93
53	景顺长城新月薪定期支付债券型证券投资基金	2014-02-26	10.24
54	富国目标齐利一年期纯债债券型证券投资基金	2014-06-25	9.18
55	中信建投稳信定期开放债券型证券投资投资基金	2013-01-06	2.72
56	诺安永鑫收益一年定期开放债券型证券投资基金	2014-04-28	0.77
57	兴业年过期开放债券型证券投资基金	2014-02-24	19.11
58	中加纯债一年定期开放债券型证券投资基金	2014-03-10	8.58
59	鑫元一年定期开放债券型证券投资基金	2014-03-18	17.25
60	江信聚福定期开放债券型发起式证券投资基金	2014-05-05	15.84
61	嘉实对冲套利定期开放混合型发起式证券投资基金	2014-04-18	7.20
62	中海惠祥分级债券型证券投资基金	2014-08-18	8.30
63	工银瑞信目标收益一年定期开放债券型证券投资基金	2014-07-21	6.58
64	国投瑞银岁利增利一年期定期开放债券型证券投资基金	2014-09-01	7.94
65	中银安心回报半年定期开放债券型证券投资基金	2014-09-29	16.49
66	中欧睿达定期开放混合型发起式证券投资基金	2014-11-20	13.52
67	鑫元半年定期开放债券型证券投资基金	2014-11-17	3.17
68	银华回报灵活配置定期开放混合发起式证券投资基金	2014-12-08	12.27
69	国寿安保尊益信用纯债一年定期开放债券型证券投资基金	2014-12-29	3.33
70	东方红睿元三年定期开放灵活配置混合型发起式证券投资基金	2015-01-08	6.72
71	广发对冲套利定期开放混合型发起式证券投资基金	2015-01-21	17.13
72	兴业年年利定期开放债券型证券投资基金	2015-01-26	27.80
73	诺安裕鑫收益两年定期开放债券型证券投资基金	2015-02-26	2.10
74	中银恒利半年定期开放债券型证券投资基金	2015-01-26	21.09
75	中欧精选灵活配置定期开放混合型发起式证券投资基金	2015-03-11	30.80
76	国投瑞银岁丰利一年定期开放债券型证券投资系基金	2015-07-21	5.84
77	中海安鑫宝1号保本混合型证券投资基金	2015-03-26	2.39
78	东方永润18个月定期开放债券型证券投资基金	2015-04-01	6.14
79	博时招财一号保本混合型基金	2015-04-21	13.53
80	华福长乐半年定期开放债券型证券投资基金	2015-06-08	50.00

continued

基金资产规模（亿元） Fund Asset Value (100 million yuan)	基金管理公司 Fund Management Company	基金托管银行 Fund Custodian Bank	上市地点 Listing Location
1.16	鹏华	交通银行股份有限公司	—
2.03	建信	招商银行股份有限公司	—
4.39	国海富兰克林	中国农业银行股份有限公司	—
6.74	信诚	中国银行股份有限公司	—
47.37	中银	中信银行股份有限公司	—
2.43	中融	中国工商银行股份有限公司	—
8.94	国开泰富	交通银行股份有限公司	—
3.59	嘉实	中国银行股份有限公司	—
24.10	摩根士丹利华鑫	中国民生银行股份有限公司	—
4.40	大成	中国农业银行股份有限公司	—
31.34	易方达	兴业银行股份有限公司	—
10.59	融通	中国农业银行股份有限公司	—
11.06	景顺长城	中国工商银行股份有限公司	—
9.70	富国	中国工商银行股份有限公司	—
2.93	中信建投	上海浦东发展银行股份有限公司	—
0.80	诺安	中国农业银行股份有限公司	—
21.81	兴业	交通银行股份有限公司	—
10.15	中加	中国邮政储蓄银行有限责任公司	—
15.66	鑫元	中国光大银行股份有限公司	—
16.81	江信	中国光大银行股份有限公司	—
7.59	嘉实	招商银行股份有限公司	—
8.77	中海	中国农业银行股份有限公司	—
7.32	工银瑞信	上海浦东发展银行股份有限公司	—
8.25	国投瑞银	中国银行股份有限公司	—
17.00	中银	上海银行股份有限公司	—
14.78	中欧	招商银行股份有限公司	—
2.95	鑫元	中国光大银行股份有限公司	—
13.79	银华	宁波银行股份有限公司	—
3.58	国寿安保	上海浦东发展银行股份有限公司	—
9.84	东证资管	招商银行股份有限公司	—
19.35	广发	中国工商银行股份有限公司	—
29.97	兴业	中国民生银行股份有限公司	—
2.21	诺安	中国工商银行股份有限公司	—
23.31	中银	招商银行股份有限公司	—
31.84	中欧	中国工商银行股份有限公司	—
5.98	国投瑞银	中国银行股份有限公司	—
2.43	中海	平安银行股份有限公司	—
5.99	东方	中国民生银行股份有限公司	—
13.36	博时	招商银行股份有限公司	上海
52.92	华福	兴业银行股份有限公司	—

4–6 续表 2

序号 No.	基金名称 Fund Name	发行时间 Issue Date	基金份额 (亿份) Fund Units (100 million units)
81	民生加银新动力灵活配置定期开放混合型证券投资基金	2015-05-04	31.56
82	东方红睿逸定期开放混合型发起式证券投资基金	2015-05-18	10.55
83	德邦纯债18个月定期开放债券型证券投资基金	2015-12-09	6.65
84	银华战略新兴灵活配置定期开放混合型发起式证券投资基金	2015-08-27	7.89
85	银华逆向投资灵活配置定期开放混合型发起式证券投资基金	2015-11-16	0.46
86	景顺长城景瑞收益定期开放债券型证券投资基金	2015-08-26	5.69
87	国寿安保尊盈一年定期开放债券型证券投资基金	2015-11-03	6.95
88	光大保德信尊尚一年定期开放债券型证券投资基金	2015-12-08	2.75
89	博时安荣18个月定期开放债券型证券投资基金	2015-11-24	23.11
90	博时安誉18个月定期开放债券型证券投资基金	2015-12-23	25.95
91	招商招益一年定期开放债券型证券投资基金	2015-12-25	3.67
92	南方弘利定期开放债券型发起式证券投资基金	2015-12-11	20.10
93	博时安心收益定期开放债券型证券投资基金	2012-11-07	2.61
94	嘉实增强收益定期开放债券型证券投资基金	2012-08-27	2.35
95	富国强回报定期开放债券型证券投资基金	2012-12-28	1.76
96	南方永利1年定期开放债券型证券投资基金（LOF）	2013-03-25	2.55
97	南方聚利1年定期开放债券型证券投资基金（LOF）	2013-10-28	3.75
98	博时安丰18个月定期开放债券型证券投资基金	2013-07-29	4.53
99	鹏华中小企业纯债债券型发起式证券投资基金	2012-10-15	6.60
100	鹏华丰利分级债券型发起式证券投资基金	2013-03-25	9.34
101	富国汇利分级债券型证券投资基金	2010-09-01	16.35
102	富国新天锋定期开放债券型证券投资基金	2012-04-05	4.34
103	易方达永旭添利定期开放债券型证券投资基金	2012-06-04	6.68
104	融通岁岁添利定期开放债券型证券投资基金	2012-10-09	12.25
105	融通同福分级债券型证券投资基金	2013-11-11	1.74
106	招商信用添利债券型证券投资基金	2010-06-01	13.85
107	银华永兴纯债分级债券型发起式证券投资基金	2013-01-07	6.78
108	万家强化收益定期开放债券型证券投资基金	2013-04-08	2.51
109	泰达宏利聚利分级债券型证券投资基金	2011-04-06	15.82
110	海富通稳进增利分级债券型证券投资基金	2011-07-25	0.57
111	国联安双佳信用分级债券型证券投资基金	2012-05-07	3.02
112	长信利鑫分级债券型证券投资基	2011-06-08	2.39
113	长信利众分级债券型证券投资基金	2013-01-21	2.32
114	诺安纯债定期开放债券型证券投资基金	2013-02-28	8.83
115	中银信用增利债券型证券投资基金	2012-01-30	15.59
116	中银盛利纯债一年定期开放债券型证券投资基金	2013-07-04	26.26
117	中银产业债一年定期开放债券型证券投资基金	2014-08-11	8.98
118	中海惠裕纯债分级债券型发起式证券投资基金	2012-11-28	5.62
119	中海惠丰纯债分级债券型证券投资基金	2013-08-16	5.81
120	天弘添利分级债券型证券投资基金	2010-11-25	15.79

continued

基金资产规模（亿元）Fund Asset Value (100 million yuan)	基金管理公司 Fund Management Company	基金托管银行 Fund Custodian Bank	上市地点 Listing Location
33.05	民生加银	包商银行股份有限公司	—
11.07	东证资管	招商银行股份有限公司	—
6.66	德邦	中国民生银行股份有限公司	—
7.98	银华	中国建设银行股份有限公司	—
0.48	银华	中国建设银行股份有限公司	—
5.85	景顺长城	兴业银行股份有限公司	—
6.92	国寿安保	中国工商银行股份有限公司	—
2.76	光大保德信	宁波银行股份有限公司	—
23.75	博时	招商银行股份有限公司	—
26.26	博时	中国民生银行股份有限公司	—
3.67	招商	中国民生银行股份有限公司	—
20.14	南方	中国光大银行股份有限公司	—
2.88	博时	中国建设银行股份有限公司	—
2.47	嘉实	招商银行股份有限公司	—
2.21	富国	中国工商银行股份有限公司	—
2.50	南方	中国工商银行股份有限公司	—
3.93	南方	中国银行股份有限公司	—
4.98	博时	上海浦东发展银行股份有限公司	—
7.51	鹏华	招商银行股份有限公司	—
10.74	鹏华	招商银行股份有限公司	—
16.52	富国	中国农业银行股份有限公司	—
4.43	富国	中国建设银行股份有限公司	深圳
7.35	易方达	中国工商银行股份有限公司	—
13.82	融通	中国工商银行股份有限公司	—
2.59	融通	中国工商银行股份有限公司	—
14.28	招商	中国农业银行股份有限公司	深圳
8.40	银华	中国建设银行股份有限公司	—
2.65	万家	华夏银行股份有限公司	—
24.07	泰达宏利	中国银行股份有限公司	—
0.95	海富通	中国建设银行股份有限公司	深圳
3.23	国联安	中国光大银行股份有限公司	—
3.77	长信	中国邮政储蓄银行有限责任公司	深圳
3.06	长信	上海浦东发展银行股份有限公司	—
11.44	诺安	中国工商银行股份有限公司	—
19.76	中银	中信银行股份有限公司	深圳
28.55	中银	中国工商银行股份有限公司	—
9.84	中银	中国工商银行股份有限公司	—
6.98	中海	招商银行股份有限公司	—
5.97	中海	广东发展银行股份有限公司	—
15.93	天弘	中国工商银行股份有限公司	深圳

4–6 续表 3

序号 No.	基金名称 Fund Name	发行时间 Issue Date	基金份额（亿份） Fund Units (100 million units)
121	天弘丰利分级债券型证券投资基金	2011-10-24	13.54
122	天弘同利分级债券型证券投资基金	2013-09-02	2.94
123	华泰柏瑞信用增利债券型证券投资基金	2011-07-25	3.75
124	汇添富季季红定期开放债券型证券投资基金	2012-06-14	4.13
125	工银瑞信纯债定期开放债券型证券投资基金	2012-05-21	3.99
126	工银瑞信双债增强债券型证券投资基金	2013-08-19	4.12
127	民生加银平稳增利定期开放债券型证券投资基金	2012-10-09	17.39
128	民生加银平稳添利定期开放债券型证券投资基金	2013-07-08	17.40
129	安信宝利分级债券型证券投资基金	2013-06-24	17.41
130	东方红睿丰灵活配置混合型证券投资基金	2014-08-25	16.10
131	东方红睿阳灵混合配置混合型证券投资基金	2014-12-22	5.30
132	丰和价值证券投资基金	2002-03-15	30.00
133	久嘉证券投资基金	2002-07-01	20.00
134	鸿阳证券投资基金	2001-11-28	20.00
135	鹏华前海万科REITs封闭式混合型发起式证券投资基金	9999-12-31	30.00
136	通乾证券投资基金	2001-08-23	20.00
137	科瑞证券投资基金	2002-02-28	30.00
138	银丰证券投资基金	2002-08-08	30.00
139	嘉实元和直投封闭混合型发起式证券投资基金	2014-09-23	100.00
140	海富通一年定期开放债券型证券投资基金	2013-09-16	13.14
141	海富通双利债券型证券投资基金	2013-10-11	1.66
142	海富通双福分级债券型证券投资基金	2014-04-21	1.80
143	浦银安盛幸福回报定期开放债券型证券投资基金	2012-08-15	37.61
144	浦银安盛6个月定期开放债券型证券投资基金	2013-04-08	1.10
145	浦银安盛季季添利定期开放债券型证券投资基金	2013-05-13	7.62
146	浦银安盛月月盈安心养老定期支付债券型证券投资基金	2014-11-03	2.86
147	新华安享惠定期开放债券型证券投资基金	2013-10-08	2.27
148	万家岁得利定期开放债券型发起式证券投资基金	2013-02-01	0.75
149	银河岁岁回报定期开放是债券型证券投资基金	2013-07-08	1.08
150	交银施罗德丰盈收益债券型证券投资基金	2014-08-05	5.11
151	交银施罗德丰润收益债券型证券投资基金	2014-11-24	4.25
152	交银施罗德丰享收益债券型证券投资基金	2014-12-22	2.59
153	交银施罗德丰泽收益债券型证券投资基金	2015-01-14	2.26
154	交银施罗德丰硕收益债券型证券投资基金	2015-10-23	4.39
155	长信富安纯债一年定期开放债券型证券投资基金	2015-11-20	14.83
156	长信富海纯债一年定期开放债券型证券投资基金	2015-09-30	11.83
157	长信富民纯债一年定期开放债券型证券投资基金	2015-08-17	5.16
158	长信纯债一年定期开放债券型证券投资基金	2013-10-28	13.54
159	信诚添金分级债券型证券投资基金	2012-11-28	7.08

数据来源：中国证监会。
Source: CSRC.

continued

基金资产规模 (亿元) Fund Asset Value (100 million yuan)	基金管理公司 Fund Management Company	基金托管银行 Fund Custodian Bank	上市地点 Listing Location
14.83	天弘	中国邮政储蓄银行有限责任公司	—
4.01	天弘	中国工商银行股份有限公司	—
4.40	华泰柏瑞	中国银行股份有限公司	深圳
4.44	汇添富	中国建设银行股份有限公司	深圳
4.33	工银瑞信	交通银行股份有限公司	深圳
4.42	工银瑞信	中国银行股份有限公司	—
18.74	民生加银	中国建设银行股份有限公司	深圳
19.63	民生加银	中国建设银行股份有限公司	—
18.04	安信	中国工商银行股份有限公司	—
28.75	东证资管	招商银行股份有限公司	—
7.78	东证资管	中国光大银行股份有限公司	—
42.39	嘉实	中国农业银行股份有限公司	深圳
28.86	长城	中国农业银行股份有限公司	深圳
28.67	宝盈	中国农业银行股份有限公司	深圳
31.38	鹏华	上海浦东发展银行股份有限公司	—
33.58	融通	中国建设银行股份有限公司	上海
52.12	易方达	交通银行股份有限公司	上海
53.93	银河	中国建设银行股份有限公司	上海
109.94	嘉实	中国工商银行股份有限公司	—
23.49	海富通	中国工商银行股份有限公司	—
1.91	海富通	中国工商银行股份有限公司	—
2.48	海富通	中国银行股份有限公司	—
38.75	浦银安盛	交通银行股份有限公司	—
1.25	浦银安盛	招商银行股份有限公司	—
9.39	浦银安盛	上海银行股份有限公司	—
3.05	浦银安盛	上海银行股份有限公司	—
2.52	新华	广东发展银行股份有限公司	—
0.81	万家	中国工商银行股份有限公司	—
1.65	银河	中国邮政储蓄银行有限责任公司	—
5.80	交银施罗德	中信银行股份有限公司	—
4.70	交银施罗德	中信银行股份有限公司	—
2.87	交银施罗德	中信银行股份有限公司	—
2.50	交银施罗德	中信银行股份有限公司	—
4.41	交银施罗德	中信银行股份有限公司	—
14.92	长信	中国民生银行股份有限公司	—
12.23	长信	渤海银行股份有限公司	—
5.39	长信	中国民生银行股份有限公司	—
14.14	长信	中国工商银行股份有限公司	—
7.13	信诚	中国银行股份有限公司	—

4-7 2015年开放式基金名录
List of Open-ended Funds in 2015

序号 No.	基金名称 Fund Name	成立时间 Issue Date
1	华夏成长证券投资基金	2001-12-18
2	中海可转换债权债券型证券投资基金	2013-03-20
3	鹏华国有企业债债券型证券投资基金	2013-03-08
4	嘉实中证500交易型开放式指数证券投资联接基金	2013-03-22
5	易方达天天理财货币市场基金	2013-03-04
6	华夏大盘精选证券投资基金	2004-08-11
7	华夏聚利债券型证券投资基金	2013-03-19
8	华夏纯债债券型证券投资基金	2013-03-08
9	财通可持续发展主题混合型证券投资基金	2013-03-27
10	景顺长城品质投资混合型证券投资基金	2013-03-19
11	华夏优势增长混合型证券投资基金	2006-11-24
12	南方中债中期票据指数债券型证券发起式证券投资基金	2013-05-03
13	摩根士丹利华鑫双利增强债券型证券投资基金	2013-03-26
14	华富保本混合型证券投资基金	2013-04-24
15	富国宏观策略灵活配置混合型证券投资基金	2013-04-12
16	长城久利保本混合型证券投资基金	2013-04-18
17	华夏复兴混合型证券投资基金	2007 09 10
18	易方达信用债债券型证券投资基金	2013-04-24
19	广发理财7天债券型证券投资投资基金	2013-06-20
20	农银汇理低估值高增长混合型证券投资基金	2013-03-26
21	华夏全球精选股票型证券投资基金	2007-10-09
22	中证财通中国可持续发展100（ECPI ESG）指数增强型证券投资基金	2013-03-22
23	嘉实美国成长股票型证券投资基金	2013-06-14
24	工银瑞信产业债债券型证券投资基金	2013-03-28
25	华夏双债增强债券型证券投资基金	2013-03-14
26	中银标普全球精选自然资源等权重指数证券投资基金	2013-03-19
27	长盛纯债债券型证券投资基金	2013-03-13
28	华夏沪深300交易型开放式指数证券投资基金联接基金	2009-07-10
29	鹏华实业债债券型证券投资基金	2013-05-03
30	鹏华双债增利债券型证券投资基金	2013-03-13
31	建信消费升级混合型证券投资基金	2013-06-14
32	中银消费主题混合型证券投资基金	2013-04-25
33	国联安保本混合型证券投资基金	2013-04-23
34	国联安中证医药100指数证券投资基金	2013-08-21
35	国联安中证股债动态策略指数证券投资基金	2013-06-26
36	华夏盛世精选混合型证券投资基金	2009-12-11
37	银华量化智慧动力灵活配置混合型证券投资基金	2013-05-22
38	长盛电子信息主题灵活配置混合型证券投资基金	2013-05-10
39	富兰克林国海焦点驱动灵活配置混合型证券投资基金	2013-05-07
40	诺安鸿鑫保本混合型证券投资基金	2013-05-03
41	民生加银转债优选债券型证券投资基金	2013-04-18
42	国投瑞银中高等级债券型针管投资基金	2013-05-14
43	恒生交易型开放式指数证券投资基金联接基金	2012-08-21
44	华安保本混合型证券投资基金	2013-05-14
45	上投摩根成长动力混合型证券投资基金	2013-05-15
46	天治可转债增强债券型证券投资基金	2013-06-04
47	嘉实研究阿尔法股票型证券投资基金	2013-05-28
48	汇添富消费行业混合型证券投资基金	2013-05-03
49	博时安盈债券型证券投资基金	2013-04-23
50	嘉实中证金边中期国债交易型开放式指数证券投资基金联接基金	2013-05-10

List of Open-ended Funds in 2015

基金份额（亿份）Fund Units (100 million units)	基金资产规模（亿元）Fund Asset Value (100 million yuan)	基金管理公司 Fund Management Company	基金托管银行 Fund Custodian Bank
44.08	60.92	华夏	中国建设银行股份有限公司
0.93	0.98	中海	中国农业银行股份有限公司
0.66	0.82	鹏华	中国工商银行股份有限公司
2.08	4.13	嘉实	中国建设银行股份有限公司
593.22	593.22	易方达	中国工商银行股份有限公司
1.73	19.90	华夏	中国银行股份有限公司
49.13	56.45	华夏	中国工商银行股份有限公司
83.31	97.46	华夏	中国建设银行股份有限公司
0.81	1.84	财通	中国工商银行股份有限公司
3.32	6.24	景顺长城	中国农业银行股份有限公司
42.45	84.12	华夏	中国建设银行股份有限公司
0.69	0.81	南方	中国银行股份有限公司
7.71	9.76	摩根士丹利华鑫	中国建设银行股份有限公司
1.34	1.45	华富	上海浦东发展银行股份有限公司
1.54	2.48	富国	中国建设银行股份有限公司
6.44	12.70	长城	中国建设银行股份有限公司
11.61	24.81	华夏	中国农业银行股份有限公司
19.59	23.14	易方达	中国工商银行股份有限公司
3.07	3.07	广发	中国工商银行股份有限公司
2.86	6.53	农银汇理	交通银行股份有限公司
67.12	52.36	华夏	中国建设银行股份有限公司
0.18	0.28	财通	上海银行股份有限公司
0.33	0.74	嘉实	中国银行股份有限公司
6.51	8.86	工银瑞信	中信银行股份有限公司
3.00	3.50	华夏	中国银行股份有限公司
0.20	0.13	中银	招商银行股份有限公司
1.64	1.99	长盛	中国银行股份有限公司
98.75	113.88	华夏	中国工商银行股份有限公司
0.32	0.47	鹏华	中国建设银行股份有限公司
2.63	3.20	鹏华	上海银行股份有限公司
0.32	0.55	建信	中国民生银行股份有限公司
0.26	0.46	中银	招商银行股份有限公司
0.79	0.99	国联安	中国工商银行股份有限公司
1.83	3.24	国联安	交通银行股份有限公司
0.04	0.04	国联安	中国建设银行股份有限公司
19.41	23.62	华夏	中国建设银行股份有限公司
0.12	0.16	银华	中国建设银行股份有限公司
12.83	32.48	长盛	中国银行股份有限公司
21.88	29.30	国海富兰克林	中国农业银行股份有限公司
2.28	3.29	诺安	中国工商银行股份有限公司
5.18	4.37	民生加银	中国建设银行股份有限公司
10.84	12.05	国投瑞银	中国银行股份有限公司
0.80	0.86	华夏	中国银行股份有限公司
2.68	4.87	华安	中国建设银行股份有限公司
1.45	2.19	上投摩根	中国银行股份有限公司
2.49	3.45	天治	交通银行股份有限公司
1.78	3.32	嘉实	中国农业银行股份有限公司
12.66	32.07	汇添富	中国建设银行股份有限公司
19.06	20.63	博时	中国工商银行股份有限公司
0.19	0.21	嘉实	中国银行股份有限公司

4–7 续表 1

序号 No.	基金名称 Fund Name	成立时间 Issue Date
51	民生加银家盈理财月度债券型证券投资基金	2013-04-25
52	信诚新双盈分级债券型证券投资基金	2013-05-09
53	国泰中国企业边境外高收益债券型证券投资基金	2013-04-26
54	华宸未来信用增利债券型发起式证券投资基金	2013-08-19
55	富国信用增强债券型证券投资基金	2013-05-21
56	金鹰元安保本混合型证券投资基金	2013-05-20
57	广发轮动配置混合型证券投资基金	2013-05-28
58	广发聚鑫债券型证券投资基金	2013-06-05
59	中银美丽中国混合型证券投资基金	2013-06-07
60	华夏永福养老理财混合型证券投资基金	2013-08-13
61	汇添富实业债债券型证券投资基金	2013-06-14
62	华宝兴业服务优选混合型证券投资基金	2013-06-27
63	上投摩根天颐年丰混合型证券投资基金	2013-07-18
64	招商安润保本混合型证券投资基金	2013-04-19
65	农银汇理行业领先混合型证券投资基金	2013-06-25
66	大成景安短融债券型证券投资基金	2013-05-24
67	大成景兴信用债券型证券投资基金	2013 06-04
68	中银理财21天债券型证券投资基金	2013-12-19
69	民生加银策略精选灵活配置混合型证券投资基金	2013-06-07
70	富国国有企业债债券型证券投资基金	2013-09-25
71	融通通泰保本混合型证券投资基金	2013-05-30
72	鹏华双债加利债券型证券投资基金	2013-05-27
73	易方达高等级信用债券型证券投资基金	2013-08-23
74	华安双债添利债券型证券投资基金	2013-06-14
75	大成景旭纯债债券型证券投资基金	2013-07-23
76	国投瑞银策略精选灵活配置混合型证券投资基金	2013-09-27
77	中海安鑫保本混合型证券投资基金	2013-07-31
78	广发聚优灵活配置混合型证券投资基金	2013-09-11
79	泰达宏利收益增强债券型证券投资基金	2013-06-14
80	易方达裕丰回报债券型证券投资基金	2013-08-23
81	华泰柏瑞量化指数增强混合型证券投资基金	2013-08-02
82	汇添富美丽30混合型证券投资基金	2013-06-25
83	汇添富高息债债券型证券投资基金	2013-06-27
84	嘉实沪深300指数研究增强型证券投资基金	2014-12-26
85	博时灵活配置混合型证券投资基金	2013-11-08
86	广发美国房地产指数证券投资基金	2013-08-09
87	景顺长城四季金利纯债债券型证券投资投资基金	2013-07-30
88	工银瑞信添福债券型证券投资基金	2013-10-31
89	华泰柏瑞季季红债券型证券投资基金	2013-11-13
90	华泰柏瑞丰盛纯债型证券投资基金	2013-09-02
91	中银新回报灵活配置混合型证券投资基金	2013-09-10
92	富国信用债债券型证券投资基金	2013-06-25
93	国泰美国房产开发股票型证券投资基金	2013-08-06
94	银华信用四季红债券型证券投资基金	2013-08-07
95	工银瑞信保本3号混合型证券投资基金	2013-06-26
96	天弘余额宝货币市场基金	2013-05-29
97	国泰目标收益保本混合型证券投资基金	2013-08-12
98	富兰克林国海日日收益货币市场证券投资基金	2013-07-24
99	易方达投资级信用债券型证券投资基金	2013-09-10
100	建信双债增强债券型证券投资基金	2013-07-25

continued

基金份额（亿份）Fund Units (100 million units)	基金资产规模（亿元）Fund Asset Value (100 million yuan)	基金管理公司 Fund Management Company	基金托管银行 Fund Custodian Bank
44.57	44.57	民生加银	中国建设银行股份有限公司
0.99	1.02	信诚	中国建设银行股份有限公司
4.32	5.07	国泰	中国农业银行股份有限公司
0.18	0.19	华宸未来	中国工商银行股份有限公司
1.61	1.65	富国	中国工商银行股份有限公司
1.96	2.05	金鹰	广东发展银行股份有限公司
8.87	15.55	广发	中国工商银行股份有限公司
10.07	13.29	广发	中国银行股份有限公司
0.42	0.63	中银	中国民生银行股份有限公司
25.16	36.38	华夏	中国农业银行股份有限公司
4.64	5.19	汇添富	中国建设银行股份有限公司
18.69	44.59	华宝兴业	中国建设银行股份有限公司
18.12	18.66	上投摩根	中国建设银行股份有限公司
9.57	13.60	招商	中国银行股份有限公司
4.93	9.79	农银汇理	交通银行股份有限公司
5.35	6.35	大成	中国农业银行股份有限公司
0.91	1.28	大成	中国银行股份有限公司
2.22	2.22	中银	中国工商银行股份有限公司
2.35	6.05	民生加银	中国建设银行股份有限公司
4.78	4.80	富国	中国农业银行股份有限公司
22.36	27.59	融通	中国工商银行股份有限公司
1.05	1.34	鹏华	北京银行股份有限公司
20.76	23.25	易方达	中国建设银行股份有限公司
20.66	28.93	华安	交通银行股份有限公司
5.04	6.29	大成	中国工商银行股份有限公司
2.18	4.24	国投瑞银	中国银行股份有限公司
8.77	8.83	中海	上海浦东发展银行股份有限公司
1.89	3.22	广发	中国银行股份有限公司
5.20	5.38	泰达宏利	中国银行股份有限公司
24.83	35.63	易方达	上海浦东发展银行股份有限公司
17.14	30.17	华泰柏瑞	中国银行股份有限公司
15.59	35.77	汇添富	中国工商银行股份有限公司
1.07	1.49	汇添富	中国农业银行股份有限公司
2.83	3.21	嘉实	中国建设银行股份有限公司
19.29	25.22	博时	交通银行股份有限公司
1.29	1.72	广发	中国银行股份有限公司
7.25	8.11	景顺长城	中国农业银行股份有限公司
38.75	64.00	工银瑞信	中国民生银行股份有限公司
6.52	6.83	华泰柏瑞	中国建设银行股份有限公司
9.43	10.65	华泰柏瑞	中国工商银行股份有限公司
35.84	49.19	中银	招商银行股份有限公司
4.17	4.30	富国	中国建设银行股份有限公司
0.26	0.30	国泰	中国银行股份有限公司
4.55	4.89	银华	中国建设银行股份有限公司
2.24	3.00	工银瑞信	招商银行股份有限公司
6206.90	6206.90	天弘	中信银行股份有限公司
0.45	0.68	国泰	中国建设银行股份有限公司
84.46	84.46	国海富兰克林	中国银行股份有限公司
20.57	23.41	易方达	中国农业银行股份有限公司
7.27	9.04	建信	中信银行股份有限公司

4-7 续表 2

序号 No.	基金名称 Fund Name	成立时间 Issue Date
101	信诚新兴产业混合型证券投资基金	2013-07-17
102	光大保德信现金宝货币市场基金	2013-09-05
103	广发成长优选灵活配置混合型证券投资基金	2013-12-11
104	广发趋势优选灵活配置混合型证券投资基金	2013-09-11
105	华安易富黄金交易型开放式证券投资基金联接基金	2013-08-22
106	博时裕益灵活配置混合型证券投资基金	2013-07-29
107	富国医疗保健行业混合型证券投资基金	2013-08-06
108	工银瑞信月月新星期支付债券型证券投资基金	2013-08-14
109	景顺长城策略精选灵活配置混合型证券投资基金	2013-08-06
110	汇添富中证主要消费交易型开放式指数证券投资基金联接基金	2015-03-24
111	工银瑞信金融抵偿行业混合型真全投资基金	2013-08-26
112	景顺长城景兴信用纯债债券型证券投资基金	2013-08-26
113	上投摩根红利回报混合型证券投资基金	2013-09-17
114	农银汇理区间收益灵活配置混合型证券投资基金	2013-08-21
115	信诚季季定期支付债券型证券投资基金	2013-09-12
116	工银瑞信信息产业混合型证券投资基金	2013-11-11
117	博时内需增长灵活配置混合型证券投资基金	2013-07-15
118	建信安心保本混合型证券投资基金	2013-09-03
119	华润元大保本混合型证券投资基金	2013-09-11
120	广发亚太中高收益债券型证券投资基金	2013-11-28
121	融通通泽灵活配置混合型证券投资基金	2013-08-30
122	华商红利优选灵活配置混合型证券投资基金	2013-09-17
123	博时双债增强债券型证券投资基金	2013-09-13
124	富安达信用主题轮动纯债债券发起式证券投资基金	2013-10-25
125	银华信用季季红债券型证券投资基金	2013-09-18
126	银华永利债券型证券投资基金	2014-01-22
127	鹏华全球高收益债券型证券投资基金	2013-10-22
128	华安生态优选混合型证券投资基金	2013-11-28
129	鹏华可转债债券型证券投资基金	2015-02-03
130	中海纯债债券型证券投资基金	2014-04-23
131	德邦德利货币市场基金	2013-09-16
132	国泰淘金互联网债券型证券投资基金	2013-11-19
133	中银中高等级债券型证券投资基金	2013-12-05
134	天弘弘利债券型证券投资基金	2013-09-11
135	建信创新中国混合型证券投资基金	2013-09-24
136	摩根士丹利华鑫品质生活精选股票型证券投资基金	2013-10-29
137	景顺长城沪深300指数增强型证券投资基金	2013-10-29
138	华安沪深300量化增强证券投资基金	2013-09-27
139	招商瑞丰灵活配置混合型发起式证券投资基金	2013-11-06
140	泰达宏利淘利债券型证券投资基金	2014-08-06
141	农银汇理14天理财债券型证券投资基金	2013-12-17
142	华润元大现金收益货币市场基金	2013-10-29
143	南方顺达保本混合型证券投资基金	2015-10-28
144	南方丰合保本混合型证券投资基金	2015-05-28
145	上投摩根转型动力灵活配置混合型证券投资基金	2013-11-25
146	汇添富现金宝货币市场基金	2013-09-12
147	中加货币市场基金	2013-10-21
148	长城稳固收益债券型证券投资基金	2015-01-28
149	农银汇理研究精选灵活配置混合型证券投资基金	2013-11-05
150	鹏华双债保利债券型证券投资基金	2013-09-17

continued

基金份额 (亿份) Fund Units (100 million units)	基金资产规模 (亿元) Fund Asset Value (100 million yuan)	基金管理公司 Fund Management Company	基金托管银行 Fund Custodian Bank
0.17	0.39	信诚	中国银行股份有限公司
218.54	218.54	光大保德信	中国农业银行股份有限公司
3.22	4.34	广发	交通银行股份有限公司
0.54	0.75	广发	中国农业银行股份有限公司
0.62	0.52	华安	中国建设银行股份有限公司
1.28	2.31	博时	中国建设银行股份有限公司
10.90	26.01	富国	中国工商银行股份有限公司
7.26	10.55	工银瑞信	交通银行股份有限公司
2.26	3.17	景顺长城	中国银行股份有限公司
12.57	12.37	汇添富	中国工商银行股份有限公司
8.74	23.38	工银瑞信	兴业银行股份有限公司
6.06	7.51	景顺长城	中国建设银行股份有限公司
9.79	10.07	上投摩根	中国银行股份有限公司
0.32	0.66	农银汇理	中国建设银行股份有限公司
0.57	0.76	信诚	中国建设银行股份有限公司
11.02	29.26	工银瑞信	中国农业银行股份有限公司
3.06	4.06	博时	中国农业银行股份有限公司
2.75	4.23	建信	中国民生银行股份有限公司
2.76	5.02	华润元大	中国农业银行股份有限公司
0.32	0.37	广发	中国工商银行股份有限公司
24.09	23.90	融通	中国工商银行股份有限公司
8.63	9.44	华商	中国工商银行股份有限公司
2.84	3.38	博时	中国银行股份有限公司
0.14	0.19	富安达	中国农业银行股份有限公司
149.70	157.06	银华	中国工商银行股份有限公司
8.32	10.37	银华	中国银行股份有限公司
1.94	2.33	鹏华	中国工商银行股份有限公司
0.95	1.86	华安	中国建设银行股份有限公司
0.65	0.63	鹏华	中国农业银行股份有限公司
7.03	8.05	中海	中国工商银行股份有限公司
158.30	158.30	德邦	中国民生银行股份有限公司
0.27	0.32	国泰	宁波银行股份有限公司
46.24	50.89	中银	中国民生银行股份有限公司
7.61	9.67	天弘	北京银行股份有限公司
0.28	0.62	建信	中信银行股份有限公司
2.93	5.00	摩根士丹利华鑫	中国建设银行股份有限公司
2.09	3.92	景顺长城	中国农业银行股份有限公司
0.60	0.91	华安	兴业银行股份有限公司
22.27	30.87	招商	中国银行股份有限公司
4.55	5.36	泰达宏利	中国银行股份有限公司
6.27	6.27	农银汇理	交通银行股份有限公司
23.58	23.58	华润元大	中国工商银行股份有限公司
29.79	29.97	南方	中国工商银行股份有限公司
26.60	26.99	南方	中国建设银行股份有限公司
13.79	25.16	上投摩根	中国建设银行股份有限公司
440.67	440.67	汇添富	中国工商银行股份有限公司
128.38	128.38	中加	中国光大银行股份有限公司
2.64	2.89	长城	中国工商银行股份有限公司
2.61	4.65	农银汇理	中国建设银行股份有限公司
2.54	2.83	鹏华	上海银行股份有限公司

4–7 续表 3

序号 No.	基金名称 Fund Name	成立时间 Issue Date
151	长城医疗保健混合型证券投资基金	2014-02-28
152	嘉实新兴市场债券型证券投资基金	2013-11-26
153	华夏财富宝货币市场基金	2013-10-25
154	长盛城镇化主题混合型证券投资基金	2013-11-12
155	南方丰元信用增强债券型证券投资基金	2013-11-12
156	易方达易理财货币市场基金	2013-10-24
157	国泰聚信价值优势灵活配置混合型证券投资基金	2013-12-17
158	汇添富添富通货币市场基金	2013-12-10
159	国泰安康养老定期支付混合型证券投资基金	2014-04-29
160	汇添富沪深300安中动态策略指数型证券投资基金	2013-11-06
161	广发全球医疗保健指数证券投资基金	2013-12-10
162	民生加银现金宝市场基金	2013-10-18
163	华安中证细分医药交易型开放式指数证券投资基金联接基金	2014-11-28
164	上投摩根双债增利债券型证券投资基金	2013-12-11
165	平安大华日增利货币市场基金	2013-12-03
166	景顺长城景益货币市场基金	2013-11-26
167	富国恒利分级债券型证券投资基金	2013-12-09
168	景顺长城景颐双利债券型证券投资基金	2013-11-13
169	泰达宏利瑞利分级债券型证券投资基金	2013-11-14
170	广发天天红发起式货币市场基金	2013-10-22
171	华商优势行业灵活配置混合型证券投资基金	2013-12-11
172	招商标普高收益红利贵族指数增强型证券投资基金	2013-12-11
173	融通通源短融债券型证券投资基金	2013-12-31
174	汇添富安心中国债券型证券投资基金	2013-11-25
175	汇添富全额宝货币市场基金	2013-12-12
176	华富灵活配置混合型证券投资基金	2014-08-07
177	工银瑞信纯债债券型证券投资基金	2014-05-16
178	易方达新兴成长灵活配置混合型证券投资基金	2013-11-28
179	信诚月月定期支付债券型证券投资基金	2013-12-30
180	汇添富双利增强债券型证券投资基金	2013-12-03
181	民生加银城镇化灵活配置混合型证券投资基金	2013-12-11
182	鹏华环保产业股票型证券投资基金	2014-03-07
183	益民服务领先灵活配置混合型证券投资基金	2013-12-13
184	景顺长城优质成长股票型证券投资基金	2014-01-02
185	国联安精选灵活配置混合型证券投资基金	2014-03-04
186	景顺长城成长之星股票型证券投资基金	2013-12-13
187	摩根士丹利华鑫优质信价纯债债券型证券投资基金	2014-11-25
188	华泰柏瑞丰汇债券型证券投资基金	2014-12-10
189	前海开源事件驱动灵活配置混合型发起式证券投资基金	2013-12-19
190	长盛添利宝货币市场基金	2013-12-09
191	易方达聚盈分级债券型发起式证券投资基金	2013-11-14
192	鹏华品牌传承灵活配置混合型证券投资基金	2014-01-28
193	中银优秀企业混合型证券投资基金	2014-01-28
194	安信鑫发优选灵活配置混合型证券投资基金	2013-12-31
195	新华壹诺宝货币市场基金	2013-12-03
196	建信稳定添利债券型证券投资基金	2013-12-10
197	国金鑫盈货币市场证券投资基金	2013-12-16
198	大成景祥分级债券型证券投资基金	2013-11-19
199	南方医药保健灵活配置混合型证券投资基金	2014-01-23
200	上投摩根核心成长股票型证券投资基金	2014-02-10

continued

基金份额（亿份）Fund Units (100 million units)	基金资产规模（亿元）Fund Asset Value (100 million yuan)	基金管理公司 Fund Management Company	基金托管银行 Fund Custodian Bank
2.71	3.95	长城	中国建设银行股份有限公司
3.43	5.89	嘉实	中国工商银行股份有限公司
545.43	545.43	华夏	中国工商银行股份有限公司
2.15	2.86	长盛	中国银行股份有限公司
21.84	24.42	南方	中国工商银行股份有限公司
152.84	152.84	易方达	中国工商银行股份有限公司
0.60	1.15	国泰	广东发展银行股份有限公司
174.94	174.94	汇添富	中国工商银行股份有限公司
18.33	22.83	国泰	中国银行股份有限公司
2.00	2.86	汇添富	中国工商银行股份有限公司
1.55	2.01	广发	广东发展银行股份有限公司
253.95	253.95	民生加银	中国建设银行股份有限公司
0.34	0.44	华安	中国建设银行股份有限公司
0.37	0.42	上投摩根	中国农业银行股份有限公司
299.48	299.48	平安大华	平安银行股份有限公司
42.86	42.86	景顺长城	中国农业银行股份有限公司
0.91	0.91	富国	招商银行股份有限公司
23.29	32.85	景顺长城	北京银行股份有限公司
4.94	5.02	泰达宏利	中国银行股份有限公司
268.33	268.33	广发	广东发展银行股份有限公司
12.44	14.56	华商	中国建设银行股份有限公司
0.14	0.15	招商	中国银行股份有限公司
5.33	5.59	融通	中国农业银行股份有限公司
2.74	3.12	汇添富	中国建设银行股份有限公司
147.47	147.47	汇添富	中国民生银行股份有限公司
39.82	44.85	华富	中国工商银行股份有限公司
79.60	97.42	工银瑞信	兴业银行股份有限公司
8.18	26.95	易方达	中国工商银行股份有限公司
0.10	0.14	信诚	中国银行股份有限公司
3.51	4.41	汇添富	上海浦东发展银行股份有限公司
0.88	1.94	民生加银	中国建设银行股份有限公司
3.58	5.75	鹏华	中国建设银行股份有限公司
1.30	3.28	益民	中国光大银行股份有限公司
1.97	2.60	景顺长城	中国建设银行股份有限公司
22.77	26.55	国联安	中国工商银行股份有限公司
0.48	0.77	景顺长城	中国工商银行股份有限公司
1.59	1.73	摩根士丹利华鑫	中国建设银行股份有限公司
1.76	1.86	华泰柏瑞	中国银行股份有限公司
28.56	29.28	前海开源	上海银行股份有限公司
152.73	152.73	长盛	中国银行股份有限公司
19.18	19.58	易方达	中国建设银行股份有限公司
22.33	24.05	鹏华	中国农业银行股份有限公司
0.23	0.39	中银	招商银行股份有限公司
1.78	2.48	安信	广东发展银行股份有限公司
117.02	117.02	新华	中国建设银行股份有限公司
5.64	6.35	建信	中国农业银行股份有限公司
1.62	1.62	国金	兴业银行股份有限公司
11.85	16.46	大成	中国农业银行股份有限公司
3.91	5.89	南方	中国建设银行股份有限公司
3.53	6.14	上投摩根	中国银行股份有限公司

4-7 续表 4

序号 No.	基金名称 Fund Name	成立时间 Issue Date
201	英大领先回报混合型发起式证券投资基金	2014-03-05
202	农银汇理主题轮动灵活配置混合型证券投资基金	2015-04-10
203	华商双债丰利证券投资基金	2014-01-28
204	嘉实活期宝货币市场基金	2013-12-18
205	融通通瑞债券型证券投资基金	2014-03-21
206	富国城镇发展股票型证券投资基金	2014-01-28
207	广发集鑫债券型证券投资基金	2014-01-27
208	广发天天利货币市场基金	2014-01-27
209	广发主题领先灵活配置混合型证券投资基金	2014-07-31
210	建信中证500指数增强型证券投资基金	2014-01-27
211	东方红新动力灵活配置混合型证券投资基金	2014-01-28
212	鑫元货币市场基金	2013-12-30
213	嘉实1个月理财债券型证券投资基金	2013-12-24
214	嘉实3个月理财债券型证券投资基金	2014-06-26
215	光大保德信岁末红利纯债债券型证券投资基金	2014-08-12
216	南方现金通货币市场基金	2014-01-21
217	长安产业精选灵活配置混合型发起式证券投资基金	2014-05-06
218	财通纯债债券型证券投资基金	2014-01-17
219	华富恒富分级债券型证券投资基金	2014-03-19
220	国寿安保货币市场基金	2014-01-20
221	泰达宏利养老收益混合型证券投资基金	2014-03-05
222	广发钱袋子货币市场基金	2014-01-10
223	国泰国策驱动灵活配置混合型证券投资基金	2014-02-17
224	国泰结构转型灵活配置混合型证券投资基金	2014-05-19
225	富国高端制造行业股票型证券投资基金	2014-06-20
226	上银新兴价值成长混合型证券投资基金	2014-05-06
227	华润元大信息传媒科技混合型证券投资基金	2014-03-31
228	国投瑞银医疗保健灵活配置混合型证券投资基金	2014-02-25
229	上投摩根民生需求股票型证券投资基金	2014-03-14
230	国泰浓益灵活配置混合型证券投资基金	2014-03-05
231	南方新优享灵活配置混合型证券投资基金	2014-02-25
232	工银瑞信薪金宝货币市场证券投资基金	2014-01-27
233	广发竞争优势灵活配置混合型证券投资基金	2014-03-12
234	招商丰盛稳定增长灵活配置混合型证券投资基金	2014-03-20
235	东吴阿尔法灵活配置混合型证券投资基金	2014-03-19
236	景顺长城优势企业混合型证券投资基金	2014-03-19
237	永赢货币市场基金	2014-02-27
238	长盛高端装备制造灵活配置混合型证券投资基金	2014-03-25
239	长盛航天海工装备灵活配置混合型证券投资基金	2014-03-11
240	前海开源可转债债券型发起式证券投资基金	2014-03-25
241	诺安优势行业灵活配置混合型证券投资基金	2014-03-14
242	中银活期宝货币市场基金	2014-02-14
243	国金金腾通货币市场证券投资基金	2014-02-17
244	华商创新成长灵活配置混合型发起式证券投资基金	2014-03-18
245	上银慧财宝货币市场基金	2014-02-27
246	中邮核心竞争力灵活配置混合型证券投资基金	2014-04-23
247	建信健康民生混合型证券投资基金	2014-03-21
248	华安大国新经济股票型证券投资基金	2014-04-17
249	广发新动力混合型证券投资基金	2014-03-19
250	信诚幸福消费混合型证券投资基金	2014-04-29

continued

基金份额 （亿份） Fund Units (100 million units)	基金资产规模 （亿元） Fund Asset Value (100 million yuan)	基金管理公司 Fund Management Company	基金托管银行 Fund Custodian Bank
1.40	1.07	英大	广东发展银行股份有限公司
6.73	8.74	农银汇理	中国工商银行股份有限公司
31.98	42.07	华商	中国建设银行股份有限公司
154.39	154.39	嘉实	中国农业银行股份有限公司
2.42	2.60	融通	中国建设银行股份有限公司
17.29	49.38	富国	中国建设银行股份有限公司
2.55	2.90	广发	中国工商银行股份有限公司
2.91	2.91	广发	中国银行股份有限公司
12.64	24.46	广发	中国工商银行股份有限公司
0.97	2.18	建信	中信银行股份有限公司
6.48	12.85	东证资管	中国工商银行股份有限公司
21.52	21.52	鑫元	中国工商银行股份有限公司
0.00	0.00	嘉实	中国银行股份有限公司
0.00	0.00	嘉实	中国银行股份有限公司
7.67	7.92	光大保德信	中国建设银行股份有限公司
24.28	24.28	南方	中国工商银行股份有限公司
20.84	21.67	长安	广东发展银行股份有限公司
0.82	1.04	财通	中国工商银行股份有限公司
2.42	2.44	华富	中国工商银行股份有限公司
386.13	386.13	国寿安保	中国工商银行股份有限公司
22.80	26.84	泰达宏利	中国银行股份有限公司
108.68	108.68	广发	广东发展银行股份有限公司
16.46	23.32	国泰	中国建设银行股份有限公司
16.39	27.22	国泰	中国银行股份有限公司
6.40	11.78	富国	中国建设银行股份有限公司
1.24	1.47	上银	中国建设银行股份有限公司
0.36	0.66	华润元大	中国建设银行股份有限公司
1.83	2.90	国投瑞银	中国银行股份有限公司
3.16	7.43	上投摩根	中国建设银行股份有限公司
25.66	32.79	国泰	中国农业银行股份有限公司
1.16	2.18	南方	中国工商银行股份有限公司
407.04	407.04	工银瑞信	交通银行股份有限公司
5.28	8.83	广发	中国银行股份有限公司
8.25	10.05	招商	中国银行股份有限公司
0.75	1.09	东吴	中国农业银行股份有限公司
4.68	7.54	景顺长城	中国银行股份有限公司
28.43	28.43	永赢	中国建设银行股份有限公司
4.33	7.81	长盛	中国银行股份有限公司
1.34	2.13	长盛	中国农业银行股份有限公司
0.21	0.18	前海开源	中国农业银行股份有限公司
23.30	30.29	诺安	中国工商银行股份有限公司
74.97	74.97	中银	中信银行股份有限公司
140.19	140.19	国金	中国民生银行股份有限公司
13.02	28.44	华商	中国工商银行股份有限公司
434.06	434.06	上银	中国建设银行股份有限公司
16.66	38.54	中邮创业	兴业银行股份有限公司
0.53	1.18	建信	中国光大银行股份有限公司
2.46	4.99	华安	中国建设银行股份有限公司
15.60	41.48	广发	中国农业银行股份有限公司
0.11	0.23	信诚	中国建设银行股份有限公司

4-7 续表 5

序号 No.	基金名称 Fund Name	成立时间 Issue Date
251	中国梦灵活配置混合型证券投资基金	2014-06-09
252	国投瑞银新机遇灵活配置混合型证券投资基金	2014-03-11
253	诺安天天宝货币市场基金	2014-03-25
254	南方启元债券型证券投资基金	2014-07-25
255	南方通力债券型证券投资基金	2014-04-25
256	华泰柏瑞创新升级混合型证券投资基金	2014-05-06
257	广发聚祥灵活配置混合型证券投资基金	2014-03-15
258	鹏华增值宝货币市场基金	2014-02-26
259	中邮双动力混合型证券投资基金	2014-05-04
260	中银多策略灵活配置混合型证券投资基金	2014-03-31
261	天弘通利混合型证券投资基金	2014-03-14
262	宝盈新价值灵活配置混合型证券投资基金	2014-04-10
263	兴全添利宝货币市场基金	2014-02-27
264	中邮货币市场基金	2014-05-28
265	安信价值精选股票型证券投资基金	2014-04-21
266	嘉实活钱包货币市场基金	2014-03-17
267	新华一路财富灵活配置型证券投资基金	2014-04-17
268	景顺长城中小板创业板精选股票型证券投资基金	2014-04-29
269	大成灵活配置混合型证券投资基金	2014-05-14
270	招商招财宝货币市场基金	2014-03-25
271	光大保德信银发商机主题混合型证券投资基金	2014-04-29
272	华安新活力灵活配置混合型证券投资基金	2014-04-01
273	中银健康生活混合型证券投资基金	2014-05-20
274	建信改革红利股票型证券投资基金	2014-05-14
275	摩根士丹利华鑫进取优选股票型证券投资基金	2014-05-29
276	嘉实泰和混合型证券投资基金	2014-04-04
277	前海开源中证军工指数型证券投资基金	2014-05-27
278	中海积极收益灵活配置混合型证券投资基金	2014-05-26
279	长盛生态环境主题灵活配置混合型证券投资基金	2014-09-10
280	信诚薪金宝货币市场基金	2014-05-14
281	汇添富和聚宝货币	2014-05-28
282	华宝兴业创新优选混合型证券投资基金	2014-05-14
283	富国收益宝货币市场基金	2014-05-26
284	易方达创新驱动灵活配置混合型证券投资基金	2015-02-13
285	银华多利宝货币市场基金	2014-04-25
286	华商新量化灵活配置混合型证券投资基金	2014-06-05
287	新华阿里一号保本混合型证券投资基金	2014-04-25
288	长城淘金一年期理财债券型证券投资基金	2014-05-07
289	华宝兴业生态中国混合型证券投资基金	2014-06-13
290	国寿安保沪深300指数型证券投资基金	2014-06-05
291	华安国际龙头（DAX）交易型开放式指数证券投资基金联接基金	2014-08-12
292	长城工资宝货币市场基金	2014-06-25
293	上投摩根优信增利债券型证券投资基金	2014-06-11
294	嘉实薪金宝货币市场基金	2014-04-29
295	东方红产业升级灵活配置混合型证券投资基金	2014-06-06
296	易方达现金增利货币市场基金	2015-02-05
297	华富恒财分级债券型证券投资基金	2014-05-07
298	大成招财宝货币市场基金	2014-06-17
299	大成高新技术产业股票型证券投资基金	2015-02-03
300	圆信永丰纯债债券型证券投资投资基金	2014-05-30

continued

基金份额 （亿份） Fund Units (100 million units)	基金资产规模 （亿元） Fund Asset Value (100 million yuan)	基金管理公司 Fund Management Company	基金托管银行 Fund Custodian Bank
2.39	3.73	南方	中国工商银行股份有限公司
23.21	30.84	国投瑞银	中国银行股份有限公司
4.40	4.40	诺安	中国农业银行股份有限公司
28.61	31.59	南方	中国银行股份有限公司
28.45	30.37	南方	中国邮政储蓄银行有限责任公司
2.95	6.30	华泰柏瑞	中国银行股份有限公司
4.40	8.48	广发	中国工商银行股份有限公司
35.38	35.38	鹏华	中国建设银行股份有限公司
28.02	44.54	中邮创业	中国农业银行股份有限公司
30.73	39.99	中银	招商银行股份有限公司
25.55	27.63	天弘	中国邮政储蓄银行有限责任公司
20.80	35.56	宝盈	招商银行股份有限公司
675.43	675.43	兴业全球	兴业银行股份有限公司
80.39	80.39	中邮创业	中国邮政储蓄银行有限责任公司
0.49	0.95	安信	中国建设银行股份有限公司
40.14	40.14	嘉实	中信银行股份有限公司
3.51	6.35	新华	平安银行股份有限公司
2.46	4.75	景顺长城	中国农业银行股份有限公司
2.18	4.65	大成	中国银行股份有限公司
410.51	410.51	招商	中信银行股份有限公司
2.23	3.61	光大保德信	交通银行股份有限公司
15.64	19.59	华安	招商银行股份有限公司
0.61	1.07	中银	中信银行股份有限公司
1.30	2.85	建信	中国农业银行股份有限公司
0.44	0.82	摩根士丹利华鑫	中国建设银行股份有限公司
12.63	23.77	嘉实	中国建设银行股份有限公司
7.76	14.17	前海开源	交通银行股份有限公司
30.13	33.39	中海	中国农业银行股份有限公司
3.08	5.03	长盛	中国银行股份有限公司
139.42	139.42	信诚	中信银行股份有限公司
18.73	18.73	汇添富	上海浦东发展银行股份有限公司
1.92	2.13	华宝兴业	中国银行股份有限公司
0.22	0.22	富国	中国工商银行股份有限公司
33.07	42.63	易方达	中国建设银行股份有限公司
11.15	11.15	银华	中国银行股份有限公司
5.13	9.48	华商	中国建设银行股份有限公司
8.01	8.14	新华	平安银行股份有限公司
0.00	0.00	长城	中信银行股份有限公司
5.82	12.06	华宝兴业	中国建设银行股份有限公司
5.48	8.90	国寿安保	中国农业银行股份有限公司
1.75	1.75	华安	招商银行股份有限公司
0.39	0.39	长城	中信银行股份有限公司
1.95	2.82	上投摩根	中国银行股份有限公司
136.07	136.07	嘉实	中信银行股份有限公司
3.02	6.56	东证资管	中国工商银行股份有限公司
2.44	2.44	易方达	中国建设银行股份有限公司
2.23	2.40	华富	上海浦东发展银行股份有限公司
1.39	1.39	大成	中国银行股份有限公司
1.47	1.76	大成	中国农业银行股份有限公司
1.47	1.75	圆信永丰	中国工商银行股份有限公司

4–7 续表 6

序号 No.	基金名称 Fund Name	成立时间 Issue Date
301	中银聚利分级债券型证券投资基金	2014-06-05
302	富国天盛灵活配置混合型证券投资基金	2014-04-30
303	富国富钱包货币市场基金	2014-05-07
304	宝盈祥瑞养老混合型证券投资基金	2014-05-21
305	诺安理财宝货币市场基金	2014-05-12
306	招商招金宝货币市场基金	2014-06-19
307	华夏薪金宝货币市场基金	2014-05-26
308	华润元大医疗保健量化混合型证券投资基金	2014-08-18
309	易方达财富快线货币市场基金	2014-06-17
310	长城久鑫保本混合型证券投资基金	2014-07-30
311	博时裕隆灵活配置混合型证券投资基金	2014-06-03
312	华商新锐产业灵活配置混合型证券投资基金	2014-07-24
313	鑫元稳利债券型证券投资基金	2014-06-12
314	前海开源沪深300指数型证券投资基金	2014-06-17
315	银华活钱宝货币市场基金	2014-06-23
316	国投瑞银美丽中国灵活配置混合型证券投资基金	2014-06-24
317	国联安通盈灵活配置混合型证券投资基金	2014-06-13
318	工银瑞信绝对收益策略混合型发起时证券投资基金	2014-06-26
319	国寿安保尊享债券型证券投资基金	2014-07-24
320	工银瑞信现金快线货币市场基金	2014-09-23
321	招商丰利灵活配置混合型证券投资基金	2014-08-12
322	信达澳银慧管家货币市场基金	2014-06-26
323	长盛养老健康产业灵活配置混合型证券投资基金	2014-11-25
324	上投摩根现金管理货币市场基金	2014-08-19
325	建信嘉薪宝货币市场基金	2014-06-17
326	南方薪金宝货币市场基金	2014-06-23
327	景顺长城研究精选股票型证券投资基金	2014-08-13
328	前海开源新经济灵活配置混合型证券投资基金	2014-08-20
329	前海开源大海洋战略经济灵活配置混合型证券投资基金	2014-07-31
330	建信现金添利货币市场基金	2014-09-17
331	鑫元鸿利债券型证券投资基金	2014-06-26
332	大成景益平稳收益混合型证券投资基金	2014-06-26
333	汇添富环保行业股票型证券投资基金	2014-09-16
334	汇添富移动互联股票型证券投资基金	2014-08-26
335	宝盈科技30灵活配置混合型证券投资基金	2014-08-13
336	中银薪钱包货币市场基金	2014-06-26
337	景顺长城景丰货币市场基金	2014-09-16
338	易方达天天增利货币市场基金	2014-06-25
339	中邮多策略灵活配置混合型证券投资基金	2014-07-24
340	华安安享灵活配置混合型证券投资基金	2015-01-23
341	华安汇财通货币市场基金	2014-07-17
342	交银施罗德现金宝货币市场基金	2014-09-11
343	嘉实医疗保健股票型证券投资基金	2014-08-13
344	上投摩根添宝货币市场基金	2014-11-25
345	诺安稳健回报灵活配置混合型证券投资基金	2014-09-15
346	融通转型三动力灵活配置混合型证券投资基金	2015-01-16
347	兴业货币市场证券投资基金	2014-08-06
348	大成添利宝货币市场基金	2014-07-28
349	融通健康产业灵活配置混合型证券投资基金	2014-12-25
350	建信中小盘先锋股票型证券投资基金	2014-08-20

continued

基金份额 (亿份) Fund Units (100 million units)	基金资产规模 (亿元) Fund Asset Value (100 million yuan)	基金管理公司 Fund Management Company	基金托管银行 Fund Custodian Bank
24.45	24.70	中银	招商银行股份有限公司
3.54	4.65	富国	中国农业银行股份有限公司
18.28	18.28	富国	中信银行股份有限公司
23.61	32.53	宝盈	招商银行股份有限公司
125.98	125.98	诺安	渤海银行股份有限公司
14.00	14.00	招商	中国银行股份有限公司
73.39	73.39	华夏	中信银行股份有限公司
0.39	0.60	华润元大	中国农业银行股份有限公司
81.50	81.50	易方达	中国邮政储蓄银行有限责任公司
31.91	32.95	长城	中国银行股份有限公司
4.22	7.99	博时	中国农业银行股份有限公司
35.43	57.93	华商	中国工商银行股份有限公司
35.33	40.84	鑫元	中国光大银行股份有限公司
0.03	0.05	前海开源	中国农业银行股份有限公司
2.18	2.18	银华	中国工商银行股份有限公司
5.01	10.25	国投瑞银	中国银行股份有限公司
33.67	38.60	国联安	海通证券股份有限公司
67.88	76.09	工银瑞信	交通银行股份有限公司
8.67	10.75	国寿安保	中国建设银行股份有限公司
34.18	34.18	工银瑞信	兴业银行股份有限公司
6.24	7.50	招商	中国银行股份有限公司
60.67	60.67	信达澳银	中国建设银行股份有限公司
1.09	1.57	长盛	中国银行股份有限公司
3.62	3.62	上投摩根	中国建设银行股份有限公司
4.85	4.85	建信	中信银行股份有限公司
24.78	24.78	南方	中信银行股份有限公司
0.49	0.72	景顺长城	中国建设银行股份有限公司
2.43	3.01	前海开源	中国工商银行股份有限公司
1.72	2.37	前海开源	中国建设银行股份有限公司
1659.66	1659.66	建信	交通银行股份有限公司
21.15	24.07	鑫元	中国工商银行股份有限公司
2.00	3.00	大成	中国农业银行股份有限公司
27.15	41.92	汇添富	中国建设银行股份有限公司
53.14	108.35	汇添富	中国工商银行股份有限公司
26.26	50.31	宝盈	中国农业银行股份有限公司
86.37	86.37	中银	兴业银行股份有限公司
156.30	156.30	景顺长城	兴业银行股份有限公司
4.96	4.96	易方达	中国建设银行股份有限公司
0.52	0.84	中邮创业	中国工商银行股份有限公司
27.13	28.92	华安	中国工商银行股份有限公司
15.44	15.44	华安	中国工商银行股份有限公司
22.75	22.75	交银施罗德	中信银行股份有限公司
13.52	19.99	嘉实	中国银行股份有限公司
0.69	0.69	上投摩根	中国建设银行股份有限公司
23.53	30.55	诺安	中国工商银行股份有限公司
1.14	1.53	融通	中国建设银行股份有限公司
310.46	310.46	兴业	中国民生银行股份有限公司
4.41	4.41	大成	兴业银行股份有限公司
3.03	4.23	融通	中国工商银行股份有限公司
2.39	4.16	建信	招商证券股份有限公司

4–7 续表 7

序号 No.	基金名称 Fund Name	成立时间 Issue Date
351	博时现金宝货币市场基金	2014-09-18
352	博时天天增利货币市场基金	2014-08-25
353	诺安聚利债券型证券投资基金	2014-11-13
354	中信建投货币市场基金	2014-08-05
355	平安大华新鑫先锋混合型证券投资基金	2015-01-29
356	华福货币市场基金	2014-08-27
357	国泰新经济灵活配置混合型证券投资基金	2014-09-16
358	红塔红土盛世普益混合发起式证券投资基金	2014-09-18
359	北信瑞丰稳定收益债券型基金	2014-08-27
360	招商行业精选股票型证券投资基金	2014-09-03
361	广发逆向策略灵活配置混合型证券投资基金投资基金	2014-09-04
362	广发活期宝货币市场基金	2014-08-28
363	国金鑫安保本混合型证券投资基金	2014-08-27
364	安信现金增利货币市场基金	2014-11-24
365	嘉实新兴产业股票型证券投资基金	2014-09-17
366	博时优势收益信用债债券型证券投资基金	2014-09-15
367	华宝兴业量化对冲策略混合型发起式证券投资基金	2014-09-17
368	富安达新兴成长灵活配置混合型证券投资基金	2014-09-11
369	建信潜力新蓝筹股票型证券投资基金	2014-09-10
370	华富智慧城市灵活配置混合型证券投资基金	2014-10-31
371	平安大华财富宝货币市场基金	2014-08-21
372	工银瑞信财富快线货币市场基金	2015-06-19
373	富兰克林国海健康优质生活股票型证券投资基金	2014-09-23
374	工银瑞信新财富灵活配置混合型证券投资基金	2014-09-19
375	华富国泰民安灵活配置混合型证券投资基金	2015-02-04
376	长城久盈纯债分级债券型证券投资基金	2014-10-28
377	诺安聚鑫宝货币市场基金	2014-09-01
378	景顺长城中国回报灵活配置混合型证券投资基金	2014-11-06
379	万家现金宝货币市场基金	2014-09-23
380	天弘瑞利分级债券型证券投资基金	2015-01-20
381	鹏华先进制造股票型证券投资基金	2014-11-04
382	鹏华医疗保健股票型证券投资基金	2014-09-23
383	华融现金增利货币市场基金	2014-09-16
384	前海开源中国成长灵活配置混合型证券投资基金	2014-09-29
385	易方达龙宝货币市场基金	2014-09-12
386	银华双月定期理财债券型证券投资基金	2014-09-05
387	工银瑞信高端制造行业股票型证券投资基金	2014-10-21
388	宝盈睿丰创新灵活配置混合型证券投资基金	2014-09-26
389	方正富邦金小宝货币市场证券投资基金	2014-09-24
390	华商未来主题混合型证券投资基金	2014-10-14
391	中金纯债债券型证券投资基金	2014-11-03
392	工银瑞信研究精选股票型证券投资基金	2014-10-23
393	中信建投稳利保本混合型证券投资基金	2014-09-26
394	中银新经济灵活配置混合型证券投资基金	2014-09-30
395	招商招利1个月期理财债券型证券投资基金	2014-09-25
396	富国收益增强债券型证券投资基金	2014-10-28
397	鑫元合享分级债券型证券投资基金	2014-10-15
398	南方理财金交易型货币市场基金	2014-12-04
399	新华财富金30天理财债券型证券投资基金	2014-09-26
400	华安中证高分红指数增强型证券投资基金	2014-11-14

continued

基金份额 (亿份) Fund Units (100 million units)	基金资产规模 (亿元) Fund Asset Value (100 million yuan)	基金管理公司 Fund Management Company	基金托管银行 Fund Custodian Bank
28.48	28.48	博时	中国工商银行股份有限公司
28.46	28.46	博时	中国银行股份有限公司
5.81	6.39	诺安	中国工商银行股份有限公司
12.33	12.33	中信建投	华夏银行股份有限公司
0.76	1.41	平安大华	平安银行股份有限公司
430.66	430.66	华福	兴业银行股份有限公司
4.02	7.64	国泰	招商银行股份有限公司
8.57	10.08	红塔红土	平安银行股份有限公司
14.66	15.26	北信瑞丰	华夏银行股份有限公司
7.64	12.46	招商	中国银行股份有限公司
0.80	1.18	广发	中国银行股份有限公司
2.66	2.66	广发	兴业银行股份有限公司
16.81	17.06	国金	中国光大银行股份有限公司
1.95	1.95	安信	中国农业银行股份有限公司
5.43	8.67	嘉实	中国农业银行股份有限公司
15.77	16.74	博时	中国建设银行股份有限公司
6.66	7.65	华宝兴业	中国银行股份有限公司
6.06	7.91	富安达	交通银行股份有限公司
0.98	1.38	建信	交通银行股份有限公司
6.32	9.14	华富	中国工商银行股份有限公司
20.43	20.43	平安大华	平安银行股份有限公司
13.85	13.85	工银瑞信	中国民生银行股份有限公司
0.23	0.29	国海富兰克林	中国银行股份有限公司
14.47	19.48	工银瑞信	招商银行股份有限公司
2.31	2.22	华富	上海浦东发展银行股份有限公司
4.07	5.12	长城	中国建设银行股份有限公司
154.21	154.21	诺安	江苏银行股份有限公司
10.73	12.94	景顺长城	中国工商银行股份有限公司
2.98	2.98	万家	上海银行股份有限公司
10.01	10.60	天弘	中国邮政储蓄银行有限责任公司
1.63	2.50	鹏华	中国农业银行股份有限公司
20.01	30.03	鹏华	中国建设银行股份有限公司
2.19	2.19	华融证券	中信银行股份有限公司
0.49	0.60	前海开源	交通银行股份有限公司
7.39	7.39	易方达	华夏银行股份有限公司
2.42	2.42	银华	中国农业银行股份有限公司
20.85	29.28	工银瑞信	中国农业银行股份有限公司
5.91	10.32	宝盈	广发证券股份有限公司
84.47	84.47	方正富邦	交通银行股份有限公司
26.16	35.75	华商	中国建设银行股份有限公司
1.47	1.60	中金	中国建设银行股份有限公司
1.58	2.49	工银瑞信	招商银行股份有限公司
1.37	1.53	中信建投	北京银行股份有限公司
7.02	14.93	中银	招商银行股份有限公司
38.01	38.01	招商	中国农业银行股份有限公司
13.03	16.03	富国	中国工商银行股份有限公司
5.19	5.40	鑫元	中国光大银行股份有限公司
126.83	126.83	南方	中国农业银行股份有限公司
0.57	0.57	新华	平安银行股份有限公司
0.04	0.04	华安	华夏银行股份有限公司

4–7 续表 8

序号 No.	基金名称 Fund Name	成立时间 Issue Date
401	东海美丽中国灵活配置混合型证券投资基金	2014-11-14
402	银华高端制造业灵活配置混合型证券投资基金	2014-11-13
403	圆信永丰双红利灵活配置混合型证券投资基金	2014-11-19
404	广发中证百度百发策略100指数型证券投资基金	2014-10-30
405	泰达宏利债券型机遇股票型证券投资基金	2014-11-18
406	工银瑞信医疗保健行业股票型证券投资基金	2014-11-18
407	大成纳斯达克100指数证券投资基金	2014-11-13
408	华润元大富时中国A50指数型证券投资基金	2014-11-20
409	国投瑞银钱多宝货币市场基金	2014-10-17
410	上投摩根纯债分离债券型证券投资基金	2014-11-18
411	富国新回报灵活配置混合型证券投资基金	2014-11-25
412	南方绝对收益策略定期开放混合型发起式证券投资基金	2014-12-01
413	国投瑞银信息消费灵活配置混合型证券投资基金	2014-12-03
414	中融货币市场基金	2014-10-21
415	工银瑞信添益快线货币市场证券投资基金	2014-10-21
416	汇丰晋信双核策略混合型证券投资基金	2014-11-26
417	鹏华养老产业股票型证券投资基金	2014-12-02
418	上投摩根天盈货币市场基金	2014-11-25
419	银华惠普增利货币市场基金	2014-11-13
420	大成景利混合型证券投资基金	2014-12-09
421	华宝兴业高端制造股票型证券投资基金	2014-12-10
422	华宝兴业品质生活股票型证券投资基金	2015-01-21
423	国投瑞银增利宝货币市场基金	2014-11-13
424	嘉实新收益灵活配置混合型证券投资基金	2014-12-10
425	北信瑞丰宜投宝货币市场基金	2014-11-20
426	建信稳定得利债券型证券投资基金	2014-12-02
427	华泰柏瑞量化优选灵活配置混合型证券投资基金	2014-12-17
428	中海医药健康产业精选灵活配置混合型证券投资基金	2014-12-17
429	富国研究精选灵活配置混合型证券投资基金	2014-12-12
430	中金现金管家货币市场基金	2014-11-28
431	民生加银家优选股票型证券投资基金	2014-12-19
432	北信瑞丰无限互联主题灵活配置混合型发起式证券投资基金	2014-12-24
433	上投摩根稳进汇报混合型证券投资基金	2015-01-27
434	上投摩根纯债添利债券型证券投资基金	2014-12-24
435	九泰天宝灵活配置混合型证券投资系基金	2015-07-23
436	工银瑞信创新动力股票型证券投资基金	2014-12-11
437	国寿安保薪金宝货币市场基金	2014-11-20
438	华富恒稳纯债债券型证券投资基金	2014-12-17
439	新华阿鑫一号保本混合型证券投资基金	2014-12-02
440	国开泰富货币市场证券投资基金	2015-01-14
441	新华活期添利货币市场基金	2014-12-04
442	鹏华安盈宝货币市场基金	2015-01-27
443	农银汇理红利日结货币市场基金	2014-12-19
444	鑫元合丰分级债券型证券投资基金	2014-12-16
445	英大现金宝货币市场基金	2014-12-10
446	农银汇理医疗保健主题股票型证券投资基金	2015-02-10
447	中加纯债分级债券型证券投资基金	2014-12-17
448	前海开源股息率100强等权重股票型证券投资基金	2015-01-13
449	嘉实机构快线货币市场基金	2015-06-25
450	中邮现金驿站货币市场基金	2014-12-18

continued

基金份额 （亿份） Fund Units (100 million units)	基金资产规模 （亿元） Fund Asset Value (100 million yuan)	基金管理公司 Fund Management Company	基金托管银行 Fund Custodian Bank
0.31	0.42	东海	中国工商银行股份有限公司
4.82	5.44	银华	中国建设银行股份有限公司
4.64	5.42	圆信永丰	中国工商银行股份有限公司
14.46	16.72	广发	兴业银行股份有限公司
1.47	1.44	泰达宏利	中国银行股份有限公司
34.57	56.83	工银瑞信	中国银行股份有限公司
0.10	0.12	大成	中国农业银行股份有限公司
0.84	1.13	华润元大	中国农业银行股份有限公司
0.74	0.74	国投瑞银	渤海银行股份有限公司
2.17	2.26	上投摩根	中国银行股份有限公司
1.66	1.82	富国	中国银行股份有限公司
8.37	9.40	南方	中国建设银行股份有限公司
1.74	2.66	国投瑞银	中国银行股份有限公司
256.93	256.93	中融	南京银行股份有限公司
14.20	14.20	工银瑞信	中国农业银行股份有限公司
11.12	14.08	汇丰晋信	交通银行股份有限公司
2.47	3.73	鹏华	中国工商银行股份有限公司
2.13	2.13	上投摩根	中信银行股份有限公司
1.11	1.11	银华	中国农业银行股份有限公司
28.54	32.17	大成	中国工商银行股份有限公司
7.20	10.37	华宝兴业	中国建设银行股份有限公司
3.00	3.06	华宝兴业	中国银行股份有限公司
32.35	32.35	国投瑞银	渤海银行股份有限公司
11.51	20.83	嘉实	中国银行股份有限公司
3.06	3.06	北信瑞丰	上海浦东发展银行股份有限公司
4.73	5.32	建信	中国民生银行股份有限公司
2.71	3.65	华泰柏瑞	中国建设银行股份有限公司
5.87	7.45	中海	上海浦东发展银行股份有限公司
18.94	29.33	富国	中国工商银行股份有限公司
42.18	42.18	中金	中国建设银行股份有限公司
3.18	3.85	民生加银	平安银行股份有限公司
1.11	1.42	北信瑞丰	中国工商银行股份有限公司
0.73	0.85	上投摩根	交通银行股份有限公司
0.82	0.84	上投摩根	中国建设银行股份有限公司
24.95	26.02	九泰	中国农业银行股份有限公司
31.24	40.43	工银瑞信	中国农业银行股份有限公司
27.04	27.04	国寿安保	中信银行股份有限公司
0.98	1.05	华富	中国建设银行股份有限公司
8.75	11.22	新华	平安银行股份有限公司
2.86	2.86	国开泰富	中国农业银行股份有限公司
1.59	1.59	新华	平安银行股份有限公司
35.26	35.26	鹏华	平安银行股份有限公司
127.42	127.42	农银汇理	中国建设银行股份有限公司
2.15	2.28	鑫元	上海浦东发展银行股份有限公司
7.33	7.33	英大	中国建设银行股份有限公司
15.65	19.33	农银汇理	中国建设银行股份有限公司
5.71	6.24	中加	广州农村商业银行股份有限公司
3.58	4.85	前海开源	中国农业银行股份有限公司
262.12	262.12	嘉实	上海浦东发展银行股份有限公司
3.51	3.51	中邮创业	兴业银行股份有限公司

4–7 续表 9

序号 No.	基金名称 Fund Name	成立时间 Issue Date
451	宝盈先进制造灵活配置混合型证券投资基金	2014-12-17
452	汇添富外延增长主题股票型证券投资基金	2014-12-08
453	中信建设睿信灵活配置混合型证券投资基金	2015-02-03
454	中融国企改革灵活配置混合型证券投资基金	2014-12-16
455	前海开源睿远稳健增利混合型证券投资基金	2015-01-14
456	富兰克林国海大中华精选混合型证券投资基金	2015-02-03
457	浙商汇金转型成长混合型证券投资基金	2014-12-30
458	博时产业创新动力灵活配置混合型发起式证券投资基金	2015-01-26
459	华商稳固添利债券型证券投资基金	2015-02-17
460	中银研究精选灵活配置混合型证券投资基金	2014-12-23
461	富国中小盘精选混合型证券投资基金	2015-01-23
462	广发中证全指信息技术交易型开放式指数证券投资基金	2015-01-29
463	工银瑞信中高等级信用债债券型证券投资基金	2015-12-02
464	华夏医疗健康混合型发起式证券投资基金	2015-02-02
465	德邦新动力灵活配置混合型证券投资基金	2015-02-10
466	华夏沪港通恒生交易型开放式指数证券投资基金联接基金	2015-01-13
467	易方达沪深300非银行金融交易型开放式指数证券投资基金联接基金	2015-01-11
468	国泰睿吉灵活配置混合型证券投资基金	2015-04-22
469	南方长夜活力股票型证券投资基金	2015-01-27
470	招商医药健康产业股票型证券投资基金	2015-01-30
471	天弘沪深300指数型发起式证券投资基金	2015-01-20
472	天弘中证500指数型发起式证券投资基金	2015-01-20
473	兴业多策略灵活配置混合型发起式证券投资基金	2015-01-23
474	汇丰晋信新动力混合型证券投资基金	2015-02-11
475	中邮核心科技创新灵活配置混合型证券投资基金	2015-02-11
476	华泰柏瑞创新动力灵活配置混合型证券投资基金	2015-02-06
477	广发中证养老产业指数型发起式证券投资基金	2015-02-13
478	前海开源大安全核心精选灵活配置混合型证券投资基金	2015-02-06
479	诺安新经济股票型证券投资基金	2015-01-26
480	新华万银多元策略灵活配置混合型证券投资基金	2015-04-10
481	新华增盈回报债券型证券投资基金	2015-01-16
482	安信消费医药主题股票型证券投资基金	2015-03-19
483	华夏MSCI中国A股交易型开放式指数证券投资基金	2015-02-12
484	长城新兴产业灵活配置混合型证券投资基金	2015-02-17
485	长城环保主题灵活配置混合型证券投资基金	2015-04-08
486	景顺长城量化精选股票型证券投资基金	2015-02-04
487	景顺长城沪港深量化精选股票型证券投资基金	2015-04-15
488	北信瑞丰现金添利货币市场基金	2015-01-20
489	民生加银新收益债券型证券投资基金	2015-12-29
490	嘉实逆向策略股票型证券投资基金	2015-02-02
491	中原英石灵活配置混合型发起式证券投资基金	2015-02-10
492	嘉实全球互联网股票型证券投资基金	2015-04-15
493	工银瑞信战略转型主题股票型证券投资基金	2015-02-16
494	华宝兴业稳健回报灵活配置混合型证券投资基金	2015-03-26
495	建信睿盈灵活配置混合型证券投资基金	2015-02-03
496	中银新动力股票型证券投资基金	2015-02-13
497	南方双元债券型证券投资基金	2015-02-10
498	中欧明睿新起点混合型证券投资基金	2015-01-29
499	华夏债券投资基金	2002-10-23
500	新华稳健回报灵活配置混合型发起式证券投资基金	2015-05-28

continued

基金份额 （亿份） Fund Units (100 million units)	基金资产规模 （亿元） Fund Asset Value (100 million yuan)	基金管理公司 Fund Management Company	基金托管银行 Fund Custodian Bank
7.99	11.30	宝盈	中国建设银行股份有限公司
39.24	56.06	汇添富	中国工商银行股份有限公司
1.02	1.17	中信建投	交通银行股份有限公司
1.92	2.09	中融	国信证券股份有限公司
1.70	1.96	前海开源	广发证券股份有限公司
0.66	0.58	国海富兰克林	中国农业银行股份有限公司
3.13	3.44	浙商资管	中国银行股份有限公司
3.19	4.38	博时	中国工商银行股份有限公司
16.75	17.81	华商	中国工商银行股份有限公司
4.80	4.64	中银	招商银行股份有限公司
12.10	18.09	富国	中国建设银行股份有限公司
2.74	3.74	广发	中国银行股份有限公司
15.59	15.61	工银瑞信	中国农业银行股份有限公司
30.88	44.40	华夏	中国建设银行股份有限公司
20.37	21.15	德邦	中国民生银行股份有限公司
2.36	2.16	华夏	中国农业银行股份有限公司
11.91	10.04	易方达	中国建设银行股份有限公司
46.33	46.24	国泰	广发证券股份有限公司
16.50	25.41	南方	中国银行股份有限公司
11.64	14.50	招商	中国银行股份有限公司
4.33	4.63	天弘	招商证券股份有限公司
5.41	6.55	天弘	国泰君安证券股份有限公司
5.93	8.07	兴业	中国民生银行股份有限公司
6.55	7.21	汇丰晋信	中国建设银行股份有限公司
4.07	4.80	中邮创业	中国邮政储蓄银行有限责任公司
1.81	2.29	华泰柏瑞	中国银行股份有限公司
1.38	1.57	广发	中国银行股份有限公司
5.40	6.75	前海开源	中国建设银行股份有限公司
6.72	8.19	诺安	中国工商银行股份有限公司
1.39	1.48	新华	平安银行股份有限公司
5.20	5.67	新华	平安银行股份有限公司
3.10	3.23	安信	中国农业银行股份有限公司
1.17	1.21	华夏	中国银行股份有限公司
21.32	24.10	长城	中国建设银行股份有限公司
18.66	18.27	长城	中国银行股份有限公司
6.28	8.61	景顺长城	中国建设银行股份有限公司
67.23	59.30	景顺长城	中国工商银行股份有限公司
1.75	1.75	北信瑞丰	华夏银行股份有限公司
3.91	3.90	民生加银	平安银行股份有限公司
19.35	23.12	嘉实	中国银行股份有限公司
0.16	0.13	中原英石	兴业银行股份有限公司
25.06	30.05	嘉实	招商银行股份有限公司
10.73	10.82	工银瑞信	中国农业银行股份有限公司
7.95	8.45	华宝兴业	中国银行股份有限公司
3.51	3.93	建信	广发证券股份有限公司
32.28	39.93	中银	中信银行股份有限公司
4.13	4.34	南方	交通银行股份有限公司
45.56	59.40	中欧	中国工商银行股份有限公司
39.05	42.94	华夏	交通银行股份有限公司
6.30	6.14	新华	中国工商银行股份有限公司

4-7 续表 10

序号 No.	基金名称 Fund Name	成立时间 Issue Date
501	中海合鑫灵活配置混合型证券投资基金	2015-02-11
502	中信建投凤凰货币市场基金	2015-03-31
503	国联安鑫安灵活配置混合型证券投资基金	2015-01-26
504	工银瑞信国企改革主题股票型证券投资基金	2015-01-27
505	上投摩根安全战略股票型证券投资基金	2015-02-26
506	易方达增金宝货币市场基金	2015-01-20
507	华夏希望债券型证券投资基金	2008-03-10
508	中融融安保本混合型证券投资基金	2015-02-12
509	华夏沪深300指数增强型证券投资基金	2015-02-10
510	泰达宏利改革动力量化策略灵活配置混合型证券投资基金	2015-02-13
511	易方达新经济灵活配置混合型证券投资基金	2015-02-12
512	亚债中国债券指数基金	2011-05-25
513	前海开源中证大农业指数增强型证券投资基金	2015-02-13
514	华安物联网主题股票型证券投资基金	2015-03-17
515	国投瑞银新动力灵活配置混合型证券投资基金	2015-02-04
516	天弘云端生活优选灵活配置混合型证券投资基金	2015-03-17
517	华夏安康信用优选债券型证券投资基金	2012-09-11
518	华富旺财保本混合型证券投资基金	2015-03-16
519	嘉实企业变革股票型证券投资基金	2015-02-12
520	国投瑞银锐意改革灵活配置混合型证券投资基金	2015-03-31
521	天弘增益宝货币市场基金	2015-03-06
522	嘉实先进制造股票型证券投资基金	2015-04-24
523	新华策略精选股票型证券投资基金	2015-03-31
524	华夏领先股票型证券投资基金	2015-05-15
525	工银瑞信美丽城镇主题股票型证券投资基金	2015-03-26
526	嘉实新消费股票型证券投资基金	2015-03-23
527	光大保德信国企改革主题股票型证券投资基金	2015-03-24
528	富国新兴产业股票型证券投资基金	2015-03-12
529	汇添富成长多因子量化策略股票型证券投资基金	2015-02-16
530	华夏上证50交易型开放式指数证券投资基金联接基金	2015-03-17
531	华夏中证500交易型开放式指数证券投资基金联接基金	2015-05-05
532	南方创新经济灵活配置混合型证券投资基金	2015-03-24
533	工银瑞信新金融股票型证券投资基金	2015-03-19
534	博时产业债纯债债券型证券投资基金	2015-03-30
535	北信瑞丰健康生活主题灵活配置混合型证券投资基金	2015-03-27
536	华夏理财30天债券型证券投资基金	2012-10-24
537	中金绝对收益策略定期开放混合型发起式证券投资基金	2015-04-20
538	前海开源高端装备制造灵活配置混合型证券投资基金	2015-03-27
539	华夏海外收益债券型证券投资基金	2012-12-07
540	广发中证环保产业指数型发起式证券投资基金	2015-03-25
541	鹏华弘盛灵活配置混合型证券投资基金	2015-02-25
542	华融新锐灵活配置混合型证券投资基金	2015-04-15
543	华泰柏瑞消费成长灵活配置混合型证券投资基金	2015-05-20
544	建信信息产业股票型证券投资基金	2015-03-24
545	华安媒体互联网混合型证券投资基金	2015-05-15
546	华安智能装备主题股票型证券投资基金	2015-04-24
547	华泰柏锐量化绝对收益策略定期开放混合型发起式证券投资基金	2015-06-29
548	华泰柏瑞量化驱动灵活配置混合型证券投资基金	2015-03-24
549	宝盈转型动力灵活配置混合型证券投资基金	2015-04-29
550	易方达改革红利混合型证券投资基金	2015-04-23

continued

基金份额 （亿份） Fund Units (100 million units)	基金资产规模 （亿元） Fund Asset Value (100 million yuan)	基金管理公司 Fund Management Company	基金托管银行 Fund Custodian Bank
0.91	0.82	中海	招商银行股份有限公司
5.43	5.43	中信建投	中国邮政储蓄银行有限责任公司
20.30	21.19	国联安	中国建设银行股份有限公司
31.95	33.43	工银瑞信	交通银行股份有限公司
12.72	13.86	上投摩根	中国银行股份有限公司
91.06	91.06	易方达	浙商银行股份有限公司
31.13	36.49	华夏	中国工商银行股份有限公司
4.40	4.48	中融	南京银行股份有限公司
2.17	2.63	华夏	中国农业银行股份有限公司
6.12	8.34	泰达宏利	中国银行股份有限公司
4.66	6.51	易方达	中国工商银行股份有限公司
23.70	26.71	华夏	交通银行股份有限公司
1.97	1.88	前海开源	北京银行股份有限公司
22.65	21.44	华安	中国建设银行股份有限公司
31.20	32.24	国投瑞银	渤海银行股份有限公司
6.00	5.53	天弘	中国农业银行股份有限公司
19.82	25.90	华夏	中国银行股份有限公司
3.18	3.18	华富	中国建设银行股份有限公司
29.88	32.44	嘉实	中国工商银行股份有限公司
20.28	20.30	国投瑞银	中国银行股份有限公司
51.70	51.70	天弘	恒丰银行股份有限公司
33.47	29.26	嘉实	中国银行股份有限公司
13.90	14.91	新华	中国农业银行股份有限公司
46.93	42.87	华夏	中国工商银行股份有限公司
8.90	8.83	工银瑞信	中国建设银行股份有限公司
18.29	18.55	嘉实	中国建设银行股份有限公司
18.24	18.68	光大保德信	交通银行股份有限公司
28.77	42.75	富国	中国工商银行股份有限公司
13.79	16.38	汇添富	中国工商银行股份有限公司
6.24	4.88	华夏	中国工商银行股份有限公司
11.33	8.88	华夏	中国建设银行股份有限公司
18.50	18.96	南方	中国工商银行股份有限公司
19.91	20.11	工银瑞信	招商银行股份有限公司
2.06	2.19	博时	上海浦东发展银行股份有限公司
10.37	10.35	北信瑞丰	中国工商银行股份有限公司
2.48	2.48	华夏	中国建设银行股份有限公司
2.95	3.09	中金	中国建设银行股份有限公司
9.73	9.55	前海开源	交通银行股份有限公司
1.85	2.18	华夏	中国建设银行股份有限公司
15.49	13.83	广发	中国银行股份有限公司
21.12	22.37	鹏华	招商银行股份有限公司
2.84	2.82	华融证券	中国农业银行股份有限公司
7.67	10.34	华泰柏瑞	中国建设银行股份有限公司
7.18	9.22	建信	中国光大银行股份有限公司
16.44	18.97	华安	中国工商银行股份有限公司
17.51	19.27	华安	中国农业银行股份有限公司
1.22	1.23	华泰柏瑞	中国建设银行股份有限公司
19.21	17.35	华泰柏瑞	中国银行股份有限公司
47.81	42.34	宝盈	中国农业银行股份有限公司
25.79	23.22	易方达	中国邮政储蓄银行有限责任公司

4-7 续表 11

序号 No.	基金名称 Fund Name	成立时间 Issue Date
551	华夏理财21天债券型证券投资基金	2013-01-22
552	华富恒利债券型证券投资基金	2015-08-31
553	华宝兴业国策导向混合型证券投资基金	2015-05-08
554	广发纳斯达克生物科技指数型发起式证券投资基金（QDII）	2015-03-30
555	国投瑞银添利宝货币市场基金	2015-04-23
556	国寿安保聚宝盆货币市场基金	2015-03-02
557	华泰柏瑞积极优选股票型证券投资基金	2015-03-26
558	前海开源国家比较优势灵活配置混合型证券投资基金	2015-05-08
559	前海开源工业革命4.0灵活配置混合型证券投资基金	2015-03-27
560	华安新丝路主题股票型证券投资基金	2015-04-09
561	信达澳银转型创新股票型证券投资基金	2015-04-15
562	华商健康生活灵活配置混合型证券投资基金	2015-03-17
563	中欧瑾泉灵活配置混合型证券投资基金	2015-03-16
564	东方红中国优势灵活配置混合型证券投资基金	2015-04-07
565	南方大数据100指数证券投资基金	2015-04-24
566	广发聚安混合型证券投资基金	2015-03-25
567	华宝兴业事件驱动混合型证券投资基金	2015-04-08
568	国投瑞银新回报灵活配置混合型证券投资基金	2015-03-20
569	东方睿鑫热点挖掘灵活配置混合型证券投资基金	2015-04-15
570	鹏华弘利灵活配置混合型证券投资基金	2015-03-12
571	博时互联网主题灵活配置混合型证券投资基金	2015-04-28
572	上投摩根卓越制造股票型证券投资基金	2015-04-14
573	中银宏观策略灵活配置混合型证券投资基金	2015-04-10
574	宝盈新兴产业灵活配置混合型证券投资基金	2015-04-13
575	广发中证全指可选消费交易型开放式指数证券投资基金发起式联接基金	2015-04-15
576	益民品质升级灵活配置混合型证券投资基金	2015-05-06
577	易方达裕如灵活配置混合型证券投资基金	2015-03-24
578	华安新动力灵活配置混合型证券投资基金	2015-03-24
579	工银瑞信总回报灵活配置混合型证券投资基金	2015-04-17
580	泰达宏利创盈灵活配置混合型证券投资基金	2015-03-30
581	华商量化进取灵活配置混合型证券投资基金	2015-04-09
582	大成互联网思维混合型证券投资基金	2015-04-21
583	中欧瑾源灵活配置混合型证券投资基金	2015-03-31
584	申万菱信多策略灵活配置混合型证券投资基金	2015-03-31
585	融通互联网传媒灵活配置混合型证券投资基金	2015-04-16
586	融通新区域新经济灵活配置混合型证券投资基金	2015-05-20
587	北信瑞丰平安中国主题灵活配置混合型证券投资基金	2015-05-05
588	申万菱信新能源汽车主题灵活配置混合型证券投资基金	2015-05-07
589	国联安睿祺灵活配置混合型证券投资基金	2015-04-08
590	工银瑞信新材料新能源行业股票型证券投资基金	2015-04-28
591	大成景秀灵活配置混合型证券投资基金	2015-03-27
592	前海开源优势蓝筹股票型证券投资基金	2015-04-28
593	银华中国梦30股票型证券投资基金	2015-04-29
594	中欧琪和灵活配置混合型证券投资基金	2015-04-08
595	建信环保产业股票型证券投资基金	2015-04-22
596	金鹰科技创新股票型证券投资基金	2015-04-30
597	国投瑞银优选收益灵活配置混合型证券投资基金	2015-04-16
598	国投瑞银新价值灵活配置混合型证券投资基金	2015-04-22
599	泰达宏利复兴伟业灵活配置混合型证券投资基金	2015-04-21
600	工银瑞信养老产业股票型证券投资基金	2015-04-28

continued

基金份额 （亿份） Fund Units (100 million units)	基金资产规模 （亿元） Fund Asset Value (100 million yuan)	基金管理公司 Fund Management Company	基金托管银行 Fund Custodian Bank
0.51	0.51	华夏	中国工商银行股份有限公司
5.11	5.19	华富	招商银行股份有限公司
23.40	23.15	华宝兴业	中国银行股份有限公司
4.05	4.09	广发	中国工商银行股份有限公司
2.84	2.84	国投瑞银	中国工商银行股份有限公司
13.49	13.53	国寿安保	徽商银行股份有限公司
8.76	6.51	华泰柏瑞	中国建设银行股份有限公司
7.39	7.28	前海开源	中国工商银行股份有限公司
15.21	14.86	前海开源	中国建设银行股份有限公司
43.97	38.93	华安	中国银行股份有限公司
12.21	9.72	信达澳银	中国建设银行股份有限公司
18.01	17.82	华商	中国建设银行股份有限公司
25.39	26.55	中欧	中信银行股份有限公司
58.18	62.04	东证资管	中国工商银行股份有限公司
78.72	76.21	南方	中国工商银行股份有限公司
19.65	22.01	广发	中国工商银行股份有限公司
47.49	45.24	华宝兴业	中国建设银行股份有限公司
4.77	5.16	国投瑞银	招商银行股份有限公司
4.01	3.25	东方	广发证券股份有限公司
26.96	28.30	鹏华	中国建设银行股份有限公司
29.87	26.87	博时	中国建设银行股份有限公司
27.52	23.03	上投摩根	中国建设银行股份有限公司
33.25	26.76	中银	兴业银行股份有限公司
41.03	32.88	宝盈	中国建设银行股份有限公司
5.59	5.30	广发	中国银行股份有限公司
5.51	4.34	益民	交通银行股份有限公司
64.25	69.37	易方达	杭州银行股份有限公司
34.66	35.93	华安	中国建设银行股份有限公司
28.97	29.19	工银瑞信	中国建设银行股份有限公司
26.93	27.88	泰达宏利	华夏银行股份有限公司
43.57	33.56	华商	中国工商银行股份有限公司
21.53	18.41	大成	中国银行股份有限公司
25.73	26.36	中欧	交通银行股份有限公司
35.71	36.50	申万菱信	华夏银行股份有限公司
47.65	39.39	融通	中国建设银行股份有限公司
23.49	17.21	融通	中国农业银行股份有限公司
1.52	1.80	北信瑞丰	北京银行股份有限公司
9.74	9.45	申万菱信	中国农业银行股份有限公司
18.03	18.78	国联安	招商银行股份有限公司
43.21	39.22	工银瑞信	兴业银行股份有限公司
18.99	19.79	大成	中国银行股份有限公司
0.40	0.43	前海开源	招商银行股份有限公司
18.43	18.59	银华	中国建设银行股份有限公司
34.13	36.17	中欧	中国工商银行股份有限公司
52.77	46.46	建信	中信银行股份有限公司
14.52	12.22	金鹰	中国工商银行股份有限公司
30.55	31.83	国投瑞银	中国银河证券股份有限公司
36.11	37.51	国投瑞银	渤海银行股份有限公司
14.40	13.92	泰达宏利	中国银行股份有限公司
11.88	9.85	工银瑞信	交通银行股份有限公司

4–7 续表 12

序号 No.	基金名称 Fund Name	成立时间 Issue Date
601	鹏华弘泽灵活配置混合型证券投资基金	2015-04-14
602	中欧瑾和灵活配置混合型证券投资基金	2015-04-13
603	山西证券日日添利货币市场基金	2015-05-14
604	前海开源再融资主题精选股票型证券投资基金	2015-05-18
605	德邦大健康灵活配置混合型证券投资基金	2015-04-28
606	广发中证全指医药卫生交易型开放式指数证券投资基金发起式联接基金	2015-05-06
607	南方改革机遇灵活配置混合型证券投资基金	2015-05-19
608	易方达安心回馈混合型证券投资基金	2015-05-29
609	南方利淘灵活配置混合型证券投资基金	2015-04-17
610	易方达新常态灵活配置混合型证券投资基金	2015-04-30
611	安信动态策略灵活配置混合型证券投资基金	2015-04-15
612	富国文体健康股票型证券投资基金	2015-05-06
613	鹏华改革红利股票型证券投资基金	2015-04-28
614	广发聚宝混合型证券投资基金	2015-04-09
615	鹏华弘润灵活配置混合型证券投资基金	2015-04-14
616	上投摩根整合驱动灵活配置混合型证券投资基金	2015-04-23
617	中金消费升级股票型证券投资基金	2015-06-24
618	景顺长城稳健回报灵活配置混合型证券投资基金	2015-04-10
619	工银瑞信农业产业股票型证券投资基金	2015-05-26
620	东方鼎新灵活配置混合型证券投资基金	2015-04-20
621	长盛转型升级主题灵活配置混合型证券投资基金	2015-04-21
622	东方惠新灵活配置混合型证券投资基金	2015-04-20
623	创金合信聚利债券型证券投资基金	2015-05-14
624	申万菱信安鑫回报灵活配置混合型证券投资基金	2015-04-28
625	东方红领先精选灵活配置混合型证券投资基金	2015-04-17
626	东方红稳健精选混合型证券投资基金	2015-04-17
627	建信稳健回报灵活配置混合型证券投资基金	2015-04-16
628	广发聚惠灵活配置混合型证券投资基金	2015-04-15
629	诺安低碳经济股票型证券投资基金	2015-05-13
630	前海开源一带一路主题精选灵活配置混合型证券投资基金	2015-04-29
631	天弘互联网灵活配置混合型证券投资基金	2015-05-29
632	中欧滚钱宝发起式货币市场基金	2015-06-12
633	华润元大稳健收益债券型证券投资基金	2015-10-16
634	华泰柏瑞中证500交易型开放式指数证券投资基金联接基金	2015-05-13
635	博时沪港深优质企业灵活配置混合型证券投资基金	2015-05-14
636	易方达新收益灵活配置混合型证券投资基金	2015-04-17
637	国投瑞银精选收益灵活配置混合型证券投资基金	2015-05-19
638	上投摩根动态多因子策略灵活配置混合型证券投资基金	2015-06-01
639	民生加银研究精选灵活配置混合型证券投资基金	2015-05-27
640	国联安鑫富混合型证券投资基金	2015-05-13
641	鹏华外延成长灵活配置混合型证券投资基金	2015-05-19
642	中邮新思路灵活配置混合型证券投资基金	2015-11-11
643	中邮趋势精选灵活配置混合型证券投资基金	2015-05-27
644	中邮稳健添利灵活配置混合型证券投资基金	2015-05-05
645	中邮信息产业灵活配置混合型证券投资基金	2015-05-14
646	国联安鑫享灵活配置混合型证券投资基金	2015-04-28
647	德邦福鑫灵活配置混合型证券投资基金	2015-04-27
648	鹏华医药科技股票型证券投资基金	2015-06-02
649	银华泰利灵活配置混合型证券投资基金	2015-04-23
650	嘉合货币市场基金	2015-05-06

continued

基金份额 (亿份) Fund Units (100 million units)	基金资产规模 (亿元) Fund Asset Value (100 million yuan)	基金管理公司 Fund Management Company	基金托管银行 Fund Custodian Bank
24.60	25.31	鹏华	招商银行股份有限公司
24.18	25.17	中欧	中国工商银行股份有限公司
28.10	28.10	山西证券	交通银行股份有限公司
6.41	6.61	前海开源	中国建设银行股份有限公司
2.65	2.50	德邦	中国民生银行股份有限公司
8.09	7.39	广发	中国银行股份有限公司
26.58	26.50	南方	中国农业银行股份有限公司
20.70	21.86	易方达	中国工商银行股份有限公司
19.48	19.95	南方	中国邮政储蓄银行有限责任公司
105.30	79.14	易方达	中国工商银行股份有限公司
15.99	16.65	安信	上海浦东发展银行股份有限公司
29.57	26.97	富国	中国工商银行股份有限公司
27.12	24.77	鹏华	中国工商银行股份有限公司
7.64	7.71	广发	中国工商银行股份有限公司
21.93	22.57	鹏华	中国建设银行股份有限公司
29.63	25.50	上投摩根	中国银行股份有限公司
4.52	4.56	中金	中国建设银行股份有限公司
25.47	26.59	景顺长城	中国邮政储蓄银行有限责任公司
18.21	12.56	工银瑞信	中国农业银行股份有限公司
17.34	17.99	东方	中国工商银行股份有限公司
54.52	48.80	长盛	中国银行股份有限公司
10.73	11.22	东方	中国建设银行股份有限公司
1.60	1.72	创金合信	中国工商银行股份有限公司
28.90	29.71	申万菱信	华夏银行股份有限公司
6.66	7.06	东证资管	招商银行股份有限公司
38.43	41.43	东证资管	上海浦东发展银行股份有限公司
19.99	21.52	建信	华夏银行股份有限公司
40.45	43.63	广发	中国工商银行股份有限公司
26.38	22.75	诺安	中国工商银行股份有限公司
28.92	28.53	前海开源	中国银河证券股份有限公司
21.36	15.33	天弘	中国邮政储蓄银行有限责任公司
3.16	3.17	中欧	中国民生银行股份有限公司
4.19	4.21	华润元大	中国工商银行股份有限公司
3.86	2.84	华泰柏瑞	中国银行股份有限公司
15.78	14.33	博时	招商银行股份有限公司
34.97	38.20	易方达	中国邮政储蓄银行有限责任公司
20.76	17.17	国投瑞银	中国银行股份有限公司
11.77	10.44	上投摩根	中国建设银行股份有限公司
21.15	20.36	民生加银	中国建设银行股份有限公司
35.50	36.91	国联安	上海浦东发展银行股份有限公司
6.54	5.95	鹏华	中国建设银行股份有限公司
3.02	3.07	中邮创业	中国民生银行股份有限公司
55.12	50.62	中邮创业	中国工商银行股份有限公司
23.16	26.18	中邮创业	中国农业银行股份有限公司
82.17	86.05	中邮创业	中国农业银行股份有限公司
6.50	6.67	国联安	上海浦东发展银行股份有限公司
13.10	13.43	德邦	中国民生银行股份有限公司
35.62	23.23	鹏华	中国农业银行股份有限公司
23.13	24.50	银华	中国工商银行股份有限公司
91.16	91.16	嘉合	中国工商银行股份有限公司

4–7 续表 13

序号 No.	基金名称 Fund Name	成立时间 Issue Date
651	国金众赢货币市场基金	2015-06-25
652	中银国有企业债券型证券投资基金	2015-09-29
653	博时丝路主题股票型证券投资基金	2015-05-22
654	博时上证50交易型开放式证券投资基金联接基金	2015-05-27
655	长盛国企改革主题灵活配置混合型证券投资基金	2015-06-04
656	国寿安保中证500交易型开放式指数证券投资基金联接基金	2015-05-28
657	博时中证淘金大数据100指数型证券投资基金	2015-05-04
658	华泰柏瑞量化智慧灵活配置混合型证券投资基金	2015-06-03
659	工银瑞信生态环境行业股票型证券投资基金	2015-06-02
660	华泰柏瑞新利灵活配置混合型证券投资基金	2015-04-28
661	易方达新利灵活配置混合型证券投资基金	2015-04-30
662	天弘新活力灵活配置混合型发起式证券投资基金	2015-04-29
663	中海进取收益灵活配置混合型证券投资基金	2015-05-13
664	建信回报灵活配置混合型证券投资基金	2015-05-13
665	泰达宏利新起点灵活配置混合型证券投资基金	2015-05-14
666	长城改革红利灵活配置混合型证券投资基金	2015-06-09
667	泓德优选成长混合型证券投资基金	2015-05-21
668	兴业收益增强债券型证券投资基金	2015-05-28
669	德邦鑫星稳健灵活配置混合型证券投资基金	2015-05-21
670	广发安心回报混合型证券投资基金	2015-05-14
671	中融新机遇灵活配置混合型证券投资基金	2015-05-04
672	大成景明灵活配置混合型证券投资基金	2015-04-29
673	大成景穗灵活配置混合型证券投资基金	2015-05-04
674	银华恒利灵活配置混合型证券投资基金	2015-05-06
675	国泰兴益灵活配置混合型证券投资基金	2015-05-14
676	国投瑞银招财保本混合型证券投资基金	2015-06-02
677	泰达宏利蓝筹价值混合型证券投资基金	2015-06-02
678	富国国家安全主题混合型证券投资基金	2015-05-14
679	英大灵活配置混合型发起式证券投资基金	2015-05-07
680	兴业聚利灵活配置混合型证券投资基金	2015-05-07
681	中邮创新优势灵活配置混合型证券投资基金	2015-07-23
682	建信新经济灵活配置混合型证券投资基金	2015-05-26
683	博时国企改革主题股票型证券投资基金	2015-05-19
684	前海开源清洁能源主题精选灵活配置混合型证券投资基金	2015-06-16
685	中海积极增利灵活配置混合型证券投资基金	2015-05-20
686	银华聚利灵活配置混合型证券投资基金	2015-05-14
687	长安鑫利优选灵活配置混合型证券投资基金	2015-05-18
688	华安新机遇保本混合型证券投资基金	2015-05-28
689	红塔红土盛金新动力灵活配置混合型证券投资基金	2015-06-19
690	易方达新鑫灵活配置混合型证券投资基金	2015-05-14
691	安信优势增长灵活配置混合型证券投资基金	2015-05-19
692	银华汇利灵活配置混合型证券投资基金	2015-05-14
693	广发安泰回报混合型证券投资基金	2015-05-14
694	摩根士丹利华鑫量化多策略股票型证券投资基金	2015-06-02
695	天弘普惠养老保本混合型证券投资基金	2015-05-26
696	新华战略新兴产业灵活配置混合型证券投资基金	2015-06-29
697	大成景源灵活配置混合型证券投资基金	2015-05-15
698	平安大华智慧中国灵活配置混合型证券投资基金	2015-06-09
699	金鹰民族新兴灵活配置混合型证券投资基金	2015-06-02
700	兴业添利债券型证券投资基金	2015-06-10

continued

基金份额（亿份）Fund Units (100 million units)	基金资产规模（亿元）Fund Asset Value (100 million yuan)	基金管理公司 Fund Management Company	基金托管银行 Fund Custodian Bank
71.53	71.53	国金	招商银行股份有限公司
20.16	20.49	中银	交通银行股份有限公司
21.97	20.28	博时	中国银行股份有限公司
1.34	1.08	博时	招商银行股份有限公司
29.74	19.14	长盛	中国农业银行股份有限公司
3.65	2.53	国寿安保	中国农业银行股份有限公司
22.70	19.41	博时	中国建设银行股份有限公司
5.82	5.94	华泰柏瑞	中国工商银行股份有限公司
24.67	25.65	工银瑞信	上海浦东发展银行股份有限公司
23.16	23.88	华泰柏瑞	中国银行股份有限公司
26.91	27.36	易方达	中国邮政储蓄银行有限责任公司
28.31	29.03	天弘	中国邮政储蓄银行有限责任公司
29.50	29.79	中海	平安银行股份有限公司
24.57	25.82	建信	中国银河证券股份有限公司
36.44	37.47	泰达宏利	中国银行股份有限公司
17.69	15.79	长城	中国建设银行股份有限公司
26.83	29.15	泓德	中国光大银行股份有限公司
7.31	7.77	兴业	招商银行股份有限公司
20.59	20.87	德邦	中国民生银行股份有限公司
9.08	9.44	广发	中国民生银行股份有限公司
4.80	4.87	中融	中国工商银行股份有限公司
27.75	28.77	大成	中国农业银行股份有限公司
5.26	5.40	大成	中国农业银行股份有限公司
50.10	51.07	银华	宁波银行股份有限公司
29.29	30.10	国泰	兴业银行股份有限公司
23.57	23.91	国投瑞银	中国银行股份有限公司
2.81	2.06	泰达宏利	中国建设银行股份有限公司
30.60	27.77	富国	中国建设银行股份有限公司
38.84	39.83	英大	中国农业银行股份有限公司
2.82	3.24	兴业	中国民生银行股份有限公司
7.60	10.58	中邮创业	中国农业银行股份有限公司
8.81	7.99	建信	中国民生银行股份有限公司
27.05	23.82	博时	中国工商银行股份有限公司
6.13	6.16	前海开源	中国农业银行股份有限公司
5.56	5.20	中海	中国工商银行股份有限公司
22.86	25.67	银华	中国工商银行股份有限公司
0.47	0.51	长安	上海浦东发展银行股份有限公司
31.05	31.93	华安	中国建设银行股份有限公司
11.48	11.32	红塔红土	中国光大银行股份有限公司
28.45	29.09	易方达	中国邮政储蓄银行有限责任公司
23.82	25.06	安信	招商证券股份有限公司
0.55	0.65	银华	中国工商银行股份有限公司
14.98	15.65	广发	中国民生银行股份有限公司
17.01	17.95	摩根士丹利华鑫	中国建设银行股份有限公司
4.45	4.61	天弘	平安银行股份有限公司
7.65	8.11	新华	中国建设银行股份有限公司
3.33	3.57	大成	兴业银行股份有限公司
14.51	13.37	平安大华	平安银行股份有限公司
3.94	4.03	金鹰	交通银行股份有限公司
99.94	104.88	兴业	中国工商银行股份有限公司

4—7 续表 14

序号 No.	基金名称 Fund Name	成立时间 Issue Date
701	大成睿景灵活配置混合型证券投资基金	2015-05-26
702	前海开源金银珠宝主题精选灵活配置混合型证券投资基金	2015-07-09
703	银华稳利灵活配置混合型证券投资基金	2015-05-21
704	建信鑫安回报灵活配置混合型证券投资基金	2015-05-14
705	九泰天富改革新动力灵活配置混合型证券投资基金	2015-06-10
706	中欧永裕混合型证券投资基金	2015-06-04
707	博时证金宝货币市场基金	2015-06-15
708	华安新回报灵活配置混合型证券投资基金	2015-05-19
709	华安新优选灵活配置混合型证券投资基金	2015-05-28
710	上投摩根智慧互联股票型证券投资基金	2015-06-09
711	易方达新益灵活配置混合型证券投资基金	2015-06-16
712	安信稳健增值灵活配置混合型证券投资基金	2015-05-25
713	东方赢家保本混合型证券投资基金	2015-06-12
714	东方新策略灵活配置混合型证券投资基金	2015-05-26
715	农银汇理信息传媒主题股票型证券投资基金	2015-06-24
716	工银瑞信丰盈回报灵活配置混合型证券投资基金	2015-05-22
717	兴业聚优灵活配置混合型证券投资基金	2015-05-21
718	东吴新趋势价值线灵活配置混合型证券投资基金	2015-07-01
719	东吴移动互联灵活配置混合型证券投资基金	2015-05-27
720	华宝兴业新价值灵活配置混合型证券投资基金	2015-06-01
721	鹏华弘和灵活配置混合型证券投资基金	2015-05-25
722	鹏华弘华灵活配置混合型证券投资基金	2015-05-25
723	鹏华弘实灵活配置混合型证券投资基金	2015-05-25
724	鹏华弘信灵活配置混合型证券投资基金	2015-05-25
725	大成景鹏灵活配置混合型证券投资基金	2015-05-22
726	南方利鑫灵活配置混合型证券投资基金	2015-05-20
727	南方利众灵活配置混合型证券投资基金	2015-05-21
728	鹏华弘益灵活配置混合型证券投资基金	2015-05-29
729	华福鼎新灵活配置混合型证券投资基金	2015-05-25
730	华泰柏瑞惠利灵活配置混合型证券投资基金	2015-05-25
731	易方达新享灵活配置混合型证券投资基金	2015-05-29
732	富国新收益灵活配置混合型证券投资基金	2015-05-25
733	摩根士丹利华鑫新机遇灵活配置混合型证券投资基金	2015-06-23
734	富国改革动力混合型证券投资基金	2015-05-20
735	诺安中证500交易型开放式指数证券投资基金联接基金	2015-06-08
736	民生加银新战略灵活配置混合型证券投资基金	2015-06-26
737	广发聚康混合型证券投资基金	2015-06-01
738	广发聚泰混合型证券投资基金	2015-06-08
739	泓德泓富灵活配置混合型证券投资基金	2015-06-09
740	宝盈祥泰养老配置混合型证券投资基金	2015-05-28
741	国联安添鑫灵活配置混合型证券投资基金	2015-06-02
742	景顺长城中证TMT150交易型开放式指数证券投资基金联接基金	2015-06-15
743	景顺长城领先回报灵活配置混合型证券投资基金	2015-05-25
744	长城久惠保本混合型证券投资基金	2015-07-27
745	大成正向回报灵活配置混合型证券投资基金	2015-07-07
746	金鹰产业整合灵活配置混合型证券投资基金	2015-06-16
747	德邦新添利灵活配置混合型证券投资基金	2015-06-19
748	兴业稳固收益一年理财债券型证券投资基金	2015-06-10
749	兴业稳固收益两年理财债券型证券投资基金	2015-06-10
750	中银新趋势灵活配置混合型证券投资基金	2015-05-29

continued

基金份额 （亿份） Fund Units (100 million units)	基金资产规模 （亿元） Fund Asset Value (100 million yuan)	基金管理公司 Fund Management Company	基金托管银行 Fund Custodian Bank
28.54	24.14	大成	广发证券股份有限公司
0.99	0.99	前海开源	中信证券股份有限公司
1.88	1.90	银华	中国工商银行股份有限公司
22.99	24.60	建信	中国民生银行股份有限公司
19.35	18.34	九泰	中国工商银行股份有限公司
51.26	49.80	中欧	中国建设银行股份有限公司
202.48	202.48	博时	招商银行股份有限公司
57.05	59.09	华安	交通银行股份有限公司
44.37	44.37	华安	中国银行股份有限公司
29.67	26.59	上投摩根	中国工商银行股份有限公司
25.08	25.10	易方达	中国邮政储蓄银行有限责任公司
32.70	35.04	安信	中国民生银行股份有限公司
5.28	5.33	东方	中国民生银行股份有限公司
20.15	20.46	东方	中国光大银行股份有限公司
35.06	33.93	农银汇理	中国工商银行股份有限公司
41.84	42.84	工银瑞信	招商银行股份有限公司
16.16	17.20	兴业	中国民生银行股份有限公司
7.42	7.80	东吴	中国农业银行股份有限公司
9.30	9.40	东吴	平安银行股份有限公司
23.02	23.36	华宝兴业	中国银行股份有限公司
25.33	25.74	鹏华	中国建设银行股份有限公司
26.45	23.71	鹏华	中国建设银行股份有限公司
24.00	25.81	鹏华	中国建设银行股份有限公司
31.26	32.10	鹏华	中国建设银行股份有限公司
35.35	35.46	大成	中国农业银行股份有限公司
28.40	29.27	南方	中国银行股份有限公司
23.13	23.67	南方	中国工商银行股份有限公司
27.43	27.58	鹏华	中国银行股份有限公司
1.98	2.15	华福	兴业银行股份有限公司
39.89	40.71	华泰柏瑞	中国工商银行股份有限公司
27.97	28.44	易方达	浙商银行股份有限公司
35.71	37.00	富国	交通银行股份有限公司
0.83	0.96	摩根士丹利华鑫	中国民生银行股份有限公司
109.25	102.56	富国	中国银行股份有限公司
2.10	2.13	诺安	中国银行股份有限公司
10.52	10.71	民生加银	广东发展银行股份有限公司
4.28	4.57	广发	中国工商银行股份有限公司
25.34	25.42	广发	兴业银行股份有限公司
24.80	25.86	泓德	中国工商银行股份有限公司
28.96	30.00	宝盈	中国建设银行股份有限公司
37.75	38.51	国联安	交通银行股份有限公司
10.60	8.03	景顺长城	中国银行股份有限公司
23.22	25.63	景顺长城	兴业银行股份有限公司
28.38	29.27	长城	中国建设银行股份有限公司
3.21	2.86	大成	中国农业银行股份有限公司
6.90	6.97	金鹰	中国光大银行股份有限公司
0.91	0.97	德邦	中国工商银行股份有限公司
12.45	12.60	兴业	中国银行股份有限公司
18.48	18.77	兴业	中国银行股份有限公司
20.43	20.85	中银	中国民生银行股份有限公司

4-7 续表 15

序号 No.	基金名称 Fund Name	成立时间 Issue Date
751	富国沪港深价值精选灵活配置混合型证券投资基金	2015-06-24
752	易方达新丝路灵活配置混合型证券投资基金	2015-05-27
753	东方新思路灵活配置混合型证券投资基金	2015-06-25
754	天弘弘运宝货币市场基金	2015-08-13
755	中融新经济灵活配置混合型证券投资基金	2015-11-13
756	中融新优势灵活配置混合型证券投资基金	2015-10-20
757	富兰克林国海金融地产灵活配置混合型证券投资基金	2015-06-09
758	博时新趋势灵活配置混合型证券投资基金	2015-05-28
759	建信互联网+产业升级股票型证券投资基金	2015-06-23
760	建信精工制造指数增强型证券投资基金	2015-08-26
761	华泰柏瑞健康生活灵活配置混合型证券投资基金	2015-06-17
762	安信鑫安得利灵活配置混合型证券投资基金	2015-06-05
763	信诚新选回报灵活配置混合型证券投资基金	2015-06-05
764	招商国企改革主题混合型证券投资基金	2015-06-29
765	招商移动互联网产业股票型证券投资基金	2015-06-18
766	东方红策略精选灵活配置混合型发起式证券投资基金	2015-06-05
767	建信鑫丰回报灵活配置混合型证券投资基金	2015-06-16
768	工银瑞信互联网加股票型证券投资基金	2015-06-05
769	信达澳银新能源产业股票型证券投资基金	2015-07-31
770	诺安创新驱动灵活配置混合型证券投资基金	2015-06-17
771	德邦鑫星价值灵活配置混合型证券投资基金	2015-06-19
772	中融新动力灵活配置混合型证券投资基金	2015-06-12
773	信诚新锐回报灵活配置混合型证券投资基金	2015-06-11
774	嘉实事件驱动股票型证券投资基金	2015-06-09
775	汇添富医疗服务灵活配置混合型证券投资基金	2015-06-17
776	泰达宏利创益灵活配置混合型证券投资基金	2015-06-16
777	泰达宏利新思路灵活配置混合型证券投资基金	2015-06-16
778	南方大数据300指数证券投资基金	2015-06-24
779	南方量化成长股票型证券投资基金	2015-06-29
780	景顺长城安享回报灵活配置混合型证券投资基金	2015-06-15
781	博时新起点灵活配置混合型证券投资基金	2015-06-24
782	招商丰泽灵活配置混合型证券投资基金	2015-06-11
783	博时新财富混合型证券投资基金	2015-06-23
784	中邮乐享收益灵活配置混合型证券投资基金	2015-06-15
785	方正富邦优选灵活配置混合型证券投资基金	2015-06-25
786	易方达瑞景灵活配置混合型证券投资基金	2015-06-30
787	易方达瑞享灵活配置混合型证券投资基金	2015-06-26
788	易方达瑞选灵活配置混合型证券投资基金	2015-12-02
789	华安国企改革主题灵活配置混合型证券投资基金	2015-06-29
790	天弘惠利灵活配置混合型证券投资基金	2015-06-10
791	华商双翼平衡混合型证券投资基金	2015-06-16
792	华商双驱优选灵活配置混合型证券投资基金	2015-07-08
793	东方稳定增利债券型证券投资基金	2015-09-30
794	鹏华弘鑫灵活配置混合型证券投资基金	2015-06-19
795	景顺长城中证500交易型开放式指数证券投资基金联接基金	2015-06-29
796	华泰柏瑞中国制造2025灵活配置混合型证券投资基金	2015-08-04
797	华商新常态灵活配置混合型证券投资基金	2015-06-29
798	广发中证全指主要消费交易型开放式指数证券投资基金发起式联接基金	2015-08-17
799	广发中证全指原材料交易型开放式指数证券投资基金发起式联接基金	2015-08-17
800	广发中证全指能源交易型开放式指数证券投资基金发起式联接基金	2015-07-09

continued

基金份额 （亿份） Fund Units (100 million units)	基金资产规模 （亿元） Fund Asset Value (100 million yuan)	基金管理公司 Fund Management Company	基金托管银行 Fund Custodian Bank
7.28	7.21	富国	招商银行股份有限公司
201.52	166.05	易方达	中国建设银行股份有限公司
10.13	9.84	东方	中国民生银行股份有限公司
2.02	2.02	天弘	杭州银行股份有限公司
25.01	24.95	中融	国信证券股份有限公司
3.41	3.43	中融	南京银行股份有限公司
33.30	33.04	国海富兰克林	中国银行股份有限公司
25.36	25.41	博时	招商银行股份有限公司
24.28	22.91	建信	华夏银行股份有限公司
1.15	1.22	建信	中信银行股份有限公司
15.99	13.34	华泰柏瑞	中国银行股份有限公司
33.33	34.46	安信	宁波银行股份有限公司
24.74	24.87	信诚	招商银行股份有限公司
17.27	19.30	招商	中国银行股份有限公司
30.68	33.36	招商	中国工商银行股份有限公司
27.39	27.26	东证资管	中国建设银行股份有限公司
16.31	16.91	建信	中国民生银行股份有限公司
158.43	111.74	工银瑞信	交通银行股份有限公司
0.84	0.95	信达澳银	中国建设银行股份有限公司
46.42	47.02	诺安	中国工商银行股份有限公司
14.92	14.76	德邦	交通银行股份有限公司
50.07	50.61	中融	中国光大银行股份有限公司
2.92	2.60	信诚	交通银行股份有限公司
134.43	121.29	嘉实	中国工商银行股份有限公司
213.68	210.97	汇添富	招商银行股份有限公司
25.28	25.56	泰达宏利	华夏银行股份有限公司
16.86	17.13	泰达宏利	中国银行股份有限公司
15.65	15.55	南方	中国建设银行股份有限公司
2.01	2.47	南方	中国银行股份有限公司
25.33	25.81	景顺长城	兴业银行股份有限公司
12.75	12.65	博时	中国银行股份有限公司
25.42	26.52	招商	中国银行股份有限公司
11.61	11.92	博时	中国工商银行股份有限公司
6.09	6.35	中邮创业	中国农业银行股份有限公司
0.16	0.16	方正富邦	中国邮政储蓄银行有限责任公司
2.64	2.62	易方达	中国邮政储蓄银行有限责任公司
2.22	2.59	易方达	中国农业银行股份有限公司
45.02	45.16	易方达	中国光大银行股份有限公司
6.37	7.87	华安	中国建设银行股份有限公司
44.79	46.34	天弘	中国邮政储蓄银行有限责任公司
2.40	2.53	华商	中国建设银行股份有限公司
3.28	3.86	华商	中国建设银行股份有限公司
2.02	2.08	东方	中国农业银行股份有限公司
32.52	32.68	鹏华	中国农业银行股份有限公司
1.05	1.02	景顺长城	中国银行股份有限公司
1.06	1.24	华泰柏瑞	中国银行股份有限公司
12.49	15.62	华商	中国工商银行股份有限公司
0.16	0.18	广发	中国银行股份有限公司
0.18	0.20	广发	中国银行股份有限公司
0.51	0.42	广发	中国银行股份有限公司

4–7 续表 16

序号 No.	基金名称 Fund Name	成立时间 Issue Date
801	光大保德信一带一路战略主题混合型证券投资基金	2015-06-26
802	光大保德信鼎鑫灵活配置混合型证券投资基金	2015-06-11
803	国金鑫运灵活配置混合型证券投资基金	2015-06-24
804	华富永鑫灵活配置混合型证券投资基金	2015-06-15
805	广发改革先锋灵活配置混合型证券投资基金	2015-07-27
806	广发中证全指金融地产交易型开放式指数证券投资基金发起式联接基金	2015-07-09
807	融通通鑫灵活配置混合型证券投资基金	2015-06-15
808	融通新能源灵活配置混合型证券投资基金	2015-06-29
809	建信大安全战略精选股票型证券投资基金	2015-07-29
810	华福丰盈灵活配置混合型证券投资基金	2015-06-24
811	易方达国防军工混合型证券投资基金	2015-06-19
812	中银智能制造股票型证券投资基金	2015-06-18
813	泰康薪意保货币市场基金	2015-06-19
814	财通成长优选混合型证券投资基金	2015-06-29
815	上投摩根新兴服务股票型证券投资基金	2015-08-06
816	天弘新价值灵活配置混合型证券投资基金	2015-06-19
817	华安添颐养老混合型发起式证券投资基金	2015-06-16
818	天弘鑫安宝保本混合型证券投资基金	2015-10-23
819	宝盈优势产业灵活配置混合型证券投资基金	2015-08-25
820	万家瑞丰灵活配置混合型证券投资基金	2015-06-19
821	汇添富国企创新增长股票型证券投资基金	2015-07-10
822	国泰生益灵活配置混合型证券投资基金	2015-06-19
823	鹏华弘锐灵活配置混合型证券投资基金	2015-06-23
824	信诚新鑫回报灵活配置混合型证券投资基金	2015-06-29
825	东方新价值混合型证券投资基金	2015-07-03
826	工银瑞信聚焦30股票型证券投资基金	2015-06-25
827	国投瑞银新增长灵活配置混合型证券投资基金	2015-06-19
828	泓德远见回报混合型证券投资基金	2015-08-24
829	招商丰裕灵活配置混合型证券投资基金	2015-11-17
830	景顺长城泰和回报灵活配置混合型证券投资基金	2015-08-19
831	富国新动力灵活配置混合型证券投资基金	2015-08-04
832	兴全新视野灵活配置定期开放混合型发起式证券投资基金	2015-07-01
833	易方达中债3–5年期国债指数证券投资基金	2015-07-08
834	大成景裕灵活配置混合型证券投资基金	2015-06-23
835	万家兴瑞灵活配置混合型证券投资基金	2015-07-23
836	国寿安保成长优选股票型证券投资基金	2015-12-11
837	博时新策略灵活配置混合型证券投资基金	2015-11-20
838	鑫元安鑫宝货币市场基金	2015-06-26
839	诺安先进制造股票型证券投资基金	2015-08-21
840	天弘云商宝货币市场基金	2015-06-25
841	招商安益保本混合型证券投资基金	2015-07-14
842	华宝兴业万物互联灵活配置混合型证券投资基金	2015-06-30
843	景顺长城改革机遇灵活配置混合型证券投资基金	2015-09-01
844	中加改革红利灵活配置混合型证券投资基金	2015-08-13
845	上投摩根科技前沿灵活配置混合型证券投资基金	2015-07-09
846	嘉实中证金融地产交易型开放式指数证券投资基金联接基金	2015-08-06
847	浙商汇金转型驱动灵活配置混合型证券投资基金	2015-07-27
848	汇添富民营新动力股票型证券投资基金	2015-08-07
849	国泰互联网+股票型证券投资基金	2015-08-04
850	宝盈新锐灵活配置混合型证券投资基金	2015-11-04

continued

基金份额 (亿份) Fund Units (100 million units)	基金资产规模 (亿元) Fund Asset Value (100 million yuan)	基金管理公司 Fund Management Company	基金托管银行 Fund Custodian Bank
10.58	9.73	光大保德信	中国建设银行股份有限公司
43.58	44.14	光大保德信	中国光大银行股份有限公司
0.01	0.01	国金	中国光大银行股份有限公司
35.11	35.40	华富	中国工商银行股份有限公司
16.92	20.85	广发	中国工商银行股份有限公司
0.88	0.85	广发	中国银行股份有限公司
9.02	9.07	融通	渤海银行股份有限公司
17.63	18.65	融通	中国建设银行股份有限公司
1.22	1.39	建信	中信证券股份有限公司
2.14	2.37	华福	兴业银行股份有限公司
56.57	61.33	易方达	中国建设银行股份有限公司
41.20	41.40	中银	中信银行股份有限公司
24.33	24.33	泰康资产	中国民生银行股份有限公司
10.67	11.69	财通	中国工商银行股份有限公司
1.52	1.85	上投摩根	中国建设银行股份有限公司
25.78	26.35	天弘	上海浦东发展银行股份有限公司
30.15	30.82	华安	上海银行股份有限公司
7.39	7.46	天弘	兴业银行股份有限公司
1.38	1.48	宝盈	中国工商银行股份有限公司
25.07	25.32	万家	上海银行股份有限公司
17.94	19.99	汇添富	中国工商银行股份有限公司
31.63	31.76	国泰	中国民生银行股份有限公司
16.58	27.39	鹏华	交通银行股份有限公司
16.09	16.17	信诚	招商银行股份有限公司
0.50	0.52	东方	中国农业银行股份有限公司
5.01	5.60	工银瑞信	招商银行股份有限公司
18.52	18.69	国投瑞银	渤海银行股份有限公司
5.98	6.74	泓德	中国工商银行股份有限公司
26.43	26.59	招商	中国银行股份有限公司
0.51	0.51	景顺长城	交通银行股份有限公司
0.81	1.11	富国	中国建设银行股份有限公司
46.74	48.31	兴业全球	兴业银行股份有限公司
2.00	2.11	易方达	浙商银行股份有限公司
32.77	33.34	大成	中国光大银行股份有限公司
0.42	0.72	万家	上海银行股份有限公司
3.72	3.73	国寿安保	中国工商银行股份有限公司
13.91	14.04	博时	招商银行股份有限公司
3.42	3.42	鑫元	恒丰银行股份有限公司
1.43	1.45	诺安	中国银行股份有限公司
73.53	73.53	天弘	中国工商银行股份有限公司
15.65	16.09	招商	中国建设银行股份有限公司
9.76	10.43	华宝兴业	中国建设银行股份有限公司
2.28	2.31	景顺长城	中国银行股份有限公司
2.19	2.34	中加	招商银行股份有限公司
1.14	1.32	上投摩根	中国银行股份有限公司
0.60	0.72	嘉实	中国银行股份有限公司
10.71	10.52	浙商资管	中国银行股份有限公司
11.63	12.33	汇添富	中国建设银行股份有限公司
3.73	4.77	国泰	中国建设银行股份有限公司
2.72	2.80	宝盈	中国银行股份有限公司

4-7 续表 17

序号 No.	基金名称 Fund Name	成立时间 Issue Date
851	博时裕嘉纯债债券型证券投资基金	2015-12-02
852	博时裕盈纯债债券型证券投资基金	2015-09-29
853	兴业聚惠灵活配置混合型证券投资基金	2015-07-08
854	天弘上证50指数型发起式证券投资基金	2015-07-16
855	天弘中证医药100指数型发起式证券投资基金	2015-06-30
856	天弘中证证券保险指数型发起式证券投资基金	2015-06-30
857	天弘中证全指运输指数型发起式证券投资基金	2015-06-30
858	天弘中证全指房地产指数型发起式证券投资基金	2015-06-30
859	天弘中证大宗商品股票指数型发起式证券投资基金	2015-06-30
860	天弘中证移动互联网指数型发起式证券投资基金	2015-06-30
861	华富健康文娱灵活配置混合型证券投资系基金	2015-08-04
862	东方红京东大数据灵活配置混合型证券投资系基金	2015-07-31
863	永赢量化混合型发起式证券投资系基金	2015-08-06
864	南方利达灵活配置混合型证券投资基金	2015-07-07
865	泰信国策驱动灵活配置混合型证券投资基金	2015-10-27
866	南方利安灵活配置混合型证券投资基金	2015-11-19
867	嘉合磐石混合型证券投资基金	2015-07-03
868	中海混改红利主题精选灵活配置混合型证券投资基金	2015-11-11
869	华福稳健债券型证券投资基金	2015-12-14
870	嘉实低价策略股票型证券投资系基金	2015-07-27
871	博时裕瑞纯债债券型证券投资基金	2015-06-30
872	大成景辉灵活配置混合型证券投资基金	2015-11-30
873	安信新常态沪港深精选股票型证券投资基金	2015-08-06
874	国投瑞银新活力灵活配置混合型证券投资基金	2015-11-17
875	天弘中证100指数型发起式证券投资系基金	2015-07-16
876	天弘中证800指数型发起式证券投资系基金	2015-07-16
877	天弘中证环保产业指数型发起式证券投资系基金	2015-07-16
878	天弘创业板指数型发起式证券投资基金	2015-07-07
879	天弘中证银行指数型发起式证券投资基金	2015-07-07
880	招商丰融灵活配置混合型证券投资基金	2015-11-17
881	天弘中证高端装备制造指数型发起式证券投资基金	2015-07-07
882	鑫元鑫新收益灵活配置混合型证券投资系基金	2015-07-15
883	农银汇理工业4.0灵活配置混合型证券投资基金	2015-08-13
884	英大策略优选混合型证券投资基金	2015-12-02
885	平安大华鑫享混合型证券投资系基金	2015-07-28
886	天弘中证休闲娱乐指数型发起式证券投资系基金	2015-07-29
887	长城久祥保本混合型证券投资基金	2015-11-09
888	中欧睿尚定期开放混合型发起式证券投资基金	2015-09-02
889	嘉实环保低碳股票型证券投资基金	2015-12-30
890	天弘中证电子指数型发起式证券投资系基金	2015-07-29
891	嘉实新机遇灵活配置混合型发起式证券投资系基金	2015-07-13
892	兴业国企改革灵活配置混合型证券投资基金	2015-09-17
893	兴业添天盈货币市场基金	2015-07-23
894	国泰央企改革股票型证券投资基金	2015-09-01
895	招商体育文化休闲股票型证券投资基金	2015-08-18
896	天弘中证计算机指数型发起式证券投资系基金	2015-07-29
897	天弘中证食品饮料指数型发起式证券投资系基金	2015-07-29
898	万家瑞益灵活配置混合型证券投资基金	2015-12-07
899	嘉实腾讯自选股大数据策略股票型证券投资基金	2015-12-07
900	富国绝对收益多策略定期开放混合型发起式证券投资基金	2015-09-17

continued

基金份额 (亿份) Fund Units (100 million units)	基金资产规模 (亿元) Fund Asset Value (100 million yuan)	基金管理公司 Fund Management Company	基金托管银行 Fund Custodian Bank
2.00	2.00	博时	兴业银行股份有限公司
2.00	2.02	博时	兴业银行股份有限公司
16.81	17.28	兴业	中国民生银行股份有限公司
0.14	0.13	天弘	广发证券股份有限公司
0.48	0.42	天弘	国泰君安证券股份有限公司
0.55	0.47	天弘	国泰君安证券股份有限公司
0.43	0.33	天弘	招商证券股份有限公司
0.23	0.22	天弘	招商证券股份有限公司
0.15	0.12	天弘	招商证券股份有限公司
0.31	0.25	天弘	国泰君安证券股份有限公司
1.03	1.25	华富	上海浦东发展银行股份有限公司
9.14	9.97	东证资管	招商银行股份有限公司
23.28	22.74	永赢	中信证券股份有限公司
28.61	28.99	南方	北京银行股份有限公司
4.34	4.40	泰信	中国工商银行股份有限公司
14.10	14.12	南方	中国邮政储蓄银行有限责任公司
28.07	30.07	嘉合	平安银行股份有限公司
2.75	2.75	中海	中国农业银行股份有限公司
50.00	50.08	华福	兴业银行股份有限公司
4.48	4.66	嘉实	中国建设银行股份有限公司
49.18	50.39	博时	招商银行股份有限公司
1.64	1.65	大成	北京银行股份有限公司
0.33	0.36	安信	中国工商银行股份有限公司
26.92	27.02	国投瑞银	渤海银行股份有限公司
0.11	0.10	天弘	广发证券股份有限公司
0.11	0.10	天弘	广发证券股份有限公司
0.27	0.27	天弘	广发证券股份有限公司
0.39	0.42	天弘	国泰君安证券股份有限公司
0.17	0.16	天弘	招商证券股份有限公司
32.53	32.59	招商	中国银行股份有限公司
0.22	0.24	天弘	国泰君安证券股份有限公司
24.77	25.13	鑫元	中国工商银行股份有限公司
1.37	1.76	农银汇理	中国工商银行股份有限公司
2.00	2.04	英大	广东发展银行股份有限公司
29.31	30.21	平安大华	平安银行股份有限公司
0.13	0.13	天弘	海通证券股份有限公司
29.50	29.55	长城	中国银行股份有限公司
10.07	10.29	中欧	招商银行股份有限公司
17.47	17.47	嘉实	中国农业银行股份有限公司
0.11	0.12	天弘	海通证券股份有限公司
400.10	425.18	嘉实	中国工商银行股份有限公司
3.20	3.31	兴业	交通银行股份有限公司
100.25	100.25	兴业	交通银行股份有限公司
1.31	1.40	国泰	中国银行股份有限公司
1.31	1.37	招商	中国银行股份有限公司
0.17	0.18	天弘	中信证券股份有限公司
0.32	0.34	天弘	中信证券股份有限公司
2.02	2.02	万家	华夏银行股份有限公司
12.63	12.69	嘉实	中国工商银行股份有限公司
3. 80	3. 81	富国	中国建设银行股份有限公司

4-7 续表 18

序号 No.	基金名称 Fund Name	成立时间 Issue Date
901	汇丰晋信智选先锋股票型证券投资基金	2015-09-30
902	工银瑞信丰收回报灵活配置混合型证券投资基金	2015-10-27
903	工银瑞信新蓝筹股票型证券投资基金	2015-08-06
904	摩根士丹利华鑫多元收益18个月定期开放债券型证券投资基金	2015-11-17
905	创金合信沪港深研究精选灵活配置混合型证券投资基金	2015-08-24
906	中银互联网+股票型证券投资基金	2015-08-06
907	平安大华鑫安混合型证券投资基金	2015-12-11
908	鹏华添利宝货币市场基金	2015-07-21
909	长城新策略灵活配置混合型证券投资基金	2015-11-27
910	国泰安保智慧生活股票型证券投资基金	2015-09-01
911	红塔红土优质成长灵活配置混合型发起式证券投资系基金	2015-08-06
912	江信同福灵活配置混合型证券投资基金	2015-08-27
913	中银战略新兴产业股票型证券投资基金	2015-11-26
914	前海开源中国稀缺资产灵活配置混合型证券投资基金	2015-09-10
915	新华积极价值灵活配置混合型证券投资基金	2015-12-21
916	新华鑫回报混合型证券投资基金	2015-09-02
917	华夏新经济灵活配置混合型发起式证券投资系基金	2015-07-13
918	安信新动力灵活配置混合型证券投资基金	2015-11-24
919	嘉实新起点灵活配置混合型证券投资基金	2015-11-27
920	南方香港成长灵活配置混合型证券投资基金	2015-09-30
921	南方国策动力股票型证券投资基金	2015-08-27
922	泓德泓业灵活配置混合型证券投资基金	2015-08-27
923	大成恒丰宝货币市场基金	2015-08-04
924	东方创新科技混合型证券投资基金	2015-09-08
925	国投瑞银进宝保本混合型证券投资基金	2015-08-26
926	泓德战略转型股票型证券投资基金	2015-11-10
927	东兴改革精选灵活配置混合型证券投资基金	2015-09-08
928	东方红优势精选灵活配置混合型发起式证券投资基金	2015-09-08
929	华润元大中创100交易型开放式指数证券投资基金联接基金	2015-12-23
930	工银瑞信问题产业股票型证券投资基金	2015-12-30
931	工银瑞信新趋势灵活配置混合型证券投资基金	2015-12-15
932	华商新动力灵活配置混合型证券投资基金	2015-09-17
933	汇添富新兴消费股票型证券投资基金	2015-12-02
934	华福大健康灵活配置混合型证券投资基金	2015-08-27
935	广发百发大数据策略成长灵活配置混合型证券投资基金	2015-11-18
936	圆信永丰优加生活股票型证券投资基金	2015-10-28
937	中融融安二号保本混合型证券投资基金	2015-09-25
938	光大保德信中国制造2025灵活配置混合型证券投资基金	2015-12-23
939	广发百发大数据策略精选灵活配置混合型证券投资基金	2015-09-14
940	华商信用增强债券型证券投资基金	2015-09-08
941	红土创新新兴产业灵活配置混合型证券投资基金	2015-09-23
942	永赢量化灵活配置混合型发起式证券投资基金	2015-09-01
943	广发安宏回报灵活配置混合型证券投资基金	2015-12-30
944	广发多策略灵活配置混合型证券投资基金	2015-12-09
945	上投摩根医疗健康股票型证券投资基金	2015-10-21
946	华宝兴业中国互联网股票型证券投资基金	2015-09-23
947	易方达瑞惠灵活配置混合型发起式证券投资系基金	2015-07-31
948	南方消费活力灵活配置混合型发起式证券投资系基金	2015-07-31
949	招商丰庆灵活配置混合型发起式证券投资系基金	2015-07-31
950	中欧兴利债券型证券投资基金	2015-09-25

continued

基金份额 (亿份) Fund Units (100 million units)	基金资产规模 (亿元) Fund Asset Value (100 million yuan)	基金管理公司 Fund Management Company	基金托管银行 Fund Custodian Bank
3.93	4.06	汇丰晋信	交通银行股份有限公司
16.49	16.58	工银瑞信	广东发展银行股份有限公司
1.51	1.53	工银瑞信	中国银行股份有限公司
20.90	20.98	摩根士丹利华鑫	中国民生银行股份有限公司
2.48	2.47	创金合信	中国工商银行股份有限公司
1.30	1.46	中银	招商银行股份有限公司
3.95	3.95	平安大华	中国银行股份有限公司
33.07	33.07	鹏华	中国光大银行股份有限公司
0.35	0.35	长城	中信银行股份有限公司
8.42	10.39	国寿安保	中国建设银行股份有限公司
0.21	0.22	红塔红土	广州农村商业银行股份有限公司
12.23	12.38	江信	中国光大银行股份有限公司
2.43	2.43	中银	兴业银行股份有限公司
3.19	3.19	前海开源	中国农业银行股份有限公司
4.95	4.94	新华	中国工商银行股份有限公司
1.45	1.55	新华	中国农业银行股份有限公司
400.11	413.20	华夏	中国银行股份有限公司
23.07	23.12	安信	宁波银行股份有限公司
22.97	23.13	嘉实	交通银行股份有限公司
1.57	1.56	南方	中国银行股份有限公司
2.76	3.40	南方	中国工商银行股份有限公司
8.11	8.39	泓德	中国建设银行股份有限公司
3.44	3.44	大成	恒丰银行股份有限公司
1.30	1.44	东方	中国建设银行股份有限公司
39.36	40.03	国投瑞银	中国银行股份有限公司
7.02	7.12	泓德	中国建设银行股份有限公司
1.07	1.17	东兴证券	中国农业银行股份有限公司
5.02	5.24	东证资管	中国银行股份有限公司
3.33	3.33	华润元大	招商证券股份有限公司
4.31	4.30	工银瑞信	兴业银行股份有限公司
22.01	22.00	工银瑞信	兴业银行股份有限公司
1.78	1.88	华商	中国工商银行股份有限公司
28.92	29.10	汇添富	中国工商银行股份有限公司
3.84	3.90	华福	兴业银行股份有限公司
6.73	6.74	广发	兴业银行股份有限公司
4.87	5.01	圆信永丰	兴业银行股份有限公司
2.42	2.48	中融	中国银行股份有限公司
4.22	4.22	光大保德信	中国工商银行股份有限公司
2.84	2.85	广发	中国银行股份有限公司
3.27	3.33	华商	中国建设银行股份有限公司
1.81	1.82	红土创新	中国建设银行股份有限公司
1.23	1.32	永赢	华泰证券股份有限公司
2.01	2.01	广发	中信证券股份有限公司
56.14	55.98	广发	中国工商银行股份有限公司
3.02	3.06	上投摩根	中国建设银行股份有限公司
66.27	32.83	华宝兴业	中国建设银行股份有限公司
400.10	476.64	易方达	中国农业银行股份有限公司
400.10	437.12	南方	中国工商银行股份有限公司
400.10	432.87	招商	中国银行股份有限公司
10.02	10.25	中欧	兴业银行股份有限公司

4–7 续表 19

序号 No.	基金名称 Fund Name	成立时间 Issue Date
951	中融稳健添利债券型证券投资基金	2015-10-20
952	中欧骏盈货币市场基金	2015-12-24
953	大成绝对收益策略混合型发起式证券投资基金	2015-09-23
954	华福朝阳债券型证券投资基金	2015-12-07
955	上投摩根文体休闲灵活配置混合型证券投资基金	2015-12-23
956	汇添富安鑫智选灵活配置混合型证券投资基金	2015-11-26
957	华融新利灵活配置混合型证券投资基金	2015-09-02
958	泰康新回报灵活配置混合型证券投资基金	2015-09-23
959	华安新乐享保本混合型证券投资基金	2015-09-10
960	汇添富达欣灵活配置混合型证券投资基金	2015-12-02
961	银华互联网主题灵活配置混合型证券投资基金	2015-11-18
962	中欧潜力价值灵活配置混合型证券投资基金	2015-09-30
963	新华阿鑫二号保本混合型证券投资基金	2015-11-19
964	华泰柏瑞激励动力灵活配置混合型证券投资基金	2015-10-28
965	兴全稳益债券型证券投资基金	2015-09-10
966	兴全天添益货币市场基金	2015-11-05
967	华商智能生活灵活配置混合型证券投资基金	2015-11-13
968	国寿安保增金宝货币市场基金	2015-09-23
969	融通跨界成长灵活配置混合型证券投资基金	2015-09-30
970	前海开源沪港深蓝筹精选灵活配置混合型证券投资基金	2015-12-08
971	国投瑞银国家安全灵活配置混合型证券投资基金	2015-12-02
972	招商丰享灵活配置混合型证券投资基金	2015-11-17
973	九泰日添金货币市场基金	2015-12-08
974	国寿安保稳定回报混合型证券投资基金	2015-09-29
975	国寿安保稳健回报混合型证券投资基金	2015-11-26
976	前海开源强势共识100强等权重股票型证券投资基金	2015-12-10
977	景顺长城景颐增利债券型证券投资基金	2015-09-21
978	建信安心保本二号混合型证券投资基金	2015-10-29
979	富安达健康人生灵活配置混合型证券投资基金	2015-11-25
980	东方红收益增强债券型证券投资基金	2015-11-02
981	北信瑞丰新成长灵活配置混合型证券投资基金	2015-11-11
982	招商制造业转型灵活配置混合型证券投资基金	2015-12-02
983	前海开源现金增利货币市场基金	2015-09-29
984	长盛新兴成长主题灵活配置混合型证券投资基金	2015-11-06
985	泰达宏利活期友货币市场基金	2015-11-04
986	泰达宏利绝对收益策略定期开放混合型发起式证券投资基金	2015-11-17
987	九泰久盛量化先锋灵活配置混合型证券投资基金	2015-11-10
988	东海中证社会发展安全产业主题指数型证券投资基金	2015-11-23
989	光大保德信欣鑫灵活配置混合型证券投资基金	2015-11-16
990	华安安益保本混合型证券投资基金	2015-11-16
991	东方红纯债债券型发起式证券投资基金	2015-10-26
992	国投瑞银境煊保本混合型证券投资基金	2015-10-28
993	创金合信货币市场基金	2015-10-22
994	泰康新机遇灵活配置混合型证券投资基金	2015-12-08
995	博时裕恒纯债债券型证券投资基金	2015-10-23
996	中欧强势多策略定期开放债券型证券投资基金	2015-11-10
997	中信建投稳利保本2号混合型证券投资基金	2015-11-11
998	宝盈医疗健康沪港深股票型证券投资基金	2015-12-02
999	新沃通宝货币市场基金	2015-10-20
1000	景顺长城景颐宏利债券型证券投资基金	2015-11-30

continued

基金份额 （亿份） Fund Units (100 million units)	基金资产规模 （亿元） Fund Asset Value (100 million yuan)	基金管理公司 Fund Management Company	基金托管银行 Fund Custodian Bank
3.39	3.37	中融	中国农业银行股份有限公司
2.00	2.00	中欧	兴业银行股份有限公司
1.40	1.41	大成	中国农业银行股份有限公司
9.99	10.01	华福	兴业银行股份有限公司
3.17	3.16	上投摩根	中国银行股份有限公司
27.96	27.99	汇添富	中国工商银行股份有限公司
12.02	12.13	华融证券	中国农业银行股份有限公司
2.77	2.79	泰康资产	北京银行股份有限公司
29.00	29.42	华安	中国银行股份有限公司
8.74	8.74	汇添富	中国民生银行股份有限公司
3.42	3.40	银华	中国银行股份有限公司
2.53	2.79	中欧	中国工商银行股份有限公司
11.47	11.49	新华	平安银行股份有限公司
34.06	34.25	华泰柏瑞	中国银行股份有限公司
10.02	10.33	兴业全球	兴业银行股份有限公司
7.02	7.02	兴业全球	兴业银行股份有限公司
6.70	6.79	华商	中国建设银行股份有限公司
2.62	2.62	国寿安保	浙商银行股份有限公司
2.15	2.56	融通	中国工商银行股份有限公司
1.49	1.49	前海开源	中国银行股份有限公司
6.94	6.90	国投瑞银	中国银行股份有限公司
25.00	25.02	招商	中国银行股份有限公司
28.54	28.54	九泰	中国建设银行股份有限公司
51.78	52.33	国寿安保	上海浦东发展银行股份有限公司
2.45	2.47	国寿安保	上海浦东发展银行股份有限公司
1.10	1.08	前海开源	中国工商银行股份有限公司
4.96	5.00	景顺长城	招商银行股份有限公司
49.61	50.41	建信	中信银行股份有限公司
3.20	3.20	富安达	交通银行股份有限公司
33.40	34.13	东证资管	招商银行股份有限公司
0.72	0.72	北信瑞丰	中信建投证券股份有限公司
8.98	9.00	招商	中国银行股份有限公司
21.75	21.75	前海开源	交通银行股份有限公司
5.62	5.61	长盛	中国银行股份有限公司
13.74	13.74	泰达宏利	中国银行股份有限公司
6.20	6.21	泰达宏利	中国银行股份有限公司
2.22	2.31	九泰	中国工商银行股份有限公司
2.27	2.23	东海	中国工商银行股份有限公司
5.03	5.15	光大保德信	兴业银行股份有限公司
49.63	49.85	华安	招商银行股份有限公司
5.12	5.15	东证资管	招商银行股份有限公司
40.00	40.35	国投瑞银	招商银行股份有限公司
11.68	11.68	创金合信	招商银行股份有限公司
6.08	6.07	泰康资产	中国农业银行股份有限公司
20.08	20.34	博时	南京银行股份有限公司
21.96	22.37	中欧	中国工商银行股份有限公司
18.35	18.46	中信建投	北京银行股份有限公司
5.71	5.77	宝盈	中国建设银行股份有限公司
22.47	22.47	新沃	中国民生银行股份有限公司
4.10	4.11	景顺长城	招商银行股份有限公司

4-7 续表 20

序号 No.	基金名称 Fund Name	成立时间 Issue Date
1001	国泰新目标收益保本混合型证券投资基金	2015-12-02
1002	华夏国企改革灵活配置混合型证券投资基金	2015-11-25
1003	兴业鑫天盈货币市场基金	2015-11-02
1004	华夏收益宝货币市场基金	2015-10-30
1005	国寿安保鑫钱包货币市场基金	2015-10-21
1006	国泰全球绝对收益型基金优选证券投资基金	2015-12-03
1007	华福现金增利货币市场基金	2015-11-02
1008	中欧时代先锋股票型发起式证券投资基金	2015-11-03
1009	光大保德信睿鑫灵活配置混合型证券投资基金	2015-11-17
1010	东方红信用债债券型证券投资基金	2015-11-16
1011	建信稳定丰利债券型证券投资基金	2015-12-08
1012	金鹰改革红利灵活配置混合型证券投资基金	2015-12-02
1013	华商乐享互联灵活配置混合型证券投资基金	2015-12-17
1014	华福瑞益纯债债券型证券投资基金	2015-11-06
1015	博时裕荣纯债债券型证券投资基金	2015-11-06
1016	中欧天禧纯债债券型证券投资基金	2015-12-14
1017	华宝兴业转型升级灵活配置混合型证券投资基金	2015-12-15
1018	光大保德信耀钱包货币市场基金	2015-11-04
1019	创金合信聚财保本混合型证券投资基金	2015-11-16
1020	南方沪港深价值主题灵活配置混合型证券投资基金	2015-12-23
1021	富国低碳新经济混合型证券投资基金	2015-12-18
1022	东方金元宝货币市场基金	2015-11-20
1023	农银汇理天天利货币市场基金	2015-12-21
1024	博时裕泰纯债债券型证券投资基金	2015-11-19
1025	华夏回报证券投资基金	2003-09-05
1026	博时裕晟纯债债券型证券投资基金	2015-11-19
1027	中欧瑾通灵活配置混合型证券投资基金	2015-11-17
1028	华夏红利混合型证券投资基金	2005-06-30
1029	中欧琪丰灵活配置混合型证券投资基金	2015-11-17
1030	南方荣光灵活配置混合型证券投资基金	2015-11-19
1031	鹏华弘安灵活配置混合型证券投资基金	2015-11-24
1032	国都创新驱动灵活配置混合型证券投资基金	2015-12-28
1033	华夏回报二号证券投资基金	2006-08-14
1034	广发聚盛灵活配置混合型证券投资基金	2015-11-23
1035	中加心享灵活配置混合型证券投资基金	2015-12-02
1036	华夏策略精选灵活配置混合型证券投资基金	2008-10-23
1037	国投瑞银新收益灵活配置混合型证券投资基金	2015-11-17
1038	国投瑞银新成长灵活配置混合型证券投资基金	2015-11-27
1039	融通新机遇灵活配置混合型证券投资基金	2015-11-17
1040	中银新财富灵活配置混合型证券投资基金	2015-11-19
1041	中银新机遇灵活配置混合型证券投资基金	2015-11-19
1042	圆信永丰兴融债券型证券投资基金	2015-12-21
1043	浙商日添利货币市场基金	2015-12-08
1044	大成景沛灵活配置混合型证券投资基金	2015-11-24
1045	长盛互联网+主题灵活配置混合型证券投资基金	2015-12-28
1046	富兰克林国海新机遇灵活配置混合型证券投资基金	2015-11-19
1047	富兰克林国海新增长灵活配置混合型证券投资基金	2015-11-24
1048	富兰克林国海新价值灵活配置混合型证券投资基金	2015-12-02
1049	创金合信鑫优选灵活配置混合型证券投资基金	2015-11-19
1050	广发安富回报灵活配置混合型证券投资基金	2015-12-29

continued

基金份额 (亿份) Fund Units (100 million units)	基金资产规模 (亿元) Fund Asset Value (100 million yuan)	基金管理公司 Fund Management Company	基金托管银行 Fund Custodian Bank
29.77	29.82	国泰	中国建设银行股份有限公司
28.06	27.96	华夏	中国建设银行股份有限公司
77.20	77.20	兴业	招商银行股份有限公司
19.83	19.83	华夏	中国建设银行股份有限公司
2.57	2.57	国寿安保	广东发展银行股份有限公司
1.25	2.75	国泰	中国银行股份有限公司
140.08	140.08	华福	兴业银行股份有限公司
0.26	0.27	中欧	中国工商银行股份有限公司
25.12	25.20	光大保德信	中国工商银行股份有限公司
6.03	6.13	东证资管	招商银行股份有限公司
10.23	10.25	建信	中国光大银行股份有限公司
5.96	5.97	金鹰	上海浦东发展银行股份有限公司
3.38	3.41	华商	中国工商银行股份有限公司
29.99	30.49	华福	兴业银行股份有限公司
17.74	18.30	博时	上海银行股份有限公司
3.95	3.96	中欧	中国工商银行股份有限公司
5.32	5.31	华宝兴业	中国建设银行股份有限公司
1.21	1.21	光大保德信	中国光大银行股份有限公司
2.80	2.84	创金合信	招商银行股份有限公司
5.46	5.44	南方	招商银行股份有限公司
10.77	10.81	富国	中国建设银行股份有限公司
0.55	0.55	东方	中国民生银行股份有限公司
106.85	106.85	农银汇理	交通银行股份有限公司
9.95	10.16	博时	平安银行股份有限公司
61.91	76.06	华夏	中国银行股份有限公司
20.92	21.12	博时	宁波银行股份有限公司
20.00	20.07	中欧	交通银行股份有限公司
46.87	137.69	华夏	中国建设银行股份有限公司
25.00	25.10	中欧	中国工商银行股份有限公司
18.41	18.41	南方	中国工商银行股份有限公司
7.35	7.40	鹏华	平安银行股份有限公司
3.82	3.82	国都证券	兴业银行股份有限公司
40.41	43.25	华夏	中国银行股份有限公司
0.03	0.03	广发	平安银行股份有限公司
27.73	27.77	中加	中国光大银行股份有限公司
2.33	6.87	华夏	中国银行股份有限公司
29.42	29.51	国投瑞银	渤海银行股份有限公司
3.70	3.73	国投瑞银	上海浦东发展银行股份有限公司
27.27	27.09	融通	中国建设银行股份有限公司
36.07	36.12	中银	交通银行股份有限公司
39.88	40.01	中银	兴业银行股份有限公司
2.01	2.01	圆信永丰	兴业银行股份有限公司
14.66	14.66	浙商	中国建设银行股份有限公司
1.07	1.08	大成	中国光大银行股份有限公司
7.54	7.55	长盛	中国银行股份有限公司
25.06	25.08	国海富兰克林	中国工商银行股份有限公司
6.50	6.55	国海富兰克林	招商银行股份有限公司
3.01	3.03	国海富兰克林	招商银行股份有限公司
25.00	25.32	创金合信	招商银行股份有限公司
2.02	2.00	广发	中国邮政储蓄银行有限责任公司

4-7 续表 21

序号 No.	基金名称 Fund Name	成立时间 Issue Date
1051	博时裕丰纯债债券型证券投资基金	2015-11-25
1052	中海中鑫灵活配置混合型证券投资基金	2015-11-20
1053	诺安利鑫保本混合型证券投资基金	2015-12-02
1054	泓德裕泰债券型证券投资基金	2015-12-17
1055	博时裕坤纯债债券型证券投资基金	2015-11-30
1056	诺安景鑫保本混合型证券投资基金	2015-12-08
1057	国寿安保稳健增利灵活配置混合型证券投资基金	2015-11-26
1058	博时裕和纯债债券型证券投资基金	2015-11-27
1059	长盛盛世灵活配置混合型证券投资基金	2015-12-11
1060	东吴国企改革主题灵活配置混合型证券投资基金	2015-12-30
1061	南方顺康保本混合型证券投资基金	2015-11-26
1062	永赢稳益债券型证券投资基金	2015-12-02
1063	东兴蓝海财富灵活配置混合型证券投资基金	2015-12-23
1064	泓德泓利货币市场基金	2015-12-21
1065	鹏华丰华债券型证券投资基金	2015-12-02
1066	中银机构现金管理货币市场基金	2015-12-11
1067	国泰鑫保本混合型证券投资基金	2015-12-30
1068	博时裕达纯债债券型证券投资基金	2015-12-03
1069	博时裕康纯债债券型证券投资基金	2015-12-03
1070	博时境源保本混合型证券投资基金	2015-12-18
1071	中海顺鑫保本混合型证券投资基金	2015-12-30
1072	南方瑞利保本混合型证券投资基金	2015-12-23
1073	中邮尊享一年定期开放灵活配置混合型发起式证券投资基金	2015-12-25
1074	中邮绝对收益策略定期开放混合型发起式证券投资基金	2015-12-30
1075	华夏新趋势灵活配置混合型证券投资基金	2015-12-10
1076	华安乐惠保本混合型证券投资基金	2015-12-30
1077	德邦增利货币市场基金	2015-12-23
1078	国投瑞银瑞兴保本混合型证券投资基金	2015-12-29
1079	新疆前海联合海盈货币市场基金	2015-12-24
1080	招商境远保本混合型证券投资基金	2015-12-15
1081	融通成长30灵活配置混合型证券投资基金	2015-12-11
1082	中信建投添鑫宝货币市场基金	2015-12-15
1083	兴业丰利债券型证券投资基金	2015-12-28
1084	招商安弘保本混合型证券投资系基金	2015-12-29
1085	浙商惠盈纯债债券型证券投资基金	2015-12-23
1086	中银美元债债券型证券投资基金(QDII)	2015-12-30
1087	创金合信沪深300指数增强型发起式证券投资基金	2015-12-31
1088	创金合信中证500指数增强型发起式证券投资基金	2015-12-31
1089	华夏现金增利证券投资基金	2004-04-07
1090	国泰金鹰增长混合型证券投资基金	2002-05-08
1091	国泰金龙债券证券投资基金	2003-12-05
1092	国泰金龙行业精选证券投资基金	2003-12-05
1093	国泰金马稳健回报证券投资基金	2004-06-18
1094	国泰货币市场证券投资基金	2005-06-21
1095	国泰金鹏蓝筹价值混合型证券投资基金	2006-09-29
1096	国泰金牛创新成长混合型基金	2007-05-18
1097	国泰沪深300指数证券投资基金	2007-11-11
1098	国泰区位优势混合型证券投资基金	2009-05-27
1099	国泰金鹿保本增值混合证券投资基金	2008-06-12
1100	国泰双利债券证券投资基金	2009-03-11

continued

基金份额 (亿份) Fund Units (100 million units)	基金资产规模 (亿元) Fund Asset Value (100 million yuan)	基金管理公司 Fund Management Company	基金托管银行 Fund Custodian Bank
2.00	2.00	博时	恒丰银行股份有限公司
14.04	14.05	中海	宁波银行股份有限公司
49.51	49.59	诺安	中国工商银行股份有限公司
3.44	3.44	泓德	中国工商银行股份有限公司
22.38	22.46	博时	招商银行股份有限公司
49.75	49.80	诺安	中国银行股份有限公司
2.00	2.01	国寿安保	交通银行股份有限公司
2.00	2.00	博时	浙商银行股份有限公司
3.82	3.83	长盛	包商银行股份有限公司
3.46	3.46	东吴	中国建设银行股份有限公司
24.85	24.97	南方	中国银行股份有限公司
60.01	60.13	永赢	兴业银行股份有限公司
3.65	3.62	东兴证券	中国农业银行股份有限公司
23.95	23.95	泓德	交通银行股份有限公司
5.01	5.01	鹏华	招商银行股份有限公司
2.41	2.41	中银	招商银行股份有限公司
29.90	29.90	国泰	中国银行股份有限公司
2.00	2.00	博时	广东发展银行股份有限公司
2.00	2.00	博时	交通银行股份有限公司
29.95	29.97	博时	招商银行股份有限公司
12.62	12.62	中海	平安银行股份有限公司
14.91	14.92	南方	中国农业银行股份有限公司
8.41	8.41	中邮创业	兴业银行股份有限公司
12.39	12.40	中邮创业	兴业银行股份有限公司
2.09	2.09	华夏	中国建设银行股份有限公司
35.74	35.74	华安	中国民生银行股份有限公司
2.00	2.00	德邦	平安银行股份有限公司
19.98	19.98	国投瑞银	中国建设银行股份有限公司
134.21	134.21	前海联合	中国工商银行股份有限公司
49.30	49.33	招商	中国工商银行股份有限公司
8.83	8.89	融通	中国工商银行股份有限公司
15.59	15.59	中信建投	中信银行股份有限公司
2.00	2.00	兴业	招商银行股份有限公司
34.11	34.11	招商	中国建设银行股份有限公司
2.00	2.00	浙商	上海银行股份有限公司
8.77	8.78	中银	招商银行股份有限公司
0.10	0.10	创金合信	招商银行股份有限公司
0.10	0.10	创金合信	招商银行股份有限公司
2689.17	2689.17	华夏	中国建设银行股份有限公司
16.18	26.40	国泰	交通银行股份有限公司
6.33	7.00	国泰	上海浦东发展银行股份有限公司
5.35	4.86	国泰	上海浦东发展银行股份有限公司
16.31	13.74	国泰	中国建设银行股份有限公司
216.06	216.06	国泰	中国农业银行股份有限公司
4.63	7.10	国泰	中国银行股份有限公司
10.39	19.45	国泰	中国农业银行股份有限公司
25.85	19.76	国泰	中国银行股份有限公司
1.30	3.21	国泰	中国银行股份有限公司
3.22	3.32	国泰	中国银行股份有限公司
1.13	1.39	国泰	中国建设银行股份有限公司

4-7 续表 22

序号 No.	基金名称 Fund Name	成立时间 Issue Date
1101	国泰上证180金融交易型开放式指数证券投资基金	2011-03-31
1102	国泰保本混合型证券投资基金	2011-04-19
1103	国泰事件驱动策略混合型证券投资基金	2011-08-17
1104	国泰成长优选混合型证券投资基金	2012-03-20
1105	国泰信用债券型证券投资基金	2012-07-31
1106	国泰6个月短期理财债券型证券投资基金	2012-09-25
1107	国泰现金管理货币市场基金	2012-12-11
1108	国泰民安增利债券型发起式证券投资基金	2012-12-26
1109	国泰上证5年期国债交易型开放式指数证券投资基金联接基金	2013-03-07
1110	华安创新证券投资基金	2001-09-21
1111	华安MSCI中国A股指数增强型证券投资基金	2002-11-08
1112	华安现金富利投资基金	2003-12-30
1113	华安宝利配置证券投资基金	2004-08-24
1114	华安宏利混合型证券投资基金	2006-09-06
1115	华安中小盘成长混合型证券投资基金	2007-04-11
1116	华安策略优选混合型证券投资基金	2007-08-02
1117	华安稳定收益债券型证券投资基金	2008-04-30
1118	华安核心优选混合型证券投资基金	2008-10-22
1119	华安强化收益债券型证券投资基金	2009-04-13
1120	华安动态灵活配置混合型证券投资基金	2009-12-22
1121	华安行业轮动混合型证券投资基金	2010-05-11
1122	华安香港精选股票型证券投资基金	2010-09-20
1123	华安稳固收益债券型证券投资基金	2010-12-21
1124	华安升级主题混合型证券投资基金	2011-04-22
1125	华安大中华升级股票型证券投资基金	2011-05-17
1126	华安可转换债券债券型证券投资基金	2011-06-22
1127	华安科技动力混合型证券投资基金	2011-12-20
1128	华安信用四季红债券型证券投资基金	2011-12-08
1129	华安月月鑫短期理财债券型证券投资基金	2012-05-09
1130	华安季季鑫短期理财债券型证券投资基金	2012-05-23
1131	华安月安鑫短期理财债券型证券投资基金	2012-06-14
1132	华安逆向策略混合型证券投资基金	2012-08-17
1133	华安安心收益债券型证券投资基金	2012-09-07
1134	华安日日鑫货币市场基金	2012-11-26
1135	华安纯债债券型发起式证券投资基金	2013-02-05
1136	华安信用增强债券型证券投资基金	2012-12-24
1137	华安纳斯达克100指数证券投资基金	2013-08-02
1138	华安上证180交易型开放式指数证券投资基金联接基金	2009-09-29
1139	华安上证龙头企业交易型开放式指数证券投资基金联接基金	2010-11-18
1140	博时价值增长证券投资基金	2002-10-09
1141	博时裕富沪深300指数证券投资基金	2003-08-26
1142	博时现金收益证券投资基金	2004-01-16
1143	博时精选混合证券投资基金	2004-06-22
1144	博时稳定价值债券投资基金	2005-08-24
1145	博时平衡配置混合型基金	2006-05-31
1146	博时第三产业成长混合证券投资基金	2007-04-12
1147	博时新兴成长混合型证券投资基金	2007-07-06
1148	博时特许价值混合型证券投资基金	2008-05-28
1149	博时信用债券投资基金	2009-06-10
1150	博时策略灵活配置混合型证券投资基金	2009-08-11

continued

基金份额 （亿份） Fund Units (100 million units)	基金资产规模 （亿元） Fund Asset Value (100 million yuan)	基金管理公司 Fund Management Company	基金托管银行 Fund Custodian Bank
3.19	4.73	国泰	中国银行股份有限公司
9.94	13.12	国泰	招商银行股份有限公司
0.43	0.93	国泰	中国建设银行股份有限公司
0.46	1.13	国泰	招商银行股份有限公司
0.43	0.51	国泰	中国工商银行股份有限公司
0.09	0.09	国泰	中国建设银行股份有限公司
20.63	20.63	国泰	中国银行股份有限公司
0.46	0.56	国泰	中国农业银行股份有限公司
8.65	8.38	国泰	中国建设银行股份有限公司
35.21	31.42	华安	交通银行股份有限公司
34.23	27.47	华安	中国工商银行股份有限公司
396.71	396.71	华安	中国工商银行股份有限公司
11.71	22.00	华安	交通银行股份有限公司
7.00	31.60	华安	中国建设银行股份有限公司
16.59	29.65	华安	中国工商银行股份有限公司
33.20	38.75	华安	交通银行股份有限公司
20.31	24.67	华安	中国建设银行股份有限公司
0.46	0.79	华安	中国建设银行股份有限公司
3.17	4.38	华安	中国工商银行股份有限公司
1.51	2.95	华安	中国工商银行股份有限公司
1.28	2.77	华安	中国银行股份有限公司
11.53	12.84	华安	中国工商银行股份有限公司
30.72	33.34	华安	中国工商银行股份有限公司
1.74	2.99	华安	中国建设银行股份有限公司
2.50	2.99	华安	中国银行股份有限公司
3.65	5.66	华安	招商银行股份有限公司
1.19	3.68	华安	中国建设银行股份有限公司
12.69	13.89	华安	中国工商银行股份有限公司
1.68	1.68	华安	中国建设银行股份有限公司
0.29	0.29	华安	中国工商银行股份有限公司
0.28	0.28	华安	中国银行股份有限公司
6.96	19.24	华安	中国工商银行股份有限公司
2.50	3.28	华安	中国邮政储蓄银行有限责任公司
13.41	13.41	华安	中国建设银行股份有限公司
10.70	11.60	华安	中国农业银行股份有限公司
5.22	6.02	华安	中国银行股份有限公司
0.15	0.21	华安	中国建设银行股份有限公司
4.76	6.13	华安	中国建设银行股份有限公司
0.95	1.29	华安	中国工商银行股份有限公司
63.81	56.84	博时	中国建设银行股份有限公司
39.04	47.91	博时	中国建设银行股份有限公司
737.41	737.41	博时	交通银行股份有限公司
23.76	46.47	博时	中国工商银行股份有限公司
4.08	5.78	博时	中国建设银行股份有限公司
6.97	7.20	博时	中国工商银行股份有限公司
26.47	28.08	博时	中国工商银行股份有限公司
61.46	53.53	博时	交通银行股份有限公司
2.54	4.13	博时	中国建设银行股份有限公司
8.42	17.92	博时	中国工商银行股份有限公司
4.08	5.70	博时	中国建设银行股份有限公司

4–7 续表 23

序号 No.	基金名称 Fund Name	成立时间 Issue Date
1151	博时上证超级大盘交易型开放式指数证券投资基金联接基金	2009-12-29
1152	博时创业成长混合型证券投资基金	2010-06-01
1153	博时大中华亚太精选股票证券投资基金	2010-07-27
1154	博时宏观回报债券型证券投资基金	2010-07-27
1155	博时行业轮动混合型证券投资基金	2010-12-10
1156	博时转债增强债券型证券投资基金	2010-11-24
1157	博时抗通胀增强回报证券投资基金	2011-04-25
1158	博时深证基本面200交易型开放式指数证券投资基金联接基金	2011-06-10
1159	博时回报灵活配置混合型证券投资基金	2011-11-08
1160	博时天颐债券型证券投资基金	2012-02-29
1161	博时上证自然资源交易型开放式指数证券投资基金联接基金	2012-04-11
1162	博时标普500交易型开放式指数证券投资基金联接基金	2012-06-14
1163	博时医疗保健行业混合型证券投资基金	2012-08-28
1164	博时信用债纯债债券型证券投资基金	2012-09-07
1165	博时新机遇混合型证券投资基金	2013-01-28
1166	博时亚洲票息收益债券型证券投资基金	2013-02-04
1167	博时价值增长贰号证券投资基金	2006-09 27
1168	嘉实成长收益证券投资基金	2002-11-05
1169	嘉实增长开放式证券投资基金	2003-07-09
1170	嘉实稳健开放式证券投资基金	2003-07-09
1171	嘉实债券开放式证券投资基金	2003-07-09
1172	嘉实服务增值行业开放式证券投资基金	2004-04-01
1173	嘉实货币市场基金	2005-03-18
1174	嘉实超短债证券投资基金	2006-04-26
1175	嘉实主题精选混合型证券投资基金	2006-07-21
1176	嘉实策略增长混合型证券投资基金	2006-12-12
1177	嘉实海外中国股票混合型证券投资基金	2007-10-12
1178	嘉实研究精选混合型证券投资基金	2008-05-27
1179	嘉实多元收益债券型证券投资基金	2008-09-10
1180	嘉实量化阿尔法混合型证券投资基金	2009-03-20
1181	嘉实回报灵活配置混合型证券投资基金	2009-08-18
1182	嘉实价值优势混合型证券投资基金	2010-06-07
1183	嘉实稳固收益债券型证券投资基金	2010-09-01
1184	嘉实主题新动力混合型证券投资基金	2010-12-07
1185	嘉实领先成长混合型证券投资基金	2011-05-31
1186	嘉实深证基本面120交易型开放式指数证券投资基金联接基金	2011-08-01
1187	嘉实信用债券型证券投资基金	2011-09-14
1188	嘉实周期优选混合型证券投资基金	2011-12-08
1189	嘉实安心货币市场基金	2011-12-28
1190	嘉实中创400交易型开放式指数证券投资基金	2012-03-22
1191	嘉实全球房地产证券投资基金	2012-07-24
1192	嘉实优化红利混合型证券投资基金	2012-06-26
1193	嘉实理财宝7天债券型证券投资基金	2012-08-29
1194	嘉实纯债债券型发起式证券投资基金	2012-12-12
1195	嘉实优质企业混合型开放式证券投资基金	2007-12-08
1196	长盛成长价值证券投资基金	2002-09-18
1197	长盛创新先锋灵活配置混合型证券投资基金	2008-06-04
1198	长盛积极配置债券型证券投资基金	2008-10-08
1199	长盛量化红利策略混合型证券投资基金	2009-11-25
1200	长盛环球景气行业大盘精选混合型证券投资基金	2010-05-26

continued

基金份额 （亿份） Fund Units (100 million units)	基金资产规模 （亿元） Fund Asset Value (100 million yuan)	基金管理公司 Fund Management Company	基金托管银行 Fund Custodian Bank
2.63	2.25	博时	中国建设银行股份有限公司
1.93	3.78	博时	中国农业银行股份有限公司
2.31	2.34	博时	中国工商银行股份有限公司
0.50	0.62	博时	中国银行股份有限公司
2.01	2.07	博时	中国建设银行股份有限公司
2.25	3.68	博时	中国光大银行股份有限公司
1.66	0.84	博时	中国银行股份有限公司
0.29	0.37	博时	交通银行股份有限公司
0.38	0.71	博时	中国建设银行股份有限公司
0.94	1.13	博时	中国工商银行股份有限公司
0.52	0.37	博时	中国建设银行股份有限公司
1.09	1.66	博时	中国工商银行股份有限公司
10.40	19.31	博时	中国银行股份有限公司
7.11	7.72	博时	中国工商银行股份有限公司
0.09	0.10	博时	中国建设银行股份有限公司
12.06	14.15	博时	招商银行股份有限公司
28.92	22.09	博时	中国建设银行股份有限公司
38.26	49.35	嘉实	中国银行股份有限公司
3.00	30.16	嘉实	中国银行股份有限公司
35.86	43.53	嘉实	中国银行股份有限公司
3.81	6.15	嘉实	中国银行股份有限公司
4.34	30.86	嘉实	中国银行股份有限公司
730.18	730.18	嘉实	中国银行股份有限公司
7.04	7.25	嘉实	中国银行股份有限公司
26.66	51.92	嘉实	中国银行股份有限公司
38.02	74.16	嘉实	中国工商银行股份有限公司
87.48	55.31	嘉实	中国银行股份有限公司
18.88	56.82	嘉实	中国银行股份有限公司
3.81	4.57	嘉实	中国工商银行股份有限公司
1.89	3.22	嘉实	中国工商银行股份有限公司
4.25	4.84	嘉实	中国银行股份有限公司
3.90	6.69	嘉实	中国银行股份有限公司
12.32	13.32	嘉实	中国工商银行股份有限公司
6.38	11.10	嘉实	中国工商银行股份有限公司
8.22	21.17	嘉实	中国农业银行股份有限公司
0.59	0.86	嘉实	中国银行股份有限公司
17.58	20.47	嘉实	中国银行股份有限公司
17.42	38.50	嘉实	中国工商银行股份有限公司
54.55	54.55	嘉实	中国银行股份有限公司
0.73	1.75	嘉实	中国工商银行股份有限公司
0.13	0.14	嘉实	中国农业银行股份有限公司
3.97	4.47	嘉实	中国银行股份有限公司
1.51	1.51	嘉实	中国农业银行股份有限公司
76.72	88.61	嘉实	中国建设银行股份有限公司
19.58	36.22	嘉实	上海浦东发展银行股份有限公司
2.27	4.10	长盛	中国农业银行股份有限公司
1.06	1.84	长盛	中国银行股份有限公司
0.88	1.26	长盛	中国建设银行股份有限公司
1.53	3.31	长盛	中国工商银行股份有限公司
0.41	0.45	长盛	中国银行股份有限公司

4—7 续表 24

序号 No.	基金名称 Fund Name	成立时间 Issue Date
1201	长盛同鑫行业配置混合型证券投资基金	2014-05-27
1202	长盛战略新兴产业灵活配置混合型证券投资基金	2011-10-26
1203	长盛同禧信用增利债券型证券投资基金	2011-12-06
1204	长盛货币市场基金	2005-12-12
1205	长盛电子信息产业混合型证券投资基金	2012-03-27
1206	长盛中小盘精选混合型证券投资基金	2012-07-10
1207	大成价值增长证券投资基金	2002-11-11
1208	大成债券投资基金	2003-06-12
1209	大成蓝筹稳健证券投资基金	2004-06-03
1210	大成精选增值混合型证券投资基金	2004-12-15
1211	大成货币市场证券投资基金	2005-06-03
1212	大成财富管理2020生命周期	2006-09-13
1213	大成策略回报混合型证券投资基金	2008-11-26
1214	大成强化收益债券型证券投资基金	2008-08-06
1215	大成行业轮动混合型证券投资基金	2009-09-08
1216	大成中证红利指数证券投资基金	2010-02-02
1217	大成核心双动力混合型证券投资基金	2010-06-22
1218	大成深证成长40交易型开放式指数证券投资基金联接基金	2010-12-21
1219	大成竞争优势混合型证券投资基金	2011-04-20
1220	大成内需增长混合型证券投资基金	2011-06-14
1221	大成中证内地消费主题指数混合型证券投资基金	2011-11-08
1222	大成可转债增强债券型证券投资基金	2011-11-30
1223	大成新锐产业混合型证券投资基金	2012-03-20
1224	大成景恒保本混合型证券投资基金	2012-06-15
1225	大成健康产业混合型证券投资基金	2012-08-28
1226	大成月添利理财债券型证券投资基金	2012-09-20
1227	大成现金增利货币市场基金	2012-11-20
1228	大成月月盈短期理财债券型证券投资基金	2012-11-29
1229	大成标普500等权重指数证券投资基金	2011-03-23
1230	富国天源平衡混合型证券投资基金	2002-08-16
1231	富国天利增长债券投资基金	2003-12-02
1232	富国天益价值混合型证券投资基金	2004-06-15
1233	富国天瑞强势地区精选混合型证券投资基金	2005-04-05
1234	富国天时货币市场基金	2006-06-05
1235	富国天合稳健优选混合型证券投资基金	2006-11-15
1236	富国天成红利灵活配置混合型证券投资基金	2008-05-28
1237	富国天鼎中证红利指数增强型证券投资基金	2008-11-21
1238	富国优化增强债券型证券投资基金	2009-06-10
1239	富国沪深300增强证券投资基金	2009-12-16
1240	富国通胀通缩主题轮动混合型证券投资基金	2010-05-12
1241	富国全球债券证券投资基金	2010-10-20
1242	富国可转债证券投资基金	2010-12-08
1243	富国上证综指交易型开放式指数证券投资基金联接基金	2011-01-30
1244	富国全球顶级消费品混合型证券投资基金	2011-07-13
1245	富国低碳环保混合型证券投资基金	2011-08-10
1246	富国产业债债券型证券投资基金	2011-12-05
1247	富国高新技术产业混合型证券投资基金	2012-06-27
1248	富国中小盘（香港上市）混合型证券投资基金	2012-09-04
1249	富国纯债债券型发起式证券投资基金	2012-11-22
1250	易方达平稳增长证券投资基金	2002-08-23

continued

基金份额 (亿份) Fund Units (100 million units)	基金资产规模 (亿元) Fund Asset Value (100 million yuan)	基金管理公司 Fund Management Company	基金托管银行 Fund Custodian Bank
0.60	0.86	长盛	中国银行股份有限公司
18.91	27.65	长盛	中国建设银行股份有限公司
0.44	0.59	长盛	中国银行股份有限公司
51.60	51.60	长盛	兴业银行股份有限公司
10.48	28.44	长盛	中国银行股份有限公司
0.52	0.59	长盛	中国银行股份有限公司
23.09	30.76	大成	中国农业银行股份有限公司
5.91	7.52	大成	中国农业银行股份有限公司
50.93	42.16	大成	中国银行股份有限公司
10.50	12.28	大成	中国农业银行股份有限公司
627.40	627.40	大成	中国光大银行股份有限公司
37.42	31.32	大成	中国银行股份有限公司
2.59	4.73	大成	中国光大银行股份有限公司
20.23	25.65	大成	中国建设银行股份有限公司
1.24	1.79	大成	中国农业银行股份有限公司
0.72	1.07	大成	中国建设银行股份有限公司
0.33	0.53	大成	中国工商银行股份有限公司
1.99	2.27	大成	中国农业银行股份有限公司
0.45	0.89	大成	中国工商银行股份有限公司
2.47	6.54	大成	中国银行股份有限公司
0.43	0.64	大成	中国农业银行股份有限公司
0.38	0.56	大成	中国工商银行股份有限公司
0.38	0.70	大成	中国农业银行股份有限公司
9.58	9.75	大成	中国银行股份有限公司
0.38	0.47	大成	中国银行股份有限公司
18.41	18.41	大成	中国农业银行股份有限公司
50.95	50.95	大成	中国农业银行股份有限公司
1.95	1.95	大成	中国银行股份有限公司
0.34	0.49	大成	中国银行股份有限公司
6.41	11.26	富国	中国农业银行股份有限公司
11.99	16.30	富国	中国工商银行股份有限公司
23.32	36.28	富国	交通银行股份有限公司
14.30	17.04	富国	中国农业银行股份有限公司
134.96	134.96	富国	中国农业银行股份有限公司
21.84	43.93	富国	招商银行股份有限公司
14.67	29.13	富国	中国农业银行股份有限公司
2.42	4.41	富国	中国工商银行股份有限公司
5.51	8.41	富国	中国建设银行股份有限公司
10.22	15.50	富国	中国工商银行股份有限公司
1.63	2.89	富国	中国工商银行股份有限公司
0.22	0.22	富国	中国工商银行股份有限公司
2.39	3.88	富国	中国农业银行股份有限公司
1.23	1.59	富国	中国工商银行股份有限公司
0.39	0.45	富国	中国工商银行股份有限公司
29.28	89.64	富国	招商银行股份有限公司
23.06	24.52	富国	中国工商银行股份有限公司
1.94	5.11	富国	中国工商银行股份有限公司
8.62	15.61	富国	中国工商银行股份有限公司
2.61	2.74	富国	中国工商银行股份有限公司
8.41	22.39	易方达	中国银行股份有限公司

4–7 续表 25

序号 No.	基金名称 Fund Name	成立时间 Issue Date
1251	易方达策略成长证券投资基金	2003-12-09
1252	易方达50指数证券投资基金	2004-03-22
1253	易方达积极成长证券投资基金	2004-09-09
1254	易方达货币市场基金	2005-02-02
1255	易方达稳健收益债券型证券投资基金	2005-09-19
1256	易方达价值精选混合型证券投资基金	2006-06-13
1257	易方达价值成长混合型证券投资基金	2007-04-02
1258	易方达中小盘混合型证券投资基金	2008-06-19
1259	易方达科汇灵活配置混合型证券投资基金	2008-10-09
1260	易方达科翔混合型证券投资基金	2008-11-14
1261	易方达行业领先企业混合型证券投资基金	2009-03-26
1262	易方达增强回报债券型证券投资基金	2008-03-19
1263	易方达深证100交易型开放式指数证券投资基金联接基金	2009-12-01
1264	易方达沪深300交易型开放式指数发起式证券投资基金联接基金	2009-08-26
1265	易方达上证中盘交易型开放式证券投资基金联接基金	2010-03-31
1266	易方达消费行业股票型证券投资基金	2010-08-20
1267	易方达医疗保健行业混合型证券投资基金	2011-01-28
1268	易方达资源行业混合型证券投资基金	2011-08-16
1269	易方达创业板交易型开放式指数证券投资基金联接基金	2011-09-20
1270	易方达安心回报债券型证券投资基金	2011-06-21
1271	易方达科讯混合型证券投资基金	2007-12-18
1272	易方达沪深300量化增强证券投资基金	2012-07-05
1273	易方达恒生中国企业交易型开放式指数证券投资基金联接基金	2012-08-21
1274	易方达双债增强债券型证券投资基金	2011-12-01
1275	易方达纯债债券型证券投资基金	2012-05-03
1276	易方达月月利理财债券型证券投资基金	2012-11-26
1277	易方达双月利理财债券型证券投资基金	2013-01-15
1278	易方达策略成长二号混合型证券投资基金	2006-08-16
1279	易方达亚洲精选股票型证券投资基金	2010-01-21
1280	易方达标普全球高端消费品指数增强型证券投资基金	2012-06-04
1281	国投瑞银融华债券型证券投资基金	2003-04-16
1282	国投瑞银景气行业证券投资基金	2004-04-29
1283	国投瑞银核心企业混合型基金	2006-04-19
1284	国投瑞银创新动力混合型证券投资基金	2006-11-15
1285	国投瑞银稳健增长灵活配置混合型证券投资基金	2008-06-11
1286	国投瑞银成长优选混合型政权投资基金	2008-01-10
1287	国投瑞银稳定增利债券型证券投资基金	2008-01-11
1288	国投瑞银瑞银保本混合型证券投资基金	2011-12-20
1289	国投瑞银货币市场基金	2009-01-19
1290	国投瑞银优化增强债券型证券投资基金	2010-09-08
1291	国投瑞银纯债债券型证券投资基金	2012-12-11
1292	银河银富货币市场基金	2004-12-20
1293	银河银泰理财分红证券投资基金	2004-03-30
1294	银河稳健证券投资基金	2003-08-04
1295	银河收益证券投资基金	2003-08-04
1296	易方达保证金收益货币市场基金	2013-03-29
1297	招商保证金快线货币市场基金	2013-05-17
1298	汇添富收益快钱货币市场基金	2014-12-22
1299	易方达深证100交易型开放式指数证券投资基金	2006-03-24
1300	中小企业板交易型开放式指数基金	2006-06-08

continued

基金份额（亿份）Fund Units (100 million units)	基金资产规模（亿元）Fund Asset Value (100 million yuan)	基金管理公司 Fund Management Company	基金托管银行 Fund Custodian Bank
4.78	23.79	易方达	中国银行股份有限公司
83.23	87.76	易方达	交通银行股份有限公司
27.04	25.57	易方达	中国银行股份有限公司
2040.19	2040.19	易方达	中国银行股份有限公司
90.73	137.36	易方达	中国银行股份有限公司
22.48	40.06	易方达	中国工商银行股份有限公司
37.55	81.90	易方达	中国工商银行股份有限公司
3.65	9.79	易方达	中国银行股份有限公司
2.47	4.79	易方达	交通银行股份有限公司
10.42	29.09	易方达	中国工商银行股份有限公司
3.68	8.27	易方达	中国工商银行股份有限公司
65.74	90.83	易方达	中国建设银行股份有限公司
26.14	29.70	易方达	中国银行股份有限公司
36.66	43.82	易方达	中国建设银行股份有限公司
1.96	2.69	易方达	中国工商银行股份有限公司
5.50	7.25	易方达	中国农业银行股份有限公司
13.15	22.26	易方达	中国银行股份有限公司
3.00	2.53	易方达	中国银行股份有限公司
3.78	10.00	易方达	中国工商银行股份有限公司
51.60	81.42	易方达	中国工商银行股份有限公司
56.48	103.57	易方达	交通银行股份有限公司
2.57	4.84	易方达	中国建设银行股份有限公司
12.40	11.98	易方达	交通银行股份有限公司
43.32	53.22	易方达	中国建设银行股份有限公司
75.31	84.24	易方达	招商银行股份有限公司
6.37	6.37	易方达	中国农业银行股份有限公司
6.80	6.80	易方达	中国建设银行股份有限公司
10.14	21.02	易方达	中国银行股份有限公司
9.18	7.27	易方达	中国工商银行股份有限公司
0.12	0.18	易方达	中国银行股份有限公司
2.52	4.50	国投瑞银	中国光大银行股份有限公司
6.76	9.82	国投瑞银	中国光大银行股份有限公司
16.74	19.05	国投瑞银	中国工商银行股份有限公司
13.57	13.23	国投瑞银	中国光大银行股份有限公司
3.17	5.73	国投瑞银	中国工商银行股份有限公司
6.33	7.09	国投瑞银	中国工商银行股份有限公司
18.04	21.31	国投瑞银	中国银行股份有限公司
17.03	18.93	国投瑞银	中国民生银行股份有限公司
261.15	261.15	国投瑞银	中国工商银行股份有限公司
24.56	37.90	国投瑞银	中国建设银行股份有限公司
6.06	6.48	国投瑞银	中国银行股份有限公司
215.38	215.38	银河	交通银行股份有限公司
11.09	17.87	银河	中国工商银行股份有限公司
4.51	8.82	银河	中国农业银行股份有限公司
14.10	18.57	银河	中国农业银行股份有限公司
0.08	8.50	易方达	交通银行股份有限公司
0.32	32.39	招商	平安银行股份有限公司
2.05	2.05	汇添富	中国工商银行股份有限公司
12.71	58.90	易方达	中国银行股份有限公司
7.50	29.45	华夏	中国建设银行股份有限公司

4–7 续表 26

序号 No.	基金名称 Fund Name	成立时间 Issue Date
1301	深证成分交易型开放式指数证券投资基金	2009-12-04
1302	深证红利交易型开放式指数证券投资基金	2010-11-05
1303	深证成长40交易型开放式指数证券投资基金	2010-12-21
1304	广发中小板300交易型开放式指数证券投资基金	2011-06-03
1305	深证基本面200交易型开放式指数证券投资基金	2011-06-10
1306	深证电子信息传媒产业（TMT）50交易型开放式指数证券投资基金	2011-06-27
1307	深证基本面120交易型开放式指数证券投资基金	2011-08-01
1308	深证民营交易型开放式指数证券投资基金	2011-09-02
1309	深证300交易型开放式指数证券投资基金	2011-09-16
1310	深证300价值交易型开放式指数证券投资基金	2011-09-22
1311	易方达创业板交易型开放式指数证券投资基金	2011-09-20
1312	深证基本面60交易型开放式指数证券投资基金	2011-09-08
1313	中创400交易型开放式指数证券投资基金	2012-03-22
1314	嘉实沪深300交易型开放式指数证券投资基金	2012-05-07
1315	恒生交易型开放式指数证券投资基金	2012-08-09
1316	诺安中小板等权重交易型开放式指数证券投资基金	2012-12-10
1317	嘉实中证500交易型开放式指数证券投资基金	2013-02-06
1318	大成中证100交易型开放式指数证券投资基金	2013-02-07
1319	景顺长城沪深300等权重交易型开放式指数证券投资基金	2013-05-07
1320	南方开元沪深300交易型开放式指数证券投资基金	1998-03-27
1321	嘉实中证金边中期国债交易型开放式指数证券投资基金	2013-05-10
1322	鹏华沪深300交易型开放式指数证券投资基金	2013-07-19
1323	中证主要消费交易型开放式指数证券投资基金	2013-08-23
1324	中证医药卫生交易型开放式指数证券投资基金	2012-08-23
1325	中证能源交易型开放式指数证券投资基金	2013-08-23
1326	中证金融地产交易型开放式指数证券投资基金	2013-08-23
1327	大成中证500深市交易型开放式指数证券投资基金	2013-09-12
1328	国投瑞银沪深300金融地产交易型开放式指数证券投资基金	2013-09-17
1329	易方达黄金交易性开放式证券投资基金	2013-11-29
1330	景顺长城中证500交易型开放式指数证券投资基金	2013-12-26
1331	广发中证全指可选消费交易型开放式指数证券投资基金	2014-06-03
1332	博时黄金交易型开放式证券投资基金	2014-08-13
1333	广发中证全指医药卫生交易型开放式指数证券投资基金	2014-12-01
1334	广发中证全指信息技术交易型开放式指数证券投资基金	2015-01-07
1335	广发中证全指金融地产交易型开放式指数证券投资基金	2015-03-23
1336	广发纳斯达克100交易型开放式指数证券投资基金	2015-06-10
1337	华润元大中创100交易型开放式指数证券投资基金	2015-05-22
1338	大成深证成分交易型开放式指数证券投资基金	2015-06-04
1339	广发中证全指原材料交易型开放式指数证券投资基金	2015-06-25
1340	广发中证全指能源交易型开放式指数证券投资基金	2015-06-25
1341	广发中证全指主要消费交易型开放式指数证券投资基金	2015-07-01
1342	南方积极配置证券投资基金	2004-10-14
1343	南方高增长证券投资基金	2005-07-13
1344	南方中证500指数证券投资基金（LOF）	2009-09-25
1345	中证南方金砖四国指数证券投资基金	2010-12-09
1346	南方中证50债券指数证券投资基金（LOF）	2011-05-17
1347	南方中国中小盘股票指数证券投资基金（LOF）	2011-09-26
1348	南方新兴消费增长分级股票型证券投资基金	2012-03-13
1349	南方金利定期开放债券型证券投资基金	2012-05-17
1350	南方天元新产业股票型证券投资基金	2014-07-03

continued

基金份额 (亿份) Fund Units (100 million units)	基金资产规模 (亿元) Fund Asset Value (100 million yuan)	基金管理公司 Fund Management Company	基金托管银行 Fund Custodian Bank
4.69	6.26	南方	中国工商银行股份有限公司
2.31	2.88	工银瑞信	中国农业银行股份有限公司
1.94	2.19	大成	中国农业银行股份有限公司
1.90	3.31	广发	中国农业银行股份有限公司
0.34	0.44	博时	交通银行股份有限公司
0.15	0.90	招商	中国银行股份有限公司
0.60	0.86	嘉实	中国银行股份有限公司
0.14	0.73	鹏华	中国建设银行股份有限公司
0.56	0.87	汇添富	中国工商银行股份有限公司
0.32	0.51	交银施罗德	中国农业银行股份有限公司
16.23	41.31	易方达	中国工商银行股份有限公司
0.34	0.94	建信	中国民生银行股份有限公司
0.68	1.72	嘉实	中国工商银行股份有限公司
52.17	205.52	嘉实	中国银行股份有限公司
6.20	6.86	华夏	中国银行股份有限公司
0.19	0.37	诺安	交通银行股份有限公司
1.17	8.67	嘉实	中国建设银行股份有限公司
0.40	0.55	大成	中国银行股份有限公司
0.55	0.87	景顺长城	中国农业银行股份有限公司
8.39	12.43	南方	中国工商银行股份有限公司
0.04	4.19	嘉实	中国银行股份有限公司
0.10	0.38	鹏华	中国建设银行股份有限公司
8.39	12.03	汇添富	中国工商银行股份有限公司
0.78	1.25	汇添富	中国工商银行股份有限公司
0.13	0.12	汇添富	中国工商银行股份有限公司
0.33	0.53	汇添富	中国工商银行股份有限公司
0.20	0.43	大成	中国银行股份有限公司
2.78	4.65	国投瑞银	中国工商银行股份有限公司
0.48	1.08	易方达	中国工商银行股份有限公司
0.61	1.20	景顺长城	中国银行股份有限公司
2.72	5.00	广发	中国银行股份有限公司
6.30	14.03	博时	中国银行股份有限公司
5.31	7.82	广发	中国银行股份有限公司
4.09	5.89	广发	中国银行股份有限公司
2.03	1.74	广发	中国银行股份有限公司
0.36	0.36	广发	中国银行股份有限公司
0.52	1.23	华润元大	招商证券股份有限公司
0.58	7.64	大成	中国农业银行股份有限公司
1.20	1.10	广发	中国银行股份有限公司
1.57	1.10	广发	中国银行股份有限公司
0.51	0.51	广发	中国银行股份有限公司
7.30	12.00	南方	中国工商银行股份有限公司
10.70	23.88	南方	中国银行股份有限公司
31.58	57.02	南方	中国农业银行股份有限公司
0.81	0.58	南方	中国工商银行股份有限公司
1.64	1.94	南方	中国工商银行股份有限公司
9.20	8.36	南方	中国农业银行股份有限公司
1.97	2.35	南方	中国工商银行股份有限公司
3.44	3.75	南方	中国工商银行股份有限公司
3.45	6.74	南方	中国工商银行股份有限公司

4–7 续表 27

序号 No.	基金名称 Fund Name	成立时间 Issue Date
1351	南方中证高铁产业指数分级证券投资基金	2015-06-10
1352	南方中证国有企业改革指数分级证券投资基金	2015-06-03
1353	南方中证互联网指数分级证券投资基金	2015-07-01
1354	国泰中小盘成长混合型证券投资基金（LOF）	2009-10-19
1355	国泰估值优势可分离交易混合型证券投资基金	2010-02-10
1356	国泰纳斯达克100指数证券投资基金	2010-04-29
1357	国泰价值经典混合型证券投资基金	2010-08-13
1358	国泰大宗商品配置证券投资基金（LOF）	2012-05-03
1359	国泰信用互利分级债券型证券投资基金	2011-12-29
1360	国泰国证房地产行业指数分级证券投资基金	2013-02-06
1361	国泰国证医药卫生行业指数分级证券投资基金	2013-08-29
1362	国泰淘新灵活配置混合型证券投资基金	2013-12-30
1363	国泰国证有色金属行业指数分级证券投资基金	2015-03-30
1364	国泰国证食品饮料行业指数分级证券投资基金	2014-10-23
1365	国泰深证TMT50指数分级证券投资基金	2015-03-26
1366	国泰国证新能源汽车指数分级证券投资基金	2012-03-15
1367	华夏蓝筹核心混合型证券投资基金(LOF)	2007-04-24
1368	华夏行业精选混合型证券投资基金（LOF）	2007-11-22
1369	华安深证300指数证券投资基金（LOF）	2011-09-02
1370	华安标普全球石油指数证券投资基金（LOF）	2012-03-29
1371	华安沪深300指数分级证券投资基金	2012-06-25
1372	华安中证银行指数分级证券投资基金	2015-06-09
1373	华安中证全指证券公司指数分级证券投资基金	2015-06-08
1374	华安创业板50指数分级证券投资基金	2015-07-06
1375	博时主题行业混合型证券投资基金	2005-01-06
1376	博时卓越品牌混合型证券投资基金（LOF）	2011-04-22
1377	博时稳健回报债券型证券投资基金（LOF）	2011-06-10
1378	博时中证800证券保险指数分级证券投资基金	2015-05-18
1379	博时中证银行指数分级证券投资基金	2015-06-08
1380	鹏华普天债券投资基金	2003-07-12
1381	鹏华普天收益证券投资基金	2003-07-12
1382	鹏华中国50开放式证券投资基金	2004-05-12
1383	鹏华货币市场证券投资基金	2005-04-12
1384	鹏华价值优势混合型证券投资基金（LOF）	2006-07-18
1385	鹏华动力增长混合型证券投资基金（LOF）	2007-01-09
1386	鹏华优质治理混合型证券投资基金（LOF）	2007-04-25
1387	鹏华丰收债券基金	2008-05-28
1388	鹏华盛世创新混合型证券投资基金	2008-10-10
1389	鹏华沪深300指数证券投资基金（LOF）	2009-04-03
1390	鹏华中证500指数证券投资基金	2010-02-05
1391	鹏华丰润债券型证券投资基金	2010-12-02
1392	鹏华丰泽分级债券型证券投资基金	2011-12-08
1393	鹏华中证A股资源产业指数分级型证券投资基金	2012-09-27
1394	鹏华消费灵活配置混合型证券投资基金	2013-12-23
1395	鹏华中证800证券保险指数分级证券投资基金	2014-05-05
1396	鹏华中证信息技术指数分级证券投资基金	2014-05-05
1397	鹏华策略优选灵活配置混合型证券投资基金	2014-06-10
1398	鹏华中证800地产指数分级证券投资基金	2014-09-11
1399	鹏华中证传媒指数分级证券投资基金	2014-12-11
1400	鹏华中证国防指数分级证券投资基金	2014-11-13

continued

基金份额 (亿份) Fund Units (100 million units)	基金资产规模 (亿元) Fund Asset Value (100 million yuan)	基金管理公司 Fund Management Company	基金托管银行 Fund Custodian Bank
1.64	2.11	南方	中国银河证券股份有限公司
5.22	5.50	南方	海通证券股份有限公司
3.57	3.40	南方	中国农业银行股份有限公司
2.03	5.45	国泰	中国建设银行股份有限公司
0.60	1.31	国泰	中国工商银行股份有限公司
2.35	4.79	国泰	中国建设银行股份有限公司
8.56	15.13	国泰	中国建设银行股份有限公司
13.83	5.71	国泰	中国建设银行股份有限公司
2.91	3.03	国泰	中国建设银行股份有限公司
24.80	24.31	国泰	中国银行股份有限公司
99.05	93.28	国泰	中国农业银行股份有限公司
26.94	34.65	国泰	宁波银行股份有限公司
16.56	19.33	国泰	中国建设银行股份有限公司
22.73	19.29	国泰	中国农业银行股份有限公司
2.59	3.54	国泰	中国农业银行股份有限公司
0.37	0.42	国泰	中国银行股份有限公司
34.65	50.00	华夏	交通银行股份有限公司
27.49	40.14	华夏	中国银行股份有限公司
0.24	0.35	华安	中国银行股份有限公司
5.60	4.38	华安	中国建设银行股份有限公司
0.18	0.25	华安	中国建设银行股份有限公司
8.23	6.76	华安	中国银行股份有限公司
2.57	3.40	华安	中国建设银行股份有限公司
25.88	17.33	华安	中国农业银行股份有限公司
23.45	73.27	博时	中国建设银行股份有限公司
1.59	3.47	博时	中国工商银行股份有限公司
2.03	2.64	博时	招商银行股份有限公司
3.18	4.02	博时	中国银行股份有限公司
1.78	1.59	博时	中国建设银行股份有限公司
7.45	9.09	鹏华	交通银行股份有限公司
5.00	7.04	鹏华	交通银行股份有限公司
9.12	14.28	鹏华	交通银行股份有限公司
515.93	515.93	鹏华	中国农业银行股份有限公司
22.84	29.20	鹏华	中国建设银行股份有限公司
16.99	25.31	鹏华	中国农业银行股份有限公司
14.97	15.83	鹏华	中国工商银行股份有限公司
16.51	18.95	鹏华	中国建设银行股份有限公司
0.60	1.19	鹏华	中国建设银行股份有限公司
2.06	2.86	鹏华	中国工商银行股份有限公司
2.39	3.57	鹏华	中国工商银行股份有限公司
0.52	0.68	鹏华	中国建设银行股份有限公司
4.03	4.37	鹏华	中国邮政储蓄银行有限责任公司
3.94	4.65	鹏华	中国工商银行股份有限公司
2.31	4.31	鹏华	交通银行股份有限公司
21.74	29.68	鹏华	中国建设银行股份有限公司
4.85	6.70	鹏华	中国建设银行股份有限公司
2.33	3.63	鹏华	中国工商银行股份有限公司
3.85	4.86	鹏华	中国建设银行股份有限公司
15.31	14.58	鹏华	中国建设银行股份有限公司
136.00	125.42	鹏华	中国建设银行股份有限公司

4-7 续表 28

序号 No.	基金名称 Fund Name	成立时间 Issue Date
1401	鹏华中证银行指数分级证券投资基金	2015-04-17
1402	鹏华中证酒指数分级证券投资基金	2015-04-29
1403	鹏华中证全指证券公司指数分级证券投资基金	2015-05-06
1404	鹏华中证环保产业指数分级证券投资基金	2015-06-16
1405	鹏华中证医药卫生指数分级证券投资基金	2015-08-14
1406	鹏华中证移动互联网指数分级证券投资基金	2015-06-16
1407	鹏华创业板指数分级证券投资基金	2015-06-08
1408	鹏华中证一带一路主题指数分级证券投资基金	2015-05-18
1409	鹏华中证高铁产业指数分级证券投资基金	2015-05-27
1410	鹏华中证新能源指数分级证券投资基金	2015-05-28
1411	嘉实沪深300指数证券投资基金	2005-08-29
1412	嘉实中证锐联基本面50指数证券投资基金（LOF）	2009-12-30
1413	嘉实恒生中国企业指数证券投资基金	2010-09-30
1414	嘉实多利分级债券型证券投资基金	2011-03-23
1415	嘉实黄金证券投资基金（LOF）	2011-08-04
1416	嘉实中证中期企业业绩指数证券投资基金（LOF）	2013-02-05
1417	长盛同智优势成长混合型证券投资基金（LOF）	2007-01-05
1418	长盛同庆中证800指数分级证券投资基金	2009-05-12
1419	长盛沪深300指数证券投资基金（LOF）	2010-08-04
1420	长盛同瑞中证200指数分级证券投资基金	2011-12-06
1421	长盛同辉深证100等权重指数分级证券投资基金	2012-09-13
1422	长盛同丰债券型证券投资基金（LOF）	2012-12-27
1423	长盛同益成长回报灵活配置混合型证券投资基金	2014-04-04
1424	长盛同盛成长优选灵活配置混合型证券投资基金	2014-11-05
1425	长盛中证金融地产指数分级证券投资基金	2015-06-16
1426	大成创新成长混合型证券投资基金	2007-06-12
1427	大成景丰债券型证券投资基金（LOF）	2010-10-15
1428	大成优选股票型证券投资基金（LOF）	2007-08-01
1429	大成中小盘混合型证券投资基金（LOF）	2014-04-10
1430	大成产业升级股票型证券投资基金（LOF）	2014-12-26
1431	富国天惠精选成长混合型证券投资基金	2005-11-16
1432	富国天丰强化收益债券型证券投资基金	2008-10-24
1433	富国天盈债券型证券投资基金（LOF）	2011-05-23
1434	富国中证500指数增强型证券投资基金（LOF）	2011-10-12
1435	富国创业板指数分级证券投资基金	2013-09-12
1436	富国中证军工指数分级证券投资基金	2014-04-04
1437	富国中证移动互联网指数分级证券投资基金	2014-09-02
1438	富国中证国有企业改革指数分级证券投资基金	2014-12-17
1439	富国中证全指证券公司指数分级证券投资基金	2015-03-27
1440	富国中证新能源汽车指数分级证券投资基金	2015-03-30
1441	富国中证银行指数分级证券投资基金	2015-04-30
1442	富国中证体育产业指数分级证券投资基金	2015-06-25
1443	富国中证工业4.0指数分级证券投资基金	2015-06-15
1444	富国中证煤炭指数分级证券投资基金	2015-06-19
1445	易方达岁丰添利债券型证券投资基金	2010-11-09
1446	易方达黄金主题证券投资基金（LOF）	2011-05-06
1447	易方达中小板指数分级证券投资基金	2012-09-20
1448	易方达中债新综合债券指数发起式证券投资基金(LOF)	2012-11-08
1449	易方达银行指数分级证券投资基金	2015-06-03
1450	易方达生物科技指数分级证券投资基金	2015-06-03

continued

基金份额 （亿份） Fund Units (100 million units)	基金资产规模 （亿元） Fund Asset Value (100 million yuan)	基金管理公司 Fund Management Company	基金托管银行 Fund Custodian Bank
85.95	76.11	鹏华	中国建设银行股份有限公司
4.64	4.07	鹏华	中国建设银行股份有限公司
82.56	58.41	鹏华	中国建设银行股份有限公司
1.93	2.47	鹏华	中国建设银行股份有限公司
0.36	0.38	鹏华	中国建设银行股份有限公司
2.19	3.03	鹏华	中国建设银行股份有限公司
13.95	10.96	鹏华	中国建设银行股份有限公司
7.46	6.93	鹏华	招商银行股份有限公司
4.72	4.78	鹏华	招商银行股份有限公司
0.75	0.81	鹏华	招商银行股份有限公司
176.01	181.92	嘉实	中国银行股份有限公司
9.79	11.44	嘉实	中国工商银行股份有限公司
5.95	4.12	嘉实	中国建设银行股份有限公司
1.05	1.11	嘉实	招商银行股份有限公司
4.51	2.71	嘉实	中国工商银行股份有限公司
5.71	6.69	嘉实	中国银行股份有限公司
8.84	10.86	长盛	中国银行股份有限公司
1.80	2.55	长盛	中国建设银行股份有限公司
0.71	0.88	长盛	招商银行股份有限公司
0.20	0.24	长盛	中国农业银行股份有限公司
0.39	0.47	长盛	中国建设银行股份有限公司
1.19	1.39	长盛	中国银行股份有限公司
1.76	2.98	长盛	中国工商银行股份有限公司
3.63	3.90	长盛	中国银行股份有限公司
5.27	4.39	长盛	中国银行股份有限公司
24.02	28.73	大成	中国农业银行股份有限公司
22.07	25.43	大成	中国农业银行股份有限公司
2.98	6.87	大成	中国银行股份有限公司
2.73	6.17	大成	中国银行股份有限公司
6.38	9.35	大成	中国农业银行股份有限公司
14.57	40.46	富国	中国工商银行股份有限公司
16.20	17.98	富国	中国建设银行股份有限公司
5.70	5.05	富国	中国工商银行股份有限公司
1.61	3.49	富国	中国农业银行股份有限公司
60.84	77.93	富国	中国建设银行股份有限公司
354.35	311.75	富国	中国建设银行股份有限公司
28.37	27.57	富国	招商证券股份有限公司
189.18	195.86	富国	中国农业银行股份有限公司
41.19	51.97	富国	中国建设银行股份有限公司
52.40	54.87	富国	中国建设银行股份有限公司
10.23	9.62	富国	中国农业银行股份有限公司
4.13	4.29	富国	中国建设银行股份有限公司
31.18	39.33	富国	中国工商银行股份有限公司
2.80	3.05	富国	国泰君安证券股份有限公司
1.13	1.94	易方达	中国银行股份有限公司
7.11	4.33	易方达	中国农业银行股份有限公司
5.21	6.68	易方达	中国建设银行股份有限公司
2.52	2.99	易方达	中国农业银行股份有限公司
1.97	1.69	易方达	中国建设银行股份有限公司
2.31	2.89	易方达	中国建设银行股份有限公司

4—7 续表 29

序号 No.	基金名称 Fund Name	成立时间 Issue Date
1451	易方达并购重组指数分级证券投资基金	2015-06-03
1452	国投瑞银瑞和沪深300指数分级证券投资基金	2009-10-15
1453	国投瑞银全球新兴市场精选股票型证券投资基金(LOF)	2010-06-10
1454	国投瑞银沪深300金融地产交易型开放式指数证券投资基金联接基金	2010-04-09
1455	国投瑞银中证下游消费与服务产业指数证券投资基金（LOF）	2010-12-16
1456	国投瑞银双债增利债券型证券投资基金	2011-03-29
1457	国投瑞银中证上游资源产业指数证券投资基金(LOF)	2011-07-21
1458	国投瑞银新兴产业混合型证券投资基金（LOF）	2011-12-13
1459	国投瑞银瑞利灵活配置混合型证券投资基金	2015-02-05
1460	国投瑞银瑞泽中证创业成长指数分级证券投资基金	2015-03-17
1461	国投瑞银新丝路灵活配置混合型证券投资基金（LOF）	2015-04-10
1462	国投瑞银瑞盈灵活配置混合型证券投资基金	2015-05-19
1463	国投瑞银白银期货证券投资基金(LOF)	2015-08-06
1464	国投瑞银瑞福深证100指数证券投资基金（LOF）	2007-07-17
1465	国投瑞银中国价值发现股票型证券投资基金(LOF)	2015-12-21
1466	银河通利债券型证券投资基金（LOF）	2012-04-25
1467	银河沪深300成长增强指数分级证券投资基金	2013-03-29
1468	融通新蓝筹证券投资基金	2002-09-13
1469	融通债券投资基金	2003-09-30
1470	融通深证100指数证券投资基金	2003-09-30
1471	融通蓝筹成长基金	2003-09-30
1472	融通行业景气证券投资基金	2004-04-29
1473	融通巨潮100指数证券投资基金	2005-05-12
1474	融通易支付货币市场证券投资基金	2006-01-19
1475	融通动力先锋混合型证券投资基金	2006-11-15
1476	融通领先成长混合型证券投资基金	2007-04-30
1477	融通内需驱动混合型证券投资基金	2009-04-22
1478	融通深证成分指数证券投资基金	2010-11-15
1479	融通创业板指数增强型证券投资基金	2012-04-06
1480	融通四季添利债券型证券投资基金	2012-03-01
1481	融通医疗保健混合型证券投资基金	2012-07-26
1482	融通丰利四分法证券投资基金	2013-02-05
1483	融通七天理财债券型证券投资基金	2013-03-14
1484	融通标普中国可转债指数增强型证券投资基金	2013-03-26
1485	融通中证军工指数分级证券投资基金	2015-07-01
1486	融通中证全指证券公司指数分级证券投资系基金	2015-07-17
1487	融通中证大农业指数分级证券投资基金	2015-08-25
1488	招商优质成长混合型证券投资基金	2005-11-17
1489	招商标普金砖四国指数证券投资基金（LOF）	2011-02-11
1490	招商中证大宗商品股票指数分级证券投资基金	2012-06-28
1491	招商双债增强分级债券型证券投资基金	2013-03-01
1492	招商沪深300高贝塔指数分级证券投资基金	2013-08-01
1493	招商可转债分级债券型证券投资基金	2014-07-31
1494	招商中证全指证券公司指数分级证券投资基金	2014-11-13
1495	招商沪深300地产等权重指数分级证券投资基金	2014-11-27
1496	招商丰泰灵活配置混合型证券投资基金（LOF）	2015-04-17
1497	招商中证银行指数分级证券投资基金	2015-05-20
1498	招商中证煤炭等权指数分级证券投资基金	2015-05-20
1499	招商中证白酒指数分级证券投资基金	2015-05-27
1500	招商国证生物医药指数分级证券投资基金	2015-05-27

continued

基金份额 (亿份) Fund Units (100 million units)	基金资产规模 (亿元) Fund Asset Value (100 million yuan)	基金管理公司 Fund Management Company	基金托管银行 Fund Custodian Bank
25.78	30.75	易方达	中国建设银行股份有限公司
1.23	1.35	国投瑞银	中国工商银行股份有限公司
0.43	0.36	国投瑞银	中国工商银行股份有限公司
3.54	4.82	国投瑞银	中国工商银行股份有限公司
0.50	0.73	国投瑞银	中国工商银行股份有限公司
9.23	9.78	国投瑞银	中国建设银行股份有限公司
1.92	1.19	国投瑞银	中国工商银行股份有限公司
0.34	0.70	国投瑞银	中国建设银行股份有限公司
19.33	20.35	国投瑞银	中国银行股份有限公司
1.79	1.67	国投瑞银	中国工商银行股份有限公司
3.85	4.75	国投瑞银	中国银河证券股份有限公司
13.78	12.66	国投瑞银	中国银行股份有限公司
0.85	0.78	国投瑞银	中国银行股份有限公司
9.94	10.03	国投瑞银	中国工商银行股份有限公司
2.68	2.68	国投瑞银	中国银行股份有限公司
8.89	9.45	银河	北京银行股份有限公司
0.39	0.50	银河	兴业银行股份有限公司
31.39	38.42	融通	中国建设银行股份有限公司
20.32	24.72	融通	中国工商银行股份有限公司
44.91	65.76	融通	中国工商银行股份有限公司
7.28	10.44	融通	中国工商银行股份有限公司
12.73	15.80	融通	交通银行股份有限公司
8.25	8.98	融通	中国工商银行股份有限公司
432.52	432.52	融通	中国民生银行股份有限公司
6.44	12.66	融通	中国工商银行股份有限公司
61.29	76.31	融通	中国建设银行股份有限公司
4.08	5.11	融通	中国工商银行股份有限公司
1.99	2.02	融通	中国工商银行股份有限公司
2.61	3.59	融通	中国工商银行股份有限公司
0.67	0.74	融通	中国工商银行股份有限公司
16.61	26.45	融通	中国工商银行股份有限公司
0.35	0.29	融通	中国工商银行股份有限公司
0.19	0.19	融通	中国工商银行股份有限公司
0.20	0.20	融通	中国农业银行股份有限公司
2.24	2.33	融通	中国建设银行股份有限公司
8.63	7.60	融通	中国建设银行股份有限公司
0.37	0.39	融通	中国农业银行股份有限公司
8.46	14.98	招商	中信银行股份有限公司
0.76	0.52	招商	中国银行股份有限公司
3.04	3.27	招商	中国工商银行股份有限公司
1.09	1.10	招商	中国农业银行股份有限公司
0.51	0.46	招商	中国银行股份有限公司
6.51	7.14	招商	中国农业银行股份有限公司
37.53	35.34	招商	中国银行股份有限公司
1.69	1.48	招商	中国银行股份有限公司
41.04	42.61	招商	中国银行股份有限公司
5.54	4.93	招商	中信银行股份有限公司
4.30	4.60	招商	中国银行股份有限公司
6.10	5.30	招商	中国银行股份有限公司
5.07	6.07	招商	中国银行股份有限公司

4-7 续表 30

序号 No.	基金名称 Fund Name	成立时间 Issue Date
1501	银华内需精选混合型证券投资基金（LOF）	2009-07-01
1502	银华沪深300指数证券投资基金	2009-10-14
1503	银华深证100指数分级证券投资基金	2010-05-07
1504	银华信用债券型证券投资基金	2010-06-29
1505	银华抗通胀主题证券投资基金（LOF）	2010-12-06
1506	银华中证等权重90指数分级证券投资基金	2011-03-17
1507	银华消费主题分级混合型证券投资基金	2011-09-28
1508	银华中证内地资源主题指数分级证券投资基金	2011-12-08
1509	银华纯债信用主题债券型证券投资基金	2012-08-09
1510	银华中证中票50指数债券型证券投资基金（LOF）	2012-12-11
1511	银华中证800等权重指数增强分级证券投资基金	2013-11-05
1512	银华中证转债指数增强分级证券投资基金	2013-08-15
1513	银华永益分级债券型证券投资基金	2014-05-22
1514	银华恒生中国企业指数分级证券投资基金	2014-04-09
1515	银华中证国防安全指数分级证券投资系基金	2015-08-06
1516	银华一带一路主题指数分级证券投资基金	2015-08-13
1517	万家增强收益债券型证券投资基金	2004-09-28
1518	万家公用事业行业混合型证券投资基金	2005-07-15
1519	万家中证红利指数证券投资基金（LOF）	2011-03-17
1520	万家添利债券型证券投资基金（LOF）	2011-06-02
1521	万家中证创业成长指数分级证券投资基金	2012-08-02
1522	长城久富核心成长混合型证券投资基金（LOF）	2007-02-12
1523	长城久兆中小板300指数分级证券投资基金	2012-01-30
1524	金鹰中小盘精选证券投资基金	2004-05-27
1525	金鹰持久增利债券型证券投资基金（LOF）	2012-03-09
1526	金鹰中证500指数分级证券投资基金	2012-06-06
1527	金鹰元盛债券型发起式证券投资基金（LOF）	2013-05-02
1528	泰达宏利价值优化型成长类行业混合型证券投资基金	2003-04-26
1529	泰达宏利价值优化型周期类行业混合型证券投资基金	2003-04-26
1530	泰达宏利价值优化型稳定类行业混合型证券投资基金	2003-04-26
1531	泰达宏利行业精选混合型证券投资基金	2004-07-09
1532	泰达宏利风险预算混合型证券投资基金	2005-04-05
1533	泰达宏利货币市场基金	2005-11-10
1534	泰达宏利效率优选混合型证券投资基金(LOF)	2006-03-29
1535	泰达宏利首选企业股票型证券投资基金	2006-12-01
1536	泰达宏利市值优选混合型证券投资基金	2007-08-03
1537	泰达宏利集利债券型证券投资基金	2008-09-26
1538	泰达宏利品质生活灵活配置混合型证券投资基金	2009-04-09
1539	泰达宏利红利先锋混合型证券投资基金	2009-12-03
1540	泰达宏利中证财富大盘指数证券投资基金	2010-04-23
1541	泰达宏利领先中小盘混合型证券投资基金	2011-01-26
1542	泰达宏利中证500指数分级证券投资基金	2011-12-01
1543	海富通中证100指数证券投资基金（LOF）	2009-10-30
1544	华宝兴业标普石油天然气上游股票指数证券投资基金（LOF）	2011-09-29
1545	华宝兴业中证医疗指数分级证券投资基金	2015-05-21
1546	华宝兴业中证1000指数分级证券投资基金	2015-06-04
1547	华宝兴业新机遇灵活配置混合型证券投资基金(LOF)	2015-06-11
1548	国联安双禧中证100指数分级证券投资基金	2010-04-16
1549	国联安双力中小板综指分级证券投资基金	2012-03-23
1550	景顺长城鼎益混合型证券投资基金	2005-03-16

continued

基金份额 （亿份） Fund Units (100 million units)	基金资产规模 （亿元） Fund Asset Value (100 million yuan)	基金管理公司 Fund Management Company	基金托管银行 Fund Custodian Bank
4.03	7.68	银华	中国农业银行股份有限公司
1.68	1.61	银华	中国建设银行股份有限公司
47.33	52.38	银华	中国民生银行股份有限公司
2.08	2.61	银华	中国建设银行股份有限公司
2.84	1.23	银华	中国建设银行股份有限公司
2.72	3.24	银华	中国建设银行股份有限公司
1.80	2.75	银华	中国建设银行股份有限公司
1.36	1.58	银华	中国银行股份有限公司
19.30	22.37	银华	中国工商银行股份有限公司
4.88	5.82	银华	中国银行股份有限公司
0.47	0.56	银华	中国银行股份有限公司
3.00	3.25	银华	中国银行股份有限公司
1.17	1.58	银华	招商银行股份有限公司
54.65	47.74	银华	中国建设银行股份有限公司
0.08	0.09	银华	海通证券股份有限公司
0.18	0.18	银华	中国银河证券股份有限公司
12.54	16.17	万家	中国农业银行股份有限公司
3.90	3.90	万家	交通银行股份有限公司
0.37	0.57	万家	中国建设银行股份有限公司
8.04	8.38	万家	中国邮政储蓄银行有限责任公司
0.25	0.32	万家	中国工商银行股份有限公司
9.41	14.10	长城	交通银行股份有限公司
0.28	0.37	长城	中国建设银行股份有限公司
5.88	9.02	金鹰	交通银行股份有限公司
0.59	0.63	金鹰	中国邮政储蓄银行有限责任公司
0.17	0.22	金鹰	交通银行股份有限公司
4.83	5.22	金鹰	中国建设银行股份有限公司
6.21	10.53	泰达宏利	交通银行股份有限公司
1.92	2.80	泰达宏利	交通银行股份有限公司
1.21	1.33	泰达宏利	交通银行股份有限公司
2.13	8.38	泰达宏利	中国银行股份有限公司
8.10	10.52	泰达宏利	交通银行股份有限公司
24.18	24.18	泰达宏利	中国农业银行股份有限公司
8.71	11.59	泰达宏利	中国建设银行股份有限公司
3.99	7.26	泰达宏利	中国农业银行股份有限公司
15.72	16.56	泰达宏利	中国建设银行股份有限公司
20.57	31.96	泰达宏利	中国银行股份有限公司
0.46	0.54	泰达宏利	中国建设银行股份有限公司
3.81	5.82	泰达宏利	中国建设银行股份有限公司
0.67	1.13	泰达宏利	中国银行股份有限公司
2.28	2.87	泰达宏利	中国农业银行股份有限公司
0.48	0.51	泰达宏利	中国银行股份有限公司
1.48	1.60	海富通	中国银行股份有限公司
0.53	0.55	华宝兴业	中国建设银行股份有限公司
16.86	15.46	华宝兴业	中国银行股份有限公司
1.74	1.80	华宝兴业	中国建设银行股份有限公司
4.56	4.69	华宝兴业	中国建设银行股份有限公司
2.68	3.74	国联安	中国建设银行股份有限公司
0.12	0.25	国联安	中国建设银行股份有限公司
12.04	19.12	景顺长城	中国银行股份有限公司

4–7 续表 31

序号 No.	基金名称 Fund Name	成立时间 Issue Date
1551	景顺长城资源垄断混合型证券投资基金	2006-01-26
1552	广发小盘成长混合型证券投资基金	2005-02-02
1553	广发中证500交易型开放式指数证券投资基金联接基金（LOF）	2009-11-26
1554	广发聚利债券型证券投资基金	2011-08-05
1555	广发深证100指数分级证券投资基金	2012-05-07
1556	广发聚源定期债券型证券投资基金	2013-05-08
1557	泰信中证锐联基本面400指数分级证券投资基金	2012-09-07
1558	长信中证中央企业100指数证券投资基金（LOF）	2010-03-26
1559	申万菱信深证成指分级证券投资基金	2010-10-22
1560	申万菱信量化小盘股票型证券投资基金（LOF）	2011-06-16
1561	申万菱信中小板指数分级证券投资基金	2012-05-08
1562	申万菱信申银万国证券行业指数分级证券投资基金	2014-03-14
1563	申万菱信中证环保产业指数分级证券投资基金	2014-05-30
1564	申万菱信中证军工指数证券投资基金	2014-07-24
1565	申万菱信申银万国电子行业投资指数分级证券投资基金	2015-05-14
1566	申万菱信申银万国传媒行业投资指数分级证券投资基金	2015-05-29
1567	申万菱信中证申万医药生物指数分级证券投资基金	2015-06-19
1568	诺安油气能源股票证券投资基金（LOF）	2011-09-27
1569	诺安中证创业成长指数分级证券投资基金	2012-03-29
1570	摩根士丹利华鑫资源优选混合型证券投资基金	2005-09-27
1571	兴业趋势投资混合型证券投资基金	2005-11-03
1572	兴业合润分级混合型证券投资基金	2010-04-22
1573	兴业沪深300指数增强型证券投资基金（LOF）	2010-11-02
1574	兴全绿色投资混合型证券投资基金（LOF）	2011-05-06
1575	兴全保本混合型证券投资基金	2011-08-03
1576	兴全轻资产投资混合型证券投资基金（LOF）	2012-04-05
1577	兴全商业模式优选混合型证券投资基金（LOF）	2012-12-18
1578	天治核心成长混合型证券投资基金	2006-01-20
1579	中银中国精选混合型开放式证券投资基金	2005-01-04
1580	中银货币市场证券投资基金	2005-06-07
1581	中银持续增长混合型证券投资基金	2006-03-17
1582	中银收益混合型证券投资基金	2006-10-11
1583	中银动态策略混合型证券投资基金	2008-04-03
1584	中银稳健增利债券型证券投资基金	2008-11-13
1585	中银行业优选灵活配置混合型证券投资基金	2009-04-03
1586	中银中证100指数增强型证券投资基金	2009-09-04
1587	中银蓝筹精选灵活配置混合型证券投资基金	2010-02-11
1588	中银价值精选灵活配置混合型证券投资基金	2010-08-25
1589	中银稳健双利债券型证券投资基金	2010-11-24
1590	中银全球策略证券投资基金（FOF）	2011-03-03
1591	中银转债增强债券型证券投资基金	2011-06-29
1592	中银中小盘成长混合型证券投资基金	2011-11-23
1593	中银沪深300等权重指数证券投资基金（LOF）	2012-05-17
1594	中银主题策略混合型证券投资基金	2012-07-25
1595	中银保本混合型证券投资基金	2012-09-19
1596	中银互利分级债券型证券投资基金	2013-09-24
1597	华富强化回报债券型证券投资基金	2010-09-08
1598	天弘鑫动力灵活配置混合型证券投资基金	2010-08-12
1599	新华惠鑫分级债券型证券投资基金	2013-01-24
1600	新华中证环保产业指数分级证券投资基金	2014-09-12

continued

基金份额 (亿份) Fund Units (100 million units)	基金资产规模 (亿元) Fund Asset Value (100 million yuan)	基金管理公司 Fund Management Company	基金托管银行 Fund Custodian Bank
21.79	21.31	景顺长城	中国农业银行股份有限公司
10.77	27.46	广发	上海浦东发展银行股份有限公司
10.50	16.48	广发	中国工商银行股份有限公司
2.86	4.33	广发	中国建设银行股份有限公司
0.57	0.68	广发	中国建设银行股份有限公司
1.71	1.87	广发	中国农业银行股份有限公司
0.61	0.57	泰信	中国工商银行股份有限公司
1.42	1.53	长信	中国建设银行股份有限公司
28.56	21.81	申万菱信	中国工商银行股份有限公司
2.47	6.28	申万菱信	中国工商银行股份有限公司
5.14	6.66	申万菱信	中国农业银行股份有限公司
78.40	105.44	申万菱信	中国工商银行股份有限公司
18.97	21.98	申万菱信	中国农业银行股份有限公司
33.05	39.98	申万菱信	中国农业银行股份有限公司
10.45	7.94	申万菱信	广东发展银行股份有限公司
1.27	1.51	申万菱信	上海银行股份有限公司
14.48	14.90	申万菱信	中国农业银行股份有限公司
2.18	1.61	诺安	招商银行股份有限公司
0.26	0.36	诺安	中国银行股份有限公司
4.02	10.88	摩根士丹利华鑫	中国光大银行股份有限公司
42.78	68.79	兴业全球	兴业银行股份有限公司
11.42	34.77	兴业全球	招商银行股份有限公司
3.04	4.21	兴业全球	中国农业银行股份有限公司
7.48	12.69	兴业全球	中国工商银行股份有限公司
12.59	15.69	兴业全球	兴业银行股份有限公司
9.85	27.26	兴业全球	招商银行股份有限公司
2.52	4.43	兴业全球	中国光大银行股份有限公司
11.40	10.38	天治	交通银行股份有限公司
9.91	16.77	中银	中国工商银行股份有限公司
1640.91	1640.91	中银	中国工商银行股份有限公司
30.22	35.06	中银	中国工商银行股份有限公司
12.25	21.58	中银	中国工商银行股份有限公司
4.95	9.81	中银	中国工商银行股份有限公司
13.96	16.33	中银	中国工商银行股份有限公司
2.28	4.24	中银	中国工商银行股份有限公司
3.05	3.17	中银	中国建设银行股份有限公司
2.19	3.29	中银	招商银行股份有限公司
1.77	3.01	中银	招商银行股份有限公司
41.40	61.46	中银	招商银行股份有限公司
1.11	0.74	中银	中国建设银行股份有限公司
1.49	3.42	中银	招商银行股份有限公司
0.31	0.57	中银	招商银行股份有限公司
0.25	0.41	中银	招商银行股份有限公司
1.31	3.46	中银	广东发展银行股份有限公司
66.60	67.05	中银	招商银行股份有限公司
15.95	16.26	中银	中国民生银行股份有限公司
1.84	2.81	华富	中国建设银行股份有限公司
1.97	2.15	天弘	中国工商银行股份有限公司
3.21	5.17	新华	中国工商银行股份有限公司
4.36	5.98	新华	中国建设银行股份有限公司

4–7 续表 32

序号 No.	基金名称 Fund Name	成立时间 Issue Date
1601	前海开源中证健康产业指数分级证券投资基金	2015-04-16
1602	前海开源中航军工指数分级证券投资基金	2015-03-30
1603	前海开源中证大农业指数分级证券投资基金	2015-06-04
1604	富兰克林国海中证100指数增强型分级证券投资基金	2015-03-26
1605	富兰克林恒利分级债券型证券投资基金	2014-03-10
1606	汇添富黄金及贵金属证券投资基金（LOF）	2011-08-31
1607	汇添富互利分级债券型证券投资基金	2013-11-06
1608	汇添富恒生指数分级证券投资基金	2014-03-07
1609	工银瑞信四季收益债券型证券投资基金	2011-02-10
1610	工银瑞信睿智中证500指数分级证券投资基金	2012-01-31
1611	工银瑞信睿智深证100指数分级证券投资基金	2012-10-25
1612	工银瑞信增利分级债券型证券投资基金	2013-03-06
1613	工银瑞信标普全球自然资源指数证券投资基金（LOF）	2013-05-28
1614	工银瑞信中证传媒指数分级证券投资基金	2015-05-20
1615	工银瑞信中证环保产业指数分级证券投资基金	2015-07-09
1616	工银瑞信中证高铁指数分级证券投资系基金	2015-07-23
1617	工银瑞信中正新能源指数分级证券投资基金	2015-07-09
1618	交银施罗德信用添利债券证券投资基金	2011-01-27
1619	交银施罗德国证新能源指数分级证券投资基金	2015-03-26
1620	交银施罗德中证海外中国互联网指数型证券投资基金（LOF）	2015-05-27
1621	交银施罗德中证互联网金融指数分级证券投资基金	2015-06-26
1622	交银施罗德中证环境治理指数分级证券投资基金	2015-08-13
1623	建信沪深300指数证券投资基金（LOF）	2009-11-05
1624	建信双利策略主题分级股票型证券投资基金	2011-05-06
1625	建信信用增强债券型证券投资基金	2011-06-16
1626	建信央视财经50指数分级发起式证券投资基金	2013-03-28
1627	建信优势动力混合型证券投资基金(LOF)	2013-03-19
1628	建信中证互联网金融指数分级发起式证券投资系基金	2015-07-31
1629	建信中证申万有色金属指数分级发起式证券投资基金	2015-08-06
1630	信诚深度价值混合型证券投资基金	2010-07-30
1631	信诚增强收益债券型证券投资基金	2010-09-29
1632	信诚金砖四国积极配置证券投资基金（LOF）	2010-12-17
1633	信诚中证500指数分级证券投资基金	2011-02-11
1634	信诚新机遇混合型证券投资基金（LOF）	2011-08-01
1635	信诚全球商品主题证券投资基金（LOF）	2011-12-20
1636	信诚沪深300指数分级证券投资基金	2012-02-01
1637	信诚周期轮动混合型证券投资基金（LOF）	2012-05-07
1638	信诚双盈分级债券型证券投资基金	2012-04-13
1639	信诚中证800医药指数分级证券投资基金	2013-08-16
1640	信诚中证800有色指数分级证券投资基金	2013-08-29
1641	信诚中证800金融指数分级证券投资基金	2013-12-20
1642	信诚中证TMT产业主题指数分级证券投资基金	2014-11-28
1643	信诚中证信息安全指数分级证券投资基金	2015-06-26
1644	信诚中证智能家居指数分级证券投资基金	2015-06-26
1645	信诚中证基建工程指数分级证券投资系基金	2015-08-06
1646	信诚新旺回报灵活配置混合型证券投资基金(LOF)	2015-06-19
1647	诺德双翼分级债券型证券投资基金	2012-02-16
1648	诺德深证300指数分级证券投资基金	2012-09-10
1649	东吴深证100指数增强型证券投资基金（LOF）	2012-03-09
1650	东吴鼎利债券型证券投资基金(LOF)	2013-04-25

continued

基金份额 (亿份) Fund Units (100 million units)	基金资产规模 (亿元) Fund Asset Value (100 million yuan)	基金管理公司 Fund Management Company	基金托管银行 Fund Custodian Bank
10.87	12.92	前海开源	国信证券股份有限公司
35.86	43.76	前海开源	招商证券股份有限公司
0.48	0.51	前海开源	中国银河证券股份有限公司
1.26	1.11	国海富兰克林	中国银行股份有限公司
1.64	2.12	国海富兰克林	中国银行股份有限公司
3.61	1.87	汇添富	中国工商银行股份有限公司
2.32	3.28	汇添富	中国工商银行股份有限公司
15.67	15.09	汇添富	中国农业银行股份有限公司
8.38	8.85	工银瑞信	中国农业银行股份有限公司
0.36	0.59	工银瑞信	中国银行股份有限公司
0.27	0.39	工银瑞信	中国民生银行股份有限公司
6.61	7.85	工银瑞信	招商银行股份有限公司
0.24	0.17	工银瑞信	中国银行股份有限公司
3.23	3.50	工银瑞信	国信证券股份有限公司
1.25	1.21	工银瑞信	招商证券股份有限公司
4.13	3.12	工银瑞信	中国银行股份有限公司
1.00	0.93	工银瑞信	中国银河证券股份有限公司
0.95	1.26	交银施罗德	中国农业银行股份有限公司
10.87	10.87	交银施罗德	中国建设银行股份有限公司
6.02	5.82	交银施罗德	中国农业银行股份有限公司
3.30	3.01	交银施罗德	中国建设银行股份有限公司
0.80	0.92	交银施罗德	中信银行股份有限公司
4.57	5.03	建信	中国工商银行股份有限公司
1.69	2.45	建信	招商银行股份有限公司
8.68	11.59	建信	交通银行股份有限公司
4.48	6.21	建信	交通银行股份有限公司
4.30	6.48	建信	交通银行股份有限公司
0.80	0.84	建信	中国银河证券股份有限公司
0.46	0.45	建信	国信证券股份有限公司
0.51	1.12	信诚	中国建设银行股份有限公司
1.94	2.25	信诚	中国建设银行股份有限公司
0.31	0.20	信诚	中国银行股份有限公司
4.42	6.21	信诚	中国建设银行股份有限公司
0.15	0.35	信诚	中国建设银行股份有限公司
2.03	0.91	信诚	中国银行股份有限公司
17.76	13.79	信诚	中国建设银行股份有限公司
3.33	8.91	信诚	中国银行股份有限公司
1.15	1.27	信诚	中国银行股份有限公司
3.16	2.82	信诚	中国银行股份有限公司
4.18	4.46	信诚	中国银行股份有限公司
31.41	31.16	信诚	中国建设银行股份有限公司
5.94	6.43	信诚	中国建设银行股份有限公司
3.19	3.89	信诚	中国银行股份有限公司
1.42	1.77	信诚	中国银行股份有限公司
0.42	0.41	信诚	中国银行股份有限公司
8.21	8.23	信诚	交通银行股份有限公司
1.45	1.45	诺德	华夏银行股份有限公司
0.15	0.18	诺德	中国银行股份有限公司
0.12	0.16	东吴	中国建设银行股份有限公司
4.64	5.67	东吴	交通银行股份有限公司

4-7 续表 33

序号 No.	基金名称 Fund Name	成立时间 Issue Date
1651	东吴中证可转债指数分级证券投资基金	2014-05-09
1652	中欧新趋势混合型证券投资基金（LOF）	2007-01-29
1653	中欧新蓝筹灵活配置混合型证券投资基金	2008-07-25
1654	中欧稳健收益债券型证券投资基金	2009-04-24
1655	中欧价值发现混合型证券投资基金	2009-07-24
1656	中欧行业成长混合型证券投资基金（LOF）	2009-12-30
1657	中欧沪深300指数增强型证券投资基金（LOF）	2010-06-24
1658	中欧增强回报债券型证券投资基金	2010-12-02
1659	中欧新动力混合型证券投资基金	2011-02-10
1660	中欧鼎利分级债券型证券投资基金	2011-06-16
1661	中欧盛世成长分级混合型证券投资基金	2012-03-29
1662	中欧信用增利分级债券型证券投资基金	2012-04-16
1663	中欧货币市场基金	2012-12-12
1664	中欧纯债分级债券型基金	2013-01-31
1665	中欧价值智选回报混合型证券投资基金	2013-05-14
1666	中欧成长优选回报灵活配置混合型发起式证券投资基金	2013-08-21
1667	中欧纯债添利分级债券型证券投资基金	2013-11-28
1668	信达澳银稳定增利债券型证券投资基金（LOF）	2012-05-07
1669	华商新趋势优选灵活配置混合型证券投资基金	2012-09-07
1670	浦银安盛稳健增利债券型证券投资基金（LOF）	2011-12-13
1671	浙商聚潮新思维混合型证券投资基金	2012-03-08
1672	浙商沪深300指数分级证券投资基金	2012-05-07
1673	方正富邦中证保险主题指数分级证券投资系基金	2015-07-31
1674	安信中证一带一路指数分级证券投资基金	2015-05-14
1675	国金沪深300指数分级证券投资基金	2013-07-26
1676	德邦德信中证中高收益企债指数分级证券投资基金	2013-04-25
1677	华宸未来沪深300指数增强型发起式证券投资基金（LOF）	2013-04-26
1678	国寿安保中证养老产业指数分级证券投资基金	2015-06-26
1679	九泰锐智定增灵活配置混合型证券投资基金	2015-08-14
1680	中融中证一带一路主题指数分级证券投资基金	2015-05-14
1681	中融中证白酒指数分级证券投资基金	2015-09-30
1682	中融国证钢铁行业指数分级证券投资基金	2015-06-19
1683	中融中证煤炭指数分级证券投资基金	2015-06-25
1684	中融中证银行指数分级证券投资基金	2015-06-05
1685	银华优势企业证券投资基金	2002-11-13
1686	银华保本增值证券投资基金	2004-03-02
1687	银华-道琼斯88精选证券投资基金	2004-08-11
1688	银华货币市场证券投资基金	2005-01-31
1689	银华优质增长混合型证券投资基金	2006-06-09
1690	银华富裕主题混合证券投资基金	2006-11-16
1691	银华领先策略混合型证券投资基金	2008-08-20
1692	银华增强收益债券型证券投资基金	2008-12-03
1693	银华和谐主题灵活配置混合型证券投资基金	2009-04-27
1694	银华成长先锋混合型证券投资基金	2010-10-08
1695	银华信用双利债券型证券投资基金	2010-12-03
1696	银华永祥保本混合型证券投资基金	2011-06-28
1697	银华永泰积极债券型证券投资基金	2011-12-28
1698	银华中小盘精选混合型证券投资基金	2012-06-20
1699	银华上证50等权重交易型开放式指数证券投资基金联接基金	2012-08-29
1700	银华全球核心优选证券投资基金	2008-05-26

continued

基金份额 （亿份） Fund Units (100 million units)	基金资产规模 （亿元） Fund Asset Value (100 million yuan)	基金管理公司 Fund Management Company	基金托管银行 Fund Custodian Bank
2.16	1.91	东吴	平安银行股份有限公司
26.82	40.74	中欧	兴业银行股份有限公司
20.02	36.83	中欧	中国建设银行股份有限公司
0.48	0.50	中欧	中国建设银行股份有限公司
9.44	20.14	中欧	中国建设银行股份有限公司
19.85	24.24	中欧	中国邮政储蓄银行有限责任公司
0.65	0.84	中欧	兴业银行股份有限公司
20.01	21.59	中欧	广东发展银行股份有限公司
8.21	20.92	中欧	中国光大银行股份有限公司
5.23	6.56	中欧	中信银行股份有限公司
38.81	52.87	中欧	广东发展银行股份有限公司
5.98	6.18	中欧	中国邮政储蓄银行有限责任公司
138.13	138.13	中欧	中国工商银行股份有限公司
3.33	4.38	中欧	中国邮政储蓄银行有限责任公司
4.51	10.17	中欧	中国工商银行股份有限公司
2.58	3.24	中欧	中国建设银行股份有限公司
4.76	5.85	中欧	中国邮政储蓄银行有限责任公司
0.26	0.25	信达澳银	中国建设银行股份有限公司
0.50	1.16	华商	中国工商银行股份有限公司
0.66	0.68	浦银安盛	上海银行股份有限公司
0.76	1.94	浙商	中国民生银行股份有限公司
0.47	0.61	浙商	华夏银行股份有限公司
2.86	3.01	方正富邦	国信证券股份有限公司
7.99	7.26	安信	招商证券股份有限公司
0.34	0.34	国金	中国光大银行股份有限公司
1.10	1.17	德邦	交通银行股份有限公司
0.12	0.18	华宸未来	中信银行股份有限公司
1.58	1.52	国寿安保	招商证券股份有限公司
3.60	3.80	九泰	中国银河证券股份有限公司
16.79	14.54	中融	中国农业银行股份有限公司
0.49	0.53	中融	海通证券股份有限公司
0.74	0.69	中融	海通证券股份有限公司
2.80	2.10	中融	海通证券股份有限公司
4.99	4.21	中融	海通证券股份有限公司
8.43	14.85	银华	中国银行股份有限公司
9.26	9.72	银华	中国建设银行股份有限公司
26.73	26.70	银华	中国建设银行股份有限公司
223.83	223.83	银华	交通银行股份有限公司
25.22	55.65	银华	中国银行股份有限公司
15.80	27.25	银华	中国建设银行股份有限公司
8.65	18.33	银华	中国银行股份有限公司
8.12	10.59	银华	中国建设银行股份有限公司
1.60	3.08	银华	中国工商银行股份有限公司
2.17	3.45	银华	中国工商银行股份有限公司
14.33	18.63	银华	中国建设银行股份有限公司
0.95	1.35	银华	中国银行股份有限公司
2.89	3.69	银华	上海浦东发展银行股份有限公司
10.17	32.69	银华	中国工商银行股份有限公司
0.88	1.10	银华	中国建设银行股份有限公司
0.66	0.58	银华	中国银行股份有限公司

4–7 续表 34

序号 No.	基金名称 Fund Name	成立时间 Issue Date
1701	长城久恒灵活配置混合型证券投资基金	2003-10-31
1702	长城久泰沪深300指数证券投资基金	2004-05-21
1703	长城货币市场证券投资基金	2005-05-30
1704	长城消费增值混合型证券投资基金	2006-04-06
1705	长城安心回报混合型证券投资基金	2006-08-22
1706	长城品牌优选混合型证券投资基金	2007-08-06
1707	长城稳健增利债券型证券投资基金	2008-08-27
1708	长城双动力混合型证券投资基金	2009-01-15
1709	长城景气行业龙头灵活配置混合型证券投资基金	2009-06-30
1710	长城中小盘成长混合型证券投资基金	2011-01-27
1711	长城积极增利债券型证券投资基金	2011-04-12
1712	长城优化升级混合型证券投资基金	2012-04-20
1713	长城保本混合型证券投资基金	2012-08-02
1714	长城岁岁金理财债券型证券投资基金	2013-01-23
1715	南方稳健成长证券投资基金	2001-09-28
1716	南方稳健成长贰号证券投资基金	2006-07-25
1717	南方绩优成长混合型证券投资基金	2006-11-16
1718	南方成份精选混合型证券投资基金	2007-05-14
1719	南方隆元产业主题混合型证券投资基金	2007-11-09
1720	南方盛元红利混合型证券投资基金	2008-03-21
1721	南方优选价值混合型证券投资基金	2008-06-18
1722	南方沪深300指数证券投资基金	2009-03-25
1723	南方深证成分交易型开放式指数证券投资基金联接基金	2009-12-09
1724	南方策略优化混合型证券投资基金	2010-03-30
1725	中证南方小康产业交易型开放式指数证券投资基金联接基金	2010-08-27
1726	南方优选成长混合型证券投资基金	2011-01-30
1727	南方上证380交易型开放式证券投资基金联接基金	2011-09-20
1728	南方金粮油商品股票型证券投资基金	2012-09-25
1729	南方宝元债券型基金	2002-09-20
1730	南方多利增强债券型证券投资基金	2006-03-27
1731	南方广利回报债券型证券投资基金	2010-11-03
1732	南方润元纯债债券型证券投资基金	2012-07-20
1733	南方避险增值基金	2003-06-27
1734	南方恒元保本混合型证券投资基金	2008-11-12
1735	南方保本混合型证券投资基金	2011-06-21
1736	南方安心保本混合型证券投资基金	2012-12-21
1737	南方现金增利基金	2004-03-05
1738	南方理财14天债券型证券投资基金	2012-08-14
1739	南方理财60天债券型证券投资基金	2012-10-19
1740	南方理财30天债券型证券投资基金	2013-01-23
1741	南方全球精选配置证券投资基金	2007-09-19
1742	鹏华行业成长证券投资基金	2002-05-24
1743	鹏华精选成长混合型证券基金	2009-09-09
1744	鹏华信用增利债券型证券投资基金	2010-05-31
1745	鹏华上证民营企业50交易型开放式指数证券投资基金联接基金	2010-08-05
1746	鹏华环球发现证券投资基金	2010-10-12
1747	鹏华消费优选混合型证券投资基金	2010-12-28
1748	鹏华丰盛稳固收益债券型证券投资基金	2011-04-25
1749	鹏华新兴产业混合型证券投资基金	2011-06-15
1750	鹏华深证民营交易型开放式指数证券投资基金联接基金	2011-09-02

continued

基金份额 （亿份） Fund Units (100 million units)	基金资产规模 （亿元） Fund Asset Value (100 million yuan)	基金管理公司 Fund Management Company	基金托管银行 Fund Custodian Bank
5.63	9.02	长城	中国建设银行股份有限公司
7.61	11.27	长城	招商银行股份有限公司
256.38	256.38	长城	华夏银行股份有限公司
12.79	13.67	长城	中国建设银行股份有限公司
25.58	27.30	长城	中国农业银行股份有限公司
39.57	48.15	长城	中国建设银行股份有限公司
9.82	11.64	长城	中国建设银行股份有限公司
5.93	14.47	长城	中国建设银行股份有限公司
0.64	1.05	长城	中国建设银行股份有限公司
0.75	0.89	长城	中国银行股份有限公司
30.07	39.96	长城	中国建设银行股份有限公司
1.40	2.56	长城	中国建设银行股份有限公司
16.96	17.15	长城	中国建设银行股份有限公司
0.00	0.00	长城	中国工商银行股份有限公司
17.20	24.64	南方	中国工商银行股份有限公司
34.08	26.36	南方	中国工商银行股份有限公司
27.46	56.76	南方	中国工商银行股份有限公司
33.59	44.65	南方	中国工商银行股份有限公司
32.06	25.32	南方	中国工商银行股份有限公司
10.51	17.63	南方	中国建设银行股份有限公司
5.34	13.00	南方	中国工商银行股份有限公司
7.55	9.75	南方	中国工商银行股份有限公司
3.89	3.92	南方	中国工商银行股份有限公司
3.00	4.53	南方	招商银行股份有限公司
7.03	8.25	南方	中国工商银行股份有限公司
2.01	4.06	南方	中国建设银行股份有限公司
1.50	2.58	南方	中国建设银行股份有限公司
3.85	5.82	南方	中国工商银行股份有限公司
11.19	21.54	南方	中国工商银行股份有限公司
33.05	39.57	南方	中国工商银行股份有限公司
17.77	25.27	南方	中国工商银行股份有限公司
33.11	38.87	南方	中国建设银行股份有限公司
15.95	53.10	南方	中国工商银行股份有限公司
4.49	5.49	南方	中国工商银行股份有限公司
4.69	6.23	南方	中国农业银行股份有限公司
39.84	39.84	南方	招商银行股份有限公司
951.73	951.73	南方	中国工商银行股份有限公司
15.50	15.50	南方	中国工商银行股份有限公司
4.02	4.02	南方	中国工商银行股份有限公司
299.28	299.28	南方	中国建设银行股份有限公司
63.44	50.76	南方	中国工商银行股份有限公司
30.72	30.93	鹏华	中国工商银行股份有限公司
1.95	3.09	鹏华	中国建设银行股份有限公司
1.83	2.40	鹏华	交通银行股份有限公司
0.57	0.88	鹏华	中国工商银行股份有限公司
0.46	0.48	鹏华	中国建设银行股份有限公司
1.71	3.23	鹏华	中国工商银行股份有限公司
14.74	17.04	鹏华	中国工商银行股份有限公司
4.30	9.66	鹏华	招商银行股份有限公司
0.39	0.59	鹏华	中国建设银行股份有限公司

4-7 续表 35

序号 No.	基金名称 Fund Name	成立时间 Issue Date
1751	鹏华美国房地产证券投资基金	2011-11-25
1752	鹏华价值精选股票型证券投资基金	2012-04-16
1753	鹏华金刚保本混合型证券投资基金	2012-06-13
1754	鹏华纯债债券型证券投资基金	2012-09-03
1755	鹏华产业债债券型证券投资基金	2013-02-06
1756	金鹰成份股优选证券投资基金	2003-06-16
1757	金鹰红利价值灵活配置混合型证券投资基金	2008-12-04
1758	金鹰行业优势混合型证券投资基金	2009-07-01
1759	金鹰稳健成长混合型证券投资基金	2010-04-14
1760	金鹰主题优势混合型证券投资基金	2010-12-20
1761	金鹰保本混合型证券投资基金	2011-05-17
1762	金鹰技术领先灵活配置混合型证券投资基金	2011-06-01
1763	金鹰策略配置混合型证券投资基金	2011-09-01
1764	金鹰核心资源混合型证券投资基金	2012-05-23
1765	金鹰灵活配置混合型证券投资基金	2012-11-29
1766	金鹰货币市场证券投资基金	2012-12-07
1767	金鹰元丰保本混合型证券投资基金	2013-01-30
1768	宝盈鸿利收益灵活配置混合型证券投资基金	2002-10-08
1769	宝盈泛沿海区域增长混合型证券投资基金	2005-03-08
1770	宝盈策略增长混合型证券投资基金	2007-01-19
1771	宝盈核心优势灵活配置混合型证券投资基金	2009-03-17
1772	宝盈增强收益债券型证券投资基金	2008-05-15
1773	宝盈资源优选混合型证券投资基金	2008-04-15
1774	宝盈货币市场证券投资基金	2009-08-05
1775	宝盈中证100指数增强型证券投资基金	2010-02-08
1776	招商安泰系列开放式混合型证券投资基金	2003-04-28
1777	招商安泰系列开放式证券投资基金——平衡型	2003-04-28
1778	招商安泰债券开放式证券投资基金	2003-04-28
1779	招商现金增值开放式证券投资基金	2004-01-14
1780	招商先锋证券投资基金	2004-06-01
1781	招商安本增利债券型证券投资基金	2006-07-11
1782	招商核心价值混合型证券投资基金	2007-03-30
1783	招商大盘蓝筹混合型证券投资基金	2008-06-19
1784	招商安心收益债券型证券投资基金	2008-10-22
1785	招商行业领先混合型证券投资基金	2009-06-19
1786	招商中小盘精选混合型证券投资基金	2009-12-25
1787	招商全球资源股票型证券投资基金	2010-03-25
1788	招商深证100指数证券投资基金	2010-06-22
1789	招商上证消费80交易型开方式指数证券投资基金联接基金	2010-12-08
1790	招商安瑞进取债券型证券投资基金	2011-03-17
1791	招商深证电子信息传媒产业（TMT）50交易型开放式指数证券投资基金联接基金	2011-06-27
1792	招商安达保本混合型证券投资基金	2011-09-01
1793	招商优势企业灵活配置混合型证券投资基金	2012-02-01
1794	招商产业债券型证券投资基金	2012-03-21
1795	招商信用增强债券型证券投资基金	2012-07-20
1796	招商安盈保本混合型证券投资基金	2012-08-21
1797	招商理财7天债券型证券投资基金	2012-12-07
1798	招商央视财经50指数证券投资基金	2013-02-05
1799	泰达宏利全球新格局证券投资基金	2011-07-20
1800	泰达宏利逆向策略混合型证券投资基金	2012-05-23

continued

基金份额 （亿份） Fund Units (100 million units)	基金资产规模 （亿元） Fund Asset Value (100 million yuan)	基金管理公司 Fund Management Company	基金托管银行 Fund Custodian Bank
0.64	0.71	鹏华	中国建设银行股份有限公司
0.42	0.63	鹏华	中国建设银行股份有限公司
3.61	3.66	鹏华	中国农业银行股份有限公司
4.73	5.07	鹏华	中国建设银行股份有限公司
4.94	5.54	鹏华	中国建设银行股份有限公司
5.52	5.19	金鹰	中国银行股份有限公司
0.77	0.92	金鹰	交通银行股份有限公司
1.56	2.56	金鹰	中国银行股份有限公司
1.78	2.50	金鹰	中国工商银行股份有限公司
3.14	4.53	金鹰	中国工商银行股份有限公司
0.51	0.58	金鹰	中国工商银行股份有限公司
0.60	0.67	金鹰	中国银行股份有限公司
2.42	3.33	金鹰	中信银行股份有限公司
0.97	1.76	金鹰	中国工商银行股份有限公司
10.99	11.02	金鹰	交通银行股份有限公司
28.48	28.48	金鹰	中国建设银行股份有限公司
2.65	3.16	金鹰	中国工商银行股份有限公司
12.80	14.45	宝盈	中国农业银行股份有限公司
28.03	22.31	宝盈	中国工商银行股份有限公司
35.88	66.01	宝盈	中国农业银行股份有限公司
16.38	24.66	宝盈	中国银行股份有限公司
14.81	20.14	宝盈	中国建设银行股份有限公司
35.66	78.03	宝盈	中国建设银行股份有限公司
282.97	282.97	宝盈	中国建设银行股份有限公司
0.71	0.80	宝盈	中国建设银行股份有限公司
11.39	7.60	招商	招商银行股份有限公司
0.74	0.88	招商	招商银行股份有限公司
34.19	41.39	招商	招商银行股份有限公司
848.66	848.66	招商	招商银行股份有限公司
23.58	22.23	招商	中国银行股份有限公司
7.41	10.35	招商	中国光大银行股份有限公司
13.13	16.83	招商	中国工商银行股份有限公司
4.31	9.34	招商	中国工商银行股份有限公司
5.45	7.56	招商	中国工商银行股份有限公司
5.11	7.67	招商	中国银行股份有限公司
1.47	2.71	招商	中国工商银行股份有限公司
0.45	0.38	招商	中国工商银行股份有限公司
0.49	0.60	招商	中国工商银行股份有限公司
1.30	1.75	招商	中国工商银行股份有限公司
4.52	7.75	招商	中国农业银行股份有限公司
0.49	0.89	招商	中国银行股份有限公司
13.57	16.87	招商	中国农业银行股份有限公司
0.41	0.87	招商	中国银行股份有限公司
9.52	11.19	招商	中信银行股份有限公司
5.46	5.73	招商	中国银行股份有限公司
40.15	41.07	招商	中国工商银行股份有限公司
1.87	1.87	招商	中国工商银行股份有限公司
0.19	0.28	招商	中国银行股份有限公司
0.10	0.08	泰达宏利	中国建设银行股份有限公司
0.38	0.91	泰达宏利	中国建设银行股份有限公司

4-7 续表 36

序号 No.	基金名称 Fund Name	成立时间 Issue Date
1801	摩根士丹利华鑫基础行业证券投资基金	2004-03-26
1802	摩根士丹利华鑫强收益债券型证券投资基金	2009-12-29
1803	摩根士丹利华鑫领先优势混合型证券投资基金	2009-09-22
1804	摩根士丹利华鑫卓越成长混合型证券投资基金	2010-05-18
1805	摩根士丹利华鑫消费领航混合型证券投资基金	2010-12-03
1806	摩根士丹利华鑫多因子精选策略混合型证券投资基金	2011-05-17
1807	摩根士丹利华鑫深证300指数增强型证券投资基金	2011-11-15
1808	摩根士丹利华鑫主题优选混合型证券投资基金	2012-03-13
1809	摩根士丹利华鑫多元收益债券型证券投资基金	2012-08-28
1810	摩根士丹利华鑫量化配置混合型证券投资基金	2012-12-11
1811	宝康消费品证券投资基金	2003-07-15
1812	宝康灵活配置证券投资基金	2003-07-15
1813	宝康债券投资基金	2003-07-15
1814	华宝兴业动力组合混合型证券投资基金	2005-11-17
1815	华宝兴业多策略增长开放式证券投资基金	2004-05-11
1816	华宝兴业现金宝货币市场基金	2005-03-31
1817	华宝兴业收益增长混合型证券投资基金	2006-06-15
1818	华宝兴业先进成长混合型基金	2006-11-07
1819	华宝兴业行业精选混合型证券投资基金	2007-06-14
1820	华宝兴业大盘精选混合型证券投资基金	2008-10-07
1821	华宝兴业增强收益债券型证券投资基金	2009-02-17
1822	华宝兴业中证100指数证券投资基金	2009-09-29
1823	华宝兴业上证180价值交易型开放式指数证券投资基金联接基金	2010-04-23
1824	华宝兴业新兴产业混合型证券投资基金	2010-12-07
1825	华宝兴业可转债债券型证券投资基金	2011-04-27
1826	华宝兴业上证180成长交易型开放式指数证券投资基金联接基金	2011-08-09
1827	华宝兴业医药生物优选股票型证券投资基金	2012-02-28
1828	华宝兴业资源优选混合型证券投资基金	2012-08-21
1829	华宝兴业海外中国成长混合型证券投资基金	2008-05-07
1830	德盛安心成长混合型证券投资基金	2005-07-13
1831	德盛增利债券证券投资基金	2009-03-11
1832	国联安信心增益债券型证券投资基金	2010-06-22
1833	国联安货币市场证券投资基金	2011-01-26
1834	国联安信心增长定期开放债券型证券投资基金	2012-02-22
1835	国联安中债信用债指数增强型发起式证券投资基金	2012-12-12
1836	德盛稳健证券投资基金	2003-08-08
1837	德盛小盘精选证券投资基金	2004-04-12
1838	德盛精选混合证券投资基金	2005-12-28
1839	德盛优势混合证券投资基金	2007-01-24
1840	德胜红利混合型证券投资基金	2008-10-22
1841	国联安主题驱动混合型证券投资基金	2009-08-26
1842	国联安上证大宗商品股票交易型开放式指数证券投资基金联接基金	2010-12-01
1843	国联安优选行业混合型证券投资基金	2011-05-23
1844	景顺长城优选混合型证券投资基金	2003-10-24
1845	景顺长城货币市场证券投资基金	2003-10-24
1846	景顺长城动力平衡证券投资基金	2003-10-24
1847	景顺长城内需增长开放式证券投资基金	2004-06-25
1848	景顺长城新兴成长混合型基金	2006-06-28
1849	景顺长城内需增长贰号混合型证券投资基金	2006-10-11
1850	景顺长城精选蓝筹混合型证券投资基金	2007-06-18

continued

基金份额 (亿份) Fund Units (100 million units)	基金资产规模 (亿元) Fund Asset Value (100 million yuan)	基金管理公司 Fund Management Company	基金托管银行 Fund Custodian Bank
1.55	1.37	摩根士丹利华鑫	中国光大银行股份有限公司
1.08	1.69	摩根士丹利华鑫	中国银行股份有限公司
2.93	5.75	摩根士丹利华鑫	中国建设银行股份有限公司
3.20	8.98	摩根士丹利华鑫	中国建设银行股份有限公司
2.52	3.64	摩根士丹利华鑫	中国建设银行股份有限公司
15.97	32.73	摩根士丹利华鑫	中国建设银行股份有限公司
0.32	0.56	摩根士丹利华鑫	中国建设银行股份有限公司
3.12	6.78	摩根士丹利华鑫	中国建设银行股份有限公司
1.16	1.82	摩根士丹利华鑫	中国建设银行股份有限公司
13.99	30.29	摩根士丹利华鑫	中国农业银行股份有限公司
6.22	16.90	华宝兴业	中国建设银行股份有限公司
2.77	5.98	华宝兴业	中国建设银行股份有限公司
1.74	2.33	华宝兴业	中国建设银行股份有限公司
14.88	25.35	华宝兴业	中国银行股份有限公司
26.46	20.71	华宝兴业	中国建设银行股份有限公司
75.62	75.62	华宝兴业	中国建设银行股份有限公司
2.53	15.87	华宝兴业	中国建设银行股份有限公司
6.40	24.74	华宝兴业	中国银行股份有限公司
24.37	40.78	华宝兴业	中国建设银行股份有限公司
0.60	1.38	华宝兴业	中国银行股份有限公司
2.82	3.97	华宝兴业	中国工商银行股份有限公司
4.46	4.76	华宝兴业	中国建设银行股份有限公司
1.06	1.51	华宝兴业	中国工商银行股份有限公司
4.68	12.32	华宝兴业	中国建设银行股份有限公司
0.94	1.11	华宝兴业	招商银行股份有限公司
0.47	0.68	华宝兴业	中国银行股份有限公司
5.30	9.93	华宝兴业	中国建设银行股份有限公司
0.70	0.75	华宝兴业	中国银行股份有限公司
1.78	2.25	华宝兴业	中国建设银行股份有限公司
43.00	28.13	国联安	中国工商银行股份有限公司
19.08	24.63	国联安	中国工商银行股份有限公司
3.52	4.33	国联安	中信银行股份有限公司
102.07	102.07	国联安	上海浦东发展银行股份有限公司
1.30	1.52	国联安	中信银行股份有限公司
0.16	0.16	国联安	上海浦东发展银行股份有限公司
1.15	1.69	国联安	中国工商银行股份有限公司
11.51	19.53	国联安	中国工商银行股份有限公司
11.19	17.68	国联安	华夏银行股份有限公司
2.77	3.87	国联安	招商银行股份有限公司
1.30	2.14	国联安	招商银行股份有限公司
3.09	6.23	国联安	中国建设银行股份有限公司
2.33	1.39	国联安	中国银行股份有限公司
12.54	27.50	国联安	中国银行股份有限公司
6.96	16.87	景顺长城	中国银行股份有限公司
7.74	7.74	景顺长城	中国银行股份有限公司
18.95	16.59	景顺长城	中国银行股份有限公司
2.49	13.77	景顺长城	中国农业银行股份有限公司
11.34	11.50	景顺长城	中国工商银行股份有限公司
19.76	25.26	景顺长城	中国农业银行股份有限公司
27.91	39.27	景顺长城	中国工商银行股份有限公司

4–7 续表 37

序号 No.	基金名称 Fund Name	成立时间 Issue Date
1851	景顺长城公司治理混合型证券投资基金	2008-10-22
1852	景顺长城能源基建混合型证券投资基金	2009-10-20
1853	景顺长城中小盘混合型证券投资基金	2011-03-22
1854	景顺长城核心竞争力混合型证券投资基金	2011-12-20
1855	景顺长城支柱产业混合型证券投资基金	2012-11-20
1856	景顺长城稳定收益债券型证券投资基金	2011-03-25
1857	景顺长城优信增利债券型证券投资基金	2012-03-15
1858	景顺长城大中华混合型证券投资基金	2011-09-22
1859	景顺长城上证180等权重交易型开放式指数证券投资基金联接基金	2012-06-25
1860	广发聚富证券投资基金	2003-12-03
1861	广发稳健增长开放式证券投资基金	2004-07-26
1862	广发货币市场基金	2005-05-20
1863	广发聚丰混合型证券投资基金	2005-12-23
1864	广发策略优选混合型证券投资基金	2006-05-17
1865	广发大盘成长混合型证券投资基金	2007-06-13
1866	广发核心精选混合型证券投资基金	2008-07-16
1867	广发增强债券型证券投资基金	2008-03-27
1868	广发沪深300指数证券投资基金	2008-12-30
1869	广发聚瑞混合型证券投资基金	2009-06-16
1870	广发内需增长灵活配置混合型证券投资基金	2010-04-19
1871	广发全球精选股票型证券投资基金	2010-08-18
1872	广发行业领先混合型证券投资基金	2010-11-23
1873	广发中小板300交易型开放式指数证券投资基金联接基金	2011-06-08
1874	广发标普全球农业指数证券投资基金	2011-06-28
1875	广发制造业精选混合型证券投资基金	2011-09-20
1876	广发聚财信用债券型证券投资基金	2012-03-13
1877	广发消费品精选混合型证券投资基金	2012-06-12
1878	广发纳斯达克100指数证券投资基金	2012-08-15
1879	广发理财年年红债券型证券投资基金	2012-07-19
1880	广发双债添利债券型证券投资基金	2012-09-20
1881	广发理财30天债券型证券投资基金	2013-01-14
1882	广发纯债债券型证券投资基金	2012-12-12
1883	广发新经济混合型发起时证券投资基金	2013-02-06
1884	华夏经典配置混合型证券投资基金	2004-03-15
1885	华夏收入混合型证券投资基金	2005-11-17
1886	华夏货币市场基金	2005-04-20
1887	华夏稳定双利债券型证券投资基金	2006-07-20
1888	泰信天天收益开放式证券投资基金	2004-02-10
1889	泰信先行策略开放式证券投资基金	2004-06-28
1890	泰信双息双利债券型证券投资基金	2006-06-15
1891	泰信优质生活混合型证券投资基金	2006-12-15
1892	泰信优势增长灵活配置混合型证券投资基金	2008-06-25
1893	泰信蓝筹精选混合型证券投资基金	2009-04-22
1894	泰信增强收益债券型证券投资基金	2009-07-29
1895	泰信发展主题混合型证券投资基金	2010-12-15
1896	泰信周期回报债券型证券投资基金	2011-02-09
1897	泰信中证200指数证券投资基金	2011-06-09
1898	泰信中小盘精选混合型证券投资基金	2011-10-26
1899	泰信行业精选混合型证券投资基金	2012-02-22
1900	泰信现代服务业混合型证券投资基金	2013-02-07

continued

基金份额 (亿份) Fund Units (100 million units)	基金资产规模 (亿元) Fund Asset Value (100 million yuan)	基金管理公司 Fund Management Company	基金托管银行 Fund Custodian Bank
0.37	0.55	景顺长城	中国工商银行股份有限公司
4.88	9.90	景顺长城	中国农业银行股份有限公司
1.08	1.97	景顺长城	中国工商银行股份有限公司
13.58	33.58	景顺长城	中国农业银行股份有限公司
0.71	1.06	景顺长城	中国农业银行股份有限公司
9.24	9.96	景顺长城	中国银行股份有限公司
8.18	10.70	景顺长城	中国银行股份有限公司
1.24	1.45	景顺长城	中国工商银行股份有限公司
0.56	0.92	景顺长城	中国银行股份有限公司
13.83	22.24	广发	中国工商银行股份有限公司
15.83	33.76	广发	中国工商银行股份有限公司
1838.88	1838.88	广发	中国工商银行股份有限公司
85.89	97.56	广发	中国工商银行股份有限公司
24.14	51.57	广发	中国工商银行股份有限公司
31.70	33.26	广发	中国工商银行股份有限公司
5.24	16.61	广发	中国工商银行股份有限公司
8.74	11.74	广发	中国工商银行股份有限公司
7.28	11.96	广发	中国工商银行股份有限公司
6.13	13.13	广发	中国工商银行股份有限公司
4.77	4.50	广发	中国建设银行股份有限公司
7.67	11.72	广发	中国工商银行股份有限公司
25.18	59.91	广发	中国工商银行股份有限公司
2.13	3.06	广发	中国农业银行股份有限公司
0.85	0.85	广发	中国工商银行股份有限公司
4.27	11.32	广发	中国工商银行股份有限公司
7.55	10.88	广发	中国工商银行股份有限公司
0.30	0.57	广发	中国农业银行股份有限公司
1.47	2.46	广发	中国银行股份有限公司
0.00	0.00	广发	中国工商银行股份有限公司
45.67	54.81	广发	中国银行股份有限公司
1.32	1.32	广发	中国工商银行股份有限公司
54.73	66.63	广发	中国工商银行股份有限公司
1.75	3.34	广发	招商银行股份有限公司
10.36	14.70	华夏	招商银行股份有限公司
7.11	34.33	华夏	中国建设银行股份有限公司
289.45	289.45	华夏	招商银行股份有限公司
12.79	13.88	华夏	中国建设银行股份有限公司
52.10	52.10	泰信	中国银行股份有限公司
20.84	19.00	泰信	中国光大银行股份有限公司
0.69	0.71	泰信	中国工商银行股份有限公司
8.09	12.56	泰信	中国银行股份有限公司
0.60	1.06	泰信	中国工商银行股份有限公司
5.16	8.35	泰信	中国银行股份有限公司
0.77	0.78	泰信	中国银行股份有限公司
0.54	0.74	泰信	中国工商银行股份有限公司
1.49	1.64	泰信	中信银行股份有限公司
0.62	0.75	泰信	中国银行股份有限公司
1.57	3.57	泰信	中国银行股份有限公司
9.21	11.31	泰信	中信银行股份有限公司
0.33	0.57	泰信	中国工商银行股份有限公司

4-7 续表 38

序号 No.	基金名称 Fund Name	成立时间 Issue Date
1901	申万菱信盛利精选证券投资基金	2004-04-09
1902	申万菱信盛利强化配置混合型证券投资基金	2004-11-29
1903	申万菱信新动力混合型证券投资基金	2005-11-10
1904	申万菱信收益宝货币市场基金	2006-07-13
1905	申万菱信新经济混合型证券投资基金	2006-12-06
1906	申万菱信竞争优势混合型证券投资基金	2008-07-04
1907	申万菱信添益宝债券型证券投资基金	2008-12-04
1908	申万菱信消费增长混合型证券投资基金	2009-06-12
1909	申万菱信沪深300价值指数型证券投资基金	2010-02-11
1910	申万菱信稳益宝债券型证券投资基金	2011-02-11
1911	申万菱信可转债券债券型证券投资基金	2011-12-09
1912	诺安平衡证券投资基金	2004-05-21
1913	诺安货币市场证券投资基金	2004-12-06
1914	诺安先锋混合证券投资基金	2005-12-19
1915	诺安优化收益债券型证券投资基金	2007-08-29
1916	诺安价值增长混合型证券投资基金	2006-11-21
1917	诺安灵活配置混合型证券投资基金	2008-05-20
1918	诺安成长混合型证券投资基金	2009-03-10
1919	诺安增利债券型证券投资基金	2009-05-27
1920	诺安中证100指数证券投资基金	2009-10-27
1921	诺安中小盘精选混合型证券投资基金	2010-04-28
1922	诺安主题精选混合型证券投资基金	2010-09-15
1923	诺安全球黄金证券投资基金	2011-01-13
1924	诺安上证新兴产业交易型开放式指数证券投资基金联接基金	2011-04-07
1925	诺安保本混合型证券投资基金	2011-05-13
1926	诺安多策略混合型证券投资基金	2011-08-09
1927	诺安全球收益不动产证券投资基金	2011-09-23
1928	诺安新动力灵活配置混合型证券投资基金	2012-03-05
1929	诺安汇鑫保本混合型证券投资基金	2012-05-28
1930	诺安双利债券发起式证券投资基金	2012-11-29
1931	诺安研究精选股票型证券投资基金	2015-03-31
1932	兴业可转债混合型证券投资基金	2004-05-11
1933	兴全货币市场基金	2006-04-27
1934	兴业全球视野股票型证券投资基金	2006-09-20
1935	兴业社会责任混合型证券投资基金	2008-04-30
1936	兴业有机增长灵活配置混合型证券投资基金	2009-03-25
1937	兴业磐稳增利债券型证券投资基金	2009-07-23
1938	天治财富增长证券投资基金	2004-06-29
1939	天治低碳经济灵活配置混合型证券投资基金	2005-01-12
1940	天治天得利货币市场基金	2006-07-05
1941	天治中国制造2025灵活配置混合型证券投资基金	2008-05-08
1942	天治稳健双盈债券型证券投资基金	2008-11-05
1943	天治趋势精选灵活配置混合型证券投资基金	2009-07-15
1944	天治成长精选混合型证券投资基金	2011-08-04
1945	天治研究驱动灵活配置混合型证券投资基金	2011-12-28
1946	光大保德信量化核心证券投资基金	2004-08-27
1947	光大保德信货币市场基金	2005-06-09
1948	光大保德信红利混合基金	2006-03-24
1949	光大保德信新增长混合型证券投资基金	2006-09-14
1950	光大保德信优势配置混合型证券投资基金	2007-08-24

continued

基金份额（亿份）Fund Units (100 million units)	基金资产规模（亿元）Fund Asset Value (100 million yuan)	基金管理公司 Fund Management Company	基金托管银行 Fund Custodian Bank
6.67	8.72	申万菱信	中国工商银行股份有限公司
2.82	5.55	申万菱信	中国工商银行股份有限公司
12.59	13.63	申万菱信	中国工商银行股份有限公司
108.24	108.24	申万菱信	中国工商银行股份有限公司
13.52	13.74	申万菱信	中国工商银行股份有限公司
0.30	0.54	申万菱信	中国农业银行股份有限公司
18.70	21.85	申万菱信	中国工商银行股份有限公司
1.90	2.90	申万菱信	中国工商银行股份有限公司
1.30	1.60	申万菱信	中国工商银行股份有限公司
10.90	14.18	申万菱信	华夏银行股份有限公司
0.66	1.07	申万菱信	中国工商银行股份有限公司
20.04	22.16	诺安	中国工商银行股份有限公司
146.83	146.83	诺安	中国工商银行股份有限公司
33.74	49.74	诺安	中国工商银行股份有限公司
3.48	4.74	诺安	华夏银行股份有限公司
20.11	23.80	诺安	中国工商银行股份有限公司
21.06	43.12	诺安	中国工商银行股份有限公司
6.25	8.82	诺安	中国工商银行股份有限公司
6.97	10.14	诺安	中国工商银行股份有限公司
1.40	1.46	诺安	中国工商银行股份有限公司
3.38	8.37	诺安	中国工商银行股份有限公司
2.32	4.11	诺安	中国建设银行股份有限公司
8.30	5.60	诺安	中国工商银行股份有限公司
0.69	0.88	诺安	中国工商银行股份有限公司
7.02	8.92	诺安	招商银行股份有限公司
0.37	0.69	诺安	中国建设银行股份有限公司
0.58	0.85	诺安	中国工商银行股份有限公司
0.40	0.75	诺安	中国工商银行股份有限公司
26.14	26.90	诺安	中国银行股份有限公司
4.72	6.74	诺安	招商银行股份有限公司
11.13	11.33	诺安	交通银行股份有限公司
19.85	22.33	兴业全球	中国工商银行股份有限公司
17.28	17.28	兴业全球	兴业银行股份有限公司
17.03	42.44	兴业全球	兴业银行股份有限公司
24.54	70.82	兴业全球	中国建设银行股份有限公司
3.88	10.73	兴业全球	兴业银行股份有限公司
43.62	58.11	兴业全球	交通银行股份有限公司
0.79	1.23	天治	上海浦东发展银行股份有限公司
0.44	0.45	天治	中国民生银行股份有限公司
4.06	4.06	天治	中国民生银行股份有限公司
0.24	0.47	天治	交通银行股份有限公司
2.46	4.32	天治	中国农业银行股份有限公司
16.54	17.48	天治	中国建设银行股份有限公司
0.17	0.33	天治	上海银行股份有限公司
9.21	10.04	天治	中信银行股份有限公司
25.22	38.76	光大保德信	中国光大银行股份有限公司
257.02	257.02	光大保德信	招商银行股份有限公司
4.96	23.24	光大保德信	兴业银行股份有限公司
2.27	4.23	光大保德信	招商银行股份有限公司
31.63	46.70	光大保德信	招商银行股份有限公司

4–7 续表 39

序号 No.	基金名称 Fund Name	成立时间 Issue Date
1951	光大保德信增利收益债券型证券投资基金	2008-10-29
1952	光大保德信均衡精选混合型证券投资基金	2009-03-04
1953	光大保德信动态优选灵活配置混合型证券投资基金	2009-10-28
1954	光大保德信中小盘混合型证券投资基金	2010-04-14
1955	光大保德信信用添益债券型证券投资基金	2011-05-16
1956	光大保德信行业轮动混合型证券投资基金	2012-02-15
1957	光大保德信添天盈季度理财债券型证券投资基金	2012-10-25
1958	上投摩根货币市场基金	2005-04-13
1959	上投摩根分红添利债券型证券投资基金	2012-06-25
1960	上投摩根中证消费服务领先指数证券投资基金	2012-09-26
1961	上投摩根核心优选混合型证券投资基金	2012-11-28
1962	上投摩根轮动添利债券型证券投资基金	2013-02-04
1963	上投摩根智选30混合型证券投资基金	2013-03-06
1964	上投摩根纯债债券型证券投资基金	2009-06-24
1965	上投摩根强化回报债券型证券投资基金	2011-08-10
1966	上投摩根双息平衡混合型基金	2006-04-26
1967	上投摩根双核平衡混合型证券投资基金	2008-05-21
1968	上投摩根中国优势证券投资基金	2004-09-15
1969	上投摩根大盘蓝筹股票型证券投资基金	2010-12-20
1970	上投摩根阿尔法混合型证券投资基金	2005-10-11
1971	上投摩根亚太优势混合型证券投资基金	2007-10-22
1972	上投摩根内需动力混合型证券投资基金	2007-04-13
1973	上投摩根健康品质生活混合型证券投资基金	2012-02-01
1974	上投摩根新兴动力混合型证券投资基金	2011-07-13
1975	上投摩根行业轮动混合型证券投资基金	2010-01-28
1976	上投摩根全球新兴市场混合型证券投资基金	2011-01-31
1977	上投摩根成长先锋基金	2006-09-20
1978	上投摩根全球天然资源混合型证券投资基金	2012-03-26
1979	上投摩根中小盘混合型证券投资基金	2009-01-21
1980	中银理财14天债券型证券投资基金	2012-09-24
1981	中银理财60天债券型发起式证券投资基金	2012-10-26
1982	中银纯债债券型证券投资基金	2012-12-12
1983	中银理财7天债券型证券投资基金	2012-12-24
1984	中银稳健添利债券型发起式证券投资基金	2013-02-04
1985	中银理财30天债券型证券投资基金	2013-01-31
1986	中海货币市场证券投资基金	2010-07-28
1987	中海保本混合型证券投资基金	2012-06-20
1988	中海稳健收益债券基金	2008-04-10
1989	中海增强收益债券型证券投资基金	2011-03-23
1990	中海优质成长证券投资基金	2004-09-28
1991	中海分红增利混合型证券投资基金	2005-06-16
1992	中海能源策略混合型证券投资基金	2007-03-13
1993	中海蓝筹灵活配置混合型证券投资基金	2008-12-03
1994	中海量化策略混合型证券投资基金	2009-06-24
1995	中海环保新能源主题灵活配置混合型证券投资基金	2010-12-09
1996	中海消费主题精选混合型证券投资基金	2011-11-09
1997	中海上证50指数增强型证券投资基金	2010-03-25
1998	中海上证380指数证券投资基金	2012-03-07
1999	东方龙混合型开放式证券投资基金	2004-11-25
2000	东方精选混合型开放式证券投资基金	2006-01-11

continued

基金份额 （亿份） Fund Units (100 million units)	基金资产规模 （亿元） Fund Asset Value (100 million yuan)	基金管理公司 Fund Management Company	基金托管银行 Fund Custodian Bank
5.22	5.77	光大保德信	中国建设银行股份有限公司
1.56	1.82	光大保德信	中国建设银行股份有限公司
10.01	15.03	光大保德信	中国建设银行股份有限公司
2.00	3.52	光大保德信	交通银行股份有限公司
2.36	2.48	光大保德信	中国民生银行股份有限公司
0.49	0.49	光大保德信	中国农业银行股份有限公司
5.28	5.28	光大保德信	中国建设银行股份有限公司
693.04	693.04	上投摩根	中国建设银行股份有限公司
2.41	2.70	上投摩根	中国银行股份有限公司
0.16	0.23	上投摩根	中国建设银行股份有限公司
8.08	24.44	上投摩根	中国建设银行股份有限公司
1.28	1.29	上投摩根	中国建设银行股份有限公司
2.57	4.70	上投摩根	中国建设银行股份有限公司
6.85	9.40	上投摩根	中国工商银行股份有限公司
0.16	0.20	上投摩根	中国建设银行股份有限公司
28.39	29.23	上投摩根	中国建设银行股份有限公司
1.56	3.20	上投摩根	中国工商银行股份有限公司
6.88	17.86	上投摩根	中国建设银行股份有限公司
1.44	2.26	上投摩根	中国建设银行股份有限公司
7.13	24.75	上投摩根	中国建设银行股份有限公司
81.71	46.21	上投摩根	中国工商银行股份有限公司
23.46	34.28	上投摩根	中国工商银行股份有限公司
0.89	2.13	上投摩根	中国银行股份有限公司
10.03	25.93	上投摩根	中国农业银行股份有限公司
11.44	25.65	上投摩根	招商银行股份有限公司
0.74	0.60	上投摩根	中国建设银行股份有限公司
8.82	13.04	上投摩根	中国建设银行股份有限公司
0.65	0.29	上投摩根	中国银行股份有限公司
2.55	6.11	上投摩根	中国建设银行股份有限公司
19.30	19.30	中银	中国工商银行股份有限公司
8.08	8.08	中银	中国工商银行股份有限公司
65.50	78.43	中银	招商银行股份有限公司
8.47	8.47	中银	招商银行股份有限公司
9.90	13.31	中银	招商银行股份有限公司
5.60	5.60	中银	招商银行股份有限公司
59.57	59.57	中海	中国工商银行股份有限公司
0.38	0.52	中海	中国工商银行股份有限公司
10.07	12.88	中海	中国工商银行股份有限公司
1.26	1.61	中海	中国工商银行股份有限公司
29.25	21.25	中海	交通银行股份有限公司
6.98	7.03	中海	中国农业银行股份有限公司
21.24	17.28	中海	中国工商银行股份有限公司
1.97	2.17	中海	中国农业银行股份有限公司
0.83	0.77	中海	中国工商银行股份有限公司
0.72	0.83	中海	中国工商银行股份有限公司
1.75	4.39	中海	中国农业银行股份有限公司
1.56	1.60	中海	中国工商银行股份有限公司
0.47	0.71	中海	中国工商银行股份有限公司
8.76	12.79	东方	中国建设银行股份有限公司
20.34	39.92	东方	中国民生银行股份有限公司

4-7 续表 40

序号 No.	基金名称 Fund Name	成立时间 Issue Date
2001	东方金账簿货币市场基金	2006-08-02
2002	东方策略成长混合型开放式证券投资基金	2008-06-03
2003	东方稳健回报债券型证券投资基金	2008-12-10
2004	东方核心动力混合型开放式证券投资基金	2009-06-24
2005	东方保本混合型开放式证券投资基金	2011-04-14
2006	东方增长中小盘混合型开放式证券投资基金	2011-12-28
2007	东方强化收益债券型证券投资基金	2012-10-09
2008	东方央视财经50指数增强型基金	2012-12-19
2009	东方安心收益保本混合型证券投资基金	2013-07-03
2010	东方利群混合型发起式证券投资基金	2013-07-17
2011	东方多策略灵活配置混合型证券投资基金	2014-05-21
2012	东方新兴成长混合型证券投资基金	2014-09-03
2013	东方双债添利债券型证券投资基金	2014-09-24
2014	东方添益债券型证券投资基金	2014-12-15
2015	东方主题精选混合型证券投资基金	2015-03-23
2016	华富竞争力优选混合型证券投资基金	2005-03-02
2017	华富货币市场基金	2006-06-21
2018	华富成长趋势混合型证券投资基金	2007-03-19
2019	华富收益增强债券型证券投资基金	2008-05-28
2020	华富策略精选灵活配置混合型证券投资基金	2008-12-24
2021	华富价值增长灵活配置混合型证券投资基金	2009-07-15
2022	华富中证100指数证券投资基金	2009-12-30
2023	华富量子生命力混合型证券投资基金	2011-04-01
2024	华富中小板指数增强型证券投资基金	2011-12-09
2025	天弘精选混合型证券投资基金	2005-10-08
2026	天弘永利债券型证券投资基金	2008-04-18
2027	天弘永定价值成长混合型证券投资基金	2008-12-02
2028	天弘周期策略混合型证券投资基金	2009-12-17
2029	天弘现金管家货币市场基金	2012-06-20
2030	天弘债券型发起式证券投资基金	2012-08-10
2031	天弘安康养老混合型证券投资基金	2012-11-28
2032	富兰克林国海中国收益证券投资基金	2005-04-12
2033	富兰克林国海弹性市值混合型证券投资基金	2006-06-14
2034	富兰克林国海潜力组合混合型证券投资基金	2007-03-22
2035	富兰克林国海深化价值混合型证券投资基金	2008-07-03
2036	富兰克林国海强化收益债券型证券投资基金	2008-10-24
2037	富兰克林国海成长动力混合型证券投资基金	2009-03-25
2038	富兰克林国海沪深300指数增强型证券投资基金	2009-09-03
2039	富兰克林国海中小盘股票型证券投资基金	2010-11-23
2040	富兰克林国海策略回报灵活配置混合型证券投资基金	2011-08-02
2041	富兰克林国海研究精选混合型证券投资基金	2012-05-22
2042	富兰克林国海恒久信用债券型证券投资基金	2012-09-11
2043	富兰克林国海亚洲（除日本）机会股票型证券投资基金	2012-02-22
2044	华泰柏瑞盛世中国混合型证券投资基金	2005-04-27
2045	华泰柏瑞积极成长混合型证券投资基金	2007-05-29
2046	华泰柏瑞价值增长混合型证券投资基金	2008-07-16
2047	华泰柏瑞货币市场证券投资基金	2009-05-06
2048	华泰柏瑞行业领先混合型证券投资基金	2009-08-03
2049	华泰柏瑞稳健收益债券型证券投资基金	2012-12-04
2050	华泰柏瑞量化先行混合型证券投资基金	2010-06-22

continued

基金份额 （亿份） Fund Units (100 million units)	基金资产规模 （亿元） Fund Asset Value (100 million yuan)	基金管理公司 Fund Management Company	基金托管银行 Fund Custodian Bank
51.06	51.06	东方	中国民生银行股份有限公司
2.27	6.75	东方	中国建设银行股份有限公司
11.80	13.92	东方	中国建设银行股份有限公司
0.44	0.72	东方	中国银行股份有限公司
8.74	10.01	东方	中国邮政储蓄银行有限责任公司
0.21	0.51	东方	中国邮政储蓄银行有限责任公司
2.06	2.26	东方	中国邮政储蓄银行有限责任公司
0.09	0.13	东方	中国农业银行股份有限公司
11.01	14.00	东方	中国邮政储蓄银行有限责任公司
17.38	20.93	东方	中国农业银行股份有限公司
14.28	17.85	东方	中国工商银行股份有限公司
1.56	2.19	东方	中国农业银行股份有限公司
2.76	4.28	东方	中国民生银行股份有限公司
4.78	5.23	东方	中国农业银行股份有限公司
2.67	2.64	东方	中国工商银行股份有限公司
8.22	9.52	华富	中国建设银行股份有限公司
70.40	70.40	华富	中国建设银行股份有限公司
13.31	16.07	华富	招商银行股份有限公司
9.45	15.99	华富	中国建设银行股份有限公司
0.15	0.26	华富	中国建设银行股份有限公司
8.81	9.60	华富	平安银行股份有限公司
0.36	0.38	华富	交通银行股份有限公司
0.57	0.63	华富	平安银行股份有限公司
0.05	0.09	华富	中国建设银行股份有限公司
22.68	18.82	天弘	中国工商银行股份有限公司
31.67	34.90	天弘	兴业银行股份有限公司
1.16	1.81	天弘	兴业银行股份有限公司
1.28	2.22	天弘	中国工商银行股份有限公司
70.88	70.88	天弘	中国邮政储蓄银行有限责任公司
8.09	9.45	天弘	中国工商银行股份有限公司
20.80	29.07	天弘	中国工商银行股份有限公司
3.97	3.26	国海富兰克林	中国工商银行股份有限公司
10.34	19.42	国海富兰克林	中国农业银行股份有限公司
11.96	18.86	国海富兰克林	中国银行股份有限公司
2.75	4.25	国海富兰克林	中国农业银行股份有限公司
9.33	11.47	国海富兰克林	中国银行股份有限公司
0.89	1.54	国海富兰克林	中国银行股份有限公司
1.72	2.40	国海富兰克林	中国农业银行股份有限公司
2.09	4.25	国海富兰克林	中国银行股份有限公司
0.47	0.72	国海富兰克林	中国农业银行股份有限公司
0.41	0.67	国海富兰克林	中国银行股份有限公司
0.42	0.52	国海富兰克林	中国农业银行股份有限公司
0.09	0.07	国海富兰克林	中国农业银行股份有限公司
23.88	22.99	华泰柏瑞	中国银行股份有限公司
14.63	24.73	华泰柏瑞	中国银行股份有限公司
3.51	10.78	华泰柏瑞	中国银行股份有限公司
614.66	614.66	华泰柏瑞	中国银行股份有限公司
1.97	2.95	华泰柏瑞	中国工商银行股份有限公司
89.61	114.27	华泰柏瑞	中国银行股份有限公司
1.97	3.32	华泰柏瑞	中国银行股份有限公司

4-7 续表 41

序号 No.	基金名称 Fund Name	成立时间 Issue Date
2051	华泰柏瑞亚洲领导企业混合型证券投资基金	2010-12-02
2052	华泰柏瑞上证中小盘交易型开放式指数证券投资基金联接基金	2011-01-26
2053	华泰柏瑞沪深300交易型开放式证券投资基金联接基金	2012-05-29
2054	汇添富医药保健混合型证券投资基金	2010-09-21
2055	汇添富上证综合指数证券投资基金	2009-07-01
2056	汇添富策略回报混合型证券投资基金	2009-12-22
2057	汇添富民营活力混合型证券投资基金	2010-05-05
2058	汇添富多元收益债券型证券投资基金	2012-09-18
2059	汇添富理财14天债券型证券投资基金	2012-07-10
2060	汇添富保本混合型证券投资基金	2011-01-26
2061	汇添富优选回报灵活配置混合型证券投资基金	2013-01-24
2062	汇添富社会责任混合型证券投资基金	2011-03-29
2063	汇添富理财30天债券型证券投资基金	2012-05-09
2064	汇添富可转换债券债券型证券投资基金	2011-06-17
2065	汇添富理财60天债券型证券投资基金	2012-06-12
2066	汇添富深证300交易型开放式指数证券投资基金联接基金	2011-09-28
2067	汇添富6月红添利定期开放债券型证券投资基金	2011-12-20
2068	汇添富逆向投资混合型证券投资基金	2012-03-09
2069	汇添富香港优势精选混合型证券投资基金	2010-06-25
2070	汇添富理财7天债券型证券投资基金	2013-05-29
2071	工银瑞信核心价值混合型证券投资基金	2005-08-31
2072	工银瑞信稳健成长混合型证券投资基金	2006-12-06
2073	工银瑞信红利混合型证券投资基金	2007-07-18
2074	工银瑞信大盘蓝筹混合型证券投资基金	2008-08-04
2075	工银瑞信沪深300指数证券投资基金	2009-03-05
2076	工银瑞信中小盘成长混合型证券投资基金	2010-02-10
2077	工银瑞信深证红利交易型开放式指数证券投资基金联接基金	2010-11-09
2078	工银瑞信消费服务行业混合型证券投资基金	2011-04-21
2079	工银瑞信主题策略混合型证券投资基金	2011-10-24
2080	工银瑞信基本面量化策略混合型证券投资基金	2012-04-26
2081	工银瑞信货币市场基金	2006-03-20
2082	工银瑞信精选平衡混合型证券投资基金	2006-07-13
2083	工银瑞信增强收益债券型证券投资基金	2007-05-11
2084	工银瑞信信用添利债券型证券投资基金	2008-04-14
2085	工银瑞信双利债券型证券投资基金	2010-08-16
2086	工银瑞信添颐债券型证券投资基金	2011-08-10
2087	工银瑞信7天理财债券型证券投资基金	2012-08-22
2088	工银瑞信信用纯债债券型证券投资基金	2012-11-14
2089	工银瑞信14天理财债券型发起式证券投资基金	2012-10-26
2090	工银瑞信60天理财债券型证券投资基金	2013-01-28
2091	工银瑞信中国机会全球配置股票型证券投资基金	2008-02-14
2092	工银瑞信全球精选股票型证券投资基金	2010-05-25
2093	工银瑞信保本混合型证券投资基金	2011-12-27
2094	工银瑞信保本混合2号混合型发起时证券投资基金	2013-02-07
2095	国金鑫新灵活配置混合型证券投资基金（LOF）	2015-07-03
2096	财通多策略精选混合型证券投资基金	2015-07-01
2097	西部利得中证500等权重指数分级证券投资基金	2015-04-15
2098	易方达军工指数分级证券投资基金	2015-07-08
2099	易方达国企改革指数分级证券投资基金	2015-06-15

continued

基金份额 （亿份） Fund Units (100 million units)	基金资产规模 （亿元） Fund Asset Value (100 million yuan)	基金管理公司 Fund Management Company	基金托管银行 Fund Custodian Bank
0.32	0.26	华泰柏瑞	中国银行股份有限公司
0.10	0.13	华泰柏瑞	中国银行股份有限公司
10.51	16.85	华泰柏瑞	中国工商银行股份有限公司
31.32	60.27	汇添富	中国工商银行股份有限公司
14.14	16.08	汇添富	中国工商银行股份有限公司
11.10	21.78	汇添富	中国工商银行股份有限公司
24.12	79.33	汇添富	中国工商银行股份有限公司
11.98	14.53	汇添富	中国银行股份有限公司
0.50	0.50	汇添富	中国农业银行股份有限公司
1.42	2.04	汇添富	中国工商银行股份有限公司
0.51	0.51	汇添富	中国银行股份有限公司
22.85	48.33	汇添富	中国农业银行股份有限公司
6.11	6.11	汇添富	中国工商银行股份有限公司
1.41	2.02	汇添富	中国工商银行股份有限公司
3.05	3.05	汇添富	中国建设银行股份有限公司
0.42	0.67	汇添富	中国工商银行股份有限公司
9.49	11.26	汇添富	中国农业银行股份有限公司
5.14	11.75	汇添富	中国农业银行股份有限公司
1.18	1.20	汇添富	中国工商银行股份有限公司
5.74	5.74	汇添富	中国工商银行股份有限公司
118.61	49.73	工银瑞信	中国银行股份有限公司
13.27	29.33	工银瑞信	中国建设银行股份有限公司
7.71	7.10	工银瑞信	中国建设银行股份有限公司
2.21	2.72	工银瑞信	中国银行股份有限公司
26.43	27.94	工银瑞信	中国建设银行股份有限公司
2.39	4.47	工银瑞信	中国农业银行股份有限公司
1.70	2.07	工银瑞信	中国农业银行股份有限公司
1.44	2.21	工银瑞信	中国农业银行股份有限公司
9.84	26.70	工银瑞信	交通银行股份有限公司
0.88	1.98	工银瑞信	中国银行股份有限公司
1966.27	1966.27	工银瑞信	中国建设银行股份有限公司
34.86	29.17	工银瑞信	中国建设银行股份有限公司
37.28	43.24	工银瑞信	中国建设银行股份有限公司
57.65	78.08	工银瑞信	中国建设银行股份有限公司
63.54	102.99	工银瑞信	交通银行股份有限公司
12.17	24.26	工银瑞信	中国民生银行股份有限公司
341.97	341.97	工银瑞信	中国建设银行股份有限公司
16.99	19.60	工银瑞信	中国农业银行股份有限公司
126.50	126.50	工银瑞信	招商银行股份有限公司
13.90	13.90	工银瑞信	兴业银行股份有限公司
2.75	3.24	工银瑞信	中国银行股份有限公司
0.65	0.99	工银瑞信	中国建设银行股份有限公司
35.09	38.57	工银瑞信	中国光大银行股份有限公司
68.13	94.66	工银瑞信	中国光大银行股份有限公司
0.25	0.25	国金	平安银行股份有限公司
26.31	29.07	财通	中国光大银行股份有限公司
0.10	0.11	西部利得	兴业银行股份有限公司
10.57	8.99	易方达	中国建设银行股份有限公司
8.07	8.96	易方达	中国建设银行股份有限公司

4–7 续表 42

序号 No.	基金名称 Fund Name	成立时间 Issue Date
2100	易方达证券公司指数分级证券投资基金	2015-07-08
2101	长盛中证申万一带一路主题指数分级证券投资基金	2015-05-29
2102	长信中证一带一路主题指数分级证券投资基金	2015-08-14
2103	国金上证50指数分级证券投资基金	2015-05-26
2104	鹏华国证钢铁行业指数分级证券投资基金	2015-08-13
2105	鹏华新丝路指数分级证券投资基金	2015-08-13
2106	中海中证高铁产业指数分级证券投资系基金	2015-07-31
2107	大成中证互联网金融指数分级证券投资基金	2015-06-29
2108	长盛上证50指数分级证券投资基金	2015-08-13
2109	易方达上证50指数分级证券投资基金	2015-04-15
2110	长盛中证全指证券公司指数分级证券投资基金	2015-08-13
2111	广发中证医疗指数分级证券投资系基金	2015-07-23
2112	上证180公司治理交易型开放式证券投资基金	2009-09-25
2113	上证超级大盘交易型开放式指数证券投资基金	2009-12-29
2114	华宝兴业上证180价值交易型开放式指数证券投资基金	2010-04-23
2115	上证50交易型开放式指数证券投资基金	2004-12-30
2116	上证中央企业50交易型开放式指数证券投资基金	2009 08-26
2117	鹏华上证民营企业50交易型开放式指数证券投资基金	2010-08-05
2118	长盛中信全债指数增强型债券投资基金	2003-10-25
2119	长盛动态精选证券投资基金	2004-05-21
2120	上证社会责任交易型开放式指数证券投资基金	2010-05-28
2121	上证周期行业50交易型开放式指数证券投资基金	2010-09-19
2122	上证非周期行业100交易型开放式指数证券投资基金	2011-04-22
2123	易方达上证中盘交易型开放式指数证券投资基金	2010-03-29
2124	上证消费80交易型开放式指数证券投资基金	2010-12-08
2125	中证南方小康产业交易型开放式指数证券投资基金	2010-08-27
2126	上证大宗商品股票交易型开放式指数证券投资基金	2010-11-26
2127	上证180交易型开放式指数证券投资基金	2006-04-13
2128	上证龙头企业交易型开放式指数证券投资基金	2010-11-18
2129	上证综指交易型开放式指数证券投资基金	2011-01-30
2130	上证中小盘交易型开放式指数证券投资基金	2011-01-26
2131	上证180金融交易型开放式指数证券投资基金	2011-03-31
2132	上证新兴产业交易型开放式指数证券投资基金	2011-04-07
2133	上证国有企业100交易型开放式指数证券投资基金	2011-06-16
2134	上证180成长交易型开放式指数证券投资基金	2011-08-04
2135	上证380交易型开放式证券投资基金	2011-09-16
2136	华泰柏瑞沪深300交易型开放式指数证券投资基金	2012-05-04
2137	易方达沪深300交易型开放式指数发起式证券投资基金	2013-03-06
2138	华夏沪深300交易型开放式指数证券投资基金	2012-12-25
2139	广发沪深300交易型开放式指数证券投资基金	2015-08-19
2140	上证自然资源交易型开放式指数证券投资基金	2012-04-11
2141	上证180等权重交易型开放式指数证券投资基金	2012-06-12
2142	上证50等权重交易型开放式指数证券投资基金	2012-08-23
2143	中证500沪市交易型开放式指数证券投资基金	2012-08-28
2144	上证180高贝塔交易型开放式证券投资基金	2013-07-08
2145	中证500交易型开放式指数证券投资基金	2013-02-06
2146	广发中证500交易型开放式指数证券投资基金	2013-04-11
2147	诺安中证500交易型开放式证券投资基金	2014-02-07
2148	国寿安保中证500交易型开放式指数证券投资基金	2015-05-28

continued

基金份额 (亿份) Fund Units (100 million units)	基金资产规模 (亿元) Fund Asset Value (100 million yuan)	基金管理公司 Fund Management Company	基金托管银行 Fund Custodian Bank
15.41	13.20	易方达	中国建设银行股份有限公司
15.77	15.23	长盛	中国银行股份有限公司
0.49	0.53	长信	广发证券股份有限公司
0.30	0.36	国金	中国民生银行股份有限公司
0.10	0.10	鹏华	招商银行股份有限公司
0.09	0.10	鹏华	招商银行股份有限公司
1.07	0.92	中海	招商证券股份有限公司
2.78	2.54	大成	中国工商银行股份有限公司
0.37	0.41	长盛	中国银行股份有限公司
7.68	9.14	易方达	交通银行股份有限公司
1.04	1.30	长盛	中国农业银行股份有限公司
2.24	2.04	广发	北京银行股份有限公司
6.52	6.73	交银施罗德	中国农业银行股份有限公司
1.13	2.59	博时	中国建设银行股份有限公司
0.44	1.79	华宝兴业	中国工商银行股份有限公司
124.65	301.51	华夏	中国工商银行股份有限公司
1.75	2.99	工银瑞信	招商银行股份有限公司
0.55	1.00	鹏华	中国工商银行股份有限公司
0.74	1.13	长盛	中国农业银行股份有限公司
3.60	5.96	长盛	中国农业银行股份有限公司
0.89	1.22	建信	中国工商银行股份有限公司
0.17	0.57	海富通	中国工商银行股份有限公司
0.14	0.41	海富通	中国工商银行股份有限公司
0.84	3.39	易方达	中国工商银行股份有限公司
0.43	1.79	招商	中国工商银行股份有限公司
15.52	8.33	南方	中国工商银行股份有限公司
0.87	1.62	国联安	中国银行股份有限公司
60.03	192.25	华安	中国建设银行股份有限公司
0.41	1.46	华安	中国工商银行股份有限公司
0.45	1.72	富国	中国工商银行股份有限公司
0.07	0.34	华泰柏瑞	中国银行股份有限公司
6.60	36.01	国泰	中国银行股份有限公司
0.81	1.07	诺安	中国工商银行股份有限公司
0.27	0.29	中银	招商银行股份有限公司
0.54	0.78	华宝兴业	中国银行股份有限公司
1.66	3.06	南方	中国建设银行股份有限公司
57.78	218.57	华泰柏瑞	中国工商银行股份有限公司
28.46	43.30	易方达	中国建设银行股份有限公司
46.51	179.48	华夏	中国工商银行股份有限公司
0.26	0.29	广发	中国工商银行股份有限公司
1.17	0.83	博时	中国建设银行股份有限公司
1.42	2.37	景顺长城	中国银行股份有限公司
0.76	1.10	银华	中国建设银行股份有限公司
0.24	0.53	大成	中国银行股份有限公司
0.05	0.09	上投摩根	中国银行股份有限公司
26.07	204.76	南方	中国农业银行股份有限公司
8.01	16.60	广发	中国工商银行股份有限公司
1.05	2.06	诺安	中国银行股份有限公司
3.42	5.34	国寿安保	中国农业银行股份有限公司

4—7 续表 43

序号 No.	基金名称 Fund Name	成立时间 Issue Date
2149	易方达中证500交易型开放式指数证券投资基金	2015-08-27
2150	上证能源交易型开放式指数发起式证券投资基金	2013-03-28
2151	上证原材料交易型开放式指数发起式证券投资基金	2013-03-28
2152	上证主要消费交易型开放式指数发起式证券投资基金	2013-03-28
2153	上证金融地产交易型开放式指数发起式证券投资基金	2013-03-28
2154	上证医药卫生交易型开放式指数发起式证券投资基金	2013-03-28
2155	万家上证380交易型开放式证券投资基金	2013-10-31
2156	博时上证50交易型开放式指数证券投资基金	2015-05-27
2157	上证红利交易型开放式指数证券投资基金	2006-11-17
2158	易方达恒生中国企业交易型开放式指数证券投资基金	2012-08-09
2159	上证5年期国债交易型开放式指数证券投资基金	2013-03-05
2160	上证企业债30交易型开放式指数证券投资基金	2013-07-11
2161	上证可质押城投债券交易型开放式指数证券投资基金	2014-11-13
2162	华泰柏瑞交易型货币市场基金	2015-07-14
2163	博时保证金实时交易型货币市场基金	2014-11-25
2164	银华交易型货币市场基金	2013-04-01
2165	景顺长城交易型货币市场基金	2015-07-16
2166	富国收益宝交易型货币市场基金	2015-11-24
2167	中融日日盈交易型货币市场基金	2015-11-30
2168	华宝兴业现金添益交易型货币市场证券投资基金	2012-12-27
2169	易方达沪深300医药卫生交易型开放式指数证券投资基金	2013-09-23
2170	易方达沪深300非银行金融交易型开放式指数证券投资基金	2014-06-26
2171	华安中证细分地产交易型开放式指数证券投资基金	2013-12-05
2172	华安中证细分医药交易型开放式指数证券投资基金	2013-12-05
2173	景顺长城中证800食品饮料交易型开放式指数证券投资基金	2014-07-18
2174	景顺长城中证TMT交易型开放式指数证券投资基金	2014-07-18
2175	景顺长城中证医药卫生交易型开放式指数证券投资基金	2014-07-18
2176	中证500医药卫生指数交易型开放式证券投资基金	2014-10-30
2177	中证500工业指数交易型开放式指数证券投资基金	2015-04-08
2178	中证500信息技术指数交易型开放式指数证券投资基金	2015-06-29
2179	中证500原材料指数交易型开放式指数证券投资基金	2015-04-16
2180	华夏中证500交易型开放式指数证券投资基金	2015-05-05
2181	华泰柏瑞中证500交易型开放式指数证券投资基金	2015-05-13
2182	嘉实中证主要消费交易型开放式指数证券投资基金	2014-06-13
2183	嘉实中证医药卫生交易型开放式指数证券投资基金	2014-06-13
2184	嘉实中证主要消费交易型开放式指数证券投资基金	2014-06-20
2185	MSCI中国A股交易型开放式指数证券投资基金	2015-02-12
2186	华安国际龙头(DAX)交易型开放式指数证券投资基金	2014-08-08
2187	纳斯达克100交易型开放式指数证券投资基金	2013-04-25
2188	博时标普500交易型开放式指数证券投资基金	2013-12-05
2189	南方恒生交易型开放式指数证券投资基金	2014-12-23
2190	华夏沪港通恒生交易型开放式指数证券投资基金	2014-12-23
2191	国泰黄金交易型开放式证券投资基金	2013-07-18
2192	华安易富黄金交易型开放式证券投资基金	2013-07-18
2193	银华核心价值优选混合型证券投资基金	2005-09-27
2194	华安安信消费服务混合型基金	2013-05-23
2195	海富通收益增长证券投资基金	2004-03-12
2196	海富通股票混合型证券投资基金	2005-07-29
2197	海富通强化回报混合型证券投资基金	2006-05-25

continued

基金份额 (亿份) Fund Units (100 million units)	基金资产规模 (亿元) Fund Asset Value (100 million yuan)	基金管理公司 Fund Management Company	基金托管银行 Fund Custodian Bank
0.02	0.13	易方达	中国工商银行股份有限公司
0.44	0.38	华夏	中国建设银行股份有限公司
0.32	0.38	华夏	中国建设银行股份有限公司
1.93	3.04	华夏	中国建设银行股份有限公司
0.83	1.29	华夏	中国建设银行股份有限公司
1.15	1.95	华夏	中国建设银行股份有限公司
0.04	0.06	万家	华夏银行股份有限公司
0.85	2.04	博时	招商银行股份有限公司
2.27	6.44	华泰柏瑞	招商银行股份有限公司
51.47	50.78	易方达	交通银行股份有限公司
0.10	11.13	国泰	中国建设银行股份有限公司
0.01	0.95	博时	中国工商银行股份有限公司
0.61	62.60	海富通	中国银行股份有限公司
0.34	3.40	华泰柏瑞	中国建设银行股份有限公司
0.78	0.78	博时	中国建设银行股份有限公司
498.75	526.90	银华	中国建设银行股份有限公司
53.09	53.09	景顺长城	中国银河证券股份有限公司
68.22	68.22	富国	中国银行股份有限公司
13.60	13.60	中融	国泰君安证券股份有限公司
1306.40	1306.40	华宝兴业	中国建设银行股份有限公司
0.33	0.43	易方达	中国建设银行股份有限公司
7.79	14.66	易方达	中国建设银行股份有限公司
0.02	0.03	华安	中国建设银行股份有限公司
0.51	0.76	华安	中国建设银行股份有限公司
0.83	1.10	景顺长城	中国银行股份有限公司
4.20	7.64	景顺长城	中国银行股份有限公司
0.50	0.74	景顺长城	中国银行股份有限公司
0.71	1.02	南方	中国农业银行股份有限公司
1.69	1.36	南方	中国农业银行股份有限公司
0.37	0.39	南方	中国农业银行股份有限公司
1.21	1.05	南方	中国农业银行股份有限公司
3.16	11.46	华夏	中国建设银行股份有限公司
3.18	4.84	华泰柏瑞	中国银行股份有限公司
0.10	0.16	嘉实	中国银行股份有限公司
0.35	0.56	嘉实	中国银行股份有限公司
0.40	0.72	嘉实	中国银行股份有限公司
4.89	5.32	华夏	中国银行股份有限公司
2.26	2.06	华安	招商银行股份有限公司
0.41	0.64	国泰	中国建设银行股份有限公司
1.68	2.05	博时	中国工商银行股份有限公司
0.53	0.99	南方	中国工商银行股份有限公司
1.69	3.12	华夏	中国农业银行股份有限公司
0.18	0.39	国泰	中国工商银行股份有限公司
3.20	7.16	华安	中国建设银行股份有限公司
27.08	63.32	银华	中国建设银行股份有限公司
2.71	4.53	华安	中国工商银行股份有限公司
13.63	13.54	海富通	中国银行股份有限公司
17.43	15.20	海富通	中国银行股份有限公司
6.66	6.05	海富通	招商银行股份有限公司

4-7 续表 44

序号 No.	基金名称 Fund Name	成立时间 Issue Date
2198	汇添富优势精选混合型证券投资基金	2005-08-25
2199	海富通精选证券投资基金	2003-08-22
2200	海富通风格优势混合型证券投资基金	2006-10-19
2201	海富通精选贰号混合型证券投资基金	2007-04-09
2202	大成积极成长混合型证券投资基金	2007-01-16
2203	汇天富均衡增长混合型证券投资基金	2006-08-07
2204	大成景阳领先混合型证券投资基金	2007-12-17
2205	国泰金泰平衡混合型证券投资基金	2012-12-24
2206	国泰金鼎价值精选混合型证券投资基金	2007-04-11
2207	海富通稳健添利债券型证券投资基金	2008-10-24
2208	海富通领先成长混合型证券投资基金	2009-04-30
2209	海富通中小盘混合型证券投资基金	2010-04-14
2210	海富通上证周期行业50交易型开放式指数证券投资基金联接基金	2010-09-28
2211	华夏平稳增长混合型证券投资基金	2006-08-09
2212	海富通稳固收益债券型证券投资基金	2010-11-23
2213	海富通上证非周期行业100交易型开放式指数证券投资基金联接基金	2011-04-27
2214	海富通国策导向混合型证券投资基金	2011-11-16
2215	海富通中证内地低碳经济主题指数证券投资基金	2012-05-25
2216	富国天博创新主题混合型证券投资基金	2007-04-27
2217	长盛同德主题增长混合型证券投资基金	2007-10-25
2218	海富通养老收益混合型证券投资基金	2013-05-29
2219	海富通内需热点混合型证券投资基金	2013-12-18
2220	海富通纯债债券型证券投资基金	2014-04-02
2221	海富通阿尔法对冲混合型发起式证券投资基金	2014-11-20
2222	汇添富蓝筹稳健灵活配置混合型证券投资基金	2008-07-08
2223	汇添富成长焦点混合型证券投资基金	2007-03-12
2224	汇添富价值精选混合型证券投资基金	2009-01-23
2225	汇添富增强收益债券型证券投资基金	2008-03-06
2226	新华优选分红混合型证券投资基金	2005-09-16
2227	新华优选成长混合型证券投资基金	2008-07-25
2228	新华泛资源优势灵活配置混合型证券投资基金	2009-07-13
2229	新华钻石品质企业混合型证券投资基金	2010-02-03
2230	新华行业周期轮换混合型证券投资基金	2010-07-21
2231	新华中小盘小市值优选混合型证券投资基金	2011-01-28
2232	新华灵活主题混合型证券投资基金	2011-07-13
2233	长盛中证指数100证券投资基金	2006-11-22
2234	浦银安盛价值成长混合型证券投资基金	2008-04-16
2235	浦银安盛优化收益债券型证券投资基金	2008-12-30
2236	浦银安盛精致生活灵活配置混合型证券投资基金	2009-06-04
2237	浦银安盛红利精选混合型证券投资基金	2009-12-03
2238	浦银安盛沪深300指数增强型证券投资基金	2010-12-10
2239	浦银安盛中证锐联基本面400指数证券投资基金	2012-05-14
2240	浦银安盛战略新兴产业混合型证券投资基金	2013-03-25
2241	浦银安盛消费升级灵活配置混合型证券投资基金	2013-12-05
2242	浦银安盛新经济结构灵活配置混合型证券投资基金	2014-05-20
2243	浦银安盛盛世精选灵活配置混合型证券投资基金	2014-06-26
2244	海富通新内需灵活配置混合型证券投资基金	2014-11-27
2245	海富通季季增利理财债券型证券投资基金	2014-08-19
2246	新华优选消费混合型证券投资基金	2012-06-13

continued

基金份额（亿份） Fund Units (100 million units)	基金资产规模（亿元） Fund Asset Value (100 million yuan)	基金管理公司 Fund Management Company	基金托管银行 Fund Custodian Bank
5.24	24.59	汇添富	中国工商银行股份有限公司
31.33	20.24	海富通	交通银行股份有限公司
7.59	6.73	海富通	中国建设银行股份有限公司
6.74	5.98	海富通	中国银行股份有限公司
8.66	15.32	大成	中国农业银行股份有限公司
63.80	73.60	汇添富	中国工商银行股份有限公司
13.40	12.77	大成	中国农业银行股份有限公司
13.14	15.07	国泰	中国工商银行股份有限公司
18.79	20.70	国泰	中国建设银行股份有限公司
5.00	6.25	海富通	中国工商银行股份有限公司
1.17	1.58	海富通	中国建设银行股份有限公司
1.93	2.39	海富通	中国工商银行股份有限公司
0.32	0.38	海富通	中国工商银行股份有限公司
10.29	24.55	华夏	中国农业银行股份有限公司
2.95	4.83	海富通	中国工商银行股份有限公司
0.26	0.31	海富通	中国工商银行股份有限公司
1.04	2.02	海富通	中国银行股份有限公司
0.24	0.40	海富通	中国建设银行股份有限公司
15.33	26.42	富国	中国建设银行股份有限公司
12.98	20.12	长盛	中国农业银行股份有限公司
19.13	25.84	海富通	中国银行股份有限公司
0.36	0.49	海富通	中国银行股份有限公司
3.94	6.35	海富通	中国银行股份有限公司
9.23	11.03	海富通	中国银行股份有限公司
3.79	8.41	汇添富	中国工商银行股份有限公司
20.94	49.71	汇添富	中国工商银行股份有限公司
22.67	63.32	汇添富	中国工商银行股份有限公司
26.11	33.17	汇添富	中国工商银行股份有限公司
17.45	15.15	新华	中国农业银行股份有限公司
2.82	5.03	新华	中国农业银行股份有限公司
1.33	2.81	新华	中国工商银行股份有限公司
3.78	8.30	新华	中国建设银行股份有限公司
1.36	2.89	新华	中国工商银行股份有限公司
3.02	5.35	新华	中国建设银行股份有限公司
0.26	0.40	新华	中信银行股份有限公司
3.96	4.13	长盛	中国农业银行股份有限公司
14.92	32.22	浦银安盛	中国工商银行股份有限公司
0.48	0.73	浦银安盛	中国工商银行股份有限公司
2.40	6.09	浦银安盛	中国建设银行股份有限公司
0.68	1.26	浦银安盛	中国工商银行股份有限公司
0.68	0.85	浦银安盛	中国建设银行股份有限公司
0.41	0.75	浦银安盛	中国邮政储蓄银行有限责任公司
6.18	19.07	浦银安盛	交通银行股份有限公司
0.74	1.40	浦银安盛	交通银行股份有限公司
0.70	1.17	浦银安盛	交通银行股份有限公司
33.06	41.42	浦银安盛	中信银行股份有限公司
10.31	14.33	海富通	中国工商银行股份有限公司
0.00	0.00	海富通	中国银行股份有限公司
4.65	10.36	新华	中国工商银行股份有限公司

4–7 续表 45

序号 No.	基金名称 Fund Name	成立时间 Issue Date
2247	新华纯债添利债券型发起式证券投资基金	2012-12-21
2248	新华行业轮换灵活配置混合型证券投资基金	2013-06-05
2249	新华趋势领航混合型证券投资基金	2013-09-11
2250	新华信用增益债券型证券投资基金	2013-12-05
2251	新华鑫利灵活配置型证券投资基金	2014-04-23
2252	新华鑫安保本一号混合型证券投资基金	2014-06-18
2253	浦银安盛增长动力灵活配置混合型证券投资基金	2015-03-12
2254	浦银安盛医疗健康灵活配置混合型证券投资基金	2015-05-22
2255	万家180指数证券投资基金	2003-03-17
2256	万家和谐增长混合型证券投资基金	2006-11-30
2257	万家双引擎灵活配置混合型证券投资基金	2008-06-27
2258	万家精选混合型证券投资基金	2009-05-18
2259	万家稳健增利债券型证券投资基金	2009-08-12
2260	万家信用恒利债券型证券投资基金	2012-09-21
2261	万家城市建设主题纯债债券型证券投资基金	2013-01-24
2262	万家品质生活股票型证券投资基金	2015-08-06
2263	大成沪深300指数证券投资基金	2006-04-06
2264	海富通货币市场证券投资基金	2005-01-04
2265	万家货币市场基金	2006-05-24
2266	浦银安盛货币市场证券投资基金	2011-03-09
2267	万家日日薪货币市场证券投资基金	2013-01-15
2268	汇添富货币市场基金	2006-03-23
2269	华泰柏瑞金字塔稳本增利债券型证券投资基金	2006-04-13
2270	浦银安盛日日盈货币市场基金	2014-03-25
2271	交银施罗德货币市场证券投资基金	2006-01-20
2272	海富通中国海外精选混合型证券投资基金	2008-06-27
2273	海富通大中华精选混合型证券投资基金	2011-01-27
2274	国泰金鑫股票型证券投资基金	2014-09-15
2275	银河鸿利灵活配置混合型证券投资基金	2015-06-19
2276	银河智联主题灵活配置混合型证券投资基金	2015-12-17
2277	银河转型增长主题灵活配置混合型证券投资基金	2015-05-13
2278	银河鑫利灵活配置混合型证券投资基金	2015-04-22
2279	银河润利保本混合型证券投资基金	2015-04-09
2280	银河现代服务主题灵活配置混合型证券投资基金	2015-04-22
2281	银河灵活配置混合型证券投资投资基金	2014-02-11
2282	银河增利债券型发起式证券投资基金	2013-07-17
2283	银河美丽优萃混合型证券投资基金	2014-05-30
2284	银河银信添利债券型证券投资基金	2007-03-14
2285	银河竞争优势成长混合型证券投资基金	2008-05-26
2286	银河领先债券型证券投资基金	2012-11-29
2287	银河行业优选混合型证券投资基金	2009-04-24
2288	银河沪深300价值指数证券投资基金	2009-12-28
2289	银河蓝筹精选混合型证券投资基金	2010-07-16
2290	银河康乐股票型证券投资基金	2014-11-18
2291	银河创新成长混合型证券投资基金	2010-12-29
2292	银河润利保本混合型证券投资基金	2014-08-06
2293	银河强化收益债券型证券投资基金	2011-05-31
2294	银河定投中证腾安价值100指数型发起式证券投资基金	2014-03-14
2295	银河消费驱动混合型证券投资基金	2011-07-29

continued

基金份额 (亿份) Fund Units (100 million units)	基金资产规模 (亿元) Fund Asset Value (100 million yuan)	基金管理公司 Fund Management Company	基金托管银行 Fund Custodian Bank
5.64	7.16	新华	中国工商银行股份有限公司
23.03	36.74	新华	中国农业银行股份有限公司
8.23	19.73	新华	中国工商银行股份有限公司
2.83	3.52	新华	中国建设银行股份有限公司
1.50	2.21	新华	中国农业银行股份有限公司
9.99	11.13	新华	中国农业银行股份有限公司
32.37	31.88	浦银安盛	交通银行股份有限公司
25.34	23.76	浦银安盛	中信银行股份有限公司
22.15	18.87	万家	中国银行股份有限公司
11.74	11.91	万家	兴业银行股份有限公司
7.56	10.00	万家	兴业银行股份有限公司
0.61	1.18	万家	中国建设银行股份有限公司
13.56	17.94	万家	中国银行股份有限公司
5.72	7.02	万家	中国建设银行股份有限公司
6.26	6.39	万家	中国建设银行股份有限公司
2.04	2.59	万家	中国农业银行股份有限公司
19.29	23.00	大成	中国农业银行股份有限公司
229.64	229.64	海富通	中国银行股份有限公司
121.06	121.06	万家	华夏银行股份有限公司
34.53	34.53	浦银安盛	中信银行股份有限公司
1.82	1.82	万家	中国农业银行股份有限公司
129.46	129.46	汇添富	上海浦东发展银行股份有限公司
0.62	0.69	华泰柏瑞	招商银行股份有限公司
99.81	99.81	浦银安盛	交通银行股份有限公司
288.45	288.45	交银施罗德	中国农业银行股份有限公司
1.02	1.43	海富通	中国建设银行股份有限公司
0.83	0.70	海富通	中国银行股份有限公司
3.75	5.13	国泰	中国建设银行股份有限公司
30.11	30.22	银河	中信银行股份有限公司
7.82	7.84	银河	中国建设银行股份有限公司
31.36	26.68	银河	中国建设银行股份有限公司
36.78	37.32	银河	北京银行股份有限公司
27.10	26.82	银河	北京银行股份有限公司
31.45	29.67	银河	中国工商银行股份有限公司
1.23	2.47	银河	中国邮政储蓄银行有限责任公司
2.62	3.96	银河	北京银行股份有限公司
3.08	6.27	银河	中国建设银行股份有限公司
4.26	4.71	银河	中信银行股份有限公司
5.07	9.73	银河	中国银行股份有限公司
3.18	3.95	银河	兴业银行股份有限公司
10.50	29.06	银河	中国建设银行股份有限公司
1.47	1.78	银河	中国建设银行股份有限公司
0.65	1.30	银河	中国建设银行股份有限公司
6.31	9.58	银河	中国建设银行股份有限公司
4.76	12.42	银河	招商银行股份有限公司
20.35	21.70	银河	北京银行股份有限公司
1.10	1.66	银河	中国建设银行股份有限公司
3.42	6.21	银河	中国建设银行股份有限公司
0.50	1.05	银河	中国建设银行股份有限公司

4–7 续表 46

序号 No.	基金名称 Fund Name	成立时间 Issue Date
2296	银河主题策略混合型证券投资基金	2012-09-21
2297	交银施罗德增利债券证券投资基金	2008-03-31
2298	交银施罗德双利债券证券投资基金	2011-09-26
2299	交银施罗德上证180公司治理交易型开放式指数证券投资基金联接基金	2009-09-29
2300	交银施罗德精选混合型证券投资基金	2005-09-29
2301	交银施罗德稳健配置混合型证券投资基金	2006-06-24
2302	交银施罗德成长混合型证券投资基金	2006-10-23
2303	交银施罗德蓝筹混合型证券投资基金	2007-08-08
2304	交银施罗德环球精选价值混合证券投资基金	2008-08-22
2305	交银施罗德优势行业灵活配置混合型证券投资基金	2009-01-21
2306	交银施罗德先锋混合型证券投资基金	2009-04-10
2307	交银施罗德主题优选灵活配置混合型证券投资基金	2010-06-30
2308	交银施罗德趋势优先混合型证券投资基金	2010-12-22
2309	交银施罗德先进制造混合型证券投资基金	2011-06-22
2310	交银施罗德深证300价值交易型开放式指数证券投资基金联接基金	2011-09-28
2311	交银施罗德全球自然资源混合证券投资基金	2012-05-22
2312	交银施罗德策略回报灵活配置混合型证券投资基金	2012-06-20
2313	交银施罗德阿尔法核心混合型证券投资基金	2012-08-03
2314	交银施罗德消费新驱动股票型证券投资基金	2012-11-07
2315	交银施罗德理财21天债券型证券投资基金	2012-11-05
2316	交银施罗德纯债债券型发起式证券投资基金	2012-12-19
2317	交银施罗德理财60天债券型证券投资基金	2013-03-13
2318	交银施罗德双轮动债券型证券投资基金	2013-04-18
2319	交银施罗德荣祥保本混合型证券投资基金	2013-04-24
2320	交银施罗德成长30混合型证券投资基金	2013-06-05
2321	交银施罗德荣泰保本混合型证券投资基金	2013-12-25
2322	交银施罗德定期支付月月丰债券型证券投资基金	2013-08-13
2323	交银施罗德定期支付双息平衡混合型证券投资基金	2013-09-04
2324	交银施罗德强化回报债券型证券投资基金	2014-01-28
2325	交银施罗德新成长混合型证券投资基金	2014-05-09
2326	交银施罗德周期回报灵活配置混合型证券投资基金	2014-05-21
2327	交银施罗德新回报灵活配置混合型证券投资基金	2015-05-15
2328	交银施罗德荣和保本混合型证券投资基金	2015-05-29
2329	交银施罗德多策略回报灵活配置混合型证券投资基金	2015-06-02
2330	交银施罗德国企改革灵活配置混合型证券投资基金	2015-06-10
2331	交银施罗德裕通纯债债券型证券投资基金	2015-12-29
2332	华夏保证金理财货币市场基金	2013-02-04
2333	嘉实保证金理财场内实时申赎货币市场基金	2013-12-11
2334	广发现金宝场内实时申赎货币市场基金	2013-12-02
2335	国寿安保场内实时申赎货币市场基金	2014-10-20
2336	汇添富收益快线货币市场基金	2012-12-21
2337	大成现金宝场内实时申赎货币市场基金	2013-03-27
2338	华夏兴华混合型证券投资基金	2013-04-12
2339	华安安顺灵活配置混合型证券投资基金	2014-05-12
2340	富国消费主题混合型证券投资基金	2014-12-12
2341	华夏兴和混合型证券投资基金	2014-05-30
2342	长信利保债券型证券投资基金	2015-11-16
2343	长信睿进灵活配置混合型证券投资基金	2015-07-06
2344	长信多利灵活配置混合型证券投资基金	2015-07-01

continued

基金份额 (亿份) Fund Units (100 million units)	基金资产规模 (亿元) Fund Asset Value (100 million yuan)	基金管理公司 Fund Management Company	基金托管银行 Fund Custodian Bank
3.66	16.75	银河	中信银行股份有限公司
12.91	13.52	交银施罗德	中国建设银行股份有限公司
13.48	16.61	交银施罗德	中国建设银行股份有限公司
5.94	6.88	交银施罗德	中国农业银行股份有限公司
24.58	28.61	交银施罗德	中国农业银行股份有限公司
19.52	35.19	交银施罗德	中国建设银行股份有限公司
8.20	40.79	交银施罗德	中国农业银行股份有限公司
32.56	31.40	交银施罗德	中国建设银行股份有限公司
0.58	0.92	交银施罗德	中国建设银行股份有限公司
1.10	2.97	交银施罗德	中国工商银行股份有限公司
13.14	28.32	交银施罗德	中国农业银行股份有限公司
4.73	9.16	交银施罗德	中国建设银行股份有限公司
1.84	3.03	交银施罗德	中国工商银行股份有限公司
4.54	11.97	交银施罗德	中国农业银行股份有限公司
0.33	0.48	交银施罗德	中国农业银行股份有限公司
0.27	0.30	交银施罗德	中国建设银行股份有限公司
1.74	1.92	交银施罗德	中信银行股份有限公司
0.52	1.18	交银施罗德	中国建设银行股份有限公司
0.37	0.37	交银施罗德	中国建设银行股份有限公司
1.02	1.02	交银施罗德	中国农业银行股份有限公司
20.13	21.44	交银施罗德	中国农业银行股份有限公司
0.41	0.41	交银施罗德	中国建设银行股份有限公司
29.60	31.55	交银施罗德	中信银行股份有限公司
2.60	2.57	交银施罗德	中国农业银行股份有限公司
0.74	1.24	交银施罗德	中国建设银行股份有限公司
1.32	1.69	交银施罗德	中国建设银行股份有限公司
0.38	0.52	交银施罗德	中国建设银行股份有限公司
0.51	1.05	交银施罗德	中国农业银行股份有限公司
8.17	10.22	交银施罗德	中信银行股份有限公司
2.35	4.24	交银施罗德	招商银行股份有限公司
33.97	39.44	交银施罗德	中国农业银行股份有限公司
49.18	50.43	交银施罗德	中信银行股份有限公司
18.83	18.33	交银施罗德	中国民生银行股份有限公司
39.74	40.02	交银施罗德	中国农业银行股份有限公司
16.81	18.27	交银施罗德	中国农业银行股份有限公司
2.21	2.21	交银施罗德	兴业银行股份有限公司
11.17	11.17	华夏	中国工商银行股份有限公司
6.43	6.43	嘉实	北京银行股份有限公司
14.04	14.04	广发	中国工商银行股份有限公司
27.72	27.72	国寿安保	广东发展银行股份有限公司
392.78	392.78	汇添富	中国工商银行股份有限公司
25.49	25.49	大成	中国农业银行股份有限公司
7.87	14.96	华夏	中国建设银行股份有限公司
5.77	8.60	华安	交通银行股份有限公司
12.52	18.59	富国	交通银行股份有限公司
6.03	11.40	华夏	中国建设银行股份有限公司
21.58	21.56	长信	中国建设银行股份有限公司
1.10	1.31	长信	广发证券股份有限公司
7.53	8.24	长信	交通银行股份有限公司

4—7 续表 47

序号 No.	基金名称 Fund Name	成立时间 Issue Date
2345	长信利广灵活配置混合型证券投资基金	2015-06-12
2346	长信利盈灵活配置混合型证券投资基金	2015-06-09
2347	长信量化多策略股票型证券投资系基金	2015-07-14
2348	长信利富债券型证券投资基金	2015-05-06
2349	长信新利灵活配置混合型证券投资基金	2015-02-11
2350	长信改革红利灵活配置混合型证券投资基金	2014-08-06
2351	长信量化中小盘股票型证券投资基金	2015-02-04
2352	长信可转债债券型证券投资基金	2012-03-30
2353	长信内需成长股票型证券投资基金	2011-10-20
2354	长信美国标准普尔100等权重指数增强型证券投资基金	2011-03-30
2355	长信量化先锋混合型证券投资基金	2010-11-18
2356	长信纯债壹号债券型证券投资基金	2014-07-01
2357	长信恒利优势混合型证券投资基金	2009-07-30
2358	长信利丰债券型证券投资基金	2008-12-29
2359	长信双利优选灵活配置混合型证券投资基金	2008-06-19
2360	长信增利动态策略混合型证券投资基金	2006-11-09
2361	长信金利趋势混合型基金	2006-04-30
2362	长信银利精选开混合型放式证券投资基金	2005-01-17
2363	长信利息收益开放式证券投资基金	2004-03-19
2364	建信恒久价值混合型证券投资基金	2005-12-01
2365	建信货币市场基金	2006-04-25
2366	建信优选成长混合型证券投资基金	2006-09-08
2367	建信优化配置混合型证券投资基金	2007-03-01
2368	建信核心精选混合型证券投资基金	2008-11-25
2369	建信稳定增利债券型证券投资基金	2008-06-25
2370	建信收益增强债券型证券投资基金	2009-06-02
2371	建信上证社会责任交易型开放式指数证券投资基金联接基金	2010-05-28
2372	建信内生动力混合型证券投资基金	2010-11-16
2373	建信积极配置混合型证券投资基金	2014-01-23
2374	建信双周安心理财债券型证券投资基金	2012-08-28
2375	建信深圳基本面60交易型开放式指数证券投资基金联接基金	2011-09-08
2376	建信恒稳价值混合型证券投资基金	2011-11-22
2377	建信双息红利债券型证券投资基金	2011-12-13
2378	建信深证100指数增强型证券投资基金	2012-03-16
2379	建信社会责任混合型证券投资基金	2012-08-14
2380	建信转债增强债券型证券投资基金	2012-05-29
2381	建信纯债债券型证券投资基金	2012-11-15
2382	建信月盈安心理财债券型证券投资基金	2012-12-20
2383	建信双月安心理财债券型证券投资基金	2013-01-29
2384	建信周盈安心理财债券型证券投资基金	2013-09-17
2385	建信全球机遇混合型证券投资基金	2010-09-14
2386	建信新兴市场优选混合型证券投资基金	2011-06-21
2387	建信全球资源混合型证券投资基金	2012-06-26
2388	汇丰晋信2016生命周期开放式证券投资基金	2006-05-23
2389	汇丰晋信龙腾混合型开放式基金	2006-09-27
2390	汇丰晋信动态策略混合型证券投资基金	2007-04-09
2391	汇丰晋信2026生命周期证券投资基金	2008-07-23
2392	汇丰晋信平稳增利债券型证券投资基金	2008-12-03
2393	汇丰晋信大盘股票型证券投资基金	2009-06-24

continued

基金份额 （亿份） Fund Units (100 million units)	基金资产规模 （亿元） Fund Asset Value (100 million yuan)	基金管理公司 Fund Management Company	基金托管银行 Fund Custodian Bank
14.98	15.14	长信	广发证券股份有限公司
26.59	26.92	长信	中国民生银行股份有限公司
0.91	1.11	长信	中国工商银行股份有限公司
27.53	28.92	长信	中国工商银行股份有限公司
0.38	0.52	长信	中国工商银行股份有限公司
17.80	21.70	长信	中国工商银行股份有限公司
2.05	2.92	长信	交通银行股份有限公司
5.29	7.20	长信	平安银行股份有限公司
6.36	11.55	长信	中国农业银行股份有限公司
0.19	0.19	长信	中国银行股份有限公司
10.59	26.12	长信	交通银行股份有限公司
20.08	26.70	长信	中国邮政储蓄银行有限责任公司
0.43	0.63	长信	中国建设银行股份有限公司
63.74	92.66	长信	中国农业银行股份有限公司
9.35	16.40	长信	中国农业银行股份有限公司
12.39	19.65	长信	中国民生银行股份有限公司
27.11	30.56	长信	上海浦东发展银行股份有限公司
7.91	8.01	长信	中国农业银行股份有限公司
65.34	65.34	长信	中国农业银行股份有限公司
14.32	13.81	建信	中信银行股份有限公司
719.91	719.91	建信	中国工商银行股份有限公司
13.00	23.83	建信	中国工商银行股份有限公司
19.38	28.92	建信	中国工商银行股份有限公司
7.58	13.48	建信	中国工商银行股份有限公司
44.35	71.49	建信	中国工商银行股份有限公司
13.51	20.79	建信	中国农业银行股份有限公司
0.82	1.26	建信	中国工商银行股份有限公司
4.74	6.81	建信	中国工商银行股份有限公司
1.38	2.90	建信	中国工商银行股份有限公司
44.77	44.77	建信	中国工商银行股份有限公司
0.67	0.98	建信	中国民生银行股份有限公司
0.21	0.40	建信	中国光大银行股份有限公司
55.11	70.72	建信	中信银行股份有限公司
0.51	0.80	建信	交通银行股份有限公司
0.19	0.41	建信	中国农业银行股份有限公司
1.08	2.71	建信	中国民生银行股份有限公司
15.42	18.19	建信	中国光大银行股份有限公司
27.72	27.72	建信	中国民生银行股份有限公司
6.63	6.63	建信	招商银行股份有限公司
85.22	85.22	建信	交通银行股份有限公司
0.24	0.26	建信	中国工商银行股份有限公司
0.93	0.68	建信	中国工商银行股份有限公司
0.28	0.19	建信	中国银行股份有限公司
1.44	2.20	汇丰晋信	交通银行股份有限公司
2.56	5.03	汇丰晋信	交通银行股份有限公司
3.62	8.52	汇丰晋信	交通银行股份有限公司
0.71	1.13	汇丰晋信	中国建设银行股份有限公司
3.75	4.02	汇丰晋信	交通银行股份有限公司
7.68	18.60	汇丰晋信	交通银行股份有限公司

4–7 续表 48

序号 No.	基金名称 Fund Name	成立时间 Issue Date
2394	汇丰晋信中小盘股票型证券投资基金	2009-12-11
2395	汇丰晋信低碳先锋股票型证券投资基金	2010-06-08
2396	汇丰晋信消费红利股票型证券投资基金	2010-12-08
2397	汇丰晋信科技先锋股票型证券投资基金	2011-07-27
2398	汇丰晋信货币市场基金	2011-11-02
2399	汇丰晋信恒生A股行业龙头指数证券投资基金	2012-08-01
2400	信诚四季红混合型基金	2006-04-29
2401	信诚精萃成长混合型证券投资基金	2006-11-27
2402	信诚盛世蓝筹混合型证券投资基金	2008-06-04
2403	信诚三得益债券型证券投资基金	2008-09-27
2404	信诚经典优债债券型证券投资基金	2009-03-11
2405	信诚优胜精选混合型证券投资基金	2009-08-26
2406	信诚中小盘混合型证券投资基金	2010-02-10
2407	信诚货币市场证券投资基金	2011-03-23
2408	信诚理财7日盈债券型证券投资基金	2012-11-26
2409	信诚优质纯债债券型证券投资基金	2013-02-07
2410	益民货币市场基金	2006-07-17
2411	益民红利成长混合型证券投资基金	2006-11-21
2412	益民创新优势混合型证券投资基金	2007-07-11
2413	益民多利债券型证券投资基金	2008-05-21
2414	益民核心增长灵活配置混合型证券投资基金	2012-08-17
2415	诺德价值优势混合型证券投资基金	2007-04-19
2416	诺德成长优势混合型证券投资基金	2009-09-22
2417	诺德中小盘混合证券投资基金	2010-06-28
2418	诺德优选30混合型证券投资基金	2011-05-05
2419	诺德周期策略混合型证券投资基金	2012-03-21
2420	诺德主题灵活配置混合型证券投资基金	2008-11-05
2421	诺德增强收益债券型证券投资基金	2009-03-04
2422	东吴嘉禾优势精选混合型开放式证券投资基金	2005-02-01
2423	东吴价值成长双动力混合型证券投资基金	2006-12-15
2424	东吴行业轮动混合型证券投资基金	2008-04-23
2425	东吴进取策略灵活配置混合型证券投资基金	2009-05-06
2426	东吴新经济混合型证券投资基金	2009-12-30
2427	东吴新创业混合型证券投资基金	2010-06-29
2428	东吴新产业精选混合型证券投资基金	2011-09-28
2429	东吴内需增长混合型证券投资基金	2013-01-30
2430	东吴优信稳健型证券投资基金	2008-11-05
2431	东吴增利债券型证券投资基金	2011-07-27
2432	东吴配置优化混合型证券投资基金	2012-08-13
2433	东吴货币市场证券投资基金	2010-05-11
2434	东吴中证新兴产业指数证券投资基金	2011-02-01
2435	中邮核心优选混合型证券投资基金	2006-09-28
2436	中邮核心成长混合型证券投资基金	2007-08-17
2437	中邮核心优势灵活配置混合型证券投资基金	2009-10-28
2438	中邮核心主题混合型证券投资基金	2010-05-19
2439	中邮中小盘灵活配置混合型证券投资基金	2011-05-10
2440	中邮上证380指数增强型证券投资基金	2011-11-22
2441	中邮战略新兴产业混合型证券投资基金	2012-06-12
2442	中邮稳定收益债券型证券投资基金	2012-11-21

continued

基金份额（亿份）Fund Units (100 million units)	基金资产规模（亿元）Fund Asset Value (100 million yuan)	基金管理公司 Fund Management Company	基金托管银行 Fund Custodian Bank
0.89	1.12	汇丰晋信	中国建设银行股份有限公司
5.91	12.22	汇丰晋信	交通银行股份有限公司
1.78	1.71	汇丰晋信	交通银行股份有限公司
4.35	11.24	汇丰晋信	中国建设银行股份有限公司
12.27	12.27	汇丰晋信	交通银行股份有限公司
0.42	0.60	汇丰晋信	中国邮政储蓄银行有限责任公司
9.42	11.85	信诚	中国农业银行股份有限公司
16.12	15.95	信诚	中国建设银行股份有限公司
0.80	2.14	信诚	中国建设银行股份有限公司
0.87	1.13	信诚	中国建设银行股份有限公司
1.04	1.20	信诚	中国建设银行股份有限公司
0.90	1.95	信诚	中国建设银行股份有限公司
0.43	0.87	信诚	中国建设银行股份有限公司
118.98	118.98	信诚	中国建设银行股份有限公司
0.93	0.93	信诚	中国银行股份有限公司
22.55	22.99	信诚	中信银行股份有限公司
1.09	1.09	益民	中国农业银行股份有限公司
10.81	6.22	益民	华夏银行股份有限公司
11.05	12.23	益民	中国农业银行股份有限公司
0.43	0.37	益民	招商银行股份有限公司
0.31	0.53	益民	中国光大银行股份有限公司
7.10	10.41	诺德	中国建设银行股份有限公司
0.21	0.49	诺德	中国建设银行股份有限公司
0.39	0.65	诺德	中国银行股份有限公司
0.66	0.98	诺德	中国银行股份有限公司
0.60	1.38	诺德	中国银行股份有限公司
0.18	0.44	诺德	中国建设银行股份有限公司
1.07	1.22	诺德	中国建设银行股份有限公司
7.56	6.93	东吴	中国工商银行股份有限公司
4.12	6.81	东吴	中国农业银行股份有限公司
9.24	7.99	东吴	华夏银行股份有限公司
0.67	1.04	东吴	中国农业银行股份有限公司
0.35	0.59	东吴	中国建设银行股份有限公司
0.13	0.23	东吴	中国工商银行股份有限公司
0.76	1.89	东吴	中国建设银行股份有限公司
0.17	0.35	东吴	交通银行股份有限公司
0.24	0.28	东吴	中国建设银行股份有限公司
0.44	0.54	东吴	中信银行股份有限公司
0.26	0.31	东吴	中国农业银行股份有限公司
32.00	32.00	东吴	中国农业银行股份有限公司
1.23	1.63	东吴	中国农业银行股份有限公司
24.83	42.18	中邮创业	中国农业银行股份有限公司
100.43	99.50	中邮创业	中国农业银行股份有限公司
6.51	13.62	中邮创业	中国农业银行股份有限公司
9.69	23.06	中邮创业	招商银行股份有限公司
6.03	14.31	中邮创业	中国农业银行股份有限公司
0.40	0.83	中邮创业	中国银行股份有限公司
17.88	109.44	中邮创业	兴业银行股份有限公司
63.64	72.06	中邮创业	交通银行股份有限公司

4—7 续表 49

序号 No.	基金名称 Fund Name	成立时间 Issue Date
2443	信达澳银领先增长混合型证券投资基金	2007-03-08
2444	信达澳银精华灵活配置混合型证券投资基金	2008-07-30
2445	信达澳银稳定价值债券型证券投资基金	2009-04-08
2446	信达澳银中小盘混合型证券投资基金	2009-12-01
2447	信达澳银红利回报混合证券投资基金	2010-07-28
2448	信达澳银产业升级混合证券投资基金	2011-06-13
2449	信达澳银消费优选混合型证券投资基金	2012-09-04
2450	信达澳银信用债债券型证券投资基金	2013-05-14
2451	金元惠理宝石动力混合型证券投资基金	2007-08-15
2452	金元惠理成长动力灵活配置混合型证券投资基金	2008-09-03
2453	金元惠理丰利债券型证券投资基金	2009-03-23
2454	金元惠理价值增长混合型证券投资基金	2009-09-11
2455	金元惠理核心动力混合型证券投资基金	2010-02-11
2456	金元惠理消费主题混合型证券投资基金	2010-09-15
2457	金元顺安保本混合型证券投资基金	2011-08-16
2458	金元惠理新经济主题混合型证券投资基金	2012-07-31
2459	金元惠理丰祥债券型证券投资基金	2013-02-05
2460	金元惠理金元宝货币市场基金	2014-07-31
2461	华商领先企业混合型证券投资基金	2007-05-15
2462	华商盛世成长混合型证券投资基金	2008-09-23
2463	华商收益增强债券型证券投资基金	2009-01-23
2464	华商动态阿尔法灵活配置混合型证券投资基金	2009-11-24
2465	华商产业升级混合型证券投资基金	2010-06-18
2466	华商稳健双利债券型证券投资基金	2010-08-09
2467	华商策略精选灵活配置混合型证券投资基金	2010-11-09
2468	华商稳定增利债券型证券投资基金	2011-03-15
2469	华商价值精选混合型证券投资基金	2011-05-31
2470	华商主题精选混合型证券投资基金	2012-05-31
2471	华商现金增利货币市场基金	2012-12-11
2472	华商大盘量化精选灵活配置混合型证券投资基金	2013-04-09
2473	华商价值共享灵活配置混合型发起式证券投资基金	2013-03-18
2474	英大纯债债券型证券投资基金	2013-04-24
2475	农银汇理行业成长混合型证券投资基金	2008-08-04
2476	农银汇理恒久增利债券型证券投资基金	2008-12-23
2477	农银汇理平衡双利混合型证券投资基金	2009-04-08
2478	农银汇理策略价值混合型证券投资基金	2009-09-29
2479	农银汇理中小盘混合型证券投资基金	2010-03-25
2480	农银汇理大盘蓝筹混合型证券投资基金	2010-09-01
2481	农银汇理货币市场证券投资基金	2010-11-23
2482	农银汇理沪深300指数证券投资基金	2011-04-12
2483	农银汇理增强收益债券型证券投资基金	2011-07-01
2484	农银汇理策略精选混合型证券投资基金	2011-09-06
2485	农银汇理中证500指数证券投资基金	2011-11-29
2486	农银汇理消费主题混合型证券投资基金	2012-04-24
2487	农银汇理信用添利债券型证券投资基金	2012-06-19
2488	农银汇理深证100指数增强型证券投资基金	2012-09-04
2489	农银汇理行业轮动混合型证券投资基金	2012-11-14
2490	农银汇理7天理财债券型证券投资基金	2013-02-05
2491	西部利德策略优选混合型证券投资基金	2011-01-25

continued

基金份额（亿份）Fund Units (100 million units)	基金资产规模（亿元）Fund Asset Value (100 million yuan)	基金管理公司 Fund Management Company	基金托管银行 Fund Custodian Bank
12.47	19.66	信达澳银	中国建设银行股份有限公司
1.04	1.76	信达澳银	中国建设银行股份有限公司
0.59	0.91	信达澳银	中国建设银行股份有限公司
0.91	1.26	信达澳银	中国建设银行股份有限公司
0.80	0.93	信达澳银	中国建设银行股份有限公司
1.04	2.35	信达澳银	中国建设银行股份有限公司
0.72	1.21	信达澳银	中国建设银行股份有限公司
6.65	7.73	信达澳银	中信银行股份有限公司
1.24	1.51	金元顺安	中国工商银行股份有限公司
0.22	0.27	金元顺安	中国农业银行股份有限公司
0.33	0.41	金元顺安	中国农业银行股份有限公司
0.25	0.32	金元顺安	中国建设银行股份有限公司
0.30	0.35	金元顺安	中国工商银行股份有限公司
0.18	0.20	金元顺安	中国工商银行股份有限公司
0.24	0.25	金元顺安	中国农业银行股份有限公司
0.19	0.30	金元顺安	中国农业银行股份有限公司
0.21	0.26	金元顺安	中国农业银行股份有限公司
10.04	10.04	金元顺安	宁波银行股份有限公司
28.67	30.33	华商	中国民生银行股份有限公司
20.23	72.97	华商	中国建设银行股份有限公司
11.26	14.52	华商	中国建设银行股份有限公司
8.79	23.58	华商	中国建设银行股份有限公司
1.27	1.98	华商	中国建设银行股份有限公司
8.79	13.17	华商	中国建设银行股份有限公司
10.44	16.16	华商	中国民生银行股份有限公司
2.75	4.17	华商	中国建设银行股份有限公司
19.30	58.15	华商	中国建设银行股份有限公司
9.77	29.60	华商	中国建设银行股份有限公司
12.91	12.91	华商	中国建设银行股份有限公司
9.69	18.55	华商	华夏银行股份有限公司
8.32	19.55	华商	中国建设银行股份有限公司
0.17	0.21	英大	中国建设银行股份有限公司
9.52	25.87	农银汇理	交通银行股份有限公司
1.60	2.29	农银汇理	交通银行股份有限公司
2.17	3.84	农银汇理	交通银行股份有限公司
2.27	4.30	农银汇理	中国建设银行股份有限公司
6.47	19.29	农银汇理	中国建设银行股份有限公司
2.92	3.24	农银汇理	中国建设银行股份有限公司
508.11	508.11	农银汇理	中国工商银行股份有限公司
7.85	9.40	农银汇理	中国工商银行股份有限公司
0.67	0.93	农银汇理	渤海银行股份有限公司
1.26	1.14	农银汇理	中信银行股份有限公司
0.49	0.94	农银汇理	交通银行股份有限公司
6.37	19.18	农银汇理	中国邮政储蓄银行有限责任公司
0.53	0.65	农银汇理	中信银行股份有限公司
0.23	0.34	农银汇理	中国光大银行股份有限公司
1.02	3.15	农银汇理	中国民生银行股份有限公司
36.77	36.77	农银汇理	中国建设银行股份有限公司
0.57	0.52	西部利得	中国建设银行股份有限公司

4-7 续表 50

序号 No.	基金名称 Fund Name	成立时间 Issue Date
2492	西部利德新动向灵活配置混合型证券投资基金	2011-08-18
2493	西部利德成长精选灵活配置混合型证券投资基金	2015-06-02
2494	西部利得多策略优选灵活配置混合型证券投资系基金	2015-07-27
2495	西部利德稳健双利债券型证券投资基金	2012-06-26
2496	西部利德稳定增利债券型发起式证券投资基金	2012-12-25
2497	浙商聚潮策略配置混合型证券投资基金	2015-05-04
2498	浙商聚盈信用债债券型证券投资基金	2012-09-18
2499	浙商聚潮产业成长混合型证券投资基金	2011-05-17
2500	民生加银品牌蓝筹灵活配置混合型证券投资基金	2009-03-27
2501	民生加银增强收益债券型证券投资基金	2009-07-21
2502	民生加银精选混合型投资基金	2010-02-03
2503	民生加银稳健成长混合型证券投资基金	2010-06-29
2504	民生加银内需增长混合型证券投资基金	2011-01-28
2505	民生加银信用双利债券型证券投资基金	2012-04-25
2506	民生加银景气行业混合型证券投资基金	2011-11-22
2507	民生加银中证内地资源主题指数型证券投资基金	2012-03-08
2508	民生加银红利回报灵活配置混合型证券投资基金	2012-08-09
2509	民生加银现金增利货币市场基金	2012-12-18
2510	民生加银积极成长混合型发起式证券投资基金	2013-01-31
2511	民生加银家盈理财7天债券型证券投资基金	2013-02-06
2512	平安大华行业先锋混合型证券投资基金	2011-09-20
2513	平安大华深证300指数增强型证券投资基金	2011-12-20
2514	平安大华策略先锋混合型证券投资基金	2012-05-29
2515	平安大华保本混合型证券投资基金	2012-09-11
2516	平安大华添利债券型证券投资基金	2012-11-27
2517	富安达优势成长混合型证券投资基金	2011-09-21
2518	富安达策略精选灵活配置混合型证券投资基金	2012-04-25
2519	富安达增强收益债券型证券投资基金	2012-07-25
2520	富安达现金通货币市场证券投资基金	2013-01-29
2521	财通价值动量混合型证券投资基金	2011-12-01
2522	财通多策略稳健增长债券型证券投资基金	2012-07-13
2523	财通收益增强债券型证券投资基金	2012-12-20
2524	方正富邦创新动力混合型证券投资基金	2011-12-26
2525	方正富邦红利精选混合型证券投资基金	2012-11-20
2526	方正富邦货币市场基金	2012-12-26
2527	长安宏观策略混合型证券投资基金	2012-03-09
2528	长安沪深300非周期行业指数证券投资基金	2012-06-25
2529	长安货币市场证券投资基金	2013-01-25
2530	安信策略精选灵活配置混合型证券投资基金	2012-06-19
2531	安信目标收益债券型证券投资基金	2012-09-25
2532	安信平稳增长混合型发起式证券投资基金	2012-12-18
2533	安信现金管理货币市场基金	2013-02-05
2534	国金国鑫灵活配置混合型发起式证券投资基金	2012-08-28
2535	德邦优化灵活配置混合型证券投资基金	2012-09-25

数据来源：中国证监会。
Source：CSRC.

continued

基金份额 (亿份) Fund Units (100 million units)	基金资产规模 (亿元) Fund Asset Value (100 million yuan)	基金管理公司 Fund Management Company	基金托管银行 Fund Custodian Bank
0.85	0.91	西部利得	中国建设银行股份有限公司
37.33	37.29	西部利得	兴业银行股份有限公司
55.00	54.85	西部利得	兴业银行股份有限公司
0.05	0.06	西部利得	中国建设银行股份有限公司
0.11	0.12	西部利得	中国建设银行股份有限公司
29.33	30.00	浙商	交通银行股份有限公司
0.49	0.58	浙商	交通银行股份有限公司
1.41	2.33	浙商	中国农业银行股份有限公司
1.10	2.06	民生加银	中国建设银行股份有限公司
17.77	34.52	民生加银	中国建设银行股份有限公司
1.97	2.64	民生加银	中国建设银行股份有限公司
0.52	0.79	民生加银	中国银行股份有限公司
1.42	2.30	民生加银	兴业银行股份有限公司
27.34	43.44	民生加银	中国银行股份有限公司
0.64	1.22	民生加银	中国建设银行股份有限公司
0.92	0.64	民生加银	中国建设银行股份有限公司
0.95	1.74	民生加银	中国建设银行股份有限公司
223.11	223.11	民生加银	中国建设银行股份有限公司
0.73	1.13	民生加银	中国建设银行股份有限公司
0.83	0.83	民生加银	中国建设银行股份有限公司
3.11	5.34	平安大华	中国银行股份有限公司
0.31	0.54	平安大华	中国银行股份有限公司
1.14	2.71	平安大华	中国银行股份有限公司
5.87	5.89	平安大华	中国建设银行股份有限公司
0.94	1.29	平安大华	中国银行股份有限公司
10.94	24.57	富安达	交通银行股份有限公司
1.06	2.00	富安达	交通银行股份有限公司
0.40	0.56	富安达	交通银行股份有限公司
6.64	6.64	富安达	交通银行股份有限公司
4.32	10.09	财通	中国工商银行股份有限公司
0.79	0.80	财通	中国工商银行股份有限公司
1.17	1.46	财通	中国工商银行股份有限公司
0.38	0.61	方正富邦	中国建设银行股份有限公司
0.13	0.20	方正富邦	中国建设银行股份有限公司
3.65	3.65	方正富邦	中国建设银行股份有限公司
1.21	1.61	长安	中国邮政储蓄银行有限责任公司
0.63	0.91	长安	广东发展银行股份有限公司
40.52	40.52	长安	广东发展银行股份有限公司
0.85	1.48	安信	中国建设银行股份有限公司
13.92	15.41	安信	中国农业银行股份有限公司
19.23	27.78	安信	中国工商银行股份有限公司
38.14	38.14	安信	中国建设银行股份有限公司
5.60	9.36	国金	中国光大银行股份有限公司
0.36	0.41	德邦	交通银行股份有限公司

4-8 2015年QDII基金名录
List of QDII Funds in 2015

序号 No.	基金名称 Fund Name	成立时间 Issue Date	基金份额(亿份) Fund Units (100 million units)	基金资产规模(亿元) Fund Asset Value (100 million yuan)
1	南方全球精选配置(QDII-FOF)	2007-09-19	63.44	50.76
2	华夏全球股票(QDII)	2007-10-09	67.12	52.36
3	嘉实海外中国股票混合(QDII)	2007-10-12	87.48	55.31
4	上投摩根亚太优势混合(QDII)	2007-10-22	81.71	46.21
5	工银全球股票(QDII)	2008-02-14	2.75	3.24
6	华宝兴业海外中国混合(QDII)	2008-05-07	1.78	2.25
7	银华全球优选(QDII-FOF)	2008-05-26	0.66	0.58
8	海富通中国海外混合(QDII)	2008-06-27	1.02	1.43
9	交银环球精选混合(QDII)	2008-08-22	0.58	0.92
10	易方达亚洲精选股票(QDII)	2010-01-21	9.18	7.27
11	招商全球资源股票(QDII)	2010-03-25	0.45	0.38
12	国泰纳斯达克100指数(QDII)	2010-04-29	2.35	4.79
13	工银全球精选股票(QDII)	2010-05-25	0.65	0.99
14	长盛环球行业混合(QDII)	2010-05-26	0.41	0.45
15	国投瑞银新兴市场股票(QDII-LOF)	2010-06-10	0.43	0.36
16	汇添富香港优势精选混合（QDII）	2010-06-25	1.18	1.20
17	博时大中华亚太精选股票(QDII)	2010-07-27	2.31	2.34
18	广发全球精选股票（QDII）	2010-08-18	7.67	11.72
19	建信全球机遇混合(QDII)	2010-09-14	0.24	0.26
20	华安香港精选股票(QDII)	2010-09-20	11.53	12.84
21	嘉实H股指数（QDII）	2010-09-30	5.95	4.12
22	鹏华环球发现（QDII-FOF）	2010-10-12	0.46	0.48
23	富国全球债券（QDII-FOF）	2010-10-20	0.22	0.22
24	华泰柏瑞亚洲领导企业混合(QDII)	2010-12-02	0.32	0.26
25	银华抗通胀主题（QDII-FOF-LOF）	2010-12-06	2.84	1.23
26	南方金砖四国指数（QDII）	2010-12-09	0.81	0.58
27	信诚四国配置（QDII-FOF-LOF）	2010-12-17	0.31	0.20
28	诺安全球黄金（QDII-FOF）	2011-01-13	8.30	5.60
29	海富通大中华混合（QDII）	2011-01-27	0.83	0.70
30	上投摩根全球新兴市场混合（QDII）	2011-01-31	0.74	0.60
31	招商标普金砖四国指数（QDII-LOF）	2011-02-11	0.76	0.52
32	中银全球策略（QDII-FOF）	2011-03-03	1.11	0.74
33	大成标普500等权重指数（QDII）	2011-03-23	0.34	0.49
34	长信标普100等权重指数（QDII）	2011-03-30	0.19	0.19
35	博时抗通胀增强回报（QDII-FOF）	2011-04-25	1.66	0.84
36	易方达黄金主题（QDII-LOF-FOF）	2011-05-06	7.11	4.33
37	华安大中华升级股票（QDII）	2011-05-17	2.50	2.99
38	建信新兴市场混合（QDII）	2011-06-21	0.93	0.68
39	广发全球农业指数（QDII）	2011-06-28	0.85	0.85
40	富国全球顶级消费品混合（QDII）	2011-07-13	0.39	0.45
41	泰达宏利全球新格局（QDII-FOF）	2011-07-20	0.10	0.08
42	嘉实黄金（QDII-FOF-LOF）	2011-08-04	4.51	2.71
43	汇添富黄金及贵金属（QDII-LOF-FOF）	2011-08-31	3.61	1.87
44	景顺长城大中华混合（QDII）	2011-09-22	1.24	1.45
45	诺安全球收益不动产（QDII）	2011-09-23	0.58	0.85
46	南方中国中小盘股票指数（QDII-LOF）	2011-09-26	9.20	8.36
47	诺安油气能源（QDII-FOF-LOF）	2011-09-27	2.18	1.61
48	华宝油气	2011-09-29	0.53	0.55
49	鹏华美国房地产（QDII）	2011-11-25	0.64	0.71
50	信诚全球商品主题（QDII-FOF-LOF）	2011-12-20	2.03	0.91
51	国富亚洲机会股票（QDII）	2012-02-22	0.09	0.07

4-8 续表 continued

序号 No.	基金名称 Fund Name	成立时间 Issue Date	基金份额(亿份) Fund Units (100 million units)	基金资产规模(亿元) Fund Asset Value (100 million yuan)
52	上投摩根全球天然资源混合（QDII）	2012-03-26	0.65	0.29
53	华安标普全球石油指数（QDII-LOF）	2012-03-29	5.60	4.38
54	国泰大宗商品（QDII-LOF）	2012-05-03	13.83	5.71
55	交银全球资源混合（QDII）	2012-05-22	0.27	0.30
56	易方达标普消费品指数增强（QDII）	2012-06-04	0.12	0.18
57	博时标普500ETF联接(QDII)	2012-06-14	1.09	1.66
58	建信全球资源混合（QDII）	2012-06-26	0.28	0.19
59	嘉实全球房地产（QDII）	2012-07-24	0.13	0.14
60	华夏恒生ETF	2012-08-09	6.20	6.86
61	易方达恒生国企(QDII-ETF)	2012-08-09	51.47	50.78
62	广发纳斯达克100指数（QDII）	2012-08-15	1.47	2.46
63	华夏恒生ETF联接	2012-08-21	0.80	0.86
64	易方达恒生国企联接(QDII)	2012-08-21	12.40	11.98
65	富国中国中小盘混合	2012-09-04	8.62	15.61
66	华夏收益债券（QDII）	2012-12-07	1.85	2.18
67	博时亚洲票息收益债券（QDII）	2013-02-04	12.06	14.15
68	融通丰利四分法（QDII-FOF）	2013-02-05	0.35	0.29
69	中银标普全球资源等权重指数（QDII）	2013-03-19	0.20	0.13
70	国泰纳斯达克100（QDII-ETF）	2013-04-25	0.41	0.64
71	国泰中国企业境外高收益债券	2013-04-26	4.32	5.07
72	工银标普全球自然资源指数（QDII-LOF）	2013-05-28	0.24	0.17
73	嘉实美国成长股票	2013-06-14	0.33	0.74
74	华安纳斯达克100指数	2013-08-02	0.15	0.21
75	国泰美国房地产开发股票（QDII）	2013-08-06	0.26	0.30
76	广发美国房地长指数（QDII）	2013-08-09	1.29	1.72
77	鹏华全球高收益债(QDII)	2013-10-22	1.94	2.33
78	嘉实新兴市场	2013-11-26	3.43	5.89
79	广发亚太中高收益债券（QDII）	2013-11-28	0.32	0.37
80	博时标普500ETF	2013-12-05	1.68	2.05
81	广发全球医疗保健（QDII）	2013-12-10	1.55	2.01
82	招商标普高收益红利指数增强基金	2013-12-11	0.14	0.15
83	汇添富恒生指数分级	2014-03-07	15.67	15.09
84	银华恒生国企指数分级	2014-04-09	54.65	47.74
85	华安德国30(DAX)ETF	2014-08-08	2.26	2.06
86	华安德国30（DAX）ETF联接	2014-08-12	1.75	1.75
87	大成纳斯达克100指数	2014-11-13	0.10	0.12
88	华夏沪港通恒生ETF	2014-12-23	1.69	3.12
89	南方恒生ETF	2014-12-23	0.53	0.99
90	华夏沪港通恒生ETF联接基金	2015-01-13	2.36	2.16
91	国富大中华精选混合（QDII）	2015-02-03	0.66	0.58
92	广发生物科技指数（QDII）	2015-03-30	4.05	4.09
93	嘉实全球互联网股票	2015-04-15	25.06	30.05
94	景顺长城沪港深精选股票	2015-04-15	67.23	59.30
95	交银中证海外中国互联网指数（QDII-LOF）	2015-05-27	6.02	5.82
96	广发纳指100ETF	2015-06-10	0.36	0.36
97	华宝中国互联股票人民币(QDII)	2015-09-23	66.27	32.83
98	南方香港成长(QDII)	2015-09-30	1.57	1.56
99	国泰全球绝对收益型基金优选	2015-12-03	1.25	2.75
100	国投瑞银中国价值发现股票(QDII-LOF)	2015-12-21	2.68	2.68
101	中银美元债(QDII)	2015-12-30	8.77	8.78

数据来源：中国证监会。
Source: CSRC.

主要统计指标解释

Explantory Notes on Main Statistical Indicators

基金只数 指统计期末基金市场上基金产品的只数。自基金合同生效日（基金成立日）纳入统计，自基金合同终止日从统计中剔除。一般根据证监会主代码（基金主合同）口径统计。

基金份额 指统计期末基金市场基金份额的合计。

基金资产规模 指在统计期末市场上基金产品资产的合计。FOF产品、联接基金不纳入资产规模统计。对统一募集、自动拆分的分级基金统计基金资产规模时，只计母基金资产规模。对分开募集的分级基金统计基金资产规模时，同时统计不同子基金份额的资产规模。

上市基金成交金额 指统计期内在交易所上市的各类基金成交金额合计。

QFII额度 指统计期末国家外汇管理局批准合格境外机构投资者投资境内证券市场的投资额度。

RQFII额度 指国家外汇管理局批准人民币合格境外机构投资者投资境内证券市场的投资额度。

QDII额度 指国家外汇管理局批准合格境内机构投资者进行境外证券投资的投资额度。

封闭式基金 采用封闭式运作方式的基金，是指经核准的基金份额总额在基金合同期限内固定不变，基金份额可以在依法设立的证券交易场所交易，但基金份额持有人不得申请赎回的基金。

开放式基金 采用开放式运作方式的基金，是指基金份额总额不固定，基金份额可以在基金合同约定的时间和场所申购或者赎回的基金。

贰零壹陆

五、期货

Futures

贰零壹陆

2015年上海期货交易所工作综述

上海期货交易所是依照有关法规设立的，履行有关法规规定的职责，受中国证监会集中统一监督管理，并按照其章程实行自律管理的法人。上海期货交易所目前上市交易的有黄金、白银、铜、铝、锌、铅、螺纹钢、线材、燃料油、天然橡胶、石油沥青、热轧卷板、镍、锡 14 种期货合约，并推出了黄金、白银和有色金属的连续交易。

上海期货交易所坚持以科学发展观为统领，深入贯彻国务院关于推进资本市场改革开放和稳定发展的战略决策，依循“夯实基础、深化改革、推进开放、拓展功能、加强监管、促进发展”的方针，严格依照法规政策制度组织交易，切实履行市场一线监管职责，致力于创造构建安全、有序、高效的市场机制，营造公开公平公正和诚信透明的市场环境，长期目标是：努力建设成为规范、高效、透明，综合性、国际化的衍生品交易所，未来五年的目标是：建设成为亚太地区领先、具有全球重要影响力的商品期货、期权及其他衍生品的交易所。

上海期货交易所现有会员 200 多家（其中期货公司会员占近 77%），在全国各地开通远程交易终端 700 多个。

随着行业风险控制能力的强化提高、市场交易的持续活跃和规模的稳步扩大，市场功能及其辐射影响力显著增强，铜期货价格作为世界铜市场三大定价中心权威报价之一的地位进一步巩固；天然橡胶期货价格得到国内外各方的高度关注；燃料油期货在探索能源期货发展的道路上稳健运行；镍、锡期货上市，与铜、铝、锌、铅期货关联，初步形成了有色金属期货品种系列；黄金期货上市，为促进黄金市场的发展，增进商品期货市场与金融市场的联系开辟了新路径；螺纹钢、线材和热轧卷板的先后上市，将逐步优化钢材价格形成机制，促进钢铁工业健康有序发展，进一步提高我国钢铁工业的国际竞争力；白银期货的上市，丰富了我国贵金属期货品种，完善了国内白银市场价格体系，促进了国内白银产业可持续健康发展；石油沥青期货多种交割方式的创新，顺应了石油沥青产业发展趋势，提高了企业风险管理效率。黄金、白银和有色金属的连续交易上线运行，促进了相关品种国内外价格的及时联动，增强了我国期货市场的价格影响力，并为投资者实时进行风险管理提供了便利。

会员大会是交易所的权力机构，由全体会员组成；理事会是会员大会的常设机构，下设监察、交易、结算、会员资格审查、调解、财务、技术、产品等 10 个专门委员会。

按照《上海期货交易所章程》，总经理为交易所法定代表人；交易所设有办公室、监事会办公室、理事会办公室、规制研究室、新闻联络部、信息管理部、衍生品部、国际合作部、商品一部、商品二部、会员服务和投资者教育部、交易部、结算部、交割部、监察部、法律事务部、技术中心、系统规划办公室、人力资源部、党委办公室、纪检监察办公室、内审合规部、财务部、行政部（保卫部）、大宗商品交易平台建设工作小组、张江中心管理办公室、北京联络处 27 个职能部门。技术中心下设技术保障部、技术运行部、技术服务部 3 个二级部。

根据国务院颁布的《期货交易管理条例》及中国证监会发布的《期货交易所管理办法》等法规，交易所建立了交易运作和市场管理规章制度体系。

交易所拥有适用可靠的计算机交易系统，通过高容量光纤及数据专线、双向卫星、三所联网等通信手段确保前台和远程交易的实时和安全可靠。同时，通过中心数据库实现结算、资金、交割、异地交割仓库、风险监控等系统数据的实时同步传送和交换。

为维护市场稳定和投资者合法权益，交易所建有多元结合的风险控制体系，主要包括：以交易规范为准则的一系列制度措施；以量化系列指标与计算机自动化运作相结合的风险预警系统；以全程控制风险为目标，按职能分工落实相关责任制的风险动态跟踪、分析、应对的工作机制。

上海期货交易所坚持监管、服务两手抓的理念，坚持稳健运行，稳步发展，推进改革创新，深化服务，真诚地为会员及投资者提供全面及时的各项服务。

交易所实行保证金和每日无负债结算制度，通过指定的结算银行每天对会员的交易进行集中清算，会员负责对其客户交易进行清算。交易所实行实物交割履约制度，合约到期须在规定期限内，以实物交割方式履约。交易所指定交割仓库为交割双方提供相关服务。客户交割须通过会员办理。

交易所坚持维护投资者合法权益的基本宗旨，制定、实施风险控制管理制度，健全风险监控机制，保证市场规范有序地运行。

交易所通过建立的卫星广播网和公共电讯网，将实时和延时交易行情经授权的国内外信息资讯机构进行同步信息发布。通过实时行情短信播报服务系统和电话语音报价服务系统，向市场提供动态交易行情咨询服务。交易所通过自建的网站(http://www.shfe.com.cn/）及时规范地向市场发布交易、交割、持仓、库存等各类统计数据资料及相关信息。交易所还通过新闻媒体报道、电话咨询交流、举办多种形式的培训班、开展各种形式的对外交流等活动，向会员、投资者及社会提供咨询、培训等服务。

2015年郑州商品交易所工作综述

2015年，在中国证监会的正确领导下，郑州商品交易所（以下简称郑商所）认真贯彻党的十八大和十八届三中、四中、五中全会精神，全面落实年初证券期货监管工作会议部署，牢牢把握服务实体经济根本要求，积极适应经济发展新常态，持续推进市场监管转型，全力深化市场服务，各项工作均取得明显成效。2015年，郑商所累计成交量10.7亿手，比上年增长58.3%，成交金额31万亿元，增长33.3%，日均持仓量272.8万手，增长10.9%。成交量、日均持仓量均创郑商所历史最好水平。一年来，郑商所重点做了以下工作。

一、持续推进一线监管转型，事中事后监管新机制初步建立

根据监管转型要求和市场发展需要，在继续放松市场管制、不断释放市场活力的同时，探索建立事中事后监管新机制，监管效能有效提升。一是放松企业参与管制。将非期货公司会员和客户限仓梯度由目前的四级减少为三级，相应调减保证金梯度，整体下调交割月前一个月下旬保证金标准至10%，将棉花、油菜籽和菜籽粕期货合约交割月交易保证金标准由30%下调为20%，放宽了菜籽粕等5个品种一般月份及交割月份限仓标准。通过修改业务细则，放松市场参与限制，降低参与成本，满足新常态下实体企业日益增加的风险管理需求。二是加强事中事后监管。事中监管，突出重点品种、重点合约、重点对象。事后监管，突出纪律处分力度。2015年，郑商所共处理违规交易案件60起，对81名当事人分别给予纪律处分并记入资本市场诚信档案。建立郑商所风险控制委员会、套期保值审核委员会和纪律处分委员会，制定相关工作委员会工作制度，提升监管工作的规范化、专业化水平。以“涉嫌违规现象全发现、违规线索全调查、调查结果全审理、违规行为全处理”为目标，完善查审分离工作机制，规范监管工作运行。加强监管协作，在证监会稽查局指挥下，联合广东局对案件进行调查。目前证监会已对当事人作出了处罚。

二、做精做细已上市品种，法人企业参与度明显提升

坚持服务实体经济方向，持续优化合约规则，着力深化市场服务，满足了经济新常态下广大企业不断增加的避险需求。一是持续优化合约规则。统一非期货公司会员和客户限仓标准，延长套保额度申请及使用截止日期，取消临近交割月套保持仓时间限制，将动力煤期货合约由200吨／手调整为100吨／手，增加菜籽油、动力煤和玻璃3个品种的夜盘交易。通过优化合约规则，进一步提高了近月合约的活跃程度，降低产业企业参与成本，极大地方便了产业企业参与和利用郑州期货市场。二是持续开展“走进产业、贴近行业、服务企业”活动（以下简称“三业”活动）。2015年，郑商所共支持102家会员及相关单位举办“三业”活动559场次，培训企业21244家次，培训人员40323人次。通过开展“三业”活动，调动了会员服务实体经济的积极性。三是持续开展点基地建设。2015年，郑商所新建23家“期货市场功能作用示范企业”（点基地），发挥典型案例示范作用，引导和带动了更多企业参与和利用期货市场。四是加强模式推广与市场宣传。2015年5月，举办第五届“期货服务实体经济30人论坛”，首次以“点基地”为主要内容，对郑州期货市场服务实体经济典型案例进行系统总结和推广应用。五是加强与地方政府、银行金融机构合作，探索期货市场服务实体经济新路径。与内蒙古、新疆和广西政府签署战略合作备忘录，共同开展产业企业培训，提高产业企业对期货市场认识和利用期货市场水平。与农业发展银行等11家银行联合举办服务实体企业论坛12场，为银期企三

方提供对接平台，推广现货企业利用郑州期货市场套期保值的模式。

三、防范和化解市场风险，保障市场平稳运行

认真反思和总结此次股市异常波动，抑制过度交易，妥善处置交割仓库风险案件，确保了市场稳定运行。一是抑制过度交易。针对2015年前三季度个别品种换手率较高现象，郑商所采取取消对套利交易的异常交易豁免规定、取消甲醇和菜粕期货合约当日开平仓手续费减半收取措施，甲醇和菜粕换手率明显下降。二是妥善处置两起白糖、PTA交割仓库案件。对于广西储备物资管理局九三一处6000吨期货交割白糖被不当司法保全查封案件，郑商所及时向有关法院提出异议，依法主张权利，并公开竞买白糖仓单保障期货市场正常运行，同时积极协调交割货物解除查封、移库和公开竞卖，挽回了郑商所全部经济损失。对于江苏华邦物流公司盗卖400张PTA期货仓单货物案件，郑商所及时采取了向郑州市中院提起民事诉讼、申请诉讼保全等措施，并制订江苏华邦PTA仓单风险处置方案，保证了PTA期货市场的稳定运行。目前，张家港市法院裁定江苏华邦进入破产清算程序，郑商所已依法向法院申请债权，待司法程序终结经审计后作最终处理。这两起案件是经济新常态下期货市场出现的新型风险，郑商所坚持合法合规、公开透明原则妥善处置，为处置新型交割风险积累了经验。

四、全面加强技术工作，技术系统健壮性、安全性、稳定性和高效性全面提高

深刻汲取“1 · 6”技术系统事故教训，狠抓交易系统升级和运维管理水平提升，有力支持了郑商所创新发展。一是规范运维管理，保障系统安全稳定运行。修订完善交易系统值班操作流程、交易系统应急切换流程和机房值班巡检等12类21个运维操作流程，提高运维的规范化程度。建立技术监控运行定期审核机制，总结监控系统运行情况、存在的问题，及时研究改进技术监控，提高预警能力。增加非功能性测试案例设计，加大测试案例有效覆盖范围。建立技术部门沟通协调工作机制，加强技术工作相关信息交流和沟通协调，及时解决存在的问题。二是上线五期交易系统，全面提升系统性能。五期系统于2015年9月8日顺利上线，系统订单处理峰值超过23000笔／秒，相当于原有系统处理能力的3倍，平均订单处理时延由10毫秒大幅降至400微秒。

五、积极加强新产品、新工具研发，期权试点准备工作就绪

响应市场呼吁和要求，全力推动品种和工具创新，积极推进场外市场建设，期货期权结合、场内场外融合的市场风险管理体系正在逐步形成。一是研发上市新品种。棉纱期货上市前准备工作已经完成。乙二醇、尿素、短纤、水泥、花生（油）、动力煤运力期货、易盛农产品价格指数期货合约规则设计基本完成。苹果、生丝、肉类等期货研发正在有序推进。二是推进农产品期权试点。以充分做好期权上市准备工作为目标，郑商所优化交易系统期权功能，进一步完善期权业务制度流程，深入开展投资者教育活动，积极培育期权做市商主体。目前，期权上市准备已经完成。三是积极推进场外市场建设。根据实体企业仓单市场调研结果，仓单交易需求量最大，郑商所据此开发了仓单综合业务平台，目前业务平台开始进行测试。此外，郑商所还设计了场外互换和场外期权业务方案，目前正在进行功能需求确认。

六、落实全面从严治党主体责任，全面加强党的建设

紧扣“六大纪律”，深化“四个着力”，切实加强证监会巡视反馈意见落实整改，全面加强党的建设。一是加强党的政治纪律建设。把对党忠诚作为最重要的政治纪律，组织全体党员干部深入学习习近平总书记系列重要讲话精神，加强《党章》、“一个准则、两个条例”党内法规制度学习，开展主题党课教育活动，坚定对中国特色社会主义的道路自信、理论自信、制度自信。二是加强党的组织纪律建设。党委班子成员按照工作分工，重新调整所在

党支部，做到党建工作与业务工作同研究、同部署、同落实、同检查、同考核。组织下属公司党支部开展支部书记、副书记改选工作，督促支部委员有空缺党支部及时进行增补。做好发展党员工作，2015年共发展新党员2人，转正预备党员5人。三是加强党的群众纪律建设。制定《郑州商品交易所党员领导干部密切联系群众制度》，拓展党员领导干部密切联系群众途径，丰富党员领导干部服务群众内容，畅通群众表达意愿渠道。四是加强党的工作纪律建设。制定《郑州商品交易所会议制度》、《重大决策公开征求意见制度（试行）》，推进郑商所重大决策行为的科学化、民主化、规范化。认真开展“三严三实”专题教育工作，解决“不严不实”问题，起到了强班子、转作风、促发展的目标。五是加强党风廉政建设。党委书记认真履行第一责任人职责，对党风廉政建设重要工作亲自部署、重大问题亲自过问、重点环节亲自协调、重要案件亲自督办。郑商所纪委聚焦主业，加强对郑商所的重点部门、重点环节以及下属公司的监督检查。加强执纪问责，对1名助理总监和1名党员干部给予严肃纪律处分，切实维护纪律的严肃性。加强廉洁教育与引导，2015年，共编印《中纪委及各地纪委通报违反中央八项规定精神典型案例》12期，组织干部员工观看廉政教育录像片12部，在办公网平台转载反腐倡廉文章105篇。

2015年大连商品交易所工作综述

2015年，大连商品交易所（以下简称大商所）坚持围绕服务实体经济发展的根本宗旨，在切实防范化解市场风险、保持市场安全稳定运行的前提下，以农产品期权上市、场外市场建设、铁矿石期货国际化为重点，稳步实施各项改革、创新、开放举措，推动交易所向多元、开放的综合性衍生品交易所转变，各项工作取得了积极进展。

一是成功经受住多种严峻考验，保持了稳定较快发展，在国内外同行业中的地位和影响力显著提升。2015年，大商所成功经受住了股票市场巨幅异常波动、大宗商品价格持续大幅下跌带来的重大冲击，采取有效措施，成功化解了铁矿石连续三日跌停、玉米等品种大交割量、焦煤交割质量纠纷等风险隐患，有力地配合了资本市场稳定大局。

2015年，大商所市场快速发展，各项主要指标均创新的纪录。2015年大商所成交量、日均持仓量、日均资金量三项指标均创历史新高，同比分别增长45%、15%和55%，其中前两项在国内四家期货交易所中均排名第1位。2015年大商所在国内外的地位和影响力显著提升。2015年大商所在全球80多家交易所成交量中排名有望取得超越第十名的最好成绩，实现历史性的突破，同时大商所继续保持全球最大的化工品、焦煤、焦炭、铁矿石期货交易所和第二大农产品期货交易所地位。2015年，大商所市场功能进一步发挥。大商所典型品种期货价格已经对现货定价格局产生了影响，目前90%以上的大型油脂油料企业、85%以上的棕榈油进口企业参与大商所期货交易，70%的豆粕和棕榈油、40%的豆油等现货贸易均已采用大商所价格进行基差定价。

二是三大重点工作均获实质性进展，为向多元、开放的综合性衍生品交易所转变做好全面战略布局，并迈出坚实步伐。2015年初，大商所新一届领导班子提出，以上市期权产品、铁矿石期货国际化和场外市场建设三项重点工作为抓手，实施从单一、封闭的商品期货交易所向多元、开放的综合性衍生品交易所战略转型。在农产品期权方面，按照中国证监会统一部署，已经全面做好了期权上市准备，目前相关材料已由中国证监会上报国务院。在铁矿石期货国际化方面，推动铁矿石保税交割业务试点先后获相关部委批准，完成规则制定并推动系统建设，目前大商所已获准开展铁矿石保税交割业务，特定品种的有关材料也已报证监会。在场外市场建设方面，延伸交割服务，扩大仓单串换业务试点，推动集团交割，初步搭建了油脂油料现货报价系统，开展了PVC期现仓单转换，整合数据信息资源，初步搭建场外市场综合服务平台，探索进行了12个场外期权试点。

特别值得一提的是，大商所推动开展了三个农产品价格保险试点，从服务国家农业发展战略角度大胆尝试探索，为解决国家粮食补贴问题寻求新的方式和途径，受到国务院的高度重视，被写入中央1号文件，这在国内商品期货交易所是首创。2016年中央1号文件有三条与大商所直接相关，分别是“创设农产品期货品种”、“开展农产品期权试点”和“稳步扩大保险＋期货试点”。这是对国内商品期货市场非常大的肯定，也为大商所的转型发展提供了强大支撑。

三是大力推进各项改革创新，立足实体经济和产业发展现实需求，改进完善合约规则制度，夯实市场基础。2015年，大商所积极推进新品种开发和老品种维护，在做好乙二醇、分割猪肉、全脂乳粉、航运等新品种立项准备的同时，完成20余个新品种储备研究；结合品种自身特点进行特色优化和创新，完善了胶合板、纤维板、鸡蛋合约规则，结合焦煤、焦炭、PVC等品种进行制度创新。2015年，大商所还完善了涉及市场整体发展的各项业务规则制度，修改交割违约处理办法并落地实施，对限仓制度、强制减仓制度、套期保值制度进行完善，完成“业务通则＋合约分则”的体系重构优化方案。为发挥技术的保障和引领作用，大商所全面推进7期交易系统开发和6.4期系统的优化升级，实现系统整体性能从4000笔／秒提升至5500笔／秒，完善了“两地三中心”灾备体系，成立了证券期货行业测试中心，树立了行业新标杆。在深入调研基础上，优化调整了夜盘交易时间，充分满足了市场需求，将夜盘交易业务集中于技术运维中心统筹，进一步节省人力物力，顺利完成夜盘交易业务交接，实现全年安全平稳运行。

四是大幅降低市场参与成本，坚持动员和整合各方面力量，初步构建共生共享、和谐发展的外部环境。2015年，大商所改变了交易所多年的收费结构，对手续费实行全方位减免和返还，全年累计反哺市场15.37亿元，同比增长66%。同时提早制订并发布手续费优惠方案，给予市场合理预期，保持了政策连续性，市场反馈积极。在大幅降费的同时，大商所还扎实推进了各项市场服务工作，积极拓展产业大会、产业链培训等产业服务，针对机构客户开展产业调研和培训交流；持续推进银期合作，注重期货人才培养；积极引导舆论宣传，加强国际交流与合作；启动了上海战略，调整了北京和华南地区布局；深化与国家相关部委以及地方政府、行业协会、新闻媒体的交流合作，营造良好发展环境。

2015年金融期货市场综述

2015年，中国金融期货交易所（以下简称中金所）坚持服务实体经济和现货市场的根本宗旨，有序推进新产品上市，促进金融期货市场功能发挥，加强市场极端风险应对处置，全力维护市场安全运行。

一、有序推进新产品上市，促进市场功能发挥

2015年，中金所丰富期货及衍生品市场品种体系，上市3个金融期货新品种，有序推进其他新产品筹备。

（一）上市10年期国债期货

2015年3月20日，10年期国债期货上市交易，这是多层次资本市场建设的重要成果，是继5年期国债期货之后场内利率衍生品市场创新发展的又一突破。上市10年期国债期货，有助于健全债券风险管理市场，推进利率市场化改革；提供定价基准和避险工具，促进国债顺利发行；提升债券市场流动性，健全反映市场供求关系的国债收益率曲线；丰富金融机构交易策略，推动金融机构创新发展。同时，作为2015年上海国际金融中心建设重点工作之一，上市10年期国债期货有助于健全上海金融市场体系，增强区域金融创新活力，优化金融发展环境，丰富期货交易品种，进一步推进上海国际金融中心建设。10年期国债期货上市以来，市场运行平稳，期现货联动性良好，投资者参与理性，交割平稳顺畅，市场功能逐步发挥。

（二）上市上证50、中证500股指期货

2015年4月16日，上证50和中证500股指期货上市交易。开展上证50和中证500股指期货交易，适应境内资本市场风险管理精细化的要求，符合境外股指期货市场标的指数多元化发展的趋势，对于健全市场风险管理体系、提升金融机构市场服务能力具有积极作用。

（三）积极开展金融期货其他新品种研究开发

推进短期国债期货产品开发，健全反映市场供求关系的国债收益率曲线；根据股市异常波动后的新情况，进一步完善沪深300股指期权相关产品和业务规则设计，做好投资者宣传和教育工作；加强政策研究，广泛调研了解市场需求，开展人民币期货等相关产品研究开发工作。

二、保障金融期货市场平稳运行，服务实体经济发展

2015年，我国金融期货市场总成交量为3.41亿手，累计成交金额417.76万亿元，同比分别增长56.66%和154.71%，分别占全国市场的9.53%和75.38%。

（一）国债期货成交持仓稳步增长，市场运行平稳

国债期货全年总成交609万手，日均成交24949手，较2014年增长562%；累计成交金额6.01万亿元，日均成交金额246.34亿元，较2014年增长587%。截至12月31日，国债期货总持仓58594手，较2014年底增长172%，其中5年期国债期货持仓27614手，10年期国债期货持仓30980手。2015年，国债期货价格波动较小，期现货联动紧密。5年期国债期货和10年期国债期货主力合约与现货价格相关性分别为98.46%和99.86%。2015年，国债期货顺利完成6个合约的交割，总交割量为5298手，平均交割率为3.47%，交割流程平稳顺畅，投资者交割行为理性。

（二）全力应对市场异常波动，促进股指期货市场稳定运行

股指期货全年总成交3.35亿手，成交金额411.75万亿元，其中，沪深300股指期货成交2.77

亿手，成交金额 341.91 万亿元；上证 50 股指期货成交 0.35 亿手，成交金额 30.69 万亿元；中证 500 股指期货成交 0.22 亿手，成交金额 39.15 万亿元。2015 年 1 月至 6 月中旬，我国股市加速上涨，交投日益活跃，股指期货市场也呈现快速上涨行情，成交规模明显增长。这一期间，股指期货市场日均成交 174.57 万手，日均持仓 25.54 万手。2015 年 6 月至 8 月，股票市场和股指期货市场出现剧烈波动。中金所采取一系列严格管控措施稳定市场。经五轮调整，将单个品种日内开仓量限制下调至 10 手，将非套保持仓、套保持仓交易保证金标准由 10% 分别提高至 40% 和 20%，将平仓交易手续费标准提高至万分之二十三，并采取实施差异化收费、提高异常交易监管标准、规范长期未交易账户管理、严格套保期现匹配核查、禁止违规配资业务等措施。2015 年 9 月 7 日至 12 月底，股指期货日均成交 3.75 万手，日均持仓 7.45 万手，成交持仓比下降到 0.50。

三、完善规则制度建设，夯实市场长期发展基础

结合市场监管与发展需求，积极推动证券期货市场基础性制度建设，审慎稳妥实施业务创新和规则优化，夯实市场长期健康发展基石。

（一）调整 5 年期国债期货可交割券范围，促进国债期货功能发挥

5 年期国债期货上市初期，为从严防范交割风险，提高可交割国债存量，中金所将可交割国债范围设定为合约到期月份首日剩余期限为 4 ~ 7 年的记账式附息国债。由于长期以来可交割国债收益率普遍大于国债期货的票面利率 3%，因此，久期较长的债券长期稳定地成为最便宜可交割国债（以下简称 CTD），即 7 年期国债成为市场普遍认可的 CTD。2015 年 2 月 27 日，中金所宣布自新上市合约 TF1512 起，将 5 年期国债期货合约的可交割券范围由“合约到期月份首日剩余期限为 4 ~ 7 年的记账式附息国债”调整为“合约到期月份首日剩余期限为 4 ~ 5.25 年的记账式附息国债”。5 年期国债期货可交割券范围调整后，5 年期国债期货真正反映了 5 年期国债的收益率，满足了市场对中期利率的风险管理需要。同时，5 年期国债期货与 10 年期国债期货成交持仓均呈现平稳增长态势，投资者在两个品种之间广泛开展曲线套利交易，国债期货产品体系更加合理。

（二）实施跨品种单向大边保证金制度，降低交易成本

在对股指类期货产品继续实施同品种单向大边保证金制度的基础上，中金所从 2015 年 7 月 10 日起对期货价格具有较高相关性的 5 年期和 10 年期国债期货，实施了跨品种单向大边保证金制度。单向大边保证金制度主要包括以下两个方面：一是中金所可以对同一客户号在同一会员处的同品种、跨品种双向持仓，以交易保证金单边较大者收取保证金；二是实物交割合约在交割月份的前一个交易日收盘后，以买卖双向持仓的方式收取交易保证金，从而防范国债类期货等产品的实物交割风险。目前，中金所对全部上市的股指类期货产品，即沪深 300 股指期货、上证 50 股指期货和中证 500 股指期货，实施同品种单向大边保证金制度；与此同时，中金所对上市的 2 个国债类期货产品，即 5 年期国债期货和 10 年期国债期货，实施跨品种单向大边保证金制度。

（三）平稳开展国债作为期货保证金业务试点

国债作为期货保证金业务是我国期货市场基础设施建设的重要突破和创新，在持续跟踪研究基础上，2014 年中金所扎实完成了相关准备，成功实现业务落地，于 2015 年 1 月 1 日在国债期货产品开始试点。从试点运行情况来看，市场各方参与有序，衔接良好，各环节运转平稳顺畅。引入国债作为期货保证金制度是优化期货保证金管理的积极探索，对于进一步提升市场效率，促进金融期货市场功能发挥具有积极作用。

四、加强国际交流合作，稳步推进对外开放

2015 年，中金所加强国际交流合作，稳步推进对外开放。积极落实中德高级别财金对话成果，与上海证券交易所、德意志交易所集团共同筹备成立中欧国际交易所。2015 年 10 月 29 日，中德两

国总理共同见证了“中欧国际交易所”合资公司协议签署，首批产品已于2015年11月18日在法兰克福挂牌交易。中欧国际交易所定位于在欧洲打造离岸人民币证券交易与定价中心，满足国际投资者对人民币的投融资需求，是境内资本市场在境外的重要延伸和补充。7月，中金所正式成为国际期货业协会（FIA）附属会员，完善了与三大国际行业组织——世界交易所联合会（WFE）、国际证监会组织（IOSCO）和国际期货业协会（FIA）的日常沟通机制。

五、加强研究与投资者教育，优化市场发展环境

结合现货市场、国际市场最新发展动向，深化金融期货产品功能评估、定量分析等工作，加强产学研融合，为金融期货发展和市场投资者教育宣传提供理论支持。巩固老品牌与开辟新模式相结合，扎实推进会员合作培训、行业协会培训、“周周开讲”业务专题培训等拳头投资者教育项目。2015年全年，累计支持112家会员在全国190个城市举办1270多场逾13万参培人次的投资者教育活动。举办第三届“中金所杯”大学生金融及衍生品知识竞赛，吸引境内外千余高校2.3万名大学生参与。同时，运用“互联网思维”拓宽宣教阵地，成立中金所期货期权学院并推进以学院网站为核心的网教平台建设，不断优化官方微博微信平台发布机制与宣传形式，与证监会新闻办联合开展“网民走进中金所”活动。

5–1 期货交易品种名录
List of Futures Products

	交易品种 Futures Products
农产品 Agricultural Products	玉米、玉米淀粉、黄大豆1号、黄大豆2号、豆粕、豆油、棕榈油、强麦、普麦(硬麦)、棉花、白糖、菜籽油、早籼稻、晚籼稻、油菜籽、菜籽粕、天然橡胶、粳稻、鸡蛋、胶合板、纤维板
能源、化工及其他 Building Materials, Energy & Chemical Products & Others	聚乙烯、聚氯乙烯、焦炭、燃料油、甲醇、PTA、玻璃、石油沥青、动力煤、焦煤、铁矿石
金属 Metal Products	铜、铝、锌、铅、镍、锡、黄金、白银、螺纹钢、线材、热轧卷板、硅铁、锰硅
金融 Financial Futures	指数期货、国债期货

数据来源：上海期货交易所、郑州商品交易所、大连商品交易所、中国金融期货交易所。
Source：SHFE、ZCE、DCE、CFFEX.

5–2 期货市场规模概况
Dimensions of Futures Market

年份 Year	市场资金 (亿元) Market Funds (100 million yuan)	期货账户数 (户) Number of Futures Accounts (unit)	客户数(个) Number of Futures Investors (unit) 个人 Individual Customers	单位 Corporate	合计 Total
2006	214.42	277390	—	—	244590
2007	395.40	447720	—	—	395533
2008	457.22	712773	595434	21001	616435
2009	1113.73	1106099	887627	28634	916261
2010	1696.31	1505530	1178225	35483	1213708
2011	1594.24	1793448	1370577	40804	1411381
2012	1904.68	896934	697442	19868	717310
2013	2069.06	977185	751665	20743	772408
2014	2923.84	993527	795210	27409	822619
2015	4138.50	1268765	1046190	29017	1075207

注：1.2012年之前期货账户数和客户数为总账户数和总客户数，2012年起为有效账户数和有效客户数。
　　2.市场资金为双边数据。
数据来源：中国期货保证金监控中心公司。
Source：CFMMC.

5–3 期货会员机构数情况

Number of Futures Exchange Members

单位：家 (unit)

年份 Year	上海期货交易所 SHFE 合计 Total	上海期货交易所 SHFE 期货公司会员 Members of Futures Companies	上海期货交易所 SHFE 非期货公司会员 Not the Members of Futures Companies	郑州商品交易所 ZCE 合计 Total	郑州商品交易所 ZCE 期货公司会员 Members of Futures Companies	郑州商品交易所 ZCE 非期货公司会员 Not the Members of Futures Companies
1999	206	153	53	—	—	—
2000	216	165	51	—	—	—
2001	225	171	54	208	159	49
2002	215	178	37	212	166	46
2003	219	185	34	218	176	42
2004	224	184	40	219	185	44
2005	215	175	40	222	179	43
2006	209	172	37	226	180	46
2007	213	172	41	226	183	43
2008	207	167	40	215	172	43
2009	210	167	43	215	173	42
2010	209	164	45	215	173	42
2011	208	163	45	213	171	42
2012	208	161	47	209	167	42
2013	206	157	49	205	163	42
2014	203	151	52	198	157	41
2015	201	150	51	196	155	41

5–3 续表 continued

单位：家 (unit)

年份 Year	大连商品交易所 DCE 合计 Total	大连商品交易所 DCE 期货公司会员 Members of Futures Companies	大连商品交易所 DCE 非期货公司会员 Not the Members of Futures Companies	中国金融期货交易所 CFFEX 合计 Total	期货公司会员 Members of Futures Companies 合计 Total	期货公司会员 全面结算会员 Full Clearing Members	期货公司会员 交易结算会员 Limited Clearing Members	期货公司会员 交易会员 Trading Members	非期货公司会员 Not the Members of Futures Companies
1999	—	—	—	—	—	—	—	—	—
2000	164	150	14	—	—	—	—	—	—
2001	185	170	15	—	—	—	—	—	—
2002	195	180	15	—	—	—	—	—	—
2003	199	186	13	—	—	—	—	—	—
2004	199	186	13	—	—	—	—	—	—
2005	196	181	15	—	—	—	—	—	—
2006	196	180	16	—	—	—	—	—	—
2007	193	177	16	—	—	—	—	—	—
2008	193	175	18	—	—	—	—	—	—
2009	189	173	16	—	—	—	—	—	—
2010	189	173	16	133	133	15	61	57	0
2011	187	172	15	146	146	15	61	70	0
2012	178	163	15	146	146	15	61	70	0
2013	175	160	15	150	150	15	68	67	0
2014	170	155	15	146	146	24	76	46	0
2015	168	152	16	146	146	25	78	43	0

注：交易所合计会员数量中存在冻结会员账户。

数据来源：上海期货交易所、郑州商品交易所、大连商品交易所、中国金融期货交易所。

Source：SHFE、ZCE、DCE、CFFEX.

5-4 期货交易概况
Overview of Futures Trading

年份 Year	成交金额(亿元) Trading Turnover (100 million yuan)			成交量(万手) Trading Volume (10 thousand lots)			持仓金额(亿元) Value of Positions (100 million yuan)		
	合计 Total	商品期货 Commodity Futures	金融期货 Financial Futures	合计 Total	商品期货 Commodity Futures	金融期货 Financial Futures	合计 Total	商品期货 Commodity Futures	金融期货 Financial Futures
2000	8041.14	8041.14	—	2730.54	2730.54	—	145.57	145.57	—
2001	15071.76	15071.76	—	6022.54	6022.54	—	175.75	175.75	—
2002	19745.30	19745.30	—	6971.50	6971.50	—	277.43	277.43	—
2003	54194.67	54194.67	—	13993.32	13993.32	—	423.66	423.66	—
2004	73465.27	73465.27	—	15283.27	15283.27	—	388.77	388.77	—
2005	67224.19	67224.19	—	16142.38	16142.38	—	350.71	350.71	—
2006	105023.16	105023.16	—	22473.70	22473.70	—	564.05	564.05	—
2007	204861.23	204861.23	—	36421.34	36421.34	—	990.31	990.31	—
2008	359570.98	359570.98	—	68194.36	68194.36	—	740.90	740.90	—
2009	652553.80	652553.80	—	107871.49	107871.49	—	2775.49	2775.49	—
2010	1545583.54	1134883.54	410698.77	156676.46	152089.14	4587.33	3069.22	2812.04	283.86
2011	1375175.68	937475.68	437658.55	105408.87	100367.68	5041.19	2974.60	2629.90	342.83
2012	1711224.54	952824.54	758406.78	145046.24	134540.06	10506.18	3831.77	3279.94	842.68
2013	2674739.52	1264673.31	1410066.21	206177.33	186822.39	19354.93	6744.94	5867.87	877.07
2014	2919882.26	1279712.53	1640169.73	250585.57	228827.45	21758.11	5556.25	4356.81	2543.44
2015	5542311.75	1364707.05	4177604.71	357791.06	323704.12	34086.93	6200.88	4828.81	1372.07

5-4 续表 continued

年份 Year	持仓量(万手) Positions (10 thousand lots)			交割金额(亿元) Delivery Amount (100 million yuan)			交割量(万手) Delivery Quantity (10 thousand lots)		
	合计 Total	商品期货 Commodity Futures	金融期货 Financial Futures	合计 Total	商品期货 Commodity Futures	金融期货 Financial Futures	合计 Total	商品期货 Commodity Futures	金融期货 Financial Futures
2000	111.67	111.67	—	65.16	65.16	—	8.40	8.40	—
2001	134.47	134.47	—	59.63	59.63	—	16.34	16.34	—
2002	101.58	101.58	—	100.99	100.99	—	23.32	23.32	—
2003	91.88	91.88	—	130.94	130.94	—	32.10	32.10	—
2004	106.95	106.95	—	183.21	183.21	—	32.70	32.70	—
2005	160.05	160.05	—	213.37	213.37	—	30.71	30.71	—
2006	345.31	345.31	—	225.47	225.47	—	30.66	30.66	—
2007	355.20	355.20	—	283.73	283.73	—	42.76	42.76	—
2008	162.55	162.55	—	339.26	339.26	—	54.94	54.94	—
2009	649.34	649.34	—	284.72	284.72	—	50.34	50.34	—
2010	580.46	577.65	2.98	587.28	516.89	69.60	74.04	73.25	0.80
2011	602.48	598.54	4.84	774.84	490.15	142.35	68.22	64.93	1.65
2012	754.30	746.64	11.04	695.48	528.04	167.44	61.30	58.96	2.34
2013	736.98	724.66	12.32	749.89	465.25	284.65	60.68	56.79	3.89
2014	903.60	886.24	23.70	712.00	451.58	260.70	67.19	63.50	3.69
2015	1178.32	1165.36	12.96	1426.65	641.76	784.89	122.14	115.36	6.78

注：1.成交量、成交金额为单边数据。
　　2.交割量中包含期转现。

数据来源：上海期货交易所、郑州商品交易所、大连商品交易所、中国金融期货交易所。

Source: SHFE、ZCE、DCE、CFFEX.

5-5 期货品种交易情况

交易所 Exchanges	交易品种	Futures Products	成交金额(亿元) Trading Turnover (100 million yuan) 2014	2015	成交量(万手) Trading Volume (10000 lot) 2014	2015
上海期货交易所 SHFE	铜	Copper	168728.76	175913.80	7051.03	8831.86
	铝	Aluminum	9628.45	12741.35	1392.63	2290.07
	锌	Zinc	33285.68	32178.85	4042.93	4523.74
	铅	Lead	1036.43	845.40	145.78	131.01
	黄金	Gold	59913.14	59919.53	2386.54	2531.72
	白银	Silver	115091.49	76151.47	19348.77	14478.65
	螺纹钢	Steel Rebar	116204.03	114949.40	40807.81	54103.59
	线材	Steel Wire Rod	0.22	0.08	0.07	0.03
	热轧卷板	Hot Rolled Coils	400.68	430.52	125.54	201.24
	燃料油	Fuel Oil	2.48	5.75	0.15	0.39
	石油沥青	Bitumen	276.86	7358.81	65.02	3239.78
	天然橡胶	Natural Rubber	127785.03	102448.18	8863.16	8306.75
	锡	Tin	—	562.37	—	51.58
	镍	Nickel	—	52047.12	—	6359.01
	合计	Total	632353.25	635552.63	84229.42	105049.41
郑州商品交易所 ZCE	强麦(WS)	Strong Gluten Wheat	561.86	252.92	102.59	45.76
	普麦	Wheat	1.54	1.46	0.12	0.12
	棉花	Cotton	21897.79	14349.44	3178.27	2261.25
	白糖	Sugar	45902.38	100611.77	9772.67	18730.68
	菜籽油(OI)	Rapeseed Oil	9352.01	4537.73	1389.77	777.52
	早籼稻(RI)	Early Indica Rice	154.23	1.74	33.29	0.35
	晚籼稻	Late Indica Rice	29.50	0.58	5.21	0.11
	甲醇(MA)	Menthanol	2978.36	69050.59	1404.85	31435.58
	甲醇(ME)	Menthanol	14168.43	419.90	1056.62	39.16
	玻璃	Glass	16845.55	7419.24	7872.55	4154.83
	油菜籽	Rapeseed	8.37	16.72	1.72	4.42
	菜籽粕	Rapeseed Meal	77837.58	55808.37	30351.60	26148.61
	动力煤TC	Thermal Coal	5832.75	1353.39	564.63	167.09
	动力煤ZC	Thermal Coal	—	294.80	—	98.07
	粳稻	Japonica Rice	6.24	0.06	1.00	0.01
	PTA	PTA	36501.18	55657.68	11786.52	23149.83
	硅铁	Silicon Iron	221.23	7.62	76.76	3.94
	锰硅	Manganese Silicon	115.97	10.68	36.15	5.04
	合计	Total	232414.96	309794.68	67634.33	107022.37
大连商品交易所 DCE	玉米	Corn	2214.74	8276.01	932.99	4209.02
	玉米淀粉	Corn Starch	19.87	5835.30	7.20	2705.37
	黄大豆1号	Soybean No.1	12216.12	7722.09	2719.74	1881.09
	黄大豆2号	Soybean No.2	2.57	1.50	0.70	0.49
	豆粕	Soybean Meal	66563.19	76963.61	20498.87	28949.68
	豆油	Soybean Oil	41410.54	51831.06	6408.26	9250.43
	棕榈油	RBD Palm Oil	44783.16	52496.48	7999.64	11151.50
	鸡蛋	Egg	12059.32	5936.40	3518.82	1471.87
	胶合板	Blockboard	4875.86	103.73	1776.04	18.27
	纤维板	Fiberboard	16897.95	20.08	1535.44	6.83
	聚乙烯	LLDPE	36992.53	52741.03	7175.44	11985.70
	聚氯乙烯	PVC	430.53	407.88	147.17	156.66
	聚丙烯	PP	12138.02	38965.30	2478.12	10751.33
	焦炭	Coke	75275.42	13162.74	6368.83	1566.23
	焦煤	Coking Coal	28559.14	5932.84	5760.54	1570.66
	铁矿石	Iron Ore	60505.44	98963.68	9635.91	25957.21
	合计	Total	414944.32	419359.74	76963.70	111632.34
中国金融期货交易所 CFFEX	沪深300股指期货	Index Futures	1631384.56	3419065.91	21665.83	27710.20
	5年期国债期货	5 Years Treasury Future	8785.17	43594.99	92.29	440.36
	10年期国债期货	10 Years Treasury Future	—	16511.76	—	168.39
	上证50股指期货	SSE 50 Index Futures	—	306922.81	—	3548.39
	中证500股指期货	CSI 500 Index Futures	—	391509.24	—	2219.59
	合计	Total	1640169.73	4177604.71	21758.11	34086.93
全国期货市场 Total			2919882.26	5542311.76	250585.57	357791.06

注：1.成交量、成交金额为单边数据。

2.交割量中包含期转现。

数据来源：上海期货交易所、郑州商品交易所、大连商品交易所、中国金融期货交易所。

Source：SHFE、ZCE、DCE、CFFEX.

Statistics for Futures Transaction by Futures Products

持仓金额(亿元) Value of Positions (100 million yuan)		持仓量(万手) Positions (10 thousand lots)		交割金额(亿元) Delivery Amount (100 million yuan)		交割量(万手) Delivery Quantity (10 thousand lots)	
2014	2015	2014	2015	2014	2015	2014	2015
774.59	705.96	33.97	38.66	114.43	140.83	4.66	6.91
112.06	188.73	17.13	34.87	96.96	84.22	14.51	13.89
107.22	137.96	12.87	20.56	31.28	29.11	3.89	3.84
13.69	11.30	2.21	1.73	20.03	6.56	2.92	1.01
236.35	293.13	9.74	12.95	9.00	16.16	0.37	0.71
107.52	128.38	20.35	26.00	15.40	18.31	2.51	3.68
327.81	339.45	126.25	189.56	3.10	5.98	1.07	2.85
0.00	0.00	0.00	0.00	0.00	0.00	0.00	0.00
3.68	9.76	1.25	5.01	0.06	2.41	0.02	0.99
0.06	0.01	0.00	0.00	0.05	0.11	0.00	0.01
0.03	19.85	0.01	10.55	5.75	5.66	1.35	2.26
209.39	189.91	15.56	17.89	24.62	25.68	1.77	2.11
—	3.13	—	0.34	—	2.15	—	0.20
—	188.68	—	26.92	—	13.78	—	1.78
1892.41	2216.25	239.34	385.02	320.64	350.94	33.07	40.23
4.42	20.11	0.86	3.49	10.26	3.70	1.78	0.73
0.03	0.02	0.00	0.00	0.02	0.00	0.00	0.00
207.56	171.65	31.10	30.07	3.83	10.35	0.50	1.61
233.40	410.31	50.17	72.31	5.36	40.36	1.20	7.97
47.38	69.81	7.78	12.25	6.56	7.52	1.05	1.26
0.24	0.00	0.05	0.00	0.91	0.10	0.21	0.02
0.46	0.00	0.08	0.00	0.00	0.12	0.00	0.02
40.11	52.61	19.36	30.26	—	6.05	—	2.50
13.79	—	1.40	—	0.78	3.84	0.06	0.35
64.02	24.00	33.24	14.38	0.30	0.13	0.13	0.08
0.02	0.15	0.00	0.04	0.03	0.73	0.01	0.19
141.06	64.53	62.46	33.88	3.88	2.49	1.49	1.16
20.70	0.32	2.11	0.05	1.97	6.77	0.20	0.71
—	12.20	—	4.00	—	0.00	—	0.00
0.00	0.00	0.00	0.00	0.82	0.00	0.13	0.00
131.55	105.00	53.90	47.06	50.45	46.14	14.64	19.27
0.02	0.01	0.01	0.01	0.00	0.00	0.00	0.00
1.16	0.02	0.38	0.01	0.01	1.12	0.00	0.37
905.91	930.73	262.90	247.80	85.18	129.44	21.40	36.26
33.40	159.25	13.95	86.88	1.50	21.18	0.68	9.29
1.39	75.96	0.51	38.01	—	2.42	—	0.91
86.30	46.60	19.14	12.94	2.64	27.09	0.58	6.16
0.06	0.00	0.02	0.00	0.07	0.00	0.02	0.00
461.22	257.62	160.21	108.75	6.46	9.10	1.77	3.31
237.45	229.31	41.36	40.22	7.95	24.21	1.32	4.36
154.77	231.09	7.68	47.73	11.22	20.03	2.01	4.57
33.33	30.09	30.49	9.17	0.02	0.05	0.00	0.01
7.13	0.01	1.09	0.00	0.73	2.52	0.10	0.40
0.44	0.01	0.14	0.00	0.43	0.24	0.15	0.09
118.68	131.93	28.08	33.15	4.09	5.73	0.72	1.20
6.65	6.91	2.45	2.86	0.21	1.40	0.07	0.52
70.72	110.77	17.87	38.08	1.58	15.41	0.27	3.41
83.77	59.85	7.92	9.29	2.17	19.44	0.20	1.81
41.51	38.98	9.34	11.53	4.08	8.58	0.77	1.96
221.67	303.46	43.75	93.91	2.62	3.97	0.36	0.86
1558.49	1681.83	384.00	532.54	45.76	161.36	9.03	38.87
2334.81	410.02	21.54	3.75	251.08	419.16	3.59	3.52
208.62	278.03	2.16	2.76	9.62	39.40	0.10	0.39
—	309.91	—	3.10	—	14.76	—	0.14
—	112.33	—	1.57	—	122.11	—	1.53
—	261.78	—	1.79	—	189.46	—	1.21
2543.44	1372.07	23.70	12.96	260.70	784.89	3.69	6.78
6900.24	6200.89	909.93	1178.32	712.29	1426.63	67.18	122.13

5–6 按监管辖区划分的商品期货交易情况
Statistics for Futures Transaction by Regulatory Jurisdiction

辖区	Jurisdiction	成交金额(亿元) Trading Turnover (100 million yuan)		成交量(万手) Trading Volume (10 thousand lots)		持仓金额(亿元) Value of Positions (100 million yuan)	
		2014	2015	2014	2015	2014	2015
北京	Beijing	389642.51	357550.05	67868.94	87449.44	1928.69	1782.18
天津	Tianjin	28410.37	26733.26	5068.03	6688.74	111.70	151.18
河北	Hebei	1485.12	1683.74	309.69	465.28	4.08	3.12
山西	Shanxi	27964.54	9159.94	4852.23	2435.13	42.18	13.22
内蒙古	Neimenggu	0.00	0.00	0.00	0.00	0.00	0.00
辽宁	Liaoning	22009.00	17797.22	4031.97	4454.36	45.92	78.90
吉林	Jilin	30861.44	47896.50	4291.45	8961.88	62.12	95.94
黑龙江	Heilongjiang	2278.37	2101.55	475.31	547.70	5.91	4.88
上海	Shanghai	822186.45	1015239.20	146319.64	235286.30	2023.76	2378.19
江苏	Jiangsu	112668.60	126586.94	22923.64	36024.45	326.74	352.86
浙江	Zhejiang	270064.25	254764.87	48080.18	60615.73	1150.48	1435.07
安徽	Anhui	87369.26	101154.50	17245.41	26050.64	139.08	152.39
福建	Fujian	28657.19	62293.93	5974.61	14658.70	104.08	265.26
江西	Jiangxi	7901.85	5479.83	1335.32	1113.29	13.42	20.17
山东	Shandong	42417.21	37497.94	7899.76	9398.33	170.19	161.07
河南	Henan	61817.67	51490.23	14529.10	15138.79	282.99	249.27
湖北	Hubei	49138.92	46018.33	8194.50	10674.33	109.53	140.45
湖南	Hunan	20865.73	20774.01	3650.55	4653.63	49.97	42.08
广东	Guangdong	222395.38	350897.05	39429.95	71939.99	808.96	1563.97
广西	Guangxi	0.00	0.00	0.00	0.00	0.00	0.00
海南	Hainan	29073.68	25801.50	5269.46	6316.18	76.91	37.69
重庆	Chongqing	30676.09	37909.10	5747.58	9589.90	74.71	102.87
四川	Sichuan	39260.80	34643.77	5969.47	7033.21	129.45	124.97
贵州	Guizhou	0.00	0.00	0.00	0.00	0.00	0.00
云南	Yunnan	8133.59	5965.40	1398.26	1290.98	31.57	32.44
西藏	Xizang	0.00	0.00	0.00	0.00	0.00	0.00
陕西	Shaanxi	18983.15	22766.58	2818.98	5032.73	94.23	118.76
甘肃	Gansu	1683.88	2085.62	250.87	434.17	18.75	25.64
青海	Qinghai	913.00	1293.97	162.96	268.41	25.30	36.94
宁夏	Ningxia	0.00	0.00	0.00	0.00	0.00	0.00
新疆	Xinjiang	5574.85	4744.43	1038.55	1157.93	10.93	9.75
深圳	Shenzhen	198567.87	220390.98	33044.61	44691.93	1010.01	1224.30
大连	Dalian	26443.23	16019.60	4965.66	4354.81	82.92	74.94
宁波	Ningbo	2906.00	3273.66	400.78	608.39	35.81	31.89
厦门	Xiamen	45414.48	48136.06	8399.82	11517.56	140.45	207.56
青岛	Qingdao	0.00	0.00	0.00	0.00	0.00	0.00
合计	Total	2559402.00	2729414.30	457648.50	647408.35	8713.61	9657.62

5-6 续表 continued

辖区	Jurisdiction	持仓量(万手) Positions (10000 lot)		交割金额(亿元) Delivery Amount (100 million yuan)		交割量(万手) Delivery Quantity (10000 lot)	
		2014	2015	2014	2015	2014	2015
北京	Beijing	386.41	426.23	237.06	243.58	38.17	48.95
天津	Tianjin	21.80	39.20	20.40	12.16	2.77	2.64
河北	Hebei	0.83	0.92	0.38	0.52	0.07	0.10
山西	Shanxi	9.38	2.24	17.80	5.47	0.71	0.30
内蒙古	Neimenggu	0.00	0.00	0.00	0.00	0.00	0.00
辽宁	Liaoning	10.78	21.86	0.26	4.99	0.08	1.24
吉林	Jilin	12.70	29.95	4.88	4.91	1.05	1.18
黑龙江	Heilongjiang	0.94	0.88	0.00	0.00	0.00	0.00
上海	Shanghai	421.57	561.38	172.32	229.19	26.46	44.05
江苏	Jiangsu	70.28	91.72	20.51	23.53	4.58	6.16
浙江	Zhejiang	255.92	360.49	75.97	89.28	15.95	22.09
安徽	Anhui	32.28	40.26	4.31	4.88	0.71	0.76
福建	Fujian	24.10	65.26	10.76	50.15	1.23	6.57
江西	Jiangxi	2.85	7.31	0.00	0.32	0.00	0.13
山东	Shandong	30.63	39.61	12.16	17.79	1.61	3.37
河南	Henan	63.67	64.03	27.70	38.33	5.09	7.63
湖北	Hubei	23.23	35.15	13.82	11.34	1.02	1.37
湖南	Hunan	8.15	8.93	1.64	5.60	0.18	0.99
广东	Guangdong	181.90	353.96	35.79	291.28	5.83	29.81
广西	Guangxi	0.00	0.00	0.00	0.00	0.00	0.00
海南	Hainan	14.65	9.09	4.22	6.14	0.27	0.35
重庆	Chongqing	14.00	26.66	26.46	18.22	3.80	2.68
四川	Sichuan	26.19	29.84	6.89	7.47	0.69	0.93
贵州	Guizhou	0.00	0.00	0.00	0.00	0.00	0.00
云南	Yunnan	4.72	5.07	1.15	4.05	0.09	0.29
西藏	Xizang	0.00	0.00	0.00	0.00	0.00	0.00
陕西	Shaanxi	13.76	22.58	14.96	16.44	1.56	1.67
甘肃	Gansu	1.43	3.26	17.87	11.59	0.76	0.66
青海	Qinghai	5.17	9.01	0.09	0.35	0.01	0.07
宁夏	Ningxia	0.00	0.00	0.00	0.00	0.00	0.00
新疆	Xinjiang	2.77	2.54	0.22	0.00	0.03	0.00
深圳	Shenzhen	182.39	271.40	161.79	280.24	11.68	31.10
大连	Dalian	16.12	18.65	3.83	33.24	0.82	19.18
宁波	Ningbo	4.14	5.37	1.35	9.97	0.10	2.48
厦门	Xiamen	27.21	53.35	16.32	69.88	3.05	11.70
青岛	Qingdao	0.00	0.00	0.00	0.41	0.00	1.62
合计	Total	1772.47	2330.72	903.18	1122.17	127.00	191.84

注：1.成交量、成交金额为双边数据。
2.期货公司按总部注册地所属的监管辖区来划分。
3.交割量中包含期转现。

数据来源：上海期货交易所、郑州商品交易所、大连商品交易所。
Source: SHFE、ZCE、DCE.

5-7 2015年农产品期货交易情况

Futures Trading of Agricultural Products in 2015

交易品种 Futures Products	上市交易所 Futures Exchange	合约 Contracts	年开盘价(元/吨) Opening Price of the Year (yuan/ton)	年最高价(元/吨) Highest Price of the Year (yuan/ton)	最高价日 Highest Day	年最低价(元/吨) Lowest Price of the Year (yuan/ton)	最低价日 Lowest Day	成交金额(万元) Trading Turnover (10 thousand yuan)	交易天数(天) Trading Days (day)	日均成交金额(万元) Daily Trading Turnover (10 thousand yuan)
玉米 Corn	DCE	c1501	2251	2280	2015-01-13	2228	2015-01-07	7424.66	10	742.47
	DCE	c1503	2309	2418	2015-02-10	2171	2015-02-26	1456.77	45	32.37
	DCE	c1505	2377	2500	2015-02-10	2369	2015-01-05	1364626.25	88	15507.12
	DCE	c1507	2290	2536	2015-03-11	2219	2015-06-30	6528.45	129	50.61
	DCE	c1509	2404	2572	2015-03-11	2080	2015-09-16	13229624.81	173	76471.82
	DCE	c1511	2223	2428	2015-05-15	1736	2015-10-27	8839.34	210	42.09
	DCE	c1601	2318	2347	2015-02-13	1863	2015-10-13	21097652.84	234	90160.91
	DCE	c1603	2327	2335	2015-04-14	1795	2015-10-20	5030.20	199	25.28
	DCE	c1605	2322	2338	2015-05-18	1760	2015-10-13	39164294.91	156	251053.17
	DCE	c1607	2194	2194	2015-07-16	1749	2015-10-13	7039.02	115	61.21
	DCE	c1609	1910	1916	2015-09-17	1657	2015-12-28	7864024.56	71	110760.91
	DCE	c1611	1702	1779	2015-11-30	1654	2015-12-28	3604.32	34	106.01
玉米淀粉 Corn Starch	DCE	cs1503	2610	2820	2015-03-10	2492	2015-01-21	582.31	45	12.94
	DCE	cs1505	2718	3100	2015-03-31	2624	2015-01-06	2526223.91	88	28707.09
	DCE	cs1507	2867	3084	2015-03-25	2694	2015-06-15	694.09	129	5.38
	DCE	cs1509	2845	3108	2015-03-25	2600	2015-09-14	3658666.14	173	21148.36
	DCE	cs1511	2670	2970	2015-04-02	2077	2015-11-02	186.55	210	0.89
	DCE	cs1601	2800	2800	2015-01-19	1890	2015-10-23	15915434.06	234	68014.68
	DCE	cs1603	2712	2843	2015-03-19	1961	2015-10-20	1741.53	199	8.75
	DCE	cs1605	2827	2831	2015-05-18	1908	2015-10-22	32989921.32	156	211473.85
	DCE	cs1607	—	2494	2015-08-31	1895	2015-10-21	257.59	115	2.24
	DCE	cs1609	2266	2283	2015-09-17	1846	2015-12-29	3259128.11	71	45903.21
	DCE	cs1611	2039	2121	2015-12-01	1865	2015-12-28	203.92	34	6.00
黄大豆1号 Soybean No.1	DCE	a1501	4665	4722	2015-01-12	4599	2015-01-16	52231.92	10	5223.19
	DCE	a1503	4459	4630	2015-01-07	4000	2015-02-25	3109.99	45	69.11
	DCE	a1505	4488	4548	2015-01-06	3830	2015-04-21	13361326.50	88	151833.26
	DCE	a1507	4450	4537	2015-06-09	3865	2015-04-13	3032.55	129	23.51
	DCE	a1509	4410	4515	2015-01-20	3898	2015-07-08	21203581.77	173	122564.06
	DCE	a1511	4390	4496	2015-05-25	3755	2015-10-30	7860.09	210	37.43
	DCE	a1601	4401	4571	2015-05-22	3707	2015-11-17	29263942.52	244	119934.19
	DCE	a1603	4395	4577	2015-05-26	3462	2015-12-30	37545.11	244	153.87
	DCE	a1605	4455	4651	2015-05-22	3580	2015-12-28	12490511.74	244	51190.62
	DCE	a1607	4584	4690	2015-05-29	3596	2015-12-31	782.19	234	3.34
	DCE	a1609	4460	4691	2015-06-01	3501	2015-12-29	658956.43	199	3311.34
	DCE	a1611	—	4739	2015-06-10	3505	2015-12-30	483.79	156	3.10
	DCE	a1701	4296	4590	2015-08-13	3478	2015-12-29	126308.53	115	1098.34
	DCE	a1703	4420	4420	2015-09-17	3491	2015-12-31	3707.25	71	52.21
	DCE	a1705	3680	3835	2015-11-16	3450	2015-12-30	7472.02	34	219.77
黄大豆2号 Soybean No.2	DCE	b1501	—	—	2015-01-05	—	2015-01-05	0.00	0	0.00
	DCE	b1503	3316	3316	2015-01-07	3120	2015-02-17	48.15	45	1.07
	DCE	b1505	3300	3450	2015-05-11	3100	2015-05-04	1898.32	88	21.57
	DCE	b1507	3377	3390	2015-05-06	2841	2015-05-26	340.17	129	2.64
	DCE	b1509	3349	3349	2015-01-07	2688	2015-07-09	9851.02	173	56.94
	DCE	b1511	3260	3399	2015-01-26	2850	2015-07-29	445.53	210	2.12
	DCE	b1601	—	3375	2015-03-16	2931	2015-07-09	1055.20	234	4.51
	DCE	b1603	—	3391	2015-05-13	2840	2015-10-29	694.49	199	3.49
	DCE	b1605	—	3390	2015-12-21	3000	2015-06-12	346.60	156	2.22
	DCE	b1607	—	3364	2015-08-07	3024	2015-10-21	185.67	115	1.61
	DCE	b1609	—	3341	2015-12-11	2731	2015-10-21	131.36	71	1.85
	DCE	b1611	—	3398	2015-12-25	3037	2015-12-15	29.63	34	0.87
豆粕 Soybean Meal	DCE	m1501	2986	3015	2015-01-07	2896	2015-01-16	31815.32	10	3181.53
	DCE	m1503	2969	3101	2015-02-27	2787	2015-02-02	6119.17	45	135.98
	DCE	m1505	2802	2951	2015-03-02	2555	2015-05-04	101983906.94	88	1158908.03
	DCE	m1507	2836	2952	2015-03-02	2372	2015-06-17	33359.41	129	258.60
	DCE	m1508	2896	2945	2015-02-27	2391	2015-06-16	28236.62	152	185.77
	DCE	m1509	2805	2880	2015-02-27	2440	2015-06-16	322365112.74	173	1863382.15

5-7 续表 1 continued

交易品种 Futures Products	上市交易所 Futures Exchange	合约 Contracts	年开盘价(元/吨) Opening Price of the Year (yuan/ton)	年最高价(元/吨) Highest Price of the Year (yuan/ton)	最高价日 Highest Day	年最低价(元/吨) Lowest Price of the Year (yuan/ton)	最低价日 Lowest Day	成交金额(万元) Trading Turnover (10 thousand yuan)	交易天数(天) Trading Days (day)	日均成交金额(万元) Daily Trading Turnover (10 thousand yuan)
豆粕 Soybean Meal	DCE	m1511	2764	2887	2015-03-02	2470	2015-11-02	20262.82	210	96.49
	DCE	m1512	2799	2909	2015-03-03	2283	2015-11-24	17893.87	231	77.46
	DCE	m1601	2819	2926	2015-07-14	2287	2015-11-23	247207147.19	234	1056440.80
	DCE	m1603	2854	2900	2015-03-24	2306	2015-11-23	38292.53	199	192.42
	DCE	m1605	2650	2814	2015-07-14	2246	2015-11-24	90091304.65	156	577508.36
	DCE	m1607	2841	2841	2015-07-15	2266	2015-11-24	11215.43	115	97.53
	DCE	m1608	2658	2686	2015-08-28	2301	2015-12-11	860.60	92	9.35
	DCE	m1609	2630	2650	2015-09-17	2251	2015-11-23	7799569.08	71	109853.09
	DCE	m1611	2370	2465	2015-12-21	2278	2015-11-23	959.73	34	28.23
	DCE	m1612	2347	2405	2015-12-31	2347	2015-12-29	28.49	13	2.19
豆油 Soybean Oil	DCE	y1501	5200	5668	2015-01-07	5170	2015-01-05	13890.71	10	1389.07
	DCE	y1503	5576	5774	2015-01-12	4950	2015-02-25	2026.85	45	45.04
	DCE	y1505	5670	5902	2015-05-06	5308	2015-01-30	44857463.27	88	509743.90
	DCE	y1507	5686	6066	2015-06-18	5376	2015-04-08	1341.17	129	10.40
	DCE	y1508	5868	6066	2015-05-06	5292	2015-03-31	2015.16	152	13.26
	DCE	y1509	5730	5988	2015-05-06	5088	2015-07-09	163098585.49	173	942766.39
	DCE	y1511	5786	6500	2015-11-09	5186	2015-07-09	3473.80	210	16.54
	DCE	y1512	5938	6114	2015-06-02	5320	2015-11-30	1880.70	231	8.14
	DCE	y1601	5802	6166	2015-06-02	5180	2015-08-25	217199918.66	234	928204.78
	DCE	y1603	5620	6240	2015-06-02	5314	2015-03-16	3314.81	199	16.66
	DCE	y1605	6052	6212	2015-06-03	5226	2015-09-23	87761764.65	156	562575.41
	DCE	y1607	5696	5812	2015-08-13	5260	2015-11-20	492.58	115	4.28
	DCE	y1608	5780	5788	2015-12-30	5330	2015-09-07	630.11	92	6.85
	DCE	y1609	5366	5770	2015-12-07	5186	2015-11-20	5363627.63	71	75544.05
	DCE	y1611	5536	5732	2015-12-03	5372	2015-11-25	128.86	34	3.79
	DCE	y1612	—	—	2015-12-15	—	2015-12-15	0.00	13	0.00
棕榈油 RBD Palm Oil	DCE	p1501	4880	4906	2015-01-08	4756	2015-01-16	4816.79	10	481.68
	DCE	p1502	5162	5240	2015-01-12	4746	2015-01-15	59.80	30	1.99
	DCE	p1503	5118	5118	2015-01-13	4720	2015-01-30	143.22	45	3.18
	DCE	p1504	5044	5098	2015-01-08	4632	2015-01-30	278.46	67	4.16
	DCE	p1505	5048	5456	2015-05-15	4600	2015-04-10	37522028.40	88	426386.69
	DCE	p1506	5068	5464	2015-06-05	4642	2015-01-30	2325.42	108	21.53
	DCE	p1507	4922	5290	2015-05-15	4742	2015-03-24	360.86	129	2.80
	DCE	p1508	4804	5190	2015-06-01	4584	2015-01-30	940.20	152	6.19
	DCE	p1509	5080	5254	2015-06-01	3880	2015-08-27	129378143.91	173	747850.54
	DCE	p1510	5204	5220	2015-06-02	4042	2015-09-21	4118.84	193	21.34
	DCE	p1511	5152	5224	2015-01-08	4054	2015-09-21	1115.76	210	5.31
	DCE	p1512	5212	5452	2015-06-02	3884	2015-11-30	5334.77	231	23.09
	DCE	p1601	5026	5472	2015-06-03	3984	2015-11-20	265229796.33	234	1133460.67
	DCE	p1602	4770	5550	2015-06-02	4078	2015-11-23	2346.93	214	10.97
	DCE	p1603	—	5590	2015-06-02	4220	2015-09-21	659.57	199	3.31
	DCE	p1604	4854	5654	2015-06-08	4370	2015-11-13	2577.27	177	14.56
	DCE	p1605	5268	5630	2015-06-03	4250	2015-09-07	90071553.04	156	577381.75
	DCE	p1606	5220	5360	2015-06-18	4300	2015-11-20	2837.50	136	20.86
	DCE	p1607	5180	5180	2015-07-24	4392	2015-08-25	185.45	115	1.61
	DCE	p1608	—	4784	2015-12-08	4390	2015-11-20	503.21	92	5.47
	DCE	p1609	4586	4964	2015-12-31	4388	2015-11-11	2734391.92	71	38512.56
	DCE	p1610	4552	4644	2015-11-06	4410	2015-11-20	121.69	51	2.39
	DCE	p1611	—	5024	2015-12-08	4670	2015-12-04	111.40	34	3.28
	DCE	p1612	4880	4880	2015-12-15	4600	2015-12-15	14.26	13	1.10

5–7 续表 2 continued

交易品种 Futures Products	上市交易所 Futures Exchange	合约 Contracts	年开盘价(元/吨) Opening Price of the Year (yuan/ton)	年最高价(元/吨) Highest Price of the Year (yuan/ton)	最高价日 Highest Day	年最低价(元/吨) Lowest Price of the Year (yuan/ton)	最低价日 Lowest Day	成交金额(万元) Trading Turnover (10 thousand yuan)	交易天数(天) Trading Days (day)	日均成交金额(万元) Daily Trading Turnover (10 thousand yuan)
鸡蛋(元/500千克) Egg	DCE	jd1501	4700	4918	2015-01-06	4312	2015-01-13	379.81	10	37.98
	DCE	jd1502	4252	4717	2015-01-29	4252	2015-01-07	365.22	30	12.17
	DCE	jd1503	4196	4313	2015-01-27	3326	2015-03-13	2648.11	45	58.85
	DCE	jd1504	4155	4299	2015-02-27	3487	2015-04-01	467.34	67	6.98
	DCE	jd1505	4255	4332	2015-03-04	2865	2015-05-15	12955890.79	88	147226.03
	DCE	jd1506	4265	4352	2015-03-19	3000	2015-06-03	6489.91	108	60.09
	DCE	jd1509	4524	4725	2015-01-27	3843	2015-07-08	22098969.35	173	127739.71
	DCE	jd1510	4427	4612	2015-03-12	3310	2015-10-08	10109.29	193	52.38
	DCE	jd1511	4277	4424	2015-03-11	3000	2015-10-30	5168.57	210	24.61
	DCE	jd1512	4444	4444	2015-01-05	3116	2015-11-02	2473.08	231	10.71
	DCE	jd1601	4093	4355	2015-07-21	3600	2015-12-31	18622705.83	234	79584.21
	DCE	jd1602	—	4298	2015-03-05	3077	2015-12-14	3485.42	214	16.29
	DCE	jd1603	4151	4209	2015-03-19	3102	2015-12-31	10913.39	199	54.84
	DCE	jd1604	3913	4099	2015-04-28	3075	2015-12-29	2181.38	177	12.32
	DCE	jd1605	4026	4330	2015-07-24	3128	2015-11-23	5193064.93	156	33288.88
	DCE	jd1606	4150	4176	2015-07-30	3150	2015-11-25	877.86	136	6.45
	DCE	jd1609	3994	4059	2015-09-18	3648	2015-11-30	445972.61	71	6281.30
	DCE	jd1610	3500	3576	2015-11-05	3234	2015-12-14	1757.76	51	34.47
	DCE	jd1611	3424	3459	2015-12-07	3241	2015-12-09	123.32	34	3.63
	DCE	jd1612	3437	3437	2015-12-21	3437	2015-12-21	3.44	13	0.26
胶合板(元/张) Blockboard	DCE	bb1501	149.20	162.50	2015-01-15	145.05	2015-01-08	21668.30	10	2166.83
	DCE	bb1502	131.50	134.85	2015-01-05	88.85	2015-02-13	468691.30	30	15623.04
	DCE	bb1503	115.50	115.95	2015-01-05	87.60	2015-03-03	34010.76	45	755.79
	DCE	bb1504	—	120.05	2015-03-04	112.50	2015-03-25	34.58	67	0.52
	DCE	bb1505	127.00	127.25	2015-01-05	80.25	2015-05-05	405764.49	88	4610.96
	DCE	bb1506	—	113.00	2015-03-16	86.20	2015-05-28	23.32	108	0.22
	DCE	bb1507	—	117.30	2015-03-06	77.55	2015-05-12	39.80	129	0.31
	DCE	bb1508	126.45	126.45	2015-01-12	104.95	2015-05-12	363.07	152	2.39
	DCE	bb1509	123.70	123.90	2015-01-07	68.50	2015-09-16	91672.32	173	529.90
	DCE	bb1510	122.45	122.45	2015-01-19	72.75	2015-09-24	377.62	193	1.96
	DCE	bb1511	110.00	119.80	2015-03-31	77.25	2015-09-11	12264.05	210	58.40
	DCE	bb1512	129.30	129.30	2015-01-19	110.30	2015-01-19	23.92	231	0.10
	DCE	bb1601	113.65	122.85	2015-02-16	77.90	2015-12-25	2248.24	234	9.61
	DCE	bb1602	—	115.00	2015-03-12	109.50	2015-03-12	16.95	214	0.08
	DCE	bb1603	—	108.00	2015-06-04	92.60	2015-06-04	40.12	199	0.20
	DCE	bb1604	—	89.00	2015-08-12	80.05	2015-08-10	8.45	177	0.05
	DCE	bb1605	105.15	114.80	2015-05-18	95.05	2015-07-03	37.64	156	0.24
	DCE	bb1606	—	108.55	2015-07-03	92.70	2015-07-03	10.06	136	0.07
	DCE	bb1607	—	—	2015-07-15	—	2015-07-15	0.00	115	0.00
	DCE	bb1608	—	—	2015-08-17	—	2015-08-17	0.00	92	0.00
	DCE	bb1609	77.10	81.25	2015-12-11	77.10	2015-09-17	7.92	71	0.11
	DCE	bb1610	—	—	2015-10-22	—	2015-10-22	0.00	51	0.00
	DCE	bb1611	—	—	2015-11-16	—	2015-11-16	0.00	34	0.00
	DCE	bb1612	—	—	2015-12-15	—	2015-12-15	0.00	13	0.00
纤维板(元/张) Fiberboard	DCE	fb1501	61.85	68.00	2015-01-09	60.00	2015-01-06	696.96	10	69.70
	DCE	fb1502	56.50	58.00	2015-01-05	42.90	2015-02-03	37.07	30	1.24
	DCE	fb1503	53.00	53.80	2015-01-05	41.00	2015-03-06	1680.92	45	37.35
	DCE	fb1504	62.90	106.80	2015-04-10	59.30	2015-01-30	168.43	67	2.51
	DCE	fb1505	61.10	68.00	2015-05-06	45.10	2015-05-15	176824.40	88	2009.37
	DCE	fb1506	53.85	66.60	2015-05-05	46.80	2015-05-20	76.25	108	0.71
	DCE	fb1507	—	55.00	2015-05-06	40.50	2015-07-02	9995.78	129	77.49
	DCE	fb1508	64.00	92.05	2015-08-05	58.05	2015-05-12	613.62	152	4.04
	DCE	fb1509	60.70	79.40	2015-09-07	53.15	2015-08-21	7255.41	173	41.94
	DCE	fb1510	60.60	73.00	2015-09-29	52.40	2015-08-26	24.30	193	0.13
	DCE	fb1511	54.10	90.40	2015-11-03	45.80	2015-08-24	259.24	210	1.23
	DCE	fb1512	—	79.05	2015-10-13	60.75	2015-02-09	6.99	231	0.03

5-7 续表 3 continued

交易品种 Futures Products	上 市 交易所 Futures Exchange	合约 Contracts	年开盘价(元/吨) Opening Price of the Year (yuan/ton)	年最高价(元/吨) Highest Price of the Year (yuan/ton)	最高价日 Highest Day	年最低价(元/吨) Lowest Price of the Year (yuan/ton)	最低价日 Lowest Day	成交金额(万元) Trading Turnover (10 thousand yuan)	交易天数(天) Trading Days (day)	日均成交金额(万元) Daily Trading Turnover (10 thousand yuan)
纤维板(元/张) Fiberboard	DCE	fb1601	61.35	62.60	2015-12-11	52.05	2015-12-25	2725.87	234	11.65
	DCE	fb1602	—	61.25	2015-04-15	49.50	2015-12-24	266.91	214	1.25
	DCE	fb1603	54.05	61.15	2015-11-18	49.50	2015-08-20	64.92	199	0.33
	DCE	fb1604	—	65.50	2015-05-04	56.70	2015-07-29	70.37	177	0.40
	DCE	fb1605	—	62.95	2015-06-04	57.50	2015-06-15	20.95	156	0.13
	DCE	fb1606	—	—	2015-06-15	—	2015-06-15	0.00	136	0.00
	DCE	fb1607	—	—	2015-07-15	—	2015-07-15	0.00	115	0.00
	DCE	fb1608	—	—	2015-08-17	—	2015-08-17	0.00	92	0.00
	DCE	fb1609	—	—	2015-09-17	—	2015-09-17	0.00	71	0.00
	DCE	fb1610	—	—	2015-10-22	—	2015-10-22	0.00	51	0.00
	DCE	fb1611	—	—	2015-11-16	—	2015-11-16	0.00	34	0.00
	DCE	fb1612	—	—	2015-12-15	—	2015-12-15	0.00	13	0.00
棉花 Cotton	ZCE	CF501	12585	13645	2015-01-05	12585	2015-01-05	84763.65	10	8476.37
	ZCE	CF503	13215	13250	2015-02-26	12815	2015-01-26	17688.98	45	393.09
	ZCE	CF505	13040	13480	2015-02-26	12555	2015-04-13	27892104.22	88	316955.73
	ZCE	CF507	13205	13575	2015-02-26	12005	2015-07-08	72596.02	129	562.76
	ZCE	CF509	13370	13870	2015-02-26	11970	2015-08-10	43982217.70	173	254232.47
	ZCE	CF511	13550	14085	2015-02-26	11685	2015-11-02	52278.55	210	248.95
	ZCE	CF601	13660	14240	2015-02-25	11755	2015-12-10	41215831.14	234	176136.03
	ZCE	CF603	14005	14005	2015-03-16	11445	2015-12-18	26692.01	199	134.13
	ZCE	CF605	13715	13905	2015-05-18	11280	2015-12-10	27577249.78	156	176777.24
	ZCE	CF607	12970	12980	2015-07-21	11275	2015-12-11	5343.94	115	46.47
	ZCE	CF609	12755	12760	2015-09-17	11225	2015-12-25	2563570.96	71	36106.63
	ZCE	CF611	11760	11880	2015-11-18	11330	2015-12-25	4045.50	34	118.99
粳稻 Japonica Rice	ZCE	JR501	—	—	—	—	—	0.00	10	0.00
	ZCE	JR503	3190	3190	2015-02-04	2980	2015-02-04	12.34	45	0.27
	ZCE	JR505	3000	3170	2015-01-08	2940	2015-03-06	48.78	88	0.55
	ZCE	JR507	2862	3102	2015-04-27	2859	2015-05-19	71.45	129	0.55
	ZCE	JR509	2762	3117	2015-03-20	2762	2015-03-17	77.98	173	0.45
	ZCE	JR511	2742	3360	2015-08-05	2742	2015-07-28	349.76	210	1.67
	ZCE	JR601	2662	3125	2015-04-01	2662	2015-04-01	35.87	234	0.15
	ZCE	JR603	2851	3347	2015-06-04	2851	2015-06-04	12.40	199	0.06
	ZCE	JR605	—	—	—	—	—	0.00	156	0.00
	ZCE	JR607	—	—	—	—	—	0.00	115	0.00
	ZCE	JR609	—	—	—	—	—	0.00	71	0.00
	ZCE	JR611	—	—	—	—	—	0.00	34	0.00
晚籼稻(LR) Late Indica Rice	ZCE	LR501	2820	2820	2015-01-07	2786	2015-01-15	2286.03	10	228.60
	ZCE	LR503	—	—	—	—	—	0.00	45	0.00
	ZCE	LR505	2833	2876	2015-01-07	2488	2015-05-12	3211.01	88	36.49
	ZCE	LR507	—	—	—	—	—	0.00	129	0.00
	ZCE	LR509	2703	2730	2015-04-29	2590	2015-04-29	21.25	173	0.12
	ZCE	LR511	2593	2620	2015-03-20	2371	2015-09-10	35.29	210	0.17
	ZCE	LR601	2281	2769	2015-08-28	2281	2015-07-01	65.06	234	0.28
	ZCE	LR603	2535	2535	2015-04-01	2435	2015-04-01	69.58	199	0.35
	ZCE	LR605	2294	2628	2015-11-16	2294	2015-07-03	74.79	156	0.48
	ZCE	LR607	—	—	—	—	—	0.00	115	0.00
	ZCE	LR609	2432	2499	2015-12-22	2428	2015-12-22	82.99	71	1.17
	ZCE	LR611	—	—	—	—	—	0.00	34	0.00
菜籽油(OI) Rapeseed Oil	ZCE	OI501	5710	5940	2015-01-12	5650	2015-01-16	10785.94	10	1078.59
	ZCE	OI503	5950	5998	2015-01-07	5426	2015-02-27	131.16	45	2.91
	ZCE	OI505	6002	6178	2015-01-08	5690	2015-01-30	6934660.50	88	78802.96
	ZCE	OI507	6144	6266	2015-05-06	5836	2015-04-22	331.08	129	2.57
	ZCE	OI509	6050	6246	2015-01-08	5596	2015-07-09	10136406.33	173	58591.94
	ZCE	OI511	6154	6358	2015-06-29	5480	2015-10-27	1810.53	210	8.62
	ZCE	OI601	6130	6318	2015-06-02	5474	2015-07-09	17177047.23	234	73406.18
	ZCE	OI603	6130	6130	2015-04-30	5576	2015-11-09	242.70	199	1.22
	ZCE	OI605	6252	6372	2015-06-02	5430	2015-11-17	10019394.49	156	64226.89
	ZCE	OI607	5602	5794	2015-12-03	5554	2015-11-11	84.91	115	0.74
	ZCE	OI609	5674	5864	2015-12-07	5412	2015-11-17	1096323.16	71	15441.17
	ZCE	OI611	5650	5848	2015-12-04	5586	2015-12-04	34.25	34	1.01

5-7 续表 4 continued

交易品种 Futures Products	上市交易所 Futures Exchange	合约 Contracts	年开盘价(元/吨) Opening Price of the Year (yuan/ton)	年最高价(元/吨) Highest Price of the Year (yuan/ton)	最高价日 Highest Day	年最低价(元/吨) Lowest Price of the Year (yuan/ton)	最低价日 Lowest Day	成交金额(万元) Trading Turnover (10 thousand yuan)	交易天数(天) Trading Days (day)	日均成交金额(万元) Daily Trading Turnover (10 thousand yuan)
普通小麦 Wheat	ZCE	PM501	2650	2650	2015-01-06	2650	2015-01-06	119.25	10	11.93
	ZCE	PM503	2423	2423	2015-01-21	2326	2015-01-22	47.49	45	1.06
	ZCE	PM505	2598	2699	2015-01-23	2419	2015-03-31	440.28	88	5.00
	ZCE	PM507	2079	2253	2015-06-19	2079	2015-06-19	84.90	129	0.66
	ZCE	PM509	2610	2658	2015-04-14	2274	2015-09-01	609.03	173	3.52
	ZCE	PM511	2643	2643	2015-01-08	2231	2015-09-07	402.28	210	1.92
	ZCE	PM601	2336	2730	2015-06-18	2242	2015-12-25	11792.86	234	50.40
	ZCE	PM603	2700	2700	2015-04-27	2347	2015-08-21	86.25	199	0.43
	ZCE	PM605	2648	2835	2015-06-12	2371	2015-08-17	946.97	156	6.07
	ZCE	PM607	2631	2631	2015-08-03	2260	2015-08-03	36.81	115	0.32
	ZCE	PM609	—	—	—	—	—	0.00	71	0.00
	ZCE	PM611	—	—	—	—	—	0.00	34	0.00
早籼稻 (RI) Early Indica Rice	ZCE	RI501	2236	2240	2015-01-12	2196	2015-01-07	195.10	10	19.51
	ZCE	RI503	—	—	—	—	—	0.00	45	0.00
	ZCE	RI505	2275	2404	2015-03-02	2186	2015-04-27	4603.05	88	52.31
	ZCE	RI507	2274	2292	2015-04-08	2270	2015-05-20	13.67	129	0.11
	ZCE	RI509	2297	2735	2015-09-02	2228	2015-08-27	1842.22	173	10.65
	ZCE	RI511	2352	2530	2015-08-05	2352	2015-01-08	14.76	210	0.07
	ZCE	RI601	2475	2738	2015-12-31	2382	2015-01-21	9784.46	234	41.81
	ZCE	RI603	2364	2759	2015-12-28	2364	2015-03-30	257.41	199	1.29
	ZCE	RI605	2657	2756	2015-06-30	2538	2015-08-06	572.71	156	3.67
	ZCE	RI607	2737	2737	2015-08-24	2520	2015-12-03	166.01	115	1.44
	ZCE	RI609	—	—	—	—	—	0.00	71	0.00
	ZCE	RI611	—	—	—	—	—	0.00	34	0.00
菜籽粕 Rapeseed Meal	ZCE	RM501	2300	2300	2015-01-05	2200	2015-01-05	2777.70	10	277.77
	ZCE	RM503	2250	2353	2015-03-11	2151	2015-02-02	31692.73	45	704.28
	ZCE	RM505	2214	2431	2015-03-12	2061	2015-01-19	74899321.88	88	851128.66
	ZCE	RM507	2207	2419	2015-03-03	1853	2015-06-16	37184.81	129	288.25
	ZCE	RM508	2206	2412	2015-03-12	1957	2015-06-17	31059.87	152	204.34
	ZCE	RM509	2177	2401	2015-07-15	1834	2015-09-01	275521582.14	173	1592610.30
	ZCE	RM511	2085	2301	2015-07-15	1521	2015-11-12	640958.76	210	3052.18
	ZCE	RM601	1989	2322	2015-07-14	1699	2015-11-24	170659545.97	234	729314.30
	ZCE	RM603	2139	2336	2015-07-14	1727	2015-11-24	81170.12	199	407.89
	ZCE	RM605	2141	2370	2015-07-14	1756	2015-11-24	34635264.42	156	222020.93
	ZCE	RM607	2304	2331	2015-07-15	1765	2015-11-24	7370.79	115	64.09
	ZCE	RM608	2122	2157	2015-09-07	1826	2015-11-25	265.14	92	2.88
	ZCE	RM609	2127	2127	2015-09-17	1726	2015-11-24	1519065.03	71	21395.28
	ZCE	RM611	1888	1888	2015-11-16	1678	2015-11-24	16487.23	34	484.92
油菜籽 Rapeseed	ZCE	RS507	4485	5068	2015-03-13	3835	2015-06-30	1255.05	129	9.73
	ZCE	RS508	4883	4883	2015-05-15	3514	2015-07-31	61.38	152	0.40
	ZCE	RS509	4435	4927	2015-03-05	3535	2015-07-08	158443.65	173	915.86
	ZCE	RS511	4800	5050	2015-03-02	3628	2015-07-28	48.72	210	0.23
	ZCE	RS607	4199	4499	2015-07-21	3903	2015-11-19	7121.98	115	61.93
	ZCE	RS608	—	—	—	—	—	0.00	92	0.00
	ZCE	RS609	4350	4350	2015-09-17	4009	2015-11-19	229.14	71	3.23
	ZCE	RS611	3952	4110	2015-11-27	3952	2015-11-25	8.06	34	0.24
白糖 Sugar	ZCE	SR501	4690	5017	2015-01-16	4651	2015-01-05	87117.37	10	8711.74
	ZCE	SR503	4486	5176	2015-03-03	4470	2015-01-06	22406.99	45	497.93
	ZCE	SR505	4580	5523	2015-04-23	4525	2015-01-05	127695795.18	88	1451088.58

5-7 续表 5 continued

交易品种 Futures Products	上市交易所 Futures Exchange	合约 Contracts	年开盘价(元/吨) Opening Price of the Year (yuan/ton)	年最高价(元/吨) Highest Price of the Year (yuan/ton)	最高价日 Highest Day	年最低价(元/吨) Lowest Price of the Year (yuan/ton)	最低价日 Lowest Day	成交金额(万元) Trading Turnover (10 thousand yuan)	交易天数(天) Trading Days (day)	日均成交金额(万元) Daily Trading Turnover (10 thousand yuan)
白糖 Sugar	ZCE	SR507	4606	5602	2015-04-21	4592	2015-01-05	51307.76	129	397.73
	ZCE	SR509	4682	5681	2015-04-23	4636	2015-01-05	248180930.23	173	1434571.85
	ZCE	SR511	4760	5716	2015-06-03	4756	2015-01-06	40065.78	210	190.79
	ZCE	SR601	4884	5931	2015-06-03	4810	2015-01-06	457677979.60	244	1875729.42
	ZCE	SR603	5114	5906	2015-06-05	4984	2015-08-11	25238.51	244	103.44
	ZCE	SR605	4939	5932	2015-06-03	4910	2015-01-05	154568045.37	244	633475.60
	ZCE	SR607	5330	5965	2015-06-03	4968	2015-08-11	64606.05	234	276.09
	ZCE	SR609	5292	5961	2015-06-03	4980	2015-08-11	17130865.98	199	86084.75
	ZCE	SR611	5875	5993	2015-06-08	5026	2015-08-07	10226.73	156	65.56
	ZCE	SR701	5580	5688	2015-12-30	5110	2015-08-25	502161.30	115	4366.62
	ZCE	SR703	5400	5680	2015-10-23	5205	2015-09-28	8426.62	71	118.68
	ZCE	SR705	5445	5632	2015-12-31	5225	2015-11-20	52500.30	34	1544.13
优质强筋小麦(WH) Strong Gluten Wheat	ZCE	WH501	2535	2560	2015-01-14	2500	2015-01-15	5010.56	10	501.06
	ZCE	WH503	2542	2728	2015-01-14	2542	2015-01-07	31.62	45	0.70
	ZCE	WH505	2625	2720	2015-01-21	2514	2015-04-17	136686.67	88	1553.26
	ZCE	WH507	2704	2832	2015-06-09	2448	2015-06-24	279.91	129	2.17
	ZCE	WH509	2630	2724	2015-01-28	2210	2015-09-01	17378.11	173	100.45
	ZCE	WH511	2570	2992	2015-11-03	2530	2015-03-23	1232.72	210	5.87
	ZCE	WH601	2678	2955	2015-12-30	2633	2015-03-30	1137376.74	234	4860.58
	ZCE	WH603	2755	2895	2015-12-15	2626	2015-09-15	431.98	199	2.17
	ZCE	WH605	2799	2900	2015-12-29	2646	2015-10-13	1216129.59	156	7795.70
	ZCE	WH607	2727	2802	2015-07-21	2596	2015-09-23	233.23	115	2.03
	ZCE	WH609	2678	2769	2015-09-17	2519	2015-10-13	14368.63	71	202.38
	ZCE	WH611	2697	2743	2015-12-31	2603	2015-12-11	43.01	34	1.27
天然橡胶 Natural Rubber	SHFE	ru1501	13650	14605	2015-01-13	13150	2015-01-15	144562.12	9	16062.46
	SHFE	ru1503	13595	14100	2015-02-27	12550	2015-03-11	53383.94	46	1160.52
	SHFE	ru1504	13505	14120	2015-02-26	12325	2015-04-10	8989.48	56	160.53
	SHFE	ru1505	13520	14780	2015-05-04	12300	2015-04-09	137688851.22	88	1564646.04
	SHFE	ru1506	12920	15210	2015-06-01	11950	2015-01-14	122959.21	108	1138.51
	SHFE	ru1507	12935	14980	2015-05-05	11345	2015-07-09	17766.95	114	155.85
	SHFE	ru1508	13105	15055	2015-05-28	10870	2015-08-13	37024.49	134	276.30
	SHFE	ru1509	13145	15270	2015-05-07	9890	2015-08-27	339509038.01	172	1973889.76
	SHFE	ru1510	13040	15225	2015-05-07	10020	2015-09-01	189727.46	189	1003.85
	SHFE	ru1511	12880	15090	2015-05-07	9150	2015-11-16	2342308.28	211	11100.99
	SHFE	ru1601	12915	16490	2015-06-01	10015	2015-11-24	404059395.71	235	1719401.68
	SHFE	ru1603	13370	16620	2015-06-01	9405	2015-11-24	31827.20	176	180.84
	SHFE	ru1604	13755	16265	2015-06-11	9365	2015-11-24	14507.99	126	115.14
	SHFE	ru1605	14665	16735	2015-06-01	9350	2015-11-24	131442451.56	156	842579.82
	SHFE	ru1606	15690	16560	2015-06-16	9395	2015-11-24	24910.54	101	246.64
	SHFE	ru1607	13820	13820	2015-07-24	9505	2015-11-23	16585.33	91	182.26
	SHFE	ru1608	12135	12765	2015-10-15	9485	2015-11-23	14466.82	60	241.11
	SHFE	ru1609	12080	12310	2015-09-17	9305	2015-11-24	8722484.69	72	121145.62
	SHFE	ru1610	12080	12080	2015-10-16	9400	2015-11-24	19986.47	51	391.89
	SHFE	ru1611	10225	10620	2015-12-24	9345	2015-11-24	20528.18	32	641.51

注：1.成交量、成交金额为单边数据。
2.年开盘价和年最高价以自然年为统计周期。
数据来源：上海期货交易所、郑州商品交易所、大连商品交易所。
Source：SHFE、ZCE、DCE.

5-8　2015年金属期货交易情况
Futures Trading of Metal Products in 2015

交易品种 Futures Products	上市交易所 Futures Exchange	合约 Contracts	年开盘价(元/吨) Opening Price of the Year (yuan/ton)	年最高价(元/吨) Highest Price of the Year (yuan/ton)	最高价日 Highest Day	年最低价(元/吨) Lowest Price of the Year (yuan/ton)	最低价日 Lowest Day	成交金额(万元) Trading Turnover (10 thousand yuan)	交易天数(天) Trading Days (day)	日均成交金额(万元) Daily Trading Turnover (10 thousand yuan)
铜 Copper	SHFE	cu1501	46340	46360	2015-01-05	39130	2015-01-15	1450922.90	9	161213.66
	SHFE	cu1502	46040	46040	2015-01-05	39280	2015-01-26	9758687.59	27	361432.87
	SHFE	cu1503	45500	45570	2015-01-05	39140	2015-01-26	100667875.15	46	2188432.07
	SHFE	cu1504	45120	45260	2015-01-05	38860	2015-01-26	142913230.78	67	2133033.30
	SHFE	cu1505	44980	46480	2015-05-06	38690	2015-01-30	144259324.42	88	1639310.50
	SHFE	cu1506	44680	46450	2015-05-06	38600	2015-01-30	147445287.48	109	1352709.06
	SHFE	cu1507	44730	46390	2015-05-13	38450	2015-07-08	119994530.96	130	923034.85
	SHFE	cu1508	44660	46320	2015-05-13	38000	2015-08-07	110017170.31	153	719066.47
	SHFE	cu1509	44570	46270	2015-05-13	37660	2015-08-07	144822042.31	172	841988.62
	SHFE	cu1510	44410	46240	2015-05-13	37310	2015-08-07	145237893.42	189	768454.46
	SHFE	cu1511	44190	46210	2015-05-13	35800	2015-11-16	154847740.82	211	733875.55
	SHFE	cu1512	44330	46190	2015-05-13	33300	2015-11-24	138603944.67	232	597430.80
	SHFE	cu1601	40180	46220	2015-05-13	33220	2015-11-24	187771212.48	235	799026.44
	SHFE	cu1602	41350	46200	2015-05-13	33150	2015-11-24	151225882.32	214	706663.00
	SHFE	cu1603	42990	46200	2015-05-13	33110	2015-11-24	42095528.72	198	212603.68
	SHFE	cu1604	42840	46230	2015-05-13	33080	2015-11-24	9779509.92	176	55565.40
	SHFE	cu1605	46100	46100	2015-05-18	33060	2015-11-24	6319163.16	156	40507.46
	SHFE	cu1606	42230	44760	2015-06-17	33070	2015-11-24	1071331.98	135	7935.79
	SHFE	cu1607	39700	41330	2015-09-09	33110	2015-11-24	320751.25	114	2813.61
	SHFE	cu1608	38520	41380	2015-09-09	33190	2015-11-24	177816.96	91	1954.03
	SHFE	cu1609	40430	41560	2015-09-17	33160	2015-11-24	121200.07	72	1683.33
	SHFE	cu1610	39800	39800	2015-10-16	33260	2015-11-23	150921.41	55	2744.03
	SHFE	cu1611	35300	36280	2015-12-30	33020	2015-11-24	71158.28	33	2156.31
	SHFE	cu1612	35750	36270	2015-12-30	34480	2015-12-17	14861.60	12	1238.47
铝 Aluminum	SHFE	al1501	12840	12980	2015-01-15	12415	2015-01-14	154060.16	9	17117.80
	SHFE	al1502	12800	13250	2015-02-06	12435	2015-01-14	692704.33	27	25655.72
	SHFE	al1503	12970	13305	2015-02-06	12445	2015-01-14	3817205.88	46	82982.74
	SHFE	al1504	13040	13435	2015-04-07	12520	2015-01-14	4156102.62	67	62031.38
	SHFE	al1505	13060	13455	2015-04-07	12580	2015-01-14	4579111.37	88	52035.36
	SHFE	al1506	13295	13540	2015-05-06	12555	2015-06-15	5232934.30	109	48008.57
	SHFE	al1507	13360	13700	2015-02-11	11885	2015-07-08	5927818.10	130	45598.60
	SHFE	al1508	13425	13660	2015-05-06	11855	2015-08-07	4740425.76	153	30983.17
	SHFE	al1509	13465	13740	2015-05-07	11750	2015-09-01	5251144.98	172	30529.91
	SHFE	al1510	13400	13720	2015-05-06	11210	2015-10-15	5190635.09	187	27757.41
	SHFE	al1511	13555	13750	2015-05-06	10000	2015-11-13	4319032.41	205	21068.45
	SHFE	al1512	13400	13760	2015-05-06	9710	2015-11-20	6761010.57	221	30592.81
	SHFE	al1601	13325	13835	2015-05-06	9620	2015-11-24	27456472.90	212	129511.66
	SHFE	al1602	13560	13795	2015-05-06	9550	2015-11-24	27855106.35	184	151386.45
	SHFE	al1603	13680	13875	2015-05-06	9565	2015-11-24	13837064.91	152	91033.32
	SHFE	al1604	12300	13925	2015-05-07	9585	2015-11-24	3635452.93	138	26343.86
	SHFE	al1605	13660	13695	2015-06-03	9600	2015-11-24	2781360.22	119	23372.77
	SHFE	al1606	13190	13210	2015-06-24	9625	2015-11-24	784014.58	95	8252.79

5-8 续表 1 continued

交易品种 Futures Products	上市交易所 Futures Exchange	合约 Contracts	年开盘价（元/吨） Opening Price of the Year (yuan/ton)	年最高价（元/吨） Highest Price of the Year (yuan/ton)	最高价日 Highest Day	年最低价（元/吨） Lowest Price of the Year (yuan/ton)	最低价日 Lowest Day	成交金额（万元） Trading Turnover (10 thousand yuan)	交易天数（天） Trading Days (day)	日均成交金额(万元) Daily Trading Turnover (10 thousand yuan)
铝 Aluminum	SHFE	al1607	12565	12750	2015-07-27	9650	2015-11-24	117039.34	79	1481.51
	SHFE	al1608	12250	12410	2015-09-09	9680	2015-11-24	44203.78	66	669.75
	SHFE	al1609	12110	12110	2015-09-23	9700	2015-11-25	28068.51	58	483.94
	SHFE	al1610	11740	11740	2015-10-16	9725	2015-11-24	37061.96	54	686.33
	SHFE	al1611	10100	10965	2015-12-24	9680	2015-11-24	14905.75	32	465.80
	SHFE	al1612	10560	10880	2015-12-31	10510	2015-12-16	515.76	8	64.47
锌 Zinc	SHFE	zn1501	16825	16940	2015-01-05	15850	2015-01-15	73920.14	9	8213.35
	SHFE	zn1502	16795	16885	2015-01-05	15660	2015-01-14	1208311.06	27	44752.26
	SHFE	zn1503	16710	16870	2015-01-05	15550	2015-01-14	20134454.67	46	437705.54
	SHFE	zn1504	16740	16850	2015-01-05	15500	2015-01-14	13792210.72	67	205853.89
	SHFE	zn1505	16660	17350	2015-05-06	15490	2015-01-14	13723780.64	88	155952.05
	SHFE	zn1506	16745	17405	2015-05-06	15475	2015-01-14	15612346.57	109	143232.54
	SHFE	zn1507	16760	17470	2015-05-06	14575	2015-07-08	18288224.06	130	140678.65
	SHFE	zn1508	16720	17500	2015-05-06	14300	2015-08-03	16073451.52	153	105055.24
	SHFE	zn1509	16710	17530	2015-05-06	14310	2015-08-24	19426327.21	168	115632.90
	SHFE	zn1510	16890	17760	2015-05-05	13480	2015-09-23	18119127.74	188	96378.34
	SHFE	zn1511	16840	17555	2015-05-06	12815	2015-11-12	19121285.30	209	91489.40
	SHFE	zn1512	16870	17600	2015-05-06	11915	2015-11-20	29601840.86	227	130404.59
	SHFE	zn1601	15770	17660	2015-05-06	11815	2015-11-20	67161553.28	224	299828.36
	SHFE	zn1602	16090	17650	2015-05-06	11770	2015-11-20	55815873.79	204	273607.22
	SHFE	zn1603	15900	17665	2015-05-06	11770	2015-11-20	10316204.53	174	59288.53
	SHFE	zn1604	17060	17755	2015-05-06	11755	2015-11-23	2290453.91	133	17221.46
	SHFE	zn1605	17260	17260	2015-05-18	11755	2015-11-23	814112.11	149	5463.84
	SHFE	zn1606	15955	16230	2015-06-18	11750	2015-11-23	177645.04	112	1586.12
	SHFE	zn1607	15445	15445	2015-07-20	11770	2015-11-23	15887.67	93	170.84
	SHFE	zn1608	14400	14450	2015-09-17	11745	2015-11-23	8170.08	61	133.94
	SHFE	zn1609	14580	14580	2015-09-16	11850	2015-11-20	9409.96	68	138.38
	SHFE	zn1610	14170	14170	2015-10-16	11900	2015-11-23	2167.04	42	51.60
	SHFE	zn1611	12750	13560	2015-12-31	11850	2015-11-23	1225.13	25	49.01
	SHFE	zn1612	12640	13605	2015-12-31	12545	2015-12-18	552.75	8	69.09
铅 Lead	SHFE	pb1501	12375	12375	2015-01-05	11850	2015-01-14	16640.04	9	1848.89
	SHFE	pb1502	12330	12740	2015-01-22	11830	2015-01-14	106111.74	27	3930.06
	SHFE	pb1503	12410	12695	2015-01-22	11770	2015-01-14	740551.69	46	16098.95
	SHFE	pb1504	12460	13320	2015-04-13	11800	2015-01-14	400753.63	67	5981.40
	SHFE	pb1505	12505	13970	2015-04-28	11890	2015-01-14	412220.92	88	4684.33
	SHFE	pb1506	12525	14025	2015-05-05	11945	2015-01-14	967695.66	107	9043.88
	SHFE	pb1507	12555	14030	2015-05-05	12020	2015-01-14	683216.70	109	6268.04
	SHFE	pb1508	12730	14020	2015-05-05	12015	2015-01-15	565746.42	127	4454.70
	SHFE	pb1509	12700	13995	2015-05-06	12020	2015-01-14	538815.32	149	3616.21
	SHFE	pb1510	12730	14030	2015-05-06	12045	2015-01-14	737187.27	183	4028.35
	SHFE	pb1511	12790	13945	2015-10-12	12095	2015-07-08	656078.20	154	4260.25
	SHFE	pb1512	12840	14030	2015-05-06	12000	2015-11-20	615950.70	159	3873.90
	SHFE	pb1601	12640	14145	2015-05-07	11800	2015-11-20	876543.45	187	4687.40

5–8 续表 2 continued

交易品种 Futures Products	上市交易所 Futures Exchange	合约 Contracts	年开盘价(元/吨) Opening Price of the Year (yuan/ton)	年最高价(元/吨) Highest Price of the Year (yuan/ton)	最高价日 Highest Day	年最低价(元/吨) Lowest Price of the Year (yuan/ton)	最低价日 Lowest Day	成交金额(万元) Trading Turnover (10 thousand yuan)	交易天数(天) Trading Days (day)	日均成交金额(万元) Daily Trading Turnover (10 thousand yuan)
铅 Lead	SHFE	pb1602	12390	13990	2015-04-29	11725	2015-11-20	953967.59	121	7884.03
	SHFE	pb1603	12575	14075	2015-05-06	11615	2015-11-20	135500.10	78	1737.18
	SHFE	pb1604	12800	14135	2015-05-06	11720	2015-11-23	38104.66	64	595.39
	SHFE	pb1605	13475	13540	2015-05-29	11520	2015-11-20	6502.97	74	87.88
	SHFE	pb1606	12660	13415	2015-10-16	11705	2015-11-23	538.45	23	23.41
	SHFE	pb1607	12560	13405	2015-10-19	11645	2015-11-19	237.91	27	8.81
	SHFE	pb1608	12645	13455	2015-10-12	11725	2015-11-19	321.41	26	12.36
	SHFE	pb1609	13135	13375	2015-10-14	11495	2015-11-20	799.63	36	22.21
	SHFE	pb1610	12450	12790	2015-12-22	11545	2015-11-20	248.71	14	17.77
	SHFE	pb1611	12110	12635	2015-12-15	11480	2015-11-20	219.02	18	12.17
	SHFE	pb1612	12220	12530	2015-12-25	12220	2015-12-21	31.16	2	15.58
黄金(元/克) Gold (yuan/g)	SHFE	au1501	236.25	253.15	2015-01-12	236.20	2015-01-05	1390.85	5	278.17
	SHFE	au1502	239.30	265.00	2015-01-23	238.60	2015-01-05	65289.50	22	2967.70
	SHFE	au1503	240.15	262.50	2015-01-26	240.15	2015-01-05	2314.21	19	121.80
	SHFE	au1504	240.05	262.30	2015-01-21	232.60	2015-03-18	16415.38	52	315.68
	SHFE	au1505	245.45	251.80	2015-02-16	232.15	2015-03-18	24971.63	47	531.31
	SHFE	au1506	240.00	263.20	2015-01-22	224.50	2015-03-18	210397306.70	109	1930250.52
	SHFE	au1507	242.50	247.95	2015-05-18	223.20	2015-07-08	18321.05	49	373.90
	SHFE	au1508	241.40	263.20	2015-01-22	212.25	2015-08-03	91136.04	137	665.23
	SHFE	au1509	239.45	243.85	2015-06-19	213.95	2015-07-22	43742.34	54	810.04
	SHFE	au1510	241.65	263.50	2015-01-23	216.05	2015-07-24	126462.40	174	726.80
	SHFE	au1511	244.10	248.50	2015-10-29	227.80	2015-09-10	8097.26	23	352.05
	SHFE	au1512	254.10	264.30	2015-01-22	215.95	2015-12-03	295037198.75	222	1328996.39
	SHFE	au1601	245.65	245.70	2015-10-16	211.95	2015-12-09	113152.20	55	2057.31
	SHFE	au1602	235.85	250.20	2015-05-19	216.00	2015-07-30	81250.17	185	439.19
	SHFE	au1603	224.00	225.90	2015-12-24	220.75	2015-12-21	112.05	3	37.35
	SHFE	au1604	243.70	251.30	2015-05-18	218.75	2015-11-30	22339.30	141	158.43
	SHFE	au1606	246.80	249.95	2015-05-20	218.55	2015-12-03	93074122.73	155	600478.21
	SHFE	au1608	230.40	246.60	2015-08-24	220.05	2015-11-30	7547.43	66	114.36
	SHFE	au1610	236.75	245.70	2015-10-29	219.75	2015-11-30	40728.56	52	783.24
	SHFE	au1612	227.35	237.00	2015-12-14	214.20	2015-12-07	23428.36	32	732.14
白银(元/千克) Silver (yuan/kg)	SHFE	ag1501	3436	3624	2015-01-13	3398	2015-01-05	20983.54	9	2331.50
	SHFE	ag1502	3454	3870	2015-01-22	3418	2015-01-06	16628.99	27	615.89
	SHFE	ag1503	3474	3872	2015-01-21	3340	2015-03-16	14618.13	46	317.79
	SHFE	ag1504	3473	3882	2015-01-21	3365	2015-03-12	15868.71	64	247.95
	SHFE	ag1505	3483	3924	2015-01-22	3355	2015-01-08	373622.34	87	4294.51
	SHFE	ag1506	3498	3934	2015-01-22	3375	2015-03-12	363742818.40	109	3337090.08
	SHFE	ag1507	3510	3921	2015-01-22	3124	2015-07-09	92669.14	130	712.84
	SHFE	ag1508	3509	3926	2015-01-22	3146	2015-07-27	59756.00	147	406.50
	SHFE	ag1509	3518	3928	2015-01-22	3132	2015-07-27	142296.24	172	827.30
	SHFE	ag1510	3450	3935	2015-01-21	3156	2015-09-18	93332.33	189	493.82
	SHFE	ag1511	3523	3942	2015-01-22	3180	2015-07-27	60820.50	204	298.14
	SHFE	ag1512	3517	3969	2015-01-22	3115	2015-12-03	346072301.76	232	1491690.96

5-8 续表 3 continued

交易品种 Futures Products	上市交易所 Futures Exchange	合约 Contracts	年开盘价(元/吨) Opening Price of the Year (yuan/ton)	年最高价(元/吨) Highest Price of the Year (yuan/ton)	最高价日 Highest Day	年最低价(元/吨) Lowest Price of the Year (yuan/ton)	最低价日 Lowest Day	成交金额(万元) Trading Turnover (10 thousand yuan)	交易天数(天) Trading Days (day)	日均成交金额(万元) Daily Trading Turnover (10 thousand yuan)
白银(元/千克) Silver (yuan/kg)	SHFE	ag1601	3768	3950	2015-01-21	3122	2015-12-03	1228997.90	231	5320.34
	SHFE	ag1602	3629	3898	2015-05-18	3101	2015-07-09	22516.95	197	114.30
	SHFE	ag1603	3491	3950	2015-05-20	3003	2015-12-03	7627.31	161	47.37
	SHFE	ag1604	3659	3905	2015-05-18	3200	2015-07-28	7026.78	127	55.33
	SHFE	ag1605	3873	3920	2015-05-19	3122	2015-12-01	39426.48	152	259.38
	SHFE	ag1606	3575	3686	2015-06-19	3168	2015-11-23	49486657.84	135	366567.84
	SHFE	ag1607	3363	3602	2015-08-13	3187	2015-11-30	2092.46	78	26.83
	SHFE	ag1608	3466	3609	2015-08-21	3211	2015-11-27	1655.84	62	26.71
	SHFE	ag1609	3537	3621	2015-10-29	3222	2015-12-03	3123.80	59	52.95
	SHFE	ag1610	3499	3546	2015-10-28	3206	2015-11-23	688.77	22	31.31
	SHFE	ag1611	3276	3392	2015-12-30	3235	2015-11-24	1123.55	25	44.94
	SHFE	ag1612	3365	3449	2015-12-30	3279	2015-12-16	8071.20	12	672.60
螺纹钢 Steel Rebar	SHFE	rb1501	2640	2640	2015-01-05	2370	2015-01-15	32035.61	9	3559.51
	SHFE	rb1502	2528	2565	2015-01-06	2150	2015-02-05	21499.62	27	796.28
	SHFE	rb1503	2564	2619	2015-01-06	2037	2015-03-10	29851.15	46	648.94
	SHFE	rb1504	2578	2632	2015-01-05	2185	2015-04-07	31905.67	62	514.61
	SHFE	rb1505	2550	2647	2015-01-06	2052	2015-05-12	149949466.48	88	1703971.21
	SHFE	rb1506	2536	2654	2015-01-06	1978	2015-05-28	113218.25	109	1038.70
	SHFE	rb1507	2504	2657	2015-01-06	1710	2015-07-07	20029.04	123	162.84
	SHFE	rb1508	2546	2653	2015-01-06	1821	2015-07-08	26886.34	139	193.43
	SHFE	rb1509	2601	2679	2015-01-07	1816	2015-07-08	563769.91	169	3335.92
	SHFE	rb1510	2583	2658	2015-01-06	1703	2015-10-12	502890698.60	189	2660797.35
	SHFE	rb1511	2584	2648	2015-01-06	1747	2015-10-21	129948.82	206	630.82
	SHFE	rb1512	2613	2625	2015-02-02	1580	2015-12-08	49502.60	219	226.04
	SHFE	rb1601	2545	2613	2015-02-16	1570	2015-12-07	319764067.77	235	1360698.16
	SHFE	rb1602	2540	2646	2015-02-16	1567	2015-12-04	217509.24	214	1016.40
	SHFE	rb1603	2501	2569	2015-03-24	1577	2015-12-10	140270.04	198	708.43
	SHFE	rb1604	2337	2517	2015-05-05	1600	2015-12-01	31652.18	175	180.87
	SHFE	rb1605	2485	2514	2015-06-01	1618	2015-12-01	172058734.83	156	1102940.61
	SHFE	rb1606	2435	2476	2015-06-25	1615	2015-12-01	110782.69	135	820.61
	SHFE	rb1607	2076	2187	2015-07-20	1603	2015-11-30	19291.32	114	169.22
	SHFE	rb1608	2106	2106	2015-08-18	1633	2015-11-30	8785.54	91	96.54
	SHFE	rb1609	1969	2013	2015-09-17	1620	2015-12-01	74365.05	72	1032.85
	SHFE	rb1610	1893	1893	2015-10-16	1628	2015-12-01	3194241.02	55	58077.11
	SHFE	rb1611	1747	1816	2015-12-30	1625	2015-11-30	14466.06	33	438.37
	SHFE	rb1612	1688	1832	2015-12-31	1676	2015-12-16	980.92	12	81.74
线材 Steel Wire Rod	SHFE	wr1501	—	—	2015-01-05	—	2015-01-05	0.00	0	0.00
	SHFE	wr1502	2748	2930	2015-01-05	2740	2015-01-20	25.23	6	4.21
	SHFE	wr1503	—	—	2015-01-05	—	2015-01-05	0.00	0	0.00
	SHFE	wr1504	2941	2941	2015-01-05	2455	2015-03-30	93.33	9	10.37
	SHFE	wr1505	2857	2857	2015-01-12	2473	2015-04-15	31.99	9	3.55
	SHFE	wr1506	—	—	2015-01-05	—	2015-01-05	0.00	0	0.00

5-8 续表 4 continued

交易品种 Futures Products	上市交易所 Futures Exchange	合约 Contracts	年开盘价（元/吨）Opening Price of the Year (yuan/ton)	年最高价（元/吨）Highest Price of the Year (yuan/ton)	最高价日 Highest Day	年最低价（元/吨）Lowest Price of the Year (yuan/ton)	最低价日 Lowest Day	成交金额（万元）Trading Turnover (10 thousand yuan)	交易天数（天）Trading Days (day)	日均成交金额(万元) Daily Trading Turnover (10 thousand yuan)
线材 Steel Wire Rod	SHFE	wr1507	2196	2539	2015-04-29	2196	2015-04-17	14.46	4	3.62
	SHFE	wr1508	2350	2350	2015-07-02	2118	2015-07-30	11.03	5	2.21
	SHFE	wr1509	2510	2913	2015-03-03	2300	2015-06-12	191.17	6	31.86
	SHFE	wr1510	2956	2956	2015-03-02	2098	2015-09-28	193.62	25	7.74
	SHFE	wr1511	2862	2862	2015-02-13	2038	2015-10-28	45.17	11	4.11
	SHFE	wr1512	2783	2838	2015-06-02	1698	2015-11-30	132.92	9	14.77
	SHFE	wr1601	2380	2901	2015-03-03	2070	2015-10-28	38.68	4	9.67
	SHFE	wr1602	2823	2823	2015-05-12	2400	2015-05-12	10.60	1	10.60
	SHFE	wr1603	2927	2927	2015-05-08	2452	2015-05-08	10.93	2	5.47
	SHFE	wr1604	2336	2336	2015-09-28	1951	2015-10-22	35.01	3	11.67
	SHFE	wr1605	—	—	2015-05-18	—	2015-05-18	0.00	0	0.00
	SHFE	wr1606	—	—	2015-06-16	—	2015-06-16	0.00	0	0.00
	SHFE	wr1607	—	—	2015-07-16	—	2015-07-16	0.00	0	0.00
	SHFE	wr1608	—	—	2015-08-18	—	2015-08-18	0.00	0	0.00
	SHFE	wr1609	—	—	2015-09-16	—	2015-09-16	0.00	0	0.00
	SHFE	wr1610	1751	2081	2015-10-21	1751	2015-10-21	7.66	1	7.66
	SHFE	wr1611	—	—	2015-11-17	—	2015-11-17	0.00	0	0.00
	SHFE	wr1612	—	—	2015-12-16	—	2015-12-16	0.00	0	0.00
热轧卷板 Hot Rolled Coils	SHFE	hc1501	2950	3000	2015-01-07	2648	2015-01-15	3588.90	8	448.61
	SHFE	hc1502	—	—	2015-01-05	—	2015-01-05	0.00	0	0.00
	SHFE	hc1503	2922	2922	2015-01-07	2380	2015-03-05	862.99	9	95.89
	SHFE	hc1504	2890	2890	2015-01-13	2276	2015-03-23	83.19	13	6.40
	SHFE	hc1505	2928	2992	2015-01-06	2282	2015-04-10	990202.39	84	11788.12
	SHFE	hc1506	2810	2956	2015-01-09	2160	2015-05-19	83.46	13	6.42
	SHFE	hc1507	2392	2485	2015-05-11	2258	2015-06-30	59.82	5	11.96
	SHFE	hc1508	2762	2762	2015-01-14	1980	2015-07-31	135.38	17	7.96
	SHFE	hc1509	2770	2814	2015-01-15	1839	2015-08-25	2125.62	97	21.91
	SHFE	hc1510	2976	2976	2015-01-09	1767	2015-09-30	1418370.57	155	9150.78
	SHFE	hc1511	2320	2587	2015-05-05	2007	2015-07-28	69.64	7	9.95
	SHFE	hc1512	2770	2770	2015-01-20	1750	2015-11-18	267.37	15	17.82
	SHFE	hc1601	2598	2736	2015-02-17	1687	2015-11-23	1046682.72	181	5782.78
	SHFE	hc1602	2632	2632	2015-05-13	1701	2015-11-20	106.04	17	6.24
	SHFE	hc1603	2564	2644	2015-05-12	1744	2015-11-10	119.49	16	7.47
	SHFE	hc1604	2486	2566	2015-04-23	1701	2015-11-19	37.48	10	3.75
	SHFE	hc1605	2542	2628	2015-06-01	1675	2015-12-01	839188.49	121	6935.44
	SHFE	hc1606	2449	2449	2015-07-01	1661	2015-12-03	83.72	10	8.37
	SHFE	hc1607	2160	2160	2015-08-24	1698	2015-11-27	9.42	3	3.14
	SHFE	hc1608	1950	2059	2015-08-25	1665	2015-12-01	626.93	8	78.37
	SHFE	hc1609	2075	2075	2015-09-16	1702	2015-12-03	76.32	15	5.09
	SHFE	hc1610	1955	1955	2015-10-16	1705	2015-11-23	2356.58	35	67.33
	SHFE	hc1611	1818	1936	2015-12-30	1681	2015-12-01	25.79	5	5.16
	SHFE	hc1612	—	—	2015-12-16	—	2015-12-16	0.00	0	0.00

5-8　续表 5　continued

交易品种 Futures Products	上市交易所 Futures Exchange	合约 Contracts	年开盘价(元/吨) Opening Price of the Year (yuan/ton)	年最高价(元/吨) Highest Price of the Year (yuan/ton)	最高价日 Highest Day	年最低价(元/吨) Lowest Price of the Year (yuan/ton)	最低价日 Lowest Day	成交金额(万元) Trading Turnover (10 thousand yuan)	交易天数(天) Trading Days (day)	日均成交金额(万元) Daily Trading Turnover (10 thousand yuan)
锡 Tin	SHFE	sn1507	120000	125910	2015-05-07	101810	2015-07-08	3547492.29	76	46677.53
	SHFE	sn1508	116580	124500	2015-05-07	103200	2015-07-08	26460.88	86	307.68
	SHFE	sn1509	117010	125600	2015-05-07	97210	2015-09-02	526303.33	107	4918.72
	SHFE	sn1510	120200	122580	2015-03-27	94970	2015-09-28	25382.38	93	272.93
	SHFE	sn1511	119500	119500	2015-06-04	92000	2015-10-30	1281.91	21	61.04
	SHFE	sn1512	121280	125450	2015-05-26	80500	2015-11-24	1705.78	41	41.60
	SHFE	sn1601	120190	125970	2015-05-26	80000	2015-11-24	831677.11	146	5696.42
	SHFE	sn1602	117900	124810	2015-05-07	82350	2015-11-25	668.38	15	44.56
	SHFE	sn1603	89640	93710	2015-12-28	89640	2015-12-28	18.34	1	18.34
	SHFE	sn1604	124280	124810	2015-05-26	83670	2015-11-25	1247.50	19	65.66
	SHFE	sn1605	126180	128700	2015-05-26	80040	2015-11-24	658020.08	62	10613.23
	SHFE	sn1606	113970	113990	2015-08-13	83490	2015-12-10	251.89	9	27.99
	SHFE	sn1607	107770	114060	2015-08-18	84130	2015-12-03	288.19	12	24.02
	SHFE	sn1608	—	—	2015-08-18	—	2015-08-18	0.00	0	—
	SHFE	sn1609	101580	102120	2015-10-12	86160	2015-12-04	2274.58	21	108.31
	SHFE	sn1610	94090	98190	2015-12-22	82500	2015-11-25	601.19	19	31.64
	SHFE	sn1611	83830	100490	2015-12-22	83830	2015-11-20	28.17	2	14.09
	SHFE	sn1612	—	—	2015-12-16	—	2015-12-16	0.00	0	—
镍 Nickel	SHFE	ni1507	101870	115300	2015-05-07	74520	2015-07-09	91532427.56	76	1204374.05
	SHFE	ni1508	102710	111730	2015-05-06	74810	2015-07-09	622972.39	98	6356.86
	SHFE	ni1509	102500	111630	2015-05-11	72250	2015-08-25	133491370.81	118	1131282.80
	SHFE	ni1510	102800	111810	2015-05-06	71180	2015-08-25	99659.75	126	790.95
	SHFE	ni1511	103500	111310	2015-05-11	71800	2015-11-12	53991.43	135	399.94
	SHFE	ni1512	106660	114520	2015-05-07	63070	2015-11-24	79850.18	164	486.89
	SHFE	ni1601	107800	111500	2015-05-06	63310	2015-11-24	250657603.53	190	1319250.54
	SHFE	ni1602	111190	111190	2015-03-27	63570	2015-11-24	60058.89	148	405.80
	SHFE	ni1603	100640	111430	2015-05-12	63860	2015-11-24	116467.52	187	622.82
	SHFE	ni1604	95060	112090	2015-05-07	64310	2015-11-24	8477.14	121	70.06
	SHFE	ni1605	106990	106990	2015-05-18	63730	2015-11-24	43703328.89	148	295292.76
	SHFE	ni1606	96000	96100	2015-06-26	66740	2015-11-24	7878.30	82	96.08
	SHFE	ni1607	85630	91040	2015-07-22	68600	2015-12-09	715.09	26	27.50
	SHFE	ni1608	81660	85480	2015-08-21	65770	2015-11-24	1875.07	35	53.57
	SHFE	ni1609	79760	82510	2015-09-16	65680	2015-11-24	31735.77	59	537.89
	SHFE	ni1610	84200	84200	2015-10-16	66150	2015-11-24	1031.15	19	54.27
	SHFE	ni1611	68000	74350	2015-12-07	65760	2015-11-23	1703.98	15	113.60
	SHFE	ni1612	73010	73590	2015-12-22	72080	2015-12-25	101.88	5	20.38

注：1.成交量、成交金额为单边数据。
　　2.年开盘价和年最高价以自然年为统计周期。
数据来源：上海期货交易所。
Source：SHFE.

5-9 2015年能源、化工及其他期货交易情况

Futures Trading of Metal Products Building Materials,Energy & Chemical Products & Others in 2015

交易品种 Futures Products	上市交易所 Futures Exchange	合约 Contracts	年开盘价(元/吨) Opening Price of the Year (yuan/ton)	年最高价(元/吨) Highest Price of the Year (yuan/ton)	最高价日 Highest Day	年最低价(元/吨) Lowest Price of the Year (yuan/ton)	最低价日 Lowest Day	成交金额(万元) Trading Turnover (10 thousand yuan)	交易天数(天) Trading Days (day)	日均成交金额(万元) Daily Trading Turnover (10 thousand yuan)
聚乙烯 LLDPE	DCE	l1501	9615	9780	2015-01-05	8640	2015-01-16	18720.97	10	1872.10
	DCE	l1502	8955	9840	2015-01-05	7915	2015-02-03	125.14	30	4.17
	DCE	l1503	8655	9480	2015-03-02	8105	2015-01-13	369.02	45	8.20
	DCE	l1504	8620	11900	2015-04-14	8250	2015-01-12	574.70	67	8.58
	DCE	l1505	8540	11005	2015-05-04	7920	2015-01-13	113082809.48	88	1285031.93
	DCE	l1506	8370	10920	2015-05-04	7930	2015-01-13	10512.02	108	97.33
	DCE	l1507	8325	10990	2015-04-28	8005	2015-01-12	3601.46	129	27.92
	DCE	l1508	8220	10600	2015-04-28	7960	2015-01-12	2711.39	152	17.84
	DCE	l1509	8280	10400	2015-04-27	7735	2015-01-13	215409379.64	173	1245140.92
	DCE	l1510	8085	10290	2015-04-27	7915	2015-01-30	5399.85	193	27.98
	DCE	l1511	8135	10335	2015-05-04	7850	2015-01-12	2361.06	210	11.24
	DCE	l1512	8075	9960	2015-05-06	7570	2015-11-23	5329.73	231	23.07
	DCE	l1601	8145	9895	2015-05-04	7485	2015-11-23	141553542.18	234	604929.67
	DCE	l1602	—	9880	2015-04-27	7750	2015-11-16	1322.37	214	6.18
	DCE	l1603	8885	9710	2015-05-06	7505	2015-11-23	597.44	199	3.00
	DCE	l1604	9750	9750	2015-04-21	7425	2015-12-08	574.37	177	3.25
	DCE	l1605	9100	9230	2015-06-16	6755	2015-11-23	54036021.99	156	346384.76
	DCE	l1606	—	9300	2015-07-02	6885	2015-11-23	1460.56	136	10.74
	DCE	l1607	8745	8745	2015-07-16	7400	2015-12-01	161.36	115	1.40
	DCE	l1608	—	8200	2015-10-14	7545	2015-12-24	19.62	92	0.21
	DCE	l1609	7940	8095	2015-10-09	6500	2015-11-23	3274573.93	71	46120.76
	DCE	l1610	7705	7880	2015-10-26	6495	2015-11-23	158.54	51	3.11
	DCE	l1611	7185	7185	2015-11-18	6945	2015-11-19	7.07	34	0.21
	DCE	l1612	—	—	2015-12-15	—	2015-12-15	0.00	13	0.00
聚氯乙烯 PVC	DCE	v1501	5740	5750	2015-01-05	5400	2015-01-16	41.31	10	4.13
	DCE	v1502	—	—	2015-01-05	—	2015-01-05	0.00	30	0.00
	DCE	v1503	5175	5175	2015-01-16	4990	2015-01-23	10.07	45	0.22
	DCE	v1504	5385	5925	2015-04-09	4985	2015-03-30	69.66	67	1.04
	DCE	v1505	5445	6000	2015-05-15	4915	2015-01-16	767653.53	88	8723.34
	DCE	v1506	5175	6020	2015-05-04	5010	2015-01-16	86.51	108	0.80
	DCE	v1507	—	5775	2015-04-07	5635	2015-06-29	14.17	129	0.11
	DCE	v1508	—	5855	2015-04-03	5680	2015-04-03	8.66	152	0.06
	DCE	v1509	5300	5935	2015-05-06	4865	2015-01-16	1863199.72	173	10769.94
	DCE	v1510	—	5875	2015-04-30	5035	2015-07-28	51.53	193	0.27
	DCE	v1511	—	5880	2015-04-01	5200	2015-07-09	91.49	210	0.44
	DCE	v1512	5065	5985	2015-05-04	5065	2015-01-13	79.89	231	0.35
	DCE	v1601	4980	5900	2015-05-06	4490	2015-11-23	542933.63	234	2320.23
	DCE	v1602	—	5980	2015-05-07	4680	2015-12-03	81.14	214	0.38
	DCE	v1603	5535	6005	2015-05-05	4530	2015-11-12	222.10	199	1.12
	DCE	v1604	—	5275	2015-08-18	4995	2015-08-24	12.85	177	0.07
	DCE	v1605	5800	5835	2015-05-18	4405	2015-11-23	852782.69	156	5466.56
	DCE	v1606	—	4565	2015-11-20	4400	2015-11-20	6.70	136	0.05
	DCE	v1607	—	—	2015-07-15	—	2015-07-15	0.00	129	0.00
	DCE	v1608	—	4955	2015-09-30	4725	2015-09-30	12.07	92	0.13

5-9 续表 1 continued

交易品种 Futures Products	上市交易所 Futures Exchange	合约 Contracts	年开盘价(元/吨) Opening Price of the Year (yuan/ton)	年最高价(元/吨) Highest Price of the Year (yuan/ton)	最高价日 Highest Day	年最低价(元/吨) Lowest Price of the Year (yuan/ton)	最低价日 Lowest Day	成交金额(万元) Trading Turnover (10 thousand yuan)	交易天数(天) Trading Days (day)	日均成交金额(万元) Daily Trading Turnover (10 thousand yuan)
聚氯乙烯 PVC	DCE	v1609	4960	4975	2015-09-18	4380	2015-11-23	50971.99	71	717.92
	DCE	v1610	—	4830	2015-11-02	4515	2015-11-02	20.94	51	0.41
	DCE	v1611	4335	4860	2015-12-30	4335	2015-11-20	494.98	34	14.56
	DCE	v1612	—	—	2015-12-15	—	2015-12-15	0.00	13	0.00
聚丙烯 PP	DCE	pp1501	9380	9380	2015-01-05	7900	2015-01-14	21076.68	10	2107.67
	DCE	pp1502	8517	8880	2015-02-10	7360	2015-02-02	252.97	30	8.43
	DCE	pp1503	8600	9979	2015-03-02	7450	2015-02-02	479.04	45	10.65
	DCE	pp1504	8662	9070	2015-04-03	7541	2015-01-14	3166.16	67	47.26
	DCE	pp1505	7892	9880	2015-04-28	7076	2015-01-12	74440728.97	88	845917.37
	DCE	pp1506	7593	9899	2015-04-30	7013	2015-01-12	10130.59	108	93.80
	DCE	pp1507	7408	9743	2015-04-29	7138	2015-01-13	2672.00	129	20.71
	DCE	pp1508	7343	9467	2015-05-06	7045	2015-01-13	2743.39	152	18.05
	DCE	pp1509	7542	9027	2015-05-04	6871	2015-01-14	123649194.07	173	714735.23
	DCE	pp1510	7182	8917	2015-04-29	6823	2015-01-12	2263.17	193	11.73
	DCE	pp1511	7151	8828	2015-04-28	6808	2015-10-27	1313.98	210	6.26
	DCE	pp1512	6981	8880	2015-04-28	6017	2015-11-20	1364.74	231	5.91
	DCE	pp1601	6887	8661	2015-05-04	5670	2015-11-23	119074531.77	234	508865.52
	DCE	pp1602	7578	8496	2015-05-05	5862	2015-11-24	3126.17	214	14.61
	DCE	pp1603	7652	8588	2015-04-27	5808	2015-11-25	989.76	199	4.97
	DCE	pp1604	8086	8534	2015-04-16	5520	2015-11-23	895.96	177	5.06
	DCE	pp1605	8000	8218	2015-06-16	5335	2015-11-24	69537339.64	156	445752.18
	DCE	pp1606	7829	8086	2015-06-29	5371	2015-12-14	2475.12	136	18.20
	DCE	pp1607	—	7187	2015-08-24	5523	2015-12-03	442.27	115	3.85
	DCE	pp1608	—	5840	2015-12-24	5197	2015-12-09	242.60	92	2.64
	DCE	pp1609	7138	7138	2015-09-17	5158	2015-12-14	2896732.11	71	40799.04
	DCE	pp1610	6809	6809	2015-10-26	5312	2015-12-17	525.82	51	10.31
	DCE	pp1611	6224	6224	2015-11-16	5383	2015-11-23	326.12	34	9.59
	DCE	pp1612	5411	5598	2015-12-23	5411	2015-12-16	11.03	13	0.85
焦炭 Coke	DCE	j1501	1125	1210	2015-01-15	1125	2015-01-05	239438.90	10	23943.89
	DCE	j1502	1030	1053	2015-01-08	1014	2015-01-07	2110.42	30	70.35
	DCE	j1503	1055	1063	2015-02-06	989	2015-02-06	618.13	45	13.74
	DCE	j1504	1027	1059	2015-01-06	1027	2015-01-05	135.38	67	2.02
	DCE	j1505	1029	1066	2015-01-08	781	2015-05-05	20967382.29	88	238265.71
	DCE	j1506	1051	1079	2015-01-08	832	2015-05-29	2744.40	108	25.41
	DCE	j1507	1067	1096	2015-01-08	744	2015-06-30	5533.26	129	42.89
	DCE	j1508	1061	1095	2015-01-08	684	2015-07-27	5202.28	152	34.23
	DCE	j1509	1040	1081	2015-01-08	785	2015-07-09	67483535.83	173	390078.24
	DCE	j1510	1079	1089	2015-01-08	765	2015-09-30	2362.71	193	12.24
	DCE	j1511	1071	1090	2015-01-08	715	2015-10-26	287.73	210	1.37
	DCE	j1512	1092	1092	2015-01-08	717	2015-10-21	865.02	231	3.74
	DCE	j1601	1071	1078	2015-01-19	666	2015-11-20	25592905.33	234	109371.39
	DCE	j1602	—	982	2015-04-01	638	2015-11-23	3288.86	214	15.37
	DCE	j1603	1074	1074	2015-03-16	622	2015-11-23	764.23	199	3.84
	DCE	j1604	982	994	2015-04-28	624	2015-11-20	2298.00	177	12.98

5-9 续表 2 continued

交易品种 Futures Products	上市交易所 Futures Exchange	合约 Contracts	年开盘价(元/吨) Opening Price of the Year (yuan/ton)	年最高价(元/吨) Highest Price of the Year (yuan/ton)	最高价日 Highest Day	年最低价(元/吨) Lowest Price of the Year (yuan/ton)	最低价日 Lowest Day	成交金额(万元) Trading Turnover (10 thousand yuan)	交易天数(天) Trading Days (day)	日均成交金额(万元) Daily Trading Turnover (10 thousand yuan)
焦炭 Coke	DCE	j1605	953	989	2015-05-18	600	2015-12-04	15960894.72	156	102313.43
	DCE	j1606	—	834.5	2015-08-28	608.5	2015-12-18	512.16	136	3.77
	DCE	j1607	831	881.5	2015-07-23	606.5	2015-11-23	548.975	115	4.77
	DCE	j1608	785	821	2015-09-11	601.5	2015-12-16	230.67	92	2.51
	DCE	j1609	795	795	2015-09-17	588	2015-12-01	1355534.925	71	19092.04
	DCE	j1610	—	620	2015-12-04	591	2015-1204	18.29	51	0.36
	DCE	j1611	670	670	2015-11-17	581	2015-12-09	141.13	34	4.15
	DCE	j1612	635	635	2015-12-28	635	2015-12-28	12.70	13	0.98
焦煤 Coking Coal	DCE	jm1501	809	816	2015-01-16	782	2015-01-08	13917.82	10	1391.78
	DCE	jm1502	713	713	2015-01-15	713	2015-01-15	4.28	30	0.14
	DCE	jm1503	774	774	2015-01-08	737	2015-01-15	49.90	45	1.11
	DCE	jm1504	731	767	2015-03-16	689	2015-03-26	78.46	67	1.17
	DCE	jm1505	736	756	2015-01-06	666	2015-05-06	8246682.89	88	93712.31
	DCE	jm1506	738	755	2015-01-06	681	2015-04-22	953.17	108	8.83
	DCE	jm1507	738	762	2015-06-08	680	2015-06-25	120.29	129	0.93
	DCE	jm1508	742	751	2015-01-30	660	2015-06-23	559.19	152	3.68
	DCE	jm1509	741	764	2015-01-06	543	2015-08-27	29776825.62	173	172120.38
	DCE	jm1510	738	766	2015-02-16	604	2015-09-11	462.62	193	2.40
	DCE	jm1511	767	778	2015-01-05	576	2015-08-25	333.61	210	1.59
	DCE	jm1512	728	755	2015-02-06	573	2015-09-02	303.64	231	1.31
	DCE	jm1601	736	765	2015-03-03	537	2015-11-20	11314023.23	234	48350.53
	DCE	jm1602	—	773	2015-03-03	514	2015-11-23	565.78	214	2.64
	DCE	jm1603	720	725	2015-03-19	499	2015-11-24	176.73	199	0.89
	DCE	jm1604	678	727	2015-06-01	533	2015-11-10	124.70	177	0.70
	DCE	jm1605	714	737	2015-06-01	485	2015-11-24	9755799.21	156	62537.17
	DCE	jm1606	733	733	2015-06-23	489	2015-11-23	1064.13	136	7.82
	DCE	jm1607	627	633	2015-07-24	512	2015-11-30	46.47	115	0.40
	DCE	jm1608	—	611	2015-09-01	492	2015-12-09	268.12	92	2.91
	DCE	jm1609	588	590	2015-09-18	466	2015-11-24	215979.07	71	3041.96
	DCE	jm1610	561	561	2015-10-28	464	2015-11-24	24.82	51	0.49
	DCE	jm1611	—	493	2015-12-11	470	2015-12-09	23.03	34	0.68
	DCE	jm1612	477	498	2015-12-16	477	2015-12-16	5.85	13	0.45
铁矿石 Iron Ore	DCE	i1501	520	533	2015-01-06	505	2015-01-13	22130.45	10	2213.05
	DCE	i1502	517	536	2015-01-07	497	2015-01-23	159.06	30	5.30
	DCE	i1503	502	540	2015-01-16	485	2015-01-29	586.76	45	13.04
	DCE	i1504	520	572	2015-03-31	474	2015-03-03	881.40	67	13.16
	DCE	i1505	505	521	2015-01-07	360	2015-04-13	58299692.96	88	662496.51
	DCE	i1506	500	520	2015-01-06	371	2015-04-10	12866.51	108	119.13
	DCE	i1507	510	537	2015-07-01	369	2015-04-10	11859.78	129	91.94
	DCE	i1508	504	504	2015-0106	353	2015-07-09	23972.53	152	157.71
	DCE	i1509	496	510	2015-01-06	333	2015-07-09	358111894.99	173	2070010.95
	DCE	i1510	506	551	2015-10-08	357	2015-07-09	27408.46	193	142.01
	DCE	i1511	522	522	2015-01-06	345	2015-07-09	5111.16	210	24.34
	DCE	i1512	478	504	2015-01-06	313	2015-12-02	54614.53	231	236.43

5-9 续表 3 continued

交易品种 Futures Products	上市交易所 Futures Exchange	合约 Contracts	年开盘价(元/吨) Opening Price of the Year (yuan/ton)	年最高价(元/吨) Highest Price of the Year (yuan/ton)	最高价日 Highest Day	年最低价(元/吨) Lowest Price of the Year (yuan/ton)	最低价日 Lowest Day	成交金额(万元) Trading Turnover (10 thousand yuan)	交易天数(天) Trading Days (day)	日均成交金额(万元) Daily Trading Turnover (10 thousand yuan)
铁矿石 Iron Ore	DCE	i1601	485	485	2015-01-19	287	2015-12-10	426890450.28	234	1824318.16
	DCE	i1602	468	484	2015-0216	288	2015-12-11	20223.18	214	94.50
	DCE	i1603	440	457.5	2015-05-06	288	2015-12-10	8070.59	199	40.56
	DCE	i1604	409	459.5	2015-05-06	282.5	2015-12-14	9715.69	177	54.89
	DCE	i1605	419.5	434.5	2015-06-01	282.5	2015-12-10	136458891.90	156	874736.49
	DCE	i1606	435	435	2015-06-15	283.5	2015-12-10	8903.31	136	65.47
	DCE	i1607	350	382	2015-09-11	282	2015-11-24	698.48	115	6.07
	DCE	i1608	357	391	2015-09-11	286	2015-12-09	1881.77	92	20.45
	DCE	i1609	366	368	2015-09-17	278	2015-12-02	9659331.91	71	136046.93
	DCE	i1610	328	332	2015-10-28	280	2015-12-04	5572.68	51	109.27
	DCE	i1611	312	319	2015-12-31	278	2015-12-08	1461.66	34	42.99
	DCE	i1612	286	318	2015-12-30	285	2015-12-16	401.38	13	30.88
甲醇(MA) Menth-anol	ZCE	ME501	1806	1850	2015-01-07	1610	2015-01-15	7987.07	10	798.71
	ZCE	ME502	1810	1870	2015-01-05	1713	2015-02-02	718.48	30	23.95
	ZCE	ME503	1830	1965	2015-01-07	1779	2015-01-14	427.67	45	9.50
	ZCE	ME504	1964	2413	2015-03-17	1842	2015-01-14	2660.01	67	39.70
	ZCE	ME505	1984	2649	2015-04-28	1845	2015-01-13	4187197.00	88	47581.78
甲醇(ME) Menth-anol	ZCE	MA506	2030	2653	2015-04-28	1897	2015-01-13	254226840.42	108	2353952.23
	ZCE	MA507	2165	2716	2015-06-29	1938	2015-01-13	2488.76	129	19.29
	ZCE	MA508	2095	2652	2015-04-28	1972	2015-01-13	4148.70	152	27.29
	ZCE	MA509	2109	2654	2015-04-28	1757	2015-08-26	207673262.27	173	1200423.48
	ZCE	MA510	2088	2644	2015-04-28	1850	2015-08-27	5787.85	193	29.99
	ZCE	MA511	2039	2649	2015-04-28	1828	2015-09-07	22287.54	210	106.13
	ZCE	MA512	2219	2655	2015-04-28	1875	2015-08-26	1538.91	231	6.66
	ZCE	MA601	2096	2677	2015-04-28	1707	2015-12-31	183338040.67	234	783495.90
	ZCE	MA602	2389	2695	2015-04-28	1757	2015-12-18	1878.60	214	8.78
	ZCE	MA603	2406	2645	2015-05-07	1660	2015-11-24	2085.31	199	10.48
	ZCE	MA604	2523	2603	2015-04-20	1631	2015-11-24	1283.15	177	7.25
	ZCE	MA605	2522	2536	2015-05-18	1586	2015-11-24	44582972.90	156	285788.29
	ZCE	MA606	2568	2568	2015-06-19	1617	2015-12-08	4062.01	136	29.87
	ZCE	MA607	2166	2244	2015-07-30	1619	2015-12-04	108.49	115	0.94
	ZCE	MA608	2179	2179	2015-08-18	1603	2015-12-09	188.41	92	2.05
	ZCE	MA609	1989	2076	2015-10-09	1563	2015-12-09	638708.89	71	8995.90
	ZCE	MA610	1586	1772	2015-12-24	1563	2015-12-09	126.58	51	2.48
	ZCE	MA611	1748	1782	2015-12-30	1590	2015-11-24	49.73	34	1.46
	ZCE	MA612	1687	1709	2015-12-24	1687	2015-12-18	3.40	13	0.26
PTA	ZCE	TA501	4618	4642	2015-01-05	4340	2015-01-14	19876.20	10	1987.62
	ZCE	TA502	4656	4670	2015-01-23	4364	2015-01-14	1383.82	30	46.13
	ZCE	TA503	4630	4910	2015-03-02	4428	2015-01-14	1467.22	45	32.60
	ZCE	TA504	4626	5064	2015-03-03	4470	2015-01-15	2422.19	67	36.15
	ZCE	TA505	4824	5438	2015-05-07	4464	2015-04-02	114443631.81	88	1300495.82
	ZCE	TA506	4824	5460	2015-05-07	4514	2015-01-14	28672.98	108	265.49
	ZCE	TA507	4734	5444	2015-04-23	4400	2015-07-13	3452.77	129	26.77
	ZCE	TA508	4722	5580	2015-05-06	4458	2015-07-17	11489.02	152	75.59

5-9 续表 4 continued

交易品种 Futures Products	上市交易所 Futures Exchange	合约 Contracts	年开盘价(元/吨) Opening Price of the Year (yuan/ton)	年最高价(元/吨) Highest Price of the Year (yuan/ton)	最高价日 Highest Day	年最低价(元/吨) Lowest Price of the Year (yuan/ton)	最低价日 Lowest Day	成交金额(万元) Trading Turnover (10 thousand yuan)	交易天数(天) Trading Days (day)	日均成交金额(万元) Daily Trading Turnover (10 thousand yuan)
PTA	ZCE	TA509	4910	5634	2015-05-07	4018	2015-08-25	231839658.58	173	1340113.63
	ZCE	TA510	4736	5660	2015-05-07	4152	2015-08-27	17882.44	193	92.66
	ZCE	TA511	4804	5698	2015-05-07	4202	2015-08-27	5707.55	210	27.18
	ZCE	TA512	4846	5634	2015-05-06	4128	2015-12-14	6709.31	231	29.04
	ZCE	TA601	4800	5750	2015-05-07	4150	2015-12-15	160214423.26	234	684677.02
	ZCE	TA602	5312	5668	2015-05-06	4268	2015-12-16	3385.09	214	15.82
	ZCE	TA603	4830	5692	2015-05-06	4290	2015-12-18	3298.18	199	16.57
	ZCE	TA604	5512	5760	2015-05-07	4274	2015-12-15	1003.77	177	5.67
	ZCE	TA605	5454	5668	2015-06-11	4260	2015-12-15	49182411.95	156	315271.87
	ZCE	TA606	5398	5398	2015-06-16	4288	2015-12-14	1614.43	136	11.87
	ZCE	TA607	4902	4912	2015-08-11	4306	2015-12-14	369.00	115	3.21
	ZCE	TA608	4608	4848	2015-09-11	4342	2015-11-24	69.89	92	0.76
	ZCE	TA609	4840	4850	2015-10-12	4272	2015-12-09	787400.45	71	11090.15
	ZCE	TA610	4550	4772	2015-10-22	4314	2015-12-08	260.82	51	5.11
	ZCE	TA611	4466	4568	2015-12-01	4268	2015-12-08	189.80	34	5.58
	ZCE	TA612	4644	4644	2015-12-23	4460	2015-12-25	4.55	13	0.35
动力煤 TC Thermal Coal	ZCE	TC501	505	529	2015-01-05	504.8	2015-01-05	17345.44	5	3469.09
	ZCE	TC502	483	499.2	2015-01-12	471	2015-01-14	222.21	25	8.89
	ZCE	TC503	—	—	—	—	—	0.00	40	0.00
	ZCE	TC504	470	501	2015-01-26	450.4	2015-03-20	47.71	62	0.77
	ZCE	TC505	481	487	2015-01-06	380	2015-04-30	3055028.95	83	36807.58
	ZCE	TC506	476.4	476.4	2015-01-15	396.6	2015-05-15	160.77	103	1.56
	ZCE	TC507	409.8	412.6	2015-06-23	387.6	2015-06-24	63.67	124	0.51
	ZCE	TC508	412.8	412.8	2015-04-17	395.6	2015-04-17	81.33	147	0.55
	ZCE	TC509	484.6	489	2015-01-06	333.8	2015-09-02	6577532.70	168	39151.98
	ZCE	TC510	494.8	494.8	2015-01-05	355	2015-09-29	1033.42	188	5.50
	ZCE	TC511	469.4	494.2	2015-01-05	336	2015-10-26	963.26	205	4.70
	ZCE	TC512	395.6	398	2015-07-31	339	2015-10-27	568.13	226	2.51
	ZCE	TC601	480.2	493.2	2015-01-29	304.8	2015-12-31	3879230.46	239	16231.09
	ZCE	TC602	436.8	436.8	2015-07-01	316.4	2015-11-17	357.64	219	1.63
	ZCE	TC603	456	457.8	2015-03-25	304.4	2015-12-22	295.65	204	1.45
	ZCE	TC604	430.4	453	2015-05-18	255.8	2015-12-30	978.28	182	5.38
动力煤 ZC Thermal Coal	ZCE	ZC605	440	447.8	2015-05-26	278.4	2015-11-24	2724638.02	156	17465.63
	ZCE	ZC606	466	466	2015-06-08	281.4	2015-11-20	410.13	141	2.91
	ZCE	ZC607	410.8	410.8	2015-07-30	305.8	2015-12-29	52.56	120	0.44
	ZCE	ZC608	394.6	394.6	2015-08-11	302	2015-12-28	97.51	97	1.01
	ZCE	ZC609	361.6	365	2015-09-15	275.8	2015-11-24	222662.49	76	2929.77
	ZCE	ZC610	347	347	2015-10-20	297.4	2015-12-14	49.91	56	0.89
	ZCE	ZC611	324.8	324.8	2015-12-01	300	2015-12-01	12.45	39	0.32
	ZCE	ZC612	305.6	314.8	2015-12-29	297.6	2015-12-31	64.75	18	3.60
玻璃 Glass	ZCE	FG501	1070	1120	2015-01-05	1063	2015-01-05	2685.53	10	268.55
	ZCE	FG502	1091	1092	2015-01-22	1016	2015-01-07	16.96	30	0.57
	ZCE	FG503	1102	1102	2015-01-06	1008	2015-01-26	67.93	45	1.51
	ZCE	FG504	1069	1086	2015-01-05	1000	2015-03-27	62.05	67	0.93

5–9 续表 5 continued

交易品种 Futures Products	上市交易所 Futures Exchange	合约 Contracts	年开盘价(元/吨) Opening Price of the Year (yuan/ton)	年最高价(元/吨) Highest Price of the Year (yuan/ton)	最高价日 Highest Day	年最低价(元/吨) Lowest Price of the Year (yuan/ton)	最低价日 Lowest Day	成交金额(万元) Trading Turnover (10 thousand yuan)	交易天数(天) Trading Days (day)	日均成交金额(万元) Daily Trading Turnover (10 thousand yuan)
玻璃 Glass	ZCE	FG505	1056	1100	2015-05-04	1012	2015-01-14	251813.58	88	2861.52
	ZCE	FG506	944	985	2015-03-31	890	2015-04-10	16893928.28	108	156425.26
	ZCE	FG507	935	964	2015-03-30	870	2015-07-08	4393.81	129	34.06
	ZCE	FG508	941	983	2015-03-24	830	2015-07-27	1799.35	152	11.84
	ZCE	FG509	934	979	2015-03-30	803	2015-07-09	23209556.45	173	134159.29
	ZCE	FG510	941	972	2015-02-27	802	2015-09-29	2548.06	193	13.20
	ZCE	FG511	929	1124	2015-11-02	823	2015-07-09	1226.43	210	5.84
	ZCE	FG512	946	1019	2015-11-25	820	2015-09-24	4456.66	231	19.29
	ZCE	FG601	899	962	2015-03-30	791	2015-07-09	26049546.34	234	111322.85
	ZCE	FG602	958	967	2015-06-25	813	2015-10-15	961.39	214	4.49
	ZCE	FG603	931	956	2015-06-10	790	2015-11-24	515.91	199	2.59
	ZCE	FG604	871	973	2015-05-05	790	2015-11-24	300.05	177	1.70
	ZCE	FG605	927	944	2015-06-02	760	2015-11-24	7447798.31	156	47742.30
	ZCE	FG606	892	970	2015-06-17	794	2015-11-24	2319.10	136	17.05
	ZCE	FG607	840	901	2015-08-10	809	2015-11-24	275.59	115	2.40
	ZCE	FG608	943	943	2015-08-21	788	2015-11-24	182.73	92	1.99
	ZCE	FG609	850	867	2015-11-04	762	2015-11-24	314827.66	71	4434.19
	ZCE	FG610	823	872	2015-10-27	776	2015-11-24	162.96	51	3.20
	ZCE	FG611	795	845	2015-11-16	768	2015-11-24	821.56	34	24.16
	ZCE	FG612	870	916	2015-12-22	870	2015-12-15	2157.87	13	165.99
硅铁 Ferrosilicon	ZCE	SF501	—	—	—	—	—	0.00	10	0.00
	ZCE	SF502	—	—	—	—	—	0.00	30	0.00
	ZCE	SF503	—	—	—	—	—	0.00	45	0.00
	ZCE	SF504	—	—	—	—	—	0.00	67	0.00
	ZCE	SF505	5300	5442	2015-01-13	4464	2015-04-10	4976.73	88	56.55
	ZCE	SF506	—	—	—	—	—	0.00	108	0.00
	ZCE	SF507	—	—	—	—	—	0.00	129	0.00
	ZCE	SF508	4732	4732	2015-07-06	4732	2015-07-06	4.73	152	0.03
	ZCE	SF509	4320	5264	2015-08-14	4320	2015-04-13	1108.06	173	6.40
	ZCE	SF510	4484	4498	2015-07-06	4484	2015-07-06	4.49	193	0.02
	ZCE	SF511	—	—	—	—	—	0.00	210	0.00
	ZCE	SF512	—	—	—	—	—	0.00	231	0.00
	ZCE	SF601	4270	5214	2015-09-15	3366	2015-12-04	68875.23	234	294.34
	ZCE	SF602	—	—	—	—	—	0.00	214	0.00
	ZCE	SF603	5068	5068	2015-08-31	4540	2015-08-31	4.80	199	0.02
	ZCE	SF604	—	—	—	—	—	0.00	177	0.00
	ZCE	SF605	5032	5100	2015-10-23	3442	2015-11-30	1172.11	156	7.51
	ZCE	SF606	3476	3570	2015-12-03	3476	2015-12-03	17.62	136	0.13
	ZCE	SF607	3040	3570	2015-12-03	3040	2015-12-03	16.53	115	0.14
	ZCE	SF608	—	—	—	—	—	0.00	92	0.00
	ZCE	SF609	3274	3574	2015-12-08	3274	2015-12-08	6.85	71	0.10
	ZCE	SF610	—	—	—	—	—	0.00	51	0.00
	ZCE	SF611	3802	3802	2015-11-23	3700	2015-11-23	3.75	34	0.11
	ZCE	SF612	—	—	—	—	—	0.00	13	0.00

5-9 续表 6 continued

交易品种 Futures Products	上市交易所 Futures Exchange	合约 Contracts	年开盘价(元/吨) Opening Price of the Year (yuan/ton)	年最高价(元/吨) Highest Price of the Year (yuan/ton)	最高价日 Highest Day	年最低价(元/吨) Lowest Price of the Year (yuan/ton)	最低价日 Lowest Day	成交金额(万元) Trading Turnover (10 thousand yuan)	交易天数(天) Trading Days (day)	日均成交金额(万元) Daily Trading Turnover (10 thousand yuan)
锰硅 Ferromanganese-silicon	ZCE	SM501	6050	6160	2015-01-12	5950	2015-01-08	1796.12	10	179.61
	ZCE	SM502	—	—	—	—	—	0.00	30	0.00
	ZCE	SM503	—	—	—	—	—	0.00	45	0.00
	ZCE	SM504	—	—	—	—	—	0.00	67	0.00
	ZCE	SM505	5950	5950	2015-01-08	5076	2015-04-13	29666.05	88	337.11
	ZCE	SM506	—	—	—	—	—	0.00	108	0.00
	ZCE	SM507	5190	5570	2015-05-15	5160	2015-05-19	32.24	129	0.25
	ZCE	SM508	5280	5570	2015-05-15	5280	2015-05-15	5.43	152	0.04
	ZCE	SM509	5450	5450	2015-06-04	4906	2015-07-06	133.99	173	0.77
	ZCE	SM510	4448	5052	2015-07-06	4448	2015-07-06	9.20	193	0.05
	ZCE	SM511	—	—	—	—	—	0.00	210	0.00
	ZCE	SM512	—	—	—	—	—	0.00	231	0.00
	ZCE	SM601	5918	5966	2015-05-12	3452	2015-10-30	73391.93	234	313.64
	ZCE	SM602	—	—	—	—	—	0.00	214	0.00
	ZCE	SM603	4540	4540	2015-07-06	3100	2015-12-14	14.96	199	0.08
	ZCE	SM604	5100	5398	2015-07-14	4562	2015-07-02	54.82	177	0.31
	ZCE	SM605	4446	4484	2015-07-06	3132	2015-11-12	1393.84	156	8.93
	ZCE	SM606	—	—	—	—	—	0.00	136	0.00
	ZCE	SM607	4854	5396	2015-08-07	4728	2015-08-19	97.64	115	0.85
	ZCE	SM608	—	—	—	—	—	0.00	92	0.00
	ZCE	SM609	3358	3808	2015-11-26	3260	2015-11-12	116.04	71	1.63
	ZCE	SM610	3868	3868	2015-11-23	3482	2015-11-23	66.48	51	1.30
	ZCE	SM611	—	—	—	—	—	0.00	34	0.00
	ZCE	SM612	—	—	—	—	—	0.00	13	0.00
燃料油 Fuel Oil	SHFE	fu1503	2979	3418	2015-02-17	2725	2015-02-02	943.66	14	67.40
	SHFE	fu1504	3001	3304	2015-01-14	2892	2015-03-09	396.51	9	44.06
	SHFE	fu1505	2939	3350	2015-02-05	2939	2015-01-12	622.86	11	56.62
	SHFE	fu1506	3276	4089	2015-03-10	2750	2015-05-25	34536.68	82	421.18
	SHFE	fu1507	3327	3617	2015-03-11	2797	2015-06-25	595.31	21	28.35
	SHFE	fu1508	3307	3773	2015-05-06	2081	2015-07-23	683.85	22	31.08
	SHFE	fu1509	3280	3887	2015-05-06	1671	2015-08-31	10206.95	96	106.32
	SHFE	fu1510	3277	3727	2015-05-05	1783	2015-08-28	3727.48	50	74.55
	SHFE	fu1511	3559	3559	2015-02-03	2232	2015-07-24	221.40	10	22.14
	SHFE	fu1512	3335	3740	2015-05-05	2120	2015-11-09	913.50	35	26.10
	SHFE	fu1601	3494	3599	2015-02-25	1983	2015-09-07	1661.94	36	46.17
	SHFE	fu1603	3672	3672	2015-03-05	2203	2015-11-02	98.28	4	24.57
	SHFE	fu1604	3452	3452	2015-04-07	2261	2015-12-16	1730.95	27	64.11
	SHFE	fu1605	2650	2699	2015-09-21	2258	2015-10-27	274.79	14	19.63
	SHFE	fu1606	3734	3734	2015-06-16	2256	2015-12-08	174.95	3	58.32
	SHFE	fu1607	2699	2699	2015-09-09	2372	2015-09-16	62.71	3	20.90
	SHFE	fu1608	—	—	2015-08-03	—	2015-08-03	0.00	0	—

5-9 续表 7 continued

交易品种 Futures Products	上市交易所 Futures Exchange	合约 Contracts	年开盘价(元/吨) Opening Price of the Year (yuan/ton)	年最高价(元/吨) Highest Price of the Year (yuan/ton)	最高价日 Highest Day	年最低价(元/吨) Lowest Price of the Year (yuan/ton)	最低价日 Lowest Day	成交金额(万元) Trading Turnover (10 thousand yuan)	交易天数(天) Trading Days (day)	日均成交金额(万元) Daily Trading Turnover (10 thousand yuan)
燃料油 Fuel Oil	SHFE	fu1609	2740	2764	2015-09-11	2242	2015-09-01	557.28	8	69.66
	SHFE	fu1610	—	—	2015-10-08	—	2015-10-08	0.00	0	—
	SHFE	fu1611	—	—	2015-11-02	—	2015-11-02	0.00	0	—
	SHFE	fu1612	2719	2719	2015-12-10	2363	2015-12-10	76.38	4	19.09
石油沥青 Bitumen	SHFE	bu1501	3520	3692	2015-01-09	3478	2015-01-09	28.98	3	9.66
	SHFE	bu1502	—	—	2015-01-05	—	2015-01-05	0.00	0	—
	SHFE	bu1503	3276	3424	2015-01-16	2550	2015-02-27	302.89	18	16.83
	SHFE	bu1504	3178	3396	2015-01-12	2592	2015-04-10	14.66	4	3.67
	SHFE	bu1505	3360	3646	2015-04-16	2536	2015-01-27	867.31	30	28.91
	SHFE	bu1506	3498	3666	2015-01-06	2660	2015-06-15	9851329.28	109	90379.17
	SHFE	bu1507	3098	3588	2015-04-13	2632	2015-07-13	311.96	17	18.35
	SHFE	bu1508	3230	3346	2015-05-18	2366	2015-07-31	98.48	12	8.21
	SHFE	bu1509	3550	3592	2015-05-06	2218	2015-08-25	6159505.09	156	39484.01
	SHFE	bu1510	3348	3562	2015-05-08	2324	2015-08-25	245.79	21	11.70
	SHFE	bu1511	3270	3270	2015-06-25	2336	2015-10-30	797.27	34	23.45
	SHFE	bu1512	3398	3688	2015-05-06	1630	2015-12-14	38865772.15	161	241402.31
	SHFE	bu1601	2566	2696	2015-07-17	1642	2015-12-11	11569583.93	107	108126.95
	SHFE	bu1602	2326	2486	2015-10-09	1660	2015-12-11	1772.46	44	40.28
	SHFE	bu1603	3468	3730	2015-05-05	1708	2015-12-10	3236.14	138	23.45
	SHFE	bu1604	2344	2344	2015-11-09	1706	2015-12-11	188.85	20	9.44
	SHFE	bu1605	2112	2244	2015-11-17	1724	2015-12-11	22616.24	33	685.34
	SHFE	bu1606	3028	3784	2015-05-06	1724	2015-12-11	7079416.21	206	34366.10
	SHFE	bu1609	3200	3810	2015-04-29	1784	2015-12-11	23462.76	200	117.31
	SHFE	bu1612	3240	3830	2015-05-05	1818	2015-12-16	6416.10	180	35.65
	SHFE	bu1703	3910	3910	2015-05-18	1954	2015-12-22	549.10	52	10.56
	SHFE	bu1706	3142	3360	2015-07-06	1924	2015-12-11	1092.76	78	14.01
	SHFE	bu1709	2472	2738	2015-10-09	1980	2015-12-11	494.78	37	13.37
	SHFE	bu1712	2172	2250	2015-12-24	2038	2015-12-21	41.02	4	10.26

注：1.成交量、成交金额为单边数据。
2.年开盘价和年最高价以自然年为统计周期；若自然年首个交易日无交易，则使用第一个交易日的开盘价作为年开盘价。

数据来源：上海期货交易所、郑州商品交易所、大连商品交易所。
Source：SHFE、ZCE、DCE.

5–10 2015年金融期货交易情况
Futures Trading of Financial Futures in 2015

交易品种 Futures Products	上市交易所 Futures Exchange	合约 Contracts	年开盘价（元）Opening Price of the Year (yuan)	年最高价（元）Highest Price of the Year (yuan)	最高价日 Highest Day	年最低价（元）Lowest Price of the Year (yuan)	最低价日 Lowest Day	成交金额（亿元）Trading Turnover (100 million yuan)	交易天数（天）Trading Days (day)	日均成交金额(亿元) Daily Trading Turnover (100 million yuan)
沪深300股指期货 Index Futures	CFFEX	IF1501	3619.0	3768.8	2015-01-05	3463.6	2015-01-12	126034.23	10	12603.42
	CFFEX	IF1502	3645.0	3817.6	2015-01-05	3287.2	2015-02-06	293631.32	33	8897.92
	CFFEX	IF1503	3681.0	3895.6	2015-03-20	3311.4	2015-02-06	262320.17	50	5246.40
	CFFEX	IF1504	3501.2	4615.6	2015-04-17	3439.6	2015-03-09	354142.18	36	9837.28
	CFFEX	IF1505	3955.8	4826.8	2015-04-30	3908.8	2015-03-26	362528.48	38	9540.22
	CFFEX	IF1506	3710.0	5400.0	2015-06-08	3362.8	2015-02-06	716620.15	113	6341.77
	CFFEX	IF1507	4573.0	5394.4	2015-06-15	3363.0	2015-07-09	477386.59	44	10849.70
	CFFEX	IF1508	4588.0	4905.2	2015-06-25	3133.0	2015-07-09	548634.29	44	12468.96
	CFFEX	IF1509	3717.8	5388.0	2015-06-10	2686.0	2015-08-26	253178.97	165	1534.42
	CFFEX	IF1510	3385.8	3526.4	2015-10-16	2614.6	2015-08-26	3192.50	33	96.74
	CFFEX	IF1511	3089.8	3833.0	2015-11-09	2971.8	2015-09-29	3936.49	40	98.41
	CFFEX	IF1512	4632.0	5410.2	2015-06-10	2532.0	2015-08-26	14690.63	166	88.50
	CFFEX	IF1601	3562.2	3858.6	2015-12-23	3351.2	2015-11-30	2052.49	29	70.78
	CFFEX	IF1602	3638.6	3806.8	2015-12-23	3599.0	2015-12-28	28.37	9	3.15
	CFFEX	IF1603	4000.0	4150.4	2015-07-24	2554.0	2015-08-26	629.64	112	5.62
	CFFEX	IF1606	3177.0	3637.2	2015-12-23	3047.2	2015-10-21	59.41	54	1.10
5年期国债期货 5 Years Treasury Future	CFFEX	TF1503	96.8	99.5	2015-03-12	96.3	2015-01-05	1522.21	45	33.83
	CFFEX	TF1506	97.4	99.5	2015-02-25	95.2	2015-06-01	8549.48	108	79.16
	CFFEX	TF1509	97.5	100.1	2015-02-25	95.1	2015-06-01	5517.73	170	32.46
	CFFEX	TF1512	99.1	100.8	2015-11-30	97.2	2015-06-01	19003.14	185	102.72
	CFFEX	TF1603	98.0	101.1	2015-12-29	97.8	2015-06-29	8879.94	136	65.29
	CFFEX	TF1606	—	101.1	2015-11-04	98.6	2015-09-22	112.07	74	1.51
	CFFEX	TF1609	100.1	100.8	2015-12-25	100.0	2015-12-16	10.41	14	0.74
10年期国债期货 10 Years Treasury Future	CFFEX	T1509	96.9	98.1	2015-04-30	93.9	2015-06-01	2960.32	121	24.47
	CFFEX	T1512	97.5	100.2	2015-12-11	94.4	2015-06-01	7305.46	181	40.36
	CFFEX	T1603	97.4	100.6	2015-12-29	94.4	2015-06-01	6095.22	195	31.26
	CFFEX	T1606	—	100.4	2015-12-29	96.4	2015-09-22	138.19	74	1.87
	CFFEX	T1609	99.0	100.4	2015-12-29	98.8	2015-12-16	12.56	14	0.90
上证50股指期货 SSE 50 Index Futures	CFFEX	IH1505	3100.0	3376.0	2015-04-28	3051.2	2015-05-08	43496.98	21	2071.28
	CFFEX	IH1506	3153.0	3565.0	2015-06-09	2926.6	2015-06-19	94297.32	46	2049.94
	CFFEX	IH1507	3027.4	3585.0	2015-06-09	2355.2	2015-07-09	84333.48	44	1916.67
	CFFEX	IH1508	2946.2	3122.0	2015-06-25	2250.0	2015-07-09	48064.91	44	1092.38
	CFFEX	IH1509	3089.0	3608.6	2015-06-09	1781.0	2015-08-26	31611.12	108	292.70
	CFFEX	IH1510	2214.2	2340.0	2015-10-15	1750.0	2015-08-26	739.17	33	22.40
	CFFEX	IH1511	2068.4	2564.8	2015-11-09	2040.0	2015-09-29	985.42	40	24.64
	CFFEX	IH1512	3118.8	3676.6	2015-06-09	1721.0	2015-08-26	2655.40	168	15.81
	CFFEX	IH1601	2375.0	2512.8	2015-12-23	2250.0	2015-11-30	552.22	29	19.04
	CFFEX	IH1602	2368.6	2486.0	2015-12-23	2362.2	2015-12-30	8.92	9	0.99
	CFFEX	IH1603	2741.6	2744.0	20150720	1727.0	20150826	162.05	112	1.45
	CFFEX	IH1606	2210.0	2544.4	20151109	2107.4	20151021	15.82	54	0.29
中证500股指期货 CSI 500 Index Futures	CFFEX	IC1505	7681.0	8813.6	2015-05-14	7480.2	2015-04-16	42017.78	21	2000.85
	CFFEX	IC1506	7520.0	11585.0	2015-06-12	7464.4	2015-04-16	150720.56	46	3276.53
	CFFEX	IC1507	8597.6	11590.0	2015-06-15	5900.0	2015-07-09	94413.37	44	2145.76
	CFFEX	IC1508	10018.0	10155.0	2015-06-24	5450.2	2015-07-09	57177.86	44	1299.50
	CFFEX	IC1509	7752.8	11684.2	2015-06-03	5101.8	2015-09-02	33293.05	108	308.27
	CFFEX	IC1510	6868.2	7099.2	2015-10-16	4794.2	2015-09-02	2237.91	33	67.82
	CFFEX	IC1511	5558.0	7829.8	2015-11-20	5482.6	2015-09-25	3239.00	40	80.97
	CFFEX	IC1512	7799.6	11627.2	2015-06-03	4533.8	2015-09-02	6553.70	168	39.01
	CFFEX	IC1601	7201.0	7666.8	2015-12-23	6687.0	2015-11-30	1482.85	29	51.13
	CFFEX	IC1602	7247.6	7463.0	2015-12-23	7081.2	2015-12-28	22.10	9	2.46
	CFFEX	IC1603	7528.2	7889.8	2015-07-24	4412.8	2015-09-02	316.43	112	2.83
	CFFEX	IC1606	6030.0	6922.0	2015-12-23	5750.0	2015-11-03	34.63	54	0.64

注：1.成交量、成交金额为单边数据。

2.年开盘价和年最高价以自然年为统计周期；若自然年首个交易日无交易，则使用第一个交易日的开盘价作为年开盘价。

数据来源：中国金融期货交易所。

Source：CFFEX.

5–11　2015年期货市场主力合约情况

Statistics of Dominate Contract in 2015

交易所 Exchanges	交易品种	Futures Products	持仓量（手） Positions (lot)	上年末最后交易日结算价（元/吨） Last Trading Day Clearing Price of Last Year (yuan/ton)	本年末最后交易日结算价（元/吨） Last Trading Day Clearing Price of This Year (yuan/ton)	涨跌幅(%) Range of Fluctuation (%)
上海期货交易所 SHFE	铜	Copper	142050	45620	36520	-19.95
	铝	Aluminum	121345	13080	10810	-17.35
	锌	Zinc	84736	16655	13430	-19.36
	铅	Lead	8489	12410	13145	5.92
	黄金(元/克)	Gold (yuan/g)	128839	242.65	226.30	-6.74
	白银(元/千克)	Silver (yuan/kg)	251429	3524	3294	-6.53
	螺纹钢	Steel Rebar	1634287	2593	1789	-31.01
	线材	Steel Wire Rod	0	2801	1911	-31.77
	热轧卷板	Hot Rolled Coils	49206	2924	1949	-33.34
	燃料油	Fuel Oil	6	2979	2530	-15.07
	石油沥青	Bitumen	92152	3516	1902	-45.90
	天然橡胶	Natural Rubber	123196	13525	10605	-21.59
	锡	Tin	2751	—	93280	—
	镍	Nickel	214584	—	70360	—
郑州商品交易所 ZCE	强麦(WH)	Strong Gluten Wheat	31478	2540	2889	13.74
	普麦	Wheat	13	2646	2320	-12.32
	棉花	Cotton	165188	13310	11400	-14.35
	白糖	Sugar	488181	4615	5655	22.54
	菜籽油(OI)	Rapeseed Oil	93264	6082	5692	-6.41
	早籼稻(RI)	Early Indica Rice	2	2277	2609	14.58
	晚籼稻	Late Indica Rice	2	2890	2450	-15.22
	甲醇(MA)	Menthanol	268365	2057	1738	-15.51
	甲醇(ME)	Menthanol	0	2005	—	—
	玻璃	Glass	124698	956	833	-12.87
	油菜籽	Rapeseed	360	4462	3995	-10.47
	菜籽粕	Rapeseed Meal	268370	2272	1914	-15.76
	动力煤（TC）	Thermal Coal	513	484	309.4	-36.07
	动力煤（ZC）	Thermal Coal	32897	—	306.2	—
	硅铁	Silicon Iron	51	5354	3728	-30.37
	锰硅	Manganese Silicon	104	6080	3838	-36.88
	粳稻	Japonica Rice	0	3000	2981	-0.63
	PTA	PTA	409807	4872	4466	-8.33
大连商品交易所 DCE	玉米	Corn	588042	2386	1893	-20.66
	玉米淀粉	Corn Starch	232823	2718	2046	-24.72
	黄大豆1号	Soybean No.1	98991	4505	3615	-19.76
	黄大豆2号	Soybean No.2	4	3260	3275	0.46
	豆粕	Soybean Meal	755568	2884	2367	-17.93
	豆油	Soybean Oil	308004	5728	5706	-0.38
	棕榈油	RBD Palm Oil	397610	5074	4850	-4.41
	鸡蛋(元/500千克)	Egg(yuan/500 kg)	78605	4302	3215	-25.27
	胶合板(元/张)	Blockboard(yuan)	18	129	83.4	-35.55
	纤维板(元/张)	Fiberboard(yuan)	26	61	52.45	-14.23
	聚乙烯	LLDPE	264479	8495	8040	-5.36
	聚丙烯	Polypropylene	297678	7892	5859	-25.76
	聚氯乙烯	PVC	23735	5450	4840	-11.19
	焦炭	Coke	78383	1039	645	-37.92
	焦煤	Coking Coal	105583	737	562	-23.74
	铁矿石	Iron Ore	728228	508	325	-36.12
中国金融期货交易所 CFFEX	沪深300股指期货	Index Futures	29113	3579.8	3672.8	2.60
	上证50股指期货	SSE 50 Index Futures	23198	96.7	100.7	4.13
	中证500股指期货	CSI 500 Index Futures	25937	—	100.1	—
	5年期国债期货	5 Years Treasury Future	11063	—	2403.6	—
	10年期国债期货	10 Years Treasury Future	14285	—	7399.0	—

注：1.主力合约选用统计期末各期限合约中持仓量最大的合约，如持仓量相同则选取成交量最大合约为主力合约。
2.持仓量为2014年年末数据。
3.上年末最后交易日结算价指的是上年末最后交易日按持仓量最大来选取的主力合约结算价，本年末最后交易日结算价指的是本年末最后交易日按持仓量最大来选取的主力合约的结算价。

数据来源：上海期货交易所、郑州商品交易所、大连商品交易所、中国金融期货交易所。
Source：SHFE、ZCE、DCE、CFFEX.

5-12 2015年农产品期货持仓情况
Positions of Agricultural Products Futures in 2015

交易品种 Futures Products	上市交易所 Futures Exchange	合约 Contracts	最高持仓量（手） Highest Positions (lot)	最高持仓日期 Highest Positions Day	最后持仓量（手） Last Positions (lot)	最后持仓日期 Last Positions Day	年末持仓量（手） Positions at the End of the Year (lot)
玉米 Corn	DCE	c1501	3753	2015-01-05	1079	2015-01-15	0
	DCE	c1503	14	2015-01-07	4	2015-02-26	0
	DCE	c1505	77265	2015-01-05	11	2015-05-11	0
	DCE	c1507	148	2015-03-25	86	2015-06-30	0
	DCE	c1509	225506	2015-07-27	18016	2015-09-15	0
	DCE	c1511	392	2015-01-07	37	2015-10-30	0
	DCE	c1601	389467	2015-10-13	2565	2015-12-31	2565
	DCE	c1603	226	2015-12-31	226	2015-12-31	226
	DCE	c1605	733122	2015-11-23	588042	2015-12-31	588042
	DCE	c1607	767	2015-12-30	767	2015-12-31	767
	DCE	c1609	306179	2015-12-28	276573	2015-12-31	276573
	DCE	c1611	637	2015-12-30	635	2015-12-31	635
玉米淀粉 Corn Starch	DCE	cs1503	66	2015-01-05	52	2015-03-12	0
	DCE	cs1505	26676	2015-03-17	136	2015-05-14	0
	DCE	cs1507	106	2015-07-03	21	2015-07-13	0
	DCE	cs1509	19702	2015-04-09	2624	2015-09-15	0
	DCE	cs1511	9	2015-09-28	1	2015-10-30	0
	DCE	cs1601	134132	2015-11-12	11367	2015-12-31	11367
	DCE	cs1603	47	2015-11-09	33	2015-12-31	33
	DCE	cs1605	280037	2015-12-04	232823	2015-12-31	232823
	DCE	cs1607	9	2015-12-08	9	2015-12-31	9
	DCE	cs1609	161463	2015-12-29	135868	2015-12-31	135868
	DCE	cs1611	26	2015-12-31	26	2015-12-31	26
黄大豆1号 Soybean No.1	DCE	a1501	14105	2015-01-05	976	2015-01-15	0
	DCE	a1503	129	2015-01-12	1	2015-03-05	0
	DCE	a1505	129770	2015-01-07	2581	2015-05-14	0
	DCE	a1507	21	2015-04-20	1	2015-07-13	0
	DCE	a1509	102707	2015-04-24	259	2015-09-15	0
	DCE	a1511	90	2015-07-15	20	2015-10-30	0
	DCE	a1601	80735	2015-08-10	3980	2015-12-31	3980
	DCE	a1603	558	2015-12-31	558	2015-12-31	558
	DCE	a1605	114086	2015-12-15	98991	2015-12-31	98991
	DCE	a1607	10	2015-04-27	5	2015-12-31	5
	DCE	a1609	20679	2015-12-29	19940	2015-12-31	19940
	DCE	a1611	9	2015-12-31	9	2015-12-31	9
	DCE	a1701	5524	2015-12-31	5524	2015-12-31	5524
	DCE	a1703	179	2015-11-16	82	2015-12-31	82
	DCE	a1705	279	2015-12-31	279	2015-12-31	279
黄大豆2号 Soybean No.2	DCE	b1501	0	2015-01-05	3	2014-12-29	0
	DCE	b1503	10	2015-01-22	5	2015-02-25	0
	DCE	b1505	173	2015-01-21	30	2015-05-08	0
	DCE	b1507	26	2015-06-01	1	2015-07-13	0
	DCE	b1509	518	2015-07-01	5	2015-09-15	0
	DCE	b1511	10	2015-09-16	1	2015-11-06	0
	DCE	b1601	20	2015-07-06	1	2015-12-18	0
	DCE	b1603	7	2015-04-30	1	2015-10-29	0
	DCE	b1605	5	2015-09-08	4	2015-12-31	4
	DCE	b1607	3	2015-08-10	1	2015-10-20	0
	DCE	b1609	1	2015-12-11	1	2015-12-31	1
	DCE	b1611	2	2015-12-29	2	2015-12-31	2
豆粕 Soybean Meal	DCE	m1501	7974	2015-01-05	4023	2015-01-15	0
	DCE	m1503	411	2015-01-05	116	2015-03-02	0
	DCE	m1505	1140526	2015-01-14	8804	2015-05-14	0

5–12 续表 1 continued

交易品种 Futures Products	上市交易所 Futures Exchange	合约 Contracts	最高持仓量(手) Highest Positions (lot)	最高持仓日期 Highest Positions Day	最后持仓量(手) Last Positions (lot)	最后持仓日期 Last Positions Day	年末持仓量(手) Positions at the End of the Year (lot)
豆粕 Soybean Meal	DCE	m1507	1918	2015-01-05	150	2015-07-13	0
	DCE	m1508	1134	2015-07-08	900	2015-08-13	0
	DCE	m1509	2260091	2015-06-01	1383	2015-09-15	0
	DCE	m1511	522	2015-01-05	29	2015-10-30	0
	DCE	m1512	342	2015-01-16	41	2015-12-11	0
	DCE	m1601	824461	2015-11-05	8974	2015-12-31	8974
	DCE	m1603	1425	2015-06-19	136	2015-12-31	136
	DCE	m1605	972377	2015-12-04	755568	2015-12-31	755568
	DCE	m1607	571	2015-12-17	330	2015-12-31	330
	DCE	m1608	26	2015-10-14	15	2015-12-31	15
	DCE	m1609	328690	2015-12-30	322438	2015-12-31	322438
	DCE	m1611	87	2015-12-29	86	2015-12-31	86
	DCE	m1612	1	2015-12-29	1	2015-12-31	1
豆油 Soybean Oil	DCE	y1501	3936	2015-01-05	391	2015-01-15	0
	DCE	y1503	219	2015-01-06	14	2015-03-12	0
	DCE	y1505	367847	2015-01-22	5645	2015-05-14	0
	DCE	y1507	14	2015-01-05	1	2015-06-25	0
	DCE	y1508	24	2015-02-06	1	2015-07-29	0
	DCE	y1509	559433	2015-05-05	8310	2015-09-15	0
	DCE	y1511	45	2015-09-21	5	2015-11-12	0
	DCE	y1512	14	2015-08-10	3	2015-12-11	0
	DCE	y1601	342107	2015-08-12	7461	2015-12-31	7461
	DCE	y1603	33	2015-07-28	6	2015-12-31	6
	DCE	y1605	329402	2015-12-04	308004	2015-12-31	308004
	DCE	y1607	5	2015-08-24	1	2015-12-24	0
	DCE	y1608	4	2015-12-30	4	2015-12-31	4
	DCE	y1609	86715	2015-12-31	86715	2015-12-31	86715
	DCE	y1611	5	2015-11-27	1	2015-12-31	1
	DCE	y1612	0	2015-12-15	—	—	—
棕榈油 RBD Palm Oil	DCE	p1501	7583	2015-01-05	7420	2015-01-15	0
	DCE	p1502	3	2015-01-05	1	2015-01-16	0
	DCE	p1503	9	2015-01-23	2	2015-03-11	0
	DCE	p1504	6	2015-02-06	2	2015-02-17	0
	DCE	p1505	273605	2015-01-15	1219	2015-05-14	0
	DCE	p1506	57	2015-01-19	1	2015-06-11	0
	DCE	p1507	9	2015-03-19	1	2015-06-29	0
	DCE	p1508	9	2015-04-20	1	2015-07-21	0
	DCE	p1509	418070	2015-05-04	14250	2015-09-15	0
	DCE	p1510	40	2015-05-14	2	2015-09-29	0
	DCE	p1511	14	2015-04-13	5	2015-11-02	0
	DCE	p1512	157	2015-08-10	13	2015-11-27	0
	DCE	p1601	418892	2015-09-25	25359	2015-12-31	25359
	DCE	p1602	17	2015-06-02	13	2015-12-31	13
	DCE	p1603	17	2015-06-02	1	2015-12-07	0
	DCE	p1604	61	2015-07-02	4	2015-12-31	4
	DCE	p1605	397610	2015-12-31	397610	2015-12-31	397610
	DCE	p1606	18	2015-12-21	7	2015-12-31	7
	DCE	p1607	2	2015-09-14	2	2015-12-25	0
	DCE	p1608	4	2015-11-20	3	2015-12-31	3
	DCE	p1609	54308	2015-12-31	54308	2015-12-31	54308
	DCE	p1610	3	2015-10-30	1	2015-11-20	0
	DCE	p1611	6	2015-12-15	6	2015-12-31	6
	DCE	p1612	0	2015-12-15	—	—	—

5-12 续表 2 continued

交易品种 Futures Products	上市交易所 Futures Exchange	合约 Contracts	最高持仓量(手) Highest Positions (lot)	最高持仓日期 Highest Positions Day	最后持仓量(手) Last Positions (lot)	最后持仓日期 Last Positions Day	年末持仓量(手) Positions at the End of the Year (lot)
鸡蛋 Egg	DCE	jd1501	18	2015-01-05	2	2015-01-15	0
	DCE	jd1502	31	2015-01-05	6	2015-01-28	0
	DCE	jd1503	259	2015-01-05	2	2015-03-12	0
	DCE	jd1504	18	2015-01-12	3	2015-03-31	0
	DCE	jd1505	73795	2015-01-22	21	2015-05-14	0
	DCE	jd1506	129	2015-05-04	1	2015-06-08	0
	DCE	jd1509	58531	2015-04-07	22	2015-09-15	0
	DCE	jd1510	243	2015-09-02	8	2015-10-20	0
	DCE	jd1511	152	2015-08-03	11	2015-11-12	0
	DCE	jd1512	39	2015-10-08	1	2015-12-11	0
	DCE	jd1601	88291	2015-10-14	140	2015-12-31	140
	DCE	jd1602	99	2015-12-09	93	2015-12-31	93
	DCE	jd1603	292	2015-12-31	292	2015-12-31	292
	DCE	jd1604	55	2015-12-31	55	2015-12-31	55
	DCE	jd1605	78605	2015-12-31	78605	2015-12-31	78605
	DCE	jd1606	57	2015-12-31	57	2015-12-31	57
	DCE	jd1609	12326	2015-12-31	12326	2015-12-31	12326
	DCE	jd1610	164	2015-12-31	164	2015-12-31	164
	DCE	jd1611	11	2015-12-28	11	2015-12-31	11
	DCE	jd1612	1	2015-12-21	1	2015-12-31	1
纤维板 Fiberboard	DCE	fb1501	199	2015-01-05	176	2015-01-15	0
	DCE	fb1502	4	2015-01-06	1	2015-02-12	0
	DCE	fb1503	111	2015-01-29	58	2015-03-12	0
	DCE	fb1504	12	2015-01-30	1	2015-04-09	0
	DCE	fb1505	1796	2015-01-15	186	2015-05-14	0
	DCE	fb1506	5	2015-05-06	3	2015-06-11	0
	DCE	fb1507	341	2015-05-29	112	2015-07-13	0
	DCE	fb1508	21	2015-05-14	13	2015-08-04	0
	DCE	fb1509	132	2015-01-15	2	2015-09-02	0
	DCE	fb1510	2	2015-01-05	1	2015-09-28	0
	DCE	fb1511	11	2015-05-12	6	2015-11-02	0
	DCE	fb1512	1	2015-02-09	1	2015-10-12	0
	DCE	fb1601	81	2015-09-21	26	2015-12-31	26
	DCE	fb1602	8	2015-12-25	2	2015-12-31	2
	DCE	fb1603	6	2015-08-13	1	2015-12-31	1
	DCE	fb1604	9	2015-12-31	9	2015-12-31	9
	DCE	fb1605	2	2015-09-15	1	2015-12-31	1
	DCE	fb1606	0	2015-06-15	—	—	—
	DCE	fb1607	0	2015-07-15	—	—	—
	DCE	fb1608	0	2015-08-17	—	—	—
	DCE	fb1609	0	2015-09-17	—	—	—
	DCE	fb1610	0	2015-10-22	—	—	—
	DCE	fb1611	0	2015-11-16	—	—	—
	DCE	fb1612	0	2015-12-15	—	—	—
胶合板 Blockboard	DCE	bb1501	2335	2015-01-05	1203	2015-01-15	0
	DCE	bb1502	4762	2015-01-13	270	2015-02-12	0
	DCE	bb1503	729	2015-01-15	212	2015-03-12	0
	DCE	bb1504	3	2015-01-05	2	2015-03-30	0
	DCE	bb1505	2467	2015-01-16	151	2015-05-14	0
	DCE	bb1506	3	2015-01-05	2	2015-05-27	0
	DCE	bb1507	1	2015-01-05	1	2015-06-18	0
	DCE	bb1508	18	2015-02-04	2	2015-08-13	0
	DCE	bb1509	894	2015-05-04	151	2015-09-15	0

5-12 续表 3 continued

交易品种 Futures Products	上市交易所 Futures Exchange	合约 Contracts	最高持仓量（手） Highest Positions (lot)	最高持仓日期 Highest Positions Day	最后持仓量（手） Last Positions (lot)	最后持仓日期 Last Positions Day	年末持仓量（手） Positions at the End of the Year (lot)
胶合板 Blockboard	DCE	bb1510	10	2015-03-30	1	2015-09-23	0
	DCE	bb1511	627	2015-03-20	77	2015-11-12	0
	DCE	bb1512	1	2015-01-19	1	2015-03-20	0
	DCE	bb1601	20	2015-12-18	18	2015-12-31	18
	DCE	bb1602	1	2015-03-12	1	2015-04-17	0
	DCE	bb1603	0	2015-03-16	—	—	—
	DCE	bb1604	1	2015-08-10	1	2015-08-11	0
	DCE	bb1605	2	2015-05-18	1	2015-05-27	0
	DCE	bb1606	0	2015-06-15	—	—	—
	DCE	bb1607	0	2015-07-15	—	—	—
	DCE	bb1608	0	2015-08-17	—	—	—
	DCE	bb1609	1	2015-09-17	1	2015-12-31	1
	DCE	bb1610	0	2015-10-22	—	—	—
	DCE	bb1611	0	2015-11-16	—	—	—
	DCE	bb1612	0	2015-12-15	—	—	—
棉花 Cotton	ZCE	CF501	12824	2015-01-05	8185	2015-01-15	0
	ZCE	CF503	586	2015-02-06	528	2015-03-12	0
	ZCE	CF505	239733	2015-01-08	11014	2015-05-14	0
	ZCE	CF507	2109	2015-05-11	640	2015-07-13	0
	ZCE	CF509	241861	2015-05-04	3778	2015-09-15	0
	ZCE	CF511	555	2015-09-25	272	2015-11-12	0
	ZCE	CF601	202086	2015-08-19	29570	2015-12-31	59140
	ZCE	CF603	350	2015-12-31	350	2015-12-31	700
	ZCE	CF605	201113	2015-12-10	165188	2015-12-31	330376
	ZCE	CF607	342	2015-12-10	331	2015-11-30	662
	ZCE	CF609	104954	2015-12-31	104954	2015-12-31	209908
	ZCE	CF611	301	2015-12-31	301	2015-12-31	602
粳稻 Japonica Rice	ZCE	JR501	0	—	0	—	0
	ZCE	JR503	0	—	0	—	0
	ZCE	JR505	0	—	0	—	0
	ZCE	JR507	0	—	0	—	0
	ZCE	JR509	1	2015-03-17	0	—	0
	ZCE	JR511	3	2015-08-25	0	—	0
	ZCE	JR601	1	2015-05-25	0	—	0
	ZCE	JR603	0	—	0	—	0
	ZCE	JR605	0	—	0	—	0
	ZCE	JR607	0	—	0	—	0
	ZCE	JR609	0	—	0	—	0
	ZCE	JR611	0	—	0	—	0
晚籼稻 Late Indica Rice	ZCE	LR501	561	2015-01-05	161	2015-01-15	0
	ZCE	LR503	0	—	0	—	0
	ZCE	LR505	260	2015-02-12	166	2015-05-14	0
	ZCE	LR507	0	—	0	—	0
	ZCE	LR509	0	—	0	—	0
	ZCE	LR511	0	—	0	—	0
	ZCE	LR601	1	2015-07-01	0	—	0
	ZCE	LR603	0	—	0	—	0
	ZCE	LR605	1	2015-07-03	1	2015-07-31	2
	ZCE	LR607	0	—	0	—	0
	ZCE	LR609	2	2015-12-22	2	2015-12-31	4
	ZCE	LR611	0	—	0	—	0
菜籽油 Rapeseed Oil	ZCE	OI501	2430	2015-01-08	1335	2015-01-15	0
	ZCE	OI503	4	2015-01-05	3	2015-01-30	0

5-12 续表 4 continued

交易品种 Futures Products	上市交易所 Futures Exchange	合约 Contracts	最高持仓量（手） Highest Positions (lot)	最高持仓日期 Highest Positions Day	最后持仓量（手） Last Positions (lot)	最后持仓日期 Last Positions Day	年末持仓量（手） Positions at the End of the Year (lot)
菜籽油 Rapeseed Oil	ZCE	OI505	79142	2015-01-20	1884	2015-05-14	0
	ZCE	OI507	10	2015-04-16	0	—	0
	ZCE	OI509	61681	2015-05-05	5185	2015-09-15	0
	ZCE	OI511	42	2015-06-04	0	—	0
	ZCE	OI601	95653	2015-09-22	2817	2015-12-31	5634
	ZCE	OI603	3	2015-07-20	1	2015-04-30	2
	ZCE	OI605	97694	2015-12-22	93264	2015-12-31	186528
	ZCE	OI607	2	2015-11-26	2	2015-11-30	0
	ZCE	OI609	26466	2015-12-31	26466	2015-12-31	52932
	ZCE	OI611	0	—	0	—	0
普麦 Wheat	ZCE	PM501	12	2015-01-05	3	2015-01-15	0
	ZCE	PM503	0	—	0	—	0
	ZCE	PM505	7	2015-01-23	0	—	0
	ZCE	PM507	0	—	0	—	0
	ZCE	PM509	8	2015-01-13	0	—	0
	ZCE	PM511	2	2015-05-27	0	—	0
	ZCE	PM601	324	2015-12-23	13	2015-12-31	26
	ZCE	PM603	1	2015-08-21	1	2015-08-31	2
	ZCE	PM605	7	2015-07-06	4	2015-12-31	8
	ZCE	PM607	1	2015-08-03	0	—	0
	ZCE	PM609	0	—	0	—	0
	ZCE	PM611	0	—	0	—	0
早籼稻 Early Indica Rice	ZCE	RI501	218	2015-01-05	192	2015-01-15	0
	ZCE	RI503	0	—	0	—	0
	ZCE	RI505	314	2015-01-05	0	—	0
	ZCE	RI507	2	2015-01-05	0	—	0
	ZCE	RI509	33	2015-03-16	2	2015-08-31	0
	ZCE	RI511	1	2015-01-05	0	—	0
	ZCE	RI601	119	2015-09-22	1	2015-12-31	2
	ZCE	RI603	6	2015-07-17	0	—	0
	ZCE	RI605	7	2015-07-02	2	2015-12-31	4
	ZCE	RI607	1	2015-08-24	0	—	0
	ZCE	RI609	0	—	0	—	0
	ZCE	RI611	0	—	0	—	0
菜籽粕 Rapeseed Meal	ZCE	RM501	2707	2015-01-05	1623	2015-01-15	0
	ZCE	RM503	9053	2015-01-05	693	2015-03-12	0
	ZCE	RM505	522097	2015-01-26	3900	2015-05-14	0
	ZCE	RM507	2018	2015-04-28	638	2015-07-13	0
	ZCE	RM508	1945	2015-06-24	1024	2015-08-13	0
	ZCE	RM509	904192	2015-05-07	1186	2015-09-15	0
	ZCE	RM511	14949	2015-01-14	369	2015-11-12	0
	ZCE	RM601	402419	2015-10-21	7957	2015-12-31	15914
	ZCE	RM603	3259	2015-12-31	3259	2015-12-31	6518
	ZCE	RM605	284156	2015-12-18	268370	2015-12-31	536740
	ZCE	RM607	239	2015-11-27	206	2015-12-31	412
	ZCE	RM608	13	2015-10-15	3	2015-12-31	6
	ZCE	RM609	62320	2015-12-30	58297	2015-12-31	116594
	ZCE	RM611	861	2015-12-28	710	2015-12-31	1420
油菜籽 Rapeseed	ZCE	RS507	34	2015-02-12	15	2015-06-30	0
	ZCE	RS508	3	2015-05-15	3	2015-05-29	0
	ZCE	RS509	2530	2015-08-11	400	2015-09-15	0
	ZCE	RS511	1	2015-07-28	0	—	0
	ZCE	RS607	367	2015-12-18	360	2015-12-31	720

5–12 续表 5 continued

交易品种 Futures Products	上市交易所 Futures Exchange	合约 Contracts	最高持仓量（手） Highest Positions (lot)	最高持仓日期 Highest Positions Day	最后持仓量（手） Last Positions (lot)	最后持仓日期 Last Positions Day	年末持仓量（手） Positions at the End of the Year (lot)
油菜籽 Rapeseed	ZCE	RS608	0	—	0	—	0
	ZCE	RS609	7	2015-10-26	4	2015-09-30	8
	ZCE	RS611	1	2015-11-25	0	—	0
白糖 Sugar	ZCE	SR501	41280	2015-01-05	33555	2015-01-15	0
	ZCE	SR503	972	2015-03-06	602	2015-03-12	0
	ZCE	SR505	373611	2015-01-23	16609	2015-05-14	0
	ZCE	SR507	943	2015-06-23	748	2015-07-13	0
	ZCE	SR509	478481	2015-04-17	17121	2015-09-15	0
	ZCE	SR511	426	2015-10-16	325	2015-11-12	0
	ZCE	SR601	376191	2015-09-24	25367	2015-12-31	50734
	ZCE	SR603	362	2015-12-31	362	2015-12-31	724
	ZCE	SR605	491703	2015-12-30	488181	2015-12-31	976362
	ZCE	SR607	1116	2015-04-02	23	2015-12-31	46
	ZCE	SR609	192013	2015-12-31	192013	2015-12-31	384026
	ZCE	SR611	278	2015-12-02	151	2015-12-31	302
	ZCE	SR701	14877	2015-12-31	14877	2015-12-31	29754
	ZCE	SR703	75	2015-12-30	72	2015-12-31	144
	ZCE	SR705	2098	2015-12-29	2013	2015-12-31	4026
强麦 Strong Gluten Wheat	ZCE	WH501	5755	2015-01-05	2696	2015-01-15	0
	ZCE	WH503	2	2015-01-05	1	2015-01-30	0
	ZCE	WH505	4495	2015-03-13	1188	2015-05-14	0
	ZCE	WH507	6	2015-02-03	0	—	0
	ZCE	WH509	325	2015-05-08	189	2015-08-31	0
	ZCE	WH511	36	2015-07-01	1	2015-10-30	0
	ZCE	WH601	19373	2015-10-13	2272	2015-12-31	4544
	ZCE	WH603	10	2015-07-08	2	2015-10-30	4
	ZCE	WH605	31698	2015-12-29	31478	2015-12-31	62956
	ZCE	WH607	11	2015-10-22	11	2015-12-31	22
	ZCE	WH609	1114	2015-12-30	1107	2015-12-31	2214
	ZCE	WH611	7	2015-12-31	7	2015-12-31	14
天然橡胶 Natural Rubber	SHFE	ru1501	11052	2015-01-05	9037	2015-01-15	—
	SHFE	ru1503	526	2015-01-22	455	2015-03-16	—
	SHFE	ru1504	75	2015-01-07	39	2015-04-15	—
	SHFE	ru1505	97131	2015-01-21	1328	2015-05-15	—
	SHFE	ru1506	866	2015-03-16	315	2015-06-15	—
	SHFE	ru1507	119	2015-03-03	87	2015-07-15	—
	SHFE	ru1508	294	2015-03-31	84	2015-08-17	—
	SHFE	ru1509	143311	2015-04-30	6838	2015-09-15	—
	SHFE	ru1510	834	2015-05-26	317	2015-10-15	—
	SHFE	ru1511	6161	2015-06-29	2552	2015-11-16	—
	SHFE	ru1601	141311	2015-11-03	10017	2015-12-31	10017
	SHFE	ru1603	148	2015-12-31	148	2015-12-31	148
	SHFE	ru1604	82	2015-12-31	82	2015-12-31	82
	SHFE	ru1605	126773	2015-12-22	123196	2015-12-31	123196
	SHFE	ru1606	575	2015-12-29	539	2015-12-31	539
	SHFE	ru1607	561	2015-12-21	551	2015-12-31	551
	SHFE	ru1608	591	2015-12-30	591	2015-12-31	591
	SHFE	ru1609	42549	2015-12-31	42549	2015-12-31	42549
	SHFE	ru1610	766	2015-12-24	556	2015-12-31	556
	SHFE	ru1611	688	2015-12-21	662	2015-12-31	662

注：最后持仓量为交割日前一天的持仓量。

数据来源：上海期货交易所、郑州商品交易所、大连商品交易所。

Source：SHFE、ZCE、DCE.

5-13 2015年金属期货持仓情况
Positions of Metal Products Futures in 2015

交易品种 Futures Products	上市交易所 Futures Exchange	合约 Contracts	最高持仓量(手) Highest Positions (lot)	最高持仓日期 Highest Positions Day	最后持仓量(手) Last Positions (lot)	最后持仓日期 Last Positions Day	年末持仓量(手) Positions at the End of the Year (lot)
铜 Copper	SHFE	cu1501	18605	2015-01-05	3130	2015-01-15	—
	SHFE	cu1502	55619	2015-01-05	4705	2015-02-10	—
	SHFE	cu1503	162580	2015-01-05	8080	2015-03-16	—
	SHFE	cu1504	208198	2015-02-02	7960	2015-04-15	—
	SHFE	cu1505	169898	2015-03-06	6460	2015-05-15	—
	SHFE	cu1506	193930	2015-04-14	4235	2015-06-15	—
	SHFE	cu1507	175539	2015-04-30	4410	2015-07-15	—
	SHFE	cu1508	137024	2015-06-05	5790	2015-08-17	—
	SHFE	cu1509	142955	2015-07-08	4985	2015-09-15	—
	SHFE	cu1510	171421	2015-08-03	5010	2015-10-15	—
	SHFE	cu1511	116607	2015-09-09	7965	2015-11-16	—
	SHFE	cu1512	125009	2015-10-20	6360	2015-12-15	—
	SHFE	cu1601	168284	2015-11-16	26618	2015-12-31	26618
	SHFE	cu1602	169238	2015-12-03	97304	2015-12-31	97304
	SHFE	cu1603	142050	2015-12-31	142050	2015-12-31	142050
	SHFE	cu1604	55185	2015-12-31	55185	2015-12-31	55185
	SHFE	cu1605	41090	2015-12-31	41090	2015-12-31	41090
	SHFE	cu1606	12098	2015-12-22	11673	2015-12-31	11673
	SHFE	cu1607	5315	2015-12-30	5302	2015-12-31	5302
	SHFE	cu1608	2234	2015-12-31	2234	2015-12-31	2234
	SHFE	cu1609	1505	2015-12-28	1497	2015-12-31	1497
	SHFE	cu1610	1808	2015-12-30	1787	2015-12-31	1787
	SHFE	cu1611	1475	2015-12-29	1472	2015-12-31	1472
	SHFE	cu1612	428	2015-12-31	428	2015-12-31	428
铝 Aluminum	SHFE	al1501	15555	2015-01-05	6845	2015-01-15	—
	SHFE	al1502	37297	2015-01-05	6915	2015-02-10	—
	SHFE	al1503	84275	2015-01-07	9875	2015-03-16	—
	SHFE	al1504	72265	2015-02-02	11090	2015-04-15	—
	SHFE	al1505	63103	2015-03-09	15760	2015-05-15	—
	SHFE	al1506	64201	2015-04-02	12285	2015-06-15	—
	SHFE	al1507	81039	2015-05-06	10320	2015-07-15	—
	SHFE	al1508	67626	2015-06-03	11415	2015-08-17	—
	SHFE	al1509	67472	2015-07-07	16340	2015-09-15	—
	SHFE	al1510	76519	2015-08-10	11450	2015-10-15	—
	SHFE	al1511	60767	2015-09-01	11480	2015-11-16	—
	SHFE	al1512	91928	2015-10-15	15100	2015-12-15	—
	SHFE	al1601	147107	2015-11-10	16705	2015-12-31	16705
	SHFE	al1602	142470	2015-11-25	64882	2015-12-31	64882
	SHFE	al1603	130936	2015-12-28	121345	2015-12-31	121345
	SHFE	al1604	60513	2015-12-24	55366	2015-12-31	55366
	SHFE	al1605	49771	2015-12-28	47689	2015-12-31	47689
	SHFE	al1606	25223	2015-12-29	24825	2015-12-31	24825

5—13 续表 1 continued

交易品种 Futures Products	上市交易所 Futures Exchange	合约 Contracts	最高持仓量（手） Highest Positions (lot)	最高持仓日期 Highest Positions Day	最后持仓量（手） Last Positions (lot)	最后持仓日期 Last Positions Day	年末持仓量（手） Positions at the End of the Year (lot)
铝 Aluminum	SHFE	al1607	8191	2015-12-31	8191	2015-12-31	8191
	SHFE	al1608	2932	2015-12-31	2932	2015-12-31	2932
	SHFE	al1609	2522	2015-12-18	2498	2015-12-31	2498
	SHFE	al1610	2932	2015-11-26	2851	2015-12-31	2851
	SHFE	al1611	1354	2015-12-31	1354	2015-12-31	1354
	SHFE	al1612	24	2015-12-31	24	2015-12-31	24
锌 Zinc	SHFE	zn1501	6025	2015-01-05	955	2015-01-15	—
	SHFE	zn1502	28226	2015-01-05	1120	2015-02-10	—
	SHFE	zn1503	93429	2015-01-14	1730	2015-03-16	—
	SHFE	zn1504	76901	2015-02-02	3710	2015-04-15	—
	SHFE	zn1505	92321	2015-03-06	4800	2015-05-15	—
	SHFE	zn1506	68113	2015-04-07	3600	2015-06-15	—
	SHFE	zn1507	90108	2015-05-06	3665	2015-07-15	—
	SHFE	zn1508	70225	2015-06-02	3845	2015-08-17	—
	SHFE	zn1509	72025	2015-07-07	5055	2015-09-15	—
	SHFE	zn1510	86702	2015-08-07	3645	2015-10-15	—
	SHFE	zn1511	93398	2015-09-22	2490	2015-11-16	—
	SHFE	zn1512	84057	2015-10-13	3745	2015-12-15	—
	SHFE	zn1601	128944	2015-11-23	10555	2015-12-31	10555
	SHFE	zn1602	118200	2015-12-04	57746	2015-12-31	57746
	SHFE	zn1603	84736	2015-12-31	84736	2015-12-31	84736
	SHFE	zn1604	35833	2015-12-31	35833	2015-12-31	35833
	SHFE	zn1605	10725	2015-12-31	10725	2015-12-31	10725
	SHFE	zn1606	4936	2015-12-29	4785	2015-12-31	4785
	SHFE	zn1607	522	2015-12-28	516	2015-12-31	516
	SHFE	zn1608	257	2015-12-22	253	2015-12-31	253
	SHFE	zn1609	208	2015-12-10	206	2015-12-31	206
	SHFE	zn1610	111	2015-12-31	111	2015-12-31	111
	SHFE	zn1611	41	2015-12-21	41	2015-12-31	41
	SHFE	zn1612	55	2015-12-31	55	2015-12-31	55
铅 Lead	SHFE	pb1501	2395	2015-01-05	1425	2015-01-15	—
	SHFE	pb1502	7372	2015-01-05	1185	2015-02-10	—
	SHFE	pb1503	13725	2015-01-14	390	2015-03-16	—
	SHFE	pb1504	8727	2015-02-12	1210	2015-04-15	—
	SHFE	pb1505	8927	2015-03-12	470	2015-05-15	—
	SHFE	pb1506	10222	2015-04-13	1295	2015-06-15	—
	SHFE	pb1507	7881	2015-05-11	1125	2015-07-15	—
	SHFE	pb1508	7196	2015-06-16	1190	2015-08-17	—
	SHFE	pb1509	6450	2015-07-14	435	2015-09-15	—
	SHFE	pb1510	9354	2015-08-13	295	2015-10-15	—
	SHFE	pb1511	7691	2015-09-10	745	2015-11-16	—
	SHFE	pb1512	7795	2015-10-19	365	2015-12-15	—

5-13 续表 2 continued

交易品种 Futures Products	上市交易所 Futures Exchange	合约 Contracts	最高持仓量（手） Highest Positions (lot)	最高持仓日期 Highest Positions Day	最后持仓量（手） Last Positions (lot)	最后持仓日期 Last Positions Day	年末持仓量（手） Positions at the End of the Year (lot)
铅 Lead	SHFE	pb1601	7985	2015-11-20	1495	2015-12-31	1495
	SHFE	pb1602	9233	2015-12-22	8489	2015-12-31	8489
	SHFE	pb1603	4741	2015-12-29	4726	2015-12-31	4726
	SHFE	pb1604	2185	2015-12-31	2185	2015-12-31	2185
	SHFE	pb1605	261	2015-12-30	260	2015-12-31	260
	SHFE	pb1606	11	2015-12-24	10	2015-12-31	10
	SHFE	pb1607	9	2015-11-13	6	2015-12-31	6
	SHFE	pb1608	14	2015-12-09	14	2015-12-31	14
	SHFE	pb1609	25	2015-12-31	25	2015-12-31	25
	SHFE	pb1610	18	2015-12-25	18	2015-12-31	18
	SHFE	pb1611	21	2015-12-21	18	2015-12-31	18
	SHFE	pb1612	5	2015-12-25	5	2015-12-31	5
黄金（元/克） Gold (yuan/g)	SHFE	au1501	63	2015-01-05	30	2015-01-15	—
	SHFE	au1502	226	2015-01-23	15	2015-02-10	—
	SHFE	au1503	8	2015-01-26	0	2015-03-16	—
	SHFE	au1504	67	2015-02-16	0	2015-04-15	—
	SHFE	au1505	120	2015-05-14	120	2015-05-15	—
	SHFE	au1506	122962	2015-01-28	3765	2015-06-15	—
	SHFE	au1507	55	2015-06-10	12	2015-07-15	—
	SHFE	au1508	151	2015-07-07	36	2015-08-17	—
	SHFE	au1509	64	2015-08-25	0	2015-09-15	—
	SHFE	au1510	266	2015-09-29	0	2015-10-15	—
	SHFE	au1511	14	2015-09-09	0	2015-11-16	—
	SHFE	au1512	129018	2015-08-24	3078	2015-12-15	—
	SHFE	au1601	231	2015-12-14	153	2015-12-31	153
	SHFE	au1602	266	2015-11-30	129	2015-12-31	129
	SHFE	au1603	2	2015-12-21	2	2015-12-31	2
	SHFE	au1604	73	2015-12-28	68	2015-12-31	68
	SHFE	au1606	134015	2015-12-18	128839	2015-12-31	128839
	SHFE	au1608	24	2015-11-18	23	2015-12-31	23
	SHFE	au1610	483	2015-10-09	34	2015-12-31	34
	SHFE	au1612	286	2015-12-31	286	2015-12-31	286
白银（元/千克） Silver (yuan/kg)	SHFE	ag1501	2510	2015-01-05	2160	2015-01-15	—
	SHFE	ag1502	776	2015-02-06	716	2015-02-10	—
	SHFE	ag1503	674	2015-03-16	674	2015-03-16	—
	SHFE	ag1504	712	2015-04-15	712	2015-04-15	—
	SHFE	ag1505	1086	2015-05-11	1068	2015-05-15	—
	SHFE	ag1506	296726	2015-03-18	6704	2015-06-15	—
	SHFE	ag1507	1114	2015-07-13	1112	2015-07-15	—
	SHFE	ag1508	464	2015-05-18	270	2015-08-17	—
	SHFE	ag1509	1798	2015-09-14	1798	2015-09-15	—
	SHFE	ag1510	2792	2015-10-15	2792	2015-10-15	—

5-13 续表 3 continued

交易品种 Futures Products	上市交易所 Futures Exchange	合约 Contracts	最高持仓量(手) Highest Positions (lot)	最高持仓日期 Highest Positions Day	最后持仓量(手) Last Positions (lot)	最后持仓日期 Last Positions Day	年末持仓量(手) Positions at the End of the Year (lot)
白银(元/千克) Silver (yuan/kg)	SHFE	ag1511	3548	2015-11-09	3284	2015-11-16	—
	SHFE	ag1512	323834	2015-08-05	15556	2015-12-15	—
	SHFE	ag1601	6544	2015-12-29	6458	2015-12-31	6458
	SHFE	ag1602	525	2015-12-29	507	2015-12-31	507
	SHFE	ag1603	134	2015-12-03	82	2015-12-31	82
	SHFE	ag1604	81	2015-06-26	74	2015-12-31	74
	SHFE	ag1605	602	2015-12-31	602	2015-12-31	602
	SHFE	ag1606	262242	2015-12-18	251429	2015-12-31	251429
	SHFE	ag1607	27	2015-10-16	20	2015-12-31	20
	SHFE	ag1608	48	2015-12-16	47	2015-12-31	47
	SHFE	ag1609	88	2015-11-19	43	2015-12-31	43
	SHFE	ag1610	64	2015-12-23	63	2015-12-31	63
	SHFE	ag1611	46	2015-12-16	33	2015-12-31	33
	SHFE	ag1612	625	2015-12-31	625	2015-12-31	625
螺纹钢 Steel Rebar	SHFE	rb1501	11520	2015-01-05	5370	2015-01-15	—
	SHFE	rb1502	1560	2015-02-09	1560	2015-02-10	—
	SHFE	rb1503	2729	2015-02-09	2340	2015-03-16	—
	SHFE	rb1504	2143	2015-03-10	300	2015-04-15	—
	SHFE	rb1505	1163327	2015-01-26	12750	2015-05-15	—
	SHFE	rb1506	2875	2015-03-11	960	2015-06-15	—
	SHFE	rb1507	922	2015-05-29	690	2015-07-15	—
	SHFE	rb1508	1067	2015-07-06	270	2015-08-17	—
	SHFE	rb1509	6441	2015-05-19	270	2015-09-15	—
	SHFE	rb1510	1964975	2015-04-21	3210	2015-10-15	—
	SHFE	rb1511	4775	2015-07-06	240	2015-11-16	—
	SHFE	rb1512	1187	2015-10-20	60	2015-12-15	—
	SHFE	rb1601	1441679	2015-09-22	42832	2015-12-31	42832
	SHFE	rb1602	15262	2015-12-31	15262	2015-12-31	15262
	SHFE	rb1603	11073	2015-12-31	11073	2015-12-31	11073
	SHFE	rb1604	2371	2015-12-22	2052	2015-12-31	2052
	SHFE	rb1605	1870199	2015-12-22	1634287	2015-12-31	1634287
	SHFE	rb1606	9544	2015-12-17	8716	2015-12-31	8716
	SHFE	rb1607	3232	2015-12-03	3201	2015-12-31	3201
	SHFE	rb1608	1514	2015-12-03	1450	2015-12-31	1450
	SHFE	rb1609	5054	2015-11-30	4129	2015-12-31	4129
	SHFE	rb1610	170025	2015-12-31	170025	2015-12-31	170025
	SHFE	rb1611	2359	2015-12-31	2359	2015-12-31	2359
	SHFE	rb1612	191	2015-12-31	191	2015-12-31	191
线材 Steel Wire Rod	SHFE	wr1501	0	2015-01-05	0	2015-01-15	—
	SHFE	wr1502	3	2015-01-20	0	2015-02-10	—
	SHFE	wr1503	0	2015-01-05	0	2015-03-16	—
	SHFE	wr1504	9	2015-03-30	0	2015-04-15	—

5-13 续表 4 continued

交易品种 Futures Products	上市交易所 Futures Exchange	合约 Contracts	最高持仓量（手） Highest Positions (lot)	最高持仓日期 Highest Positions Day	最后持仓量（手） Last Positions (lot)	最后持仓日期 Last Positions Day	年末持仓量（手） Positions at the End of the Year (lot)
线材 Steel Wire Rod	SHFE	wr1505	2	2015-01-16	0	2015-05-15	—
	SHFE	wr1506	0	2015-01-05	0	2015-06-15	—
	SHFE	wr1507	1	2015-04-17	0	2015-07-15	—
	SHFE	wr1508	3	2015-07-08	0	2015-08-17	—
	SHFE	wr1509	2	2015-06-12	0	2015-09-15	—
	SHFE	wr1510	11	2015-05-06	0	2015-10-15	—
	SHFE	wr1511	3	2015-02-13	0	2015-11-16	—
	SHFE	wr1512	2	2015-05-13	0	2015-12-15	—
	SHFE	wr1601	2	2015-08-21	0	2015-12-31	0
	SHFE	wr1602	0	2015-02-16	0	2015-12-31	0
	SHFE	wr1603	1	2015-05-08	0	2015-12-31	0
	SHFE	wr1604	8	2015-09-28	0	2015-12-31	0
	SHFE	wr1605	0	2015-05-18	0	2015-12-31	0
	SHFE	wr1606	0	2015-06-16	0	2015-12-31	0
	SHFE	wr1607	0	2015-07-16	0	2015-12-31	0
	SHFE	wr1608	0	2015-08-18	0	2015-12-31	0
	SHFE	wr1609	0	2015-09-16	0	2015-12-31	0
	SHFE	wr1610	0	2015-10-16	0	2015-12-31	0
	SHFE	wr1611	0	2015-11-17	0	2015-12-31	0
	SHFE	wr1612	0	2015-12-16	0	2015-12-31	0
热轧卷板 Hot Rolled Coils	SHFE	hc1501	4950	2015-01-05	4560	2015-01-15	—
	SHFE	hc1502	0	2015-01-05	0	2015-02-10	—
	SHFE	hc1503	156	2015-01-05	150	2015-03-16	—
	SHFE	hc1504	2	2015-02-13	0	2015-04-15	—
	SHFE	hc1505	30612	2015-03-03	2640	2015-05-15	—
	SHFE	hc1506	6	2015-03-23	0	2015-06-15	—
	SHFE	hc1507	2	2015-05-11	0	2015-07-15	—
	SHFE	hc1508	4	2015-07-06	0	2015-08-17	—
	SHFE	hc1509	62	2015-04-30	30	2015-09-15	—
	SHFE	hc1510	24109	2015-06-26	2550	2015-10-15	—
	SHFE	hc1511	1	2015-04-13	0	2015-11-16	—
	SHFE	hc1512	9	2015-04-28	0	2015-12-15	—
	SHFE	hc1601	26140	2015-09-24	513	2015-12-31	513
	SHFE	hc1602	3	2015-06-12	0	2015-12-31	0
	SHFE	hc1603	11	2015-05-12	0	2015-12-31	0
	SHFE	hc1604	3	2015-04-23	0	2015-12-31	0
	SHFE	hc1605	49206	2015-12-31	49206	2015-12-31	49206
	SHFE	hc1606	1	2015-07-01	0	2015-12-31	0
	SHFE	hc1607	1	2015-08-24	0	2015-12-31	0
	SHFE	hc1608	1	2015-08-25	0	2015-12-31	0
	SHFE	hc1609	2	2015-09-16	0	2015-12-31	0
	SHFE	hc1610	331	2015-12-31	331	2015-12-31	331

5-13　续表 5　continued

交易品种 Futures Products	上市交易所 Futures Exchange	合约 Contracts	最高持仓量（手） Highest Positions (lot)	最高持仓日期 Highest Positions Day	最后持仓量（手） Last Positions (lot)	最后持仓日期 Last Positions Day	年末持仓量（手） Positions at the End of the Year (lot)
热轧卷板 Hot Rolled Coils	SHFE	hc1611	1	2015-11-30	0	2015-12-31	0
	SHFE	hc1612	0	2015-12-16	0	2015-12-31	0
锡 Tin	SHFE	sn1507	4300	2015-05-06	1332	2015-07-15	—
	SHFE	sn1508	248	2015-06-05	122	2015-08-17	—
	SHFE	sn1509	1465	2015-07-01	300	2015-09-15	—
	SHFE	sn1510	301	2015-09-18	228	2015-10-15	—
	SHFE	sn1511	32	2015-10-21	32	2015-11-16	—
	SHFE	sn1512	36	2015-11-10	34	2015-12-15	—
	SHFE	sn1601	2261	2015-12-07	484	2015-12-31	484
	SHFE	sn1602	3	2015-09-10	0	2015-12-31	0
	SHFE	sn1603	1	2015-12-28	1	2015-12-31	1
	SHFE	sn1604	16	2015-06-05	6	2015-12-31	6
	SHFE	sn1605	2947	2015-12-29	2751	2015-12-31	2751
	SHFE	sn1606	3	2015-08-13	3	2015-12-31	3
	SHFE	sn1607	5	2015-09-18	2	2015-12-31	2
	SHFE	sn1608	0	2015-08-18	0	2015-12-31	0
	SHFE	sn1609	96	2015-12-31	96	2015-12-31	96
	SHFE	sn1610	22	2015-12-14	16	2015-12-31	16
	SHFE	sn1611	1	2015-11-20	0	2015-12-31	0
	SHFE	sn1612	0	2015-12-16	0	2015-12-31	0
镍 Nickel	SHFE	ni1507	67091	2015-05-06	2970	2015-07-15	—
	SHFE	ni1508	5526	2015-05-06	744	2015-08-17	—
	SHFE	ni1509	117605	2015-06-30	11736	2015-09-15	—
	SHFE	ni1510	916	2015-09-22	774	2015-10-15	—
	SHFE	ni1511	846	2015-10-30	762	2015-11-16	—
	SHFE	ni1512	786	2015-12-11	786	2015-12-15	—
	SHFE	ni1601	233106	2015-11-13	51911	2015-12-31	51911
	SHFE	ni1602	557	2015-12-29	522	2015-12-31	522
	SHFE	ni1603	1223	2015-11-09	1026	2015-12-31	1026
	SHFE	ni1604	77	2015-08-03	38	2015-12-31	38
	SHFE	ni1605	238775	2015-12-28	214584	2015-12-31	214584
	SHFE	ni1606	86	2015-12-14	74	2015-12-31	74
	SHFE	ni1607	15	2015-12-23	15	2015-12-31	15
	SHFE	ni1608	35	2015-12-25	34	2015-12-31	34
	SHFE	ni1609	882	2015-12-30	849	2015-12-31	849
	SHFE	ni1610	50	2015-11-23	43	2015-12-31	43
	SHFE	ni1611	72	2015-12-18	68	2015-12-31	68
	SHFE	ni1612	11	2015-12-30	10	2015-12-31	10

注：最后持仓量为交割日前一天的持仓量。

数据来源：上海期货交易所。

Source：SHFE.

5-14 2015年能源、化工及其他期货持仓情况
Positions of Metal Products Building Materials,Energy & Chemical Products & Others in 2015

交易品种 Futures Products	上市交易所 Futures Exchange	合约 Contracts	最高持仓量（手） Highest Positions (lot)	最高持仓日期 Highest Positions Day	最后持仓量（手） Last Positions (lot)	最后持仓日期 Last Positions Day	年末持仓量（手） Positions at the End of the Year (lot)
聚乙烯 LLDPE	DCE	l1501	1491	2015-01-05	676	2015-01-15	0
	DCE	l1502	9	2015-01-05	2	2015-02-12	0
	DCE	l1503	16	2015-03-02	16	2015-03-12	0
	DCE	l1504	38	2015-01-05	1	2015-04-13	0
	DCE	l1505	317429	2015-02-11	2943	2015-05-14	0
	DCE	l1506	155	2015-03-19	47	2015-06-11	0
	DCE	l1507	105	2015-06-29	103	2015-07-13	0
	DCE	l1508	158	2015-03-12	54	2015-08-13	0
	DCE	l1509	290023	2015-06-26	4284	2015-09-15	0
	DCE	l1510	80	2015-06-15	6	2015-10-20	0
	DCE	l1511	34	2015-02-17	7	2015-11-12	0
	DCE	l1512	125	2015-08-12	7	2015-12-11	0
	DCE	l1601	285840	2015-11-05	861	2015-12-31	861
	DCE	l1602	13	2015-10-27	3	2015-12-31	3
	DCE	l1603	8	2015-12-10	2	2015-12-31	2
	DCE	l1604	16	2015-12-28	16	2015-12-31	16
	DCE	l1605	276007	2015-12-30	264479	2015-12-31	264479
	DCE	l1606	26	2015-08-04	11	2015-12-31	11
	DCE	l1607	15	2015-08-03	11	2015-12-31	11
	DCE	l1608	2	2015-10-14	2	2015-12-31	2
	DCE	l1609	66113	2015-12-31	66113	2015-12-31	66113
	DCE	l1610	11	2015-12-24	11	2015-12-31	11
	DCE	l1611	1	2015-11-18	1	2015-11-18	0
	DCE	l1612	0	2015-12-15	—	—	—
聚氯乙烯 PVC	DCE	v1501	779	2015-01-05	770	2015-01-15	0
	DCE	v1502	0	2015-01-05	1	2014-12-22	0
	DCE	v1503	2	2015-01-05	1	2015-02-25	0
	DCE	v1504	3	2015-01-07	1	2015-04-08	0
	DCE	v1505	26962	2015-01-15	420	2015-05-14	0
	DCE	v1506	2	2015-03-24	1	2015-05-04	0
	DCE	v1507	1	2015-04-07	1	2015-07-10	0
	DCE	v1508	1	2015-04-03	1	2015-07-29	0
	DCE	v1509	20172	2015-06-15	1419	2015-09-15	0
	DCE	v1510	4	2015-07-28	1	2015-09-01	0
	DCE	v1511	10	2015-03-02	1	2015-08-24	0
	DCE	v1512	2	2015-01-22	1	2015-07-09	0
	DCE	v1601	12668	2015-10-29	1159	2015-12-31	1159
	DCE	v1602	4	2015-09-18	3	2015-12-31	3
	DCE	v1603	16	2015-03-19	1	2015-12-18	0
	DCE	v1604	1	2015-08-17	1	2015-08-21	0
	DCE	v1605	25554	2015-12-08	23735	2015-12-31	23735
	DCE	v1606	1	2015-11-20	1	2015-11-23	0
	DCE	v1607	0	2015-07-15	—	—	—
	DCE	v1608	1	2015-12-24	1	2015-12-24	0
	DCE	v1609	4687	2015-12-21	3697	2015-12-31	3697
	DCE	v1610	1	2015-11-02	1	2015-11-10	0
	DCE	v1611	5	2015-12-25	3	2015-12-31	3
	DCE	v1612	0	2015-12-15	—	—	—

5-14 续表 1 continued

交易品种 Futures Products	上市交易所 Futures Exchange	合约 Contracts	最高持仓量（手）Highest Positions (lot)	最高持仓日期 Highest Positions Day	最后持仓量（手）Last Positions (lot)	最后持仓日期 Last Positions Day	年末持仓量（手）Positions at the End of the Year (lot)
聚丙烯 PP	DCE	pp1501	8361	2015-01-05	4831	2015-01-15	0
	DCE	pp1502	19	2015-01-28	8	2015-02-12	0
	DCE	pp1503	42	2015-03-02	42	2015-03-12	0
	DCE	pp1504	90	2015-01-05	2	2015-04-13	0
	DCE	pp1505	210077	2015-01-09	10596	2015-05-14	0
	DCE	pp1506	112	2015-03-03	44	2015-06-11	0
	DCE	pp1507	83	2015-06-05	62	2015-07-13	0
	DCE	pp1508	181	2015-04-07	33	2015-08-13	0
	DCE	pp1509	293875	2015-05-15	1822	2015-09-15	0
	DCE	pp1510	47	2015-05-20	2	2015-10-14	0
	DCE	pp1511	42	2015-04-03	1	2015-11-06	0
	DCE	pp1512	18	2015-09-14	3	2015-11-26	0
	DCE	pp1601	219860	2015-11-05	2843	2015-12-31	2843
	DCE	pp1602	51	2015-12-31	51	2015-12-31	51
	DCE	pp1603	35	2015-07-30	10	2015-12-31	10
	DCE	pp1604	13	2015-12-29	13	2015-12-31	13
	DCE	pp1605	323138	2015-12-24	297678	2015-12-31	297678
	DCE	pp1606	22	2015-12-07	16	2015-12-31	16
	DCE	pp1607	16	2015-11-04	12	2015-12-31	12
	DCE	pp1608	4	2015-12-09	3	2015-12-31	3
	DCE	pp1609	80493	2015-12-30	80145	2015-12-31	80145
	DCE	pp1610	55	2015-12-28	55	2015-12-31	55
	DCE	pp1611	12	2015-11-23	10	2015-12-31	10
	DCE	pp1612	1	2015-12-16	1	2015-12-31	1
焦炭 Coke	DCE	j1501	14591	2015-01-05	7020	2015-01-15	0
	DCE	j1502	55	2015-01-14	8	2015-01-29	0
	DCE	j1503	14	2015-01-15	2	2015-02-17	0
	DCE	j1504	3	2015-01-05	3	2015-01-05	0
	DCE	j1505	68008	2015-01-19	480	2015-05-14	0
	DCE	j1506	50	2015-05-05	10	2015-06-11	0
	DCE	j1507	94	2015-05-05	10	2015-07-06	0
	DCE	j1508	95	2015-01-05	10	2015-08-13	0
	DCE	j1509	107492	2015-05-06	2300	2015-09-15	0
	DCE	j1510	27	2015-05-14	11	2015-09-29	0
	DCE	j1511	7	2015-01-05	1	2015-10-23	0
	DCE	j1512	7	2015-09-25	7	2015-10-19	0
	DCE	j1601	99024	2015-10-14	1652	2015-12-31	1652
	DCE	j1602	60	2015-12-31	60	2015-12-31	60
	DCE	j1603	19	2015-11-05	11	2015-12-31	11
	DCE	j1604	60	2015-12-03	41	2015-12-31	41
	DCE	j1605	84601	2015-12-25	78383	2015-12-31	78383
	DCE	j1606	7	2015-12-22	3	2015-12-31	3
	DCE	j1607	10	2015-10-21	4	2015-12-31	4
	DCE	j1608	2	2015-11-24	1	2015-12-31	1
	DCE	j1609	12725	2015-12-31	12725	2015-12-31	12725
	DCE	j1610	2	2015-12-04	2	2015-12-31	2
	DCE	j1611	5	2015-11-23	4	2015-12-31	4
	DCE	j1612	2	2015-12-28	2	2015-12-31	2

5-14 续表 2 continued

交易品种 Futures Products	上市交易所 Futures Exchange	合约 Contracts	最高持仓量（手） Highest Positions (lot)	最高持仓日期 Highest Positions Day	最后持仓量（手） Last Positions (lot)	最后持仓日期 Last Positions Day	年末持仓量（手） Positions at the End of the Year (lot)
焦煤 Coking Coal	DCE	jm1501	4167	2015-01-05	2944	2015-01-15	0
	DCE	jm1502	1	2015-01-05	1	2015-01-14	0
	DCE	jm1503	5	2015-01-15	1	2015-02-16	0
	DCE	jm1504	4	2015-01-09	1	2015-03-26	0
	DCE	jm1505	86799	2015-01-06	6710	2015-05-14	0
	DCE	jm1506	12	2015-04-13	4	2015-05-29	0
	DCE	jm1507	5	2015-04-03	1	2015-06-24	0
	DCE	jm1508	20	2015-05-04	2	2015-05-29	0
	DCE	jm1509	166265	2015-05-08	1431	2015-09-15	0
	DCE	jm1510	6	2015-05-06	1	2015-09-10	0
	DCE	jm1511	20	2015-04-27	1	2015-09-25	0
	DCE	jm1512	10	2015-07-23	1	2015-11-27	0
	DCE	jm1601	70124	2015-11-02	4074	2015-12-31	4074
	DCE	jm1602	12	2015-12-25	2	2015-12-31	2
	DCE	jm1603	4	2015-05-05	3	2015-12-31	3
	DCE	jm1604	3	2015-10-08	1	2015-11-09	0
	DCE	jm1605	112757	2015-12-29	105583	2015-12-31	105583
	DCE	jm1606	6	2015-07-13	1	2015-12-30	0
	DCE	jm1607	2	2015-07-24	1	2015-12-31	1
	DCE	jm1608	7	2015-09-23	1	2015-12-08	0
	DCE	jm1609	5680	2015-12-31	5680	2015-12-31	5680
	DCE	jm1610	1	2015-10-28	1	2015-11-18	0
	DCE	jm1611	0	2015-11-16	—	—	—
	DCE	jm1612	0	2015-12-15	—	—	—
铁矿石 Iron Ore	DCE	i1501	3618	2015-01-05	250	2015-01-15	0
	DCE	i1502	8	2015-01-05	1	2015-01-23	0
	DCE	i1503	5	2015-01-16	4	2015-02-13	0
	DCE	i1504	12	2015-03-13	3	2015-03-18	0
	DCE	i1505	351775	2015-01-06	2931	2015-05-14	0
	DCE	i1506	300	2015-06-11	300	2015-06-11	0
	DCE	i1507	151	2015-05-28	1	2015-07-10	0
	DCE	i1508	813	2015-07-06	601	2015-08-13	0
	DCE	i1509	750181	2015-06-11	807	2015-09-15	0
	DCE	i1510	136	2015-09-23	100	2015-10-20	0
	DCE	i1511	69	2015-09-25	6	2015-11-05	0
	DCE	i1512	1403	2015-10-26	128	2015-12-11	0
	DCE	i1601	897692	2015-10-21	26082	2015-12-31	26082
	DCE	i1602	245	2015-12-31	245	2015-12-31	245
	DCE	i1603	103	2015-04-29	40	2015-12-31	40
	DCE	i1604	227	2015-06-11	73	2015-12-31	73
	DCE	i1605	829245	2015-12-24	728228	2015-12-31	728228
	DCE	i1606	193	2015-11-12	158	2015-12-31	158
	DCE	i1607	26	2015-11-18	3	2015-12-31	3
	DCE	i1608	56	2015-11-05	23	2015-12-31	23
	DCE	i1609	217565	2015-12-14	183839	2015-12-31	183839
	DCE	i1610	291	2015-12-15	238	2015-12-31	238
	DCE	i1611	107	2015-12-30	103	2015-12-31	103
	DCE	i1612	63	2015-12-30	60	2015-12-31	60

5–14　续表 3　continued

交易品种 Futures Products	上市交易所 Futures Exchange	合约 Contracts	最高持仓量（手） Highest Positions (lot)	最高持仓日期 Highest Positions Day	最后持仓量（手） Last Positions (lot)	最后持仓日期 Last Positions Day	年末持仓量（手） Positions at the End of the Year (lot)
甲醇（ME） Menthanol	ZCE	ME501	1934	2015-01-05	950	2015-01-15	0
	ZCE	ME502	20	2015-01-05	1	2015-02-12	0
	ZCE	ME503	5	2015-01-14	0	—	0
	ZCE	ME504	6	2015-01-29	1	2015-02-27	0
	ZCE	ME505	12586	2015-01-12	1429	2015-05-14	0
甲醇（MA） Menthanol	ZCE	MA506	521179	2015-03-12	21355	2015-06-11	0
	ZCE	MA507	67	2015-01-06	0	—	0
	ZCE	MA508	102	2015-01-06	0	—	0
	ZCE	MA509	286913	2015-04-21	3195	2015-09-15	0
	ZCE	MA510	276	2015-01-19	0	—	0
	ZCE	MA511	2032	2015-01-14	0	—	0
	ZCE	MA512	13	2015-08-10	0	—	0
	ZCE	MA601	386381	2015-09-23	11122	2015-12-31	22244
	ZCE	MA602	50	2015-10-23	2	2015-03-25	4
	ZCE	MA603	19	2015-11-24	12	2015-12-31	24
	ZCE	MA604	100	2015-04-17	20	2015-12-31	40
	ZCE	MA605	339489	2015-12-22	268365	2015-12-31	536730
	ZCE	MA606	259	2015-12-03	53	2015-12-31	106
	ZCE	MA607	11	2015-11-25	1	2015-07-31	2
	ZCE	MA608	8	2015-12-11	1	2015-12-31	2
	ZCE	MA609	24036	2015-12-24	23020	2015-12-31	46040
	ZCE	MA610	4	2015-12-09	2	2015-12-31	4
	ZCE	MA611	7	2015-12-31	7	2015-12-31	14
	ZCE	MA612	1	2015-12-18	1	2015-12-23	0
PTA	ZCE	TA501	10958	2015-01-06	9637	2015-01-15	0
	ZCE	TA502	363	2015-02-04	363	2015-02-12	0
	ZCE	TA503	70	2015-03-06	70	2015-03-12	0
	ZCE	TA504	205	2015-03-30	205	2015-03-31	0
	ZCE	TA505	747503	2015-01-14	73663	2015-05-14	0
	ZCE	TA506	522	2015-03-26	150	2015-06-11	0
	ZCE	TA507	281	2015-07-09	281	2015-07-13	0
	ZCE	TA508	613	2015-07-15	467	2015-08-13	0
	ZCE	TA509	754997	2015-04-23	31989	2015-09-15	0
	ZCE	TA510	455	2015-09-11	267	2015-10-20	0
	ZCE	TA511	330	2015-10-28	314	2015-11-12	0
	ZCE	TA512	401	2015-11-23	331	2015-12-11	0
	ZCE	TA601	532703	2015-11-09	31428	2015-12-31	62856
	ZCE	TA602	53	2015-08-31	24	2015-12-31	48
	ZCE	TA603	90	2015-07-24	37	2015-12-31	74
	ZCE	TA604	53	2015-12-23	27	2015-12-31	54
	ZCE	TA605	513319	2015-12-14	409807	2015-12-31	819614
	ZCE	TA606	43	2015-08-28	12	2015-12-31	24
	ZCE	TA607	19	2015-11-11	6	2015-09-30	12
	ZCE	TA608	6	2015-11-24	5	2015-12-31	10
	ZCE	TA609	33304	2015-12-28	29244	2015-12-31	58488
	ZCE	TA610	17	2015-11-06	4	2015-12-31	8
	ZCE	TA611	20	2015-12-07	3	2015-12-31	6
	ZCE	TA612	1	2015-12-23	1	2015-12-24	0

5–14 续表 4 continued

交易品种 Futures Products	上市交易所 Futures Exchange	合约 Contracts	最高持仓量(手) Highest Positions (lot)	最高持仓日期 Highest Positions Day	最后持仓量(手) Last Positions (lot)	最后持仓日期 Last Positions Day	年末持仓量(手) Positions at the End of the Year (lot)
动力煤 TC Thermal Coal	ZCE	TC501	6527	2015-01-05	5297	2015-01-08	0
	ZCE	TC502	7	2015-01-14	0	—	0
	ZCE	TC503	0	—	0	—	0
	ZCE	TC504	1	2015-01-05	0	—	0
	ZCE	TC505	16531	2015-02-04	550	2015-05-07	0
	ZCE	TC506	1	2015-03-03	0	—	0
	ZCE	TC507	1	2015-04-13	0	—	0
	ZCE	TC508	1	2015-04-17	0	—	0
	ZCE	TC509	20942	2015-05-21	216	2015-09-08	0
	ZCE	TC510	23	2015-04-28	0	—	0
	ZCE	TC511	3	2015-01-05	0	—	0
	ZCE	TC512	12	2015-09-09	0	—	0
	ZCE	TC601	15488	2015-11-02	513	2015-12-31	1026
	ZCE	TC602	6	2015-07-09	1	2015-08-31	0
	ZCE	TC603	6	2015-07-03	3	2015-11-30	6
	ZCE	TC604	9	2015-12-30	9	2015-12-31	18
动力煤 ZC Thermal Coal	ZCE	ZC605	33609	2015-12-25	32897	2015-12-31	65794
	ZCE	ZC606	14	2015-12-22	5	2015-12-31	10
	ZCE	ZC607	4	2015-12-29	1	2015-08-06	2
	ZCE	ZC608	5	2015-08-11	2	2015-12-31	4
	ZCE	ZC609	7024	2015-12-31	7024	2015-12-31	14048
	ZCE	ZC610	7	2015-12-14	7	2015-12-31	14
	ZCE	ZC611	0	—	0	—	0
	ZCE	ZC612	14	2015-12-31	14	2015-12-31	28
玻璃 Glass	ZCE	FG501	872	2015-01-05	450	2015-01-15	0
	ZCE	FG502	1	2015-01-05	0	—	0
	ZCE	FG503	2	2015-01-08	0	—	0
	ZCE	FG504	2	2015-01-05	0	—	0
	ZCE	FG505	27538	2015-01-07	0	—	0
	ZCE	FG506	271015	2015-01-06	364	2015-06-11	0
	ZCE	FG507	588	2015-01-05	130	2015-05-29	0
	ZCE	FG508	123	2015-01-16	15	2015-07-31	0
	ZCE	FG509	136480	2015-06-02	379	2015-09-15	0
	ZCE	FG510	177	2015-04-10	0	—	0
	ZCE	FG511	41	2015-05-25	10	2015-11-09	0
	ZCE	FG512	350	2015-07-01	0	—	0
	ZCE	FG601	244709	2015-11-04	1732	2015-12-31	3464
	ZCE	FG602	17	2015-07-14	6	2015-12-31	12
	ZCE	FG603	8	2015-11-24	3	2015-12-31	6
	ZCE	FG604	8	2015-11-27	5	2015-12-31	10
	ZCE	FG605	150346	2015-12-22	124698	2015-12-31	249396
	ZCE	FG606	206	2015-12-24	206	2015-12-31	412
	ZCE	FG607	38	2015-12-24	38	2015-12-31	76
	ZCE	FG608	19	2015-12-24	19	2015-12-31	38
	ZCE	FG609	18761	2015-12-24	16866	2015-12-31	33732
	ZCE	FG610	17	2015-11-24	6	2015-12-31	12
	ZCE	FG611	60	2015-11-23	31	2015-12-31	62
	ZCE	FG612	406	2015-12-17	211	2015-12-31	422

5-14 续表 5 continued

交易品种 Futures Products	上市交易所 Futures Exchange	合约 Contracts	最高持仓量(手) Highest Positions (lot)	最高持仓日期 Highest Positions Day	最后持仓量(手) Last Positions (lot)	最后持仓日期 Last Positions Day	年末持仓量(手) Positions at the End of the Year (lot)
硅铁 Ferrosilicon	ZCE	SF501	7	2015-01-05	7	2015-01-15	0
	DCE	SF502	0	—	0	—	0
	DCE	SF503	0	—	0	—	0
	DCE	SF504	0	—	0	—	0
	DCE	SF505	142	2015-02-03	0	—	0
	DCE	SF506	0	—	0	—	0
	DCE	SF507	0	—	0	—	0
	DCE	SF508	0	—	0	—	0
	DCE	SF509	19	2015-07-08	0	—	0
	DCE	SF510	0	—	0	—	0
	DCE	SF511	0	—	0	—	0
	DCE	SF512	0	—	0	—	0
	DCE	SF601	956	2015-11-12	3	2015-12-31	6
	DCE	SF602	0	—	0	—	0
	DCE	SF603	0	—	0	—	0
	DCE	SF604	0	—	0	—	0
	DCE	SF605	117	2015-11-23	51	2015-12-31	102
	DCE	SF606	0	—	0	—	0
	DCE	SF607	0	—	0	—	0
	DCE	SF608	0	—	0	—	0
	DCE	SF609	0	—	0	—	0
	DCE	SF610	0	—	0	—	0
	DCE	SF611	0	—	0	—	0
	DCE	SF612	0	—	0	—	0
锰硅 Ferromanganese-silicon	ZCE	SM501	3683	2015-01-05	3683	2015-01-15	0
	ZCE	SM502	0	—	0	—	0
	ZCE	SM503	0	—	0	—	0
	ZCE	SM504	0	—	0	—	0
	ZCE	SM505	3316	2015-03-10	0	—	0
	ZCE	SM506	0	—	0	—	0
	ZCE	SM507	2	2015-05-19	0	—	0
	ZCE	SM508	0	—	0	—	0
	ZCE	SM509	5	2015-06-24	0	—	0
	ZCE	SM510	0	—	0	—	0
	ZCE	SM511	0	—	0	—	0
	ZCE	SM512	0	—	0	—	0
	ZCE	SM601	1151	2015-11-23	1	2015-06-30	2
	ZCE	SM602	0	—	0	—	0
	ZCE	SM603	2	2015-12-14	2	2015-12-15	0
	ZCE	SM604	4	2015-06-30	0	—	0
	ZCE	SM605	104	2015-12-31	104	2015-12-31	208
	ZCE	SM606	0	—	0	—	0
	ZCE	SM607	5	2015-08-06	0	—	0
	ZCE	SM608	0	—	0	—	0
	ZCE	SM609	11	2015-11-13	5	2015-12-31	10
	ZCE	SM610	0	—	0	—	0
	ZCE	SM611	0	—	0	—	0
	ZCE	SM612	0	—	0	—	0

5-14 续表 6 continued

交易品种 Futures Products	上市交易所 Futures Exchange	合约 Contracts	最高持仓量（手） Highest Positions (lot)	最高持仓日期 Highest Positions Day	最后持仓量（手） Last Positions (lot)	最后持仓日期 Last Positions Day	年末持仓量（手） Positions at the End of the Year (lot)
燃料油 Fuel Oil	SHFE	fu1503	15	2015-01-21	0	2015-02-27	—
	SHFE	fu1504	4	2015-01-14	0	2015-03-31	—
	SHFE	fu1505	6	2015-02-05	0	2015-04-30	—
	SHFE	fu1506	103	2015-04-08	37	2015-05-29	—
	SHFE	fu1507	3	2015-03-27	0	2015-06-30	—
	SHFE	fu1508	5	2015-05-26	3	2015-07-31	—
	SHFE	fu1509	41	2015-07-09	18	2015-08-31	—
	SHFE	fu1510	17	2015-09-09	8	2015-09-30	—
	SHFE	fu1511	1	2015-01-05	0	2015-10-30	—
	SHFE	fu1512	6	2015-05-07	0	2015-11-30	—
	SHFE	fu1601	7	2015-09-07	0	2015-12-31	0
	SHFE	fu1603	1	2015-03-05	0	2015-12-31	0
	SHFE	fu1604	9	2015-12-24	6	2015-12-31	6
	SHFE	fu1605	4	2015-11-11	2	2015-12-31	2
	SHFE	fu1606	1	2015-12-08	0	2015-12-31	0
	SHFE	fu1607	1	2015-09-09	1	2015-12-31	1
	SHFE	fu1608	0	2015-08-03	0	2015-12-31	0
	SHFE	fu1609	15	2015-09-14	1	2015-12-31	1
	SHFE	fu1610	0	2015-10-08	0	2015-12-31	0
	SHFE	fu1611	0	2015-11-02	0	2015-12-31	0
	SHFE	fu1612	1	2015-12-23	1	2015-12-31	1
石油沥青 Bitumen	SHFE	bu1501	5	2015-01-05	0	2015-01-15	—
	SHFE	bu1502	0	2015-01-05	0	2015-02-10	—
	SHFE	bu1503	24	2015-01-26	0	2015-03-16	—
	SHFE	bu1504	1	2015-01-07	0	2015-04-15	—
	SHFE	bu1505	11	2015-03-13	0	2015-05-15	—
	SHFE	bu1506	29222	2015-05-05	13208	2015-06-15	—
	SHFE	bu1507	4	2015-04-14	0	2015-07-15	—
	SHFE	bu1508	4	2015-06-01	4	2015-08-17	—
	SHFE	bu1509	27797	2015-06-23	4352	2015-09-15	—
	SHFE	bu1510	5	2015-07-02	0	2015-10-15	—
	SHFE	bu1511	14	2015-10-23	0	2015-11-16	—
	SHFE	bu1512	82600	2015-10-23	5000	2015-12-15	—
	SHFE	bu1601	78274	2015-12-10	11322	2015-12-31	11322
	SHFE	bu1602	112	2015-12-11	23	2015-12-31	23
	SHFE	bu1603	162	2015-12-31	162	2015-12-31	162
	SHFE	bu1604	5	2015-12-10	0	2015-12-31	0
	SHFE	bu1605	741	2015-12-30	737	2015-12-31	737
	SHFE	bu1606	92425	2015-12-29	92152	2015-12-31	92152
	SHFE	bu1609	903	2015-12-30	903	2015-12-31	903
	SHFE	bu1612	83	2015-12-24	81	2015-12-31	81
	SHFE	bu1703	11	2015-07-22	3	2015-12-31	3
	SHFE	bu1706	46	2015-12-30	45	2015-12-31	45
	SHFE	bu1709	27	2015-12-31	27	2015-12-31	27
	SHFE	bu1712	2	2015-12-28	2	2015-12-31	2

注：最后持仓量为交割日前一天的持仓量。
数据来源：上海期货交易所、郑州商品交易所、大连商品交易所。
Source：SHFE、ZCE、DCE、CFFEX.

5–15 2015年金融期货持仓情况

Positions of Financial Futures in 2015

交易品种 Futures Products	上市交易所 Futures Exchange	合约 Contracts	最高持仓量(手) Highest Positions (lot)	最高持仓日期 Highest Positions Day	最后持仓量(手) Last Positions (lot)	最后持仓日期 Last Positions Day	年末持仓量(手) Positions at the End of the Year (lot)
中证500股指期货 CSI 500 Index Futures	CFFEX	IC1505	17677	2015-04-29	8971	2015-05-14	—
	CFFEX	IC1506	45365	2015-06-01	6808	2015-06-18	—
	CFFEX	IC1507	34580	2015-06-23	1828	2015-07-16	—
	CFFEX	IC1508	12475	2015-08-10	3146	2015-08-20	—
	CFFEX	IC1509	15626	2015-08-26	3636	2015-09-17	—
	CFFEX	IC1510	9329	2015-09-24	4445	2015-10-15	—
	CFFEX	IC1511	12299	2015-11-04	4034	2015-11-19	—
	CFFEX	IC1512	15908	2015-12-03	5797	2015-12-17	—
	CFFEX	IC1601	14413	2015-12-30	14285	2015-12-31	14285
	CFFEX	IC1602	598	2015-12-31	598	2015-12-31	598
	CFFEX	IC1603	2208	2015-12-31	2208	2015-12-31	2208
	CFFEX	IC1606	819	2015-12-31	819	2015-12-31	819
沪深300股指期货 Index Futures	CFFEX	IF1501	138633	2015-01-05	21979	2015-01-15	—
	CFFEX	IF1502	117899	2015-02-04	15389	2015-02-17	—
	CFFEX	IF1503	169886	2015-02-26	19576	2015-03-19	—
	CFFEX	IF1504	145784	2015-03-23	21449	2015-04-16	—
	CFFEX	IF1505	133056	2015-05-07	23985	2015-05-14	—
	CFFEX	IF1506	202048	2015-05-22	22602	2015-06-18	—
	CFFEX	IF1507	137428	2015-07-03	8908	2015-07-16	—
	CFFEX	IF1508	70017	2015-08-10	15975	2015-08-20	—
	CFFEX	IF1509	91084	2015-08-24	9471	2015-09-17	—
	CFFEX	IF1510	24782	2015-09-29	10341	2015-10-15	—
	CFFEX	IF1511	24650	2015-11-04	6837	2015-11-19	—
	CFFEX	IF1512	36985	2015-11-25	8256	2015-12-17	—
	CFFEX	IF1601	29293	2015-12-29	29113	2015-12-31	29113
	CFFEX	IF1602	1092	2015-12-31	1092	2015-12-31	1092
	CFFEX	IF1603	5855	2015-12-31	5855	2015-12-31	5855
	CFFEX	IF1606	1397	2015-12-31	1397	2015-12-31	1397
上证50股指期货 SSE 50 Index Futures	CFFEX	IH1505	45698	2015-04-27	10750	2015-05-14	—
	CFFEX	IH1506	73160	2015-06-08	19516	2015-06-18	—
	CFFEX	IH1507	74829	2015-06-23	4320	2015-07-16	—
	CFFEX	IH1508	19625	2015-07-27	4929	2015-08-20	—
	CFFEX	IH1509	28539	2015-08-25	4746	2015-09-17	—
	CFFEX	IH1510	11717	2015-10-08	5228	2015-10-15	—
	CFFEX	IH1511	10181	2015-11-05	2628	2015-11-19	—
	CFFEX	IH1512	14667	2015-11-26	3309	2015-12-17	—
	CFFEX	IH1601	11706	2015-12-29	11063	2015-12-31	11063
	CFFEX	IH1602	616	2015-12-31	616	2015-12-31	616
	CFFEX	IH1603	3319	2015-12-29	3261	2015-12-31	3261
	CFFEX	IH1606	726	2015-12-31	726	2015-12-31	726
10年期国债期货 10 Years Treasury Future	CFFEX	T1509	26330	2015-05-25	607	2015-09-10	—
	CFFEX	T1512	18302	2015-10-29	533	2015-12-10	—
	CFFEX	T1603	26559	2015-12-28	25937	2015-12-31	25937
	CFFEX	T1606	4175	2015-12-31	4175	2015-12-31	4175
	CFFEX	T1609	868	2015-12-31	868	2015-12-31	868
5年期国债期货 5 Years Treasury Future	CFFEX	TF1503	18403	2015-01-13	466	2015-03-12	—
	CFFEX	TF1506	37673	2015-03-19	799	2015-06-11	—
	CFFEX	TF1509	27463	2015-05-25	952	2015-09-10	—
	CFFEX	TF1512	20687	2015-10-27	109	2015-12-10	—
	CFFEX	TF1603	25690	2015-12-24	23198	2015-12-31	23198
	CFFEX	TF1606	3696	2015-12-31	3696	2015-12-31	3696
	CFFEX	TF1609	720	2015-12-31	720	2015-12-31	720

注：最后持仓量为交割日前一天的持仓量。
数据来源：中国金融期货交易所。
Source：CFFEX.

5-16 2015年农产品期货合约月末结算价
Clearing Price of Agricultural Products Futures Contracts in 2015

单位：元/吨 (yuan/ton)

交易品种 Futures Products	上市交易所 Futures Exchange	合约 Contracts	1月 Jan.	2月 Feb.	3月 Mar.	4月 Apr.	5月 May	6月 Jun.	7月 Jul.	8月 Aug.	9月 Sept.	10月 Oct.	11月 Nov.	12月 Dec.
	DCE	c1501	2256	—	—	—	—	—	—	—	—	—	—	—
	DCE	c1503	2293	2267	2267	—	—	—	—	—	—	—	—	—
	DCE	c1505	2424	2475	2460	2399	2398	—	—	—	—	—	—	—
	DCE	c1507	2426	2492	2491	2465	2417	2286	2286	—	—	—	—	—
	DCE	c1509	2476	2528	2524	2490	2465	2316	2384	2315	2261	—	—	—
玉米 Corn	DCE	c1511	2310	2314	2348	2328	2321	2288	2144	2042	1887	1820	1801	—
	DCE	c1601	2296	2308	2305	2266	2215	2111	2017	1981	1915	1914	2032	2093
	DCE	c1603	—	—	2310	2276	2251	2141	1996	1971	1854	1831	1995	1967
	DCE	c1605	—	—	—	—	2272	2147	1974	1948	1802	1815	1896	1893
	DCE	c1607	—	—	—	—	—	—	1990	1966	1765	1780	1908	1882
	DCE	c1609	—	—	—	—	—	—	—	—	1712	1740	1780	1703
	DCE	c1611	—	—	—	—	—	—	—	—	—	—	1768	1694
	DCE	cs1503	2726	2665	2806	—	—	—	—	—	—	—	—	—
	DCE	cs1505	2782	2849	3078	2894	2865	—	—	—	—	—	—	—
	DCE	cs1507	2900	2950	3006	2891	2850	2910	2849	—	—	—	—	—
	DCE	cs1509	2940	3019	3055	2965	2921	2832	2799	2723	2672	—	—	—
玉米淀粉 Corn Starch	DCE	cs1511	2827	2851	2912	2829	2807	2725	2695	2624	2669	2077	2077	—
	DCE	cs1601	2745	2746	2764	2733	2670	2622	2440	2352	2161	1972	2279	2267
	DCE	cs1603	—	—	2712	2752	2698	2714	2445	2394	2141	1987	2283	2202
	DCE	cs1605	—	—	—	—	2776	2689	2420	2375	2074	1960	2191	2046
	DCE	cs1607	—	—	—	—	—	—	2477	2428	2131	1944	2200	2032
	DCE	cs1609	—	—	—	—	—	—	—	—	2010	1942	2094	1894
	DCE	cs1611	—	—	—	—	—	—	—	—	—	—	2089	1899
	DCE	a1501	4700	—	—	—	—	—	—	—	—	—	—	—
	DCE	a1503	4341	4081	4076	—	—	—	—	—	—	—	—	—
	DCE	a1505	4366	4302	4019	4160	4162	—	—	—	—	—	—	—
	DCE	a1507	4341	4319	4084	4225	4313	4075	4081	—	—	—	—	—
	DCE	a1509	4331	4304	4117	4296	4390	4153	4144	4063	4050	—	—	—
	DCE	a1511	4264	4262	4215	4311	4438	4149	4219	4122	4008	3846	3846	—
黄大豆一号 Soybean No.1	DCE	a1601	4325	4315	4204	4384	4489	4233	4243	4159	4066	3876	3913	3826
	DCE	a1603	4375	4391	4269	4446	4565	4321	4322	4190	4082	3813	3627	3482
	DCE	a1605	4378	4382	4299	4455	4603	4341	4370	4282	4202	3819	3735	3615
	DCE	a1607	4413	4421	4393	4459	4670	4410	4422	4328	4155	3802	3697	3596
	DCE	a1609	—	—	4377	4493	4669	4445	4452	4347	4203	3788	3679	3527
	DCE	a1611	—	—	—	—	4655	4402	4474	4332	4237	3758	3689	3584
	DCE	a1701	—	—	—	—	—	—	4456	4355	4108	3717	3657	3491
	DCE	a1703	—	—	—	—	—	—	—	—	4089	3701	3660	3501
	DCE	a1705	—	—	—	—	—	—	—	—	—	—	3659	3517
	DCE	b1501	3634	—	—	—	—	—	—	—	—	—	—	—
	DCE	b1503	3281	3150	3150	—	—	—	—	—	—	—	—	—
	DCE	b1505	3209	3196	3213	3297	3399	—	—	—	—	—	—	—
	DCE	b1507	3218	3227	3250	3338	2950	3200	3200	—	—	—	—	—
	DCE	b1509	3243	3208	3158	3115	2949	2911	2897	2911	3024	—	—	—
黄大豆二号 Soybean No.2	DCE	b1511	3260	3210	3269	3226	3167	3127	2950	2990	3102	2980	3204	—
	DCE	b1601	3278	3198	3237	3249	3182	3150	3136	3100	3121	3142	3250	3200
	DCE	b1603	—	—	3169	3278	3174	3217	3206	3064	3106	3183	3247	3197
	DCE	b1605	—	—	—	—	3136	3063	3177	3150	3107	3164	3176	3275
	DCE	b1607	—	—	—	—	—	—	3071	3150	3175	3346	3205	3295
	DCE	b1609	—	—	—	—	—	—	—	—	3094	3100	3244	3261
	DCE	b1611	—	—	—	—	—	—	—	—	—	—	3201	3358
豆粕 Soybean Meal	DCE	m1501	2976	—	—	—	—	—	—	—	—	—	—	—
	DCE	m1503	2825	3011	2930	—	—	—	—	—	—	—	—	—
	DCE	m1505	2692	2889	2770	2718	2686	—	—	—	—	—	—	—

5–16 续表 1 continued

单位：元/吨 (yuan/ton)

交易品种 Futures Products	上市交易所 Futures Exchange	合约 Contracts	1月 Jan.	2月 Feb.	3月 Mar.	4月 Apr.	5月 May	6月 Jun.	7月 Jul.	8月 Aug.	9月 Sept.	10月 Oct.	11月 Nov.	12月 Dec.
豆粕 Soybean Meal	DCE	m1507	2708	2908	2782	2783	2451	2435	2539	—	—	—	—	—
	DCE	m1508	2726	2906	2781	2789	2541	2544	2614	2611	—	—	—	—
	DCE	m1509	2700	2844	2752	2761	2553	2574	2651	2620	2618	—	—	—
	DCE	m1511	2740	2857	2771	2796	2590	2607	2696	2658	2629	2585	2470	—
	DCE	m1512	2766	2870	2819	2833	2622	2659	2711	2695	2688	2606	2395	2395
	DCE	m1601	2755	2886	2801	2802	2605	2660	2698	2700	2666	2560	2422	2474
	DCE	m1603	—	—	2810	2843	2652	2659	2635	2636	2622	2567	2439	2411
	DCE	m1605	—	—	—	—	2578	2604	2612	2617	2571	2489	2346	2367
	DCE	m1607	—	—	—	—	—	—	2622	2628	2587	2506	2354	2387
	DCE	m1608	—	—	—	—	—	—	—	2640	2588	2512	2367	2373
	DCE	m1609	—	—	—	—	—	—	—	—	2545	2473	2359	2370
	DCE	m1611	—	—	—	—	—	—	—	—	—	—	2366	2386
	DCE	m1612	—	—	—	—	—	—	—	—	—	—	—	2405
豆油 Soybean Oil	DCE	y1501	5440	—	—	—	—	—	—	—	—	—	—	—
	DCE	y1503	5286	5448	5286	—	—	—	—	—	—	—	—	—
	DCE	y1505	5356	5610	5430	5590	5742	—	—	—	—	—	—	—
	DCE	y1507	5412	5652	5390	5632	5816	5586	5586	—	—	—	—	—
	DCE	y1508	5430	5656	5336	5642	5854	5616	5558	5558	—	—	—	—
	DCE	y1509	5374	5612	5372	5684	5752	5588	5472	5500	5486	—	—	—
	DCE	y1511	5494	5644	5472	5796	5898	5694	5588	5408	5680	6030	6340	—
	DCE	y1512	5484	5584	5428	5712	5934	5808	5550	5380	5492	5664	5498	5598
	DCE	y1601	5480	5718	5412	5718	5906	5734	5508	5388	5400	5534	5690	5860
	DCE	y1603	—	—	5480	5748	5988	5826	5562	5438	5358	5522	5664	5698
	DCE	y1605	—	—	—	—	5938	5816	5530	5390	5332	5406	5592	5706
	DCE	y1607	—	—	—	—	—	—	5584	5476	5362	5456	5562	5738
	DCE	y1608	—	—	—	—	—	—	—	5618	5390	5414	5478	5728
	DCE	y1609	—	—	—	—	—	—	—	—	5330	5354	5522	5672
	DCE	y1611	—	—	—	—	—	—	—	—	—	—	5616	5676
	DCE	y1612	—	—	—	—	—	—	—	—	—	—	—	5702
棕榈油 RBD Palm Oil	DCE	p1501	4836	—	—	—	—	—	—	—	—	—	—	—
	DCE	p1502	5010	5010	—	—	—	—	—	—	—	—	—	—
	DCE	p1503	4742	4816	4900	—	—	—	—	—	—	—	—	—
	DCE	p1504	4664	4768	4826	4826	—	—	—	—	—	—	—	—
	DCE	p1505	4666	5040	4762	5044	5050	—	—	—	—	—	—	—
	DCE	p1506	4642	5042	4756	4978	5156	5156	—	—	—	—	—	—
	DCE	p1507	4690	5012	4732	4870	5022	5134	5134	—	—	—	—	—
	DCE	p1508	4608	4988	4790	4938	5160	4982	4800	4800	—	—	—	—
	DCE	p1509	4612	4922	4660	4874	5136	4888	4716	4058	4084	—	—	—
	DCE	p1510	4628	4900	4704	4938	5130	4990	4876	4296	4500	4500	—	—
	DCE	p1511	4608	4960	4714	4906	5150	5120	5014	4340	4426	4420	4390	—
	DCE	p1512	4664	4950	4756	4936	5308	5084	4816	4350	4552	4462	3892	3892
	DCE	p1601	4622	4910	4636	4850	5230	5032	4770	4274	4470	4414	4294	4494
	DCE	p1602	—	4834	4714	4910	5340	5102	4884	4424	4460	4498	4324	4726
	DCE	p1603	—	—	4672	4876	5370	5080	4888	4302	4550	4472	4274	4552
	DCE	p1604	—	—	—	4920	5320	5316	4846	4312	4594	4516	4554	4854
	DCE	p1605	—	—	—	—	5346	5198	4902	4456	4628	4626	4588	4850
	DCE	p1606	—	—	—	—	—	5254	4932	4552	4676	4640	4588	4884
	DCE	p1607	—	—	—	—	—	—	5016	4516	4614	4552	4500	4920
	DCE	p1608	—	—	—	—	—	—	—	4556	4544	4660	4632	4854
	DCE	p1609	—	—	—	—	—	—	—	—	4634	4670	4684	4942
	DCE	p1610	—	—	—	—	—	—	—	—	—	4542	4706	4964
	DCE	p1611	—	—	—	—	—	—	—	—	—	—	4688	5014
	DCE	p1612	—	—	—	—	—	—	—	—	—	—	—	4928

5–16 续表 2 continued

单位：元/吨 (yuan/ton)

交易品种 Futures Products	上市交易所 Futures Exchange	合约 Contracts	1月 Jan.	2月 Feb.	3月 Mar.	4月 Apr.	5月 May	6月 Jun.	7月 Jul.	8月 Aug.	9月 Sept.	10月 Oct.	11月 Nov.	12月 Dec.
鸡蛋 Egg	DCE	jd1501	4631	—	—	—	—	—	—	—	—	—	—	—
	DCE	jd1502	4518	4518	—	—	—	—	—	—	—	—	—	—
	DCE	jd1503	4181	4192	3908	—	—	—	—	—	—	—	—	—
	DCE	jd1504	4150	4240	3709	3487	—	—	—	—	—	—	—	—
	DCE	jd1505	4118	4243	3918	3732	3492	—	—	—	—	—	—	—
	DCE	jd1506	4177	4304	4207	4002	3217	3120	—	—	—	—	—	—
	DCE	jd1509	4618	4620	4541	4454	4284	3990	4400	4132	3912	—	—	—
	DCE	jd1510	4321	4415	4450	4361	4108	3943	4165	3840	3417	3362	—	—
	DCE	jd1511	4171	4227	4290	4377	4121	3864	4083	3870	3517	3033	3057	—
	DCE	jd1512	4188	4202	4326	4229	4157	4070	4162	3929	3614	3268	3282	3320
	DCE	jd1601	4154	4171	4186	4139	4102	4115	4263	3917	3761	3661	3776	3645
	DCE	jd1602	—	4124	4162	4073	4071	4000	4183	3827	3673	3463	3276	3223
	DCE	jd1603	—	—	4047	4044	3908	3951	3975	3878	3617	3400	3254	3155
	DCE	jd1604	—	—	—	4051	3941	3956	3935	3860	3582	3424	3247	3170
	DCE	jd1605	—	—	—	—	3956	4086	4198	3783	3548	3432	3253	3215
	DCE	jd1606	—	—	—	—	—	4087	4176	3915	3548	3440	3307	3229
	DCE	jd1609	—	—	—	—	—	—	—	—	3808	3839	3697	3690
	DCE	jd1610	—	—	—	—	—	—	—	—	—	3560	3319	3322
	DCE	jd1611	—	—	—	—	—	—	—	—	—	—	3361	3354
	DCE	jd1612	—	—	—	—	—	—	—	—	—	—	—	3333
胶合板 Block–board	DCE	bb1501	154.8	—	—	—	—	—	—	—	—	—	—	—
	DCE	bb1502	101.7	97.35	—	—	—	—	—	—	—	—	—	—
	DCE	bb1503	102.6	94	92.5	—	—	—	—	—	—	—	—	—
	DCE	bb1504	113.1	104.5	117	117	—	—	—	—	—	—	—	—
	DCE	bb1505	119.1	121.8	117	92	85.1	—	—	—	—	—	—	—
	DCE	bb1506	116.6	119.2	113.4	90.15	88.3	88.3	—	—	—	—	—	—
	DCE	bb1507	106.1	108.4	103.6	82.4	82	86.1	86.1	—	—	—	—	—
	DCE	bb1508	116.1	119.7	115.5	91.85	105.6	110.9	105.4	110.6	—	—	—	—
	DCE	bb1509	120.5	117.9	117.5	112.2	105	97.3	88.9	80	75	—	—	—
	DCE	bb1510	118.7	114.7	117.2	109.6	101.2	97.9	89.5	80.6	72.75	72.75	—	—
	DCE	bb1511	103.2	108.3	117.2	109	102.9	103.5	91.75	83.05	91.95	89.4	88.5	—
	DCE	bb1512	120.5	119.8	116.3	113.6	102.8	99.15	86.9	79.6	91.15	88.6	90.55	80.05
	DCE	bb1601	120.6	115.9	120.6	112.1	108.1	105.2	97.4	94.7	88.8	89.8	85.25	83.4
	DCE	bb1602	—	117.5	118.1	115.1	99.7	93.25	80.95	78.95	71.45	69.65	67.95	66.9
	DCE	bb1603	—	—	117.5	117.9	101.9	94.95	82.5	80.6	72.85	71	72.55	71.4
	DCE	bb1604	—	—	—	118	104.1	97.15	84.35	92.3	83.5	81.25	83.05	81.9
	DCE	bb1605	—	—	—	—	108.1	101.5	90.8	93.7	84.75	82.55	84.35	83.1
	DCE	bb1606	—	—	—	—	—	104.8	92.85	95.85	86.75	84.5	86.25	85
	DCE	bb1607	—	—	—	—	—	—	92	93.4	83.75	88.9	95.6	93.65
	DCE	bb1608	—	—	—	—	—	—	—	93.1	83.5	88.9	95.6	93.65
	DCE	bb1609	—	—	—	—	—	—	—	—	85.25	88.3	85.9	81.35
	DCE	bb1610	—	—	—	—	—	—	—	—	—	87.55	94.15	92.2
	DCE	bb1611	—	—	—	—	—	—	—	—	—	—	91.6	89.7
	DCE	bb1612	—	—	—	—	—	—	—	—	—	—	—	82.65
纤维板 Fiberboard	DCE	fb1501	60.6	—	—	—	—	—	—	—	—	—	—	—
	DCE	fb1502	48.5	43.95	—	—	—	—	—	—	—	—	—	—
	DCE	fb1503	45.25	43	42.5	—	—	—	—	—	—	—	—	—
	DCE	fb1504	59.3	60.85	68.65	88.75	—	—	—	—	—	—	—	—
	DCE	fb1505	58.55	60.55	61.4	60.3	57.8	—	—	—	—	—	—	—
	DCE	fb1506	53.6	55.05	56	60.45	46.8	46.8	—	—	—	—	—	—
	DCE	fb1507	48.45	51.4	50.95	52.25	47.4	46.65	41.45	—	—	—	—	—
	DCE	fb1508	62.8	63.5	65	63.5	61.75	62	75.9	91.2	—	—	—	—
	DCE	fb1509	59.5	60.5	60.5	61.25	60.6	59.6	56.35	65.5	74.7	—	—	—

5–16 续表 3 continued

单位：元/吨 (yuan/ton)

交易品种 Futures Products	上市交易所 Futures Exchange	合约 Contracts	1月 Jan.	2月 Feb.	3月 Mar.	4月 Apr.	5月 May	6月 Jun.	7月 Jul.	8月 Aug.	9月 Sept.	10月 Oct.	11月 Nov.	12月 Dec.
纤维板 Fiberboard	DCE	fb1510	57.2	57.8	56.25	56.25	57	53.5	50.65	56.8	73	73	—	—
	DCE	fb1511	50.85	51.45	52	53.2	49.4	51.2	51.45	50.55	64.8	79	89.65	—
	DCE	fb1512	60.35	62.7	62.55	67.05	62.2	64.55	61	63.3	83.2	86.35	95.15	95.15
	DCE	fb1601	59.45	57.3	58.45	59.95	59.8	59.45	55.5	56.3	59.7	60.25	59.85	52.45
	DCE	fb1602	—	60.8	58.35	59.5	56.6	50.8	43.95	42.85	52.8	53.8	52.55	52.8
	DCE	fb1603	—	—	56.7	53.4	52.65	48	53.1	50.25	56.5	59.2	60.35	54.65
	DCE	fb1604	—	—	—	60.65	59.8	54.95	58.65	57.25	63.65	60.85	62.45	61.2
	DCE	fb1605	—	—	—	—	60.9	58.6	55.75	57.35	59.9	59.3	59.35	59.05
	DCE	fb1606	—	—	—	—	—	49.95	46.45	45.45	62.65	58.9	59.7	58.8
	DCE	fb1607	—	—	—	—	—	—	54	52.6	58.7	55.2	55.9	55.1
	DCE	fb1608	—	—	—	—	—	—	—	55.9	57.95	54.45	55.2	54.4
	DCE	fb1609	—	—	—	—	—	—	—	—	59.65	60.75	60.2	59.35
	DCE	fb1610	—	—	—	—	—	—	—	—	—	60.3	61.05	60.25
	DCE	fb1611	—	—	—	—	—	—	—	—	—	—	57.65	56.8
	DCE	fb1612	—	—	—	—	—	—	—	—	—	—	—	58.55
棉花 Cotton	ZCE	CF501	12915	—	—	—	—	—	—	—	—	—	—	—
	ZCE	CF503	12955	13200	12930	—	—	—	—	—	—	—	—	—
	ZCE	CF505	13150	13430	12865	12990	12920	—	—	—	—	—	—	—
	ZCE	CF507	13275	13535	12980	13185	12865	12440	12320	—	—	—	—	—
	ZCE	CF509	13540	13810	13145	13430	13100	12740	12545	12050	12435	—	—	—
	ZCE	CF511	13735	14030	13385	13490	13280	12980	12545	12190	12450	12175	12360	—
	ZCE	CF601	13825	14185	13495	13520	13450	13210	12675	12395	12240	12150	12190	11905
	ZCE	CF603	—	—	13670	13690	13620	13380	12735	12405	12155	11845	11875	11620
	ZCE	CF605	—	—	—	—	13750	13510	12825	12520	12225	11730	11675	11400
	ZCE	CF607	—	—	—	—	—	—	12910	12670	12270	11770	11605	11330
	ZCE	CF609	—	—	—	—	—	—	—	—	12315	11645	11670	11305
	ZCE	CF611	—	—	—	—	—	—	—	—	—	—	11705	11370
粳稻 Japonica Rice	ZCE	JR501	3004	—	—	—	—	—	—	—	—	—	—	—
	ZCE	JR503	3190	3085	3085	—	—	—	—	—	—	—	—	—
	ZCE	JR505	3063	3063	3020	3020	3020	—	—	—	—	—	—	—
	ZCE	JR507	3127	3024	2982	2982	2976	2976	2976	—	—	—	—	—
	ZCE	JR509	3104	3002	3009	2988	3102	3100	3100	3100	3100	—	—	—
	ZCE	JR511	3104	3002	2893	2873	2982	2980	3225	3131	3101	3060	3060	—
	ZCE	JR601	3104	3002	2893	2894	3100	3098	3343	3245	3021	2981	2981	2981
	ZCE	JR603	—	—	2893	2894	3099	3097	3342	3244	3020	2980	2980	2980
	ZCE	JR605	—	—	—	—	3099	3097	3351	3255	3030	2990	2990	2990
	ZCE	JR607	—	—	—	—	—	—	3351	3255	3030	2990	2990	2990
	ZCE	JR609	—	—	—	—	—	—	—	—	3030	2990	2990	2990
	ZCE	JR611	—	—	—	—	—	—	—	—	—	—	2990	2990
晚籼稻 Late Indica Rice	ZCE	LR501	2786	—	—	—	—	—	—	—	—	—	—	—
	ZCE	LR503	2787	2787	2787	—	—	—	—	—	—	—	—	—
	ZCE	LR505	2785	2784	2671	2600	2800	—	—	—	—	—	—	—
	ZCE	LR507	2671	2670	2592	2556	2572	2572	2572	—	—	—	—	—
	ZCE	LR509	2786	2785	2703	2627	2644	2644	2644	2644	2644	—	—	—
	ZCE	LR511	2722	2721	2534	2464	2479	2479	2470	2470	2497	2497	2497	—
	ZCE	LR601	2723	2722	2535	2465	2480	2480	2489	2629	2658	2658	2658	2658
	ZCE	LR603	—	—	2535	2463	2478	2478	2374	2411	2437	2437	2437	2437
	ZCE	LR605	—	—	—	—	2478	2478	2460	2599	2627	2627	2529	2523
	ZCE	LR607	—	—	—	—	—	—	2460	2599	2627	2627	2635	2629
	ZCE	LR609	—	—	—	—	—	—	—	—	2627	2627	2635	2450
	ZCE	LR611	—	—	—	—	—	—	—	—	—	—	2635	2636
菜籽油(OI) Rapeseed Oil	ZCE	OI501	5668	—	—	—	—	—	—	—	—	—	—	—
	ZCE	OI503	5650	5668	5698	—	—	—	—	—	—	—	—	—

5–16 续表 4 continued

单位：元/吨 (yuan/ton)

交易品种 Futures Products	上市交易所 Futures Exchange	合约 Contracts	1月 Jan.	2月 Feb.	3月 Mar.	4月 Apr.	5月 May	6月 Jun.	7月 Jul.	8月 Aug.	9月 Sept.	10月 Oct.	11月 Nov.	12月 Dec.
菜籽油(OI) Rapeseed Oil	ZCE	OI505	5752	5918	5874	5942	6050	—	—	—	—	—	—	—
	ZCE	OI507	5826	5962	5908	5970	6040	5998	5998	—	—	—	—	—
	ZCE	OI509	5774	5982	5826	6032	5960	6042	5978	5934	5978	—	—	—
	ZCE	OI511	5870	5962	5854	6068	6028	6134	5920	5848	5512	5602	5602	—
	ZCE	OI601	5830	6078	5862	6024	6080	6078	5844	5666	5616	5674	5828	5632
	ZCE	OI603	—	—	5868	6060	6060	6158	5924	5698	5624	5668	5630	5698
	ZCE	OI605	—	—	—	—	6118	6132	5902	5730	5648	5582	5740	5692
	ZCE	OI607	—	—	—	—	—	—	5902	5758	5662	5616	5726	5682
	ZCE	OI609	—	—	—	—	—	—	—	—	5704	5582	5682	5718
	ZCE	OI611	—	—	—	—	—	—	—	—	—	—	5594	5652
普麦 Wheat	ZCE	PM501	2650	—	—	—	—	—	—	—	—	—	—	—
	ZCE	PM503	2326	2326	2326	—	—	—	—	—	—	—	—	—
	ZCE	PM505	2628	2620	2476	2635	2635	—	—	—	—	—	—	—
	ZCE	PM507	2355	2348	2219	2166	2166	2123	2123	—	—	—	—	—
	ZCE	PM509	2514	2550	2550	2614	2505	2455	2361	2369	2274	—	—	—
	ZCE	PM511	2537	2484	2347	2406	2546	2519	2520	2447	2231	2231	2231	—
	ZCE	PM601	2383	2564	2423	2491	2636	2580	2495	2400	2383	2339	2403	2320
	ZCE	PM603	—	—	2564	2531	2664	2601	2523	2402	2289	2310	2328	2373
	ZCE	PM605	—	—	—	—	2740	2724	2472	2385	2273	2454	2553	2482
	ZCE	PM607	—	—	—	—	—	—	2436	2292	2185	2319	2413	2624
	ZCE	PM609	—	—	—	—	—	—	—	—	2185	2387	2387	2438
	ZCE	PM611	—	—	—	—	—	—	—	—	—	—	2387	2438
早籼稻(RI) Early Indica Rice	ZCE	RI501	2240	—	—	—	—	—	—	—	—	—	—	—
	ZCE	RI503	2322	2322	2322	—	—	—	—	—	—	—	—	—
	ZCE	RI505	2297	2311	2311	2305	2336	—	—	—	—	—	—	—
	ZCE	RI507	2280	2295	2294	2286	2270	2270	2270	—	—	—	—	—
	ZCE	RI509	2399	2431	2394	2468	2501	2538	2550	2323	2735	—	—	—
	ZCE	RI511	2480	2515	2466	2517	2550	2500	2510	1948	2046	2046	2046	—
	ZCE	RI601	2473	2514	2501	2558	2583	2633	2566	2554	2463	2507	2506	2689
	ZCE	RI603	—	—	2361	2519	2515	2543	2649	2511	2511	2556	2560	2732
	ZCE	RI605	—	—	—	—	2657	2694	2644	2645	2528	2523	2559	2609
	ZCE	RI607	—	—	—	—	—	—	2696	2692	2548	2593	2608	2766
	ZCE	RI609	—	—	—	—	—	—	—	—	2553	2553	2553	2553
	ZCE	RI611	—	—	—	—	—	—	—	—	—	—	2553	2553
菜籽粕 Rapeseed Meal	ZCE	RM501	2210	—	—	—	—	—	—	—	—	—	—	—
	ZCE	RM503	2187	2304	2344	—	—	—	—	—	—	—	—	—
	ZCE	RM505	2127	2355	2347	2272	2181	—	—	—	—	—	—	—
	ZCE	RM507	2127	2350	2326	2291	2030	2020	2047	—	—	—	—	—
	ZCE	RM508	2157	2353	2277	2273	2040	2031	2156	2102	—	—	—	—
	ZCE	RM509	2082	2257	2230	2249	2075	2066	2198	1944	1984	—	—	—
	ZCE	RM511	2026	2182	2153	2192	2044	2034	2125	1986	1968	1610	1529	—
	ZCE	RM601	2020	2162	2110	2173	2043	2038	2129	2053	1992	1958	1780	1801
	ZCE	RM603	—	—	2114	2187	2071	2052	2140	2067	2007	1985	1809	1839
	ZCE	RM605	—	—	—	—	2101	2088	2167	2106	2040	2021	1854	1914
	ZCE	RM607	—	—	—	—	—	—	2171	2105	2047	2025	1848	1915
	ZCE	RM608	—	—	—	—	—	—	—	2124	2045	2034	1862	1911
	ZCE	RM609	—	—	—	—	—	—	—	—	2014	1985	1807	1880
	ZCE	RM611	—	—	—	—	—	—	—	—	—	—	1760	1842
油菜籽 Rapeseed	ZCE	RS507	4510	4701	4774	4731	4517	3835	3835	—	—	—	—	—
	ZCE	RS508	4665	4795	4774	4750	4813	3952	3514	3514	—	—	—	—
	ZCE	RS509	4495	4688	4656	4739	4531	3601	3681	3674	3645	—	—	—
	ZCE	RS511	4626	4947	4713	4819	4701	3751	3661	3655	3626	3626	3626	—
	ZCE	RS607	—	—	—	—	—	—	4200	4135	4168	4189	4081	3995

5−16 续表 5 continued

单位：元/吨 (yuan/ton)

交易品种 Futures Products	上市交易所 Futures Exchange	合约 Contracts	1月 Jan.	2月 Feb.	3月 Mar.	4月 Apr.	5月 May	6月 Jun.	7月 Jul.	8月 Aug.	9月 Sept.	10月 Oct.	11月 Nov.	12月 Dec.
油菜籽 Rapeseed	ZCE	RS608	—	—	—	—	—	—	—	4085	4102	4106	4020	3942
	ZCE	RS609	—	—	—	—	—	—	—	—	4170	4213	4197	4074
	ZCE	RS611	—	—	—	—	—	—	—	—	—	—	4082	4046
白糖 Sugar	ZCE	SR501	4862	—	—	—	—	—	—	—	—	—	—	—
	ZCE	SR503	4885	5045	4905	—	—	—	—	—	—	—	—	—
	ZCE	SR505	4939	5080	5224	5413	5377	—	—	—	—	—	—	—
	ZCE	SR507	5009	5117	5298	5480	5459	5310	5093	—	—	—	—	—
	ZCE	SR509	5062	5097	5364	5557	5519	5406	5047	4962	5112	—	—	—
	ZCE	SR511	5134	5152	5410	5615	5580	5488	5133	5040	5313	5159	5036	—
	ZCE	SR601	5254	5269	5467	5705	5791	5655	5324	5256	5574	5524	5540	5506
	ZCE	SR603	5336	5330	5488	5739	5795	5664	5353	5219	5519	5464	5510	5576
	ZCE	SR605	5341	5337	5510	5728	5810	5688	5349	5170	5494	5478	5527	5655
	ZCE	SR607	5344	5380	5560	5804	5855	5694	5361	5183	5465	5494	5515	5689
	ZCE	SR609	—	—	5562	5813	5857	5718	5390	5198	5450	5548	5579	5748
	ZCE	SR611	—	—	—	—	5884	5753	5437	5228	5462	5538	5570	5761
	ZCE	SR701	—	—	—	—	—	—	5526	5291	5280	5556	5529	5670
	ZCE	SR703	—	—	—	—	—	—	—	—	5228	5534	5515	5637
	ZCE	SR705	—	—	—	—	—	—	—	—	—	—	5481	5623
强麦(WH) Strong Gluten Wheat	ZCE	WH501	2560	—	—	—	—	—	—	—	—	—	—	—
	ZCE	WH503	2680	2680	2580	—	—	—	—	—	—	—	—	—
	ZCE	WH505	2655	2619	2571	2524	2548	—	—	—	—	—	—	—
	ZCE	WH507	2690	2591	2576	2550	2618	2553	2553	—	—	—	—	—
	ZCE	WH509	2658	2637	2611	2594	2659	2489	2477	2283	2210	—	—	—
	ZCE	WH511	2700	2631	2603	2604	2673	2678	2733	2713	2868	2688	2992	—
	ZCE	WH601	2716	2707	2665	2692	2786	2761	2748	2745	2739	2773	2815	2918
	ZCE	WH603	—	—	2688	2695	2776	2786	2776	2759	2700	2728	2757	2848
	ZCE	WH605	—	—	—	—	2802	2767	2753	2758	2725	2763	2825	2889
	ZCE	WH607	—	—	—	—	—	—	2733	2735	2709	2699	2655	2724
	ZCE	WH609	—	—	—	—	—	—	—	—	2601	2595	2618	2633
	ZCE	WH611	—	—	—	—	—	—	—	—	—	—	2610	2743
天然橡胶 Natural Rubber	SHFE	ru1501	13780	—	—	—	—	—	—	—	—	—	—	—
	SHFE	ru1503	13065	13985	12885	—	—	—	—	—	—	—	—	—
	SHFE	ru1504	13165	14060	13255	12755	—	—	—	—	—	—	—	—
	SHFE	ru1505	13035	14140	13235	13945	13800	—	—	—	—	—	—	—
	SHFE	ru1506	12555	13505	12510	14055	14410	13525	—	—	—	—	—	—
	SHFE	ru1507	12680	13620	12565	14245	14385	12535	12030	—	—	—	—	—
	SHFE	ru1508	12460	13340	12425	14280	14615	12700	11815	10850	—	—	—	—
	SHFE	ru1509	12610	13510	12635	14360	14720	12890	11970	10185	10355	—	—	—
	SHFE	ru1510	12410	13505	12585	14200	14685	12850	11740	10335	10325	10505	—	—
	SHFE	ru1511	12580	13435	12615	14195	14630	12685	11760	10415	10405	9540	9320	—
	SHFE	ru1601	13435	14175	13535	15085	15690	14145	12695	11515	11300	10850	10850	11510
	SHFE	ru1603	—	—	13620	15205	15845	14200	12915	11705	11430	10925	9870	10695
	SHFE	ru1604	—	—	—	15300	16080	14195	12940	11390	11485	10995	9970	10680
	SHFE	ru1605	—	—	—	—	16065	14485	12980	11805	11495	11030	9900	10605
	SHFE	ru1606	—	—	—	—	—	14255	13085	11825	11625	10995	9850	10665
	SHFE	ru1607	—	—	—	—	—	—	13035	11875	11525	11085	9790	10635
	SHFE	ru1608	—	—	—	—	—	—	—	11955	11600	11080	9730	10615
	SHFE	ru1609	—	—	—	—	—	—	—	—	11580	11045	9650	10440
	SHFE	ru1610	—	—	—	—	—	—	—	—	—	11100	9670	10465
	SHFE	ru1611	—	—	—	—	—	—	—	—	—	—	9635	10460

注：如果该合约在月中交割，则该月的月末结算价为最后一个交易日的结算价。

数据来源：上海期货交易所、郑州商品交易所、大连商品交易所。

Source：SHFE、ZCE、DCE.

5–17 2015年金属期货合约月末结算价
Clearing Price of Metal Products Futures Contracts in 2015

单位：元/吨 (yuan/ton)

交易品种 Futures Products	上市交易所 Futures Exchange	合约 Contracts	1月 Jan.	2月 Feb.	3月 Mar.	4月 Apr.	5月 May	6月 Jun.	7月 Jul.	8月 Aug.	9月 Sept.	10月 Oct.	11月 Nov.	12月 Dec.
	SHFE	cu1501	40870	—	—	—	—	—	—	—	—	—	—	—
	SHFE	cu1502	39730	41300	—	—	—	—	—	—	—	—	—	—
	SHFE	cu1503	39550	42840	42460	—	—	—	—	—	—	—	—	—
	SHFE	cu1504	39210	42840	43760	43080	—	—	—	—	—	—	—	—
	SHFE	cu1505	39000	42690	43840	44300	45860	—	—	—	—	—	—	—
	SHFE	cu1506	38900	42580	43770	44210	44400	42830	—	—	—	—	—	—
	SHFE	cu1507	38800	42490	43720	44070	44310	42490	41330	—	—	—	—	—
	SHFE	cu1508	38750	42430	43680	43980	44160	42370	38910	39190	—	—	—	—
	SHFE	cu1509	38730	42390	43690	43910	44100	42210	38650	39400	40620	—	—	—
	SHFE	cu1510	38700	42410	43690	43850	44060	42140	38380	39420	38310	40050	—	—
	SHFE	cu1511	38720	42430	43700	43880	44060	42070	38210	39280	38210	38800	36150	—
铜 Copper	SHFE	cu1512	38690	42440	43700	43880	43990	42040	38110	39200	38080	38770	34830	36240
	SHFE	cu1601	38650	42500	43660	43840	44020	41980	38040	39150	38000	38680	34880	36740
	SHFE	cu1602	—	42440	43650	43890	44110	42010	38060	39170	37970	38590	34800	36610
	SHFE	cu1603	—	—	43680	43960	44170	41980	38030	39130	37950	38510	34750	36520
	SHFE	cu1604	—	—	—	43960	44160	42040	38090	39140	37900	38420	34680	36440
	SHFE	cu1605	—	—	—	—	44260	42050	38060	39140	37910	38420	34670	36390
	SHFE	cu1606	—	—	—	—	—	42080	38170	39200	37930	38430	34650	36320
	SHFE	cu1607	—	—	—	—	—	—	38200	39110	37950	38360	34690	36280
	SHFE	cu1608	—	—	—	—	—	—	—	39070	37970	38390	34690	36270
	SHFE	cu1609	—	—	—	—	—	—	—	—	37840	38390	34740	36220
	SHFE	cu1610	—	—	—	—	—	—	—	—	—	38340	34720	36220
	SHFE	cu1611	—	—	—	—	—	—	—	—	—	—	34710	36160
	SHFE	cu1612	—	—	—	—	—	—	—	—	—	—	—	36200
	SHFE	al1501	12665	—	—	—	—	—	—	—	—	—	—	—
	SHFE	al1502	12690	13100	—	—	—	—	—	—	—	—	—	—
	SHFE	al1503	12750	12910	13100	—	—	—	—	—	—	—	—	—
	SHFE	al1504	12795	12955	13385	13035	—	—	—	—	—	—	—	—
	SHFE	al1505	12860	13000	13385	13285	13200	—	—	—	—	—	—	—
	SHFE	al1506	12915	13045	13375	13325	13085	12595	—	—	—	—	—	—
	SHFE	al1507	12985	13080	13385	13350	13150	12610	12300	—	—	—	—	—
	SHFE	al1508	13025	13150	13390	13370	13205	12605	12180	12010	—	—	—	—
	SHFE	al1509	13080	13195	13405	13380	13265	12620	12235	11885	11870	—	—	—
	SHFE	al1510	13105	13255	13425	13390	13315	12630	12260	11935	11625	11270	—	—
	SHFE	al1511	13170	13290	13450	13420	13365	12635	12275	11945	11625	10365	10240	—
铝 Aluminum	SHFE	al1512	13295	13320	13460	13440	13400	12650	12285	11960	11645	10360	10300	10990
	SHFE	al1601	13290	13370	13510	13425	13445	12705	12300	11970	11670	10340	10275	11120
	SHFE	al1602	—	13410	13575	13555	13515	12720	12335	11985	11700	10350	10165	10885
	SHFE	al1603	—	—	13595	13600	13540	12755	12370	11980	11725	10380	10120	10810
	SHFE	al1604	—	—	—	13620	13595	12760	12430	12000	11730	10400	10080	10780
	SHFE	al1605	—	—	—	—	13635	12850	12485	12140	11775	10415	10045	10785
	SHFE	al1606	—	—	—	—	—	12850	12495	12070	11830	10460	10010	10765
	SHFE	al1607	—	—	—	—	—	—	12535	12115	11885	10495	9975	10770
	SHFE	al1608	—	—	—	—	—	—	—	12030	11780	10505	9995	10775
	SHFE	al1609	—	—	—	—	—	—	—	—	11860	10530	10015	10785
	SHFE	al1610	—	—	—	—	—	—	—	—	—	10540	9990	10805
	SHFE	al1611	—	—	—	—	—	—	—	—	—	—	9990	10810
	SHFE	al1612	—	—	—	—	—	—	—	—	—	—	—	10835
锌 Zinc	SHFE	zn1501	15985	—	—	—	—	—	—	—	—	—	—	—
	SHFE	zn1502	16190	16335	—	—	—	—	—	—	—	—	—	—

5-17 续表 1 continued

单位：元/吨 (yuan/ton)

交易品种 Futures Products	上市交易所 Futures Exchange	合约 Contracts	1月 Jan.	2月 Feb.	3月 Mar.	4月 Apr.	5月 May	6月 Jun.	7月 Jul.	8月 Aug.	9月 Sept.	10月 Oct.	11月 Nov.	12月 Dec.
	SHFE	zn1503	16110	16100	15755	—	—	—	—	—	—	—	—	—
	SHFE	zn1504	16050	16065	15970	16285	—	—	—	—	—	—	—	—
	SHFE	zn1505	16015	16050	16015	16890	16780	—	—	—	—	—	—	—
	SHFE	zn1506	15995	16035	16040	16935	16705	16155	—	—	—	—	—	—
	SHFE	zn1507	15990	16015	16060	16990	16765	15370	15660	—	—	—	—	—
	SHFE	zn1508	16015	16005	16075	17015	16820	15355	14965	15030	—	—	—	—
	SHFE	zn1509	16050	16025	16095	17040	16860	15345	14925	14845	14510	—	—	—
	SHFE	zn1510	16050	16025	16130	17065	16900	15350	14870	14795	13820	14665	—	—
	SHFE	zn1511	16055	16010	16165	17090	16930	15370	14835	14730	13730	13920	13035	—
	SHFE	zn1512	16055	16045	16210	17120	16915	15375	14825	14710	13655	13905	12970	12750
锌 Zinc	SHFE	zn1601	16105	16070	16140	17110	16955	15375	14805	14695	13590	13855	12855	13345
	SHFE	zn1602	—	16110	16190	17175	16950	15405	14810	14660	13530	13825	12785	13415
	SHFE	zn1603	—	—	16275	17150	16980	15455	14770	14645	13470	13810	12750	13430
	SHFE	zn1604	—	—	—	17195	17005	15515	14830	14600	13410	13790	12725	13430
	SHFE	zn1605	—	—	—	—	17070	15490	14855	14710	13415	13810	12705	13440
	SHFE	zn1606	—	—	—	—	—	15540	14865	14720	13360	13720	12705	13455
	SHFE	zn1607	—	—	—	—	—	—	14985	14830	13260	13760	12645	13470
	SHFE	zn1608	—	—	—	—	—	—	—	14900	13330	13745	12640	13445
	SHFE	zn1609	—	—	—	—	—	—	—	—	13175	13680	12665	13500
	SHFE	zn1610	—	—	—	—	—	—	—	—	—	13700	12645	13505
	SHFE	zn1611	—	—	—	—	—	—	—	—	—	—	12745	13560
	SHFE	zn1612	—	—	—	—	—	—	—	—	—	—	—	13575
	SHFE	pb1501	12055	—	—	—	—	—	—	—	—	—	—	—
	SHFE	pb1502	12510	12595	—	—	—	—	—	—	—	—	—	—
	SHFE	pb1503	12465	12280	12200	—	—	—	—	—	—	—	—	—
	SHFE	pb1504	12405	12260	12410	13020	—	—	—	—	—	—	—	—
	SHFE	pb1505	12405	12245	12415	13750	13480	—	—	—	—	—	—	—
	SHFE	pb1506	12435	12240	12395	13795	13415	13130	—	—	—	—	—	—
	SHFE	pb1507	12465	12240	12400	13805	13380	13095	13295	—	—	—	—	—
	SHFE	pb1508	12470	12290	12420	13785	13350	12800	13210	13700	—	—	—	—
	SHFE	pb1509	12510	12305	12420	13800	13325	12690	13150	13485	13245	—	—	—
	SHFE	pb1510	12500	12320	12405	13780	13340	12620	13015	13370	13390	13490	—	—
	SHFE	pb1511	12575	12355	12395	13800	13340	12600	12875	13310	13330	13345	12715	—
铅 Lead	SHFE	pb1512	12675	12425	12405	13775	13380	12700	12870	13140	13250	13270	12755	13165
	SHFE	pb1601	12635	12405	12360	13885	13360	12800	12690	13070	13170	13225	12585	13205
	SHFE	pb1602	—	12480	12470	13865	13185	12710	12685	12895	13185	13125	12460	13145
	SHFE	pb1603	—	—	12505	13910	13415	12675	12600	12845	13115	13160	12320	13065
	SHFE	pb1604	—	—	—	13645	13245	12445	12900	12875	13180	13045	12255	12965
	SHFE	pb1605	—	—	—	—	13540	12760	12590	12625	12830	13105	12200	12860
	SHFE	pb1606	—	—	—	—	—	12760	12600	12595	13160	12960	12000	12750
	SHFE	pb1607	—	—	—	—	—	—	12845	12890	12945	12910	12225	12655
	SHFE	pb1608	—	—	—	—	—	—	—	12890	12845	13000	12215	12490
	SHFE	pb1609	—	—	—	—	—	—	—	—	12595	12945	12080	12630
	SHFE	pb1610	—	—	—	—	—	—	—	—	—	12575	12340	12590
	SHFE	pb1611	—	—	—	—	—	—	—	—	—	—	12000	12330
	SHFE	pb1612	—	—	—	—	—	—	—	—	—	—	—	12445
黄金	SHFE	au1501	249.3	—	—	—	—	—	—	—	—	—	—	—
（元/克）	SHFE	au1502	252.7	257	—	—	—	—	—	—	—	—	—	—
Gold	SHFE	au1503	253.2	244.6	244.6	—	—	—	—	—	—	—	—	—
(yuan/g)	SHFE	au1504	253.9	245.1	237.1	238.5	—	—	—	—	—	—	—	—

5-17 续表 2 continued

单位：元/吨 (yuan/ton)

交易品种 Futures Products	上市交易所 Futures Exchange	合约 Contracts	1月 Jan.	2月 Feb.	3月 Mar.	4月 Apr.	5月 May	6月 Jun.	7月 Jul.	8月 Aug.	9月 Sept.	10月 Oct.	11月 Nov.	12月 Dec.
黄金（元/克）Gold (yuan/g)	SHFE	au1505	—	246.8	237.5	239.7	242.1	—	—	—	—	—	—	—
	SHFE	au1506	255.4	246.8	239	242	236.9	234.4	—	—	—	—	—	—
	SHFE	au1507	—	—	—	242.6	239	236.1	232.7	—	—	—	—	—
	SHFE	au1508	255.8	247.6	239.3	243.3	239.1	235.6	216.6	229	—	—	—	—
	SHFE	au1509	—	—	—	—	—	238	218.3	234.2	228	—	—	—
	SHFE	au1510	255.2	247.5	239.4	243.8	239.9	237.4	218.4	234.3	230.2	235.9	—	—
	SHFE	au1511	—	—	—	—	—	—	—	234.5	230.7	242.1	242.1	—
	SHFE	au1512	256.4	248.5	240.7	245	240.7	238.4	219.7	235.7	231.9	235.7	217.1	222.6
	SHFE	au1601	—	—	—	—	—	—	—	—	—	237.2	218.2	222.1
	SHFE	au1602	—	—	241.3	246.4	242.2	239.3	221.7	235.5	232	237.7	218.7	223.1
	SHFE	au1603	—	—	—	—	—	—	—	—	—	—	—	226
	SHFE	au1604	—	—	—	246.3	242.9	240.3	221.8	236.8	234.8	238.3	219.5	225.1
	SHFE	au1606	—	—	—	—	244	241.3	222.6	238.9	234.2	238.7	220	226.3
	SHFE	au1608	—	—	—	—	—	—	223.6	239.3	234.8	240.5	220.4	227.6
	SHFE	au1610	—	—	—	—	—	—	—	—	236.8	239	221.1	228.8
	SHFE	au1612	—	—	—	—	—	—	—	—	—	—	222.4	228.9
白银（元/千克）Silver (yuan/kg)	SHFE	ag1501	3512	—	—	—	—	—	—	—	—	—	—	—
	SHFE	ag1502	3599	3585	—	—	—	—	—	—	—	—	—	—
	SHFE	ag1503	3583	3558	3429	—	—	—	—	—	—	—	—	—
	SHFE	ag1504	3611	3579	3509	3465	—	—	—	—	—	—	—	—
	SHFE	ag1505	3623	3595	3563	3601	3682	—	—	—	—	—	—	—
	SHFE	ag1506	3633	3608	3588	3619	3571	3464	—	—	—	—	—	—
	SHFE	ag1507	3615	3614	3600	3621	3591	3386	3320	—	—	—	—	—
	SHFE	ag1508	3634	3621	3607	3635	3602	3427	3198	3518	—	—	—	—
	SHFE	ag1509	3633	3627	3618	3637	3612	3417	3211	3291	3244	—	—	—
	SHFE	ag1510	3637	3639	3619	3658	3629	3417	3210	3312	3264	3439	—	—
	SHFE	ag1511	3625	3645	3639	3641	3637	3451	3221	3320	3284	3389	3255	—
	SHFE	ag1512	3648	3646	3638	3659	3648	3446	3238	3338	3303	3413	3147	3165
	SHFE	ag1601	3643	3664	3650	3671	3666	3453	3247	3348	3316	3428	3160	3210
	SHFE	ag1602	—	3688	3662	3685	3673	3453	3252	3373	3325	3476	3175	3225
	SHFE	ag1603	—	—	3656	3675	3681	3438	3248	3377	3326	3477	3182	3236
	SHFE	ag1604	—	—	—	3705	3692	3489	3243	3401	3343	3488	3221	3282
	SHFE	ag1605	—	—	—	—	3705	3480	3294	3387	3358	3480	3202	3287
	SHFE	ag1606	—	—	—	—	—	3500	3289	3402	3366	3488	3212	3294
	SHFE	ag1607	—	—	—	—	—	—	3331	3404	3379	3500	3203	3310
	SHFE	ag1608	—	—	—	—	—	—	—	3424	3399	3532	3146	3323
	SHFE	ag1609	—	—	—	—	—	—	—	—	3397	3537	3273	3331
	SHFE	ag1610	—	—	—	—	—	—	—	—	—	3540	3250	3349
	SHFE	ag1611	—	—	—	—	—	—	—	—	—	—	3246	3344
	SHFE	ag1612	—	—	—	—	—	—	—	—	—	—	—	3369
螺纹钢 Steel Rebar	SHFE	rb1501	2370	—	—	—	—	—	—	—	—	—	—	—
	SHFE	rb1502	2188	2200	—	—	—	—	—	—	—	—	—	—
	SHFE	rb1503	2274	2208	2186	—	—	—	—	—	—	—	—	—
	SHFE	rb1504	2411	2402	2287	2259	—	—	—	—	—	—	—	—
	SHFE	rb1505	2500	2487	2414	2206	2076	—	—	—	—	—	—	—
	SHFE	rb1506	2491	2490	2426	2256	2055	2000	—	—	—	—	—	—
	SHFE	rb1507	2513	2516	2462	2288	2121	1877	1740	—	—	—	—	—
	SHFE	rb1508	2521	2565	2465	2370	2210	2004	2043	2150	—	—	—	—
	SHFE	rb1509	2539	2577	2478	2378	2290	2054	2047	1935	1901	—	—	—
	SHFE	rb1510	2532	2572	2445	2360	2349	2131	2102	1965	1796	1753	—	—

5–17 续表 3 continued

单位：元/吨 (yuan/ton)

交易品种 Futures Products	上市交易所 Futures Exchange	合约 Contracts	1月 Jan.	2月 Feb.	3月 Mar.	4月 Apr.	5月 May	6月 Jun.	7月 Jul.	8月 Aug.	9月 Sept.	10月 Oct.	11月 Nov.	12月 Dec.
螺纹钢 Steel Rebar	SHFE	rb1511	2523	2567	2456	2386	2368	2128	2066	1950	1777	1764	1780	—
	SHFE	rb1512	2544	2571	2487	2416	2419	2181	2066	1958	1803	1772	1687	1600
	SHFE	rb1601	2531	2574	2459	2400	2428	2222	2092	1960	1826	1787	1628	1841
	SHFE	rb1602	—	2569	2451	2406	2429	2207	2079	1948	1805	1773	1607	1747
	SHFE	rb1603	—	—	2438	2417	2435	2223	2082	1950	1806	1773	1606	1742
	SHFE	rb1604	—	—	—	2442	2455	2264	2085	1961	1825	1784	1625	1769
	SHFE	rb1605	—	—	—	—	2469	2299	2119	1971	1847	1797	1637	1789
	SHFE	rb1606	—	—	—	—	—	2311	2125	1959	1838	1778	1633	1772
	SHFE	rb1607	—	—	—	—	—	—	2116	1967	1839	1797	1627	1782
	SHFE	rb1608	—	—	—	—	—	—	—	1986	1865	1819	1657	1793
	SHFE	rb1609	—	—	—	—	—	—	—	—	1876	1818	1650	1803
	SHFE	rb1610	—	—	—	—	—	—	—	—	—	1821	1647	1803
	SHFE	rb1611	—	—	—	—	—	—	—	—	—	—	1645	1796
	SHFE	rb1612	—	—	—	—	—	—	—	—	—	—	—	1816
线材 Steel Wire Rod	SHFE	wr1501	2853	—	—	—	—	—	—	—	—	—	—	—
	SHFE	wr1502	2792	2792	—	—	—	—	—	—	—	—	—	—
	SHFE	wr1503	2602	2602	2602	—	—	—	—	—	—	—	—	—
	SHFE	wr1504	2872	2675	2554	2554	—	—	—	—	—	—	—	—
	SHFE	wr1505	2611	2805	2597	2479	2479	—	—	—	—	—	—	—
	SHFE	wr1506	2674	2601	2421	2309	2309	2309	—	—	—	—	—	—
	SHFE	wr1507	2830	2754	2564	2539	2441	2441	2441	—	—	—	—	—
	SHFE	wr1508	2931	2852	2656	2518	2420	2420	2178	2178	—	—	—	—
	SHFE	wr1509	2903	2825	2653	2514	2416	2612	2350	2350	2350	—	—	—
	SHFE	wr1510	3028	2948	2681	2684	2597	2709	2298	2211	2122	2122	—	—
	SHFE	wr1511	2803	2862	2668	2768	2679	2794	2488	2393	2181	2088	2088	—
	SHFE	wr1512	2725	2587	2340	2577	2741	2615	2212	2128	1916	1788	1791	1791
	SHFE	wr1601	2772	2631	2467	2589	2589	2467	2086	2107	1896	2121	2124	2124
	SHFE	wr1602	—	2631	2447	2433	2579	2459	2079	2099	1889	1827	1830	1830
	SHFE	wr1603	—	—	2574	2563	2795	2665	2254	2276	2049	1982	1985	1985
	SHFE	wr1604	—	—	—	2563	2795	2665	2379	2402	2190	2013	2016	2016
	SHFE	wr1605	—	—	—	—	2795	2665	2254	2276	2076	1908	1911	1911
	SHFE	wr1606	—	—	—	—	—	2665	2254	2276	2076	1908	1911	1911
	SHFE	wr1607	—	—	—	—	—	—	2254	2276	2076	1908	1911	1911
	SHFE	wr1608	—	—	—	—	—	—	—	2276	2076	1908	1911	1911
	SHFE	wr1609	—	—	—	—	—	—	—	—	2076	2008	2011	2011
	SHFE	wr1610	—	—	—	—	—	—	—	—	—	1878	1881	1881
	SHFE	wr1611	—	—	—	—	—	—	—	—	—	—	1881	1881
	SHFE	wr1612	—	—	—	—	—	—	—	—	—	—	—	1881
热轧卷板 Hot Rolled Coils	SHFE	hc1501	2760	—	—	—	—	—	—	—	—	—	—	—
	SHFE	hc1502	2744	2744	—	—	—	—	—	—	—	—	—	—
	SHFE	hc1503	2586	2400	2470	—	—	—	—	—	—	—	—	—
	SHFE	hc1504	2624	2584	2326	2326	—	—	—	—	—	—	—	—
	SHFE	hc1505	2612	2598	2484	2378	2410	—	—	—	—	—	—	—
	SHFE	hc1506	2632	2680	2556	2365	2160	2160	—	—	—	—	—	—
	SHFE	hc1507	2708	2722	2522	2333	2186	2258	2258	—	—	—	—	—
	SHFE	hc1508	2686	2702	2520	2402	2315	2420	1980	1980	—	—	—	—
	SHFE	hc1509	2636	2646	2560	2467	2449	2150	2005	1925	1915	—	—	—
	SHFE	hc1510	2712	2646	2528	2478	2455	2219	2040	1930	1815	1851	—	—
	SHFE	hc1511	2584	2584	2570	2470	2455	2219	2058	1947	1831	1866	1866	—
	SHFE	hc1512	2656	2634	2574	2491	2448	2211	2097	2007	1899	1892	1848	1848

5-17 续表 4 continued

单位：元/吨 (yuan/ton)

交易品种 Futures Products	上市交易所 Futures Exchange	合约 Contracts	1月 Jan.	2月 Feb.	3月 Mar.	4月 Apr.	5月 May	6月 Jun.	7月 Jul.	8月 Aug.	9月 Sept.	10月 Oct.	11月 Nov.	12月 Dec.
热轧卷板 Hot Rolled Coils	SHFE	hc1601	2656	2646	2582	2570	2503	2300	2060	1967	1862	1816	1702	2044
	SHFE	hc1602	—	2640	2592	2623	2604	2241	2102	2009	1945	1881	1697	1988
	SHFE	hc1603	—	—	2582	2670	2501	2371	2081	1989	1920	1866	1686	1975
	SHFE	hc1604	—	—	—	2670	2540	2247	2138	1980	1911	1854	1676	1973
	SHFE	hc1605	—	—	—	—	2566	2364	2151	1999	1885	1846	1690	1949
	SHFE	hc1606	—	—	—	—	—	2345	2185	2010	1865	1828	1677	1919
	SHFE	hc1607	—	—	—	—	—	—	2222	2066	1883	1844	1724	1957
	SHFE	hc1608	—	—	—	—	—	—	—	2006	1971	1953	1748	1934
	SHFE	hc1609	—	—	—	—	—	—	—	—	1955	1920	1791	1914
	SHFE	hc1610	—	—	—	—	—	—	—	—	—	1888	1727	1942
	SHFE	hc1611	—	—	—	—	—	—	—	—	—	—	1750	1911
	SHFE	hc1612	—	—	—	—	—	—	—	—	—	—	—	1899
锡 Tin	SHFE	sn1507	—	—	117790	117360	116320	106760	108540	—	—	—	—	—
	SHFE	sn1508	—	—	117300	118460	116540	107820	109960	106520	—	—	—	—
	SHFE	sn1509	—	—	117080	118060	117040	108600	110440	100470	99810	—	—	—
	SHFE	sn1510	—	—	117800	118080	117850	109550	110600	100820	96250	96000	—	—
	SHFE	sn1511	—	—	118300	120750	119570	110220	110960	101790	95920	92130	90000	—
	SHFE	sn1512	—	—	118300	118780	120640	111830	108280	103080	96550	92930	83020	86340
	SHFE	sn1601	—	—	117810	118490	118680	111040	112660	102140	97560	93490	84730	93000
	SHFE	sn1602	—	—	117970	117200	119480	111670	112910	101230	100250	96030	86100	92840
	SHFE	sn1603	—	—	117970	117200	114890	111420	109690	101090	98750	94640	82580	90470
	SHFE	sn1604	—	—	—	117200	124400	113060	108960	102270	97850	94050	86950	91230
	SHFE	sn1605	—	—	—	—	122610	115700	112100	105600	99460	95000	84750	93280
	SHFE	sn1606	—	—	—	—	—	113870	113050	102070	101430	95750	84450	93380
	SHFE	sn1607	—	—	—	—	—	—	110700	105420	97760	94670	85980	94690
	SHFE	sn1608	—	—	—	—	—	—	—	103850	91150	92220	81610	93050
	SHFE	sn1609	—	—	—	—	—	—	—	—	97970	94420	87650	94700
	SHFE	sn1610	—	—	—	—	—	—	—	—	—	95810	85490	93670
	SHFE	sn1611	—	—	—	—	—	—	—	—	—	—	83010	91370
	SHFE	sn1612	—	—	—	—	—	—	—	—	—	—	—	89830
镍 Nickel	SHFE	ni1507	—	—	95950	104070	99860	87090	86330	—	—	—	—	—
	SHFE	ni1508	—	—	95420	102710	98030	86930	82210	81420	—	—	—	—
	SHFE	ni1509	—	—	95920	102780	97970	88040	82450	76170	75950	—	—	—
	SHFE	ni1510	—	—	95580	102280	98110	87980	82350	76300	75400	78600	—	—
	SHFE	ni1511	—	—	96460	103270	97370	87770	83650	76980	75700	77480	72650	—
	SHFE	ni1512	—	—	97160	102940	98100	88450	83000	77040	75900	78020	67830	68100
	SHFE	ni1601	—	—	97260	102830	97450	88510	82950	77850	76420	78140	68360	69000
	SHFE	ni1602	—	—	97940	100520	96720	88350	83530	78900	76800	77620	68360	69300
	SHFE	ni1603	—	—	98280	103430	97940	88880	83490	78560	76800	78290	68320	69620
	SHFE	ni1604	—	—	—	102020	97750	92400	84780	79360	77230	80020	69400	69820
	SHFE	ni1605	—	—	—	—	99630	90520	85100	79270	77360	79040	69320	70360
	SHFE	ni1606	—	—	—	—	—	90100	86840	79680	78240	79200	69550	70990
	SHFE	ni1607	—	—	—	—	—	—	85010	82940	78360	79550	69320	71600
	SHFE	ni1608	—	—	—	—	—	—	—	79320	78420	79820	70310	71060
	SHFE	ni1609	—	—	—	—	—	—	—	—	80220	80010	70800	71570
	SHFE	ni1610	—	—	—	—	—	—	—	—	—	80160	70170	72300
	SHFE	ni1611	—	—	—	—	—	—	—	—	—	—	71480	71860
	SHFE	ni1612	—	—	—	—	—	—	—	—	—	—	—	72740

注：如果该合约在月中交割，则该月的月末结算价为最后一个交易日的结算价。
数据来源：上海期货交易所。
Source：SHFE.

5-18 2015年能源、化工及其他期货合约月末结算价

Clearing Price of Building Materials,Energy & Chemical Products & Others Futures Contracts in 2015

单位：元/吨 (yuan/ton)

交易品种 Futures Products	上市交易所 Futures Exchange	合约 Contracts	1月 Jan.	2月 Feb.	3月 Mar.	4月 Apr.	5月 May	6月 Jun.	7月 Jul.	8月 Aug.	9月 Sept.	10月 Oct.	11月 Nov.	12月 Dec.
	DCE	l1501	9540	—	—	—	—	—	—	—	—	—	—	—
	DCE	l1502	8950	7915		—	—	—	—	—	—	—	—	—
	DCE	l1503	8840	9085	9395	—	—	—	—	—	—	—	—	—
	DCE	l1504	8425	9445	10360	11425	—	—	—	—	—	—	—	—
	DCE	l1505	8220	9400	10065	10795	10750	—	—	—	—	—	—	—
	DCE	l1506	8205	9395	9925	10865	9750	9700	—	—	—	—	—	—
	DCE	l1507	8230	9325	9995	10880	9730	9780	9575	—	—	—	—	—
	DCE	l1508	8150	9250	9855	10455	9860	9935	8895	9345	—	—	—	—
	DCE	l1509	7970	9055	9730	10260	9355	9775	8890	9120	9030	—	—	—
	DCE	l1510	7940	8975	9650	10250	9310	9770	9075	9180	8805	8800	—	—
	DCE	l1511	8015	9050	9705	10245	9325	9755	8760	8715	8460	8400	8735	—
聚乙烯 LLDPE	DCE	l1512	7995	8900	9545	9920	9200	9515	8750	8685	8240	8445	7880	8000
	DCE	l1601	7795	8830	9350	9800	9010	9345	8470	8590	8250	8230	8195	8820
	DCE	l1602	—	8625	9250	9765	8975	9350	8445	8430	8220	8180	8130	8625
	DCE	l1603	—	—	9220	9745	9155	9280	8330	8500	8235	8210	7965	8530
	DCE	l1604	—	—	—	9745	8800	8920	8385	8330	8165	7985	7560	8100
	DCE	l1605	—	—	—	—	8755	9025	8165	8215	7920	7930	7330	8040
	DCE	l1606	—	—	—	—	—	9085	8245	8180	7985	7905	7375	7940
	DCE	l1607	—	—	—	—	—	—	8175	8180	7985	7890	7300	7785
	DCE	l1608	—	—	—	—	—	—	—	8425	7775	7930	7170	7585
	DCE	l1609	—	—	—	—	—	—	—	—	7665	7760	6920	7625
	DCE	l1610	—	—	—	—	—	—	—	—	—	7740	6875	7700
	DCE	l1611	—	—	—	—	—	—	—	—	—	—	6840	7650
	DCE	l1612	—	—	—	—	—	—	—	—	—	—	—	7705
	DCE	v1501	5505	—	—	—	—	—	—	—	—	—	—	—
	DCE	v1502	5730	5730	—	—	—	—	—	—	—	—	—	—
	DCE	v1503	4990	4990	4990	—	—	—	—	—	—	—	—	—
	DCE	v1504	4795	4795	5280	5925	—	—	—	—	—	—	—	—
	DCE	v1505	4945	5170	5705	5830	5860	—	—	—	—	—	—	—
	DCE	v1506	5010	5250	5735	5840	5775	5775	—	—	—	—	—	—
	DCE	v1507	5040	5270	5350	5700	5635	5635	5635	—	—	—	—	—
	DCE	v1508	5005	5290	5680	5730	5780	5780	5780	5780	—	—	—	—
	DCE	v1509	5010	5235	5750	5795	5650	5520	5280	5310	5165	—	—	—
	DCE	v1510	5075	5285	5705	5820	5620	5480	5105	5315	5295	5295	—	—
	DCE	v1511	5025	5150	5740	5700	5560	5505	5045	5420	5400	5400	5400	—
聚氯乙烯 PVC	DCE	v1512	5060	5235	5705	5755	5695	5655	4945	5315	5285	5285	5285	5285
	DCE	v1601	5000	5290	5760	5790	5615	5415	5050	5095	4890	4715	4585	4890
	DCE	v1602	—	5250	5515	5925	5620	5580	5315	5360	5020	4845	4715	5025
	DCE	v1603	—	—	5645	5740	5695	5655	5255	5295	4960	4785	4575	4860
	DCE	v1604	—	—	—	5680	5765	5725	5220	5105	4800	4665	4475	4795
	DCE	v1605	—	—	—	—	5620	5495	5080	5055	4855	4680	4530	4840
	DCE	v1606	—	—	—	—	—	5575	5245	5220	5020	4845	4425	4695
	DCE	v1607	—	—	—	—	—	—	5085	5060	4860	4685	4275	4540
	DCE	v1608	—	—	—	—	—	—	—	5040	4845	4685	4385	4845
	DCE	v1609	—	—	—	—	—	—	—	—	4855	4665	4470	4785
	DCE	v1610	—	—	—	—	—	—	—	—	—	4690	4525	4840
	DCE	v1611	—	—	—	—	—	—	—	—	—	—	4515	4860
	DCE	v1612	—	—	—	—	—	—	—	—	—	—	—	4920

5-18 续表 1 continued

单位：元/吨 (yuan/ton)

交易品种 Futures Products	上市交易所 Futures Exchange	合约 Contracts	1月 Jan.	2月 Feb.	3月 Mar.	4月 Apr.	5月 May	6月 Jun.	7月 Jul.	8月 Aug.	9月 Sept.	10月 Oct.	11月 Nov.	12月 Dec.
聚丙烯 PP	DCE	pp1501	8552	—	—	—	—	—	—	—	—	—	—	—
	DCE	pp1502	7720	8339	—	—	—	—	—	—	—	—	—	—
	DCE	pp1503	7516	9415	9163	—	—	—	—	—	—	—	—	—
	DCE	pp1504	7570	8659	8723	9063	—	—	—	—	—	—	—	—
	DCE	pp1505	7228	8272	8822	9684	9460	—	—	—	—	—	—	—
	DCE	pp1506	7257	8393	8716	9798	8933	8750	—	—	—	—	—	—
	DCE	pp1507	7257	8271	8865	9549	9054	8715	8913	—	—	—	—	—
	DCE	pp1508	7124	8189	8600	9234	8787	8854	7999	7999	—	—	—	—
	DCE	pp1509	7004	8023	8248	8923	8327	8592	7895	7849	7886	—	—	—
	DCE	pp1510	6918	7919	8232	8908	8343	8246	7783	7726	7550	7321	—	—
	DCE	pp1511	7019	7839	8279	8803	8235	8514	7944	7794	7491	7096	7096	—
	DCE	pp1512	6941	7990	8198	8926	8188	8397	7827	7724	7407	7156	6288	6288
	DCE	pp1601	6892	7887	7934	8569	8007	8226	7565	7575	7064	6868	6269	6401
	DCE	pp1602	—	7780	7950	8550	8042	8261	7807	7642	7071	6884	6370	6476
	DCE	pp1603	—	—	7991	8602	7917	8271	7544	7427	6969	6826	6290	6367
	DCE	pp1604	—	—	—	8561	8078	8517	7710	7353	6987	6959	5735	5847
	DCE	pp1605	—	—	—	—	7809	8001	7360	7289	6851	6713	5604	5859
	DCE	pp1606	—	—	—	—	—	7946	7392	7216	6864	6841	5624	5945
	DCE	pp1607	—	—	—	—	—	—	7354	7309	6953	6826	5664	5787
	DCE	pp1608	—	—	—	—	—	—	—	7453	7179	6926	5715	5936
	DCE	pp1609	—	—	—	—	—	—	—	—	6721	6636	5420	5640
	DCE	pp1610	—	—	—	—	—	—	—	—	—	6615	5421	5815
	DCE	pp1611	—	—	—	—	—	—	—	—	—	—	5499	5528
	DCE	pp1612	—	—	—	—	—	—	—	—	—	—	—	5614
焦炭 Coke	DCE	j1501	1167	—	—	—	—	—	—	—	—	—	—	—
	DCE	j1502	1034	1034	—	—	—	—	—	—	—	—	—	—
	DCE	j1503	1030	1039	1039	—	—	—	—	—	—	—	—	—
	DCE	j1504	1035	1044	1044	1044	—	—	—	—	—	—	—	—
	DCE	j1505	1024	1023	938	869	811.5	—	—	—	—	—	—	—
	DCE	j1506	1042	1039	950	893	831.5	881	—	—	—	—	—	—
	DCE	j1507	1060	1057	945	911.5	888	744.5	781.5	—	—	—	—	—
	DCE	j1508	1060	1056	940	909.5	902.5	820.5	747.5	747.5	—	—	—	—
	DCE	j1509	1042	1045	943	914.5	913	867	818	842.5	841.5	—	—	—
	DCE	j1510	1047	1065	987	932	940.5	909	849.5	842.5	765	765	—	—
	DCE	j1511	1055	1070	962	908.5	946.5	885	837	818	774.5	714.5	714.5	—
	DCE	j1512	1062	1061	961	934.5	942.5	881	824.5	811.5	767.5	684	684	684
	DCE	j1601	1055	1064	963	936	946.5	892	816	791.5	759	725	690.5	677.5
	DCE	j1602	—	1053	973	944.5	959	907	851	808	764.5	711.5	664	683
	DCE	j1603	—	—	978	947.5	966	909	863	807.5	772	711.5	628	643
	DCE	j1604	—	—	—	944.5	980.5	913	815.5	790	770	728.5	647.5	672
	DCE	j1605	—	—	—	—	965.5	918.5	831	794	756.5	718.5	615	645
	DCE	j1606	—	—	—	—	—	962.5	873	805	767.5	719.5	611	642
	DCE	j1607	—	—	—	—	—	—	842.5	830	775.5	729.5	598.5	619.5
	DCE	j1608	—	—	—	—	—	—	—	793.5	744	710.5	608.5	638
	DCE	j1609	—	—	—	—	—	—	—	—	759	727	596	635.5
	DCE	j1610	—	—	—	—	—	—	—	—	—	730.5	625.5	645.5
	DCE	j1611	—	—	—	—	—	—	—	—	—	—	605	633.5
	DCE	j1612	—	—	—	—	—	—	—	—	—	—	—	640

5–18 续表 2 continued

单位：元/吨 (yuan/ton)

交易品种 Futures Products	上市交易所 Futures Exchange	合约 Contracts	1月 Jan.	2月 Feb.	3月 Mar.	4月 Apr.	5月 May	6月 Jun.	7月 Jul.	8月 Aug.	9月 Sept.	10月 Oct.	11月 Nov.	12月 Dec.
焦煤 Coking Coal	DCE	jm1501	811	—	—	—	—	—	—	—	—	—	—	—
	DCE	jm1502	711	711	—	—	—	—	—	—	—	—	—	—
	DCE	jm1503	757	773	773	—	—	—	—	—	—	—	—	—
	DCE	jm1504	726	738	689	689	—	—	—	—	—	—	—	—
	DCE	jm1505	727	729	705	711	729	—	—	—	—	—	—	—
	DCE	jm1506	733	727	712	710	682	721	—	—	—	—	—	—
	DCE	jm1507	735	728	714	702	740	680	680	—	—	—	—	—
	DCE	jm1508	739	721	692	671	662	661	661	660.5	—	—	—	—
	DCE	jm1509	736	740	684	667	685	673	613	558	574.5	—	—	—
	DCE	jm1510	737	737	696	669	689	681	621	558.5	589.5	589.5	—	—
	DCE	jm1511	740	761	702	664	687	674	617	544	596.5	596.5	596.5	—
	DCE	jm1512	728	740	693	681	700	686	632	578	603	603	578	578
	DCE	jm1601	750	755	698	686	706	677	614	571	568.5	556.5	580.5	618
	DCE	jm1602	—	738	692	690	715	680	616	569.5	579	567	542.5	592
	DCE	jm1603	—	—	707	691	709	677	615	573.5	587	556	516.5	561.5
	DCE	jm1604	—	—	—	699	699	683	621	582.5	572.5	546	507	571.5
	DCE	jm1605	—	—	—	—	717	697	632	577.5	558	535.5	510	562
	DCE	jm1606	—	—	—	—	—	727	627	578	558.5	536.5	499.5	554
	DCE	jm1607	—	—	—	—	—	—	634	593	573.5	542.5	511.5	565.5
	DCE	jm1608	—	—	—	—	—	—	—	607	561	533	505	534.5
	DCE	jm1609	—	—	—	—	—	—	—	—	560	534.5	487	547.5
	DCE	jm1610	—	—	—	—	—	—	—	—	—	547.5	491	551.5
	DCE	jm1611	—	—	—	—	—	—	—	—	—	—	502	537.5
	DCE	jm1612	—	—	—	—	—	—	—	—	—	—	—	537.5
铁矿石 Iron Ore	DCE	i1501	524	—	—	—	—	—	—	—	—	—	—	—
	DCE	i1502	513	513	—	—	—	—	—	—	—	—	—	—
	DCE	i1503	494	509	509	—	—	—	—	—	—	—	—	—
	DCE	i1504	486	493	549	549	—	—	—	—	—	—	—	—
	DCE	i1505	474	486	403	458	473	—	—	—	—	—	—	—
	DCE	i1506	469	484	410	442	468	488	—	—	—	—	—	—
	DCE	i1507	469	480	413	435	456	507	492	—	—	—	—	—
	DCE	i1508	478	488	412	416	441	458	414	414	—	—	—	—
	DCE	i1509	460	477	404	412	425	421	403	445	466.5	—	—	—
	DCE	i1510	460	475	411	420	428	423	393	429	519.5	550	—	—
	DCE	i1511	463	475	415	420	433	419	386	402	438.5	440.5	446.5	—
	DCE	i1512	464	477	417	420	428	421	372	387.5	392	388	343	342
	DCE	i1601	456	473	403	411	421	400	366	385.5	366.5	361	329	360
	DCE	i1602	—	481	412	415	422	398	362	379.5	352.5	358.5	333.5	344.5
	DCE	i1603	—	—	417	417	415	395	357	372	342	342.5	315.5	336.5
	DCE	i1604	—	—	—	426	417	398	355	369	328	336	300	330.5
	DCE	i1605	—	—	—	—	418	396	354	364	335.5	330.5	296	324.5
	DCE	i1606	—	—	—	—	—	399	356	361	329	326	293.5	320.5
	DCE	i1607	—	—	—	—	—	—	364	363.5	328	328	294	313
	DCE	i1608	—	—	—	—	—	—	—	366	329.5	328	291	315
	DCE	i1609	—	—	—	—	—	—	—	—	323.5	318.5	285	312.5
	DCE	i1610	—	—	—	—	—	—	—	—	—	319	285	312
	DCE	i1611	—	—	—	—	—	—	—	—	—	—	290	314
	DCE	i1612	—	—	—	—	—	—	—	—	—	—	—	314.5

5−18 续表 3 continued

单位：元/吨 (yuan/ton)

交易品种 Futures Products	上市交易所 Futures Exchange	合约 Contracts	1月 Jan.	2月 Feb.	3月 Mar.	4月 Apr.	5月 May	6月 Jun.	7月 Jul.	8月 Aug.	9月 Sept.	10月 Oct.	11月 Nov.	12月 Dec.
甲醇（ME）Menthanol	ZCE	ME501	1769	—	—	—	—	—	—	—	—	—	—	—
	ZCE	ME502	1785	1726	—	—	—	—	—	—	—	—	—	—
	ZCE	ME503	1937	1873	1873	—	—	—	—	—	—	—	—	—
	ZCE	ME504	1967	2127	2240	2200	—	—	—	—	—	—	—	—
	ZCE	ME505	1995	2273	2382	2590	2410	—	—	—	—	—	—	—
甲醇（MA）Menth-anol	ZCE	MA506	2047	2343	2403	2587	2543	2493	—	—	—	—	—	—
	ZCE	MA507	2065	2340	2401	2565	2535	2581	2581	—	—	—	—	—
	ZCE	MA508	2095	2358	2403	2556	2498	2570	2467	2467	—	—	—	—
	ZCE	MA509	2117	2380	2423	2567	2465	2469	2143	1857	1844	—	—	—
	ZCE	MA510	2132	2384	2449	2555	2448	2476	2155	1907	1893	1893	—	—
	ZCE	MA511	2147	2405	2417	2582	2508	2482	2173	1883	1924	2048	2048	—
	ZCE	MA512	2141	2422	2473	2577	2500	2531	2178	1940	1920	1992	1956	1956
	ZCE	MA601	2160	2430	2433	2588	2496	2507	2168	1953	1918	1868	1839	1726
	ZCE	MA602	—	2346	2446	2608	2485	2509	2174	1953	1920	1939	1811	1800
	ZCE	MA603	—	—	2465	2598	2491	2546	2180	1973	1950	1896	1772	1781
	ZCE	MA604	—	—	—	2540	2531	2490	2153	1958	1929	1920	1685	1796
	ZCE	MA605	—	—	—	—	2490	2484	2154	1982	1925	1890	1648	1738
	ZCE	MA606	—	—	—	—	—	2511	2179	2017	1952	1935	1676	1733
	ZCE	MA607	—	—	—	—	—	—	2180	2040	1987	1931	1681	1729
	ZCE	MA608	—	—	—	—	—	—	—	2047	1959	1936	1638	1739
	ZCE	MA609	—	—	—	—	—	—	—	—	1929	1920	1619	1750
	ZCE	MA610	—	—	—	—	—	—	—	—	—	1976	1648	1729
	ZCE	MA611	—	—	—	—	—	—	—	—	—	—	1642	1770
	ZCE	MA612	—	—	—	—	—	—	—	—	—	—	—	1709
PTA	ZCE	TA501	4444	—	—	—	—	—	—	—	—	—	—	—
	ZCE	TA502	4506	4616	—	—	—	—	—	—	—	—	—	—
	ZCE	TA503	4520	4798	4634	—	—	—	—	—	—	—	—	—
	ZCE	TA504	4560	4856	4488	4668	—	—	—	—	—	—	—	—
	ZCE	TA505	4604	4900	4516	5148	5116	—	—	—	—	—	—	—
	ZCE	TA506	4642	4944	4582	5160	4902	5006	—	—	—	—	—	—
	ZCE	TA507	4692	4968	4664	5224	4882	4912	4430	—	—	—	—	—
	ZCE	TA508	4696	5024	4654	5282	4984	4928	4536	4552	—	—	—	—
	ZCE	TA509	4742	5040	4676	5306	5008	5004	4576	4280	4520	—	—	—
	ZCE	TA510	4760	5118	4744	5364	5084	5076	4614	4372	4404	4534	—	—
	ZCE	TA511	4786	5098	4772	5382	5124	5102	4670	4420	4448	4676	4612	—
	ZCE	TA512	4816	5160	4770	5382	5150	5174	4678	4464	4492	4610	4612	4206
	ZCE	TA601	4848	5168	4788	5382	5166	5178	4692	4514	4508	4656	4618	4334
	ZCE	TA602	—	5138	4826	5422	5150	5166	4710	4510	4504	4616	4556	4426
	ZCE	TA603	—	—	4886	5456	5202	5158	4756	4538	4506	4612	4562	4370
	ZCE	TA604	—	—	—	5462	5228	5228	4752	4566	4486	4610	4480	4436
	ZCE	TA605	—	—	—	—	5238	5294	4792	4594	4470	4600	4494	4466
	ZCE	TA606	—	—	—	—	—	5330	4794	4586	4506	4592	4460	4474
	ZCE	TA607	—	—	—	—	—	—	4880	4588	4524	4642	4490	4494
	ZCE	TA608	—	—	—	—	—	—	—	4630	4510	4620	4472	4524
	ZCE	TA609	—	—	—	—	—	—	—	—	4538	4640	4472	4548
	ZCE	TA610	—	—	—	—	—	—	—	—	—	4594	4502	4534
	ZCE	TA611	—	—	—	—	—	—	—	—	—	—	4466	4530
	ZCE	TA612	—	—	—	—	—	—	—	—	—	—	—	4504

5-18 续表 4 continued

单位：元/吨 (yuan/ton)

交易品种 Futures Products	上市交易所 Futures Exchange	合约 Contracts	1月 Jan.	2月 Feb.	3月 Mar.	4月 Apr.	5月 May	6月 Jun.	7月 Jul.	8月 Aug.	9月 Sept.	10月 Oct.	11月 Nov.	12月 Dec.
动力煤 (TC) Thermal Coal	ZCE	TC501	505	—	—	—	—	—	—	—	—	—	—	—
	ZCE	TC502	494	494	—	—	—	—	—	—	—	—	—	—
	ZCE	TC503	503	503	503	—	—	—	—	—	—	—	—	—
	ZCE	TC504	482	482	450	450	—	—	—	—	—	—	—	—
	ZCE	TC505	468	455	423	389	389	—	—	—	—	—	—	—
	ZCE	TC506	467	461	429	393	403	403	—	—	—	—	—	—
	ZCE	TC507	472	461	430	386	397	392	392	—	—	—	—	—
	ZCE	TC508	474	467	432	392	420	414	414	414	—	—	—	—
	ZCE	TC509	472	459	424	413	425	406	374	353	353	—	—	—
	ZCE	TC510	469	457	424	415	431	419	382	370	355	355	—	—
	ZCE	TC511	481	466	431	414	424	404	377	356	350	336	336	—
	ZCE	TC512	486	471	435	427	438	427	386	361	363	341	341	341
	ZCE	TC601	485	480	449	425	447	424	387	372	364	333	332	309
	ZCE	TC602	—	482	441	418	435	435	391	372	362	339	321	312
	ZCE	TC603	—	—	444	424	439	410	386	379	363	317	313	297
	ZCE	TC604	—	—	—	431	444	429	371	358	361	303	300	283
动力煤 (ZC) Thermal Coal	ZCE	ZC605	—	—	—	—	442	416	377	364	347	320	292	306
	ZCE	ZC606	—	—	—	—	—	424	386	374	359	323	293	305
	ZCE	ZC607	—	—	—	—	—	—	392	368	351	327	296	305
	ZCE	ZC608	—	—	—	—	—	—	—	368	354	326	294	307
	ZCE	ZC609	—	—	—	—	—	—	—	—	347	319	287	302
	ZCE	ZC610	—	—	—	—	—	—	—	—	—	333	297	313
	ZCE	ZC611	—	—	—	—	—	—	—	—	—	—	301	310
	ZCE	ZC612	—	—	—	—	—	—	—	—	—	—	—	303
玻璃 Glass	ZCE	FG501	1091	—	—	—	—	—	—	—	—	—	—	—
	ZCE	FG502	1054	1054	—	—	—	—	—	—	—	—	—	—
	ZCE	FG503	1056	1065	1065	—	—	—	—	—	—	—	—	—
	ZCE	FG504	1004	1031	1025	1065	—	—	—	—	—	—	—	—
	ZCE	FG505	1025	1065	1063	1068	1045	—	—	—	—	—	—	—
	ZCE	FG506	912	962	966	926	913	922	—	—	—	—	—	—
	ZCE	FG507	900	956	952	907	926	885	876	—	—	—	—	—
	ZCE	FG508	903	960	956	914	935	908	868	868	—	—	—	—
	ZCE	FG509	909	958	953	924	940	914	871	861	863	—	—	—
	ZCE	FG510	915	958	950	934	945	921	871	868	851	886	—	—
	ZCE	FG511	890	951	960	929	942	919	879	877	835	1106	1112	—
	ZCE	FG512	911	950	946	923	940	918	873	867	827	992	929	929
	ZCE	FG601	895	944	942	914	921	903	854	863	815	877	891	879
	ZCE	FG602	—	934	948	919	924	922	867	859	826	865	884	876
	ZCE	FG603	—	—	933	935	924	912	861	842	816	846	823	844
	ZCE	FG604	—	—	—	937	916	917	856	837	811	844	828	837
	ZCE	FG605	—	—	—	—	927	907	857	846	792	824	799	833
	ZCE	FG606	—	—	—	—	—	917	864	855	821	858	832	871
	ZCE	FG607	—	—	—	—	—	—	889	837	830	859	838	867
	ZCE	FG608	—	—	—	—	—	—	—	852	835	867	843	867
	ZCE	FG609	—	—	—	—	—	—	—	—	819	844	795	839
	ZCE	FG610	—	—	—	—	—	—	—	—	—	849	806	837
	ZCE	FG611	—	—	—	—	—	—	—	—	—	—	789	835
	ZCE	FG612	—	—	—	—	—	—	—	—	—	—	—	907

5–18 续表 5 continued

单位：元/吨 (yuan/ton)

交易品种 Futures Products	上市交易所 Futures Exchange	合约 Contracts	1月 Jan.	2月 Feb.	3月 Mar.	4月 Apr.	5月 May	6月 Jun.	7月 Jul.	8月 Aug.	9月 Sept.	10月 Oct.	11月 Nov.	12月 Dec.
	ZCE	SF501	5886	—	—	—	—	—	—	—	—	—	—	—
	ZCE	SF502	5822	5822	—	—	—	—	—	—	—	—	—	—
	ZCE	SF503	5782	5782	5782	—	—	—	—	—	—	—	—	—
	ZCE	SF504	5850	5850	5850	5850	—	—	—	—	—	—	—	—
	ZCE	SF505	5108	5140	4900	5072	5072	—	—	—	—	—	—	—
	ZCE	SF506	5130	5162	4948	5126	5126	5126	—	—	—	—	—	—
	ZCE	SF507	5150	5182	4968	5122	5122	5122	5122	—	—	—	—	—
	ZCE	SF508	5150	5182	4968	5144	5144	5144	4732	4732	—	—	—	—
	ZCE	SF509	5086	5110	4898	4978	5004	4952	5052	4898	5094	—	—	—
	ZCE	SF510	5170	5204	4988	4860	4892	4842	4562	4408	4584	4584	—	—
	ZCE	SF511	4876	4912	4716	4576	4612	4570	4486	4334	4508	4508	4508	—
硅铁 Ferrosilicon	ZCE	SF512	4876	4912	4716	4594	4626	4584	4316	4510	4690	4690	4690	4690
	ZCE	SF601	4876	4912	4716	4594	4626	4530	5050	4964	4998	3852	3508	3684
	ZCE	SF602	—	4912	4716	4594	4626	4530	4760	4792	4834	3732	3410	3594
	ZCE	SF603	—	—	4716	4594	4626	4530	4760	4804	4848	3820	3486	3664
	ZCE	SF604	—	—	—	4594	4626	4530	4760	4804	4848	3740	3416	3600
	ZCE	SF605	—	—	—	—	4626	4530	4760	4976	5010	4320	3486	3728
	ZCE	SF606	—	—	—	—	—	4530	4760	4804	4848	3974	3180	3720
	ZCE	SF607	—	—	—	—	—	—	4760	4804	4848	3974	3180	3498
	ZCE	SF608	—	—	—	—	—	—	—	4804	4848	3974	3180	3498
	ZCE	SF609	—	—	—	—	—	—	—	—	4848	4000	3352	3498
	ZCE	SF610	—	—	—	—	—	—	—	—	—	4000	3328	3474
	ZCE	SF611	—	—	—	—	—	—	—	—	—	—	3592	3738
	ZCE	SF612	—	—	—	—	—	—	—	—	—	—	—	3738
	ZCE	SM501	6160	—	—	—	—	—	—	—	—	—	—	—
	ZCE	SM502	6130	6130	—	—	—	—	—	—	—	—	—	—
	ZCE	SM503	6300	6300	6300	—	—	—	—	—	—	—	—	—
	ZCE	SM504	6082	6082	6082	6082	—	—	—	—	—	—	—	—
	ZCE	SM505	5618	5600	5414	5396	5396	—	—	—	—	—	—	—
	ZCE	SM506	5730	5706	5526	5516	5516	5516	—	—	—	—	—	—
	ZCE	SM507	5860	5834	5648	5642	5400	5184	5184	—	—	—	—	—
	ZCE	SM508	5966	5940	5748	5740	5506	5286	5286	5286	—	—	—	—
	ZCE	SM509	5824	5794	5610	5600	5456	5082	5350	5188	5188	—	—	—
	ZCE	SM510	5820	5792	5608	5600	5372	4806	4824	4944	4944	4944	—	—
	ZCE	SM511	5828	5798	5618	5610	5464	4888	4946	5070	5070	5070	5070	—
锰硅 Ferromanganese–silicon	ZCE	SM512	5828	5798	5618	5610	5382	4814	4832	4950	4950	4950	4950	4950
	ZCE	SM601	5910	5886	5702	5692	5536	5232	5532	5146	4900	3682	3716	4118
	ZCE	SM602	—	5886	5702	5692	5188	4808	4782	4302	4122	3394	3436	3820
	ZCE	SM603	—	—	5702	5692	5188	4808	4620	4154	3982	3126	3202	4122
	ZCE	SM604	—	—	—	5692	4942	4590	5134	4616	4422	3332	3370	3890
	ZCE	SM605	—	—	—	—	5080	4720	4630	4164	3992	3006	3824	3838
	ZCE	SM606	—	—	—	—	—	4720	4452	4000	3576	3160	3642	3744
	ZCE	SM607	—	—	—	—	—	—	5054	4698	4506	3392	3900	4006
	ZCE	SM608	—	—	—	—	—	—	—	4630	4432	3340	4064	4174
	ZCE	SM609	—	—	—	—	—	—	—	—	4432	3340	3504	3768
	ZCE	SM610	—	—	—	—	—	—	—	—	—	3340	3444	3432
	ZCE	SM611	—	—	—	—	—	—	—	—	—	—	3444	3402
	ZCE	SM612	—	—	—	—	—	—	—	—	—	—	—	3402

5-18 续表 6 continued

单位：元/吨 (yuan/ton)

交易品种 Futures Products	上市交易所 Futures Exchange	合约 Contracts	1月 Jan.	2月 Feb.	3月 Mar.	4月 Apr.	5月 May	6月 Jun.	7月 Jul.	8月 Aug.	9月 Sept.	10月 Oct.	11月 Nov.	12月 Dec.
	SHFE	fu1503	2869	3418	—	—	—	—	—	—	—	—	—	—
	SHFE	fu1504	3138	3016	2892	—	—	—	—	—	—	—	—	—
	SHFE	fu1505	3040	3250	3086	3086	—	—	—	—	—	—	—	—
	SHFE	fu1506	3170	3370	3243	3465	3100	—	—	—	—	—	—	—
	SHFE	fu1507	3170	3309	3324	3267	3265	3001	—	—	—	—	—	—
	SHFE	fu1508	3150	3221	3278	3398	3150	3010	2200	—	—	—	—	—
	SHFE	fu1509	3158	3267	3398	3501	3312	2910	2197	1758	—	—	—	—
	SHFE	fu1510	3152	3255	3180	3382	3225	2776	2392	1918	2508	—	—	—
	SHFE	fu1511	3230	3363	3144	3330	3271	2792	2285	1940	2309	2309	—	—
	SHFE	fu1512	3177	3092	3334	3394	3316	2809	2571	2103	2296	2215	2272	—
燃料油 Fuel Oil	SHFE	fu1601	3177	3173	3331	3399	3175	2730	2503	2048	2280	2438	2341	2341
	SHFE	fu1603	—	—	3139	3294	3037	2698	2322	1900	2180	2319	2229	2340
	SHFE	fu1604	—	—	—	3194	3131	2781	2313	1892	2158	2352	2392	2530
	SHFE	fu1605	—	—	—	—	3395	3187	2838	2505	2416	2416	2510	2550
	SHFE	fu1606	—	—	—	—	—	3133	2607	2137	2020	2156	2312	2413
	SHFE	fu1607	—	—	—	—	—	—	2879	2540	2139	2128	2283	2414
	SHFE	fu1608	—	—	—	—	—	—	—	2491	2413	2499	2499	2499
	SHFE	fu1609	—	—	—	—	—	—	—	—	2472	2500	2452	2536
	SHFE	fu1610	—	—	—	—	—	—	—	—	—	2472	2472	2472
	SHFE	fu1611	—	—	—	—	—	—	—	—	—	—	2472	2472
	SHFE	fu1612	—	—	—	—	—	—	—	—	—	—	—	2393
	SHFE	bu1501	3692	—	—	—	—	—	—	—	—	—	—	—
	SHFE	bu1502	3646	3646	—	—	—	—	—	—	—	—	—	—
	SHFE	bu1503	2630	2550	2550	—	—	—	—	—	—	—	—	—
	SHFE	bu1504	2664	2580	2580	2782	—	—	—	—	—	—	—	—
	SHFE	bu1505	2690	2730	3078	3260	3270	—	—	—	—	—	—	—
	SHFE	bu1506	2772	3054	3106	3250	2996	2724	—	—	—	—	—	—
	SHFE	bu1507	2772	3090	3168	3392	3054	2772	2632	—	—	—	—	—
	SHFE	bu1508	—	3062	3268	3486	3220	3048	2440	2400	—	—	—	—
	SHFE	bu1509	2952	3254	3298	3440	3178	2854	2532	2392	2500	—	—	—
	SHFE	bu1510	—	—	—	3446	3300	3030	2466	2442	2440	2440	—	—
	SHFE	bu1511	—	—	—	—	3304	2984	2620	2452	2432	2448	2648	—
石油沥青 Bitumen	SHFE	bu1512	2832	3398	3410	3568	3276	2942	2530	2366	2332	2224	1934	1664
	SHFE	bu1601	—	—	—	—	—	—	2584	2388	2342	2208	1872	1710
	SHFE	bu1602	—	—	—	—	—	—	—	2476	2338	2272	1914	1766
	SHFE	bu1603	3142	3162	3430	3570	3388	3130	2520	2394	2376	2190	1936	1832
	SHFE	bu1604	—	—	—	—	—	—	—	—	—	2358	1968	1852
	SHFE	bu1605	—	—	—	—	—	—	—	—	—	—	2032	1874
	SHFE	bu1606	3056	3296	3548	3702	3528	3104	2610	2444	2378	2274	2018	1902
	SHFE	bu1609	3222	3316	3596	3724	3486	3128	2636	2460	2404	2306	2040	1980
	SHFE	bu1612	3204	3320	3554	3702	3594	3218	2616	2484	2414	2348	2094	2004
	SHFE	bu1703	—	—	3464	3750	3630	3216	2728	2514	2522	2446	2180	2066
	SHFE	bu1706	—	—	—	—	—	3200	2660	2580	2558	2490	2170	2156
	SHFE	bu1709	—	—	—	—	—	—	—	—	2620	2576	2256	2210
	SHFE	bu1712	—	—	—	—	—	—	—	—	—	—	—	2196

注：如果该合约在月中交割，则该月的月末结算价为最后一个交易日的结算价。
数据来源：上海期货交易所、郑州商品交易所、大连商品交易所。
Source：SHFE、ZCE、DCE.

5-19 2015年金融期货合约月末结算价
Clearing Price of Financial Futures Contracts in 2015

单位：元 (yuan)

交易品种 Futures Products	上市交易所 Futures Exchange	合约 Contracts	1月 Jan.	2月 Feb.	3月 Mar.	4月 Apr.	5月 May	6月 Jun.	7月 Jul.	8月 Aug.	9月 Sept.	10月 Oct.	11月 Nov.	12月 Dec.
10年期国债期货 10 Years Treasury Future	CFFEX	T1509	—	—	95.71	98.025	94.945	94.76	95.545	96.995	97.095	—	—	—
	CFFEX	T1512	—	—	96.11	98.32	95.5	95.21	96.04	96.755	97.25	98.84	99.325	99.94
	CFFEX	T1603	—	—	96.885	98.505	95.975	95.64	96.335	96.63	97.265	98.85	99.035	100.06
	CFFEX	T1606	—	—	—	—	—	—	—	—	97.255	98.83	98.89	99.93
	CFFEX	T1609	—	—	—	—	—	—	—	—	—	—	—	99.955
5年期国债期货 5 Years Treasury Future	CFFEX	TF1503	97.302	98.426	97.966	—	—	—	—	—	—	—	—	—
	CFFEX	TF1506	97.82	99.132	96.93	98.495	95.695	96.2	—	—	—	—	—	—
	CFFEX	TF1509	98.172	99.694	97.17	98.97	96.165	95.945	96.62	97.68	97.8	—	—	—
	CFFEX	TF1512	—	—	97.94	99.71	98.19	97.72	98.645	99.235	99.15	99.93	100.6	100.69
	CFFEX	TF1603	—	—	—	—	—	98.06	99.05	99.22	99.14	99.94	100.17	100.7
	CFFEX	TF1606	—	—	—	—	—	—	—	—	99.255	100.01	100.01	100.6
	CFFEX	TF1609	—	—	—	—	—	—	—	—	—	—	—	100.61
沪深300股指期货 Index Futures	CFFEX	IF1501	3641.3	—	—	—	—	—	—	—	—	—	—	—
	CFFEX	IF1502	3457	3492.9	—	—	—	—	—	—	—	—	—	—
	CFFEX	IF1503	3479.2	3590	3886.8	—	—	—	—	—	—	—	—	—
	CFFEX	IF1504	—	3616.2	4053.4	4599.62	—	—	—	—	—	—	—	—
	CFFEX	IF1505	—	—	4073.8	4769.4	4634	—	—	—	—	—	—	—
	CFFEX	IF1506	3518.6	3648.2	4073.8	4774.4	4887.4	4765.1	—	—	—	—	—	—
	CFFEX	IF1507	—	—	—	—	4884.4	4376.8	4124.7	—	—	—	—	—
	CFFEX	IF1508	—	—	—	—	—	4365.2	3660.8	3644.9	—	—	—	—
	CFFEX	IF1509	3535.4	3674.6	4082.2	4770.8	4901	4369.6	3592	3066.2	3255.1	—	—	—
	CFFEX	IF1510	—	—	—	—	—	—	—	2968.8	3125.4	3516.3	—	—
	CFFEX	IF1511	—	—	—	—	—	—	—	—	3043.8	3447.6	3775.5	—
	CFFEX	IF1512	—	—	—	4817	4919.8	4367	3517.8	2865.2	2990.4	3353.4	3495	3772.6
	CFFEX	IF1601	—	—	—	—	—	—	—	—	—	—	3426	3672.8
	CFFEX	IF1602	—	—	—	—	—	—	—	—	—	—	—	3623
	CFFEX	IF1603	—	—	—	—	—	—	3523.8	2850.2	2928	3219.4	3330.4	3576.2
	CFFEX	IF1606	—	—	—	—	—	—	—	—	—	3129.2	3246	3474.4
上证50股指期货 SSE 50 Index Futures	CFFEX	IH1505	—	—	—	3275.4	3072.8	—	—	—	—	—	—	—
	CFFEX	IH1506	—	—	—	3282.8	3109.2	2990.2	—	—	—	—	—	—
	CFFEX	IH1507	—	—	—	—	3094.2	2853	2792.2	—	—	—	—	—
	CFFEX	IH1508	—	—	—	—	—	2868.6	2391.6	2300.7	—	—	—	—
	CFFEX	IH1509	—	—	—	3289.6	3137.2	2888.6	2355.8	2053.2	2208	—	—	—
	CFFEX	IH1510	—	—	—	—	—	—	—	2010	2120	2316.8	—	—
	CFFEX	IH1511	—	—	—	—	—	—	—	—	2085.8	2293.4	2468.6	—
	CFFEX	IH1512	—	—	—	3327.8	3209.8	2929.4	2316.4	1966.8	2052.2	2272.4	2311.4	2429.8
	CFFEX	IH1601	—	—	—	—	—	—	—	—	—	—	2291.4	2403.6
	CFFEX	IH1602	—	—	—	—	—	—	—	—	—	—	—	2380.2
	CFFEX	IH1603	—	—	—	—	—	—	2340.2	1969	2022	2231.2	2262.4	2362.4
	CFFEX	IH1606	—	—	—	—	—	—	—	—	—	2216.6	2238.4	2318.4
中证500股指期货 CSI 500 Index Futures	CFFEX	IC1505	—	—	—	8355.4	8755.3	—	—	—	—	—	—	—
	CFFEX	IC1506	—	—	—	8253.8	10127	10207	—	—	—	—	—	—
	CFFEX	IC1507	—	—	—	—	10163	8343.6	7934.9	—	—	—	—	—
	CFFEX	IC1508	—	—	—	—	—	8200	7358.8	7747.3	—	—	—	—
	CFFEX	IC1509	—	—	—	8174.2	10222	8091.4	7059	5959	6010.1	—	—	—
	CFFEX	IC1510	—	—	—	—	—	—	—	5661.6	5921.2	6978.9	—	—
	CFFEX	IC1511	—	—	—	—	—	—	—	—	5715.8	6809.6	7804.7	—
	CFFEX	IC1512	—	—	—	8066.2	9993.8	7874.2	6753.6	5389.8	5570.8	6552.8	7125.2	7698.6
	CFFEX	IC1601	—	—	—	—	—	—	—	—	—	—	6906.2	7399
	CFFEX	IC1602	—	—	—	—	—	—	—	—	—	—	—	7187.6
	CFFEX	IC1603	—	—	—	—	—	—	6605.2	5211	5324.8	6161.4	6560.6	7015.6
	CFFEX	IC1606	—	—	—	—	—	—	—	—	—	5900	6164.2	6601.2

注：如果该合约在月中交割，则该月的月末结算价为交割结算价。

数据来源：中国金融期货交易所。

Source：CFFEX.

5-20 2015年农产品期货实物交割情况
Physical Delivery of Agricultural Products Futures in 2015

交易品种 Futures Products	上市交易所 Futures Exchange	合约 Contracts	交割量(手) Delivery Quantity (lot)	交割金额(万元) Delivery Amount (10 thousand yuan)	成交量(手) Trading Volume (lot)	成交金额(万元) Trading Turnover(10 thousand yuan)	结算价(元/吨) Clearing Price (yuan/ton)	交割率(%) Delivery Rate (%)
玉米 Corn	DCE	c1501	4160	93423530	2824588	66745797660	2246	0.15
	DCE	c1505	6009	144184520	2736162	65583006620	2399	0.22
	DCE	c1507	86	1965960	3167	75993020	2286	2.72
	DCE	c1509	36182	818553070	5977801	144885010980	2262	0.61
	DCE	c1511	36	648360	5197	115496580	1801	0.69
玉米淀粉 Corn Starch	DCE	cs1503	52	1459120	420	11191640	2806	12.38
	DCE	cs1505	236	6748400	933074	27072204250	2859	0.03
	DCE	cs1507	127	3643930	260	7475190	2869	48.85
	DCE	cs1509	4124	109113280	1243988	36757270700	2646	0.33
黄大豆一号 Soybean No.1	DCE	a1501	13713	644622500	16456150	742933611150	4701	0.08
	DCE	a1503	3	122340	3498	152673700	4078	0.09
	DCE	a1505	13018	544214690	8539502	373367549290	4180	0.15
	DCE	a1507	9	370200	1196	51553120	4113	0.75
	DCE	a1509	4052	164542820	5618067	238539407440	4061	0.07
	DCE	a1511	20	769200	2309	97001450	3846	0.87
豆粕 Soybean Meal	DCE	m1501	4490	133692400	57725967	1871487156580	2978	0.01
	DCE	m1503	116	3398800	17584	570311880	2930	0.66
	DCE	m1505	8839	237222040	91602954	2630899645000	2684	0.01
	DCE	m1507	435	11127300	42631	1226828570	2558	1.02
	DCE	m1508	900	23499000	17624	488937320	2611	5.11
	DCE	m1509	1699	44408430	129132203	3498261189470	2614	0.00
	DCE	m1511	29	716300	10380	286941920	2470	0.28
	DCE	m1512	41	981950	7098	190609600	2395	0.58
豆油 Soybean Oil	DCE	y1501	5301	288515200	22636140	1421369995520	5443	0.02
	DCE	y1503	27	1434900	745	44203340	5314	3.62
	DCE	y1505	6445	370631900	19776141	1139368239520	5751	0.03
	DCE	y1509	10009	549323740	29587624	1677819048400	5488	0.03
	DCE	y1511	5	317000	620	35377120	6340	0.81
	DCE	y1512	4	223920	331	18807040	5598	1.21
棕榈油 RBD Palm Oil	DCE	p1501	7420	358831200	30037870	1634043404460	4836	0.02
	DCE	p1505	1203	60751500	28771320	1477943757480	5050	0.00
	DCE	p1509	14245	581765800	27042936	1332278116040	4084	0.05
鸡蛋 Egg	DCE	jd1501	1	46310	13067451	614240562470	4631	0.00
	DCE	jd1503	1	39080	12172	521748200	3908	0.01
	DCE	jd1505	21	733320	6311055	268875476690	3492	0.00
	DCE	jd1509	22	860640	5209371	226162945850	3912	0.00
	DCE	jd1510	8	268960	2765	108992250	3362	0.29
	DCE	jd1511	11	336270	1368	53046170	3057	0.80
	DCE	jd1512	1	33200	650	24730790	3320	0.15
胶合板 Blockboard	DCE	bb1501	1155	89397000	1311193	86776932375	155	0.09
	DCE	bb1502	270	13142250	125654	7477391350	97	0.21
	DCE	bb1503	212	9805000	7112	375532200	93	2.98
	DCE	bb1505	122	5191100	92297	5425994375	85	0.13
	DCE	bb1508	2	110550	100	5951900	111	2.00
	DCE	bb1509	143	5362500	19243	1007042225	75	0.74
	DCE	bb1511	72	3186000	2287	122699025	89	3.15

5-20 续表 1 continued

交易品种 Futures Products	上市交易所 Futures Exchange	合约 Contracts	交割量（手） Delivery Quantity (lot)	交割金额（万元） Delivery Amount (10 thousand yuan)	成交量（手） Trading Volume (lot)	成交金额（万元） Trading Turnover(10 thousand yuan)	结算价（元/吨） Clearing Price (yuan/ton)	交割率（%） Delivery Rate (%)
纤维板 Fiberboard	DCE	fb1501	107	3242100	1000042	30773305500	61	0.01
	DCE	fb1502	1	21975	65	1885650	44	1.54
	DCE	fb1503	55	1168750	1353	34742100	43	4.07
	DCE	fb1505	186	5375400	72362	2161452050	58	0.26
	DCE	fb1506	3	70200	257	7651675	47	1.17
	DCE	fb1507	112	2321200	4185	100092175	41	2.68
棉花 CF	ZCE	CF501	3872	25130.40	18634441	128723366.62	12975	0.02
	ZCE	CF503	552	3585.24	9629	66659.74	12985	5.73
	ZCE	CF505	8120	52765.60	15280519	100238560.17	13000	0.05
	ZCE	CF507	688	4278.76	17788	116075.44	12435	3.87
	ZCE	CF509	2616	16206.60	7219885	47611081.53	12370	0.04
	ZCE	CF511	232	1419.84	10885	70659.87	12240	2.13
	ZCE	CF601	48	287.64	6516330	41215831.14	—	0.00
	ZCE	CF603	0	0.00	4216	26692.01	—	0.00
	ZCE	CF605	0	0.00	4688466	27577249.78	—	0.00
	ZCE	CF607	0	0.00	918	5343.94	—	0.00
	ZCE	CF609	0	0.00	445036	2563570.96	—	0.00
	ZCE	CF611	0	0.00	698	4045.50	—	0.00
粳稻 Japonica Rice	ZCE	JR501	0	0.00	401	2536.43	3004	0.00
	ZCE	JR503	0	0.00	2	12.34	3085	0.00
	ZCE	JR505	0	0.00	12	74.26	3020	0.00
	ZCE	JR507	0	0.00	17	109.92	2976	0.00
	ZCE	JR509	0	0.00	13	77.98	3100	0.00
	ZCE	JR511	0	0.00	56	349.76	3060	0.00
	ZCE	JR601	0	0.00	6	35.87	—	0.00
	ZCE	JR603	0	0.00	2	12.40	—	0.00
	ZCE	JR605	0	0.00	0	0.00	—	—
	ZCE	JR607	0	0.00	0	0.00	—	—
	ZCE	JR609	0	0.00	0	0.00	—	—
	ZCE	JR611	0	0.00	0	0.00	—	—
晚籼稻 Late Indica Rice	ZCE	LR501	155	876.37	49417	279811.11	2827	0.31
	ZCE	LR503	0	0.00	4	22.61	2787	0.00
	ZCE	LR505	62	323.68	3159	17721.95	2606	1.96
	ZCE	LR507	0	0.00	0	0.00	2572	—
	ZCE	LR509	0	0.00	6	32.80	2644	0.00
	ZCE	LR511	0	0.00	9	46.94	2497	0.00
	ZCE	LR601	0	0.00	13	65.06	—	0.00
	ZCE	LR603	0	0.00	14	69.58	—	0.00
	ZCE	LR605	0	0.00	15	74.79	—	0.00
	ZCE	LR607	0	0.00	0	0.00	—	—
	ZCE	LR609	0	0.00	17	82.99	—	0.00
	ZCE	LR611	0	0.00	0	0.00	—	—
菜籽油 OI	ZCE	OI501	2775	16301.90	4519700	28814667.27	5830	0.06
	ZCE	OI503	3	17.05	220	1406.16	5684	1.36
	ZCE	OI505	4335	26164.84	2776978	16773756.76	6002	0.16
	ZCE	OI507	0	0.00	65	392.99	5998	0.00

5–20 续表 2 continued

交易品种 Futures Products	上市交易所 Futures Exchange	合约 Contracts	交割量(手) Delivery Quantity (lot)	交割金额(万元) Delivery Amount (10 thousand yuan)	成交量(手) Trading Volume (lot)	成交金额(万元) Trading Turnover(10 thousand yuan)	结算价(元/吨) Clearing Price (yuan/ton)	交割率(%) Delivery Rate (%)
菜籽油 OI	ZCE	OI509	5185	30809.27	1825714	10931759.97	5942	0.28
	ZCE	OI511	0	0.00	306	1859.16	5602	0.00
	ZCE	OI601	550	3113.00	2944454	17177047.23	—	0.02
	ZCE	OI603	0	0.00	41	242.70	—	0.00
	ZCE	OI605	0	0.00	1767407	10019394.49	—	0.00
	ZCE	OI607	0	0.00	15	84.91	—	0.00
	ZCE	OI609	0	0.00	194452	1096323.16	—	0.00
	ZCE	OI611	0	0.00	6	34.25	—	0.00
普麦 Wheat	ZCE	PM501	3	39.75	369	4831.47	2650	0.81
	ZCE	PM503	0	0.00	12	148.94	2326	0.00
	ZCE	PM505	0	0.00	69	900.07	2635	0.00
	ZCE	PM507	0	0.00	50	601.49	2123	0.00
	ZCE	PM509	0	0.00	70	876.48	2274	0.00
	ZCE	PM511	0	0.00	36	453.09	2231	0.00
	ZCE	PM601	0	0.00	957	11792.86	—	0.00
	ZCE	PM603	0	0.00	7	86.25	—	0.00
	ZCE	PM605	0	0.00	72	946.97	—	0.00
	ZCE	PM607	0	0.00	3	36.81	—	0.00
	ZCE	PM609	0	0.00	0	0.00	—	—
	ZCE	PM611	0	0.00	0	0.00	—	—
早籼稻 RI	ZCE	RI501	218	971.56	26301	120866.18	2228	0.83
	ZCE	RI503	0	0.00	30	142.95	2322	0.00
	ZCE	RI505	0	0.00	2640	12192.35	2336	0.00
	ZCE	RI507	0	0.00	15	69.52	2270	0.00
	ZCE	RI509	0	0.00	383	1870.65	2710	0.00
	ZCE	RI511	0	0.00	23	107.46	2046	0.00
	ZCE	RI601	0	0.00	1929	9784.46	—	0.00
	ZCE	RI603	0	0.00	50	257.41	—	0.00
	ZCE	RI605	0	0.00	108	572.71	—	0.00
	ZCE	RI607	0	0.00	32	166.01	—	0.00
	ZCE	RI609	0	0.00	0	0.00	—	—
	ZCE	RI611	0	0.00	0	0.00	—	—
菜籽粕 Rapeseed Meal	ZCE	RM501	1627	3654.40	96695873	229394545.46	2246	0.00
	ZCE	RM503	1733	4004.57	474189	1098234.32	2320	0.37
	ZCE	RM505	3900	8720.40	83573089	188931113.47	2236	0.00
	ZCE	RM507	661	1351.02	41598	93892.51	2044	1.59
	ZCE	RM508	1050	2247.24	22731	50125.81	2140	4.62
	ZCE	RM509	2116	4118.52	130804683	287833699.03	1940	0.00
	ZCE	RM511	515	852.54	439582	925136.07	1586	0.12
	ZCE	RM601	0	0.00	83386149	170659545.97	—	0.00
	ZCE	RM603	0	0.00	39780	81170.12	—	0.00
	ZCE	RM605	0	0.00	17824965	34635264.42	—	0.00
	ZCE	RM607	0	0.00	3612	7370.79	—	0.00
	ZCE	RM608	0	0.00	132	265.14	—	0.00
	ZCE	RM609	0	0.00	808141	1519065.03	—	0.00
	ZCE	RM611	0	0.00	9173	16487.23	—	0.00

5-20 续表 3 continued

交易品种 Futures Products	上市交易所 Futures Exchange	合约 Contracts	交割量(手) Delivery Quantity (lot)	交割金额(万元) Delivery Amount (10 thousand yuan)	成交量(手) Trading Volume (lot)	成交金额(万元) Trading Turnover(10 thousand yuan)	结算价(元/吨) Clearing Price (yuan/ton)	交割率(%) Delivery Rate (%)
油菜籽 Rapeseed	ZCE	RS507	15	57.53	2137	9454.92	3835	0.70
	ZCE	RS508	3	10.54	32	137.09	3514	9.38
	ZCE	RS509	1924	7269.15	42206	158904.28	3645	4.56
	ZCE	RS511	0	0.00	19	84.89	3626	0.00
	ZCE	RS607	0	0.00	1715	7121.98	—	0.00
	ZCE	RS608	0	0.00	0	0.00	—	—
	ZCE	RS609	0	0.00	55	229.14	—	0.00
	ZCE	RS611	0	0.00	2	8.06	—	0.00
白糖 SR	ZCE	SR501	31794	153011.12	41442194	194203684.48	4814	0.08
	ZCE	SR503	902	4443.03	9008	42997.18	4977	10.01
	ZCE	SR505	18722	101431.43	45175646	218314327.26	5419	0.04
	ZCE	SR507	892	4664.94	11138	58797.70	5214	8.01
	ZCE	SR509	26055	132232.14	48680314	258997873.67	5063	0.05
	ZCE	SR511	623	3137.99	8116	42275.46	5019	7.68
	ZCE	SR601	1460	8006.35	84033628	458354731.42	—	0.00
	ZCE	SR603	0	0.00	4733	25793.62	—	0.00
	ZCE	SR605	0	0.00	28059167	154601634.00	—	0.00
	ZCE	SR607	0	0.00	11613	64606.05	—	0.00
	ZCE	SR609	0	0.00	3081242	17130865.98	—	0.00
	ZCE	SR611	0	0.00	1850	10226.73	—	0.00
	ZCE	SR701	0	0.00	91230	502161.30	—	0.00
	ZCE	SR703	0	0.00	1531	8426.62	—	0.00
	ZCE	SR705	0	0.00	9499	52500.30	—	0.00
强麦 WH	ZCE	WH501	5011	25481.07	195126	1049738.66	2543	2.57
	ZCE	WH503	0	0.00	53	280.59	2600	0.00
	ZCE	WH505	2105	10704.14	37729	197860.71	2544	5.58
	ZCE	WH507	0	0.00	67	351.03	2553	0.00
	ZCE	WH509	189	835.38	3532	18266.81	2210	5.35
	ZCE	WH511	0	0.00	257	1390.29	2972	0.00
	ZCE	WH601	0	0.00	206732	1137376.74	—	0.00
	ZCE	WH603	0	0.00	79	431.98	—	0.00
	ZCE	WH605	0	0.00	217146	1216129.59	—	0.00
	ZCE	WH607	0	0.00	43	233.23	—	0.00
	ZCE	WH609	0	0.00	2748	14368.63	—	0.00
	ZCE	WH611	0	0.00	8	43.01	—	0.00
天然橡胶 Natural Rubber	SHFE	ru1501	9037	126969.85	27920943	394300979.53	13780	0.03
	SHFE	ru1503	455	5921.83	19307	281257.38	12885	2.36
	SHFE	ru1504	39	490.62	1855	25421.68	12755	2.10
	SHFE	ru1505	1328	18811.12	22864008	298260123.87	13800	0.01
	SHFE	ru1506	315	4454.10	16819	217678.42	13525	1.87
	SHFE	ru1507	87	1050.53	3521	47146.53	12030	2.47
	SHFE	ru1508	84	928.62	3126	40893.80	10850	2.69
	SHFE	ru1509	6838	70910.06	26765658	358621720.69	10355	0.03
	SHFE	ru1510	317	3318.99	16462	208531.38	10505	1.93
	SHFE	ru1511	2552	23988.80	194309	2391386.15	9320	1.31

注：1.结算价为最后交易日交割结算价。
2.交割量包含期转现部分。
数据来源：上海期货交易所、郑州商品交易所、大连商品交易所。
Source：SHFE、ZCE、DCE.

5-21 2015年金属期货实物交割情况
Physical Delivery of Metal Products Futures in 2015

交易品种 Futures Products	上市交易所 Futures Exchange	合约 Contracts	交割量(手) Delivery Quantity (lot)	交割金额(万元) Delivery Amount (10 thousand yuan)	成交量(手) Trading Volume (lot)	成交金额(万元) Trading Turnover (10 thousand yuan)	结算价(元/吨) Clearing Price (yuan/ton)	交割率(%) Delivery Rate (%)
铜 Copper	SHFE	cu1501	3130	63961.55	5783312	136365413.84	40870	0.05
	SHFE	cu1502	4705	97158.25	5842417	133916209.10	41300	0.08
	SHFE	cu1503	8080	171538.40	8091071	175252639.70	42460	0.10
	SHFE	cu1504	7960	171458.40	7465618	154873626.70	43080	0.11
	SHFE	cu1505	6460	148127.80	7037567	148775301.49	45860	0.09
	SHFE	cu1506	4235	90692.53	6874025	148557795.60	42830	0.06
	SHFE	cu1507	4410	91132.65	5450953	120294040.06	41330	0.08
	SHFE	cu1508	5790	113455.05	5151509	110208528.91	39190	0.11
	SHFE	cu1509	4985	101245.35	7173370	144933180.86	40620	0.07
	SHFE	cu1510	5010	100325.25	7427337	145372810.29	40050	0.07
	SHFE	cu1511	7965	143967.38	7830857	154934085.95	36150	0.10
	SHFE	cu1512	6360	115243.20	7115398	138623511.37	36240	0.09
铝 Aluminum	SHFE	al1501	6845	43345.96	1462916	10116621.36	12665	0.47
	SHFE	al1502	6915	45293.25	910299	6122240.16	13100	0.76
	SHFE	al1503	9875	64681.25	1008597	6594501.77	13100	0.98
	SHFE	al1504	11090	72279.08	725535	4741058.26	13035	1.53
	SHFE	al1505	15760	104016.00	732954	4811591.40	13200	2.15
	SHFE	al1506	12285	77364.79	797712	5266011.26	12595	1.54
	SHFE	al1507	10320	63468.00	897436	5935133.17	12300	1.15
	SHFE	al1508	11415	68547.08	732227	4743778.44	12010	1.56
	SHFE	al1509	16340	96977.90	839138	5254056.31	11870	1.95
	SHFE	al1510	11450	64520.75	851744	5193327.83	11270	1.34
	SHFE	al1511	11480	58777.60	731410	4321542.33	10240	1.57
	SHFE	al1512	15100	82974.50	1216496	6761367.43	10990	1.24
锌 Zinc	SHFE	zn1501	955	7632.84	5132698	42727061.29	15985	0.02
	SHFE	zn1502	1120	9147.60	3085730	25482835.15	16335	0.04
	SHFE	zn1503	1730	13628.08	3372665	27411223.26	15755	0.05
	SHFE	zn1504	3710	30208.68	1764697	14271781.05	16285	0.21
	SHFE	zn1505	4800	40272.00	1754519	14010927.11	16780	0.27
	SHFE	zn1506	3600	29079.00	1925378	15624196.58	16155	0.19
	SHFE	zn1507	3665	28696.95	2182466	18294838.95	15660	0.17
	SHFE	zn1508	3845	28895.18	1968111	16081714.10	15030	0.20
	SHFE	zn1509	5055	36674.03	2514013	19430782.86	14510	0.20
	SHFE	zn1510	3645	26726.96	2446025	18126088.11	14665	0.15
	SHFE	zn1511	2490	16228.58	2686623	19129271.98	13035	0.09
	SHFE	zn1512	3745	23874.38	4189494	29602363.86	12750	0.09
铅 Lead	SHFE	pb1501	1425	8589.19	67728	456688.94	12055	2.10
	SHFE	pb1502	1185	7462.54	180900	1127655.51	12595	0.66
	SHFE	pb1503	390	2379.00	166017	1025189.96	12200	0.23
	SHFE	pb1504	1210	7877.10	68770	425694.98	13020	1.76
	SHFE	pb1505	470	3167.80	67543	419905.35	13480	0.70
	SHFE	pb1506	1295	8501.68	146776	972129.86	13130	0.88
	SHFE	pb1507	1125	7478.44	102103	684165.64	13295	1.10
	SHFE	pb1508	1190	8151.50	86670	566344.55	13700	1.37
	SHFE	pb1509	435	2880.79	83299	540803.05	13245	0.52
	SHFE	pb1510	295	1989.78	112693	739589.71	13490	0.26
	SHFE	pb1511	745	4736.34	99319	656250.68	12715	0.75
	SHFE	pb1512	365	2402.61	93514	616160.30	13165	0.39
黄金(元/克) Gold (yuan/g)	SHFE	au1501	30	732.00	4899	116304.23	249.3	0.61
	SHFE	au1502	15	383.48	5033	125417.95	257	0.30
	SHFE	au1503	0	0.00	116	2913.36	244.6	0.00
	SHFE	au1504	0	0.00	1825	44744.69	238.5	0.00
	SHFE	au1505	120	2898.00	1031	24971.63	242.05	11.64
	SHFE	au1506	3765	88176.30	14227463	345809644.69	234.35	0.03
	SHFE	au1507	12	277.50	768	18321.05	232.65	1.56
	SHFE	au1508	36	787.50	4378	104119.39	229	0.82
	SHFE	au1509	0	0.00	1899	43742.34	228	0.00
	SHFE	au1510	0	0.00	5531	131471.91	235.9	0.00
	SHFE	au1511	0	0.00	340	8097.26	242.1	0.00
	SHFE	au1512	3078	68300.82	12627756	295037198.75	222.55	0.02

5-21 续表 continued

交易品种 Futures Products	上市交易所 Futures Exchange	合约 Contracts	交割量（手）Delivery Quantity (lot)	交割金额（万元）Delivery Amount (10 thousand yuan)	成交量（手）Trading Volume (lot)	成交金额（万元）Trading Turnover (10 thousand yuan)	结算价（元/吨）Clearing Price (yuan/ton)	交割率(%) Delivery Rate (%)
白银（元/千克）Silver (yuan/kg)	SHFE	ag1501	2160	11378.88	174275	943718.42	3512	1.24
	SHFE	ag1502	716	3850.29	9517	54050.06	3585	7.52
	SHFE	ag1503	674	3466.72	7774	43352.46	3429	8.67
	SHFE	ag1504	712	3700.62	5376	29769.87	3465	13.24
	SHFE	ag1505	1068	5898.56	129352	694168.56	3682	0.83
	SHFE	ag1506	6704	34833.98	115487598	614364646.01	3464	0.01
	SHFE	ag1507	1112	5537.76	22794	120833.20	3320	4.88
	SHFE	ag1508	270	1424.79	12763	68475.19	3518	2.12
	SHFE	ag1509	1798	8749.07	29371	153736.86	3244	6.12
	SHFE	ag1510	2792	14402.53	21686	113633.59	3439	12.87
	SHFE	ag1511	3284	16034.13	12760	66251.52	3255	25.74
	SHFE	ag1512	15556	73852.11	67124488	346081883.19	3165	0.02
螺纹钢 Steel Rebar	SHFE	rb1501	5370	12726.90	131570828	373078935.33	2370	0.00
	SHFE	rb1502	1560	3432.00	48943	129139.34	2200	3.19
	SHFE	rb1503	2340	5115.24	23543	58351.67	2186	9.94
	SHFE	rb1504	300	677.70	22471	57741.78	2259	1.34
	SHFE	rb1505	13230	27481.80	211513271	535724365.86	2076	0.01
	SHFE	rb1506	960	1920.00	68204	167116.37	2000	1.41
	SHFE	rb1507	690	1200.60	13237	30358.28	1740	5.21
	SHFE	rb1508	270	580.50	13797	29903.05	2150	1.96
	SHFE	rb1509	270	513.27	288259	666626.00	1901	0.09
	SHFE	rb1510	3210	5627.13	220980105	512171006.03	1753	0.00
	SHFE	rb1511	240	427.20	64612	136034.42	1780	0.37
	SHFE	rb1512	60	96.00	24375	49602.62	1600	0.25
线材 Steel Wire Rod	SHFE	wr1501	0	0.00	167	532.18	2853	0.00
	SHFE	wr1502	0	0.00	19	57.06	2792	0.00
	SHFE	wr1503	0	0.00	8	25.05	2602	0.00
	SHFE	wr1504	0	0.00	39	106.78	2554	0.00
	SHFE	wr1505	0	0.00	29	80.07	2479	0.00
	SHFE	wr1506	0	0.00	21	62.45	2309	0.00
	SHFE	wr1507	0	0.00	6	14.46	2441	0.00
	SHFE	wr1508	0	0.00	6	14.02	2178	0.00
	SHFE	wr1509	0	0.00	75	191.17	2350	0.00
	SHFE	wr1510	0	0.00	73	193.62	2122	0.00
	SHFE	wr1511	0	0.00	25	65.75	2088	0.00
	SHFE	wr1512	0	0.00	61	160.17	1791	0.00
热轧卷板 Hot Rolled Coils	SHFE	hc1501	4560	12585.60	373499	1094159.44	2760	1.22
	SHFE	hc1502	0	0.00	4	12.24	2744	0.00
	SHFE	hc1503	150	370.50	586	1541.30	2470	25.60
	SHFE	hc1504	0	0.00	34	89.07	2326	0.00
	SHFE	hc1505	2640	6362.40	444998	1163886.35	2410	0.59
	SHFE	hc1506	0	0.00	43	109.07	2160	0.00
	SHFE	hc1507	0	0.00	28	68.44	2258	0.00
	SHFE	hc1508	0	0.00	56	135.38	1980	0.00
	SHFE	hc1509	30	57.45	891	2125.62	1915	3.37
	SHFE	hc1510	2550	4720.05	621364	1418496.16	1851	0.41
	SHFE	hc1511	0	0.00	31	69.64	1866	0.00
	SHFE	hc1512	0	0.00	126	267.37	1848	0.00
锡 Tin	SHFE	sn1507	1332	14457.53	299770	3547492.29	108540	0.44
	SHFE	sn1508	122	1299.54	2321	26460.88	106520	5.26
	SHFE	sn1509	300	2994.30	48243	526303.33	99810	0.62
	SHFE	sn1510	228	2188.80	2486	25382.38	96000	9.17
	SHFE	sn1511	32	288.00	125	1281.91	90000	25.60
	SHFE	sn1512	34	293.56	166	1705.78	86340	20.48
镍 Nickel	SHFE	ni1507	2970	25640.01	8747502	91532427.56	86330	0.03
	SHFE	ni1508	744	6057.65	61837	622972.39	81420	1.20
	SHFE	ni1509		89134.92	15015255	133491370.81	75950	0.08
	SHFE	ni1510	774	6083.64	12301	99659.75	78600	6.29
	SHFE	ni1511	762	5535.93	6805	53991.43	72650	11.20
	SHFE	ni1512	786	5352.66	10023	79850.18	68100	7.84

注：1.结算价为最后交易日交割结算价。
2.交割量包含期转现部分。
数据来源：上海期货交易所。
Source：SHFE.

5－22 2015年能源、化工及其他期货实物交割情况
Physical Delivery of Building Materials,Energy & Chemical Products & Others Futures in 2015

交易品种 Futures Products	上市交易所 Futures Exchange	合约 Contracts	交割量（手） Delivery Quantity (lot)	交割金额（万元） Delivery Amount (10 thousand yuan)	成交量（手） Trading Volume (lot)	成交金额（万元） Trading Turnover(10 thousand yuan)	结算价（元/吨） Clearing Price (yuan/ton)	交割率（%） Delivery Rate (%)
聚乙烯 LLDPE	DCE	l1501	671	32006700.00	27425067	1426310660450	9540	0.00
	DCE	l1502	2	79150.00	494	25156950	7915	0.40
	DCE	l1503	16	751600.00	132	6101175	9395	12.12
	DCE	l1505	1502	80732500.00	39455189	1733404442925	10750	0.00
	DCE	l1506	47	2279500.00	3186	144754425	9700	1.48
	DCE	l1507	103	4931125.00	767	36359850	9575	13.43
	DCE	l1508	52	2429700.00	825	39144450	9345	6.30
	DCE	l1509	3602	162630300.00	46477991	2195840769450	9030	0.01
	DCE	l1510	6	264000.00	1221	56586975	8800	0.49
	DCE	l1511	7	305725.00	541	24527450	8735	1.29
	DCE	l1512	7	280000.00	1244	54237225	8000	0.56
聚氯乙烯 PVC	DCE	v1501	768	21139200.00	595713	17037759375	5505	0.13
	DCE	v1505	419	12276700.00	511408	13658035725	5860	0.08
	DCE	v1509	1419	36645675.00	685719	19133371125	5165	0.21
聚丙烯 PP	DCE	pp1501	4753	203238280.00	10437708	522634204895	8552	0.05
	DCE	pp1502	8	333560.00	250	11857945	8339	3.20
	DCE	pp1503	42	1924230.00	299	12936345	9163	14.05
	DCE	pp1505	10425	493102500.00	25085400	1009904522885	9460	0.04
	DCE	pp1506	44	1925000.00	2759	117737430	8750	1.59
	DCE	pp1507	62	2763030.00	757	32526545	8913	8.19
	DCE	pp1508	33	1319835.00	741	32014480	7999	4.45
	DCE	pp1509	1668	65769240.00	30084942	1253981166330	7886	0.01
焦炭 Coke	DCE	j1501	6530	762051000.00	17373130	1925914025800	1167	0.04
	DCE	j1505	180	14607000.00	6260184	651940349600	812	0.00
	DCE	j1506	10	881000.00	920	98028850	881	1.09
	DCE	j1508	10	747500.00	1425	152693650	748	0.70
	DCE	j1509	2300	193545000.00	7593493	686665547850	842	0.03
焦煤 Coking Coal	DCE	jm1501	2100	102186000.00	17399502	830794731120	811	0.01
	DCE	jm1505	6600	288684000.00	6288224	283734742260	729	0.10
	DCE	jm1509	1100	37917000.00	7492353	302642480610	575	0.01
铁矿石 Iron Ore	DCE	i1505	2500	118250000.00	38261378	1899593814850	473	0.01
	DCE	i1506	300	14625000.00	4701	223453500	488	6.38
	DCE	i1508	600	24840000.00	5829	248040450	414	10.29
	DCE	i1509	800	37320000.00	89470581	3775156732250	467	0.00
	DCE	i1512	100	3420000.00	13964	546970950	342	0.72
甲醇（ME） Menthanol	ZCE	ME501	1452	12720.50	4958823	66761122	1747	0.03
	ZCE	ME502	10	87.47	365	3790	1726	2.74
	ZCE	ME503	0	0.00	221	2749	1873	0.00
	ZCE	ME504	1	11.08	361	3815	2216	0.28
	ZCE	ME505	2054	25557.97	1249997	14044694	2473	0.16
甲醇（MA） Menthanol	ZCE	MA506	21829	54612.17	123001065	282396496	2505	0.02
	ZCE	MA507	0	0.00	2310	5579	2581	0.00
	ZCE	MA508	0	0.00	2105	4654	2467	0.00
	ZCE	MA509	3205	5913.23	85520995	209259138	1845	0.00
	ZCE	MA510	0	0.00	2721	6202	1893	0.00
	ZCE	MA511	0	0.00	21292	45785	2048	0.00
	ZCE	MA512	0	0.00	991	2134	1956	0.00
	ZCE	MA601	0	0.00	93053773	183338041	—	0.00
	ZCE	MA602	0	0.00	894	1879	—	0.00
	ZCE	MA603	0	0.00	900	2085	—	0.00
	ZCE	MA604	0	0.00	581	1283	—	0.00

5-22 续表 1 continued

交易品种 Futures Products	上市交易所 Futures Exchange	合约 Contracts	交割量(手) Delivery Quantity (lot)	交割金额(万元) Delivery Amount (10 thousand yuan)	成交量(手) Trading Volume (lot)	成交金额(万元) Trading Turnover(10 thousand yuan)	结算价(元/吨) Clearing Price (yuan/ton)	交割率(%) Delivery Rate (%)
甲醇(MA) Menthanol	ZCE	MA605	0	0.00	26413576	44582972.90	—	0.00
	ZCE	MA606	0	0.00	2168	4062.01	—	0.00
	ZCE	MA607	0	0.00	58	108.49	—	0.00
	ZCE	MA608	0	0.00	100	188.41	—	0.00
	ZCE	MA609	0	0.00	380730	638708.89	—	0.00
	ZCE	MA610	0	0.00	78	126.58	—	0.00
	ZCE	MA611	0	0.00	29	49.73	—	0.00
	ZCE	MA612	0	0.00	2	3.40	—	0.00
PTA	ZCE	TA501	10141	22758.21	44594407	138149209.54	4476	0.02
	ZCE	TA502	338	778.08	1885	5305.00	4604	17.93
	ZCE	TA503	451	1070.67	1251	3255.51	4748	36.05
	ZCE	TA504	200	450.60	1676	4132.53	4506	11.93
	ZCE	TA505	77627	202178.55	74914978	183219527.39	5232	0.10
	ZCE	TA506	130	326.95	14895	36316.03	5030	0.87
	ZCE	TA507	228	539.45	1673	4244.13	4732	13.63
	ZCE	TA508	464	1050.25	5251	13027.01	4526	8.84
	ZCE	TA509	102084	229844.73	92550464	233628952.06	4408	0.11
	ZCE	TA510	418	952.41	7432	18200.45	4628	5.62
	ZCE	TA511	305	710.65	2546	6129.09	4660	11.98
	ZCE	TA512	321	715.83	2900	6863.61	4460	11.07
	ZCE	TA601	0	0.00	68763059	160214423.26	—	0.00
	ZCE	TA602	0	0.00	1412	3385.09	—	0.00
	ZCE	TA603	0	0.00	1328	3298.18	—	0.00
	ZCE	TA604	0	0.00	437	1003.77	—	0.00
	ZCE	TA605	0	0.00	22147096	49182411.95	—	0.00
	ZCE	TA606	0	0.00	698	1614.43	—	0.00
	ZCE	TA607	0	0.00	159	369.00	—	0.00
	ZCE	TA608	0	0.00	31	69.89	—	0.00
	ZCE	TA609	0	0.00	352846	787400.45	—	0.00
	ZCE	TA610	0	0.00	114	260.82	—	0.00
	ZCE	TA611	0	0.00	86	189.80	—	0.00
	ZCE	TA612	0	0.00	2	4.55	—	0.00
动力煤TC Thermal Coal	ZCE	TC501	5250	53487.00	2547770	26099269.98	509	0.21
	ZCE	TC502	0	0.00	236	2397.12	494	0.00
	ZCE	TC503	0	0.00	29	301.48	503	0.00
	ZCE	TC504	0	0.00	22	224.53	450	0.00
	ZCE	TC505	1625	12826.80	736139	6959465.84	392	0.22
	ZCE	TC506	0	0.00	41	387.64	403	0.00
	ZCE	TC507	0	0.00	41	390.06	392	0.00
	ZCE	TC508	0	0.00	37	350.56	414	0.00
	ZCE	TC509	200	1430.40	798627	6647851.40	358	0.03
	ZCE	TC510	0	0.00	135	1133.48	359	0.00
	ZCE	TC511	0	0.00	117	1096.76	336	0.00
	ZCE	TC512	0	0.00	79	606.17	341	0.00
	ZCE	TC601	0	0.00	538898	3879230.46	—	0.00
	ZCE	TC602	0	0.00	47	357.64	—	0.00
	ZCE	TC603	0	0.00	38	295.65	—	0.00
	ZCE	TC604	0	0.00	153	978.28	—	0.00
动力煤ZC Thermal Coal	ZCE	ZC605	0	0.00	905424	2724638.02	—	0.00
	ZCE	ZC606	0	0.00	128	410.13	—	0.00
	ZCE	ZC607	0	0.00	16	52.56	—	0.00

5-22 续表 2 continued

交易品种 Futures Products	上市交易所 Futures Exchange	合约 Contracts	交割量(手) Delivery Quantity (lot)	交割金额(万元) Delivery Amount (10 thousand yuan)	成交量(手) Trading Volume (lot)	成交金额(万元) Trading Turnover(10 thousand yuan)	结算价(元/吨) Clearing Price (yuan/ton)	交割率(%) Delivery Rate (%)
动力煤ZC Thermal Coal	ZCE	ZC608	0	0.00	28	97.51	—	0.00
	ZCE	ZC609	0	0.00	75073	222662.49	—	0.00
	ZCE	ZC610	0	0.00	16	49.91	—	0.00
	ZCE	ZC611	0	0.00	4	12.45	—	0.00
	ZCE	ZC612	0	0.00	21	64.75	—	0.00
玻璃 Glass	ZCE	FG501	4	8.70	37174292	76992316.18	1088	0.00
	ZCE	FG502	0	0.00	827	1714.04	1054	0.00
	ZCE	FG503	0	0.00	872	1807.40	1065	0.00
	ZCE	FG504	0	0.00	302	615.70	1065	0.00
	ZCE	FG505	0	0.00	1623417	3258170.80	1058	0.00
	ZCE	FG506	364	669.03	20367653	37120020.68	919	0.00
	ZCE	FG507	130	228.54	7117	12727.78	879	1.83
	ZCE	FG508	15	26.04	2424	4356.01	868	0.62
	ZCE	FG509	240	407.04	13568024	24805220.33	848	0.00
	ZCE	FG510	0	0.00	1615	2889.48	865	0.00
	ZCE	FG511	0	0.00	776	1436.75	1117	0.00
	ZCE	FG512	0	0.00	2415	4484.52	929	0.00
	ZCE	FG601	0	0.00	15002141	26049546.34	—	0.00
	ZCE	FG602	0	0.00	538	961.39	—	0.00
	ZCE	FG603	0	0.00	298	515.91	—	0.00
	ZCE	FG604	0	0.00	171	300.05	—	0.00
	ZCE	FG605	0	0.00	4542308	7447798.31	—	0.00
	ZCE	FG606	0	0.00	1359	2319.10	—	0.00
	ZCE	FG607	0	0.00	162	275.59	—	0.00
	ZCE	FG608	0	0.00	107	182.73	—	0.00
	ZCE	FG609	0	0.00	192199	314827.66	—	0.00
	ZCE	FG610	0	0.00	99	162.96	—	0.00
	ZCE	FG611	0	0.00	508	821.56	—	0.00
	ZCE	FG612	0	0.00	1214	2157.87	—	0.00
硅铁 Ferrosilicon	ZCE	SF501	7	20.60	764954	2204684.51	5886	0.00
	ZCE	SF502	0	0.00	16	45.10	5822	0.00
	ZCE	SF503	0	0.00	0	0.00	5782	—
	ZCE	SF504	0	0.00	0	0.00	5850	—
	ZCE	SF505	0	0.00	4234	11583.27	5072	0.00
	ZCE	SF506	0	0.00	0	0.00	5126	—
	ZCE	SF507	0	0.00	6	17.00	5122	0.00
	ZCE	SF508	0	0.00	2	4.73	4732	0.00
	ZCE	SF509	0	0.00	598	1523.46	5094	0.00
	ZCE	SF510	0	0.00	2	4.49	4584	0.00
	ZCE	SF511	0	0.00	2	5.23	4508	0.00
	ZCE	SF512	0	0.00	0	0.00	4690	—
	ZCE	SF601	0	0.00	36360	68875.23	—	0.00
	ZCE	SF602	0	0.00	0	0.00	—	—
	ZCE	SF603	0	0.00	2	4.80	—	0.00
	ZCE	SF604	0	0.00	0	0.00	—	—
	ZCE	SF605	0	0.00	640	1172.11	—	0.00
	ZCE	SF606	0	0.00	10	17.62	—	0.00
	ZCE	SF607	0	0.00	10	16.53	—	0.00
	ZCE	SF608	0	0.00	0	0.00	—	—
	ZCE	SF609	0	0.00	4	6.85	—	0.00
	ZCE	SF610	0	0.00	0	0.00	—	—

5-22 续表 3 continued

交易品种 Futures Products	上市交易所 Futures Exchange	合约 Contracts	交割量（手） Delivery Quantity (lot)	交割金额（万元） Delivery Amount (10 thousand yuan)	成交量（手） Trading Volume (lot)	成交金额（万元） Trading Turnover(10 thousand yuan)	结算价（元/吨） Clearing Price (yuan/ton)	交割率（%） Delivery Rate (%)
硅铁 Ferrosilicon	ZCE	SF611	0	0.00	2	3.75	—	0.00
	ZCE	SF612	0	0.00	0	0.00	—	—
锰硅 Ferromanganese-silicon	ZCE	SM501	3682	11230.10	356387	1143466.19	6100	1.03
	ZCE	SM502	0	0.00	2	6.07	6130	0.00
	ZCE	SM503	0	0.00	0	0.00	6300	—
	ZCE	SM504	0	0.00	0	0.00	6082	—
	ZCE	SM505	0	0.00	15887	46251.49	5396	0.00
	ZCE	SM506	0	0.00	0	0.00	5516	—
	ZCE	SM507	0	0.00	12	32.24	5184	0.00
	ZCE	SM508	0	0.00	2	5.43	5286	0.00
	ZCE	SM509	0	0.00	55	146.52	5188	0.00
	ZCE	SM510	0	0.00	4	9.20	4944	0.00
	ZCE	SM511	0	0.00	2	6.27	5070	0.00
	ZCE	SM512	0	0.00	0	0.00	4950	—
	ZCE	SM601	0	0.00	38177	73391.93	—	0.00
	ZCE	SM602	0	0.00	0	0.00		—
	ZCE	SM603	0	0.00	8	14.96	—	0.00
	ZCE	SM604	0	0.00	23	54.82	—	0.00
	ZCE	SM605	0	0.00	749	1393.84	—	0.00
	ZCE	SM606	0	0.00	0	0.00	—	—
	ZCE	SM607	0	0.00	38	97.64	—	0.00
	ZCE	SM608	0	0.00	0	0.00	—	—
	ZCE	SM609	0	0.00	66	116.04	—	0.00
	ZCE	SM610	0	0.00	36	66.48	—	0.00
	ZCE	SM611	0	0.00	0	0.00	—	—
	ZCE	SM612	0	0.00	0	0.00	—	—
燃料油 Fuel Oil	SHFE	fu1501	12	202.14	118	2086.47	3370	10.17
	SHFE	fu1503	0	0.00	176	2791.88	3418	0.00
	SHFE	fu1504	0	0.00	48	747.62	2892	0.00
	SHFE	fu1505	0	0.00	657	10042.78	3086	0.00
	SHFE	fu1506	37	557.22	2109	34987.64	3100	1.75
	SHFE	fu1507	0	0.00	39	628.29	3001	0.00
	SHFE	fu1508	3	33.20	73	1144.50	2200	4.11
	SHFE	fu1509	18	164.79	821	10591.37	1758	2.19
	SHFE	fu1510	8	93.48	346	3906.73	2508	2.31
	SHFE	fu1511	0	0.00	33	528.29	2309	0.00
	SHFE	fu1512	0	0.00	67	961.17	2272	0.00
石油沥青 Bitumen	SHFE	bu1501	0	0.00	141	574.37	3692	0.00
	SHFE	bu1502	0	0.00	0	0.00	3646	—
	SHFE	bu1503	0	0.00	539	2210.51	2550	0.00
	SHFE	bu1504	0	0.00	5	14.66	2782	0.00
	SHFE	bu1505	0	0.00	272	867.31	3270	0.00
	SHFE	bu1506	13208	37378.64	3047859	9854403.00	2724	0.43
	SHFE	bu1507	0	0.00	94	311.96	2632	0.00
	SHFE	bu1508	4	9.86	34	98.48	2400	11.76
	SHFE	bu1509	4352	10705.92	2320607	6160313.07	2500	0.19
	SHFE	bu1510	0	0.00	86	245.79	2440	0.00
	SHFE	bu1511	0	0.00	315	797.27	2648	0.00
	SHFE	bu1512	5000	8470.00	16881701	38865847.52	1664	0.03

注：1.结算价为最后交易日交割结算价。

2.交割量包含期转现部分。

数据来源：上海期货交易所、郑州商品交易所、大连商品交易所。

Source：SHFE、ZCE、DCE.

5–23 2015年金融期货交割情况
Cash Delivery of Financial Futures in 2015

交易品种 Futures Products	上市交易所 Futures Exchange	合约 Contracts	交割量（手） Delivery Quantity (lot)	交割金额（亿元） Delivery Amount (100 million yuan)	成交量（手） Trading Volume (lot)	成交金额（亿元） Trading Turnover (100 million yuan)	结算价（元） Clearing Price (yuan)	交割率（%） Delivery Rate (%)
中证500股指期货 CSI 500 Index Futures	CFFEX	IC1505	895	15.67	2556056	42017.78	—	0.00
	CFFEX	IC1506	2033	41.50	7290634	150720.56	—	0.00
	CFFEX	IC1507	321	5.09	5374362	94413.37	—	0.00
	CFFEX	IC1508	887	13.74	3667729	57177.86	—	0.00
	CFFEX	IC1509	2080	25.00	2322189	33293.05	—	0.00
	CFFEX	IC1510	1518	21.19	185806	2237.91	—	0.01
	CFFEX	IC1511	1687	26.33	232085	3239.00	—	0.01
	CFFEX	IC1512	2658	40.93	438527	6553.70	—	0.01
	CFFEX	IC1601	—	—	99848	1482.85	7399.00	—
	CFFEX	IC1602	—	—	1513	22.10	7187.60	—
	CFFEX	IC1603	—	—	24494	316.43	7015.60	—
	CFFEX	IC1606	—	—	2686	34.63	6601.20	—
沪深300股指期货 Index Futures	CFFEX	IF1501	2144	23.42	11680796	126034.23	—	0.00
	CFFEX	IF1502	2968	31.10	28069747	293631.32	—	0.00
	CFFEX	IF1503	2845	33.17	24419663	262320.17	—	0.00
	CFFEX	IF1504	3482	48.05	28616858	354142.18	—	0.00
	CFFEX	IF1505	4705	65.41	25987825	362528.48	—	0.00
	CFFEX	IF1506	3590	51.32	48519147	716620.15	—	0.00
	CFFEX	IF1507	1602	19.82	36835232	477386.59	—	0.00
	CFFEX	IF1508	2566	28.06	47134101	548634.29	—	0.00
	CFFEX	IF1509	4147	40.50	23581144	253178.97	—	0.00
	CFFEX	IF1510	2722	28.71	337610	3192.50	—	0.01
	CFFEX	IF1511	2285	25.88	370125	3936.49	—	0.01
	CFFEX	IF1512	2095	23.71	1294597	14690.63	—	0.00
	CFFEX	IF1601	—	—	184367	2052.49	3672.80	—
	CFFEX	IF1602	—	—	2556	28.37	3623.00	—
	CFFEX	IF1603	—	—	62398	629.64	3576.20	—
	CFFEX	IF1606	—	—	5823	59.41	3474.40	—
上证50股指期货 SSE 50 Index Futures	CFFEX	IH1505	3194	29.44	4491133	43496.98	—	0.00
	CFFEX	IH1506	3678	32.99	9581474	94297.32	—	0.00
	CFFEX	IH1507	696	5.83	9886803	84333.48	—	0.00
	CFFEX	IH1508	915	6.32	6303020	48064.91	—	0.00
	CFFEX	IH1509	2346	15.54	4504994	31611.12	—	0.00
	CFFEX	IH1510	2075	14.42	115126	739.17	—	0.02
	CFFEX	IH1511	1000	7.41	138848	985.42	—	0.01
	CFFEX	IH1512	1394	10.16	358740	2655.40	—	0.00
	CFFEX	IH1601	—	—	76180	552.22	2403.60	—
	CFFEX	IH1602	—	—	1231	8.92	2380.20	—
	CFFEX	IH1603	—	—	24093	162.05	2362.40	—
	CFFEX	IH1606	—	—	2278	15.82	2318.40	—
10年期国债期货 10 Years Treasury Future	CFFEX	T1509	833	8.67	308542	2960.32	—	0.00
	CFFEX	T1512	577	6.09	744948	7305.46	—	0.00
	CFFEX	T1603	—	—	615230	6095.22	100.06	—
	CFFEX	T1606	—	—	13940	138.19	99.93	—
	CFFEX	T1609	—	—	1261	12.56	99.96	—
5年期国债期货 5 Years Treasury Future	CFFEX	TF1503	460	4.77	156374	1522.21	—	0.00
	CFFEX	TF1506	720	7.19	872888	8549.48	—	0.00
	CFFEX	TF1509	2121	21.35	569641	5517.73	—	0.00
	CFFEX	TF1512	587	6.09	1906278	19003.14	—	0.00
	CFFEX	TF1603	—	—	886158	8879.94	100.70	—
	CFFEX	TF1606	—	—	11197	112.07	100.60	—
	CFFEX	TF1609	—	—	1036	10.41	100.61	—

数据来源：中国金融期货交易所。
Source：CFFEX.

5-24 2015年农产品期货合约汇总

交易品种 Futures Products	交易单位 Trading Unit	报价单位 Quottation Unit	最小变动价位 Minimum Tick Size	涨跌停板幅度 Range of Limit up or Down	最低交易保证金 Minimum Deposit	合约月份 Contracts Months	交易时间 Trading Time
黄玉米 Corn	10吨/手	元（人民币）/吨	1元/吨	上一交易日结算价的4%	合约价值的5%	1、3、5、7、9、11	每周一至周五（北京时间，法定节假日除外）上午9:00-11:30 下午1:30-3:00
玉米淀粉 Corn Starch	11吨/手	元（人民币）/吨	2元/吨	上一交易日结算价的5%	合约价值的6%	1、3、5、7、9、12	每周一至周五（北京时间，法定节假日除外）上午9:00-11:30 下午1:30-3:01
黄大豆1号 Soybean No.1	10吨/手	元（人民币）/吨	1元/吨	上一交易日结算价的4%	合约价值的5%	1、3、5、7、9、11	每周一至周五（北京时间，法定节假日除外）上午9:00-11:30 下午1:30-3:00
黄大豆2号 Soybean No.2	10吨/手	元（人民币）/吨	1元/吨	上一交易日结算价的4%	合约价值的5%	1、3、5、7、9、11	每周一至周五（北京时间，法定节假日除外）上午9:00-11:30 下午1:30-3:00
豆粕 Soybean Meal	10吨/手	元（人民币）/吨	1元/吨	上一交易日结算价的4%	合约价值的5%	1、3、5、7、8、9、11、12	每周一至周五（北京时间，法定节假日除外）上午9:00-11:30 下午1:30-3:00
大豆原油 Soybean Oil	10吨/手	元（人民币）/吨	2元/吨	上一交易日结算价的4%	合约价值的5%	1、3、5、7、8、9、11、12	每周一至周五（北京时间，法定节假日除外）上午9:00-11:30 下午1:30-3:00
棕榈油 RBD Palm Oil	10吨/手	元（人民币）/吨	2元/吨	上一交易日结算价的4%	合约价值的5%	1、2、3、4、5、6、7、8、9、10、11、12	每周一至周五（北京时间，法定节假日除外）上午9:00-11:30 下午1:30-3:00
鲜鸡蛋 Egg	5吨/手	元（人民币）/500千克	1元/500千克	上一交易日结算价的4%（当前暂为5%）	合约价值的5%（当前暂为8%）	1、2、3、4、5、6、9、10、11、12	每周一至周五（北京时间，法定节假日除外）上午9:00-11:30 下午1:30-3:00
细木工板 Blockboard	500张/手	元（人民币）/张	0.05元/张	上一交易日结算价的4%（当前暂为5%）	合约价值的5%（当前暂为10%）	1、2、3、4、5、6、7、8、9、10、11、12	每周一至周五（北京时间，法定节假日除外）上午9:00-11:30 下午1:30-3:00
中密度纤维板 Fiberboard	500张/手	元（人民币）/张	0.05元/张	上一交易日结算价的4%（当前暂为5%）	合约价值的5%（当前暂为7%）	1、2、3、4、5、6、7、8、9、10、11、12	每周一至周五（北京时间，法定节假日除外）上午9:00-11:30 下午1:30-3:00
交易品种 Futures Products	交易单位 Trading Unit	报价单位 Quottation Unit	最小变动价位 Minimum Tick Size	每日价格波动限制 Daily Price Limit	最低交易保证金 Minimum Deposit	合约交割月份 Contracts Delivery Months	交易时间 Trading Time
优质强筋小麦 Strong Gluten Wheat	20吨/手	元(人民币)/吨	1元/吨	上一交易日结算价±4%及《郑州商品交易所期货交易风险控制管理办法》相关规定	合约价值的5%	1、3、5、7、9、11	每周一至周五(北京时间,法定节假日除外) 上午9:00-11:30 下午1:30-3:00
普通小麦 Wheat	50吨/手	元(人民币)/吨	1元/吨	上一交易日结算价±4%及《郑州商品交易所期货交易风险控制管理办法》相关规定	合约价值的5%	1、3、5、7、9、11	每周一至周五(北京时间,法定节假日除外) 上午9:00-11:30 下午1:30-3:00

Collection of Agricultural Products Futures Contracts in 2015

最后交易日 Last Trading Day	最后交割日 Last Delivery Day	交割等级 Delivery Grade	交割地点 Delivery Location	交易手续费 Trading Fee	交割方式 Delivery Form	交易代码 Trading Code	上市交易所 Futures Exchange
合约交割月份的第十个交易日	最后交易日后第3个交易日	大连商品交易所玉米交割质量标准(FC/DCE D001-2013)	大连商品交易所指定交割仓库	不超过3元/手	实物交割	C	大连商品交易所
合约交割月份的第十个交易日	最后交易日后第3个交易日	大连商品交易所玉米淀粉交割质量标准	大连商品交易所指定交割仓库	—	实物交割	C	大连商品交易所
合约交割月份的第十个交易日	最后交易日后第3个交易日	大连商品交易所黄大豆1号交割质量标准（FA/DCE D001-2012）	大连商品交易所指定交割仓库	不超过4元/手	实物交割	A	大连商品交易所
合约交割月份的第十个交易日	最后交易日后第3个交易日	大连商品交易所黄大豆2号交割质量标准（FB/DCE D001-2013）	大连商品交易所指定交割仓库	不超过4元/手	实物交割	B	大连商品交易所
合约交割月份的第十个交易日	最后交易日后第3个交易日	大连商品交易所豆粕交割质量标准	大连商品交易所指定交割仓库	不超过3元/手	实物交割	M	大连商品交易所
合约交割月份的第十个交易日	最后交易日后第3个交易日	大连商品交易所豆油交割质量标准	大连商品交易所指定交割仓库	不超过6元/手	实物交割	Y	大连商品交易所
合约交割月份的第十个交易日	最后交易日后第3个交易日	大连商品交易所棕榈油交割质量标准	大连商品交易所指定交割仓库	不超过6元/手	实物交割	P	大连商品交易所
合约交割月份的第十个交易日	最后交易日后第3个交易日	大连商品交易所鸡蛋交割质量标准	大连商品交易所指定交割仓库	—	实物交割	JD	大连商品交易所
合约交割月份的第十个交易日	最后交易日后第3个交易日	大连商品交易所胶合板交割质量标准	大连商品交易所指定交割仓库	—	实物交割	BB	大连商品交易所
合约交割月份的第十个交易日	最后交易日后第3个交易日	大连商品交易所纤维板交割质量标准	大连商品交易所指定交割仓库	—	实物交割	FB	大连商品交易所
最后交易日 Last Trading Day	最后交割日 Last Delivery Day	交割品级 Delivery Grade	交割地点 Delivery Location	交易手续费 Trading Fee	交割方式 Delivery Form	交易代码 Trading Code	上市交易所 Futures Exchange
合约交割月份的第10个交易日	合约交割月份的第12个交易日	符合《中华人民共和国国家标准 小麦》(GB1351-2008)的三等及以上小麦，且稳定时间、湿面等指标符合《郑州商品交易所期货交割细则》规定要求	交易所指定交割仓库	—	实物交割	WH	郑州商品交易所
合约交割月份的第10个交易日	仓单交割：合约交割月份的第12个交易日 车船板交割：合约交割月份的次月20日	符合《中华人民共和国国家标准 小麦》(GB1351-2008)的三等及以上小麦，且物理指标等符合《郑州商品交易所期货交割细则》规定要求	交易所指定交割仓库及指定交割计价点	—	实物交割	PM	郑州商品交易所

5-24 续表

交易品种 Futures Products	交易单位 Trading Unit	报价单位 Quottation Unit	最小变动价位 Minimum Tick Size	每日价格波动限制 Daily Price Limit	最低交易保证金 Minimum Deposit	合约交割月份 Contracts Delivery Months	交易时间 Trading Time	最后交易日 Last Trading Day
菜籽油 Rapeseed Oil	10吨/手	元(人民币)/吨	2元/吨	上一交易日结算价±4%及《郑州商品交易所期货交易风险控制管理办法》相关规定	合约价值的5%	1、3、5、7、9、11	每周一至周五(北京时间，法定节假日除外)上午9:00-11:30 下午1:30-3:00	合约交割月份的第10个交易日
早籼稻 Early Indica Rice	20吨/手	元(人民币)/吨	1元/吨	上一交易日结算价±4%及《郑州商品交易所期货交易风险控制管理办法》相关规定	合约价值的5%	1、3、5、7、9、11	每周一至周五(北京时间，法定节假日除外)上午9:00-11:30 下午1:30-3:00	合约交割月份的第10个交易日
油菜籽 Rapeseed	10吨/手	元(人民币)/吨	1元/吨	上一交易日结算价±4%及《郑州商品交易所期货交易风险控制管理办法》相关规定	合约价值的5%	7、8、9、11	每周一至周五(北京时间，法定节假日除外)上午9:00-11:30 下午1:30-3:00	合约交割月份的第10个交易日
菜籽粕 Rapeseed Meal	10吨/手	元(人民币)/吨	1元/吨	上一交易日结算价±4%及《郑州商品交易所期货交易风险控制管理办法》相关规定	合约价值的5%	1、3、5、7、8、9、11	每周一至周五(北京时间，法定节假日除外)上午9:00-11:30 下午1:30-3:00	合约交割月份的第10个交易日
粳稻 Japonica Rice	20吨/手	元(人民币)/吨	1元/吨	上一交易日结算价±4%及《郑州商品交易所风险控制管理办法》相关规定	合约价值的5%	11、1、3、5、7、9	每周一至周五(北京时间，法定节假日除外)上午9:00-11:30 下午1:30-3:00 最后交易日交易时间上午9:00-11:30	合约交割月份的第10个交易日
晚籼稻 Late Indica Rice	20吨/手	元(人民币)/吨	1元/吨	上一交易日结算价±4%及《郑州商品交易所风险控制管理办法》相关规定	合约价值的5%	1、3、5、7、9、11	每周一至周五(北京时间 法定节假日除外)上午9:00-11:30 下午1:30-3:00 最后交易日交易时间上午9:00-11:30	合约交割月份的第10个交易日
一号棉花 Cotton No.1	5吨/手(公定重量)	元(人民币)/吨	5元/吨	上一交易日结算价±4%及《郑州商品交易所期货交易风险控制管理办法》相关规定	合约价值的5%	1、3、5、7、9、11	星期一至星期五(北京时间，法定节假日除外)上午9:00-11:30 下午1:30-3:00	合约交割月份的第10个交易日
白砂糖 Sugar	10吨/手	元(人民币)/吨	1元/吨	不超过上一个交易日结算价±4%	合约价值的6%	1、3、5、7、9、11	每周一至周五(北京时间，法定节假日除外)上午9:00-11:30 下午1:30-3:00	合约交割月份的第10个交易日

交易品种 Futures Products	交易单位 Trading Unit	报价单位 Quottation Unit	最小变动价位 Minimum Tick Size	每日价格最大波动限制 Daily Price Limit	合约交割月份 Contracts Delivery Months	交易时间 Trading Time	最后交易日 Last Trading Day	最后交割日 Last Delivery Day
天然橡胶 Natural Rubber	10吨/手	元(人民币)/吨	5元/吨	不超过上一交易日结算价±3%	1、3、4、5、6、7、8、9、10、11	每周一至周五(北京时间，法定节假日除外)上午9:00-11:30 下午1:30-3:00	合约交割月份的十五日(遇法定假日顺延)	最后交易日后连续5个工作日

注：黄大豆1号合约规则修改自A1403合约开始施行。

数据来源：上海期货交易所、郑州商品交易所、大连商品交易所。

Source：SHFE、ZCE、DCE.

continued

最后交割日 Last Delivery Day	交割品级 Delivery Grade	交割地点 Delivery Location	交易手续费 Trading Fee	交割方式 Delivery Form	交易代码 Trading Code	上市交易所 Futures Exchange
合约交割月份的第12个交易日	基准交割品：符合《中华人民共和国国家标准 菜籽油》(GB1536−2004)四级质量指标的菜油；替代品及升贴水见《郑州商品交易所期货交割细则》	交易所指定交割地点	—	实物交割	OI	郑州商品交易所
合约交割月份的第12个交易日	基准交割品：符合《中华人民共和国国家标准 稻谷》(GB1350−2009)三等及以上等级质量指标及《郑州商品交易所期货交割细则》规定的早籼稻谷；替代品及升贴水见《郑州商品交易所期货交割细则》	交易所指定交割仓库	—	实物交割	RI	郑州商品交易所
仓单交割：合约交割月份的第12个交易日 车板交割：合约交割月份的次月20日	见《郑州商品交易所期货交割细则》	交易所指定交割地点	—	实物交割	RS	郑州商品交易所
合约交割月份的第12个交易日	见《郑州商品交易所期货交割细则》	交易所指定交割地点	—	实物交割	RM	郑州商品交易所
合约交割月份的第12个交易日	见《郑州商品交易所期货交割细则》	交易所指定交割地点	—	实物交割	JR	郑州商品交易所
合约交割月份的第12个交易日	见《郑州商品交易所期货交割细则》	交易所指定交割地点	—	实物交割	LR	郑州商品交易所
合约交割月份的第12个交易日	基准交割品：符合GB1103.1−2012《棉花 第1部分：锯齿加工细绒棉》规定的3128B级，且长度整齐度为U3档，断裂比强度为S3档，轧工质量为P2档的国产棉花。替代品详见交易所交割细则。替代品升贴水由交易所另行制定并公告	交易所指定棉花交割仓库	—	实物交割	CF	郑州商品交易所
合约交割月份的第12个交易日	标准品：一级白糖(符合GB317−2006)；替代品及升贴水见《郑州商品交易所期货交割细则》	交易所指定交割仓库	—	实物交割	SR	郑州商品交易所

交割品级 Delivery Grade	交割地点 Delivery Location	最低交易保证金 Minimum Margin Requirements	交易手续费 Trading Fee	交割方式 Delivery Form	交易代码 Trading Code	上市交易所 Futures Exchange
标准品：1.国产天然橡胶(SCR WF)，质量符合国标GB/T8081−2008 2.进口3号烟胶片(RSS3)，质量符合《天然橡胶等级的品质与包装国际标准(绿皮书)》(1979年版)	上海期货交易所指定交割仓库	合约价值的5%	—	实物交割	RU	上海期货交易所

5-25　2015年金属期货合约汇总

交易品种 Futures Products	交易单位 Trading Unit	报价单位 Quottation Unit	最小变动价位 Minimum Tick Size	每日价格最大波动限制 Daily Price Limit	合约交割月份 Contracts Delivery Months	交易时间 Trading Time	最后交易日 Last Trading Day
阴极铜 Copper	5吨/手	元（人民币）/吨	10元/吨	不超过上一交易日结算价±3%	1-12月	上午9:00-11:30，下午1:30-3:00和交易所规定的其他交易时间	合约交割月份的十五日（遇法定假日顺延）
铝 Aluminum	5吨/手	元（人民币）/吨	5元/吨	不超过上一交易日结算价±3%	1-12月	上午9:00-11:30，下午1:30-3:00和交易所规定的其他交易时间	合约交割月份的十五日（遇法定假日顺延）
锌 Zinc	5吨/手	元（人民币）/吨	5元/吨	不超过上一交易日结算价±4%	1-12月	上午9:00-11:30，下午1:30-3:00和交易所规定的其他交易时间	合约交割月份的十五日（遇法定假日顺延）
铅 Lead	5吨/手	元（人民币）/吨	5元/吨	不超过上一交易日结算价±4%	1-12月	上午9:00-11:30，下午1:30-3:00和交易所规定的其他交易时间	合约交割月份的十五日（遇法定假日顺延）
黄金 Gold	1000克/手	元(人民币)/克	0.05元/克	不超过上一交易日结算价±3%	最近三个连续月份的合约以及最近11个月以内的双月合约	上午9:00-11:30，下午1:30-3:00和交易所规定的其他交易时间	合约交割月份的十五日（遇法定假日顺延）
白银 Silver	15千克/手	元（人民币）/千克	1元/千克	不超过上一交易日结算价±3%	1-12月	上午9:00-11:30，下午1:30-3:00和交易所规定的其他交易时间	合约交割月份的十五日（遇法定假日顺延）
螺纹钢 Steel Rebar	10吨/手	元（人民币）/吨	1元/吨	不超过上一交易日结算价±3%	1-12月	每周一至周五（北京时间，法定节假日除外）上午9:00-11:30 下午1:30-3:00	合约交割月份的十五日（遇法定假日顺延）
线材 Steel Wire Rod	10吨/手	元（人民币）/吨	1元/吨	不超过上一交易日结算价±5%	1-12月	每周一至周五（北京时间，法定节假日除外）上午9:00-11:30 下午1:30-3:00	合约交割月份的十五日（遇法定假日顺延）

Collection of Metal Products Futures Contracts in 2015

交割日期 Delivery Date	交割品级 Delivery Grade	交割地点 Delivery Location	最低交易保证金 Minimum deposit	交易手续费 Trading Fee	最小交割单位 Minimum Delivery Unit	交割方式 Delivery Form	交易代码 Trading Code	上市交易所 Futures Exchange
最后交易日后连续五个工作日	标准品：阴极铜，符合国标GB/T467—2010中1号标准铜(Cu—CATH—2)规定，其中主成分铜加银含量不小于99.95% 替代品：阴极铜，符合国标GB/T467—2010中A级铜(Cu—CATH—1)规定；或符合BS EN 1978:1998中A级铜(Cu—CATH—1)规定	上海期货交易所指定交割仓库	合约价值的5%	不高于成交金额的万分之二（含风险准备金）	—	实物交割	CU	上海期货交易所
最后交易日后连续五个工作日	标准品：铝锭，符合国标GB/T1196—2008 AL99.70规定，其中铝含量不低于99.70% 替代品：1.铝锭，符合国标GB/T1196—2008 Al99.85，Al99.90规定。2.铝锭，符合P1020A标准	上海期货交易所指定交割仓库	合约价值的5%	不高于成交金额的万分之二（含风险准备金）	—	实物交割	AL	上海期货交易所
最后交易日后连续五个工作日	标准品：锌锭，符合国标GB/T 470—2008 ZN99.995规定，其中锌含量不小于99.995%。 替代品：锌锭，符合BS EN 1179:2003 Z1规定，其中锌含量不小于99.995%	上海期货交易所指定交割仓库	合约价值的5%	不高于成交金额的万分之二（含风险准备金）	25吨	实物交割	ZN	上海期货交易所
最后交易日后连续五个工作日	标准品：铅锭，符合国标GB/T 469—2005 Pb99.994规定，其中铅含量不小于99.994%	上海期货交易所指定交割仓库	合约价值的5%	—	25吨	实物交割	PB	上海期货交易所
最后交易日后连续五个工作日	金含量不小于99.95%的国产金锭及经交易所认可的伦敦金银市场协会（LBMA）认定的合格供货商或精炼厂生产的标准金锭	上海期货交易所指定交割仓库	合约价值的4%	—	—	实物交割	AU	上海期货交易所
最后交易日后连续五个工作日	标准品：符合国标GB/T 4135—2002 IC—Ag99.99规定，其中银含量不低于99.99%	上海期货交易所指定交割仓库	合约价值的4%	—	30千克	实物交割	AG	上海期货交易所
最后交易日后连续五个工作日	标准品：符合国标GB1499.2—2007《钢筋混凝土用钢 第2部分：热轧带肋钢筋》HRB400或HRBF400牌号的φ16mm、φ18mm、φ20mm、φ22mm、φ25mm螺纹钢 替代品：符合国标GB1499.2—2007《钢筋混凝土用钢 第2部分：热轧带肋钢筋》HRB335或HRBF335牌号的φ16mm、φ18mm、φ20mm、φ22mm、φ25mm螺纹钢	上海期货交易所指定交割仓库	合约价值的5%	—	300吨	实物交割	RB	上海期货交易所
最后交易日后连续五个工作日	标准品：符合国标GB1499.1—2008《钢筋混凝土用钢 第1部分：热轧光圆钢筋》HPB235牌号的 φ8mm 线材 替代品：符合国标GB1499.1—2008《钢筋混凝土用钢 第1部分：热轧光圆钢筋》HPB235牌号的φ6.5mm线材	上海期货交易所指定交割仓库	合约价值的7%	不高于成交金额的万分之二（含风险准备金）	300吨	实物交割	WR	上海期货交易所

5-25 续表 1

交易品种 Futures Products	交易单位 Trading Unit	报价单位 Quottation Unit	最小变动价位 Minimum Tick Size	每日价格最大波动限制 Daily Price Limit	合约交割月份 Contracts Delivery Months	交易时间 Trading Time	最后交易日 Last Trading Day
热轧卷板 Hot Rolled Coils	10吨/手	元（人民币）/吨	1元/吨	不超过上一交易日结算价±3%	1-12月	每周一至周五（北京时间，法定节假日除外）上午9:00-11:30 下午1:30-3:00	合约交割月份的十五日（遇法定假日顺延）
镍 Nickel	1吨/手	元（人民币）/吨	10元/吨	不超过上一交易日结算价±4%	1-12月	每周一至周五（北京时间，法定节假日除外）上午9:00-11:30 下午1:30-3:00	合约交割月份的十五日（遇法定假日顺延）
锡 Tin	1吨/手	元（人民币）/吨	10元/吨	不超过上一交易日结算价±4%	1-12月	每周一至周五（北京时间，法定节假日除外）上午9:00-11:30 下午1:30-3:00	合约交割月份的十五日（遇法定假日顺延）

数据来源：上海期货交易所。

Source：SHFE.

continued

交割日期 Delivery Date	交割品级 Delivery Grade	交割地点 Delivery Location	最低交易保证金 Minimum deposit	交易手续费 Trading Fee	最小交割单位 Minimum Delivery Unit	交割方式 Delivery Form	交易代码 Trading Code	上市交易所 Futures Exchange
最后交易日后连续五个工作日	标准品：符合GB/T 3274-2007《碳素结构钢和低合金结构钢热轧厚钢板和钢带》的Q235B或符合JIS G 3101-2010《一般结构用轧制钢材》的SS400，厚度5.75mm、宽度1500mm热轧卷板 替代品：符合GB/T 3274-2007《碳素结构钢和低合金结构钢热轧厚钢板和钢带》的Q235B或符合JIS G3101-2010《一般结构用轧制钢材》的SS400，厚度9.75mm、9.5mm、7.75mm、7.5mm、5.80mm、5.70mm、5.60mm、5.50mm、5.25mm、4.75mm、4.50mm、4.25mm、3.75mm、3.50mm，宽度1500mm热轧卷板	上海期货交易所指定交割仓库	合约价值的4%	—	—	实物交割	HC	上海期货交易所
最后交易日后连续五个工作日	标准品：电解镍，符合国标GB/T 6516-2010 Ni9996规定，其中镍和钴的总含量不小于99.96% 替代品：电解镍，符合国标GB/T 6516-2010 Ni9999规定，其中镍和钴的总含量不小于99.99%；或符合ASTM B39-79(2013)规定，其中镍的含量不小于99.8%	上海期货交易所指定交割仓库	合约价值的5%	—	6吨	实物交割	NI	上海期货交易所
最后交易日后连续五个工作日	标准品：锡锭，符合国标GB/T 728-2010 Sn99.90A牌号规定，其中锡含量不小于99.90% 替代品：锡锭，符合国标GB/T 728-2010 Sn99.90AA牌号规定，其中锡含量不小于99.90%；Sn99.95A、Sn99.95AA牌号规定，其中锡含量不小于99.95%；Sn99.99A牌号规定，其中锡含量不小于99.99%	上海期货交易所指定交割仓库	合约价值的5%	—	2吨	实物交割	SN	上海期货交易所

5-26　2015年能源、化工及其他期货合约汇总

交易品种 Futures Products	交易单位 Trading Unit	报价单位 Quottation Unit	最小变动价位 Minimum Tick Size	涨跌停板幅度 Range of Limit Up or Down	最低交易保证金 Minimum Deposit	合约月份 Contracts Months	交易时间 Trading Time
线型低密度聚乙烯 LLDPE	5吨/手	元（人民币）/吨	5元/吨	上一交易日结算价的4%	合约价值的5%	1、2、3、4、5、6、7、8、9、10、11、12	每周一至周五（北京时间 法定节假日除外）上午9:00—11:30 下午1:30—3:00
聚氯乙烯 PVC	5吨/手	元（人民币）/吨	5元/吨	上一交易日结算价的4%	合约价值的5%	1、2、3、4、5、6、7、8、9、10、11、12	每周一至周五（北京时间 法定节假日除外）上午9:00—11:30 下午1:30—3:00
聚丙烯 PP	5吨/手	元（人民币）/吨	1元/吨	上一交易日结算价的4%	合约价值的5%	1、2、3、4、5、6、7、8、9、10、11、12	每周一至周五（北京时间 法定节假日除外）上午9:00—11:30 下午1:30—3:00
冶金焦炭 Coke	100吨/手	元（人民币）/吨	1元/吨	上一交易日结算价的4%	合约价值的5%	1、2、3、4、5、6、7、8、9、10、11、12	每周一至周五（北京时间 法定节假日除外）上午9:00—11:30 下午1:30—3:00
焦煤 Coking Coal	60吨/手	元（人民币）/吨	1元/吨	上一交易日结算价的4%	合约价值的5%	1、2、3、4、5、6、7、8、9、10、11、12	每周一至周五（北京时间 法定节假日除外）上午9:00—11:30 下午1:30—3:00
铁矿石 Iron Ore	100吨/手	元（人民币）/吨	1元/吨	上一交易日结算价的4%	合约价值的5%	1、2、3、4、5、6、7、8、9、10、11、12	每周一至周五（北京时间 法定节假日除外）上午9:00—11:30 下午1:30—3:00

Collection of Building Materials,Energy & Chemical Products & Others Futures Contracts in 2015

最后交易日 Last Trading Day	最后交割日 Last Delivery Day	交割等级 Delivery Grade	交割地点 Delivery Location	交易手续费 Trading Fee	交割方式 Trading Form	交易代码 Trading Code	上市交易所 Listed Exchange
合约交割月份的第十个交易日	最后交易日后第3个交易日	大连商品交易所线型低密度聚乙烯交割质量标准	大连商品交易所指定交割仓库	不超过8元/手	实物交割	L	大连商品交易所
合约交割月份的第十个交易日	最后交易日后第3个交易日	质量标准符合《悬浮法通用型聚氯乙烯树脂（GB/T 5761-2006）》规定的SG5型一等品和优等品	大连商品交易所指定交割仓库	不超过6元/手	实物交割	V	大连商品交易所
合约交割月份的第十个交易日	最后交易日后第3个交易日	大连商品交易所焦炭交割质量标准	大连商品交易所指定交割仓库	—	实物交割	J	大连商品交易所
合约交割月份的第十个交易日	最后交易日后第3个交易日	大连商品交易所焦煤交割质量标准	大连商品交易所指定交割仓库	—	实物交割	JM	大连商品交易所
合约交割月份的第十个交易日	最后交易日后第3个交易日	大连商品交易所焦煤交割质量标准	大连商品交易所指定交割仓库	—	实物交割	JM	大连商品交易所
合约交割月份的第十个交易日	最后交易日后第3个交易日	大连商品交易所铁矿石交割质量标准	大连商品交易所指定交割仓库	—	实物交割	I	大连商品交易所

5–26 续表

交易品种 Futures Products	交易单位 Trading Unit	报价单位 Quottation Unit	最小变动价位 Minimum Tick Size	每日价格最大波动限制 Daily Price Limit	合约交割月份 Contracts Delivery Months	交易时间 Trading Time	最后交易日 Last Trading Day
燃料油 Fuel Oil	50吨/手	元(人民币)/吨	1元/吨	上一交易日结算价±5%	1–12月（春节月份除外）	每周一至周五（北京时间 法定节假日除外） 上午9:00–11:30 下午1:30–3:00	合约交割月份前一月份的最后一个交易日
石油沥青 Bitumen	10吨/手	元(人民币)/吨	2元/吨	上一交易日结算价±3%	24个月以内，其中最近1–6个月为连续月份合约，6个月以后为季月合约	上午9:00–11:30，下午1:30–3:00和交易所规定的其他交易时间	合约交割月份的15日（遇法定假日顺延）
甲醇 Menthanol	50吨/手	元(人民币)/吨	1元/吨	不超过上一交易日结算价±4%及《郑州商品交易所期货交易风险控制管理办法》相关规定	1–12月	每周一至周五（北京时间 法定节假日除外） 上午9:00–11:30 下午1:30–3:00	合约交割月份的第10个交易日
平板玻璃 Glass	20吨/手	元(人民币)/吨	1元/吨	上一交易日结算价±4%及《郑州商品交易所期货交易风险控制管理办法》相关规定	1–12月	每周一至周五（北京时间 法定节假日除外） 上午9:00–11:30 下午1:30–3:00	合约交割月份的第10个交易日
动力煤 Thermal Coal	200吨/手	元(人民币)/吨	0.2元/吨	上一交易日结算价±4%及《郑州商品交易所期货交易风险控制管理办法》相关规定	1–12月	每周一至周五（北京时间 法定节假日除外） 上午9:00–11:30 下午1:30–3:00 最后交易日 上午9:00–11:30	合约交割月份的第5个交易日
精对苯二甲酸 PTA	5吨/手	元(人民币)/吨	2元/吨	不超过上一交易日结算价±4%	1–12月	每周一至周五（北京时间 法定节假日除外） 上午9:00–11: 30 下午1:30–3:00	合约交割月份的第10个交易日
硅铁 Silicon Iron	5吨/手	元(人民币)/吨	2元/吨	上一交易日结算价±4%及《郑州商品交易所期货交易风险控制管理办法》相关规定	1–12月	每周一至周五（北京时间， 法定节假日除外） 上午9:00–11:30 下午1:30–3:00	合约交割月份的第10个交易日
锰硅 Manganese Silicon	5吨/手	元(人民币)/吨	2元/吨	上一交易日结算价±4%及《郑州商品交易所期货交易风险控制管理办法》相关规定	1–12月	每周一至周五（北京时间， 法定节假日除外） 上午9:00–11:30 下午1:30–3:00	合约交割月份的第10个交易日

数据来源：上海期货交易所、郑州商品交易所、大连商品交易所。
Source：SHFE、ZCE、DCE.

continued

最后交割日 Last Delivery Day	交割品级 Delivery Grade	交割地点 Delivery Location	最低交易保证金 Minimum Margin Requirements	交易手续费 Trading Fee	交割方式 Delivery Form	交易代码 Trading Code	上市交易所 Futures Exchange
最后交易日后连续五个工作日	180CST燃料油（具体质量规定见附件）或质量优于该标准的其他燃料油	上海期货交易所指定交割仓库	合约价值的8%	—	实物交割	FU	上海期货交易所
最后交易日后连续五个工作日	70号A级道路石油沥青，具体内容见《上海期货交易所石油沥青期货交割实施细则（试行）》	交易所指定交割地点	合约价值的4%	—	实物交割	BU	上海期货交易所
合约交割月份的第12个交易日	见《郑州商品交易所期货交割细则》	交易所指定交割地点	合约价值的6%	—	实物交割	ME	郑州商品交易所
合约交割月份的第12个交易日	见《郑州商品交易所期货交割细则》	交易所指定交割地点	合约价值的6%	—	实物交割	FG	郑州商品交易所
车（船）板交割：合约交割月份的最后1个日历日 仓单交割：合约交割月份的第7个交易日	见《郑州商品交易所期货交割细则》	交易所指定交割地点	合约价值的5%	—	实物交割	TC	郑州商品交易所
合约交割月份的第12个交易日	符合工业用精对苯二甲酸SH/T 1612.1–2005质量标准的优等品PTA 详见《郑州商品交易所精对苯二甲酸交割细则》	交易所指定交割仓库	合约价值的6%	不高于4元/手（含风险准备金）	实物交割	TA	郑州商品交易所
合约交割月份的第12个交易日	见《郑州商品交易所期货交割细则》	郑州商品交易所指定交割地点	合约价值的5%	—	实物交割	SF	上海期货交易所
合约交割月份的第12个交易日	见《郑州商品交易所期货交割细则》	郑州商品交易所指定交割地点	合约价值的5%	—	实物交割	SM	上海期货交易所

5–27　2015年金融期货合约汇总

合约标的 Object of Contracts	合约乘数 Contracts Multipler	报价单位 Quottation Unit	最小变动价位 Minimum Tick Size	合约月份 Contracts Months	交易时间 Trading Time	最后交易日交易时间 Trading Time of Last Trading Day
沪深300指数 CSI 300 Index	300	指数点	0.2	当月、下月及随后两个季月	每周一至周五（北京时间 法定节假日除外）上午9:30–11:30 下午1:00–3:00	上午9:15–11:30 下午1:00–3:00
上证50指数 SSE 50 Index Futures	300	指数点	0.2	当月、下月及随后两个季月	每周一至周五（北京时间 法定节假日除外）上午9:30–11:30 下午1:00–3:00	上午9:15–11:30 下午1:00–3:00
中证500指数 CSI 500 Index Futures	200	指数点	0.2	当月、下月及随后两个季月	每周一至周五（北京时间 法定节假日除外）上午9:30–11:30 下午1:00–3:00	上午9:15–11:30 下午1:00–3:00
合约标的 Object of Contracts	可交割国债	报价方式	最小变动价位 Minimum Tick Size	合约月份 Contracts Months	交易时间 Trading Time	最后交易日交易时间 Trading Time of Last Trading Day
面值为100万元人民币、票面利率为3%的名义中期国债	合约到期月首日剩余期限为4–5.25年的记账式附息国债	百元净价报价	0.005元	最近的三个季月（3月、6月、9月、12月中的最近三个月循环）	每周一至周五（北京时间 法定节假日除外）上午9:15–11:30 下午1:00–3:15	上午9:15–11:30
面值为100万元人民币、票面利率为3%的名义长期国债	合约到期月首日剩余期限为6.5–10.25年的记账式附息国债	百元净价报价	0.005元	最近的三个季月（3月、6月、9月、12月中的最近三个月循环）	每周一至周五（北京时间 法定节假日除外）上午9:15–11:30 下午1:00–3:15	上午9:15–11:30

数据来源：中国金融期货交易所。
Source：CFFEX.

Collection of Financial Futures Contracts in 2015

每日价格最大波动限制 Daily Price Limit	最低交易保证金 Minimum Deposit	最后交易日 Last Trading Day	交割日期 Delivery Date	交割方式 Delivery Form	交易代码 Trading Code	上市交易所 Futures Exchange
上一个交易日结算价的±10%	合约价值的8%	合约到期月份的第三个周五	同最后交易日	现金交割	IF	中国金融期货交易所
上一个交易日结算价的±10%	合约价值的8%	合约到期月份的第三个周五	同最后交易日	现金交割	IH	中国金融期货交易所
上一个交易日结算价的±10%	合约价值的8%	合约到期月份的第三个周五	同最后交易日	现金交割	IC	中国金融期货交易所
每日价格最大波动限制 Daily Price Limit	最低交易保证金 Minimum Deposit	最后交易日 Last Trading Day	最后交割日	交割方式 Delivery Form	交易代码 Trading Code	上市交易所 Futures Exchange
上一个交易日结算价的±1.2%	合约价值的1%	合约到期月份的第二个周五	最后交易日后的第三个交易日	实物交割	TF	中国金融期货交易所
上一个交易日结算价的±2%	合约价值的2%	合约到期月份的第二个周五	最后交易日后的第三个交易日	实物交割	T	中国金融期货交易所

主要统计指标解释

Explantory Notes on Main Statistical Indicators

交易保证金 指统计期末已被合约占用的保证金。

公式：交易保证金 = 合约价值 × 期货交易所规定的交易保证金比率。

期货账户数 指统计期末投资者通过期货公司向中国期货保证金监控中心有限责任公司报备的期货账户数量合计。

期货客户数 指统计期末已在期货市场开户，按照“客户全称相同且证件代码相同”原则合并的客户数量。

涨跌幅 指统计期内期货合约的结算价（收盘价）与前结算价变动幅度。

公式：

1. 涨跌幅 =（区间最后交易日结算价 − 区间前一交易日结算价）/ 区间前一交易日结算价。

2. 涨跌幅 =（区间最后交易日收盘价 − 区间前一交易日结算价）/ 区间前一交易日结算价。

指标说明：

1. 期货交易品种的涨跌幅以其对应的主力合约进行计算，即通过主力合约的涨跌幅反映期货品种的价格变动幅度。

2. 主力合约通常选用统计期末各期限合约中持仓量最大的合约，如持仓量相同则选取成交量最大合约为主力合约。如统计期末该品种的所有合约均无成交和持仓，则选用与统计期末最近且持仓量最大的合约为主力合约。

3. 若统计期包括主力合约挂牌日，则区间前一交易日结算价取合约挂牌价。

4. 若区间前一交易日主力合约无成交记录，则选取期初最近有成交记录的交易日的结算价为区间前一交易日结算价。

振幅 指统计期内期货合约价格的波动程度，采用区间内最大价差与结算价的相对变动幅度来计算。

公式：振幅 =（区间内合约最高价 − 区间内合约最低价）/ 区间前一交易日合约结算价。

成交量 指统计期内全部期货合约成交数量合计。

成交金额 指统计期内全部期货合约成交金额合计。

持仓量 指统计期末未平仓期货合约数量的合计。其中，期货品种的持仓量为统计期末该品种所有期限合约的持仓量合计值；期货市场的持仓量为统计期末全部期货品种的持仓量合计值。

持仓金额 指统计期末未平仓期货合约的金额合计。

公式：持仓金额 = Σ（T 日某只期货合约持仓量 ×T 日某只期货合约交易单位或合约乘数 × 某只期货合约结算价格）。

交割量 交割是指期货投资者了结到期未平仓合约的过程，交割量即进行交割的期货合约数量。

公式：交割量=交割合约数量 × 合约单位。

交割率 指统计期内期货品种的交割量与成交量的比率。

公式：交割率 = 交割量 / 合约挂牌后总成交量 ×100%。

杠杆率 指统计期末持仓金额与对应期货合约交易保证金的比率。

公式：杠杆率 = 持仓金额总额 / 交易保证金总额。

贰 零 壹 陆

六、投资者

Investors

贰 零 壹 陆

2015年证券期货市场投资者情况概述

一、股票账户

截至2015年底，股票有效账户21477.37万户，较上年增加7262.87万户，增长51.09%，其中，个人股票有效账户21418.21万户，较上年增长51.19%；机构有效账户59.16万户，较上年增长23.79%。持A股在100万股以上的账户所持A股市值最大，占全部市值的74.50%。2015年，新开信用账户交易账户2142511户，较上年减少1135479户，降幅为34.64%；年末信用交易账户存量7896276户，较上年增长34.58%。

二、基金账户

截至2015年底，基金账户存量67917.87户。

三、期货账户

截至2015年底，期货账户数存量126.88万户，较上年增加27.53万户，增长27.71%；其中，个人期货账户存量123.33万户，较上年增加27.32万户，增长28.46%；机构期货账户存量3.55万户，较上年增加0.2万户，增长5.97%。

6–1 证券期货市场投资者账户情况
Investor Accounts of Securities and Futures Market

年份 Year	股票 Stock						基金 Fund
	股票账户数(万户) Number of Accounts(10 thousand units)			股票投资者数(万个) Number of Stock Investors(10 thousand units)			基金账户数(万户) Number of Accounts (10 thousand units)
	个人 Individual	机构 Institution	合计 Total	个人 Individual	机构 Institution	合计 Total	
2003	6927.24	33.78	6961.02	3992.23	18.99	4011.22	—
2004	7071.20	34.91	7106.11	4067.30	19.69	4086.99	—
2005	7153.72	35.72	7189.44	4107.71	20.05	4127.76	—
2006	7443.96	38.15	7482.11	4241.15	21.39	4262.54	—
2007	9243.52	35.55	9279.07	4925.15	19.59	4944.74	—
2008	10411.31	38.38	10449.69	5488.20	20.82	5509.02	16846.00
2009	11994.52	43.17	12037.69	6243.76	22.35	6266.11	17480.00
2010	13344.43	46.61	13391.04	6909.98	24.02	6934.00	19672.00
2011	14002.34	48.03	14050.37	7219.31	24.89	7244.20	22987.00
2012	13998.30	47.61	14045.91	7230.45	24.78	7255.23	22948.00
2013	13203.84	43.31	13247.15	6739.01	18.96	6757.97	28773.46
2014	14166.74	47.95	14214.69	7271.33	23.70	7295.03	46409.34
2015	21418.21	59.16	21477.37	9882.15	28.38	9910.53	—

6–1 续表 continued

年份 Year	期货 Futures						全国中小企业股份转让系统 NEEQ		
	期货账户数(万户) Number of Accounts (10 thousand units)			客户数(万个) Number of Valid Futures Investors (10 thousand units)			股票投资者数（个） Number of Accounts (unit)		
	个人 Individual	机构 Institution	合计 Total	个人 Individual	机构 Institution	合计 Total	个人 Individual	机构 Institution	合计 Total
2003	—	—	—	—	—	—	—	—	—
2004	—	—	—	—	—	—	—	—	—
2005	—	—	—	—	—	—	—	—	—
2006	—	—	27.74	—	—	24.46	—	—	—
2007	—	—	44.77	—	—	39.55	—	—	—
2008	69.04	2.24	71.28	59.54	2.10	61.64	—	—	—
2009	107.58	3.03	110.61	88.76	2.86	91.63	—	—	—
2010	146.54	4.02	150.55	117.82	3.55	121.37	—	—	—
2011	174.49	4.85	179.34	137.06	4.08	141.14	2959.00	699.00	3658.00
2012	87.11	2.59	89.69	69.74	1.99	71.73	4313.00	937.00	5250.00
2013	94.97	2.75	97.72	75.17	2.07	77.24	7436	1088	8524
2014	96.01	3.35	99.35	79.52	2.74	82.26	43980	4695	48675
2015	123.33	3.55	126.88	104.62	2.9	107.52	—	—	—

注：1.股票账户数为有效账户数。

2.期货账户数从2006—2011年为账户总数，2012年、2013年、2014年为有效账户数。

数据来源：中国证券登记结算公司、中国期货保证金监控中心公司、中国证监会。

Source:CSDC、CFMMC、CSRC.

6–2 股票账户情况
Stock Accounts

单位：万户 (10 thousand units)

年份 Year	股票账户开户总数 Number of Newly Opened Accounts					
	A股账户开户总数 Number of Newly Opened A-share Accounts			B股账户开户总数 Number of Newly Opened B-share Accounts		
	个人 Individual	机构 Institution	合计 Total	个人 Individual	机构 Institution	合计 Total
2003	6909.75	37.73	6947.48	156.37	2.07	158.44
2004	7076.32	39.07	7115.39	158.97	2.20	161.17
2005	7161.24	39.93	7201.17	160.03	2.38	162.41
2006	7466.75	42.76	7509.51	163.13	2.60	165.73
2007	11214.76	54.23	11268.99	232.74	2.88	235.62
2008	12639.90	59.53	12699.43	238.67	3.14	241.81
2009	14359.89	66.10	14425.99	244.68	3.33	248.01
2010	15844.74	71.02	15915.76	248.94	3.55	252.49
2011	16985.67	75.21	17060.88	251.44	3.81	255.25
2012	17538.12	77.69	17615.81	252.52	4.02	256.54
2013	18026.35	82.76	18109.10	253.96	4.21	258.17
2014	18870.73	87.83	18958.56	255.46	4.34	259.80
2015	26169.17	100.28	26269.45	268.08	4.63	272.71

6–2 续表 1 continued

单位：万户 (10 thousand units)

年份 Year	股票账户销户总数 Number of Canceled Stock Accounts					
	A股账户销户总数 Number of Canceled A-share Accounts			B股账户销户总数 Number of Canceled B-share Accounts		
	个人 Individual	机构 Institution	合计 Total	个人 Individual	机构 Institution	合计 Total
2003	154.62	5.70	160.32	0.41	0.40	0.81
2004	163.77	5.76	169.53	0.43	0.48	0.91
2005	167.12	5.91	173.03	0.44	0.67	1.11
2006	185.46	6.50	191.96	0.46	0.71	1.17
2007	209.54	7.33	216.87	0.55	0.76	1.31
2008	564.97	10.92	575.89	0.65	0.81	1.46
2009	632.17	12.05	644.22	0.96	0.95	1.91
2010	698.71	12.99	711.70	1.49	1.03	2.52
2011	752.24	13.89	766.13	1.98	1.12	3.10
2012	789.61	14.78	804.39	2.29	1.20	3.49
2013	828.50	17.22	845.73	2.62	1.29	3.91
2014	894.59	18.03	912.62	3.01	1.37	4.38
2015	1056.26	19.13	1075.39	3.80	1.45	5.25

6–2 续表 2 continued

单位：万户 (10 thousand units)

年份 Year	股票账户数 Number of Stock Accounts					
	A股账户数 Number of A-share Accounts at the end of This Period			B股账户数 Number of B-share Accounts at the end of This Period		
	个人 Individual	机构 Institution	合计 Total	个人 Individual	机构 Institution	合计 Total
2003	6755.13	32.04	6787.17	155.96	1.67	157.63
2004	6912.65	33.22	6945.87	158.55	1.71	160.26
2005	6994.12	34.01	7028.13	159.60	1.71	161.31
2006	7281.29	36.26	7317.55	162.67	1.89	164.56
2007	11005.22	46.90	11052.12	232.19	2.12	234.31
2008	12074.93	48.61	12123.54	238.02	2.33	240.35
2009	13727.72	54.06	13781.78	243.72	2.38	246.10
2010	15146.04	58.02	15204.06	247.44	2.52	249.96
2011	16233.42	61.32	16294.74	249.46	2.70	252.16
2012	16748.51	62.91	16811.42	250.23	2.82	253.05
2013	17196.37	65.53	17261.90	251.28	2.85	254.13
2014	18074.18	69.97	18144.15	252.44	2.97	255.41
2015	26175.14	99.72	26274.86	268.08	4.63	272.71

6–2 续表 3 continued

单位：万户 (10 thousand units)

年份 Year	有效账户数 Number of Valid Accounts					
	有效A股账户数 Number of Valid A-share Accounts at the end of This Period			有效B股账户数 Number of Valid B-share Accounts at the end of This Period		
	个人 Individual	机构 Institution	合计 Total	个人 Individual	机构 Institution	合计 Total
2003	6771.35	32.18	6803.53	155.89	1.60	157.49
2004	6912.65	33.22	6945.87	158.55	1.69	160.24
2005	6994.12	34.01	7028.13	159.60	1.71	161.31
2006	7281.29	36.26	7317.55	162.67	1.89	164.56
2007	9011.33	33.43	9044.76	232.19	2.12	234.31
2008	10173.29	36.05	10209.34	238.02	2.33	240.35
2009	11750.80	40.79	11791.59	243.72	2.38	246.10
2010	13096.98	44.09	13141.07	247.45	2.52	249.97
2011	13752.88	45.34	13798.22	249.46	2.69	252.15
2012	13748.07	44.79	13792.86	250.23	2.82	253.05
2013	12952.50	40.39	12992.89	251.34	2.92	254.26
2014	13914.24	44.90	13959.14	252.50	3.05	255.55
2015	21153.94	55.98	21209.92	264.27	3.18	267.46

注：1.开户总数指截至统计期末投资者累计开立的股票账户的数量。
2.销户总数指截至统计期末投资者已办理了销户手续和已被清理的股票账户的数量。

数据来源：中国证券登记结算公司。

Source：CSDC.

6–3 A股期末账户交易情况
Transaction of A-Share Accounts

单位：万户 (10 thousand units)

年份 Year	期末持股A股账户数 Number of A-share Accounts at the end of This Period				
	当年参与交易A股账户数 Number of A-share Accounts Involved in Stock			当年未参与交易A股账户数 Number of A-share Accounts Not Involved in	合计 Total
	小计 Sub-total	个人 Individual	机构 Institution		
2004	1525.11	1520.31	4.80	1156.25	2681.36
2005	977.82	975.20	2.62	1566.34	2544.16
2006	1577.61	1574.31	3.30	906.87	2484.48
2007	4080.08	4073.92	6.16	222.10	4302.18
2008	4090.85	4085.11	5.74	648.49	4739.34
2009	4318.36	4310.71	7.65	829.14	5147.50
2010	4716.06	4708.46	7.60	896.35	5612.41
2011	4260.83	4254.33	6.50	1433.35	5694.18
2012	2995.24	2990.21	5.03	2519.25	5514.49
2013	3246.99	3241.72	5.26	2144.43	5391.42
2014	3958.56	3949.41	9.15	1542.93	5501.49
2015	7098.76	7089.86	8.90	513.25	7612.01

6–3 续表 continued

单位：万户 (10 thousand units)

年份 Year	期末未持股A股账户数 Number of Accounts Without Holding Shares				
	当年参与交易A股账户数 Number of A-share Accounts Involved in Stock			当年未参与交易A股账户数 Number of A-share Accounts Not Involved in	合计 Total
	小计 Sub-total	个人 Individual	机构 Institution		
2004	528.82	525.07	3.75	3735.69	4264.51
2005	447.89	444.41	3.48	4036.08	4483.97
2006	750.48	747.24	3.24	4082.59	4833.07
2007	1798.72	1790.87	7.85	2943.86	4742.58
2008	1607.13	1595.77	11.36	3862.87	5470.00
2009	2257.97	2253.54	4.43	4386.11	6644.08
2010	2073.76	2068.89	4.87	5454.90	7528.66
2011	1793.53	1789.85	3.68	6310.70	8104.23
2012	1401.92	1399.31	2.60	6876.45	8278.37
2013	1509.86	1507.30	2.57	6091.61	7601.47
2014	2174.63	2170.42	4.21	6283.02	8457.65
2015	4380.94	4376.21	4.73	9217.02	13597.96

数据来源：中国证券登记结算公司。
Source:CSDC.

6-4 B股期末账户交易情况
Transaction of B-Share Accounts

单位：万户 (10 thousand units)

年份 Year	期末持股B股账户数 Number of B-shares Accounts at the end of This Period				
	当年参与交易B股账户数 Number of B-shares Accounts Involved in Stock			当年未参与交易B股账户数 Number of B-shares Accounts Not Involved in	合计 Total
	小计 Subtotal	个人 Individual	机构 Institutions		
2004	66.83	66.72	0.11	38.53	105.36
2005	57.96	57.84	0.12	43.40	101.36
2006	61.85	61.72	0.13	32.80	94.65
2007	118.97	118.83	0.14	14.32	133.29
2008	93.32	93.19	0.13	42.47	135.79
2009	90.74	90.60	0.14	41.85	132.59
2010	83.51	83.35	0.16	47.05	130.56
2011	82.56	82.40	0.16	48.47	131.03
2012	72.77	72.61	0.16	53.43	126.20
2013	75.49	75.31	0.18	43.54	119.03
2014	74.53	74.35	0.18	39.34	113.87
2015	67.25	67.09	0.16	42.98	110.23

6-4 续表 continued

单位：万户 (10 thousand units)

年份 Year	期末未持股B股账户数 Number of Accounts Without Holding Shares				
	当年参与交易B股账户数 Number of B-shares Accounts Involved in Stock Trading at the end of the Year			当年未参与交易B股账户数 Number of B-shares Accounts Not Involved in Stock Trading at the end of the Year	合计 Total
	小计 Subtotal	个人 Individual	机构 Institutions		
2004	7.25	7.22	0.03	47.63	54.88
2005	6.62	6.59	0.03	53.33	59.95
2006	12.24	12.20	0.04	57.67	69.91
2007	25.12	25.06	0.06	75.90	101.02
2008	9.46	9.41	0.05	95.10	104.56
2009	12.58	12.54	0.04	100.93	113.51
2010	11.82	11.78	0.04	107.59	119.41
2011	6.96	6.91	0.05	114.16	121.12
2012	7.59	7.55	0.04	119.26	126.85
2013	10.37	10.31	0.06	124.86	135.23
2014	9.88	9.82	0.06	131.80	141.68
2015	18.18	18.12	0.06	139.05	157.23

数据来源：中国证券登记结算公司。
Source:CSDC.

6–5 投资者按持有分类情况
Investors Classification by Stock Holding

年份 Year	A股 A-Shares 持A股数量(亿股) Number of Stock Holdings(100 million shares)				
	持A股<0.1万股的账户 Stock Holdings of the Accounts are below 0.1	持A股在[0.1,1)万股的账户 Stock Holdings of the Accounts are between 0.1 and 1	持A股在[1,10)万股的账户 Stock Holdings of the Accounts are between 1 and 10	持A股在[10,100)万股的账户 Stock Holdings of the Accounts are between 10 and 100	持A股≥100万股的账户 Stock Holdings of the Accounts are above 100
2003	35.64	504.03	712.65	258.96	215.50
2004	32.67	516.40	830.11	298.97	318.94
2005	29.93	491.40	872.95	373.25	516.56
2006	26.12	491.98	1121.95	604.07	1002.37
2007	56.45	757.87	1338.14	670.88	1871.50
2008	56.94	887.95	1738.37	858.54	3193.01
2009	64.18	931.93	1825.45	1026.50	10122.96
2010	68.50	1027.14	2258.02	1362.45	14654.98
2011	66.02	1065.36	2556.46	1578.90	17100.89
2012	61.34	1029.99	2666.98	1735.05	19218.94
2013	58.27	1000.64	2769.65	1943.71	24369.40
2014	57.66	998.81	2814.68	1968.34	26905.38
2015	95.22	1362.89	3702.73	3070.00	29453.02

6–5 续表 1 continued

年份 Year	A股 A-Shares 持A股市值(亿元) Market Capitalization of Stock Holdings(100 million yuan)				
	持A股<0.1万股的账户 Stock Holdings of the Accounts are below 0.1	持A股在[0.1,1)万股的账户 Stock Holdings of the Accounts are between 0.1 and 1	持A股在[1,10)万股的账户 Stock Holdings of the Accounts are between 1 and 10	持A股在[10,100)万股的账户 Stock Holdings of the Accounts are between 10 and 100	持A股≥100万股的账户 Stock Holdings of the Accounts are above 100
2003	233.72	3244.98	5060.23	1998.76	1824.33
2004	168.25	2588.66	4326.81	1586.60	2343.21
2005	120.07	1904.55	3436.88	1526.66	3066.63
2006	162.70	2801.77	6461.67	3811.33	10807.50
2007	1044.49	12247.25	21063.62	11034.80	45562.39
2008	346.60	4851.36	9323.41	4861.54	25515.08
2009	868.73	10948.88	20586.55	11895.57	106106.70
2010	968.85	11930.00	23810.33	14442.14	142746.78
2011	591.36	8242.26	18287.07	11339.82	127071.38
2012	530.99	7753.58	18783.56	12348.53	143260.86
2013	510.06	7820.93	19936.39	14155.73	162314.85
2014	690.40	10810.73	28870.35	20165.95	264132.94
2015	1539.66	19294.31	49322.44	41252.29	325444.26

6-5 续表 2 continued

年份 Year	B股 B-Shares 持B股数量(亿股) Number of Stock Holdings(100 million shares)				
	持B股<0.1万股的账户 Stock Holdings of the Accounts are below 0.1	持B股在[0.1,1)万股的账户 Stock Holdings of the Accounts are between 0.1 and 1	持B股在[1,10)万股的账户 Stock Holdings of the Accounts are between 1 and 10	持B股在[10,100)万股的账户 Stock Holdings of the Accounts are between 10 and 100	持B股≥100万股的账户 Stock Holdings of the Accounts are above 100
2003	0.25	26.26	66.40	44.41	42.06
2004	0.24	26.40	69.95	47.49	53.43
2005	0.23	25.28	69.09	50.44	73.04
2006	0.25	23.27	65.78	51.51	88.19
2007	0.86	30.72	78.35	51.09	89.89
2008	0.80	31.73	86.40	58.77	90.54
2009	0.82	30.57	84.50	60.11	95.55
2010	0.82	29.82	84.48	63.95	102.71
2011	0.80	29.96	88.85	70.42	105.30
2012	0.79	28.62	83.45	67.61	100.72
2013	0.76	28.83	78.43	64.83	111.75
2014	0.72	25.36	76.24	65.68	108.16
2015	0.76	23.82	76.57	64.68	105.98

6-5 续表 3 continued

年份 Year	B股 B-Shares 持B股市值(亿元) Market Capitalization of Stock Holdings(100 million yuan)				
	持B股<0.1万股的账户 Stock Holdings of the Accounts are below 0.1	持B股在[0.1,1)万股的账户 Stock Holdings of the Accounts are between 0.1 and 1	持B股在[1,10)万股的账户 Stock Holdings of the Accounts are between 1 and 10	持B股在[10,100)万股的账户 Stock Holdings of the Accounts are between 10 and 100	持B股≥100万股的账户 Stock Holdings of the Accounts are above 100
2003	1.25	112.51	289.07	209.21	263.13
2004	0.84	79.53	214.27	155.62	238.95
2005	0.63	56.19	155.83	121.84	265.92
2006	1.27	91.42	257.35	214.75	703.29
2007	11.77	286.19	675.79	438.85	1105.42
2008	3.19	86.66	219.50	149.16	337.75
2009	7.68	184.45	471.48	337.51	799.62
2010	8.26	196.84	516.65	402.59	1061.15
2011	5.45	127.66	338.48	268.41	694.81
2012	5.92	137.44	366.03	294.43	769.42
2013	4.52	129.54	366.88	302.92	850.95
2014	4.68	136.79	396.58	336.83	834.87
2015	7.18	192.82	597.97	485.90	934.81

注：本表中美元折算汇率均使用当年最后一个交易日的中间价，港元均按1美元=7.8港元转化为美元后再按美元汇率折算。

数据来源：中国证券登记结算公司。

Source:CSDC.

6–6 信用证券账户情况
Margin Trading Accounts

单位：户 (unit)

投资者类别 Investors	个人 Individual		机构 Institution	
	2014	2015	2014	2015
期初信用证券账户数 Number of Margin Trading Accounts at the Beginning of this Period	2655503	5857134	6412	10057
本年新开信用证券账户数 Number of Newly Opened Margin Trading Accounts during this year	3273825	2136481	4165	6030
本年新销信用证券账户数 Number of Canceled Margin Trading Accounts during this year	72196	112408	520	1018
期末信用证券账户数 Number of Margin Trading Accounts at the end of this Period	5857132	7881207	10057	15069

注：信用证券账户不同于普通证券账户，是投资者为参与融资融券交易而向证券公司申请开立的证券账户，是证券公司在中登公司开立的“客户信用交易担保证券账户”的二级账户，用于记录投资者委托证券公司持有的担保证券的明细数据。
数据来源：中国证券登记结算公司。
Source:CSDC.

6–7 全国期货市场投资者分类交易情况
Statistics for Futures Transaction by Investors

年份 Year	商品期货 Commodity Futures				金融期货 Financial Futures			
	成交量(万手) Trading Volume (10 thousand lots)		成交金额(亿元) Trading Turnover (100 million yuan)		成交量(万手) Trading Volume (10 thousand lots)		成交金额(亿元) Trading Turnover (100 million yuan)	
	个人 Individual	单位 Institution	个人 Individual	单位 Institution	个人 Individual	单位 Institution	个人 Individual	单位 Institution
2009	98452.74	9418.74	592977.13	59576.46	—	—	—	—
2010	138724.49	13364.61	1032685.78	102197.60	4497.87	89.45	402691.35	8008.65
2011	89697.26	10670.40	839207.89	98267.65	4886.43	154.76	424262.61	13437.39
2012	121235.59	13304.47	852274.68	100549.86	10162.63	343.55	733600.32	24799.68
2013	168520.11	17848.46	1130584.65	130441.60	18274.36	108.33	1331407.80	78854.28
2014	169495.00	34992.21	961839.08	201831.87	19837.19	1736.78	1494558.17	130828.67
2015	224492.10	66575.27	959922.21	293070.07	28531.07	3550.33	3498132.65	440261.32

数据来源：上海期货交易所、大连商品交易所、郑州商品交易所、中国金融期货交易所。
Source:SHFE、DCE、ZCE、CFFEX.

主要统计指标解释

Explantory Notes on Main Statistical Indicators

股票账户数 指统计期末在中国证券登记结算公司开立的股票账户数量合计，包括A股账户和B股账户。

股票有效账户数 指统计期末股票账户数中减去休眠账户数之后的股票账户数量。

股票新开户数 指统计期内新开立的股票账户数量。

股票新销账户数 指统计期内销户的股票账户数量。

休眠账户数 指统计期末根据“证券账户余额为零、资金账户余额不超过100元且最近连续3年以上无交易”原则统计的账户数量。

参与交易股票账户数 指统计期内参与交易所股票交易并完成至少1次买或卖行为的账户数量。

持股账户数 指统计期末持有股票数量不为零的账户数。

股票投资者数 指统计期末已开立股票账户的投资者数量。统计时按照“投资者全称相同且证件代码相同”合并。

信用证券账户数 指统计期末投资者为参与融资融券交易开立的信用证券账户数量合计。

基金账户数 通常称基金TA账户，是指统计期末注册登记人为投资人建立的用于管理和记录基金持有的账户数量。

基金投资者数 指统计期末已开立基金账户的投资者的数量。按照“投资者全称且证件代码相同”原则合并的基金投资者数量。

期货账户数 统计期末投资者通过期货公司向中国期货保证金监控中心有限责任公司报备的期货账户数量合计。

期货有效账户数 指在统计期末期货账户中剔除休眠账户和逾期未规范账户后的账户数量。休眠账户由中国期货保证金监控中心根据以下条件进行认定：1. 开户时间一年以上；2. 最近一年以上无持仓；3. 最近一年以上无交易（含一年）；4. 认定日的客户权益在1000元以下（含1000元）。其中，客户权益以期货公司内部资金账户为单位进行认定。逾期未规范账户是指在账户规范工作规定的时间内，资料未上报监控中心，未通过监控中心和期货交易所检查或反馈未成功的历史账户。

客户数 是指统计期末已在期货市场开户的客户数量。按照“客户全称相同且证件代码相同”原则合并的客户数量。

期货成交量 是指在统计期内全部期货合约成交数量合计。期货品种的成交量为统计期内该品种全部期限合约的成交量合计。

期货成交金额 指统计期内全部期货合约成交金额合计。期货品种的成交金额为统计期内该品种全部期限合约的成交金额合计。

贰 零 壹 陆

七、上市公司
Listed Companies

贰 零 壹 陆

业绩增速换挡　结构调整加速

截至2016年4月30日，沪深两市2862家上市公司全部披露2015年年报。总体来看，上市公司整体业绩与上年基本持平，但亏损面增大；银行业业绩、资产质量继续下滑，非银行金融机构业绩增长难以持续；实体经济分化加剧，金融市场波动对实体经济影响大；并购重组继续保持快速增长，对改善公司业绩效果明显。

一、整体业绩与上年基本持平，但亏损面增大

业绩稳中略降。2015年，2862家上市公司营业收入29.48万亿元，同比增加0.97%，增速较上年下降5.10个百分点；净利润总额2.48万亿元，同比减少0.14%，为多年以来首次下降，而2014年同期的净利润增幅为6.3%；平均净资产收益率10.99%，较2014年下降1.72个百分点；每股收益0.48元，同比下降11.36%。

亏损面增大。2862家上市公司中，亏损公司家数336家，占比11.7%，亏损面较2014年增加2.4个百分点。336家公司共亏损1991.07亿元，较2014年增长110.86%。此外，部分公司对政府补助依赖大，扣除政府补助后，458家公司亏损。

二、银行业业绩、资产质量继续下滑，非银行金融机构业绩大幅增长

银行业业绩增速进一步放缓。2015年，16家上市银行营业收入3.64万亿元，同比增长9.32%，增速较2014年下降5.15个百分点；净利润1.27万亿元，同比增长1.79%，增速较2014年下降5.89个百分点。其中，工行、农行、中行、建行四大银行利润增速均不足1%。

银行业资产质量大幅下降。16家上市银行不良贷款余额9942亿元，较上年同期大幅增长50%，不良贷款率1.64%，同比增加0.43个百分点。平均不良贷款拨备覆盖率约为169.18%，同比下降53个百分点。扣除不良贷款拨备减少2127亿元的影响后，上市银行2015年盈利下降1897亿元。

非银行金融机构业绩大幅增长。34家非银行金融机构共实现营业收入1.97万亿元，同比增长28.23%，实现净利润2870.95亿元，同比增长92.23%。特别是25家证券行业上市公司，营业收入和净利润分别同比增长162.38%、177.59%，但相比于2015年上半年399.68%、523.47%的增速，已显著下滑。

三、实体经济分化加剧，融资成本居高不下

（一）实体经济加速回落，经营风险增大

实体经济增收不增利。2812家非金融上市公司营业收入23.87万亿元，同比增长29.08%；净利润9204.69亿元，同比下降13.99%；平均净资产收益率7.1%，同比下降2.29个百分点；经营活动产生的现金流量净额共计2.31万亿元，同比增长8.5%。

资金周转速度放慢。非金融上市公司平均资产负债率达66.88%，比2014年增加1.28个百分点，为2001年以来最高值。应收账款（含应收票据）余额3.86万亿元，同比增加2%；应收账款周转天数为47.91天，同比增加3.06天。

（二）产业结构调整加速，但行业分化明显

第三产业发展速度高于第一、第二产业。2015年，第三产业上市公司（不含金融）营业收入、净利润分别为5.30万亿元、2747.37亿元，分别同比增长19.91%、13.28%。同期，第一、第二产业上市公司净利润分别为69.17亿元、6388.13亿元，相比2014年分别下降47.26%、18.62%，反映产业结构调整正在加速。

战略新兴产业发展前景良好。7大战略新兴行业①879家上市公司营业收入4.14万亿元，同比增长15.68%；净利润2168.1亿元，同比增长10.4%，在实体经济整体盈利下降的情况下，仍然实现高速增长；净资产收益率9.84%，高于实体经济平均水平2.74个百分点。

过剩产能行业亏损面进一步扩大。83家过剩产能行业②上市公司中，亏损家数39家，同比增加24家，占比46.99%，亏损比例远高于平均水平。上述83家公司营业收入1.82万亿元，同比下降20.87%；盈亏相抵后，共亏损557.98亿元，而2014年同期为盈利513.67亿元。平均净资产收益率-4.09%，业绩表现均差于上市公司平均水平。其中，钢铁行业上市公司共亏损573.77亿元，而2014年为盈利176.53亿元。

投资、研发力度增加。非金融上市公司投资活动现金流出总额4.77万亿元，同比增长26.21%，增速较2014年增加9.84个百分点，反映投资意愿有所增加。另外，上市公司研发支出3800.63亿元，同比增长22.9%，以创新驱动发展趋势逐步显现。

（三）融资成本居高不下

“融资难、融资贵”问题依然存在。非金融业上市公司利息支出总额5051.36亿元，同比增加5%，占借款总额的7%，较2014年上升1个百分点，显示连续降息后，实体经济融资成本仍未实质降低。

汇兑损失大幅增加。受2015年汇率变动影响，非金融上市公司汇兑损失403.11亿元，相比2014年增加4.89倍，是实体上市公司2015年净利润减少额的39.61%。

四、并购重组继续保持快速增长，对改善公司业绩效果明显

市场规模持续扩张。2015年，沪深两市上市公司共发生并购重组2669单，交易金额2.2万亿元，同比增长52%。从数量上看，并购重组发生最多的行业仍为制造业、房地产业、软件和信息技术服务业、批发和零售行业，合计占比82%。

国有控股企业并购提速。2015年，国有控股上市公司共发生并购重组743单，交易金额9364.95亿元，同比增长35%。例如，南北车吸收合并，推动了高铁走出国门，起到了“1+1 > 2”的效果；招商局蛇口整合招商地产上市，促进了“一带一路”战略的实施。

创新型、中小型企业借力并购重组快速发展。以创业板为例，2015年，478家创业板上市公司共发生并购重组535单，平均每家公司并购交易1.1次，平均每单交易金额4.2亿元，同比增长160%。

提升公司业绩效果明显。以中国证监会2015年核准并购的311家公司为例，相比2014年，净资产增加60.36%，营业收入增加54.12%，净利润增加29.22%，在经济压力增大的情况下，并购重组公司业绩提升已成为资本市场发展的一大亮点。

---

①战略新兴行业根据《国务院关于加快培育和发展战略新兴行业的决定》（国发[2012]32号）得出，包括信息技术、新能源、新材料、生物技术、高端设备制造、节能环保、新能源汽车七大行业。

②产能过剩行业根据《关于化解产能严重过剩矛盾的指导意见》（国发[2013]41号）、《关于钢铁行业化解过剩产能实现脱困发展的意见》（国发[2016]6号）、《关于煤炭行业化解过剩产能实现脱困发展的意见》（国发[2016]7号）等文件得出，包括钢铁、水泥、电解铝、平板玻璃、船舶、煤炭六大行业。

7-1 上市公司及全国中小企业股份转让系统挂牌公司数量
Number of Listed Companies

单位：家 (unit)

年份 Year	上市公司家数						挂牌公司家数 Listed Companies
	上交所 SSE	深交所 SZSE				合计 Total	
		合计 Total	主板 Main Board	中小板 SME Board	创业板 GE Board		
1991	7	6	6	0	0	13	—
1992	29	24	24	0	0	53	—
1993	106	77	77	0	0	183	—
1994	171	120	120	0	0	291	—
1995	188	135	135	0	0	323	—
1996	293	237	237	0	0	530	—
1997	383	362	362	0	0	745	—
1998	438	414	414	0	0	852	—
1999	484	465	465	0	0	949	—
2000	572	516	516	0	0	1088	—
2001	646	514	514	0	0	1160	—
2002	715	509	509	0	0	1224	—
2003	780	507	507	0	0	1287	—
2004	837	540	502	38	0	1377	—
2005	834	547	497	50	0	1381	—
2006	842	592	490	102	0	1434	—
2007	860	690	488	202	0	1550	—
2008	864	761	488	273	0	1625	—
2009	870	848	485	327	36	1718	—
2010	894	1169	485	531	153	2063	—
2011	931	1411	484	646	281	2342	—
2012	954	1540	484	701	355	2494	200
2013	953	1536	480	701	355	2489	356
2014	995	1618	480	732	406	2613	1572
2015	1081	1746	478	776	492	2827	5129

注：上市公司数量以首发上市日口径统计。
数据来源：上海证券交易所、深圳证券交易所、全国中小企业股份转让系统。
Source：SSE、SZSE.

7-2 上市公司及全国中小企业股份转让系统挂牌公司数量按行业分布
Number of Listed Companies by Industry

单位：家 (unit)

行业 Industry	上市公司家数						挂牌公司家数 Listed Companies	
	上交所 SSE		深交所 SZSE		合计 Total			
	2014	2015	2014	2015	2014	2015	2014	2015
农、林、牧、渔业 Agriculture,Forestry,Animal Husbandry and Fishery	14	15	27	30	41	45	38	120
采矿业 Mining	43	47	28	29	71	76	14	25
制造业 Manufacturing	527	575	1131	1220	1658	1795	883	2736
电力、热力、燃气及水生产和供应业 Production and Supply of Electricity,Gas and Water	52	55	32	36	84	91	5	35
建筑业 Construction	31	35	36	42	67	77	57	155
批发和零售业 Wholesale and Retail Trades	89	90	62	63	151	153	26	169
交通运输、仓储和邮政业 Transport,Storage and Post	57	60	26	26	83	86	15	60
住宿和餐饮业 Hotels and Catering Services	2	3	10	9	12	12	1	11
信息传输、软件和信息技术服务业 Information Transmission,Computer Services and Software	26	29	110	127	136	156	360	1017
金融业 Financial Intermediation	32	36	13	14	45	50	12	107
房地产业 Real Estate	71	73	65	64	136	137	0	25
租赁和商务服务业 Leasing and Business Services	9	12	16	17	25	29	30	205
科学研究和技术服务业 Scientific Research,Technical Service	5	7	12	14	17	21	55	219
水利、环境和公共设施管理业 Management of Water Conservancy,Environment and Public Facilities	8	10	21	21	29	31	24	78
居民服务、修理和其他服务业 Resident services,Repairing and other services	0	0	0	0	0	0	7	14
教育 Education	1	1	0	0	1	1	4	21
卫生和社会工作 Health and Social Works	1	1	3	4	4	5	11	24
文化、体育和娱乐业 Culture,Sports and Entertainment	11	14	18	23	29	37	28	108
其他 Others	16	18	8	7	24	25	2	0

注：上市公司数量以首发上市日口径统计。
数据来源：上海证券交易所、深圳证券交易所、全国中小企业股份转让系统。
Source：SSE、SZSE.

7–3 上市公司数量按监管辖区分布
Number of Listed Companies by Jurisdiction

单位：家 (unit)

辖区	Jurisdiction	上交所 SSE		深交所 SZSE		合计 Total	
		2014	2015	2014	2015	2014	2015
北京	Beijing	102	111	133	154	235	265
天津	Tianjin	21	22	21	20	42	42
河北	Hebei	18	18	32	35	50	53
山西	Shanxi	19	19	16	18	35	37
内蒙古	Neimenggu	16	16	9	10	25	26
辽宁	Liaoning	15	17	30	33	45	50
吉林	Jilin	18	18	22	22	40	40
黑龙江	Heilongjiang	23	25	9	10	32	35
上海	Shanghai	145	157	61	66	206	223
江苏	Jiangsu	88	98	167	178	255	276
浙江	Zhejiang	63	82	158	173	221	255
安徽	Anhui	31	35	49	53	80	88
福建	Fujian	22	25	39	41	61	66
江西	Jiangxi	15	15	17	20	32	35
山东	Shandong	39	42	96	103	135	145
河南	Henan	26	28	41	45	67	73
湖北	Hubei	36	36	50	51	86	87
湖南	Hunan	21	24	53	58	74	82
广东	Guangdong	34	40	166	182	200	222
广西	Guangxi	14	16	18	19	32	35
海南	Hainan	9	10	18	18	27	28
重庆	Chongqing	20	21	20	22	40	43
四川	Sichuan	36	35	55	68	91	103
贵州	Guizhou	10	9	11	11	21	20
云南	Yunnan	12	12	17	18	29	30
西藏	Xizang	6	7	4	4	10	11
陕西	Shaanxi	20	20	22	23	42	43
甘肃	Gansu	13	13	13	14	26	27
青海	Qinghai	7	7	3	3	10	10
宁夏	Ningxia	4	4	8	8	12	12
新疆	Xinjiang	21	24	19	19	40	43
深圳	Shenzhen	13	15	177	187	190	202
大连	Dalian	13	14	14	12	27	26
宁波	Ningbo	25	26	20	18	45	44
厦门	Xiamen	12	12	19	21	31	33
青岛	Qingdao	8	8	11	9	19	17

注：1.上市公司数量以首发上市日口径统计。
　　2.2013年上市公司辖区以注册地口径统计，2014年上市公司辖区以各地证监局监管口径统计。
数据来源：上海证券交易所、深圳证券交易所。
Source：SSE、SZSE.

7-4　2015年新上市的上市公司数量按行业分布

行业 Industry	上交所 SSE		
	新上市公司家数（家） Number of Newly Listed Companies (unit)	新上市公司市值（亿元） Market Capitalization of Newly Listed Companies (100 million yuan)	占比（%） Proportion (%)
农、林、牧、渔业 Agriculture,Forestry,Animal Husbandry and Fishery	0	0.00	0.00
采矿业 Mining	2	250.22	0.83
制造业 Manufacturing	60	5876.88	6.33
电力、热力、燃气及水生产和供应业 Production and Supply of Electricity,Gas and Water	2	1613.86	10.57
建筑业 Construction	3	124.22	0.98
批发和零售业 Wholesale and Retail Trades	3	421.18	3.76
交通运输、仓储和邮政业 Transport,Storage and Post	4	973.61	6.07
住宿和餐饮业 Hotels and Catering Services	0	0.00	0.00
信息传输、软件和信息技术服务业 Information Transmission,Computer Services and Software	3	805.66	9.20
金融业 Financial Intermediation	3	3802.94	4.63
房地产业 Real Estate	0	0.00	0.00
租赁和商务服务业 Leasing and Business Services	4	369.62	17.51
科学研究和技术服务业 Scientific Research,Technical Service	1	144.51	16.93
水利、环境和公共设施管理业 Management of Water Conservancy,Environment and Public Facilities	3	342.56	36.84
教育 Education	0	0.00	0.00
卫生和社会工作 Health and Social Works	0	0.00	0.00
文化、体育和娱乐业 Culture,Sports and Entertainment	1	141.12	5.28
其他 Others	0	0.00	0.00

注：上市公司数量以首发上市日口径统计。
数据来源：上海证券交易所、深圳证券交易所。
Source：SSE、SZSE.

Number of Newly Listed Companies by Industry in 2015

深交所 SZSE			合计 Total		
新上市公司家数（家） Number of Newly Listed Companies (unit)	新上市公司市值（亿元） Market Capitalization of Newly Listed Companies (100 million yuan)	占比 (%) Proportion (%)	新上市公司家数（家） Number of Newly Listed Companies (unit)	新上市公司市值（亿元） Market Capitalization of Newly Listed Companies (100 million yuan)	占比 (%) Proportion (%)
2	131.12	2.99	2	131.12	2.27
0	0.00	0.00	2	250.22	0.75
98	7914.03	5.50	158	13790.91	5.83
0	0.00	0.00	2	1613.86	8.12
4	253.67	5.28	7	377.89	2.17
3	250.68	3.56	6	671.86	3.68
0	0.00	0.00	4	973.61	5.31
0	0.00	0.00	0	0.00	0.00
15	1860.69	7.59	18	2666.35	8.01
0	0.00	0.00	3	3802.94	4.11
0	0.00	0.00	0	0.00	0.00
1	118.82	1.89	5	488.44	5.83
3	155.05	14.49	4	299.56	15.57
1	57.35	1.77	4	399.91	9.58
0	0.00	0.00	0	0	0.00
0	0.00	0.00	0	0	0.00
3	1753.95	26.92	4	1895.07	20.63
0	0.00	0.00	0	0	0.00

7-5 2015年新上市的上市公司数量按监管辖区分布

单位：家

辖区	Jurisdiction	上交所 SSE 新上市公司家数（家） Number of Newly Listed Companies (unit)	上交所 SSE 新上市公司市值（亿元） Market Capitalization of Newly Listed Companies (100 million yuan)	上交所 SSE 占上交所上市公司总市值比例（%） Proportion (%)
北京	Beijing	9	2950.70	2.78
天津	Tianjin	1	79.84	1.83
河北	Hebei	0	0.00	0.00
山西	Shanxi	0	0.00	0.00
内蒙古	Neimenggu	0	0.00	0.00
辽宁	Liaoning	2	220.78	9.42
吉林	Jilin	0	0.00	0.00
黑龙江	Heilongjiang	2	281.48	7.57
上海	Shanghai	14	4892.09	10.05
江苏	Jiangsu	10	1313.17	8.11
浙江	Zhejiang	16	1427.45	12.52
安徽	Anhui	4	646.37	14.43
福建	Fujian	3	315.13	4.30
江西	Jiangxi	0	0.00	0.00
山东	Shandong	3	182.91	3.31
河南	Henan	2	216.24	5.84
湖北	Hubei	0	0.00	0.00
湖南	Hunan	3	431.70	13.16
广东	Guangdong	6	474.89	5.11
广西	Guangxi	2	184.62	10.56
海南	Hainan	0	0.00	0.00
重庆	Chongqing	1	60.89	1.73
四川	Sichuan	0	0.00	0.00
贵州	Guizhou	0	0.00	0.00
云南	Yunnan	0	0.00	0.00
西藏	Xizang	1	90.71	10.96
陕西	Shaanxi	0	0.00	0.00
甘肃	Gansu	1	141.12	9.34
青海	Qinghai	0	0.00	0.00
宁夏	Ningxia	0	0.00	0.00
新疆	Xinjiang	2	246.78	10.22
深圳	Shenzhen	2	226.75	1.71
大连	Dalian	1	66.11	2.44
宁波	Ningbo	4	416.66	12.08
厦门	Xiamen	0	0.00	0.00
青岛	Qingdao	0	0.00	0.00

注：1.上市公司数量以首发上市日口径统计。

2.上市公司辖区以各地证监局监管口径统计。

数据来源：上海证券交易所、深圳证券交易所。

Source：SSE、SZSE.

Number of Newly Listed Companies by Jurisdiction in 2015

(unit)

深交所 SZSE			合计 Total		
新上市公司家数（家） Number of Newly Listed Companies (unit)	新上市公司市值（亿元） Market Capitalization of Newly Listed Companies (100 million yuan)	占上交所上市公司总市值比例（%） Proportion (%)	新上市公司家数（家） Number of Newly Listed Companies (unit)	新上市公司市值（亿元） Market Capitalization of Newly Listed Companies (100 million yuan)	占上交所上市公司总市值比例（%） Proportion (%)
20	3615.50	13.26	29	6566.20	4.92
0	0.00	0.00	1	79.84	1.28
3	131.60	2.90	3	131.60	1.64
2	117.45	5.10	2	117.45	2.00
0	0.00	0.00	0	0.00	0.00
1	89.40	2.68	3	310.18	5.46
0	0.00	0.00	0	0.00	0.00
1	44.90	3.76	3	326.38	6.65
5	290.49	3.14	19	5182.58	8.94
12	830.73	4.13	22	2143.90	5.91
12	850.58	3.51	28	2278.03	6.40
4	201.39	3.11	8	847.76	7.74
2	263.80	5.31	5	578.93	4.71
3	135.10	6.79	3	135.10	3.47
4	298.62	2.85	7	481.53	3.01
4	248.82	5.00	6	465.06	5.36
2	137.95	2.41	2	137.95	1.25
4	784.36	11.41	7	1216.06	11.98
17	1508.38	5.51	23	1983.27	5.41
1	57.35	2.47	3	241.97	5.94
0	0.00	0.00	0	0.00	0.00
2	128.21	4.31	3	189.10	2.91
13	1390.00	15.45	13	1390.00	10.08
0	0.00	0.00	0	0.00	0.00
1	86.17	3.29	1	86.17	2.22
0	0.00	0.00	1	90.71	6.45
1	54.60	1.52	1	54.60	0.79
1	71.20	5.33	2	212.32	7.46
0	0.00	0.00	0	0.00	0.00
0	0.00	0.00	0	0.00	0.00
0	0.00	0.00	2	246.78	4.06
11	892.45	2.73	13	1119.20	2.43
0	0.00	0.00	1	66.11	1.76
1	136.08	6.20	5	552.74	9.79
2	79.08	4.80	2	79.08	2.43
1	51.17	4.11	1	51.17	1.85

7-6 2015年各监管辖区按行业上市公司数量分布

单位：家

辖区	Jurisdiction	农、林、牧、渔业 Agriculture, Forestry, Animal Husbandry and Fishery	采矿业 Mining	制造业 Manufacturing	电力、热力、燃气及水生产和供应业 Production and Supply of Electricity, Gas and Water	建筑业 Construction	批发和零售业 Wholesale and Retail Trades	交通运输、仓储和邮政业 Transport, Storage and Post	住宿和餐饮业 Hotels and Catering Services
北京	Beijing	2	12	101	9	19	12	3	3
天津	Tianjin	—	2	22	2	—	3	4	—
河北	Hebei	1	1	40	2	—	4	1	—
山西	Shanxi	—	7	22	3	—	2	1	—
内蒙古	Neimenggu	—	5	18	1	1	—	—	—
辽宁	Liaoning	—	—	35	4	—	3	2	—
吉林	Jilin	—	—	26	3	1	2	1	—
黑龙江	Heilongjiang	2	—	21	3	1	3	1	—
上海	Shanghai	1	3	103	4	8	19	16	1
江苏	Jiangsu	—	1	209	3	7	14	8	1
浙江	Zhejiang	—	—	190	3	4	12	—	—
安徽	Anhui	2	2	65	1	3	3	2	—
福建	Fujian	4	1	39	2	—	6	2	—
江西	Jiangxi	—	1	27	2	—	1	2	—
山东	Shandong	7	8	105	2	2	5	5	—
河南	Henan	3	4	58	3	—	1	1	—
湖北	Hubei	—	—	57	4	3	8	3	—
湖南	Hunan	4	1	51	3	—	7	2	1
广东	Guangdong	3	2	162	9	4	5	9	1
广西	Guangxi	1	—	22	3	—	2	2	—
海南	Hainan	3	4	7	—	1	1	3	1
重庆	Chongqing	—	1	25	4	—	2	2	—
四川	Sichuan	—	4	68	7	4	4	2	—
贵州	Guizhou	—	1	16	1	—	1	—	—
云南	Yunnan	2	1	18	1	—	2	—	—
西藏	Xizang	—	1	7	—	1	—	—	—
陕西	Shaanxi	—	4	26	1	1	2	—	2
甘肃	Gansu	3	3	17	2	—	1	—	—
青海	Qinghai	—	2	8	—	—	—	—	—
宁夏	Ningxia	—	—	10	1	—	1	—	—
新疆	Xinjiang	5	4	23	2	3	3	—	—
深圳	Shenzhen	—	—	115	3	10	11	8	2
大连	Dalian	2	—	11	2	—	5	2	—
宁波	Ningbo	—	—	35	1	4	4	2	—
厦门	Xiamen	—	1	19	—	—	4	2	—
青岛	Qingdao	—	—	17	—	—	—	—	—

注：1.上市公司数量以首发上市日口径统计。
　　2.上市公司辖区以各地证监局监管口径统计。
数据来源：上海证券交易所、深圳证券交易所。
Source：SSE、SZSE.

Number of Listed Companies by Jurisdiction and by Industry in 2015

(unit)

信息传输、软件和信息技术服务业 Information Transmission, Computer Services and Software	金融业 Financial Intermediation	房地产业 Real Estate	租赁和商务服务业 Leasing and Business Services	科学研究和技术服务业 Scientific Research, Technical Service	水利、环境和公共设施管理业 Management of Water Conservancy, Environment and Public Facilities	教育 Education	卫生和社会工作 Health and Social Works	文化、体育和娱乐业 Culture, Sports and Entertainment	其他 Others
51	12	19	6	4	3	—	—	6	1
—	—	6	—	2	—	—	—	—	1
—	—	3	—	—	—	—	—	—	1
—	1	—	—	—	—	—	—	1	—
—	—	—	—	—	—	—	—	—	—
2	—	—	—	—	1	—	—	1	—
2	1	3	—	—	1	—	—	—	—
1	1	1	—	—	—	—	—	—	1
22	10	23	3	4	—	1	—	3	3
6	3	8	2	4	3	—	1	3	4
11	—	7	5	—	1	—	3	10	2
2	1	2	—	—	3	—	—	2	—
6	2	4	—	—	—	—	—	—	—
—	—	1	—	—	—	—	—	1	—
1	—	2	—	1	—	—	—	—	4
2	—	—	—	—	—	—	—	1	—
1	1	4	—	—	2	—	—	3	1
3	1	2	—	—	3	—	1	2	—
9	2	11	3	2	—	—	—	—	1
—	1	1	—	—	3	—	—	—	—
1	—	5	—	—	—	—	—	1	—
2	1	4	—	—	2	—	—	—	—
7	1	2	1	1	1	—	—	1	—
1	—	1	—	—	—	—	—	—	—
1	1	2	—	—	2	—	—	—	—
—	—	1	—	—	1	—	—	—	—
1	2	—	—	—	2	—	—	—	2
—	—	1	—	—	—	—	—	1	—
—	—	—	—	—	—	—	—	—	—
—	—	—	—	—	—	—	—	—	—
—	1	—	1	—	—	—	—	—	—
19	6	17	7	1	2	—	—	—	2
1	—	2	—	1	1	—	—	—	1
—	1	4	—	—	—	—	—	—	—
3	—	1	1	1	—	—	—	—	1
1	1	—	—	—	—	—	—	1	—

7—7 全国中小企业股份转让系统2015年新挂牌的公司数量按行业分布

Number of Newly Listed Companies by Industry in 2015 of NEEQ

行业 Industry	新挂牌公司家数 (家) Number of Newly Listed Companies (unit)	新挂牌公司总股本 (万股) Share Capital of Newly Listed Companies (10 thousand shares)
农、林、牧、渔业 Agriculture,Forestry,Animal Husbandry and Fishery	88	580726.13
采矿业 Mining	15	76533.24
制造业 Manufacturing	1869	8776800.77
电力、热力、燃气及水生产和供应业 Production and Supply of Electricity,Gas and Water	29	338029.83
建筑业 Construction	105	589705.01
批发和零售业 Wholesale and Retail Trades	127	524081.52
交通运输、仓储和邮政业 Transport,Storage and Post	46	440015.18
住宿和餐饮业 Hotels and Catering Services	10	28796.82
信息传输、软件和信息技术服务业 Information Transmission,Computer Services and Software	647	2094903.95
金融业 Financial Intermediation	95	3870888.05
房地产业 Real Estate	21	75200.79
租赁和商务服务业 Leasing and Business Services	160	1741593.88
科学研究和技术服务业 Scientific Research,Technical Service	157	487952.05
水利、环境和公共设施管理业 Management of Water Conservancy,Environment and Public Facilities	66	358909.86
居民服务、修理和其他服务业 Resident services,Repairing and other services	10	26977.00
教育 Education	15	51002.27
卫生和社会工作 Health and Social Works	20	58572.00
文化、体育和娱乐业 Culture,Sports and Entertainment	85	430507.22
其他 Others	0	0.00

数据来源：全国中小企业股份转让系统。
Source:NEEQ.

7–8 按股份类别划分的上市公司数量
Number of Listed Companies by Stock Type

单位：家 (unit)

年份 Year	仅发A股 Only A Shares	仅发B股 Only B Shares	仅发A、B股 Only A&B Shares	仅发A、H股 Only A&H Shares	发A、B、H股 A,B&H Shares	仅发B、H股 B&H Shares	合计 Total	A股合计 Total of A Shares	B股合计 Total of B Shares
1994	227	4	54	6	0	0	291	287	58
1995	242	12	58	11	0	0	323	311	70
1996	431	16	69	14	0	0	530	514	85
1997	627	25	76	17	0	0	745	720	101
1998	728	26	80	18	0	0	852	826	106
1999	822	26	82	19	0	0	949	923	108
2000	955	28	86	19	0	0	1088	1060	114
2001	1025	24	88	23	0	0	1160	1136	112
2002	1085	24	87	28	0	0	1224	1200	111
2003	1146	24	87	30	0	0	1287	1263	111
2004	1236	24	86	31	0	0	1377	1353	110
2005	1240	23	86	32	0	0	1381	1358	109
2006	1287	23	86	38	0	0	1434	1411	109
2007	1389	23	86	52	0	0	1550	1527	109
2008	1459	23	85	57	1	0	1625	1602	109
2009	1549	22	85	61	1	0	1718	1696	108
2010	1892	22	85	63	1	0	2063	2041	108
2011	2162	22	85	72	1	0	2342	2320	108
2012	2306	21	84	81	1	1	2494	2472	107
2013	2300	20	84	83	1	1	2489	2468	106
2014	2424	20	82	85	1	1	2613	2592	104
2015	2635	19	96	88	1	1	2828	2809	104

注：上市公司数量以首发上市日口径统计。

数据来源：上海证券交易所、深圳证券交易所。

Source：SSE、SZSE.

7-9 上海证券交易所按股份类别划分的上市公司数量
Number of Listed Companies by Stock Type of SSE

单位：家 (unit)

年份 Year	仅发A股 Only A Shares	仅发B股 Only B Shares	仅发A、B股 Only A&B Shares	仅发A、H股 Only A&H Shares	发A、B、H股 A,B&H Shares	仅发B、H股 B&H Shares	合计 Total	A股合计 Total of A Shares	B股合计 Total of B Shares
1994	131	2	32	6	0	0	171	169	34
1995	142	4	32	10	0	0	188	184	36
1996	240	6	36	11	0	0	293	287	42
1997	321	11	39	12	0	0	383	372	50
1998	373	13	39	13	0	0	438	425	52
1999	417	13	41	13	0	0	484	471	54
2000	504	13	42	13	0	0	572	559	55
2001	573	10	44	19	0	0	646	636	54
2002	639	10	44	22	0	0	715	705	54
2003	702	10	44	24	0	0	780	770	54
2004	759	10	44	24	0	0	837	827	54
2005	755	10	44	25	0	0	834	824	54
2006	756	10	44	32	0	0	842	832	54
2007	761	10	44	45	0	0	860	850	54
2008	760	10	44	50	0	0	864	854	54
2009	762	10	44	54	0	0	870	860	54
2010	784	10	44	56	0	0	894	884	54
2011	816	10	44	61	0	0	931	921	54
2012	833	9	44	67	0	1	954	944	54
2013	832	8	44	68	0	1	953	944	53
2014	873	8	44	69	0	1	995	986	53
2015	974	8	44	70	0	1	1081	1073	52

注：上市公司数量以首发上市日口径统计。
数据来源：上海证券交易所。
Source：SSE.

7-10 深圳证券交易所按股份类别划分的上市公司数量
Number of Listed Companies by Stock Type of SZSE

单位：家 (unit)

年份 Year	仅发A股 Only A Shares	仅发B股 Only B Shares	仅发A、B股 Only A&B Shares	仅发A、H股 Only A&H Shares	发A、B、H股 A,B&H Shares	仅发B、H股 B&H Shares	合计 Total	A股合计 Total of A Shares	B股合计 Total of B Shares
1994	96	2	22	0	0	0	120	118	24
1995	100	8	26	1	0	0	135	127	34
1996	191	10	33	3	0	0	237	227	43
1997	306	14	37	5	0	0	362	348	51
1998	355	13	41	5	0	0	414	401	54
1999	405	13	41	6	0	0	465	452	54
2000	451	15	44	6	0	0	516	501	59
2001	452	14	44	4	0	0	514	500	58
2002	446	14	43	6	0	0	509	495	57
2003	444	14	43	6	0	0	507	493	57
2004	477	14	42	7	0	0	540	526	56
2005	485	13	42	7	0	0	547	534	55
2006	531	13	42	6	0	0	592	579	55
2007	628	13	42	7	0	0	690	677	55
2008	699	13	41	7	1	0	761	748	55
2009	787	12	41	7	1	0	848	836	54
2010	1108	12	41	7	1	0	1169	1157	54
2011	1346	12	41	11	1	0	1411	1399	54
2012	1473	12	40	14	1	0	1540	1528	54
2013	1468	12	40	15	1	0	1536	1524	53
2014	1551	12	38	16	1	0	1618	1606	51
2015	1639	11	52	18	4	0	1747	1736	52

注：上市公司数量以首发上市日口径统计。
数据来源：深圳证券交易所。
Source：SZSE.

7–11　按股本规模划分的上市公司数量

Number of Listed Companies by Equity Scale

单位：家　　(unit)

年份 Year	1亿以下 Below 100 million			1亿–2亿 100—200 million			2亿–3亿 200—300 million		
	合计 Total	上交所 SSE	深交所 SZSE	合计 Total	上交所 SSE	深交所 SZSE	合计 Total	上交所 SSE	深交所 SZSE
2001	64	35	29	384	204	180	285	153	132
2002	75	50	25	394	224	170	280	152	128
2003	78	55	23	392	240	152	297	163	134
2004	102	51	51	399	250	149	306	181	125
2005	88	41	47	393	236	157	304	182	122
2006	80	29	51	385	211	174	296	174	122
2007	113	22	91	365	172	193	297	169	128
2008	91	17	74	346	136	210	308	152	156
2009	103	16	87	352	118	234	313	137	176
2010	191	11	180	459	109	350	332	115	217
2011	197	10	187	495	82	413	379	112	267
2012	148	8	140	513	70	443	410	107	303
2013	65	5	60	436	55	381	420	103	317
2014	80	12	68	342	61	281	419	97	322
2015	74	15	59	286	80	206	299	91	208

7–11　续表　continued

单位：家　　(unit)

年份 Year	3亿–5亿 300—500 million			5亿–10亿 500—1000 million			10亿以上 Above 1000 million		
	合计 Total	上交所 SSE	深交所 SZSE	合计 Total	上交所 SSE	深交所 SZSE	合计 Total	上交所 SSE	深交所 SZSE
2001	263	149	114	112	70	42	52	35	17
2002	285	167	118	128	78	50	62	44	18
2003	300	180	120	143	86	57	77	56	21
2004	309	191	118	169	98	71	92	66	26
2005	319	202	117	174	103	71	103	70	33
2006	344	221	123	195	113	82	134	94	40
2007	365	228	137	231	139	92	179	130	49
2008	379	232	147	269	164	105	232	163	69
2009	391	233	158	292	176	116	267	190	77
2010	425	229	196	333	203	130	323	227	96
2011	485	235	250	411	226	185	375	266	109
2012	515	220	295	479	247	232	429	302	127
2013	556	216	340	534	255	279	478	319	159
2014	604	210	394	628	267	361	540	348	192
2015	610	196	414	812	275	537	746	420	326

注：上市公司数量以首发上市日口径统计。
数据来源：上海证券交易所、深圳证券交易所。
Source：SSE、SZSE.

7-12 全国中小企业股份转让系统按股本规模划分的挂牌公司数量
Number of Listed Companies by Equity Scale of NEEQ

单位：家 (unit)

年份 Year	1000万以下 Below 10 million	1000万-5000万 10—50 million	5000万-1亿 50—100 million	1亿以上 above 100 million
2012	40	131	25	4
2013	68	237	42	9
2014	215	944	324	89
2015	624	1906	709	326

数据来源：全国中小企业股份转让系统。
Source:NEEQ.

7-13 按市值规模划分的上市公司数量
Number of Listed Companies by Market Capitalization

单位：家 (unit)

年份 Year	1亿以下 Below 100 million			1亿-5亿 100—500 million			5亿-10亿 500—1000 million		
	合计 Total	上交所 SSE	深交所 SZSE	合计 Total	上交所 SSE	深交所 SZSE	合计 Total	上交所 SSE	深交所 SZSE
2001	5	5	0	1	0	1	30	14	16
2002	4	4	0	13	5	8	75	35	40
2003	1	1	0	33	19	14	267	142	125
2004	1	0	1	96	48	48	399	237	162
2005	4	2	2	204	107	97	479	270	209
2006	8	7	1	113	57	56	339	174	165
2007	11	10	1	12	1	11	34	11	23
2008	9	8	1	70	33	37	350	151	199
2009	8	8	0	10	2	8	28	10	18
2010	11	11	0	9	2	7	19	7	12
2011	6	6	0	15	5	10	74	24	50
2012	3	3	0	11	3	8	89	23	66
2013	4	2	2	6	2	4	20	9	11
2014	5	1	4	6	2	4	8	4	4
2015	4	2	2	1	0	1	6	0	6

7-13 续表 continued

单位：家 (unit)

年份 Year	10亿-20亿 1000-2000 million			20亿-30亿 2000-3000 million			30亿-50亿 3000-5000 million			50亿以上 Above 5000 million		
	合计 Total	上交所 SSE	深交所 SZSE	合计 Total	上交所 SSE	深交所 SZSE	合计 Total	上交所 SSE	深交所 SZSE	合计 Total	上交所 SSE	深交所 SZSE
2001	306	145	161	357	199	158	286	163	123	175	120	55
2002	536	307	229	290	166	124	177	106	71	129	92	37
2003	496	305	191	196	120	76	142	90	52	152	103	49
2004	486	300	186	149	94	55	123	74	49	123	84	39
2005	383	248	135	113	76	37	93	61	32	105	70	35
2006	423	258	165	173	98	75	156	96	60	222	152	70
2007	220	99	121	271	137	134	321	173	148	681	429	252
2008	498	241	257	225	127	98	180	100	80	293	204	89
2009	236	97	139	309	138	171	389	176	213	738	439	299
2010	192	79	113	339	111	228	541	198	343	952	486	466
2011	584	151	433	496	169	327	470	183	287	697	393	304
2012	650	135	515	503	172	331	496	199	297	742	419	323
2013	456	115	341	490	157	333	592	205	387	921	463	458
2014	135	45	90	380	97	283	693	201	492	1386	645	741
2015	12	5	7	63	32	31	666	203	463	2075	806	1269

注：1.暂停上市的上市公司市值记为0。
2.上市公司数量以首发上市日口径统计。
数据来源：上海证券交易所、深圳证券交易所。
Source：SSE、SZSE.

7-14 2015年主板上市公司行业规模
Industry Scale of Main Board Listed Companies in 2015

行业 Industry	上市公司家数（家） Number of Listed Companies (unit)	上市公司股本（亿股） Share Capital of Listed Companies (10 thousand shares)	其中：流通股本（亿股） Thereinto: Negotiable Shares (10000 shares)	上市公司市值（亿元） Market Capitalization of Listed Companies (100 million yuan)	其中：流通市值（亿元） Thereinto: Negotiable Market Capitalization (100 million yuan)
农、林、牧、渔业 Agriculture,Forestry,Animal Husbandry and Fishery	22	164.16	152.67	2046.15	1846.98
采矿业 Mining	66	4351.24	3982.45	32537.84	29813.99
制造业 Manufacturing	830	10017.68	8424.84	131200.59	108238.94
电力、热力、燃气及水生产和供应业 Production and Supply of Electricity,Gas and Water	85	2140.07	1576.15	19152.51	13480.66
建筑业 Construction	42	1442.08	1265.01	13392.13	11604.13
批发和零售业 Wholesale and Retail Trades	127	924.81	774.68	14801.44	12226.19
交通运输、仓储和邮政业 Transport,Storage and Post	75	2039.37	1942.13	17507.15	15820.64
住宿和餐饮业 Hotels and Catering Services	10	48.51	36.89	1015.41	714.16
信息传输、软件和信息技术服务业 Information Transmission,Computer Services and Software	36	558.02	501.32	10345.84	8687.93
金融业 Financial Intermediation	46	11873.85	11439.87	88932.79	81456.06
房地产业 Real Estate	128	2005.72	1672.77	26568.13	21140.13
租赁和商务服务业 Leasing and Business Services	17	200.75	179.52	3179.73	2718.80
科学研究和技术服务业 Scientific Research,Technical Service	7	31.49	14.63	853.79	479.63
水利、环境和公共设施管理业 Management of Water Conservancy,Environment and Public Facilities	18	140.38	85.02	2270.84	1438.31
教育 Education	1	2.59	1.81	100.03	70.04
卫生和社会工作 Health and Social Works	1	3.21	3.21	157.18	157.18
文化、体育和娱乐业 Culture,Sports and Entertainment	23	213.83	170.55	4509.17	3409.59
其他 Others	25	170.71	150.31	3025.28	2761.69

注：上市公司数量以首发上市日口径统计。
数据来源：上海证券交易所、深圳证券交易所。
Source：SSE、SZSE.

7–15　2015年中小板上市公司行业规模

Industry Scale of SME Board Listed Companies in 2015

行业 Industry	上市公司家数（家） Number of Listed Companies (unit)	上市公司股本（亿股） Share Capital of Listed Companies (10 thousand shares)	其中：流通股本（万股） Thereinto: Negotiable Shares (10000 shares)	上市公司市值（亿元） Market Capitalization of Listed Companies (100 million yuan)	其中：流通市值（亿元） Thereinto: Negotiable Market Capitalization (100 million yuan)
农、林、牧、渔业 Agriculture,Forestry,Animal Husbandry and Fishery	16	102.66	59.64	1827.63	1064.45
采矿业 Mining	6	45.63	38.62	496.03	407.33
制造业 Manufacturing	613	3600.47	2615.96	76338.50	52083.41
电力、热力、燃气及水生产和供应业 Production and Supply of Electricity,Gas and Water	4	26.36	24.61	368.82	343.99
建筑业 Construction	29	210.99	148.24	3476.63	2351.58
批发和零售业 Wholesale and Retail Trades	21	177.61	133.38	3095.51	2246.71
交通运输、仓储和邮政业 Transport,Storage and Post	8	29.61	26.18	551.13	458.51
住宿和餐饮业 Hotels and Catering Services	2	11.08	8.99	144.71	121.55
信息传输、软件和信息技术服务业 Information Transmission,Computer Services and Software	36	185.98	132.78	7146.72	4625.99
金融业 Financial Intermediation	4	174.14	104.34	3528.23	2104.83
房地产业 Real Estate	9	123.88	99.11	1348.87	1091.74
租赁和商务服务业 Leasing and Business Services	9	67.42	50.44	2128.22	1366.14
科学研究和技术服务业 Scientific Research,Technical Service	6	20.46	15.92	405.81	275.92
水利、环境和公共设施管理业 Management of Water Conservancy,Environment and Public Facilities	7	36.59	27.47	761.26	577.65
教育 Education	0	0.00	0.00	0.00	0.00
卫生和社会工作 Health and Social Works	1	12.11	2.78	373.76	85.74
文化、体育和娱乐业 Culture,Sports and Entertainment	5	28.94	12.21	1958.64	531.51
其他 Others	0	0.00	0.00	0.00	0.00

注：上市公司数量以首发上市日口径统计。

数据来源：深圳证券交易所。

Source：SZSE.

7–16 2015年创业板上市公司行业规模

Industry Scale of GE Board Listed Companies in 2015

行业 Industry	上市公司家数(家) Number of Listed Companies (unit)	上市公司股本(亿股) Share Capital of Listed Companies (10 thousand shares)	其中：流通股本(万股) Negotiable Shares (10000 shares)	上市公司市值(亿元) Market Capitalization of Listed Companies (100 million yuan)	其中：流通市值(亿元) Negotiable Market Capitalization (100 million yuan)
农、林、牧、渔业 Agriculture,Forestry,Animal Husbandry and Fishery	7	58.18	21.40	1968.93	385.60
采矿业 Mining	4	16.48	12.36	294.98	210.78
制造业 Manufacturing	352	1163.17	755.28	32393.10	18974.86
电力、热力、燃气及水生产和供应业 Production and Supply of Electricity,Gas and Water	2	7.04	5.52	153.16	120.86
建筑业 Construction	6	27.78	17.78	552.43	331.96
批发和零售业 Wholesale and Retail Trades	5	18.34	9.88	458.24	211.20
交通运输、仓储和邮政业 Transport,Storage and Post	3	8.38	5.29	216.09	126.63
住宿和餐饮业 Hotels and Catering Services	0	0.00	0.00	0.00	0.00
信息传输、软件和信息技术服务业 Information Transmission,Computer Services and Software	84	369.83	220.37	14351.59	8028.06
金融业 Financial Intermediation	0	0.00	0.00	0.00	0.00
房地产业 Real Estate	0	0.00	0.00	0.00	0.00
租赁和商务服务业 Leasing and Business Services	3	31.55	23.85	538.40	423.85
科学研究和技术服务业 Scientific Research,Technical Service	8	23.95	15.05	664.07	379.45
水利、环境和公共设施管理业 Management of Water Conservancy,Environment and Public Facilities	6	25.37	15.87	1038.13	625.33
教育 Education	0	0.00	0.00	0.00	0.00
卫生和社会工作 Health and Social Works	3	16.89	12.54	632.11	461.77
文化、体育和娱乐业 Culture,Sports and Entertainment	9	73.51	53.69	2655.02	1798.33
其他 Others	0	0.00	0.00	0.00	0.00

注：上市公司数量以首发上市日口径统计。

数据来源：深圳证券交易所。

Source：SZSE.

7–17 历年末股本结构

Equity Structure by the End of Year

单位：万股 (10 thousand shares)

年份 Year	上交所 SSE			深交所 SZSE		
	非限售股本 Negotiable Shares	限售股本 Restricted Shares		非限售股本 Negotiable Shares	限售股本 Restricted Shares	
		暂未上市部分 Non-listed Shares	非流通股本 Non-negotiable Shares		暂未上市部分 Non-listed Shares	非流通股本 Non-negotiable Shares
2003	10648942.01	149070.00	30012290.30	6680395.67	0.00	10902483.48
2004	12674016.16	49545.59	33300104.87	7365819.32	0.00	11805119.86
2005	14618470.98	6184072.86	28394210.76	8285257.07	2180212.81	9802132.53
2006	21504586.44	77524903.92	2819415.92	10960224.17	10343097.11	2397498.99
2007	32843749.95	106670812.05	1197574.46	14104729.76	12053077.55	833565.50
2008	48096405.85	103923727.39	910755.94	19251722.40	13894780.44	409227.06
2009	114551191.03	50497112.07	844827.13	25159044.26	12897946.11	207994.67
2010	160133265.14	57660242.39	832121.12	33577593.01	15406677.86	117251.01
2011	178672127.42	54028923.31	810752.21	45004214.93	16146525.47	61594.26
2012	193807997.72	50259372.90	726217.71	53314959.94	17553073.55	61594.26
2013	236126047.33	20128978.85	50321.75	65290891.73	14199368.35	21664.83
2014	249015377.57	22843225.42	29198.60	78433374.97	17505879.88	0.75
2015	274177716.68	28270852.72	0.00	96255962.39	31524032.41	0.00

注：股本只包含境内A股股本。
数据来源：中国证券登记结算公司。
Source：CSDC.

7–18 历年末主板、中小板及创业板公司股本结构

Equity Structure of Main Board, SME Board and GE Board by the End of Year

单位：万股 (10 thousand shares)

		主板 Main Board		中小板 SME Board		创业板 GE Board	
		2014	2015	2014	2015	2014	2015
非限售股本 Negotiable Shares		289320027.71	323738293.09	29272512.29	35006507.99	8856212.54	11688877.99
限售股 Restricted Shares	暂未上市部分 Non-listed Shares	32997308.40	39546358.80	5433471.87	13532882.36	1918325.03	6715643.96
	非流通股本 Non-negotiable Shares	29198.60	0.00	0.75	0.00	0.00	0.00

注：股本只包含境内A股股本。
数据来源：中国证券登记结算公司。
Source：CSDC.

7-19 上市公司境内首发筹资按板块分类情况(IPO)
Statistics for Domestic IPO Financing by Board

年份 Year	境内首发筹资公司家数(家) Number of Listed Companies Financing in Domestic Capital Market by IPO(unit)				境内首发筹资金额(IPO)(亿元) Proceeds Raised in Domestic Capital Market by IPO(100 million yuan)			
	主板 Main Board	中小板 SME Board	创业板 GE Board	合计 Total	主板 Main Board	中小板 SME Board	创业板 GE Board	合计 Total
1990	8	—	—	8	2.11	—	—	2.11
1991	5	—	—	5	1.03	—	—	1.03
1992	41	—	—	41	68.91	—	—	68.91
1993	134	—	—	134	184.83	—	—	184.83
1994	117	—	—	117	154.44	—	—	154.44
1995	36	—	—	36	42.37	—	—	42.37
1996	212	—	—	212	241.32	—	—	241.32
1997	222	—	—	222	651.56	—	—	651.56
1998	111	—	—	111	412.22	—	—	412.22
1999	100	—	—	100	494.71	—	—	494.71
2000	143	—	—	143	862.56	—	—	862.56
2001	79	—	—	79	614.03	—	—	614.03
2002	71	—	—	71	498.75	—	—	498.75
2003	67	—	—	67	472.42	—	—	472.42
2004	62	38	—	100	269.97	91.08	—	361.05
2005	3	12	—	15	28.55	29.09	—	57.63
2006	14	52	—	66	1180.23	161.46	—	1341.70
2007	26	100	—	126	4379.92	390.91	—	4770.83
2008	5	71	—	76	733.54	300.84	—	1034.38
2009	9	54	36	99	1251.25	423.64	204.09	1878.98
2010	26	204	117	347	1891.51	2027.73	963.34	4882.59
2011	39	115	128	282	1014.01	1018.95	791.47	2824.43
2012	25	55	74	154	333.57	349.25	351.49	1034.32
2013	0	0	0	0	0.00	0.00	0.00	0.00
2014	43	31	51	125	311.77	197.66	159.46	668.89
2015	89	44	86	219	1086.90	181.86	309.32	1578.08

注：对A股、B股同年首发的公司筹资家数计为1家，筹资金额包含A股、B股首发筹资金额；对不同年份发行A股、B股的公司筹资家数和筹资金额分别计入当年筹资家数和筹资金额。

数据来源：上海证券交易所、深圳证券交易所。

Source: SSE、SZSE.

7–20 上市公司境内首发筹资按股份类型分类情况（IPO）
Statistics for Domestic IPO Financing by Type of Shares

年份 Year	境内首发筹资公司家数(家) Number of Listed Companies Financing in Domestic Capital Market by IPO(unit)		境内首发筹资金额(IPO)(亿元) Proceeds Raised in Domestic Capital Market by IPO(100 million yuan)	
	发行A股的公司 Listed Companies Issued the A shares	发行B股的公司 Listed Companies Issued the B shares	A股 A-shares	B股 B-shares
1990	8	0	2.11	0.00
1991	5	0	1.03	0.00
1992	40	18	20.46	48.45
1993	124	23	143.50	41.34
1994	110	17	143.23	11.21
1995	24	12	21.90	20.47
1996	203	15	211.68	29.65
1997	206	16	613.97	37.59
1998	106	5	404.14	8.08
1999	98	2	494.20	0.51
2000	137	6	852.05	10.51
2001	79	0	614.03	0.00
2002	71	0	498.75	0.00
2003	67	0	472.42	0.00
2004	100	0	361.05	0.00
2005	15	0	57.63	0.00
2006	66	0	1341.70	0.00
2007	126	0	4770.83	0.00
2008	76	0	1034.38	0.00
2009	99	0	1878.98	0.00
2010	347	0	4882.59	0.00
2011	282	0	2824.43	0.00
2012	154	0	1034.32	0.00
2013	0	0	0.00	0.00
2014	125	0	668.89	0.00
2015	219	0	1578.08	0.00

注：对A股、B股同年首发的公司分别计入当年发行A股、B股的公司家数和筹资金额；对不同年份发行A股、B股的公司筹资家数和筹资金额分别计入当年筹资家数和筹资金额。

数据来源：上海证券交易所、深圳证券交易所。

7–21 上市公司境内再筹资按板块分类情况
Statistics for Domestic Stock Refinancing by Board

年份 Year	境内再筹资公司家数(家) Number of Listed Companies Financing in Domestic Capital Market by Subsequent Offerings of shares(unit)				境内再筹资金额(亿元) Proceeds raised in Domestic Capital Market by Subsequent Offerings of shares (100 million yuan)			
	主板 Main Board	中小板 SME Board	创业板 GE Board	合计 Total	主板 Main Board	中小板 SME Board	创业板 GE Board	合计 Total
1992	0	—	—	0	0.00	—	—	0.00
1993	54	—	—	54	60.19	—	—	60.19
1994	53	—	—	53	59.19	—	—	59.19
1995	79	—	—	79	57.41	—	—	57.41
1996	40	—	—	40	66.71	—	—	66.71
1997	95	—	—	95	208.42	—	—	208.42
1998	167	—	—	167	375.22	—	—	375.22
1999	123	—	—	123	378.93	—	—	378.93
2000	177	—	—	177	653.26	—	—	653.26
2001	148	—	—	148	624.11	—	—	624.11
2002	50	—	—	50	221.29	—	—	221.29
2003	43	—	—	43	193.08	—	—	193.08
2004	36	0	—	36	289.47	0.00	—	289.47
2005	7	0	—	7	281.40	0.00	—	281.40
2006	55	3	—	58	1014.99	17.81	—	1032.80
2007	152	12	—	164	2986.24	57.67	—	3043.91
2008	129	17	—	146	2149.87	128.14	—	2278.01
2009	126	23	0	149	2801.88	153.48	0.00	2955.36
2010	140	45	0	185	4597.61	319.60	0.00	4917.21
2011	139	65	0	204	3874.16	455.84	0.00	4330.00
2012	119	39	4	162	3103.15	394.66	10.26	3508.08
2013	214	115	56	385	3662.40	536.65	84.64	4283.69
2014	244	189	103	536	4957.26	1501.67	340.63	6799.56
2015	395	310	260	965	8466.53	3046.45	1259.94	12772.97

注：1.同一家公司在当年多次筹资，筹资家数计为1家，筹资金额为合计金额。
2.1992—2007年再筹资金额包含增发和配股金额，其中增发包含公开增发和定向增发现金，定向增发非现金资产认购部分。
3.2008—2014年再筹资金额包含增发、配股和行权金额，其中增发包含公开增发和定向增发现金，定向增发非现金资产认购部分，行权仅指权证(期权)行权筹资金额，不包括可转债转股金额。

数据来源：上海证券交易所、深圳证券交易所。

Source:SSE、SZSE.

7-22 上市公司境内再筹资按股份类型分类情况

Statistics for Domestic Stock Refinancing by Type of Shares

年份 Year	境内再筹资公司家数(家) Number of Listed Companies Financing in Domestic Capital Market by Subsequent Offerings of shares(unit)				境内再筹资金额(亿元) Proceeds Raised in Domestic Capital Market by Subsequent Offerings of shares (100 million yuan)			
	A股 A-shares			B股	A股 A-shares			B股
	增发公司家数 Number of Companies Financing by Following on offering	配股公司家数 Number of Companies Financing by Rights Issues	行权筹资家数 Number of Companies Financing by Exercise	B-shares	增发筹资金额 Number of Companies Financing by Following on offering	配股筹资金额 Number of Companies Financing by Rights Issues	行权筹资金额 Number of Companies Financing by Exercise	B-shares
1992	0	0	—	0	0.00	0.00	—	0.00
1993	0	53	—	1	0.00	60.10	—	0.09
1994	1	51	—	1	7.68	51.36	—	0.15
1995	0	78	—	1	0.00	56.25	—	1.16
1996	0	40	—	1	0.00	64.64	—	2.07
1997	0	93	—	3	0.00	205.68	—	2.74
1998	7	160	—	0	30.46	344.76	—	0.00
1999	6	116	—	1	59.75	318.98	—	0.20
2000	16	161	—	0	143.73	509.53	—	0.00
2001	22	126	—	0	193.48	430.64	—	0.00
2002	28	22	—	0	164.68	56.61	—	0.00
2003	17	25	—	1	116.13	76.52	—	0.43
2004	11	23	—	2	159.73	104.77	—	24.98
2005	5	2	—	0	278.78	2.62	—	0.00
2006	56	2	—	0	1028.48	4.32	—	0.00
2007	157	7	—	0	2816.24	227.68	—	0.00
2008	135	9	2	0	2095.68	151.57	30.76	0.00
2009	131	10	8	0	2818.99	105.97	30.40	0.00
2010	160	18	7	0	3394.71	1438.22	84.28	0.00
2011	188	15	1	0	3878.54	421.96	29.49	0.00
2012	155	7	0	0	3387.07	121.00	0.00	0.00
2013	416	13	0	0	3672.16	475.75	0.00	0.00
2014	524	13	0	0	6661.59	137.97	0.00	0.00
2015	960	5	0	0	12736.50	36.43	0.00	0.00

注：1.同一家公司在当年存在同时增发、配股、行权分别计入当年相应筹资家数和金额。

2.1992—2007年再筹资金额包含增发和配股金额，其中增发包含公开增发和定向增发现金，定向增发非现金资产认购部分。

3.2008—2014年再筹资金额包含增发、配股和行权金额，其中增发包含公开增发和定向增发现金，定向增发非现金资产认购部分，行权仅指权证(期权)行权筹资金额，不包括可转债转股金额。

数据来源：上海证券交易所、深圳证券交易所。

Source: SSE、SZSE.

7–23 境内外股票市场筹资情况
Proceeds Raised in Domestic and Foreign Stock Markets

年份 Year	境内股票发行量(亿股) Number of Shares Issued in Domestic Capital Market (100 million shares)	境外股票发行量(亿股) Number of Shares Issued in Foreign Capital Market (100 million shares)	合计 Total	境内股票筹资金额(亿元) Proceeds Raised in Domestic Capital Market by Offering of Shares (100 million yuan)		
				小计 Subtotal	首发筹资金额(IPO) Proceeds Raised by IPO	增发筹资金额 Proceeds Raised by Following on Offering
1992	10.65	—	10.65	68.91	68.91	0.00
1993	51.07	40.41	91.48	245.02	184.83	0.00
1994	48.64	69.89	118.53	213.63	154.44	7.68
1995	18.01	15.38	33.39	99.78	42.37	1.16
1996	66.54	31.77	98.31	308.04	241.32	0.00
1997	129.64	136.88	266.52	859.98	651.56	0.00
1998	81.37	12.86	94.23	787.44	412.22	30.46
1999	86.87	23.05	109.92	873.63	494.71	59.95
2000	122.17	359.26	481.43	1515.82	862.56	143.73
2001	84.57	48.48	133.05	1238.14	614.03	193.48
2002	117.34	157.54	274.88	720.05	498.75	164.68
2003	89.34	196.79	286.13	665.51	472.42	116.56
2004	56.13	171.51	227.64	650.53	361.05	184.71
2005	13.92	553.25	567.17	339.03	57.63	278.78
2006	377.89	936.66	1314.55	2374.50	1341.70	1028.48
2007	430.63	223.97	654.60	7814.74	4770.83	2816.24
2008	114.96	65.38	180.34	3312.39	1034.38	2095.68
2009	244.47	155.58	400.05	4834.34	1878.98	2818.99
2010	553.95	367.04	920.99	9799.80	4882.59	3394.71
2011	163.99	108.37	272.36	7154.43	2824.43	3878.54
2012	78.86	220.95	299.81	4542.40	1034.32	3387.07
2013	0.00	259.92	259.92	4147.91	0.00	3672.16
2014	70.10	288.40	358.50	7468.45	668.89	6661.59
2015	151.52	444.15	595.67	14351.01	1578.08	12736.50

7-23 续表 continued

年份 Year	配股筹资金额 Proceeds Raised by Rights Issues	行权筹资金额 Proceeds Raised by Exercise	境外股票筹资金额(亿元) Proceeds Raised in Foreign Capital Market by Offering of Shares (100 million yuan) 小计 Subtotal	境外股票首发筹资金额(IPO) Proceeds Raised in Foreign Capital Market by IPO	境外股票再筹资金额 Proceeds Raised in Foreign Capital Market by Subsequent Offerings of shares	合计 Total
1992	0.00	—	0.00	0.00	0.00	68.91
1993	60.19	—	60.84	60.84	0.00	305.86
1994	51.51	—	188.75	188.75	0.00	402.38
1995	56.25	—	31.52	21.13	10.40	131.31
1996	66.71	—	100.57	72.94	27.63	408.61
1997	208.42	—	387.91	348.66	39.25	1247.89
1998	344.76	—	37.83	22.10	15.73	825.28
1999	318.98	—	47.11	47.11	0.00	920.74
2000	509.53	—	562.08	562.08	0.00	2077.90
2001	430.64	—	73.00	67.70	5.30	1311.14
2002	56.61	—	192.28	191.12	1.16	912.33
2003	76.52	—	537.32	506.53	30.79	1202.83
2004	104.77	—	647.72	433.44	214.28	1298.24
2005	2.62	—	1666.25	1421.24	245.01	2005.29
2006	4.32	—	3072.57	2925.30	147.27	5447.06
2007	227.68	—	927.47	701.31	226.15	8742.21
2008	151.57	30.76	311.38	259.92	51.46	3623.78
2009	105.97	30.40	1067.66	999.51	68.15	5901.99
2010	1438.22	84.28	2343.11	1061.09	1282.02	12142.91
2011	421.96	29.49	732.42	431.23	301.18	7886.84
2012	121.00	0.00	997.82	515.54	482.29	5540.22
2013	475.75	0.00	1060.24	691.57	368.67	5208.15
2014	137.97	0.00	2253.40	914.51	1338.89	9721.85
2015	36.43	0.00	7090.12	2053.15	5036.97	21441.13

注：1.境内股票发行量仅指A股、B股IPO数量之和，境外股票发行量指H股IPO与增发之和。
2.境外股票筹资仅指H股筹资。
3.2008—2014年股票发行量和筹资金额包含行权部分。
4.本表中美元折算汇率均使用当年最后一个交易日的中间价，港元均按1美元=7.8港元转化为美元后再按美元汇率折算。

数据来源：中国证监会、上海证券交易所、深圳证券交易所。
Source:CSRC、SSE、SZSE.

7-24 2015年按行业划分上市公司募集金额情况
Summary of Listed Companies Financing by Industry in 2015

单位：亿元 (100 million yuan)

行业 Industry	主板 Main Board	中小板 SME Board	创业板 GEB	合计 Total
农、林、牧、渔业 Agriculture,Forestry,Animal Husbandry and Fishery	66.82	70.55	0.28	137.65
采矿业 Mining	477.74	19.54	1.66	498.94
制造业 Manufacturing	3691.92	2490.27	974.57	7156.76
电力、热力、燃气及水生产和供应业 Production and Supply of Electricity,Gas and Water	691.55	4.78	7.52	703.85
建筑业 Construction	477.86	134.88	20.11	632.85
批发和零售业 Wholesale and Retail Trades	758.88	31.36	21.44	811.68
交通运输、仓储和邮政业 Transport,Storage and Post	261.11	5.68	21.92	288.71
住宿和餐饮业 Hotels and Catering Services	48.53	—	—	48.53
信息传输、软件和信息技术服务业 Information Transmission,Computer Services and Software	311.41	199.02	317.26	827.69
金融业 Financial Intermediation	1166.94	50.00	—	1216.94
房地产业 Real Estate	1327.07	81.71	—	1408.78
租赁和商务服务业 Leasing and Business Services	24.90	48.66	5.02	78.58
科学研究和技术服务业 Scientific Research,Technical Service	19.01	10.67	7.74	37.42
水利、环境和公共设施管理业 Management of Water Conservancy,Environment and Public Facilities	24.04	—	70.25	94.29
教育 Education	0.00	0.00	0.00	0.00
卫生和社会工作 Health and Social Works	—	54.75	0.80	55.55
文化、体育和娱乐业 Culture,Sports and Entertainment	161.07	26.44	120.69	308.20
其他 Others	44.61	—	—	44.61

注：募集金额为上市公司股票募集金额，并以股票上市日口径统计。
数据来源：上海证券交易所、深圳证券交易所。
Source：SSE、SZSE.

7-25　2015年按监管辖区划分上市公司募集金额情况
Summary of Listed Companies Financing by Jurisdiction in 2015

单位：亿元 (100 million yuan)

辖区	Jurisdiction	主板 Main Board	中小板 SME Board	创业板 GEB	合计 Total
北京	Beijing	1195.66	184.15	362.44	1742.25
天津	Tianjin	205.38	35.25	30.05	270.68
河北	Hebei	181.52	51.19	13.86	246.57
山西	Shanxi	216.35	3.35	5.11	224.81
内蒙古	Neimenggu	325.19	0.00	9.29	334.48
辽宁	Liaoning	196.32	29.67	43.59	269.58
吉林	Jilin	118.20	0.00	0.00	118.20
黑龙江	Heilongjiang	168.07	0.14	7.00	175.21
上海	Shanghai	2158.93	99.02	85.36	2343.31
江苏	Jiangsu	860.59	448.22	111.52	1420.33
浙江	Zhejiang	479.76	518.07	149.96	1147.79
安徽	Anhui	137.57	62.38	27.85	227.80
福建	Fujian	236.31	133.44	12.55	382.30
江西	Jiangxi	33.86	14.09	16.80	64.75
山东	Shandong	273.58	177.30	33.89	484.77
河南	Henan	102.79	62.83	31.80	197.42
湖北	Hubei	236.17	7.24	17.43	260.84
湖南	Hunan	214.91	70.19	55.64	340.74
广东	Guangdong	278.37	633.67	229.06	1141.10
广西	Guangxi	313.24	13.74	2.24	329.22
海南	Hainan	14.20	12.44	0.00	26.64
重庆	Chongqing	82.59	43.73	6.29	132.61
四川	Sichuan	229.72	105.49	64.23	399.44
贵州	Guizhou	0.00	0.00	3.33	3.33
云南	Yunnan	97.72	12.79	0.00	110.51
西藏	Xizang	48.78	0.00	0.00	48.78
陕西	Shaanxi	189.72	50.00	15.20	254.92
甘肃	Gansu	44.67	65.03	0.00	109.70
青海	Qinghai	106.83	0.00	0.00	106.83
宁夏	Ningxia	6.00	0.00	0.00	6.00
新疆	Xinjiang	12.83	26.17	42.30	81.30
深圳	Shenzhen	385.93	255.63	138.72	780.29
大连	Dalian	308.27	37.08	7.36	352.71
宁波	Ningbo	61.67	54.48	11.06	127.21
厦门	Xiamen	13.38	11.69	23.76	48.83
青岛	Qingdao	18.34	9.84	11.57	39.75

注：1.募集金额为上市公司股票募集金额，并以股票上市日口径统计。
　　2.上市公司辖区以注册地口径统计。
数据来源：上海证券交易所、深圳证券交易所。
Source：SSE、SZSE.

7–26 上市公司分红情况
Summary of Dividend of Listed Companies

年份 Year	上市公司家数(家) Number of Listed Companies (unit)	其中：分红公司家数(家) Number of Dividend (unit)	实际分红总额(亿元) Total Amount of Dividends Actually Distributed (100 million yuan)
2006	1434	643	784.50
2007	1550	726	1180.05
2008	1625	816	2524.51
2009	1718	855	2526.74
2010	2063	1031	3023.97
2011	2342	1347	3900.69
2012	2494	1688	4764.21
2013	2489	1831	5323.82
2014	2613	1887	7638.62
2015	2827	1977	7876.03

注：1.上市公司数量以首发上市日口径统计。
2.2014年起实际分红总额为境内A股、B股及境外H股分红金额合计。
数据来源：中证统计监测中心。
Source：CMSMC.

7-27 按行业划分的上市公司分红情况
Summary of Dividend of Listed Companies by Industry

行业 Industry	上市公司家数(家) Number of Listed Companies (unit)		其中：分红公司家数(家) Number of Dividend(unit)		实际分红总额(亿元) Total Amount of Dividends Actually Distributed (100 million yuan)	
	2014	2015	2014	2015	2014	2015
农、林、牧、渔业 Agriculture,Forestry,Animal Husbandry and Fishery	41	45	20	20	6.29	11.59
采矿业 Mining	71	76	52	46	1186.92	783.27
制造业 Manufacturing	1658	1795	1184	1272	1377.59	1642.54
电力、热力、燃气及水生产和供应业 Production and Supply of Electricity,Gas and Water	84	91	62	70	295.20	373.77
建筑业 Construction	67	77	51	58	172.42	183.36
批发和零售业 Wholesale and Retail Trades	151	153	103	102	97.76	99.12
交通运输、仓储和邮政业 Transport,Storage and Post	83	86	68	74	219.89	249.99
住宿和餐饮业 Hotels and Catering Services	12	12	6	4	3.75	4.31
信息传输、软件和信息技术服务业 Information Transmission,Computer Services and Software	136	156	117	131	55.33	76.48
金融业 Financial Intermediation	45	50	43	49	3971.07	4152.32
房地产业 Real Estate	136	137	94	92	186.06	220.57
租赁和商务服务业 Leasing and Business Services	25	29	21	21	21.92	20.16
科学研究和技术服务业 Scientific Research,Technical Service	17	21	10	16	2.97	6.06
水利、环境和公共设施管理业 Management of Water Conservancy,Environment and Public Facilities	29	31	18	21	12.25	13.00
教育 Education	1	1	0	—	0.00	0.00
卫生和社会工作 Health and Social Works	4	5	3	4	1.32	1.80
文化、体育和娱乐业 Culture,Sports and Entertainment	29	37	22	28	22.13	31.95
其他 Others	24	25	13	12	5.76	5.74

注：1.上市公司数量以首发上市日口径统计。
2.2014年起实际分红总额为境内A股、B股及境外H股分红金额合计。

数据来源：中证统计监测中心。
Source：CMSMC.

7-28 按类别划分的上市公司分红情况
Summary of Dividend of Listed Companies by Category

	2014	2015
上市公司分红家数(家) Number of Dividend (unit)	1887	2020
其中：主板 Main Board	953	1011
中小板 SME Board	596	608
创业板 GEB	338	401
其中：上交所 SSE	676	745
深交所 SZSE	1211	1275
上市公司实际分红总额(亿元) Total Amount of Dividends Actually Distributed (100 million yuan)	7638.62	7876.03
其中：主板 Main Board	7200.07	7336.08
中小板 SME Board	351.20	433.81
创业板 GEB	87.35	106.14
其中：上交所 SSE	6671.61	6715.56
深交所 SZSE	967.01	1160.47

注：1.上市公司数量以首发上市日口径统计。
2.2014年起实际分红总额为境内A股、B股及境外H股分红金额合计。
数据来源：中证统计监测中心。
Source：CMSMC.

7-29 上市公司主要财务指标
Financial Indicator of Listed Companies

年份 Year	资产规模 Asset Size				经营情况 Business Circumstance	
	总资产(亿元) Total Asset (100 million yuan)	其中：非金融上市公司总资产(亿元) Total Asset of Non-financial Listed Companies (100 million yuan)	归属母公司股东净资产(亿元) Net Asset Attributable to Parent Company Shareholders (100 million yuan)	其中：非金融上市公司归属母公司净资产(亿元) Net Asset Attributable to Parent Company Shareholders of Non-financial Listed Companies (100 million yuan)	营业收入(亿元) Revernue (100 million yuan)	利润总额(亿元) Total Profit (100 million yuan)
1995	4301.61	4024.03	1951.20	1914.24	2202.05	264.91
1996	6346.68	5962.19	2944.35	2895.20	3253.04	347.84
1997	9681.16	9202.94	4828.11	4725.17	5117.70	580.43
1998	12404.86	11836.01	6237.42	6120.51	6246.24	613.45
1999	16174.41	14485.64	7651.99	7458.82	7961.96	795.93
2000	21676.39	18778.83	10068.08	9798.93	10715.19	997.02
2001	30457.30	25862.66	12929.06	12663.01	15398.83	1000.46
2002	41539.86	30653.72	14603.34	14167.44	18908.60	1289.65
2003	53302.61	36167.56	16989.94	16307.99	24874.35	1844.36
2004	63277.29	42776.28	19078.26	18314.86	33885.96	2552.87
2005	72769.33	47907.48	20402.38	19546.93	40784.35	2535.22
2006	221069.33	61114.65	34120.86	24119.59	55555.63	5256.47
2007	414286.97	93475.93	63548.44	40477.95	91931.90	13446.40
2008	487007.21	114899.25	71131.38	46349.41	113233.89	10718.78
2009	617738.72	146061.96	85135.77	55180.06	121654.87	14553.27
2010	862290.24	185015.50	114091.20	69977.02	173389.61	22208.16
2011	1028873.51	228335.20	135847.32	83479.44	221275.29	26107.86
2012	1193598.71	266291.64	156762.70	94557.84	246104.25	26986.96
2013	1330017.51	300540.26	174511.40	108491.44	270556.52	30914.63
2014	1501082.96	339763.64	204689.62	118591.68	289130.24	33287.47
2015	1724975.10	395539.31	243831.81	139168.26	294460.04	34562.97

7—29 续表 1 continued

年份 Year	归属母公司股东净利润(亿元) Net Profit Attributable to Parent Company Shareholders (100 million yuan)	其中：非金融上市公司归属母公司股东净利润(亿元) Net Profit Attributable to Parent Company Shareholders of Non-financial Listed Companies (100 million yuan)	经营活动产生的现金流量净额(亿元) Net Cash Flow from Operating Activities (100 million yuan)	资产负债率(%) Asset-liability Ratio (%)	其中：非金融上市公司资产负债率(%) Asset-liability Ratio Non-financial Listed Companies (%)	总资产收益率(%) ROE (%)	其中：非金融上市公司总资产收益率(%) ROE of Non-financial Listed Companies (%)
1995	210.99	204.24	—	52.20	49.82	4.90	5.08
1996	281.75	271.02	—	51.32	49.01	4.44	4.55
1997	469.86	453.62	—	48.06	46.49	4.85	4.93
1998	465.91	450.48	449.69	47.58	46.05	3.76	3.81
1999	617.94	601.50	793.72	50.51	46.08	3.82	4.15
2000	758.50	736.57	1180.28	51.18	45.09	3.50	3.92
2001	687.38	666.16	2266.94	54.50	47.45	2.26	2.58
2002	807.84	766.06	3337.57	61.56	49.33	1.94	2.50
2003	1221.10	1156.98	3376.18	65.03	50.35	2.29	3.20
2004	1649.80	1571.88	3808.47	66.69	52.53	2.61	3.67
2005	1584.55	1496.59	4625.05	68.88	54.55	2.18	3.12
2006	3469.29	2362.05	11737.86	83.21	56.22	1.57	3.86
2007	9332.14	5748.67	19916.13	83.60	52.48	2.25	6.15
2008	8178.61	4193.81	26207.73	84.14	54.70	1.68	3.65
2009	10666.19	5510.23	28406.09	85.02	57.55	1.73	3.77
2010	16455.95	8729.75	26158.81	85.74	57.66	1.91	4.72
2011	19116.22	9608.09	30092.22	85.72	59.06	1.86	4.21
2012	19652.78	8795.95	45527.09	85.77	60.05	1.65	3.30
2013	22494.88	9984.22	30509.23	85.75	60.87	1.78	3.52
2014	24189.85	10222.51	48693.60	85.25	60.69	1.71	3.18
2015	24772.31	9204.69	84772.15	84.65	66.88	1.53	2.48

7–29 续表 2 continued

年份 Year	平均净资产收益率 (%) Average ROE (%)	其中：非金融上市公司平均净资产收益率 (%) Average ROE of Non-financial Listed Companies (%)	每股指标 Share Index 每股净资产 (元) BPS (yuan)	每股收益 (元) EPS (yuan)	每股未分配利润 (元) Undistributed Profit Per Share (yuan)	每股经营活动现金流量净额 (元) Net Cash Flow from Operating Activities Per Share (yuan)
1995	11.26	11.11	2.29	0.25	0.05	—
1996	10.63	10.40	2.42	0.23	0.13	—
1997	11.31	11.15	2.47	0.24	0.16	—
1998	8.14	8.02	2.46	0.18	0.14	0.18
1999	8.62	8.59	2.47	0.20	0.12	0.26
2000	8.29	8.26	2.65	0.20	0.13	0.31
2001	5.53	5.47	2.48	0.13	0.07	0.43
2002	5.73	5.58	2.48	0.14	0.08	0.57
2003	7.61	7.49	2.64	0.19	0.19	0.52
2004	9.08	9.01	2.66	0.23	0.26	0.53
2005	7.99	7.87	2.67	0.21	0.32	0.61
2006	11.52	10.63	2.30	0.23	0.27	0.79
2007	16.73	15.98	2.85	0.42	0.54	0.89
2008	12.07	9.57	2.92	0.34	0.63	1.08
2009	13.60	10.81	3.25	0.41	0.80	1.08
2010	16.04	13.75	3.43	0.49	0.93	0.79
2011	15.19	12.39	3.75	0.53	1.17	0.83
2012	13.35	9.78	4.07	0.51	1.35	1.18
2013	13.58	10.06	4.29	0.55	1.54	0.75
2014	12.71	9.14	4.66	0.55	1.72	1.11
2015	10.99	7.10	4.87	0.49	1.78	1.69

注：1.每股指标指境内部分；每股指标均使用整体法来计算。
2.历年数据采用当年年报数据；当年数据剔除缺少年报的上市公司。
数据来源：上海证券交易所、深圳证券交易所。
Source：SSE、SZSE.

7—30　2015年按行业划分上市公司主要财务指标

行业 Industry	资产规模 Asset Size		营业收入 (亿元) Revenue (100 million yuan)	利润总额 (亿元) Total Profit (100 million yuan)
	总资产 (亿元) Total Asset (100 million yuan)	归属母公司股东净资产 (亿元) Net Asset Attributable to Parent Company Shareholders (100 million yuan)		
农、林、牧、渔业 Agriculture,Forestry,Animal Husbandry and Fishery	1844.86	1035.05	1166.97	57.25
采矿业 Mining	61677.73	27776.63	46509.52	1380.41
制造业 Manufacturing	144081.07	60445.65	93837.25	4043.88
电力、热力、燃气及水生产和供应业 Production and Supply of Electricity,Gas and Water	29237.42	8560.18	8018.33	1490.95
建筑业 Construction	50933.60	9391.36	36189.08	1394.01
批发和零售业 Wholesale and Retail Trades	16147.37	5146.31	21806.59	419.93
交通运输、仓储和邮政业 Transport,Storage and Post	21126.32	8572.31	8279.14	816.44
住宿和餐饮业 Hotels and Catering Services	487.30	171.88	120.93	12.33
信息传输、软件和信息技术服务业 Information Transmission,Computer Services and Software	11920.31	4286.03	5586.58	369.72
金融业 Financial Intermediation	1327684.77	104544.59	56122.11	20601.14
房地产业 Real Estate	49449.62	9492.68	11977.85	1595.62
租赁和商务服务业 Leasing and Business Services	4077.95	1172.41	2598.27	111.06
科学研究和技术服务业 Scientific Research,Technical Service	573.20	285.29	306.67	32.73
水利、环境和公共设施管理业 Management of Water Conservancy,Environment and Public Facilities	2292.20	1002.54	688.91	133.99
教育 Education	18.61	8.37	11.65	0.32
卫生和社会工作 Health and Social Works	129.70	82.03	88.45	16.02
文化、体育和娱乐业 Culture,Sports and Entertainment	2418.29	1546.44	1171.56	164.14
其他 Others	1297.93	523.34	348.12	3.28

注：每股指标指境内部分；每股指标均使用整体法来计算。
数据来源：上海证券交易所、深圳证券交易所。
Source：SSE、SZSE.

Financial Indicator of Listed Companies by Industry in 2015

经营情况 Business Circumstance				每股指标 Share Index			
归属母公司股东净利润(亿元) Net Profit Attributable to Parent Company Shareholders (100 million yuan)	经营活动产生的现金流量净额(亿元) Net Cash Flow from Operating Activities (100 million yuan)	资产负债率(%) Asset-liability Ratio (%)	平均净资产收益率(%) Average ROE (%)	每股净资产(元) BPS (yuan)	每股收益(元) EPS (yuan)	每股未分配利润(元) Undistributed Profit Per Share (yuan)	每股经营活动现金流量净额(元) Net Cash Flow from Operating Activities Per Share (yuan)
69.17	61.07	40.65	7.37	3.20	0.21	0.62	0.47
766.81	—	48.16	2.81	5.57	0.15	2.68	1.04
3630.73	6335.07	54.51	6.48	3.97	0.24	1.21	0.55
998.68	—	64.06	12.69	3.72	0.43	1.04	1.31
991.91	6749.77	78.20	11.71	5.16	0.54	2.19	0.47
294.08	—	65.12	6.29	4.52	0.26	1.59	0.84
734.38	2473.15	55.04	9.00	3.66	0.31	1.17	0.45
10.81	—	61.93	6.62	3.33	0.21	0.30	1.08
357.59	782.80	50.06	9.60	3.74	0.31	1.11	3.53
15567.62	—	91.96	16.27	5.99	0.89	2.22	0.05
965.81	—	76.56	11.62	4.36	0.44	1.97	0.63
83.07	1425.35	67.16	8.27	3.46	0.24	0.99	0.25
28.75	—	48.61	11.03	3.74	0.38	1.22	0.17
101.90	12.11	53.27	11.51	4.71	0.48	2.09	0.97
0.60	—	51.31	7.21	3.23	0.23	0.52	0.42
12.12	1174.91	32.47	18.95	2.55	0.38	0.91	0.49
153.32	—	33.15	11.62	4.77	0.47	1.48	0.11
4.94	30049.12	54.61	1.02	3.07	0.03	0.62	0.63

7-31 2015年按辖区划分上市公司主要财务指标

辖区	Jurisdiction	资产规模 Asset Size		营业收入（亿元）Revenue (100 million yuan)	利润总额（亿元）Total Profit (100 million yuan)
		总资产（亿元）Total Asset (100 million yuan)	归属母公司股东净资产（亿元）Net Asset Attributable to Parent Company Shareholders (100 million yuan)		
北京	Beijing	1080707.52	115920.26	123096.84	17708.94
天津	Tianjin	5698.16	2147.44	2689.94	88.57
河北	Hebei	9581.95	2848.75	4587.79	285.27
山西	Shanxi	7767.43	2681.05	3240.06	111.72
内蒙古	Neimenggu	6445.45	1895.67	1966.74	47.40
辽宁	Liaoning	4204.53	1638.59	2331.19	-66.24
吉林	Jilin	3903.14	1341.48	1328.48	96.78
黑龙江	Heilongjiang	3877.80	1229.90	1194.58	88.58
上海	Shanghai	192915.75	26765.29	36280.70	4072.95
江苏	Jiangsu	31039.36	8797.55	11510.61	879.91
浙江	Zhejiang	14426.40	7100.99	9531.81	723.23
安徽	Anhui	7863.09	3450.24	5046.50	154.95
福建	Fujian	59493.40	5314.77	4587.75	856.73
江西	Jiangxi	3285.92	1460.09	3782.20	85.04
山东	Shandong	13836.46	5235.90	7446.26	455.56
河南	Henan	5981.25	2434.25	3133.70	91.61
湖北	Hubei	9668.36	3130.51	5005.39	200.41
湖南	Hunan	7241.55	2619.82	3100.83	83.27
广东	Guangdong	26646.01	9023.48	12951.91	1382.61
广西	Guangxi	2815.84	986.50	1221.35	77.14
海南	Hainan	2438.04	938.35	824.29	22.73
重庆	Chongqing	5520.82	1765.97	2290.95	151.83
四川	Sichuan	9167.84	3432.84	4879.18	300.32
贵州	Guizhou	2560.43	1207.85	1035.19	264.68
云南	Yunnan	3715.99	947.15	2457.60	-8.62
西藏	Xizang	506.26	231.85	223.86	21.24
陕西	Shaanxi	4301.74	1750.73	1730.68	58.08
甘肃	Gansu	3640.03	1021.39	1385.62	56.84
青海	Qinghai	1592.97	473.11	603.63	-3.60
宁夏	Ningxia	508.31	189.34	204.95	-20.16
新疆	Xinjiang	8688.56	2039.83	2215.38	203.88
深圳	Shenzhen	164794.84	18903.60	23183.98	3587.08
大连	Dalian	4919.47	1515.16	2352.47	141.63
宁波	Ningbo	10830.21	1920.50	1872.08	236.30
厦门	Xiamen	2914.77	846.50	3681.02	85.89
青岛	Qingdao	1912.56	842.75	1859.81	120.68

注：1.每股指标指境内部分；每股指标均使用整体法来计算。
2.上市公司辖区以各地证监局监管口径统计。
数据来源：上海证券交易所、深圳证券交易所。
Source：SSE、SZSE.

Financial Indicator of Listed Companies by Jurisdiction in 2015

经营情况 Business Circumstance				每股指标 Share Index			
归属母公司股东净利润（亿元） Net Profit Attributable to Parent Company Shareholders (100 million yuan)	经营活动产生的现金流量净额（亿元） Net Cash Flow from Operating Activities (100 million yuan)	资产负债率 (%) Asset-liability Ratio (%)	平均净资产收益率 (%) Average ROE (%)	每股净资产（元） BPS (yuan)	每股收益（元） EPS (yuan)	每股未分配利润（元） Undistributed Profit Per Share (yuan)	每股经营活动现金流量净额（元） Net Cash Flow from Operating Activities Per Share (yuan)
13242.49	45778.10	88.55	11.42	5.17	0.59	2.14	2.04
115.62	247.10	56.88	5.38	4.16	0.22	1.15	0.48
234.03	454.25	67.37	8.22	3.87	0.32	1.21	0.62
59.11	294.27	62.10	2.20	3.88	0.09	1.25	0.43
48.99	1231.88	65.56	2.58	2.70	0.07	0.74	1.76
-53.90	148.90	59.85	-3.29	3.46	-0.11	0.35	0.31
85.79	152.41	63.00	6.40	3.87	0.25	1.14	0.44
55.74	285.14	66.17	4.53	3.64	0.17	0.71	0.84
3077.39	10542.28	84.22	11.50	5.93	0.68	1.70	2.33
717.53	1741.98	69.98	8.16	4.08	0.33	1.19	0.81
612.12	942.89	47.87	8.62	3.83	0.33	1.24	0.51
148.14	461.68	53.52	4.29	3.97	0.17	1.37	0.53
682.99	8425.14	90.68	12.85	5.85	0.75	2.30	9.27
82.25	179.85	52.53	5.63	5.80	0.33	2.03	0.71
347.63	804.38	58.28	6.64	4.41	0.29	1.73	0.68
88.13	293.59	56.92	3.62	3.27	0.12	0.88	0.39
161.52	204.11	64.46	5.16	4.08	0.21	1.17	0.27
91.34	55.69	62.15	3.49	3.90	0.14	0.91	0.08
1144.58	2355.99	62.37	12.68	4.43	0.56	1.73	1.16
58.32	68.94	62.18	5.91	3.15	0.19	0.67	0.22
26.78	153.83	56.81	2.85	2.66	0.08	0.49	0.44
170.05	153.77	66.39	9.63	3.72	0.36	1.06	0.32
235.63	485.39	59.37	6.86	3.73	0.26	1.24	0.53
193.67	252.53	49.78	16.03	6.79	1.09	3.80	1.42
2.01	67.42	71.35	0.21	3.60	0.01	0.58	0.26
18.88	66.90	50.80	8.14	2.91	0.24	0.84	0.84
37.84	86.67	54.73	2.16	3.76	0.08	0.69	0.19
14.15	281.19	64.16	1.39	3.12	0.04	0.82	0.86
-2.04	45.01	67.93	-0.43	4.94	-0.02	1.38	0.47
-14.15	11.32	61.74	-7.47	2.96	-0.22	-0.16	0.18
156.28	761.36	74.14	7.66	3.90	0.30	0.91	1.46
2524.54	6751.87	87.23	13.35	7.42	0.99	2.85	2.65
80.21	354.71	64.28	5.29	3.52	0.19	1.17	0.82
189.39	360.77	81.56	9.86	4.21	0.41	1.55	0.79
44.87	139.19	64.94	5.30	4.64	0.25	1.63	0.76
97.45	134.19	50.29	11.56	3.88	0.45	1.75	0.62

7-32 货币金融类上市公司与其他上市公司主要财务指标对比
Financial Indicator of Monetary Financial Listed Companies and Others

年份 Year	总资产(亿元) Total Asset (100 million yuan)		归属母公司股东净利润(亿元) Net Profit Attributable to Parent Company Shareholders (100 million yuan)		平均净资产收益率(%) Average ROE (%)	
	货币金融类上市公司 Monetary Financial Listed Companies	其他上市公司 Others	货币金融类上市公司 Monetary Financial Listed Companies	其他上市公司 Others	货币金融类上市公司 Monetary Financial Listed Companies	其他上市公司 Others
2001	4327.16	26130.14	21.11	666.27	12.31	5.43
2002	10634.08	30905.79	43.43	764.40	15.79	5.53
2003	16756.94	36545.67	63.05	1158.04	14.03	7.43
2004	20123.09	43154.21	84.19	1565.61	14.76	8.89
2005	24438.87	48330.46	106.09	1478.46	15.77	7.72
2006	158639.16	62430.17	1076.63	2392.65	14.02	10.67
2007	298402.19	115884.78	2809.64	6522.50	16.99	16.62
2008	349114.31	137892.90	3734.00	4444.61	18.89	9.26
2009	439733.86	178004.86	4348.33	6317.86	19.20	11.32
2010	638362.13	223928.11	6773.89	9682.06	20.69	13.86
2011	744953.81	283919.70	8750.06	10366.15	21.35	12.21
2012	859022.11	334576.59	10269.28	9383.51	20.98	9.55
2013	951375.30	378642.22	11584.11	10910.76	20.28	10.05
2014	1057628.16	443454.80	12473.85	11716.00	18.59	9.51
2015	1188446.68	536951.56	12696.67	12075.64	14.77	7.42

7-32 续表 continued

年份 Year	每股收益(元) EPS (yuan)		每股净资产(元) BPS (yuan)		每股经营活动现金流量净额(元) Net Cash Flow from Operating Activities Per Share (yuan)	
	货币金融类上市公司 Monetary Financial Listed Companies	其他上市公司 Others	货币金融类上市公司 Monetary Financial Listed Companies	其他上市公司 Others	货币金融类上市公司 Monetary Financial Listed Companies	其他上市公司 Others
2001	0.32	0.13	2.44	2.48	4.89	0.38
2002	0.31	0.13	2.44	2.49	5.85	0.44
2003	0.34	0.19	2.81	2.63	2.50	0.47
2004	0.38	0.23	2.79	2.66	0.91	0.52
2005	0.38	0.20	2.63	2.67	1.27	0.58
2006	0.17	0.28	1.56	2.83	0.95	0.68
2007	0.29	0.52	1.92	3.56	0.93	0.86
2008	0.38	0.30	2.16	3.42	1.66	0.69
2009	0.44	0.39	2.47	3.72	1.12	1.06
2010	0.47	0.51	2.61	4.04	0.77	0.80
2011	0.60	0.48	3.07	4.21	1.22	0.57
2012	0.70	0.39	3.62	4.35	1.75	0.83
2013	0.77	0.42	4.08	4.42	0.80	0.72
2014	0.82	0.41	4.82	4.57	1.63	0.83
2015	0.83	0.35	5.59	4.55	3.75	0.78

注：1.每股指标指境内部分；每股指标均使用整体法来计算。
2.历年数据采用当年年报数据。
数据来源：上海证券交易所、深圳证券交易所。
Source：SSE、SZSE.

7-33　2015年上市公司按行业每股收益分布

单位：家

行业 Industry	1.00元以上 Above 1.00 yuan	0.80—1.00元 0.80—1.00 yuan	0.50—0.80元 0.50—0.80 yuan
农、林、牧、渔业 Agriculture,Forestry,Animal Husbandry and Fishery	2	0	1
采矿业 Mining	0	1	3
制造业 Manufacturing	106	60	228
电力、热力、燃气及水生产和供应业 Production and Supply of Electricity,Gas and Water	5	6	17
建筑业 Construction	4	5	12
批发和零售业 Wholesale and Retail Trades	15	5	17
交通运输、仓储和邮政业 Transport,Storage and Post	6	3	11
住宿和餐饮业 Hotels and Catering Services	0	0	1
信息传输、软件和信息技术服务业 Information Transmission,Computer Services and Software	12	6	28
金融业 Financial Intermediation	27	7	11
房地产业 Real Estate	11	3	16
租赁和商务服务业 Leasing and Business Services	3	0	4
科学研究和技术服务业 Scientific Research,Technical Service	2	0	7
水利、环境和公共设施管理业 Management of Water Conservancy,Environment and Public Facilities	2	0	6
教育 Education	0	0	0
卫生和社会工作 Health and Social Works	0	0	2
文化、体育和娱乐业 Culture,Sports and Entertainment	1	3	8
其他 Others	0	0	0

注：每股指标指境内部分；每股指标均使用整体法来计算。
数据来源：上海证券交易所、深圳证券交易所。
Source：SSE、SZSE.

EPS of Listed Companies by Industry in 2015

(unit)

0.20—0.50元 0.20—0.50 yuan	0.10—0.20元 0.10—0.20 yuan	0.05—0.10元 0.05—0.10 yuan	0.00—0.05元 0.00—0.05 yuan	亏损 Deficit	合计 Total
8	6	6	11	10	44
10	8	7	24	22	75
495	293	172	209	227	1790
37	11	4	7	4	91
29	11	3	9	5	78
49	22	16	13	16	153
33	15	10	5	3	86
3	2	2	1	2	11
64	22	11	9	8	160
4	0	0	1	0	50
34	22	15	12	26	139
13	4	3	3	1	31
7	3	1	1	0	21
16	1	1	2	3	31
1	0	0	0	0	1
3	0	0	0	0	5
19	1	4	0	1	37
4	4	6	3	8	25

7-34 2015年上市公司按监管辖区每股收益分布

单位：家

辖区	Jurisdiction	1.00元以上 Above 1.00 yuan	0.80—1.00元 0.80—1.00 yuan	0.50—0.80元 0.50—0.80 yuan
北京	Beijing	21	17	49
天津	Tianjin	1	0	10
河北	Hebei	3	3	7
山西	Shanxi	0	1	3
内蒙古	Neimenggu	0	1	1
辽宁	Liaoning	1	1	3
吉林	Jilin	5	0	5
黑龙江	Heilongjiang	2	1	5
上海	Shanghai	26	8	22
江苏	Jiangsu	24	11	45
浙江	Zhejiang	16	12	41
安徽	Anhui	4	3	17
福建	Fujian	5	4	6
江西	Jiangxi	3	1	5
山东	Shandong	6	5	18
河南	Henan	5	3	9
湖北	Hubei	6	3	16
湖南	Hunan	2	2	10
广东	Guangdong	21	6	31
广西	Guangxi	1	0	2
海南	Hainan	0	0	0
重庆	Chongqing	4	3	3
四川	Sichuan	8	3	7
贵州	Guizhou	2	0	3
云南	Yunnan	3	0	0
西藏	Xizang	0	0	3
陕西	Shaanxi	0	0	4
甘肃	Gansu	0	0	3
青海	Qinghai	0	0	2
宁夏	Ningxia	0	0	1
新疆	Xinjiang	1	1	4
深圳	Shenzhen	16	6	28
大连	Dalian	2	0	0
宁波	Ningbo	3	0	5
厦门	Xiamen	3	3	2
青岛	Qingdao	2	1	2

注：1.每股指标指境内部分；每股指标均使用整体法来计算。

2.上市公司辖区以各地证监局监管口径统计。

数据来源：上海证券交易所、深圳证券交易所。

Source：SSE、SZSE.

EPS of Listed Companies by Jurisdiction in 2015

(unit)

0.20—0.50元 0.20—0.50 yuan	0.10—0.20元 0.10—0.20 yuan	0.05—0.10元 0.05—0.10 yuan	0.00—0.05元 0.00—0.05 yuan	亏损 Deficit	合计 Total
92	35	19	14	16	263
9	4	4	8	6	42
14	4	7	6	9	53
9	2	3	7	12	37
10	1	3	3	7	26
8	11	3	9	12	48
9	5	4	8	4	40
10	3	3	5	6	35
76	33	20	19	20	224
73	51	23	32	19	278
80	39	22	19	19	248
27	10	11	7	9	88
15	13	5	11	7	66
12	4	2	4	4	35
38	27	13	19	16	142
16	11	5	12	12	73
19	12	8	11	12	87
25	11	5	12	14	81
57	46	27	17	17	222
12	6	3	4	7	35
5	4	3	8	7	27
19	3	1	3	7	43
27	14	12	15	17	103
5	4	1	2	4	21
9	2	5	4	7	30
3	1	3	1	0	11
10	8	6	5	10	43
8	3	5	6	3	28
2	0	0	3	3	10
1	1	2	1	6	12
8	4	2	12	10	42
74	30	20	12	17	203
11	4	2	2	7	28
21	11	3	5	3	51
10	4	3	1	7	33
5	4	3	3	0	20

7-35 2015年上市公司按行业每股净资产分布

单位：家

行业 Industry	5.00元以上 Above 5.00 yuan	3.00—5.00元 3.00—5.00 yuan
农、林、牧、渔业 Agriculture,Forestry,Animal Husbandry and Fishery	8	13
采矿业 Mining	21	21
制造业 Manufacturing	560	625
电力、热力、燃气及水生产和供应业 Production and Supply of Electricity,Gas and Water	27	34
建筑业 Construction	24	26
批发和零售业 Wholesale and Retail Trades	53	55
交通运输、仓储和邮政业 Transport,Storage and Post	26	32
住宿和餐饮业 Hotels and Catering Services	2	3
信息传输、软件和信息技术服务业 Information Transmission,Computer Services and Software	42	57
金融业 Financial Intermediation	33	15
房地产业 Real Estate	32	42
租赁和商务服务业 Leasing and Business Services	11	9
科学研究和技术服务业 Scientific Research,Technical Service	7	9
水利、环境和公共设施管理业 Management of Water Conservancy,Environment and Public Facilities	10	14
教育 Education	0	1
卫生和社会工作 Health and Social Works	0	1
文化、体育和娱乐业 Culture,Sports and Entertainment	15	13
其他 Others	2	5

注：每股指标指境内部分；每股指标均使用整体法来计算。
数据来源：上海证券交易所、深圳证券交易所。
Source：SSE、SZSE.

BPS of Listed Companies by Industry in 2015

(unit)

2.00—3.00元 2.00—3.00 yuan	1.00—2.00元 1.00—2.00 yuan	0.50—1.00元 0.50—1.00 yuan	0.00—0.50元 0.00—0.50 yuan	小于0.00元 Below 0.00 yuan	合计 Total
11	11	0	0	1	44
16	13	2	2	0	75
313	224	26	36	6	1790
17	13	0	0	0	91
17	8	1	2	0	78
22	16	4	2	1	153
19	7	0	2	0	86
1	2	0	3	0	11
40	19	1	1	0	160
1	1	0	0	0	50
34	21	7	2	1	139
5	5	1	0	0	31
3	2	0	0	0	21
5	2	0	0	0	31
0	0	0	0	0	1
4	0	0	0	0	5
6	2	0	0	1	37
9	5	3	0	1	25

7-36 2015年上市公司按监管辖区每股净资产分布

单位：家

辖区	Jurisdiction	5.00元以上 Above 5.00 yuan	3.00—5.00元 3.00—5.00 yuan	2.00—3.00元 2.00—3.00 yuan
北京	Beijing	103	100	45
天津	Tianjin	11	14	9
河北	Hebei	11	25	6
山西	Shanxi	10	8	11
内蒙古	Neimenggu	6	12	5
辽宁	Liaoning	10	19	7
吉林	Jilin	11	13	9
黑龙江	Heilongjiang	8	14	5
上海	Shanghai	68	71	40
江苏	Jiangsu	93	99	46
浙江	Zhejiang	78	92	52
安徽	Anhui	27	37	13
福建	Fujian	17	24	15
江西	Jiangxi	16	9	6
山东	Shandong	46	48	25
河南	Henan	26	22	14
湖北	Hubei	37	23	13
湖南	Hunan	26	21	17
广东	Guangdong	77	70	40
广西	Guangxi	6	16	3
海南	Hainan	1	6	11
重庆	Chongqing	13	13	11
四川	Sichuan	24	28	21
贵州	Guizhou	6	8	5
云南	Yunnan	7	10	8
西藏	Xizang	0	7	3
陕西	Shaanxi	6	25	5
甘肃	Gansu	7	10	5
青海	Qinghai	2	2	3
宁夏	Ningxia	4	1	2
新疆	Xinjiang	12	10	10
深圳	Shenzhen	62	74	34
大连	Dalian	9	11	3
宁波	Ningbo	15	18	13
厦门	Xiamen	14	9	4
青岛	Qingdao	4	6	4

注：1.每股指标指境内部分；每股指标均使用整体法来计算。
2.上市公司辖区以各地证监局监管口径统计。
数据来源：上海证券交易所、深圳证券交易所。
Source：SSE、SZSE.

BPS of Listed Companies by Jurisdiction in 2015

(unit)

1.00—2.00元 1.00—2.00 yuan	0.50—1.00元 0.50—1.00 yuan	0.00—0.50元 0.00—0.50 yuan	小于0.00元 Below 0.00 yuan	合计 Total
11	2	1	1	263
5	2	1	0	42
6	3	2	0	53
5	9	3	0	37
2	1	9	0	26
6	2	3	1	48
5	1	1	0	40
7	0	0	1	35
37	6	2	0	224
34	4	1	1	278
25	0	1	0	248
11	0	0	0	88
9	1	0	0	66
3	0	1	0	35
18	0	4	1	142
8	1	2	0	73
7	2	5	0	87
12	3	2	0	81
29	2	4	0	222
8	0	2	0	35
6	0	2	1	27
3	1	2	0	43
21	5	3	1	103
2	0	0	0	21
3	0	0	2	30
1	0	0	0	11
5	2	0	0	43
5	1	0	0	28
3	0	0	0	10
2	0	3	0	12
8	0	1	1	42
27	4	2	0	203
3	2	0	0	28
4	0	1	0	51
4	0	1	1	33
6	0	0	0	20

7-37 2015年上市公司按行业平均净资产收益率分布

单位：家

行业 Industry	100%以上 Above 100%	60%—100%	40%—60%
农、林、牧、渔业 Agriculture,Forestry,Animal Husbandry and Fishery	1	0	3
采矿业 Mining	0	0	9
制造业 Manufacturing	6	5	496
电力、热力、燃气及水生产和供应业 Production and Supply of Electricity,Gas and Water	0	0	33
建筑业 Construction	0	0	32
批发和零售业 Wholesale and Retail Trades	1	0	62
交通运输、仓储和邮政业 Transport,Storage and Post	0	0	36
住宿和餐饮业 Hotels and Catering Services	2	0	4
信息传输、软件和信息技术服务业 Information Transmission,Computer Services and Software	0	1	64
金融业 Financial Intermediation	0	0	2
房地产业 Real Estate	0	0	42
租赁和商务服务业 Leasing and Business Services	0	0	10
科学研究和技术服务业 Scientific Research,Technical Service	0	0	9
水利、环境和公共设施管理业 Management of Water Conservancy,Environment and Public Facilities	0	0	11
教育 Education	0	0	1
卫生和社会工作 Health and Social Works	0	0	1
文化、体育和娱乐业 Culture,Sports and Entertainment	1	0	16
其他 Others	1	0	3

数据来源：上海证券交易所、深圳证券交易所。
Source：SSE、SZSE.

ROE of Listed Companies by Industry in 2015

(unit)

30%—40%	20%—30%	10%—20%	5%—10%	0—5%	小于0 Below 0	净资产为负 Negative Net Asset	合计 Total
0	2	6	3	23	9	1	44
1	1	4	9	38	22	0	75
10	51	393	496	606	221	6	1790
0	6	30	33	18	4	0	91
0	1	19	32	20	5	0	78
2	5	27	62	40	15	1	153
1	2	21	36	22	3	0	86
0	0	0	4	3	2	0	11
2	4	51	64	29	8	0	160
0	9	38	2	1	0	0	50
2	3	30	42	36	25	1	139
1	1	8	10	10	1	0	31
0	1	9	9	2	0	0	21
0	0	12	11	5	3	0	31
0	0	0	1	0	0	0	1
0	1	3	1	0	0	0	5
0	2	13	16	5	0	1	37
0	0	3	3	11	7	1	25

7−38　2015年上市公司按监管辖区平均净资产收益率分布

单位：家

辖区	Jurisdiction	100%以上 Above 100%	60%—100%	40%—60%	30%—40%
北京	Beijing	2	0	0	0
天津	Tianjin	0	0	0	0
河北	Hebei	0	1	0	2
山西	Shanxi	0	0	0	0
内蒙古	Neimenggu	0	0	0	0
辽宁	Liaoning	1	0	0	0
吉林	Jilin	0	0	0	0
黑龙江	Heilongjiang	0	1	0	0
上海	Shanghai	1	0	1	3
江苏	Jiangsu	1	0	1	5
浙江	Zhejiang	0	0	1	2
安徽	Anhui	0	0	0	0
福建	Fujian	0	1	1	0
江西	Jiangxi	0	0	0	0
山东	Shandong	1	0	0	1
河南	Henan	0	0	1	0
湖北	Hubei	0	0	1	0
湖南	Hunan	0	0	0	0
广东	Guangdong	0	1	0	2
广西	Guangxi	0	0	0	0
海南	Hainan	0	0	1	0
重庆	Chongqing	0	1	0	1
四川	Sichuan	0	0	0	2
贵州	Guizhou	0	0	0	0
云南	Yunnan	2	0	0	0
西藏	Xizang	0	0	0	0
陕西	Shaanxi	0	0	0	0
甘肃	Gansu	0	0	0	0
青海	Qinghai	0	0	0	0
宁夏	Ningxia	1	0	0	0
新疆	Xinjiang	1	0	0	0
深圳	Shenzhen	1	0	0	1
大连	Dalian	0	0	0	0
宁波	Ningbo	0	0	0	0
厦门	Xiamen	1	1	0	0
青岛	Qingdao	0	0	0	0

注：上市公司辖区以各地证监局监管口径统计。
数据来源：上海证券交易所、深圳证券交易所。
Source：SSE、SZSE.

ROE of Listed Companies by Jurisdiction in 2015

(unit)

20%—30%	10%—20%	5%—10%	0—5%	小于0 Below 0	净资产为负 Negative Net Asset	合计 Total
4	92	88	62	15	1	263
0	7	14	15	6	0	42
4	12	8	17	9	0	53
0	5	8	12	12	0	37
2	2	7	8	7	0	26
0	6	14	16	11	0	48
4	10	10	12	4	0	40
0	9	8	12	5	1	35
8	57	76	58	20	0	224
8	69	84	92	18	1	278
10	68	75	73	19	0	248
0	21	28	30	9	0	88
2	14	17	24	7	0	66
2	6	12	11	4	0	35
3	34	33	55	15	1	142
3	11	21	25	12	0	73
3	16	28	27	12	0	87
1	16	23	27	14	0	81
11	53	69	69	17	0	222
1	7	11	9	7	0	35
0	2	6	12	6	1	27
3	10	15	6	7	0	43
2	28	26	29	16	1	103
2	5	5	5	4	0	21
1	5	5	12	5	1	30
1	4	2	4	0	0	11
0	4	13	16	10	0	43
2	3	6	14	3	0	28
1	1	1	4	3	0	10
0	0	1	4	6	0	12
1	4	9	18	9	1	42
8	54	74	48	17	0	203
0	3	6	12	7	0	28
1	13	18	16	3	0	51
0	9	9	7	6	1	33
1	7	4	8	0	0	20

7-39　2015年上市公司按行业每股经营活动产生的现金流量净额分布

单位：家

行业 Industry	3.00元以上 Above 3.00 yuan	2.50—3.00元 2.50—3.00 yuan	2.00—2.50元 2.00—2.50 yuan
农、林、牧、渔业 Agriculture,Forestry,Animal Husbandry and Fishery	0	1	0
采矿业 Mining	0	1	0
制造业 Manufacturing	17	11	15
电力、热力、燃气及水生产和供应业 Production and Supply of Electricity,Gas and Water	4	1	3
建筑业 Construction	1	1	0
批发和零售业 Wholesale and Retail Trades	2	3	2
交通运输、仓储和邮政业 Transport,Storage and Post	1	1	3
住宿和餐饮业 Hotels and Catering Services	0	0	0
信息传输、软件和信息技术服务业 Information Transmission,Computer Services and Software	3	0	0
金融业 Financial Intermediation	17	4	3
房地产业 Real Estate	2	3	3
租赁和商务服务业 Leasing and Business Services	1	1	0
科学研究和技术服务业 Scientific Research,Technical Service	0	0	0
水利、环境和公共设施管理业 Management of Water Conservancy,Environment and Public Facilities	0	0	0
教育 Education	0	0	0
卫生和社会工作 Health and Social Works	0	0	0
文化、体育和娱乐业 Culture,Sports and Entertainment	0	0	0
其他 Others	0	0	0

注：每股指标指境内部分；每股指标均使用整体法来计算。
数据来源：上海证券交易所、深圳证券交易所。
Source：SSE、SZSE.

Net Cash Flow from Operating Activities Per Share of Listed Companies by Industry in 2015

(unit)

1.50—2.00元 1.50—2.00 yuan	1.00—1.50元 1.00—1.50 yuan	0.50—1.00元 0.50—1.00 yuan	0.00—0.50元 0.00—0.50 yuan	小于0.00元 below 0.00 yuan	合计 Total
1	2	5	27	8	44
0	8	11	31	24	75
58	97	358	873	361	1790
12	16	25	28	2	91
4	9	9	18	36	78
6	10	25	65	40	153
7	11	25	33	5	86
1	2	1	6	1	11
3	13	26	89	26	160
0	4	2	7	13	50
9	9	16	38	59	139
2	2	2	14	9	31
1	2	4	10	4	21
0	5	7	14	5	31
0	0	1	0	0	1
0	0	2	3	0	5
2	2	8	16	9	37
0	2	3	10	10	25

7-40 2015年上市公司按监管辖区每股经营活动产生的现金流量净额分布

单位：家

辖区	Jurisdiction	3.00元以上 Above 3.00 yuan	2.50—3.00元 2.50—3.00 yuan	2.00—2.50元 2.00—2.50 yuan
北京	Beijing	5	6	4
天津	Tianjin	1	0	0
河北	Hebei	0	1	0
山西	Shanxi	0	0	0
内蒙古	Neimenggu	2	0	0
辽宁	Liaoning	0	1	1
吉林	Jilin	1	0	2
黑龙江	Heilongjiang	1	0	0
上海	Shanghai	5	2	4
江苏	Jiangsu	3	2	4
浙江	Zhejiang	3	2	1
安徽	Anhui	0	0	1
福建	Fujian	1	1	0
江西	Jiangxi	0	0	1
山东	Shandong	2	1	3
河南	Henan	1	2	0
湖北	Hubei	3	0	2
湖南	Hunan	1	0	1
广东	Guangdong	4	4	2
广西	Guangxi	0	0	0
海南	Hainan	0	0	0
重庆	Chongqing	0	1	0
四川	Sichuan	2	1	0
贵州	Guizhou	2	0	0
云南	Yunnan	0	1	1
西藏	Xizang	0	0	0
陕西	Shaanxi	0	0	0
甘肃	Gansu	1	0	0
青海	Qinghai	0	0	0
宁夏	Ningxia	0	0	0
新疆	Xinjiang	2	0	0
深圳	Shenzhen	5	1	0
大连	Dalian	1	0	0
宁波	Ningbo	2	0	0
厦门	Xiamen	0	1	2
青岛	Qingdao	0	0	0

注：1.每股指标指境内部分；每股指标均使用整体法来计算。
2.上市公司辖区以各地证监局监管口径统计。
数据来源：上海证券交易所、深圳证券交易所。
Source：SSE、SZSE.

7-41 全国中小企业股份转让系统挂牌公司主要财务指标

年份 Year	总资产（万元）Total Asset (10 thousand yuan)	净资产（万元）Net Asset (10 thousand yuan)	营业收入（万元）Revernue (10 thousand yuan)
2011	1562493.99	903455.87	1256290.35
2012	2396509.15	1230003.81	1885665.05
2013	3451286.14	1856674.82	2535383.84
2014	32328521.69	14694414.03	21740968.67
2015	116089056.38	47867502.29	63925367.58

注：1.历年数据采用当年年报数据。
2.截至2015年4月30日，2014年底1572家挂牌公司中披露了2014年年报的1557家数据。
数据来源：全国中小企业股份转让系统。
Source：NEEQ.

Net Cash Flow from Operating Activities Per Share of Listed Companies by Jurisdiction in 2015

(unit)

1.50—2.00元 1.50—2.00 yuan	1.00—1.50元 1.00—1.50 yuan	0.50—1.00元 0.50—1.00 yuan	0.00—0.50元 0.00—0.50 yuan	小于0.00元 below 0.00 yuan	合计 Total
7	25	39	110	67	263
1	3	7	16	14	42
3	7	6	21	15	53
0	2	5	20	10	37
1	1	10	8	4	26
2	1	8	26	9	48
1	2	8	18	8	40
1	4	5	15	9	35
12	15	39	85	62	224
7	12	61	142	47	278
12	13	53	127	37	248
4	6	24	35	18	88
2	3	13	31	15	66
3	8	8	12	3	35
7	11	27	69	22	142
5	8	10	32	15	73
4	5	15	32	26	87
2	3	14	42	18	81
11	8	45	108	40	222
0	2	8	13	12	35
0	1	4	13	9	27
0	5	8	20	9	43
4	4	16	51	25	103
0	1	10	6	2	21
1	4	6	7	10	30
1	1	3	6	0	11
1	2	5	20	15	43
0	3	5	12	7	28
0	2	2	3	3	10
0	1	3	2	6	12
4	2	8	16	10	42
6	17	36	95	43	203
0	5	2	15	5	28
1	3	7	30	8	51
1	3	5	14	7	33
2	1	5	10	2	20

Financial Indicator of NEEQ Companies

利润总额 (万元) Total Profit (10 thousand yuan)	净利润 (万元) Net Profit (10 thousand yuan)	经营活动产生的现金流量净额 (万元) Net Cash Flow from Operating Activities (10 thousand yuan)	资产负债率 (%) Asset-liability Ratio (%)	净资产收益率 (%) ROE (%)
152183.85	130639.85	15677.64	42.18	14.46
195736.85	164453.11	37091.32	48.68	13.37
255608.29	210861.25	67789.13	46.00	11.36
1918414.18	1601986.14	1898356.54	54.55	10.90
6488455.22	5239269.01	6313965.66	57.79	13.02

7-42　2015年全国中小企业股份转让系统分行业主要财务指标

行业 Industry	总资产 (万元) Total Asset (10 thousand yuan)	净资产 (万元) Net Asset (10 thousand yuan)
农、林、牧、渔业 Agriculture,Forestry,Animal Husbandry and Fishery	2482863.24	1318153.30
采矿业 Mining	338547.25	199743.39
制造业 Manufacturing	41101780.19	20823252.38
电力、热力、燃气及水生产和供应业 Production and Supply of Electricity,Gas and Water	2434247.47	797409.80
建筑业 Construction	3532071.84	1334434.28
批发和零售业 Wholesale and Retail Trades	3733474.38	1457306.92
交通运输、仓储和邮政业 Transport,Storage and Post	2043228.88	1006992.38
住宿和餐饮业 Hotels and Catering Services	123024.13	64757.82
信息传输、软件和信息技术服务业 Information Transmission,Computer Services and Software	7643049.35	4693507.32
金融业 Financial Intermediation	39778104.98	9811814.78
房地产业 Real Estate	364841.20	172825.46
租赁和商务服务业 Leasing and Business Services	5442884.52	2724910.81
科学研究和技术服务业 Scientific Research,Technical Service	1822058.65	1049518.34
水利、环境和公共设施管理业 Management of Water Conservancy,Environment and Public Facilities	1610355.61	785840.38
居民服务、修理和其他服务业 Resident services,Repairing and other services	70406.54	39598.10
教育 Education	233250.38	100805.08
卫生和社会工作 Health and Social Works	136006.73	94691.35
文化、体育和娱乐业 Culture,Sports and Entertainment	3198861.04	1391940.40

数据来源：全国中小企业股份转让系统。
Source：NEEQ.

Financial Indicator of NEEQ Companies by Industry

营业收入（万元）Revenue (10 thousand yuan)	利润总额（万元）Total Profit (10 thousand yuan)	净利润（万元）Net Profit (10 thousand yuan)	经营活动产生的现金流量净额（万元）Net Cash Flow from Operating Activities (10 thousand yuan)	资产负债率(%) Asset-liability Ratio (%)	净资产收益率(%) ROE (%)
1085300.45	146675.73	140859.57	194611.55	45.43	12.44
133314.19	-3278.91	-3873.71	642.50	40.42	-1.97
32983476.19	2684265.17	2244439.74	2214973.03	48.55	12.33
685407.02	74240.80	60412.45	96753.46	65.27	9.02
2817154.73	200732.25	156399.19	-76073.88	61.79	13.71
6462767.77	202184.65	133943.51	-65930.05	60.38	10.78
1153668.25	74635.12	58597.89	117107.58	49.58	6.97
161268.25	-99.52	-704.79	6880.84	46.17	-1.45
8715179.73	572861.67	472810.25	168163.43	38.04	12.73
3847245.69	1599139.94	1250083.33	3217537.97	74.18	16.34
383309.85	52014.80	39297.94	76267.29	52.05	23.97
2312891.28	340696.78	251853.34	48077.43	48.30	10.95
1092482.30	186757.26	158451.05	74678.50	41.73	17.82
648287.08	92935.71	79086.27	78907.43	50.53	11.90
73070.90	5352.76	3010.92	8924.22	41.89	9.15
160551.14	39899.55	33036.51	33862.79	52.77	43.73
116376.79	12462.92	8477.99	14570.67	29.07	11.62
1093615.98	206978.51	153087.56	104010.90	55.32	12.73

7-43 2015年挂牌公司按行业每股收益分布

单位：家

行业 Industry	1.00元以上 Above 1.00 yuan	0.80—1.00元 0.80—1.00 yuan
农、林、牧、渔业 Agriculture,Forestry,Animal Husbandry and Fishery	4	1
采矿业 Mining	1	0
制造业 Manufacturing	86	61
电力、热力、燃气及水生产和供应业 Production and Supply of Electricity,Gas and Water	0	3
建筑业 Construction	1	0
批发和零售业 Wholesale and Retail Trades	13	2
交通运输、仓储和邮政业 Transport,Storage and Post	2	2
住宿和餐饮业 Hotels and Catering Services	0	0
信息传输、软件和信息技术服务业 Information Transmission,Computer Services and Software	57	23
金融业 Financial Intermediation	5	5
房地产业 Real Estate	7	0
租赁和商务服务业 Leasing and Business Services	15	3
科学研究和技术服务业 Scientific Research,Technical Service	9	9
水利、环境和公共设施管理业 Management of Water Conservancy,Environment and Public Facilities	2	1
居民服务、修理和其他服务业 Resident services,Repairing and other services	1	0
教育 Education	3	1
卫生和社会工作 Health and Social Works	0	1
文化、体育和娱乐业 Culture,Sports and Entertainment	11	2

注：每股指标指境内部分；每股指标均使用整体法来计算。
数据来源：全国中小企业股份转让系统。
Source：NEEQ.

EPS of Listed Companies by Industry in 2015 of NEEQ

(unit)

0.50—0.80元 0.50—0.80 yuan	0.20—0.50元 0.20—0.50 yuan	0.10—0.20元 0.10—0.20 yuan	0.05—0.10元 0.05—0.10 yuan	0.00—0.05元 0.00—0.05 yuan	亏损 Deficit	合计 Total
11	24	15	9	11	13	88
2	1	2	0	3	6	15
191	565	302	157	187	320	1869
3	7	4	3	4	5	29
11	39	28	8	10	8	105
15	26	18	10	10	33	127
9	8	6	4	11	4	46
1	2	2	2	0	3	10
95	194	64	42	39	133	647
6	17	38	16	6	2	95
3	8	1	0	1	1	21
28	41	23	12	12	26	160
21	50	18	11	15	24	157
7	22	10	7	7	10	66
1	0	2	1	0	5	10
2	5	2	0	1	1	15
1	6	3	2	2	5	20
10	24	10	3	7	18	85

7—44 2015年挂牌公司按行业每股净资产分布

单位：家

行业 Industry	5.00元以上 Above 5.00 yuan	3.00—5.00元 3.00—5.00 yuan
农、林、牧、渔业 Agriculture,Forestry,Animal Husbandry and Fishery	6	15
采矿业 Mining	2	3
制造业 Manufacturing	90	247
电力、热力、燃气及水生产和供应业 Production and Supply of Electricity,Gas and Water	2	5
建筑业 Construction	3	12
批发和零售业 Wholesale and Retail Trades	10	15
交通运输、仓储和邮政业 Transport,Storage and Post	4	8
住宿和餐饮业 Hotels and Catering Services	0	1
信息传输、软件和信息技术服务业 Information Transmission,Computer Services and Software	30	81
金融业 Financial Intermediation	6	9
房地产业 Real Estate	5	0
租赁和商务服务业 Leasing and Business Services	7	21
科学研究和技术服务业 Scientific Research,Technical Service	6	18
水利、环境和公共设施管理业 Management of Water Conservancy,Environment and Public Facilities	4	7
居民服务、修理和其他服务业 Resident services,Repairing and other services	0	0
教育 Education	2	1
卫生和社会工作 Health and Social Works	0	1
文化、体育和娱乐业 Culture,Sports and Entertainment	7	10

注：每股指标指境内部分；每股指标均使用整体法来计算。
数据来源：全国中小企业股份转让系统。
Source：NEEQ.

BPS of Listed Companies by Industry in 2015 of NEEQ

(unit)

2.00—3.00元 2.00—3.00 yuan	1.00—2.00元 1.00—2.00 yuan	0.50—1.00元 0.50—1.00 yuan	0.00—0.50元 0.00—0.50 yuan	小于0.00元 Below 0.00 yuan	合计 Total
18	43	5	1	0	88
1	6	2	1	0	15
364	1014	135	19	0	1869
4	16	2	0	0	29
14	71	4	1	0	105
18	68	14	1	1	127
7	24	2	1	0	46
4	5	0	0	0	10
129	331	58	14	4	647
5	75	0	0	0	95
5	10	1	0	0	21
21	97	13	1	0	160
28	96	8	1	0	157
11	41	2	1	0	66
1	7	0	2	0	10
3	8	1	0	0	15
2	12	5	0	0	20
15	40	10	3	0	85

7—45 2015年挂牌公司按行业平均净资产收益率分布

单位：家

行业 Industry	100%以上 Above 100%	60%—100%	40%—60%
农、林、牧、渔业 Agriculture,Forestry,Animal Husbandry and Fishery	0	1	3
采矿业 Mining	0	0	0
制造业 Manufacturing	5	27	86
电力、热力、燃气及水生产和供应业 Production and Supply of Electricity,Gas and Water	0	0	2
建筑业 Construction	0	0	3
批发和零售业 Wholesale and Retail Trades	3	4	9
交通运输、仓储和邮政业 Transport,Storage and Post	0	1	2
住宿和餐饮业 Hotels and Catering Services	0	0	0
信息传输、软件和信息技术服务业 Information Transmission,Computer Services and Software	7	23	66
金融业 Financial Intermediation	0	4	3
房地产业 Real Estate	0	3	2
租赁和商务服务业 Leasing and Business Services	4	9	15
科学研究和技术服务业 Scientific Research,Technical Service	1	6	13
水利、环境和公共设施管理业 Management of Water Conservancy,Environment and Public Facilities	0	1	5
居民服务、修理和其他服务业 Resident services,Repairing and other services	1	1	1
教育 Education	1	2	1
卫生和社会工作 Health and Social Works	0	1	1
文化、体育和娱乐业 Culture,Sports and Entertainment	0	5	8

数据来源：全国中小企业股份转让系统。
Source：NEEQ.

ROE of Listed Companies by Industry in 2015 of NEEQ

(unit)

30%—40%	20%—30%	10%—20%	5%—10%	0—5%	小于0 Below 0	净资产为负 Negative Net Asset	合计 Total
7	9	19	17	19	13	0	88
0	1	2	3	3	6	0	15
136	270	509	258	258	320	0	1869
2	6	4	5	5	5	0	29
10	18	36	17	13	8	0	105
13	16	24	9	17	31	1	127
4	7	12	3	13	4	0	46
2	0	2	3	0	3	0	10
96	100	119	58	46	128	4	647
7	8	33	30	8	2	0	95
5	3	5	0	2	1	0	21
13	24	40	16	13	26	0	160
14	30	35	17	17	24	0	157
3	9	18	11	9	10	0	66
0	1	1	1	0	4	0	10
2	4	3	1	0	1	0	15
1	3	5	3	1	5	0	20
11	13	17	4	9	18	0	85

7-46 2015年挂牌公司按行业每股经营活动产生的现金流量净额分布

单位：家

行业 Industry	3.00元以上 Above 3.00 yuan	2.50—3.00元 2.50—3.00 yuan
农、林、牧、渔业 Agriculture,Forestry,Animal Husbandry and Fishery	1	0
采矿业 Mining	0	0
制造业 Manufacturing	15	6
电力、热力、燃气及水生产和供应业 Production and Supply of Electricity,Gas and Water	0	0
建筑业 Construction	0	0
批发和零售业 Wholesale and Retail Trades	1	1
交通运输、仓储和邮政业 Transport,Storage and Post	0	0
住宿和餐饮业 Hotels and Catering Services	0	0
信息传输、软件和信息技术服务业 Information Transmission,Computer Services and Software	8	4
金融业 Financial Intermediation	2	1
房地产业 Real Estate	3	0
租赁和商务服务业 Leasing and Business Services	2	2
科学研究和技术服务业 Scientific Research,Technical Service	0	1
水利、环境和公共设施管理业 Management of Water Conservancy,Environment and Public Facilities	0	1
居民服务、修理和其他服务业 Resident services,Repairing and other services	0	1
教育 Education	1	0
卫生和社会工作 Health and Social Works	0	0
文化、体育和娱乐业 Culture,Sports and Entertainment	3	0

注：每股指标指境内部分；每股指标均使用整体法来计算。
数据来源：全国中小企业股份转让系统。
Source：NEEQ.

Net Cash Flow from Operating Activities Per Share of Listed Companies by Industry in 2015 of NEEQ

(unit)

2.00—2.50元 2.00—2.50 yuan	1.50—2.00元 1.50—2.00 yuan	1.00—1.50元 1.00—1.50 yuan	0.50—1.00元 0.50—1.00 yuan	0.00—0.50元 0.00—0.50 yuan	小于0.00元 below 0.00 yuan	合计 Total
0	2	4	14	29	38	88
0	0	0	1	6	8	15
18	22	77	263	791	677	1869
0	2	2	4	12	9	29
1	0	2	7	27	68	105
4	3	2	14	29	73	127
0	2	7	4	20	13	46
0	0	0	1	8	1	10
5	7	25	64	232	302	647
2	2	3	12	48	25	95
3	0	0	4	6	5	21
2	3	9	18	56	68	160
0	3	3	20	60	70	157
0	1	3	15	21	25	66
0	0	1	2	1	5	10
1	0	3	4	4	2	15
0	0	1	4	7	8	20
1	0	4	10	22	45	85

7-47 上市公司配股情况

Rights Issue of Listed Companies

序号 No.	股权登记日 Date of Equity Registration	股票代码 Stock Code	股票简称 Stock Abbreviation	配股比例 (%) Proportion (%)	配股价 (元/股) Price of Rights Issue (yuan/share)	认购总股本 (股) Share Capital subscribed (share)	筹资总额 (万元) Proceeds Raised through Offering (10 thousand yuan)	交易所 Exchange
1	2015-03-13	002496	辉丰股份	0.25	12.71	78153972	9.93	深交所
2	2015-04-08	002132	恒星科技	0.30	3.70	157552361	5.83	深交所
3	2015-06-09	300147	香雪制药	0.30	10.46	151903006	15.89	深交所
4	2015-06-24	002682	龙洲股份	0.30	5.60	60593228	3.39	深交所
5	2015-12-28	601377	兴业证券	0.30	8.19	1496671674	122.58	上交所

注：上市公司辖区以各地证监局监管口径统计。
数据来源：上海证券交易所、深圳证券交易所。
Source：SSE、SZSE.

7–48 上市公司送转股情况

单位：股

序号 No.	股票代码 Stock Code	股票简称 Stock Abbreviation	送转股比例(%) Proportion (%)	股权登记日 Date of Equity Registration
1	000001	平安银行	0.20	2015-04-10
2	000008	神州高铁	0.45	2015-03-12
3	000008	神州高铁	2.00	2015-09-23
4	000016	深康佳A	1.00	2015-09-24
5	000027	深圳能源	0.50	2015-06-24
6	000063	中兴通讯	0.20	2015-07-16
7	000338	潍柴动力	1.00	2015-08-19
8	000415	渤海金控	1.00	2015-06-02
9	000425	徐工机械	2.00	2015-09-22
10	000426	兴业矿业	1.00	2015-09-22
11	000513	丽珠集团	0.30	2015-08-13
12	000517	荣安地产	2.00	2015-09-10
13	000519	江南红箭	0.40	2015-07-01
14	000539	粤电力A	0.20	2015-06-25
15	000540	中天城投	1.50	2015-03-31
16	000541	佛山照明	0.30	2015-06-11
17	000543	皖能电力	0.70	2015-11-19
18	000545	金浦钛业	0.30	2015-03-25
19	000545	金浦钛业	1.00	2015-08-26
20	000555	神州信息	1.00	2015-09-21
21	000559	万向钱潮	0.20	2015-04-28
22	000560	昆百大A	1.51	2015-09-10
23	000565	渝三峡A	1.50	2015-08-28
24	000630	铜陵有色	1.50	2015-09-23
25	000630	铜陵有色	1.00	2015-06-01
26	000631	顺发恒业	0.40	2015-04-29
27	000639	西王食品	1.00	2015-04-24
28	000650	仁和药业	0.25	2015-05-25
29	000651	格力电器	1.00	2015-07-02
30	000656	金科股份	2.00	2015-04-28
31	000671	阳光城	1.50	2015-09-18
32	000685	中山公用	0.80	2015-07-06
33	000718	苏宁环球	0.30	2015-07-15
34	000748	长城信息	1.00	2015-05-14
35	000753	漳州发展	0.70	2015-05-06
36	000760	斯太尔	0.40	2015-06-17
37	000786	北新建材	1.00	2015-06-10
38	000789	万年青	0.50	2015-05-20
39	000790	华神集团	0.12	2015-05-27
40	000809	铁岭新城	0.50	2015-10-19
41	000810	创维数字	1.00	2015-04-24
42	000819	岳阳兴长	0.05	2015-06-09
43	000848	承德露露	0.50	2015-05-25

Bonus Shares of Listed Companies

送转股 上市交易日 Bonus Shares Trading Date	送转股前 总股本 Previous Shares	送股股本数 Bonus Shares	送转股后 总股本 After Shares	交易所 Exchange
2015-04-13	1142489.48	228497.90	1370987.37	深交所
2015-03-13	55389.26	24925.17	80314.43	深交所
2015-09-24	80314.43	160628.86	240943.29	深交所
2015-09-25	120397.27	120397.27	240794.54	深交所
2015-06-25	264299.44	132149.72	396449.16	深交所
2015-07-17	343754.13	68750.83	412504.95	深交所
2015-08-20	199930.96	199930.96	399861.93	深交所
2015-06-03	177430.35	177430.35	354860.70	深交所
2015-09-23	236142.92	472285.85	708428.77	深交所
2015-09-23	59694.45	59694.45	119388.91	深交所
2015-08-14	30438.23	9131.47	39569.69	深交所
2015-09-11	106130.75	212261.50	318392.25	深交所
2015-07-02	73801.73	29520.69	103322.42	深交所
2015-06-26	437523.67	87504.73	525028.40	深交所
2015-04-01	172199.75	258299.62	430499.37	深交所
2015-06-12	97856.37	29356.91	127213.29	深交所
2015-11-20	105317.41	73722.19	179039.60	深交所
2015-03-26	37955.12	11386.54	49341.65	深交所
2015-08-27	49341.65	49341.65	98683.31	深交所
2015-09-22	45890.60	45890.60	91781.19	深交所
2015-04-29	191191.63	38238.33	229429.95	深交所
2015-09-11	46542.79	70480.80	117023.59	深交所
2015-08-31	17343.69	26015.53	43359.22	深交所
2015-09-24	382425.75	573638.62	956064.37	深交所
2015-06-02	191212.87	191212.87	382425.75	深交所
2015-04-30	104550.98	41820.39	146371.37	深交所
2015-04-27	18832.28	18832.28	37664.57	深交所
2015-05-26	99067.21	24766.80	123834.01	深交所
2015-07-03	300786.54	300786.54	601573.09	深交所
2015-04-29	137854.01	275708.01	413562.02	深交所
2015-09-21	129669.95	194504.93	324174.88	深交所
2015-07-07	77868.32	62294.66	140162.98	深交所
2015-07-16	204319.26	61295.78	265615.03	深交所
2015-05-15	40740.93	40740.93	81481.86	深交所
2015-05-07	52008.62	36406.03	88414.65	深交所
2015-06-18	55131.76	22052.70	77184.46	深交所
2015-06-11	70699.08	70699.08	141398.16	深交所
2015-05-21	40890.96	20445.48	61336.44	深交所
2015-05-28	38484.05	4618.09	43102.14	深交所
2015-10-20	54986.09	27493.04	82479.13	深交所
2015-04-27	49925.16	49925.16	99850.33	深交所
2015-06-10	23439.21	1171.96	24611.17	深交所
2015-05-26	50182.70	25091.35	75274.06	深交所

7–48 续表 1

单位：股

序号 No.	股票代码 Stock Code	股票简称 Stock Abbreviation	送转股比例 (%) Proportion (%)	股权登记日 Date of Equity Registration
44	000859	国风塑业	0.30	2015-05-11
45	000861	海印股份	0.90	2015-08-27
46	000888	峨眉山A	1.00	2015-05-28
47	000895	双汇发展	0.50	2015-05-19
48	000937	冀中能源	0.30	2015-06-09
49	000977	浪潮信息	1.00	2015-04-24
50	000979	中弘股份	0.60	2015-05-28
51	000981	银亿股份	2.00	2015-11-12
52	000997	新大陆	0.80	2015-06-05
53	002003	伟星股份	0.20	2015-05-14
54	002004	华邦健康	1.50	2015-05-26
55	002013	中航机电	0.30	2015-06-15
56	002015	霞客环保	0.67	2015-06-25
57	002017	东信和平	0.20	2015-05-29
58	002023	海特高新	1.00	2015-05-07
59	002025	航天电器	0.30	2015-06-24
60	002030	达安基因	0.20	2015-06-16
61	002031	巨轮智能	0.30	2015-06-12
62	002033	丽江旅游	0.50	2015-05-21
63	002038	双鹭药业	0.50	2015-07-14
64	002041	登海种业	1.50	2015-06-09
65	002044	美年健康	0.24	2015-06-02
66	002050	三花股份	1.00	2015-04-20
67	002054	德美化工	0.30	2015-06-10
68	002059	云南旅游	1.00	2015-05-13
69	002063	远光软件	0.30	2015-07-01
70	002064	华峰氨纶	1.00	2015-05-29
71	002075	沙钢股份	0.40	2015-10-15
72	002076	雪莱特	0.50	2015-05-12
73	002085	万丰奥威	1.20	2015-08-28
74	002089	新海宜	0.20	2015-05-12
75	002095	生意宝	0.20	2015-06-18
76	002097	山河智能	0.50	2015-07-07
77	002098	浔兴股份	1.00	2015-06-03
78	002100	天康生物	1.00	2015-05-19
79	002105	信隆实业	0.10	2015-06-09
80	002107	沃华医药	1.20	2015-03-18
81	002108	沧州明珠	0.70	2015-06-08
82	002116	中国海诚	0.30	2015-06-10
83	002129	中环股份	1.20	2015-04-28
84	002131	利欧股份	2.00	2015-08-20
85	002138	顺络电子	1.00	2015-04-07
86	002142	宁波银行	0.20	2015-07-14

continued

送转股 上市交易日 Bonus Shares Trading Date	送转股前 总股本 Previous Shares	送股股本数 Bonus Shares	送转股后 总股本 After Shares	交易所 Exchange
2015-05-12	56880.75	17064.22	73944.97	深交所
2015-08-28	118413.84	106572.46	224986.30	深交所
2015-05-29	26345.66	26345.66	52691.31	深交所
2015-05-20	220057.84	110028.92	330086.77	深交所
2015-06-10	271811.30	81543.39	353354.69	深交所
2015-04-27	47986.29	47986.29	95972.58	深交所
2015-05-29	288144.24	172886.54	461030.79	深交所
2015-11-13	85900.52	171801.04	257701.56	深交所
2015-06-08	52033.67	41626.93	93660.60	深交所
2015-05-15	33980.44	6796.09	40776.53	深交所
2015-05-27	75339.32	113008.97	188348.29	深交所
2015-06-16	71628.63	21488.59	93117.22	深交所
2015-06-26	23994.24	16076.14	40070.38	深交所
2015-06-01	28899.23	5779.85	34679.07	深交所
2015-05-08	33698.54	33698.54	67397.08	深交所
2015-06-25	33000.00	9900.00	42900.00	深交所
2015-06-17	54918.22	10983.64	65901.86	深交所
2015-06-15	56394.76	16918.43	73313.19	深交所
2015-05-22	28179.01	14089.51	42268.52	深交所
2015-07-15	45660.00	22830.00	68490.00	深交所
2015-06-10	35200.00	52800.00	88000.00	深交所
2015-06-03	22425.00	5382.00	27807.00	深交所
2015-04-21	77315.85	77315.85	154631.71	深交所
2015-06-11	32293.04	9687.91	41980.95	深交所
2015-05-14	36539.63	36539.63	73079.26	深交所
2015-07-02	45804.66	13851.46	59656.13	深交所
2015-06-01	83840.00	83840.00	167680.00	深交所
2015-10-16	157626.56	63050.62	220677.18	深交所
2015-05-13	24051.32	12025.66	36076.98	深交所
2015-08-31	39009.90	46811.88	85821.77	深交所
2015-05-13	57277.90	11455.58	68733.48	深交所
2015-06-19	21060.00	4212.00	25272.00	深交所
2015-07-08	50355.00	25177.50	75532.50	深交所
2015-06-04	15500.00	15500.00	31000.00	深交所
2015-05-20	43415.90	43415.90	86831.81	深交所
2015-06-10	33500.00	3350.00	36850.00	深交所
2015-03-19	16398.00	19677.60	36075.60	深交所
2015-06-09	36379.89	25465.92	61845.81	深交所
2015-06-11	31055.56	9316.67	40372.23	深交所
2015-04-29	104375.46	125250.55	229626.02	深交所
2015-08-21	39142.45	78284.89	117427.34	深交所
2015-04-08	37046.94	37046.94	74093.88	深交所
2015-07-15	324982.84	64996.57	389979.41	深交所

7–48 续表 2

单位：股

序号 No.	股票代码 Stock Code	股票简称 Stock Abbreviation	送转股比例(%) Proportion(%)	股权登记日 Date of Equity Registration
87	002146	荣盛发展	1.00	2015-06-09
88	002154	报喜鸟	1.00	2015-04-29
89	002162	悦心健康	0.50	2015-04-09
90	002166	莱茵生物	2.00	2015-10-19
91	002167	东方锆业	0.50	2015-06-23
92	002175	东方网络	0.60	2015-06-23
93	002176	江特电机	1.20	2015-09-24
94	002178	延华智能	0.80	2015-04-07
95	002179	中航光电	0.30	2015-06-02
96	002181	粤传媒	0.60	2015-06-03
97	002191	劲嘉股份	1.00	2015-05-11
98	002195	二三四五	1.50	2015-03-16
99	002197	证通电子	0.60	2015-06-18
100	002210	飞马国际	0.50	2015-04-15
101	002214	大立科技	1.00	2015-05-14
102	002215	诺普信	0.30	2015-05-22
103	002216	三全食品	1.00	2015-04-27
104	002219	恒康医疗	1.50	2015-10-27
105	002223	鱼跃医疗	0.10	2015-05-20
106	002226	江南化工	1.00	2015-05-27
107	002230	科大讯飞	0.50	2015-04-15
108	002237	恒邦股份	1.00	2015-04-15
109	002238	天威视讯	0.30	2015-06-08
110	002244	滨江集团	1.00	2015-07-09
111	002245	澳洋顺昌	1.20	2015-03-19
112	002249	大洋电机	1.00	2015-03-18
113	002251	步步高	0.10	2015-06-15
114	002252	上海莱士	1.00	2015-09-16
115	002254	泰和新材	0.20	2015-07-09
116	002255	海陆重工	1.00	2015-06-30
117	002260	德奥通航	0.70	2015-03-25
118	002262	恩华药业	0.20	2015-04-07
119	002263	大东南	0.10	2015-05-29
120	002266	浙富控股	0.30	2015-07-02
121	002268	卫士通	1.00	2015-04-14
122	002269	美邦服饰	1.50	2015-05-11
123	002271	东方雨虹	1.00	2015-05-29
124	002278	神开股份	0.15	2015-05-25
125	002280	联络互动	1.50	2015-04-03
126	002282	博深工具	0.50	2015-04-09
127	002284	亚太股份	1.00	2015-04-23
128	002285	世联行	0.60	2015-04-24
129	002288	超华科技	1.00	2015-05-29

continued

送转股 上市交易日 Bonus Shares Trading Date	送转股前 总股本 Previous Shares	送股股本数 Bonus Shares	送转股后 总股本 After Shares	交易所 Exchange
2015-06-10	190681.56	190681.56	381363.12	深交所
2015-04-30	58600.94	58600.94	117201.87	深交所
2015-04-10	43700.00	21850.00	65550.00	深交所
2015-10-20	14576.05	29152.09	43728.14	深交所
2015-06-24	41396.40	20698.20	62094.60	深交所
2015-06-24	14410.36	8646.22	23056.58	深交所
2015-09-25	52315.79	62778.95	115094.74	深交所
2015-04-08	37213.42	29770.74	66984.16	深交所
2015-06-03	46347.30	13904.19	60251.49	深交所
2015-06-04	72566.14	43539.68	116105.82	深交所
2015-05-12	65665.00	65665.00	131330.00	深交所
2015-03-17	34869.31	52303.96	87173.27	深交所
2015-06-19	26794.77	16076.86	42871.64	深交所
2015-04-16	39780.00	19890.00	59670.00	深交所
2015-05-15	22933.33	22933.33	45866.67	深交所
2015-05-25	70382.60	21114.78	91497.38	深交所
2015-04-28	40210.88	40210.88	80421.75	深交所
2015-10-28	75650.41	113475.62	189126.03	深交所
2015-05-21	53160.64	5316.06	58476.70	深交所
2015-05-28	39828.55	39828.55	79657.10	深交所
2015-04-16	80785.11	40392.55	121177.66	深交所
2015-04-16	45520.00	45520.00	91040.00	深交所
2015-06-09	39573.92	11872.18	51446.10	深交所
2015-07-10	135200.00	135200.00	270400.00	深交所
2015-03-20	44261.67	53114.00	97375.67	深交所
2015-03-19	86141.14	86141.14	172282.27	深交所
2015-06-16	70816.86	7081.69	77898.55	深交所
2015-09-17	137812.99	137812.99	275625.98	深交所
2015-07-10	50902.80	10180.56	61083.36	深交所
2015-07-01	25820.00	25820.00	51640.00	深交所
2015-03-26	15600.00	10920.00	26520.00	深交所
2015-04-08	39312.00	7862.40	47174.40	深交所
2015-06-01	85380.00	8538.00	93918.01	深交所
2015-07-03	152209.22	45662.77	197871.99	深交所
2015-04-15	21626.17	21626.17	43252.33	深交所
2015-05-12	101100.00	151650.00	252750.00	深交所
2015-06-01	41632.66	41632.66	83265.33	深交所
2015-05-26	31644.32	4746.65	36390.96	深交所
2015-04-07	28099.92	42149.87	70249.79	深交所
2015-04-10	22542.00	11271.00	33813.00	深交所
2015-04-24	36877.80	36877.80	73755.60	深交所
2015-04-27	76377.60	45826.56	122204.16	深交所
2015-06-01	46582.19	46582.19	93164.37	深交所

7–48 续表 3

单位：股

序号 No.	股票代码 Stock Code	股票简称 Stock Abbreviation	送转股比例 (%) Proportion (%)	股权登记日 Date of Equity Registration
130	002292	奥飞娱乐	1.00	2015-06-01
131	002293	罗莱生活	1.50	2015-05-27
132	002294	信立泰	0.60	2015-04-23
133	002303	美盈森	1.00	2015-07-02
134	002304	洋河股份	0.40	2015-06-17
135	002305	南国置业	0.50	2015-05-22
136	002311	海大集团	0.40	2015-06-25
137	002312	三泰控股	0.75	2015-06-01
138	002317	众生药业	1.00	2015-08-31
139	002318	久立特材	1.50	2015-10-20
140	002325	洪涛股份	0.25	2015-08-21
141	002326	永太科技	1.80	2015-04-28
142	002327	富安娜	1.00	2015-05-13
143	002329	皇氏集团	1.80	2015-09-22
144	002331	皖通科技	0.20	2015-03-25
145	002334	英威腾	1.00	2015-04-29
146	002337	赛象科技	2.00	2015-03-05
147	002340	格林美	0.30	2015-05-14
148	002352	鼎泰新材	0.50	2015-07-15
149	002356	赫美集团	2.00	2015-05-06
150	002357	富临运业	0.60	2015-09-16
151	002358	森源电气	1.00	2015-06-12
152	002364	中恒电气	1.00	2015-05-18
153	002368	太极股份	0.50	2015-06-15
154	002372	伟星新材	0.30	2015-05-26
155	002375	亚厦股份	0.50	2015-06-03
156	002378	章源钨业	1.00	2015-05-20
157	002380	科远股份	1.00	2015-10-08
158	002381	双箭股份	0.50	2015-05-08
159	002385	大北农	0.50	2015-05-12
160	002386	天原集团	0.40	2015-06-05
161	002387	黑牛食品	0.50	2015-05-19
162	002388	新亚制程	1.00	2015-08-19
163	002390	信邦制药	1.50	2015-05-22
164	002392	北京利尔	1.00	2015-06-23
165	002396	星网锐捷	0.50	2015-05-28
166	002397	梦洁股份	1.20	2015-05-25
167	002398	建研集团	0.30	2015-05-27
168	002400	省广股份	0.50	2015-05-14
169	002402	和而泰	1.00	2015-05-07
170	002403	爱仕达	0.30	2015-10-12
171	002404	嘉欣丝绸	1.00	2015-05-19
172	002406	远东传动	1.00	2015-05-27

continued

送转股 上市交易日 Bonus Shares Trading Date	送转股前 总股本 Previous Shares	送股股本数 Bonus Shares	送转股后 总股本 After Shares	交易所 Exchange
2015-06-02	63194.02	63194.02	126388.03	深交所
2015-05-28	28072.62	42108.93	70181.55	深交所
2015-04-24	65376.00	39225.60	104601.60	深交所
2015-07-03	71520.00	71520.00	143040.00	深交所
2015-06-18	107642.00	43056.80	150698.80	深交所
2015-05-25	96956.57	48478.29	145434.86	深交所
2015-06-26	109811.66	43924.66	153736.33	深交所
2015-06-02	44172.98	33129.73	77302.71	深交所
2015-09-01	36930.60	36930.60	73861.20	深交所
2015-10-21	33660.24	50490.36	84150.59	深交所
2015-08-24	80123.39	20030.85	100154.24	深交所
2015-04-29	28525.10	51345.19	79870.29	深交所
2015-05-14	42924.19	42924.19	85848.37	深交所
2015-09-23	29137.50	52447.50	81585.00	深交所
2015-03-26	24328.27	4865.65	29193.92	深交所
2015-04-30	35739.20	35762.48	71501.67	深交所
2015-03-06	19820.00	39640.00	59460.00	深交所
2015-05-15	92384.02	27715.21	120099.22	深交所
2015-07-16	7783.08	3891.54	11674.62	深交所
2015-05-07	10349.15	20698.30	31047.44	深交所
2015-09-17	19593.06	11755.84	31348.90	深交所
2015-06-15	39779.77	39779.77	79559.55	深交所
2015-05-19	26162.12	26162.12	52324.24	深交所
2015-06-16	27706.48	13853.24	41559.72	深交所
2015-05-27	44514.60	13354.38	57868.98	深交所
2015-06-04	89209.40	44604.32	133813.72	深交所
2015-05-21	46208.37	46208.37	92416.74	深交所
2015-10-09	10200.00	10200.00	20400.00	深交所
2015-05-11	23400.00	11700.00	35100.00	深交所
2015-05-13	166498.29	83249.15	249747.44	深交所
2015-06-08	47977.13	19190.85	67167.98	深交所
2015-05-20	31297.30	15648.65	46945.95	深交所
2015-08-20	19980.00	19980.00	39960.00	深交所
2015-05-25	50045.45	75068.18	125113.63	深交所
2015-06-24	59927.97	59927.97	119855.94	深交所
2015-05-29	35106.00	17553.00	52659.00	深交所
2015-05-26	30566.09	36643.52	67209.61	深交所
2015-05-28	26364.00	7909.20	34273.20	深交所
2015-05-15	60314.59	30157.30	90471.89	深交所
2015-05-08	16609.10	16609.10	33218.20	深交所
2015-10-13	24000.00	7200.00	31200.00	深交所
2015-05-20	26032.50	26032.50	52065.00	深交所
2015-05-28	28050.00	28050.00	56100.00	深交所

7–48 续表 4

单位：股

序号 No.	股票代码 Stock Code	股票简称 Stock Abbreviation	送转股比例 (%) Proportion (%)	股权登记日 Date of Equity Registration
173	002408	齐翔腾达	0.17	2015-06-11
174	002410	广联达	0.50	2015-05-07
175	002421	达实智能	1.20	2015-05-11
176	002422	科伦药业	1.00	2015-07-21
177	002424	贵州百灵	2.00	2015-10-19
178	002427	尤夫股份	0.40	2015-05-06
179	002434	万里扬	0.50	2015-05-13
180	002436	兴森科技	1.00	2015-05-19
181	002439	启明星辰	1.00	2015-05-15
182	002441	众业达	1.00	2015-05-21
183	002445	中南文化	1.00	2015-07-10
184	002446	盛路通信	1.20	2015-06-09
185	002447	壹桥海参	1.00	2015-05-13
186	002448	中原内配	1.50	2015-06-03
187	002450	康得新	0.50	2015-05-25
188	002452	长高集团	1.00	2015-04-29
189	002455	百川股份	1.00	2015-05-11
190	002465	海格通信	1.00	2015-09-24
191	002467	二六三	0.50	2015-05-05
192	002470	金正大	1.00	2015-05-21
193	002471	中超控股	1.50	2015-10-19
194	002475	立讯精密	0.50	2015-06-18
195	002481	双塔食品	1.50	2015-10-26
196	002487	大金重工	0.50	2015-04-07
197	002488	金固股份	1.50	2015-05-19
198	002489	浙江永强	0.30	2015-05-20
199	002489	浙江永强	2.50	2015-09-23
200	002491	通鼎互联	2.00	2015-05-19
201	002493	荣盛石化	1.00	2015-09-24
202	002494	华斯股份	1.00	2015-04-08
203	002495	佳隆股份	1.38	2015-03-09
204	002497	雅化集团	1.00	2015-05-07
205	002498	汉缆股份	2.10	2015-10-15
206	002499	科林环保	0.40	2015-05-20
207	002501	利源精制	1.00	2015-04-08
208	002503	搜于特	1.00	2015-05-14
209	002507	涪陵榨菜	0.60	2015-07-02
210	002508	老板电器	0.50	2015-05-13
211	002511	中顺洁柔	0.20	2015-06-04
212	002512	达华智能	1.50	2015-09-21
213	002515	金字火腿	1.00	2015-05-21
214	002516	旷达科技	1.50	2015-05-14
215	002519	银河电子	1.00	2015-05-13
216	002520	日发精机	0.50	2015-05-20

continued

送转股 上市交易日 Bonus Shares Trading Date	送转股前 总股本 Previous Shares	送股股本数 Bonus Shares	送转股后 总股本 After Shares	交易所 Exchange
2015-06-12	64711.61	11213.56	75925.17	深交所
2015-05-08	75225.87	37612.93	112838.80	深交所
2015-05-12	26160.00	31392.00	57552.00	深交所
2015-07-22	72000.00	72000.00	144000.00	深交所
2015-10-20	47040.00	94080.00	141120.00	深交所
2015-05-07	23819.59	9527.84	33347.42	深交所
2015-05-14	34000.00	17000.00	51000.00	深交所
2015-05-20	24798.46	24798.46	49596.92	深交所
2015-05-18	41512.33	41512.33	83024.67	深交所
2015-05-22	23200.00	23200.00	46400.00	深交所
2015-07-13	36938.33	36938.33	73876.66	深交所
2015-06-10	17008.19	20409.83	37418.02	深交所
2015-05-14	47577.60	47577.60	95155.20	深交所
2015-06-04	23524.09	35286.14	58810.23	深交所
2015-05-26	95437.00	47619.46	143056.46	深交所
2015-04-30	26123.20	26123.20	52246.40	深交所
2015-05-12	23706.00	23706.00	47412.00	深交所
2015-09-25	107287.58	107287.58	214575.17	深交所
2015-05-06	48223.88	24111.94	72335.82	深交所
2015-05-22	78142.29	78142.29	156284.58	深交所
2015-10-20	50720.00	76080.00	126800.00	深交所
2015-06-19	83193.19	41596.59	124789.78	深交所
2015-10-27	50535.60	75803.40	126339.00	深交所
2015-04-08	36000.00	18000.00	54000.00	深交所
2015-05-20	20339.34	30509.00	50848.34	深交所
2015-05-21	47818.38	14345.52	62163.90	深交所
2015-09-24	62163.90	155409.75	217573.65	深交所
2015-05-20	37604.14	75208.29	112812.43	深交所
2015-09-25	111200.00	111200.00	222400.00	深交所
2015-04-09	17423.90	17423.90	34847.80	深交所
2015-03-10	28131.39	38821.32	66952.71	深交所
2015-05-08	48000.00	48000.00	96000.00	深交所
2015-10-16	107316.00	225363.60	332679.60	深交所
2015-05-21	13500.00	5400.00	18900.00	深交所
2015-04-09	46800.00	46800.00	93600.00	深交所
2015-05-15	51840.00	51840.00	103680.00	深交所
2015-07-03	20150.00	12090.00	32240.00	深交所
2015-05-14	32405.00	16202.50	48607.50	深交所
2015-06-05	40560.00	8112.00	48672.00	深交所
2015-09-22	35428.21	53142.32	88570.54	深交所
2015-05-22	17983.70	17983.70	35967.40	深交所
2015-05-15	26500.00	39750.00	66250.00	深交所
2015-05-14	28408.10	28408.10	56816.19	深交所
2015-05-21	21600.00	10800.00	32400.00	深交所

7–48 续表 5

单位：股

序号 No.	股票代码 Stock Code	股票简称 Stock Abbreviation	送转股比例(%) Proportion (%)	股权登记日 Date of Equity Registration
217	002522	浙江众成	1.00	2015-05-05
218	002523	天桥起重	0.30	2015-04-17
219	002527	新时达	0.50	2015-06-11
220	002528	英飞拓	0.50	2015-06-18
221	002529	海源机械	0.25	2015-04-20
222	002531	天顺风能	1.00	2015-05-25
223	002537	海立美达	1.00	2015-05-14
224	002538	司尔特	1.00	2015-02-27
225	002539	新都化工	1.50	2015-09-18
226	002540	亚太科技	1.50	2015-04-10
227	002542	中化岩土	1.00	2015-06-04
228	002545	东方铁塔	2.00	2015-10-16
229	002547	春兴精工	2.00	2015-10-21
230	002549	凯美特气	0.40	2015-06-02
231	002550	千红制药	1.00	2015-05-25
232	002551	尚荣医疗	0.20	2015-07-15
233	002553	南方轴承	1.00	2015-05-11
234	002555	三七互娱	1.70	2015-05-14
235	002557	洽洽食品	0.50	2015-05-27
236	002559	亚威股份	1.00	2015-04-20
237	002563	森马服饰	1.00	2015-09-24
238	002563	森马服饰	1.00	2015-04-29
239	002568	百润股份	1.00	2015-09-28
240	002573	清新环境	1.00	2015-05-26
241	002575	群兴玩具	1.20	2015-03-18
242	002578	闽发铝业	1.50	2015-05-27
243	002579	中京电子	0.50	2015-06-25
244	002580	圣阳股份	0.80	2015-04-30
245	002581	未名医药	1.00	2015-07-09
246	002583	海能达	1.20	2015-09-29
247	002585	双星新材	0.30	2015-06-08
248	002586	围海股份	1.00	2015-06-04
249	002587	奥拓电子	0.70	2015-06-16
250	002588	史丹利	1.00	2015-04-30
251	002589	瑞康医药	1.00	2015-09-22
252	002590	万安科技	1.00	2015-05-28
253	002595	豪迈科技	1.00	2015-04-09
254	002597	金禾实业	1.00	2015-04-20
255	002600	江粉磁材	1.00	2015-04-09
256	002602	世纪华通	1.00	2015-06-17
257	002603	以岭药业	1.00	2015-05-19
258	002604	龙力生物	0.60	2015-06-04
259	002607	亚夏汽车	0.30	2015-05-27
260	002609	捷顺科技	1.00	2015-06-23

continued

送转股 上市交易日 Bonus Shares Trading Date	送转股前 总股本 Previous Shares	送股股本数 Bonus Shares	送转股后 总股本 After Shares	交易所 Exchange
2015-05-06	44164.11	44164.11	88328.22	深交所
2015-04-20	33280.00	9984.00	43264.00	深交所
2015-06-12	39318.04	19659.02	58977.06	深交所
2015-06-19	46441.71	23220.85	69662.56	深交所
2015-04-21	16000.00	4000.00	20000.00	深交所
2015-05-26	41150.00	41150.00	82300.00	深交所
2015-05-15	15135.00	15135.00	30270.00	深交所
2015-03-02	29600.00	29600.00	59200.00	深交所
2015-09-21	40404.00	60606.00	101010.00	深交所
2015-04-13	41600.00	62400.00	104000.00	深交所
2015-06-05	51900.00	51900.00	103800.00	深交所
2015-10-19	26025.00	52050.00	78075.00	深交所
2015-10-22	33732.61	67465.21	101197.82	深交所
2015-06-03	40500.00	16200.00	56700.00	深交所
2015-05-26	32000.00	32000.00	64000.00	深交所
2015-07-16	36300.29	7254.86	43555.15	深交所
2015-05-12	17400.00	17400.00	34800.00	深交所
2015-05-15	32485.49	55225.33	87710.81	深交所
2015-05-28	33800.00	16900.00	50700.00	深交所
2015-04-21	17600.00	17600.00	35200.00	深交所
2015-09-25	134000.00	134000.00	268000.00	深交所
2015-04-30	67000.00	67000.00	134000.00	深交所
2015-09-29	44800.00	44800.00	89600.00	深交所
2015-05-27	53280.00	53280.00	106560.00	深交所
2015-03-19	26760.00	32112.00	58872.00	深交所
2015-05-28	17180.00	25770.00	42950.00	深交所
2015-06-26	23364.00	11682.00	35046.00	深交所
2015-05-04	12200.79	9760.63	21961.42	深交所
2015-07-10	14076.40	14076.40	28152.80	深交所
2015-09-30	69889.93	83867.91	153757.84	深交所
2015-06-09	55179.05	16553.71	71732.76	深交所
2015-06-05	36406.33	36406.33	72812.66	深交所
2015-06-17	21967.70	15377.39	37345.09	深交所
2015-05-04	29118.00	29118.00	58236.00	深交所
2015-09-23	27727.17	27727.17	55454.35	深交所
2015-05-29	20628.14	20628.14	41256.28	深交所
2015-04-10	40000.00	40000.00	80000.00	深交所
2015-04-21	28416.00	28416.00	56832.00	深交所
2015-04-10	31780.00	31780.00	63560.00	深交所
2015-06-18	51354.60	51354.60	102709.20	深交所
2015-05-20	56339.00	56339.00	112678.00	深交所
2015-06-05	31501.60	18900.96	50402.56	深交所
2015-05-28	27456.00	8236.80	35692.80	深交所
2015-06-24	30052.08	30052.08	60104.16	深交所

7–48 续表 6

单位：股

序号 No.	股票代码 Stock Code	股票简称 Stock Abbreviation	送转股比例 (%) Proportion (%)	股权登记日 Date of Equity Registration
261	002610	爱康科技	1.00	2015-05-28
262	002611	东方精工	0.60	2015-05-25
263	002613	北玻股份	0.50	2015-05-21
264	002614	蒙发利	0.50	2015-05-27
265	002615	哈尔斯	1.00	2015-04-29
266	002616	长青集团	1.00	2015-04-29
267	002617	露笑科技	1.00	2015-09-25
268	002622	永大集团	1.80	2015-03-20
269	002625	龙生股份	0.70	2015-03-25
270	002626	金达威	1.00	2015-06-08
271	002629	仁智油服	0.50	2015-06-03
272	002630	华西能源	1.00	2015-07-07
273	002631	德尔未来	1.00	2015-04-27
274	002632	道明光学	1.00	2015-04-16
275	002635	安洁科技	1.00	2015-04-23
276	002636	金安国纪	1.60	2015-05-21
277	002639	雪人股份	2.00	2015-09-30
278	002640	跨境通	2.00	2015-09-28
279	002641	永高股份	1.00	2015-05-28
280	002644	佛慈制药	1.50	2015-08-13
281	002650	加加食品	1.50	2015-09-23
282	002651	利君股份	1.50	2015-09-25
283	002652	扬子新材	1.00	2015-04-13
284	002657	中科金财	1.00	2015-03-19
285	002658	雪迪龙	1.20	2015-04-16
286	002663	普邦园林	1.49	2015-05-29
287	002664	信质电机	1.00	2015-04-22
288	002665	首航节能	1.50	2015-04-29
289	002666	德联集团	1.00	2015-07-08
290	002667	鞍重股份	1.00	2015-05-28
291	002672	东江环保	1.50	2015-06-25
292	002673	西部证券	1.00	2015-06-11
293	002677	浙江美大	1.00	2015-06-03
294	002680	长生生物	0.70	2015-06-16
295	002681	奋达科技	0.80	2015-06-12
296	002683	宏大爆破	1.50	2015-07-09
297	002684	猛狮科技	1.20	2015-03-06
298	002685	华东重机	1.80	2015-04-22
299	002686	亿利达	0.50	2015-08-13
300	002687	乔治白	0.50	2015-05-06
301	002689	远大智能	0.80	2015-05-28
302	002690	美亚光电	1.00	2015-05-21
303	002693	双成药业	0.50	2015-03-09
304	002697	红旗连锁	0.70	2015-09-25

continued

送转股 上市交易日 Bonus Shares Trading Date	送转股前 总股本 Previous Shares	送股股本数 Bonus Shares	送转股后 总股本 After Shares	交易所 Exchange
2015-05-29	36250.00	36250.00	72500.00	深交所
2015-05-26	36287.00	21772.20	58059.20	深交所
2015-05-22	48060.00	24030.00	72090.00	深交所
2015-05-28	36965.00	18482.50	55447.50	深交所
2015-04-30	9120.00	9120.00	18240.00	深交所
2015-04-30	17493.67	17493.67	34987.33	深交所
2015-09-28	18000.00	18000.00	36000.00	深交所
2015-03-23	15000.00	27000.00	42000.00	深交所
2015-03-26	17690.88	12384.54	30075.42	深交所
2015-06-09	28800.00	28800.00	57600.00	深交所
2015-06-04	27463.20	13731.60	41194.80	深交所
2015-07-08	36900.00	36900.00	73800.00	深交所
2015-04-28	32468.70	32468.70	64937.40	深交所
2015-04-17	13867.10	13867.10	27734.20	深交所
2015-04-24	18103.00	18103.00	36206.00	深交所
2015-05-22	28000.00	44800.00	72800.00	深交所
2015-10-08	20000.00	40000.00	60000.00	深交所
2015-09-29	21180.15	42360.31	63540.46	深交所
2015-05-29	43200.00	43200.00	86400.00	深交所
2015-08-14	20426.28	30639.42	51065.70	深交所
2015-09-24	46080.00	69120.00	115200.00	深交所
2015-09-28	40100.00	60150.00	100250.00	深交所
2015-04-14	16002.00	16002.00	32004.00	深交所
2015-03-20	15848.96	15848.96	31697.91	深交所
2015-04-17	27494.56	32993.47	60488.03	深交所
2015-06-01	64596.60	96555.90	161152.50	深交所
2015-04-23	20001.00	20001.00	40002.00	深交所
2015-04-30	26670.00	40005.00	66675.00	深交所
2015-07-09	37716.46	37716.46	75432.93	深交所
2015-05-29	6798.00	6798.00	13596.00	深交所
2015-06-26	34780.68	52171.03	86951.71	深交所
2015-06-12	139778.48	139778.48	279556.96	深交所
2015-06-04	20000.00	20000.00	40000.00	深交所
2015-06-17	8000.00	5600.00	13600.00	深交所
2015-06-15	34312.10	27449.68	61761.78	深交所
2015-07-10	24396.00	36594.00	60990.00	深交所
2015-03-09	10615.20	12738.24	23353.44	深交所
2015-04-23	20000.00	36000.00	56000.00	深交所
2015-08-14	27201.00	13600.50	40801.50	深交所
2015-05-07	23656.80	11828.40	35485.20	深交所
2015-05-29	53464.14	42771.31	96235.45	深交所
2015-05-22	33800.00	33800.00	67600.00	深交所
2015-03-10	27000.00	13500.00	40500.00	深交所
2015-09-28	80000.00	56000.00	136000.00	深交所

7–48 续表 7

单位：股

序号 No.	股票代码 Stock Code	股票简称 Stock Abbreviation	送转股比例(%) Proportion (%)	股权登记日 Date of Equity Registration
305	002698	博实股份	0.70	2015-09-23
306	002699	美盛文化	1.00	2015-03-16
307	002700	新疆浩源	0.80	2015-04-29
308	002701	奥瑞金	0.60	2015-04-23
309	002702	海欣食品	1.00	2015-05-06
310	002706	良信电器	0.30	2015-04-29
311	002707	众信旅游	1.00	2015-09-28
312	002707	众信旅游	2.00	2015-05-13
313	002708	光洋股份	1.20	2015-10-08
314	002711	欧浦智网	1.20	2015-07-03
315	002713	东易日盛	1.00	2015-05-20
316	002714	牧原股份	1.00	2015-06-09
317	002716	金贵银业	1.20	2015-06-24
318	002717	岭南园林	1.00	2015-04-08
319	002718	友邦吊顶	0.60	2015-05-28
320	002721	金一文化	2.00	2015-09-29
321	002723	金莱特	1.00	2015-06-25
322	002725	跃岭股份	0.60	2015-05-07
323	002726	龙大肉食	1.00	2015-04-24
324	002728	台城制药	1.00	2015-07-02
325	002733	雄韬股份	0.50	2015-09-14
326	002733	雄韬股份	0.50	2015-05-11
327	002734	利民股份	0.30	2015-04-30
328	002737	葵花药业	1.00	2015-06-10
329	002739	万达院线	1.00	2015-09-25
330	002741	光华科技	2.00	2015-10-30
331	002742	三圣特材	0.50	2015-05-19
332	002750	龙津药业	2.00	2015-09-14
333	002751	易尚展示	1.00	2015-09-16
334	002762	金发拉比	0.75	2015-08-10
335	002769	普路通	1.00	2015-09-24
336	300001	特锐德	1.20	2015-06-17
337	300002	神州泰岳	0.50	2015-06-05
338	300004	南风股份	1.00	2015-07-06
339	300007	汉威电子	1.00	2015-10-19
340	300009	安科生物	0.30	2015-04-16
341	300010	立思辰	1.20	2015-05-18
342	300015	爱尔眼科	0.50	2015-06-03
343	300017	网宿科技	1.20	2015-04-21
344	300019	硅宝科技	1.00	2015-05-07
345	300020	银江股份	1.20	2015-06-01
346	300026	红日药业	0.50	2015-05-25
347	300028	金亚科技	0.30	2015-06-10
348	300032	金龙机电	1.00	2015-05-13

continued

送转股 上市交易日 Bonus Shares Trading Date	送转股前 总股本 Previous Shares	送股股本数 Bonus Shares	送转股后 总股本 After Shares	交易所 Exchange
2015-09-24	40100.00	28070.00	68170.00	深交所
2015-03-17	20570.00	20570.00	41140.00	深交所
2015-04-30	23468.16	18774.53	42242.69	深交所
2015-04-24	61334.00	36800.40	98134.40	深交所
2015-05-07	14140.00	14140.00	28280.00	深交所
2015-04-30	8845.70	2653.71	11499.41	深交所
2015-09-29	20876.75	20876.75	41753.50	深交所
2015-05-14	6948.92	13897.83	20846.75	深交所
2015-10-09	18590.60	22308.72	40899.32	深交所
2015-07-06	15001.00	18001.20	33002.20	深交所
2015-05-21	12484.05	12484.05	24968.10	深交所
2015-06-10	24200.00	24200.00	48400.00	深交所
2015-06-25	22876.85	27452.22	50329.06	深交所
2015-04-09	16286.80	16286.80	32573.60	深交所
2015-05-29	5160.00	3096.00	8256.00	深交所
2015-09-30	21601.20	43202.40	64803.60	深交所
2015-06-26	9335.00	9335.00	18670.00	深交所
2015-05-08	10000.00	6000.00	16000.00	深交所
2015-04-27	21824.00	21824.00	43648.00	深交所
2015-07-03	10000.00	10000.00	20000.00	深交所
2015-09-15	20400.00	10200.00	30600.00	深交所
2015-05-12	13600.00	6800.00	20400.00	深交所
2015-05-04	10000.00	3000.00	13000.00	深交所
2015-06-11	14600.00	14600.00	29200.00	深交所
2015-09-28	56000.00	56000.00	112000.00	深交所
2015-11-02	12000.00	24000.00	36000.00	深交所
2015-05-20	9600.00	4800.00	14400.00	深交所
2015-09-15	6675.00	13350.00	20025.00	深交所
2015-09-17	7024.00	7024.00	14048.00	深交所
2015-08-11	6800.00	5100.00	11900.00	深交所
2015-09-25	7400.00	7400.00	14800.00	深交所
2015-06-18	40080.00	48096.00	88176.00	深交所
2015-06-08	132255.00	66392.06	198647.07	深交所
2015-07-07	25460.95	25460.95	50921.89	深交所
2015-10-20	14651.14	14651.14	29302.28	深交所
2015-04-17	29035.90	8710.77	37746.67	深交所
2015-05-19	29393.32	35277.00	64670.32	深交所
2015-06-04	65504.11	32738.78	98242.89	深交所
2015-04-22	31747.71	38075.94	69823.65	深交所
2015-05-08	16320.00	16320.00	32640.00	深交所
2015-06-02	27724.35	33269.22	60993.57	深交所
2015-05-26	60768.81	30384.41	91153.22	深交所
2015-06-11	26631.00	7989.30	34620.30	深交所
2015-05-14	33796.99	33796.99	67593.99	深交所

7–48　续表 8

单位：股

序号 No.	股票代码 Stock Code	股票简称 Stock Abbreviation	送转股比例(%) Proportion(%)	股权登记日 Date of Equity Registration
349	300033	同花顺	1.00	2015-04-23
350	300036	超图软件	0.60	2015-05-11
351	300039	上海凯宝	0.30	2015-04-29
352	300043	互动娱乐	1.20	2015-04-27
353	300045	华力创通	1.00	2015-05-25
354	300049	福瑞股份	1.00	2015-07-03
355	300055	万邦达	2.00	2015-04-03
356	300056	三维丝	1.00	2015-10-13
357	300058	蓝色光标	1.00	2015-06-08
358	300059	东方财富	0.40	2015-03-19
359	300061	康耐特	0.60	2015-06-02
360	300066	三川智慧	0.60	2015-04-28
361	300067	安诺其	0.60	2015-05-14
362	300071	华谊嘉信	0.80	2015-06-09
363	300072	三聚环保	0.30	2015-04-29
364	300074	华平股份	0.60	2015-04-21
365	300075	数字政通	1.00	2015-05-22
366	300078	思创医惠	1.50	2015-10-16
367	300079	数码视讯	1.00	2015-09-17
368	300082	奥克股份	1.00	2015-05-19
369	300084	海默科技	1.20	2015-05-29
370	300085	银之杰	1.00	2015-05-11
371	300086	康芝药业	0.50	2015-09-29
372	300087	荃银高科	1.00	2015-05-13
373	300088	长信科技	1.00	2015-09-18
374	300090	盛运环保	1.00	2015-11-04
375	300092	科新机电	1.50	2015-05-22
376	300095	华伍股份	0.50	2015-05-19
377	300098	高新兴	0.60	2015-05-06
378	300098	高新兴	1.40	2015-10-22
379	300101	振芯科技	1.00	2015-09-24
380	300102	乾照光电	1.00	2015-05-29
381	300104	乐视网	1.20	2015-05-12
382	300107	建新股份	1.00	2015-05-13
383	300108	双龙股份	0.50	2015-05-04
384	300114	中航电测	0.30	2015-05-26
385	300116	坚瑞消防	0.50	2015-07-01
386	300129	泰胜风能	1.00	2015-05-20
387	300130	新国都	1.00	2015-06-12
388	300131	英唐智控	1.00	2015-03-19
389	300133	华策影视	0.50	2015-04-30
390	300134	大富科技	0.70	2015-04-07
391	300135	宝利国际	0.80	2015-05-20
392	300136	信维通信	1.00	2015-06-02

continued

送转股 上市交易日 Bonus Shares Trading Date	送转股前 总股本 Previous Shares	送股股本数 Bonus Shares	送转股后 总股本 After Shares	交易所 Exchange
2015-04-24	26880.00	26880.00	53760.00	深交所
2015-05-12	12243.47	7346.08	19589.55	深交所
2015-04-30	64037.60	19211.28	83248.88	深交所
2015-04-28	56554.47	67865.37	124419.84	深交所
2015-05-26	27388.00	27388.00	54776.00	深交所
2015-07-06	13172.88	13172.88	26345.75	深交所
2015-04-07	24506.16	49012.32	73518.48	深交所
2015-10-14	16466.14	16466.14	32932.29	深交所
2015-06-09	96638.80	96478.15	193116.95	深交所
2015-03-20	120960.00	48384.00	169344.00	深交所
2015-06-03	15564.76	9338.86	24903.62	深交所
2015-04-29	24953.85	14972.58	39926.43	深交所
2015-05-15	32916.20	19749.72	52665.92	深交所
2015-06-10	38071.92	30457.54	68529.46	深交所
2015-04-30	50883.80	15265.14	66148.94	深交所
2015-04-22	33000.00	19800.00	52800.00	深交所
2015-05-25	19015.75	19015.75	38031.49	深交所
2015-10-19	16750.00	25125.00	41875.00	深交所
2015-09-18	68889.69	68889.69	137779.39	深交所
2015-05-20	33696.00	33696.00	67392.00	深交所
2015-06-01	14762.08	17714.49	32476.57	深交所
2015-05-12	26272.22	26272.22	52544.44	深交所
2015-09-30	30000.00	15000.00	45000.00	深交所
2015-05-14	15840.00	15840.00	31680.00	深交所
2015-09-21	57700.71	57700.71	115401.42	深交所
2015-11-05	52949.45	52949.45	105898.91	深交所
2015-05-25	9100.00	13650.00	22750.00	深交所
2015-05-20	20546.32	10273.16	30819.48	深交所
2015-05-07	18349.02	11009.41	29358.43	深交所
2015-10-23	29358.43	41101.80	70460.24	深交所
2015-09-25	27800.00	27800.00	55600.00	深交所
2015-06-01	29500.00	29500.00	59000.00	深交所
2015-05-13	84119.01	100942.81	185061.81	深交所
2015-05-14	26972.90	26915.12	53888.03	深交所
2015-05-05	28267.32	14133.66	42400.98	深交所
2015-05-27	20196.94	6059.08	26256.02	深交所
2015-07-02	33349.17	16674.59	50023.76	深交所
2015-05-21	32400.00	32400.00	64800.00	深交所
2015-06-15	11430.00	11430.00	22860.00	深交所
2015-03-20	20220.30	20220.30	40440.60	深交所
2015-05-04	65287.18	32643.59	97930.76	深交所
2015-04-08	38400.00	26880.00	65280.00	深交所
2015-05-21	51200.00	40960.00	92160.00	深交所
2015-06-03	27225.90	27225.90	54451.80	深交所

7–48 续表 9

单位：股

序号 No.	股票代码 Stock Code	股票简称 Stock Abbreviation	送转股比例(%) Proportion(%)	股权登记日 Date of Equity Registration
393	300139	晓程科技	1.50	2015-04-09
394	300140	启源装备	1.00	2015-05-11
395	300142	沃森生物	2.00	2015-10-13
396	300142	沃森生物	1.00	2015-04-22
397	300144	宋城演艺	1.41	2015-08-31
398	300148	天舟文化	0.20	2015-06-05
399	300149	量子高科	0.40	2015-05-20
400	300150	世纪瑞尔	1.00	2015-05-13
401	300151	昌红科技	1.50	2015-05-27
402	300152	科融环境	2.00	2015-11-03
403	300153	科泰电源	1.00	2015-05-18
404	300154	瑞凌股份	1.00	2015-09-23
405	300155	安居宝	0.50	2015-07-02
406	300159	新研股份	1.00	2015-06-09
407	300162	雷曼股份	1.50	2015-05-27
408	300163	先锋新材	2.00	2015-09-24
409	300165	天瑞仪器	0.50	2015-04-29
410	300166	东方国信	0.98	2015-04-23
411	300168	万达信息	1.00	2015-06-10
412	300170	汉得信息	0.50	2015-05-22
413	300171	东富龙	1.00	2015-06-18
414	300172	中电环保	1.00	2015-04-14
415	300173	智慧松德	2.00	2015-06-03
416	300178	腾邦国际	1.20	2015-04-23
417	300179	四方达	1.20	2015-04-09
418	300180	华峰超纤	1.50	2015-05-20
419	300181	佐力药业	0.70	2015-05-19
420	300182	捷成股份	1.50	2015-10-08
421	300183	东软载波	1.00	2015-06-09
422	300184	力源信息	1.00	2015-04-21
423	300188	美亚柏科	1.00	2015-05-11
424	300189	神农基因	1.50	2015-09-18
425	300190	维尔利	1.00	2015-04-28
426	300193	佳士科技	1.20	2015-10-12
427	300195	长荣股份	1.00	2015-04-20
428	300197	铁汉生态	0.50	2015-09-17
429	300199	翰宇药业	1.00	2015-04-13
430	300204	舒泰神	0.40	2015-04-08
431	300206	理邦仪器	0.20	2015-05-27
432	300207	欣旺达	1.50	2015-04-27
433	300208	恒顺众昇	1.50	2015-09-23
434	300209	天泽信息	0.49	2015-05-13
435	300211	亿通科技	0.90	2015-05-21
436	300216	千山药机	1.00	2015-04-27

continued

送转股 上市交易日 Bonus Shares Trading Date	送转股前 总股本 Previous Shares	送股股本数 Bonus Shares	送转股后 总股本 After Shares	交易所 Exchange
2015-04-10	10960.00	16440.00	27400.00	深交所
2015-05-12	12200.00	12200.00	24400.00	深交所
2015-10-14	46800.00	93600.00	140400.00	深交所
2015-04-23	23400.00	23400.00	46800.00	深交所
2015-09-01	59439.15	83653.53	143092.68	深交所
2015-06-08	35195.96	7039.19	42235.15	深交所
2015-05-21	30150.00	12060.00	42210.00	深交所
2015-05-14	27000.00	27000.00	54000.00	深交所
2015-05-28	20100.00	30150.00	50250.00	深交所
2015-11-04	23760.00	47520.00	71280.00	深交所
2015-05-19	16000.00	16000.00	32000.00	深交所
2015-09-24	22673.00	22673.00	45346.00	深交所
2015-07-03	36399.02	18290.98	54690.00	深交所
2015-06-10	36080.00	36080.00	72160.00	深交所
2015-05-28	13400.00	20100.00	33500.00	深交所
2015-09-25	15800.00	31600.00	47400.00	深交所
2015-04-30	15392.00	7696.00	23088.00	深交所
2015-04-24	28382.15	27901.78	56283.93	深交所
2015-06-11	50081.41	50081.41	100162.82	深交所
2015-05-25	54906.58	27453.29	82359.86	深交所
2015-06-19	31741.78	31741.78	63483.57	深交所
2015-04-15	16900.00	16900.00	33800.00	深交所
2015-06-04	19539.35	39078.70	58618.05	深交所
2015-04-24	24466.00	29359.20	53825.20	深交所
2015-04-10	21600.00	25920.00	47520.00	深交所
2015-05-21	15800.00	23700.00	39500.00	深交所
2015-05-20	31680.00	22176.00	53856.00	深交所
2015-10-09	56623.39	84935.08	141558.47	深交所
2015-06-10	22272.40	22272.40	44544.80	深交所
2015-04-22	17964.75	17964.75	35929.50	深交所
2015-05-12	22158.16	22158.16	44316.32	深交所
2015-09-21	40960.00	61440.00	102400.00	深交所
2015-04-29	17406.04	17406.04	34812.09	深交所
2015-10-13	23050.63	27660.76	50711.39	深交所
2015-04-21	17042.62	17042.62	34085.24	深交所
2015-09-18	53839.75	26919.88	80759.63	深交所
2015-04-14	44500.82	44500.82	89001.64	深交所
2015-04-09	24012.00	9604.80	33616.80	深交所
2015-05-28	19500.00	3900.00	23400.00	深交所
2015-04-28	25154.10	37731.15	62885.25	深交所
2015-09-24	30661.00	45991.50	76652.50	深交所
2015-05-14	16493.03	8000.00	24493.02	深交所
2015-05-22	8384.38	7545.94	15930.31	深交所
2015-04-28	18079.77	18079.77	36159.53	深交所

7–48 续表 10

单位：股

序号 No.	股票代码 Stock Code	股票简称 Stock Abbreviation	送转股比例 (%) Proportion (%)	股权登记日 Date of Equity Registration
437	300219	鸿利光电	1.50	2015-11-12
438	300221	银禧科技	1.00	2015-04-27
439	300222	科大智能	0.80	2015-09-15
440	300222	科大智能	0.90	2015-04-30
441	300223	北京君正	0.60	2015-05-04
442	300224	正海磁材	0.91	2015-05-26
443	300225	金力泰	0.80	2015-06-10
444	300228	富瑞特装	1.00	2015-09-17
445	300229	拓尔思	1.00	2015-05-29
446	300231	银信科技	0.50	2015-04-24
447	300233	金城医药	1.00	2015-09-16
448	300236	上海新阳	0.60	2015-06-05
449	300237	美晨科技	1.50	2015-09-21
450	300237	美晨科技	1.00	2015-04-13
451	300238	冠昊生物	1.00	2015-04-15
452	300240	飞力达	0.50	2015-06-11
453	300242	明家联合	1.50	2015-09-21
454	300244	迪安诊断	0.30	2015-04-28
455	300245	天玑科技	0.50	2015-05-27
456	300248	新开普	1.00	2015-03-24
457	300251	光线传媒	0.30	2015-06-15
458	300252	金信诺	1.50	2015-05-14
459	300253	卫宁健康	1.50	2015-04-09
460	300254	仟源医药	0.20	2015-06-12
461	300255	常山药业	1.50	2015-04-29
462	300257	开山股份	1.00	2015-06-01
463	300258	精锻科技	0.50	2015-05-27
464	300259	新天科技	0.70	2015-05-26
465	300261	雅本化学	0.30	2015-07-02
466	300262	巴安水务	0.40	2015-06-03
467	300265	通光线缆	1.50	2015-06-01
468	300266	兴源环境	1.50	2015-05-25
469	300267	尔康制药	1.00	2015-04-07
470	300269	联建光电	1.50	2015-04-30
471	300270	中威电子	1.20	2015-05-26
472	300271	华宇软件	0.99	2015-04-27
473	300272	开能环保	0.30	2015-05-06
474	300273	和佳股份	0.30	2015-05-25
475	300276	三丰智能	0.50	2015-05-20
476	300278	华昌达	1.00	2015-03-10
477	300281	金明精机	1.00	2015-04-28
478	300282	汇冠股份	0.90	2015-08-18
479	300283	温州宏丰	1.00	2015-04-29
480	300285	国瓷材料	1.00	2015-06-11

continued

送转股 上市交易日 Bonus Shares Trading Date	送转股前 总股本 Previous Shares	送股股本数 Bonus Shares	送转股后 总股本 After Shares	交易所 Exchange
2015-11-13	24593.90	36890.85	61484.75	深交所
2015-04-28	20162.00	20162.00	40324.00	深交所
2015-09-16	33482.94	26786.35	60269.29	深交所
2015-05-04	16389.58	14750.62	31140.20	深交所
2015-05-05	10400.00	6240.00	16640.00	深交所
2015-05-27	26507.40	24000.00	50507.40	深交所
2015-06-11	26130.00	20904.00	47034.00	深交所
2015-09-18	14576.79	14576.79	29153.58	深交所
2015-06-01	23294.35	23294.35	46588.70	深交所
2015-04-27	22344.05	11172.03	33516.08	深交所
2015-09-17	12660.00	12660.00	25320.00	深交所
2015-06-08	11491.20	6894.72	18385.92	深交所
2015-09-22	26068.70	39103.05	65171.74	深交所
2015-04-14	13034.35	13034.35	26068.70	深交所
2015-04-16	12349.75	12349.75	24699.50	深交所
2015-06-12	16247.10	8123.55	24370.65	深交所
2015-09-22	8714.84	13072.27	21787.11	深交所
2015-04-29	20558.92	6167.68	26726.60	深交所
2015-05-28	18183.32	9091.66	27274.98	深交所
2015-03-25	14272.00	14272.00	28544.00	深交所
2015-06-16	112831.09	33849.33	146680.42	深交所
2015-05-15	16341.30	24511.94	40853.24	深交所
2015-04-10	21853.79	32780.69	54634.49	深交所
2015-06-15	13380.00	2676.00	16056.00	深交所
2015-04-30	18841.87	28262.81	47104.68	深交所
2015-06-02	42900.00	42900.00	85800.00	深交所
2015-05-28	18000.00	9000.00	27000.00	深交所
2015-05-27	27244.80	19071.36	46316.16	深交所
2015-07-03	30184.96	9055.49	39240.45	深交所
2015-06-04	26680.00	10672.00	37352.00	深交所
2015-06-02	13500.00	20250.00	33750.00	深交所
2015-05-26	16560.49	24840.73	41401.22	深交所
2015-04-08	45448.00	45448.00	90896.00	深交所
2015-05-04	20221.50	30332.26	50553.76	深交所
2015-05-27	12400.00	14880.00	27280.00	深交所
2015-04-28	15199.58	14995.45	30195.04	深交所
2015-05-07	25524.72	7657.42	33182.14	深交所
2015-05-26	57207.15	17162.15	74369.30	深交所
2015-05-21	24960.00	12480.00	37440.00	深交所
2015-03-11	27252.17	27252.17	54504.34	深交所
2015-04-29	12129.90	12118.50	24248.40	深交所
2015-08-19	12072.63	10865.37	22938.00	深交所
2015-04-30	13812.05	13812.05	27624.09	深交所
2015-06-12	12723.80	12723.80	25447.60	深交所

7—48　续表 11

单位：股

序号 No.	股票代码 Stock Code	股票简称 Stock Abbreviation	送转股比例 (%) Proportion (%)	股权登记日 Date of Equity Registration
481	300287	飞利信	1.00	2015-09-22
482	300287	飞利信	1.00	2015-05-07
483	300288	朗玛信息	2.00	2015-04-20
484	300289	利德曼	1.50	2015-10-26
485	300290	荣科科技	1.00	2015-09-18
486	300291	华录百纳	0.80	2015-05-18
487	300294	博雅生物	1.00	2015-09-17
488	300294	博雅生物	0.50	2015-04-03
489	300295	三六五网	0.20	2015-05-28
490	300295	三六五网	1.00	2015-10-28
491	300296	利亚德	1.00	2015-05-26
492	300297	蓝盾股份	1.00	2015-10-13
493	300297	蓝盾股份	1.20	2015-05-28
494	300298	三诺生物	0.30	2015-05-15
495	300299	富春通信	0.50	2015-04-30
496	300300	汉鼎宇佑	1.00	2015-06-15
497	300301	长方集团	1.20	2015-05-11
498	300302	同有科技	0.80	2015-05-20
499	300303	聚飞光电	1.20	2015-04-23
500	300306	远方光电	1.00	2015-04-29
501	300309	吉艾科技	1.00	2015-06-18
502	300311	任子行	1.00	2015-06-01
503	300313	天山生物	1.00	2015-05-07
504	300314	戴维医疗	0.80	2015-05-19
505	300315	掌趣科技	0.90	2015-05-21
506	300316	晶盛机电	1.20	2015-04-22
507	300317	珈伟股份	0.50	2015-10-15
508	300318	博晖创新	1.00	2015-07-20
509	300320	海达股份	1.20	2015-06-10
510	300322	硕贝德	0.80	2015-06-01
511	300323	华灿光电	0.50	2015-06-03
512	300324	旋极信息	1.00	2015-06-25
513	300326	凯利泰	1.00	2015-06-25
514	300327	中颖电子	0.10	2015-06-23
515	300328	宜安科技	1.00	2015-04-08
516	300329	海伦钢琴	0.80	2015-10-13
517	300331	苏大维格	1.00	2015-09-18
518	300333	兆日科技	2.00	2015-09-11
519	300336	新文化	1.20	2015-05-25
520	300337	银邦股份	1.20	2015-10-28
521	300338	开元仪器	1.00	2015-04-29
522	300345	红宇新材	0.30	2015-04-17
523	300345	红宇新材	2.20	2015-10-09
524	300346	南大光电	0.60	2015-06-10

continued

送转股 上市交易日 Bonus Shares Trading Date	送转股前 总股本 Previous Shares	送股股本数 Bonus Shares	送转股后 总股本 After Shares	交易所 Exchange
2015-09-23	57020.74	57020.74	114041.48	深交所
2015-05-08	27440.85	27440.85	54881.70	深交所
2015-04-21	11264.71	22529.43	33794.14	深交所
2015-10-27	17011.80	25517.70	42529.50	深交所
2015-09-21	16071.48	16071.48	32142.97	深交所
2015-05-19	39363.26	31490.61	70853.87	深交所
2015-09-18	11370.00	11370.00	22740.00	深交所
2015-04-07	7580.00	3790.00	11370.00	深交所
2015-05-29	8002.50	1600.50	9603.00	深交所
2015-10-29	9603.00	9603.00	19206.00	深交所
2015-05-27	32585.32	32585.32	65170.64	深交所
2015-10-14	48534.25	48534.25	97068.50	深交所
2015-05-29	22061.02	26473.23	48534.25	深交所
2015-05-18	20084.17	6001.80	26085.97	深交所
2015-05-04	18090.00	9045.00	27135.00	深交所
2015-06-16	19140.00	19140.00	38280.00	深交所
2015-05-12	27178.50	32614.20	59792.70	深交所
2015-05-21	10800.00	8640.00	19440.00	深交所
2015-04-24	28288.00	33945.60	62233.60	深交所
2015-04-30	12000.00	12000.00	24000.00	深交所
2015-06-19	21727.40	21727.40	43454.80	深交所
2015-06-02	11641.15	11641.15	23282.31	深交所
2015-05-08	9091.00	9091.00	18182.00	深交所
2015-05-20	16000.00	12800.00	28800.00	深交所
2015-05-22	129760.84	116784.76	246545.59	深交所
2015-04-23	40005.00	48006.00	88011.00	深交所
2015-10-16	25577.42	12788.71	38366.14	深交所
2015-07-21	20455.30	20455.30	40910.59	深交所
2015-06-11	13334.00	16000.80	29334.80	深交所
2015-06-02	22511.80	18009.44	40521.24	深交所
2015-06-04	45000.00	22500.00	67500.00	深交所
2015-06-26	23677.79	23621.99	47299.79	深交所
2015-06-26	17607.29	17607.29	35214.58	深交所
2015-06-24	15488.00	1548.80	17036.80	深交所
2015-04-09	11200.00	11200.00	22400.00	深交所
2015-10-14	13398.00	10718.40	24116.40	深交所
2015-09-21	9300.00	9300.00	18600.00	深交所
2015-09-14	11200.00	22400.00	33600.00	深交所
2015-05-26	24434.00	29320.80	53754.81	深交所
2015-10-29	37360.00	44832.00	82192.00	深交所
2015-04-30	12600.00	12600.00	25200.00	深交所
2015-04-20	9600.00	2880.00	12480.00	深交所
2015-10-12	12480.00	27456.00	39936.00	深交所
2015-06-11	10054.00	6032.40	16086.40	深交所

7–48 续表 12

单位：股

序号 No.	股票代码 Stock Code	股票简称 Stock Abbreviation	送转股比例(%) Proportion(%)	股权登记日 Date of Equity Registration
525	300347	泰格医药	1.00	2015-05-19
526	300348	长亮科技	1.50	2015-05-25
527	300350	华鹏飞	1.00	2015-09-17
528	300351	永贵电器	1.20	2015-04-08
529	300353	东土科技	1.00	2015-09-28
530	300354	东华测试	0.60	2015-05-14
531	300358	楚天科技	1.00	2015-03-18
532	300359	全通教育	1.20	2015-05-14
533	300363	博腾股份	0.50	2015-09-28
534	300363	博腾股份	1.50	2015-03-25
535	300365	恒华科技	1.00	2015-04-21
536	300366	创意信息	1.00	2015-05-29
537	300367	东方网力	1.50	2015-05-04
538	300368	汇金股份	1.00	2015-05-26
539	300369	绿盟科技	1.50	2015-05-27
540	300370	安控科技	1.50	2015-05-05
541	300371	汇中股份	0.25	2015-05-14
542	300372	欣泰电气	1.00	2015-06-01
543	300373	扬杰科技	1.50	2015-10-26
544	300374	恒通科技	1.00	2015-06-08
545	300375	鹏翎股份	1.00	2015-05-07
546	300376	易事特	0.40	2015-06-05
547	300378	鼎捷软件	0.30	2015-05-18
548	300379	东方通	1.00	2015-04-15
549	300380	安硕信息	1.00	2015-05-21
550	300382	斯莱克	1.20	2015-06-18
551	300383	光环新网	1.50	2015-05-21
552	300383	光环新网	1.00	2015-09-30
553	300384	三联虹普	1.80	2015-05-06
554	300385	雪浪环境	0.50	2015-07-08
555	300386	飞天诚信	1.20	2015-07-03
556	300387	富邦股份	1.00	2015-09-10
557	300388	国祯环保	2.00	2015-05-27
558	300389	艾比森	1.00	2015-05-08
559	300390	天华超净	0.50	2015-04-15
560	300391	康跃科技	1.50	2015-05-20
561	300392	腾信股份	2.00	2015-09-23
562	300392	腾信股份	1.00	2015-04-24
563	300395	菲利华	1.00	2015-04-20
564	300396	迪瑞医疗	1.50	2015-04-22
565	300398	飞凯材料	0.30	2015-05-06
566	300399	京天利	0.90	2015-10-26
567	300400	劲拓股份	0.50	2015-05-19
568	300401	花园生物	1.00	2015-05-07

continued

送转股 上市交易日 Bonus Shares Trading Date	送转股前 总股本 Previous Shares	送股股本数 Bonus Shares	送转股后 总股本 After Shares	交易所 Exchange
2015-05-20	21501.92	21501.92	43003.84	深交所
2015-05-26	5631.05	8446.58	14077.63	深交所
2015-09-18	14823.34	14823.34	29646.69	深交所
2015-04-09	15327.00	18392.40	33719.40	深交所
2015-09-29	17124.10	17124.10	34248.19	深交所
2015-05-15	8648.14	5188.88	13837.02	深交所
2015-03-19	11679.88	11679.88	23359.76	深交所
2015-05-15	9720.00	11664.00	21384.00	深交所
2015-09-29	27931.38	13965.69	41897.08	深交所
2015-03-26	10900.00	16350.00	27250.00	深交所
2015-04-22	8697.60	8697.60	17395.20	深交所
2015-06-01	5715.00	5715.00	11430.00	深交所
2015-05-05	11914.50	17871.75	29786.25	深交所
2015-05-27	12380.00	12380.00	24760.00	深交所
2015-05-28	14319.39	21479.08	35798.47	深交所
2015-05-06	9723.14	14584.71	24307.85	深交所
2015-05-15	9600.00	2400.00	12000.00	深交所
2015-06-02	8577.86	8577.86	17155.72	深交所
2015-10-27	16753.00	25129.50	41882.50	深交所
2015-06-09	9734.00	9734.00	19468.00	深交所
2015-05-08	9110.15	9110.15	18220.30	深交所
2015-06-08	17890.00	7156.00	25046.00	深交所
2015-05-19	15442.01	4632.60	20074.61	深交所
2015-04-16	5761.02	5761.02	11522.03	深交所
2015-05-22	6872.00	6872.00	13744.00	深交所
2015-06-19	5323.70	6388.44	11712.14	深交所
2015-05-22	10916.00	16374.00	27290.00	深交所
2015-10-08	27290.00	27290.00	54580.00	深交所
2015-05-07	5334.00	9601.20	14935.20	深交所
2015-07-09	8000.00	4000.00	12000.00	深交所
2015-07-06	9501.00	11401.20	20902.20	深交所
2015-09-11	6099.00	6099.00	12198.00	深交所
2015-05-28	8822.65	17645.31	26467.96	深交所
2015-05-11	8008.50	8008.50	16017.00	深交所
2015-04-16	7798.00	3899.00	11697.00	深交所
2015-05-21	6667.00	10000.50	16667.50	深交所
2015-09-24	12800.00	25600.00	38400.00	深交所
2015-04-27	6400.00	6400.00	12800.00	深交所
2015-04-21	6460.00	6460.00	12920.00	深交所
2015-04-23	6134.00	9201.00	15335.00	深交所
2015-05-07	8000.00	2400.00	10400.00	深交所
2015-10-27	8000.00	7200.00	15200.00	深交所
2015-05-20	8000.00	4000.00	12000.00	深交所
2015-05-08	9070.00	9070.00	18140.00	深交所

7-48 续表 13

单位：股

序号 No.	股票代码 Stock Code	股票简称 Stock Abbreviation	送转股比例 (%) Proportion (%)	股权登记日 Date of Equity Registration
569	300404	博济医药	1.00	2015-10-19
570	300406	九强生物	1.00	2015-04-17
571	300407	凯发电气	1.00	2015-05-27
572	300408	三环集团	1.00	2015-05-21
573	300409	道氏技术	0.50	2015-05-21
574	300410	正业科技	1.50	2015-12-02
575	300411	金盾股份	1.00	2015-06-01
576	300412	迦南科技	1.20	2015-04-22
577	300414	中光防雷	1.00	2015-09-29
578	300415	伊之密	1.00	2015-09-29
579	300418	昆仑万维	2.92	2015-11-10
580	300422	博世科	1.00	2015-09-23
581	300425	环能科技	1.20	2015-10-27
582	300426	唐德影视	1.00	2015-10-20
583	300430	诚益通	0.60	2015-10-08
584	300431	暴风集团	1.20	2015-09-17
585	300432	富临精工	2.00	2015-09-17
586	300436	广生堂	1.00	2015-09-15
587	300439	美康生物	2.00	2015-09-16
588	300441	鲍斯股份	1.00	2015-10-27
589	300444	双杰电气	1.00	2015-09-23
590	300445	康斯特	1.00	2015-09-17
591	300450	先导智能	1.00	2015-09-09
592	300457	赢合科技	0.50	2015-09-22
593	300459	浙江金科	1.50	2015-09-02
594	300462	华铭智能	1.00	2015-09-22
595	300467	迅游科技	3.00	2015-09-28
596	300471	厚普股份	1.00	2015-10-12
597	600015	华夏银行	0.20	2015-07-07
598	600035	楚天高速	0.20	2015-04-15
599	600064	南京高科	0.50	2015-04-28
600	600066	宇通客车	0.50	2015-05-19
601	600070	浙江富润	0.30	2015-06-18
602	600079	人福医药	1.00	2015-07-21
603	600086	东方金钰	2.00	2015-10-21
604	600111	北方稀土	0.50	2015-05-08
605	600157	永泰能源	0.30	2015-06-03
606	600165	新日恒力	1.50	2015-10-09
607	600170	上海建工	0.30	2015-05-11
608	600184	光电股份	1.00	2015-04-22
609	600201	生物股份	1.00	2015-10-13
610	600226	升华拜克	1.70	2015-10-09
611	600239	云南城投	0.30	2015-06-15
612	600251	冠农股份	1.00	2015-05-18

continued

送转股 上市交易日 Bonus Shares Trading Date	送转股前 总股本 Previous Shares	送股股本数 Bonus Shares	送转股后 总股本 After Shares	交易所 Exchange
2015-10-20	6667.00	6667.00	13334.00	深交所
2015-04-20	12443.00	12443.00	24886.00	深交所
2015-05-28	6800.00	6800.00	13600.00	深交所
2015-05-22	42880.00	42880.00	85760.00	深交所
2015-05-22	6500.00	3250.00	9750.00	深交所
2015-12-03	6000.00	9000.00	15000.00	深交所
2015-06-02	8000.00	8000.00	16000.00	深交所
2015-04-23	5340.00	6408.00	11748.00	深交所
2015-09-30	8426.50	8426.50	16853.00	深交所
2015-09-30	12000.00	12000.00	24000.00	深交所
2015-11-11	28723.10	84000.00	112723.10	深交所
2015-09-24	6200.00	6200.00	12400.00	深交所
2015-10-28	7200.00	8640.00	15840.00	深交所
2015-10-21	8000.00	8000.00	16000.00	深交所
2015-10-09	6080.00	3648.00	9728.00	深交所
2015-09-18	12000.00	14400.00	26400.00	深交所
2015-09-18	12000.00	24000.00	36000.00	深交所
2015-09-16	7000.00	7000.00	14000.00	深交所
2015-09-17	11334.00	22668.00	34002.00	深交所
2015-10-28	8448.00	8448.00	16896.00	深交所
2015-09-24	13794.56	13794.56	27589.12	深交所
2015-09-18	4080.00	4080.00	8160.00	深交所
2015-09-10	6800.00	6800.00	13600.00	深交所
2015-09-23	7800.00	3900.00	11700.00	深交所
2015-09-07	10600.00	15900.00	26500.00	深交所
2015-09-23	6888.00	6888.00	13776.00	深交所
2015-09-29	4000.00	12000.00	16000.00	深交所
2015-10-13	7398.40	7398.40	14796.80	深交所
2015-07-09	890464.35	178092.87	1068557.22	上交所
2015-04-17	121114.82	24222.96	145337.79	上交所
2015-04-30	51621.88	25810.94	77432.82	上交所
2015-05-21	147733.23	73866.61	221599.84	上交所
2015-06-23	27431.77	8229.53	35661.31	上交所
2015-07-23	64302.45	64302.45	128604.91	上交所
2015-10-23	45000.00	90000.00	135000.00	上交所
2015-05-12	242204.40	121102.20	363306.60	上交所
2015-06-05	861126.12	258337.84	1119463.95	上交所
2015-10-13	27395.35	41093.03	68488.38	上交所
2015-05-13	457170.33	137151.10	594321.42	上交所
2015-04-24	20938.04	20938.04	41876.08	上交所
2015-10-15	28641.49	28641.49	57282.99	上交所
2015-10-13	40554.92	68943.37	109498.30	上交所
2015-06-17	82342.92	24702.88	107045.79	上交所
2015-05-20	39242.10	39242.10	78484.20	上交所

7-48 续表 14

单位：股

序号 No.	股票代码 Stock Code	股票简称 Stock Abbreviation	送转股比例(%) Proportion(%)	股权登记日 Date of Equity Registration
613	600252	中恒集团	2.00	2015-09-15
614	600261	阳光照明	0.50	2015-05-25
615	600276	恒瑞医药	0.30	2015-06-12
616	600280	中央商场	1.00	2015-06-11
617	600292	远达环保	0.30	2015-07-10
618	600297	广汇汽车	0.50	2015-11-13
619	600310	桂东电力	2.00	2015-09-11
620	600340	华夏幸福	1.00	2015-04-30
621	600346	*ST橡塑	1.30	2015-07-14
622	600352	浙江龙盛	1.00	2015-06-09
623	600353	旭光股份	1.00	2015-07-03
624	600355	精伦电子	1.00	2015-09-24
625	600365	通葡股份	1.00	2015-10-23
626	600369	西南证券	1.00	2015-09-28
627	600371	万向德农	0.10	2015-07-13
628	600388	龙净环保	1.50	2015-06-04
629	600392	盛和资源	1.50	2015-09-29
630	600399	抚顺特钢	1.50	2015-06-09
631	600401	海润光伏	2.00	2015-05-27
632	600415	小商品城	1.00	2015-05-11
633	600436	片仔癀	1.50	2015-06-03
634	600446	金证股份	2.00	2015-09-16
635	600477	杭萧钢构	0.30	2015-06-03
636	600478	科力远	0.80	2015-05-15
637	600481	双良节能	1.00	2015-09-08
638	600486	扬农化工	0.20	2015-07-06
639	600487	亨通光电	2.00	2015-09-23
640	600495	晋西车轴	0.80	2015-07-08
641	600496	精工钢构	1.20	2015-05-21
642	600518	康美药业	1.00	2015-06-15
643	600519	贵州茅台	0.10	2015-07-16
644	600540	新赛股份	0.30	2015-11-12
645	600549	厦门钨业	0.30	2015-05-08
646	600558	大西洋	0.50	2015-07-23
647	600572	康恩贝	0.70	2015-07-06
648	600576	万家文化	1.20	2015-09-25
649	600577	精达股份	1.00	2015-06-10
650	600582	天地科技	1.00	2015-12-11
651	600588	用友网络	0.20	2015-04-29
652	600594	益佰制药	1.00	2015-07-15
653	600613	神奇制药	0.20	2015-07-03
654	600614	鼎立股份	1.00	2015-09-23
655	600617	国新能源	0.70	2015-04-17
656	600624	复旦复华	0.30	2015-07-22

continued

送转股 上市交易日 Bonus Shares Trading Date	送转股前 总股本 Previous Shares	送股股本数 Bonus Shares	送转股后 总股本 After Shares	交易所 Exchange
2015-09-17	115836.90	231673.81	347510.71	上交所
2015-05-27	96806.86	48403.43	145210.29	上交所
2015-06-16	150499.93	45149.98	195649.91	上交所
2015-06-15	57416.74	57416.74	114833.49	上交所
2015-07-14	60062.84	18018.85	78081.69	上交所
2015-11-17	366693.38	183346.69	550040.07	上交所
2015-09-15	27592.50	55185.00	82777.50	上交所
2015-05-05	132287.97	132287.97	264575.94	上交所
2015-07-16	29034.21	37744.47	66778.68	上交所
2015-06-11	162666.59	162666.59	325333.19	上交所
2015-07-07	27186.00	27186.00	54372.00	上交所
2015-09-28	24604.46	24604.46	49208.92	上交所
2015-10-27	20000.00	20000.00	40000.00	上交所
2015-09-30	282255.46	282255.46	564510.91	上交所
2015-07-15	20460.00	2046.00	22506.00	上交所
2015-06-08	42762.00	64143.00	106905.00	上交所
2015-10-08	37641.58	56462.36	94103.94	上交所
2015-06-11	52000.00	78000.00	130000.00	上交所
2015-05-29	157497.84	314995.68	472493.52	上交所
2015-05-13	272160.71	272160.71	544321.42	上交所
2015-06-05	16088.46	24132.69	40221.15	上交所
2015-09-18	27683.55	55367.10	83050.65	上交所
2015-06-05	55345.82	16603.75	71949.57	上交所
2015-05-19	47223.52	37778.82	85002.34	上交所
2015-09-10	81024.79	81024.79	162049.58	上交所
2015-07-08	25824.91	5164.98	30989.89	上交所
2015-09-25	41375.64	82751.27	124126.91	上交所
2015-07-10	67121.72	53697.37	120819.09	上交所
2015-05-25	68656.60	82387.92	151044.52	上交所
2015-06-17	219871.45	219871.45	439742.90	上交所
2015-07-20	114199.80	11419.98	125619.78	上交所
2015-11-16	36224.87	10867.46	47092.33	上交所
2015-05-12	83198.00	24959.40	108157.40	上交所
2015-07-27	39893.55	19946.77	59840.32	上交所
2015-07-08	98460.00	68922.00	167382.00	上交所
2015-09-29	21809.31	26171.17	47980.48	上交所
2015-06-12	97766.21	97766.21	195532.42	上交所
2015-12-15	206929.44	206929.44	413858.89	上交所
2015-05-04	117141.90	23428.38	140570.28	上交所
2015-07-17	39596.37	39596.37	79192.74	上交所
2015-07-07	44505.97	8901.19	53407.16	上交所
2015-09-25	76607.84	76607.84	153215.67	上交所
2015-04-21	59303.75	41512.62	100816.37	上交所
2015-07-24	40515.50	12154.65	52670.15	上交所

7—48 续表 15

单位：股

序号 No.	股票代码 Stock Code	股票简称 Stock Abbreviation	送转股比例 (%) Proportion (%)	股权登记日 Date of Equity Registration
657	600635	大众公用	0.50	2015-05-26
658	600643	爱建集团	0.30	2015-06-17
659	600673	东阳光科	1.60	2015-05-06
660	600674	川投能源	1.00	2015-06-25
661	600682	南京新百	1.00	2015-06-11
662	600687	刚泰控股	1.20	2015-09-24
663	600690	青岛海尔	1.00	2015-07-15
664	600691	阳煤化工	0.32	2015-07-08
665	600719	大连热电	1.00	2015-11-27
666	600730	中国高科	1.00	2015-11-18
667	600735	新华锦	0.50	2015-05-06
668	600759	洲际油气	0.30	2015-07-03
669	600763	通策医疗	1.00	2015-12-03
670	600790	轻纺城	0.30	2015-05-20
671	600794	保税科技	1.20	2015-03-17
672	600807	天业股份	0.30	2015-05-06
673	600816	安信信托	1.50	2015-09-22
674	600823	世茂股份	0.50	2015-06-03
675	600824	益民集团	0.20	2015-05-28
676	600867	通化东宝	0.10	2015-05-15
677	600869	智慧能源	1.00	2015-10-15
678	600887	伊利股份	1.00	2015-05-27
679	600960	渤海活塞	0.60	2015-04-13
680	600966	博汇纸业	1.00	2015-05-13
681	600985	雷鸣科化	0.50	2015-07-09
682	600993	马应龙	0.30	2015-07-20
683	601010	文峰股份	1.50	2015-04-09
684	601011	宝泰隆	1.50	2015-09-25
685	601012	隆基股份	2.00	2015-05-04
686	601021	春秋航空	1.00	2015-10-20
687	601028	玉龙股份	1.20	2015-05-05
688	601058	赛轮金宇	1.00	2015-05-07
689	601126	四方股份	1.00	2015-10-09
690	601169	北京银行	0.20	2015-07-16
691	601199	江南水务	1.00	2015-12-17
692	601216	君正集团	0.80	2015-07-14
693	601226	华电重工	0.50	2015-06-10
694	601231	环旭电子	1.00	2015-06-19
695	601258	庞大集团	1.00	2015-06-17
696	601318	中国平安	1.00	2015-07-24
697	601339	百隆东方	1.00	2015-06-26
698	601567	三星医疗	1.50	2015-06-16
699	601608	中信重工	0.50	2015-08-24
700	601633	长城汽车	2.00	2015-10-12

continued

送转股 上市交易日 Bonus Shares Trading Date	送转股前 总股本 Previous Shares	送股股本数 Bonus Shares	送转股后 总股本 After Shares	交易所 Exchange
2015-05-28	164486.98	82243.49	246730.47	上交所
2015-06-19	110549.22	33164.77	143713.98	上交所
2015-05-08	94956.69	151930.70	246887.39	上交所
2015-06-29	220107.02	220107.02	440214.05	上交所
2015-06-15	35832.17	35832.17	71664.34	上交所
2015-09-28	49024.52	58829.42	107853.94	上交所
2015-07-17	304612.51	304612.51	609225.03	上交所
2015-07-10	90290.90	28893.09	119183.99	上交所
2015-12-01	20229.98	20229.98	40459.96	上交所
2015-11-20	29332.80	29332.80	58665.60	上交所
2015-05-08	25069.97	12534.98	37604.95	上交所
2015-07-07	174115.96	52234.79	226350.75	上交所
2015-12-07	16032.00	16032.00	32064.00	上交所
2015-05-22	80537.96	24161.39	104699.35	上交所
2015-03-19	54162.46	64994.95	119157.42	上交所
2015-05-08	54206.51	16261.95	70468.46	上交所
2015-09-24	70795.59	106193.39	176988.98	上交所
2015-06-05	117241.53	58620.77	175862.30	上交所
2015-06-01	87835.59	17567.12	105402.71	上交所
2015-05-19	103010.05	10301.01	113311.06	上交所
2015-10-19	99004.34	99004.34	198008.67	上交所
2015-05-29	306437.10	306437.10	612874.21	上交所
2015-04-15	32794.96	19676.98	52471.94	上交所
2015-05-15	66842.21	66842.21	133684.43	上交所
2015-07-13	17523.65	8761.82	26285.47	上交所
2015-07-22	33157.99	9947.40	43105.39	上交所
2015-04-13	73920.00	110880.00	184800.00	上交所
2015-09-29	54700.00	82050.00	136750.00	上交所
2015-05-06	54779.63	109559.26	164338.89	上交所
2015-10-22	40000.00	40000.00	80000.00	上交所
2015-05-07	35809.58	42971.50	78781.08	上交所
2015-05-11	52134.94	52134.94	104269.87	上交所
2015-10-13	40658.60	40658.60	81317.20	上交所
2015-07-20	1056019.14	211203.83	1267222.97	上交所
2015-12-21	23380.00	23380.00	46760.00	上交所
2015-07-16	204800.00	163840.00	368640.00	上交所
2015-06-12	77000.00	38500.00	115500.00	上交所
2015-06-24	108796.18	108796.18	217592.36	上交所
2015-06-19	324005.67	324005.67	648011.34	上交所
2015-07-28	914012.07	914012.07	1828024.14	上交所
2015-06-30	75000.00	75000.00	150000.00	上交所
2015-06-18	47830.00	71745.00	119575.00	上交所
2015-08-26	274000.00	137000.00	411000.00	上交所
2015-10-14	304242.30	608484.60	912726.90	上交所

7–48 续表 16

单位：股

序号 No.	股票代码 Stock Code	股票简称 Stock Abbreviation	送转股比例(%) Proportion(%)	股权登记日 Date of Equity Registration
701	601636	旗滨集团	1.50	2015-09-22
702	601678	滨化股份	0.50	2015-04-14
703	601699	潞安环能	0.30	2015-06-10
704	601700	风范股份	1.50	2015-05-12
705	601877	正泰电器	0.30	2015-05-20
706	601890	亚星锚链	1.05	2015-06-08
707	601908	京运通	1.00	2015-09-25
708	601929	吉视传媒	1.00	2015-10-08
709	601965	中国汽研	0.50	2015-05-28
710	603000	人民网	1.00	2015-07-13
711	603002	宏昌电子	0.50	2015-12-22
712	603017	中衡设计	1.00	2015-04-23
713	603023	威帝股份	0.50	2015-09-23
714	603077	和邦生物	2.00	2015-09-01
715	603126	中材节能	0.50	2015-05-20
716	603128	华贸物流	1.00	2015-06-11
717	603168	莎普爱思	1.50	2015-06-08
718	603169	兰石重装	0.60	2015-04-23
719	603188	亚邦股份	1.00	2015-05-07
720	603288	海天味业	0.80	2015-04-14
721	603309	维力医疗	1.00	2015-09-24
722	603338	浙江鼎力	1.50	2015-09-01
723	603366	日出东方	1.00	2015-05-27
724	603558	健盛集团	1.50	2015-09-15
725	603558	健盛集团	0.50	2015-06-05
726	603601	再升科技	1.20	2015-05-25
727	603606	东方电缆	1.20	2015-05-27
728	603609	禾丰牧业	0.50	2015-09-17
729	603611	诺力股份	1.00	2015-05-28
730	603686	龙马环卫	1.00	2015-09-21
731	603818	曲美家居	1.00	2015-09-18
732	603885	吉祥航空	1.00	2015-12-25
733	603889	新澳股份	0.50	2015-05-28
734	603898	好莱客	2.00	2015-09-02
735	603901	永创智能	1.00	2015-10-08
736	603939	益丰药房	1.00	2015-11-05
737	603968	醋化股份	1.00	2015-09-18
738	603969	银龙股份	1.00	2015-05-28
739	603989	艾华集团	0.50	2015-10-12
740	603993	洛阳钼业	2.00	2015-11-12
741	603998	方盛制药	0.30	2015-04-16

注：上市公司辖区以各地证监局监管口径统计。

数据来源：上海证券交易所、深圳证券交易所。

Source：SSE、SZSE.

continued

送转股 上市交易日 Bonus Shares Trading Date	送转股前 总股本 Previous Shares	送股股本数 Bonus Shares	送转股后 总股本 After Shares	交易所 Exchange
2015-09-24	101017.18	151525.77	252542.95	上交所
2015-04-16	66000.00	33000.00	99000.00	上交所
2015-06-12	230108.40	69032.52	299140.92	上交所
2015-05-14	45334.50	68001.75	113336.25	上交所
2015-05-22	101146.65	30343.99	131490.64	上交所
2015-06-10	46800.00	49140.00	95940.00	上交所
2015-09-29	85977.03	85977.03	171954.05	上交所
2015-10-12	155540.06	155540.06	311080.12	上交所
2015-06-01	64078.66	32039.33	96117.99	上交所
2015-07-15	55284.55	55284.55	110569.11	上交所
2015-12-24	40000.00	20000.00	60000.00	上交所
2015-04-27	6000.00	6000.00	12000.00	上交所
2015-09-25	8000.00	4000.00	12000.00	上交所
2015-09-07	110407.95	220815.91	331223.86	上交所
2015-05-22	40700.00	20350.00	61050.00	上交所
2015-06-15	40000.00	40000.00	80000.00	上交所
2015-06-10	6535.00	9802.50	16337.50	上交所
2015-04-27	59115.53	35469.32	94584.84	上交所
2015-05-11	28800.00	28800.00	57600.00	上交所
2015-04-16	150358.00	120286.40	270644.40	上交所
2015-09-28	10000.00	10000.00	20000.00	上交所
2015-09-07	6500.00	9750.00	16250.00	上交所
2015-05-29	40000.00	40000.00	80000.00	上交所
2015-09-17	12000.00	18000.00	30000.00	上交所
2015-06-09	8000.00	4000.00	12000.00	上交所
2015-05-27	6800.00	8160.00	14960.00	上交所
2015-05-29	14135.00	16962.00	31097.00	上交所
2015-09-21	55411.76	27705.88	83117.65	上交所
2015-06-01	8000.00	8000.00	16000.00	上交所
2015-09-23	13335.00	13335.00	26670.00	上交所
2015-09-22	24206.00	24206.00	48412.00	上交所
2015-12-29	56800.00	56800.00	113600.00	上交所
2015-06-01	10668.00	5334.00	16002.00	上交所
2015-09-08	9800.00	19600.00	29400.00	上交所
2015-10-12	10000.00	10000.00	20000.00	上交所
2015-11-09	16000.00	16000.00	32000.00	上交所
2015-09-22	10224.00	10224.00	20448.00	上交所
2015-06-01	20000.00	20000.00	40000.00	上交所
2015-10-14	20000.00	10000.00	30000.00	上交所
2015-11-16	562906.62	1125813.25	1688719.87	上交所
2015-04-20	10902.48	3270.74	14173.22	上交所

7-49 上市公司红利分配情况
Dividend of Listed Companies

序号 No.	公司代码 Code	公司简称 Companies	除息日 Ex-dividend	每股现金红利(元) Dividend Per Share (yuan)	现金分配合计(万元) Total Dividend (10000 yuan)	交易所 Exchange
1	000001	平安银行	2015-04-13	0.17	198793.17	深交所
2	000002	万科A	2015-07-21	0.50	552402.91	深交所
3	000006	深振业A	2015-06-19	0.12	15929.94	深交所
4	000009	中国宝安	2015-08-06	0.02	3184.21	深交所
5	000011	深物业A	2015-06-09	0.22	13111.54	深交所
6	000012	南玻A	2015-05-08	0.50	103766.78	深交所
7	000014	沙河股份	2015-06-17	0.02	383.24	深交所
8	000016	深康佳A	2015-07-20	0.01	1203.97	深交所
9	000021	深科技	2015-06-18	0.05	7356.30	深交所
10	000022	深赤湾A	2015-07-22	0.32	20890.34	深交所
11	000023	深天地A	2015-08-13	0.04	555.02	深交所
12	000026	飞亚达A	2015-08-06	0.10	3927.68	深交所
13	000027	深圳能源	2015-06-25	0.20	52859.89	深交所
14	000028	国药一致	2015-05-22	0.20	7252.64	深交所
15	000029	深深房A	2015-11-10	0.13	13151.58	深交所
16	000030	富奥股份	2015-06-26	0.10	12932.52	深交所
17	000031	中粮地产	2015-06-29	0.04	6348.06	深交所
18	000032	深桑达A	2015-05-28	0.05	1164.32	深交所
19	000039	中集集团	2015-07-22	0.31	83299.64	深交所
20	000040	宝安地产	2015-08-24	0.02	939.19	深交所
21	000042	中洲控股	2015-05-21	0.15	7183.89	深交所
22	000043	中航地产	2015-06-12	0.10	6669.61	深交所
23	000046	泛海控股	2015-06-25	0.15	68359.68	深交所
24	000049	德赛电池	2015-04-28	0.20	4104.87	深交所
25	000050	深天马A	2015-07-13	0.10	11317.38	深交所
26	000055	方大集团	2015-06-05	0.03	2270.73	深交所
27	000060	中金岭南	2015-06-10	0.03	6637.88	深交所
28	000061	农产品	2015-06-29	0.05	8484.82	深交所
29	000062	深圳华强	2015-07-08	0.05	3334.75	深交所
30	000063	中兴通讯	2015-07-17	0.20	68750.83	深交所
31	000065	北方国际	2015-05-07	0.08	2027.22	深交所
32	000069	华侨城A	2015-07-07	0.07	50899.40	深交所
33	000070	特发信息	2015-08-13	0.03	704.60	深交所
34	000088	盐田港	2015-06-19	0.05	10099.44	深交所
35	000089	深圳机场	2015-07-10	0.03	5040.59	深交所
36	000090	天健集团	2015-07-03	0.23	12708.21	深交所
37	000096	广聚能源	2015-07-09	0.02	1056.00	深交所
38	000099	中信海直	2015-05-28	0.08	4545.53	深交所
39	000100	TCL集团	2015-04-09	0.08	97621.79	深交所
40	000151	中成股份	2015-05-27	0.40	11839.20	深交所
41	000157	中联重科	2015-08-07	0.05	38529.77	深交所
42	000159	国际实业	2015-06-29	0.03	1443.42	深交所
43	000159	国际实业	2015-11-13	0.03	1443.42	深交所
44	000301	东方市场	2015-07-06	0.05	6091.18	深交所
45	000333	美的集团	2015-04-30	1.00	421580.85	深交所
46	000338	潍柴动力	2015-08-20	0.15	29989.64	深交所

7–49 续表 1 continued

序号 No.	公司代码 Code	公司简称 Companies	除息日 Ex-dividend	每股现金红利(元) Dividend Per Share (yuan)	现金分配合计(万元) Total Dividend (10000 yuan)	交易所 Exchange
47	000338	潍柴动力	2015-10-20	0.10	39986.19	深交所
48	000400	许继电气	2015-07-15	0.10	10083.27	深交所
49	000401	冀东水泥	2015-07-27	0.05	6737.61	深交所
50	000402	金融街	2015-05-22	0.25	74723.25	深交所
51	000404	华意压缩	2015-05-21	0.06	3357.74	深交所
52	000410	沈阳机床	2015-06-05	0.02	1530.94	深交所
53	000413	东旭光电	2015-05-08	0.10	26620.80	深交所
54	000415	渤海金控	2015-06-03	0.10	17743.03	深交所
55	000416	民生控股	2015-05-26	0.05	2659.36	深交所
56	000417	合肥百货	2015-06-25	0.18	14037.92	深交所
57	000418	小天鹅A	2015-06-11	0.45	28461.95	深交所
58	000419	通程控股	2015-08-07	0.10	5435.83	深交所
59	000421	南京公用	2015-06-18	0.08	4581.18	深交所
60	000422	湖北宜化	2015-07-03	0.01	897.87	深交所
61	000423	东阿阿胶	2015-08-07	0.80	52321.72	深交所
62	000425	徐工机械	2015-06-17	0.06	14168.58	深交所
63	000426	兴业矿业	2015-08-25	0.02	1193.89	深交所
64	000429	粤高速A	2015-06-10	0.10	12571.18	深交所
65	000488	晨鸣纸业	2015-07-10	0.14	27109.68	深交所
66	000501	鄂武商A	2015-04-22	0.40	20289.94	深交所
67	000507	珠海港	2015-06-30	0.02	1184.31	深交所
68	000513	丽珠集团	2015-08-14	0.10	3043.82	深交所
69	000514	渝开发	2015-06-08	0.02	1687.54	深交所
70	000517	荣安地产	2015-06-02	0.10	10613.07	深交所
71	000517	荣安地产	2015-09-11	0.05	5306.54	深交所
72	000519	江南红箭	2015-07-02	0.06	4428.10	深交所
73	000521	美菱电器	2015-06-10	0.06	4582.44	深交所
74	000523	广州浪奇	2015-06-30	0.02	890.33	深交所
75	000525	红太阳	2015-05-21	0.15	7608.70	深交所
76	000528	柳工	2015-06-12	0.15	16878.63	深交所
77	000530	大冷股份	2015-06-25	0.15	5402.47	深交所
78	000531	穗恒运A	2015-05-29	0.22	15071.82	深交所
79	000532	力合股份	2015-06-17	0.03	1034.13	深交所
80	000533	万家乐	2015-07-03	0.05	3454.08	深交所
81	000534	万泽股份	2015-05-19	0.05	2479.23	深交所
82	000538	云南白药	2015-07-22	0.50	52069.99	深交所
83	000539	粤电力A	2015-06-26	0.20	87504.73	深交所
84	000540	中天城投	2015-04-01	0.20	34439.95	深交所
85	000541	佛山照明	2015-06-12	0.22	21528.40	深交所
86	000543	皖能电力	2015-07-29	0.18	18957.13	深交所
87	000543	皖能电力	2015-11-20	0.02	2422.30	深交所
88	000544	中原环保	2015-05-18	0.04	970.06	深交所
89	000548	湖南投资	2015-06-30	0.05	2496.08	深交所
90	000550	江铃汽车	2015-07-23	0.97	83731.76	深交所
91	000551	创元科技	2015-06-11	0.10	4000.80	深交所
92	000552	靖远煤电	2015-06-11	0.03	3430.46	深交所

7-49 续表 2 continued

序号 No.	公司代码 Code	公司简称 Companies	除息日 Ex-dividend	每股现金红利（元） Dividend Per Share (yuan)	现金分配合计（万元） Total Dividend (10000 yuan)	交易所 Exchange
93	000553	沙隆达A	2015-04-27	0.10	5939.23	深交所
94	000554	泰山石油	2015-07-06	0.01	480.79	深交所
95	000555	神州信息	2015-06-11	0.06	2753.44	深交所
96	000558	莱茵体育	2015-06-01	0.02	1804.91	深交所
97	000559	万向钱潮	2015-04-29	0.30	57357.49	深交所
98	000560	昆百大A	2015-06-19	0.03	1409.62	深交所
99	000563	陕国投A	2015-06-25	0.03	3644.00	深交所
100	000564	西安民生	2015-06-15	0.03	1419.94	深交所
101	000565	渝三峡A	2015-08-31	0.08	1387.50	深交所
102	000565	渝三峡A	2015-07-16	0.05	867.18	深交所
103	000566	海南海药	2015-06-29	0.03	1636.02	深交所
104	000568	泸州老窖	2015-08-21	0.80	112180.20	深交所
105	000570	苏常柴A	2015-06-25	0.02	1122.75	深交所
106	000581	威孚高科	2015-06-26	0.40	40808.04	深交所
107	000582	北部湾港	2015-05-11	0.07	5991.48	深交所
108	000589	黔轮胎A	2015-09-15	0.04	3101.86	深交所
109	000593	大通燃气	2015-06-08	0.02	559.88	深交所
110	000596	古井贡酒	2015-07-13	0.20	10072.00	深交所
111	000598	兴蓉环境	2015-05-15	0.03	7465.55	深交所
112	000599	青岛双星	2015-08-13	0.01	674.58	深交所
113	000600	建投能源	2015-06-19	0.25	44790.66	深交所
114	000601	韶能股份	2015-08-07	0.10	10805.52	深交所
115	000616	海航投资	2015-07-20	0.02	2860.47	深交所
116	000619	海螺型材	2015-06-15	0.10	3600.00	深交所
117	000623	吉林敖东	2015-06-17	0.20	17888.77	深交所
118	000625	长安汽车	2015-06-26	0.25	116572.15	深交所
119	000630	铜陵有色	2015-09-24	0.06	22945.54	深交所
120	000630	铜陵有色	2015-06-02	0.05	9560.64	深交所
121	000631	顺发恒业	2015-04-30	0.10	10455.10	深交所
122	000635	英力特	2015-06-11	0.02	606.18	深交所
123	000636	风华高科	2015-07-13	0.02	1614.66	深交所
124	000637	茂化实华	2015-06-26	0.09	4678.88	深交所
125	000639	西王食品	2015-04-27	0.03	564.97	深交所
126	000650	仁和药业	2015-05-26	0.03	2972.02	深交所
127	000651	格力电器	2015-07-03	3.00	902359.63	深交所
128	000652	泰达股份	2015-07-03	0.01	1475.57	深交所
129	000656	金科股份	2015-04-29	0.15	20678.10	深交所
130	000661	长春高新	2015-04-28	0.50	6566.33	深交所
131	000665	湖北广电	2015-07-03	0.08	5089.74	深交所
132	000666	经纬纺机	2015-07-10	0.05	3520.65	深交所
133	000669	金鸿能源	2015-06-26	0.20	9720.13	深交所
134	000671	阳光城	2015-06-18	0.16	20698.68	深交所
135	000672	上峰水泥	2015-07-14	0.05	4068.10	深交所
136	000679	大连友谊	2015-07-17	0.05	1782.00	深交所
137	000683	远兴能源	2015-06-26	0.02	3237.78	深交所
138	000685	中山公用	2015-07-07	0.30	23360.50	深交所

7-49 续表 3 continued

序号 No.	公司代码 Code	公司简称 Companies	除息日 Ex-dividend	每股现金红利（元） Dividend Per Share (yuan)	现金分配合计（万元） Total Dividend (10000 yuan)	交易所 Exchange
139	000686	东北证券	2015-06-03	0.06	11743.00	深交所
140	000690	宝新能源	2015-04-07	0.30	51798.38	深交所
141	000697	炼石有色	2015-06-02	0.02	1119.36	深交所
142	000700	模塑科技	2015-07-14	0.13	4661.85	深交所
143	000701	厦门信达	2015-06-26	0.10	3108.84	深交所
144	000707	双环科技	2015-06-19	0.01	464.15	深交所
145	000708	大冶特钢	2015-06-19	0.20	8988.17	深交所
146	000712	锦龙股份	2015-07-27	0.10	8960.00	深交所
147	000713	丰乐种业	2015-06-17	0.03	896.63	深交所
148	000715	中兴商业	2015-08-12	0.07	1953.04	深交所
149	000716	黑芝麻	2015-06-29	0.06	1911.25	深交所
150	000718	苏宁环球	2015-07-16	0.20	40863.85	深交所
151	000719	大地传媒	2015-06-16	0.15	11806.20	深交所
152	000723	美锦能源	2015-07-06	0.01	139.60	深交所
153	000725	京东方A	2015-11-04	0.01	35153.07	深交所
154	000726	鲁泰A	2015-06-18	0.50	47787.92	深交所
155	000728	国元证券	2015-05-27	0.10	19641.00	深交所
156	000729	燕京啤酒	2015-06-24	0.08	22548.31	深交所
157	000732	泰禾集团	2015-07-06	0.20	20343.56	深交所
158	000733	振华科技	2015-07-28	0.03	1408.03	深交所
159	000735	罗牛山	2015-03-26	0.02	1760.26	深交所
160	000736	中房地产	2015-05-15	0.02	594.39	深交所
161	000738	中航动控	2015-07-14	0.02	1947.59	深交所
162	000739	普洛药业	2015-07-17	0.09	9748.39	深交所
163	000748	长城信息	2015-05-15	0.07	2851.87	深交所
164	000750	国海证券	2015-04-30	0.15	34655.42	深交所
165	000752	西藏发展	2015-07-31	0.01	263.76	深交所
166	000756	新华制药	2015-08-19	0.02	914.63	深交所
167	000758	中色股份	2015-06-26	0.05	4923.45	深交所
168	000759	中百集团	2015-06-12	0.08	5448.17	深交所
169	000761	本钢板材	2015-07-10	0.05	15680.00	深交所
170	000768	中航飞机	2015-06-16	0.10	26538.35	深交所
171	000776	广发证券	2015-05-08	0.20	118385.83	深交所
172	000777	中核科技	2015-06-26	0.05	1917.09	深交所
173	000778	新兴铸管	2015-07-15	0.04	14573.23	深交所
174	000780	平庄能源	2015-07-01	0.01	1014.31	深交所
175	000782	美达股份	2015-07-30	0.02	1056.28	深交所
176	000783	长江证券	2015-06-18	0.15	71137.02	深交所
177	000785	武汉中商	2015-08-13	0.10	2512.22	深交所
178	000786	北新建材	2015-06-11	0.43	30047.11	深交所
179	000789	万年青	2015-05-21	0.30	12267.29	深交所
180	000790	华神集团	2015-05-28	0.03	1154.52	深交所
181	000791	甘肃电投	2015-06-29	0.06	3971.87	深交所
182	000792	盐湖股份	2015-06-23	0.09	13678.38	深交所
183	000793	华闻传媒	2015-06-10	0.05	10256.14	深交所
184	000797	中国武夷	2015-07-09	0.05	1947.26	深交所

7–49 续表 4 continued

序号 No.	公司代码 Code	公司简称 Companies	除息日 Ex-dividend	每股现金红利（元） Dividend Per Share (yuan)	现金分配合计（万元） Total Dividend (10000 yuan)	交易所 Exchange
185	000798	中水渔业	2015-07-31	0.04	1277.82	深交所
186	000800	一汽轿车	2015-07-15	0.01	1627.50	深交所
187	000801	四川九洲	2015-06-11	0.06	3068.42	深交所
188	000802	北京文化	2015-05-12	0.02	777.20	深交所
189	000809	铁岭新城	2015-10-20	0.10	5498.61	深交所
190	000810	创维数字	2015-04-27	0.20	9985.03	深交所
191	000811	烟台冰轮	2015-06-26	0.10	3945.97	深交所
192	000812	陕西金叶	2015-06-17	0.02	894.75	深交所
193	000816	智慧农业	2015-06-16	0.01	1418.80	深交所
194	000819	岳阳兴长	2015-06-10	0.05	1171.96	深交所
195	000823	超声电子	2015-06-25	0.10	5369.66	深交所
196	000826	启迪桑德	2015-06-12	0.10	8462.41	深交所
197	000828	东莞控股	2015-06-30	0.25	25987.92	深交所
198	000830	鲁西化工	2015-07-09	0.30	43945.82	深交所
199	000838	财信发展	2015-05-08	0.15	2715.00	深交所
200	000839	中信国安	2015-07-08	0.20	31358.61	深交所
201	000848	承德露露	2015-05-26	0.20	10036.54	深交所
202	000850	华茂股份	2015-07-10	0.05	4718.33	深交所
203	000858	五粮液	2015-06-19	0.60	227758.00	深交所
204	000860	顺鑫农业	2015-04-29	0.10	5705.90	深交所
205	000861	海印股份	2015-08-28	0.20	23682.77	深交所
206	000861	海印股份	2015-06-16	0.04	4144.48	深交所
207	000863	三湘股份	2015-08-20	0.10	9284.82	深交所
208	000869	张裕A	2015-07-13	0.44	30160.42	深交所
209	000876	新希望	2015-07-17	0.25	52102.93	深交所
210	000877	天山股份	2015-06-19	0.09	7656.88	深交所
211	000882	华联股份	2015-07-16	0.03	6233.04	深交所
212	000883	湖北能源	2015-06-17	0.05	28883.25	深交所
213	000883	湖北能源	2015-11-18	0.03	13532.34	深交所
214	000885	同力水泥	2015-04-16	0.04	1899.20	深交所
215	000887	中鼎股份	2015-06-29	0.04	4461.97	深交所
216	000888	峨眉山A	2015-05-29	0.18	4742.22	深交所
217	000889	茂业通信	2015-08-20	0.02	994.92	深交所
218	000895	双汇发展	2015-05-20	1.42	312482.14	深交所
219	000898	鞍钢股份	2015-06-30	0.05	32556.64	深交所
220	000899	赣能股份	2015-06-05	0.10	6466.78	深交所
221	000900	现代投资	2015-07-09	0.05	5059.43	深交所
222	000901	航天科技	2015-04-27	0.02	647.25	深交所
223	000903	云内动力	2015-07-10	0.06	4794.08	深交所
224	000905	厦门港务	2015-06-05	0.05	2655.00	深交所
225	000906	物产中拓	2015-06-05	0.08	2644.85	深交所
226	000909	数源科技	2015-06-18	0.10	2940.00	深交所
227	000910	大亚科技	2015-07-23	0.03	1582.50	深交所
228	000915	山大华特	2015-05-08	0.10	1802.55	深交所
229	000916	华北高速	2015-05-26	0.08	8720.00	深交所
230	000917	电广传媒	2015-07-15	0.06	8505.34	深交所

7-49 续表 5 continued

序号 No.	公司代码 Code	公司简称 Companies	除息日 Ex-dividend	每股现金红利(元) Dividend Per Share (yuan)	现金分配合计(万元) Total Dividend (10000 yuan)	交易所 Exchange
231	000919	金陵药业	2015-06-26	0.17	8568.00	深交所
232	000926	福星股份	2015-06-03	0.10	7123.56	深交所
233	000930	中粮生化	2015-06-05	0.02	1928.82	深交所
234	000935	四川双马	2015-05-28	0.05	3809.31	深交所
235	000936	华西股份	2015-06-17	0.02	1496.03	深交所
236	000937	冀中能源	2015-06-10	0.10	27181.13	深交所
237	000938	紫光股份	2015-07-09	0.10	2060.80	深交所
238	000939	凯迪生态	2015-06-11	0.15	14149.63	深交所
239	000948	南天信息	2015-06-10	0.02	493.21	深交所
240	000949	新乡化纤	2015-05-12	0.03	3081.72	深交所
241	000951	中国重汽	2015-06-10	0.30	12582.77	深交所
242	000957	中通客车	2015-06-17	0.11	2623.55	深交所
243	000959	首钢股份	2015-08-19	0.01	5289.39	深交所
244	000961	中南建设	2015-07-01	0.10	11678.39	深交所
245	000963	华东医药	2015-05-08	0.92	39933.52	深交所
246	000965	天保基建	2015-04-21	0.03	3127.71	深交所
247	000967	盈峰环境	2015-05-29	0.06	1840.00	深交所
248	000970	中科三环	2015-06-18	0.09	9054.20	深交所
249	000975	银泰资源	2015-05-08	0.21	22796.96	深交所
250	000977	浪潮信息	2015-04-27	0.08	3838.90	深交所
251	000978	桂林旅游	2015-06-12	0.05	1620.45	深交所
252	000979	中弘股份	2015-05-29	0.01	3169.59	深交所
253	000981	银亿股份	2015-07-10	0.12	10308.06	深交所
254	000983	西山煤电	2015-07-02	0.00	945.36	深交所
255	000985	大庆华科	2015-06-25	0.06	777.84	深交所
256	000987	广州友谊	2015-05-29	0.50	17947.91	深交所
257	000988	华工科技	2015-06-08	0.03	2227.79	深交所
258	000990	诚志股份	2015-05-29	0.03	1163.05	深交所
259	000998	隆平高科	2015-06-10	0.05	4980.50	深交所
260	000999	华润三九	2015-07-10	0.41	39939.12	深交所
261	001696	宗申动力	2015-05-29	0.03	3435.08	深交所
262	002001	新和成	2015-06-18	0.35	38112.17	深交所
263	002002	鸿达兴业	2015-06-23	0.20	17245.28	深交所
264	002003	伟星股份	2015-05-15	0.60	20388.26	深交所
265	002004	华邦健康	2015-05-27	0.30	22601.79	深交所
266	002005	德豪润达	2015-07-16	0.03	4189.20	深交所
267	002007	华兰生物	2015-06-05	0.60	34878.29	深交所
268	002008	大族激光	2015-05-27	0.20	21119.50	深交所
269	002009	天奇股份	2015-06-09	0.05	1605.05	深交所
270	002010	传化股份	2015-07-20	0.15	7319.70	深交所
271	002013	中航机电	2015-06-16	0.06	4297.72	深交所
272	002014	永新股份	2015-04-15	0.30	9772.75	深交所
273	002016	世荣兆业	2015-05-18	0.10	8090.96	深交所
274	002017	东信和平	2015-06-01	0.05	1444.96	深交所
275	002018	华信国际	2015-05-21	0.01	1198.86	深交所
276	002019	亿帆鑫富	2015-09-28	0.10	4403.19	深交所

7—49 续表 6 continued

序号 No.	公司代码 Code	公司简称 Companies	除息日 Ex-dividend	每股现金红利（元） Dividend Per Share (yuan)	现金分配合计（万元） Total Dividend (10000 yuan)	交易所 Exchange
277	002020	京新药业	2015-07-07	0.15	4296.76	深交所
278	002022	科华生物	2015-07-07	0.20	10251.38	深交所
279	002023	海特高新	2015-05-08	0.10	3369.85	深交所
280	002024	苏宁云商	2015-05-15	0.05	36915.22	深交所
281	002025	航天电器	2015-06-25	0.20	6600.00	深交所
282	002026	山东威达	2015-05-12	0.05	1770.67	深交所
283	002028	思源电气	2015-04-23	0.10	6215.75	深交所
284	002029	七匹狼	2015-06-23	0.10	7556.70	深交所
285	002030	达安基因	2015-06-17	0.05	2745.91	深交所
286	002031	巨轮智能	2015-06-15	0.05	2819.74	深交所
287	002032	苏泊尔	2015-05-29	0.43	27213.63	深交所
288	002033	丽江旅游	2015-05-22	0.12	3381.48	深交所
289	002035	华帝股份	2015-06-18	0.40	14354.45	深交所
290	002036	联创电子	2015-06-05	0.02	391.17	深交所
291	002037	久联发展	2015-07-23	0.15	4910.52	深交所
292	002038	双鹭药业	2015-07-15	0.30	13698.00	深交所
293	002039	黔源电力	2015-06-16	0.40	12215.95	深交所
294	002040	南京港	2015-07-13	0.02	491.74	深交所
295	002041	登海种业	2015-06-10	0.35	12320.00	深交所
296	002042	华孚色纺	2015-06-11	0.02	1749.28	深交所
297	002043	兔宝宝	2015-05-29	0.03	1452.75	深交所
298	002044	美年健康	2015-06-03	0.08	1794.00	深交所
299	002045	国光电器	2015-05-15	0.08	3335.23	深交所
300	002046	轴研科技	2015-07-27	0.01	340.57	深交所
301	002048	宁波华翔	2015-06-12	0.10	5300.47	深交所
302	002049	紫光国芯	2015-06-17	0.10	6068.18	深交所
303	002050	三花股份	2015-04-21	0.10	7731.59	深交所
304	002051	中工国际	2015-06-04	0.30	23212.16	深交所
305	002053	云南盐化	2015-06-12	0.10	1858.51	深交所
306	002054	德美化工	2015-06-11	0.12	3875.16	深交所
307	002055	得润电子	2015-05-27	0.05	2252.56	深交所
308	002056	横店东磁	2015-06-18	0.28	11505.20	深交所
309	002057	中钢天源	2015-07-08	0.01	199.38	深交所
310	002058	威尔泰	2015-06-10	0.02	286.90	深交所
311	002060	粤水电	2015-06-10	0.04	2404.52	深交所
312	002062	宏润建设	2015-06-01	0.10	7875.00	深交所
313	002063	远光软件	2015-07-02	0.08	3462.86	深交所
314	002064	华峰氨纶	2015-06-01	0.05	4192.00	深交所
315	002065	东华软件	2015-06-17	0.15	22911.82	深交所
316	002068	黑猫股份	2015-06-11	0.02	1214.13	深交所
317	002073	软控股份	2015-05-15	0.03	2301.33	深交所
318	002074	国轩高科	2015-04-30	0.03	760.10	深交所
319	002076	雪莱特	2015-05-13	0.08	1924.11	深交所
320	002077	大港股份	2015-07-15	0.05	2050.00	深交所
321	002078	太阳纸业	2015-07-10	0.05	12683.18	深交所
322	002079	苏州固锝	2015-05-27	0.02	1455.94	深交所

7—49 续表 7 continued

序号 No.	公司代码 Code	公司简称 Companies	除息日 Ex-dividend	每股现金红利(元) Dividend Per Share (yuan)	现金分配合计(万元) Total Dividend (10000 yuan)	交易所 Exchange
323	002080	中材科技	2015-04-29	0.12	4800.00	深交所
324	002081	金螳螂	2015-06-03	0.10	17622.06	深交所
325	002082	栋梁新材	2015-05-19	0.05	1190.00	深交所
326	002083	孚日股份	2015-07-06	0.10	9080.00	深交所
327	002084	海鸥卫浴	2015-05-29	0.03	1218.17	深交所
328	002087	新野纺织	2015-07-06	0.03	1559.28	深交所
329	002088	鲁阳节能	2015-07-09	0.10	2339.79	深交所
330	002089	新海宜	2015-05-13	0.03	1718.34	深交所
331	002090	金智科技	2015-05-07	0.15	3118.16	深交所
332	002091	江苏国泰	2015-04-27	0.15	5400.00	深交所
333	002092	中泰化学	2015-05-29	0.03	3614.62	深交所
334	002093	国脉科技	2015-07-17	0.01	865.00	深交所
335	002095	生意宝	2015-06-19	0.05	1053.00	深交所
336	002096	南岭民爆	2015-06-25	0.12	4455.44	深交所
337	002097	山河智能	2015-07-08	0.03	1510.65	深交所
338	002098	浔兴股份	2015-06-04	0.11	1705.00	深交所
339	002099	海翔药业	2015-05-20	0.20	15155.17	深交所
340	002100	天康生物	2015-05-20	0.10	4341.59	深交所
341	002101	广东鸿图	2015-06-19	0.10	1917.00	深交所
342	002103	广博股份	2015-05-12	0.10	2184.31	深交所
343	002104	恒宝股份	2015-06-19	0.10	7132.00	深交所
344	002105	信隆实业	2015-06-10	0.05	1675.00	深交所
345	002106	莱宝高科	2015-06-15	0.02	1411.63	深交所
346	002107	沃华医药	2015-03-19	0.21	3443.58	深交所
347	002108	沧州明珠	2015-06-09	0.05	1818.99	深交所
348	002110	三钢闽光	2015-06-24	0.01	534.70	深交所
349	002111	威海广泰	2015-06-10	0.08	2458.17	深交所
350	002112	三变科技	2015-07-02	0.01	201.60	深交所
351	002116	中国海诚	2015-06-11	0.20	6211.11	深交所
352	002117	东港股份	2015-04-21	0.30	10914.19	深交所
353	002118	紫鑫药业	2015-03-23	0.04	1949.37	深交所
354	002120	新海股份	2015-05-07	0.10	1502.80	深交所
355	002121	科陆电子	2015-07-17	0.03	1428.28	深交所
356	002122	天马股份	2015-06-19	0.02	2376.00	深交所
357	002124	天邦股份	2015-07-24	0.10	2083.10	深交所
358	002126	银轮股份	2015-06-18	0.05	1802.70	深交所
359	002128	露天煤业	2015-06-12	0.10	16343.78	深交所
360	002129	中环股份	2015-04-29	0.01	1043.75	深交所
361	002130	沃尔核材	2015-04-07	0.05	2847.15	深交所
362	002131	利欧股份	2015-04-16	0.05	1957.12	深交所
363	002132	恒星科技	2015-09-30	0.05	3531.81	深交所
364	002133	广宇集团	2015-07-08	0.08	6193.15	深交所
365	002135	东南网架	2015-05-06	0.01	748.60	深交所
366	002139	拓邦股份	2015-04-30	0.10	2419.22	深交所
367	002140	东华科技	2015-06-03	0.09	4014.31	深交所
368	002142	宁波银行	2015-07-15	0.45	146242.28	深交所

7-49 续表 8 continued

序号 No.	公司代码 Code	公司简称 Companies	除息日 Ex-dividend	每股现金红利（元） Dividend Per Share (yuan)	现金分配合计（万元） Total Dividend (10000 yuan)	交易所 Exchange
369	002143	印纪传媒	2015-06-26	0.05	5530.73	深交所
370	002144	宏达高科	2015-06-26	0.20	3535.25	深交所
371	002146	荣盛发展	2015-06-10	0.20	38136.31	深交所
372	002148	北纬通信	2015-05-20	0.01	255.85	深交所
373	002150	通润装备	2015-06-26	0.10	2502.00	深交所
374	002151	北斗星通	2015-07-08	0.10	2346.10	深交所
375	002152	广电运通	2015-05-29	0.60	53801.09	深交所
376	002153	石基信息	2015-05-15	0.12	3709.44	深交所
377	002154	报喜鸟	2015-04-30	0.05	2930.05	深交所
378	002156	通富微电	2015-10-29	0.03	2244.53	深交所
379	002157	正邦科技	2015-07-06	0.02	1192.69	深交所
380	002158	汉钟精机	2015-05-06	0.40	10554.81	深交所
381	002161	远望谷	2015-07-09	0.01	517.83	深交所
382	002164	宁波东力	2015-04-13	0.10	4456.25	深交所
383	002165	红宝丽	2015-07-14	0.08	4331.30	深交所
384	002166	莱茵生物	2015-10-20	0.05	728.80	深交所
385	002169	智光电气	2015-07-24	0.04	1065.89	深交所
386	002171	楚江新材	2015-05-26	0.05	1991.02	深交所
387	002174	游族网络	2015-07-17	0.15	4163.22	深交所
388	002176	江特电机	2015-09-25	0.01	523.16	深交所
389	002176	江特电机	2015-05-20	0.01	523.16	深交所
390	002177	御银股份	2015-07-10	0.03	2511.93	深交所
391	002178	延华智能	2015-04-08	0.06	2232.81	深交所
392	002179	中航光电	2015-06-03	0.10	4634.73	深交所
393	002180	艾派克	2015-06-12	0.10	4227.37	深交所
394	002181	粤传媒	2015-06-04	0.03	2176.98	深交所
395	002182	云海金属	2015-05-26	0.10	2880.00	深交所
396	002184	海得控制	2015-06-09	0.15	3300.00	深交所
397	002185	华天科技	2015-06-17	0.06	4182.21	深交所
398	002186	全聚德	2015-06-10	0.20	6230.97	深交所
399	002187	广百股份	2015-05-28	0.30	10272.68	深交所
400	002189	利达光电	2015-06-04	0.02	338.71	深交所
401	002190	成飞集成	2015-07-13	0.07	2416.32	深交所
402	002191	劲嘉股份	2015-05-12	0.15	9849.75	深交所
403	002193	山东如意	2015-07-21	0.01	192.00	深交所
404	002194	武汉凡谷	2015-05-26	0.10	5558.80	深交所
405	002195	二三四五	2015-03-17	0.10	3486.93	深交所
406	002196	方正电机	2015-07-15	0.10	1783.31	深交所
407	002197	证通电子	2015-06-19	0.06	1607.69	深交所
408	002201	九鼎新材	2015-04-24	0.01	137.09	深交所
409	002202	金风科技	2015-07-03	0.40	107783.52	深交所
410	002203	海亮股份	2015-06-17	0.08	12384.29	深交所
411	002204	大连重工	2015-06-05	0.02	2027.94	深交所
412	002205	国统股份	2015-06-12	0.18	2090.74	深交所
413	002206	海利得	2015-03-17	0.30	13427.42	深交所
414	002207	准油股份	2015-05-19	0.01	239.18	深交所

7-49 续表 9 continued

序号 No.	公司代码 Code	公司简称 Companies	除息日 Ex-dividend	每股现金红利（元） Dividend Per Share (yuan)	现金分配合计（万元） Total Dividend (10000 yuan)	交易所 Exchange
415	002208	合肥城建	2015-06-26	0.10	3201.00	深交所
416	002209	达意隆	2015-06-18	0.01	195.24	深交所
417	002210	飞马国际	2015-04-16	0.12	4773.60	深交所
418	002212	南洋股份	2015-07-16	0.02	816.42	深交所
419	002213	特尔佳	2015-07-08	0.02	309.00	深交所
420	002214	大立科技	2015-05-15	0.05	1146.67	深交所
421	002215	诺普信	2015-05-25	0.10	7038.26	深交所
422	002216	三全食品	2015-04-28	0.03	1206.33	深交所
423	002217	合力泰	2015-06-17	0.01	1509.80	深交所
424	002218	拓日新能	2015-05-28	0.05	3090.86	深交所
425	002220	天宝股份	2015-05-05	0.04	1858.91	深交所
426	002221	东华能源	2015-06-26	0.03	2077.04	深交所
427	002224	三力士	2015-06-16	0.10	6546.70	深交所
428	002225	濮耐股份	2015-05-29	0.05	4445.43	深交所
429	002226	江南化工	2015-05-28	0.45	17922.85	深交所
430	002227	奥特迅	2015-07-10	0.08	1755.62	深交所
431	002228	合兴包装	2015-06-26	0.10	3724.90	深交所
432	002230	科大讯飞	2015-04-16	0.15	12117.77	深交所
433	002231	奥维通信	2015-06-15	0.01	356.80	深交所
434	002232	启明信息	2015-06-01	0.00	81.71	深交所
435	002233	塔牌集团	2015-05-08	0.28	25050.37	深交所
436	002236	大华股份	2015-05-22	0.10	11702.71	深交所
437	002237	恒邦股份	2015-04-16	0.20	9104.00	深交所
438	002238	天威视讯	2015-06-09	0.20	7914.78	深交所
439	002239	奥特佳	2015-11-13	0.01	1072.97	深交所
440	002241	歌尔股份	2015-06-12	0.10	15264.30	深交所
441	002242	九阳股份	2015-06-17	0.60	46065.30	深交所
442	002244	滨江集团	2015-07-10	0.15	20280.00	深交所
443	002245	澳洋顺昌	2015-03-20	0.08	3540.93	深交所
444	002246	北化股份	2015-06-19	0.03	1241.06	深交所
445	002247	帝龙新材	2015-05-19	0.10	2646.07	深交所
446	002249	大洋电机	2015-03-19	0.27	23516.53	深交所
447	002249	大洋电机	2015-08-21	0.12	19984.74	深交所
448	002250	联化科技	2015-07-10	0.12	10021.36	深交所
449	002251	步步高	2015-06-16	0.20	14163.37	深交所
450	002252	上海莱士	2015-04-09	0.10	13652.42	深交所
451	002254	泰和新材	2015-07-10	0.06	3054.17	深交所
452	002255	海陆重工	2015-07-01	0.05	1291.00	深交所
453	002256	彩虹精化	2015-04-13	0.06	1887.60	深交所
454	002260	德奥通航	2015-03-26	0.02	312.00	深交所
455	002261	拓维信息	2015-05-26	0.05	2213.55	深交所
456	002262	恩华药业	2015-04-08	0.06	2358.72	深交所
457	002265	西仪股份	2015-05-22	0.01	291.03	深交所
458	002266	浙富控股	2015-07-03	0.02	2283.14	深交所
459	002267	陕天然气	2015-07-02	0.15	16681.13	深交所
460	002268	卫士通	2015-04-15	0.03	648.79	深交所

7-49 续表 10 continued

序号 No.	公司代码 Code	公司简称 Companies	除息日 Ex-dividend	每股现金红利(元) Dividend Per Share (yuan)	现金分配合计(万元) Total Dividend (10000 yuan)	交易所 Exchange
461	002269	美邦服饰	2015-05-12	0.10	10110.00	深交所
462	002270	法因数控	2015-03-20	0.05	945.75	深交所
463	002271	东方雨虹	2015-06-01	0.20	8326.53	深交所
464	002273	水晶光电	2015-04-30	0.15	5754.74	深交所
465	002275	桂林三金	2015-06-02	0.60	35412.00	深交所
466	002276	万马股份	2015-06-30	0.05	4696.63	深交所
467	002277	友阿股份	2015-06-17	0.10	5661.23	深交所
468	002278	神开股份	2015-05-26	0.10	3164.43	深交所
469	002279	久其软件	2015-06-25	0.10	1981.99	深交所
470	002280	联络互动	2015-04-07	0.20	5619.98	深交所
471	002281	光迅科技	2015-06-01	0.50	10494.48	深交所
472	002282	博深工具	2015-04-10	0.10	2254.20	深交所
473	002283	天润曲轴	2015-07-09	0.02	1342.59	深交所
474	002284	亚太股份	2015-04-24	0.10	3687.78	深交所
475	002285	世联行	2015-04-27	0.06	4582.66	深交所
476	002286	保龄宝	2015-06-24	0.03	1107.77	深交所
477	002287	奇正藏药	2015-06-17	0.39	15793.40	深交所
478	002288	超华科技	2015-06-01	0.01	465.82	深交所
479	002290	禾盛新材	2015-07-14	0.15	3160.08	深交所
480	002291	星期六	2015-05-20	0.10	3633.50	深交所
481	002292	奥飞娱乐	2015-06-02	0.08	5055.52	深交所
482	002293	罗莱生活	2015-05-28	1.00	28072.62	深交所
483	002294	信立泰	2015-04-24	0.70	45763.20	深交所
484	002296	辉煌科技	2015-07-09	0.03	1129.97	深交所
485	002300	太阳电缆	2015-07-03	0.28	12663.00	深交所
486	002301	齐心集团	2015-08-19	0.02	752.29	深交所
487	002302	西部建设	2015-05-20	0.10	5161.17	深交所
488	002303	美盈森	2015-07-03	0.08	5364.00	深交所
489	002304	洋河股份	2015-06-18	2.00	215284.00	深交所
490	002305	南国置业	2015-05-25	0.10	9695.66	深交所
491	002308	威创股份	2015-07-17	0.04	2924.57	深交所
492	002309	中利科技	2015-06-18	0.10	5682.92	深交所
493	002310	东方园林	2015-06-25	0.07	6556.63	深交所
494	002311	海大集团	2015-06-26	0.15	16471.75	深交所
495	002311	海大集团	2015-08-21	0.07	9992.86	深交所
496	002312	三泰控股	2015-06-02	0.10	4417.30	深交所
497	002315	焦点科技	2015-06-12	0.80	9400.00	深交所
498	002316	键桥通讯	2015-07-06	0.01	393.12	深交所
499	002317	众生药业	2015-04-16	0.25	9235.20	深交所
500	002317	众生药业	2015-09-01	0.10	3693.06	深交所
501	002318	久立特材	2015-04-24	0.20	6732.05	深交所
502	002319	乐通股份	2015-06-19	0.01	200.00	深交所
503	002320	海峡股份	2015-06-23	0.02	766.58	深交所
504	002322	理工环科	2015-06-02	0.20	5650.40	深交所
505	002324	普利特	2015-07-09	0.10	2700.00	深交所
506	002325	洪涛股份	2015-08-24	0.05	4006.17	深交所

7-49 续表 11 continued

序号 No.	公司代码 Code	公司简称 Companies	除息日 Ex-dividend	每股现金红利（元） Dividend Per Share (yuan)	现金分配合计（万元） Total Dividend (10000 yuan)	交易所 Exchange
507	002326	永太科技	2015-04-29	0.10	2852.51	深交所
508	002327	富安娜	2015-05-14	0.10	4292.42	深交所
509	002328	新朋股份	2015-06-10	0.06	2700.00	深交所
510	002329	皇氏集团	2015-05-04	0.05	1332.17	深交所
511	002330	得利斯	2015-05-13	0.03	1506.00	深交所
512	002331	皖通科技	2015-03-26	0.05	1216.41	深交所
513	002332	仙琚制药	2015-05-15	0.10	5121.00	深交所
514	002333	罗普斯金	2015-05-21	0.30	7539.05	深交所
515	002334	英威腾	2015-04-30	0.15	5364.37	深交所
516	002335	科华恒盛	2015-05-18	0.10	2241.96	深交所
517	002338	奥普光电	2015-07-22	0.25	3000.00	深交所
518	002339	积成电子	2015-06-04	0.06	2273.38	深交所
519	002340	格林美	2015-01-26	0.06	5081.12	深交所
520	002340	格林美	2015-05-15	0.01	923.84	深交所
521	002341	新纶科技	2015-05-14	0.01	448.13	深交所
522	002342	巨力索具	2015-05-27	0.01	576.00	深交所
523	002344	海宁皮城	2015-06-25	0.12	13440.00	深交所
524	002345	潮宏基	2015-05-20	0.10	8451.11	深交所
525	002346	柘中股份	2015-07-17	0.05	2207.88	深交所
526	002347	泰尔重工	2015-06-02	0.03	674.03	深交所
527	002348	高乐股份	2015-05-19	0.05	2368.00	深交所
528	002349	精华制药	2015-04-10	0.10	2600.00	深交所
529	002350	北京科锐	2015-05-29	0.15	3274.20	深交所
530	002351	漫步者	2015-06-02	0.20	5880.00	深交所
531	002352	鼎泰新材	2015-09-30	0.30	3502.39	深交所
532	002353	杰瑞股份	2015-05-28	0.20	19157.08	深交所
533	002354	天神娱乐	2015-04-29	0.10	2318.46	深交所
534	002355	兴民钢圈	2015-06-19	0.01	513.70	深交所
535	002356	赫美集团	2015-05-07	0.15	1552.37	深交所
536	002357	富临运业	2015-04-08	0.12	2351.17	深交所
537	002358	森源电气	2015-06-15	0.23	9149.35	深交所
538	002360	同德化工	2015-04-30	0.10	3915.13	深交所
539	002363	隆基机械	2015-06-15	0.05	1494.00	深交所
540	002364	中恒电气	2015-05-19	0.03	784.86	深交所
541	002365	永安药业	2015-07-15	0.06	1122.00	深交所
542	002367	康力电梯	2015-04-29	0.25	18465.00	深交所
543	002368	太极股份	2015-06-16	0.22	6095.43	深交所
544	002370	亚太药业	2015-06-17	0.10	2040.00	深交所
545	002372	伟星新材	2015-05-27	0.60	26708.76	深交所
546	002373	千方科技	2015-07-16	0.10	5055.08	深交所
547	002375	亚厦股份	2015-06-04	0.11	9812.95	深交所
548	002376	新北洋	2015-06-25	0.10	6000.00	深交所
549	002380	科远股份	2015-03-25	0.14	1428.00	深交所
550	002380	科远股份	2015-10-09	0.10	1020.00	深交所
551	002381	双箭股份	2015-05-11	0.30	7020.00	深交所
552	002382	蓝帆医疗	2015-05-22	0.20	4944.00	深交所

7—49 续表 12 continued

序号 No.	公司代码 Code	公司简称 Companies	除息日 Ex-dividend	每股现金红利(元) Dividend Per Share (yuan)	现金分配合计(万元) Total Dividend (10000 yuan)	交易所 Exchange
553	002385	大北农	2015-05-13	0.10	16649.83	深交所
554	002387	黑牛食品	2015-05-20	0.01	312.97	深交所
555	002388	新亚制程	2015-06-02	0.01	199.80	深交所
556	002389	南洋科技	2015-04-29	0.02	1162.72	深交所
557	002390	信邦制药	2015-05-25	0.06	3002.73	深交所
558	002391	长青股份	2015-05-29	0.30	10865.09	深交所
559	002392	北京利尔	2015-06-24	0.05	2996.40	深交所
560	002393	力生制药	2015-05-18	0.31	5656.10	深交所
561	002394	联发股份	2015-09-29	0.30	9711.00	深交所
562	002394	联发股份	2015-05-22	0.20	6474.00	深交所
563	002395	双象股份	2015-06-30	0.05	894.03	深交所
564	002396	星网锐捷	2015-05-29	0.10	3510.60	深交所
565	002397	梦洁股份	2015-05-26	0.20	6107.25	深交所
566	002398	建研集团	2015-05-28	0.10	2636.40	深交所
567	002399	海普瑞	2015-06-09	0.30	24006.00	深交所
568	002400	省广股份	2015-05-15	0.11	6634.61	深交所
569	002401	中海科技	2015-07-06	0.05	1516.20	深交所
570	002402	和而泰	2015-05-08	0.10	1660.91	深交所
571	002403	爱仕达	2015-05-22	0.25	6000.00	深交所
572	002403	爱仕达	2015-10-13	0.20	4800.00	深交所
573	002404	嘉欣丝绸	2015-05-20	0.20	5206.50	深交所
574	002405	四维图新	2015-05-14	0.05	3527.14	深交所
575	002406	远东传动	2015-05-28	0.20	5610.00	深交所
576	002407	多氟多	2015-04-27	0.06	1335.36	深交所
577	002408	齐翔腾达	2015-06-12	0.04	2803.38	深交所
578	002409	雅克科技	2015-04-29	0.11	1796.26	深交所
579	002410	广联达	2015-05-08	0.40	30090.35	深交所
580	002411	必康股份	2015-06-12	0.05	1741.50	深交所
581	002414	高德红外	2015-06-03	0.02	1200.00	深交所
582	002415	海康威视	2015-04-14	0.40	162765.12	深交所
583	002419	天虹商场	2015-05-29	0.33	26623.54	深交所
584	002421	达实智能	2015-05-12	0.10	2616.00	深交所
585	002422	科伦药业	2015-07-22	0.25	18000.00	深交所
586	002424	贵州百灵	2015-06-23	0.20	9408.00	深交所
587	002425	凯撒股份	2015-05-21	0.02	779.98	深交所
588	002426	胜利精密	2015-06-11	0.10	9855.49	深交所
589	002427	尤夫股份	2015-05-07	0.05	1190.98	深交所
590	002428	云南锗业	2015-06-02	0.03	1959.36	深交所
591	002429	兆驰股份	2015-06-10	0.03	4164.65	深交所
592	002430	杭氧股份	2015-06-16	0.02	1663.55	深交所
593	002431	棕榈股份	2015-07-01	0.07	3855.59	深交所
594	002432	九安医疗	2015-06-29	0.02	744.00	深交所
595	002433	太安堂	2015-05-26	0.03	1889.31	深交所
596	002434	万里扬	2015-05-14	0.20	6800.00	深交所
597	002435	长江润发	2015-06-29	0.10	1980.00	深交所
598	002436	兴森科技	2015-05-20	0.20	4959.69	深交所

7-49 续表 13 continued

序号 No.	公司代码 Code	公司简称 Companies	除息日 Ex-dividend	每股现金红利（元） Dividend Per Share (yuan)	现金分配合计（万元） Total Dividend (10000 yuan)	交易所 Exchange
599	002437	誉衡药业	2015-05-08	0.10	7318.90	深交所
600	002438	江苏神通	2015-06-16	0.05	1040.00	深交所
601	002439	启明星辰	2015-05-18	0.05	2075.62	深交所
602	002440	闰土股份	2015-06-19	0.55	42185.00	深交所
603	002441	众业达	2015-05-22	0.30	6960.00	深交所
604	002443	金洲管道	2015-05-19	0.10	5205.36	深交所
605	002444	巨星科技	2015-06-17	0.20	20280.00	深交所
606	002445	中南文化	2015-07-13	0.02	738.77	深交所
607	002446	盛路通信	2015-06-10	0.01	170.08	深交所
608	002447	壹桥海参	2015-05-14	0.05	2378.88	深交所
609	002448	中原内配	2015-06-04	0.20	4704.82	深交所
610	002449	国星光电	2015-04-29	0.15	6450.00	深交所
611	002450	康得新	2015-05-26	0.12	11142.95	深交所
612	002452	长高集团	2015-04-30	0.10	2612.32	深交所
613	002453	天马精化	2015-06-15	0.02	1142.60	深交所
614	002454	松芝股份	2015-06-17	0.30	12168.00	深交所
615	002455	百川股份	2015-05-12	0.25	5926.50	深交所
616	002456	欧菲光	2015-07-10	0.10	10306.12	深交所
617	002457	青龙管业	2015-05-20	0.02	669.98	深交所
618	002460	赣锋锂业	2015-06-05	0.10	3565.01	深交所
619	002461	珠江啤酒	2015-05-13	0.03	2040.49	深交所
620	002462	嘉事堂	2015-06-10	0.12	2880.00	深交所
621	002465	海格通信	2015-05-12	0.20	19950.39	深交所
622	002467	二六三	2015-05-06	0.18	8680.30	深交所
623	002468	艾迪西	2015-06-01	0.01	331.78	深交所
624	002469	三维工程	2015-05-06	0.15	4995.09	深交所
625	002470	金正大	2015-05-22	0.15	11721.34	深交所
626	002471	中超控股	2015-06-30	0.07	3296.80	深交所
627	002471	中超控股	2015-10-20	0.02	1014.40	深交所
628	002472	双环传动	2015-05-21	0.12	3460.82	深交所
629	002474	榕基软件	2015-05-12	0.02	933.30	深交所
630	002475	立讯精密	2015-06-19	0.08	6655.46	深交所
631	002476	宝莫股份	2015-07-01	0.03	1836.00	深交所
632	002478	常宝股份	2015-05-04	0.20	8002.00	深交所
633	002479	富春环保	2015-05-12	0.13	9634.30	深交所
634	002481	双塔食品	2015-07-17	0.03	1516.07	深交所
635	002482	广田集团	2015-06-26	0.15	8074.41	深交所
636	002483	润邦股份	2015-06-09	0.05	1800.00	深交所
637	002484	江海股份	2015-05-13	0.10	3328.00	深交所
638	002486	嘉麟杰	2015-07-10	0.01	832.00	深交所
639	002487	大金重工	2015-04-08	0.01	360.00	深交所
640	002488	金固股份	2015-05-20	0.20	4067.87	深交所
641	002489	浙江永强	2015-05-21	0.50	23909.19	深交所
642	002489	浙江永强	2015-09-24	0.35	21757.37	深交所
643	002491	通鼎互联	2015-05-20	0.10	3760.41	深交所
644	002492	恒基达鑫	2015-05-07	0.05	1200.00	深交所

7-49 续表 14 continued

序号 No.	公司代码 Code	公司简称 Companies	除息日 Ex-dividend	每股现金红利（元） Dividend Per Share (yuan)	现金分配合计（万元） Total Dividend (10000 yuan)	交易所 Exchange
645	002493	荣盛石化	2015-06-16	0.05	5560.00	深交所
646	002495	佳隆股份	2015-03-10	0.10	2813.14	深交所
647	002496	辉丰股份	2015-05-22	0.13	4958.80	深交所
648	002497	雅化集团	2015-05-08	0.10	4800.00	深交所
649	002498	汉缆股份	2015-10-16	0.30	32194.80	深交所
650	002498	汉缆股份	2015-06-16	0.10	10731.60	深交所
651	002499	科林环保	2015-05-21	0.03	405.00	深交所
652	002500	山西证券	2015-07-10	0.05	12593.63	深交所
653	002501	利源精制	2015-04-09	0.18	8424.00	深交所
654	002502	骅威文化	2015-06-23	0.04	1395.15	深交所
655	002503	搜于特	2015-05-15	0.10	5184.00	深交所
656	002504	弘高创意	2015-07-17	0.10	4127.34	深交所
657	002507	涪陵榨菜	2015-07-03	0.10	2015.00	深交所
658	002508	老板电器	2015-05-14	0.50	16202.50	深交所
659	002509	天广消防	2015-05-06	0.06	2738.65	深交所
660	002510	天汽模	2015-05-08	0.10	4115.20	深交所
661	002511	中顺洁柔	2015-06-05	0.01	405.60	深交所
662	002512	达华智能	2015-05-20	0.10	3542.82	深交所
663	002515	金字火腿	2015-05-22	0.08	1438.70	深交所
664	002516	旷达科技	2015-05-15	0.10	2650.00	深交所
665	002518	科士达	2015-05-07	0.15	4457.65	深交所
666	002519	银河电子	2015-05-14	0.40	11363.24	深交所
667	002520	日发精机	2015-05-21	0.10	2160.00	深交所
668	002521	齐峰新材	2015-06-18	0.30	14840.57	深交所
669	002522	浙江众成	2015-05-06	0.10	4416.41	深交所
670	002523	天桥起重	2015-04-20	0.05	1664.00	深交所
671	002527	新时达	2015-06-12	0.17	6684.07	深交所
672	002528	英飞拓	2015-06-19	0.10	4644.17	深交所
673	002530	丰东股份	2015-05-12	0.03	804.00	深交所
674	002531	天顺风能	2015-05-26	0.10	4115.00	深交所
675	002532	新界泵业	2015-06-02	0.05	1606.35	深交所
676	002533	金杯电工	2015-05-15	0.10	5535.17	深交所
677	002534	杭锅股份	2015-06-01	0.15	6007.80	深交所
678	002535	林州重机	2015-06-08	0.02	1068.47	深交所
679	002536	西泵股份	2015-09-11	0.20	2225.39	深交所
680	002537	海立美达	2015-05-15	0.05	756.75	深交所
681	002538	司尔特	2015-03-02	0.10	2960.00	深交所
682	002539	新都化工	2015-05-29	0.20	6620.80	深交所
683	002541	鸿路钢构	2015-06-10	0.07	1876.00	深交所
684	002542	中化岩土	2015-06-05	0.05	2595.00	深交所
685	002543	万和电气	2015-06-11	0.18	7920.00	深交所
686	002544	杰赛科技	2015-08-21	0.02	1031.52	深交所
687	002545	东方铁塔	2015-10-19	1.50	39037.50	深交所
688	002545	东方铁塔	2015-06-10	0.05	1301.25	深交所
689	002546	新联电子	2015-05-06	0.30	7560.00	深交所
690	002547	春兴精工	2015-05-29	0.05	1686.63	深交所

7–49 续表 15 continued

序号 No.	公司代码 Code	公司简称 Companies	除息日 Ex-dividend	每股现金红利（元） Dividend Per Share (yuan)	现金分配合计（万元） Total Dividend (10000 yuan)	交易所 Exchange
691	002548	金新农	2015-05-14	0.10	3102.00	深交所
692	002550	千红制药	2015-05-26	0.30	9600.00	深交所
693	002551	尚荣医疗	2015-07-16	0.10	3627.43	深交所
694	002552	宝鼎科技	2015-07-08	0.02	600.00	深交所
695	002553	南方轴承	2015-05-12	0.20	3480.00	深交所
696	002554	惠博普	2015-06-17	0.05	2578.13	深交所
697	002555	三七互娱	2015-05-15	0.10	3248.55	深交所
698	002556	辉隆股份	2015-07-16	0.10	4784.00	深交所
699	002557	洽洽食品	2015-05-28	0.70	23660.00	深交所
700	002559	亚威股份	2015-04-21	0.25	4400.00	深交所
701	002560	通达股份	2015-06-12	0.15	2097.05	深交所
702	002561	徐家汇	2015-04-30	0.36	14967.47	深交所
703	002562	兄弟科技	2015-06-05	0.10	2134.00	深交所
704	002563	森马服饰	2015-04-30	1.00	67000.00	深交所
705	002566	益盛药业	2015-06-26	0.05	1654.76	深交所
706	002567	唐人神	2015-06-25	0.13	5470.22	深交所
707	002568	百润股份	2015-09-29	1.00	44800.00	深交所
708	002572	索菲亚	2015-05-07	0.35	15434.65	深交所
709	002573	清新环境	2015-05-27	0.20	10656.00	深交所
710	002574	明牌珠宝	2015-06-04	0.10	5280.00	深交所
711	002575	群兴玩具	2015-03-19	0.10	2676.00	深交所
712	002578	闽发铝业	2015-05-28	0.20	3436.00	深交所
713	002579	中京电子	2015-06-26	0.03	700.92	深交所
714	002580	圣阳股份	2015-05-04	0.10	1220.08	深交所
715	002582	好想你	2015-07-06	0.10	1476.00	深交所
716	002583	海能达	2015-06-02	0.02	1396.23	深交所
717	002584	西陇科学	2015-06-02	0.04	800.00	深交所
718	002585	双星新材	2015-06-09	0.03	1655.37	深交所
719	002586	围海股份	2015-06-05	0.10	3640.63	深交所
720	002587	奥拓电子	2015-06-17	0.15	3295.16	深交所
721	002588	史丹利	2015-05-04	0.50	14559.00	深交所
722	002589	瑞康医药	2015-07-09	0.07	1829.99	深交所
723	002590	万安科技	2015-05-29	0.08	1650.25	深交所
724	002591	恒大高新	2015-07-07	0.01	131.02	深交所
725	002592	八菱科技	2015-06-02	0.15	2650.72	深交所
726	002593	日上集团	2015-04-14	0.06	1272.00	深交所
727	002595	豪迈科技	2015-04-10	0.50	20000.00	深交所
728	002596	海南瑞泽	2015-06-16	0.02	536.16	深交所
729	002597	金禾实业	2015-04-21	0.30	8524.80	深交所
730	002598	山东章鼓	2015-06-11	0.10	3120.00	深交所
731	002599	盛通股份	2015-05-29	0.03	396.00	深交所
732	002600	江粉磁材	2015-04-10	0.10	3178.00	深交所
733	002601	佰利联	2015-04-24	0.10	1907.92	深交所
734	002602	世纪华通	2015-06-18	0.10	5135.46	深交所
735	002603	以岭药业	2015-05-20	0.10	5633.90	深交所
736	002604	龙力生物	2015-06-05	0.03	945.05	深交所

7-49 续表 16 continued

序号 No.	公司代码 Code	公司简称 Companies	除息日 Ex-dividend	每股现金红利（元）Dividend Per Share (yuan)	现金分配合计（万元）Total Dividend (10000 yuan)	交易所 Exchange
737	002606	大连电瓷	2015-05-18	0.08	1500.00	深交所
738	002609	捷顺科技	2015-06-24	0.05	1502.60	深交所
739	002611	东方精工	2015-05-26	0.03	1088.61	深交所
740	002614	蒙发利	2015-05-28	0.10	3696.50	深交所
741	002615	哈尔斯	2015-04-30	0.50	4560.00	深交所
742	002616	长青集团	2015-04-30	0.35	6122.78	深交所
743	002616	长青集团	2015-10-19	0.35	12576.67	深交所
744	002617	露笑科技	2015-09-28	0.01	180.00	深交所
745	002618	丹邦科技	2015-06-30	0.05	913.20	深交所
746	002620	瑞和股份	2015-07-16	0.10	1200.00	深交所
747	002621	三垒股份	2015-05-19	0.06	1350.00	深交所
748	002622	永大集团	2015-03-23	1.00	15000.00	深交所
749	002623	亚玛顿	2015-06-16	0.03	480.00	深交所
750	002624	完美环球	2015-06-18	0.04	1950.83	深交所
751	002626	金达威	2015-06-09	0.30	8640.00	深交所
752	002627	宜昌交运	2015-06-24	0.20	2670.00	深交所
753	002628	成都路桥	2015-06-15	0.05	3687.08	深交所
754	002629	仁智油服	2015-06-04	0.02	549.26	深交所
755	002630	华西能源	2015-07-08	0.10	3690.00	深交所
756	002631	德尔未来	2015-04-28	0.05	1623.44	深交所
757	002632	道明光学	2015-04-17	0.05	693.36	深交所
758	002634	棒杰股份	2015-07-21	0.20	2561.13	深交所
759	002635	安洁科技	2015-04-24	0.23	4163.69	深交所
760	002637	赞宇科技	2015-04-30	0.10	1600.00	深交所
761	002638	勤上光电	2015-11-06	0.01	374.67	深交所
762	002639	雪人股份	2015-05-29	0.02	320.00	深交所
763	002640	跨境通	2015-06-08	0.03	635.40	深交所
764	002641	永高股份	2015-05-29	0.10	4320.00	深交所
765	002642	荣之联	2015-06-19	0.10	3996.29	深交所
766	002643	万润股份	2015-05-18	0.18	6117.68	深交所
767	002644	佛慈制药	2015-06-24	0.02	326.82	深交所
768	002645	华宏科技	2015-05-18	0.02	234.01	深交所
769	002646	青青稞酒	2015-07-14	0.25	11250.00	深交所
770	002649	博彦科技	2015-05-15	0.31	5199.63	深交所
771	002650	加加食品	2015-06-09	0.10	4608.00	深交所
772	002651	利君股份	2015-06-26	0.40	16040.00	深交所
773	002652	扬子新材	2015-04-14	0.05	800.10	深交所
774	002653	海思科	2015-05-27	0.20	21605.40	深交所
775	002654	万润科技	2015-03-27	0.05	880.00	深交所
776	002655	共达电声	2015-07-02	0.01	504.00	深交所
777	002656	摩登大道	2015-03-25	0.11	2200.00	深交所
778	002657	中科金财	2015-03-20	0.06	950.94	深交所
779	002658	雪迪龙	2015-04-17	0.15	4124.18	深交所
780	002659	中泰桥梁	2015-06-12	0.00	124.40	深交所
781	002661	克明面业	2015-05-19	0.50	4295.00	深交所
782	002662	京威股份	2015-06-15	0.30	22500.00	深交所

7—49 续表 17 continued

序号 No.	公司代码 Code	公司简称 Companies	除息日 Ex-dividend	每股现金红利（元） Dividend Per Share (yuan)	现金分配合计（万元） Total Dividend (10000 yuan)	交易所 Exchange
783	002663	普邦园林	2015-06-01	0.06	3990.97	深交所
784	002664	信质电机	2015-04-23	0.20	4000.20	深交所
785	002665	首航节能	2015-04-30	0.16	4267.20	深交所
786	002666	德联集团	2015-07-09	0.12	4525.98	深交所
787	002667	鞍重股份	2015-05-29	0.07	475.86	深交所
788	002668	奥马电器	2015-06-05	0.28	4629.80	深交所
789	002669	康达新材	2015-05-05	0.07	1400.00	深交所
790	002670	华声股份	2015-06-04	0.40	8000.00	深交所
791	002671	龙泉股份	2015-06-05	0.07	3105.87	深交所
792	002672	东江环保	2015-06-26	0.15	5217.10	深交所
793	002673	西部证券	2015-06-12	0.15	20966.77	深交所
794	002674	兴业科技	2015-05-19	0.15	3637.17	深交所
795	002675	东诚药业	2015-05-15	0.15	2592.00	深交所
796	002676	顺威股份	2015-06-17	0.09	1440.00	深交所
797	002677	浙江美大	2015-06-04	0.50	10000.00	深交所
798	002678	珠江钢琴	2015-07-23	0.07	6692.00	深交所
799	002679	福建金森	2015-06-19	0.09	1248.12	深交所
800	002680	长生生物	2015-06-17	0.06	480.00	深交所
801	002681	奋达科技	2015-06-15	0.15	5146.82	深交所
802	002682	龙洲股份	2015-05-22	0.07	1456.00	深交所
803	002683	宏大爆破	2015-07-10	0.30	7318.80	深交所
804	002685	华东重机	2015-04-23	0.03	500.00	深交所
805	002686	亿利达	2015-08-14	0.08	2176.08	深交所
806	002687	乔治白	2015-05-07	0.30	7097.04	深交所
807	002688	金河生物	2015-05-22	0.10	2178.40	深交所
808	002689	远大智能	2015-05-29	0.30	16039.24	深交所
809	002690	美亚光电	2015-05-22	0.20	6760.00	深交所
810	002691	冀凯股份	2015-06-11	0.02	300.00	深交所
811	002692	远程电缆	2015-07-01	0.05	1632.15	深交所
812	002693	双成药业	2015-03-10	0.10	2700.00	深交所
813	002694	顾地科技	2015-07-22	0.35	11999.92	深交所
814	002695	煌上煌	2015-05-22	0.22	2735.82	深交所
815	002696	百洋股份	2015-06-08	0.15	2640.00	深交所
816	002697	红旗连锁	2015-09-28	0.05	4000.00	深交所
817	002697	红旗连锁	2015-04-20	0.02	1280.00	深交所
818	002698	博实股份	2015-09-24	0.12	4812.00	深交所
819	002699	美盛文化	2015-03-17	0.10	2057.00	深交所
820	002700	新疆浩源	2015-04-30	0.08	1877.45	深交所
821	002701	奥瑞金	2015-04-24	0.66	40480.44	深交所
822	002702	海欣食品	2015-05-07	0.10	1414.00	深交所
823	002703	浙江世宝	2015-07-31	0.10	3158.58	深交所
824	002705	新宝股份	2015-05-29	0.25	11050.03	深交所
825	002706	良信电器	2015-04-30	0.35	3096.00	深交所
826	002707	众信旅游	2015-05-14	0.20	1389.78	深交所
827	002708	光洋股份	2015-05-06	0.15	2788.59	深交所
828	002709	天赐材料	2015-05-29	0.12	1444.96	深交所

7–49 续表 18 continued

序号 No.	公司代码 Code	公司简称 Companies	除息日 Ex-dividend	每股现金红利（元） Dividend Per Share (yuan)	现金分配合计（万元） Total Dividend (10000 yuan)	交易所 Exchange
829	002711	欧浦智网	2015-07-06	0.18	2700.18	深交所
830	002712	思美传媒	2015-07-03	0.15	1319.84	深交所
831	002713	东易日盛	2015-05-21	0.60	7490.43	深交所
832	002714	牧原股份	2015-06-10	0.06	1476.20	深交所
833	002715	登云股份	2015-06-30	0.06	552.00	深交所
834	002716	金贵银业	2015-06-25	0.10	2287.68	深交所
835	002717	岭南园林	2015-04-09	0.08	1221.51	深交所
836	002718	友邦吊顶	2015-05-29	0.50	2580.00	深交所
837	002719	麦趣尔	2015-07-20	0.07	771.93	深交所
838	002721	金一文化	2015-05-08	0.10	2160.12	深交所
839	002722	金轮股份	2015-06-19	0.06	804.60	深交所
840	002723	金莱特	2015-06-26	0.20	1867.00	深交所
841	002724	海洋王	2015-05-29	0.17	6840.00	深交所
842	002725	跃岭股份	2015-05-08	0.40	4000.00	深交所
843	002726	龙大肉食	2015-04-27	0.15	3273.60	深交所
844	002727	一心堂	2015-04-09	0.60	15618.00	深交所
845	002728	台城制药	2015-07-03	0.15	1500.00	深交所
846	002729	好利来	2015-07-09	0.20	1333.60	深交所
847	002730	电光科技	2015-06-16	0.13	1936.04	深交所
848	002731	萃华珠宝	2015-06-24	0.06	904.08	深交所
849	002732	燕塘乳业	2015-05-29	0.20	3147.00	深交所
850	002733	雄韬股份	2015-05-12	0.22	2992.00	深交所
851	002734	利民股份	2015-05-04	0.30	3000.00	深交所
852	002735	王子新材	2015-05-27	0.08	656.00	深交所
853	002736	国信证券	2015-06-25	0.20	164000.00	深交所
854	002737	葵花药业	2015-06-11	0.35	5110.00	深交所
855	002738	中矿资源	2015-06-19	0.15	1800.00	深交所
856	002739	万达院线	2015-06-23	0.80	44800.00	深交所
857	002740	爱迪尔	2015-07-17	0.15	1500.00	深交所
858	002741	光华科技	2015-11-02	0.20	2400.00	深交所
859	002742	三圣特材	2015-05-20	0.20	1920.00	深交所
860	002743	富煌钢构	2015-06-26	0.06	728.04	深交所
861	002745	木林森	2015-07-10	0.20	8890.00	深交所
862	002747	埃斯顿	2015-06-04	0.10	1200.00	深交所
863	002748	世龙实业	2015-07-16	0.15	1800.00	深交所
864	002749	国光股份	2015-06-02	0.80	6000.00	深交所
865	002750	龙津药业	2015-06-09	0.75	5006.25	深交所
866	002751	易尚展示	2015-07-16	0.10	702.40	深交所
867	002755	东方新星	2015-08-12	0.08	760.05	深交所
868	002759	天际股份	2015-08-25	0.11	1056.00	深交所
869	002762	金发拉比	2015-08-11	0.25	1700.00	深交所
870	200053	深基地B	2015-08-26	0.13	2974.74	深交所
871	200152	山航B	2015-06-17	0.20	8000.00	深交所
872	200512	闽灿坤B	2015-06-24	0.15	2780.88	深交所
873	200771	杭汽轮B	2015-06-18	0.10	7540.10	深交所
874	200986	粤华包B	2015-08-25	0.02	758.14	深交所

7–49 续表 19 continued

序号 No.	公司代码 Code	公司简称 Companies	除息日 Ex-dividend	每股现金红利（元） Dividend Per Share (yuan)	现金分配合计（万元） Total Dividend (10000 yuan)	交易所 Exchange
875	300001	特锐德	2015-06-18	0.10	4008.00	深交所
876	300002	神州泰岳	2015-06-08	0.12	15934.10	深交所
877	300003	乐普医疗	2015-06-09	0.14	11368.00	深交所
878	300004	南风股份	2015-07-07	0.05	1273.05	深交所
879	300005	探路者	2015-07-06	0.20	10260.33	深交所
880	300006	莱美药业	2015-07-15	0.10	2017.94	深交所
881	300007	汉威电子	2015-06-24	0.05	732.56	深交所
882	300008	天海防务	2015-05-18	0.05	1249.86	深交所
883	300009	安科生物	2015-04-17	0.15	4355.38	深交所
884	300010	立思辰	2015-05-19	0.03	881.92	深交所
885	300011	鼎汉技术	2015-05-04	0.06	3137.94	深交所
886	300012	华测检测	2015-05-12	0.10	3813.35	深交所
887	300013	新宁物流	2015-06-02	0.01	180.00	深交所
888	300014	亿纬锂能	2015-07-02	0.05	1991.41	深交所
889	300015	爱尔眼科	2015-06-04	0.15	9821.63	深交所
890	300016	北陆药业	2015-05-25	0.06	1866.78	深交所
891	300017	网宿科技	2015-04-22	0.15	4759.50	深交所
892	300019	硅宝科技	2015-05-08	0.20	3264.00	深交所
893	300020	银江股份	2015-06-02	0.10	2772.43	深交所
894	300024	机器人	2015-06-18	0.05	3274.26	深交所
895	300025	华星创业	2015-04-21	0.02	428.53	深交所
896	300026	红日药业	2015-05-26	0.10	6076.88	深交所
897	300027	华谊兄弟	2015-04-29	0.10	12421.96	深交所
898	300028	金亚科技	2015-06-11	0.09	2396.79	深交所
899	300030	阳普医疗	2015-05-26	0.03	888.00	深交所
900	300032	金龙机电	2015-05-14	0.10	3379.70	深交所
901	300033	同花顺	2015-04-24	0.08	2150.40	深交所
902	300034	钢研高纳	2015-06-23	0.16	5087.71	深交所
903	300035	中科电气	2015-07-10	0.10	2338.54	深交所
904	300036	超图软件	2015-05-12	0.10	1224.35	深交所
905	300038	梅泰诺	2015-06-17	0.04	562.55	深交所
906	300039	上海凯宝	2015-04-30	0.20	12807.52	深交所
907	300041	回天新材	2015-06-15	0.18	3041.19	深交所
908	300042	朗科科技	2015-06-08	0.10	1336.00	深交所
909	300043	互动娱乐	2015-04-28	0.10	5655.45	深交所
910	300044	赛为智能	2015-07-10	0.02	447.31	深交所
911	300045	华力创通	2015-05-26	0.03	821.64	深交所
912	300046	台基股份	2015-06-05	0.40	5683.20	深交所
913	300047	天源迪科	2015-05-06	0.02	638.44	深交所
914	300048	合康变频	2015-06-09	0.05	1690.72	深交所
915	300049	福瑞股份	2015-07-06	0.20	2634.58	深交所
916	300050	世纪鼎利	2015-05-28	0.05	1247.29	深交所
917	300051	三五互联	2015-06-17	0.02	481.50	深交所
918	300053	欧比特	2015-05-25	0.03	500.00	深交所
919	300054	鼎龙股份	2015-04-16	0.05	2204.32	深交所
920	300055	万邦达	2015-04-07	0.06	1470.37	深交所

7-49 续表 20 continued

序号 No.	公司代码 Code	公司简称 Companies	除息日 Ex-dividend	每股现金红利（元）Dividend Per Share (yuan)	现金分配合计（万元）Total Dividend (10000 yuan)	交易所 Exchange
921	300056	三维丝	2015-05-13	0.10	1497.60	深交所
922	300057	万顺股份	2015-05-14	0.09	3798.00	深交所
923	300058	蓝色光标	2015-06-09	0.15	14471.72	深交所
924	300059	东方财富	2015-03-20	0.06	7257.60	深交所
925	300061	康耐特	2015-06-03	0.02	342.42	深交所
926	300062	中能电气	2015-05-28	0.10	1542.07	深交所
927	300063	天龙集团	2015-07-06	0.02	402.00	深交所
928	300064	豫金刚石	2015-05-20	0.01	729.60	深交所
929	300065	海兰信	2015-07-03	0.03	631.52	深交所
930	300066	三川智慧	2015-04-29	0.10	2495.43	深交所
931	300067	安诺其	2015-05-15	0.05	1645.81	深交所
932	300069	金利华电	2015-07-09	0.05	585.00	深交所
933	300070	碧水源	2015-06-24	0.13	14430.97	深交所
934	300071	华谊嘉信	2015-06-10	0.04	1522.88	深交所
935	300072	三聚环保	2015-04-30	0.10	5088.38	深交所
936	300075	数字政通	2015-05-25	0.10	1901.57	深交所
937	300076	GQY视讯	2015-06-10	0.08	1696.00	深交所
938	300077	国民技术	2015-06-23	0.02	408.00	深交所
939	300078	思创医惠	2015-04-28	0.05	837.50	深交所
940	300079	数码视讯	2015-06-16	0.02	1377.66	深交所
941	300080	易成新能	2015-06-15	0.01	502.80	深交所
942	300082	奥克股份	2015-05-20	0.15	5054.40	深交所
943	300083	劲胜精密	2015-08-24	0.05	1141.04	深交所
944	300084	海默科技	2015-06-01	0.03	442.86	深交所
945	300085	银之杰	2015-05-12	0.03	788.17	深交所
946	300086	康芝药业	2015-09-30	0.10	3000.00	深交所
947	300088	长信科技	2015-07-08	0.10	5770.07	深交所
948	300089	文化长城	2015-07-07	0.02	300.00	深交所
949	300090	盛运环保	2015-06-16	0.05	2647.47	深交所
950	300091	金通灵	2015-06-19	0.01	209.00	深交所
951	300093	金刚玻璃	2015-07-03	0.01	216.00	深交所
952	300094	国联水产	2015-10-29	0.03	1061.42	深交所
953	300095	华伍股份	2015-05-20	0.05	1027.32	深交所
954	300096	易联众	2015-05-27	0.01	215.00	深交所
955	300097	智云股份	2015-05-28	0.03	364.06	深交所
956	300098	高新兴	2015-05-07	0.05	972.50	深交所
957	300098	高新兴	2015-10-23	0.02	675.24	深交所
958	300099	尤洛卡	2015-06-30	0.10	2131.43	深交所
959	300100	双林股份	2015-05-29	0.13	5118.13	深交所
960	300101	振芯科技	2015-06-11	0.05	1390.00	深交所
961	300102	乾照光电	2015-06-01	0.04	1180.00	深交所
962	300103	达刚路机	2015-05-08	0.05	1058.67	深交所
963	300104	乐视网	2015-05-13	0.05	3869.47	深交所
964	300105	龙源技术	2015-05-29	0.04	2052.86	深交所
965	300106	西部牧业	2015-07-06	0.02	327.60	深交所
966	300107	建新股份	2015-05-14	0.05	1345.76	深交所

7—49 续表 21 continued

序号 No.	公司代码 Code	公司简称 Companies	除息日 Ex-dividend	每股现金红利(元) Dividend Per Share (yuan)	现金分配合计(万元) Total Dividend (10000 yuan)	交易所 Exchange
967	300109	新开源	2015-05-26	0.10	1152.00	深交所
968	300110	华仁药业	2015-07-01	0.05	3360.99	深交所
969	300112	万讯自控	2015-06-24	0.03	692.75	深交所
970	300113	顺网科技	2015-06-15	0.10	2904.00	深交所
971	300114	中航电测	2015-05-27	0.05	1009.85	深交所
972	300115	长盈精密	2015-05-29	0.09	5159.99	深交所
973	300116	坚瑞消防	2015-07-02	0.02	600.29	深交所
974	300117	嘉寓股份	2015-07-20	0.02	651.60	深交所
975	300119	瑞普生物	2015-05-22	0.10	3891.46	深交所
976	300120	经纬电材	2015-06-02	0.05	1029.50	深交所
977	300121	阳谷华泰	2015-08-06	0.04	1123.20	深交所
978	300122	智飞生物	2015-05-28	0.10	8000.00	深交所
979	300124	汇川技术	2015-04-22	0.50	39122.56	深交所
980	300125	易世达	2015-06-12	0.04	472.00	深交所
981	300126	锐奇股份	2015-06-19	0.03	768.27	深交所
982	300127	银河磁体	2015-04-14	0.15	4847.20	深交所
983	300128	锦富新材	2015-07-29	0.02	817.11	深交所
984	300129	泰胜风能	2015-05-21	0.10	3240.00	深交所
985	300130	新国都	2015-06-15	0.05	571.50	深交所
986	300131	英唐智控	2015-03-20	0.15	3033.04	深交所
987	300132	青松股份	2015-07-07	0.03	1157.76	深交所
988	300133	华策影视	2015-05-04	0.06	3917.23	深交所
989	300134	大富科技	2015-04-08	0.40	15360.00	深交所
990	300135	宝利国际	2015-05-21	0.06	3072.00	深交所
991	300136	信维通信	2015-06-03	0.05	1361.30	深交所
992	300137	先河环保	2015-07-17	0.03	1033.19	深交所
993	300138	晨光生物	2015-05-14	0.02	269.36	深交所
994	300139	晓程科技	2015-04-10	0.10	1096.00	深交所
995	300140	启源装备	2015-05-12	0.10	1220.00	深交所
996	300141	和顺电气	2015-05-07	0.10	1669.66	深交所
997	300142	沃森生物	2015-04-23	0.05	1170.00	深交所
998	300144	宋城演艺	2015-05-27	0.15	8365.35	深交所
999	300145	中金环境	2015-05-19	0.10	2623.08	深交所
1000	300146	汤臣倍健	2015-04-09	0.50	36400.55	深交所
1001	300147	香雪制药	2015-05-22	0.14	6879.24	深交所
1002	300148	天舟文化	2015-06-08	0.04	1231.86	深交所
1003	300149	量子高科	2015-05-21	0.04	1206.00	深交所
1004	300150	世纪瑞尔	2015-05-14	0.20	5400.00	深交所
1005	300151	昌红科技	2015-05-28	0.05	1005.00	深交所
1006	300152	科融环境	2015-07-10	0.02	475.20	深交所
1007	300153	科泰电源	2015-05-19	0.15	2400.00	深交所
1008	300154	瑞凌股份	2015-06-12	0.30	6705.00	深交所
1009	300155	安居宝	2015-07-03	0.05	1829.09	深交所
1010	300158	振东制药	2015-07-24	0.10	2880.00	深交所
1011	300159	新研股份	2015-06-10	0.05	1804.00	深交所
1012	300160	秀强股份	2015-07-07	0.10	1868.00	深交所

7—49 续表 22 continued

序号 No.	公司代码 Code	公司简称 Companies	除息日 Ex-dividend	每股现金红利(元) Dividend Per Share (yuan)	现金分配合计(万元) Total Dividend (10000 yuan)	交易所 Exchange
1013	300161	华中数控	2015-06-04	0.02	323.49	深交所
1014	300162	雷曼股份	2015-05-28	0.10	1340.00	深交所
1015	300163	先锋新材	2015-07-03	0.10	1580.00	深交所
1016	300164	通源石油	2015-06-12	0.01	405.10	深交所
1017	300165	天瑞仪器	2015-04-30	0.20	3078.40	深交所
1018	300166	东方国信	2015-04-24	0.10	2790.18	深交所
1019	300168	万达信息	2015-06-11	0.10	5008.14	深交所
1020	300171	东富龙	2015-06-19	0.50	15870.89	深交所
1021	300172	中电环保	2015-04-15	0.10	1690.00	深交所
1022	300174	元力股份	2015-06-18	0.05	680.00	深交所
1023	300175	朗源股份	2015-07-08	0.02	941.60	深交所
1024	300176	鸿特精密	2015-07-16	0.05	536.40	深交所
1025	300177	中海达	2015-07-08	0.02	1087.59	深交所
1026	300178	腾邦国际	2015-04-24	0.06	1467.96	深交所
1027	300179	四方达	2015-04-10	0.10	2160.00	深交所
1028	300180	华峰超纤	2015-05-21	0.08	1264.00	深交所
1029	300181	佐力药业	2015-05-20	0.20	6336.00	深交所
1030	300182	捷成股份	2015-06-08	0.16	7547.23	深交所
1031	300183	东软载波	2015-06-10	0.30	6681.72	深交所
1032	300185	通裕重工	2015-06-12	0.07	6300.00	深交所
1033	300187	永清环保	2015-06-17	0.06	1137.93	深交所
1034	300188	美亚柏科	2015-05-12	0.05	997.12	深交所
1035	300190	维尔利	2015-04-29	0.10	1740.60	深交所
1036	300191	潜能恒信	2015-06-29	0.01	320.00	深交所
1037	300192	科斯伍德	2015-06-19	0.02	485.10	深交所
1038	300193	佳士科技	2015-03-27	0.05	1107.50	深交所
1039	300194	福安药业	2015-04-29	0.10	2601.30	深交所
1040	300195	长荣股份	2015-04-21	0.25	4260.65	深交所
1041	300196	长海股份	2015-04-23	0.10	1920.00	深交所
1042	300197	铁汉生态	2015-05-19	0.10	5052.89	深交所
1043	300198	纳川股份	2015-05-08	0.02	831.75	深交所
1044	300199	翰宇药业	2015-04-14	0.10	4450.08	深交所
1045	300200	高盟新材	2015-05-26	0.20	4272.00	深交所
1046	300201	海伦哲	2015-05-25	0.01	352.00	深交所
1047	300202	聚龙股份	2015-07-08	0.10	5495.04	深交所
1048	300203	聚光科技	2015-07-08	0.05	2038.77	深交所
1049	300204	舒泰神	2015-04-09	0.30	7203.60	深交所
1050	300205	天喻信息	2015-06-04	0.05	2150.28	深交所
1051	300206	理邦仪器	2015-05-28	0.10	1950.00	深交所
1052	300207	欣旺达	2015-04-28	0.10	2515.41	深交所
1053	300208	恒顺众昇	2015-09-24	0.06	1839.66	深交所
1054	300209	天泽信息	2015-05-14	0.02	320.00	深交所
1055	300210	森远股份	2015-05-12	0.07	1576.34	深交所
1056	300211	亿通科技	2015-05-22	0.05	419.22	深交所
1057	300212	易华录	2015-06-10	0.10	3216.00	深交所
1058	300213	佳讯飞鸿	2015-06-26	0.10	2610.16	深交所

7—49 续表 23 continued

序号 No.	公司代码 Code	公司简称 Companies	除息日 Ex-dividend	每股现金红利（元） Dividend Per Share (yuan)	现金分配合计（万元） Total Dividend (10000 yuan)	交易所 Exchange
1059	300214	日科化学	2015-05-29	0.05	2025.00	深交所
1060	300215	电科院	2015-06-16	0.03	2160.00	深交所
1061	300216	千山药机	2015-04-28	0.10	1807.98	深交所
1062	300217	东方电热	2015-06-16	0.05	1977.36	深交所
1063	300218	安利股份	2015-05-08	0.08	1732.58	深交所
1064	300219	鸿利光电	2015-07-20	0.03	738.84	深交所
1065	300220	金运激光	2015-07-14	0.01	126.00	深交所
1066	300221	银禧科技	2015-04-28	0.05	907.29	深交所
1067	300222	科大智能	2015-05-04	0.08	1311.17	深交所
1068	300224	正海磁材	2015-05-27	0.14	3600.00	深交所
1069	300225	金力泰	2015-06-11	0.15	3919.50	深交所
1070	300226	上海钢联	2015-05-12	0.02	312.00	深交所
1071	300227	光韵达	2015-04-24	0.02	277.32	深交所
1072	300228	富瑞特装	2015-05-27	0.20	2721.89	深交所
1073	300229	拓尔思	2015-06-01	0.10	2329.44	深交所
1074	300230	永利股份	2015-06-04	0.10	1615.25	深交所
1075	300231	银信科技	2015-04-27	0.13	2904.73	深交所
1076	300232	洲明科技	2015-05-22	0.03	609.11	深交所
1077	300233	金城医药	2015-05-19	0.30	3789.24	深交所
1078	300234	开尔新材	2015-07-15	0.04	1056.00	深交所
1079	300235	方直科技	2015-06-16	0.10	1584.00	深交所
1080	300237	美晨科技	2015-04-14	0.10	1303.43	深交所
1081	300238	冠昊生物	2015-04-16	0.10	1234.98	深交所
1082	300239	东宝生物	2015-04-29	0.02	395.10	深交所
1083	300240	飞力达	2015-06-12	0.10	1624.71	深交所
1084	300241	瑞丰光电	2015-05-04	0.10	2191.40	深交所
1085	300242	明家联合	2015-04-28	0.01	87.15	深交所
1086	300243	瑞丰高材	2015-05-22	0.02	413.76	深交所
1087	300244	迪安诊断	2015-04-29	0.10	2055.89	深交所
1088	300245	天玑科技	2015-05-28	0.10	1818.33	深交所
1089	300246	宝莱特	2015-05-27	0.05	730.44	深交所
1090	300247	乐金健康	2015-07-03	0.02	517.22	深交所
1091	300248	新开普	2015-03-25	0.10	1427.20	深交所
1092	300249	依米康	2015-05-22	0.02	351.95	深交所
1093	300250	初灵信息	2015-06-11	0.05	485.07	深交所
1094	300251	光线传媒	2015-06-16	0.10	11283.11	深交所
1095	300252	金信诺	2015-05-15	0.10	1634.13	深交所
1096	300253	卫宁健康	2015-04-10	0.13	2840.99	深交所
1097	300254	仟源医药	2015-06-15	0.10	1338.00	深交所
1098	300255	常山药业	2015-04-30	0.09	1601.56	深交所
1099	300257	开山股份	2015-06-02	0.50	21450.00	深交所
1100	300258	精锻科技	2015-05-28	0.16	2880.00	深交所
1101	300259	新天科技	2015-05-27	0.10	2724.48	深交所
1102	300260	新莱应材	2015-07-07	0.02	150.08	深交所
1103	300261	雅本化学	2015-07-03	0.05	1509.25	深交所
1104	300262	巴安水务	2015-06-04	0.03	800.40	深交所

7-49 续表 24 continued

序号 No.	公司代码 Code	公司简称 Companies	除息日 Ex-dividend	每股现金红利(元) Dividend Per Share (yuan)	现金分配合计(万元) Total Dividend (10000 yuan)	交易所 Exchange
1105	300263	隆华节能	2015-05-25	0.04	1531.99	深交所
1106	300264	佳创视讯	2015-06-16	0.08	1836.00	深交所
1107	300265	通光线缆	2015-06-02	0.10	1350.00	深交所
1108	300266	兴源环境	2015-05-26	0.02	331.21	深交所
1109	300267	尔康制药	2015-04-08	0.10	4544.80	深交所
1110	300269	联建光电	2015-05-04	0.20	4044.30	深交所
1111	300270	中威电子	2015-05-27	0.05	620.00	深交所
1112	300271	华宇软件	2015-04-28	0.10	1499.55	深交所
1113	300272	开能环保	2015-05-07	0.07	1786.73	深交所
1114	300273	和佳股份	2015-05-26	0.05	2860.36	深交所
1115	300274	阳光电源	2015-07-02	0.05	3291.42	深交所
1116	300275	梅安森	2015-05-06	0.03	506.19	深交所
1117	300276	三丰智能	2015-05-21	0.02	374.40	深交所
1118	300279	和晶科技	2015-07-01	0.10	1331.52	深交所
1119	300280	南通锻压	2015-07-07	0.02	256.00	深交所
1120	300281	金明精机	2015-04-29	0.05	605.92	深交所
1121	300282	汇冠股份	2015-08-19	0.02	193.16	深交所
1122	300282	汇冠股份	2015-10-09	0.00	91.75	深交所
1123	300283	温州宏丰	2015-04-30	0.15	2071.81	深交所
1124	300284	苏交科	2015-05-06	0.10	5046.64	深交所
1125	300285	国瓷材料	2015-06-12	0.10	1272.38	深交所
1126	300286	安科瑞	2015-03-10	0.20	2860.00	深交所
1127	300287	飞利信	2015-05-08	0.07	1920.86	深交所
1128	300289	利德曼	2015-05-27	0.15	2364.98	深交所
1129	300290	荣科科技	2015-06-11	0.09	1224.00	深交所
1130	300291	华录百纳	2015-05-19	0.09	3542.69	深交所
1131	300292	吴通控股	2015-05-12	0.10	2316.52	深交所
1132	300293	蓝英装备	2015-07-10	0.35	9450.00	深交所
1133	300294	博雅生物	2015-04-07	0.60	4548.00	深交所
1134	300296	利亚德	2015-05-27	0.10	3258.53	深交所
1135	300297	蓝盾股份	2015-10-14	0.03	1213.36	深交所
1136	300297	蓝盾股份	2015-05-29	0.01	220.61	深交所
1137	300298	三诺生物	2015-05-18	0.36	7202.16	深交所
1138	300299	富春通信	2015-05-04	0.10	1809.00	深交所
1139	300300	汉鼎宇佑	2015-06-16	0.10	1914.00	深交所
1140	300301	长方集团	2015-05-12	0.02	543.57	深交所
1141	300302	同有科技	2015-05-21	0.04	388.80	深交所
1142	300303	聚飞光电	2015-04-24	0.15	4243.20	深交所
1143	300304	云意电气	2015-05-12	0.20	4000.00	深交所
1144	300305	裕兴股份	2015-05-20	0.11	1612.80	深交所
1145	300306	远方光电	2015-04-30	0.20	2400.00	深交所
1146	300308	中际装备	2015-07-14	0.01	216.01	深交所
1147	300309	吉艾科技	2015-06-19	0.11	2368.29	深交所
1148	300310	宜通世纪	2015-05-14	0.05	1144.00	深交所
1149	300311	任子行	2015-06-02	0.06	640.26	深交所
1150	300312	邦讯技术	2015-07-13	0.03	480.06	深交所

7–49 续表 25 continued

序号 No.	公司代码 Code	公司简称 Companies	除息日 Ex-dividend	每股现金红利（元） Dividend Per Share (yuan)	现金分配合计（万元） Total Dividend (10000 yuan)	交易所 Exchange
1151	300313	天山生物	2015-05-08	0.05	454.55	深交所
1152	300314	戴维医疗	2015-05-20	0.10	1600.00	深交所
1153	300315	掌趣科技	2015-05-22	0.03	3763.06	深交所
1154	300316	晶盛机电	2015-04-23	0.10	4000.50	深交所
1155	300317	珈伟股份	2015-07-08	0.03	420.00	深交所
1156	300318	博晖创新	2015-07-21	0.02	409.60	深交所
1157	300319	麦捷科技	2015-05-18	0.05	693.83	深交所
1158	300320	海达股份	2015-06-11	0.13	1666.75	深交所
1159	300321	同大股份	2015-06-10	0.18	785.88	深交所
1160	300322	硕贝德	2015-06-02	0.10	2251.18	深交所
1161	300324	旋极信息	2015-06-26	0.06	1417.32	深交所
1162	300325	德威新材	2015-06-10	0.04	1280.00	深交所
1163	300326	凯利泰	2015-06-26	0.09	1584.66	深交所
1164	300327	中颖电子	2015-06-24	0.15	2323.20	深交所
1165	300328	宜安科技	2015-04-09	0.20	2240.00	深交所
1166	300329	海伦钢琴	2015-06-10	0.03	455.53	深交所
1167	300330	华虹计通	2015-08-19	0.02	338.46	深交所
1168	300331	苏大维格	2015-05-26	0.02	186.00	深交所
1169	300332	天壕环境	2015-05-06	0.10	3290.50	深交所
1170	300333	兆日科技	2015-05-28	0.10	1120.00	深交所
1171	300334	津膜科技	2015-06-19	0.04	1044.00	深交所
1172	300335	迪森股份	2015-05-19	0.06	1897.65	深交所
1173	300336	新文化	2015-05-26	0.10	2443.40	深交所
1174	300337	银邦股份	2015-06-12	0.05	1681.20	深交所
1175	300338	开元仪器	2015-04-30	0.10	1260.00	深交所
1176	300339	润和软件	2015-05-21	0.10	2846.17	深交所
1177	300341	麦迪电气	2015-05-20	0.05	920.00	深交所
1178	300342	天银机电	2015-05-08	0.25	5000.00	深交所
1179	300343	联创互联	2015-06-12	0.05	400.00	深交所
1180	300345	红宇新材	2015-04-20	0.05	480.00	深交所
1181	300345	红宇新材	2015-10-12	0.04	499.20	深交所
1182	300346	南大光电	2015-06-11	0.20	2010.80	深交所
1183	300347	泰格医药	2015-05-20	0.20	4300.38	深交所
1184	300348	长亮科技	2015-05-26	0.15	844.66	深交所
1185	300349	金卡股份	2015-05-11	0.10	1800.00	深交所
1186	300351	永贵电器	2015-04-09	0.25	3831.75	深交所
1187	300352	北信源	2015-06-02	0.05	1334.00	深交所
1188	300353	东土科技	2015-09-29	0.05	856.20	深交所
1189	300353	东土科技	2015-04-13	0.02	410.98	深交所
1190	300354	东华测试	2015-05-15	0.03	216.20	深交所
1191	300355	蒙草生态	2015-07-13	0.07	2862.55	深交所
1192	300356	光一科技	2015-06-26	0.04	644.89	深交所
1193	300357	我武生物	2015-03-23	0.30	4848.00	深交所
1194	300358	楚天科技	2015-03-19	0.30	3503.96	深交所
1195	300359	全通教育	2015-05-15	0.07	651.24	深交所
1196	300360	炬华科技	2015-04-28	0.20	4828.80	深交所

7-49 续表 26 continued

序号 No.	公司代码 Code	公司简称 Companies	除息日 Ex-dividend	每股现金红利(元) Dividend Per Share (yuan)	现金分配合计(万元) Total Dividend (10000 yuan)	交易所 Exchange
1197	300362	天翔环境	2015-07-13	0.06	616.39	深交所
1198	300363	博腾股份	2015-03-26	0.12	1264.40	深交所
1199	300364	中文在线	2015-05-27	0.08	960.00	深交所
1200	300365	恒华科技	2015-04-22	0.10	869.76	深交所
1201	300366	创意信息	2015-06-01	0.08	428.63	深交所
1202	300367	东方网力	2015-05-05	0.12	1429.74	深交所
1203	300368	汇金股份	2015-05-27	0.08	990.40	深交所
1204	300369	绿盟科技	2015-05-28	0.21	3007.07	深交所
1205	300370	安控科技	2015-05-06	0.15	1458.47	深交所
1206	300371	汇中股份	2015-05-15	0.14	1344.00	深交所
1207	300372	欣泰电气	2015-06-02	0.11	943.56	深交所
1208	300373	扬杰科技	2015-05-28	0.17	2814.50	深交所
1209	300374	恒通科技	2015-06-09	0.03	292.02	深交所
1210	300375	鹏翎股份	2015-05-08	0.34	3097.45	深交所
1211	300376	易事特	2015-06-08	0.18	3291.76	深交所
1212	300377	赢时胜	2015-05-28	0.25	2767.50	深交所
1213	300378	鼎捷软件	2015-05-19	0.20	3088.40	深交所
1214	300379	东方通	2015-04-16	0.20	1152.20	深交所
1215	300380	安硕信息	2015-05-22	0.20	1374.40	深交所
1216	300381	溢多利	2015-06-18	0.20	2050.81	深交所
1217	300382	斯莱克	2015-06-19	1.50	7985.55	深交所
1218	300383	光环新网	2015-05-22	0.30	3274.80	深交所
1219	300383	光环新网	2015-10-08	0.06	1637.40	深交所
1220	300384	三联虹普	2015-05-07	1.00	5334.00	深交所
1221	300385	雪浪环境	2015-07-09	0.10	800.00	深交所
1222	300386	飞天诚信	2015-07-06	0.76	7220.76	深交所
1223	300387	富邦股份	2015-06-16	0.15	914.85	深交所
1224	300388	国祯环保	2015-05-28	0.12	1058.72	深交所
1225	300389	艾比森	2015-05-11	0.50	4004.25	深交所
1226	300390	天华超净	2015-04-16	0.20	1559.60	深交所
1227	300391	康跃科技	2015-05-21	0.13	866.71	深交所
1228	300392	腾信股份	2015-04-27	0.21	1344.00	深交所
1229	300393	中来股份	2015-05-27	0.20	2389.80	深交所
1230	300394	天孚通信	2015-05-21	0.50	3717.00	深交所
1231	300395	菲利华	2015-04-21	0.25	1615.00	深交所
1232	300396	迪瑞医疗	2015-04-23	0.50	3067.00	深交所
1233	300397	天和防务	2015-07-06	0.13	1560.00	深交所
1234	300398	飞凯材料	2015-05-07	0.20	1600.00	深交所
1235	300399	京天利	2015-06-19	0.09	747.20	深交所
1236	300400	劲拓股份	2015-05-20	0.10	800.00	深交所
1237	300401	花园生物	2015-05-08	0.10	907.00	深交所
1238	300402	宝色股份	2015-06-26	0.04	848.40	深交所
1239	300403	地尔汉宇	2015-04-23	0.50	6700.00	深交所
1240	300405	科隆精化	2015-05-25	0.20	1360.00	深交所
1241	300406	九强生物	2015-04-20	0.50	6221.50	深交所
1242	300407	凯发电气	2015-05-28	0.15	1020.00	深交所

7-49 续表 27 continued

序号 No.	公司代码 Code	公司简称 Companies	除息日 Ex-dividend	每股现金红利(元) Dividend Per Share (yuan)	现金分配合计(万元) Total Dividend (10000 yuan)	交易所 Exchange
1243	300408	三环集团	2015-05-22	0.50	21440.00	深交所
1244	300409	道氏技术	2015-05-22	0.50	3250.00	深交所
1245	300410	正业科技	2015-06-05	0.06	360.00	深交所
1246	300411	金盾股份	2015-06-02	0.10	800.00	深交所
1247	300412	迦南科技	2015-04-23	0.30	1602.00	深交所
1248	300413	快乐购	2015-07-13	0.11	4411.00	深交所
1249	300415	伊之密	2015-05-22	0.42	5040.00	深交所
1250	300416	苏试试验	2015-05-19	0.20	1256.00	深交所
1251	300417	南华仪器	2015-06-08	0.20	816.00	深交所
1252	300418	昆仑万维	2015-07-14	0.25	7000.00	深交所
1253	300419	浩丰科技	2015-04-24	0.20	822.00	深交所
1254	300420	五洋科技	2015-05-19	0.12	960.00	深交所
1255	300421	力星股份	2015-05-28	0.22	2464.00	深交所
1256	300422	博世科	2015-07-22	0.06	372.00	深交所
1257	300423	鲁亿通	2015-06-08	0.10	880.00	深交所
1258	300424	航新科技	2015-09-29	0.30	3992.10	深交所
1259	300425	环能科技	2015-05-20	0.25	1800.00	深交所
1260	300426	唐德影视	2015-10-21	0.12	960.00	深交所
1261	300427	红相电力	2015-08-13	0.18	1596.06	深交所
1262	300429	强力新材	2015-06-10	0.26	2074.80	深交所
1263	300432	富临精工	2015-05-28	0.30	3600.00	深交所
1264	300435	中泰股份	2015-05-29	0.14	1088.00	深交所
1265	300440	运达科技	2015-06-03	0.26	2912.00	深交所
1266	300441	鲍斯股份	2015-07-08	0.10	844.80	深交所
1267	300444	双杰电气	2015-09-24	0.30	4138.37	深交所
1268	300445	康斯特	2015-06-10	0.15	602.21	深交所
1269	300449	汉邦高科	2015-07-13	0.10	707.00	深交所
1270	300450	先导智能	2015-09-10	0.20	1360.00	深交所
1271	300459	浙江金科	2015-07-14	0.10	1060.00	深交所
1272	300461	田中精机	2015-10-08	0.25	1667.00	深交所
1273	300467	迅游科技	2015-09-29	0.60	2400.00	深交所
1274	300470	日机密封	2015-07-30	0.45	2400.30	深交所
1275	300482	万孚生物	2015-10-22	0.30	2640.00	深交所
1276	600000	浦发银行	2015-06-23	0.76	1412067.79	上交所
1277	600004	白云机场	2015-06-12	0.29	33350.00	上交所
1278	600005	武钢股份	2015-06-19	0.05	50468.90	上交所
1279	600006	东风汽车	2015-07-24	0.02	4240.00	上交所
1280	600007	中国国贸	2015-06-19	0.20	20145.65	上交所
1281	600008	首创股份	2015-06-01	0.15	36154.61	上交所
1282	600009	上海机场	2015-08-20	0.35	67443.55	上交所
1283	600011	华能国际	2015-07-13	0.38	547974.57	上交所
1284	600012	皖通高速	2015-07-20	0.23	38148.03	上交所
1285	600015	华夏银行	2015-07-08	0.44	387351.99	上交所
1286	600016	民生银行	2015-07-07	0.11	401338.84	上交所
1287	600017	日照港	2015-06-03	0.04	12302.62	上交所
1288	600018	上港集团	2015-05-15	0.15	350429.77	上交所

7-49 续表 28 continued

序号 No.	公司代码 Code	公司简称 Companies	除息日 Ex-dividend	每股现金红利（元） Dividend Per Share (yuan)	现金分配合计（万元） Total Dividend (10000 yuan)	交易所 Exchange
1289	600019	宝钢股份	2015-05-14	0.18	296478.47	上交所
1290	600020	中原高速	2015-06-18	0.12	26968.46	上交所
1291	600021	上海电力	2015-07-22	0.25	53493.48	上交所
1292	600023	浙能电力	2015-06-23	0.25	340017.25	上交所
1293	600026	中海发展	2015-07-03	0.03	12096.10	上交所
1294	600027	华电国际	2015-06-19	0.27	237796.82	上交所
1295	600028	中国石化	2015-06-19	0.11	1331783.31	上交所
1296	600028	中国石化	2015-09-23	0.09	1089640.89	上交所
1297	600029	南方航空	2015-08-06	0.04	39270.27	上交所
1298	600030	中信证券	2015-08-14	0.28	341515.06	上交所
1299	600031	三一重工	2015-06-11	0.05	36559.22	上交所
1300	600033	福建高速	2015-07-17	0.10	27444.00	上交所
1301	600035	楚天高速	2015-04-16	0.07	8478.04	上交所
1302	600036	招商银行	2015-07-03	0.67	1689729.66	上交所
1303	600037	歌华有线	2015-06-17	0.18	21030.34	上交所
1304	600038	中直股份	2015-07-09	0.14	8252.67	上交所
1305	600039	四川路桥	2015-07-10	0.05	15098.66	上交所
1306	600048	保利地产	2015-06-11	0.22	231849.55	上交所
1307	600050	中国联通	2015-07-03	0.07	142653.09	上交所
1308	600052	浙江广厦	2015-05-29	0.08	6538.42	上交所
1309	600053	九鼎投资	2015-06-26	0.06	2601.24	上交所
1310	600054	黄山旅游	2015-06-11	0.06	2828.10	上交所
1311	600055	华润万东	2015-07-23	0.04	865.80	上交所
1312	600056	中国医药	2015-06-19	0.16	16503.97	上交所
1313	600058	五矿发展	2015-06-29	0.08	8575.29	上交所
1314	600059	古越龙山	2015-07-09	0.08	6468.19	上交所
1315	600060	海信电器	2015-06-26	0.33	42525.64	上交所
1316	600063	皖维高新	2015-09-18	0.02	3291.79	上交所
1317	600064	南京高科	2015-04-29	0.10	5162.19	上交所
1318	600066	宇通客车	2015-05-20	1.00	147733.23	上交所
1319	600067	冠城大通	2015-06-18	0.20	29658.09	上交所
1320	600068	葛洲坝	2015-06-26	0.15	69071.66	上交所
1321	600070	浙江富润	2015-06-19	0.05	1371.59	上交所
1322	600072	钢构工程	2015-08-28	0.01	478.43	上交所
1323	600073	上海梅林	2015-08-19	0.06	5626.38	上交所
1324	600077	宋都股份	2015-07-16	0.01	1340.12	上交所
1325	600078	澄星股份	2015-06-10	0.02	993.86	上交所
1326	600079	人福医药	2015-07-22	0.15	9645.37	上交所
1327	600081	东风科技	2015-07-23	0.20	6271.20	上交所
1328	600085	同仁堂	2015-08-07	0.22	30172.35	上交所
1329	600088	中视传媒	2015-06-16	0.05	1590.83	上交所
1330	600089	特变电工	2015-07-23	0.16	51984.86	上交所
1331	600094	大名城	2015-06-02	0.04	8046.23	上交所
1332	600095	哈高科	2015-05-28	0.01	361.26	上交所
1333	600097	开创国际	2015-07-13	0.16	3241.57	上交所
1334	600098	广州发展	2015-07-08	0.18	49071.54	上交所

7-49 续表 29 continued

序号 No.	公司代码 Code	公司简称 Companies	除息日 Ex-dividend	每股现金红利（元）Dividend Per Share (yuan)	现金分配合计（万元）Total Dividend (10000 yuan)	交易所 Exchange
1335	600100	同方股份	2015-07-17	0.08	23711.19	上交所
1336	600101	明星电力	2015-06-25	0.05	1620.89	上交所
1337	600104	上汽集团	2015-07-22	1.30	1433323.66	上交所
1338	600105	永鼎股份	2015-06-10	0.15	5714.32	上交所
1339	600106	重庆路桥	2015-06-30	0.08	7443.48	上交所
1340	600108	亚盛集团	2015-07-03	0.02	2920.37	上交所
1341	600109	国金证券	2015-04-23	0.03	8510.58	上交所
1342	600111	北方稀土	2015-05-11	0.13	30275.55	上交所
1343	600112	天成控股	2015-07-13	0.01	254.60	上交所
1344	600114	东睦股份	2015-04-21	0.12	4526.59	上交所
1345	600116	三峡水利	2015-07-14	0.15	4965.03	上交所
1346	600118	中国卫星	2015-05-18	0.08	9459.91	上交所
1347	600119	长江投资	2015-06-19	0.08	2459.20	上交所
1348	600120	浙江东方	2015-07-03	0.12	6065.68	上交所
1349	600122	宏图高科	2015-05-22	0.04	4585.39	上交所
1350	600123	兰花科创	2015-06-26	0.02	2056.32	上交所
1351	600125	铁龙物流	2015-05-28	0.08	10444.17	上交所
1352	600126	杭钢股份	2015-08-06	0.01	419.47	上交所
1353	600128	弘业股份	2015-07-13	0.10	2467.68	上交所
1354	600131	岷江水电	2015-06-16	0.05	2520.63	上交所
1355	600132	重庆啤酒	2015-06-26	0.20	9679.42	上交所
1356	600135	乐凯胶片	2015-04-20	0.03	855.00	上交所
1357	600138	中青旅	2015-07-10	0.10	7238.40	上交所
1358	600141	兴发集团	2015-06-04	0.20	10599.64	上交所
1359	600143	金发科技	2015-06-19	0.10	25600.00	上交所
1360	600148	长春一东	2015-06-25	0.08	1154.77	上交所
1361	600150	中国船舶	2015-05-29	0.01	1378.12	上交所
1362	600153	建发股份	2015-07-23	0.20	56704.01	上交所
1363	600157	永泰能源	2015-06-04	0.02	17222.52	上交所
1364	600158	中体产业	2015-06-17	0.04	3206.19	上交所
1365	600159	大龙地产	2015-07-09	0.05	4150.02	上交所
1366	600160	巨化股份	2015-05-29	0.10	18109.16	上交所
1367	600162	香江控股	2015-07-24	0.11	8445.94	上交所
1368	600166	福田汽车	2015-07-16	0.04	14340.78	上交所
1369	600168	武汉控股	2015-04-30	0.14	9792.06	上交所
1370	600170	上海建工	2015-05-12	0.20	91434.07	上交所
1371	600171	上海贝岭	2015-06-19	0.02	1347.62	上交所
1372	600172	黄河旋风	2015-06-19	0.04	2780.13	上交所
1373	600173	卧龙地产	2015-06-17	0.05	3625.74	上交所
1374	600175	美都能源	2015-05-20	0.01	1474.31	上交所
1375	600176	中国巨石	2015-04-23	0.17	14398.39	上交所
1376	600177	雅戈尔	2015-06-10	0.50	111330.58	上交所
1377	600182	S佳通	2015-06-19	0.60	20400.00	上交所
1378	600183	生益科技	2015-05-28	0.25	35575.46	上交所
1379	600188	兖州煤业	2015-06-18	0.02	9836.80	上交所
1380	600189	吉林森工	2015-07-09	0.10	3105.00	上交所

7-49 续表 30 continued

序号 No.	公司代码 Code	公司简称 Companies	除息日 Ex-dividend	每股现金红利（元） Dividend Per Share (yuan)	现金分配合计（万元） Total Dividend (10000 yuan)	交易所 Exchange
1381	600190	锦州港	2015-07-03	0.03	6807.79	上交所
1382	600191	华资实业	2015-07-03	0.01	484.93	上交所
1383	600192	长城电工	2015-05-29	0.02	795.15	上交所
1384	600195	中牧股份	2015-06-12	0.21	8810.90	上交所
1385	600196	复星医药	2015-08-12	0.28	64718.65	上交所
1386	600197	伊力特	2015-07-30	0.23	10143.00	上交所
1387	600199	金种子酒	2015-07-03	0.05	2778.88	上交所
1388	600200	江苏吴中	2015-06-10	0.02	1257.20	上交所
1389	600201	生物股份	2015-04-22	0.30	8575.65	上交所
1390	600202	哈空调	2015-08-24	0.02	690.01	上交所
1391	600203	福日电子	2015-08-26	0.07	2661.97	上交所
1392	600208	新湖中宝	2015-06-10	0.06	45573.54	上交所
1393	600209	罗顿发展	2015-05-27	0.01	285.36	上交所
1394	600210	紫江企业	2015-07-16	0.05	7583.68	上交所
1395	600211	西藏药业	2015-06-01	0.05	727.95	上交所
1396	600215	长春经开	2015-06-30	0.01	277.16	上交所
1397	600216	浙江医药	2015-07-23	0.06	5616.65	上交所
1398	600218	全柴动力	2015-06-16	0.10	3687.55	上交所
1399	600219	南山铝业	2015-06-10	0.10	28351.84	上交所
1400	600221	海南航空	2015-06-09	0.06	77722.32	上交所
1401	600222	太龙药业	2015-07-09	0.01	573.89	上交所
1402	600226	升华拜克	2015-10-12	0.25	10138.73	上交所
1403	600226	升华拜克	2015-06-08	0.15	6083.24	上交所
1404	600232	金鹰股份	2015-06-30	0.08	2917.75	上交所
1405	600233	大杨创世	2015-06-04	0.10	1650.00	上交所
1406	600235	民丰特纸	2015-06-30	0.02	526.95	上交所
1407	600236	桂冠电力	2015-07-24	0.13	29645.84	上交所
1408	600239	云南城投	2015-06-16	0.06	4940.58	上交所
1409	600240	华业资本	2015-07-17	0.10	14242.54	上交所
1410	600248	延长化建	2015-06-10	0.05	2368.45	上交所
1411	600251	冠农股份	2015-05-19	0.20	7848.42	上交所
1412	600252	中恒集团	2015-06-25	0.60	69502.14	上交所
1413	600252	中恒集团	2015-09-16	0.33	37646.99	上交所
1414	600256	广汇能源	2015-07-16	0.05	26107.12	上交所
1415	600258	首旅酒店	2015-06-26	0.15	3471.00	上交所
1416	600261	阳光照明	2015-05-26	0.15	14521.03	上交所
1417	600262	北方股份	2015-06-12	0.25	4250.00	上交所
1418	600266	北京城建	2015-06-23	0.27	42310.08	上交所
1419	600267	海正药业	2015-06-18	0.11	10620.85	上交所
1420	600268	国电南自	2015-06-30	0.10	6352.46	上交所
1421	600269	赣粤高速	2015-06-05	0.10	23354.07	上交所
1422	600270	外运发展	2015-07-09	0.40	36219.27	上交所
1423	600271	航天信息	2015-05-13	0.63	58174.20	上交所
1424	600272	开开实业	2015-07-21	0.05	1093.50	上交所
1425	600273	嘉化能源	2015-05-14	0.06	8229.60	上交所
1426	600276	恒瑞医药	2015-06-15	0.10	15049.99	上交所

7-49 续表 31 continued

序号 No.	公司代码 Code	公司简称 Companies	除息日 Ex-dividend	每股现金红利(元) Dividend Per Share (yuan)	现金分配合计(万元) Total Dividend (10000 yuan)	交易所 Exchange
1427	600277	亿利洁能	2015-07-27	0.04	7940.44	上交所
1428	600278	东方创业	2015-07-31	0.08	4177.93	上交所
1429	600279	重庆港九	2015-05-26	0.07	3233.81	上交所
1430	600280	中央商场	2015-06-12	0.25	14354.19	上交所
1431	600283	钱江水利	2015-08-07	0.04	1411.98	上交所
1432	600284	浦东建设	2015-06-04	0.16	10742.12	上交所
1433	600285	羚锐制药	2015-06-11	0.06	3213.38	上交所
1434	600287	江苏舜天	2015-05-28	0.06	2620.78	上交所
1435	600288	大恒科技	2015-05-08	0.02	829.92	上交所
1436	600289	亿阳信通	2015-05-29	0.06	3120.58	上交所
1437	600290	华仪电气	2015-04-30	0.06	3161.30	上交所
1438	600291	西水股份	2015-07-01	0.01	268.80	上交所
1439	600292	远达环保	2015-07-13	0.13	7808.17	上交所
1440	600293	三峡新材	2015-07-16	0.01	447.85	上交所
1441	600295	鄂尔多斯	2015-06-25	0.10	10320.00	上交所
1442	600298	安琪酵母	2015-06-10	0.15	4944.49	上交所
1443	600300	维维股份	2015-06-12	0.02	3344.00	上交所
1444	600305	恒顺醋业	2015-06-23	0.08	2260.27	上交所
1445	600308	华泰股份	2015-06-19	0.02	1868.10	上交所
1446	600309	万华化学	2015-05-28	0.30	64870.04	上交所
1447	600310	桂东电力	2015-05-28	0.28	7725.90	上交所
1448	600310	桂东电力	2015-09-14	0.24	6622.20	上交所
1449	600312	平高电气	2015-08-19	0.50	56874.28	上交所
1450	600313	农发种业	2015-06-04	0.10	3672.87	上交所
1451	600315	上海家化	2015-05-18	0.61	41014.37	上交所
1452	600316	洪都航空	2015-07-10	0.01	717.11	上交所
1453	600317	营口港	2015-07-15	0.01	6472.98	上交所
1454	600321	国栋建设	2015-08-13	0.01	1510.55	上交所
1455	600322	天房发展	2015-05-29	0.05	5086.22	上交所
1456	600323	瀚蓝环境	2015-08-19	0.10	7662.64	上交所
1457	600325	华发股份	2015-05-11	0.10	8170.46	上交所
1458	600326	西藏天路	2015-05-28	0.05	2736.00	上交所
1459	600327	大东方	2015-07-16	0.10	5217.12	上交所
1460	600328	兰太实业	2015-07-10	0.01	466.85	上交所
1461	600329	中新药业	2015-06-01	0.15	11089.63	上交所
1462	600332	白云山	2015-08-07	0.28	36150.22	上交所
1463	600335	国机汽车	2015-07-23	0.20	12542.91	上交所
1464	600337	美克家居	2015-06-19	0.15	9696.94	上交所
1465	600340	华夏幸福	2015-05-04	0.80	105830.38	上交所
1466	600345	长江通信	2015-07-27	0.10	1980.00	上交所
1467	600350	山东高速	2015-07-14	0.19	93336.62	上交所
1468	600351	亚宝药业	2015-05-29	0.18	12456.00	上交所
1469	600352	浙江龙盛	2015-06-10	0.50	81333.30	上交所
1470	600353	旭光股份	2015-07-06	0.07	1903.02	上交所
1471	600356	恒丰纸业	2015-07-17	0.08	2400.31	上交所
1472	600360	华微电子	2015-07-15	0.02	1476.16	上交所

7—49 续表 32 continued

序号 No.	公司代码 Code	公司简称 Companies	除息日 Ex-dividend	每股现金红利（元） Dividend Per Share (yuan)	现金分配合计（万元） Total Dividend (10000 yuan)	交易所 Exchange
1473	600361	华联综超	2015-07-10	0.10	6658.08	上交所
1474	600362	江西铜业	2015-07-17	0.20	69254.59	上交所
1475	600363	联创光电	2015-06-30	0.04	1640.86	上交所
1476	600366	宁波韵升	2015-04-28	0.20	10289.96	上交所
1477	600367	红星发展	2015-07-10	0.03	757.12	上交所
1478	600369	西南证券	2015-06-03	0.18	50805.98	上交所
1479	600369	西南证券	2015-09-29	0.12	33870.65	上交所
1480	600370	三房巷	2015-05-13	0.02	478.35	上交所
1481	600371	万向德农	2015-07-14	0.04	736.56	上交所
1482	600372	中航电子	2015-08-21	0.05	8795.81	上交所
1483	600373	中文传媒	2015-07-06	0.15	20669.10	上交所
1484	600376	首开股份	2015-05-18	0.24	53808.30	上交所
1485	600377	宁沪高速	2015-07-10	0.38	191434.41	上交所
1486	600378	天科股份	2015-05-22	0.08	2377.55	上交所
1487	600380	健康元	2015-08-10	0.10	15838.79	上交所
1488	600382	广东明珠	2015-05-25	0.03	1025.24	上交所
1489	600383	金地集团	2015-07-03	0.13	58389.03	上交所
1490	600386	北巴传媒	2015-06-26	0.28	11289.60	上交所
1491	600387	海越股份	2015-07-14	0.10	3861.00	上交所
1492	600388	龙净环保	2015-06-05	0.33	14111.46	上交所
1493	600389	江山股份	2015-06-19	0.31	6138.00	上交所
1494	600391	成发科技	2015-06-19	0.03	990.39	上交所
1495	600392	盛和资源	2015-09-30	0.20	7528.32	上交所
1496	600393	粤泰股份	2015-04-23	0.10	3000.00	上交所
1497	600395	盘江股份	2015-07-29	0.16	26480.83	上交所
1498	600396	金山股份	2015-07-15	0.10	8686.64	上交所
1499	600398	海澜之家	2015-04-30	0.38	170724.80	上交所
1500	600399	抚顺特钢	2015-06-10	0.05	2600.00	上交所
1501	600400	红豆股份	2015-05-21	0.05	2802.00	上交所
1502	600403	大有能源	2015-07-17	0.02	3586.22	上交所
1503	600406	国电南瑞	2015-06-02	0.16	38863.25	上交所
1504	600409	三友化工	2015-07-08	0.08	14803.08	上交所
1505	600410	华胜天成	2015-06-02	0.06	3976.21	上交所
1506	600415	小商品城	2015-05-12	0.12	32659.29	上交所
1507	600416	湘电股份	2015-07-08	0.03	2230.22	上交所
1508	600418	江淮汽车	2015-07-16	0.11	16095.56	上交所
1509	600420	现代制药	2015-06-12	0.20	5754.67	上交所
1510	600422	昆药集团	2015-04-30	0.17	5799.21	上交所
1511	600423	柳化股份	2015-06-26	0.05	1996.74	上交所
1512	600425	青松建化	2015-07-03	0.04	5515.16	上交所
1513	600426	华鲁恒升	2015-06-23	0.15	14304.38	上交所
1514	600428	中远航运	2015-07-16	0.02	3380.89	上交所
1515	600433	冠豪高新	2015-05-22	0.03	3813.95	上交所
1516	600435	北方导航	2015-07-14	0.05	3723.30	上交所
1517	600436	片仔癀	2015-06-04	0.90	14479.61	上交所
1518	600438	通威股份	2015-05-19	0.20	16342.19	上交所

7–49 续表 33 continued

序号 No.	公司代码 Code	公司简称 Companies	除息日 Ex-dividend	每股现金红利(元) Dividend Per Share (yuan)	现金分配合计(万元) Total Dividend (10000 yuan)	交易所 Exchange
1519	600439	瑞贝卡	2015-06-08	0.04	3773.28	上交所
1520	600446	金证股份	2015-05-26	0.12	3081.37	上交所
1521	600446	金证股份	2015-09-17	0.11	3100.56	上交所
1522	600449	宁夏建材	2015-06-05	0.18	8607.26	上交所
1523	600452	涪陵电力	2015-05-15	0.20	3200.00	上交所
1524	600456	宝钛股份	2015-06-24	0.05	2151.33	上交所
1525	600458	时代新材	2015-06-17	0.02	1322.84	上交所
1526	600459	贵研铂业	2015-06-26	0.10	2609.78	上交所
1527	600460	士兰微	2015-05-29	0.03	3117.92	上交所
1528	600461	洪城水业	2015-07-24	0.15	4950.00	上交所
1529	600463	空港股份	2015-04-23	0.10	2520.00	上交所
1530	600466	蓝光发展	2015-06-18	0.01	2117.02	上交所
1531	600467	好当家	2015-07-13	0.01	657.45	上交所
1532	600468	百利电气	2015-04-23	0.03	1459.81	上交所
1533	600469	风神股份	2015-06-11	0.15	5624.13	上交所
1534	600475	华光股份	2015-06-19	0.10	2560.00	上交所
1535	600477	杭萧钢构	2015-06-04	0.06	3320.75	上交所
1536	600479	千金药业	2015-06-05	0.20	6096.38	上交所
1537	600480	凌云股份	2015-06-05	0.12	4340.58	上交所
1538	600481	双良节能	2015-05-28	0.40	32409.92	上交所
1539	600481	双良节能	2015-09-09	0.05	4051.24	上交所
1540	600482	中国动力	2015-06-17	0.08	4345.65	上交所
1541	600483	福能股份	2015-06-24	0.20	25166.95	上交所
1542	600485	信威集团	2015-07-17	0.01	1754.25	上交所
1543	600486	扬农化工	2015-07-07	0.20	5164.98	上交所
1544	600487	亨通光电	2015-05-22	0.08	3475.55	上交所
1545	600488	天药股份	2015-05-22	0.03	2690.39	上交所
1546	600489	中金黄金	2015-07-01	0.01	2943.23	上交所
1547	600491	龙元建设	2015-07-08	0.03	2842.80	上交所
1548	600493	凤竹纺织	2015-07-10	0.02	544.00	上交所
1549	600495	晋西车轴	2015-07-09	0.07	4362.91	上交所
1550	600496	精工钢构	2015-05-22	0.04	2746.26	上交所
1551	600497	驰宏锌锗	2015-07-10	0.15	25013.41	上交所
1552	600498	烽火通信	2015-05-28	0.25	24878.24	上交所
1553	600499	科达洁能	2015-05-29	0.20	13944.54	上交所
1554	600500	中化国际	2015-07-10	0.13	27079.16	上交所
1555	600501	航天晨光	2015-06-03	0.07	2724.99	上交所
1556	600502	安徽水利	2015-06-01	0.05	2509.65	上交所
1557	600503	华丽家族	2015-06-29	0.00	640.92	上交所
1558	600505	西昌电力	2015-06-08	0.03	1093.70	上交所
1559	600507	方大特钢	2015-06-19	0.80	106087.44	上交所
1560	600509	天富能源	2015-07-17	0.12	10506.08	上交所
1561	600510	黑牡丹	2015-07-10	0.09	6785.81	上交所
1562	600511	国药股份	2015-06-26	0.10	4788.00	上交所
1563	600512	腾达建设	2015-06-19	0.02	2036.07	上交所
1564	600513	联环药业	2015-04-02	0.09	1331.95	上交所

7—49 续表 34 continued

序号 No.	公司代码 Code	公司简称 Companies	除息日 Ex-dividend	每股现金红利（元） Dividend Per Share (yuan)	现金分配合计（万元） Total Dividend (10000 yuan)	交易所 Exchange
1565	600517	置信电气	2015-07-06	0.10	12445.22	上交所
1566	600518	康美药业	2015-06-16	0.32	70358.86	上交所
1567	600519	贵州茅台	2015-07-17	4.37	499509.93	上交所
1568	600521	华海药业	2015-05-22	0.15	11788.31	上交所
1569	600522	中天科技	2015-06-12	0.11	9490.44	上交所
1570	600523	贵航股份	2015-07-17	0.15	4331.91	上交所
1571	600525	长园集团	2015-07-01	0.13	11061.94	上交所
1572	600526	菲达环保	2015-07-09	0.10	5474.05	上交所
1573	600527	江南高纤	2015-06-08	0.09	7218.80	上交所
1574	600528	中铁二局	2015-06-26	0.06	8755.20	上交所
1575	600529	山东药玻	2015-07-09	0.15	3860.70	上交所
1576	600530	交大昂立	2015-08-14	0.15	4680.00	上交所
1577	600531	豫光金铅	2015-06-17	0.03	885.75	上交所
1578	600532	宏达矿业	2015-06-15	0.10	3962.34	上交所
1579	600533	栖霞建设	2015-06-05	0.05	5250.00	上交所
1580	600535	天士力	2015-05-21	0.39	42138.56	上交所
1581	600536	中国软件	2015-06-01	0.02	1038.58	上交所
1582	600537	亿晶光电	2015-06-09	0.11	6469.98	上交所
1583	600545	新疆城建	2015-06-09	0.04	2905.88	上交所
1584	600547	山东黄金	2015-06-12	0.10	14230.72	上交所
1585	600548	深高速	2015-06-01	0.45	98134.66	上交所
1586	600549	厦门钨业	2015-05-11	0.20	16639.60	上交所
1587	600551	时代出版	2015-05-18	0.23	11735.15	上交所
1588	600557	康缘药业	2015-06-26	0.10	5137.08	上交所
1589	600558	大西洋	2015-07-24	0.05	1994.68	上交所
1590	600559	老白干酒	2015-05-27	0.15	2100.00	上交所
1591	600560	金自天正	2015-05-25	0.03	559.11	上交所
1592	600561	江西长运	2015-07-10	0.19	4504.22	上交所
1593	600562	国睿科技	2015-07-28	0.17	4395.75	上交所
1594	600563	法拉电子	2015-05-22	0.70	15750.00	上交所
1595	600565	迪马股份	2015-05-19	0.03	7037.59	上交所
1596	600566	济川药业	2015-04-07	0.40	31258.19	上交所
1597	600567	山鹰纸业	2015-07-15	0.01	3766.94	上交所
1598	600568	中珠控股	2015-06-11	0.02	1013.21	上交所
1599	600570	恒生电子	2015-05-29	0.18	11120.49	上交所
1600	600571	信雅达	2015-06-16	0.17	3441.14	上交所
1601	600572	康恩贝	2015-07-07	0.17	16738.20	上交所
1602	600573	惠泉啤酒	2015-06-26	0.04	1000.00	上交所
1603	600577	精达股份	2015-06-11	0.10	9776.62	上交所
1604	600578	京能电力	2015-07-28	0.20	92346.42	上交所
1605	600580	卧龙电气	2015-06-12	0.06	6663.16	上交所
1606	600582	天地科技	2015-08-05	0.10	20692.94	上交所
1607	600583	海油工程	2015-06-11	0.23	101691.16	上交所
1608	600584	长电科技	2015-05-28	0.01	984.57	上交所
1609	600585	海螺水泥	2015-06-19	0.65	344454.67	上交所
1610	600587	新华医疗	2015-07-06	0.08	3292.07	上交所

7-49 续表 35 continued

序号 No.	公司代码 Code	公司简称 Companies	除息日 Ex-dividend	每股现金红利（元） Dividend Per Share (yuan)	现金分配合计（万元） Total Dividend (10000 yuan)	交易所 Exchange
1611	600588	用友网络	2015-04-30	0.30	35142.57	上交所
1612	600589	广东榕泰	2015-07-14	0.02	932.68	上交所
1613	600590	泰豪科技	2015-06-24	0.06	3037.95	上交所
1614	600592	龙溪股份	2015-07-24	0.10	3995.54	上交所
1615	600593	大连圣亚	2015-04-09	0.15	1380.00	上交所
1616	600594	益佰制药	2015-07-16	0.12	4751.56	上交所
1617	600596	新安股份	2015-06-18	0.10	6791.85	上交所
1618	600597	光明乳业	2015-05-26	0.28	34457.83	上交所
1619	600598	北大荒	2015-05-07	0.39	69329.52	上交所
1620	600599	熊猫金控	2015-06-11	0.08	1328.00	上交所
1621	600600	青岛啤酒	2015-07-31	0.45	60794.23	上交所
1622	600601	方正科技	2015-07-23	0.01	2633.87	上交所
1623	600604	市北高新	2015-07-03	0.00	170.23	上交所
1624	600605	汇通能源	2015-06-09	0.02	250.49	上交所
1625	600611	大众交通	2015-06-18	0.09	14184.74	上交所
1626	600612	老凤祥	2015-08-10	0.90	47080.60	上交所
1627	600613	神奇制药	2015-07-06	0.07	2892.89	上交所
1628	600614	鼎立股份	2015-07-24	0.04	2681.27	上交所
1629	600616	金枫酒业	2015-07-17	0.05	2573.10	上交所
1630	600617	国新能源	2015-11-20	0.10	10081.64	上交所
1631	600619	海立股份	2015-06-23	0.10	6677.44	上交所
1632	600620	天宸股份	2015-06-17	0.07	3204.49	上交所
1633	600621	华鑫股份	2015-08-05	0.09	4716.74	上交所
1634	600622	嘉宝集团	2015-07-15	0.21	10800.38	上交所
1635	600623	华谊集团	2015-05-12	0.15	13342.02	上交所
1636	600624	复旦复华	2015-07-23	0.03	1255.98	上交所
1637	600626	申达股份	2015-06-18	0.10	7102.43	上交所
1638	600628	新世界	2015-08-07	0.15	7976.99	上交所
1639	600630	龙头股份	2015-07-10	0.05	1911.88	上交所
1640	600633	浙报传媒	2015-05-19	0.22	26142.33	上交所
1641	600635	大众公用	2015-05-27	0.04	5757.04	上交所
1642	600636	三爱富	2015-04-30	0.01	381.95	上交所
1643	600637	东方明珠	2015-04-14	0.11	12251.10	上交所
1644	600638	新黄浦	2015-07-31	0.10	5611.64	上交所
1645	600639	浦东金桥	2015-07-10	0.14	13003.55	上交所
1646	600640	号百控股	2015-07-16	0.05	2676.82	上交所
1647	600641	万业企业	2015-07-09	0.15	12092.38	上交所
1648	600642	申能股份	2015-07-21	0.20	91040.77	上交所
1649	600648	外高桥	2015-06-30	0.19	21571.63	上交所
1650	600649	城投控股	2015-06-19	0.20	59750.47	上交所
1651	600650	锦江投资	2015-08-05	0.25	13790.25	上交所
1652	600651	飞乐音响	2015-08-18	0.02	1970.44	上交所
1653	600654	中安消	2015-05-06	0.10	12712.53	上交所
1654	600655	豫园商城	2015-06-19	0.21	30183.76	上交所
1655	600657	信达地产	2015-06-18	0.10	15242.60	上交所
1656	600658	电子城	2015-05-15	0.26	15082.53	上交所

7—49 续表 36 continued

序号 No.	公司代码 Code	公司简称 Companies	除息日 Ex-dividend	每股现金红利(元) Dividend Per Share (yuan)	现金分配合计(万元) Total Dividend (10000 yuan)	交易所 Exchange
1657	600660	福耀玻璃	2015-04-15	0.75	150223.97	上交所
1658	600662	强生控股	2015-07-08	0.10	10533.62	上交所
1659	600663	陆家嘴	2015-06-05	0.43	80086.29	上交所
1660	600664	哈药股份	2015-11-13	1.00	191748.33	上交所
1661	600665	天地源	2015-06-26	0.11	9073.29	上交所
1662	600666	奥瑞德	2015-04-21	0.01	319.16	上交所
1663	600667	太极实业	2015-07-07	0.01	1191.27	上交所
1664	600668	尖峰集团	2015-07-31	0.25	8602.10	上交所
1665	600673	东阳光科	2015-05-07	0.06	5697.40	上交所
1666	600674	川投能源	2015-06-26	0.30	66032.11	上交所
1667	600676	交运股份	2015-05-28	0.12	10348.49	上交所
1668	600682	南京新百	2015-06-12	0.10	3583.22	上交所
1669	600684	珠江实业	2015-06-19	0.08	5689.74	上交所
1670	600686	金龙汽车	2015-10-30	0.05	3033.69	上交所
1671	600687	刚泰控股	2015-07-13	0.06	2941.47	上交所
1672	600690	青岛海尔	2015-07-16	0.49	149869.36	上交所
1673	600693	东百集团	2015-06-05	0.20	8982.29	上交所
1674	600694	大商股份	2015-06-29	1.26	37008.55	上交所
1675	600697	欧亚集团	2015-07-03	0.33	5249.91	上交所
1676	600699	均胜电子	2015-06-29	0.11	6997.59	上交所
1677	600702	沱牌舍得	2015-07-16	0.02	674.60	上交所
1678	600703	三安光电	2015-06-26	0.20	47861.70	上交所
1679	600704	物产中大	2015-06-19	0.15	14939.93	上交所
1680	600705	中航资本	2015-08-10	0.07	26128.89	上交所
1681	600708	光明地产	2015-06-09	0.10	5103.70	上交所
1682	600712	南宁百货	2015-06-26	0.01	490.19	上交所
1683	600716	凤凰股份	2015-07-30	0.10	7406.01	上交所
1684	600717	天津港	2015-06-19	0.21	34667.72	上交所
1685	600718	东软集团	2015-07-27	0.06	7733.84	上交所
1686	600719	大连热电	2015-06-12	0.03	667.59	上交所
1687	600720	祁连山	2015-07-31	0.22	17078.39	上交所
1688	600723	首商股份	2015-07-10	0.16	10534.52	上交所
1689	600724	宁波富达	2015-06-09	0.10	14452.41	上交所
1690	600729	重庆百货	2015-06-16	0.37	14838.29	上交所
1691	600730	中国高科	2015-11-19	0.11	3285.27	上交所
1692	600736	苏州高新	2015-05-07	0.05	5183.62	上交所
1693	600737	中粮屯河	2015-06-30	0.03	6155.63	上交所
1694	600739	辽宁成大	2015-06-12	0.20	30594.20	上交所
1695	600741	华域汽车	2015-07-23	0.52	134326.41	上交所
1696	600742	一汽富维	2015-06-09	0.48	10153.12	上交所
1697	600743	华远地产	2015-06-10	0.12	21811.93	上交所
1698	600748	上实发展	2015-07-30	0.07	7691.93	上交所
1699	600750	江中药业	2015-06-02	0.30	9000.00	上交所
1700	600754	锦江股份	2015-08-04	0.40	32180.71	上交所
1701	600755	厦门国贸	2015-06-11	0.10	16644.70	上交所
1702	600757	长江传媒	2015-08-13	0.02	2427.30	上交所

7—49 续表 37 continued

序号 No.	公司代码 Code	公司简称 Companies	除息日 Ex-dividend	每股现金红利(元) Dividend Per Share (yuan)	现金分配合计(万元) Total Dividend (10000 yuan)	交易所 Exchange
1703	600758	红阳能源	2015-06-19	0.02	415.36	上交所
1704	600761	安徽合力	2015-06-26	0.30	18504.52	上交所
1705	600764	中电广通	2015-06-26	0.01	329.73	上交所
1706	600765	中航重机	2015-06-25	0.04	3112.01	上交所
1707	600773	西藏城投	2015-06-19	0.01	729.21	上交所
1708	600775	南京熊猫	2015-07-24	0.07	6031.33	上交所
1709	600776	东方通信	2015-08-13	0.06	7536.00	上交所
1710	600778	友好集团	2015-07-01	0.09	2803.42	上交所
1711	600780	通宝能源	2015-07-22	0.15	17197.54	上交所
1712	600783	鲁信创投	2015-07-16	0.15	11165.39	上交所
1713	600784	鲁银投资	2015-06-12	0.02	1136.36	上交所
1714	600787	中储股份	2015-04-30	0.03	5579.49	上交所
1715	600791	京能置业	2015-06-26	0.02	905.76	上交所
1716	600794	保税科技	2015-03-18	0.10	5416.25	上交所
1717	600795	国电电力	2015-07-08	0.15	294755.97	上交所
1718	600798	宁波海运	2015-05-29	0.01	1030.85	上交所
1719	600801	华新水泥	2015-06-12	0.17	25440.16	上交所
1720	600802	福建水泥	2015-07-24	0.04	1489.31	上交所
1721	600803	新奥股份	2015-08-06	0.16	15772.56	上交所
1722	600804	鹏博士	2015-06-30	0.12	16701.81	上交所
1723	600805	悦达投资	2015-06-30	0.15	12763.42	上交所
1724	600811	东方集团	2015-06-18	0.03	5000.42	上交所
1725	600814	杭州解百	2015-07-20	0.11	7507.78	上交所
1726	600816	安信信托	2015-06-08	0.70	31787.68	上交所
1727	600819	耀皮玻璃	2015-07-20	0.02	1869.83	上交所
1728	600820	隧道股份	2015-07-15	0.15	47161.44	上交所
1729	600823	世茂股份	2015-06-04	0.17	19931.06	上交所
1730	600824	益民集团	2015-05-29	0.06	5533.64	上交所
1731	600825	新华传媒	2015-08-19	0.02	1567.33	上交所
1732	600826	兰生股份	2015-07-22	0.38	15984.41	上交所
1733	600827	百联股份	2015-07-30	0.25	43062.39	上交所
1734	600828	茂业商业	2015-05-13	0.05	2852.20	上交所
1735	600830	香溢融通	2015-06-18	0.08	3634.58	上交所
1736	600831	广电网络	2015-06-26	0.03	1690.32	上交所
1737	600833	第一医药	2015-07-17	0.05	1115.43	上交所
1738	600834	申通地铁	2015-07-09	0.07	3341.67	上交所
1739	600835	上海机电	2015-06-02	0.34	34773.14	上交所
1740	600836	界龙实业	2015-05-12	0.02	627.13	上交所
1741	600837	海通证券	2015-07-06	0.25	287542.50	上交所
1742	600838	上海九百	2015-08-21	0.03	1322.91	上交所
1743	600841	上柴股份	2015-07-06	0.05	4506.79	上交所
1744	600845	宝信软件	2015-05-11	0.27	9831.55	上交所
1745	600846	同济科技	2015-07-23	0.10	6247.62	上交所
1746	600850	华东电脑	2015-06-25	0.25	8043.62	上交所
1747	600851	海欣股份	2015-07-21	0.10	12070.57	上交所
1748	600853	龙建股份	2015-08-10	0.01	536.81	上交所

7—49 续表 38 continued

序号 No.	公司代码 Code	公司简称 Companies	除息日 Ex-dividend	每股现金红利（元） Dividend Per Share (yuan)	现金分配合计（万元） Total Dividend (10000 yuan)	交易所 Exchange
1749	600855	航天长峰	2015-06-26	0.02	696.40	上交所
1750	600857	宁波中百	2015-05-29	0.06	1345.92	上交所
1751	600858	银座股份	2015-08-26	0.11	5720.73	上交所
1752	600859	王府井	2015-07-23	0.42	19436.26	上交所
1753	600861	北京城乡	2015-05-29	0.15	4752.07	上交所
1754	600863	内蒙华电	2015-07-24	0.18	104539.41	上交所
1755	600864	哈投股份	2015-07-31	0.25	13659.45	上交所
1756	600867	通化东宝	2015-05-18	0.20	20602.01	上交所
1757	600872	中炬高新	2015-06-24	0.11	8763.01	上交所
1758	600873	梅花生物	2015-06-04	0.10	31082.27	上交所
1759	600874	创业环保	2015-07-17	0.07	9990.60	上交所
1760	600875	东方电气	2015-08-25	0.09	21032.10	上交所
1761	600880	博瑞传播	2015-05-20	0.10	10933.32	上交所
1762	600883	博闻科技	2015-06-02	0.02	472.18	上交所
1763	600884	杉杉股份	2015-07-03	0.08	3286.87	上交所
1764	600885	宏发股份	2015-06-09	0.30	15959.18	上交所
1765	600886	国投电力	2015-06-26	0.29	195885.35	上交所
1766	600887	伊利股份	2015-05-28	0.80	245149.68	上交所
1767	600889	南京化纤	2015-07-22	0.03	921.21	上交所
1768	600891	秋林集团	2015-07-02	0.04	1302.12	上交所
1769	600893	中航动力	2015-07-16	0.15	28256.42	上交所
1770	600894	广日股份	2015-05-21	0.10	8599.47	上交所
1771	600895	张江高科	2015-08-06	0.09	13938.21	上交所
1772	600897	厦门空港	2015-06-19	0.47	13997.07	上交所
1773	600898	三联商社	2015-06-02	0.02	505.05	上交所
1774	600900	长江电力	2015-06-30	0.38	625515.00	上交所
1775	600917	重庆燃气	2015-06-05	0.13	20228.00	上交所
1776	600958	东方证券	2015-06-26	0.15	79226.14	上交所
1777	600958	东方证券	2015-11-04	0.10	52817.43	上交所
1778	600959	江苏有线	2015-11-06	0.16	47809.60	上交所
1779	600960	渤海活塞	2015-04-14	0.03	983.85	上交所
1780	600963	岳阳林纸	2015-06-19	0.00	417.26	上交所
1781	600965	福成股份	2015-06-10	0.07	3696.02	上交所
1782	600967	北方创业	2015-06-26	0.03	2057.07	上交所
1783	600969	郴电国际	2015-07-09	0.12	3267.02	上交所
1784	600970	中材国际	2015-05-29	0.04	4482.52	上交所
1785	600973	宝胜股份	2015-05-18	0.10	4113.87	上交所
1786	600976	健民集团	2015-05-08	0.38	5829.15	上交所
1787	600978	宜华生活	2015-07-06	0.11	16311.57	上交所
1788	600981	汇鸿集团	2015-07-24	0.02	1032.21	上交所
1789	600982	宁波热电	2015-06-29	0.06	4630.97	上交所
1790	600983	惠而浦	2015-07-08	0.05	3832.20	上交所
1791	600985	雷鸣科化	2015-07-10	0.17	2979.02	上交所
1792	600987	航民股份	2015-05-15	0.21	13341.51	上交所
1793	600990	四创电子	2015-06-18	0.05	683.51	上交所
1794	600992	贵绳股份	2015-06-23	0.03	735.27	上交所

7-49 续表 39 continued

序号 No.	公司代码 Code	公司简称 Companies	除息日 Ex-dividend	每股现金红利（元） Dividend Per Share (yuan)	现金分配合计（万元） Total Dividend (10000 yuan)	交易所 Exchange
1795	600993	马应龙	2015-07-21	0.04	1326.32	上交所
1796	600995	文山电力	2015-06-19	0.07	3158.27	上交所
1797	600997	开滦股份	2015-06-26	0.03	3086.60	上交所
1798	600999	招商证券	2015-10-12	0.50	292730.03	上交所
1799	600999	招商证券	2015-05-21	0.27	153915.59	上交所
1800	601000	唐山港	2015-09-30	0.10	22484.38	上交所
1801	601001	大同煤业	2015-07-01	0.03	4518.99	上交所
1802	601002	晋亿实业	2015-07-10	0.10	7926.90	上交所
1803	601003	柳钢股份	2015-07-16	0.03	7688.38	上交所
1804	601006	大秦铁路	2015-06-19	0.48	713605.99	上交所
1805	601007	金陵饭店	2015-07-24	0.04	1200.00	上交所
1806	601008	连云港	2015-06-02	0.04	3553.25	上交所
1807	601009	南京银行	2015-09-23	0.50	168297.78	上交所
1808	601010	文峰股份	2015-04-10	0.36	26611.20	上交所
1809	601011	宝泰隆	2015-08-06	0.10	5470.00	上交所
1810	601012	隆基股份	2015-05-05	0.13	7121.35	上交所
1811	601015	陕西黑猫	2015-06-17	0.10	5921.00	上交所
1812	601016	节能风电	2015-05-29	0.05	8195.57	上交所
1813	601018	宁波港	2015-05-22	0.08	107520.00	上交所
1814	601021	春秋航空	2015-06-12	0.24	9600.00	上交所
1815	601028	玉龙股份	2015-05-06	0.20	7161.92	上交所
1816	601038	一拖股份	2015-07-13	0.05	5079.09	上交所
1817	601058	赛轮金宇	2015-05-08	0.22	11469.69	上交所
1818	601069	西部黄金	2015-06-25	0.02	1335.60	上交所
1819	601088	中国神华	2015-06-15	0.74	1471831.91	上交所
1820	601098	中南传媒	2015-06-15	0.27	48492.00	上交所
1821	601099	太平洋	2015-05-21	0.05	17652.34	上交所
1822	601100	恒立液压	2015-06-12	0.06	3528.00	上交所
1823	601101	昊华能源	2015-07-08	0.05	5495.99	上交所
1824	601106	中国一重	2015-07-21	0.00	771.48	上交所
1825	601107	四川成渝	2015-06-12	0.08	24464.48	上交所
1826	601111	中国国航	2015-07-08	0.05	68341.65	上交所
1827	601116	三江购物	2015-05-25	0.20	8215.18	上交所
1828	601117	中国化学	2015-07-17	0.11	51796.50	上交所
1829	601118	海南橡胶	2015-06-12	0.00	786.23	上交所
1830	601126	四方股份	2015-05-27	0.25	10164.65	上交所
1831	601137	博威合金	2015-06-17	0.12	2580.00	上交所
1832	601139	深圳燃气	2015-06-26	0.14	31139.92	上交所
1833	601158	重庆水务	2015-05-28	0.25	120000.00	上交所
1834	601166	兴业银行	2015-05-27	0.57	1085983.19	上交所
1835	601168	西部矿业	2015-06-17	0.05	11915.00	上交所
1836	601169	北京银行	2015-07-17	0.25	264004.79	上交所
1837	601177	杭齿前进	2015-06-25	0.02	800.12	上交所
1838	601179	中国西电	2015-06-08	0.10	51258.82	上交所
1839	601186	中国铁建	2015-06-24	0.15	185063.12	上交所
1840	601188	龙江交通	2015-07-16	0.07	9211.15	上交所

7—49 续表 40 continued

序号 No.	公司代码 Code	公司简称 Companies	除息日 Ex-dividend	每股现金红利（元） Dividend Per Share (yuan)	现金分配合计（万元） Total Dividend (10000 yuan)	交易所 Exchange
1841	601198	东兴证券	2015-06-17	0.16	40064.00	上交所
1842	601199	江南水务	2015-06-30	0.23	5377.40	上交所
1843	601208	东材科技	2015-06-12	0.10	6157.60	上交所
1844	601211	国泰君安	2015-10-22	0.10	76250.00	上交所
1845	601216	君正集团	2015-07-15	0.04	8192.00	上交所
1846	601218	吉鑫科技	2015-07-02	0.03	2975.28	上交所
1847	601222	林洋能源	2015-09-21	0.50	20330.08	上交所
1848	601225	陕西煤业	2015-06-26	0.03	30000.00	上交所
1849	601226	华电重工	2015-06-11	0.15	11550.00	上交所
1850	601231	环旭电子	2015-06-23	0.19	21106.46	上交所
1851	601233	桐昆股份	2015-07-03	0.04	3372.60	上交所
1852	601238	广汽集团	2015-07-21	0.08	51480.16	上交所
1853	601238	广汽集团	2015-10-14	0.08	51480.16	上交所
1854	601288	农业银行	2015-07-10	0.18	5911252.93	上交所
1855	601311	骆驼股份	2015-06-19	0.10	8516.36	上交所
1856	601313	江南嘉捷	2015-04-15	0.30	12013.70	上交所
1857	601318	中国平安	2015-07-27	0.50	457006.04	上交所
1858	601318	中国平安	2015-09-09	0.18	329044.35	上交所
1859	601328	交通银行	2015-06-03	0.27	2005093.62	上交所
1860	601333	广深铁路	2015-07-27	0.05	35417.69	上交所
1861	601336	新华保险	2015-08-20	0.21	65510.48	上交所
1862	601339	百隆东方	2015-06-29	0.22	16500.00	上交所
1863	601369	陕鼓动力	2015-04-30	0.25	40969.26	上交所
1864	601377	兴业证券	2015-05-19	0.05	26000.00	上交所
1865	601388	怡球资源	2015-07-10	0.02	1066.00	上交所
1866	601390	中国中铁	2015-06-10	0.08	166139.22	上交所
1867	601398	工商银行	2015-07-07	0.26	9102615.81	上交所
1868	601515	东风股份	2015-06-23	0.24	26688.00	上交所
1869	601518	吉林高速	2015-06-12	0.06	7764.48	上交所
1870	601555	东吴证券	2015-06-26	0.13	33750.00	上交所
1871	601566	九牧王	2015-05-27	1.00	57463.72	上交所
1872	601567	三星医疗	2015-06-17	0.10	4783.00	上交所
1873	601579	会稽山	2015-06-17	0.11	4400.00	上交所
1874	601588	北辰实业	2015-06-17	0.06	20202.12	上交所
1875	601599	鹿港文化	2015-05-06	0.08	3019.42	上交所
1876	601601	中国太保	2015-07-17	0.50	453100.00	上交所
1877	601607	上海医药	2015-06-19	0.29	77978.41	上交所
1878	601608	中信重工	2015-08-25	0.07	17810.00	上交所
1879	601616	广电电气	2015-06-12	0.05	4666.50	上交所
1880	601618	中国中冶	2015-07-15	0.05	95550.00	上交所
1881	601628	中国人寿	2015-06-12	0.40	1130588.20	上交所
1882	601633	长城汽车	2015-05-26	0.80	243393.84	上交所
1883	601633	长城汽车	2015-10-13	0.25	76060.58	上交所
1884	601636	旗滨集团	2015-09-23	0.10	10101.72	上交所
1885	601666	平煤股份	2015-06-30	0.03	6139.03	上交所
1886	601668	中国建筑	2015-06-16	0.17	516000.00	上交所

7—49 续表 41 continued

序号 No.	公司代码 Code	公司简称 Companies	除息日 Ex-dividend	每股现金红利（元） Dividend Per Share (yuan)	现金分配合计（万元） Total Dividend (10000 yuan)	交易所 Exchange
1887	601669	中国电建	2015-06-01	0.10	96000.00	上交所
1888	601677	明泰铝业	2015-05-07	0.10	4177.56	上交所
1889	601678	滨化股份	2015-04-15	0.17	11220.00	上交所
1890	601688	华泰证券	2015-04-30	0.50	280000.00	上交所
1891	601689	拓普集团	2015-07-28	0.19	12008.35	上交所
1892	601699	潞安环能	2015-06-11	0.04	8053.79	上交所
1893	601700	风范股份	2015-05-13	0.43	19493.84	上交所
1894	601717	郑煤机	2015-06-30	0.04	6160.26	上交所
1895	601718	际华集团	2015-07-15	0.05	17742.20	上交所
1896	601727	上海电气	2015-07-02	0.06	75313.16	上交所
1897	601766	中国中车	2015-12-16	0.12	327465.10	上交所
1898	601777	力帆股份	2015-07-10	0.20	25152.48	上交所
1899	601788	光大证券	2015-05-14	0.08	27344.00	上交所
1900	601789	宁波建工	2015-07-03	0.12	5856.48	上交所
1901	601798	蓝科高新	2015-07-15	0.05	1772.64	上交所
1902	601799	星宇股份	2015-06-11	0.78	18692.93	上交所
1903	601800	中国交建	2015-06-30	0.17	277752.56	上交所
1904	601801	皖新传媒	2015-06-04	0.23	20930.00	上交所
1905	601808	中海油服	2015-06-16	0.48	229036.42	上交所
1906	601818	光大银行	2015-06-03	0.19	868231.17	上交所
1907	601857	中国石油	2015-07-09	0.10	1757184.41	上交所
1908	601857	中国石油	2015-09-18	0.06	1143332.05	上交所
1909	601872	招商轮船	2015-06-05	0.01	6137.20	上交所
1910	601877	正泰电器	2015-10-14	0.60	78894.38	上交所
1911	601877	正泰电器	2015-05-21	0.30	30343.99	上交所
1912	601880	大连港	2015-08-25	0.04	17704.00	上交所
1913	601886	江河集团	2015-06-15	0.08	9232.40	上交所
1914	601888	中国国旅	2015-07-14	0.46	44906.94	上交所
1915	601890	亚星锚链	2015-06-09	0.05	2340.00	上交所
1916	601898	中煤能源	2015-07-06	0.02	31820.79	上交所
1917	601899	紫金矿业	2015-07-09	0.08	172582.51	上交所
1918	601908	京运通	2015-06-26	0.05	4298.85	上交所
1919	601928	凤凰传媒	2015-07-22	0.10	25449.00	上交所
1920	601928	凤凰传媒	2015-12-16	0.10	25449.00	上交所
1921	601929	吉视传媒	2015-06-18	0.05	7346.58	上交所
1922	601933	永辉超市	2015-07-16	0.12	48814.50	上交所
1923	601939	建设银行	2015-07-01	0.30	7525330.42	上交所
1924	601958	金钼股份	2015-05-18	0.04	12906.42	上交所
1925	601965	中国汽研	2015-05-29	0.10	6407.87	上交所
1926	601969	海南矿业	2015-05-27	0.15	28000.05	上交所
1927	601988	中国银行	2015-07-03	0.19	5593368.03	上交所
1928	601989	中国重工	2015-08-18	0.04	69774.33	上交所
1929	601991	大唐发电	2015-08-21	0.13	173030.49	上交所
1930	601992	金隅股份	2015-06-19	0.05	23923.20	上交所
1931	601996	丰林集团	2015-05-07	0.06	2813.47	上交所
1932	601999	出版传媒	2015-08-05	0.04	2258.75	上交所

7-49 续表 42 continued

序号 No.	公司代码 Code	公司简称 Companies	除息日 Ex-dividend	每股现金红利(元) Dividend Per Share (yuan)	现金分配合计(万元) Total Dividend (10000 yuan)	交易所 Exchange
1933	603000	人民网	2015-07-14	0.18	9951.22	上交所
1934	603001	奥康国际	2015-06-03	0.50	20049.00	上交所
1935	603002	宏昌电子	2015-07-06	0.05	1900.00	上交所
1936	603003	龙宇燃油	2015-07-14	0.01	222.20	上交所
1937	603005	晶方科技	2015-05-22	0.18	4080.55	上交所
1938	603006	联明股份	2015-04-27	0.20	1600.00	上交所
1939	603009	北特科技	2015-01-30	0.22	2346.74	上交所
1940	603010	万盛股份	2015-06-16	0.13	1300.00	上交所
1941	603011	合锻智能	2015-07-10	0.10	1795.00	上交所
1942	603012	创力集团	2015-07-01	0.10	3182.80	上交所
1943	603015	弘讯科技	2015-06-25	0.10	2001.00	上交所
1944	603017	中衡设计	2015-04-24	0.60	3600.00	上交所
1945	603018	设计股份	2015-06-18	0.35	3640.00	上交所
1946	603019	中科曙光	2015-06-09	0.08	2400.00	上交所
1947	603020	爱普股份	2015-06-09	0.30	4800.00	上交所
1948	603025	大豪科技	2015-06-04	0.34	15198.00	上交所
1949	603030	全筑股份	2015-06-12	0.05	800.00	上交所
1950	603066	音飞储存	2015-11-05	0.12	1230.00	上交所
1951	603077	和邦生物	2015-04-22	0.07	7077.66	上交所
1952	603088	宁波精达	2015-05-25	0.20	1600.00	上交所
1953	603099	长白山	2015-06-10	0.09	2400.03	上交所
1954	603100	川仪股份	2015-05-13	0.12	4740.00	上交所
1955	603111	康尼机电	2015-05-18	0.15	4430.30	上交所
1956	603118	共进股份	2015-05-29	0.23	6900.00	上交所
1957	603123	翠微股份	2015-07-01	0.16	8386.31	上交所
1958	603126	中材节能	2015-05-21	0.08	3256.00	上交所
1959	603128	华贸物流	2015-06-12	0.12	4640.00	上交所
1960	603166	福达股份	2015-05-06	0.15	6502.50	上交所
1961	603167	渤海轮渡	2015-07-14	0.15	7221.00	上交所
1962	603168	莎普爱思	2015-06-09	0.72	4731.34	上交所
1963	603169	兰石重装	2015-04-24	0.15	8867.33	上交所
1964	603188	亚邦股份	2015-05-08	1.00	28800.00	上交所
1965	603198	迎驾贡酒	2015-08-07	0.40	32000.00	上交所
1966	603199	九华旅游	2015-07-15	0.12	1328.16	上交所
1967	603222	济民制药	2015-06-12	0.15	2400.00	上交所
1968	603268	松发股份	2015-06-11	0.10	880.00	上交所
1969	603288	海天味业	2015-04-15	0.85	127804.30	上交所
1970	603306	华懋科技	2015-06-11	0.15	2142.00	上交所
1971	603308	应流股份	2015-07-17	0.05	2160.05	上交所
1972	603309	维力医疗	2015-09-25	0.30	3000.00	上交所
1973	603328	依顿电子	2015-05-28	0.17	8313.00	上交所
1974	603338	浙江鼎力	2015-09-02	0.10	650.00	上交所
1975	603355	莱克电气	2015-07-21	0.18	7218.00	上交所
1976	603366	日出东方	2015-05-28	0.27	10680.00	上交所
1977	603368	柳州医药	2015-05-08	0.31	3487.50	上交所
1978	603369	今世缘	2015-05-15	0.39	19570.20	上交所

7-49 续表 43 continued

序号 No.	公司代码 Code	公司简称 Companies	除息日 Ex-dividend	每股现金红利（元） Dividend Per Share (yuan)	现金分配合计（万元） Total Dividend (10000 yuan)	交易所 Exchange
1979	603399	新华龙	2015-04-30	0.02	851.29	上交所
1980	603456	九洲药业	2015-05-28	0.20	4155.60	上交所
1981	603518	维格娜丝	2015-05-28	0.15	2219.70	上交所
1982	603519	立霸股份	2015-07-17	0.14	1120.00	上交所
1983	603555	贵人鸟	2015-06-15	0.30	18420.00	上交所
1984	603558	健盛集团	2015-06-08	0.45	3600.00	上交所
1985	603588	高能环境	2015-07-23	0.10	1616.00	上交所
1986	603600	永艺股份	2015-05-25	0.22	2200.00	上交所
1987	603601	再升科技	2015-05-26	0.20	1360.00	上交所
1988	603606	东方电缆	2015-05-28	0.10	1413.50	上交所
1989	603609	禾丰牧业	2015-05-21	0.05	2770.59	上交所
1990	603611	诺力股份	2015-05-29	0.50	4000.00	上交所
1991	603618	杭电股份	2015-04-28	0.20	4267.00	上交所
1992	603636	南威软件	2015-08-10	0.18	1800.00	上交所
1993	603678	火炬电子	2015-05-12	0.17	2828.80	上交所
1994	603686	龙马环卫	2015-06-10	0.35	4667.25	上交所
1995	603688	石英股份	2015-06-15	0.50	11190.00	上交所
1996	603698	航天工程	2015-06-01	0.06	2597.49	上交所
1997	603699	纽威股份	2015-07-14	0.40	30000.00	上交所
1998	603729	龙韵股份	2015-07-24	0.13	866.71	上交所
1999	603766	隆鑫通用	2015-05-07	0.23	18352.03	上交所
2000	603788	宁波高发	2015-05-08	0.35	4788.00	上交所
2001	603789	星光农机	2015-10-08	0.40	8000.00	上交所
2002	603799	华友钴业	2015-07-08	0.10	5351.90	上交所
2003	603806	福斯特	2015-05-21	0.45	18090.00	上交所
2004	603808	歌力思	2015-07-02	0.25	4000.00	上交所
2005	603828	柯利达	2015-06-05	0.15	1800.00	上交所
2006	603869	北部湾旅	2015-07-09	0.08	1729.92	上交所
2007	603885	吉祥航空	2015-12-28	0.60	34080.00	上交所
2008	603889	新澳股份	2015-05-29	0.50	5334.00	上交所
2009	603898	好莱客	2015-05-28	0.25	2450.00	上交所
2010	603899	晨光文具	2015-05-11	0.50	23000.00	上交所
2011	603939	益丰药房	2015-11-06	0.50	8000.00	上交所
2012	603969	银龙股份	2015-05-29	0.15	3000.00	上交所
2013	603988	中电电机	2015-05-22	0.20	1600.00	上交所
2014	603989	艾华集团	2015-10-13	1.00	20000.00	上交所
2015	603993	洛阳钼业	2015-07-23	0.18	101323.19	上交所
2016	603997	继峰股份	2015-06-09	0.15	6300.00	上交所
2017	603998	方盛制药	2015-04-17	0.12	1308.30	上交所
2018	900929	锦旅B股	2015-08-04	0.04	3128.70	上交所
2019	900935	阳晨B股	2015-07-07	0.01	1689.40	上交所
2020	900948	伊泰B股	2015-06-25	0.03	71917.78	上交所

注：上市公司辖区以各地证监局监管口径统计。
数据来源：上海证券交易所、深圳证券交易所。
Source：SSE、SZSE.

7–50 上市公司增发情况
Re-Issuing of Listed Companies

序号 No.	股票代码 Stock Code	股票简称 Stock Abbreviation	增发方式 Re-Issuing Mode	流通股上市日 Trading Date of Negotiable Shares	增发总股数(股) Shares Changes (share)	每股增发价格(元/股) Re-Issuing Price (yuan/share)	筹资总额(万元) Proceeds Raised Through Offering (10 thousand yuan)	交易所 Exchage
1	000001	平安银行	定向	2015-05-20	598802395	16.70	1000000.00	深交所
2	000005	世纪星源	定向	2015-12-29	108807015	3.65	39714.56	深交所
3	000005	世纪星源	定向	2015-12-29	35396220	3.74	13238.19	深交所
4	000008	神州高铁	定向	2015-02-05	180442328	8.59	154999.96	深交所
5	000008	神州高铁	定向	2015-02-05	69848659	8.59	60000.00	深交所
6	000008	神州高铁	定向	2016-02-01	259405882	8.50	220495.00	深交所
7	000009	中国宝安	定向	2015-03-03	86871657	8.33	72364.09	深交所
8	000010	美丽生态	定向	2015-12-31	114241573	7.12	81340.00	深交所
9	000010	美丽生态	定向	2015-11-04	117543352	6.92	81340.00	深交所
10	000018	神州长城	定向	2015-10-13	251849593	9.84	247820.00	深交所
11	000018	神州长城	定向	2015-11-26	25914633	9.84	25500.00	深交所
12	000025	特力A	定向	2015-03-26	77000000	8.40	64680.00	深交所
13	000026	飞亚达A	定向	2016-01-14	45977011	13.05	60000.00	深交所
14	000032	深桑达A	定向	2015-12-30	119014125	7.63	90807.78	深交所
15	000038	深大通	定向	2016-01-21	95836003	20.42	195697.12	深交所
16	000042	中洲控股	定向	2015-12-25	176834659	11.31	200000.00	深交所
17	000050	深天马A	定向	2016-01-14	269360269	17.82	480000.00	深交所
18	000056	皇庭国际	定向	2015-09-07	308811014	10.03	305507.75	深交所
19	000060	中金岭南	定向	2015-03-17	149687058	8.50	127234.00	深交所
20	000062	深圳华强	定向	2015-11-11	42821644	18.11	77550.00	深交所
21	000062	深圳华强	定向	2015-11-11	11545333	22.39	25850.00	深交所
22	000065	北方国际	定向	2015-06-12	20969855	38.15	80000.00	深交所
23	000068	华控赛格	定向	2015-01-20	110000000	4.81	52910.00	深交所
24	000069	华侨城A	定向	2016-01-04	851688693	6.81	580000.00	深交所
25	000070	特发信息	定向	2015-12-16	30954876	9.53	29500.00	深交所
26	000070	特发信息	定向	2015-12-16	11542497	9.53	11000.00	深交所
27	000090	天健集团	定向	2015-12-10	303030303	7.26	220000.00	深交所
28	000100	TCL集团	定向	2015-02-25	2727588511	2.09	570066.00	深交所
29	000150	宜华健康	定向	2015-03-19	36585365	6.56	24000.00	深交所
30	000150	宜华健康	定向	2015-01-30	87219512	6.56	57216.00	深交所
31	000156	华数传媒	定向	2015-05-11	286671000	22.80	653609.88	深交所
32	000158	常山股份	定向	2015-07-24	111524388	4.92	54870.00	深交所
33	000158	常山股份	定向	2015-06-04	441056890	4.92	216999.99	深交所
34	000333	美的集团	定向	2015-06-25	55000000	22.01	121055.00	深交所
35	000413	东旭光电	定向	2015-12-16	1173020525	6.82	800000.00	深交所
36	000415	渤海金控	定向	2016-01-07	2635914330	6.07	1600000.00	深交所
37	000421	南京公用	定向	2015-03-03	180337834	4.71	84939.12	深交所
38	000421	南京公用	定向	2015-03-03	40625000	6.40	26000.00	深交所
39	000428	华天酒店	定向	2015-11-14	300000000	5.51	165300.00	深交所
40	000516	国际医学	定向	2015-05-06	75000000	20.00	150000.00	深交所
41	000547	航天发展	定向	2015-07-23	103944032	5.20	54050.90	深交所
42	000547	航天发展	定向	2015-07-23	377099279	4.30	162152.69	深交所
43	000552	靖远煤电	定向	2015-02-09	424594257	8.01	340100.00	深交所
44	000560	昆百大A	定向	2015-04-23	300000000	7.82	234600.00	深交所
45	000563	陕国投A	定向	2015-08-25	330578512	9.68	320000.00	深交所

7–50 续表 1 continued

序号 No.	股票代码 Stock Code	股票简称 Stock Abbreviation	增发方式 Re-Issuing Mode	流通股上市日 Trading Date of Negotiable Shares	增发总股数（股） Shares Changes (share)	每股增发价格（元/股） Re-Issuing Price (yuan/share)	筹资总额（万元） Proceeds Raised Through Offering (10 thousand yuan)	交易所 Exchage
46	000564	西安民生	定向	2015-08-25	83962264	5.30	44500.00	深交所
47	000564	西安民生	定向	2015-08-25	195652173	4.60	90000.00	深交所
48	000566	海南海药	定向	2015-03-05	50150484	9.97	50000.03	深交所
49	000582	北部湾港	定向	2015-06-29	121896162	22.15	270000.00	深交所
50	000587	金洲慈航	定向	2015-11-26	278263421	11.92	331690.00	深交所
51	000587	金洲慈航	定向	2015-11-26	226476510	11.92	269960.00	深交所
52	000591	太阳能	定向	2016-03-10	726383359	11.06	803380.00	深交所
53	000592	平潭发展	定向	2015-12-17	118483412	16.88	200000.00	深交所
54	000595	宝塔实业	定向	2015-03-06	124740125	4.81	60000.00	深交所
55	000610	西安旅游	定向	2015-02-25	40000000	9.00	36000.00	深交所
56	000615	京汉股份	定向	2015-10-28	178447959	8.30	148111.81	深交所
57	000620	新华联	定向	2015-04-01	298719771	7.03	210000.00	深交所
58	000628	高新发展	定向	2015-04-28	92000000	5.41	49772.00	深交所
59	000636	风华高科	定向	2015-12-28	20136297	9.21	18545.53	深交所
60	000636	风华高科	定向	2015-12-28	67766866	8.21	55636.60	深交所
61	000663	永安林业	定向	2015-12-22	31877394	13.05	41600.00	深交所
62	000663	永安林业	定向	2015-09-30	106382125	11.75	124999.00	深交所
63	000671	阳光城	定向	2015-12-30	730519480	6.16	450000.00	深交所
64	000673	当代东方	定向	2015-06-11	185000000	10.80	199800.00	深交所
65	000681	视觉中国	定向	2015-07-24	30590700	18.96	57999.97	深交所
66	000685	中山公用	定向	2015-12-04	73481564	12.02	88324.84	深交所
67	000698	沈阳化工	定向	2015-11-19	158585867	4.46	70729.30	深交所
68	000700	模塑科技	定向	2015-02-09	49560351	12.51	62000.00	深交所
69	000703	恒逸石化	定向	2015-11-04	140845070	7.10	100000.00	深交所
70	000718	苏宁环球	定向	2015-12-28	378486055	10.04	380000.00	深交所
71	000723	美锦能源	定向	2015-12-18	1680000000	4.55	764400.00	深交所
72	000723	美锦能源	定向	2016-01-27	321875000	7.68	247200.00	深交所
73	000727	华东科技	定向	2015-01-29	1905626134	5.51	1050000.00	深交所
74	000732	泰禾集团	定向	2015-09-29	227272727	17.60	400000.00	深交所
75	000750	国海证券	定向	2015-07-24	500000000	10.00	500000.00	深交所
76	000766	通化金马	定向	2015-03-19	124472573	4.74	59000.00	深交所
77	000766	通化金马	定向	2016-01-15	152207001	6.57	100000.00	深交所
78	000768	中航飞机	定向	2015-08-06	114810562	26.13	300000.00	深交所
79	000792	盐湖股份	定向	2015-12-28	266884531	18.36	490000.00	深交所
80	000793	华闻传媒	定向	2015-03-19	74735987	12.31	92000.00	深交所
81	000795	英洛华	定向	2015-08-21	77092511	9.08	70000.00	深交所
82	000795	英洛华	定向	2015-08-21	24468085	9.40	23000.00	深交所
83	000796	凯撒旅游	定向	2015-11-10	432432431	5.55	240000.00	深交所
84	000796	凯撒旅游	定向	2015-11-10	124025812	6.45	79996.65	深交所
85	000801	四川九洲	定向	2015-04-17	51515151	25.08	129200.00	深交所
86	000806	银河生物	定向	2015-03-23	400696800	2.87	114999.98	深交所
87	000807	云铝股份	定向	2015-06-09	359438661	6.65	239026.71	深交所
88	000811	烟台冰轮	定向	2015-09-24	32121498	9.68	31093.61	深交所
89	000811	烟台冰轮	定向	2015-09-24	8650519	11.56	10000.00	深交所
90	000821	京山轻机	定向	2015-06-27	36855036	4.07	15000.00	深交所

7—50 续表 2 continued

序号 No.	股票代码 Stock Code	股票简称 Stock Abbreviation	增发方式 Re-Issuing Mode	流通股上市日 Trading Date of Negotiable Shares	增发总股数(股) Shares Changes (share)	每股增发价格(元/股) Re-Issuing Price (yuan/share)	筹资总额(万元) Proceeds Raised Through Offering (10 thousand yuan)	交易所 Exchage
91	000821	京山轻机	定向	2015-06-27	95638819	4.07	38925.00	深交所
92	000833	贵糖股份	定向	2015-08-31	290312974	5.95	172736.22	深交所
93	000833	贵糖股份	定向	2015-10-12	82020997	7.02	57578.74	深交所
94	000836	鑫茂科技	定向	2015-03-11	110320592	8.10	89359.68	深交所
95	000838	财信发展	定向	2015-09-25	133418043	7.87	105000.00	深交所
96	000852	石化机械	定向	2015-06-11	59721300	30.14	180000.00	深交所
97	000883	湖北能源	定向	2015-12-31	1158699808	5.23	606000.00	深交所
98	000893	东凌国际	定向	2015-09-25	353448272	10.44	369000.00	深交所
99	000902	新洋丰	定向	2015-05-18	48690610	24.50	119291.99	深交所
100	000906	物产中拓	定向	2015-08-25	62326867	7.22	45000.00	深交所
101	000908	景峰医药	定向	2015-03-05	61285093	14.51	88924.67	深交所
102	000911	南宁糖业	定向	2015-06-10	37440937	13.55	50732.47	深交所
103	000925	众合科技	定向	2015-03-26	14654176	12.81	18772.00	深交所
104	000925	众合科技	定向	2015-03-26	4331578	19.00	8230.00	深交所
105	000926	福星股份	定向	2016-01-22	236966824	12.66	300000.00	深交所
106	000935	四川双马	定向	2015-04-07	147578333	5.64	83234.18	深交所
107	000936	华西股份	定向	2015-08-17	138000000	4.35	60030.00	深交所
108	000939	凯迪生态	定向	2015-07-31	423983572	7.41	314171.83	深交所
109	000939	凯迪生态	定向	2015-07-31	140000000	9.90	138600.00	深交所
110	000957	中通客车	定向	2015-10-23	57947019	12.08	70000.00	深交所
111	000958	东方能源	定向	2016-01-14	67743613	19.19	129999.99	深交所
112	000960	锡业股份	定向	2015-10-13	320834677	11.80	378584.92	深交所
113	000967	盈峰环境	定向	2015-11-06	134801831	9.78	131836.19	深交所
114	000967	盈峰环境	定向	2015-11-06	43456031	9.78	42500.00	深交所
115	000971	高升控股	定向	2015-11-03	105140185	8.56	90000.00	深交所
116	000971	高升控股	定向	2015-11-03	79275198	8.83	70000.00	深交所
117	000989	九芝堂	定向	2015-12-29	458354938	14.22	651780.72	深交所
118	001979	招商蛇口	定向	2016-01-13	502295123	23.60	1185416.49	深交所
119	002002	鸿达兴业	定向	2015-07-20	131752305	7.39	97364.95	深交所
120	002004	华邦健康	定向	2015-01-16	77733235	18.64	144894.75	深交所
121	002004	华邦健康	定向	2015-12-30	151394800	12.80	193785.34	深交所
122	002009	天奇股份	定向	2015-12-08	43814707	12.17	53322.50	深交所
123	002010	传化股份	定向	2015-12-07	446954310	9.85	440250.00	深交所
124	002010	传化股份	定向	2015-11-18	2322880368	8.61	2000000.00	深交所
125	002016	世荣兆业	定向	2015-03-03	163000000	6.31	102853.00	深交所
126	002020	京新药业	定向	2016-01-25	13625058	21.31	29035.00	深交所
127	002020	京新药业	定向	2016-01-25	19511966	21.31	41580.00	深交所
128	002022	科华生物	定向	2015-04-27	20291693	15.77	32000.00	深交所
129	002023	海特高新	定向	2015-09-01	82820233	20.00	165640.47	深交所
130	002027	分众传媒	定向	2015-12-28	3813556382	10.46	3988979.98	深交所
131	002036	联创电子	定向	2015-12-10	26143790	7.65	20000.00	深交所
132	002036	联创电子	定向	2015-12-10	308496721	7.65	235999.99	深交所
133	002044	美年健康	定向	2015-08-27	919342463	5.52	507477.04	深交所
134	002044	美年健康	定向	2015-09-21	13328890	30.01	40000.00	深交所
135	002050	三花股份	定向	2015-07-23	208809136	6.13	128000.00	深交所

7–50 续表 3 continued

序号 No.	股票代码 Stock Code	股票简称 Stock Abbreviation	增发方式 Re-Issuing Mode	流通股上市日 Trading Date of Negotiable Shares	增发总股数（股）Shares Changes (share)	每股增发价格（元/股）Re-Issuing Price (yuan/share)	筹资总额（万元）Proceeds Raised Through Offering (10 thousand yuan)	交易所 Exchage
136	002050	三花股份	定向	2016-01-07	46349942	8.63	40000.00	深交所
137	002052	同洲电子	定向	2015-12-28	63000000	9.98	62874.00	深交所
138	002053	云南盐化	定向	2015-09-30	93313565	9.90	92380.43	深交所
139	002055	得润电子	定向	2015-04-20	36000000	8.60	30960.00	深交所
140	002065	东华软件	定向	2015-07-23	6894174	29.01	20000.00	深交所
141	002065	东华软件	定向	2015-07-23	30139931	18.58	55999.99	深交所
142	002073	软控股份	定向	2015-07-14	68423257	8.77	60007.20	深交所
143	002074	国轩高科	定向	2015-06-11	120528634	6.81	82080.00	深交所
144	002074	国轩高科	定向	2015-05-14	488435478	6.81	332624.56	深交所
145	002076	雪莱特	定向	2015-03-09	13000000	9.73	12649.00	深交所
146	002076	雪莱特	定向	2015-03-09	43242548	9.73	42075.00	深交所
147	002077	大港股份	定向	2015-04-20	158000000	5.57	88006.00	深交所
148	002078	太阳纸业	定向	2015-03-25	238095238	4.20	100000.00	深交所
149	002084	海鸥卫浴	定向	2015-10-16	50260415	5.76	28950.00	深交所
150	002085	万丰奥威	定向	2015-12-30	52982137	33.03	175000.00	深交所
151	002086	东方海洋	定向	2015-11-18	100000000	13.73	137300.00	深交所
152	002090	金智科技	定向	2015-07-10	18440904	11.93	22000.00	深交所
153	002098	浔兴股份	定向	2015-12-31	48000000	6.45	30960.00	深交所
154	002100	天康生物	定向	2015-07-30	388102380	4.74	183960.53	深交所
155	002102	冠福股份	定向	2015-03-31	99833610	6.01	60000.00	深交所
156	002103	广博股份	定向	2015-05-30	20639834	9.69	20000.00	深交所
157	002103	广博股份	定向	2015-05-30	66047469	9.69	64000.00	深交所
158	002111	威海广泰	定向	2015-07-14	53819442	11.52	62000.00	深交所
159	002121	科陆电子	定向	2015-04-24	76400000	9.12	69676.80	深交所
160	002123	荣信股份	定向	2015-09-22	78438864	9.16	71850.00	深交所
161	002123	荣信股份	定向	2015-09-22	279156161	7.94	221649.99	深交所
162	002124	天邦股份	定向	2015-11-20	80789941	5.57	45000.00	深交所
163	002125	湘潭电化	定向	2015-01-22	22713375	8.00	18170.70	深交所
164	002125	湘潭电化	定向	2016-01-19	54156000	11.51	62333.56	深交所
165	002126	银轮股份	定向	2015-04-23	33000000	10.26	33858.00	深交所
166	002127	南极电商	定向	2016-01-18	291158259	8.05	234382.40	深交所
167	002127	南极电商	定向	2016-01-18	31512605	9.52	30000.00	深交所
168	002129	中环股份	定向	2015-12-17	347976307	10.13	352500.00	深交所
169	002131	利欧股份	定向	2015-12-11	99423076	17.68	175780.00	深交所
170	002131	利欧股份	定向	2015-12-11	235731223	7.59	178920.00	深交所
171	002135	东南网架	定向	2016-01-13	105932200	4.72	50000.00	深交所
172	002137	麦达数字	定向	2015-12-30	49339376	7.72	38090.00	深交所
173	002139	拓邦股份	定向	2015-03-03	23521768	13.63	32060.17	深交所
174	002145	中核钛白	定向	2015-09-29	75342465	10.22	77000.00	深交所
175	002146	荣盛发展	定向	2015-12-30	524079165	9.60	503116.00	深交所
176	002151	北斗星通	定向	2015-07-29	12133071	25.55	31000.00	深交所
177	002151	北斗星通	定向	2015-07-29	46966727	25.55	119999.99	深交所
178	002153	石基信息	定向	2015-12-17	46476251	51.40	238887.93	深交所
179	002155	湖南黄金	定向	2015-04-08	135596036	9.37	127053.49	深交所
180	002156	通富微电	定向	2015-04-28	98310291	13.02	128000.00	深交所

7-50 续表 4 continued

序号 No.	股票代码 Stock Code	股票简称 Stock Abbreviation	增发方式 Re-Issuing Mode	流通股上市日 Trading Date of Negotiable Shares	增发总股数（股） Shares Changes (share)	每股增发价格（元/股） Re-Issuing Price (yuan/share)	筹资总额（万元） Proceeds Raised Through Offering (10 thousand yuan)	交易所 Exchage
181	002157	正邦科技	定向	2015-04-28	65761479	17.30	113767.36	深交所
182	002158	汉钟精机	定向	2015-12-31	30786034	27.61	85000.24	深交所
183	002160	常铝股份	定向	2015-06-08	23248104	14.51	33733.00	深交所
184	002160	常铝股份	定向	2015-06-17	199881422	5.06	101140.00	深交所
185	002166	莱茵生物	定向	2015-04-23	16226694	30.68	49783.50	深交所
186	002169	智光电气	定向	2015-04-29	37135921	11.33	42075.00	深交所
187	002169	智光电气	定向	2015-11-20	12503086	11.33	14166.00	深交所
188	002170	芭田股份	定向	2015-11-20	1654484	28.73	4753.33	深交所
189	002170	芭田股份	定向	2015-07-21	23572655	5.71	13459.99	深交所
190	002171	楚江新材	定向	2015-07-21	34883712	11.18	38999.99	深交所
191	002171	楚江新材	定向	2015-12-22	11627906	11.18	13000.00	深交所
192	002172	澳洋科技	定向	2015-12-22	15384615	13.65	21000.00	深交所
193	002172	澳洋科技	定向	2015-07-15	120147870	5.41	65000.00	深交所
194	002174	游族网络	定向	2015-07-15	5485953	49.49	27149.98	深交所
195	002174	游族网络	定向	2015-12-24	5909090	89.10	52649.99	深交所
196	002176	江特电机	定向	2015-12-24	59900166	6.01	36000.00	深交所
197	002176	江特电机	定向	2015-11-11	25831946	6.01	15525.00	深交所
198	002178	延华智能	定向	2015-11-11	43334920	5.66	24527.56	深交所
199	002178	延华智能	定向	2015-09-10	15866782	5.66	8980.60	深交所
200	002180	艾派克	定向	2015-09-10	109809663	20.49	225000.00	深交所
201	002180	艾派克	定向	2015-10-19	36603221	20.49	75000.00	深交所
202	002183	怡亚通	定向	2015-10-19	36596683	33.57	122855.06	深交所
203	002185	华天科技	定向	2015-05-14	122624152	16.31	199999.99	深交所
204	002188	巴士在线	定向	2015-11-25	29000000	11.86	34394.00	深交所
205	002188	巴士在线	定向	2015-11-24	114585062	11.86	135897.88	深交所
206	002192	融捷股份	定向	2015-11-24	31000000	14.63	45353.00	深交所
207	002196	方正电机	定向	2015-05-29	47874422	15.29	73199.99	深交所
208	002196	方正电机	定向	2015-12-28	38626607	16.31	63000.00	深交所
209	002201	九鼎新材	定向	2015-12-28	27256208	16.51	45000.00	深交所
210	002202	金风科技	定向	2015-07-21	40953000	8.47	34687.19	深交所
211	002203	海亮股份	定向	2015-08-17	123364487	5.35	66000.00	深交所
212	002210	飞马国际	定向	2015-06-26	151209677	9.92	150000.00	深交所
213	002217	合力泰	定向	2015-07-10	275493241	9.63	265299.99	深交所
214	002217	合力泰	定向	2015-10-23	68552971	12.90	88433.33	深交所
215	002218	拓日新能	定向	2015-11-17	128421052	9.50	122000.00	深交所
216	002219	恒康医疗	定向	2015-04-08	140175132	18.90	264931.00	深交所
217	002225	濮耐股份	定向	2015-06-05	24468085	5.64	13800.00	深交所
218	002228	合兴包装	定向	2015-03-27	24986118	18.01	45000.00	深交所
219	002230	科大讯飞	定向	2015-04-27	68400000	31.46	215186.40	深交所
220	002239	奥特佳	定向	2015-08-19	156903765	4.78	75000.00	深交所
221	002239	奥特佳	定向	2015-05-16	493969294	4.56	225250.00	深交所
222	002251	步步高	定向	2015-05-16	111052742	13.48	149699.10	深交所
223	002252	上海莱士	定向	2015-02-05	12888107	51.21	66000.00	深交所
224	002253	川大智胜	定向	2015-04-29	11171797	40.28	45000.00	深交所
225	002255	海陆重工	定向	2015-10-30	22801302	6.14	14000.00	深交所

7–50 续表 5 continued

序号 No.	股票代码 Stock Code	股票简称 Stock Abbreviation	增发方式 Re-Issuing Mode	流通股上市日 Trading Date of Negotiable Shares	增发总股数（股） Shares Changes (share)	每股增发价格（元/股） Re-Issuing Price (yuan/share)	筹资总额（万元） Proceeds Raised Through Offering (10 thousand yuan)	交易所 Exchage
226	002255	海陆重工	定向	2015-10-30	81433222	6.14	50000.00	深交所
227	002261	拓维信息	定向	2015-01-26	24795917	19.60	48600.00	深交所
228	002261	拓维信息	定向	2015-12-24	26783360	16.35	43790.79	深交所
229	002261	拓维信息	定向	2015-12-24	87521930	16.35	143098.36	深交所
230	002262	恩华药业	定向	2015-06-30	13422833	41.08	55141.00	深交所
231	002263	大东南	定向	2015-04-24	22782503	8.23	18750.00	深交所
232	002263	大东南	定向	2015-04-24	62500000	5.40	33750.00	深交所
233	002270	法因数控	定向	2015-12-25	280777537	9.26	260000.00	深交所
234	002270	法因数控	定向	2016-01-18	36231883	9.66	35000.00	深交所
235	002273	水晶光电	定向	2015-08-04	55269230	22.10	122145.00	深交所
236	002274	华昌化工	定向	2015-08-27	135000000	6.87	92745.00	深交所
237	002279	久其软件	定向	2015-02-05	16480686	23.30	38400.00	深交所
238	002279	久其软件	定向	2015-02-05	5922746	23.30	13800.00	深交所
239	002279	久其软件	定向	2015-12-10	2798503	32.16	8999.99	深交所
240	002279	久其软件	定向	2015-12-10	15987437	31.90	50999.92	深交所
241	002285	世联行	定向	2015-05-28	223654630	5.11	114287.52	深交所
242	002288	超华科技	定向	2015-04-27	70000000	8.48	59360.00	深交所
243	002291	星期六	定向	2015-07-03	35571895	6.12	21770.00	深交所
244	002295	精艺股份	定向	2015-05-13	36800000	7.20	26496.00	深交所
245	002298	中电鑫龙	定向	2015-08-27	57029177	7.54	43000.00	深交所
246	002298	中电鑫龙	定向	2015-08-27	154509283	7.54	116500.00	深交所
247	002299	圣农发展	定向	2015-05-15	200000000	12.30	246000.00	深交所
248	002312	三泰控股	定向	2015-11-16	145700693	20.18	294024.00	深交所
249	002314	南山控股	定向	2015-07-30	157775255	8.81	139000.00	深交所
250	002314	南山控股	定向	2015-06-15	1139755018	3.66	417150.34	深交所
251	002322	理工环科	定向	2015-10-09	94001327	12.45	117031.65	深交所
252	002322	理工环科	定向	2015-10-21	34337348	12.45	42750.00	深交所
253	002323	雅百特	定向	2015-08-04	140988552	19.21	270839.01	深交所
254	002329	皇氏集团	定向	2015-08-10	24941910	26.34	65696.99	深交所
255	002329	皇氏集团	定向	2015-10-27	21790049	10.05	21899.00	深交所
256	002332	仙琚制药	定向	2015-11-11	98708111	8.93	88146.34	深交所
257	002340	格林美	定向	2015-11-17	254442606	9.50	241720.48	深交所
258	002343	慈文传媒	定向	2015-09-14	116390000	8.56	99629.84	深交所
259	002349	精华制药	定向	2015-12-02	2652160	29.41	7800.00	深交所
260	002349	精华制药	定向	2015-12-02	17544394	26.28	46106.67	深交所
261	002354	天神娱乐	定向	2015-12-08	51910595	53.13	275800.99	深交所
262	002354	天神娱乐	定向	2015-12-08	11747209	78.26	91933.66	深交所
263	002361	神剑股份	定向	2015-12-09	49246814	8.63	42500.00	深交所
264	002366	台海核电	定向	2015-08-20	29527559	10.16	30000.00	深交所
265	002366	台海核电	定向	2015-07-23	270501116	10.16	274829.13	深交所
266	002373	千方科技	定向	2015-12-16	46680497	38.56	180000.00	深交所
267	002383	合众思壮	定向	2015-05-07	2833646	37.29	10566.67	深交所
268	002383	合众思壮	定向	2015-05-07	7295042	26.16	19083.83	深交所
269	002384	东山精密	定向	2015-04-29	79390270	14.80	117497.60	深交所
270	002385	大北农	定向	2015-11-02	236305044	9.31	220000.00	深交所

7–50 续表 6 continued

序号 No.	股票代码 Stock Code	股票简称 Stock Abbreviation	增发方式 Re-Issuing Mode	流通股上市日 Trading Date of Negotiable Shares	增发总股数（股）Shares Changes (share)	每股增发价格（元/股）Re-Issuing Price (yuan/share)	筹资总额（万元）Proceeds Raised Through Offering (10 thousand yuan)	交易所 Exchage
271	002389	南洋科技	定向	2015-09-30	129292398	8.80	113777.31	深交所
272	002390	信邦制药	定向	2016-01-04	232202577	7.75	179957.00	深交所
273	002396	星网锐捷	定向	2015-09-02	12521233	17.94	22463.09	深交所
274	002400	省广股份	定向	2015-02-04	7755102	24.50	19000.00	深交所
275	002407	多氟多	定向	2015-11-11	20122155	29.88	60125.00	深交所
276	002408	齐翔腾达	定向	2015-08-18	30944054	14.30	44250.00	深交所
277	002408	齐翔腾达	定向	2015-09-18	16717557	13.10	21900.00	深交所
278	002411	必康股份	定向	2015-12-29	905806451	7.75	702000.00	深交所
279	002413	雷科防务	定向	2015-06-24	24220000	8.11	19642.42	深交所
280	002413	雷科防务	定向	2015-06-24	72679633	8.11	58943.18	深交所
281	002418	康盛股份	定向	2015-04-03	150000000	6.65	99750.00	深交所
282	002421	达实智能	定向	2015-12-21	20867932	11.86	24749.37	深交所
283	002421	达实智能	定向	2015-12-21	46094860	11.86	54668.50	深交所
284	002425	凯撒股份	定向	2015-04-23	44247786	10.17	45000.00	深交所
285	002426	胜利精密	定向	2015-09-09	152919467	9.00	137627.52	深交所
286	002426	胜利精密	定向	2015-09-09	28179262	16.28	45875.84	深交所
287	002427	尤夫股份	定向	2015-07-13	64680426	15.02	97150.00	深交所
288	002431	棕榈股份	定向	2015-02-12	88125000	16.00	141000.00	深交所
289	002433	太安堂	定向	2015-12-25	45413200	11.01	49999.93	深交所
290	002436	兴森科技	定向	2015-03-13	24584584	16.27	39999.12	深交所
291	002438	江苏神通	定向	2016-01-14	8091540	24.47	19800.00	深交所
292	002439	启明星辰	定向	2016-01-22	6904541	10.79	7450.00	深交所
293	002439	启明星辰	定向	2016-01-22	31791065	9.74	30964.50	深交所
294	002445	中南文化	定向	2015-01-22	20378412	8.53	17382.79	深交所
295	002446	盛路通信	定向	2015-12-30	53612605	13.01	69750.00	深交所
296	002446	盛路通信	定向	2015-12-30	20507302	13.01	26680.00	深交所
297	002449	国星光电	定向	2015-07-02	45751669	8.98	41085.00	深交所
298	002450	康得新	定向	2015-12-14	170745587	17.57	300000.00	深交所
299	002460	赣锋锂业	定向	2015-07-16	16499678	15.57	25690.00	深交所
300	002460	赣锋锂业	定向	2015-09-29	4966887	24.16	12000.00	深交所
301	002465	海格通信	定向	2015-08-25	75356297	15.56	117254.40	深交所
302	002467	二六三	定向	2015-12-28	61635220	12.72	78400.00	深交所
303	002472	双环传动	定向	2016-01-11	50000000	24.00	120000.00	深交所
304	002477	雏鹰农牧	定向	2015-05-12	105997210	14.34	152000.00	深交所
305	002479	富春环保	定向	2015-07-27	64680200	7.39	47787.83	深交所
306	002482	广田集团	定向	2015-10-27	86517663	13.87	120000.00	深交所
307	002483	润邦股份	定向	2015-08-25	60279850	10.72	64620.00	深交所
308	002492	恒基达鑫	定向	2015-06-08	30000000	7.44	22320.00	深交所
309	002493	荣盛石化	定向	2016-01-22	320000000	12.50	400000.00	深交所
310	002500	山西证券	定向	2016-01-19	310000000	12.51	387810.00	深交所
311	002502	骅威文化	定向	2015-03-13	21294308	12.30	26192.00	深交所
312	002502	骅威文化	定向	2015-11-09	55118106	15.24	83999.99	深交所
313	002502	骅威文化	定向	2015-11-09	26009342	17.08	44423.96	深交所
314	002506	协鑫集成	定向	2015-12-28	2022880000	1.00	202288.00	深交所
315	002506	协鑫集成	定向	2015-12-28	500000000	1.26	63000.00	深交所

7-50 续表 7 continued

序号 No.	股票代码 Stock Code	股票简称 Stock Abbreviation	增发方式 Re-Issuing Mode	流通股上市日 Trading Date of Negotiable Shares	增发总股数(股) Shares Changes (share)	每股增发价格(元/股) Re-Issuing Price (yuan/share)	筹资总额(万元) Proceeds Raised Through Offering (10 thousand yuan)	交易所 Exchage
316	002507	涪陵榨菜	定向	2015-11-19	4491180	14.74	6620.00	深交所
317	002507	涪陵榨菜	定向	2015-11-19	2007671	15.97	3206.25	深交所
318	002509	天广消防	定向	2015-12-28	246653327	10.01	246899.98	深交所
319	002509	天广消防	定向	2015-12-28	5000000	10.01	5005.00	深交所
320	002512	达华智能	定向	2016-01-08	94895397	7.17	68040.00	深交所
321	002512	达华智能	定向	2015-12-02	114785373	6.29	72200.00	深交所
322	002513	*ST蓝丰	定向	2016-02-25	77340814	10.68	82599.99	深交所
323	002513	*ST蓝丰	定向	2016-02-25	49625464	10.68	53000.00	深交所
324	002515	金字火腿	定向	2015-03-06	36512000	13.42	48999.10	深交所
325	002517	恺英网络	定向	2015-12-16	499999996	11.26	563000.00	深交所
326	002520	日发精机	定向	2015-12-17	45392646	22.03	100000.00	深交所
327	002523	天桥起重	定向	2015-08-27	32298137	4.83	15600.00	深交所
328	002523	天桥起重	定向	2015-08-27	97220911	4.83	46957.70	深交所
329	002528	英飞拓	定向	2015-09-08	15595390	7.81	12180.00	深交所
330	002535	林州重机	定向	2015-07-16	82444444	13.50	111300.00	深交所
331	002536	西泵股份	定向	2015-06-01	15269292	36.02	54999.99	深交所
332	002538	司尔特	定向	2015-09-15	126120283	8.48	106950.00	深交所
333	002539	新都化工	定向	2015-08-21	73000000	15.30	111690.00	深交所
334	002542	中化岩土	定向	2015-12-24	127000000	5.81	73787.00	深交所
335	002548	金新农	定向	2015-12-21	35895459	9.47	33993.00	深交所
336	002548	金新农	定向	2015-12-21	37078260	9.20	34112.00	深交所
337	002554	惠博普	定向	2015-04-10	60000000	9.68	58080.00	深交所
338	002555	三七互娱	定向	2016-01-08	165289251	16.94	280000.00	深交所
339	002559	亚威股份	定向	2015-09-30	3466009	10.15	3518.00	深交所
340	002559	亚威股份	定向	2015-09-30	10672687	9.89	10555.29	深交所
341	002562	兄弟科技	定向	2015-11-30	51446942	15.55	79999.99	深交所
342	002567	唐人神	定向	2015-11-20	72409485	8.01	58000.00	深交所
343	002568	百润股份	定向	2015-06-16	288000000	17.17	494496.00	深交所
344	002580	圣阳股份	定向	2015-03-20	13892815	18.40	25562.78	深交所
345	002581	未名医药	定向	2015-09-23	378207586	7.76	293299.98	深交所
346	002584	西陇科学	定向	2015-09-02	34086569	15.71	53550.00	深交所
347	002589	瑞康医药	定向	2015-02-17	59376544	20.21	120000.00	深交所
348	002592	八菱科技	定向	2016-01-04	33994588	17.37	59048.60	深交所
349	002593	日上集团	定向	2015-05-26	21100000	25.00	52750.00	深交所
350	002596	海南瑞泽	定向	2015-02-09	13318534	9.01	12000.00	深交所
351	002596	海南瑞泽	定向	2015-12-15	12431626	20.11	25000.00	深交所
352	002596	海南瑞泽	定向	2015-11-16	44247788	10.17	45000.00	深交所
353	002600	江粉磁材	定向	2015-09-14	176998364	6.13	108500.00	深交所
354	002600	江粉磁材	定向	2015-09-14	67391304	5.75	38750.00	深交所
355	002619	巨龙管业	定向	2015-03-18	150858431	12.75	192344.50	深交所
356	002619	巨龙管业	定向	2015-03-18	47600000	12.75	60690.00	深交所
357	002632	道明光学	定向	2015-06-24	18518516	24.30	44999.99	深交所
358	002635	安洁科技	定向	2015-07-09	27436746	29.88	81981.00	深交所
359	002639	雪人股份	定向	2015-06-29	40000000	10.75	43000.00	深交所
360	002642	荣之联	定向	2015-12-08	24934695	40.12	100038.00	深交所

7—50 续表 8 continued

序号 No.	股票代码 Stock Code	股票简称 Stock Abbreviation	增发方式 Re-Issuing Mode	流通股上市日 Trading Date of Negotiable Shares	增发总股数（股） Shares Changes (share)	每股增发价格（元/股） Re-Issuing Price (yuan/share)	筹资总额（万元） Proceeds Raised Through Offering (10 thousand yuan)	交易所 Exchage
361	002643	万润股份	定向	2015-03-12	64231250	16.00	102770.00	深交所
362	002644	佛慈制药	定向	2015-04-08	26546800	18.91	50200.00	深交所
363	002645	华宏科技	定向	2015-12-08	33727807	15.21	51299.99	深交所
364	002645	华宏科技	定向	2015-12-08	19709412	15.83	31200.00	深交所
365	002654	万润科技	定向	2015-06-05	66060000	10.71	70750.26	深交所
366	002660	茂硕电源	定向	2015-04-01	18700000	8.64	16156.80	深交所
367	002660	茂硕电源	定向	2015-04-01	6233300	8.64	5385.57	深交所
368	002661	克明面业	定向	2016-01-18	26666666	45.00	120000.00	深交所
369	002663	普邦园林	定向	2015-10-30	23423423	5.55	13000.00	深交所
370	002663	普邦园林	定向	2015-10-30	67930322	4.88	33150.00	深交所
371	002665	首航节能	定向	2015-05-25	63298106	12.68	80262.00	深交所
372	002666	德联集团	定向	2015-03-19	57164634	16.40	93750.00	深交所
373	002673	西部证券	定向	2015-03-24	197784810	25.28	500000.00	深交所
374	002675	东诚药业	定向	2015-10-19	4030226	19.85	8000.00	深交所
375	002675	东诚药业	定向	2015-10-19	43776436	17.14	75032.81	深交所
376	002680	长生生物	定向	2015-12-31	301875421	16.91	510471.34	深交所
377	002680	长生生物	定向	2016-01-21	46819768	35.45	165976.08	深交所
378	002681	奋达科技	定向	2015-03-06	29165217	28.75	83850.00	深交所
379	002681	奋达科技	定向	2015-03-06	10834783	28.75	31150.00	深交所
380	002684	猛狮科技	定向	2015-04-27	44000000	7.42	32648.00	深交所
381	002699	美盛文化	定向	2015-07-08	34600000	10.60	36658.70	深交所
382	002707	众信旅游	定向	2015-04-01	7724374	81.56	62999.99	深交所
383	002707	众信旅游	定向	2015-04-01	2574791	81.56	21000.00	深交所
384	002709	天赐材料	定向	2015-11-10	7457142	35.00	26100.00	深交所
385	002714	牧原股份	定向	2015-12-30	32873109	30.42	100000.00	深交所
386	002719	麦趣尔	定向	2015-04-03	15672161	26.08	40873.00	深交所
387	002721	金一文化	定向	2015-03-19	34564600	21.13	73035.00	深交所
388	002721	金一文化	定向	2015-03-30	14197400	21.13	29999.11	深交所
389	002722	金轮股份	定向	2015-12-31	25169037	22.48	56580.00	深交所
390	002739	万达院线	定向	2015-12-31	24851430	74.04	183999.99	深交所
391	002739	万达院线	定向	2015-12-31	29443544	74.04	218000.00	深交所
392	300001	特锐德	定向	2015-10-15	8824900	5.66	4994.89	深交所
393	300001	特锐德	定向	2015-11-28	27845035	8.26	23000.00	深交所
394	300001	特锐德	定向	2015-11-03	83534921	8.26	68999.84	深交所
395	300003	乐普医疗	定向	2016-01-21	59785147	21.41	128000.00	深交所
396	300006	莱美药业	定向	2016-01-15	23828800	28.08	66911.27	深交所
397	300009	安科生物	定向	2016-01-05	21998093	11.50	25297.81	深交所
398	300009	安科生物	定向	2016-01-05	8487007	11.93	10125.00	深交所
399	300010	立思辰	定向	2015-07-23	28359730	10.48	29721.00	深交所
400	300010	立思辰	定向	2015-07-23	9514549	10.48	9971.25	深交所
401	300013	新宁物流	定向	2015-09-29	88343558	8.15	72000.00	深交所
402	300013	新宁物流	定向	2015-09-29	29447852	8.15	24000.00	深交所
403	300014	亿纬锂能	定向	2015-11-18	27347310	21.94	60000.00	深交所
404	300016	北陆药业	定向	2015-11-17	19379843	12.90	25000.00	深交所
405	300018	中元股份	定向	2015-12-10	45415768	11.67	53000.22	深交所

7—50 续表 9 continued

序号 No.	股票代码 Stock Code	股票简称 Stock Abbreviation	增发方式 Re-Issuing Mode	流通股上市日 Trading Date of Negotiable Shares	增发总股数（股） Shares Changes (share)	每股增发价格（元/股） Re-Issuing Price (yuan/share)	筹资总额（万元） Proceeds Raised Through Offering (10 thousand yuan)	交易所 Exchage
406	300020	银江股份	定向	2015-08-18	43391304	23.00	99800.00	深交所
407	300022	吉峰农机	定向	2015-12-10	22840380	7.88	17998.22	深交所
408	300023	宝德股份	定向	2015-06-24	22945410	16.67	38250.00	深交所
409	300023	宝德股份	定向	2015-06-24	13497300	16.67	22500.00	深交所
410	300024	机器人	定向	2015-11-18	54347826	55.20	300000.00	深交所
411	300026	红日药业	定向	2015-03-24	33592644	28.28	95000.00	深交所
412	300026	红日药业	定向	2015-12-10	93281800	16.82	156899.99	深交所
413	300027	华谊兄弟	定向	2015-08-21	145572179	24.73	360000.00	深交所
414	300030	阳普医疗	定向	2015-09-08	9245741	12.33	11400.00	深交所
415	300030	阳普医疗	定向	2015-09-29	3550074	13.38	4750.00	深交所
416	300037	新宙邦	定向	2015-06-03	9426680	36.28	34200.00	深交所
417	300037	新宙邦	定向	2015-06-25	3394204	50.38	17100.00	深交所
418	300038	梅泰诺	定向	2015-11-11	18260869	23.00	42000.00	深交所
419	300038	梅泰诺	定向	2015-11-11	11520737	26.04	30000.00	深交所
420	300040	九洲电气	定向	2015-12-11	60603204	7.42	44967.58	深交所
421	300041	回天新材	定向	2015-09-16	31437270	12.76	40113.96	深交所
422	300048	合康变频	定向	2016-01-12	24464060	15.86	38800.00	深交所
423	300048	合康变频	定向	2015-12-29	31034482	12.51	38824.14	深交所
424	300049	福瑞股份	定向	2015-06-24	1958480	25.53	5000.00	深交所
425	300051	三五互联	定向	2015-09-26	39734151	9.78	38860.00	深交所
426	300051	三五互联	定向	2015-12-02	4964539	14.10	7000.00	深交所
427	300053	欧比特	定向	2015-06-10	10051693	17.41	17500.00	深交所
428	300053	欧比特	定向	2015-06-10	21108547	17.41	36749.98	深交所
429	300056	三维丝	定向	2015-07-16	10762155	15.22	16380.00	深交所
430	300056	三维丝	定向	2015-07-16	4139290	15.22	6300.00	深交所
431	300057	万顺股份	定向	2015-07-16	17664781	26.55	46899.99	深交所
432	300059	东方财富	定向	2015-12-25	154385908	28.53	440463.00	深交所
433	300063	天龙集团	定向	2015-11-16	77176782	15.16	117000.00	深交所
434	300063	天龙集团	定向	2015-11-16	12393998	15.33	19000.00	深交所
435	300064	豫金刚石	定向	2015-06-17	70120274	5.82	40810.00	深交所
436	300065	海兰信	定向	2016-01-05	31054708	17.73	55060.00	深交所
437	300066	三川智慧	定向	2015-08-19	16749000	7.66	12829.73	深交所
438	300070	碧水源	定向	2015-08-21	147800595	42.16	623127.31	深交所
439	300071	华谊嘉信	定向	2015-03-06	9514925	16.08	15300.00	深交所
440	300072	三聚环保	定向	2015-09-24	116734079	17.13	199965.48	深交所
441	300073	当升科技	定向	2015-09-11	5758505	17.93	10325.00	深交所
442	300073	当升科技	定向	2015-09-11	17275515	17.93	30975.00	深交所
443	300083	劲胜精密	定向	2015-03-17	25521054	23.51	60000.00	深交所
444	300083	劲胜精密	定向	2015-12-26	47007207	31.91	150000.00	深交所
445	300083	劲胜精密	定向	2015-12-17	80679401	23.55	189999.99	深交所
446	300088	长信科技	定向	2015-04-08	63304758	19.08	120785.48	深交所
447	300090	盛运环保	定向	2016-01-20	260963852	8.30	216600.00	深交所
448	300097	智云股份	定向	2015-12-16	14500000	27.70	40165.00	深交所
449	300097	智云股份	定向	2015-12-16	11985559	27.70	33200.00	深交所
450	300098	高新兴	定向	2015-12-03	176470586	6.80	120000.00	深交所

7—50 续表 10 continued

序号 No.	股票代码 Stock Code	股票简称 Stock Abbreviation	增发方式 Re-Issuing Mode	流通股上市日 Trading Date of Negotiable Shares	增发总股数(股) Shares Changes (share)	每股增发价格(元/股) Re-Issuing Price (yuan/share)	筹资总额(万元) Proceeds Raised Through Offering (10 thousand yuan)	交易所 Exchage
451	300098	高新兴	定向	2015-11-17	189696617	6.13	116284.03	深交所
452	300102	乾照光电	定向	2015-11-11	114553311	6.94	79500.00	深交所
453	300109	新开源	定向	2015-09-29	41465630	13.10	54319.98	深交所
454	300109	新开源	定向	2015-09-29	13816792	13.10	18100.00	深交所
455	300112	万讯自控	定向	2015-11-05	5574000	10.01	5579.57	深交所
456	300112	万讯自控	定向	2015-11-05	15104947	10.01	15120.05	深交所
457	300115	长盈精密	定向	2015-04-07	39759036	24.90	99000.00	深交所
458	300128	锦富新材	定向	2015-03-06	19230769	13.00	25000.00	深交所
459	300129	泰胜风能	定向	2015-12-29	50000000	4.95	24750.00	深交所
460	300129	泰胜风能	定向	2016-01-15	36000000	4.95	17820.00	深交所
461	300131	英唐智控	定向	2015-08-19	15973254	13.46	21500.00	深交所
462	300131	英唐智控	定向	2015-08-19	114383971	8.36	95625.00	深交所
463	300133	华策影视	定向	2015-11-25	109289614	18.30	199999.99	深交所
464	300136	信维通信	定向	2015-08-04	9424083	9.55	9000.00	深交所
465	300136	信维通信	定向	2015-08-04	41884816	9.55	40000.00	深交所
466	300137	先河环保	定向	2015-02-14	5623003	15.65	8800.00	深交所
467	300138	晨光生物	定向	2016-01-05	37000000	9.40	34780.00	深交所
468	300143	星河生物	定向	2016-01-13	86538544	13.00	112500.11	深交所
469	300144	宋城演艺	定向	2015-08-06	36701332	26.92	98799.99	深交所
470	300144	宋城演艺	定向	2015-12-15	21753681	29.88	65000.00	深交所
471	300145	中金环境	定向	2015-12-07	1758705	28.43	5000.00	深交所
472	300145	中金环境	定向	2015-12-07	68309139	26.26	179379.80	深交所
473	300146	汤臣倍健	定向	2015-02-26	70000000	26.65	186550.00	深交所
474	300156	神雾环保	定向	2015-07-18	115289766	16.22	187000.00	深交所
475	300159	新研股份	定向	2015-12-24	155209621	6.34	98402.90	深交所
476	300159	新研股份	定向	2015-12-24	613550581	5.25	321807.28	深交所
477	300162	雷曼股份	定向	2016-03-03	6349000	25.20	15999.48	深交所
478	300162	雷曼股份	定向	2016-03-03	8438153	19.08	16100.00	深交所
479	300164	通源石油	定向	2015-03-05	24935117	6.66	16606.79	深交所
480	300166	东方国信	定向	2015-03-14	4762599	31.55	15026.00	深交所
481	300168	万达信息	定向	2015-03-09	1246250	48.23	6010.66	深交所
482	300168	万达信息	定向	2015-03-09	6751871	20.03	13524.00	深交所
483	300170	汉得信息	定向	2016-02-25	6750000	8.19	5528.25	深交所
484	300177	中海达	定向	2015-05-06	27863611	18.83	52467.18	深交所
485	300181	佐力药业	定向	2015-07-14	70064848	6.93	48554.94	深交所
486	300182	捷成股份	定向	2015-07-27	87430346	20.22	176784.16	深交所
487	300182	捷成股份	定向	2015-07-27	6662964	54.03	36000.00	深交所
488	300182	捷成股份	定向	2016-03-23	113020955	16.99	192000.00	深交所
489	300183	东软载波	定向	2015-09-24	7816857	23.94	18713.56	深交所
490	300184	力源信息	定向	2015-07-18	24781464	5.72	14175.00	深交所
491	300187	永清环保	定向	2015-08-12	12742895	25.70	32749.24	深交所
492	300188	美亚柏科	定向	2016-01-14	44091206	18.31	80731.00	深交所
493	300194	福安药业	定向	2015-05-14	21869473	18.28	39977.40	深交所
494	300197	铁汉生态	定向	2015-06-11	33108108	29.60	98000.00	深交所
495	300199	翰宇药业	定向	2015-02-09	27004908	24.44	66000.00	深交所

7–50 续表 11 continued

序号 No.	股票代码 Stock Code	股票简称 Stock Abbreviation	增发方式 Re-Issuing Mode	流通股上市日 Trading Date of Negotiable Shares	增发总股数（股） Shares Changes (share)	每股增发价格（元/股） Re-Issuing Price (yuan/share)	筹资总额（万元） Proceeds Raised Through Offering (10 thousand yuan)	交易所 Exchage
496	300199	翰宇药业	定向	2015-02-09	18003273	24.44	44000.00	深交所
497	300201	海伦哲	定向	2015-03-25	3636363	6.60	2400.00	深交所
498	300201	海伦哲	定向	2015-02-09	9764918	5.53	5400.00	深交所
499	300209	天泽信息	定向	2015-04-30	4930251	12.33	6079.00	深交所
500	300210	森远股份	定向	2015-10-13	26497085	9.44	25000.00	深交所
501	300212	易华录	定向	2015-09-25	48186157	28.90	139257.99	深交所
502	300217	东方电热	定向	2015-11-26	59347181	10.11	60000.00	深交所
503	300222	科大智能	定向	2015-08-15	10712606	17.45	18693.50	深交所
504	300224	正海磁材	定向	2015-04-09	4832713	26.90	13000.00	深交所
505	300224	正海磁材	定向	2015-04-09	11241319	23.66	26596.96	深交所
506	300228	富瑞特装	定向	2015-07-31	9511904	84.00	79899.99	深交所
507	300230	永利股份	定向	2015-06-24	43198086	8.38	36200.00	深交所
508	300232	洲明科技	定向	2015-12-22	12676886	16.96	21500.00	深交所
509	300232	洲明科技	定向	2015-12-22	12676886	16.96	21500.00	深交所
510	300237	美晨科技	定向	2015-12-07	155545076	5.22	81194.53	深交所
511	300239	东宝生物	定向	2015-11-11	32889054	11.42	37559.30	深交所
512	300242	明家联合	定向	2015-12-29	32194480	15.22	49000.00	深交所
513	300242	明家联合	定向	2015-12-29	67212030	13.96	93827.99	深交所
514	300247	乐金健康	定向	2015-10-20	63000000	9.00	56700.00	深交所
515	300247	乐金健康	定向	2015-11-10	17685589	11.45	20250.00	深交所
516	300248	新开普	定向	2015-09-23	11009172	14.17	15600.00	深交所
517	300248	新开普	定向	2015-09-23	5645729	14.17	8000.00	深交所
518	300250	初灵信息	定向	2015-02-09	3849983	30.13	11600.00	深交所
519	300250	初灵信息	定向	2015-02-09	13164959	18.61	24499.99	深交所
520	300251	光线传媒	定向	2015-03-25	115606936	24.22	280000.00	深交所
521	300254	仟源医药	定向	2015-08-28	13030000	15.43	20098.78	深交所
522	300256	星星科技	定向	2015-07-24	72472594	16.42	119000.00	深交所
523	300256	星星科技	定向	2015-11-09	26440000	15.00	39660.00	深交所
524	300263	隆华节能	定向	2015-07-10	58189852	12.22	71108.00	深交所
525	300266	兴源环境	定向	2015-01-27	475737	42.04	2000.00	深交所
526	300267	尔康制药	定向	2015-12-17	116414435	17.18	200000.00	深交所
527	300269	联建光电	定向	2015-03-26	6850000	31.00	21235.00	深交所
528	300269	联建光电	定向	2015-03-26	22169834	31.00	68726.49	深交所
529	300271	华宇软件	定向	2015-03-19	1814831	37.27	6763.88	深交所
530	300271	华宇软件	定向	2015-11-18	3120000	28.15	8782.80	深交所
531	300271	华宇软件	定向	2015-11-18	4895647	28.15	13781.25	深交所
532	300273	和佳股份	定向	2015-08-04	44130626	22.66	100000.00	深交所
533	300284	苏交科	定向	2015-06-09	46000000	8.03	36938.00	深交所
534	300287	飞利信	定向	2015-05-26	21390371	13.09	28000.00	深交所
535	300287	飞利信	定向	2016-01-07	90396398	14.63	132249.93	深交所
536	300289	利德曼	定向	2015-08-01	12453016	27.35	34059.00	深交所
537	300290	荣科科技	定向	2015-07-04	24714826	15.78	39000.00	深交所
538	300292	吴通控股	定向	2015-07-24	65082640	14.52	94499.99	深交所
539	300292	吴通控股	定向	2015-08-14	22233201	15.18	33750.00	深交所
540	300294	博雅生物	定向	2015-12-26	22127659	23.50	52000.00	深交所

7—50 续表 12 continued

序号 No.	股票代码 Stock Code	股票简称 Stock Abbreviation	增发方式 Re-Issuing Mode	流通股上市日 Trading Date of Negotiable Shares	增发总股数（股） Shares Changes (share)	每股增发价格（元/股） Re-Issuing Price (yuan/share)	筹资总额（万元） Proceeds Raised Through Offering (10 thousand yuan)	交易所 Exchage
541	300294	博雅生物	定向	2015-12-26	17857142	28.00	50000.00	深交所
542	300296	利亚德	定向	2015-09-18	81415137	8.78	71482.49	深交所
543	300296	利亚德	定向	2016-01-14	22456843	10.61	23826.71	深交所
544	300297	蓝盾股份	定向	2015-04-30	7238305	17.96	13000.00	深交所
545	300297	蓝盾股份	定向	2015-04-30	17371930	17.96	31199.99	深交所
546	300299	富春通信	定向	2015-06-18	22991343	8.09	18600.00	深交所
547	300299	富春通信	定向	2015-05-27	85661294	8.09	69299.99	深交所
548	300301	长方集团	定向	2015-06-11	14168158	5.59	7920.00	深交所
549	300301	长方集团	定向	2015-06-11	80286211	5.59	44879.99	深交所
550	300303	聚飞光电	定向	2015-12-09	65717415	9.13	60000.00	深交所
551	300311	任子行	定向	2015-09-18	43189366	9.03	39000.00	深交所
552	300311	任子行	定向	2015-09-18	22242522	9.03	20085.00	深交所
553	300315	掌趣科技	定向	2015-12-24	190462791	11.54	219794.06	深交所
554	300315	掌趣科技	定向	2016-01-26	115473441	12.99	150000.00	深交所
555	300317	珈伟股份	定向	2015-09-09	115774240	13.82	160000.00	深交所
556	300318	博晖创新	定向	2015-07-03	40712969	16.27	66240.00	深交所
557	300319	麦捷科技	定向	2015-08-10	57253385	10.34	59200.00	深交所
558	300319	麦捷科技	定向	2015-08-10	19052224	10.34	19700.00	深交所
559	300324	旋极信息	定向	2015-11-24	22941175	20.23	46410.00	深交所
560	300324	旋极信息	定向	2015-11-24	4542758	20.23	9190.00	深交所
561	300329	海伦钢琴	定向	2016-01-09	10125880	21.29	21558.00	深交所
562	300332	天壕环境	定向	2015-08-29	19379842	12.90	25000.00	深交所
563	300332	天壕环境	定向	2015-08-29	38759687	12.90	50000.00	深交所
564	300334	津膜科技	定向	2015-12-23	15037707	26.52	39880.00	深交所
565	300335	迪森股份	定向	2016-01-09	46012269	16.30	75000.00	深交所
566	300336	新文化	定向	2015-02-10	18691588	26.75	50000.00	深交所
567	300339	润和软件	定向	2015-09-18	48124698	22.39	107751.20	深交所
568	300339	润和软件	定向	2015-09-18	24539378	22.39	54943.67	深交所
569	300341	麦迪电气	定向	2015-08-19	69667737	9.33	65000.00	深交所
570	300343	联创互联	定向	2015-07-29	32411965	26.41	85600.00	深交所
571	300343	联创互联	定向	2015-08-14	12722452	26.41	33600.00	深交所
572	300345	红宇新材	定向	2015-12-30	41935483	4.03	16900.00	深交所
573	300348	长亮科技	定向	2015-12-31	1753775	28.71	5035.09	深交所
574	300348	长亮科技	定向	2015-12-31	2964975	39.24	11634.56	深交所
575	300350	华鹏飞	定向	2015-08-18	17057941	20.02	34150.00	深交所
576	300350	华鹏飞	定向	2015-08-18	44505493	20.02	89100.00	深交所
577	300352	北信源	定向	2015-10-09	3426124	23.35	8000.00	深交所
578	300353	东土科技	定向	2015-11-12	90280373	5.35	48300.00	深交所
579	300353	东土科技	定向	2015-11-12	30093457	5.35	16100.00	深交所
580	300355	蒙草生态	定向	2015-12-09	28376844	17.62	50000.00	深交所
581	300358	楚天科技	定向	2015-07-08	8172795	17.13	14000.00	深交所
582	300358	楚天科技	定向	2015-07-08	24518387	17.13	42000.00	深交所
583	300359	全通教育	定向	2015-12-05	15223165	37.64	57299.99	深交所
584	300359	全通教育	定向	2015-12-15	24617428	37.64	92660.00	深交所
585	300362	天翔环境	定向	2016-01-15	37707389	26.52	100000.00	深交所

7-50 续表 13 continued

序号 No.	股票代码 Stock Code	股票简称 Stock Abbreviation	增发方式 Re-Issuing Mode	流通股上市日 Trading Date of Negotiable Shares	增发总股数（股） Shares Changes (share)	每股增发价格（元/股） Re-Issuing Price (yuan/share)	筹资总额（万元） Proceeds Raised Through Offering (10 thousand yuan)	交易所 Exchage
586	300363	博腾股份	定向	2015-08-21	6813842	23.48	15999.99	深交所
587	300363	博腾股份	定向	2015-11-21	2691400	24.15	6499.73	深交所
588	300366	创意信息	定向	2015-12-29	24550560	26.70	65550.00	深交所
589	300366	创意信息	定向	2015-12-29	9165543	26.70	24472.00	深交所
590	300367	东方网力	定向	2015-12-03	10607116	42.99	45599.99	深交所
591	300367	东方网力	定向	2015-12-03	11870725	36.84	43731.75	深交所
592	300368	汇金股份	定向	2015-12-30	6526805	21.45	14000.00	深交所
593	300368	汇金股份	定向	2015-11-20	17847482	18.49	32999.99	深交所
594	300369	绿盟科技	定向	2015-03-26	6073170	57.40	34860.00	深交所
595	300369	绿盟科技	定向	2015-04-15	1760712	94.28	16599.99	深交所
596	300370	安控科技	定向	2015-11-06	18202080	13.46	24500.00	深交所
597	300370	安控科技	定向	2015-11-06	6609756	12.30	8130.00	深交所
598	300375	鹏翎股份	定向	2015-09-09	3729032	23.25	8670.00	深交所
599	300381	溢多利	定向	2015-03-17	3081854	20.28	6250.00	深交所
600	300381	溢多利	定向	2016-01-01	17517517	29.97	52500.00	深交所
601	300390	天华超净	定向	2015-12-22	16512915	21.68	35800.00	深交所
602	300390	天华超净	定向	2015-12-22	4336085	22.54	9773.54	深交所
603	300420	五洋科技	定向	2015-12-24	10784308	34.68	37399.98	深交所
604	300425	环能科技	定向	2015-12-02	9498631	21.94	20840.00	深交所
605	300425	环能科技	定向	2015-12-02	8722638	21.94	19137.47	深交所
606	600008	首创股份	定向	2015-01-27	210307062	9.77	205470.00	上交所
607	600010	包钢股份	定向	2015-05-28	16555555552	1.80	2980000.00	上交所
608	600018	上港集团	定向	2015-06-05	418495000	4.18	174930.91	上交所
609	600022	山东钢铁	定向	2015-08-14	1984126984	2.52	500000.00	上交所
610	600027	华电国际	定向	2015-09-10	1055686853	6.77	714700.00	上交所
611	600037	歌华有线	定向	2015-12-11	223425858	14.77	329999.99	上交所
612	600054	黄山旅游	定向	2015-08-13	26850000	18.55	49806.75	上交所
613	600057	象屿股份	定向	2016-01-06	134529147	11.15	150000.00	上交所
614	600061	国投安信	定向	2015-02-17	2937614279	6.22	1827196.09	上交所
615	600061	国投安信	定向	2015-03-25	327454494	18.60	609065.36	上交所
616	600062	华润双鹤	定向	2015-12-05	152774683	19.69	300813.35	上交所
617	600063	皖维高新	定向	2015-04-21	22260000	5.84	12999.84	上交所
618	600063	皖维高新	定向	2015-04-21	125781412	2.15	27043.00	上交所
619	600069	银鸽投资	定向	2015-07-10	423728813	3.54	150000.00	上交所
620	600074	保千里	定向	2015-03-12	1359971698	2.12	288314.00	上交所
621	600076	康欣新材	定向	2015-12-09	110987791	9.01	100000.00	上交所
622	600076	康欣新材	定向	2015-11-20	557740338	5.90	329066.80	上交所
623	600079	人福医药	定向	2015-04-08	114247309	22.32	255000.00	上交所
624	600086	东方金钰	定向	2015-02-26	97718328	15.27	149215.89	上交所
625	600091	ST明科	定向	2015-12-29	100886524	5.64	56900.00	上交所
626	600093	禾嘉股份	定向	2015-07-03	800000000	6.06	484800.00	上交所
627	600100	同方股份	定向	2015-03-03	766016713	7.18	550000.00	上交所
628	600105	永鼎股份	定向	2015-08-11	20965769	8.18	17150.00	上交所
629	600105	永鼎股份	定向	2015-08-11	70576131	7.29	51450.00	上交所
630	600109	国金证券	定向	2015-05-29	187500000	24.00	450000.00	上交所

7-50 续表 14 continued

序号 No.	股票代码 Stock Code	股票简称 Stock Abbreviation	增发方式 Re-Issuing Mode	流通股上市日 Trading Date of Negotiable Shares	增发总股数(股) Shares Changes (share)	每股增发价格(元/股) Re-Issuing Price (yuan/share)	筹资总额(万元) Proceeds Raised Through Offering (10 thousand yuan)	交易所 Exchage
631	300363	博腾股份	定向	2015-02-06	6813842	23.48	15999.99	深交所
632	300363	博腾股份	定向	2015-05-26	2691400	24.15	6499.73	深交所
633	300366	创意信息	定向	2015-02-26	24550560	26.70	65550.00	深交所
634	300366	创意信息	定向	2015-02-26	9165543	26.70	24472.00	深交所
635	300367	东方网力	定向	2015-02-17	10607116	42.99	45599.99	深交所
636	300367	东方网力	定向	2015-12-24	11870725	36.84	43731.75	深交所
637	300368	汇金股份	定向	2015-10-23	6526805	21.45	14000.00	深交所
638	300368	汇金股份	定向	2015-05-16	17847482	18.49	32999.99	深交所
639	300369	绿盟科技	定向	2015-05-09	6073170	57.40	34860.00	深交所
640	300369	绿盟科技	定向	2015-03-20	1760712	94.28	16599.99	深交所
641	300370	安控科技	定向	2015-02-06	18202080	13.46	24500.00	深交所
642	300370	安控科技	定向	2015-12-18	6609756	12.30	8130.00	深交所
643	300375	鹏翎股份	定向	2015-11-13	3729032	23.25	8670.00	深交所
644	300381	溢多利	定向	2016-01-12	3081854	20.28	6250.00	深交所
645	300381	溢多利	定向	2015-07-03	17517517	29.97	52500.00	深交所
646	300390	天华超净	定向	2016-01-07	16512915	21.68	35800.00	深交所
647	300390	天华超净	定向	2015-10-15	4336085	22.54	9773.54	深交所
648	300420	五洋科技	定向	2015-11-27	10784308	34.68	37399.98	深交所
649	300425	环能科技	定向	2015-01-16	9498631	21.94	20840.00	深交所
650	300425	环能科技	定向	2015-05-13	8722638	21.94	19137.47	深交所
651	600008	首创股份	定向	2015-03-03	210307062	9.77	205470.00	上交所
652	600010	包钢股份	定向	2015-03-20	16555555552	1.80	2980000.00	上交所
653	600018	上港集团	定向	2015-03-20	418495000	4.18	174930.91	上交所
654	600022	山东钢铁	定向	2015-02-11	1984126984	2.52	500000.00	上交所
655	600027	华电国际	定向	2015-09-03	1055686853	6.77	714700.00	上交所
656	600037	歌华有线	定向	2015-09-03	223425858	14.77	329999.99	上交所
657	600054	黄山旅游	定向	2015-12-12	26850000	18.55	49806.75	上交所
658	600057	象屿股份	定向	2015-12-16	134529147	11.15	150000.00	上交所
659	600061	国投安信	定向	2015-08-27	2937614279	6.22	1827196.09	上交所
660	600061	国投安信	定向	2015-12-29	327454494	18.60	609065.36	上交所
661	600062	华润双鹤	定向	2015-03-05	152774683	19.69	300813.35	上交所
662	600063	皖维高新	定向	2015-05-28	22260000	5.84	12999.84	上交所
663	600063	皖维高新	定向	2015-05-15	125781412	2.15	27043.00	上交所
664	600069	银鸽投资	定向	2015-05-15	423728813	3.54	150000.00	上交所
665	600074	保千里	定向	2015-12-09	1359971698	2.12	288314.00	上交所
666	600076	康欣新材	定向	2015-03-04	110987791	9.01	100000.00	上交所
667	600076	康欣新材	定向	2015-12-31	557740338	5.90	329066.80	上交所
668	600079	人福医药	定向	2016-02-05	114247309	22.32	255000.00	上交所
669	600086	东方金钰	定向	2015-06-18	97718328	15.27	149215.89	上交所
670	600091	ST明科	定向	2015-07-01	100886524	5.64	56900.00	上交所
671	600093	禾嘉股份	定向	2015-10-30	800000000	6.06	484800.00	上交所
672	600100	同方股份	定向	2015-10-30	766016713	7.18	550000.00	上交所
673	600105	永鼎股份	定向	2015-10-30	20965769	8.18	17150.00	上交所
674	600105	永鼎股份	定向	2015-10-30	70576131	7.29	51450.00	上交所
675	600109	国金证券	定向	2015-03-14	18750000	24.00	450000.00	上交所
676	600323	瀚蓝环境	定向	2015-02-11	49467109	15.05	74448.00	上交所

7-50 续表 15 continued

序号 No.	股票代码 Stock Code	股票简称 Stock Abbreviation	增发方式 Re-Issuing Mode	流通股上市日 Trading Date of Negotiable Shares	增发总股数（股） Shares Changes (share)	每股增发价格（元/股） Re-Issuing Price (yuan/share)	筹资总额（万元） Proceeds Raised Through Offering (10 thousand yuan)	交易所 Exchage
677	600325	华发股份	定向	2015-11-28	352000000	12.25	431200.00	上交所
678	600326	西藏天路	定向	2015-11-07	118480392	8.16	96680.00	上交所
679	600329	中新药业	定向	2015-07-16	29564356	28.28	83608.00	上交所
680	600330	天通股份	定向	2015-04-03	181653042	11.01	200000.00	上交所
681	600338	西藏珠峰	定向	2015-08-27	494673930	6.37	315107.29	上交所
682	600351	亚宝药业	定向	2015-12-18	95041461	8.20	77934.00	上交所
683	600352	浙江龙盛	定向	2015-03-27	96700000	12.03	116330.10	上交所
684	600354	敦煌种业	定向	2015-10-22	80000000	6.00	48000.00	上交所
685	600366	宁波韵升	定向	2015-12-30	21444175	19.88	42631.02	上交所
686	600373	中文传媒	定向	2015-02-17	62706272	14.14	88666.67	上交所
687	600373	中文传媒	定向	2015-01-24	129552238	12.73	164920.00	上交所
688	600381	ST春天	定向	2015-03-28	489388261	8.01	392000.00	上交所
689	600390	*ST金瑞	定向	2015-07-14	60598911	11.02	66780.00	上交所
690	600393	粤泰股份	定向	2016-02-16	773526159	5.60	433174.65	上交所
691	600396	金山股份	定向	2015-12-29	604042431	4.73	285712.07	上交所
692	600400	红豆股份	定向	2015-08-06	151450674	5.17	78300.00	上交所
693	600416	湘电股份	定向	2015-02-11	134920634	12.60	170000.00	上交所
694	600418	江淮汽车	定向	2015-04-29	633616047	10.12	641219.44	上交所
695	600419	天润乳业	定向	2015-09-03	14058254	18.85	26499.81	上交所
696	600419	天润乳业	定向	2015-09-03	3109540	28.30	8800.00	上交所
697	600422	昆药集团	定向	2015-10-30	53214133	23.49	125000.00	上交所
698	600429	三元股份	定向	2015-02-10	612557426	6.53	400000.00	上交所
699	600433	冠豪高新	定向	2015-03-05	81035443	8.65	70095.66	上交所
700	600444	国机通用	定向	2015-09-26	41421932	12.47	51653.15	上交所
701	600446	金证股份	定向	2015-06-25	11200000	22.34	25020.80	上交所
702	600458	时代新材	定向	2016-01-12	141376060	10.61	150000.00	上交所
703	600463	空港股份	定向	2016-01-01	48000000	12.50	60000.00	上交所
704	600466	蓝光发展	定向	2015-04-01	1438075493	4.66	670143.18	上交所
705	600466	蓝光发展	定向	2015-04-16	239936691	9.31	223381.06	上交所
706	600477	杭萧钢构	定向	2015-12-31	67418000	4.52	30472.94	上交所
707	600478	科力远	定向	2015-06-12	77356864	7.91	61189.28	上交所
708	600479	千金药业	定向	2015-08-28	43936731	11.38	50000.00	上交所
709	600480	凌云股份	定向	2015-11-27	89219328	13.45	120000.00	上交所
710	600498	烽火通信	定向	2015-07-04	6142857	35.00	21500.00	上交所
711	600498	烽火通信	定向	2015-06-06	45646067	14.24	65000.00	上交所
712	600501	航天晨光	定向	2015-07-02	32000000	30.00	96000.00	上交所
713	600502	安徽水利	定向	2015-06-27	29980099	20.10	60260.00	上交所
714	600510	黑牡丹	定向	2015-12-29	251572325	6.36	160000.00	上交所
715	600512	腾达建设	定向	2015-03-14	281096573	3.21	90232.00	上交所
716	600513	联环药业	定向	2015-04-30	12208846	26.00	31743.00	上交所
717	600517	置信电气	定向	2015-12-29	111645533	10.12	112985.28	上交所
718	600522	中天科技	定向	2015-12-09	27272727	22.00	60000.00	上交所
719	600522	中天科技	定向	2015-11-13	154268176	14.58	224923.00	上交所
720	600525	长园集团	定向	2015-08-20	41702866	11.51	48000.00	上交所
721	600525	长园集团	定向	2015-08-11	163650482	10.30	168560.00	上交所
722	600526	菲达环保	定向	2015-04-16	140515222	8.54	120000.00	上交所

7—50 续表 16 continued

序号 No.	股票代码 Stock Code	股票简称 Stock Abbreviation	增发方式 Re-Issuing Mode	流通股上市日 Trading Date of Negotiable Shares	增发总股数(股) Shares Changes (share)	每股增发价格(元/股) Re-Issuing Price (yuan/share)	筹资总额(万元) Proceeds Raised Through Offering (10 thousand yuan)	交易所 Exchage
723	600532	宏达矿业	定向	2015-09-01	119831320	8.30	99460.00	上交所
724	600535	天士力	定向	2015-03-28	47633224	33.59	160000.00	上交所
725	600552	凯盛科技	定向	2015-12-16	24530107	18.11	44424.02	上交所
726	600559	老白干酒	定向	2015-12-12	35224069	23.43	82529.99	上交所
727	600571	信雅达	定向	2015-09-26	13995301	19.59	27416.79	上交所
728	600571	信雅达	定向	2015-09-26	3424528	17.62	6034.02	上交所
729	600572	康恩贝	定向	2015-04-16	175000000	11.84	207200.00	上交所
730	600576	万家文化	定向	2015-11-13	116549786	7.78	90675.73	上交所
731	600576	万家文化	定向	2015-11-13	38614043	7.83	30234.80	上交所
732	600582	天地科技	定向	2015-01-30	173248035	11.30	195770.28	上交所
733	600584	长电科技	定向	2015-11-26	28076710	11.71	32877.83	上交所
734	600584	长电科技	定向	2015-11-26	23268101	14.13	32877.83	上交所
735	600587	新华医疗	定向	2015-03-06	3286666	37.50	12325.00	上交所
736	600588	用友网络	定向	2015-08-25	53484602	30.85	165000.00	上交所
737	600590	泰豪科技	定向	2015-07-09	113319360	7.50	84989.52	上交所
738	600602	云赛智联	定向	2015-12-16	153892054	7.02	108032.22	上交所
739	600604	市北高新	定向	2015-06-20	145827372	9.79	142765.00	上交所
740	600604	市北高新	定向	2015-08-22	48020517	9.91	47588.33	上交所
741	600606	绿地控股	定向	2015-07-03	11649834296	5.54	6454008.20	上交所
742	600614	鼎立股份	定向	2015-01-28	47490000	11.16	52998.84	上交所
743	600614	鼎立股份	定向	2015-12-19	20023554	8.49	17000.00	上交所
744	600614	鼎立股份	定向	2015-11-24	200593472	6.74	135200.00	上交所
745	600617	国新能源	定向	2015-12-04	76500000	13.14	100521.00	上交所
746	600619	海立股份	定向	2015-08-14	151351351	7.40	112000.00	上交所
747	600619	海立股份	定向	2015-11-06	47215189	7.90	37300.00	上交所
748	600623	华谊集团	定向	2015-09-08	940784985	12.38	1164691.81	上交所
749	600623	华谊集团	定向	2015-12-08	287178206	13.00	373331.67	上交所
750	600629	华建集团	定向	2015-09-15	11060377	10.85	12000.51	上交所
751	600636	三爱富	定向	2015-07-14	64991334	23.08	150000.00	上交所
752	600637	东方明珠	定向	2015-06-16	159746126	32.43	518056.69	上交所
753	600637	东方明珠	定向	2015-05-20	308356457	32.43	1000000.00	上交所
754	600639	浦东金桥	定向	2015-08-15	193587853	14.05	271990.93	上交所
755	600645	中源协和	定向	2015-01-27	10857142	24.50	26600.00	上交所
756	600654	中安消	定向	2015-01-27	131994459	7.22	95300.00	上交所
757	600666	奥瑞德	定向	2015-06-12	26410256	39.00	103000.00	上交所
758	600666	奥瑞德	定向	2015-05-12	450522346	7.41	333837.06	上交所
759	600677	航天通信	定向	2015-12-08	26340905	15.67	41276.20	上交所
760	600677	航天通信	定向	2015-12-08	79022709	15.67	123828.59	上交所
761	600679	上海凤凰	定向	2015-12-10	48579285	10.91	53000.00	上交所
762	600682	南京新百	定向	2015-08-07	101754385	5.70	58000.00	上交所
763	600682	南京新百	定向	2015-11-27	9618572	20.10	19333.33	上交所
764	600685	中船防务	定向	2015-04-10	340412638	14.17	482364.71	上交所
765	600685	中船防务	定向	2015-04-10	42559089	37.78	160788.24	上交所
766	600686	金龙汽车	定向	2015-05-08	164141414	7.92	130000.00	上交所
767	600687	刚泰控股	定向	2016-01-07	410175875	7.96	326500.00	上交所
768	600693	东百集团	定向	2015-04-02	105891980	6.11	64700.00	上交所

7–50 续表 17 continued

序号 No.	股票代码 Stock Code	股票简称 Stock Abbreviation	增发方式 Re-Issuing Mode	流通股上市日 Trading Date of Negotiable Shares	增发总股数（股） Shares Changes (share)	每股增发价格（元/股） Re-Issuing Price (yuan/share)	筹资总额（万元） Proceeds Raised Through Offering (10 thousand yuan)	交易所 Exchage
769	600699	均胜电子	定向	2015-09-09	53224983	21.20	112836.96	上交所
770	600703	三安光电	定向	2015-12-16	155930697	22.51	351000.00	上交所
771	600704	物产中大	定向	2015-10-29	1220994309	8.71	1063486.04	上交所
772	600704	物产中大	定向	2015-11-07	301563133	8.71	262661.49	上交所
773	600705	中航资本	定向	2015-12-16	179896370	7.72	138880.00	上交所
774	600705	中航资本	定向	2015-12-04	575568071	7.72	444338.55	上交所
775	600708	光明地产	定向	2015-09-11	570329134	8.86	505311.61	上交所
776	600708	光明地产	定向	2015-11-21	238020580	10.96	260870.56	上交所
777	600714	金瑞矿业	定向	2015-04-29	2498290	13.51	3375.19	上交所
778	600714	金瑞矿业	定向	2015-04-01	12273442	8.25	10125.59	上交所
779	600715	文投控股	定向	2015-08-20	600308500	6.48	388999.91	上交所
780	600716	凤凰股份	定向	2016-01-21	195459956	7.74	151286.01	上交所
781	600736	苏州高新	定向	2015-05-28	136411332	9.53	130000.00	上交所
782	600739	辽宁成大	定向	2015-03-24	100000000	13.96	139600.00	上交所
783	600741	华域汽车	定向	2016-01-19	569523809	15.75	897000.00	上交所
784	600744	华银电力	定向	2015-09-30	925209403	3.05	282188.87	上交所
785	600744	华银电力	定向	2015-09-30	144266871	6.52	94062.00	上交所
786	600745	中茵股份	定向	2015-12-30	153946037	11.86	182580.00	上交所
787	600758	红阳能源	定向	2015-12-18	247664478	8.01	198379.25	上交所
788	600758	红阳能源	定向	2015-11-20	885533074	6.72	595078.23	上交所
789	600771	广誉远	定向	2015-07-30	34000000	18.80	63920.00	上交所
790	600777	新潮实业	定向	2015-11-20	234607214	9.42	221000.00	上交所
791	600787	中储股份	定向	2015-12-11	339972649	5.86	199223.97	上交所
792	600797	浙大网新	定向	2015-12-30	25608193	7.81	20000.00	上交所
793	600797	浙大网新	定向	2015-12-30	66723068	7.43	49575.24	上交所
794	600807	天业股份	定向	2015-09-12	151950085	7.00	106365.06	上交所
795	600816	安信信托	定向	2015-07-04	253846153	12.30	312230.77	上交所
796	600823	世茂股份	定向	2015-12-29	151668351	9.89	150000.00	上交所
797	600836	界龙实业	定向	2015-06-11	17813161	28.78	51266.28	上交所
798	600845	宝信软件	定向	2015-10-23	27493010	42.92	118000.00	上交所
799	600848	上海临港	定向	2015-09-30	376440750	7.08	266520.05	上交所
800	600848	上海临港	定向	2015-10-21	119444445	7.92	94600.00	上交所
801	600856	中天能源	定向	2015-05-01	31588342	23.47	74137.84	上交所
802	600856	中天能源	定向	2015-03-31	300745664	6.63	199394.38	上交所
803	600862	中航高科	定向	2015-12-18	188780156	3.12	58899.41	上交所
804	600862	中航高科	定向	2015-12-18	566340463	3.12	176698.22	上交所
805	600869	智慧能源	定向	2016-01-15	102902374	7.58	78000.00	上交所
806	600871	石化油服	定向	2015-03-05	1333333333	4.50	600000.00	上交所
807	600876	洛阳玻璃	定向	2015-12-31	15000000	6.00	9000.00	上交所
808	600881	亚泰集团	定向	2015-05-01	705213679	4.15	292663.68	上交所
809	600891	秋林集团	定向	2015-10-20	232136752	5.85	135800.00	上交所
810	600891	秋林集团	定向	2015-11-21	59920106	7.51	45000.00	上交所
811	600892	大晟文化	定向	2016-01-09	76741047	20.05	153865.80	上交所
812	600965	福成股份	定向	2015-07-25	290697674	5.16	150000.00	上交所
813	600970	中材国际	定向	2015-11-25	76208025	13.22	100747.01	上交所
814	600975	新五丰	定向	2015-04-22	91977666	5.76	52979.14	上交所

7—50 续表 18 continued

序号 No.	股票代码 Stock Code	股票简称 Stock Abbreviation	增发方式 Re-Issuing Mode	流通股上市日 Trading Date of Negotiable Shares	增发总股数(股) Shares Changes (share)	每股增发价格(元/股) Re-Issuing Price (yuan/share)	筹资总额(万元) Proceeds Raised Through Offering (10 thousand yuan)	交易所 Exchage
815	600980	北矿科技	定向	2015-11-06	22209880	18.01	39999.99	上交所
816	600981	汇鸿集团	定向	2015-12-05	488997552	4.09	200000.00	上交所
817	600981	汇鸿集团	定向	2015-11-19	1511581011	4.09	618236.63	上交所
818	600984	建设机械	定向	2015-09-16	307258065	6.20	190500.00	上交所
819	600984	建设机械	定向	2015-11-20	87950138	7.22	63500.00	上交所
820	600986	科达股份	定向	2015-09-03	400216715	5.56	222520.49	上交所
821	600986	科达股份	定向	2015-09-03	133400000	5.56	74170.40	上交所
822	600988	赤峰黄金	定向	2015-02-17	114016786	7.15	81522.00	上交所
823	600988	赤峰黄金	定向	2015-03-21	32569360	8.29	27000.00	上交所
824	601000	唐山港	定向	2015-05-29	218086956	11.50	250800.00	上交所
825	601009	南京银行	定向	2015-06-24	397022332	20.15	800000.00	上交所
826	601011	宝泰隆	定向	2015-02-10	160000000	8.51	136160.00	上交所
827	601012	隆基股份	定向	2015-06-26	128104575	15.30	196000.00	上交所
828	601016	节能风电	定向	2016-01-01	300000000	10.00	300000.00	上交所
829	601113	华鼎股份	定向	2015-09-19	193050000	5.18	99999.90	上交所
830	601186	中国铁建	定向	2015-07-18	1242000000	8.00	993600.00	上交所
831	601216	君正集团	定向	2016-01-09	532608695	9.20	490000.00	上交所
832	601222	林洋能源	定向	2015-05-19	51428571	35.00	180000.00	上交所
833	601390	中国中铁	定向	2015-07-16	1544401543	7.77	1200000.00	上交所
834	601567	三星医疗	定向	2015-04-03	70000000	8.86	62020.00	上交所
835	601600	中国铝业	定向	2015-06-17	1379310344	5.80	800000.00	上交所
836	601608	中信重工	定向	2016-01-07	152792792	5.55	84800.00	上交所
837	601608	中信重工	定向	2015-12-16	76626501	4.15	31800.00	上交所
838	601636	旗滨集团	定向	2015-04-03	179670000	7.20	129362.40	上交所
839	601669	中国电建	定向	2015-06-24	4154633484	3.53	1466585.62	上交所
840	601677	明泰铝业	定向	2015-12-05	65000000	11.33	73645.00	上交所
841	601777	力帆股份	定向	2015-02-02	242857142	7.00	170000.00	上交所
842	601788	光大证券	定向	2015-09-03	488698839	16.37	800000.00	上交所
843	601872	招商轮船	定向	2015-08-15	578536303	3.46	200000.00	上交所
844	601908	京运通	定向	2015-12-01	273477157	7.88	215500.00	上交所
845	601933	永辉超市	定向	2015-04-07	813100468	7.00	569170.33	上交所
846	601992	金隅股份	定向	2015-12-08	554245283	8.48	470000.00	上交所
847	601998	中信银行	定向	2016-01-22	2147469539	5.55	1191845.59	上交所
848	603006	联明股份	定向	2015-12-19	14494793	35.53	51500.00	上交所
849	603010	万盛股份	定向	2015-12-17	4877673	22.78	11111.34	上交所
850	603010	万盛股份	定向	2015-12-17	10755046	22.78	24499.99	上交所
851	603011	合锻智能	定向	2016-02-05	18750000	22.88	42900.00	上交所
852	603077	和邦生物	定向	2015-05-19	92984676	15.01	139570.00	上交所
853	603166	福达股份	定向	2015-12-30	59848925	17.21	103000.00	上交所
854	603169	兰石重装	定向	2016-01-07	79567154	15.71	125000.00	上交所
855	603399	新华龙	定向	2015-09-01	144546649	7.61	110000.00	上交所
856	603456	九洲药业	定向	2015-12-05	13793103	58.00	80000.00	上交所
857	603766	隆鑫通用	定向	2015-10-22	33095671	14.83	49087.50	上交所

注：上市公司辖区以各地证监局监管口径统计。
数据来源：上海证券交易所、深圳证券交易所。
Source：SSE、SZSE.

7-51 挂牌公司增发情况

Re-Issuing of Listed Companies of NEEQ

序号 No.	股票代码 Stock Code	股票简称 Stock Abbreviation	增发方式 Re-Issuing Mode	定向发行日期 Date of Re-Issuing	筹资总额（万元） Proceeds Raised through Offering (10 thousand yuan)
1	430346	哇棒传媒	挂牌后定向发行	2015-01-05	1555.20
2	831114	易销科技	挂牌后定向发行	2015-01-05	1155.00
3	831130	环宇装备	挂牌后定向发行	2015-01-07	2000.00
4	430241	威林科技	挂牌后定向发行	2015-01-08	503.23
5	430309	易所试	挂牌后定向发行	2015-01-08	500.00
6	430505	上陵牧业	挂牌后定向发行	2015-01-08	12750.00
7	430560	西部泰力	挂牌后定向发行	2015-01-08	150.00
8	430420	易城股份	挂牌后定向发行	2015-01-09	533.67
9	430574	星奥股份	挂牌后定向发行	2015-01-09	988.00
10	830943	济南科明	挂牌后定向发行	2015-01-09	480.00
11	830781	精鹰传媒	挂牌后定向发行	2015-01-12	158.10
12	830937	信达电梯	挂牌后定向发行	2015-01-12	900.00
13	831613	雷帕得	挂牌同时发行	2015-01-12	832.00
14	831643	仙剑股份	挂牌同时发行	2015-01-12	2400.00
15	831696	赤诚生物	挂牌同时发行	2015-01-12	2831.00
16	430484	求实智能	挂牌后定向发行	2015-01-13	971.67
17	430556	雅达股份	挂牌后定向发行	2015-01-13	127.80
18	830774	百博生物	挂牌后定向发行	2015-01-13	238.50
19	831067	根力多	挂牌后定向发行	2015-01-13	2400.00
20	430556	雅达股份2	挂牌后定向发行	2015-01-14	7628.00
21	831680	麒润文化	挂牌同时发行	2015-01-15	600.00
22	430051	九恒星	挂牌后定向发行	2015-01-16	8580.00
23	430273	永天科技	挂牌后定向发行	2015-01-16	97.50
24	430409	天泉鑫膜	挂牌后定向发行	2015-01-16	552.00
25	830810	广东羚光	挂牌后定向发行	2015-01-16	300.00
26	831640	碧沃丰	挂牌同时发行	2015-01-16	500.00
27	831727	中钢网	挂牌同时发行	2015-01-16	3198.00
28	831026	熙浪股份	挂牌后定向发行	2015-01-19	3150.00
29	430130	卡联科技	挂牌后定向发行	2015-01-20	3725.65
30	430334	科洋科技	挂牌后定向发行	2015-01-20	1500.01
31	430609	中磁视讯1	挂牌后定向发行	2015-01-20	7410.00
32	430609	中磁视讯2	挂牌后定向发行	2015-01-20	1100.00
33	830885	波斯科技	挂牌后定向发行	2015-01-20	360.00
34	830933	纳晶科技	挂牌后定向发行	2015-01-20	4963.20
35	831119	蓝钻生物	挂牌后定向发行	2015-01-20	750.00
36	831769	中马园林	挂牌同时发行	2015-01-20	405.28
37	831792	海思堡	挂牌同时发行	2015-01-20	2253.95
38	430208	优炫软件	挂牌后定向发行	2015-01-21	331.65
39	831571	大洋电缆	挂牌同时发行	2015-01-21	2280.00
40	831700	华信精工	挂牌同时发行	2015-01-21	1176.35
41	831833	红冠庄	挂牌同时发行	2015-01-21	1278.00
42	430165	光宝联合1	挂牌后定向发行	2015-01-22	306.60
43	430165	光宝联合2	挂牌后定向发行	2015-01-22	175.00
44	430357	行悦信息	挂牌后定向发行	2015-01-22	5850.00
45	430422	永继电气	挂牌后定向发行	2015-01-22	728.00
46	430748	恒均科技	挂牌后定向发行	2015-01-22	70.00

7—51 续表 1 continued

序号 No.	股票代码 Stock Code	股票简称 Stock Abbreviation	增发方式 Re-Issuing Mode	定向发行日期 Date of Re-Issuing	筹资总额（万元） Proceeds Raised through Offering (10 thousand yuan)
47	430759	凯路仕	挂牌后定向发行	2015-01-22	4000.00
48	830793	晶纯生化	挂牌后定向发行	2015-01-22	3696.75
49	830812	约伴传媒	挂牌后定向发行	2015-01-22	1005.00
50	430366	金天地	挂牌后定向发行	2015-01-23	10000.00
51	430421	华之邦	挂牌后定向发行	2015-01-23	2500.00
52	430540	五龙制动	挂牌后定向发行	2015-01-23	512.50
53	831646	汉能碳	挂牌同时发行	2015-01-23	583.00
54	430430	普滤得	挂牌后定向发行	2015-01-26	2505.60
55	830879	基康仪器	挂牌后定向发行	2015-01-26	10875.00
56	831214	中晶股份	挂牌后定向发行	2015-01-26	1935.00
57	831850	分豆教育	挂牌同时发行	2015-01-26	1050.00
58	830850	万企达	挂牌后定向发行	2015-01-27	472.68
59	831729	维钛克	挂牌同时发行	2015-01-27	1300.00
60	830993	壹玖壹玖	挂牌后定向发行	2015-01-28	4990.00
61	831051	春秋鸿	挂牌后定向发行	2015-01-28	1050.00
62	430162	聚利科技	挂牌后定向发行	2015-01-29	3900.00
63	831084	绿网天下	挂牌后定向发行	2015-01-29	3000.00
64	831858	海誉科技	挂牌同时发行	2015-01-29	400.00
65	430256	卓繁信息	挂牌后定向发行	2015-01-30	133.50
66	430088	七维航测	挂牌后发行	2015-02-02	4880.00
67	430682	中天羊业	挂牌后发行	2015-02-02	2300.00
68	830827	世优电气	挂牌后发行	2015-02-02	272.00
69	830974	凯大催化	挂牌后发行	2015-02-02	2310.00
70	430062	中科国信	挂牌后发行	2015-02-03	4441.51
71	831173	泰恩康	挂牌后发行	2015-02-03	5838.00
72	430413	沄辉科技	挂牌后发行	2015-02-04	600.00
73	430761	升禾环保	挂牌后发行	2015-02-04	230.00
74	831330	普适导航	挂牌后发行	2015-02-04	1419.00
75	831445	龙泰竹业	挂牌后发行	2015-02-04	1020.00
76	831892	新玻电力	挂牌同时发行	2015-02-04	2788.00
77	830891	轩辕网络	挂牌后发行	2015-02-05	580.00
78	830929	幸美股份	挂牌后发行	2015-02-05	7782.00
79	830931	仁会生物1	挂牌后发行	2015-02-05	9792.50
80	830931	仁会生物2	挂牌后发行	2015-02-05	16875.00
81	430236	美兰股份	挂牌后发行	2015-02-06	999.99
82	430539	扬子地板	挂牌后发行	2015-02-06	2610.25
83	430715	春泉节能	挂牌后发行	2015-02-06	480.00
84	430110	百拓科技	挂牌后发行	2015-02-09	620.45
85	831096	物润船联	挂牌后发行	2015-02-09	1100.00
86	831118	兰亭科技	挂牌后发行	2015-02-09	6440.00
87	831230	双申医疗	挂牌后发行	2015-02-09	750.00
88	831353	海盐力源	挂牌后发行	2015-02-09	2364.00
89	430121	英福美	挂牌后发行	2015-02-10	270.00
90	430375	星立方	挂牌后发行	2015-02-10	121.66
91	830837	古城香业	挂牌后发行	2015-02-10	6924.97
92	831957	晨宇电气	挂牌同时发行	2015-02-10	200.00

7–51 续表 2 continued

序号 No.	股票代码 Stock Code	股票简称 Stock Abbreviation	增发方式 Re-Issuing Mode	定向发行日期 Date of Re-Issuing	筹资总额（万元） Proceeds Raised through Offering (10 thousand yuan)
93	430523	泰谷生物	挂牌后发行	2015-02-11	7000.00
94	830808	中智华体	挂牌后发行	2015-02-11	176.28
95	830872	长信畅中	挂牌后发行	2015-02-11	1800.00
96	831114	易销科技2	挂牌后发行	2015-02-11	5295.00
97	831370	新安洁	挂牌后发行	2015-02-11	500.00
98	831488	华宏医药	挂牌后发行	2015-02-11	547.84
99	831541	中节环	挂牌后发行	2015-02-11	600.00
100	430305	维珍创意1	挂牌后发行	2015-02-12	1680.00
101	430305	维珍创意2	挂牌后发行	2015-02-12	750.00
102	430426	长城软件	挂牌后发行	2015-02-12	499.50
103	430622	顺达智能1	挂牌后发行	2015-02-12	632.64
104	430622	顺达智能2	挂牌后发行	2015-02-12	388.32
105	832028	汇元科技	挂牌同时发行	2015-02-12	4924.80
106	831975	温迪股份	挂牌同时发行	2015-02-13	55.00
107	430575	迈科网络	挂牌后发行	2015-02-16	450.00
108	831265	宏源药业	挂牌后发行	2015-02-16	2522.77
109	831996	永裕竹业	挂牌同时发行	2015-02-16	3504.54
110	831180	华苏科技	挂牌后发行	2015-02-17	884.00
111	831450	金宏气体	挂牌后发行	2015-02-17	1650.00
112	831730	河北亚诺	挂牌同时发行	2015-02-17	2227.94
113	430374	英富森	挂牌后发行	2015-02-25	992.00
114	830855	盈谷股份	挂牌后发行	2015-02-25	6000.00
115	831083	东润环能	挂牌后发行	2015-02-26	4060.00
116	830964	润农节水	挂牌后发行	2015-02-27	5100.00
117	831405	赞普科技	挂牌后发行	2015-02-27	1906.25
118	831496	华燕房盟	挂牌后发行	2015-03-02	1800.00
119	430229	绿岸网络	挂牌后发行	2015-03-03	10028.24
120	430394	伯朗特1	挂牌后发行	2015-03-03	482.00
121	430394	伯朗特2	挂牌后发行	2015-03-03	465.00
122	430394	伯朗特3	挂牌后发行	2015-03-03	650.00
123	430394	伯朗特4	挂牌后发行	2015-03-03	424.00
124	430515	麟龙股份	挂牌后发行	2015-03-03	80.00
125	430569	安尔发	挂牌后发行	2015-03-03	250.00
126	831092	乾元泽孚	挂牌后发行	2015-03-03	400.40
127	430092	金刚游戏	挂牌后发行	2015-03-04	500.00
128	430435	数聚股份	挂牌后发行	2015-03-04	2000.00
129	430476	海能仪器	挂牌后发行	2015-03-04	3776.00
130	830815	蓝山科技1	挂牌后发行	2015-03-04	1106.00
131	831088	华恒生物	挂牌后发行	2015-03-04	3000.00
132	430449	蓝泰源	挂牌后发行	2015-03-05	4000.02
133	831031	诚盟装备	挂牌后发行	2015-03-05	1744.00
134	831049	赛莱拉	挂牌后发行	2015-03-05	1552.32
135	831345	海特股份	挂牌后发行	2015-03-05	3080.00
136	430175	科新生物	挂牌后发行	2015-03-06	14420.78
137	430276	晟矽微电	挂牌后发行	2015-03-06	1671.11
138	430289	华索科技	挂牌后发行	2015-03-06	4471.00

7—51 续表 3 continued

序号 No.	股票代码 Stock Code	股票简称 Stock Abbreviation	增发方式 Re-Issuing Mode	定向发行日期 Date of Re-Issuing	筹资总额（万元） Proceeds Raised through Offering (10 thousand yuan)
139	430318	四维传媒	挂牌后发行	2015-03-06	8100.00
140	830827	世优电气2	挂牌后发行	2015-03-06	660.00
141	430393	三景科技	挂牌后发行	2015-03-09	1998.80
142	430686	华盛控股	挂牌后发行	2015-03-09	1635.00
143	832005	永盛新材	挂牌同时发行	2015-03-09	1000.00
144	430163	三众能源	挂牌后发行	2015-03-10	570.00
145	430566	虹越花卉	挂牌后发行	2015-03-10	2191.53
146	830768	耀通科技	挂牌后发行	2015-03-10	555.00
147	831247	盛帮股份	挂牌后发行	2015-03-10	920.00
148	831839	成都广达	挂牌后发行	2015-03-10	5000.00
149	831177	深冷能源	挂牌后发行	2015-03-11	1500.00
150	831030	卓华信息	挂牌后发行	2015-03-12	142.07
151	831144	欣影科技	挂牌后发行	2015-03-12	900.00
152	831186	金鸿药业	挂牌后发行	2015-03-12	700.00
153	832036	康复得	挂牌同时发行	2015-03-12	100.00
154	430259	华宿电气	挂牌后发行	2015-03-13	258.00
155	430578	差旅天下	挂牌后发行	2015-03-13	1100.00
156	830971	科特环保	挂牌后发行	2015-03-13	900.00
157	831099	维泰股份	挂牌后发行	2015-03-13	48377.08
158	831529	能龙教育	挂牌后发行	2015-03-13	3300.00
159	430508	中视文化	挂牌后发行	2015-03-16	1000.00
160	832068	苏变电气	挂牌同时发行	2015-03-16	900.00
161	430075	中讯四方	挂牌后发行	2015-03-17	3750.00
162	430237	大汉三通	挂牌后发行	2015-03-17	1360.00
163	430727	金格科技	挂牌后发行	2015-03-17	529.20
164	831443	黑美人	挂牌后发行	2015-03-17	1400.00
165	831961	创远仪器	挂牌同时发行	2015-03-17	1740.87
166	430273	永天科技2	挂牌后发行	2015-03-18	1100.00
167	831022	三和视讯	挂牌后发行	2015-03-18	876.00
168	831392	天迈科技	挂牌后发行	2015-03-18	1200.00
169	831566	盛世大联1	挂牌后发行	2015-03-18	3600.00
170	831566	盛世大联2	挂牌后发行	2015-03-18	1332.00
171	831743	立高科技	挂牌后发行	2015-03-18	500.00
172	832122	泽辉股份	挂牌同时发行	2015-03-18	1494.20
173	430434	万泉河	挂牌后发行	2015-03-19	2000.00
174	430711	泓源光电	挂牌后发行	2015-03-19	4665.50
175	830787	唐朝股份	挂牌后发行	2015-03-19	910.00
176	831244	星展测控	挂牌后发行	2015-03-19	1315.58
177	831929	惠尔明1	挂牌同时发行	2015-03-19	639.00
178	831929	惠尔明2	挂牌同时发行	2015-03-19	2214.00
179	832080	七色珠光	挂牌同时发行	2015-03-19	2015.00
180	430222	璟泓科技	挂牌后发行	2015-03-20	8233.33
181	430238	普华科技	挂牌后发行	2015-03-20	1587.60
182	430260	布雷尔利	挂牌后发行	2015-03-20	1000.00
183	831226	聚宝网络	挂牌后发行	2015-03-20	6600.00
184	832134	宇都股份	挂牌同时发行	2015-03-20	500.00

7-51 续表 4 continued

序号 No.	股票代码 Stock Code	股票简称 Stock Abbreviation	增发方式 Re-Issuing Mode	定向发行日期 Date of Re-Issuing	筹资总额（万元）Proceeds Raised through Offering (10 thousand yuan)
185	832168	中科招商1	挂牌同时发行	2015-03-20	49500.00
186	832168	中科招商2	挂牌同时发行	2015-03-20	184697.77
187	831452	宝特龙	挂牌后发行	2015-03-23	3.50
188	831657	贝克福尔	挂牌后发行	2015-03-23	499.95
189	430226	奥凯立	挂牌后发行	2015-03-24	6197.40
190	430445	仙宜岱	挂牌后发行	2015-03-24	1400.00
191	430483	森鹰窗业	挂牌后发行	2015-03-24	1000.00
192	830937	信达智能2	挂牌后发行	2015-03-24	5000.00
193	830938	可恩口腔	挂牌后发行	2015-03-24	1125.00
194	430118	华欣远达	挂牌后发行	2015-03-25	676.70
195	430522	超弦科技	挂牌后发行	2015-03-25	264.00
196	830799	艾融软件	挂牌后发行	2015-03-25	220.00
197	830889	深拓智能	挂牌后发行	2015-03-25	996.00
198	830933	纳晶科技2	挂牌后发行	2015-03-25	15000.00
199	831639	达仁资管	挂牌后发行	2015-03-25	10000.00
200	430162	聚利科技2	挂牌后发行	2015-03-26	651.75
201	831129	领信股份	挂牌后发行	2015-03-26	300.00
202	831439	中喜生态	挂牌后发行	2015-03-26	11000.00
203	430161	光谷信息	挂牌后发行	2015-03-27	1800.00
204	430353	百傲科技	挂牌后发行	2015-03-27	3000.00
205	430362	东电创新	挂牌后发行	2015-03-27	4500.00
206	831139	江西广蓝	挂牌后发行	2015-03-27	500.00
207	831060	天香苑	挂牌后发行	2015-03-30	2001.00
208	430209	康孚科技	挂牌后发行	2015-03-31	758.64
209	430406	奥美格	挂牌后发行	2015-03-31	550.00
210	831492	安信种苗	挂牌后发行	2015-03-31	646.80
211	831789	英诺迅	挂牌后发行	2015-03-31	800.00
212	832204	易科势腾	挂牌同时发行	2015-03-31	675.00
213	430733	御食园	挂牌后发行	2015-04-01	3000.00
214	830781	精鹰传媒2	挂牌后发行	2015-04-01	1000.00
215	830883	联桥新材	挂牌后发行	2015-04-01	1350.00
216	831051	春秋鸿2	挂牌后发行	2015-04-01	500.00
217	831117	维恩贝特1	挂牌后发行	2015-04-01	320.84
218	831117	维恩贝特2	挂牌后发行	2015-04-01	85.80
219	831242	特辰科技	挂牌后发行	2015-04-01	1750.00
220	831503	广安生物	挂牌后发行	2015-04-01	2800.00
221	831524	康耀电子	挂牌后发行	2015-04-01	250.00
222	430617	欧迅体育	挂牌后发行	2015-04-02	2500.00
223	430704	同智伟业	挂牌后发行	2015-04-02	637.10
224	831473	江苏科幸	挂牌后发行	2015-04-02	1000.00
225	430004	绿创设备	挂牌后发行	2015-04-03	947.93
226	830886	太尔科技	挂牌后发行	2015-04-03	3021.20
227	831008	百华悦邦1	挂牌后发行	2015-04-03	355.13
228	831008	百华悦邦2	挂牌后发行	2015-04-03	108.38
229	831008	百华悦邦3	挂牌后发行	2015-04-03	85.13
230	831296	奥拓福	挂牌后发行	2015-04-03	2000.00

7—51 续表 5 continued

序号 No.	股票代码 Stock Code	股票简称 Stock Abbreviation	增发方式 Re-Issuing Mode	定向发行日期 Date of Re-Issuing	筹资总额（万元） Proceeds Raised through Offering (10 thousand yuan)
231	831340	金童股份	挂牌后发行	2015-04-03	2840.40
232	831604	世纪网通	挂牌后发行	2015-04-03	200.00
233	832245	慧翰股份	挂牌同时发行	2015-04-03	2000.00
234	430238	普华科技2	挂牌后发行	2015-04-07	1215.00
235	430657	楼兰股份1	挂牌后发行	2015-04-07	973.50
236	430657	楼兰股份2	挂牌后发行	2015-04-07	102.30
237	830878	智信股份	挂牌后发行	2015-04-07	1000.00
238	830970	艾录股份	挂牌后发行	2015-04-07	400.00
239	831670	捷福装备	挂牌后发行	2015-04-07	88.80
240	830899	联讯证券	挂牌后发行	2015-04-08	279136.60
241	831977	通宇电子	挂牌同时发行	2015-04-09	1200.00
242	430322	智合新天	挂牌后发行	2015-04-10	632.50
243	430501	超宇环保	挂牌后发行	2015-04-10	3000.00
244	430591	明德生物	挂牌后发行	2015-04-10	499.99
245	830938	可恩口腔2	挂牌后发行	2015-04-10	1000.00
246	831053	美佳新材	挂牌后发行	2015-04-10	5950.00
247	831169	百特莱德	挂牌后发行	2015-04-10	88.00
248	831271	燎原药业	挂牌后发行	2015-04-10	6487.70
249	831276	松科快换	挂牌后发行	2015-04-10	450.00
250	832262	德惠商业	挂牌同时发行	2015-04-10	1524.00
251	832201	澄星航模	挂牌同时发行	2015-04-13	700.00
252	832251	众深科技	挂牌同时发行	2015-04-13	2723.08
253	430406	奥美格2	挂牌后发行	2015-04-14	600.00
254	831091	精冶源	挂牌后发行	2015-04-14	1336.88
255	831397	康泽药业	挂牌后发行	2015-04-14	9600.00
256	831975	温迪股份	挂牌后发行	2015-04-14	3612.00
257	832182	欧好光电	挂牌同时发行	2015-04-14	100.00
258	831111	智明恒	挂牌后发行	2015-04-15	300.00
259	831284	迈科智能	挂牌后发行	2015-04-15	1600.00
260	831496	华燕房盟2	挂牌后发行	2015-04-15	10000.00
261	832232	正全科技	挂牌同时发行	2015-04-16	407.97
262	832339	远大宏略	挂牌同时发行	2015-04-16	60.00
263	430670	东芯通信	挂牌后发行	2015-04-17	1600.00
264	830859	金旭农发	挂牌后发行	2015-04-17	1800.00
265	830891	轩辕网络2	挂牌后发行	2015-04-17	920.00
266	831030	卓华信息2	挂牌后发行	2015-04-17	1080.00
267	831335	时空客	挂牌后发行	2015-04-17	1965.75
268	831478	天际数字	挂牌后发行	2015-04-17	700.00
269	831850	分豆教育2	挂牌后发行	2015-04-17	4680.00
270	832312	领耀科技	挂牌同时发行	2015-04-17	600.00
271	832320	大富装饰	挂牌同时发行	2015-04-17	528.00
272	430141	久日化学	挂牌后发行	2015-04-20	2850.00
273	430253	兴竹信息	挂牌后发行	2015-04-20	12000.00
274	830844	鸿远电气	挂牌后发行	2015-04-20	1073.00
275	830912	科汇电自1	挂牌后发行	2015-04-20	702.00
276	830912	科汇电自2	挂牌后发行	2015-04-20	298.00

7–51 续表 6 continued

序号 No.	股票代码 Stock Code	股票简称 Stock Abbreviation	增发方式 Re-Issuing Mode	定向发行日期 Date of Re-Issuing	筹资总额（万元）Proceeds Raised through Offering (10 thousand yuan)
277	831261	天海科技	挂牌后发行	2015-04-20	400.00
278	831383	楼市通网	挂牌后发行	2015-04-20	500.00
279	832281	和氏技术	挂牌同时发行	2015-04-20	721.00
280	430212	六合伟业	挂牌后发行	2015-04-21	1073.00
281	430518	嘉达早教	挂牌后发行	2015-04-21	5000.00
282	430701	立德股份	挂牌后发行	2015-04-21	180.00
283	430720	东方炫辰	挂牌后发行	2015-04-21	1000.00
284	830783	广源精密	挂牌后发行	2015-04-21	900.00
285	830984	德邦工程	挂牌后发行	2015-04-21	4600.00
286	831265	宏源药业2	挂牌后发行	2015-04-21	7206.00
287	831896	思考投资	挂牌后发行	2015-04-21	402.50
288	831963	明利仓储	挂牌后发行	2015-04-21	30000.00
289	430191	波尔通信	挂牌后发行	2015-04-22	1353.00
290	430263	蓝天环保	挂牌后发行	2015-04-22	4000.00
291	430368	明波通信	挂牌后发行	2015-04-22	280.00
292	430600	徽电科技	挂牌后发行	2015-04-22	1554.75
293	831294	中德科技	挂牌后发行	2015-04-22	314.45
294	831320	路骋国旅	挂牌后发行	2015-04-22	700.00
295	832297	新生飞翔	挂牌同时发行	2015-04-22	10000.00
296	832353	益泰药业	挂牌同时发行	2015-04-22	1500.00
297	430169	融智通	挂牌后发行	2015-04-23	1400.00
298	831266	一铭软件	挂牌后发行	2015-04-23	2655.00
299	831463	凯雪冷链	挂牌后发行	2015-04-23	333.00
300	430165	光宝联合3	挂牌后发行	2015-04-24	758.10
301	430165	光宝联合4	挂牌后发行	2015-04-24	1194.00
302	430236	美兰股份2	挂牌后发行	2015-04-24	1041.17
303	430359	同济医药	挂牌后发行	2015-04-24	8250.00
304	430462	树业环保	挂牌后发行	2015-04-24	5616.00
305	830898	华人天地	挂牌后发行	2015-04-24	2760.00
306	831085	博冠股份	挂牌后发行	2015-04-24	1920.00
307	430488	东创科技	挂牌后发行	2015-04-27	1500.00
308	430695	浩海科技	挂牌后发行	2015-04-27	1502.13
309	831005	华维电瓷1	挂牌后发行	2015-04-27	1500.00
310	831005	华维电瓷2	挂牌后发行	2015-04-27	1000.00
311	831005	华维电瓷3	挂牌后发行	2015-04-27	1050.00
312	831041	兆鋆新材	挂牌后发行	2015-04-27	272.00
313	831609	壹加壹	挂牌后发行	2015-04-27	5525.00
314	831672	莲池医院1	挂牌后发行	2015-04-27	1610.00
315	832352	瑞格股份	挂牌同时发行	2015-04-27	1000.00
316	831056	千叶药包	挂牌后发行	2015-04-28	1020.00
317	831512	环创科技	挂牌后发行	2015-04-28	299.98
318	832332	巨鹏食品	挂牌同时发行	2015-04-28	2530.00
319	430256	卓繁信息2	挂牌后发行	2015-04-29	846.00
320	430393	三景科技2	挂牌后发行	2015-04-29	2025.00
321	830978	先临三维	挂牌后发行	2015-04-29	1870.00
322	831028	华丽包装	挂牌后发行	2015-04-29	13480.50

7–51 续表 7 continued

序号 No.	股票代码 Stock Code	股票简称 Stock Abbreviation	增发方式 Re-Issuing Mode	定向发行日期 Date of Re-Issuing	筹资总额(万元) Proceeds Raised through Offering (10 thousand yuan)
323	430349	安威仕	挂牌后发行	2015-04-30	500.00
324	830771	华灿电讯	挂牌后发行	2015-04-30	10080.00
325	830911	标榜新材	挂牌后发行	2015-04-30	260.00
326	831166	纳地股份	挂牌后发行	2015-04-30	600.00
327	832139	沃田农业	挂牌后发行	2015-04-30	5000.00
328	430017	星昊医药	挂牌后发行	2015-05-04	5200.00
329	430055	达通通信	挂牌后发行	2015-05-05	2999.92
330	430272	世富环保	挂牌后发行	2015-05-05	795.00
331	430296	平安力合	挂牌后发行	2015-05-05	1800.04
332	830847	晟嘉电气	挂牌后发行	2015-05-05	714.00
333	830970	艾录股份2	挂牌后发行	2015-05-05	3146.50
334	831101	奥维云网	挂牌后发行	2015-05-05	640.00
335	831259	津福斯特	挂牌后发行	2015-05-05	400.00
336	831314	深科达	挂牌后发行	2015-05-05	1500.00
337	430725	九五智驾1	挂牌后发行	2015-05-06	4875.06
338	430725	九五智驾2	挂牌后发行	2015-05-06	2400.00
339	830849	平原非标	挂牌后发行	2015-05-06	16499.79
340	831003	金大股份	挂牌后发行	2015-05-06	1080.00
341	831575	光辉互动	挂牌后发行	2015-05-06	7200.00
342	832397	恒神股份	挂牌同时发行	2015-05-06	15000.00
343	830845	芯邦科技	挂牌后发行	2015-05-07	1350.00
344	831131	宏泰矿业1	挂牌后发行	2015-05-07	1299.00
345	831131	宏泰矿业2	挂牌后发行	2015-05-07	4900.00
346	831327	飞翼股份	挂牌后发行	2015-05-07	5600.00
347	831510	特思达	挂牌后发行	2015-05-07	990.00
348	831562	山水园林	挂牌后发行	2015-05-07	2340.00
349	831903	汇川科技	挂牌后发行	2015-05-07	500.00
350	831999	仟亿达	挂牌后发行	2015-05-07	5100.00
351	430297	金硕信息	挂牌后发行	2015-05-08	1000.00
352	430431	枫盛阳	挂牌后发行	2015-05-08	5000.00
353	430459	华艺园林	挂牌后发行	2015-05-08	2280.00
354	430681	芒冠光电	挂牌后发行	2015-05-08	540.00
355	830795	骏汇股份	挂牌后发行	2015-05-08	1500.00
356	831361	胜龙股份	挂牌后发行	2015-05-08	660.00
357	832355	动脉智能	挂牌同时发行	2015-05-08	82.00
358	430309	易所试2	挂牌后发行	2015-05-11	8094.00
359	430508	中视文化2	挂牌后发行	2015-05-11	1680.00
360	430657	楼兰股份3	挂牌后发行	2015-05-11	132.00
361	430657	楼兰股份4	挂牌后发行	2015-05-11	66.00
362	430657	楼兰股份5	挂牌后发行	2015-05-11	250.80
363	830794	奥派股份	挂牌后发行	2015-05-11	600.03
364	831111	智明恒2	挂牌后发行	2015-05-11	915.00
365	831255	佳和电气	挂牌后发行	2015-05-11	500.00
366	831262	广建装饰	挂牌后发行	2015-05-11	5000.00
367	831767	知音文化	挂牌后发行	2015-05-11	1591.00
368	831854	曼克斯	挂牌后发行	2015-05-11	1880.00

7—51 续表 8 continued

序号 No.	股票代码 Stock Code	股票简称 Stock Abbreviation	增发方式 Re-Issuing Mode	定向发行日期 Date of Re-Issuing	筹资总额（万元） Proceeds Raised through Offering (10 thousand yuan)
369	430024	金和软件	挂牌后发行	2015-05-12	5766.40
370	430311	达美盛	挂牌后发行	2015-05-12	1280.00
371	830828	万绿生物	挂牌后发行	2015-05-12	1200.00
372	831092	乾元泽孚2	挂牌后发行	2015-05-12	350.00
373	831170	熵能新材	挂牌后发行	2015-05-12	600.00
374	831216	中林股份	挂牌后发行	2015-05-12	8580.00
375	831758	意欧斯	挂牌后发行	2015-05-12	400.00
376	831887	长潮股份	挂牌后发行	2015-05-12	1200.00
377	832422	福昕软件	挂牌同时发行	2015-05-12	1200.00
378	430323	天阶生物	挂牌后发行	2015-05-13	6201.00
379	830851	骏华农牧	挂牌后发行	2015-05-13	2576.00
380	830915	味群食品	挂牌后发行	2015-05-13	100.00
381	831061	中瀛鑫1	挂牌后发行	2015-05-13	2214.82
382	831061	中瀛鑫2	挂牌后发行	2015-05-13	1507.34
383	831187	创尔生物1	挂牌后发行	2015-05-13	960.96
384	831187	创尔生物2	挂牌后发行	2015-05-13	1363.92
385	831672	莲池医院2	挂牌后发行	2015-05-13	483.00
386	831672	莲池医院3	挂牌后发行	2015-05-13	280.00
387	831889	天信投资	挂牌后发行	2015-05-13	942.00
388	430196	宣爱智能	挂牌后发行	2015-05-14	2051.09
389	430497	威硬工具	挂牌后发行	2015-05-14	1318.82
390	430533	同立高科	挂牌后发行	2015-05-14	7525.00
391	831346	木联能	挂牌后发行	2015-05-14	2380.00
392	831395	智通建设	挂牌后发行	2015-05-14	2000.00
393	832168	中科招商3	挂牌后发行	2015-05-14	503236.80
394	430082	博雅英杰	挂牌后发行	2015-05-15	1468.50
395	830807	恒瑞能源	挂牌后发行	2015-05-15	6000.00
396	830921	海阳保安	挂牌后发行	2015-05-15	4000.00
397	831049	赛莱拉	挂牌后发行	2015-05-15	2464.00
398	831074	佳力科技	挂牌后发行	2015-05-15	11599.40
399	831114	易销科技	挂牌后发行	2015-05-15	69.60
400	831248	瑞德设计	挂牌后发行	2015-05-15	1040.00
401	831263	科华控股	挂牌后发行	2015-05-15	14400.00
402	430629	国科海博	挂牌后发行	2015-05-18	1579.20
403	831036	裕国股份	挂牌后发行	2015-05-18	11000.00
404	831367	红山河	挂牌后发行	2015-05-18	3600.00
405	831460	光合光学	挂牌后发行	2015-05-18	3190.34
406	831606	方硕科技	挂牌后发行	2015-05-18	120.00
407	831647	联瑞新材	挂牌后发行	2015-05-18	1250.00
408	831775	河南巨龙	挂牌后发行	2015-05-18	10000.00
409	832453	恒福茶业	挂牌同时发行	2015-05-18	528.20
410	832463	月旭科技	挂牌同时发行	2015-05-18	800.00
411	832464	科大科技	挂牌同时发行	2015-05-18	30.00
412	832471	美邦科技	挂牌同时发行	2015-05-18	2870.00
413	430289	华索科技2	挂牌后发行	2015-05-19	3156.00
414	430324	上海致远	挂牌后发行	2015-05-19	2000.00

7–51 续表 9 continued

序号 No.	股票代码 Stock Code	股票简称 Stock Abbreviation	增发方式 Re-Issuing Mode	定向发行日期 Date of Re-Issuing	筹资总额（万元） Proceeds Raised through Offering (10 thousand yuan)
415	430374	英富森2	挂牌后发行	2015-05-19	4071.91
416	430378	山本光电	挂牌后发行	2015-05-19	195.00
417	831055	三优光电	挂牌后发行	2015-05-19	224.00
418	831373	电科电源	挂牌后发行	2015-05-19	1365.00
419	831411	三重股份	挂牌后发行	2015-05-19	360.00
420	832419	路斯股份	挂牌同时发行	2015-05-19	3300.00
421	430342	天润康隆	挂牌后发行	2015-05-20	360.00
422	430649	绿清科技	挂牌后发行	2015-05-20	1730.00
423	830885	波斯科技2	挂牌后发行	2015-05-20	4186.00
424	831291	恒博科技	挂牌后发行	2015-05-20	180.00
425	831319	绿蔓生物	挂牌后发行	2015-05-20	650.00
426	831916	商中在线	挂牌后发行	2015-05-20	2108.29
427	832385	快乐传媒	挂牌同时发行	2015-05-20	1991.60
428	832393	舒茨股份	挂牌同时发行	2015-05-20	330.00
429	430358	基美影业1	挂牌后发行	2015-05-21	3850.00
430	831287	启奥科技	挂牌后发行	2015-05-21	2625.00
431	831383	楼市通网2	挂牌后发行	2015-05-21	1000.00
432	831860	驰翔精密	挂牌后发行	2015-05-21	6985.00
433	430135	三益能源	挂牌后发行	2015-05-22	1044.00
434	430141	久日化学2	挂牌后发行	2015-05-22	7000.00
435	430355	沃特能源	挂牌后发行	2015-05-22	1440.00
436	831387	华特磁电	挂牌后发行	2015-05-22	4725.00
437	831612	维艾普	挂牌后发行	2015-05-22	532.00
438	430356	雷腾软件	挂牌后发行	2015-05-25	210.00
439	430555	英派瑞	挂牌后发行	2015-05-25	3800.00
440	830793	晶纯生化2	挂牌后发行	2015-05-25	325.00
441	830793	晶纯生化3	挂牌后发行	2015-05-25	587.70
442	830822	海容冷链	挂牌后发行	2015-05-25	13090.00
443	830867	全华光电	挂牌后发行	2015-05-25	500.00
444	830923	上元堂	挂牌后发行	2015-05-25	4960.00
445	831303	澳凯富汇	挂牌后发行	2015-05-25	3038.97
446	831497	事成股份	挂牌后发行	2015-05-25	692.10
447	831835	苏柯汉	挂牌后发行	2015-05-25	1940.00
448	832071	晶华光学	挂牌后发行	2015-05-25	1728.00
449	430547	畅想高科1	挂牌后发行	2015-05-26	224.21
450	430547	畅想高科2	挂牌后发行	2015-05-26	480.00
451	430547	畅想高科3	挂牌后发行	2015-05-26	166.00
452	430625	联创种业	挂牌后发行	2015-05-26	559.86
453	830898	华人天地2	挂牌后发行	2015-05-26	1950.00
454	831003	金大股份2	挂牌后发行	2015-05-26	1200.00
455	831004	宝泰股份	挂牌后发行	2015-05-26	4320.00
456	831267	法福来	挂牌后发行	2015-05-26	1410.00
457	831456	森瑞新材	挂牌后发行	2015-05-26	5000.00
458	831567	南达农业	挂牌后发行	2015-05-26	1000.00
459	831859	祁药股份	挂牌后发行	2015-05-26	1200.00
460	430730	先大药业	挂牌后发行	2015-05-27	1999.92

7—51 续表 10 continued

序号 No.	股票代码 Stock Code	股票简称 Stock Abbreviation	增发方式 Re-Issuing Mode	定向发行日期 Date of Re-Issuing	筹资总额（万元）Proceeds Raised through Offering (10 thousand yuan)
461	831176	天鸿股份	挂牌后发行	2015-05-27	600.00
462	831286	竹林伟业	挂牌后发行	2015-05-27	1332.96
463	831480	福生佳信	挂牌后发行	2015-05-27	840.00
464	832086	现在支付	挂牌后发行	2015-05-27	100.00
465	832132	民正农牧	挂牌后发行	2015-05-27	3900.00
466	832136	蓝天园林	挂牌后发行	2015-05-27	7000.00
467	831204	汇通控股	挂牌后发行	2015-05-28	3444.00
468	831228	夏阳检测	挂牌后发行	2015-05-28	162.96
469	831437	天劲股份	挂牌后发行	2015-05-28	742.90
470	832527	恒康达	挂牌同时发行	2015-05-28	150.00
471	832550	双盛锌业	挂牌同时发行	2015-05-28	294.00
472	430596	新达通	挂牌后发行	2015-05-29	3816.00
473	430724	芳迪环保	挂牌后发行	2015-05-29	3600.00
474	831143	焕鑫股份	挂牌后发行	2015-05-29	9000.00
475	831175	派诺科技	挂牌后发行	2015-05-29	675.00
476	831343	益通建设	挂牌后发行	2015-05-29	750.00
477	832021	安谱实验	挂牌后发行	2015-05-29	459.42
478	832148	云媒股份	挂牌后发行	2015-05-29	1000.00
479	430338	银音科技	挂牌后发行	2015-06-01	10400.00
480	830807	恒瑞能源2	挂牌后发行	2015-06-01	1890.00
481	831047	深远石油	挂牌后发行	2015-06-01	650.00
482	831159	安达物流	挂牌后发行	2015-06-01	1086.80
483	831353	海盐力源2	挂牌后发行	2015-06-01	636.00
484	831378	富耐克	挂牌后发行	2015-06-01	17290.00
485	831392	天迈科技2	挂牌后发行	2015-06-01	1574.51
486	831392	天迈科技3	挂牌后发行	2015-06-01	885.61
487	831392	天迈科技4	挂牌后发行	2015-06-01	321.21
488	831491	佳音王	挂牌后发行	2015-06-01	1200.00
489	831851	绿健神农	挂牌后发行	2015-06-01	900.00
490	832546	科富股份	挂牌同时发行	2015-06-01	200.00
491	430247	金日创	挂牌后发行	2015-06-02	351.00
492	430267	盛世光明	挂牌后发行	2015-06-02	200.00
493	430664	联合永道	挂牌后发行	2015-06-02	3000.00
494	830902	长仪股份	挂牌后发行	2015-06-02	1312.50
495	831171	海纳生物	挂牌后发行	2015-06-02	9899.82
496	831449	赛格立诺	挂牌后发行	2015-06-02	1000.00
497	831930	和君商学	挂牌后发行	2015-06-02	26500.00
498	430492	老来寿	挂牌后发行	2015-06-03	3400.00
499	430556	雅达股份3	挂牌后发行	2015-06-03	2300.00
500	830911	标榜新材2	挂牌后发行	2015-06-03	260.00
501	831101	奥维云网2	挂牌后发行	2015-06-03	4000.00
502	831355	地源科技	挂牌后发行	2015-06-03	1081.07
503	831386	风华环保1	挂牌后发行	2015-06-03	1000.00
504	831386	风华环保2	挂牌后发行	2015-06-03	6121.50
505	831488	华宏医药2	挂牌后发行	2015-06-03	890.00
506	831614	合富科技	挂牌后发行	2015-06-03	1000.00

7–51 续表 11 continued

序号 No.	股票代码 Stock Code	股票简称 Stock Abbreviation	增发方式 Re-Issuing Mode	定向发行日期 Date of Re-Issuing	筹资总额（万元） Proceeds Raised through Offering (10 thousand yuan)
507	831639	达仁资管2	挂牌后发行	2015-06-03	3360.00
508	831828	利特尔	挂牌后发行	2015-06-03	999.00
509	831864	华夏未来	挂牌后发行	2015-06-03	220.00
510	832555	金宇农牧1	挂牌同时发行	2015-06-03	5000.00
511	832555	金宇农牧2	挂牌同时发行	2015-06-03	650.00
512	430184	北方跃龙	挂牌后发行	2015-06-04	3412.50
513	430557	希芳阁	挂牌后发行	2015-06-04	1008.00
514	430582	华菱西厨	挂牌后发行	2015-06-04	2430.00
515	830816	卡特股份	挂牌后发行	2015-06-04	2250.00
516	830931	仁会生物3	挂牌后发行	2015-06-04	10000.00
517	830944	景尚旅业	挂牌后发行	2015-06-04	1650.00
518	831020	华阳密封	挂牌后发行	2015-06-04	5292.00
519	831258	龙蛙农业	挂牌后发行	2015-06-04	1080.00
520	831722	阿迪克	挂牌后发行	2015-06-04	234.00
521	831776	中云创	挂牌后发行	2015-06-04	4500.00
522	831866	蔚林股份	挂牌后发行	2015-06-04	2304.00
523	430244	颂大教育	挂牌后发行	2015-06-05	2037.75
524	430454	百大能源	挂牌后发行	2015-06-05	2040.00
525	430657	楼兰股份6	挂牌后发行	2015-06-05	12499.95
526	831169	百特莱德2	挂牌后发行	2015-06-05	3250.00
527	831422	奥根科技	挂牌后发行	2015-06-05	200.00
528	831448	贝欧特	挂牌后发行	2015-06-05	750.00
529	831518	波长光电	挂牌后发行	2015-06-05	1806.00
530	831533	绩优股份	挂牌后发行	2015-06-05	3366.61
531	831922	长宝科技	挂牌后发行	2015-06-05	1100.00
532	830781	精鹰传媒3	挂牌后发行	2015-06-08	900.00
533	830813	熔金股份	挂牌后发行	2015-06-08	565.00
534	830819	致生联发	挂牌后发行	2015-06-08	3179.08
535	830890	海魄科技	挂牌后发行	2015-06-08	1400.00
536	830949	中窑股份	挂牌后发行	2015-06-08	3300.00
537	831341	必由学	挂牌后发行	2015-06-08	500.00
538	831883	嘉翼精机	挂牌后发行	2015-06-08	250.00
539	832003	同信通信	挂牌后发行	2015-06-08	1960.00
540	832563	帮豪种业	挂牌同时发行	2015-06-08	2280.00
541	832571	点击网络1	挂牌同时发行	2015-06-08	240.00
542	832571	点击网络2	挂牌同时发行	2015-06-08	2600.00
543	430292	威控科技	挂牌后发行	2015-06-09	1050.00
544	430330	捷世智通	挂牌后发行	2015-06-09	3360.00
545	430403	英思科技	挂牌后发行	2015-06-09	360.00
546	430478	禾益化学	挂牌后发行	2015-06-09	1000.00
547	430532	北鼎晶辉	挂牌后发行	2015-06-09	6720.00
548	430732	威马股份	挂牌后发行	2015-06-09	5000.00
549	830789	博富科技	挂牌后发行	2015-06-09	912.00
550	830990	鹏盾石油	挂牌后发行	2015-06-09	5625.00
551	831235	谋士人才	挂牌后发行	2015-06-09	500.00
552	831239	云南文化	挂牌后发行	2015-06-09	2945.80

7—51 续表 12 continued

序号 No.	股票代码 Stock Code	股票简称 Stock Abbreviation	增发方式 Re-Issuing Mode	定向发行日期 Date of Re-Issuing	筹资总额（万元） Proceeds Raised through Offering (10 thousand yuan)
553	831370	新安洁2	挂牌后发行	2015-06-09	960.00
554	831464	创高安防	挂牌后发行	2015-06-09	2214.00
555	831521	汉龙科技	挂牌后发行	2015-06-09	2231.22
556	831950	亚太能源	挂牌后发行	2015-06-09	1400.00
557	832560	立泰复合	挂牌同时发行	2015-06-09	352.93
558	832620	中安股份	挂牌同时发行	2015-06-09	2000.00
559	430198	微创光电	挂牌后发行	2015-06-10	3600.00
560	430236	美兰股份3	挂牌后发行	2015-06-10	604.80
561	430597	博安通	挂牌后发行	2015-06-10	2000.00
562	430617	欧迅体育2	挂牌后发行	2015-06-10	2500.00
563	830992	磐合科仪	挂牌后发行	2015-06-10	1620.00
564	831069	瑞明节能	挂牌后发行	2015-06-10	1050.00
565	831428	数据堂	挂牌后发行	2015-06-10	55.67
566	831559	天高股份	挂牌后发行	2015-06-10	1856.90
567	831603	金润和	挂牌后发行	2015-06-10	480.00
568	831837	硕泉园林	挂牌后发行	2015-06-10	320.00
569	832595	海宝生物	挂牌同时发行	2015-06-10	199.68
570	430259	华宿电气2	挂牌后发行	2015-06-11	1000.00
571	830772	远航科技	挂牌后发行	2015-06-11	6000.00
572	831026	熙浪股份2	挂牌后发行	2015-06-11	1008.00
573	831094	光大灵曦	挂牌后发行	2015-06-11	152.00
574	831309	雷迪特	挂牌后发行	2015-06-11	1360.00
575	831571	大洋线缆	挂牌后发行	2015-06-11	1620.00
576	831737	地浦科技	挂牌后发行	2015-06-11	4160.00
577	831330	普适导航2	挂牌后发行	2015-06-12	1929.84
578	831437	天劲股份2	挂牌后发行	2015-06-12	435.00
579	831752	蓝图新材	挂牌后发行	2015-06-12	1455.00
580	831882	众益传媒1	挂牌后发行	2015-06-12	7137.00
581	831882	众益传媒2	挂牌后发行	2015-06-12	1440.00
582	832314	四砂泰益	挂牌后发行	2015-06-12	1118.40
583	430521	康捷医疗	挂牌后发行	2015-06-15	500.00
584	830829	华精新材	挂牌后发行	2015-06-15	9840.00
585	830938	可恩口腔3	挂牌后发行	2015-06-15	4900.00
586	830938	可恩口腔4	挂牌后发行	2015-06-15	1925.00
587	831037	华力兴	挂牌后发行	2015-06-15	351.00
588	831497	事成股份2	挂牌后发行	2015-06-15	512.50
589	831503	广安生物2	挂牌后发行	2015-06-15	9900.00
590	832049	广德环保	挂牌后发行	2015-06-15	1530.00
591	430471	豪威尔	挂牌后发行	2015-06-16	1016.45
592	430555	英派瑞2	挂牌后发行	2015-06-16	1204.00
593	430584	弘陆股份	挂牌后发行	2015-06-16	600.00
594	430673	天佑铁道	挂牌后发行	2015-06-16	1800.00
595	830843	沃迪装备	挂牌后发行	2015-06-16	2457.46
596	830877	康莱宝	挂牌后发行	2015-06-16	3500.00
597	831454	皇品文化	挂牌后发行	2015-06-16	3000.00
598	831524	康耀电子2	挂牌后发行	2015-06-16	2500.00

7—51　续表 13　continued

序号 No.	股票代码 Stock Code	股票简称 Stock Abbreviation	增发方式 Re-Issuing Mode	定向发行日期 Date of Re-Issuing	筹资总额（万元）Proceeds Raised through Offering (10 thousand yuan)
599	831697	海优威	挂牌后发行	2015-06-16	1588.24
600	831757	振华股份	挂牌后发行	2015-06-16	645.00
601	832026	海龙核科	挂牌后发行	2015-06-16	4500.00
602	832063	鸿辉光通	挂牌后发行	2015-06-16	3500.00
603	832294	鑫乐医疗	挂牌后发行	2015-06-16	1820.00
604	832502	圆融科技	挂牌同时发行	2015-06-16	4637.50
605	832605	江苏腾达	挂牌同时发行	2015-06-16	700.00
606	832633	伏泰科技	挂牌同时发行	2015-06-16	1058.00
607	430038	信维科技	挂牌后发行	2015-06-17	1065.00
608	430159	创世生态	挂牌后发行	2015-06-17	7200.00
609	430164	思倍驰	挂牌后发行	2015-06-17	1202.50
610	430653	同望科技	挂牌后发行	2015-06-17	400.00
611	831302	飞扬天下1	挂牌后发行	2015-06-17	2000.00
612	831302	飞扬天下2	挂牌后发行	2015-06-17	500.00
613	831912	金三元	挂牌后发行	2015-06-17	2400.00
614	831929	惠尔明	挂牌后发行	2015-06-17	2485.25
615	831945	安泽电工	挂牌后发行	2015-06-17	1200.00
616	832568	阿波罗	挂牌同时发行	2015-06-17	2499.74
617	832615	双发股份	挂牌同时发行	2015-06-17	2945.00
618	430145	智立医学	挂牌后发行	2015-06-18	7920.00
619	430345	天呈医流	挂牌后发行	2015-06-18	799.85
620	430486	普金科技1	挂牌后发行	2015-06-18	252.00
621	430486	普金科技2	挂牌后发行	2015-06-18	500.00
622	830936	约克股份	挂牌后发行	2015-06-18	1474.00
623	831237	飞宇科技	挂牌后发行	2015-06-18	4032.00
624	831678	利德浆料	挂牌后发行	2015-06-18	500.00
625	831706	领航科技	挂牌后发行	2015-06-18	3500.00
626	831743	立高科技2	挂牌后发行	2015-06-18	1560.00
627	430300	辰光医疗	挂牌后发行	2015-06-19	5056.84
628	430402	吉事达	挂牌后发行	2015-06-19	2760.00
629	831150	金越交通	挂牌后发行	2015-06-19	1750.00
630	831220	新宁股份	挂牌后发行	2015-06-19	600.00
631	831560	盈建科	挂牌后发行	2015-06-19	2188.80
632	831676	景川诊断	挂牌后发行	2015-06-19	500.00
633	831680	麒润文化	挂牌后发行	2015-06-19	3240.00
634	831816	兴锐科技	挂牌后发行	2015-06-19	1680.00
635	831826	华菱医疗	挂牌后发行	2015-06-19	300.00
636	831981	中浩股份	挂牌后发行	2015-06-19	2000.00
637	832106	中设正泰	挂牌后发行	2015-06-19	3600.00
638	832308	旺盛园林	挂牌后发行	2015-06-19	1250.00
639	832601	天鸿新材	挂牌同时发行	2015-06-19	495.00
640	832644	固泰新材	挂牌同时发行	2015-06-19	301.32
641	430074	德鑫物联	挂牌后发行	2015-06-23	8280.00
642	830881	圣泉集团	挂牌后发行	2015-06-23	77244.00
643	831010	天佳科技	挂牌后发行	2015-06-23	5250.00
644	831438	生力材料	挂牌后发行	2015-06-23	1500.00

7–51 续表 14 continued

序号 No.	股票代码 Stock Code	股票简称 Stock Abbreviation	增发方式 Re-Issuing Mode	定向发行日期 Date of Re-Issuing	筹资总额（万元） Proceeds Raised through Offering (10 thousand yuan)
645	831443	黑美人2	挂牌后发行	2015-06-23	200.00
646	831543	松炀股份	挂牌后发行	2015-06-23	3073.40
647	831627	力王股份	挂牌后发行	2015-06-23	2500.00
648	831630	博安达	挂牌后发行	2015-06-23	250.00
649	430358	基美影业2	挂牌后发行	2015-06-24	37984.80
650	430509	银利智能	挂牌后发行	2015-06-24	1520.00
651	430563	华宇股份	挂牌后发行	2015-06-24	96.00
652	830797	易之景和	挂牌后发行	2015-06-24	600.00
653	831486	索尔科技	挂牌后发行	2015-06-24	1500.00
654	831492	安信种苗2	挂牌后发行	2015-06-24	2344.50
655	831889	天信投资2	挂牌后发行	2015-06-24	1950.00
656	831939	博琳包装	挂牌后发行	2015-06-24	1200.00
657	831973	善为影业1	挂牌后发行	2015-06-24	60.00
658	831973	善为影业2	挂牌后发行	2015-06-24	620.50
659	832079	华邦股份	挂牌后发行	2015-06-24	2400.00
660	832325	捷尚股份	挂牌后发行	2015-06-24	4500.00
661	832585	精英科技	挂牌同时发行	2015-06-24	1680.00
662	430108	精耕天下1	挂牌后发行	2015-06-25	2370.00
663	430108	精耕天下2	挂牌后发行	2015-06-25	910.00
664	430174	沃捷传媒	挂牌后发行	2015-06-25	32000.00
665	430594	盈光科技	挂牌后发行	2015-06-25	2000.00
666	830855	盈谷股份2	挂牌后发行	2015-06-25	4200.00
667	830944	景尚旅业2	挂牌后发行	2015-06-25	12000.00
668	831098	通利农贷1	挂牌后发行	2015-06-25	670.00
669	831098	通利农贷2	挂牌后发行	2015-06-25	7560.00
670	831195	三祥科技	挂牌后发行	2015-06-25	5040.00
671	831234	天辰股份1	挂牌后发行	2015-06-25	350.00
672	831234	天辰股份2	挂牌后发行	2015-06-25	175.00
673	831507	博广热能	挂牌后发行	2015-06-25	2520.00
674	831517	凯伦建材	挂牌后发行	2015-06-25	1600.00
675	831562	山水园林1	挂牌后发行	2015-06-25	2700.00
676	831562	山水园林2	挂牌后发行	2015-06-25	6000.00
677	831677	有福科技	挂牌后发行	2015-06-25	658.60
678	831963	明利仓储2	挂牌后发行	2015-06-25	120000.00
679	832670	数亮科技	挂牌同时发行	2015-06-25	350.00
680	430027	北科光大	挂牌后发行	2015-06-26	8000.00
681	430179	宇昂科技1	挂牌后发行	2015-06-26	1128.40
682	430179	宇昂科技2	挂牌后发行	2015-06-26	900.00
683	430475	陆道股份	挂牌后发行	2015-06-26	2739.00
684	430488	东创科技2	挂牌后发行	2015-06-26	750.00
685	430570	蓝星科技1	挂牌后发行	2015-06-26	225.00
686	430570	蓝星科技2	挂牌后发行	2015-06-26	114.00
687	430752	索泰能源1	挂牌后发行	2015-06-26	1027.93
688	430752	索泰能源2	挂牌后发行	2015-06-26	1892.89
689	831089	金东唐	挂牌后发行	2015-06-26	1600.00
690	831254	平方科技	挂牌后发行	2015-06-26	208.00

7-51 续表 15 continued

序号 No.	股票代码 Stock Code	股票简称 Stock Abbreviation	增发方式 Re-Issuing Mode	定向发行日期 Date of Re-Issuing	筹资总额（万元） Proceeds Raised through Offering (10 thousand yuan)
691	831505	郎顿教育	挂牌后发行	2015-06-26	20400.00
692	831527	约顿气膜	挂牌后发行	2015-06-26	700.00
693	831669	永晟科技	挂牌后发行	2015-06-26	1500.00
694	831687	亨达股份	挂牌后发行	2015-06-26	7000.00
695	831723	恒晟农贷	挂牌后发行	2015-06-26	2400.00
696	831891	行动教育	挂牌后发行	2015-06-26	2063.47
697	831940	网高科技	挂牌后发行	2015-06-26	1100.00
698	832519	中通电气	挂牌同时发行	2015-06-26	990.00
699	832681	宇邦新材	挂牌同时发行	2015-06-26	1385.00
700	430211	丰电科技	挂牌后发行	2015-06-29	1965.39
701	430385	中一检测	挂牌后发行	2015-06-29	1200.00
702	430452	汇龙科技	挂牌后发行	2015-06-29	11857.50
703	430613	腾晖科技	挂牌后发行	2015-06-29	1718.40
704	430707	欧神诺	挂牌后发行	2015-06-29	2750.00
705	830767	网虫股份	挂牌后发行	2015-06-29	3000.00
706	830970	艾录股份2	挂牌后发行	2015-06-29	7581.60
707	831143	焕鑫股份	挂牌后发行	2015-06-29	2400.00
708	831162	天河股份	挂牌后发行	2015-06-29	495.00
709	831222	金龙腾	挂牌后发行	2015-06-29	10000.00
710	831256	新疆银丰	挂牌后发行	2015-06-29	2160.00
711	831586	高奇电子	挂牌后发行	2015-06-29	840.00
712	831633	那然生命	挂牌后发行	2015-06-29	10400.00
713	831797	爱乐祺	挂牌后发行	2015-06-29	1360.00
714	832186	惠尔顿	挂牌后发行	2015-06-29	721.00
715	832637	华源磁业	挂牌同时发行	2015-06-29	371.25
716	832687	京东农业	挂牌同时发行	2015-06-29	500.00
717	430183	天友设计	挂牌后发行	2015-06-30	990.00
718	430260	布雷尔利2	挂牌后发行	2015-06-30	8550.00
719	430595	唐人通服	挂牌后发行	2015-06-30	12700.00
720	430624	中天金谷	挂牌后发行	2015-06-30	285.00
721	430646	上海底特	挂牌后发行	2015-06-30	1149.99
722	430737	斯达科技	挂牌后发行	2015-06-30	4000.00
723	830928	康定电子	挂牌后发行	2015-06-30	540.00
724	831025	万兴隆1	挂牌后发行	2015-06-30	500.00
725	831025	万兴隆2	挂牌后发行	2015-06-30	525.00
726	831120	达海智能	挂牌后发行	2015-06-30	4800.00
727	831132	临风股份	挂牌后发行	2015-06-30	2050.00
728	831224	沈氏节能	挂牌后发行	2015-06-30	264.60
729	831260	东方碾磨	挂牌后发行	2015-06-30	1600.00
730	831383	楼市通网3	挂牌后发行	2015-06-30	950.00
731	831398	东联动漫	挂牌后发行	2015-06-30	1758.68
732	831734	展通电信	挂牌后发行	2015-06-30	1540.00
733	831827	宝来利来1	挂牌后发行	2015-06-30	1410.00
734	831841	中扬科技	挂牌后发行	2015-06-30	1540.00
735	832014	绿之彩	挂牌后发行	2015-06-30	1350.00
736	832196	秦森园林	挂牌后发行	2015-06-30	5000.00

7–51 续表 16 continued

序号 No.	股票代码 Stock Code	股票简称 Stock Abbreviation	增发方式 Re-Issuing Mode	定向发行日期 Date of Re-Issuing	筹资总额（万元） Proceeds Raised through Offering (10 thousand yuan)
737	832219	建装业	挂牌后发行	2015-06-30	27095.00
738	832312	领耀科技	挂牌后发行	2015-06-30	4620.00
739	430451	万人调查	挂牌后发行	2015-07-01	5000.00
740	430490	旭龙物联	挂牌后发行	2015-07-01	660.00
741	430574	星奥股份2	挂牌后发行	2015-07-01	3021.93
742	830922	裕荣光电	挂牌后发行	2015-07-01	600.00
743	831060	天香苑2	挂牌后发行	2015-07-01	880.00
744	831142	易讯通	挂牌后发行	2015-07-01	400.00
745	831177	深冷能源2	挂牌后发行	2015-07-01	11786.80
746	831189	乔顿服饰	挂牌后发行	2015-07-01	722.30
747	831489	天衡股份	挂牌后发行	2015-07-01	874.00
748	831827	宝来利来2	挂牌后发行	2015-07-01	3000.00
749	831836	澳坤生物1	挂牌后发行	2015-07-01	5005.00
750	831836	澳坤生物2	挂牌后发行	2015-07-01	1950.00
751	832267	诺君安	挂牌后发行	2015-07-01	1590.00
752	832562	盈嘉科技	挂牌同时发行	2015-07-01	309.26
753	430037	联飞翔	挂牌后发行	2015-07-02	4326.08
754	430375	星立方2	挂牌后发行	2015-07-02	3600.00
755	430426	长城软件2	挂牌后发行	2015-07-02	2400.00
756	430670	东芯通信2	挂牌后发行	2015-07-02	241.50
757	830800	天开园林	挂牌后发行	2015-07-02	21000.00
758	831031	诚盟装备2	挂牌后发行	2015-07-02	9600.00
759	831437	天劲股份3	挂牌后发行	2015-07-02	5500.00
760	831449	赛格立诺2	挂牌后发行	2015-07-02	576.00
761	831476	硕源科技	挂牌后发行	2015-07-02	630.00
762	831710	昊方机电	挂牌后发行	2015-07-02	10800.00
763	831860	驰翔精密2	挂牌后发行	2015-07-02	2000.00
764	832046	天安智联	挂牌后发行	2015-07-02	1340.00
765	832047	联洋新材	挂牌后发行	2015-07-02	6000.00
766	832074	慧景科技	挂牌后发行	2015-07-02	2656.00
767	832149	利尔达	挂牌后发行	2015-07-02	1972.00
768	832180	绿洲森工	挂牌后发行	2015-07-02	3250.00
769	832357	益通股份	挂牌后发行	2015-07-02	8965.44
770	430180	东方瑞威	挂牌后发行	2015-07-03	675.00
771	430368	明波通信2	挂牌后发行	2015-07-03	342.00
772	430391	万特电气	挂牌后发行	2015-07-03	1473.00
773	430534	天涌科技	挂牌后发行	2015-07-03	600.00
774	430576	泰信电子	挂牌后发行	2015-07-03	205.60
775	430644	紫贝龙	挂牌后发行	2015-07-03	3445.00
776	831033	朗星照明	挂牌后发行	2015-07-03	1000.00
777	831193	新健康成	挂牌后发行	2015-07-03	375.00
778	831278	泰德股份	挂牌后发行	2015-07-03	2400.00
779	831290	金达照明	挂牌后发行	2015-07-03	2400.00
780	831294	中德科技2	挂牌后发行	2015-07-03	2100.00
781	831353	海盐力源3	挂牌后发行	2015-07-03	3060.00
782	831357	黄国粮业	挂牌后发行	2015-07-03	2496.00

7—51 续表 17 continued

序号 No.	股票代码 Stock Code	股票简称 Stock Abbreviation	增发方式 Re-Issuing Mode	定向发行日期 Date of Re-Issuing	筹资总额（万元） Proceeds Raised through Offering (10 thousand yuan)
783	831427	信通电子	挂牌后发行	2015-07-03	640.00
784	831536	太能电气	挂牌后发行	2015-07-03	600.00
785	831556	文正股份	挂牌后发行	2015-07-03	1087.84
786	831666	亿丰洁净	挂牌后发行	2015-07-03	6400.00
787	831724	信而泰	挂牌后发行	2015-07-03	1099.81
788	831938	上海亿格	挂牌后发行	2015-07-03	500.00
789	832048	三艾广告	挂牌后发行	2015-07-03	315.00
790	832070	磁谷科技	挂牌后发行	2015-07-03	2147.64
791	832112	网智天元	挂牌后发行	2015-07-03	2000.00
792	832184	陆特能源	挂牌后发行	2015-07-03	3000.00
793	832270	骏驰科技	挂牌后发行	2015-07-03	1080.00
794	832279	三川能源	挂牌后发行	2015-07-03	628.30
795	832698	青雨传媒	挂牌同时发行	2015-07-03	5071.60
796	430144	煦联得	挂牌后发行	2015-07-06	495.00
797	430316	巨灵信息	挂牌后发行	2015-07-06	754.00
798	430376	东亚装饰	挂牌后发行	2015-07-06	12000.00
799	430483	森鹰窗业2	挂牌后发行	2015-07-06	3600.00
800	430555	英派瑞3	挂牌后发行	2015-07-06	1500.00
801	430570	蓝星科技3	挂牌后发行	2015-07-06	1640.00
802	430703	高山水	挂牌后发行	2015-07-06	1146.00
803	830780	永鹏科技	挂牌后发行	2015-07-06	2800.00
804	830827	世优电气3	挂牌后发行	2015-07-06	499.99
805	830827	世优电气4	挂牌后发行	2015-07-06	999.73
806	830828	万绿生物2	挂牌后发行	2015-07-06	2125.00
807	830853	天加新材	挂牌后发行	2015-07-06	2000.00
808	830898	华人天地3	挂牌后发行	2015-07-06	7000.00
809	830999	银橙传媒	挂牌后发行	2015-07-06	7114.25
810	831005	华维电瓷4	挂牌后发行	2015-07-06	1508.00
811	831030	卓华信息3	挂牌后发行	2015-07-06	1250.00
812	831072	瑞聚股份1	挂牌后发行	2015-07-06	332.00
813	831072	瑞聚股份2	挂牌后发行	2015-07-06	1400.00
814	831243	晓鸣农牧	挂牌后发行	2015-07-06	1499.40
815	831574	富翊装饰	挂牌后发行	2015-07-06	1000.00
816	831670	捷福装备2	挂牌后发行	2015-07-06	2800.00
817	831709	瑞特爱	挂牌后发行	2015-07-06	1200.00
818	831847	中兵环保	挂牌后发行	2015-07-06	2000.00
819	831950	亚太能源2	挂牌后发行	2015-07-06	3200.00
820	832023	田野股份	挂牌后发行	2015-07-06	29750.00
821	832235	中环技术	挂牌后发行	2015-07-06	1600.00
822	832268	鑫秋农业	挂牌后发行	2015-07-06	10000.00
823	430176	中教股份	挂牌后发行	2015-07-07	1828.08
824	430472	安泰得	挂牌后发行	2015-07-07	1200.00
825	430486	普金科技3	挂牌后发行	2015-07-07	2213.66
826	430593	华尔美特	挂牌后发行	2015-07-07	3999.97
827	430662	罗曼股份	挂牌后发行	2015-07-07	2750.00
828	430678	蓝波绿建1	挂牌后发行	2015-07-07	99.20

7−51 续表 18 continued

序号 No.	股票代码 Stock Code	股票简称 Stock Abbreviation	增发方式 Re-Issuing Mode	定向发行日期 Date of Re-Issuing	筹资总额（万元）Proceeds Raised through Offering (10 thousand yuan)
829	430678	蓝波绿建2	挂牌后发行	2015-07-07	1908.00
830	831003	金大股份3	挂牌后发行	2015-07-07	9200.00
831	831088	华恒生物2	挂牌后发行	2015-07-07	1968.00
832	831266	一铭软件2	挂牌后发行	2015-07-07	4530.00
833	831839	成都广达3	挂牌后发行	2015-07-07	3000.00
834	831858	海誉科技	挂牌后发行	2015-07-07	4323.44
835	831896	思考投资2	挂牌后发行	2015-07-07	2415.00
836	430090	同辉佳视	挂牌后发行	2015-07-08	3600.00
837	430122	中控智联	挂牌后发行	2015-07-08	400.00
838	831459	伟诚科技	挂牌后发行	2015-07-08	615.83
839	831622	攀特电陶	挂牌后发行	2015-07-08	3960.00
840	831728	阿尼股份	挂牌后发行	2015-07-08	780.00
841	831751	虎符通信	挂牌后发行	2015-07-08	3724.00
842	832090	时代装饰	挂牌后发行	2015-07-08	744.00
843	832125	乐克科技	挂牌后发行	2015-07-08	1764.00
844	832223	配天智造	挂牌后发行	2015-07-08	29977.00
845	430085	新锐英诚	挂牌后发行	2015-07-09	802.50
846	430209	康孚科技2	挂牌后发行	2015-07-09	1265.00
847	430319	欧萨咨询	挂牌后发行	2015-07-09	546.00
848	430367	力码科	挂牌后发行	2015-07-09	960.00
849	831021	华雁信息	挂牌后发行	2015-07-09	1125.00
850	831112	哥伦布	挂牌后发行	2015-07-09	1950.00
851	831161	伊菲股份	挂牌后发行	2015-07-09	840.00
852	831308	华博教育	挂牌后发行	2015-07-09	1200.00
853	831331	华奥科技	挂牌后发行	2015-07-09	3600.00
854	831400	优博创	挂牌后发行	2015-07-09	2200.00
855	831402	帝联科技	挂牌后发行	2015-07-09	7400.00
856	831594	赛力克	挂牌后发行	2015-07-09	1314.00
857	831620	宝信平台	挂牌后发行	2015-07-09	1800.00
858	831702	源怡股份	挂牌后发行	2015-07-09	4500.00
859	832113	中康国际	挂牌后发行	2015-07-09	2250.00
860	832705	达瑞生物	挂牌同时发行	2015-07-09	27777.78
861	430355	沃特能源2	挂牌后发行	2015-07-10	477.00
862	430632	希奥股份	挂牌后发行	2015-07-10	1085.00
863	430738	白兔湖	挂牌后发行	2015-07-10	11780.00
864	830795	骏汇股份2	挂牌后发行	2015-07-10	2343.74
865	831472	ST激动	挂牌后发行	2015-07-10	4000.00
866	831756	德高化成	挂牌后发行	2015-07-10	52.50
867	831802	智华信	挂牌后发行	2015-07-10	840.00
868	831805	微企信息	挂牌后发行	2015-07-10	1080.00
869	831878	先锋科技	挂牌后发行	2015-07-10	5210.87
870	832135	云宏信息	挂牌后发行	2015-07-10	4532.00
871	832151	听牧肉牛	挂牌后发行	2015-07-10	1080.00
872	832287	金凯光电	挂牌后发行	2015-07-10	1703.25
873	832710	志能祥赢	挂牌同时发行	2015-07-10	16760.00
874	832883	德润能源	挂牌同时发行	2015-07-10	7800.00

7—51 续表 19 continued

序号 No.	股票代码 Stock Code	股票简称 Stock Abbreviation	增发方式 Re-Issuing Mode	定向发行日期 Date of Re-Issuing	筹资总额（万元） Proceeds Raised through Offering (10 thousand yuan)
875	430500	亚奥科技	挂牌后发行	2015-07-13	1188.00
876	830837	古城香业2	挂牌后发行	2015-07-13	1400.00
877	830918	银发环保	挂牌后发行	2015-07-13	700.00
878	831149	奥美环境	挂牌后发行	2015-07-13	1760.00
879	831516	金科环保	挂牌后发行	2015-07-13	1010.40
880	831708	吉华勘测	挂牌后发行	2015-07-13	80.00
881	831983	春盛中药	挂牌后发行	2015-07-13	6000.00
882	832054	永强岩土	挂牌后发行	2015-07-13	6240.00
883	832444	蓝海骆驼	挂牌后发行	2015-07-13	1000.00
884	832740	芝星炭业	挂牌同时发行	2015-07-13	3500.00
885	430689	摩登百货	挂牌后发行	2015-07-14	100.00
886	830819	致生联发2	挂牌后发行	2015-07-14	28315.15
887	830841	长牛股份	挂牌后发行	2015-07-14	2742.00
888	831124	中标节能	挂牌后发行	2015-07-14	900.00
889	831330	普适导航3	挂牌后发行	2015-07-14	1400.00
890	831343	益通建设2	挂牌后发行	2015-07-14	450.00
891	831475	春晖智控1	挂牌后发行	2015-07-14	134.40
892	831475	春晖智控2	挂牌后发行	2015-07-14	348.40
893	831526	凯华材料	挂牌后发行	2015-07-14	500.00
894	831642	蜀虹装备	挂牌后发行	2015-07-14	487.55
895	831962	尚慧能源	挂牌后发行	2015-07-14	239.31
896	831979	林格贝	挂牌后发行	2015-07-14	2400.00
897	832144	软智科技	挂牌后发行	2015-07-14	2000.00
898	832667	竹林松大	挂牌同时发行	2015-07-14	5760.00
899	832714	思晗科技	挂牌同时发行	2015-07-14	2184.00
900	832735	德源药业	挂牌同时发行	2015-07-14	1430.00
901	832432	科列技术	挂牌同时发行	2015-07-15	6021.00
902	832699	南华工业	挂牌同时发行	2015-07-15	5092.15
903	832744	瑞风协同	挂牌同时发行	2015-07-15	297.50
904	832789	诚栋营地	挂牌同时发行	2015-07-15	1000.00
905	832793	同创伟业	挂牌同时发行	2015-07-15	34999.93
906	832814	昌耀新材	挂牌同时发行	2015-07-15	2716.00
907	430269	新网程	挂牌后发行	2015-07-16	2400.00
908	430736	中江种业	挂牌后发行	2015-07-16	11881.67
909	830862	丰海科技1	挂牌后发行	2015-07-16	74.60
910	830862	丰海科技2	挂牌后发行	2015-07-16	1800.00
911	831092	乾元泽孚3	挂牌后发行	2015-07-16	1760.00
912	831141	金铠建科	挂牌后发行	2015-07-16	520.00
913	831375	三强股份	挂牌后发行	2015-07-16	1440.00
914	831383	楼市通网4	挂牌后发行	2015-07-16	700.00
915	831626	胜禹股份1	挂牌后发行	2015-07-16	6726.00
916	831626	胜禹股份2	挂牌后发行	2015-07-16	944.00
917	832762	大洋信息	挂牌同时发行	2015-07-16	321.60
918	832794	万斯达	挂牌同时发行	2015-07-16	2600.00
919	832799	陆海石油	挂牌同时发行	2015-07-16	3000.00
920	430042	科瑞讯	挂牌后发行	2015-07-17	9000.00

7-51 续表 20 continued

序号 No.	股票代码 Stock Code	股票简称 Stock Abbreviation	增发方式 Re-Issuing Mode	定向发行日期 Date of Re-Issuing	筹资总额（万元） Proceeds Raised through Offering (10 thousand yuan)
921	430640	摩威环境	挂牌后发行	2015-07-17	2000.00
922	830983	保得威尔	挂牌后发行	2015-07-17	1000.00
923	830988	兴和股份	挂牌后发行	2015-07-17	1710.00
924	831900	海航华日	挂牌后发行	2015-07-17	170641.63
925	832027	智衡减振	挂牌后发行	2015-07-17	9705.90
926	832255	建通测绘	挂牌后发行	2015-07-17	1600.00
927	430665	高衡力	挂牌后发行	2015-07-20	865.53
928	830809	安达科技	挂牌后发行	2015-07-20	29810.00
929	831052	金开利	挂牌后发行	2015-07-20	2100.00
930	831252	博润通	挂牌后发行	2015-07-20	600.00
931	831254	平方科技2	挂牌后发行	2015-07-20	400.00
932	831621	中镁控股	挂牌后发行	2015-07-20	5505.50
933	831758	意欧斯2	挂牌后发行	2015-07-20	9600.00
934	831800	高科中天	挂牌后发行	2015-07-20	900.00
935	832160	红鹰能源	挂牌后发行	2015-07-20	1000.00
936	832316	添正医药	挂牌后发行	2015-07-20	1340.00
937	832689	德尔能	挂牌同时发行	2015-07-20	2879.90
938	832879	开瑞物流	挂牌同时发行	2015-07-20	100.00
939	430090	同辉佳视2	挂牌后发行	2015-07-21	498.60
940	430432	方林科技	挂牌后发行	2015-07-21	4800.00
941	430757	天翔昌运	挂牌后发行	2015-07-21	2176.20
942	831009	合锐赛尔	挂牌后发行	2015-07-21	1050.00
943	831275	睿力物流	挂牌后发行	2015-07-21	2660.00
944	831284	迈科智能2	挂牌后发行	2015-07-21	15000.00
945	831376	金洪股份	挂牌后发行	2015-07-21	8100.00
946	831441	瓷爵士	挂牌后发行	2015-07-21	2100.00
947	832201	澄星航模	挂牌后发行	2015-07-21	1700.00
948	832214	太川股份	挂牌后发行	2015-07-21	2100.00
949	832243	力合节能	挂牌后发行	2015-07-21	2600.00
950	832828	凡科股份	挂牌同时发行	2015-07-21	1000.00
951	430114	永瀚星港	挂牌后发行	2015-07-22	1197.00
952	430178	白虹软件	挂牌后发行	2015-07-22	800.00
953	830912	科汇电自3	挂牌后发行	2015-07-22	1254.00
954	831344	中际联合	挂牌后发行	2015-07-22	13000.00
955	831619	五舟科技	挂牌后发行	2015-07-22	504.00
956	831762	和达科技	挂牌后发行	2015-07-22	802.00
957	832143	海昌华	挂牌后发行	2015-07-22	10800.00
958	832209	新比克斯	挂牌后发行	2015-07-22	1400.00
959	832296	天维尔	挂牌后发行	2015-07-22	4680.00
960	832800	赛特斯1	挂牌同时发行	2015-07-22	10000.00
961	832800	赛特斯2	挂牌同时发行	2015-07-22	6000.00
962	832800	赛特斯3	挂牌同时发行	2015-07-22	19999.99
963	832924	明石创新	挂牌同时发行	2015-07-22	92359.20
964	430391	万特电气2	挂牌后发行	2015-07-23	162.00
965	430575	迈科网络2	挂牌后发行	2015-07-23	3000.00
966	830774	百博生物2	挂牌后发行	2015-07-23	1872.50

7–51 续表 21 continued

序号 No.	股票代码 Stock Code	股票简称 Stock Abbreviation	增发方式 Re-Issuing Mode	定向发行日期 Date of Re-Issuing	筹资总额（万元） Proceeds Raised through Offering (10 thousand yuan)
967	831501	远方动力	挂牌后发行	2015-07-23	1221.00
968	831973	善为影业3	挂牌后发行	2015-07-23	233.10
969	832064	同里印刷	挂牌后发行	2015-07-23	1311.00
970	832123	环球石材	挂牌后发行	2015-07-23	3885.00
971	832281	和氏技术	挂牌后发行	2015-07-23	2592.00
972	832317	观典航空	挂牌后发行	2015-07-23	15000.00
973	832788	环球渔场	挂牌同时发行	2015-07-23	500.00
974	832927	顶峰影业	挂牌同时发行	2015-07-23	288.00
975	430284	科胜石油	挂牌后发行	2015-07-24	1326.00
976	430333	普康迪	挂牌后发行	2015-07-24	91.41
977	430577	力龙信息	挂牌后发行	2015-07-24	760.00
978	831212	耐磨科技	挂牌后发行	2015-07-24	1364.00
979	832132	民正农牧2	挂牌后发行	2015-07-24	1000.00
980	832773	寰烁股份	挂牌同时发行	2015-07-24	4800.00
981	832802	保丽洁	挂牌同时发行	2015-07-24	3988.80
982	832905	信源小贷	挂牌同时发行	2015-07-24	2034.00
983	832974	鲜美种苗	挂牌同时发行	2015-07-24	1600.00
984	831034	红光股份	挂牌后发行	2015-07-27	2280.00
985	831242	特辰科技2	挂牌后发行	2015-07-27	6939.60
986	831396	许继智能	挂牌后发行	2015-07-27	1625.00
987	831507	博广热能2	挂牌后发行	2015-07-27	6250.00
988	831802	智华信2	挂牌后发行	2015-07-27	205.50
989	831802	智华信3	挂牌后发行	2015-07-27	350.00
990	831879	龙钇科技1	挂牌后发行	2015-07-27	84.00
991	831879	龙钇科技2	挂牌后发行	2015-07-27	1386.00
992	831925	政通股份	挂牌后发行	2015-07-27	8586.00
993	832730	蓝贝股份	挂牌同时发行	2015-07-27	2720.00
994	832888	天地人	挂牌同时发行	2015-07-27	4352.96
995	832920	去吧看看	挂牌同时发行	2015-07-27	282.60
996	430191	波尔通信	挂牌后发行	2015-07-28	1280.00
997	430379	昂盛智能	挂牌后发行	2015-07-28	2340.00
998	430395	奥盖克	挂牌后发行	2015-07-28	1700.00
999	430447	广信科技	挂牌后发行	2015-07-28	2748.00
1000	430682	中天羊业	挂牌后发行	2015-07-28	4031.35
1001	830794	奥派股份	挂牌后发行	2015-07-28	853.47
1002	830808	中智华体	挂牌后发行	2015-07-28	2322.00
1003	831084	绿网天下	挂牌后发行	2015-07-28	17000.00
1004	831425	致善生物	挂牌后发行	2015-07-28	3080.00
1005	831778	鸿森重工	挂牌后发行	2015-07-28	1350.00
1006	832857	宏景电子	挂牌同时发行	2015-07-28	1200.00
1007	832917	惠洲院	挂牌同时发行	2015-07-28	825.00
1008	832988	力软科技	挂牌同时发行	2015-07-28	1350.00
1009	430724	芳笛环保	挂牌后发行	2015-07-29	1026.00
1010	430733	御食园	挂牌后发行	2015-07-29	1640.00
1011	830833	九生堂	挂牌后发行	2015-07-29	1113.00
1012	831406	森达电气	挂牌后发行	2015-07-29	4500.00

7—51 续表 22 continued

序号 No.	股票代码 Stock Code	股票简称 Stock Abbreviation	增发方式 Re-Issuing Mode	定向发行日期 Date of Re-Issuing	筹资总额（万元） Proceeds Raised through Offering (10 thousand yuan)
1013	831530	才府玻璃	挂牌后发行	2015-07-29	6960.00
1014	832931	维特科思	挂牌同时发行	2015-07-29	600.00
1015	832950	益盟股份	挂牌同时发行	2015-07-29	125037.50
1016	833030	立方控股	挂牌同时发行	2015-07-29	6750.00
1017	833077	伯肯节能	挂牌同时发行	2015-07-29	1800.00
1018	430163	三众能源	挂牌后发行	2015-07-30	2555.00
1019	430663	大陆机电	挂牌后发行	2015-07-30	480.00
1020	830846	格林检测	挂牌后发行	2015-07-30	1175.00
1021	830908	普诺威	挂牌后发行	2015-07-30	6000.00
1022	830976	电通微电	挂牌后发行	2015-07-30	1160.00
1023	831053	美佳新材	挂牌后发行	2015-07-30	6050.00
1024	831784	贝尔机械	挂牌后发行	2015-07-30	1200.00
1025	832185	双建管桩	挂牌后发行	2015-07-30	1000.00
1026	832338	博克森	挂牌后发行	2015-07-30	9200.00
1027	832831	邦得利	挂牌同时发行	2015-07-30	550.00
1028	832862	惠柏新材	挂牌同时发行	2015-07-30	864.00
1029	832960	望变电气	挂牌同时发行	2015-07-30	980.00
1030	833014	中标集团	挂牌同时发行	2015-07-30	4184.00
1031	833103	兆舜科技	挂牌同时发行	2015-07-30	420.00
1032	833127	晶品压塑	挂牌同时发行	2015-07-30	337.50
1033	430517	新吉纳	挂牌后发行	2015-07-31	623.20
1034	831162	天河股份	挂牌后发行	2015-07-31	2400.00
1035	831277	钢钢网	挂牌后发行	2015-07-31	4369.00
1036	831355	地源科技	挂牌后发行	2015-07-31	85.00
1037	831402	帝联科技	挂牌后发行	2015-07-31	5476.00
1038	831421	天富电气	挂牌后发行	2015-07-31	3000.00
1039	831608	易建科技	挂牌后发行	2015-07-31	4341.02
1040	831697	海威新材	挂牌后发行	2015-07-31	1920.00
1041	832178	递家股份	挂牌后发行	2015-07-31	3840.00
1042	832193	宏晶科技	挂牌后发行	2015-07-31	210.00
1043	832975	新凌嘉	挂牌同时发行	2015-07-31	1200.00
1044	833008	舜富压铸	挂牌同时发行	2015-07-31	1000.00
1045	833086	明药堂	挂牌同时发行	2015-07-31	1130.00
1046	833093	希科普	挂牌同时发行	2015-07-31	3570.00
1047	833119	得普达	挂牌同时发行	2015-07-31	560.00
1048	831052	金开利	挂牌后发行	2015-08-03	2000.00
1049	831338	山东信和	挂牌后发行	2015-08-03	3000.00
1050	831458	联科股份	挂牌后发行	2015-08-03	1950.00
1051	831463	凯雪冷链	挂牌后发行	2015-08-03	3172.50
1052	831479	湘联股份	挂牌后发行	2015-08-03	1998.00
1053	831754	康能生物	挂牌后发行	2015-08-03	880.00
1054	832118	科安达	挂牌后发行	2015-08-03	9233.36
1055	832118	科安达	挂牌后发行	2015-08-03	2907.00
1056	833038	欧开股份	挂牌同时发行	2015-08-03	443.00
1057	830827	世优电气	挂牌后发行	2015-08-04	4500.00
1058	830944	景尚旅业	挂牌后发行	2015-08-04	12000.00

7-51 续表 23 continued

序号 No.	股票代码 Stock Code	股票简称 Stock Abbreviation	增发方式 Re-Issuing Mode	定向发行日期 Date of Re-Issuing	筹资总额（万元） Proceeds Raised through Offering (10 thousand yuan)
1059	830996	汇能精电	挂牌后发行	2015-08-04	500.00
1060	831030	卓华信息	挂牌后发行	2015-08-04	8580.00
1061	831173	泰恩康	挂牌后发行	2015-08-04	15000.00
1062	831389	万和过滤	挂牌后发行	2015-08-04	1800.00
1063	831422	奥根科技	挂牌后发行	2015-08-04	94.50
1064	831504	中晟光电	挂牌后发行	2015-08-04	13520.88
1065	831851	绿健神农	挂牌后发行	2015-08-04	2256.00
1066	832168	中科招商	挂牌后发行	2015-08-04	351000.00
1067	832666	齐鲁银行	挂牌后发行	2015-08-04	150096.00
1068	832809	九森林业	挂牌同时发行	2015-08-04	10001.10
1069	832954	龙创设计	挂牌同时发行	2015-08-04	4815.00
1070	833171	福建国航	挂牌同时发行	2015-08-04	4000.00
1071	430046	圣博润	挂牌后发行	2015-08-05	1443.75
1072	430194	锐风行	挂牌后发行	2015-08-05	3330.88
1073	430726	津宇嘉信	挂牌后发行	2015-08-05	5999.00
1074	830884	华盛供水	挂牌后发行	2015-08-05	735.00
1075	830891	轩辕网络	挂牌后发行	2015-08-05	2250.00
1076	831045	科慧科技	挂牌后发行	2015-08-05	2400.00
1077	831076	展博股份	挂牌后发行	2015-08-05	960.50
1078	831200	巨正源	挂牌后发行	2015-08-05	800.00
1079	831405	赞普科技	挂牌后发行	2015-08-05	17925.00
1080	831651	保通食品	挂牌后发行	2015-08-05	1125.00
1081	832090	时代装饰	挂牌后发行	2015-08-05	2160.00
1082	832090	时代装饰	挂牌后发行	2015-08-05	1900.00
1083	832186	惠尔顿	挂牌后发行	2015-08-05	1482.00
1084	832220	海德尔	挂牌后发行	2015-08-05	7560.00
1085	833120	瑞铁股份	挂牌同时发行	2015-08-05	1000.00
1086	430148	科能腾达	挂牌后发行	2015-08-06	1416.42
1087	430156	科曼股份	挂牌后发行	2015-08-06	2090.00
1088	430193	搜装科技	挂牌后发行	2015-08-06	3923.01
1089	430199	了望股份	挂牌后发行	2015-08-06	2520.00
1090	430201	腾实信	挂牌后发行	2015-08-06	2000.00
1091	430333	普康迪	挂牌后发行	2015-08-06	30.39
1092	430676	恒立数控	挂牌后发行	2015-08-06	5060.00
1093	430714	奇才股份	挂牌后发行	2015-08-06	7196.40
1094	831023	北展股份	挂牌后发行	2015-08-06	1402.50
1095	831235	点米科技	挂牌后发行	2015-08-06	5200.00
1096	831274	瑞可达	挂牌后发行	2015-08-06	5110.00
1097	831274	瑞可达	挂牌后发行	2015-08-06	1200.60
1098	831430	天易股份	挂牌后发行	2015-08-06	624.00
1099	832244	佳瑞高科	挂牌后发行	2015-08-06	1980.00
1100	832288	三人行	挂牌后发行	2015-08-06	2976.00
1101	832353	益泰药业	挂牌后发行	2015-08-06	119.00
1102	832416	华美精陶	挂牌后发行	2015-08-06	345.00
1103	832971	卡司通1	挂牌同时发行	2015-08-06	3200.06
1104	832971	卡司通2	挂牌同时发行	2015-08-06	6000.00

7—51 续表 24 continued

序号 No.	股票代码 Stock Code	股票简称 Stock Abbreviation	增发方式 Re-Issuing Mode	定向发行日期 Date of Re-Issuing	筹资总额(万元) Proceeds Raised through Offering (10 thousand yuan)
1105	430150	创和通讯	挂牌后发行	2015-08-07	600.00
1106	430175	科新生物	挂牌后发行	2015-08-07	204.00
1107	430175	科新生物	挂牌后发行	2015-08-07	596.00
1108	430320	江扬环境	挂牌后发行	2015-08-07	6316.80
1109	430341	呈创科技	挂牌后发行	2015-08-07	1800.00
1110	430356	雷腾软件	挂牌后发行	2015-08-07	1200.00
1111	430647	青鹰股份	挂牌后发行	2015-08-07	775.00
1112	830917	网波股份	挂牌后发行	2015-08-07	630.00
1113	831178	科马材料	挂牌后发行	2015-08-07	3480.00
1114	831193	新健康成	挂牌后发行	2015-08-07	2225.60
1115	831242	特辰科技	挂牌后发行	2015-08-07	4680.30
1116	831539	国网自控	挂牌后发行	2015-08-07	150.00
1117	831546	美林数据	挂牌后发行	2015-08-07	2100.00
1118	831600	润迪环保	挂牌后发行	2015-08-07	2475.00
1119	832062	爱科塞	挂牌后发行	2015-08-07	360.00
1120	832329	吉成园林	挂牌后发行	2015-08-07	441.00
1121	833109	灵犀金融	挂牌同时发行	2015-08-07	3500.00
1122	833229	龙利得	挂牌同时发行	2015-08-07	7896.84
1123	430092	金刚游戏2	挂牌后发行	2015-08-10	700.00
1124	430120	金润科技	挂牌后发行	2015-08-10	39200.00
1125	430136	安普能	挂牌后发行	2015-08-10	2500.00
1126	430176	中教股份2	挂牌后发行	2015-08-10	5647.06
1127	430428	陕西瑞科1	挂牌后发行	2015-08-10	1100.00
1128	430428	陕西瑞科2	挂牌后发行	2015-08-10	3120.00
1129	430516	文达通	挂牌后发行	2015-08-10	1652.20
1130	830988	兴和股份2	挂牌后发行	2015-08-10	5445.00
1131	831012	岳能科技	挂牌后发行	2015-08-10	992.25
1132	831196	恒扬科技	挂牌后发行	2015-08-10	1452.00
1133	831481	瑞铃企管	挂牌后发行	2015-08-10	1400.00
1134	831714	福航环保	挂牌后发行	2015-08-10	1590.00
1135	831785	恒远利废	挂牌后发行	2015-08-10	445.20
1136	831964	储翰科技	挂牌后发行	2015-08-10	3080.00
1137	832057	雅安茶厂	挂牌后发行	2015-08-10	900.00
1138	832218	德长环保	挂牌后发行	2015-08-10	2210.00
1139	832308	旺盛园林2	挂牌后发行	2015-08-10	1440.00
1140	833060	顺治科技	挂牌同时发行	2015-08-10	910.00
1141	833115	畅尔装备	挂牌同时发行	2015-08-10	820.80
1142	833220	思比科	挂牌同时发行	2015-08-10	2250.00
1143	430068	纬纶环保	挂牌后发行	2015-08-11	2775.00
1144	430476	海能仪器	挂牌后发行	2015-08-11	10800.00
1145	430547	畅想高科	挂牌后发行	2015-08-11	396.00
1146	830937	信达智能	挂牌后发行	2015-08-11	8000.00
1147	830970	艾录股份	挂牌后发行	2015-08-11	3224.99
1148	831390	宜都运机	挂牌后发行	2015-08-11	812.50
1149	831452	宝特龙	挂牌后发行	2015-08-11	2000.00
1150	831604	世纪网通	挂牌后发行	2015-08-11	325.00

7-51 续表 25 continued

序号 No.	股票代码 Stock Code	股票简称 Stock Abbreviation	增发方式 Re-Issuing Mode	定向发行日期 Date of Re-Issuing	筹资总额（万元） Proceeds Raised through Offering (10 thousand yuan)
1151	831850	分豆教育	挂牌后发行	2015-08-11	5000.00
1152	831969	埃蒙迪	挂牌后发行	2015-08-11	710.00
1153	832025	川盛科技	挂牌后发行	2015-08-11	590.00
1154	832029	金正食品	挂牌后发行	2015-08-11	15600.00
1155	832386	深凯瑞德	挂牌后发行	2015-08-11	1200.00
1156	832731	精通科技	挂牌同时发行	2015-08-11	235.50
1157	833231	天准科技	挂牌同时发行	2015-08-11	2070.00
1158	430124	汉唐自远	挂牌后发行	2015-08-12	320.00
1159	430283	景弘环保	挂牌后发行	2015-08-12	6015.56
1160	430332	安华智能	挂牌后发行	2015-08-12	432.00
1161	430363	上海上电	挂牌后发行	2015-08-12	736.00
1162	430471	豪威尔2	挂牌后发行	2015-08-12	3011.32
1163	830959	爱珂照明	挂牌后发行	2015-08-12	140.00
1164	831071	北塔软件	挂牌后发行	2015-08-12	2000.00
1165	831320	路骋国旅2	挂牌后发行	2015-08-12	3250.00
1166	831551	世纪合辉	挂牌后发行	2015-08-12	225.45
1167	831708	吉华勘测2	挂牌后发行	2015-08-12	800.00
1168	832018	固特超声	挂牌后发行	2015-08-12	1100.00
1169	832076	泰鹏环保	挂牌后发行	2015-08-12	600.00
1170	832101	浩亚股份	挂牌后发行	2015-08-12	1000.00
1171	832147	斯菱股份	挂牌后发行	2015-08-12	1375.00
1172	832446	三瑞高材	挂牌后发行	2015-08-12	999.00
1173	832987	牡丹联友	挂牌同时发行	2015-08-12	1200.00
1174	833017	力诺特玻	挂牌同时发行	2015-08-12	4997.04
1175	430440	松本绿色	挂牌后发行	2015-08-13	900.00
1176	830865	南菱汽车	挂牌后发行	2015-08-13	782.50
1177	830955	大盛微电	挂牌后发行	2015-08-13	33400.00
1178	831029	银丰棉花	挂牌后发行	2015-08-13	22062.60
1179	831129	领信股份	挂牌后发行	2015-08-13	3900.00
1180	831428	数据堂	挂牌后发行	2015-08-13	4200.56
1181	831553	陕中科	挂牌后发行	2015-08-13	300.00
1182	831606	方硕科技	挂牌后发行	2015-08-13	540.00
1183	831811	中普防雷	挂牌后发行	2015-08-13	1407.00
1184	831874	畅想软件	挂牌后发行	2015-08-13	910.00
1185	832190	河之阳	挂牌后发行	2015-08-13	1110.00
1186	832212	汇茂科技	挂牌后发行	2015-08-13	3000.00
1187	832426	灵佑药业	挂牌后发行	2015-08-13	1000.00
1188	833206	影达传媒	挂牌同时发行	2015-08-13	1305.88
1189	833275	神拓机电	挂牌同时发行	2015-08-13	899.75
1190	833281	派诺生物	挂牌同时发行	2015-08-13	2500.00
1191	430152	思创银联	挂牌后发行	2015-08-14	7213.50
1192	830789	博富科技	挂牌后发行	2015-08-14	1584.00
1193	830821	雪郎生物	挂牌后发行	2015-08-14	8000.00
1194	831065	鑫干线	挂牌后发行	2015-08-14	400.00
1195	831239	云南文化	挂牌后发行	2015-08-14	4290.00
1196	831309	雪迪特	挂牌后发行	2015-08-14	2500.00

7—51 续表 26 continued

序号 No.	股票代码 Stock Code	股票简称 Stock Abbreviation	增发方式 Re-Issuing Mode	定向发行日期 Date of Re-Issuing	筹资总额（万元） Proceeds Raised through Offering (10 thousand yuan)
1197	831613	雷帕得	挂牌后发行	2015-08-14	1200.00
1198	831657	贝克福尔	挂牌后发行	2015-08-14	2000.00
1199	832130	圣迪乐村	挂牌后发行	2015-08-14	645.40
1200	832320	大富装饰	挂牌后发行	2015-08-14	900.00
1201	832384	格瑞光电	挂牌后发行	2015-08-14	730.00
1202	832435	俪德照明	挂牌后发行	2015-08-14	570.00
1203	832967	利达发展	挂牌同时发行	2015-08-14	150.00
1204	833288	天元重工	挂牌同时发行	2015-08-14	372.44
1205	430492	老来寿	挂牌后发行	2015-08-17	4510.00
1206	430584	弘陆股份	挂牌后发行	2015-08-17	515.25
1207	830866	凌志软件	挂牌后发行	2015-08-17	20229.68
1208	830929	幸美股份	挂牌后发行	2015-08-17	3242.50
1209	830990	鹏盾石油	挂牌后发行	2015-08-17	7680.75
1210	831609	壹加壹	挂牌后发行	2015-08-17	9350.00
1211	831826	华菱医疗	挂牌后发行	2015-08-17	2040.00
1212	832022	珈诚生物	挂牌后发行	2015-08-17	960.00
1213	832224	积硕科技	挂牌后发行	2015-08-17	1500.00
1214	832248	安正科技	挂牌后发行	2015-08-17	720.00
1215	832379	鑫融基	挂牌后发行	2015-08-17	20000.00
1216	832412	同益物流	挂牌后发行	2015-08-17	903.00
1217	832708	三力制药	挂牌同时发行	2015-08-17	5500.00
1218	832949	皇家壹号	挂牌同时发行	2015-08-17	1200.00
1219	430123	速原中天	挂牌后发行	2015-08-18	2300.00
1220	430411	中电方大	挂牌后发行	2015-08-18	49.00
1221	430553	海红技术	挂牌后发行	2015-08-18	750.00
1222	430743	尚思传媒	挂牌后发行	2015-08-18	1500.00
1223	830907	瑞丽洗涤	挂牌后发行	2015-08-18	2310.00
1224	831121	力久电机	挂牌后发行	2015-08-18	550.00
1225	831180	华苏科技2	挂牌后发行	2015-08-18	2100.00
1226	831751	虎符通信2	挂牌后发行	2015-08-18	276.00
1227	831942	天一生物	挂牌后发行	2015-08-18	1800.00
1228	832114	中爆数字	挂牌后发行	2015-08-18	1368.00
1229	832495	精铟海工	挂牌后发行	2015-08-18	10000.00
1230	833147	华江环保	挂牌同时发行	2015-08-18	9600.00
1231	833224	唐北电瓷	挂牌同时发行	2015-08-18	700.00
1232	833260	万辰生物	挂牌同时发行	2015-08-18	4200.00
1233	833260	万辰生物	挂牌同时发行	2015-08-18	8000.00
1234	833260	万辰生物	挂牌同时发行	2015-08-18	750.00
1235	430076	国基科技	挂牌后发行	2015-08-19	1188.30
1236	430297	金硕信息	挂牌后发行	2015-08-19	800.00
1237	430541	翼兴节能	挂牌后发行	2015-08-19	1200.00
1238	430668	笃诚科技	挂牌后发行	2015-08-19	1554.00
1239	430740	中天超硬	挂牌后发行	2015-08-19	2000.00
1240	830818	巨峰股份	挂牌后发行	2015-08-19	17325.00
1241	831122	永信科技	挂牌后发行	2015-08-19	400.00
1242	831230	双申医疗	挂牌后发行	2015-08-19	1800.00

7−51 续表 27 continued

序号 No.	股票代码 Stock Code	股票简称 Stock Abbreviation	增发方式 Re-Issuing Mode	定向发行日期 Date of Re-Issuing	筹资总额（万元）Proceeds Raised through Offering (10 thousand yuan)
1243	831926	丰荣航空	挂牌后发行	2015-08-19	2430.00
1244	832002	赛文节能	挂牌后发行	2015-08-19	542.85
1245	832040	神木药业	挂牌后发行	2015-08-19	350.00
1246	832040	神木药业	挂牌后发行	2015-08-19	576.00
1247	832208	尔格科技	挂牌后发行	2015-08-19	864.00
1248	430032	凯英信业	挂牌后发行	2015-08-20	480.00
1249	430262	神州云动	挂牌后发行	2015-08-20	3000.00
1250	430276	晟矽微电	挂牌后发行	2015-08-20	1581.00
1251	430335	华韩整形	挂牌后发行	2015-08-20	334.90
1252	430549	天弘激光	挂牌后发行	2015-08-20	7040.00
1253	430655	今泰科技	挂牌后发行	2015-08-20	583.80
1254	430667	三多堂	挂牌后发行	2015-08-20	400.00
1255	831045	科慧科技	挂牌后发行	2015-08-20	900.00
1256	831055	三优光电	挂牌后发行	2015-08-20	2200.00
1257	831128	大汉印邦	挂牌后发行	2015-08-20	2181.00
1258	831185	众智软件	挂牌后发行	2015-08-20	2250.00
1259	831810	本益科技	挂牌后发行	2015-08-20	390.00
1260	831986	东方基业	挂牌后发行	2015-08-20	1320.00
1261	832131	斯盛能源	挂牌后发行	2015-08-20	500.00
1262	832162	超思维	挂牌后发行	2015-08-20	750.00
1263	832193	宏晶科技	挂牌后发行	2015-08-20	1000.00
1264	832465	众益科技	挂牌后发行	2015-08-20	2600.00
1265	832765	唐邦科技	挂牌同时发行	2015-08-20	790.00
1266	832872	飞新达	挂牌同时发行	2015-08-20	2700.00
1267	832898	天地壹号	挂牌同时发行	2015-08-20	17500.00
1268	833362	海通发展	挂牌同时发行	2015-08-20	840.00
1269	833362	海通发展	挂牌同时发行	2015-08-20	3780.00
1270	430124	汉唐自远	挂牌后发行	2015-08-21	1550.00
1271	430272	世富环保	挂牌后发行	2015-08-21	2340.00
1272	430290	和隆优化	挂牌后发行	2015-08-21	2000.00
1273	430546	乐彩科技	挂牌后发行	2015-08-21	800.00
1274	830847	晟嘉电器	挂牌后发行	2015-08-21	682.50
1275	830914	海赛电装	挂牌后发行	2015-08-21	1512.40
1276	830982	中易腾达	挂牌后发行	2015-08-21	2235.70
1277	830996	汇能精电	挂牌后发行	2015-08-21	4550.00
1278	831035	中天利	挂牌后发行	2015-08-21	3000.00
1279	831194	派拉软件	挂牌后发行	2015-08-21	1800.00
1280	831415	城兴股份	挂牌后发行	2015-08-21	2700.00
1281	831416	大成医药	挂牌后发行	2015-08-21	1600.00
1282	831499	立元通信	挂牌后发行	2015-08-21	1472.00
1283	831540	京源环保	挂牌后发行	2015-08-21	500.00
1284	831623	金汇膜	挂牌后发行	2015-08-21	500.00
1285	831825	蓝海股份	挂牌后发行	2015-08-21	912.00
1286	831837	硕泉园林	挂牌后发行	2015-08-21	2600.00
1287	831896	思考投资	挂牌后发行	2015-08-21	28158.00
1288	832232	正全股份	挂牌后发行	2015-08-21	105.41

7—51 续表 28 continued

序号 No.	股票代码 Stock Code	股票简称 Stock Abbreviation	增发方式 Re-Issuing Mode	定向发行日期 Date of Re-Issuing	筹资总额（万元）Proceeds Raised through Offering (10 thousand yuan)
1289	832355	动脉智能	挂牌后发行	2015-08-21	115.00
1290	832423	德卡科技	挂牌后发行	2015-08-21	2000.00
1291	832514	华旺股份	挂牌后发行	2015-08-21	6650.00
1292	833191	博世德	挂牌同时发行	2015-08-21	600.00
1293	430087	威力恒	挂牌后发行	2015-08-24	2143.98
1294	430107	朗铭科技	挂牌后发行	2015-08-24	7000.00
1295	430373	捷安高科	挂牌后发行	2015-08-24	550.00
1296	430483	森鹰窗业	挂牌后发行	2015-08-24	4500.00
1297	831140	力阳科技	挂牌后发行	2015-08-24	506.00
1298	831207	南方制药	挂牌后发行	2015-08-24	8000.00
1299	831355	地源科技	挂牌后发行	2015-08-24	525.00
1300	831355	地源科技	挂牌后发行	2015-08-24	6403.95
1301	831365	华意隆	挂牌后发行	2015-08-24	5004.00
1302	831418	三合盛	挂牌后发行	2015-08-24	90.00
1303	831487	山大合盛	挂牌后发行	2015-08-24	600.00
1304	831489	天衡股份	挂牌后发行	2015-08-24	2460.00
1305	831794	正大富通	挂牌后发行	2015-08-24	4000.00
1306	831829	同方软银	挂牌后发行	2015-08-24	450.00
1307	832006	郑州水务	挂牌后发行	2015-08-24	3765.00
1308	832016	奥伦德	挂牌后发行	2015-08-24	109.50
1309	832034	正阳生物	挂牌后发行	2015-08-24	2475.00
1310	832095	爱芯环保	挂牌后发行	2015-08-24	3250.00
1311	832247	晶品新材	挂牌后发行	2015-08-24	500.00
1312	832327	海颐软件	挂牌后发行	2015-08-24	7150.00
1313	832347	太矿电气	挂牌后发行	2015-08-24	7050.00
1314	832376	天原药业	挂牌后发行	2015-08-24	250.00
1315	832438	润港林业	挂牌后发行	2015-08-24	900.00
1316	832490	金洋新材	挂牌后发行	2015-08-24	3600.00
1317	832570	蓝海科技	挂牌后发行	2015-08-24	10980.71
1318	833360	致众科技	挂牌同时发行	2015-08-24	1000.00
1319	430416	地林伟业	挂牌后发行	2015-08-25	612.00
1320	430685	新芝生物	挂牌后发行	2015-08-25	3600.00
1321	430746	七星科技	挂牌后发行	2015-08-25	2109.00
1322	830887	吉美思	挂牌后发行	2015-08-25	960.00
1323	830923	上元堂	挂牌后发行	2015-08-25	6621.32
1324	830947	金柏股份	挂牌后发行	2015-08-25	3850.00
1325	831000	吉芬设计	挂牌后发行	2015-08-25	2551.47
1326	831169	百特莱德	挂牌后发行	2015-08-25	4500.00
1327	831319	绿蔓生物	挂牌后发行	2015-08-25	816.00
1328	831369	帜扬通信	挂牌后发行	2015-08-25	400.00
1329	831908	古麒羽绒	挂牌后发行	2015-08-25	2496.00
1330	832038	宁夏新龙	挂牌后发行	2015-08-25	1260.00
1331	832181	永成双海	挂牌后发行	2015-08-25	1134.00
1332	832367	慧图科技	挂牌后发行	2015-08-25	2187.50
1333	832482	菁茂农业	挂牌后发行	2015-08-25	1932.00
1334	833041	网信机电	挂牌同时发行	2015-08-25	280.00

7—51 续表 29 continued

序号 No.	股票代码 Stock Code	股票简称 Stock Abbreviation	增发方式 Re-Issuing Mode	定向发行日期 Date of Re-Issuing	筹资总额（万元） Proceeds Raised through Offering (10 thousand yuan)
1335	833389	金钱猫	挂牌同时发行	2015-08-25	2000.00
1336	430017	星昊医药	挂牌后发行	2015-08-26	22800.00
1337	430241	威林科技	挂牌后发行	2015-08-26	1152.00
1338	430380	成明节能	挂牌后发行	2015-08-26	1800.00
1339	430456	和氏股份	挂牌后发行	2015-08-26	7200.00
1340	430614	星通联华	挂牌后发行	2015-08-26	1600.00
1341	830838	新产业	挂牌后发行	2015-08-26	10000.00
1342	830972	道一信息	挂牌后发行	2015-08-26	840.00
1343	831152	昆工恒达	挂牌后发行	2015-08-26	4200.00
1344	831509	中科英泰	挂牌后发行	2015-08-26	1570.00
1345	831511	水治理	挂牌后发行	2015-08-26	3625.00
1346	831566	盛世大联	挂牌后发行	2015-08-26	800.00
1347	831902	万绿园林	挂牌后发行	2015-08-26	599.27
1348	832044	奥油化工	挂牌后发行	2015-08-26	1100.00
1349	832145	恒合股份	挂牌后发行	2015-08-26	150.00
1350	832145	恒合股份	挂牌后发行	2015-08-26	4480.00
1351	832202	沪鸽口腔	挂牌后发行	2015-08-26	1100.00
1352	832458	红枫种苗	挂牌后发行	2015-08-26	1280.00
1353	833216	海涛股份	挂牌同时发行	2015-08-26	1470.00
1354	833314	中诚股份	挂牌同时发行	2015-08-26	45.60
1355	833359	天涯社区	挂牌同时发行	2015-08-26	3999.00
1356	833376	圣尼特	挂牌同时发行	2015-08-26	1140.00
1357	833384	新在线	挂牌同时发行	2015-08-26	1680.00
1358	430482	河源富马	挂牌后发行	2015-08-27	1188.00
1359	430637	菱博电子	挂牌后发行	2015-08-27	3460.85
1360	830817	鼎炬科技	挂牌后发行	2015-08-27	500.00
1361	830910	安证通	挂牌后发行	2015-08-27	1530.00
1362	831126	元鼎科技	挂牌后发行	2015-08-27	406.00
1363	831188	正兴玉	挂牌后发行	2015-08-27	2896.00
1364	831262	广建装饰2	挂牌后发行	2015-08-27	2000.00
1365	831262	广建装饰3	挂牌后发行	2015-08-27	7800.00
1366	831478	天际数字2	挂牌后发行	2015-08-27	6299.52
1367	831482	和信基业	挂牌后发行	2015-08-27	1200.00
1368	831730	河北亚诺	挂牌后发行	2015-08-27	2940.00
1369	831846	飞驰环保	挂牌后发行	2015-08-27	640.00
1370	831856	浩淼科技	挂牌后发行	2015-08-27	375.00
1371	831924	海天物联	挂牌后发行	2015-08-27	750.00
1372	831929	惠尔明2	挂牌后发行	2015-08-27	665.00
1373	832036	康复得	挂牌后发行	2015-08-27	4000.00
1374	832041	中兴通科	挂牌后发行	2015-08-27	9324.00
1375	832111	双林机械	挂牌后发行	2015-08-27	4800.00
1376	832133	天涌影视	挂牌后发行	2015-08-27	806.50
1377	832304	纽威科技	挂牌后发行	2015-08-27	750.00
1378	832331	高士达	挂牌后发行	2015-08-27	357.50
1379	832516	罗曼新材	挂牌后发行	2015-08-27	480.48
1380	833290	瑞必达	挂牌同时发行	2015-08-27	2350.00

7-51 续表 30 continued

序号 No.	股票代码 Stock Code	股票简称 Stock Abbreviation	增发方式 Re-Issuing Mode	定向发行日期 Date of Re-Issuing	筹资总额（万元）Proceeds Raised through Offering (10 thousand yuan)
1381	833407	亚华智库	挂牌同时发行	2015-08-27	500.00
1382	430393	三景科技	挂牌后发行	2015-08-28	10100.10
1383	430396	亿汇达	挂牌后发行	2015-08-28	2805.90
1384	430430	普滤得	挂牌后发行	2015-08-28	12000.00
1385	430591	明德生物2	挂牌后发行	2015-08-28	2179.05
1386	830994	金友电缆	挂牌后发行	2015-08-28	2100.00
1387	831086	星城石墨	挂牌后发行	2015-08-28	500.00
1388	831585	鸿业科技	挂牌后发行	2015-08-28	2310.00
1389	831601	威科姆	挂牌后发行	2015-08-28	11200.00
1390	831713	天源环保	挂牌后发行	2015-08-28	1955.34
1391	832015	基调网络	挂牌后发行	2015-08-28	6250.50
1392	832030	皆悦传媒	挂牌后发行	2015-08-28	180.00
1393	832072	紫晶股份	挂牌后发行	2015-08-28	750.00
1394	832329	吉成园林	挂牌后发行	2015-08-28	792.00
1395	832407	华翼微	挂牌后发行	2015-08-28	2625.00
1396	832582	众源新材	挂牌后发行	2015-08-28	2310.00
1397	832586	圣兆药物	挂牌后发行	2015-08-28	2810.00
1398	833369	朗尼科	挂牌同时发行	2015-08-28	2500.00
1399	833382	长江绿海	挂牌同时发行	2015-08-28	4000.00
1400	430130	卡联科技	挂牌后发行	2015-08-31	32304.47
1401	430389	意普万	挂牌后发行	2015-08-31	660.00
1402	430467	深圳行健	挂牌后发行	2015-08-31	602.50
1403	430467	深圳行健	挂牌后发行	2015-08-31	1804.80
1404	430552	亚成微	挂牌后发行	2015-08-31	2160.00
1405	430555	英派瑞	挂牌后发行	2015-08-31	13200.00
1406	830972	道一信息	挂牌后发行	2015-08-31	360.00
1407	830972	道一信息	挂牌后发行	2015-08-31	450.00
1408	831108	茶乾坤	挂牌后发行	2015-08-31	2250.00
1409	831117	维恩贝特	挂牌后发行	2015-08-31	9000.00
1410	831277	钢钢网	挂牌后发行	2015-08-31	2708.83
1411	831466	软通股份	挂牌后发行	2015-08-31	360.00
1412	831605	奔速电梯	挂牌后发行	2015-08-31	1081.00
1413	831854	曼克斯	挂牌后发行	2015-08-31	810.00
1414	831954	协昌科技	挂牌后发行	2015-08-31	2000.00
1415	833073	威盛电子	挂牌同时发行	2015-08-31	3000.00
1416	833338	康爱瑞浩	挂牌同时发行	2015-08-31	600.00
1417	833451	璧合科技	挂牌同时发行	2015-08-31	3999.75
1418	430306	永铭医学	挂牌后发行	2015-09-01	1100.00
1419	430411	中电方大	挂牌后发行	2015-09-01	525.00
1420	430420	易城股份	挂牌后发行	2015-09-01	3500.00
1421	430464	方迪科技	挂牌后发行	2015-09-01	500.00
1422	830928	康定电子	挂牌后发行	2015-09-01	300.00
1423	831082	汇鑫嘉德	挂牌后发行	2015-09-01	2400.00
1424	831093	鑫航科技	挂牌后发行	2015-09-01	2049.60
1425	831937	建研信息	挂牌后发行	2015-09-01	650.41
1426	831969	埃蒙迪	挂牌后发行	2015-09-01	816.00

7-51 续表 31 continued

序号 No.	股票代码 Stock Code	股票简称 Stock Abbreviation	增发方式 Re-Issuing Mode	定向发行日期 Date of Re-Issuing	筹资总额（万元） Proceeds Raised through Offering (10 thousand yuan)
1427	832305	东利机械	挂牌后发行	2015-09-01	18000.00
1428	832491	奥迪威	挂牌后发行	2015-09-01	4500.00
1429	430165	光宝联合	挂牌后发行	2015-09-02	10800.00
1430	430332	安华智能	挂牌后发行	2015-09-02	378.00
1431	430457	三网科技	挂牌后发行	2015-09-02	6214.52
1432	430738	白兔湖	挂牌后发行	2015-09-02	3420.00
1433	831640	碧沃丰	挂牌后发行	2015-09-02	894.20
1434	831718	青岛软通	挂牌后发行	2015-09-02	1200.00
1435	831881	鑫聚光电	挂牌后发行	2015-09-02	400.00
1436	832209	新比克斯	挂牌后发行	2015-09-02	95.60
1437	832354	益运股份	挂牌后发行	2015-09-02	1440.00
1438	832563	帮豪种业	挂牌后发行	2015-09-02	1526.73
1439	833476	点动股份	挂牌同时发行	2015-09-02	242.55
1440	833476	点动股份	挂牌同时发行	2015-09-02	1800.00
1441	430127	塞尔瑟斯	挂牌后发行	2015-09-07	11952.67
1442	430222	璟泓科技	挂牌后发行	2015-09-07	16820.00
1443	430324	上海致远	挂牌后发行	2015-09-07	10338.00
1444	430633	卡姆医疗	挂牌后发行	2015-09-07	5824.02
1445	830768	耀通科技	挂牌后发行	2015-09-07	450.00
1446	831105	桓伟电子	挂牌后发行	2015-09-07	2500.00
1447	831529	能龙教育	挂牌后发行	2015-09-07	7888.00
1448	831790	凯昶德	挂牌后发行	2015-09-07	7600.00
1449	832229	孚尔姆	挂牌后发行	2015-09-07	1275.00
1450	832300	宏源车轮	挂牌后发行	2015-09-07	4514.50
1451	430078	君德同创	挂牌后发行	2015-09-08	543.20
1452	430243	铜牛信息	挂牌后发行	2015-09-08	5431.86
1453	430310	博易股份	挂牌后发行	2015-09-08	520.00
1454	430385	中一检测2	挂牌后发行	2015-09-08	780.00
1455	430535	柳爱科技	挂牌后发行	2015-09-08	560.00
1456	430762	荣昌育种	挂牌后发行	2015-09-08	4366.41
1457	830918	银发环保2	挂牌后发行	2015-09-08	1500.00
1458	831015	小白龙1	挂牌后发行	2015-09-08	1627.50
1459	831015	小白龙2	挂牌后发行	2015-09-08	1092.00
1460	831163	艾科新材	挂牌后发行	2015-09-08	500.00
1461	831174	全密封	挂牌后发行	2015-09-08	1000.00
1462	831266	一铭软件3	挂牌后发行	2015-09-08	3000.00
1463	831292	汇智光华	挂牌后发行	2015-09-08	4967.50
1464	831316	连连化学	挂牌后发行	2015-09-08	1800.00
1465	831643	仙剑文化	挂牌后发行	2015-09-08	4200.00
1466	831684	瑞珑科技	挂牌后发行	2015-09-08	656.57
1467	831737	地浦科技2	挂牌后发行	2015-09-08	1520.00
1468	832017	中兴机械	挂牌后发行	2015-09-08	4500.00
1469	832031	复仁科技	挂牌后发行	2015-09-08	8800.00
1470	832164	尚柳园林	挂牌后发行	2015-09-08	1020.00
1471	832258	太阳传媒	挂牌后发行	2015-09-08	989.00
1472	832262	德惠商业	挂牌后发行	2015-09-08	1016.00

7—51 续表 32 continued

序号 No.	股票代码 Stock Code	股票简称 Stock Abbreviation	增发方式 Re-Issuing Mode	定向发行日期 Date of Re-Issuing	筹资总额（万元）Proceeds Raised through Offering (10 thousand yuan)
1473	832645	高德信	挂牌后发行	2015-09-08	5600.00
1474	430244	颂大教育	挂牌后发行	2015-09-09	19023.75
1475	430596	新达通	挂牌后发行	2015-09-09	6247.50
1476	830934	玻尔科技	挂牌后发行	2015-09-09	530.60
1477	831155	振源电气	挂牌后发行	2015-09-09	1501.00
1478	831183	可视化	挂牌后发行	2015-09-09	975.00
1479	831444	汇隆新材	挂牌后发行	2015-09-09	2393.20
1480	831712	创泽信息	挂牌后发行	2015-09-09	938.00
1481	831880	春旺环保	挂牌后发行	2015-09-09	200.00
1482	831880	春旺环保	挂牌后发行	2015-09-09	1000.00
1483	832257	正和药业	挂牌后发行	2015-09-09	1500.00
1484	832281	和氏技术	挂牌后发行	2015-09-09	1440.00
1485	832289	沧运集团	挂牌后发行	2015-09-09	8400.00
1486	832505	运维电力	挂牌后发行	2015-09-09	2513.70
1487	833390	国德医疗	挂牌同时发行	2015-09-09	900.00
1488	833409	泉源堂	挂牌同时发行	2015-09-09	1005.00
1489	833499	中国康富	挂牌同时发行	2015-09-09	187500.00
1490	430377	海格物流	挂牌后发行	2015-09-10	188.00
1491	430377	海格物流	挂牌后发行	2015-09-10	324.00
1492	430377	海格物流	挂牌后发行	2015-09-10	340.00
1493	430497	威硬工具	挂牌后发行	2015-09-10	584.64
1494	430609	中磁视讯	挂牌后发行	2015-09-10	11930.00
1495	830875	千草生物	挂牌后发行	2015-09-10	3115.00
1496	831085	博冠股份	挂牌后发行	2015-09-10	6600.00
1497	831172	华尔达	挂牌后发行	2015-09-10	2880.00
1498	831284	迈科智能	挂牌后发行	2015-09-10	4800.00
1499	831580	苏达汇诚	挂牌后发行	2015-09-10	1210.00
1500	831639	达任资管	挂牌后发行	2015-09-10	10675.00
1501	831639	达任资管	挂牌后发行	2015-09-10	85510.00
1502	831722	阿迪克	挂牌后发行	2015-09-10	1207.71
1503	831779	卓越信通	挂牌后发行	2015-09-10	4800.00
1504	832000	安徽凤凰	挂牌后发行	2015-09-10	615.60
1505	832157	龙华薄膜	挂牌后发行	2015-09-10	1050.00
1506	832169	世阳德尔	挂牌后发行	2015-09-10	750.00
1507	832378	利昂设计	挂牌后发行	2015-09-10	1771.00
1508	832664	未名信息	挂牌后发行	2015-09-10	800.00
1509	833269	华美牙科	挂牌同时发行	2015-09-10	1000.00
1510	430169	融智通2	挂牌后发行	2015-09-11	350.00
1511	430249	慧峰仁和	挂牌后发行	2015-09-11	1908.00
1512	430312	伟力盛世	挂牌后发行	2015-09-11	2871.00
1513	430386	大禹电气	挂牌后发行	2015-09-11	1000.00
1514	430642	映翰通	挂牌后发行	2015-09-11	1900.00
1515	830870	松宝智能	挂牌后发行	2015-09-11	1035.00
1516	831289	丰泽股份	挂牌后发行	2015-09-11	2930.00
1517	831353	力源环保4	挂牌后发行	2015-09-11	4900.00
1518	831366	国龙医疗	挂牌后发行	2015-09-11	4000.00

7–51 续表 33 continued

序号 No.	股票代码 Stock Code	股票简称 Stock Abbreviation	增发方式 Re-Issuing Mode	定向发行日期 Date of Re-Issuing	筹资总额（万元） Proceeds Raised through Offering (10 thousand yuan)
1519	831602	昊华传动	挂牌后发行	2015-09-11	800.00
1520	831603	金润和2	挂牌后发行	2015-09-11	464.76
1521	831714	福航环保2	挂牌后发行	2015-09-11	945.00
1522	831949	捷阳节能	挂牌后发行	2015-09-11	2385.00
1523	832556	宏力能源	挂牌后发行	2015-09-11	4000.00
1524	832568	阿波罗	挂牌后发行	2015-09-11	2499.74
1525	833413	宾肯股份	挂牌同时发行	2015-09-11	2250.00
1526	430258	易同科技	挂牌后发行	2015-09-14	2900.00
1527	430346	哇棒传媒	挂牌后发行	2015-09-14	24619.27
1528	430603	回水科技	挂牌后发行	2015-09-14	3299.47
1529	830979	泰宝生物	挂牌后发行	2015-09-14	1185.00
1530	831493	赛特传媒	挂牌后发行	2015-09-14	1734.30
1531	831522	汇波材料	挂牌后发行	2015-09-14	2016.00
1532	831945	安泽电工	挂牌后发行	2015-09-14	1280.00
1533	831957	晨宇电气	挂牌后发行	2015-09-14	1652.00
1534	832069	科飞新材	挂牌后发行	2015-09-14	724.50
1535	832081	金利股份	挂牌后发行	2015-09-14	3827.30
1536	832124	东南股份	挂牌后发行	2015-09-14	800.00
1537	832138	中衡股份	挂牌后发行	2015-09-14	300.00
1538	832138	中衡股份	挂牌后发行	2015-09-14	580.00
1539	832167	宝中海洋	挂牌后发行	2015-09-14	400.00
1540	832402	辉文生物	挂牌后发行	2015-09-14	3564.00
1541	832518	佳汇设计	挂牌后发行	2015-09-14	840.00
1542	833422	康海时代	挂牌同时发行	2015-09-14	90.00
1543	430196	宣爱智能	挂牌后发行	2015-09-15	3241.00
1544	430409	天泉鑫膜2	挂牌后发行	2015-09-15	2928.00
1545	430421	华之邦	挂牌后发行	2015-09-15	367.38
1546	831073	瑞恒科技1	挂牌后发行	2015-09-15	520.00
1547	831073	瑞恒科技2	挂牌后发行	2015-09-15	7200.00
1548	831228	夏阳监测	挂牌后发行	2015-09-15	1500.00
1549	831303	澳凯富汇	挂牌后发行	2015-09-15	13599.25
1550	831448	贝欧特	挂牌后发行	2015-09-15	1120.00
1551	831797	爱乐祺2	挂牌后发行	2015-09-15	1000.00
1552	831881	鑫聚光电2	挂牌后发行	2015-09-15	1600.00
1553	832091	清科股份	挂牌后发行	2015-09-15	1200.00
1554	832117	腾冉电气	挂牌后发行	2015-09-15	1500.00
1555	832177	晶鑫股份	挂牌后发行	2015-09-15	2175.00
1556	832246	润天智	挂牌后发行	2015-09-15	6226.40
1557	832513	汇群股份	挂牌后发行	2015-09-15	3030.00
1558	832896	道有道	挂牌后发行	2015-09-15	2000.00
1559	430515	麟龙股份2	挂牌后发行	2015-09-16	19500.00
1560	430538	中大科技	挂牌后发行	2015-09-16	1014.00
1561	430622	顺达智能3	挂牌后发行	2015-09-16	19837.71
1562	830953	惠当家1	挂牌后发行	2015-09-16	310.00
1563	830953	惠当家2	挂牌后发行	2015-09-16	500.00
1564	831208	洁昊环保	挂牌后发行	2015-09-16	10371.34

7-51 续表 34 continued

序号 No.	股票代码 Stock Code	股票简称 Stock Abbreviation	增发方式 Re-Issuing Mode	定向发行日期 Date of Re-Issuing	筹资总额（万元）Proceeds Raised through Offering (10 thousand yuan)
1565	831239	云南文化3	挂牌后发行	2015-09-16	525.00
1566	831472	ST复娱2	挂牌后发行	2015-09-16	21000.00
1567	831705	永通股份	挂牌后发行	2015-09-16	3792.00
1568	831731	硅海电子	挂牌后发行	2015-09-16	960.00
1569	831821	华源新材	挂牌后发行	2015-09-16	1020.00
1570	832322	凯润精密	挂牌后发行	2015-09-16	24.70
1571	832520	环申包装	挂牌后发行	2015-09-16	1000.00
1572	832558	爽口源	挂牌后发行	2015-09-16	1650.00
1573	832623	铱迅信息	挂牌后发行	2015-09-16	1820.00
1574	832665	德安环保	挂牌后发行	2015-09-16	1000.00
1575	833541	新康达	挂牌同时发行	2015-09-16	2038.40
1576	430046	圣博润2	挂牌后发行	2015-09-17	6004.95
1577	430431	枫盛阳2	挂牌后发行	2015-09-17	2999.70
1578	430493	新成新材	挂牌后发行	2015-09-17	7732.60
1579	430698	康普常青	挂牌后发行	2015-09-17	1728.00
1580	831069	瑞明节能2	挂牌后发行	2015-09-17	4500.00
1581	831083	东润环能2	挂牌后发行	2015-09-17	21570.57
1582	831260	东方碾磨2	挂牌后发行	2015-09-17	2000.00
1583	832499	天海流体	挂牌后发行	2015-09-17	400.00
1584	430083	中科联众	挂牌后发行	2015-09-18	4500.00
1585	430347	地大信息	挂牌后发行	2015-09-18	1141.80
1586	430678	蓝波绿建	挂牌后发行	2015-09-18	2500.00
1587	830992	磐合科技	挂牌后发行	2015-09-18	1464.00
1588	831075	宏海科技	挂牌后发行	2015-09-18	5500.00
1589	831431	东南光电	挂牌后发行	2015-09-18	2000.00
1590	831572	疆能股份	挂牌后发行	2015-09-18	2061.00
1591	831852	东研科技	挂牌后发行	2015-09-18	1984.00
1592	430514	速升装备	挂牌后发行	2015-09-21	1700.00
1593	430721	瑞杰塑料	挂牌后发行	2015-09-21	1125.00
1594	430721	瑞杰塑料	挂牌后发行	2015-09-21	1350.00
1595	830976	电通微电	挂牌后发行	2015-09-21	440.00
1596	831111	智明恒	挂牌后发行	2015-09-21	757.50
1597	831128	大汉印邦	挂牌后发行	2015-09-21	3819.00
1598	831533	绩优股份	挂牌后发行	2015-09-21	1199.44
1599	831740	地平线	挂牌后发行	2015-09-21	1600.00
1600	832207	永拓咨询	挂牌后发行	2015-09-21	1560.00
1601	833366	利隆媒体	挂牌同时发行	2015-09-21	600.00
1602	833431	金海科技	挂牌同时发行	2015-09-21	1566.51
1603	430681	芒冠光电2	挂牌后发行	2015-09-22	1159.68
1604	830775	吉华材料	挂牌后发行	2015-09-22	396.72
1605	830951	西安同大	挂牌后发行	2015-09-22	935.00
1606	830958	鑫庄农贷	挂牌后发行	2015-09-22	5550.00
1607	831041	兆鋆新材3	挂牌后发行	2015-09-22	2111.40
1608	831119	蓝钻生物2	挂牌后发行	2015-09-22	2311.50
1609	831592	北方嘉科1	挂牌后发行	2015-09-22	676.50
1610	831592	北方嘉科2	挂牌后发行	2015-09-22	91.50

7—51 续表 35 continued

序号 No.	股票代码 Stock Code	股票简称 Stock Abbreviation	增发方式 Re-Issuing Mode	定向发行日期 Date of Re-Issuing	筹资总额（万元） Proceeds Raised through Offering (10 thousand yuan)
1611	831678	利德浆料2	挂牌后发行	2015-09-22	480.00
1612	831972	北泰实业	挂牌后发行	2015-09-22	1404.00
1613	832640	青木高新	挂牌后发行	2015-09-22	2025.00
1614	833564	乐华文化	挂牌同时发行	2015-09-22	1000.00
1615	430362	东电创新2	挂牌后发行	2015-09-23	10480.00
1616	430566	虹越花卉2	挂牌后发行	2015-09-23	10000.00
1617	430656	财安金融	挂牌后发行	2015-09-23	3847.08
1618	430680	联兴科技	挂牌后发行	2015-09-23	2500.00
1619	830860	奥特股份2	挂牌后发行	2015-09-23	700.00
1620	830860	奥特股份1	挂牌后发行	2015-09-23	4200.00
1621	831021	华雁信息2	挂牌后发行	2015-09-23	8700.00
1622	831094	光大灵曦2	挂牌后发行	2015-09-23	998.40
1623	831570	鸿益达	挂牌后发行	2015-09-23	1230.00
1624	831628	西部超导	挂牌后发行	2015-09-23	22500.00
1625	831634	盛世股份	挂牌后发行	2015-09-23	1000.00
1626	831654	嘉智信诺	挂牌后发行	2015-09-23	767.05
1627	831962	尚慧能源2	挂牌后发行	2015-09-23	1300.00
1628	832154	文灿股份	挂牌后发行	2015-09-23	30000.00
1629	832256	大乘科技	挂牌后发行	2015-09-23	3349.94
1630	430060	永邦科技	挂牌后发行	2015-09-24	2000.00
1631	430097	赛德丽	挂牌后发行	2015-09-24	1905.00
1632	430264	中舟环保	挂牌后发行	2015-09-24	600.00
1633	830771	华灿电讯	挂牌后发行	2015-09-24	6902.50
1634	830995	九洲光电	挂牌后发行	2015-09-24	896.00
1635	831306	丽明股份	挂牌后发行	2015-09-24	3053.20
1636	831417	峻岭能源	挂牌后发行	2015-09-24	3464.50
1637	831424	薪泽奇	挂牌后发行	2015-09-24	300.00
1638	832096	南铸科技	挂牌后发行	2015-09-24	2292.00
1639	833208	良品电商	挂牌同时发行	2015-09-24	200.00
1640	833344	巨网科技1	挂牌同时发行	2015-09-24	4600.00
1641	833344	巨网科技2	挂牌同时发行	2015-09-24	3339.60
1642	430367	力码科	挂牌后发行	2015-09-25	286.80
1643	430495	奥远电子	挂牌后发行	2015-09-25	300.00
1644	430600	徽电科技	挂牌后发行	2015-09-25	1196.00
1645	430612	雅威特	挂牌后发行	2015-09-25	3043.25
1646	830765	协盛科技	挂牌后发行	2015-09-25	500.00
1647	830776	帕特尔	挂牌后发行	2015-09-25	1680.00
1648	830984	德邦工程	挂牌后发行	2015-09-25	5760.00
1649	831774	凯实股份	挂牌后发行	2015-09-25	77.50
1650	831834	三维股份	挂牌后发行	2015-09-25	831.10
1651	831884	成达兴	挂牌后发行	2015-09-25	980.00
1652	831885	鱼鳞图	挂牌后发行	2015-09-25	1675.84
1653	831988	乐普四方	挂牌后发行	2015-09-25	9752.60
1654	832084	深川股份	挂牌后发行	2015-09-25	2000.00
1655	832086	现在支付	挂牌后发行	2015-09-25	5446.44
1656	832174	益立胶囊	挂牌后发行	2015-09-25	2289.00

7-51 续表 36 continued

序号 No.	股票代码 Stock Code	股票简称 Stock Abbreviation	增发方式 Re-Issuing Mode	定向发行日期 Date of Re-Issuing	筹资总额（万元） Proceeds Raised through Offering (10 thousand yuan)
1657	832455	传视影视	挂牌后发行	2015-09-25	9731.77
1658	832781	伟乐科技	挂牌后发行	2015-09-25	3000.00
1659	832782	依科曼	挂牌后发行	2015-09-25	3045.00
1660	833537	天合石油	挂牌同时发行	2015-09-25	2000.00
1661	430216	风格信息	挂牌后发行	2015-09-28	2015.00
1662	831011	三友创美	挂牌后发行	2015-09-28	1269.00
1663	831106	埃林哲	挂牌后发行	2015-09-28	1800.00
1664	831221	聚阳环保	挂牌后发行	2015-09-28	294.00
1665	831508	拓新股份	挂牌后发行	2015-09-28	1650.00
1666	831625	蓝天精化	挂牌后发行	2015-09-28	274.30
1667	831663	云叶股份	挂牌后发行	2015-09-28	366.00
1668	831837	硕泉园林	挂牌后发行	2015-09-28	1890.00
1669	831845	新马精密	挂牌后发行	2015-09-28	1505.00
1670	831853	世游科技	挂牌后发行	2015-09-28	200.00
1671	832136	蓝天园林	挂牌后发行	2015-09-28	21170.00
1672	832265	芍药堂	挂牌后发行	2015-09-28	1900.00
1673	832477	航凯电力	挂牌后发行	2015-09-28	1425.00
1674	832535	润龙包装	挂牌后发行	2015-09-28	600.00
1675	832544	怡莲蚕桑	挂牌后发行	2015-09-28	700.00
1676	832665	德安环保	挂牌后发行	2015-09-28	1400.00
1677	833231	天准科技	挂牌后发行	2015-09-28	540.00
1678	833578	奥美健康	挂牌同时发行	2015-09-28	568.00
1679	430144	煦联得	挂牌后发行	2015-09-29	3210.00
1680	430581	八亿时空	挂牌后发行	2015-09-29	3674.00
1681	830784	威尔凯	挂牌后发行	2015-09-29	428.00
1682	830923	上元堂	挂牌后发行	2015-09-29	658.00
1683	831037	华力兴	挂牌后发行	2015-09-29	468.00
1684	831572	疆能股份	挂牌后发行	2015-09-29	10800.00
1685	831669	永晟科技	挂牌后发行	2015-09-29	525.00
1686	831682	金田科技	挂牌后发行	2015-09-29	610.00
1687	831685	亿恩科技	挂牌后发行	2015-09-29	505.00
1688	831916	商中在线	挂牌后发行	2015-09-29	8670.65
1689	832065	乔扬数控	挂牌后发行	2015-09-29	600.00
1690	832093	科伦股份	挂牌后发行	2015-09-29	621.00
1691	832199	九方天和	挂牌后发行	2015-09-29	970.00
1692	832244	佳瑞高科	挂牌后发行	2015-09-29	4560.00
1693	832324	金瀚高新	挂牌后发行	2015-09-29	1200.00
1694	832521	合一康	挂牌后发行	2015-09-29	2400.00
1695	833123	瑞丰股份	挂牌后发行	2015-09-29	6084.00
1696	833418	中兰环保	挂牌同时发行	2015-09-29	4164.00
1697	833629	合力亿捷	挂牌同时发行	2015-09-29	1580.80
1698	430076	国基科技2	挂牌后发行	2015-09-30	340.05
1699	830861	金诺科技	挂牌后发行	2015-09-30	450.00
1700	831918	天立泰	挂牌后发行	2015-09-30	3000.00
1701	831922	长宝科技2	挂牌后发行	2015-09-30	899.96
1702	832134	宇都股份	挂牌后发行	2015-09-30	1000.00
1703	833640	广州中崎	挂牌同时发行	2015-09-30	1050.00

7—51 续表 37 continued

序号 No.	股票代码 Stock Code	股票简称 Stock Abbreviation	增发方式 Re-Issuing Mode	定向发行日期 Date of Re-Issuing	筹资总额（万元）Proceeds Raised through Offering (10 thousand yuan)
1704	430586	兴港包装	挂牌后发行	2015-10-08	980.00
1705	830790	希迈气象	挂牌后发行	2015-10-08	3000.00
1706	830825	和泰塑料	挂牌后发行	2015-10-08	134.98
1707	830874	金田元丰	挂牌后发行	2015-10-08	295.00
1708	830904	博思特	挂牌后发行	2015-10-08	3570.00
1709	831335	时空客	挂牌后发行	2015-10-08	6767.67
1710	832183	郑州远见	挂牌后发行	2015-10-08	1170.00
1711	832366	英伦信息	挂牌后发行	2015-10-08	1000.00
1712	833692	托普云农	挂牌同时发行	2015-10-08	1646.00
1713	430251	光电高斯	挂牌后发行	2015-10-09	462.00
1714	430427	飞田通信	挂牌后发行	2015-10-09	14637.50
1715	430657	楼兰股份	挂牌后发行	2015-10-09	6196.32
1716	430699	海欣医药	挂牌后发行	2015-10-09	656.44
1717	830813	熔金股份	挂牌后发行	2015-10-09	2454.00
1718	830995	九洲光电	挂牌后发行	2015-10-09	249.00
1719	831931	云能威士	挂牌后发行	2015-10-09	1091.71
1720	831936	联科生物	挂牌后发行	2015-10-09	690.00
1721	832078	泰利模具	挂牌后发行	2015-10-09	700.00
1722	832259	鸿发有色	挂牌后发行	2015-10-09	420.00
1723	832276	翔宇药业	挂牌后发行	2015-10-09	3600.00
1724	832550	双盛锌业	挂牌后发行	2015-10-09	858.00
1725	833416	掌上纵横	挂牌同时发行	2015-10-09	5500.21
1726	430373	捷安高科	挂牌后发行	2015-10-12	1376.00
1727	830792	创新科技	挂牌后发行	2015-10-12	2702.70
1728	831057	多普泰	挂牌后发行	2015-10-12	10660.00
1729	831322	朗悦科技	挂牌后发行	2015-10-12	1500.00
1730	831409	华油科技	挂牌后发行	2015-10-12	3160.00
1731	831418	三合盛	挂牌后发行	2015-10-12	1000.00
1732	831488	华宏医药	挂牌后发行	2015-10-12	770.00
1733	831488	华宏医药	挂牌后发行	2015-10-12	1500.00
1734	831512	环创科技	挂牌后发行	2015-10-12	717.60
1735	832159	合全药业	挂牌后发行	2015-10-12	1135.23
1736	832670	数亮科技	挂牌后发行	2015-10-12	135.00
1737	833694	新道科技	挂牌同时发行	2015-10-12	3000.00
1738	430247	金日创	挂牌后发行	2015-10-13	1245.00
1739	430473	网动股份	挂牌后发行	2015-10-13	95.00
1740	430523	泰谷生物	挂牌后发行	2015-10-13	1933.70
1741	430528	欧丽信大	挂牌后发行	2015-10-13	1696.50
1742	430558	均信担保	挂牌后发行	2015-10-13	31401.18
1743	430589	银河激光	挂牌后发行	2015-10-13	1080.00
1744	830835	南源电力	挂牌后发行	2015-10-13	1350.00
1745	830912	科汇自成	挂牌后发行	2015-10-13	2500.00
1746	830913	中北通磁	挂牌后发行	2015-10-13	3040.00
1747	830917	网波股份	挂牌后发行	2015-10-13	487.20
1748	830935	伊帕尔汗	挂牌后发行	2015-10-13	300.00
1749	831027	兴致科技	挂牌后发行	2015-10-13	367.50
1750	831081	西驰电气	挂牌后发行	2015-10-13	190.00

7—51 续表 38 continued

序号 No.	股票代码 Stock Code	股票简称 Stock Abbreviation	增发方式 Re-Issuing Mode	定向发行日期 Date of Re-Issuing	筹资总额（万元）Proceeds Raised through Offering (10 thousand yuan)
1751	831197	雅洁源	挂牌后发行	2015-10-13	1000.00
1752	831354	话机世界	挂牌后发行	2015-10-13	3800.00
1753	831633	那然生命	挂牌后发行	2015-10-13	8100.00
1754	832277	金泉股份	挂牌后发行	2015-10-13	1122.00
1755	832568	阿波罗	挂牌后发行	2015-10-13	8895.46
1756	832837	莱姆佳	挂牌后发行	2015-10-13	1656.00
1757	833010	盛景网联	挂牌后发行	2015-10-13	10209.60
1758	430014	恒业世纪	挂牌后发行	2015-10-14	3200.00
1759	430133	赛孚制药	挂牌后发行	2015-10-14	1382.40
1760	430313	国创富盛	挂牌后发行	2015-10-14	828.75
1761	430697	宝石金卡	挂牌后发行	2015-10-14	246.00
1762	430706	海芯华夏	挂牌后发行	2015-10-14	1500.00
1763	831040	优波科	挂牌后发行	2015-10-14	320.00
1764	831186	金鸿药业2	挂牌后发行	2015-10-14	3600.00
1765	831411	三重股份2	挂牌后发行	2015-10-14	840.00
1766	831558	阳光四季	挂牌后发行	2015-10-14	619.38
1767	831719	菱湖漆	挂牌后发行	2015-10-14	600.00
1768	832165	九州传动	挂牌后发行	2015-10-14	4500.00
1769	832299	石大科技	挂牌后发行	2015-10-14	660.00
1770	832764	德胜科技	挂牌后发行	2015-10-14	857.29
1771	833466	盛盈汇	挂牌同时发行	2015-10-14	199.00
1772	833544	绿岩生态	挂牌同时发行	2015-10-14	1072.00
1773	430021	海鑫科金	挂牌后发行	2015-10-15	54976.00
1774	430127	塞尔瑟斯2	挂牌后发行	2015-10-15	4800.00
1775	430483	森鹰窗业4	挂牌后发行	2015-10-15	1280.00
1776	430512	芯朋微	挂牌后发行	2015-10-15	4690.00
1777	831128	大汉印邦3	挂牌后发行	2015-10-15	2360.00
1778	831315	安畅网络	挂牌后发行	2015-10-15	600.00
1779	831455	粤林股份	挂牌后发行	2015-10-15	3180.00
1780	831574	富翊装饰2	挂牌后发行	2015-10-15	6097.00
1781	831813	广新信息	挂牌后发行	2015-10-15	4050.00
1782	831879	龙钇科技3	挂牌后发行	2015-10-15	4254.75
1783	832159	合全药业2	挂牌后发行	2015-10-15	49869.40
1784	832320	大富装饰2	挂牌后发行	2015-10-15	2904.00
1785	832412	同益物流2	挂牌后发行	2015-10-15	910.00
1786	832416	华美精陶2	挂牌后发行	2015-10-15	800.00
1787	832571	点击网络	挂牌后发行	2015-10-15	3600.00
1788	832633	伏泰科技	挂牌后发行	2015-10-15	550.00
1789	833302	羌山农牧	挂牌后发行	2015-10-15	3750.00
1790	833329	利达股份	挂牌同时发行	2015-10-15	2550.00
1791	833332	多尔晋泽	挂牌后发行	2015-10-15	900.00
1792	833563	力天钨业	挂牌同时发行	2015-10-15	720.00
1793	430071	首都在线	挂牌后发行	2015-10-16	1803.75
1794	430350	万德智新	挂牌后发行	2015-10-16	1080.00
1795	430761	升禾环保2	挂牌后发行	2015-10-16	999.60
1796	831205	圣博华康	挂牌后发行	2015-10-16	4800.00
1797	831532	君悦科技	挂牌后发行	2015-10-16	750.00

7-51 续表 39 continued

序号 No.	股票代码 Stock Code	股票简称 Stock Abbreviation	增发方式 Re-Issuing Mode	定向发行日期 Date of Re-Issuing	筹资总额（万元） Proceeds Raised through Offering (10 thousand yuan)
1798	831958	健博通	挂牌后发行	2015-10-16	675.00
1799	832043	卫东实业	挂牌后发行	2015-10-16	5250.00
1800	832060	施可瑞	挂牌后发行	2015-10-16	375.00
1801	832107	达能电气	挂牌后发行	2015-10-16	974.40
1802	832175	东方碳素	挂牌后发行	2015-10-16	3458.00
1803	832287	金凯光电2	挂牌后发行	2015-10-16	1400.00
1804	832361	众智同辉	挂牌后发行	2015-10-16	750.00
1805	832456	恒坤股份	挂牌后发行	2015-10-16	1034.88
1806	833027	阳光金服	挂牌后发行	2015-10-16	2000.00
1807	833037	中技能源	挂牌后发行	2015-10-16	3696.00
1808	833160	鲁班药业	挂牌后发行	2015-10-16	2500.00
1809	833509	同惠电子	挂牌同时发行	2015-10-16	1452.00
1810	833680	一览网络	挂牌同时发行	2015-10-16	3520.00
1811	833755	扬德环境	挂牌同时发行	2015-10-16	816.00
1812	430032	凯英信业2	挂牌后发行	2015-10-19	3800.00
1813	430092	金刚游戏3	挂牌后发行	2015-10-19	15000.00
1814	430181	盖娅互娱	挂牌后发行	2015-10-19	15062.50
1815	430239	信诺达	挂牌后发行	2015-10-19	2000.00
1816	430352	慧网通达	挂牌后发行	2015-10-19	900.00
1817	430700	飞尼课斯	挂牌后发行	2015-10-19	568.00
1818	831803	炫泰文化	挂牌后发行	2015-10-19	1000.00
1819	832664	未名信息2	挂牌后发行	2015-10-19	666.00
1820	832982	锦波生物	挂牌后发行	2015-10-19	2553.00
1821	833004	博阅科技	挂牌后发行	2015-10-19	875.00
1822	833557	中诺思	挂牌同时发行	2015-10-19	1050.00
1823	833604	南广影视	挂牌同时发行	2015-10-19	2520.00
1824	833784	美福润	挂牌同时发行	2015-10-19	1200.00
1825	430214	建中医疗	挂牌后发行	2015-10-20	1250.00
1826	430564	天润科技	挂牌后发行	2015-10-20	1261.00
1827	831100	玉宇环保	挂牌后发行	2015-10-20	600.00
1828	831616	博达软件	挂牌后发行	2015-10-20	500.00
1829	832058	东联科技	挂牌后发行	2015-10-20	667.50
1830	832176	三扬股份	挂牌后发行	2015-10-20	2190.00
1831	832331	高士达2	挂牌后发行	2015-10-20	666.00
1832	832373	美特桥架	挂牌后发行	2015-10-20	3300.00
1833	832479	长荣农科	挂牌后发行	2015-10-20	1200.00
1834	832536	京成科技	挂牌后发行	2015-10-20	750.00
1835	832638	瓦力科技	挂牌后发行	2015-10-20	3822.00
1836	832741	禾泰股份	挂牌后发行	2015-10-20	920.00
1837	832760	上海君屹	挂牌后发行	2015-10-20	100.00
1838	833786	超纯环保	挂牌同时发行	2015-10-20	2250.00
1839	833820	凯琦佳	挂牌同时发行	2015-10-20	913.51
1840	430224	网动科技	挂牌后发行	2015-10-21	950.00
1841	430469	必控科技	挂牌后发行	2015-10-21	2184.00
1842	430523	泰谷生物3	挂牌后发行	2015-10-21	765.55
1843	430663	大陆机电2	挂牌后发行	2015-10-21	1200.00
1844	831054	巴陵节能	挂牌后发行	2015-10-21	1536.00

7-51 续表 40 continued

序号 No.	股票代码 Stock Code	股票简称 Stock Abbreviation	增发方式 Re-Issuing Mode	定向发行日期 Date of Re-Issuing	筹资总额（万元） Proceeds Raised through Offering (10 thousand yuan)
1845	831553	陕中科2	挂牌后发行	2015-10-21	2100.00
1846	831619	五舟科技2	挂牌后发行	2015-10-21	1404.00
1847	831727	中钢网	挂牌后发行	2015-10-21	7200.00
1848	832141	燎原环保	挂牌后发行	2015-10-21	3000.00
1849	832394	佳龙科技	挂牌后发行	2015-10-21	1000.00
1850	832428	刻度信息	挂牌后发行	2015-10-21	1147.50
1851	832488	奔腾股份	挂牌后发行	2015-10-21	775.00
1852	832489	济邦生态	挂牌后发行	2015-10-21	97.50
1853	832687	京东农业	挂牌后发行	2015-10-21	2895.00
1854	833038	欧开股份	挂牌后发行	2015-10-21	1288.00
1855	833800	泰安科技	挂牌同时发行	2015-10-21	1498.90
1856	833852	清软创新	挂牌同时发行	2015-10-21	45.93
1857	833968	资源环保	挂牌同时发行	2015-10-21	1100.00
1858	830791	佳晓股份	挂牌后发行	2015-10-22	1356.00
1859	830914	海赛电装2	挂牌后发行	2015-10-22	100.00
1860	830945	麟龙新材	挂牌后发行	2015-10-22	4510.00
1861	831161	伊菲股份2	挂牌后发行	2015-10-22	1000.00
1862	831234	天辰股份3	挂牌后发行	2015-10-22	1100.00
1863	831420	北信得实	挂牌后发行	2015-10-22	1500.00
1864	831588	山川秀美	挂牌后发行	2015-10-22	8000.00
1865	831636	三叶新材	挂牌后发行	2015-10-22	850.00
1866	831688	山大地纬	挂牌后发行	2015-10-22	2550.00
1867	831997	海斯迪	挂牌后发行	2015-10-22	2750.10
1868	832008	金天铝业	挂牌后发行	2015-10-22	240.00
1869	832139	沃田农业2	挂牌后发行	2015-10-22	1550.00
1870	832226	新阳升	挂牌后发行	2015-10-22	40.00
1871	832519	中通电气	挂牌后发行	2015-10-22	3120.00
1872	832540	康沃动力	挂牌后发行	2015-10-22	7000.00
1873	832744	瑞风协同	挂牌后发行	2015-10-22	3674.52
1874	832932	永恒股份	挂牌后发行	2015-10-22	4005.00
1875	833056	通用数据	挂牌后发行	2015-10-22	17400.00
1876	833291	森合高科	挂牌后发行	2015-10-22	1050.00
1877	833697	上海未来	挂牌同时发行	2015-10-22	535.00
1878	430077	道隆软件	挂牌后发行	2015-10-23	1400.00
1879	430357	行悦信息2	挂牌后发行	2015-10-23	16650.00
1880	430377	海格物流4	挂牌后发行	2015-10-23	18000.00
1881	430554	金正方	挂牌后发行	2015-10-23	3000.00
1882	830843	沃迪装备2	挂牌后发行	2015-10-23	2000.00
1883	831039	国义招标	挂牌后发行	2015-10-23	13218.66
1884	831166	纳地股份2	挂牌后发行	2015-10-23	600.00
1885	831258	龙蛙农业2	挂牌后发行	2015-10-23	5649.99
1886	831785	恒远利废2	挂牌后发行	2015-10-23	300.00
1887	833858	信中利	挂牌同时发行	2015-10-23	5760.00
1888	430328	北京希电	挂牌后发行	2015-10-26	1950.00
1889	430559	新华通	挂牌后发行	2015-10-26	1540.00
1890	430619	格纳斯	挂牌后发行	2015-10-26	2478.72
1891	430621	固安信通	挂牌后发行	2015-10-26	5120.50

7-51 续表 41 continued

序号 No.	股票代码 Stock Code	股票简称 Stock Abbreviation	增发方式 Re-Issuing Mode	定向发行日期 Date of Re-Issuing	筹资总额（万元） Proceeds Raised through Offering (10 thousand yuan)
1892	830889	深拓智能	挂牌后发行	2015-10-26	6937.50
1893	830927	兆久成	挂牌后发行	2015-10-26	3000.00
1894	831176	天鸿股份	挂牌后发行	2015-10-26	2628.00
1895	831456	森瑞新材	挂牌后发行	2015-10-26	10500.00
1896	831697	海优新材	挂牌后发行	2015-10-26	1827.00
1897	832077	合成药业	挂牌后发行	2015-10-26	2460.24
1898	832163	巨潮科技	挂牌后发行	2015-10-26	1107.00
1899	832353	益泰药业	挂牌后发行	2015-10-26	1410.00
1900	832358	一保通	挂牌后发行	2015-10-26	2000.00
1901	832424	科海股份	挂牌后发行	2015-10-26	1400.00
1902	832463	月旭科技	挂牌后发行	2015-10-26	2085.60
1903	832747	吉诺股份	挂牌后发行	2015-10-26	900.00
1904	832766	沃格光电	挂牌后发行	2015-10-26	20000.00
1905	430759	凯路仕	挂牌后发行	2015-10-27	15690.90
1906	830819	致生联发	挂牌后发行	2015-10-27	5355.36
1907	831051	春秋鸿	挂牌后发行	2015-10-27	7500.00
1908	831205	圣博华康	挂牌后发行	2015-10-27	900.00
1909	831449	赛格立诺	挂牌后发行	2015-10-27	2600.00
1910	831504	中晟光电	挂牌后发行	2015-10-27	1350.00
1911	831523	亚成生物	挂牌后发行	2015-10-27	11000.00
1912	832128	喜之家	挂牌后发行	2015-10-27	225.00
1913	832152	华富股份	挂牌后发行	2015-10-27	525.00
1914	832227	付世光电	挂牌后发行	2015-10-27	750.00
1915	832391	润达光伏	挂牌后发行	2015-10-27	1110.00
1916	832594	联海通信	挂牌后发行	2015-10-27	1500.00
1917	832781	伟乐科技	挂牌后发行	2015-10-27	990.00
1918	832854	紫光新能	挂牌后发行	2015-10-27	2015.00
1919	430067	维信通	挂牌后发行	2015-10-28	1495.00
1920	430282	优睿传媒	挂牌后发行	2015-10-28	360.00
1921	430301	倚天股份	挂牌后发行	2015-10-28	2061.50
1922	430529	恒成工具	挂牌后发行	2015-10-28	1560.00
1923	430578	差旅天下2	挂牌后发行	2015-10-28	7650.00
1924	430745	诺文科技	挂牌后发行	2015-10-28	900.00
1925	830798	中外名人	挂牌后发行	2015-10-28	2058.38
1926	830985	浙江力诺	挂牌后发行	2015-10-28	1296.63
1927	831130	环宇装备2	挂牌后发行	2015-10-28	2400.00
1928	831154	益方田园	挂牌后发行	2015-10-28	418.54
1929	831241	博峰新业	挂牌后发行	2015-10-28	410.00
1930	831429	创力股份	挂牌后发行	2015-10-28	2350.00
1931	831544	北超伺服	挂牌后发行	2015-10-28	248.00
1932	831551	世纪合辉2	挂牌后发行	2015-10-28	2016.00
1933	831915	川娇农牧	挂牌后发行	2015-10-28	3200.00
1934	832210	科诺铝业	挂牌后发行	2015-10-28	2380.00
1935	832298	菲缆股份	挂牌后发行	2015-10-28	2250.00
1936	832367	慧图科技2	挂牌后发行	2015-10-28	1050.00
1937	832533	利美康	挂牌后发行	2015-10-28	3000.00
1938	832605	江苏腾达	挂牌后发行	2015-10-28	2700.00

7—51 续表 42 continued

序号 No.	股票代码 Stock Code	股票简称 Stock Abbreviation	增发方式 Re-Issuing Mode	定向发行日期 Date of Re-Issuing	筹资总额（万元）Proceeds Raised through Offering (10 thousand yuan)
1939	833660	腾瑞明	挂牌同时发行	2015-10-28	1238.00
1940	833876	宁鑫生科	挂牌同时发行	2015-10-28	1932.08
1941	833933	诸葛天下	挂牌同时发行	2015-10-28	6600.00
1942	430304	每日视界	挂牌后发行	2015-10-29	1000.22
1943	831540	京源环保	挂牌后发行	2015-10-29	706.00
1944	831780	中道糖业	挂牌后发行	2015-10-29	1330.00
1945	831799	九华山酒	挂牌后发行	2015-10-29	1008.00
1946	831902	万绿园林	挂牌后发行	2015-10-29	5280.00
1947	831906	舜宇模具	挂牌后发行	2015-10-29	940.80
1948	832013	博涛股份	挂牌后发行	2015-10-29	599.76
1949	832372	西藏能源	挂牌后发行	2015-10-29	3000.00
1950	832379	鑫融基	挂牌后发行	2015-10-29	6240.00
1951	832575	云迅通	挂牌后发行	2015-10-29	1800.00
1952	832658	特别传媒	挂牌后发行	2015-10-29	1000.00
1953	832768	爱可生	挂牌后发行	2015-10-29	1824.00
1954	832979	弘天生物	挂牌后发行	2015-10-29	1360.00
1955	833290	瑞必达	挂牌后发行	2015-10-29	15000.00
1956	833585	千叶珠宝	挂牌同时发行	2015-10-29	10000.00
1957	833714	安世亚太	挂牌同时发行	2015-10-29	3000.00
1958	430121	英福美	挂牌后发行	2015-10-30	400.00
1959	430453	恒锐科技	挂牌后发行	2015-10-30	259.20
1960	430724	芳笛环保	挂牌后发行	2015-10-30	2000.00
1961	832480	商会网络	挂牌后发行	2015-10-30	2200.32
1962	832844	赛浪股份	挂牌后发行	2015-10-30	1500.00
1963	833044	硅谷天堂	挂牌后发行	2015-10-30	307140.00
1964	833414	凡拓创意	挂牌后发行	2015-10-30	1143.00
1965	833868	南京证券	挂牌同时发行	2015-10-30	344399.70
1966	833913	坤鼎集团	挂牌同时发行	2015-10-30	6750.00
1967	834023	金投金融	挂牌同时发行	2015-10-30	3500.00
1968	430080	尚水股份	挂牌后发行	2015-11-02	720.00
1969	430242	蓝贝望	挂牌后发行	2015-11-02	2000.00
1970	430373	捷安高科	挂牌后发行	2015-11-02	2150.00
1971	430437	食安科技	挂牌后发行	2015-11-02	2030.00
1972	430719	九鼎投资	挂牌后发行	2015-11-02	1000000.00
1973	430742	光维通信	挂牌后发行	2015-11-02	2673.00
1974	831446	亨利技术	挂牌后发行	2015-11-02	252.00
1975	831627	力王股份	挂牌后发行	2015-11-02	956.25
1976	831701	万龙电气	挂牌后发行	2015-11-02	1800.00
1977	832225	利通液压	挂牌后发行	2015-11-02	1350.00
1978	832272	龙图信息	挂牌后发行	2015-11-02	120.00
1979	832328	安泰生物	挂牌后发行	2015-11-02	2900.00
1980	832684	天运股份	挂牌后发行	2015-11-02	3870.00
1981	833769	中泰环保	挂牌同时发行	2015-11-02	312.50
1982	833788	品尚汇	挂牌同时发行	2015-11-02	9500.00
1983	834058	华洋赛车	挂牌同时发行	2015-11-02	185.00
1984	430263	蓝天环保	挂牌后发行	2015-11-03	7614.43
1985	430335	华韩整形	挂牌后发行	2015-11-03	7000.00

7-51 续表 43 continued

序号 No.	股票代码 Stock Code	股票简称 Stock Abbreviation	增发方式 Re-Issuing Mode	定向发行日期 Date of Re-Issuing	筹资总额（万元）Proceeds Raised through Offering (10 thousand yuan)
1986	430450	正佰电气	挂牌后发行	2015-11-03	1770.00
1987	430755	华曦达	挂牌后发行	2015-11-03	400.00
1988	830781	精鹰传媒	挂牌后发行	2015-11-03	1473.93
1989	830983	保得威尔	挂牌后发行	2015-11-03	500.00
1990	831129	领信股份	挂牌后发行	2015-11-03	2000.00
1991	831165	远洲股份	挂牌后发行	2015-11-03	1071.00
1992	831484	久盛生态	挂牌后发行	2015-11-03	1485.00
1993	831539	国网自控	挂牌后发行	2015-11-03	200.00
1994	831699	泰力松	挂牌后发行	2015-11-03	5999.78
1995	831993	欧克精化	挂牌后发行	2015-11-03	1190.00
1996	832080	七色珠光	挂牌后发行	2015-11-03	14400.00
1997	832236	丰源股份	挂牌后发行	2015-11-03	5600.00
1998	832614	旺大集团	挂牌后发行	2015-11-03	1350.00
1999	832619	天创环境	挂牌后发行	2015-11-03	1300.00
2000	832911	正方股份	挂牌后发行	2015-11-03	550.00
2001	833377	童石网络	挂牌后发行	2015-11-03	6000.00
2002	430251	光电高斯	挂牌后发行	2015-11-04	198.00
2003	430480	辰维科技	挂牌后发行	2015-11-04	2610.00
2004	831379	融信租赁	挂牌后发行	2015-11-04	20500.00
2005	831564	欧伏电气	挂牌后发行	2015-11-04	2612.40
2006	831715	瀚特信息	挂牌后发行	2015-11-04	1260.00
2007	832137	罗伯特	挂牌后发行	2015-11-04	2945.00
2008	832248	安正科技	挂牌后发行	2015-11-04	2160.00
2009	832611	凯迪网络	挂牌后发行	2015-11-04	875.00
2010	832729	图南股份	挂牌后发行	2015-11-04	800.00
2011	833658	铁血科技	挂牌同时发行	2015-11-04	1872.00
2012	833658	铁血科技	挂牌同时发行	2015-11-04	650.00
2013	833827	浩腾科技	挂牌同时发行	2015-11-04	1125.00
2014	833897	心动网络	挂牌同时发行	2015-11-04	29912.00
2015	833965	科创股份	挂牌同时发行	2015-11-04	1600.00
2016	430483	森鹰窗业	挂牌后发行	2015-11-05	540.00
2017	430705	天锐科技	挂牌后发行	2015-11-05	18900.00
2018	830924	星龙科技	挂牌后发行	2015-11-05	200.00
2019	830943	济南科明	挂牌后发行	2015-11-05	1278.40
2020	830989	北方空间	挂牌后发行	2015-11-05	4883.51
2021	831202	摩德娜	挂牌后发行	2015-11-05	420.00
2022	831881	鑫聚光电	挂牌后发行	2015-11-05	3200.00
2023	831977	通宇电子	挂牌后发行	2015-11-05	1426.00
2024	831979	林格贝	挂牌后发行	2015-11-05	3600.00
2025	832630	诺之股份	挂牌后发行	2015-11-05	1500.00
2026	832905	信源小贷	挂牌后发行	2015-11-05	6230.00
2027	833064	绿色空间	挂牌后发行	2015-11-05	752.60
2028	834089	浙商创投	挂牌同时发行	2015-11-05	21200.00
2029	834123	辽宁天丰	挂牌同时发行	2015-11-05	2102.00
2030	430051	九恒星	挂牌后发行	2015-11-06	37517.67
2031	430230	银都传媒	挂牌后发行	2015-11-06	5729.21
2032	430230	银都传媒	挂牌后发行	2015-11-06	1743.82

7-51 续表 44 continued

序号 No.	股票代码 Stock Code	股票简称 Stock Abbreviation	增发方式 Re-Issuing Mode	定向发行日期 Date of Re-Issuing	筹资总额（万元） Proceeds Raised through Offering (10 thousand yuan)
2033	830817	鼎炬科技	挂牌后发行	2015-11-06	561.00
2034	830888	世纪工场	挂牌后发行	2015-11-06	1100.00
2035	831561	威孚热能	挂牌后发行	2015-11-06	508.20
2036	831704	九如环境	挂牌后发行	2015-11-06	558.00
2037	832070	磁谷科技	挂牌后发行	2015-11-06	1680.12
2038	832127	谊熙加	挂牌后发行	2015-11-06	2352.00
2039	832602	泰通科技	挂牌后发行	2015-11-06	3420.00
2040	833815	嘉友互联	挂牌同时发行	2015-11-06	232.00
2041	830986	伊科耐	挂牌后发行	2015-11-09	2000.00
2042	831104	翔维科技	挂牌后发行	2015-11-09	852.80
2043	831190	第六元素	挂牌后发行	2015-11-09	5000.00
2044	831485	科达建材	挂牌后发行	2015-11-09	2000.00
2045	831864	华夏未来	挂牌后发行	2015-11-09	220.00
2046	831947	丹田股份	挂牌后发行	2015-11-09	7429.50
2047	832051	经证投资	挂牌后发行	2015-11-09	3560.00
2048	832067	翱翔科技	挂牌后发行	2015-11-09	560.00
2049	832255	建通测绘	挂牌后发行	2015-11-09	1600.00
2050	832283	天丰电源	挂牌后发行	2015-11-09	7500.00
2051	832642	确信信息	挂牌后发行	2015-11-09	1498.65
2052	832936	万达重工	挂牌后发行	2015-11-09	472.56
2053	833039	昶昱黄金	挂牌后发行	2015-11-09	1750.00
2054	833098	新龙股份	挂牌后发行	2015-11-09	1800.00
2055	833380	起航股份	挂牌后发行	2015-11-09	1569.72
2056	430227	东软慧聚	挂牌后发行	2015-11-10	794.92
2057	430261	易维科技	挂牌后发行	2015-11-10	3239.00
2058	430266	联动设计	挂牌后发行	2015-11-10	2492.00
2059	430489	佳先股份	挂牌后发行	2015-11-10	7500.00
2060	830807	恒瑞能源	挂牌后发行	2015-11-10	895.23
2061	830948	捷昌驱动	挂牌后发行	2015-11-10	2400.00
2062	831544	北超伺服	挂牌后发行	2015-11-10	2700.00
2063	831885	鱼鳞图	挂牌后发行	2015-11-10	1925.97
2064	831908	古麟羽绒	挂牌后发行	2015-11-10	840.00
2065	831921	泰可电气	挂牌后发行	2015-11-10	1070.00
2066	831946	名洋会展	挂牌后发行	2015-11-10	600.00
2067	832053	富得利	挂牌后发行	2015-11-10	2322.00
2068	832189	科瑞达	挂牌后发行	2015-11-10	1750.00
2069	832513	汇群股份	挂牌后发行	2015-11-10	1500.00
2070	832790	世能科泰	挂牌后发行	2015-11-10	161.00
2071	833491	沧海核装	挂牌同时发行	2015-11-10	3480.00
2072	833760	天然谷	挂牌同时发行	2015-11-10	2197.00
2073	834054	游戏多	挂牌同时发行	2015-11-10	1929.98
2074	834080	中嘉实业	挂牌同时发行	2015-11-10	1477.50
2075	834156	优蜜移动	挂牌同时发行	2015-11-10	4020.16
2076	430632	希奥股份	挂牌后发行	2015-11-11	2410.00
2077	830969	智通人才	挂牌后发行	2015-11-11	1741.95
2078	832876	慧为智能	挂牌后发行	2015-11-11	640.00
2079	833024	欣智恒	挂牌后发行	2015-11-11	1800.00

7-51 续表 45 continued

序号 No.	股票代码 Stock Code	股票简称 Stock Abbreviation	增发方式 Re-Issuing Mode	定向发行日期 Date of Re-Issuing	筹资总额（万元）Proceeds Raised through Offering (10 thousand yuan)
2080	834002	易构软件	挂牌同时发行	2015-11-11	750.00
2081	834016	易二零	挂牌同时发行	2015-11-11	6300.00
2082	831009	合锐赛尔	挂牌后发行	2015-11-12	6300.00
2083	831057	多普泰	挂牌后发行	2015-11-12	143.00
2084	831243	晓鸣农牧	挂牌后发行	2015-11-12	2185.00
2085	831311	博安智能	挂牌后发行	2015-11-12	3000.00
2086	831362	和平股份	挂牌后发行	2015-11-12	1700.00
2087	831627	力王股份	挂牌后发行	2015-11-12	43.75
2088	831652	康华远景	挂牌后发行	2015-11-12	1853.95
2089	831744	万信达	挂牌后发行	2015-11-12	2166.00
2090	832211	鸿源科技	挂牌后发行	2015-11-12	315.00
2091	832286	凯翔生物	挂牌后发行	2015-11-12	670.80
2092	832376	天原药业	挂牌后发行	2015-11-12	800.00
2093	832452	兴华股份	挂牌后发行	2015-11-12	2910.60
2094	832629	易信达	挂牌后发行	2015-11-12	750.00
2095	833205	博采网络	挂牌后发行	2015-11-12	1026.00
2096	834222	迈动医疗	挂牌同时发行	2015-11-12	1512.00
2097	430505	上陵牧业	挂牌后发行	2015-11-13	20000.00
2098	831299	北教传媒	挂牌后发行	2015-11-13	8004.00
2099	831396	许继智能	挂牌后发行	2015-11-13	13800.00
2100	831462	友泰电气	挂牌后发行	2015-11-13	640.00
2101	831838	福康药业	挂牌后发行	2015-11-13	1067.90
2102	832221	聚元食品	挂牌后发行	2015-11-13	2242.00
2103	832646	讯众股份	挂牌后发行	2015-11-13	3000.00
2104	833318	图敏视频	挂牌后发行	2015-11-13	550.20
2105	834219	乙辰科技	挂牌同时发行	2015-11-13	1000.00
2106	834297	数智源	挂牌同时发行	2015-11-13	1200.00
2107	430167	四利通	挂牌后发行	2015-11-16	121.00
2108	430245	奥特美克	挂牌后发行	2015-11-16	3068.10
2109	430484	求实智能	挂牌后发行	2015-11-16	2870.01
2110	430521	康捷医疗	挂牌后发行	2015-11-16	1314.00
2111	830974	凯大催化	挂牌后发行	2015-11-16	4550.00
2112	831134	爱特科技	挂牌后发行	2015-11-16	3959.00
2113	831145	阿路美格	挂牌后发行	2015-11-16	1999.57
2114	831287	启奥科技	挂牌后发行	2015-11-16	5625.00
2115	831822	米奥会展	挂牌后发行	2015-11-16	2625.00
2116	831862	致力科技	挂牌后发行	2015-11-16	300.00
2117	831867	延利饰件	挂牌后发行	2015-11-16	500.00
2118	832282	智途科技	挂牌后发行	2015-11-16	4362.50
2119	832342	思普润	挂牌后发行	2015-11-16	850.00
2120	832424	科海股份	挂牌后发行	2015-11-16	5000.00
2121	832453	恒福股份	挂牌后发行	2015-11-16	1250.00
2122	832566	梓橦宫	挂牌后发行	2015-11-16	1388.00
2123	832590	恒德股份	挂牌后发行	2015-11-16	440.00
2124	832661	蓝太平洋	挂牌后发行	2015-11-16	1000.00
2125	832681	宇邦新材	挂牌后发行	2015-11-16	7080.00
2126	832747	吉诺股份	挂牌后发行	2015-11-16	5400.00

7-51 续表 46 continued

序号 No.	股票代码 Stock Code	股票简称 Stock Abbreviation	增发方式 Re-Issuing Mode	定向发行日期 Date of Re-Issuing	筹资总额（万元）Proceeds Raised through Offering (10 thousand yuan)
2127	833047	天堰科技	挂牌后发行	2015-11-16	324.00
2128	833979	天图投资	挂牌同时发行	2015-11-16	268312.72
2129	834027	冠尔股份	挂牌同时发行	2015-11-16	1000.00
2130	430150	创和通讯	挂牌后发行	2015-11-17	1200.00
2131	430171	电信易通	挂牌后发行	2015-11-17	970.00
2132	430546	乐彩科技	挂牌后发行	2015-11-17	2000.00
2133	430675	天跃科技	挂牌后发行	2015-11-17	2550.00
2134	430738	白兔湖	挂牌后发行	2015-11-17	1691.00
2135	831086	星城石墨	挂牌后发行	2015-11-17	1000.00
2136	831527	约顿气膜	挂牌后发行	2015-11-17	660.00
2137	832218	德长环保	挂牌后发行	2015-11-17	7644.00
2138	832278	鹿得医疗	挂牌后发行	2015-11-17	1932.00
2139	832507	晶宇环境	挂牌后发行	2015-11-17	2648.64
2140	832894	紫光通信	挂牌后发行	2015-11-17	1000.00
2141	832900	紫荆股份	挂牌后发行	2015-11-17	500.00
2142	832999	法本信息	挂牌后发行	2015-11-17	175.00
2143	833278	北旺农牧	挂牌后发行	2015-11-17	8350.00
2144	833998	久银控股	挂牌同时发行	2015-11-17	800.00
2145	834160	永联科技	挂牌同时发行	2015-11-17	14999.40
2146	834192	中钜铖	挂牌同时发行	2015-11-17	800.00
2147	834323	韩华建材	挂牌同时发行	2015-11-17	1641.20
2148	430211	丰电科技	挂牌后发行	2015-11-18	5000.00
2149	430731	凯地钻探	挂牌后发行	2015-11-18	1579.50
2150	831640	碧沃丰	挂牌后发行	2015-11-18	1312.00
2151	831754	康能生物	挂牌后发行	2015-11-18	4185.00
2152	832239	恒鑫智能	挂牌后发行	2015-11-18	1200.00
2153	832359	益森科技	挂牌后发行	2015-11-18	4500.00
2154	832467	帝益生态	挂牌后发行	2015-11-18	3515.00
2155	832671	冠宇科技	挂牌后发行	2015-11-18	840.00
2156	832773	寰烁股份	挂牌后发行	2015-11-18	2609.10
2157	832783	恒源食品	挂牌后发行	2015-11-18	750.00
2158	832896	道有道	挂牌后发行	2015-11-18	10175.00
2159	430197	ST津伦	挂牌后发行	2015-11-19	520.00
2160	430237	大汉三通	挂牌后发行	2015-11-19	2000.00
2161	430630	合胜科技	挂牌后发行	2015-11-19	825.00
2162	430678	蓝波绿建	挂牌后发行	2015-11-19	3300.02
2163	831097	思为同飞	挂牌后发行	2015-11-19	496.00
2164	831383	楼市通网	挂牌后发行	2015-11-19	4560.00
2165	832036	康复得	挂牌后发行	2015-11-19	2400.00
2166	832470	万里运业	挂牌后发行	2015-11-19	4200.00
2167	832637	华源磁业	挂牌后发行	2015-11-19	1800.00
2168	833048	米米乐	挂牌后发行	2015-11-19	2946.93
2169	833907	测聘网	挂牌同时发行	2015-11-19	1000.00
2170	834343	华凯保险	挂牌同时发行	2015-11-19	700.00
2171	430225	伊禾农品	挂牌后发行	2015-11-20	27505.80
2172	430240	随视传媒	挂牌后发行	2015-11-20	14400.00
2173	831032	景睿策划	挂牌后发行	2015-11-20	500.00

7-51 续表 47 continued

序号 No.	股票代码 Stock Code	股票简称 Stock Abbreviation	增发方式 Re-Issuing Mode	定向发行日期 Date of Re-Issuing	筹资总额（万元）Proceeds Raised through Offering (10 thousand yuan)
2174	831152	昆工恒达	挂牌后发行	2015-11-20	675.00
2175	832806	易兰设计	挂牌后发行	2015-11-20	3071.98
2176	833010	盛景网联	挂牌后发行	2015-11-20	3454.25
2177	833323	好帮手	挂牌后发行	2015-11-20	10800.00
2178	834099	蓝怡科技	挂牌同时发行	2015-11-20	275.15
2179	834401	激创投资	挂牌同时发行	2015-11-20	1715.00
2180	430553	海红技术	挂牌后发行	2015-11-23	1776.50
2181	830805	德马科技	挂牌后发行	2015-11-23	1839.00
2182	831562	山水园林	挂牌后发行	2015-11-23	1624.35
2183	832439	马可正嘉	挂牌后发行	2015-11-23	1080.00
2184	832654	天宜机械	挂牌后发行	2015-11-23	671.00
2185	832841	天语和声	挂牌后发行	2015-11-23	700.00
2186	833174	沃德传动	挂牌后发行	2015-11-23	2000.00
2187	833275	神拓机电	挂牌后发行	2015-11-23	1509.00
2188	430081	莱富特佰	挂牌后发行	2015-11-24	10000.00
2189	430729	万里智能	挂牌后发行	2015-11-24	630.00
2190	830957	佳成科技	挂牌后发行	2015-11-24	500.00
2191	830972	道一信息	挂牌后发行	2015-11-24	3200.00
2192	831225	宏景软件	挂牌后发行	2015-11-24	1380.00
2193	831677	有福科技	挂牌后发行	2015-11-24	1180.33
2194	833598	壹石通	挂牌后发行	2015-11-24	1865.00
2195	430111	北京航峰	挂牌后发行	2015-11-25	1380.00
2196	430182	全网数商	挂牌后发行	2015-11-25	672.00
2197	430309	易所试	挂牌后发行	2015-11-25	16552.80
2198	430540	五龙制动	挂牌后发行	2015-11-25	520.00
2199	830788	运通四方	挂牌后发行	2015-11-25	922.50
2200	831245	扬开电力	挂牌后发行	2015-11-25	988.00
2201	831471	北方园林	挂牌后发行	2015-11-25	1300.00
2202	831756	德高化成	挂牌后发行	2015-11-25	500.00
2203	831762	和达科技	挂牌后发行	2015-11-25	1012.50
2204	831869	东南药业	挂牌后发行	2015-11-25	550.00
2205	831893	五谷铜业	挂牌后发行	2015-11-25	3098.08
2206	832075	东方水利	挂牌后发行	2015-11-25	1200.00
2207	832206	华科飞扬	挂牌后发行	2015-11-25	151.80
2208	832329	吉成园林	挂牌后发行	2015-11-25	1242.00
2209	832618	中能兴科	挂牌后发行	2015-11-25	870.00
2210	832635	中捷四方	挂牌后发行	2015-11-25	360.00
2211	833309	慧辰资讯	挂牌后发行	2015-11-25	1590.00
2212	834361	融航信息	挂牌同时发行	2015-11-25	441.18
2213	430569	安尔发	挂牌后发行	2015-11-26	4920.00
2214	830801	盈富通	挂牌后发行	2015-11-26	1740.00
2215	831915	川娇农牧	挂牌后发行	2015-11-26	1446.50
2216	832301	三信科技	挂牌后发行	2015-11-26	290.40
2217	832506	美通筑机	挂牌后发行	2015-11-26	497.42
2218	833190	华生科技	挂牌后发行	2015-11-26	3240.00
2219	833196	荣邦医疗	挂牌后发行	2015-11-26	1800.00
2220	833539	大放生态	挂牌后发行	2015-11-26	4142.50

7—51 续表 48 continued

序号 No.	股票代码 Stock Code	股票简称 Stock Abbreviation	增发方式 Re-Issuing Mode	定向发行日期 Date of Re-Issuing	筹资总额（万元） Proceeds Raised through Offering (10 thousand yuan)
2221	834378	锐英科技	挂牌同时发行	2015-11-26	1250.00
2222	430651	金豹实业	挂牌后发行	2015-11-27	1020.53
2223	430665	高衡力	挂牌后发行	2015-11-27	1319.05
2224	831608	易建科技	挂牌后发行	2015-11-27	487.15
2225	831787	高和机电	挂牌后发行	2015-11-27	3200.00
2226	832151	昕牧肉牛	挂牌后发行	2015-11-27	2400.00
2227	832433	亚克股份	挂牌后发行	2015-11-27	1000.00
2228	832444	蓝海骆驼	挂牌后发行	2015-11-27	3842.00
2229	832447	森馥科技	挂牌后发行	2015-11-27	810.00
2230	832482	菁茂农业	挂牌后发行	2015-11-27	3358.00
2231	832650	奔腾集团	挂牌后发行	2015-11-27	6506.50
2232	832737	恒信玺利	挂牌后发行	2015-11-27	10548.99
2233	833087	勇辉生态	挂牌后发行	2015-11-27	2014.00
2234	833478	侨益股份	挂牌后发行	2015-11-27	3100.00
2235	833988	中成发展	挂牌同时发行	2015-11-27	1013.10
2236	834234	易观亚太	挂牌同时发行	2015-11-27	320.37
2237	834334	朔方科技	挂牌同时发行	2015-11-27	105.00
2238	834352	贵太太	挂牌同时发行	2015-11-27	9000.00
2239	430127	英雄互娱	挂牌后发行	2015-11-30	13515.58
2240	831315	安畅网络	挂牌后发行	2015-11-30	3049.00
2241	832218	德长环保	挂牌后发行	2015-11-30	1326.00
2242	832454	新涛科技	挂牌后发行	2015-11-30	3200.00
2243	832462	广电计量	挂牌后发行	2015-11-30	6000.00
2244	833481	巨立股份	挂牌后发行	2015-11-30	1319.50
2245	833574	爱知之星	挂牌后发行	2015-11-30	495.00
2246	834003	挖金客	挂牌同时发行	2015-11-30	4542.00
2247	430342	天润康隆	挂牌后发行	2015-12-01	900.00
2248	830970	艾录股份	挂牌后发行	2015-12-01	14800.56
2249	831016	帝测科技	挂牌后发行	2015-12-01	1232.00
2250	831045	科慧科技	挂牌后发行	2015-12-01	1597.50
2251	831116	腾远食品	挂牌后发行	2015-12-01	1199.00
2252	831291	恒博科技	挂牌后发行	2015-12-01	876.00
2253	831942	天一生物	挂牌后发行	2015-12-01	1435.20
2254	831984	大道信通	挂牌后发行	2015-12-01	2100.00
2255	831997	海斯迪	挂牌后发行	2015-12-01	2786.40
2256	832404	兴邦光电	挂牌后发行	2015-12-01	1221.00
2257	832771	佳境科技	挂牌后发行	2015-12-01	1300.00
2258	832774	森泰环保	挂牌后发行	2015-12-01	1308.00
2259	832906	指安科技	挂牌后发行	2015-12-01	1060.80
2260	832984	埃森普特	挂牌后发行	2015-12-01	255.00
2261	833204	百事达	挂牌后发行	2015-12-01	180.12
2262	833310	仁新科技	挂牌后发行	2015-12-01	2850.00
2263	833322	广通软件	挂牌后发行	2015-12-01	3000.00
2264	833336	德生防水	挂牌后发行	2015-12-01	2040.00
2265	430016	胜龙科技	挂牌后发行	2015-12-02	787.80
2266	430404	瑞腾科技	挂牌后发行	2015-12-02	1500.00
2267	831764	拓美传媒	挂牌后发行	2015-12-02	3600.00

7-51 续表 49 continued

序号 No.	股票代码 Stock Code	股票简称 Stock Abbreviation	增发方式 Re-Issuing Mode	定向发行日期 Date of Re-Issuing	筹资总额（万元） Proceeds Raised through Offering (10 thousand yuan)
2268	832102	宏田股份	挂牌后发行	2015-12-02	1850.00
2269	832511	科益气体	挂牌后发行	2015-12-02	600.00
2270	833079	金桥水科	挂牌后发行	2015-12-02	3765.60
2271	833435	国润新材	挂牌后发行	2015-12-02	2100.00
2272	833677	芯能科技	挂牌后发行	2015-12-02	26000.00
2273	834260	中惠旅	挂牌同时发行	2015-12-02	1400.00
2274	834288	宝德生物	挂牌同时发行	2015-12-02	300.00
2275	834537	中焯股份	挂牌同时发行	2015-12-02	300.00
2276	831288	安美勒	挂牌后发行	2015-12-03	486.23
2277	831317	海典软件	挂牌后发行	2015-12-03	1500.00
2278	831419	鸿铭科技	挂牌后发行	2015-12-03	11800.00
2279	831766	三木科技	挂牌后发行	2015-12-03	851.72
2280	831934	宇迪光电	挂牌后发行	2015-12-03	3792.00
2281	832000	安徽凤凰	挂牌后发行	2015-12-03	310.00
2282	832520	环申包装	挂牌后发行	2015-12-03	1000.00
2283	833042	天汇能源	挂牌后发行	2015-12-03	19600.00
2284	834084	聚能鼎力	挂牌同时发行	2015-12-03	1547.00
2285	430210	舜能润滑	挂牌后发行	2015-12-04	3900.00
2286	831381	中持检测	挂牌后发行	2015-12-04	300.00
2287	832099	新疆火炬	挂牌后发行	2015-12-04	6500.00
2288	832172	倍通股份	挂牌后发行	2015-12-04	828.00
2289	832734	洁利来	挂牌后发行	2015-12-04	441.60
2290	832745	奥飞数据	挂牌后发行	2015-12-04	5325.00
2291	832973	思亮信息	挂牌后发行	2015-12-04	135.00
2292	833011	江奥光电	挂牌后发行	2015-12-04	800.00
2293	833448	灵动微电	挂牌后发行	2015-12-04	2000.00
2294	834557	雨田润	挂牌同时发行	2015-12-04	3344.27
2295	430690	酷买网	挂牌后发行	2015-12-07	750.00
2296	831099	维泰股份	挂牌后发行	2015-12-07	7936.50
2297	831450	金宏气体	挂牌后发行	2015-12-07	4800.00
2298	831598	热像科技	挂牌后发行	2015-12-07	248.00
2299	832118	华网智能	挂牌后发行	2015-12-07	900.00
2300	832485	中珏控股	挂牌后发行	2015-12-07	4995.00
2301	832966	道尔智控	挂牌后发行	2015-12-07	362.25
2302	833135	中源智人	挂牌同时发行	2015-12-07	3850.00
2303	834384	秋实农业	挂牌同时发行	2015-12-07	8000.00
2304	834438	良晋电商	挂牌同时发行	2015-12-07	4000.00
2305	834498	易简广告	挂牌同时发行	2015-12-07	7998.79
2306	834551	母爱婴童	挂牌同时发行	2015-12-07	1020.00
2307	834572	恒缘新材	挂牌同时发行	2015-12-07	2011.50
2308	430060	永邦科技	挂牌后发行	2015-12-08	4000.00
2309	430069	天助畅运	挂牌后发行	2015-12-08	423.00
2310	430183	天友设计	挂牌后发行	2015-12-08	1100.00
2311	430459	华艺园林	挂牌后发行	2015-12-08	7869.00
2312	430675	天跃科技	挂牌后发行	2015-12-08	9600.00
2313	430738	白兔湖	挂牌后发行	2015-12-08	380.00
2314	831297	数字认证	挂牌后发行	2015-12-08	2850.00

7–51 续表 50 continued

序号 No.	股票代码 Stock Code	股票简称 Stock Abbreviation	增发方式 Re-Issuing Mode	定向发行日期 Date of Re-Issuing	筹资总额（万元） Proceeds Raised through Offering (10 thousand yuan)
2315	831472	ST复娱	挂牌后发行	2015-12-08	6300.00
2316	831745	考迈托	挂牌后发行	2015-12-08	600.00
2317	831916	商中在线	挂牌后发行	2015-12-08	1078.00
2318	831999	仟亿达	挂牌后发行	2015-12-08	9607.00
2319	832064	同里印刷	挂牌后发行	2015-12-08	584.00
2320	832567	伟志股份	挂牌后发行	2015-12-08	1860.00
2321	832597	中移能	挂牌后发行	2015-12-08	546.00
2322	832632	德安股份	挂牌后发行	2015-12-08	2600.00
2323	832817	身临其境	挂牌后发行	2015-12-08	2400.00
2324	832859	晨越建管	挂牌后发行	2015-12-08	2998.80
2325	833616	金锂科技	挂牌后发行	2015-12-08	1800.00
2326	833678	南方阀门	挂牌后发行	2015-12-08	825.00
2327	833714	安世亚太	挂牌后发行	2015-12-08	4500.00
2328	834555	日津科技	挂牌同时发行	2015-12-08	440.00
2329	834582	卓仕物流	挂牌同时发行	2015-12-08	3000.00
2330	430087	威力恒	挂牌后发行	2015-12-09	10800.00
2331	430340	伟钊科技	挂牌后发行	2015-12-09	621.00
2332	831675	一拓通信	挂牌后发行	2015-12-09	600.00
2333	832003	同信通信	挂牌后发行	2015-12-09	650.00
2334	832770	赛格导航	挂牌后发行	2015-12-09	2646.00
2335	832866	博杰科技	挂牌后发行	2015-12-09	1360.00
2336	430038	信维科技	挂牌后发行	2015-12-10	1200.00
2337	430258	易同科技	挂牌后发行	2015-12-10	2550.00
2338	430270	高曼重工	挂牌后发行	2015-12-10	4655.10
2339	430375	星立方	挂牌后发行	2015-12-10	2400.00
2340	830809	安达科技	挂牌后发行	2015-12-10	5735.00
2341	830994	金友电缆	挂牌后发行	2015-12-10	550.00
2342	831257	赛德盛	挂牌后发行	2015-12-10	891.35
2343	831834	三维股份	挂牌后发行	2015-12-10	160.90
2344	832659	盛航海运	挂牌后发行	2015-12-10	2025.00
2345	832703	佳德联益	挂牌后发行	2015-12-10	1103.00
2346	833122	中仪股份	挂牌后发行	2015-12-10	512.00
2347	833179	南京试剂	挂牌后发行	2015-12-10	1176.00
2348	833260	万辰生物	挂牌后发行	2015-12-10	675.00
2349	833529	视纪印象	挂牌后发行	2015-12-10	3350.00
2350	834013	利和兴	挂牌同时发行	2015-12-10	1270.00
2351	834586	中鼎联合	挂牌同时发行	2015-12-10	5494.81
2352	834643	豹风网络	挂牌同时发行	2015-12-10	2078.00
2353	430227	东软慧聚	挂牌后发行	2015-12-11	276.08
2354	831618	文广农贷	挂牌后发行	2015-12-11	8000.00
2355	831635	金鹏信息	挂牌后发行	2015-12-11	650.00
2356	832202	沪鸽口腔	挂牌后发行	2015-12-11	900.00
2357	832910	伊赛牛肉	挂牌后发行	2015-12-11	2795.00
2358	833379	源和药业	挂牌后发行	2015-12-11	3900.00
2359	833412	帝瀚环保	挂牌后发行	2015-12-11	2000.00
2360	834317	正帆科技	挂牌同时发行	2015-12-11	369.20
2361	834603	中清能	挂牌同时发行	2015-12-11	6400.00

7-51 续表 51 continued

序号 No.	股票代码 Stock Code	股票简称 Stock Abbreviation	增发方式 Re-Issuing Mode	定向发行日期 Date of Re-Issuing	筹资总额（万元） Proceeds Raised through Offering (10 thousand yuan)
2362	834712	掌上明珠	挂牌同时发行	2015-12-11	5900.00
2363	834909	汉氏联合	挂牌同时发行	2015-12-11	5642.00
2364	834985	平治东方	挂牌同时发行	2015-12-11	1408.40
2365	430358	基美影业	挂牌后发行	2015-12-14	60154.43
2366	830786	华源股份	挂牌后发行	2015-12-14	570.24
2367	831743	立高科技	挂牌后发行	2015-12-14	1000.80
2368	831783	丽洋新材	挂牌后发行	2015-12-14	723.00
2369	832047	联洋新材	挂牌后发行	2015-12-14	600.00
2370	832431	兴亿海洋	挂牌后发行	2015-12-14	1400.00
2371	833004	博阅科技	挂牌后发行	2015-12-14	2619.95
2372	833333	科雷斯普	挂牌后发行	2015-12-14	1707.99
2373	834109	德御坊	挂牌同时发行	2015-12-14	7999.33
2374	834448	遥望网络	挂牌同时发行	2015-12-14	2449.22
2375	834606	拥湾资产	挂牌同时发行	2015-12-14	4800.00
2376	834729	朗朗教育	挂牌同时发行	2015-12-14	1000.00
2377	834839	之江生物	挂牌同时发行	2015-12-14	9998.24
2378	430468	锦棉种业	挂牌后发行	2015-12-15	2440.00
2379	430639	派芬自控	挂牌后发行	2015-12-15	87.50
2380	830976	电通微电	挂牌后发行	2015-12-15	740.00
2381	831450	金宏气体	挂牌后发行	2015-12-15	9000.00
2382	831930	和君商学	挂牌后发行	2015-12-15	60000.00
2383	831971	开元物业	挂牌后发行	2015-12-15	1060.00
2384	832811	思明堂	挂牌后发行	2015-12-15	750.00
2385	833022	欧迈机械	挂牌后发行	2015-12-15	500.00
2386	833315	石头造	挂牌同时发行	2015-12-15	1000.32
2387	833315	石头造	挂牌同时发行	2015-12-15	4599.99
2388	833398	奥翔科技	挂牌后发行	2015-12-15	3000.00
2389	834464	纽哈斯	挂牌同时发行	2015-12-15	400.00
2390	834632	新绿股份	挂牌同时发行	2015-12-15	4812.74
2391	834717	天天美尚	挂牌同时发行	2015-12-15	3248.10
2392	834992	上亿传媒	挂牌同时发行	2015-12-15	231.50
2393	430245	奥特美克	挂牌后发行	2015-12-16	924.00
2394	430392	斯派克	挂牌后发行	2015-12-16	1350.00
2395	831801	城市管家	挂牌后发行	2015-12-16	717.00
2396	831844	会友线缆	挂牌后发行	2015-12-16	3175.00
2397	832440	九天高科	挂牌后发行	2015-12-16	16.00
2398	832638	瓦力科技	挂牌后发行	2015-12-16	440.00
2399	832790	世能科泰	挂牌后发行	2015-12-16	1530.00
2400	832912	西科种业	挂牌后发行	2015-12-16	6244.80
2401	833059	超腾碳	挂牌后发行	2015-12-16	400.00
2402	833286	海斯比	挂牌后发行	2015-12-16	8080.00
2403	833495	微瑞思创	挂牌后发行	2015-12-16	2160.00
2404	833587	网班教育	挂牌后发行	2015-12-16	600.00
2405	834416	丰兆新材	挂牌同时发行	2015-12-16	4000.00
2406	834536	金诺佳音	挂牌同时发行	2015-12-16	3000.00
2407	430517	新吉纳	挂牌后发行	2015-12-17	800.00
2408	430638	景格科技	挂牌后发行	2015-12-17	960.00

7−51 续表 52 continued

序号 No.	股票代码 Stock Code	股票简称 Stock Abbreviation	增发方式 Re-Issuing Mode	定向发行日期 Date of Re-Issuing	筹资总额（万元） Proceeds Raised through Offering (10 thousand yuan)
2409	830793	阿拉丁	挂牌后发行	2015-12-17	8223.00
2410	831440	友旭科技	挂牌后发行	2015-12-17	2500.00
2411	831486	索尔科技	挂牌后发行	2015-12-17	5009.40
2412	831604	世纪网通	挂牌后发行	2015-12-17	2460.00
2413	832467	帝益生态	挂牌后发行	2015-12-17	685.00
2414	832835	三禾科技	挂牌后发行	2015-12-17	1512.00
2415	834622	通铭教育	挂牌同时发行	2015-12-17	625.00
2416	834982	远东国兰	挂牌同时发行	2015-12-17	2436.00
2417	830964	润农节水	挂牌后发行	2015-12-18	11760.00
2418	831142	易讯通	挂牌后发行	2015-12-18	2500.00
2419	831237	飞宇科技	挂牌后发行	2015-12-18	120.00
2420	831370	新安洁	挂牌后发行	2015-12-18	5250.00
2421	831672	莲池医院	挂牌后发行	2015-12-18	3311.00
2422	832138	中衡股份	挂牌后发行	2015-12-18	845.00
2423	832348	双色港	挂牌后发行	2015-12-18	1620.00
2424	832579	同兴股份	挂牌后发行	2015-12-18	1000.00
2425	832688	福慧科技	挂牌后发行	2015-12-18	2060.00
2426	833300	利树股份	挂牌后发行	2015-12-18	780.00
2427	835007	战诚电子	挂牌同时发行	2015-12-18	360.00
2428	835009	金力永磁	挂牌同时发行	2015-12-18	8000.00
2429	835012	麦驰物联	挂牌同时发行	2015-12-18	1778.00
2430	830862	丰海科技	挂牌后发行	2015-12-21	385.00
2431	830936	约克动漫	挂牌后发行	2015-12-21	4135.59
2432	831162	天河股份	挂牌后发行	2015-12-21	520.00
2433	831902	万绿生态	挂牌后发行	2015-12-21	960.00
2434	831937	建研信息	挂牌后发行	2015-12-21	266.10
2435	832018	固特超声	挂牌后发行	2015-12-21	2024.00
2436	833213	翼迈科技	挂牌后发行	2015-12-21	325.00
2437	833216	海涛股份	挂牌后发行	2015-12-21	5694.00
2438	835014	梵诺空间	挂牌同时发行	2015-12-21	400.00
2439	430344	鼎晖科技	挂牌后发行	2015-12-22	1589.00
2440	830831	华泰集团	挂牌后发行	2015-12-22	600.00
2441	830983	保得威尔	挂牌后发行	2015-12-22	1500.00
2442	831126	元鼎科技	挂牌后发行	2015-12-22	2700.00
2443	831974	维森信息	挂牌后发行	2015-12-22	670.00
2444	832637	华源磁业	挂牌后发行	2015-12-22	2040.00
2445	832853	电旗股份	挂牌后发行	2015-12-22	3230.77
2446	832998	雅昌管业	挂牌后发行	2015-12-22	2059.00
2447	833377	童石网络	挂牌后发行	2015-12-22	6004.80
2448	833979	天图投资	挂牌后发行	2015-12-22	119739.37
2449	834634	中科盛创	挂牌同时发行	2015-12-22	1000.00
2450	834639	晨光电缆	挂牌同时发行	2015-12-22	8450.00
2451	834850	AEM科技	挂牌同时发行	2015-12-22	300.00
2452	834880	泰华智慧	挂牌同时发行	2015-12-22	3540.00
2453	430424	联合创业	挂牌后发行	2015-12-23	1063.30
2454	430485	旭建新材	挂牌后发行	2015-12-23	2000.00
2455	430486	普金科技	挂牌后发行	2015-12-23	300.00

7–51 续表 53 continued

序号 No.	股票代码 Stock Code	股票简称 Stock Abbreviation	增发方式 Re-Issuing Mode	定向发行日期 Date of Re-Issuing	筹资总额（万元）Proceeds Raised through Offering (10 thousand yuan)
2456	830879	基康仪器	挂牌后发行	2015-12-23	10680.00
2457	831681	智洋电气	挂牌后发行	2015-12-23	1600.00
2458	832201	澄星航模	挂牌后发行	2015-12-23	4420.00
2459	832353	益泰药业	挂牌后发行	2015-12-23	2772.00
2460	833454	同心传动	挂牌后发行	2015-12-23	2000.00
2461	834534	曼恒数字	挂牌同时发行	2015-12-23	1980.00
2462	834580	天线宝宝	挂牌同时发行	2015-12-23	2370.00
2463	834778	通源环境	挂牌同时发行	2015-12-23	6000.00
2464	834845	华腾教育	挂牌同时发行	2015-12-23	1000.00
2465	834906	蓝凌软件	挂牌同时发行	2015-12-23	1625.00
2466	430036	鼎普科技	挂牌后发行	2015-12-24	6800.00
2467	831200	巨正源	挂牌后发行	2015-12-24	19200.00
2468	831579	三信股份	挂牌后发行	2015-12-24	990.00
2469	831630	博安达	挂牌后发行	2015-12-24	1300.00
2470	832564	富特股份	挂牌后发行	2015-12-24	468.00
2471	832784	好样传媒	挂牌后发行	2015-12-24	6720.00
2472	834739	冠为科技	挂牌同时发行	2015-12-24	1251.47
2473	834863	佳顺智能	挂牌同时发行	2015-12-24	1117.20
2474	835086	房米网	挂牌同时发行	2015-12-24	1104.00
2475	830870	松宝智能	挂牌后发行	2015-12-25	1850.00
2476	831488	华宏医药	挂牌后发行	2015-12-25	1036.00
2477	834444	中驰股份	挂牌同时发行	2015-12-25	1620.00
2478	834585	否玖伍	挂牌同时发行	2015-12-25	1148.84
2479	835109	鑫益家	挂牌同时发行	2015-12-25	1221.00
2480	430011	指南针	挂牌后发行	2015-12-28	7816.20
2481	430168	博维仕	挂牌后发行	2015-12-28	1206.80
2482	430216	风格信息	挂牌后发行	2015-12-28	6000.20
2483	430423	宁变科技	挂牌后发行	2015-12-28	720.00
2484	430458	陆海科技	挂牌后发行	2015-12-28	3566.08
2485	430738	白兔湖	挂牌后发行	2015-12-28	2200.00
2486	830941	明硕股份	挂牌后发行	2015-12-28	300.00
2487	831124	中标节能	挂牌后发行	2015-12-28	2400.00
2488	831415	城兴股份	挂牌后发行	2015-12-28	1788.00
2489	831892	新玻电力	挂牌后发行	2015-12-28	1079.55
2490	832085	万古科技	挂牌后发行	2015-12-28	1690.00
2491	832885	星辰科技	挂牌后发行	2015-12-28	951.05
2492	832972	中能股份	挂牌后发行	2015-12-28	5000.00
2493	832985	必然传媒	挂牌后发行	2015-12-28	850.00
2494	833371	蓝天燃气	挂牌后发行	2015-12-28	30002.00
2495	833436	奥杰股份	挂牌后发行	2015-12-28	1360.00
2496	833625	捷报文化	挂牌后发行	2015-12-28	1500.00
2497	833768	上海寰创	挂牌后发行	2015-12-28	6200.00
2498	834849	博宇科技	挂牌同时发行	2015-12-28	1000.00
2499	834957	上海凯鑫	挂牌同时发行	2015-12-28	586.00
2500	834957	上海凯鑫	挂牌同时发行	2015-12-28	4499.97
2501	835128	景森设计	挂牌同时发行	2015-12-28	1600.50
2502	835185	贝特瑞	挂牌同时发行	2015-12-28	14000.00

7—51 续表 54 continued

序号 No.	股票代码 Stock Code	股票简称 Stock Abbreviation	增发方式 Re-Issuing Mode	定向发行日期 Date of Re-Issuing	筹资总额（万元）Proceeds Raised through Offering (10 thousand yuan)
2503	835257	晶锐材料	挂牌同时发行	2015-12-28	1280.00
2504	430178	白虹软件	挂牌后发行	2015-12-29	2470.00
2505	830888	世纪工场	挂牌后发行	2015-12-29	1800.00
2506	831804	绿宝石	挂牌后发行	2015-12-29	569.44
2507	832444	蓝海骆驼	挂牌后发行	2015-12-29	200.00
2508	832525	德业变频	挂牌后发行	2015-12-29	2160.00
2509	833409	泉源堂	挂牌后发行	2015-12-29	4020.00
2510	833517	策源股份	挂牌后发行	2015-12-29	16500.00
2511	833757	天力锂能	挂牌后发行	2015-12-29	805.00
2512	834942	安得科技	挂牌同时发行	2015-12-29	687.50
2513	430261	易维科技	挂牌后发行	2015-12-30	200.00
2514	830841	长牛股份	挂牌后发行	2015-12-30	411.30
2515	831138	光影侠	挂牌后发行	2015-12-30	5000.00
2516	831376	金洪股份	挂牌后发行	2015-12-30	1215.00
2517	831430	天易股份	挂牌后发行	2015-12-30	2198.00
2518	831473	江苏科幸	挂牌后发行	2015-12-30	534.00
2519	832093	科伦股份	挂牌后发行	2015-12-30	910.00
2520	832682	像素数据	挂牌后发行	2015-12-30	135.00
2521	832947	意畅科技	挂牌后发行	2015-12-30	400.00
2522	832961	铜官府	挂牌后发行	2015-12-30	600.00
2523	833101	禾元生物	挂牌后发行	2015-12-30	3501.52
2524	833175	浩瀚深度	挂牌后发行	2015-12-30	10858.88
2525	833566	和顺科技	挂牌后发行	2015-12-30	2000.00
2526	833568	华谊创星	挂牌后发行	2015-12-30	3000.00
2527	833649	宝美户外	挂牌后发行	2015-12-30	1000.00
2528	834658	华天发展	挂牌同时发行	2015-12-30	900.00
2529	835048	龙云旅游	挂牌同时发行	2015-12-30	7972.08
2530	835274	同是科技	挂牌同时发行	2015-12-30	1500.00
2531	430123	速原中天	挂牌后发行	2015-12-31	610.40
2532	430339	中搜网络2	挂牌后定向发行	2015-12-31	19980.44
2533	430695	浩海科技	挂牌后发行	2015-12-31	1148.27
2534	830901	隆玛科技	挂牌后发行	2015-12-31	1172.22
2535	831385	大地和	挂牌后发行	2015-12-31	2399.00
2536	831923	三金科技	挂牌后发行	2015-12-31	798.00
2537	831943	西格码	挂牌后发行	2015-12-31	2640.00
2538	832065	乔扬数控	挂牌后发行	2015-12-31	750.00
2539	832112	网智天元	挂牌后发行	2015-12-31	4500.00
2540	832321	福华股份	挂牌后发行	2015-12-31	1000.96
2541	832442	思必拓	挂牌后发行	2015-12-31	700.00
2542	832485	中珏科技	挂牌后发行	2015-12-31	1850.00
2543	832492	金蓝络	挂牌后发行	2015-12-31	1336.50
2544	832531	元丰科技	挂牌后发行	2015-12-31	615.60
2545	832588	葫芦堡	挂牌后发行	2015-12-31	1604.00
2546	832607	安华生物	挂牌后发行	2015-12-31	1500.00
2547	832641	天蓝地绿	挂牌后发行	2015-12-31	1050.00
2548	832779	东方明康	挂牌后发行	2015-12-31	280.50
2549	834533	联冠电极	挂牌同时发行	2015-12-31	4000.00

7-52 并购重组统计表
Statistics for M&A

年份 Year	行政许可项目 The Administrative Licensing Items					
	发行股份购买资产核准 Asset Purchase by Issuing Shares				重大资产重组审批 Asset Restructuring	
	核准（单） Approval (bill)	交易金额（万元） Amount of Trading (10 thousand yuan)	配套融资金额（万元） Amount of Finacing (10 thousand yuan)	交易金额（万元） Amount of Trading (10 thousand yuan)	核准（单） Approval (bill)	交易金额（万元） Amount of Trading (10 thousand yuan)
2013	78	13839745	2092980	15932724	14	1312702
2014	172	31139199	5289922	36429121	12	904510
2015	300	65182000	18096500	83278500	—	—

7-52 续表 continued

年份 Year	行政许可项目 The Administrative Licensing Items						
	合并、分立核准 Combining and Discreting				要约收购义务豁免 Tender Offer Duty Exemption	收购报告书备案 Acquisition Report Filed	交易金额（万元） Amount of Trading (10 thousand yuan)
	核准（单） Approval (bill)	交易金额（万元） Amount of Trading (10 thousand yuan)	配套融资金额（万元） Amount of Finacing (10 thousand yuan)	交易金额（万元） Amount of Trading (10 thousand yuan)	核准（单） Approval (bill)	交易金额（万元） Amount of Trading (10 thousand yuan)	
2013	5	14160566	20000	14180566	42	—	31425992
2014	3	3608490	59826	3668316	93	246006	41247952
2015	11	24812000	2712900	27524900	31	—	110803400

主要统计指标解释

Explantory Notes on Main Statistical Indicators

上市公司家数 指在统计期末其发行的股票在上交所、深交所上市的股份有限公司的数量。上市公司家数按照股票上市日统计。

上市公司股本 也称上市公司总股本，是指统计期末上市公司发行的全部股份数量合计。上市公司股本仅指上市公司在境内发行的股份数量，包括A股股本、B股股本和其他不流通的境内股本。

非限售股本 非限售股本通常也称为流通股本。

公式：非限售股本 = 上市公司股本 − 限售股本。

上市公司市值 指统计期末根据上市公司股票价格和对应股本计算的股权价值合计。

公式：上市公司市值 =A股价格 ×A股股本 +B股价格 ×B股股本。

上市公司流通市值 上市公司A股流通市值和B股流通市值的合计。

实际分红总额 上市公司最近12个月内的现金分红金额合计。实际分红总额以除息日计算；“最近12个月”根据以下原则处理：统计期末为当月最后一个自然日，统计期含当月，否则不含当月。

股票市值 统计期末根据上市公司股票价格和对应股票数量计算的股权价值合计。

上市公司净利润总额 统计期内上市公司净利润的合计。

上市公司平均净资产收益率 上市公司净利润总额与上市公司净资产总额的比率。

公式：净资产收益率 = Σ上市公司净利 / Σ上市公司净资产。

贰 零 壹 陆

八、证券期货经营机构

Securities and Futures Institutions

贰 零 壹 陆

2015年机构监管工作概述

2015年，中国证监会围绕“两维护、一促进”核心职责，按照“条线分工、逻辑集中、信息共享、精准发力、防范风险、促进发展”的工作要求，扎实推进机构监管改革，深入推进简政放权，积极探索功能监管；完善监管协作，增强监管合力，健全事中事后监管新机制；认真反思股市异常波动，查找机构监管不足，回归监管本位，健全监管制度规则，加大检查执法力度，加强风险监测，着力防范系统性、区域性金融风险。主要工作情况如下：

一、完善基础制度，健全统一的机构监管规则体系

（一）积极参与《证券法》修改和《期货法》制定工作。围绕牌照管理、业务范围、核心监管制度设计等内容，完善机构监管的基础性制度安排和顶层设计。

（二）妥善做好规章、规范性文件清理工作。贯彻落实监管工作会议和《资本市场法律体系建设规划意见》要求，全面清理机构监管规章和规范性文件；落实并完善《机构部规章项目实施方案》，做好机构监管相关子法规体系的建设。

（三）推动建立资产管理业务统一监管规则。落实部际联席会“统一标准、明确分工、加强监管、形成合力”的共识，研究制定统一的资产管理领域的监管规则。

（四）推进重点规章的起草修订工作。推进功能监管，研究制定统一的证券期货经营机构人员、信息技术、信息公示、风险处置、投资咨询业务、衍生品业务、做市业务等监管规则，此外，还将整合公募基金管理机构的有关规定，完善公募基金信息披露制度安排，将各类公募基金服务机构纳入统一监管。

二、深化简政放权，激发市场主体活力

（一）精简行政许可事项。2015年以来，已取消2项审批事项，并建议审改办年内再取消8项审批项目以及3项审批项目中的部分子项（仍在履行法定程序）。目前，机构审批事项已从2013年底的33项减至21项。

（二）工商前置审批改后置审批。落实国务院关于工商登记制度改革的要求，已完成基金公司设立审批、期货公司设立审批、证券金融公司设立审批等5项审批事项的工商登记前置审批调整为后置审批；以“三证合一”改革为契机，将证券、基金、期货业务许可证整合为统一的证券期货业务许可证。

（三）规范行政审批管理工作。根据“确保效果、程序从简”的原则，统一证券、基金、期货的审核工作程序，逐项编制机构监管现有21项行政许可事项的服务指南和审查工作细则，进一步明确许可时限，加大公开力度。

（四）清理备案报告事项和部函。2015年，已废止限制约束证券期货经营机构的172件部函，正在积极推进规章和规范性文件的清理工作；已取消调整了118项机构类备案报告事项，明确和强化了取消许可和备案报告事项的后续配套监管安排。

（五）深化公募基金注册制改革。贯彻实施《公开募集证券投资基金运作管理办法》，进一步简化产品审核程序，扩大简易程序适用范围，优化审核方式，简化申报材料，改进审核机制，不断提高注册效率。2015年以来，共受理1682只基金的注册申请，批复1288只，市场活力进一步释放。

三、鼓励支持创新发展，服务实体经济转型升级

（一）推进牌照管理。继续稳步推进公募基金管理公司及公募业务牌照审批，今年初以来，共新批6家基金管理公司，并有4家证券公司和1家保险资产管理公司取得公募牌照。

（二）探索综合经营。贯彻“新国九条”关于“支持证券期货经营机构与其他金融机构在风险可控前提下以相互控股、参股的方式探索综合经营”的精神，继续推动商业银行设立基金管理公司试点转常规，目前按照人民银行、银监会的意见继续做好商业银行设立基金公司试点工作，并推进保险机构设立基金管理公司。

（三）推动产品业务创新。支持证券公司登记、支付等基础创新；支持证券公司开展融资类业务、托管类业务和产品代销业务创新；研究起草《公开募集房地产证券投资基金管理规定》、《基金中基金的指引》和《基金投资全国中小企业股份转让系统挂牌股票的指引》，通过自律组织发布《基金参与融资融券及转融通指引》；完成首只商品期货基金（国投瑞银白银期货证券投资基金LOF）和房地产证券投资基金注册审查工作（鹏华前海万科REITs封闭式混合型发起式证券投资基金）；推出新设公募基金管理人（新疆前海联合基金）中后台业务外包试点，助推基金管理公司专业化、轻型化发展；研究推动基金份额质押试点，鼓励推出货币市场基金协议转让业务；推动期货公司利用互联网技术升级转型传统经纪业务；支持期货公司风险管理子公司开展仓单服务、合作套保、做市等业务。

（四）支持证券期货经营机构多渠道补充资本。组织召开证券公司上市培训会、资本补充通报会，加强政策解读；支持证券公司发行公司债券、试点发行短期债券和永续次级债；鼓励期货公司境内外上市、新三板挂牌和发行次级债。

四、强化事中事后监管，切实提高机构监管效能

（一）加强底线监管。目前，已明确资产管理业务“八个不得”的底线要求、客户交易结算资金存管业务“不得挪用、不得超额存放、不得变相转协议存款”的底线要求以及融资融券业务“禁止违规挪用客户担保物”、“禁止利益输送”等七项底线要求。此外还明确了机构和人员严禁违反的职业操守和职业规范。

（二）强化问题和风险导向的现场检查。落实《2015年度证券期货经营机构现场检查工作方案》，统筹相关单位，组织开展融资融券业务、内幕交易、信息技术以及信息系统外部接入等专项检查工作，对53家机构采取行政监管措施，移交稽查处理9家机构；配合稽查局组织开展“两个加强，两个遏制”专项整治活动，针对机构违规问题和不规范情形，提出分类处理意见；组织部分证监局开展了针对34个异常交易证券账户的现场核查及复盘工作，将涉及6个法人主体的8个涉嫌违法违规账户线索移送立案稽查；密切关注场外配资活动的新情况、新问题，10月中旬组织21家证监局成立32个现场核查小组开展专项核查，并向证监会领导报送核查报告；总结近年来现场检查的经验，分析存在的问题，研究制定《证券期货经营机构现场检查工作规定》，拟统一现场检查的工作流程、证据标准和工作底稿。

（三）及时跟踪、处理热点问题和风险事件。会同证金公司，围绕融资杠杆比例、担保物偿债能力、强制平仓等方面，比较研究“两融”业务风险；统筹相关单位，研究促进融券业务发展措施，推动相关单位联合发布《关于促进融券业务发展有关事项的通知》；针对长江证券发布证券研究报告，“预测第三季度或提高印花税”之事，督促湖北证监局依法核查处理；对发生重大级别信息安全事件的招商证券、山西证券，未能及时报告的齐鲁证券、东兴证券等机构，及时指导派出机构采取行政监管措施；指导证券业协会修订完善《发布证券研究报告执业规范》、《证券分析师执业行为准则》，规范机构和分析师使用微信等即时通信软件开展发布证券研究报告的执业行为。

（四）完善风险防范机制。通过座谈会、培训会、编发《机构监管工作动态》等形式，督促证券行业加强全面风险管理和流动性风险管理；研究修订《证

券公司风险控制指标管理办法》及其配套规则，着重完善表外业务、财务杠杆倍数、风险资本准备计算等6个方面，简化和调整风险控制指标报表；起草《商业银行从事证券公司客户交易结算资金存管活动监管规定（草案）》，完善客户资金安全监管，优化现有三方存管制度；修订《货币市场基金监督管理办法》，重点加强对货币市场基金流动性风险、信用风险和利率风险的防范和监管，并进一步完善配套销售监管安排；研究修订《期货公司风险监管指标管理试行办法》及相关监管报表，优化期货公司风险监管指标；发挥自律组织作用，加强新业务风险监测；等等。

（五）加强信息系统建设。研究制定《证券期货经营机构信息技术管理规定》，进一步明确信息技术监管要求；按照证监会的统一部署，委托中证信息公司对60家机构开展网上信息系统渗透性测试，要求相关派出机构督促相关机构自查并对风险隐患较大的机构开展现场检查，及时采取系统加固措施，防范和化解风险隐患；研究证券期货经营机构信息技术外包及应用云服务的有关情况，起草《信息技术服务外包指引（草案）》及相关自律规则；在服从中央监管平台建设前提下，研究CISP、FIRST和FISS系统建设、运行、维护、督导工作；持续做好数据报送、统计与分析工作，每月编制《证券基金期货公司统计分析月报》，每周编写《市场资金情况统计周报》，每日编写《每日基金动态》等。

（六）强化投资者教育和保护工作。为全面分析了解跨市场投资者结构和行为，为今后监管政策制定提供科学依据，会同相关单位，首次开展证券业、基金业和期货业全市场投资者的结构及行为调查分析工作，形成《证券期货市场个人投资者调查分析报告（2014年）》和证券、期货、基金行业分报告，为投资者保护工作提供大数据基础；印发《关于在证券期货经营机构日常监管工作中进一步加强投资者教育与保护工作的通知》，健全投资者教育与保护工作的各项机制，建立与派出机构间的信息沟通交流机制。

（七）加强专题研究。进一步研究梳理机构部、派出机构和会管单位的监管职责和相互协作机制，起草《证券期货经营机构监管协作指导意见》；牵头研究行政监管措施的有关问题，对行政监管措施问题专题研究，梳理监管措施实施程序问题；研究推动公募基金行业进一步发展壮大的相关措施；继续开展专业机构投资者专题研究，按照国办要求研究商业银行设立养老金管理公司试点问题；配合发展改革委、铁路总公司研究铁路发展基金借助公募基金平台融资问题；调研了解地方基本养老金市场化投资运作进展情况；推动允许企业年金、职业年金直接购买公募基金以及适时开展个人税收延递型储蓄养老账户投资公募基金试点；研究分析“营改增”对证券、期货、基金机构可能的影响，草拟有关研究报告，完善政策建议，努力为行业争取有利的税收制度环境；研究证券期货经营机构参与债券市场及银行间市场等问题。

五、稳步推进双向开放，逐步提高对外开放水平

（一）积极“引进来”和“走出去”。落实CEPA承诺，明确适用有关承诺的港澳资金融机构类型，并启动两地合资证券公司、咨询机构从事证券服务业务审批①，受理业内首家外资金融机构持股超过49%的恒生前海基金管理公司设立申请；完成证券期货业对外开放政策评估与改进建议的报告，完善我国证券期货业整体开放思路，推动修改《外资参股证券公司设立规则》；支持证券期货经营机构在境外设立子公司；修订QDII办法，扩大合格境内机构投资者范围；继续推动证券公司、基金公司开展外汇业务，协调外汇局扩大证券期货经营机构参与外汇业务范围；明确公募基金参与“沪港通”的有关政策，发布《公开募集证券投资基金参与“沪港通”交易指引》；支持证券期货经营机构境外子公司的发展，批准4家证券公司设立、收购5家境外经营机构，3家基金公司设立香港基金子

①目前，已受理首单两地合资证券公司汇丰前海证券有限责任公司设立申请。

公司,11家期货公司设立、收购12家境外经营机构。

（二）加快推进QFII和RQFII发展。稳步推进QFII资格审批，协调外汇局加快批准QFII投资额度。进一步扩大RQFII试点机构范围至新加坡、英国、法国、德国、韩国、卡塔尔、智利和匈牙利等13个国家和地区，总投资额度达10100亿元人民币。截至12月底，证监会新批准20家QFII和67家RQFII，外汇局新批准QFII额度141.45亿美元、RQFII额度1446.25亿元人民币。推进QFII、RQFII相关法规修订工作。

（三）推动内地与香港基金互认。5月16日，中国证监会与香港证监会签署基金互认监管合作备忘录，并发布《香港互认基金管理暂行规定》，自2015年7月1日起施行；6月30日，机构部发布《香港互认基金注册材料目录》，明确互认申请相关程序和细节；积极协调解决基金互认中的税收制度安排等问题，认真做好政策解读、行业培训等工作；目前中国证监会已受理10家公募基金管理人的17只香港互认基金的注册申请（含2只撤回申请），批复3只互认基金，相关注册审查工作正在稳步推进中。

六、努力维护市场稳定，防范系统性、区域性金融风险

（一）加强“两融”业务风险管理。及时修订发布《证券公司融资融券业务管理办法》，确立逆周期调节机制、允许合约展期、优化客户担保物违约处置方式,有效缓释市场“踩踏”压力。8月20日，在新疆组织召开证券公司风控合规座谈会，进一步督促证券公司关注“两融”业务风险。11月13日，指导沪深交易所修改融资融券交易实施细则，将融资融券杠杆倍数降至1倍。

（二）支持证券公司、基金公司主动采取措施，提振市场信心。会同证券业协会多次召集证券公司召开维护证券市场稳定座谈会，支持50家证券公司合计出资2239亿元，投资蓝筹股ETF，由证金公司提供流动性支持；上市证券公司将积极推动回购本公司股票，并推进大股东增持本公司股票。会同基金业协会多次召集基金公司召开维护市场稳定座谈会，支持基金公司打开前期限购基金的申购，为投资者提供更多选择；加快偏股型基金的申报和发行；积极申购旗下股票型基金。

（三）组织公募基金行业多措并举，平稳渡过流动性危机。与证金公司及时沟通协商，共同制定并实施了由证金公司出资申购公募基金、在极端市场条件下对公募基金实施流动性救助的方案；会同基金业协会，指导行业公允估值，确保公平对待不同基金持有人的合法权益；加强分级基金压力测试，确保基金行业在市场震荡中平稳运行。

（四）密切跟踪评估风险状况，积极采取应对措施。每日跟踪分析21家证券公司融资类业务风险状况、融资融券强制平仓情况，指导加强风险管理。每日跟踪分析股指期货市场运行情况、期指与股票市场运行联动。每日监测基金行业流动性风险，积极部署各项风险排查与应急准备工作。针对商品和股指期货同时出现极端行情的情况，及时对期货公司进行压力测试，对潜在风险预研预判。积极做好有关舆论引导与应对工作等。

（五）扩大证券公司融资渠道，提高抵御风险的能力。允许所有证券公司通过沪深交易所、机构间私募产品报价与服务系统等交易场所发行与转让证券公司短期公司债券；允许证券公司开展融资融券收益权资产证券化业务，进一步拓宽证券公司融资渠道；会同证券业协会组织培训，鼓励和支持证券公司通过同业拆借、短期融资券、证券公司债、次级债、收益凭证等多种方式补充资金。

（六）加强证券公司信息系统外部接入管理，规范场外配资业务。按照“摸清底数、突出重点、疏堵结合、稳妥处理”的原则，贯彻会党委决策部署，扎实推进场外配资清理整顿工作。对恒生公司、上海铭创、同花顺、金证等信息技术开发商进行调研，摸清了场外配资的基本模式和HOMS系统的运行情况；与银监会信托公司监管部沟通，研究伞形信托相关问题；6月至7月，先后发布《关于加强证券公司信息系统外部接入管理的通知》、《关于清理整顿违法从事证券业务活动的意见》，指导证券业协会、中登公司分别发布《证券公司外部接入信息系统评估认证规范》、《关于贯彻落实〈关于清理整顿违法从事证券业务活动的意见〉有关事项的

通知》；先后组织了两轮证券公司自查及证监局现场核实工作，8 月的信息技术专项检查又加入了清理整顿情况的内容；建立清理进展的日报告和周报告机制，并密切关注场外配资活动的新情况；结合中登公司证券账户交易数据仓库分析出的线索，于 10 月中旬组织 21 家证监局成立 32 个现场核查小组开展专项核查，深入排查新型场外配资手法；截至 11 月 6 日，已完成全部 5755 个场外配资账户的清理整顿工作。

（七）核查异常交易账户。根据会党委统一部署，研究程序化交易，组织派出机构对 10 个异常交易账户现场检查，报会领导批准后将 4 个异常账户移送稽查处理；组织对限制交易账户的复盘核查。

8-1 证券期货经营机构数量
Number of Securities and Futures Institutions

单位：家 (unit)

年份 Year	证券公司家数 Number of Securities Companies			证券营业部家数 Number of Securities Business Departments	基金管理公司家数 Number of Fund Management Companies		
	合计 Total	中资 China-funded	中外合资 Sino-foreign Joint Venture		合计 Total	中资 China-funded	中外合资 Sino-foreign Joint Venture
1994	91	—	—	2262	—	—	—
1995	97	—	—	—	—	—	—
1996	94	—	—	2420	—	—	—
1997	90	—	—	2412	—	—	—
1998	90	—	—	2412	6	3	3
1999	90	—	—	2412	10	4	6
2000	100	—	—	2680	10	4	6
2001	109	—	—	2700	15	8	7
2002	127	—	—	2936	21	10	11
2003	133	—	—	3020	33	15	18
2004	133	—	—	3075	44	20	24
2005	116	—	—	3090	52	23	29
2006	104	—	—	3105	57	23	34
2007	106	—	—	3060	58	23	35
2008	107	—	—	3170	60	23	37
2009	106	—	—	3956	60	23	37
2010	106	97	9	4644	63	24	39
2011	109	97	12	5008	69	29	40
2012	114	101	13	5261	77	34	43
2013	115	102	13	5821	89	41	48
2014	121	110	11	6969	95	49	46
2015	125	114	11	7705	101	56	45

数据来源：中国证监会。
Source: CSRC.

8-1 续表 continued

单位：家 (unit)

年份 Year	基金管理公司子公司家数 Number of Subsidiaries of Fund Management Companies	私募基金管理公司家数 Number of Private Fund Management Companies	期货公司家数 Number of Futures Companies			期货营业部家数 Number of Future Business Departments	证券投资咨询机构家数 Number of Security Investment Consulting Institutions
			合计 Total	中资 China-funded	中外合资 Sino-foreign Joint Venture		
1994	—	—	—	—	—	—	—
1995	—	—	—	—	—	—	—
1996	—	—	329	—	—	—	—
1997	—	—	294	—	—	—	—
1998	—	—	278	—	—	—	—
1999	—	—	213	—	—	—	—
2000	—	—	178	—	—	—	—
2001	—	—	200	—	—	—	—
2002	—	—	179	—	—	—	—
2003	—	—	186	—	—	—	111
2004	—	—	188	—	—	—	116
2005	—	—	183	—	—	—	109
2006	—	—	183	—	—	—	102
2007	—	—	177	—	—	—	101
2008	4	—	171	—	—	—	100
2009	7	—	167	—	—	—	98
2010	12	—	163	—	—	—	91
2011	15	—	163	160	3	1186	88
2012	33	—	161	158	3	1330	89
2013	64	—	156	153	3	1469	86
2014	73	4955	152	149	3	1547	84
2015	109	25005	150	148	2	1618	84

8–2 2015年证券期货经营机构按监管辖区分布

Regulatory Jurisdiction Distribution of Securities and Futures Institutions in 2015

单位：家 (unit)

辖区	Jurisdiction	证券公司 Securities Companies	基金管理公司 Fund Management Companies	私募基金管理公司家数 Number of Private Fund Management Companies	期货公司 Futures Companies	合计 Total
北京	Beijing	18	18	5481	20	5537
天津	Tianjin	1	1	483	6	491
河北	Hebei	1	0	239	1	241
山西	Shanxi	2	0	86	3	91
内蒙古	Neimenggu	2	0	43	0	45
辽宁	Liaoning	2	0	82	2	86
吉林	Jilin	2	0	114	2	118
黑龙江	Heilongjiang	1	0	86	2	89
上海	Shanghai	23	43	5396	30	5492
江苏	Jiangsu	6	0	1114	10	1130
浙江	Zhejiang	5	2	1394	11	1412
安徽	Anhui	2	0	204	3	209
福建	Fujian	3	3	259	3	268
江西	Jiangxi	2	0	185	1	188
山东	Shandong	1	0	287	3	291
河南	Henan	1	0	136	2	139
湖北	Hubei	2	0	371	2	375
湖南	Hunan	3	0	287	3	293
广东	Guangdong	6	5	1106	8	1125
广西	Guangxi	1	1	91	0	93
海南	Hainan	2	0	38	3	43
重庆	Chongqing	1	2	299	4	306
四川	Sichuan	4	0	461	3	468
贵州	Guizhou	1	0	53	0	54
云南	Yunnan	2	0	150	2	154
西藏	Xizang	2	1	225	0	228
陕西	Shaanxi	3	0	180	3	186
甘肃	Gansu	1	0	42	1	44
青海	Qinghai	1	0	17	1	19
宁夏	Ningxia	0	0	51	0	51
新疆	Xinjiang	2	1	214	2	219
深圳	Shenzhen	19	24	4880	13	4936
大连	Dalian	1	0	139	3	143
宁波	Ningbo	0	0	374	1	375
厦门	Xiamen	1	0	291	2	294
青岛	Qingdao	1	0	147	0	148
合计	Total	125	101	25005	150	25381

注：证券公司和期货公司按照公司注册地所在辖区统计，基金管理公司按照公司办公地所在辖区统计。
数据来源：中国证监会。
Source: CSRC.

8–3 证券期货经营机构业务资格情况
Qualification of Securities and Futures Institutions

单位：家 (unit)

年份 Year	证券公司家数 Number of Securities Companies	其中具有： Which Having: 资产管理业务资格 Qualification for Asset Management Business	保荐机构资格 Qualification for Sponsor Institution	基金代销业务资格 Qualification for Fund Sales Agency Business	全国中小企业股份转让系统主办券商业务资格 Qualification for Broker-dealer Business on NSSTS	融资融券业务资格 Qualification for Margin Financing and Securities Lending Business	转融通业务资格 Qualification for Refinancing Business
1994	91	—	—	—	—	—	—
1995	97	—	—	—	—	—	—
1996	94	—	—	—	—	—	—
1997	90	—	—	—	—	—	—
1998	90	—	—	—	—	—	—
1999	90	—	—	—	—	—	—
2000	100	—	—	—	—	—	—
2001	109	—	—	6	—	—	—
2002	127	61	—	13	—	—	—
2003	133	70	—	17	—	—	—
2004	133	71	75	28	—	—	—
2005	116	62	76	10	—	—	—
2006	104	53	68	2	—	—	—
2007	106	54	67	2	—	—	—
2008	107	55	67	22	—	—	—
2009	106	69	71	17	—	—	—
2010	106	70	72	18	—	25	—
2011	109	76	74	18	—	25	—
2012	114	87	77	27	66	74	30
2013	115	89	79	98	80	84	74
2014	121	93	80	77	87	92	81
2015	125	95	86	77	95	95	79

数据来源：中国证监会。
Source: CSRC.

8–3 续表 continued

单位：家 (unit)

年份 Year	基金管理公司家数 Number of Fund Management Companies	其中具有： Which Having: 专户理财业务资格 Qualification for Account Management Business	QDII业务资格 QDII Qualification	期货公司家数 Number of Future Companies	其中具有： Which Having: 金融期货经纪业务资格 Qualification for Financial Futures Brokerage Business	期货投资咨询业务资格 Qualification for Futures Investment Consulting Business
1994	—	—	—	—	—	—
1995	—	—	—	—	—	—
1996	—	—	—	329	—	—
1997	—	—	—	294	—	—
1998	6	—	—	278	—	—
1999	10	—	—	213	—	—
2000	10	—	—	178	—	—
2001	15	—	—	200	—	—
2002	21	—	—	179	—	—
2003	33	—	—	186	—	—
2004	44	—	—	188	—	—
2005	52	—	—	183	—	—
2006	57	—	1	183	—	—
2007	58	—	15	177	—	—
2008	60	32	26	171	—	—
2009	60	35	31	167	—	—
2010	63	35	31	163	—	—
2011	69	63	32	163	—	—
2012	77	76	32	161	152	83
2013	89	88	32	156	149	88
2014	95	95	32	152	147	97
2015	101	101	38	150	148	103

8–4 证券公司重要指标情况

Important Indicators of Securities Companies

单位：亿元 (100 million yuan)

年份 Year	总资产 Total Assets	净资产 Net Assets	净资本 Net Capital	营业收入 Operating Revenue	营业利润 Operating Profit	利润总额 Total Profit	净利润 Net Profit	期末风险资本准备 Risk Capital Reserves at the end of This Period
2007	17313.39	3446.91	2976.83	2847.49	1909.42	1910.69	1320.46	—
2008	11912.23	3584.83	2916.62	1247.28	603.88	609.16	500.43	625.25
2009	20286.91	4840.38	3819.54	2052.95	1195.79	1209.43	933.87	975.60
2010	19686.13	5674.36	4338.22	1926.29	999.24	1010.29	783.05	1105.18
2011	15722.53	6298.25	4648.71	1359.32	482.85	503.37	389.06	1071.54
2012	17209.32	6946.15	4964.36	1301.21	401.76	422.88	331.40	604.02
2013	20803.46	7538.15	5193.74	1593.43	571.79	570.70	440.47	850.03
2014	40340.65	9046.75	6645.61	2553.80	1204.08	1238.24	948.50	1216.47
2015	64170.00	14515.42	12523.03	5751.55	3179.84	3189.87	2447.63	1767.00

数据来源：中国证监会。
Source: CSRC.

8-5　2015年证券公司资产负债表
Balance Sheet of Securities Companies in 2015

单位：亿元　　(100 million yuan)

资产	Assets	期初余额 Beginning Balance	期末余额 Ending Balance
资产	**Assets**		
货币资金	Monetary Assets	10817.35	20474.41
其中：自有资金存款	Thereinto:Self-Owned Fund Deposit	1848.72	3659.96
自有信用资金存款	Self-Owned Credit Fund Deposit	79.56	115.69
客户资金存款	Clients' Capital Deposit	7793.91	14836.31
客户信用资金存款	Clients' Credit Fund Deposit	1071.47	1837.74
结算备付金	Transaction Settlement Funds	3235.22	5083.01
其中：自有备付金	Thereinto: Self-Owned Reserve for Settlement	260.23	699.94
客户备付金	Clients' Reserve for Settlement	2627.10	3462.88
信用备付金	Credit Reserve for Settlement	347.30	911.82
拆出资金	Inter-bank Lending Capital	37.80	6.00
融出资金	Capital Lending	9444.87	11699.83
交易性金融资产	Financial Assets Held for Trade	4998.83	9629.16
其中：流动受限证券	Thereinto: Flow Restricted Securities	1295.78	1564.43
衍生金融资产	Derivative Financial Assets	24.29	76.66
买入返售金融资产	Financial Assets Purchased under Agreements to Resell	3341.32	4914.27
其中：约定购回融出资金	Thereinto:Capital Lending of Pre-arranged Repo	97.43	52.88
股票质押回购融出资金	Capital Lending of Pledge-style Repo	1755.89	2552.96
应收利息	Interests Receivable	226.94	371.33
存出保证金	Margin Paid	313.94	354.96
其中：交易保证金	Thereinto:Trading Margin	109.23	196.58
信用保证金	Credit Margin	84.32	68.00
履约保证金	Performance Bond Margin	70.06	58.64
可供出售金融资产	Financial Assets Available for Sales	3608.54	7846.64
持有至到期投资	Held-to-Maturity Investment	80.99	109.07
长期股权投资	Long-term Equity Investment	1574.46	2243.08
投资性房地产	Investment Real Estate	29.87	35.78
固定资产	Fixed Assets	284.27	311.48
其中：在建工程	Thereinto:Construction in Progress	62.61	58.66
无形资产	Intangible Assets	75.30	106.59
商誉	Goodwill	5.77	6.68
递延所得税资产	Deferred Income Tax Assets	88.41	151.31
其他资产	Other Assets	565.34	750.41
其中：应收融资融券客户款	Thereinto:Margin Requirement Clients' Account Receivable	2.07	14.06
应收款项	Accounts Receivable	406.27	494.89
应收股利	Dividends Receivable	4.40	4.03
抵债资产	Debt- expiated Assets	0.80	0.75
长期待摊费用	Proxy Cashing Bonds	32.99	34.33
资产总计	Total Assets	38753.52	64170.66

数据来源：中国证监会。
Source: CSRC.

8–5 续表 continued

单位：亿元 (100 million yuan)

负债和所有者权益	Liabilities and Owner's Equity	期初余额 Beginning Balance	期末余额 Ending Balance
负债	**Liabilities**		
短期借款	Short-term Loan	121.18	5.85
其中：质押借款	Thereinto:Pledge Loan	0.00	4.85
信用借款	Credit Loan	18.00	0.00
拆入资金	Money Borrowing	1361.67	757.60
其中：转融通融入资金	Thereinto:Money Borrowing from Refinancing Business	967.27	239.11
交易性金融负债	Financial Liabilities Held for Trade	111.31	366.10
衍生金融负债	Derivative Financial Liabilities	93.46	157.36
卖出回购金融资产款	Money from Selling Repo Financial Assets	9974.38	11766.85
其中：报价回购融入资金	Thereinto:Money Borrowing from Quotation-based Repo	376.39	486.93
代理买卖证券款	Money from Acting Securities Trading	10366.55	18210.20
信用交易代理买卖证券款	Money from Acting Securities Trading for Credit Transaction	1238.55	2435.73
代理承销证券款	Money from Acting to Underwrite Securities	2.42	37.78
应付职工薪酬	Employee Salary Payable	452.18	1068.90
应交税费	Tax Payable	214.63	434.94
应付利息	Interests Payable	120.88	410.14
预计负债	Estimated Liabilities	6.55	12.34
长期借款	Long-term Equity Loan	85.89	165.02
应付债券	Bonds Payable	3304.43	6525.13
其中：应付短期融资券	Thereinto:Short-term Financing Bills Payable	1497.49	1562.88
应付公司债券	Corporate Bonds Payable	1536.18	3205.13
递延所得税负债	Deferred Income Tax Liabilities	80.27	81.06
其他负债	Other Liabilities	615.97	1091.79
其中：应付款项	Thereinto:Accounts Payable	494.75	905.10
应付股利	Dividends Payable	3.05	25.21
次级债	Subordinated Debt	1797.68	6128.43
其中：短期次级债	Thereinto:Short-term Subordinated Debt	203.41	132.67
长期次级债	Long-term Subordinated Debt	1517.97	5995.76
负债合计	Total Liabilities	29948.01	49655.24
所有者权益	**Owners' Equity**		
实收资本(或股本)	Equity	2734.32	3650.29
资本公积	Capital Reserve	2748.55	5502.41
减：库存股	Less:Treasury Stock	0.00	0.73
盈余公积	Surplus Reserve	498.49	671.51
一般风险准备	General Contingency Reserve	532.55	742.82
交易风险准备	Risk Reserves for Exchange	513.98	723.43
未分配利润	Undistributed Profits	1777.61	3225.69
外币报表折算差额	Foreign Currency Statements Convert the Difference	0.00	0.00
所有者权益合计	Owner's Equity-Total	8805.51	14515.42
负债和所有者权益总计	Total Liabilities and Owner's Equity	38753.52	64170.66

8-6 2015年证券公司利润表
Income Statement of Securities Companies in 2015

单位：亿元 (100 million yuan)

项目	Item	上期金额 Beginning Balance	本期金额 Ending Balance
一、营业收入	**Operating Revenue**	2553.80	5751.55
手续费及佣金净收入	Net Income from Commissions	1515.85	3617.98
其中：证券经纪业务净收入	Thereinto:Net Income from Brokerage Business	1056.21	2752.75
其中：代理买卖证券业务净收入	Thereinto: Net Income from Acting Securities Trading	963.10	2526.02
交易单元席位租赁净收入	Net Income from Trading Unit Seat Lease	70.22	164.94
代理销售金融产品净收入	Net Income from Financial Sales Agency Business	22.42	63.02
投资银行业务净收入	Net Income from Investment Banking Business	301.51	531.63
其中：承销业务净收入	Thereinto: Net Income from Securities Underwriting Business	216.63	372.03
保荐业务净收入	Net Income from Sponsor Business	17.46	21.49
财务顾问业务净收入	Net Income from Financial Advisory Business	67.80	137.93
其中：并购重组财务顾问	Thereinto:Net Income from Merger and Reorganization	20.74	36.26
投资咨询服务净收入	Net Income from Investment Consulting Business	21.68	44.78
资产管理业务净收入	Net Income from Asset Management Business	120.57	274.88
其中：公募基金管理业务净收入(含大集合)	Thereinto:Net Income from Public Funds Management Business	33.42	90.62
集合资产管理业务净收入	Net Income from Aggregate Asset Management Business	27.17	76.20
定向资产管理业务净收入	Net Income from Directional Asset Management Business	59.16	102.51
专项资产管理业务净收入	Net Income from Specific Asset Management Business	0.69	5.35
利息净收入	Net Interests Income	275.86	591.25
其中：1.利息收入	Thereinto: Interests Income	793.75	2050.95
其中：存放金融同业利息收入	Thereinto: Interests Income of Deposits in Financial Institutions	219.62	619.08
其中：自有资金存款利息收入	Thereinto:Interests Income of Self-Owned Fund Deposit	53.33	165.76
客户资金存款利息收入	Interests Income of Clients' Capital Deposit	166.29	452.21
融资业务利息收入	Interests Income of Financing Business	560.27	1383.66
其中：融资融券业务利息收入	Thereinto:Interests Income of Margin Requirement	439.11	1175.03
约定购回利息收入	Interests Income of Pre-arranged Repo	13.60	6.51
股票质押回购利息收入	Interests Income of Pledge-style Repo	89.15	185.85
2.利息支出（支出以“－”号填列）	Interests Expense	-517.89	-1459.70
其中：卖出回购金融资产利息支出	Thereinto: Interests Expense of Repurchase of Financial Assets	-245.47	-610.15
其中：报价回购利息支出	Thereinto: Interests Expense of Price Repurchase	-13.20	-12.12
拆入资金利息支出	Interests Expense of Money Borrowing	-62.36	-88.71
其中：转融通利息支出	Thereinto: Interests Expense of Refinancing	-40.64	-57.27
债券利息支出	Interests Expense of Bonds	-163.34	-583.02
投资收益	Investment Income	580.09	1473.33
其中：对联营企业和合营企业的投资收益	Thereinto:Return of Investment on Joint Ownership Enterprises	30.73	51.74
对子公司的投资收益	Return of Investment on Subsidiary Company	17.77	29.71
交易性金融工具的投资收益	Return of Investment on Trading Financial Instrument	475.11	973.86
可供出售金融资产的投资收益	Return of Investment on Financial Assets Available for Sales	219.87	522.69
持有至到期金融资产的投资收益	Return of Investment on Held-to-Maturity Investment	8.20	5.21
衍生金融工具的投资收益	Return of Investment on Derivative Financial Instrument	-173.96	-121.50
公允价值变动收益	Profit from Fair Value Change	171.26	32.07
其中：交易性金融工具公允价值变动收益	Thereinto:Fair Value Change of Trading Financial Instrument	256.85	28.71
衍生金融工具公允价值变动收益	Fair Value Change of Derivative Financial Instrument	-89.89	4.56
汇兑收益	Net Exchange Gain	0.36	24.49
其他业务收入	Other Business Income	10.38	12.43
二、营业支出	**Operating Cost**	1349.72	2571.71
营业税金及附加	Business Tax and Surcharges	144.67	358.53
业务及管理费	General and Administrative Expenses	1177.64	2150.03
其中：折旧及摊销	Thereinto:Depreciation and Amortization	57.97	59.32
场地设备租赁费	Venue and Equipment Rental Fees	65.23	74.13
职工薪酬	Employee Salary	795.45	1623.87
证券投资者保护基金	Securities Investor Protection Fund	29.57	41.20
资产减值损失	Asset Impairment Loss	25.70	61.21
其他业务成本	Cost of Other Businesses	1.71	1.94
三、营业利润	**Operating Profit**	1204.08	3179.84
加：营业外收入	Add: Non-operating Income	36.00	21.90
减：营业外支出	Less: Non-operating Expenditure	1.84	11.87
四、利润总额	**Total Profit**	1238.24	3189.87
减：所得税费用	Less: Income Tax	289.74	742.24
五、净利润	**Net Profit**	948.50	2447.63

注：净损失以“－”号填列，冲回以“－”列示。

数据来源：中国证监会。

Source: CSRC.

8–7 2015年证券公司净资本表
Net Capital Sheet of Securities Companies in 2015

单位：亿元 (100 million yuan)

项目	Item	期初余额 Beginning Balance	期末余额 Ending Balance
净资产	Net Assets	9046.75	14514.61
减：金融资产的风险调整合计	Less: Risk Adjustment of Financial Assets	563.02	1233.11
减：衍生金融资产的风险调整合计	Less: Risk Adjustment of Derivative Financial Assets	23.80	68.16
减：其他资产项目的风险调整合计	Less: Risk Adjustment of Other Assets	2832.45	3746.93
减：或有负债的风险调整合计	Less: Risk Adjustment of Contingent Liabilities	122.57	222.63
减：中国证监会认定的其他调整项目合计	Less: Other Adjustment of CSRC	4.55	44.11
加：中国证监会核准的其他调整项目	Add: Other Adjustment of CSRC	1145.73	3133.67
净资本金额	Net Capital	6645.61	12333.34

数据来源：中国证监会。
Source: CSRC.

8–8 2015年证券公司风险资本准备表
Risk Capital Reserve Sheet of Securities Companies in 2015

单位：亿元 (100 million yuan)

项目	Item	期初余额 Beginning Balance	期末余额 Ending Balance
经纪业务风险资本准备	Risk Capital Reserves for Brokerage Business	71.43	105.08
自营业务风险资本准备	Risk Capital Reserves for Self-operated Business	226.67	390.08
承销业务风险资本准备	Risk Capital Reserves for Underwriting Business	34.59	74.73
资产管理业务风险资本准备	Risk Capital Reserves for Asset Management Business	234.69	334.41
融资融券业务风险资本准备	Risk Capital Reserves for Margin Requirement Business	141.21	141.80
分支机构风险资本准备	Risk Capital Reserves for Branches	328.18	414.42
营运风险资本准备	Risk Capital Reserves for Operation	90.99	118.44
其他风险资本准备	Other Capital Reserves	88.71	187.02
各项风险资本准备之和	Total Risk Capital Reserves	1216.47	1765.98

8-9 2015年期货公司资产负债表

Balance Sheet of Futures Companies in 2015

单位：亿元 (100 million yuan)

资产	Assets	期初余额 Beginning Balance	期末余额 Ending Balance
资产	**Assets**		
货币资金	Monetary Assets	1805.52	2891.98
其中：期货保证金存款	Thereinto:Futures Margin Deposit	1544.72	2654.72
应收货币保证金	Monetary Margin Receivable	1342.54	1419.08
应收质押保证金	Pledged Margin Receivable	26.61	44.10
存出保证金	Margin Paid	2.56	4.39
交易性金融资产	Financial Assets Held for Trade	66.09	118.78
应收结算担保金	Receivable Guaranty Money for Settlement	12.37	13.59
应收风险损失款	Receivable Money for Risk Loss	1.78	1.71
应收利息	Interests Receivable	8.50	15.19
应收佣金	Commission Receivable	0.08	0.09
其他应收款	Other Receivable	13.50	20.51
可供出售金融资产	Financial Assets Available for Sales	37.46	65.64
持有至到期投资	Held-to-Maturity Investment	35.54	20.30
长期股权投资	Long-term Equity Investment	39.69	69.43
期货会员资格投资	Futures Membership Investment	2.26	2.21
固定资产	Fixed Assets	19.44	19.03
无形资产	Intangible Assets	12.22	13.96
递延所得税资产	Deferred Income Tax Assets	2.84	3.08
其他资产	Other Assets	25.49	23.15
资产总计	Total Assets	3454.49	4746.21

数据来源：中国证监会。
Source: CSRC.

8-9 续表 continued

单位：亿元 (100 million yuan)

负债和所有者权益	Liabilities and Owner's Equity	期初余额 Beginning Balance	期末余额 Ending Balance
负债	**Liabilities**		
短期借款	Short-term Loan	0.27	0.06
应付货币保证金	Monetary Margin Payable	2735.31	3785.66
应付质押保证金	Pledged Margin Payable	26.63	44.11
交易性金融负债	Financial Liabilities Held for Trade	0.94	1.80
期货风险准备金	Capital Reserve for Futures	36.58	41.79
应付期货投资者保障基金	Futures Investors Protection Fund Payable	1.44	0.61
应付职工薪酬	Employee Salary Payable	13.29	19.90
应交税费	Tax Payable	7.43	9.13
应付利息	Interests Payable	0.03	0.80
应付手续费及佣金	Fees and Commission Payable	0.46	0.80
其他应付款	Other Payable	13.02	17.87
预计负债	Estimated Liabilities	0.00	0.01
长期借款	Long-term Equity Loan	0.00	6.01
递延所得税负债	Deferred Income Tax Liabilities	1.23	0.89
其他负债	Other Liabilities	1.83	33.84
负债合计	Total Liabilities	2838.45	3963.27
所有者权益(或股东权益)	**Owners' Equity**		
实收资本(或股本)	Equity	435.41	524.65
资本公积	Capital Reserve	63.24	97.73
减：库存股	less:Treasury Stock	0.00	0.00
盈余公积	Surplus Reserve	17.50	22.12
一般风险准备	General Contingency Reserve	13.10	18.50
未分配利润	Undistributed Profits	86.78	119.94
所有者权益(或股东权益)合计	Owner's Equity-Total	616.03	782.94
负债和所有者权益总计	Total Liabilities and Owner's Equity	3454.49	4746.21

8—10　2015年期货公司利润表
Income Statement of Futures Companies in 2015

单位：亿元　(100 million yuan)

项目	Item	上期金额 Beginning Balance	本期金额 Ending Balance
营业收入	**Operating Revenue**	**189.15**	**230.37**
手续费收入	Net Income from Fees	103.19	114.38
佣金净收入	Net Income from Commissions	-1.84	-2.57
利息净收入	Net Interests Income	69.12	90.76
投资收益	Investment Income	10.21	16.15
公允价值变动收益	Profit from Fair Value Change	3.90	3.70
汇兑净收益	Net Exchange Gain	0.00	0.08
其他业务收入	Other Business Income	4.57	7.88
营业支出	**Operating Cost**	**136.05**	**155.14**
提取期货风险准备金	Reserve for Futures Risk	4.94	5.35
营业税金及附加	Business Tax and Surcharges	5.91	6.94
业务及管理费	General and Administrative Expenses	121.24	136.66
资产减值损失	Asset Impairment Loss	0.54	0.29
其他业务成本	Cost of Other Businesses	3.42	5.91
营业利润	**Operating Profit**	**53.11**	**75.23**
加：营业外收入	Add: Non-operating Income	1.87	1.54
减：营业外支出	Less: Non-operating Expenditure	0.19	0.33
利润总额	**Total Profit**	**54.78**	**76.44**
减：所得税费用	Less: Income Tax	13.75	18.61
净利润	**Net Profit**	**41.03**	**57.82**

数据来源：中国证监会。
Source: CSRC.

8—11 2015年证券公司财务情况前20排名表

Top 20 Securities Companies Ranked by Pecuniary Condition in 2015

排名 Rank	总资产 Total Assets			排名 Rank	净利润 Net Profit		
	公司名称 Company Name	金额(亿元) Amount (100 million yuan)	占比(%) Proportion (%)		公司名称 Company Name	金额(亿元) Amount (100 million yuan)	占比(%) Proportion (%)
1	中信证券	4841.27	7.54	1	中信证券	151.21	6.18
2	海通证券	3856.96	6.01	2	国泰君安证券	137.26	5.61
3	广发证券	3784.87	5.90	3	国信证券	134.08	5.48
4	国泰君安证券	3511.84	5.47	4	海通证券	133.52	5.46
5	华泰证券	3234.26	5.04	5	广发证券	112.55	4.60
6	申万宏源	2903.72	4.53	6	招商证券	101.29	4.14
7	银河证券	2817.15	4.39	7	申万宏源	99.78	4.08
8	招商证券	2696.63	4.20	8	银河证券	96.07	3.92
9	国信证券	2196.43	3.42	9	华泰证券	91.85	3.75
10	东方证券	1806.36	2.81	10	中信建投	82.46	3.37
11	中信建投	1645.43	2.56	11	东方证券	68.53	2.80
12	光大证券	1588.44	2.48	12	光大证券	66.62	2.72
13	中泰证券	1252.02	1.95	13	中泰证券	55.52	2.27
14	安信证券	1236.76	1.93	14	方正证券	42.19	1.72
15	方正证券	1217.12	1.90	15	安信证券	41.87	1.71
16	兴业证券	980.65	1.53	16	中投证券	36.16	1.48
17	长江证券	951.68	1.48	17	西南证券	34.93	1.43
18	中投证券	922.10	1.44	18	兴业证券	34.53	1.41
19	平安证券	893.67	1.39	19	长江证券	32.51	1.33
20	东北证券	717.59	1.12	20	华西证券	27.22	1.11
合计 Total		43054.95	67.10	合计 Total		1580.15	64.56

注："占比"是指单个公司数据占全行业公司数据的比重。
数据来源：中国证监会。
Source:CSRC.

8–12　2015年证券公司股票成交金额前20排名表
Top 20 Securities Companies Ranked by Stock Trading Turnover in 2015

排名 Rank	A股 A-Shares			排名 Rank	B股 B-Shares		
	公司名称 Company Name	金额(亿元) Amount (100 million yuan)	占比(%) Proportion(%)		公司名称 Company Name	金额(亿元) Amount (100 million yuan)	占比(%) Proportion(%)
1	华泰证券	359563.66	8.19	1	申万宏源	686.43	9.81
2	中信证券	260747.13	5.94	2	国泰君安	476.41	6.81
3	广发证券	234721.08	5.35	3	招商证券	448.39	6.41
4	国泰君安	229383.83	5.23	4	银河证券	414.58	5.92
5	申万宏源	209353.30	4.77	5	华泰证券	399.90	5.71
6	国信证券	192193.38	4.38	6	广发证券	391.21	5.59
7	招商证券	189199.07	4.31	7	海通证券	390.39	5.58
8	银河证券	161898.22	3.69	8	国信证券	311.12	4.45
9	海通证券	147970.07	3.37	9	中信证券	309.10	4.42
10	中信建投	146954.31	3.35	10	光大证券	201.83	2.88
11	中泰证券	117698.30	2.68	11	安信证券	188.09	2.69
12	安信证券	112998.20	2.58	12	中信建投	187.09	2.67
13	中投证券	104501.82	2.38	13	中投证券	182.70	2.61
14	方正证券	95745.70	2.18	14	东方证券	157.94	2.26
15	光大证券	87992.42	2.01	15	中银国际	150.25	2.15
16	长江证券	66833.54	1.52	16	中金公司	146.55	2.09
17	平安证券	64311.94	1.47	17	方正证券	140.31	2.00
18	浙商证券	63807.91	1.45	18	平安证券	103.75	1.48
19	兴业证券	62483.86	1.42	19	上海证券	97.38	1.39
20	财通证券	61349.07	1.40	20	华鑫证券	86.51	1.24
合计Total		2969706.81	67.67	合计Total		5469.93	78.16

注：“占比”是指单个公司数据占全行业公司数据的比重。
数据来源：中国证券业协会。
Source:SAC.

8-13　2015年证券公司债券交易金额前20排名表
Top 20 Securities Companies Ranked by Bond Trading Turnover in 2015

排名 Rank	现货 Spot Transaction		
	公司名称 Company Name	金额(亿元) Amount(100 million yuan)	占比(%) Proportion(%)
1	华泰证券	1977.76	12.66
2	中信证券	1519.84	9.72
3	银河证券	1428.36	9.14
4	海通证券	1041.58	6.66
5	招商证券	973.24	6.23
6	国泰君安	960.20	6.14
7	中信建投	936.61	5.99
8	申银万国	611.74	3.91
9	广发证券	596.42	3.82
10	中金公司	426.53	2.73
11	第一创业	356.42	2.28
12	国金证券	256.69	1.64
13	国信证券	243.11	1.56
14	瑞银证券	231.23	1.48
15	平安证券	220.86	1.41
16	东方证券	203.69	1.30
17	中投证券	203.62	1.30
18	宏源证券	202.91	1.30
19	湘财证券	194.86	1.25
20	光大证券	181.33	1.16
合计Total		12767.01	81.69

注：1.本表仅统计交易所债券的交易情况。
　　2."占比"是指单个公司数据占全行业公司数据的比重。
数据来源：中国证券业协会。
Source:SAC.

8-13　续表 continued

排名 Rank	回购 Repo Transaction		
	公司名称 Company Name	金额(亿元) Amount(100 million yuan)	占比(%) Proportion(%)
1	中信证券	107992.28	10.92
2	华泰证券	57870.39	5.85
3	申万宏源	52373.83	5.30
4	国泰君安	52014.96	5.26
5	银河证券	48922.67	4.95
6	招商证券	42537.15	4.30
7	广发证券	38418.68	3.88
8	国信证券	34980.32	3.54
9	中信建投	34057.37	3.44
10	海通证券	32530.73	3.29
11	平安证券	29804.62	3.01
12	安信证券	24518.31	2.48
13	中泰证券	20946.04	2.12
14	中金公司	20013.44	2.02
15	长江证券	19051.01	1.93
16	光大证券	18833.95	1.90
17	东方证券	14630.10	1.48
18	兴业证券	14436.03	1.46
19	中投证券	13649.76	1.38
20	国金证券	11554.04	1.17
合计Total		689135.68	69.68

8–14 2015年证券公司经纪业务前20排名表
Top 20 Securities Companies Ranked by Brokerage Business in 2015

排名 Rank	代理买卖证券业务净收入(含席位租赁) Net Income from Acting Securities Trading		
	公司名称 Company Name	金额(亿元) Amount(100 million yuan)	占比(%) Proportion(%)
1	国信证券	151.43	5.63
2	国泰君安	149.89	5.58
3	银河证券	147.81	5.50
4	广发证券	129.48	4.82
5	华泰证券	119.62	4.45
6	申万宏源	117.42	4.37
7	招商证券	117.08	4.36
8	海通证券	116.48	4.33
9	中信证券	85.02	3.16
10	中信建投	82.37	3.06
11	齐鲁证券	78.86	2.93
12	光大证券	69.06	2.57
13	安信证券	65.81	2.45
14	方正证券	61.76	2.30
15	中投证券	58.41	2.17
16	长江证券	44.57	1.66
17	华西证券	42.78	1.59
18	兴业证券	34.23	1.27
19	东方证券	32.36	1.20
20	平安证券	31.98	1.19
合计 Total		1736.42	64.59

注：1.“占比”是指单个公司数据占全行业公司数据的比重。
　　2.按合并口径统计。
数据来源：中国证券业协会。
Source: SAC.

8–15　2015年证券公司承销业务前20排名表
Top 20 Securities Companies Ranked by Underwriting Business in 2015

排名 Rank	承销与保荐业务净收入 Net Income of Underwritings and Sponsors		
	公司名称 Company Name	金额(亿元) Amount (100 million yuan)	占比(%) Proportion(%)
1	中信证券	30.42	7.81
2	国泰君安	24.32	6.24
3	中信建投	24.20	6.21
4	招商证券	19.38	4.97
5	国信证券	17.50	4.49
6	广发证券	12.84	3.29
7	海通证券	12.43	3.19
8	中金公司	12.15	3.12
9	平安证券	10.26	2.63
10	光大证券	9.70	2.49
11	兴业证券	8.92	2.29
12	国金证券	8.76	2.25
13	西南证券	8.22	2.11
14	东海证券	7.99	2.05
15	华泰联合证券	7.86	2.02
16	国海证券	6.75	1.73
17	中德证券	6.59	1.69
18	德邦证券	6.52	1.67
19	长城证券	6.26	1.61
20	申万宏源	5.69	1.46
合计 Total		246.76	63.32

注：1．"占比"是指单个公司数据占全行业公司数据的比重。
　　2.按合并口径统计。
数据来源：中国证券业协会。
Source: SAC.

8–15　续表 continued

排名 Rank	并购重组财务顾问业务净收入 Net Income of Take Over Consultants		
	公司名称 Company Name	金额(亿元) Amount(100 million yuan)	占比(%) Proportion(%)
1	华泰联合证券	4.93	12.03
2	广发证券	4.40	10.73
3	中金公司	3.99	9.74
4	西南证券	3.97	9.69
5	中信证券	2.40	5.85
6	中信建投	2.26	5.51
7	海通证券	1.85	4.52
8	国泰君安	1.59	3.89
9	招商证券	1.50	3.66
10	国金证券	1.38	3.37
11	国信证券	1.01	2.47
12	申万宏源承销保荐	0.81	1.98
13	兴业证券	0.72	1.77
14	国元证券	0.71	1.73
15	长城证券	0.69	1.68
16	银河证券	0.65	1.57
17	中德证券	0.57	1.39
18	摩根士丹利华鑫证券	0.55	1.34
19	高盛高华	0.54	1.31
20	新时代证券	0.48	1.18
合计 Total		35.00	85.41

8-16 2015年证券公司资产管理业务前20排名表

Top 20 Securities Companies Ranked by Asset Management Business in 2015

排名 Rank	受托管理资金本金总额 Total Collcation Capital		
	公司名称 Company Name	金额(亿元) Amount(100 million yuan)	占比(%) Proportion(%)
1	中信证券	10712.88	9.16
2	申万宏源	6939.77	5.93
3	中银国际	5566.73	4.76
4	中信建投	5391.50	4.61
5	华福证券	5182.94	4.43
6	上海海通证券资产	4129.58	3.53
7	德邦证券	3239.91	2.77
8	江海证券	2787.52	2.38
9	安信证券	2226.69	1.90
10	中山证券	2059.23	1.76
11	东吴证券	2049.95	1.75
12	长城证券	1970.24	1.68
13	渤海证券	1957.36	1.67
14	华创证券	1938.95	1.66
15	第一创业	1618.43	1.38
16	国都证券	1571.57	1.34
17	国信证券	1290.46	1.10
18	平安证券	1135.16	0.97
19	国金证券	1060.89	0.91
20	东海证券	1031.74	0.88
合计 Total		63861.50	54.57

注：1.“占比”是指单个公司数据占全行业公司数据的比重。
　2.受托客户资产管理业务净收入按合并口径统计。
数据来源：中国证券业协会。
Source: SAC.

8-16 续表 continued

排名 Rank	受托客户资产管理业务净收入 Net Income from Asset Management Business		
	公司名称 Company Name	金额(亿元) Amount(100 million yuan)	占比(%) Proportion(%)
1	申万宏源	19.56	7.14
2	中信证券	17.50	6.39
3	上海国泰君安证券资产	14.92	5.44
4	上海海通证券资产	14.15	5.16
5	上海东方证券资产	14.08	5.14
6	华泰证券资管(上海)	11.97	4.37
7	广发证券资管(广东)	11.63	4.24
8	上海光大证券资产	9.60	3.51
9	兴证证券资管	7.96	2.90
10	招商证券资管	7.71	2.82
11	西南证券	6.96	2.54
12	中信建投	6.58	2.40
13	华融证券	6.06	2.21
14	安信证券	5.90	2.15
15	浙江浙商证券资产	5.86	2.14
16	财通证券资管	5.79	2.11
17	中银国际	5.64	2.06
18	信达证券	5.61	2.05
19	齐鲁证券资管(上海)	5.47	2.00
20	国信证券	5.47	2.00
合计 Total		188.42	68.77

8–17 2015年证券公司客户交易结算资金余额前20排名表
Top 20 Securities Companies Ranked by Balance of Clients' Transaction Settlement Funds in 2015

排名 Rank	客户交易结算资金余额 Balance of Clients' Transaction Settlement Funds		
	公司名称 Company Name	金额(亿元) Amount(100 million yuan)	占比(%) Proportion(%)
1	华泰证券	933.21	5.29
2	申万宏源	929.70	5.27
3	国泰君安	902.98	5.12
4	银河证券	891.02	5.05
5	广发证券	863.48	4.89
6	中信证券	849.29	4.81
7	海通证券	785.21	4.45
8	国信证券	694.66	3.94
9	招商证券	623.83	3.54
10	中信建投	580.36	3.29
11	光大证券	450.68	2.55
12	安信证券	416.15	2.36
13	齐鲁证券	389.97	2.21
14	中投证券	387.62	2.20
15	平安证券	283.83	1.61
16	方正证券	279.73	1.59
17	长江证券	264.80	1.50
18	东方证券	235.99	1.34
19	兴业证券	227.05	1.29
20	华西证券	207.89	1.18
合计 Total		11197.45	63.46

注：1．“占比”是指单个公司数据占全行业公司数据的比重。

2.本表中的“客户”仅指普通投资者，“客户交易结算资金余额”不含B股和融资融券余额。

数据来源：中国证券投资者保护基金公司。

Source:SIPF.

8–18 2015年期货公司期货成交金额前20排名表
Top 20 Futures Companies Ranked by Futures Trading Turnover in 2015

排名 Rank	商品期货 Commodity Futures			排名 Rank	金融期货 Financial Futures		
	公司名称 Company Name	金额(亿元) Amount (100 million yuan)	占比(%) Proportion (%)		公司名称 Company Name	金额(亿元) Amount (100 million yuan)	占比(%) Proportion (%)
1	海通期货有限公司	122294.06	4.85	1	海通期货有限公司	265911.36	8.21
2	广发期货有限公司	82418.52	3.27	2	兴证期货有限公司	155953.53	4.81
3	银河期货有限公司	78335.71	3.11	3	国泰君安期货有限公司	143395.76	4.43
4	华泰长城期货有限公司	74750.72	2.97	4	华泰长城期货有限公司	142498.75	4.40
5	中信期货有限公司	67695.01	2.69	5	广发期货有限公司	115014.00	3.55
6	永安期货股份有限公司	67052.77	2.66	6	申银万国期货有限公司	107843.69	3.33
7	徽商期货有限责任公司	65880.16	2.61	7	光大期货有限公司	100253.09	3.09
8	南华期货股份有限公司	65682.57	2.61	8	中信期货有限公司	100138.17	3.09
9	申银万国期货有限公司	57925.21	2.30	9	银河期货有限公司	98836.66	3.05
10	中国国际期货有限公司	57624.92	2.29	10	上海东证期货有限公司	92137.69	2.84
11	国泰君安期货有限公司	57350.62	2.28	11	南华期货股份有限公司	85233.97	2.63
12	国投中谷期货有限公司	50084.86	1.99	12	华西期货有限责任公司	75877.92	2.34
13	万达期货股份有限公司	48855.22	1.94	13	永安期货股份有限公司	67810.00	2.09
14	方正中期期货有限公司	47515.48	1.89	14	招商期货有限公司	61147.41	1.89
15	华西期货有限责任公司	46690.29	1.85	15	鲁证期货股份有限公司	57126.78	1.76
16	浙商期货有限公司	46586.25	1.85	16	浙商期货有限公司	55613.26	1.72
17	经易期货经纪有限公司	45496.31	1.81	17	中投天琪期货有限公司	52870.98	1.63
18	光大期货有限公司	40223.54	1.60	18	经易期货经纪有限公司	52451.36	1.62
19	华安期货有限责任公司	39115.97	1.55	19	宏源期货有限公司	48135.35	1.49
20	鲁证期货股份有限公司	35675.65	1.42	20	国信期货有限责任公司	47359.98	1.46
合计 Total		1197253.83	47.51	合计 Total		1925609.71	59.45

注："占比"是指单个公司数据占全行业公司数据的比重。
数据来源：中国证监会。
Source: CSRC.

8–19　2015年期货公司期末客户权益总额前20排名表

Top 20 Futures Companies Ranked by Total Value of Customer Equity in 2015

排名 Rank	公司名称 Company Name	金额(亿元) Amount(100 million yuan)	占比(%) Proportion(%)
1	中信期货	178.41	6.58
2	永安期货	146.83	5.42
3	国泰君安	129.77	4.79
4	银河期货	120.81	4.46
5	海通期货	115.20	4.25
6	华泰长城期货	77.83	2.87
7	申银万国	73.22	2.70
8	光大期货	69.78	2.57
9	中粮期货	66.29	2.45
10	方正中期期货	64.43	2.38
11	东证期货	60.77	2.24
12	广发期货	57.91	2.14
13	浙商期货	54.06	1.99
14	中国国际期货	53.90	1.99
15	南华期货	52.77	1.95
16	万达期货	44.51	1.64
17	鲁证期货	41.43	1.53
18	招商期货	40.41	1.49
19	兴证期货	39.81	1.47
20	五矿经易期货	37.48	1.38
合计 Total		1525.60	56.28

注："占比"是指单个公司数据占全行业公司数据的比重。
数据来源：中国证监会。
Source: CSRC.

8—20 2015年证券公司名录
List of Securities Companies in 2015

序号 No.	公司名称 Company Name	注册资本（亿元）Registered Capital (100 million yuan)	注册地 Place of Registration	2015年分类评级 Category Rating for 2015	从业人员数量（个）Number of Practitioner (unit)	是否具有以下业务资格 Business Qualification Available			
						融资融券 Margin Reguirement Business	转融通 Refinancing Business	全国中小企业股份转让系统主办券商 Broker-dealer Business on NEEQ	股票质押式回购 Pledge-style Repo Business
1	爱建证券有限责任公司	11.00	上海	BBB	758	是	否	是	是
2	安信证券股份有限公司	35.25	深圳	A	6145	是	是	是	是
3	北京高华证券有限责任公司	10.72	北京	AA	176	否	否	否	否
4	渤海证券股份有限公司	64.70	天津	A	1614	是	是	是	是
5	财达证券有限责任公司	27.45	河北	A	2158	是	是	是	是
6	财富证券有限责任公司	21.36	湖南	A	2053	是	是	是	是
7	财通证券股份有限公司	32.30	浙江	A	2939	是	是	是	是
8	财通证券资产管理有限公司	2.00	浙江	A	101	否	否	否	否
9	长城国瑞证券有限公司	17.50	厦门	BBB	639	是	否	是	否
10	长城证券股份有限公司	27.93	深圳	BBB	3983	是	是	是	是
11	长江证券（上海）资产管理有限公司	2.00	上海	AA	33	否	否	否	否
12	长江证券承销保荐有限公司	23.71	上海	AA	153	否	否	否	否
13	长江证券股份有限公司	47.42	湖北	AA	7568	是	是	是	是
14	网信证券有限责任公司	5.00	辽宁	BBB	403	否	否	是	否
15	川财证券有限责任公司	6.50	四川	A	307	是	否	是	是
16	大通证券股份有限公司	22.00	大连	AA	1429	是	是	是	是
17	大同证券经纪有限责任公司	7.30	山西	A	1466	是	是	是	是
18	德邦证券股份有限公司	23.00	上海	A	939	是	是	是	是
19	第一创业摩根大通证券有限责任公司	8.00	北京	BBB	104	否	否	否	否
20	第一创业证券股份有限公司	19.70	深圳	BBB	1446	是	是	是	是
21	东北证券股份有限公司	19.57	吉林	A	3520	是	是	是	是
22	东方花旗证券有限公司	8.00	上海	AA	300	否	否	是	否
23	东方证券股份有限公司	52.82	上海	AA	3326	是	是	是	是
24	东海证券股份有限公司	16.70	江苏	A	2511	是	是	是	是
25	东莞证券股份有限公司	15.00	广东	AA	3869	是	是	是	是
26	东吴证券股份有限公司	27.00	江苏	A	2828	是	是	是	是
27	东兴证券股份有限公司	25.04	北京	AA	2744	是	是	是	是
28	方正证券股份有限公司	82.32	湖南	A	7558	是	是	是	是
29	高盛高华证券有限责任公司	8.00	北京	AA	81	否	否	否	否
30	光大证券股份有限公司	39.07	上海	A	6066	是	是	是	是
31	广发证券股份有限公司	76.21	广东	AA	10018	是	是	是	是

8-20 续表 1 continued

序号 No.	公司名称 Company Name	注册资本（亿元）Registered Capital (100 million yuan)	注册地 Place of Registration	2015年分类评级 Category Rating for 2015	从业人员数量（个）Number of Practitioner (unit)	是否具有以下业务资格 Business Qualification Available 融资融券 Margin Reguirement Business	转融通 Refinancing Business	全国中小企业股份转让系统主办券商 Broker-dealer Business on NEEQ	股票质押式回购 Pledge-style Repo Business
32	广发证券资产管理（广东）有限公司	10.00	广东	AA	139	否	否	否	否
33	广州证券股份有限公司	33.30	广东	A	2266	是	是	是	是
34	国都证券股份有限公司	46.00	北京	A	1425	是	是	是	是
35	国海证券股份有限公司	28.10	广西	A	2926	是	是	是	是
36	国金证券股份有限公司	30.24	四川	AA	2497	是	是	是	是
37	国开证券有限责任公司	73.70	北京	AA	613	是	否	是	是
38	国联证券股份有限公司	15.00	江苏	A	1746	是	是	是	是
39	国盛证券有限责任公司	20.35	江西	A	2254	是	是	是	是
40	国泰君安证券股份有限公司	76.25	上海	AA	9481	是	是	是	是
41	国信证券股份有限公司	82.00	深圳	AA	8585	是	是	是	是
42	国元证券股份有限公司	19.64	安徽	AA	3580	是	是	是	是
43	海际证券有限责任公司	5.00	上海	AA	63	否	否	否	否
44	海通证券股份有限公司	115.02	上海	AA	11589	是	是	是	是
45	恒泰长财证券有限责任公司	2.00	吉林	A	90	否	否	否	否
46	恒泰证券股份有限公司	21.95	内蒙古	A	2593	是	是	是	是
47	红塔证券股份有限公司	32.69	云南	A	954	是	是	是	是
48	宏信证券有限责任公司	10.00	四川	A	1245	是	是	是	是
49	华安证券股份有限公司	28.21	安徽	A	2930	是	是	是	是
50	华宝证券有限责任公司	40.00	上海	BB	603	是	是	是	是
51	华创证券有限责任公司	15.79	贵州	BBB	1414	是	是	是	是
52	华福证券有限责任公司	5.50	福建	A	2034	是	是	是	是
53	华金证券有限责任公司	12.80	上海	BBB	459	是	否	是	是
54	华林证券有限责任公司	20.80	西藏	A	1462	是	是	是	是
55	华龙证券股份有限公司	22.00	甘肃	A	1450	是	是	是	是
56	华融证券股份有限公司	46.74	北京	AA	2474	是	是	是	是
57	华泰联合证券有限责任公司	9.97	深圳	AA	448	否	否	否	否
58	华泰证券(上海）资产管理有限公司	3.00	上海	AA	105	否	否	否	否
59	华泰证券股份有限公司	71.63	江苏	AA	9370	是	是	是	是
60	华西证券股份有限公司	21.00	四川	A	2956	是	是	是	是
61	华鑫证券有限责任公司	16.00	深圳	A	1604	是	否	是	是
62	华英证券有限责任公司	8.00	江苏	A	139	否	否	否	否

8–20 续表 2 continued

序号 No.	公司名称 Company Name	注册资本（亿元）Registered Capital (100 million yuan)	注册地 Place of Registration	2015年分类评级 Category Rating for 2015	从业人员数量（个）Number of Practitioner (unit)	是否具有以下业务资格 Business Qualification Available 融资融券 Margin Reguirement Business	转融通 Refinancing Business	全国中小企业股份转让系统主办券商 Broker-dealer Business on NEEQ	股票质押式回购 Pledge-style Repo Business
63	江海证券有限公司	17.86	黑龙江	BBB	1852	是	是	是	是
64	金通证券有限责任公司	1.00	浙江	AA	0	是	否	否	否
65	金元证券股份有限公司	32.11	海南	A	1578	是	是	是	是
66	九州证券有限公司	10.95	青海	BB	778	是	否	是	是
67	开源证券股份有限公司	13.00	陕西	BBB	836	是	是	是	是
68	联讯证券股份有限公司	31.26	广东	BB	1680	是	否	是	是
69	民生证券股份有限公司	21.77	北京	BB	2373	是	是	是	是
70	摩根士丹利华鑫证券有限责任公司	10.20	上海	A	203	否	否	否	否
71	南京证券股份有限公司	24.74	江苏	BBB	1991	是	是	是	是
72	平安证券有限责任公司	85.74	深圳	B	2674	是	是	是	是
73	齐鲁证券（上海）资产管理有限公司	1.67	上海	AA	86	否	否	是	否
74	中泰证券股份有限公司	62.72	山东	AA	7546	是	是	是	是
75	日信证券有限责任公司	12.12	内蒙古	BBB	1204	是	是	是	是
76	瑞信方正证券有限责任公司	8.00	北京	A	103	否	否	否	否
77	瑞银证券有限责任公司	14.90	北京	A	281	否	否	否	否
78	山西证券股份有限公司	25.19	山西	A	2136	是	是	是	是
79	上海东方证券资产管理有限公司	3.00	上海	AA	140	否	否	否	否
80	上海光大证券资产管理有限公司	2.00	上海	A	98	否	否	否	否
81	上海国泰君安证券资产管理有限公司	8.00	上海	AA	116	否	否	否	否
82	上海海通证券资产管理有限公司	10.00	上海	AA	91	否	否	否	否
83	上海华信证券有限责任公司	5.00	上海	BB	180	否	否	是	否
84	上海证券有限责任公司	26.10	上海	AA	1595	是	是	是	是
85	申万宏源西部证券有限公司	12.00	新疆	AA	5806	是	否	否	否
86	申万宏源证券承销保荐有限责任公司	10.00	新疆	AA	220	否	否	否	否
87	申万宏源证券有限公司	330.00	上海	AA	7028	是	是	是	是
88	世纪证券有限责任公司	7.00	深圳	BBB	1181	是	否	是	是
89	首创证券有限责任公司	6.50	北京	BBB	1276	是	是	是	是
90	太平洋证券股份有限公司	35.30	云南	A	1837	是	否	是	是
91	天风证券股份有限公司	46.62	湖北	BBB	1770	是	是	是	是
92	万和证券有限责任公司	7.87	海南	BBB	454	是	否	是	是
93	万联证券有限责任公司	42.88	广东	A	2252	是	是	是	是

8–20 续表 3 continued

序号 No.	公司名称 Company Name	注册资本（亿元） Registered Capital (100 million yuan)	注册地 Place of Regis-tration	2015年分类评级 Category Rating for 2015	从业人员数量（个） Number of Practi-tioner (unit)	是否具有以下业务资格 Business Qualification Available			
						融资融券 Margin Reguire-ment Business	转融通 Refinan-cing Business	全国中小企业股份转让系统主办券商 Broker-dealer Business on NEEQ	股票质押式回购 Pledge-style Repo Business
94	五矿证券有限公司	13.57	深圳	BB	1297	是	否	是	是
95	西部证券股份有限公司	27.96	陕西	A	2402	是	是	是	是
96	西藏同信证券股份有限公司	6.00	西藏	BBB	1303	是	是	是	是
97	西南证券股份有限公司	28.23	重庆	AA	4134	是	是	是	是
98	湘财证券有限责任公司	31.97	湖南	A	2133	是	是	是	是
99	新时代证券股份有限公司	16.93	北京	BBB	2151	是	是	是	是
100	信达证券股份有限公司	25.69	北京	AA	2896	是	是	是	是
101	兴业证券股份有限公司	52.00	福建	AA	3495	是	是	是	是
102	兴证证券资产管理有限公司	5.00	福建	AA	46	否	否	否	否
103	银河金汇证券资产管理有限公司	5.00	深圳	AA	35	否	否	否	否
104	银泰证券有限责任公司	14.00	深圳	BB	977	是	是	是	是
105	英大证券有限责任公司	23.94	深圳	A	980	是	是	是	是
106	招商证券股份有限公司	58.08	深圳	AA	8699	是	是	是	是
107	招商证券资产管理有限公司	3.00	深圳	AA	51	否	否	否	否
108	浙江浙商证券资产管理有限公司	5.00	浙江	A	115	否	是	否	否
109	浙商证券股份有限公司	30.00	浙江	A	3641	是	否	是	是
110	中德证券有限责任公司	10.00	北京	A	212	否	否	否	否
111	中国国际金融股份有限公司	16.67	北京	AA	1537	是	是	是	是
112	中国民族证券有限责任公司	44.87	北京	CCC	1799	是	是	是	是
113	中国银河证券股份有限公司	95.37	北京	AA	9492	是	是	是	是
114	中国中投证券有限责任公司	50.00	深圳	AA	4511	是	是	是	是
115	中航证券有限公司	19.85	江西	BBB	2508	是	是	是	是
116	中山证券有限责任公司	13.55	深圳	BBB	1161	是	是	是	是
117	中天证券有限责任公司	11.19	辽宁	BBB	679	是	是	是	是
118	中信建投证券股份有限公司	61.00	北京	AA	9488	是	是	是	是
119	中信证券（山东）有限责任公司	25.00	青岛	AA	2600	是	是	是	否
120	中信证券股份有限公司	121.17	深圳	AA	9565	是	是	是	是
121	中银国际证券有限责任公司	25.00	上海	AA	3250	是	是	是	是
122	中邮证券有限责任公司	20.60	陕西	BBB	391	是	否	否	是
123	中原证券股份有限公司	32.24	河南	A	2314	是	是	是	是
124	众成证券有限责任公司	6.10	深圳	BBB	431	是	否	否	否
125	国盛证券资产管理有限公司	2.00	深圳	A	2254	否	否	否	否

数据来源：中国证监会、中国证券业协会。
Source: CSRC、SAC.

8-21　2015年具有外资股业务资格的境外证券经营机构名录
List of Overseas Securities Institutions with Foreign Business Qualification in 2015

序号 No.	公司名称 Company Name	注册地 Place of Registration	资格种类 Qualification Type
1	星展唯高达香港有限公司	香港	经纪商、主承销商
2	ING霸菱证券(香港)有限公司	香港	经纪商、主承销商
3	百德能证券有限公司	香港	经纪商、主承销商
4	宝来证券(香港)有限公司	香港	经纪商、主承销商
5	倍利证券(香港)有限公司	香港	主承销商
6	大福证券有限公司	香港	经纪商、主承销商
7	大和证券住银资本市场(香港)有限公司	香港	经纪商、主承销商
8	德意志证券亚洲有限公司	香港	经纪商、主承销商
9	帝杰亚洲有限公司	香港	经纪商、主承销商
10	东方惠嘉证券有限公司	香港	经纪商、主承销商
11	东亚证券有限公司	香港	经纪商
12	东洋证券亚洲有限公司	香港	经纪商
13	东洋证券株式会社	香港	经纪商、主承销商
14	发展证券香港有限公司	香港	经纪商
15	法国巴黎融资(亚太)有限公司	香港	主承销商
16	法国巴黎证券(亚洲)有限公司	香港	经纪商、主承销商
17	法国兴业证券(香港)有限公司	香港	经纪商、主承销商
18	高盛(亚洲)有限责任公司	香港	经纪商、主承销商
19	东盛证券(经纪)有限公司	香港	经纪商、主承销商
20	广利证券有限公司	香港	经纪商
21	联昌国际(香港)有限公司	香港	经纪商
22	和升国际有限公司	香港	经纪商、主承销商
23	荷银融资亚洲有限公司	香港	主承销商
24	荷银证券亚洲有限公司	香港	经纪商
25	亨泰证券有限公司	香港	经纪商
26	恒生证券有限公司	香港	经纪商
27	汇富证券有限公司	香港	经纪商、主承销商
28	极讯亚太有限公司	香港	经纪商
29	加拿大怡东融资有限公司	香港	主承销商
30	加怡证券经纪有限公司	香港	经纪商
31	嘉诚亚洲有限公司	香港	经纪商、主承销商
32	嘉佳证券有限公司	香港	经纪商
33	永丰金证券(亚洲)有限公司	香港	经纪商、主承销商
34	京华山一国际(香港)有限公司	香港	经纪商、主承销商
35	京华证券国际有限公司	香港	经纪商、主承销商
36	凯基证券亚洲有限公司	香港	经纪商、主承销商
37	乐金投资证券公司	香港	经纪商、主承销商
38	里昂证券有限公司	香港	经纪商、主承销商

8-21 续表 continued

序号 No.	公司名称 Company Name	注册地 Place of Registration	资格种类 Qualification Type
39	摩根士丹利亚洲有限公司	香港	经纪商
40	内藤证券株式会社	香港	经纪商
41	培基证券有限公司	香港	主承销商
42	群益证券(香港)有限公司	香港	经纪商、主承销商
43	软库金汇投资服务有限公司	香港	经纪商、主承销商
44	瑞士信贷(香港)有限公司	香港	经纪商、主承销商
45	三星证券株式会社	香港	经纪商、主承销商
46	顺隆证券行有限公司	香港	经纪商
47	所罗门美邦香港有限公司	香港	经纪商
48	万信证券有限公司	香港	经纪商
49	联昌国际(香港)有限公司	香港	经纪商
50	新鸿基投资服务有限公司	香港	经纪商、主承销商
51	新加坡大华亚洲(香港)有限公司	香港	主承销商
52	新加坡发展亚洲融资有限公司	香港	主承销商
53	新日本证券国际(香港)有限公司	香港	经纪商、主承销商
54	信诚证券有限公司	香港	经纪商
55	野村国际(香港)有限公司	香港	经纪商、主承销商
56	怡富证券有限公司	香港	经纪商、主承销商
57	英明证券有限公司	香港	经纪商
58	元富证券(香港)有限公司	香港	经纪商、主承销商
59	中银国际证券有限公司	香港	经纪商
60	周生生证券有限公司	香港	经纪商
61	大华继显(香港)有限公司	香港	经纪商
62	东海东京证券公司	香港	经纪商
63	中国国际金融香港有限公司	香港	经纪商
64	美林远东有限公司	香港	经纪商
65	敦沛证券有限公司	香港	经纪商
66	瑞银证券亚洲有限公司	香港	经纪商
67	日本日联飞翼证券股份有限公司	香港	经纪商
68	香港上海汇丰银行有限公司	香港	经纪商
69	国泰君安证券(香港)有限公司	香港	经纪商
70	致富证券有限公司	香港	经纪商
71	申银万国证券(香港)有限公司	香港	经纪商
72	国信证券(香港)经纪有限公司	香港	经纪商

数据来源：中国证监会。
Source: CSRC.

8—22 2015年基金管理公司名录
List of Fund Management Companies in 2015

序号 No.	基金管理公司 Fund Management Company	注册资本(亿元) Registered Capital (100 million yuan)	注册地 Place of Registration	成立时间 Established Time	管理基金只数(只) Number of Funds (unit)	管理基金份额(亿份) Fund Units (100 million units)	管理基金资产规模(亿元) Fund Asset Value (100 million yuan)
1	国泰基金管理有限公司	1.10	上海	1998年3月	59	877.26	989.75
2	南方基金管理有限公司	3.00	深圳	1998年3月	85	2938.98	3342.03
3	华夏基金管理有限公司	2.38	北京	1998年3月	85	2938.98	3342.03
4	华安基金管理有限公司	1.50	上海	1998年5月	72	1320.38	1558.46
5	博时基金管理有限公司	2.50	广东	1998年7月	85	1868.23	1982.25
6	鹏华基金管理有限公司	1.50	深圳	1998年12月	89	1664.86	1728.46
7	长盛基金管理有限公司	1.50	深圳	1993年3月	46	432.66	489.52
8	嘉实基金管理有限公司	1.50	上海	1999年3月	81	3014.59	3487.78
9	大成基金管理有限公司	2.00	深圳	1999年4月	63	1250.38	1307.42
10	富国基金管理有限公司	1.80	上海	1999年4月	70	1648.96	1924.50
11	易方达基金管理有限公司	1.20	广东	2001年4月	89	5203.48	5760.40
12	宝盈基金管理有限公司	1.00	深圳	2001年5月	20	659.41	793.33
13	融通基金管理有限公司	1.25	深圳	2001年5月	38	901.37	983.40
14	银华基金管理有限公司	2.00	深圳	2001年5月	55	1365.99	1548.64
15	长城基金管理有限公司	1.50	深圳	2001年12月	31	630.11	697.17
16	银河基金管理有限公司	2.00	上海	2002年5月	30	522.23	617.35
17	泰达宏利基金管理有限公司	1.80	北京	2002年7月	33	305.09	358.06
18	国投瑞银基金管理有限公司	1.00	上海	2002年6月	54	904.87	959.90
19	万家基金管理有限公司	1.00	上海	2002年8月	23	251.4	262.69
20	金鹰基金管理有限公司	2.50	广东	2002年2月	21	104.15	111.05
21	招商基金管理有限公司	2.10	深圳	2002年12月	63	2368.95	2503.15
22	华宝兴业基金管理有限公司	1.50	上海	2003年2月	40	1741.36	1827.04
23	摩根士丹利华鑫基金管理有限公司	2.28	深圳	2003年3月	21	145.55	210.86
24	国联安基金管理有限公司	1.50	上海	2015年3月	28	398.88	441.19
25	海富通基金管理有限公司	1.50	上海	2003年4月	32	390.34	469.72
26	长信基金管理有限公司	1.50	上海	2003年4月	30	401.24	488.93
27	泰信基金管理有限公司	2.00	上海	2003年5月	16	108.12	119.33
28	天治基金管理有限公司	1.60	上海	2003年5月	10	47.79	52.21
29	景顺长城基金管理有限公司	1.30	深圳	2003年6月	52	681.19	782.63
30	广发基金管理有限公司	1.20	广东	2014年7月	90	3017.08	3300.25
31	兴业全球基金管理有限公司	1.50	上海	2003年9月	17	955.08	1130.63
32	诺安基金管理有限公司	1.50	深圳	2003年12月	45	900.86	980.36
33	申万菱信基金管理有限公司	1.50	上海	2013年12月	24	444.75	494.19
34	中海基金管理有限公司	1.47	上海	2004年3月	30	300.54	303.05
35	光大保德信基金管理有限公司	1.60	上海	2004年4月	25	687.19	745.49

8—22 续表 1 continued

序号 No.	基金管理公司 Fund Management Company	注册资本（亿元） Registered Capital (100 million yuan)	注册地 Place of Registration	成立时间 Established Time	管理基金只数（只） Number of Funds (unit)	管理基金份额（亿份） Fund Units (100 million units)	管理基金资产规模（亿元） Fund Asset Value (100 million yuan)
36	华富基金管理有限公司	1.20	上海	2004年3月	21	213.03	234.32
37	上投摩根基金管理有限公司	2.50	上海	2004年4月	47	1089.52	1166.70
38	东方基金管理有限公司	2.00	北京	2004年6月	28	238.36	283.84
39	中银基金管理有限公司	1.00	上海	2004年6月	56	2652.40	2778.08
40	东吴基金管理有限公司	1.00	上海	2004年8月	20	85.01	90.08
41	国海富兰克林基金管理有限公司	2.20	广西	2004年9月	23	226.63	257.39
42	天弘基金管理有限公司	5.14	天津	2004年10月	46	6723.00	6739.31
43	华泰柏瑞基金管理有限公司	2.00	上海	2004年11月	35	1032.21	1268.99
44	新华基金管理股份有限公司	2.18	重庆	2004年11月	31	287.47	343.61
45	汇添富基金管理股份有限公司	1.00	上海	2005年1月	59	2142.72	2525.39
46	工银瑞信基金管理有限公司	2.00	北京	2005年6月	75	4267.38	4430.42
47	交银施罗德基金管理有限公司	2.00	上海	2005年7月	49	732.89	838.88
48	信诚基金管理有限公司	2.00	上海	2005年8月	39	459.17	471.63
49	建信基金管理有限责任公司	2.00	北京	2005年9月	62	3041.93	3146.88
50	华商基金管理有限公司	1.00	北京	2005年9月	31	397.11	621.09
51	汇丰晋信基金管理有限公司	2.00	上海	2005年10月	15	66.98	103.99
52	益民基金管理有限公司	1.00	重庆	2005年12月	7	30.51	28.06
53	中邮创业基金管理股份有限公司	3.00	北京	2006年2月	23	594.54	789.30
54	信达澳银基金管理有限公司	1.00	深圳	2006年4月	12	98.19	107.40
55	诺德基金管理有限公司	1.00	上海	2006年5月	9	11.81	17.20
56	中欧基金管理有限公司	1.88	上海	2006年5月	34	658.36	763.51
57	金元顺安基金管理有限公司	2.45	上海	2006年11月	10	13.19	13.91
58	浦银安盛基金管理有限公司	2.80	上海	2007年7月	19	302.14	348.06
59	农银汇理基金管理有限公司	2.00	上海	2008年2月	27	898.32	965.35
60	民生加银基金管理有限公司	3.00	深圳	2008年10月	25	702.56	749.52
61	西部利得基金管理有限公司	3.00	上海	2010年6月	7	94.00	93.87
62	浙商基金管理有限公司	3.00	浙江	2010年9月	7	49.12	52.13
63	平安大华基金管理有限公司	3.00	深圳	2010年12月	11	379.81	384.60
64	富安达基金管理有限公司	2.88	上海	2011年4月	7	28.44	45.06
65	财通基金管理有限公司	2.00	上海	2011年5月	8	45.05	56.27
66	方正富邦基金管理有限公司	2.00	北京	2011年6月	7	91.93	92.41
67	长安基金管理有限公司	2.70	上海	2011年8月	5	63.67	65.21
68	国金基金管理有限公司	2.80	北京	2011年10月	10	236.66	240.72
69	安信基金管理有限责任公司	3.50	深圳	2011年11月	17	240.75	258.36
70	德邦基金管理有限公司	1.20	上海	2012年2月	11	240.97	242.22

8-22 续表 2 continued

序号 No.	基金管理公司 Fund Management Company	注册资本（亿元） Registered Capital (100 million yuan)	注册地 Place of Registration	成立时间 Established Time	管理基金只数（只） Number of Funds (unit)	管理基金份额（亿份） Fund units (100 million units)	管理基金资产规模（亿元） Fund Asset Value (100 million yuan)
71	华宸未来基金管理有限公司	2.00	上海	2012年3月	2	0.31	0.37
72	红塔红土基金管理有限公司	2.00	深圳	2012年5月	3	20.25	21.62
73	英大基金管理有限公司	2.00	北京	2012年6月	5	49.75	50.48
74	江信基金管理有限公司	1.80	北京	2012年12月	2	28.07	29.19
75	中原英石基金管理有限公司	2.00	上海	2012年12月	2	0.16	0.13
76	华润元大基金管理有限公司	2.00	广东	2012年12月	8	35.97	39.76
77	前海开源基金管理有限公司	2.00	深圳	2012年12月	26	203.76	224.21
78	东海基金管理有限责任公司	5.00	福建	2013年3月	2	2.58	2.65
79	中加基金管理有限公司	3.00	北京	2013年3月	5	172.59	174.89
80	兴业基金管理有限公司	5.00	福建	2013年3月	15	719.93	734.81
81	中融基金管理有限公司	7.50	北京	2013年5月	16	393.74	391.31
82	国开泰富基金管理有限责任公司	2.00	北京	2013年6月	2	11.09	11.80
83	中信建投基金管理有限公司	1.50	北京	2013年8月	7	56.81	57.43
84	上银基金管理有限公司	3.00	上海	2013年8月	2	435.3	435.53
85	鑫元基金管理有限公司	2.00	上海	2013年8月	9	133.94	141.26
86	永赢基金管理有限公司	2.00	浙江	2013年10月	4	112.96	112.61
87	华福基金管理有限责任公司	1.00	福建	2015年10月	9	718.68	722.66
88	国寿安保基金管理有限公司	5.88	上海	2013年10月	18	561.03	570.07
89	圆信永丰基金管理有限公司	2.00	福建	2013年11月	4	12.99	14.19
90	中金基金管理有限公司	1.50	北京	2014年1月	4	51.13	51.43
91	北信瑞丰基金管理有限公司	1.70	北京	2014年3月	7	33.17	34.35
92	红土创新基金管理有限公司	1.00	深圳	2014年6月	1	1.81	1.82
93	嘉合基金管理有限公司	1.00	上海	2014年6月	2	119.23	121.23
94	创金合信基金管理有限公司	1.70	深圳	2014年7月	8	43.78	44.23
95	九泰基金管理有限公司	2.00	北京	2014年7月	5	78.67	79.01
96	泓德基金管理有限公司	1.20	西藏	2015年2月	7	100.12	104.64
97	金信基金管理有限公司	1.00	深圳	2015年6月	0	0.00	0.00
98	新疆前海联合基金管理有限公司	2.00	新疆	2015年7月	1	134.21	134.21
99	新沃基金管理有限公司	1.00	上海	2015年8月	1	22.47	22.47
100	中科沃土基金管理有限公司	1.00	广东	2015年8月	0	0.00	0.00
101	富荣基金管理有限公司	1.00	广东	2015年12月	—	—	—

数据来源：中国证监会。
Source：CSRC.

8–23 2015年基金托管人名录
List of Fund Custodians in 2015

序号 No.	托管人名称 Fund Custodian	注册地 Place of Registration	取得托管资格时间 Custody Qualification-obtaining Time	托管基金只数(只) Number of Funds under Custody (unit)	托管基金份额(亿份) Fund Units under Custody (100 million units)	托管基金资产规模(亿元) Fund Asset Value under Custody (100 million yuan)
1	中国工商银行股份有限公司	北京	1998-02-24	551	17472.74	19586.84
2	中国农业银行股份有限公司	北京	1998-05-29	298	5326.60	6312.77
3	中国银行股份有限公司	北京	1998-07-07	417	8911.21	9973.29
4	中国建设银行股份有限公司	北京	1998-03-18	557	15445.41	17498.66
5	交通银行股份有限公司	上海	1998-07-03	148	5677.22	6036.20
6	华夏银行股份有限公司	北京	2005-02-23	24	636.49	654.43
7	中国光大银行股份有限公司	北京	2002-10-23	50	1458.28	1559.38
8	招商银行股份有限公司	深圳	2002-11-06	150	3701.26	4079.89
9	中信银行股份有限公司	北京	2004-08-18	67	7883.29	7959.03
10	中国民生银行股份有限公司	北京	2004-07-09	72	2123.57	2235.25
11	平安银行股份有限公司	深圳	2008-08-06	33	578.94	624.99
12	兴业银行股份有限公司	福建	2005-04-25	74	2632.04	2894.25
13	上海浦东发展银行股份有限公司	上海	2003-09-10	41	899.26	992.95
14	上海银行股份有限公司	上海	2009-08-18	17	146.52	152.97
15	北京银行股份有限公司	北京	2008-06-03	17	829.04	208.69
16	广东发展银行股份有限公司	广东	2009-05-04	22	586.23	604.83
17	宁波银行股份有限公司	宁波	2012-10-30	10	193.73	205.38
18	中国邮政储蓄银行有限责任公司	北京	2009-07-16	44	732.21	776.51
19	渤海银行股份有限公司	天津	2010-06-29	11	322.76	326.26
20	浙商银行股份有限公司	杭州	2013-11-13	5	125.65	126.23
21	徽商银行股份有限公司	安徽	2014-01-03	1	13.49	13.53
22	海通证券股份有限公司	上海	2013-12-27	9	48.25	51.96
23	恒丰银行股份有限公司	烟台	2014-02-10	4	60.55	60.56
24	广州农村商业银行股份有限公司	广东	2014-01-09	2	5.93	6.47
25	包商银行股份有限公司	内蒙古	2014-02-10	2	35.38	36.88
26	杭州银行股份有限公司	杭州	2014-03-17	2	66.27	71.39
27	中国证券登记结算有限责任公司	北京	2014-03-04	—	—	—
28	南京银行股份有限公司	南京	2014-04-09	4	284.83	285.18
29	国泰君安证券股份有限公司	上海	2014-05-20	8	23.76	25.00
30	招商证券股份有限公司	深圳	2014-01-10	15	111.49	121.50
31	广发证券股份有限公司	广州	2014-05-20	13	107.22	107.40
32	国信证券股份有限公司	深圳	2013-12-31	6	44.34	46.92
33	江苏银行股份有限公司	南京	2014-06-23	1	154.21	154.21
34	中国银河证券股份有限公司	北京	2014-06-24	11	148.69	152.37
35	中信证券股份有限公司	深圳	2014-10-10	6	28.00	27.65
36	华泰证券股份有限公司	南京	2014-09-29	1	1.23	1.32
37	兴业证券股份有限公司	福州	2014-11-05	—	—	—
38	中国证券金融股份有限公司	北京	2014-11-05	—	—	—
39	中信建投证券股份有限公司	北京	2015-02-06	1	0.72	0.72
40	中国国际金融股份有限公司	北京	2015-06-30	—	—	—
41	恒泰证券股份有限公司	内蒙古	2015-08-04	—	—	—
42	中泰证券股份有限公司	山东	2015-12-25	—	—	—

数据来源：中国证监会。
Source：CSRC.

8—24 2015年基金销售机构名录
List of Fund Sales Institutions in 2015

序号 No.	销售机构名称 Sales Institution Name	销售机构类型 Sales Institution Type	取得销售资格时间 Sales Qualification-Obtaining Time	注册地 Place of Registration
1	中国工商银行	商业银行	2001年8月	北京市
2	中国农业银行	商业银行	2001年12月	北京市
3	中国银行	商业银行	2001年12月	北京市
4	中国建设银行	商业银行	2001年7月	北京市
5	交通银行	商业银行	2001年9月	上海市
6	中信银行	商业银行	2002年1月	北京市
7	平安银行	商业银行	2002年5月	深圳市
8	上海浦东发展银行	商业银行	2002年7月	上海市
9	招商银行	商业银行	2001年12月	深圳市
10	兴业银行	商业银行	2002年8月	福建省
11	中国民生银行	商业银行	2002年9月	北京市
12	中国光大银行	商业银行	2003年1月	北京市
13	华夏银行	商业银行	2004年11月	北京市
14	广发银行	商业银行	2005年7月	广东省
15	中国邮政储蓄银行	商业银行	2006年7月	北京市
16	浙商银行	商业银行	2008年8月	浙江省
17	渤海银行	商业银行	2009年10月	天津市
18	恒丰银行	商业银行	2014年1月	山东省
19	北京银行	商业银行	2004年10月	北京市
20	上海银行	商业银行	2005年1月	上海市
21	宁波银行	商业银行	2008年2月	浙江省
22	青岛银行	商业银行	2008年5月	山东省
23	徽商银行	商业银行	2008年7月	安徽省
24	东莞银行	商业银行	2008年10月	广东省
25	南京银行	商业银行	2008年10月	江苏省
26	杭州银行	商业银行	2009年1月	浙江省
27	临商银行	商业银行	2009年2月	山东省
28	温州银行	商业银行	2009年5月	浙江省
29	汉口银行	商业银行	2009年6月	湖北省
30	江苏银行	商业银行	2009年9月	江苏省
31	洛阳银行	商业银行	2010年1月	河南省
32	乌鲁木齐商业银行	商业银行	2010年2月	新疆维吾尔自治区
33	烟台银行	商业银行	2010年6月	山东省
34	齐商银行	商业银行	2010年9月	山东省
35	浙江民泰商业银行	商业银行	2010年10月	浙江省
36	大连银行	商业银行	2010年10月	辽宁省
37	哈尔滨银行	商业银行	2010年10月	黑龙江省
38	重庆银行	商业银行	2010年11月	重庆市
39	浙江稠州商业银行	商业银行	2010年11月	浙江省
40	天津银行	商业银行	2011年2月	天津市
41	河北银行	商业银行	2011年5月	河北省
42	嘉兴银行	商业银行	2011年6月	浙江省
43	广州银行	商业银行	2011年7月	广东省
44	西安银行	商业银行	2011年9月	陕西省
45	长沙银行	商业银行	2011年9月	湖南省
46	金华银行	商业银行	2011年9月	浙江省
47	包商银行	商业银行	2011年9月	内蒙古自治区

8-24 续表 1 continued

序号 No.	销售机构名称 Sales Institution Name	销售机构类型 Sales Institution Type	取得销售资格时间 Sales Qualification-Obtaining Time	注册地 Place of Registration
48	郑州银行	商业银行	2012年4月	河南省
49	厦门银行	商业银行	2012年5月	厦门市
50	吉林银行	商业银行	2012年10月	吉林省
51	苏州银行	商业银行	2012年12月	江苏省
52	珠海华润银行	商业银行	2012年12月	广东省
53	威海市商业银行	商业银行	2013年2月	山东省
54	南充市商业银行	商业银行	2013年2月	四川省
55	攀枝花市商业银行	商业银行	2013年3月	四川省
56	长安银行	商业银行	2013年6月	陕西省
57	晋商银行	商业银行	2013年8月	山西省
58	富滇银行	商业银行	2013年8月	云南省
59	昆仑银行	商业银行	2013年9月	新疆维吾尔自治区
60	日照银行	商业银行	2013年12月	山东省
61	南昌银行	商业银行	2013年12月	江西省
62	潍坊银行	商业银行	2013年12月	山东省
63	福建海峡银行	商业银行	2013年12月	福建省
64	绍兴银行	商业银行	2013年12月	浙江省
65	广东华兴银行	商业银行	2014年4月	广东省
66	成都银行	商业银行	2014年7月	四川省
67	龙江银行	商业银行	2014年8月	黑龙江省
68	泉州银行	商业银行	2014年8月	福建省
69	浙江泰隆商业银行	商业银行	2014年10月	浙江省
70	兰州银行	商业银行	2014年11月	甘肃省
71	锦州银行	商业银行	2015年1月	辽宁省
72	辽阳银行	商业银行	2015年2月	辽宁省
73	华融湘江银行	商业银行	2015年4月	湖南省
74	德阳银行	商业银行	2015年5月	四川省
75	贵阳银行	商业银行	2015年5月	贵州省
76	盛京银行	商业银行	2015年5月	辽宁省
77	深圳前海微众银行	商业银行	2015年7月	深圳市
78	广东南粤银行	商业银行	2015年8月	广东省
79	晋城银行	商业银行	2015年8月	山西省
80	桂林银行	商业银行	2015年9月	广西壮族自治区
81	德州银行	商业银行	2015年10月	山东省
82	浙江网商银行股份有限公司	商业银行	2015年11月	浙江省
83	上海农商银行	商业银行	2008年2月	上海市
84	北京农商银行	商业银行	2008年4月	北京市
85	张家港农村商业银行	商业银行	2009年12月	江苏省
86	深圳农村商业银行	商业银行	2010年1月	深圳市
87	东莞农村商业银行	商业银行	2011年2月	广东省
88	常熟农村商业银行	商业银行	2011年7月	江苏省
89	顺德农村商业银行	商业银行	2011年8月	广东省
90	重庆农村商业银行	商业银行	2011年8月	重庆市
91	吴江农村商业银行	商业银行	2011年9月	江苏省
92	江南农村商业银行	商业银行	2011年9月	江苏省
93	江阴农村商业银行	商业银行	2011年9月	江苏省
94	昆山农村商业银行	商业银行	2011年10月	江苏省

8-24 续表 2 continued

序号 No.	销售机构名称 Sales Institution Name	销售机构类型 Sales Institution Type	取得销售资格时间 Sales Qualification-Obtaining Time	注册地 Place of Registration
95	广州农村商业银行	商业银行	2012年7月	广东省
96	成都农村商业银行	商业银行	2012年9月	四川省
97	杭州联合农村商业银行	商业银行	2013年2月	浙江省
98	山东寿光农村商业银行	商业银行	2013年9月	山东省
99	无锡农村商业银行	商业银行	2013年11月	江苏省
100	浙江绍兴瑞丰农村商业银行	商业银行	2014年1月	浙江省
101	浙江温州龙湾农村商业银行	商业银行	2014年2月	浙江省
102	广东南海农村商业银行	商业银行	2014年3月	广东省
103	长春农村商业银行	商业银行	2014年10月	吉林省
104	浙江温州鹿城农村商业银行	商业银行	2015年1月	浙江省
105	天津农村商业银行	商业银行	2015年4月	天津市
106	浙江乐清农村商业银行股份有限公司	商业银行	2015年5月	浙江省
107	浙江临海农村商业银行股份有限公司	商业银行	2015年7月	浙江省
108	青岛农村商业银行	商业银行	2015年9月	山东省
109	浙江义乌农村商业银行股份有限公司	商业银行	2015年11月	浙江省
110	浙江新昌农村商业银行股份有限公司	商业银行	2015年11月	浙江省
111	江苏紫金农村商业银行股份有限公司	商业银行	2015年11月	江苏省
112	天津滨海农村商业银行	商业银行	2015年12月	天津市
113	渣打银行	商业银行	2013年6月	上海市
114	大华银行	商业银行	2013年6月	上海市
115	花旗银行	商业银行	2013年6月	上海市
116	东亚银行	商业银行	2013年6月	上海市
117	恒生银行	商业银行	2013年6月	上海市
118	星展银行	商业银行	2013年6月	上海市
119	汇丰银行	商业银行	2013年6月	上海市
120	南洋商业银行	商业银行	2013年6月	上海市
121	摩根大通银行	商业银行	2013年9月	北京市
122	华侨银行	商业银行	2013年10月	上海市
123	国泰君安证券	证券公司	2002年7月	上海市
124	广发证券	证券公司	2002年8月	广东省
125	国信证券	证券公司	2002年8月	深圳市
126	招商证券	证券公司	2002年8月	深圳市
127	华泰联合证券	证券公司	2002年8月	深圳市
128	中信证券	证券公司	2002年8月	北京市
129	海通证券	证券公司	2002年10月	上海市
130	申银万国证券	证券公司	2002年10月	上海市
131	西南证券	证券公司	2003年1月	重庆市
132	华龙证券	证券公司	2003年1月	甘肃省
133	大同证券	证券公司	2003年1月	山西省
134	民生证券	证券公司	2003年1月	北京市
135	山西证券	证券公司	2003年1月	山西省
136	长江证券	证券公司	2003年2月	湖北省
137	中信万通证券	证券公司	2003年2月	山东省
138	广州证券	证券公司	2003年2月	广东省
139	兴业证券	证券公司	2003年2月	福建省
140	华泰证券	证券公司	2003年2月	江苏省
141	渤海证券	证券公司	2003年2月	天津市

8-24 续表 3 continued

序号 No.	销售机构名称 Sales Institution Name	销售机构类型 Sales Institution Type	取得销售资格时间 Sales Qualification-Obtaining Time	注册地 Place of Registration
142	中信证券(浙江)	证券公司	2003年2月	浙江省
143	万联证券	证券公司	2003年2月	广东省
144	国元证券	证券公司	2003年2月	安徽省
145	湘财证券	证券公司	2003年3月	湖南省
146	东吴证券	证券公司	2003年12月	江苏省
147	东方证券	证券公司	2004年4月	上海市
148	光大证券	证券公司	2004年4月	上海市
149	上海证券	证券公司	2004年5月	上海市
150	国联证券	证券公司	2004年6月	江苏省
151	浙商证券	证券公司	2004年6月	浙江省
152	平安证券	证券公司	2004年8月	深圳市
153	华安证券	证券公司	2004年8月	安徽省
154	东北证券	证券公司	2004年7月	吉林省
155	南京证券	证券公司	2004年8月	江苏省
156	长城证券	证券公司	2004年8月	深圳市
157	国海证券	证券公司	2004年9月	广西壮族自治区
158	财富证券	证券公司	2004年9月	湖南省
159	东莞证券	证券公司	2004年9月	广东省
160	中原证券	证券公司	2004年10月	河南省
161	国都证券	证券公司	2004年11月	北京市
162	恒泰证券	证券公司	2004年11月	内蒙古自治区
163	中银国际证券	证券公司	2004年11月	上海市
164	齐鲁证券	证券公司	2004年11月	山东省
165	华西证券	证券公司	2004年11月	四川省
166	国盛证券	证券公司	2004年11月	江西省
167	新时代证券	证券公司	2004年11月	北京市
168	华林证券	证券公司	2004年11月	深圳市
169	中金公司	证券公司	2004年12月	北京市
170	宏源证券	证券公司	2004年12月	新疆维吾尔自治区
171	华福证券	证券公司	2005年1月	福建省
172	世纪证券	证券公司	2005年2月	深圳市
173	德邦证券	证券公司	2005年2月	上海市
174	金元证券	证券公司	2005年4月	深圳市
175	西部证券	证券公司	2005年4月	陕西省
176	东海证券	证券公司	2004年9月	上海市
177	中航证券	证券公司	2005年4月	江西省
178	第一创业证券	证券公司	2005年3月	深圳市
179	中信建投证券	证券公司	2005年12月	北京市
180	财通证券	证券公司	2006年7月	浙江省
181	安信证券	证券公司	2007年4月	深圳市
182	银河证券	证券公司	2007年5月	北京市
183	华鑫证券	证券公司	2008年1月	上海市
184	瑞银证券	证券公司	2008年2月	北京市
185	国金证券	证券公司	2008年3月	四川省
186	中投证券	证券公司	2008年3月	深圳市
187	中山证券	证券公司	2008年3月	深圳市
188	红塔证券	证券公司	2008年3月	云南省

8—24 续表 4 continued

序号 No.	销售机构名称 Sales Institution Name	销售机构类型 Sales Institution Type	取得销售资格时间 Sales Qualification-Obtaining Time	注册地 Place of Registration
189	日信证券	证券公司	2008年5月	北京市
190	西藏同信证券	证券公司	2008年5月	西藏自治区
191	方正证券	证券公司	2008年6月	湖南省
192	联讯证券	证券公司	2008年6月	广东省
193	天源证券	证券公司	2008年8月	深圳市
194	江海证券	证券公司	2008年8月	黑龙江省
195	银泰证券	证券公司	2008年12月	深圳市
196	民族证券	证券公司	2008年12月	北京市
197	华宝证券	证券公司	2009年1月	上海市
198	厦门证券	证券公司	2009年1月	厦门市
199	爱建证券	证券公司	2009年1月	上海市
200	英大证券	证券公司	2009年3月	深圳市
201	信达证券	证券公司	2009年7月	北京市
202	东兴证券	证券公司	2009年7月	北京市
203	华融证券	证券公司	2009年9月	北京市
204	天风证券	证券公司	2009年11月	湖北省
205	大通证券	证券公司	2009年12月	辽宁省
206	财达证券	证券公司	2009年12月	河北省
207	中天证券	证券公司	2010年1月	辽宁省
208	财富里昂证券	证券公司	2010年2月	上海市
209	五矿证券	证券公司	2010年4月	深圳市
210	高华证券	证券公司	2010年5月	北京市
211	华创证券	证券公司	2010年6月	贵州省
212	恒泰长财证券	证券公司	2010年7月	吉林省
213	万和证券	证券公司	2010年9月	深圳市
214	中邮证券	证券公司	2010年11月	陕西省
215	首创证券	证券公司	2011年2月	北京市
216	国开证券	证券公司	2011年5月	北京市
217	太平洋证券	证券公司	2012年11月	云南省
218	开源证券	证券公司	2012年12月	陕西省
219	诚浩证券	证券公司	2013年2月	辽宁省
220	宏信证券	证券公司	2013年6月	四川省
221	中信建投期货有限公司	期货公司	2013年9月	重庆市
222	中国国际期货有限公司	期货公司	2013年11月	北京市
223	兴证期货有限公司	期货公司	2014年7月	福建省
224	中信期货有限公司	期货公司	2014年11月	广东省
225	中州期货有限公司	期货公司	2014年11月	山东省
226	海通期货有限公司	期货公司	2015年1月	上海市
227	安粮期货有限公司	期货公司	2015年3月	安徽省
228	徽商期货有限责任公司	期货公司	2015年7月	安徽省
229	广发期货有限公司	期货公司	2015年7月	广州市
230	东海期货有限责任公司	期货公司	2015年7月	上海市
231	浙江中大期货有限公司	期货公司	2015年7月	浙江省
232	中投天琪期货有限公司	期货公司	2015年8月	深圳市
233	上海东证期货有限公司	期货公司	2015年10月	上海市
234	申银万国期货有限公司	期货公司	2015年12月	上海市
235	泰康人寿保险有限公司	保险公司	2014年1月	北京市

8—24 续表 5 continued

序号 No.	销售机构名称 Sales Institution Name	销售机构类型 Sales Institution Type	取得销售资格时间 Sales Qualification-Obtaining Time	注册地 Place of Registration
236	阳光人寿保险股份有限公司	保险公司	2014年6月	北京市
237	中国平安人寿保险股份有限公司	保险公司	2014年7月	广东省
238	中宏人寿保险有限公司	保险公司	2014年12月	上海市
239	华瑞保险销售有限公司	保险代理和保险经纪公司	2014年11月	上海市
240	上海玄元保险代理有限公司	保险代理和保险经纪公司	2014年12月	上海市
241	和谐保险销售有限公司	保险代理和保险经纪公司	2015年9月	北京市
242	永鑫保险销售服务有限公司	保险代理和保险经纪公司	2015年12月	上海市
243	天相投资顾问有限公司	证券投资咨询机构	2004年7月	北京市
244	江苏金百临投资咨询有限公司	证券投资咨询机构	2012年5月	江苏省
245	鼎信汇金(北京)投资管理有限公司	证券投资咨询机构	2012年5月	北京市
246	和讯信息科技有限公司	证券投资咨询机构	2012年6月	北京市
247	深圳市新兰德证券投资咨询有限公司	证券投资咨询机构	2012年9月	深圳市
248	厦门市鑫鼎盛控股有限公司	证券投资咨询机构	2013年2月	厦门市
249	诺亚正行(上海)基金销售投资顾问有限公司	独立基金销售机构	2012年2月	上海市
250	深圳众禄基金销售有限公司	独立基金销售机构	2012年2月	深圳市
251	上海天天基金销售有限公司	独立基金销售机构	2012年2月	上海市
252	上海好买基金销售有限公司	独立基金销售机构	2012年2月	上海市
253	杭州数米基金销售有限公司	独立基金销售机构	2012年4月	浙江省
254	上海长量基金销售投资顾问有限公司	独立基金销售机构	2012年4月	上海市
255	浙江同花顺基金销售有限公司	独立基金销售机构	2012年4月	浙江省
256	北京展恒基金销售有限公司	独立基金销售机构	2012年6月	北京市
257	上海利得基金销售有限公司	独立基金销售机构	2012年8月	上海市
258	深圳市前海凤凰财富基金销售有限公司	独立基金销售机构	2012年10月	深圳市
259	中期时代基金销售(北京)有限公司	独立基金销售机构	2012年11月	北京市
260	杭州金观诚基金销售有限公司	独立基金销售机构	2012年12月	浙江省
261	北京创金启富投资管理有限公司	独立基金销售机构	2012年12月	北京市
262	嘉实财富管理有限公司	独立基金销售机构	2012年12月	上海市
263	万银财富(北京)基金销售有限公司	独立基金销售机构	2013年2月	北京市
264	北京中天嘉华基金销售有限公司	独立基金销售机构	2013年2月	北京市
265	北京增财基金销售有限公司	独立基金销售机构	2013年2月	北京市
266	泛华普益基金销售有限公司	独立基金销售机构	2013年2月	四川省
267	宜信普泽投资顾问(北京)有限公司	独立基金销售机构	2013年2月	北京市
268	深圳腾元基金销售有限公司	独立基金销售机构	2013年3月	深圳市
269	上海通华财富资产管理有限公司	独立基金销售机构	2013年6月	上海市
270	北京恒天明泽基金销售有限公司	独立基金销售机构	2013年8月	北京市
271	深圳联合货币基金销售有限公司	独立基金销售机构	2013年9月	深圳市
272	深圳前海汇联基金销售有限公司	独立基金销售机构	2013年9月	深圳市
273	北京晟视天下投资管理有限公司	独立基金销售机构	2013年9月	北京市
274	北京钱景财富投资管理有限公司	独立基金销售机构	2013年11月	北京市
275	北京植信投资管理有限公司	独立基金销售机构	2013年12月	北京市
276	一路财富(北京)信息科技有限公司	独立基金销售机构	2013年12月	北京市
277	成都华羿恒信财富投资管理有限公司	独立基金销售机构	2014年1月	四川省
278	海银基金销售有限公司	独立基金销售机构	2014年1月	上海市
279	上海久富财富管理有限公司	独立基金销售机构	2014年1月	上海市
280	北京唐鼎耀华投资咨询有限公司	独立基金销售机构	2014年3月	北京市
281	日发资产管理(上海)有限公司	独立基金销售机构	2014年3月	上海市
282	北京新浪仓石投资管理有限公司	独立基金销售机构	2014年3月	北京市

8–24 续表 6 continued

序号 No.	销售机构名称 Sales Institution Name	销售机构类型 Sales Institution Type	取得销售资格时间 Sales Qualification-Obtaining Time	注册地 Place of Registration
283	上海大智慧财富管理有限公司	独立基金销售机构	2014年3月	上海市
284	中经北证(北京)资产管理有限公司	独立基金销售机构	2014年4月	北京市
285	北京君德汇富投资咨询有限公司	独立基金销售机构	2014年4月	北京市
286	品今财富(北京)资本管理有限公司	独立基金销售机构	2014年5月	北京市
287	上海国金通用财富资产管理有限公司	独立基金销售机构	2014年6月	上海市
288	北京恒久浩信投资咨询有限公司	独立基金销售机构	2014年8月	北京市
289	深圳市锦安基金销售有限公司	独立基金销售机构	2014年9月	深圳市
290	扬州国信嘉利投资理财有限公司	独立基金销售机构	2014年9月	江苏省
291	上海联泰资产管理有限公司	独立基金销售机构	2014年10月	上海市
292	上海钰茂投资管理有限公司	独立基金销售机构	2014年11月	上海市
293	深圳市金海九州基金销售有限公司	独立基金销售机构	2014年12月	深圳市
294	上海汇付金融服务有限公司	独立基金销售机构	2014年12月	上海市
295	江西正融资产管理有限公司	独立基金销售机构	2014年12月	江西省
296	北京坤元投资咨询有限公司	独立基金销售机构	2014年12月	北京市
297	泰诚财富基金销售(大连)有限公司	独立基金销售机构	2014年12月	辽宁省
298	北京微动利投资管理有限公司	独立基金销售机构	2015年2月	北京市
299	北京富国大通投资管理有限责任公司	独立基金销售机构	2015年3月	北京市
300	上海基煜基金销售有限公司	独立基金销售机构	2015年3月	上海市
301	泰信财富投资管理有限公司	独立基金销售机构	2015年3月	北京市
302	利和财富（上海）基金销售有限公司	独立基金销售机构	2015年6月	上海市
303	上海凯石财富基金销售有限公司	独立基金销售机构	2015年7月	上海市
304	上海景谷资产管理有限公司	独立基金销售机构	2015年7月	上海市
305	北京恒宇天泽投资管理有限公司	独立基金销售机构	2015年7月	北京市
306	上海朝阳永续投资顾问有限公司	独立基金销售机构	2015年7月	上海市
307	上海中正达广投资管理有限公司	独立基金销售机构	2015年8月	上海市
308	深圳前海京西票号基金销售有限公司	独立基金销售机构	2015年8月	深圳市
309	北京乐融多源投资咨询有限公司	独立基金销售机构	2015年8月	北京市
310	上海攀赢金融信息服务有限公司	独立基金销售机构	2015年8月	上海市
311	深圳新华信通资产管理有限公司	独立基金销售机构	2015年8月	深圳市
312	上海陆金所资产管理有限公司	独立基金销售机构	2015年8月	上海市
313	武汉市伯嘉基金销售有限公司	独立基金销售机构	2015年9月	湖北省
314	深圳富济财富管理有限公司	独立基金销售机构	2015年9月	深圳市
315	钱滚滚财富投资管理（上海）有限公司	独立基金销售机构	2015年9月	上海市
316	大泰金石投资管理有限公司	独立基金销售机构	2015年9月	江苏省
317	珠海盈米财富管理有限公司	独立基金销售机构	2015年9月	广东省
318	成都万华源基金销售有限责任公司	独立基金销售机构	2015年9月	四川省
319	九泰基金销售（北京）有限公司	独立基金销售机构	2015年9月	北京市
320	和耕传承基金销售有限公司	独立基金销售机构	2015年10月	河南省
321	南京途牛金融信息服务有限公司	独立基金销售机构	2015年10月	江苏省
322	中证金牛（北京）投资咨询有限公司	独立基金销售机构	2015年11月	北京市
323	北京懒猫金融信息服务有限公司	独立基金销售机构	2015年11月	北京市
324	上海爱建财富管理有限公司	独立基金销售机构	2015年11月	上海市
325	深圳秋实惠智财富投资管理有限公司	独立基金销售机构	2015年12月	深圳市
326	深圳市小牛投资咨询有限公司	独立基金销售机构	2015年12月	深圳市
327	天津万家财富资产管理有限公司	独立基金销售机构	2015年12月	天津市

数据来源：中国证监会。
Source: CSRC.

8-25 2015年合格境外机构投资者(QFII)名录
List of QFII in 2015

序号 No.	QFII公司名称 Company Name	取得资格时间 Qualification-obtaining Time	2015年获批额度 (亿美元) Approved Quota in 2015 (100 million USD)	累计批准额度 (亿美元) Cumulative Approved Quota (100 million USD)
1	瑞士银行	2003-05-23	0.00	7.90
2	野村证券株式会社	2003-05-23	0.00	3.50
3	摩根士丹利国际股份有限公司	2003-06-05	0.00	6.00
4	花旗环球金融有限公司	2003-06-05	0.00	5.50
5	高盛公司	2003-07-04	0.00	3.00
6	德意志银行	2003-07-30	0.00	6.00
7	香港上海汇丰银行有限公司	2003-08-04	0.00	6.00
8	荷兰安智银行股份有限公司	2003-09-10	-1.40	0.70
9	摩根大通银行	2003-09-30	0.00	6.00
10	瑞士信贷(香港)有限公司	2003-10-24	0.00	6.00
11	渣打银行(香港)有限公司	2003-12-11	0.00	1.75
12	日兴资产管理有限公司	2003-12-11	0.00	4.50
13	美林国际	2004-04-30	0.00	8.00
14	恒生银行有限公司	2004-05-10	0.00	1.50
15	大和证券资本市场株式会社	2004-05-10	0.00	0.50
16	比尔及梅林达盖茨信托基金会	2004-07-19	0.00	4.00
17	景顺资产管理有限公司	2004-08-04	-0.50	1.26
18	苏格兰皇家银行有限公司	2004-09-02	-1.55	0.20
19	法国兴业银行	2004-09-02	5.50	10.00
20	巴克莱银行	2004-09-15	-2.48	6.52
21	德国商业银行	2004-09-27	-3.05	3.20
22	法国巴黎银行	2004-09-29	0.00	3.50
23	加拿大鲍尔公司	2004-10-15	0.00	0.50
24	东方汇理银行	2004-10-15	0.00	0.75
25	高盛国际资产管理公司	2005-05-09	0.00	6.00
26	马丁可利投资管理有限公司	2005-10-25	0.00	2.26
27	新加坡政府投资有限公司	2005-10-25	0.00	15.00
28	柏瑞投资有限责任公司	2005-11-14	-0.08	2.92
29	淡马锡富敦投资有限公司	2005-11-15	0.00	15.00
30	JF资产管理有限公司	2005-12-28	0.00	5.25
31	日本第一生命保险株式会社	2005-12-28	0.00	2.50
32	星展银行有限公司	2006-02-13	0.00	2.00
33	安保资本投资有限公司	2006-04-10	0.00	5.00
34	加拿大丰业银行	2006-04-10	-0.65	0.85
35	比联金融产品英国有限公司	2006-04-10	0.00	0.20
36	法国爱德蒙得洛希尔银行	2006-04-10	0.00	2.00
37	耶鲁大学	2006-04-14	0.00	1.50
38	摩根士丹利投资管理公司	2006-07-07	0.00	4.50
39	瀚亚投资（香港）有限公司	2006-07-07	0.00	3.50
40	斯坦福大学	2006-08-05	0.00	0.80
41	通用电气资产管理公司	2006-08-05	0.00	3.00
42	大华银行有限公司	2006-08-05	0.00	0.50
43	施罗德投资管理有限公司	2006-08-29	0.00	4.25
44	汇丰环球投资管理(香港)有限公司	2006-09-05	-0.85	3.27

8—25 续表 1 continued

序号 No.	QFII公司名称 Company Name	取得资格时间 Qualification-obtaining Time	2015年获批额度（亿美元） Approved Quota in 2015 (100 million USD)	累计批准额度（亿美元） Cumulative Approved Quota (100 million USD)
45	瑞穗证券株式会社	2006-09-05	0.00	0.50
46	瑞银环球资产管理(新加坡)有限公司	2006-09-25	0.00	7.50
47	三井住友资产管理株式会社	2006-09-25	0.00	3.04
48	挪威中央银行	2006-10-24	10.00	25.00
49	百达资产管理有限公司	2006-10-25	-0.42	1.08
50	哥伦比亚大学	2008-03-12	-0.70	0.20
51	荷宝基金管理公司	2008-05-05	-0.71	1.26
52	道富环球投资管理亚洲有限公司	2008-05-16	0.00	0.50
53	铂金投资管理有限公司	2008-06-02	0.00	3.00
54	比利时联合资产管理有限公司	2008-06-02	0.00	2.10
55	未来资产基金管理公司	2008-07-25	0.00	3.50
56	安达国际控股有限公司	2008-08-05	0.00	1.50
57	魁北克储蓄投资集团	2008-08-22	0.00	5.00
58	哈佛大学	2008-08-22	0.00	2.00
59	三星资产运用株式会社	2008-08-25	1.00	6.50
60	联博有限公司	2008-08-28	0.00	1.50
61	华侨银行有限公司	2008-08-28	-0.48	1.02
62	首域投资管理(英国)有限公司	2008-09-11	4.10	6.30
63	大和证券投资信托株式会社	2008-09-11	0.00	2.00
64	壳牌资产管理有限公司	2008-09-12	0.00	0.00
65	普信投资公司	2008-09-12	0.50	1.60
66	瑞士信贷银行股份有限公司	2008-10-14	0.00	3.00
67	大华资产管理有限公司	2008-11-28	0.00	0.50
68	阿布达比投资局	2008-12-03	10.00	25.00
69	安联环球投资有限公司	2008-12-16	0.00	2.00
70	资本国际公司	2008-12-18	0.00	1.00
71	三菱日联摩根士丹利证券股份有限公司	2008-12-29	0.00	1.00
72	韩华资产运用株式会社	2009-02-05	0.00	2.38
73	安石股票投资管理（美国）有限公司	2009-02-10	0.00	0.25
74	DWS投资管理有限公司	2009-02-24	0.00	2.00
75	韩国产业银行	2009-04-23	0.00	1.40
76	韩国友利银行股份有限公司	2009-05-04	0.00	0.50
77	马来西亚国家银行	2009-05-19	0.00	15.00
78	罗祖儒投资管理(香港)有限公司	2009-05-27	0.00	0.50
79	邓普顿投资顾问有限公司	2009-06-05	0.00	3.00
80	东亚联丰投资管理有限公司	2009-06-18	0.00	1.00
81	三井住友信托银行股份有限公司	2009-06-26	0.00	0.50
82	韩国投资信托运用株式会社	2009-07-21	0.00	3.00
83	霸菱资产管理有限公司	2009-08-06	0.00	2.00
84	安石投资管理有限公司	2009-09-14	0.00	3.50
85	纽约梅隆资产管理国际有限公司	2009-11-06	0.00	1.50
86	宏利资产管理(香港)有限公司	2009-11-20	0.00	3.00
87	野村资产管理株式会社	2009-11-23	0.00	3.50
88	东洋资产运用（株）	2009-12-11	0.00	0.70

8—25 续表 2 continued

序号 No.	QFII公司名称 Company Name	取得资格时间 Qualification-obtaining Time	2015年获批额度（亿美元） Approved Quota in 2015 (100 million USD)	累计批准额度（亿美元） Cumulative Approved Quota (100 million USD)
89	加拿大皇家银行	2009-12-23	0.00	1.00
90	英杰华投资集团全球服务有限公司	2009-12-28	-0.82	0.18
91	常青藤资产管理公司	2010-02-08	0.00	1.00
92	达以安资产管理公司	2010-04-20	0.00	1.00
93	法国欧菲资产管理公司	2010-05-21	0.00	1.50
94	安本亚洲资产管理公司	2010-07-06	-0.55	2.00
95	KB资产运用	2010-08-09	1.00	3.00
96	富达基金(香港)有限公司	2010-09-01	8.00	12.00
97	美盛投资（欧洲）有限公司	2010-10-08	0.00	2.00
98	香港金融管理局	2010-10-27	0.00	25.00
99	富邦证券投资信托股份有限公司	2010-10-29	5.50	10.00
100	群益证券投资信托股份有限公司	2010-10-29	1.00	2.50
101	蒙特利尔银行投资公司	2010-12-06	0.00	1.00
102	瑞士宝盛银行	2010-12-14	0.00	1.50
103	科提比资产运用株式会社	2010-12-28	0.00	1.00
104	领先资产管理	2011-02-16	0.00	1.00
105	元大宝来证券投资信托股份有限公司	2011-03-04	0.00	4.00
106	忠利保险有限公司	2011-03-18	-0.17	0.83
107	西班牙对外银行有限公司	2011-05-06	0.00	1.00
108	国泰证券投资信托股份有限公司	2011-06-09	6.00	10.50
109	复华证券投资信托股份有限公司	2011-06-09	1.00	3.00
110	亢简资产管理公司	2011-06-24	0.00	1.00
111	东方汇理资产管理香港有限公司	2011-07-14	0.00	1.00
112	贝莱德机构信托公司	2011-07-14	0.00	2.50
113	GMO有限责任公司	2011-08-09	-0.25	0.75
114	新加坡金融管理局	2011-10-08	0.00	1.00
115	中国人寿保险股份有限公司（台湾）	2011-10-26	0.00	5.50
116	新光人寿保险股份有限公司	2011-10-26	0.00	3.00
117	普林斯顿大学	2011-11-25	0.00	2.10
118	新光投信株式会社	2011-11-25	0.00	1.00
119	加拿大年金计划投资委员会	2011-12-09	0.00	12.00
120	泛达公司	2011-12-09	0.00	1.00
121	瀚博环球投资公司	2011-12-13	0.00	1.00
122	安耐德合伙人有限公司	2011-12-13	0.00	1.50
123	泰国银行	2011-12-16	0.00	3.00
124	科威特政府投资局	2011-12-21	0.00	15.00
125	北美信托环球投资公司	2011-12-21	0.00	1.00
126	台湾人寿保险股份有限公司	2011-12-21	0.00	4.00
127	韩国银行	2011-12-21	3.00	9.00
128	安大略省教师养老金计划委员会	2011-12-22	0.00	3.00
129	韩国投资公司	2011-12-28	0.00	4.00
130	罗素投资爱尔兰有限公司	2011-12-28	0.00	2.00
131	迈世勒资产管理有限责任公司	2011-12-31	0.00	2.00
132	华宜资产运用有限公司	2011-12-31	0.00	1.00

8–25 续表 3 continued

序号 No.	QFII公司名称 Company Name	取得资格时间 Qualification-obtaining Time	2015年获批额度（亿美元） Approved Quota in 2015 (100 million USD)	累计批准额度（亿美元） Cumulative Approved Quota (100 million USD)
133	新韩法国巴黎资产运用株式会社	2012-01-05	0.00	1.50
134	家庭医生退休基金	2012-01-05	0.00	0.60
135	国民年金公团（韩国）	2012-01-05	0.00	4.00
136	三商美邦人寿保险股份有限公司	2012-01-30	0.00	0.50
137	保德信证券投资信托股份有限公司	2012-01-31	0.00	1.20
138	信安环球投资有限公司	2012-01-31	0.00	1.50
139	医院管理局公积金计划	2012-01-31	0.00	1.00
140	全球人寿保险股份有限公司	2012-02-03	0.00	1.50
141	大众信托基金有限公司	2012-02-03	0.00	0.60
142	明治安田资产管理有限公司	2012-02-27	0.00	0.00
143	国泰人寿保险股份有限公司	2012-02-28	5.00	10.00
144	三井住友银行株式会社	2012-02-28	0.00	1.00
145	富邦人寿保险股份有限公司	2012-03-01	10.00	15.00
146	友邦保险有限公司	2012-03-05	0.00	1.50
147	纽伯格伯曼欧洲有限公司	2012-03-05	0.00	1.75
148	马来西亚国库控股公司	2012-03-07	2.50	5.00
149	资金研究与管理公司	2012-03-09	0.00	1.00
150	日本东京海上资产管理株式会社	2012-03-14	0.00	0.00
151	韩亚大投证券株式会社	2012-03-29	0.00	2.00
152	兴元资产管理有限公司	2012-03-30	0.00	4.00
153	伦敦市投资管理有限公司	2012-03-30	-1.47	0.53
154	摩根资产管理(英国)有限公司	2012-03-30	0.00	0.00
155	冈三资产管理股份有限公司	2012-03-30	0.00	0.50
156	预知投资管理公司	2012-04-18	0.00	1.50
157	东部资产运用株式会社	2012-04-20	0.00	1.20
158	骏利资产管理有限公司	2012-04-20	0.00	1.00
159	瑞穗投信投资顾问有限公司	2012-04-26	0.00	1.00
160	瀚森全球投资有限公司	2012-04-28	0.00	0.50
161	欧利盛资产管理有限公司	2012-05-02	0.00	1.00
162	中银国际英国保诚资产管理有限公司	2012-05-03	-0.39	1.11
163	富敦资金管理有限公司	2012-05-04	0.00	2.50
164	利安资金管理公司	2012-05-07	0.00	0.50
165	忠利银行基金管理卢森堡有限责任公司	2012-05-23	0.00	1.00
166	威廉博莱公司	2012-05-24	0.00	2.00
167	天达资产管理有限公司	2012-05-28	0.00	1.00
168	安智投资管理亚太（香港）有限公司	2012-06-04	0.00	1.50
169	三菱日联资产管理公司	2012-06-04	0.00	0.00
170	中银集团人寿保险有限公司	2012-07-12	0.00	2.00
171	霍尔资本有限公司	2012-08-06	0.00	2.15
172	得克萨斯大学体系董事会	2012-08-06	0.00	1.50
173	南山人寿保险股份有限公司	2012-08-06	2.00	6.00
174	SUVA瑞士国家工伤保险机构	2012-08-13	-0.80	2.20
175	不列颠哥伦比亚省投资管理公司	2012-08-17	2.00	5.00
176	惠理基金管理香港有限公司	2012-08-21	0.00	2.00

8—25 续表 4 continued

序号 No.	QFII公司名称 Company Name	取得资格时间 Qualification-obtaining Time	2015年获批额度（亿美元） Approved Quota in 2015 (100 million USD)	累计批准额度（亿美元） Cumulative Approved Quota (100 million USD)
177	安大略退休金管理委员会	2012-08-29	0.00	1.50
178	教会养老基金	2012-08-31	0.00	0.50
179	麦格理银行有限公司	2012-09-04	4.00	8.00
180	瑞典第二国家养老金	2012-09-20	2.00	4.00
181	海通资产管理（香港）有限公司	2012-09-20	0.00	3.00
182	IDG资本管理（香港）有限公司	2012-09-20	0.00	0.60
183	杜克大学	2012-09-24	0.00	1.00
184	卡塔尔控股有限责任公司	2012-09-25	0.00	10.00
185	瑞士盈丰银行股份有限公司	2012-09-26	-0.34	0.66
186	海拓投资管理公司	2012-10-26	0.00	1.00
187	奥博医疗顾问有限公司	2012-10-26	0.00	1.00
188	新思路投资有限公司	2012-10-26	0.00	0.50
189	贝莱德资产管理北亚有限公司	2012-10-26	4.00	10.00
190	摩根证券投资信托股份有限公司	2012-11-05	1.40	2.90
191	全球保险集团美国投资管理有限公司	2012-11-05	0.00	1.00
192	鼎晖投资咨询新加坡有限公司	2012-11-07	0.00	3.50
193	瑞典北欧斯安银行有限公司	2012-11-12	-0.92	0.08
194	嘉实国际资产管理有限公司	2012-11-12	0.00	3.00
195	大和住银投信投资顾问株式会社	2012-11-19	0.00	0.00
196	灰石投资管理有限公司	2012-11-21	0.00	1.00
197	统一证券投资信托股份有限公司	2012-11-21	0.00	1.50
198	毕盛资产管理有限公司	2012-11-27	-0.70	2.30
199	中信证券国际投资管理（香港）有限公司	2012-12-11	0.00	3.00
200	太平洋投资策略有限公司	2012-12-11	3.00	4.00
201	易方达资产管理（香港）有限公司	2012-12-11	3.98	6.98
202	高瓴资本管理有限公司	2012-12-11	3.00	9.00
203	永丰证券投资信托股份有限公司	2012-12-13	0.00	1.00
204	华夏基金（香港）有限公司	2012-12-25	0.00	2.00
205	宜思投资管理有限责任公司	2013-01-07	0.00	1.00
206	第一金证券投资信托股份有限公司	2013-01-24	0.24	0.74
207	太平洋投资管理公司亚洲私营有限公司	2013-01-24	0.00	1.00
208	瑞银环球资产管理（香港）有限公司	2013-01-24	0.00	1.00
209	南方东英资产管理有限公司	2013-01-31	0.00	2.00
210	EJS投资管理有限公司	2013-01-31	0.00	0.50
211	国泰君安资产管理（亚洲）有限公司	2013-02-21	-0.39	1.61
212	泰康资产管理（香港）有限公司	2013-02-22	2.20	5.20
213	招商证券资产管理（香港）有限公司	2013-02-22	-0.87	0.13
214	现代证券株式会社	2013-03-22	0.00	1.00
215	工银亚洲投资管理有限公司	2013-03-25	0.00	1.00
216	工银亚洲投资管理有限公司	2013-04-11	0.00	1.00
217	AZ基金管理股份有限公司	2013-04-11	0.00	1.00
218	台新证券投资信托股份有限公司	2013-04-27	0.00	0.50
219	海富通资产管理（香港）有限公司	2013-05-07	0.00	1.00
220	汇丰中华证券投资信托股份有限公司	2013-05-10	1.00	3.00

8–25 续表 5 continued

序号 No.	QFII公司名称 Company Name	取得资格时间 Qualification-obtaining Time	2015年获批额度（亿美元） Approved Quota in 2015 (100 million USD)	累计批准额度（亿美元） Cumulative Approved Quota (100 million USD)
221	太平资产管理（香港）有限公司	2013-05-15	0.00	0.00
222	中国国际金融香港资产管理有限公司	2013-05-16	0.00	3.00
223	中国光大资产管理有限公司	2013-05-30	0.00	4.00
224	博时基金（国际）有限公司	2013-06-04	0.00	1.00
225	兆丰国际证券投资信托股份有限公司	2013-06-04	0.80	1.80
226	法国巴黎投资管理亚洲有限公司	2013-06-19	-0.30	5.70
227	圣母大学	2013-06-19	0.00	0.50
228	纽堡亚洲	2013-07-15	0.00	1.00
229	华南永昌证券投资信托股份有限公司	2013-07-15	0.00	0.50
230	景林资产管理香港有限公司	2013-07-15	-0.93	2.07
231	中国信托人寿保险股份有限公司	2013-08-20	0.00	1.00
232	凯思博投资管理（香港）有限公司	2013-08-20	-0.25	0.75
233	富邦产物保险股份有限公司	2013-08-26	0.00	0.50
234	欧特咨询有限公司	2013-08-26	0.00	1.00
235	盛树投资管理有限公司	2013-08-26	0.00	0.80
236	广发国际资产管理有限公司	2013-09-26	2.51	3.51
237	梅奥诊所	2013-09-29	0.00	0.75
238	国信证券（香港）资产管理有限公司	2013-09-29	0.00	2.00
239	新加坡科技资产管理有限公司	2013-10-18	0.00	0.50
240	政府养老基金（泰国）	2013-10-24	0.00	1.00
241	狮诚控股国际私人有限公司	2013-10-30	0.00	1.00
242	CSAM资产管理有限公司	2013-10-30	-0.80	0.20
243	中国人寿富兰克林资产管理有限公司	2013-10-30	1.80	2.80
244	福特基金会	2013-10-31	0.00	0.00
245	瑞银韩亚资产运用株式会社	2013-10-31	0.00	1.00
246	国泰世华商业银行股份有限公司	2013-11-07	0.00	1.00
247	立陶宛银行	2013-11-23	0.00	1.00
248	富兰克林华美证券投资信托股份有限公司	2013-11-23	1.00	2.00
249	中国信托商业银行股份有限公司	2013-11-23	0.00	0.50
250	华盛顿大学	2014-01-23	0.00	0.50
251	澳门金融管理局	2014-01-27	10.00	15.00
252	史蒂夫尼克洛斯股份有限公司	2014-01-27	0.00	0.00
253	职总英康保险合作社有限公司	2014-01-27	0.00	1.00
254	Invesco PowerShares资产管理有限公司	2014-01-27	0.00	0.00
255	苏黎世欧洲再保险股份有限公司	2014-01-27	0.00	1.00
256	Nordea投资管理公司	2014-01-27	0.00	1.00
257	华顿证券投资信托股份有限公司	2014-03-11	0.00	1.00
258	喀斯喀特有限责任公司	2014-03-11	0.00	2.00
259	铭基国际投资公司	2014-03-12	4.40	5.40
260	奥本海默基金公司	2014-03-19	3.00	5.00
261	高观投资有限公司	2014-04-08	0.00	1.00
262	台新国际商业银行股份有限公司	2014-06-03	0.00	1.00
263	花旗集团基金管理有限公司	2014-06-16	0.00	2.00
264	爱斯普乐基金管理公司	2014-07-24	0.00	0.00

8-25 续表 6 continued

序号 No.	QFII公司名称 Company Name	取得资格时间 Qualification-obtaining Time	2015年获批额度（亿美元） Approved Quota in 2015 (100 million USD)	累计批准额度（亿美元） Cumulative Approved Quota (100 million USD)
265	彭博家族基金会	2014-07-25	0.00	0.75
266	石溪集团	2014-07-28	0.00	0.50
267	麻省理工学院	2014-09-19	0.00	2.00
268	万金全球香港有限公司	2014-09-22	1.00	1.00
269	高盛国际	2014-09-22	0.00	3.00
270	安盛基金管理有限公司	2014-10-08	0.00	1.00
271	国投瑞银资产管理（香港）有限公司	2014-12-01	1.00	1.00
272	工银瑞信资产管理（国际）有限公司	2014-12-04	3.00	3.00
273	中信证券经纪（香港）有限公司	2014-12-24	0.00	0.00
274	申银万国投资管理（亚洲）有限公司	2014-12-30	2.00	2.00
275	宾夕法尼亚大学校董会	2015-01-05	0.75	0.75
276	广发资产管理（香港）有限公司	2015-01-07	2.00	2.00
277	麦盛资产管理（亚洲）有限公司	2015-01-22	2.00	2.00
278	玉山商业银行股份有限公司	2015-02-27	0.50	0.50
279	汇添富资产管理（香港）有限公司	2015-02-27	4.00	4.00
280	加利福尼亚大学校董会	2015-03-25	4.00	4.00
281	富国资产管理（香港）有限公司	2015-04-08	2.00	2.00
282	文莱投资局	2015-05-07	2.00	2.00
283	台湾银行股份有限公司	2015-05-20	1.00	1.00
284	淡水泉（香港）投资管理有限公司	2015-05-20	2.00	2.00
285	德盛安联证券投资信托股份有限公司	2015-05-21	0.62	0.62
286	安信资产管理（香港）有限公司	2015-06-02	0.00	0.00
287	日盛证券投资信托股份有限公司	2015-06-02	0.00	0.00
288	泛亚投资管理有限公司	2015-06-29	1.00	1.00
289	建银国际资产管理有限公司	2015-07-28	2.00	2.00
290	忠诚保险有限公司	2015-08-31	7.00	7.00
291	摯信投资顾问（香港）有限公司	2015-10-12	0.00	0.00
292	瀚亚证券投资信托股份有限公司	2015-11-02	0.00	0.00
293	柏瑞证券投资信托股份有限公司	2015-11-24	0.00	0.00
294	农银国际资产管理有限公司	2015-11-24	0.00	0.00

数据来源：中国证监会。
Source: CSRC.

8-26 2015年人民币合格境外机构投资者(RQFII)名录
List of RQFII in 2015

序号 No.	RQFII公司名称 Company Name	取得资格时间 Qualification-obtaining Time	2015年获批额度（亿元） Approved Quota in 2015 (100 million yuan)	累计批准额度（亿元） Cumulative Approved Quota (100 million yuan)
1	南方东英资产管理有限公司	2011-12-21	0	461
2	易方达资产管理（香港）有限公司	2011-12-21	0	272
3	嘉实国际资产管理有限公司	2011-12-21	0	147.4
4	华夏基金（香港）有限公司	2011-12-21	0	218
5	大成国际资产管理有限公司	2011-12-21	0	37
6	汇添富资产管理（香港）有限公司	2011-12-21	0	31
7	博时基金（国际）有限公司	2011-12-21	0	96
8	海富通资产管理（香港）有限公司	2011-12-21	0	44
9	华安资产管理（香港）有限公司	2011-12-21	0	39
10	中国国际金融（香港）有限公司	2011-12-22	0	17
11	国信证券（香港）金融控股有限公司	2011-12-22	0	17
12	光大证券金融控股有限公司	2011-12-22	0	35
13	华泰金融控股（香港）有限公司	2011-12-22	0	29.5
14	国泰君安金融控股有限公司	2011-12-22	0	69
15	海通国际控股有限公司	2011-12-22	0	107
16	广发控股（香港）有限公司	2011-12-22	0	27
17	招商证券国际有限公司	2011-12-22	0	27
18	申万宏源（国际）集团有限公司	2011-12-22	0	39
19	中信证券国际有限公司	2011-12-22	0	14
20	安信国际金融控股有限公司	2011-12-22	0	24
21	国元证券（香港）有限公司	2011-12-22	0	73
22	工银瑞信资产管理（国际）有限公司	2012-08-07	0	28
23	广发国际资产管理有限公司	2012-08-07	0	39
24	上投摩根资产管理（香港）有限公司	2012-10-26	0	8
25	国投瑞银资产管理（香港）有限公司	2012-12-17	0	28
26	富国资产管理（香港）有限公司	2012-12-17	0	38
27	诺安基金（香港）有限公司	2013-02-22	0	10
28	泰康资产管理（香港）有限公司	2013-03-14	0	74
29	建银国际资产管理有限公司	2013-03-25	0	43
30	兴证（香港）金融控股有限公司	2013-04-25	0	13
31	中国人寿富兰克林资产管理有限公司	2013-05-15	0	65
32	农银国际资产管理有限公司	2013-05-15	0	53
33	中投证券（香港）金融控股有限公司	2013-05-16	0	11
34	东方金融控股（香港）有限公司	2013-05-23	0	5
35	工银亚洲投资管理有限公司	2013-06-04	0	23
36	恒生投资管理有限公司	2013-06-04	0	10
37	太平资产管理（香港）有限公司	2013-06-19	0	13
38	中银香港资产管理有限公司	2013-07-15	0	8
39	南华资产管理（香港）有限公司	2013-07-15	0	8
40	长江证券控股（香港）有限公司	2013-07-15	0	2
41	中国平安资产管理（香港）有限公司	2013-07-19	0	10
42	信达国际资产管理有限公司	2013-07-19	0	8
43	丰收投资管理（香港）有限公司	2013-07-19	0	8
44	汇丰环球投资管理（香港）有限公司	2013-07-19	0	8
45	东亚银行有限公司	2013-08-15	0	10
46	永丰金资产管理（亚洲）有限公司	2013-08-15	0	10
47	交银国际资产管理有限公司	2013-08-20	0	8

8−26 续表 1 continued

序号 No.	RQFII公司名称 Company Name	取得资格时间 Qualification-obtaining Time	2015年获批额度（亿元） Approved Quota in 2015 (100 million yuan)	累计批准额度（亿元） Cumulative Approved Quota (100 million yuan)
48	中国东方国际资产管理有限公司	2013-08-20	0	25
49	惠理基金管理香港有限公司	2013-08-20	0	13
50	柏瑞投资香港有限公司	2013-09-26	0	8
51	创兴银行有限公司	2013-09-26	0	13
52	香港沪光国际投资管理有限公司	2013-10-30	0	8
53	中国光大资产管理有限公司	2013-10-30	0	19
54	中信建投（国际）金融控股有限公司	2013-10-30	0	20
55	JF资产管理有限公司	2013-10-30	0	10
56	未来资产环球投资（香港）有限公司	2013-10-30	0	13
57	粤海证券有限公司	2013-12-06	0	10
58	中国银河国际金融控股有限公司	2013-12-11	0	11
59	安石投资管理有限公司	2013-12-17	0	30
60	瑞银环球资产管理（香港）有限公司	2013-12-19	0	10
61	永隆资产管理有限公司	2013-12-30	0	0
62	景林资产管理香港有限公司	2014-01-10	0	20
63	华宝兴业资产管理（香港）有限公司	2014-01-20	0	10
64	易亚投资管理有限公司	2014-01-27	0	3
65	麦格理基金管理（香港）有限公司	2014-01-27	0	15
66	道富环球投资管理亚洲有限公司	2014-01-27	0	10
67	嘉理资产管理有限公司	2014-03-06	0	5
68	施罗德投资管理（香港）有限公司	2014-03-06	0	10
69	贝莱德资产管理北亚有限公司	2014-03-11	0	20
70	交银施罗德资产管理（香港）有限公司	2014-03-12	0	10
71	越秀资产管理有限公司	2014-03-26	0	10
72	润晖投资管理香港有限公司	2014-03-27	0	13
73	赤子之心资本亚洲有限公司	2014-04-15	0	4.5
74	招商资产管理（香港）有限公司	2014-05-21	0	10
75	富达基金（香港）有限公司	2014-05-21	0	0
76	日兴资产管理亚洲有限公司	2014-05-21	0	10
77	毕盛资产管理有限公司	2014-05-21	0	15
78	富敦资金管理有限公司	2014-05-21	0	12
79	辉立资本管理（香港）有限公司	2014-06-03	0	1
80	长盛基金（香港）有限公司	2014-06-12	0	0
81	贝莱德顾问（英国）有限公司	2014-06-13	0	21
82	汇丰环球资产管理（英国）有限公司	2014-06-16	0	30
83	齐鲁国际控股有限公司	2014-06-27	0	8
84	三星资产运用（香港）有限公司	2014-06-30	0	0
85	新华资产管理（香港）有限公司	2014-07-24	0	10
86	新思路投资有限公司	2014-07-24	0	15
87	元富证券（香港）有限公司	2014-07-28	0	1.6
88	国泰君安基金管理有限公司	2014-08-11	0	4
89	高泰盆景资产管理（香港）有限公司	2014-08-11	0	5
90	财通国际资产管理有限公司	2014-08-12	0	0
91	联博香港有限公司	2014-08-12	0	5
92	元大宝来证券（香港）有限公司	2014-08-15	0	0
93	安本亚洲资产管理有限公司	2014-08-15	0	6
94	法国巴黎资产管理有限公司	2014-08-27	0	30

8–26 续表 2 continued

序号 No.	RQFII公司名称 Company Name	取得资格时间 Qualification-obtaining Time	2015年获批额度（亿元） Approved Quota in 2015 (100 million yuan)	累计批准额度（亿元） Cumulative Approved Quota (100 million yuan)
95	天达资产管理有限公司	2014-08-28	0	15
96	凯敏雅克资产管理公司	2014-09-19	30	60
97	星展银行有限公司	2014-09-22	0	30
98	利安资金管理公司	2014-09-23	0	10
99	融通国际资产管理有限公司	2014-10-08	0	0
100	上海商业银行有限公司	2014-10-13	0	0
101	法国巴黎投资管理亚洲有限公司	2014-10-13	0	0
102	新韩法国巴黎资产运用株式会社	2014-10-13	50	80
103	中诚国际资本有限公司	2014-10-31	0	0
104	百达资产管理有限公司	2014-11-06	0	10
105	亨茂资产管理有限公司	2014-11-19	0	0
106	赛德堡资本（英国）有限公司	2014-11-19	0	3
107	霸菱资产管理（亚洲）有限公司	2014-11-25	0	0
108	信安环球投资（香港）有限公司	2014-11-25	0	0
109	施罗德投资管理（新加坡）有限公司	2014-12-01	10	10
110	未来资产基金管理公司	2014-12-04	10	10
111	威灵顿投资管理国际有限公司	2014-12-10	13	13
112	加拿大丰业（亚洲）银行	2014-12-12	15	15
113	摩根资产管理（新加坡）有限公司	2014-12-24	20	20
114	东洋资产运用（株）	2014-12-24	20	20
115	富舜资产管理（香港）有限公司	2014-12-26	0	0
116	NH–CA资产管理有限公司	2014-12-26	15	15
117	东部资产运用株式会社	2014-12-26	20	20
118	韩亚大投证券株式会社	2014-12-29	10	10
119	东亚联丰投资管理有限公司	2015-01-05	0	0
120	CSAM资产管理有限公司	2015-01-05	7	7
121	瑞银韩亚资产运用株式会社	2015-01-05	15	15
122	忠利投资亚洲有限公司	2015-01-07	0	0
123	新加坡政府投资有限公司	2015-01-22	50	50
124	纽伯格伯曼新加坡	2015-01-22	8	8
125	TRUSTON资产管理有限公司	2015-01-22	10	10
126	大信资产运用株式会社	2015-01-22	20	20
127	三星资产运用株式会社	2015-01-22	25	25
128	韩国投资信托运用株式会社	2015-01-22	15	15
129	景顺投资管理有限公司	2015-02-06	0	0
130	MY Asset投资管理有限公司	2015-02-06	15	15
131	德意志资产及财富管理投资有限公司	2015-02-06	60	60
132	凯思博投资管理（香港）有限公司	2015-02-16	0	0
133	新韩金融投资	2015-02-16	20	20
134	兴国资产管理	2015-02-16	30	30
135	中国建设银行（伦敦）有限公司	2015-02-17	0	0
136	英杰华投资亚洲私人有限公司	2015-02-17	10	10
137	达杰资金管理有限公司	2015-02-27	2	2
138	KKR新加坡有限公司	2015-03-02	35	35
139	领航投资澳洲有限公司	2015-03-02	100	100
140	兴元投资管理有限公司	2015-03-06	30	30
141	大华资产管理有限公司	2015-03-06	12	12

8–26 续表 3 continued

序号 No.	RQFII公司名称 Company Name	取得资格时间 Qualification-obtaining Time	2015年获批额度（亿元）Approved Quota in 2015 (100 million yuan)	累计批准额度（亿元）Cumulative Approved Quota (100 million yuan)
142	苏尔斯英国服务有限公司	2015-03-25	0	0
143	领先资产管理	2015-03-25	60	60
144	大宇证券（株）	2015-03-25	20	20
145	信诚资产管理（新加坡）有限公司	2015-03-31	0	0
146	三星生命保险株式会社	2015-03-31	20	20
147	教保安盛资产运用（株）	2015-04-02	15	15
148	方圆投资管理（香港）有限公司	2015-04-08	0	0
149	安联环球投资新加坡有限公司	2015-04-08	10	10
150	迈睿思资产管理股份公司	2015-04-08	30	30
151	GAM国际管理有限公司	2015-04-17	18	18
152	三星证券株式会社	2015-04-17	30	30
153	嘉实国际资产管理（英国）有限公司	2015-05-06	30	30
154	华侨银行有限公司	2015-05-06	10	10
155	华宜资产运用株式会社	2015-05-06	15	15
156	东方汇理资产管理香港有限公司	2015-05-20	0	0
157	Insight投资管理（环球）有限公司	2015-05-20	12	12
158	瑞士再保险股份有限公司	2015-06-02	50	50
159	东部证券股份有限公司	2015-06-25	25	25
160	蓝海资产管理公司	2015-06-26	16	16
161	瑞银环球资产管理（新加坡）有限公司	2015-06-29	0	0
162	爱斯普乐基金管理公司	2015-06-29	20	20
163	KB资产运用有限公司	2015-06-29	20	20
164	韩国产业银行	2015-06-29	10	10
165	CI投资管理公司	2015-06-29	2.25	2.25
166	UBI资产管理公司	2015-07-28	20	20
167	元大证券韩国有限公司	2015-07-28	25	25
168	韩华资产运用株式会社	2015-07-28	30	30
169	大信证券（株）	2015-07-28	25	25
170	韩国投资证券株式会社	2015-08-10	10	10
171	IBK投资证券株式会社	2015-08-10	20	20
172	未来资产证券株式会社	2015-08-30	10	10
173	Hermes投资管理有限公司	2015-08-31	0	0
174	东方汇理资产管理新加坡有限公司	2015-08-31	28	28
175	三星火灾海上保险公司	2015-08-31	30	30
176	韩国产业银行资产管理有限公司	2015-08-31	20	20
177	东方汇理	2015-09-17	28	28
178	Kiwoom投资资产管理有限公司	2015-09-23	30	30
179	现代投资公司（株）	2015-10-09	0	0
180	中国工商银行（欧洲）有限公司	2015-11-02	40	40
181	中国银行（卢森堡）有限公司	2015-11-03	10	10
182	广发国际资产管理（英国）有限公司	2015-12-10	30	30
183	安大略退休金管理委员会	2015-12-21	0	0
184	加拿大年金计划投资委员会	2015-12-21	0	0
185	现代证券株式会社	2015-12-29	0	0

数据来源：中国证监会。
Source: CSRC.

8–27 2015年期货公司名录
List of Futures Companies in 2015

序号 No.	公司名称 Company Name	注册资本(亿元) Registered Capital (100 million yuan)	注册地 Place of Registration	成立时间 Established Time	从业人员数量(个) Number of Practitioner (unit)	2015年分类评级 Category Rating for 2015	是否具有以下业务资格 Business Qualification Available		
							金融期货经纪业务资格 Qualification for Financial Futures Brokerage Business	期货投资咨询业务资格 Qualification for Futures Investment Consulting Business	资产管理业务资格 Qualification for Asset Management Business
1	安粮期货有限公司	5.00	安徽	1998-09-28	155	BBB	是	否	是
2	安信期货有限责任公司	2.86	北京	2003-07-10	172	A	是	是	否
3	宝城期货有限责任公司	3.00	浙江	1993-03-27	308	A	是	是	是
4	北京首创期货有限责任公司	2.00	北京	1995-07-25	260	A	是	是	是
5	倍特期货有限公司	2.00	四川	1993-02-08	197	A	是	是	是
6	渤海期货股份有限公司	5.00	大连	1996-01-12	168	BB	是	是	是
7	财达期货有限公司	5.00	天津	1996-03-01	75	B	是	否	否
8	中金期货有限公司	2.00	青海	2004-07-22	48	BB	是	否	是
9	长安期货有限公司	2.00	陕西	1993-04-06	97	B	是	是	是
10	长江期货有限公司	3.10	湖北	1996-07-24	358	AA	是	是	是
11	创元期货股份有限公司	1.20	江苏	1995-02-25	149	B	是	是	是
12	大地期货有限公司	2.40	浙江	1995-09-05	214	A	是	是	是
13	大连良运期货经纪有限公司	1.00	大连	1996-03-16	68	BB	是	是	是
14	大通期货经纪有限公司	1.20	黑龙江	1994-05-28	31	B	是	否	是
15	大有期货有限公司	5.80	湖南	2002-07-28	199	B	是	是	是
16	大越期货股份有限公司	1.00	浙江	1995-09-14	130	BB	是	是	是
17	道通期货经纪有限公司	1.50	江苏	1995-07-10	104	BBB	是	是	是
18	德盛期货有限公司	1.00	湖南	2005-08-01	207	CCC	是	否	是
19	第一创业期货有限责任公司	1.70	北京	1993-03-31	51	B	是	否	是
20	东方汇金期货有限公司	1.30	吉林	2004-12-28	140	CC	是	否	否
21	东海期货有限责任公司	5.00	江苏	1993-04-18	361	A	是	是	是
22	东航期货有限责任公司	4.50	上海	1995-02-11	79	CCC	是	是	是
23	东吴期货有限公司	5.00	上海	1993-03-18	216	BBB	是	是	是
24	东兴期货有限责任公司	3.18	上海	1995-10-23	104	BBB	是	是	是
25	方正中期期货有限公司	3.40	北京	2005-08-09	668	AA	是	是	是
26	格林大华期货有限公司	5.80	北京	1993-02-28	421	A	是	是	是
27	冠通期货有限公司	1.00	北京	1996-12-03	148	BBB	是	是	是
28	光大期货有限公司	10.00	上海	1993-04-08	470	AA	是	是	是
29	广发期货有限公司	12.00	广东	1993-03-23	438	AA	是	是	是
30	广永期货有限公司	1.50	广东	2003-06-13	120	CCC	是	是	否
31	广州期货股份有限公司	3.50	广东	2003-08-22	234	BBB	是	是	是
32	国都期货有限公司	2.00	北京	1992-09-24	115	CCC	是	是	是
33	国富期货有限公司	0.65	大连	1992-12-16	47	B	是	否	否
34	国海良时期货有限公司	5.00	浙江	1996-05-22	331	A	是	是	是
35	国金期货有限责任公司	1.50	四川	1993-07-29	130	CCC	是	是	是
36	国联期货股份有限公司	4.50	江苏	1993-04-30	313	A	是	是	是
37	国贸期货有限公司	5.30	厦门	1995-12-07	278	BBB	是	是	是
38	国泰君安期货有限公司	12.00	上海	2000-04-06	420	AA	是	是	是

8–27 续表 1 continued

序号 No.	公司名称 Company Name	注册资本（亿元） Registered Capital (100 million yuan)	注册地 Place of Registration	成立时间 Established Time	从业人员数量（个） Number of Practitioner (unit)	2015年分类评级 Category Rating for 2015	是否具有以下业务资格 Business Qualification Available 金融期货经纪业务资格 Qualification for Financial Futures Brokerage Business	期货投资咨询业务资格 Qualification for Futures Investment Consulting Business	资产管理业务资格 Qualification for Asset Management Business
39	国投中谷期货经纪有限公司	3.00	上海	1993-04-23	175	A	是	是	是
40	国信期货有限责任公司	6.00	上海	1995-05-04	290	AA	是	是	是
41	国元期货有限公司	6.10	北京	1996-04-17	184	BBB	是	是	是
42	海航东银期货股份有限公司	5.00	深圳	1993-02-22	160	BBB	是	是	是
43	海通期货有限公司	13.00	上海	1993-03-18	601	AA	是	是	是
44	海证期货有限公司	1.60	上海	1995-12-14	101	B	是	是	是
45	和合期货经纪有限公司	3.30	山西	1993-04-22	55	BB	是	否	是
46	和融期货有限责任公司	0.85	天津	2001-04-24	52	B	是	否	否
47	河北恒银期货经纪有限公司	0.58	河北	1999-09-21	110	CC	是	否	否
48	黑龙江时代期货经纪有限公司	0.30	黑龙江	1996-02-12	27	B	是	否	否
49	恒泰期货股份有限公司	1.25	上海	1992-11-20	82	BB	是	是	是
50	弘业期货股份有限公司	3.80	江苏	1995-07-31	646	A	是	是	是
51	红塔期货有限责任公司	2.00	云南	1993-04-13	103	CCC	是	是	是
52	宏源期货有限公司	5.50	北京	1995-05-02	286	A	是	是	是
53	华安期货有限责任公司	2.00	安徽	1995-05-15	204	BBB	是	是	是
54	华创期货有限责任公司	1.00	重庆	1995-08-23	84	BB	是	否	是
55	九州期货有限公司	0.70	北京	1993-04-08	27	B	是	否	否
56	华联期货有限公司	1.00	广东	1993-04-10	143	CCC	是	是	是
57	华龙期货股份有限公司	1.30	甘肃	1992-11-12	61	BB	是	是	是
58	华融期货有限责任公司	3.20	海南	1993-09-22	84	BB	是	否	是
59	华泰期货有限公司	8.09	广东	1995-07-10	603	AA	是	是	是
60	华闻期货有限公司	3.00	上海	1995-07-31	114	BB	是	否	是
61	华西期货有限责任公司	3.00	四川	1993-03-10	106	BBB	是	是	是
62	华鑫期货有限公司	2.00	上海	1992-12-23	101	BB	是	是	是
63	华信万达期货股份有限公司	5.06	河南	1993-04-08	354	AA	是	是	是
64	徽商期货有限责任公司	1.00	安徽	1996-02-14	322	BBB	是	是	是
65	混沌天成期货股份有限公司	6.50	广东	1995-01-03	111	BBB	是	是	是
66	集成期货股份有限公司	0.65	广东	1996-04-10	107	B	是	否	否
67	建信期货有限责任公司	4.36	上海	2003-04-26	195	BBB	是	否	是
68	江海汇鑫期货有限公司	1.00	辽宁	1995-05-02	96	B	是	是	是
69	江苏东华期货有限公司	0.50	江苏	1993-05-27	116	BB	是	否	是
70	江西瑞奇期货经纪有限公司	0.64	江西	1993-04-10	156	BB	是	否	否
71	江信国盛期货有限责任公司	1.23	辽宁	1998-12-23	42	BB	是	否	否
72	金谷期货有限公司	6.00	天津	1995-06-26	58	BBB	是	否	是
73	金鹏期货经纪有限公司	1.01	北京	1991-05-15	107	BB	是	是	是
74	金瑞期货股份有限公司	6.00	深圳	1996-03-18	281	A	是	是	是
75	金石期货有限公司	1.20	新疆	1995-03-31	150	BB	是	是	是
76	金信期货有限公司	1.42	湖南	1995-10-23	110	B	是	否	是

8-27 续表 2 continued

序号 No.	公司名称 Company Name	注册资本(亿元) Registered Capital (100 million yuan)	注册地 Place of Registration	成立时间 Established Time	从业人员数量(个) Number of Practitioner (unit)	2015年分类评级 Category Rating for 2015	是否具有以下业务资格 Business Qualification Available 金融期货经纪业务资格 Qualification for Financial Futures Brokerage Business	期货投资咨询业务资格 Qualification for Futures Investment Consulting Business	资产管理业务资格 Qualification for Asset Management Business
77	福能期货股份有限公司	2.00	福建	1995-05-18	214	CCC	是	是	否
78	金元期货有限公司	1.50	海南	1991-12-03	103	BB	是	是	是
79	津投期货经纪有限公司	0.85	天津	2004-07-28	62	B	是	否	否
80	锦泰期货有限公司	5.07	江苏	1995-09-28	221	BBB	是	是	是
81	鲁证期货股份有限公司	10.02	山东	1995-06-01	469	AA	是	是	是
82	迈科期货经纪有限公司	3.28	陕西	1993-12-26	218	A	是	是	是
83	美尔雅期货有限公司	0.60	湖北	1995-05-15	279	BBB	是	否	是
84	民生期货有限公司	1.00	北京	1996-01-29	155	CCC	是	是	否
85	摩根大通期货有限公司	4.60	广东	1996-05-27	28	BB	是	否	否
86	南华期货股份有限公司	5.10	浙江	1996-05-28	784	AA	是	是	是
87	南证期货有限责任公司	1.50	江苏	1995-05-18	149	CCC	是	是	是
88	平安期货有限公司	3.00	深圳	1996-04-10	61	BBB	是	是	是
89	乾坤期货有限公司	1.50	深圳	1993-11-05	28	BBB	是	否	否
90	瑞达期货股份有限公司	3.00	厦门	1993-03-24	434	A	是	是	是
91	瑞银期货有限责任公司	1.20	上海	1995-07-10	24	BB	是	否	否
92	山金期货有限公司	6.00	天津	1992-11-24	87	B	是	是	是
93	山西三立期货经纪有限公司	0.35	山西	1993-12-20	65	C	是	否	否
94	上海大陆期货有限公司	1.50	上海	1993-04-21	153	BBB	是	是	是
95	上海东方期货经纪有限责任公司	0.30	上海	1993-04-14	47	CCC	否	否	否
96	上海东亚期货有限公司	1.00	上海	1993-04-17	62	BBB	是	是	是
97	上海东证期货有限公司	5.00	上海	1995-12-08	350	A	是	是	是
98	上海浙石期货经纪有限公司	2.00	上海	1995-05-19	45	BBB	是	否	是
99	上海中财期货有限公司	1.90	上海	1995-02-25	219	BB	是	是	是
100	上海中期期货有限公司	3.00	上海	1995-09-15	254	A	是	是	是
101	申银万国期货有限公司	7.76	上海	1993-01-07	399	AA	是	是	是
102	深圳金汇期货经纪有限公司	1.60	深圳	1993-03-19	75	BB	是	否	是
103	深圳瑞龙期货有限公司	1.30	深圳	1993-03-06	68	B	是	否	是
104	神华期货有限公司	0.50	深圳	1995-01-06	90	BB	是	否	否
105	晟鑫期货经纪有限公司	1.00	山西	1995-11-22	110	B	否	否	否
106	盛达期货有限公司	1.00	浙江	2003-07-07	53	CC	是	否	是
107	首创京都期货有限公司	2.00	北京	1993-03-06	36	B	是	否	否
108	天风期货股份有限公司	1.60	大连	1996-03-29	99	BBB	是	是	是
109	天富期货有限公司	1.50	吉林	1996-04-17	96	CC	是	是	是
110	天鸿期货经纪有限公司	0.90	上海	1996-06-13	52	B	是	否	是
111	通惠期货有限公司	1.25	上海	2000-02-28	36	BB	是	否	是
112	同信久恒期货有限责任公司	0.80	上海	2001-09-19	68	BB	是	否	否
113	铜冠金源期货有限公司	1.00	上海	1992-11-30	90	BBB	是	是	是
114	文峰期货有限公司	1.00	江苏	1995-07-07	77	BB	是	是	否

8—27 续表 3 continued

序号 No.	公司名称 Company Name	注册资本（亿元） Registered Capital (100 million yuan)	注册地 Place of Registration	成立时间 Established Time	从业人员数量（个） Number of Practitioner (unit)	2015年分类评级 Category Rating for 2015	是否具有以下业务资格 Business Qualification Available 金融期货经纪业务资格 Qualification for Financial Futures Brokerage Business	期货投资咨询业务资格 Qualification for Futures Investment Consulting Business	资产管理业务资格 Qualification for Asset Management Business
115	五矿经易期货有限公司	12.00	深圳	1993-04-21	345	AA	是	否	是
116	西部期货有限公司	3.00	陕西	1993-03-29	146	CCC	是	是	是
117	西南期货有限公司	5.00	重庆	1995-06-26	88	BBB	是	是	是
118	新湖期货有限公司	2.25	上海	1995-10-23	435	A	是	是	是
119	新纪元期货有限公司	1.08	江苏	1995-03-15	169	BBB	是	是	是
120	新疆天利期货经纪有限公司	0.30	新疆	1993-05-29	55	CCC	是	否	否
121	新晟期货有限公司	1.20	广东	1996-01-18	130	B	是	是	是
122	鑫鼎盛期货有限公司	1.00	福建	1995-10-04	67	B	是	否	否
123	信达期货有限公司	5.00	浙江	1995-10-05	300	BBB	是	是	是
124	兴业期货有限公司	5.00	宁波	1993-03-22	114	BB	是	是	是
125	兴证期货有限公司	4.80	福建	1995-12-14	368	A	是	否	是
126	一德期货有限公司	1.65	天津	1995-07-10	288	A	是	是	是
127	银河期货有限公司	12.00	北京	1995-05-02	701	AA	是	是	是
128	银建期货经纪有限责任公司	1.06	北京	1997-01-16	98	B	是	否	否
129	英大期货有限公司	5.00	北京	1996-04-17	198	BBB	是	是	是
130	永安期货股份有限公司	8.60	浙江	1997-07-01	816	AA	是	是	是
131	云晨期货有限责任公司	1.10	云南	2002-03-07	71	BB	是	否	否
132	招金期货有限公司	1.00	山东	1993-04-09	123	BBB	是	是	是
133	招商期货有限公司	6.30	深圳	1993-01-04	148	AA	是	是	是
134	浙江新世纪期货有限公司	1.50	浙江	1993-09-18	176	BBB	是	是	是
135	浙商期货有限公司	5.00	浙江	1995-09-07	394	AA	是	是	是
136	中大期货有限公司	3.60	浙江	1993-09-18	411	A	是	是	是
137	中电投先融期货有限公司	1.00	重庆	1995-08-23	92	B	是	是	是
138	中钢期货有限公司	2.00	北京	1996-07-10	118	A	是	是	是
139	中国国际期货有限公司	17.00	北京	1993-07-01	400	AA	是	是	是
140	中航期货有限公司	2.80	深圳	1993-04-07	138	BB	是	否	是
141	中辉期货有限公司	1.43	山西	1993-12-04	298	BBB	是	是	是
142	中粮期货有限公司	8.46	北京	1996-03-01	343	AA	是	是	是
143	中融汇信期货有限公司	6.00	上海	1995-12-14	76	BBB	是	是	是
144	中投天琪期货有限公司	3.00	深圳	1996-03-01	178	A	是	是	是
145	中信建投期货有限公司	3.90	重庆	1993-03-16	404	A	是	是	是
146	中信期货有限公司	16.05	深圳	1993-03-30	848	AA	是	是	是
147	中衍期货有限公司	1.35	北京	1996-03-29	141	BBB	是	是	是
148	中银国际期货有限责任公司	3.50	海南	2008-01-03	111	BBB	是	是	是
149	中原期货有限公司	3.30	河南	1993-04-18	160	BB	是	是	是
150	中州期货有限公司	1.00	山东	1995-09-21	152	BB	是	是	是

数据来源：中国证监会。
Source: CSRC.

8-28 2015年证券投资咨询机构名录
List of Securities Investment Consulting Institutions in 2015

序号 No.	机构名称 Company Name	注册地 Place of Registration
1	鼎信汇金(北京)投资管理有限公司	北京
2	和讯信息科技有限公司	北京
3	天一星辰(北京)科技有限公司(原北京君之创证券投资咨询有限公司移牌)	北京
4	北京指南针科技发展股份有限公司(原天津证券投资咨询有限公司移牌)	北京
5	北京中富金石咨询有限公司	北京
6	北京股商证券投资顾问有限公司(原北京禧达丰证券投资顾问有限公司)	北京
7	北京博星投资顾问有限公司	北京
8	北京东方高圣投资顾问有限公司	北京
9	北京海问咨询有限公司	北京
10	北京金美林投资顾问有限公司	北京
11	北京京放投资管理顾问有限责任公司	北京
12	北京盛世华商投资咨询有限公司	北京
13	北京中方信富投资管理咨询有限公司	北京
14	北京中和应泰财务顾问有限公司	北京
15	北京中资北方投资顾问有限公司	北京
16	北京首证投资顾问有限公司	北京
17	北京和众汇富咨询有限公司	北京
18	天相投资顾问有限公司	北京
19	辽宁弘历投资咨询有限公司(原上海益邦投资咨询有限公司)	辽宁
20	沈阳麟龙投资顾问有限公司	辽宁
21	四川省钱坤证券投资咨询有限公司	四川
22	成都汇阳投资顾问有限公司	四川
23	四川大决策证券投资顾问有限公司	四川
24	杭州顶点财经网络传媒有限公司(原杭州顶点财经证券投资顾问有限公司移牌)	浙江
25	浙江同花顺云软件有限公司(原浙江同花顺投资咨询有限公司)	浙江
26	广州市万隆证券咨询顾问有限公司	广东
27	广州汇正财经顾问有限公司	广东
28	广州越声理财咨询有限公司	广东
29	广东科德投资顾问有限公司	广东
30	广东博众证券投资咨询有限公司	广东
31	广州广证恒生证券研究所有限公司(原广州广证恒生证券投资咨询有限公司)	广东
32	湖南金证投资咨询顾问有限公司	湖南
33	湖南巨景证券投资顾问有限公司	湖南
34	深圳市智多盈投资顾问有限公司	深圳
35	深圳市国诚投资咨询有限公司	深圳
36	深圳市珞珈投资咨询有限公司	深圳
37	深圳市启富证券投资顾问有限公司(原深圳市芙浪特证券投资顾问有限公司)	深圳
38	深圳市中证投资资讯有限公司	深圳
39	深圳市尊悦证券投资顾问有限公司	深圳
40	深圳大德汇富咨询顾问有限公司	深圳
41	深圳市怀新企业投资顾问有限公司	深圳
42	深圳市中广资本管理有限公司(原上海中广信息传播咨询有限公司)	深圳
43	深圳君银证券投资咨询顾问有限公司	深圳

8–28 续表 continued

序号 No.	机构名称 Company Name	注册地 Place of Registration
44	深圳市新兰德证券投资咨询有限公司	深圳
45	上海东方财富证券研究所有限公司	上海
46	上海海能证券投资顾问有限公司(原杭州海能证券投资顾问有限公司)	上海
47	上海金汇信息系统有限公司	上海
48	上海凯石证券投资咨询有限公司	上海
49	上海迈步投资管理有限公司	上海
50	上海荣正投资咨询有限公司	上海
51	上海森洋投资咨询有限公司	上海
52	上海证券之星综合研究有限公司	上海
53	上海申银万国证券研究所有限公司	上海
54	上海世基投资顾问有限公司	上海
55	上海新兰德证券投资咨询顾问有限公司	上海
56	上海新资源证券咨询有限公司	上海
57	上海亚商投资顾问有限公司	上海
58	上海益盟软件技术股份有限公司(原上海益盟操盘手证券研究有限公司移牌)	上海
59	上海涌金理财顾问有限公司	上海
60	上海证券通投资资讯科技有限公司	上海
61	陕西巨丰投资资讯有限责任公司	陕西
62	联合信用投资咨询有限公司	天津
63	大连北部资产经营有限公司	大连
64	大连华讯投资咨询有限公司	大连
65	海南港澳资讯产业股份有限公司	海南
66	宁波海顺证券投资咨询有限公司(原宁波海顺投资咨询有限公司)	宁波
67	重庆东金投资顾问有限公司	重庆
68	河南九鼎德盛投资顾问有限公司	河南
69	云南产业投资管理有限公司	云南
70	安徽华安新兴证券投资咨询有限责任公司	安徽
71	安徽大时代投资咨询有限公司	安徽
72	青岛市大摩投资咨询有限公司	青岛
73	河北源达证券投资咨询有限公司	河北
74	山东神光咨询服务有限责任公司	山东
75	山东英大投资顾问有限责任公司	山东
76	江苏金百临投资咨询有限公司	江苏
77	江苏天鼎投资咨询有限公司	江苏
78	厦门市鑫鼎盛控股有限公司(原厦门市鑫鼎盛证券投资咨询服务有限公司)	厦门
79	厦门市新汇通投资咨询有限公司	厦门
80	厦门高能投资咨询有限公司	厦门
81	厦门金相投资咨询有限公司	厦门
82	福建天信投资咨询顾问股份有限公司(原福建天信投资咨询顾问有限公司)	福建
83	福建中讯证券研究有限责任公司	福建
84	黑龙江省容维投资顾问有限责任公司	黑龙江

数据来源：中国证监会。
Source: CSRC.

8-29 2015年外资证券经营机构驻华代表处名录
List of Chinese Representative Offices of Foreign Securities Institutions in 2015

序号 No.	机构名称 Company Name	所在地 Location
1	野村证券株式会社	北京
2	大和证券株式会社	北京
3	三菱日联证券控股股份有限公司	北京
4	野村证券株式会社	上海
5	法国巴黎资本(亚洲)有限公司	上海
6	美林国际有限公司	上海
7	友利投资证券公司	上海
8	里昂证券有限公司	上海
9	瑞士信贷(香港)有限公司	北京
10	高盛(中国)有限责任公司	北京
11	摩根士丹利亚洲有限公司	上海
12	新鸿基投资服务有限公司	深圳
13	美林国际有限公司	北京
14	花旗环球金融中国有限公司	北京
15	摩根士丹利亚洲有限公司	北京
16	高盛(中国)有限责任公司	上海
17	巴克莱证券有限公司	上海
18	瑞银证券亚洲有限公司	北京
19	苏皇证券亚洲有限公司	上海
20	里昂证券有限公司	深圳
21	瑞银证券亚洲有限公司	上海
22	施罗德集团	北京
23	群益国际控股有限公司	上海
24	元大证券(香港)有限公司	上海
25	现代证券公司	上海
26	里昂证券有限公司	北京
27	元富证券(香港)有限公司	上海
28	新鸿基投资服务有限公司	上海
29	星展唯高达香港有限公司	上海
30	法国巴黎资本(亚洲)有限公司	北京
31	永丰金证券(亚洲)有限公司	上海
32	日盛嘉富证券国际有限公司	上海
33	宏富投资管理有限公司	北京
34	先锋投资管理公司	北京
35	中银国际控股有限公司	北京
36	星展亚洲融资有限公司	上海
37	邓普顿国际股份有限公司	北京
38	兆丰资本(亚洲)有限公司	上海
39	花旗环球金融亚洲有限公司	上海
40	汇富金融服务有限公司	北京
41	渣打证券(香港)有限公司	北京
42	凯基证券亚洲有限公司	上海
43	洛希尔中国控股有限公司	北京
44	洛希尔中国控股有限公司	上海
45	海通国际证券有限公司	上海
46	信安环球投资有限公司	北京
47	兆丰资本(亚洲)有限公司	深圳
48	统一证券(香港)有限公司	上海
49	凯基证券亚洲有限公司	深圳
50	标准人寿投资公司	北京
51	法国巴黎资产管理有限公司	北京
52	三星证券公司	上海
53	恒生投资管理有限公司	深圳
54	香港上海汇丰银行有限公司	上海

8–29 续表 1 continued

序号 No.	机构名称 Company Name	所在地 Location
55	京华山一国际(香港)有限公司	北京
56	元富证券(香港)有限公司	深圳
57	兆丰资本(亚洲)有限公司	北京
58	香港上海汇丰银行有限公司	北京
59	内藤证券公司	上海
60	摩根大通证券(亚太)有限公司	上海
61	国浩资本有限公司	北京
62	元大宝来证券股份有限公司	北京
63	法国兴业证券(香港)有限公司	上海
64	卓亚(企业融资)有限公司	上海
65	新百利有限公司	北京
66	摩根大通证券(亚太)有限公司	北京
67	三星证券公司	北京
68	德意志银行股份有限公司	北京
69	富达基金(香港)有限公司	上海
70	元大宝来证券股份有限公司	上海
71	大和投资管理(香港)有限公司	上海
72	瑞士信贷(香港)有限公司	上海
73	三井住友资产管理股份有限公司	上海
74	瑞穗证券股份有限公司	上海
75	瑞穗证券股份有限公司	北京
76	富邦综合证券股份有限公司	上海
77	德意志银行股份有限公司	上海
78	宝来证券股份有限公司	北京
79	渣打证券(香港)有限公司	上海
80	星展亚洲融资有限公司	北京
81	香港第一上海融资有限公司	北京
82	蒙特利尔银行利时证券公司	北京
83	富瑞金融集团	上海
84	冈三证券股份有限公司	上海
85	东方汇理基金管理公司	北京
86	景顺投资管理有限公司	北京
87	马丁可利投资管理有限公司	上海
88	威廉-博莱有限责任公司	上海
89	摩根资产管理有限公司	北京
90	施罗德集团	上海
91	麦格理证券(澳大利亚)股份有限公司	上海
92	未来资产证券株式会社	北京
93	三井住友信托银行股份有限公司	北京
94	英杰华投资集团全球服务有限公司	上海
95	威灵顿环球投资管理有限公司	北京
96	加皇投资理财有限公司	北京
97	致富证券有限公司	深圳
98	荷宝基金管理公司	上海
99	交银国际控股有限公司	北京
100	新鸿基投资服务有限公司	广州
101	致富证券有限公司	上海
102	华富嘉洛证券有限公司	沈阳
103	未来资产迈普斯资产运用株式会社	上海
104	城市信贷投资银行有限公司	北京
105	东洋证券股份有限公司	上海
106	大信证券股份有限公司	上海
107	益华证券有限公司	上海
108	新韩金融投资股份有限公司	上海
109	统一综合证券股份有限公司	厦门

8–29 续表 2 continued

序号 No.	机构名称 Company Name	所在地 Location
110	富昌证券有限公司	深圳
111	东京海上国际资产管理有限公司	上海
112	安本亚洲资产管理有限公司	上海
113	蓝泽证券股份有限公司	上海
114	大宇证券股份有限公司	北京
115	爱思开证券股份有限公司	上海
116	科提比资产运用株式会社	上海
117	道富环球投资管理亚洲有限公司	上海
118	大和住银投信投资顾问株式会社	上海
119	德盛安联资产管理香港有限公司	上海
120	富达基金(香港)有限公司	北京
121	联昌证券有限公司	上海
122	加拿大帝国商业银行世界市场公司	北京
123	贝莱德资产管理北亚有限公司	北京
124	富邦综合证券股份有限公司	厦门
125	韦仕投资银行集团有限合伙公司	上海
126	盈透证券有限公司	上海
127	现汽投资证券股份有限公司	北京
128	布朗兄弟哈里曼(香港)有限公司	北京
129	太平洋顶峰证券有限公司	北京
130	元大宝来证券(香港)有限公司	深圳
131	华南永昌综合证券股份有限公司	上海
132	摩乃科斯证券股份有限公司	北京
133	法盛全球资产管理公司	北京
134	明富环球新加坡私人有限公司(证券业务)	上海
135	元富证券(香港)有限公司	厦门
136	利安资金管理公司	上海
137	韩国投资信托运用株式会社	上海
138	华宜资产运用株式会社	上海
139	大宇证券股份有限公司	上海
140	富邦综合证券股份有限公司	北京
141	结好证券有限公司	宁波
142	第一金和昇证券有限公司	上海
143	罗素投资集团有限公司	北京
144	复华证券投资信托股份有限公司	上海
145	博大证券有限公司	上海
146	元大宝来证券投资信托股份有限公司	上海
147	摩根士丹利投资管理公司	北京
148	野村投资管理香港有限公司	上海
149	桥水投资公司	北京
150	韩亚大投证券株式会社	北京
151	致富证券有限公司	北京
152	安盛投资管理巴黎公司	北京
153	百能投资管理有限公司	北京
154	英仕曼投资(香港)有限公司	北京
155	飞腾投资公司	北京
156	华南永昌综合证券股份有限公司	北京
157	领航投资香港有限公司	北京
158	英国伊克斯纳有限公司	上海
159	韩国现代株式会社	北京

数据来源：中国证监会。
Source: CSRC.

主要统计指标解释

Explantory Notes on Main Statistical Indicators

证券公司家数 指统计期末已获得中国证监会颁发经营证券业务许可证的证券公司数量合计。证券公司家数以获得经营证券业务许可证为标准，已办理机构注销的证券公司从统计中剔除。

证券公司分公司家数 指统计期末经中国证监会批准，依法设立的从事证券业务的证券公司分公司数量合计。

证券公司营业部家数 指统计期末经中国证监会批准，依法设立的从事证券业务的营业网点数量合计。证券营业部家数以获得经营证券业务许可证为标准，已办理机构注销的证券营业部从统计中剔除。

期货公司家数 指统计期末经中国证监会批准，并获得中国证监会颁发经营期货业务许可证的期货公司数量合计。期货公司家数以获得经营期货业务许可证为标准，已办理机构注销的期货公司从统计中剔除。

期货公司营业部家数 指统计期末经中国证监会批准，依法设立的从事期货业务的营业网点数量合计。期货营业部家数以获得经营期货业务许可证为标准，已办理机构注销的期货营业部从统计中剔除。

基金管理公司家数 指统计期末经中国证监会批准，并获得基金管理资格证书的基金管理公司的数量合计。基金管理公司家数以获得基金管理资格证书为标准，已办理取消基金管理资格证书的基金管理公司从统计中剔除。

基金管理公司子公司家数 指统计期末经中国证监会批准，依法设立的从事基金管理业务的基金管理公司子公司数量合计。

证券投资咨询机构家数 指统计期末取得中国证监会业务许可的证券投资咨询机构的数量合计。指为证券投资人或者客户提供证券投资分析、预测或者建议等直接或者间接有偿咨询服务的机构的数量合计。

总资产 指统计期末证券期货经营机构全部资产总额合计。

净资产 指统计期末证券期货经营机构净资产合计。

净资本 指统计期末证券公司和期货公司净资本金额的合计。

营业收入 指统计期内证券期货经营机构营业收入金额合计。包括手续费及佣金净收入、受托客户资产管理业务净收入、利息净收入、投资收益、公允价值变动收益、汇兑净收益及其他业务收入等。

利润总额 指统计期内证券期货经营机构利润总额的合计。

净利润 指统计期内证券期货经营机构净利润的合计。

风险资本准备总额 指统计期末全部证券公司风险资本准备的合计。

代理买卖证券业务净收入 指统计期内证券公司代理投资者进行证券买卖的金额合计。代理买卖证券总额包含证券公司出租交易单元上所发生的证券买卖金额。

资产管理业务规模 指统计期末证券公司、基金管理公司和期货公司提供专业资产管理服务的资产金额合计，一般按公允价值计算。

期货公司客户权益总额 指统计期末由期货公司代理进行期货交易的客户的资产总额合计，包括被合约占用的保证金以及未被合约占用的可用资金。

就业人员数量 指统计期末在证券公司、基金管理公司和期货公司工作的人员数量合计。

贰 零 壹 陆

附 录

Appendix

贰 零 壹 陆

附录1-1 世界主要国家的证券化率

名称	2014		2015	
	GDP(十亿美元)	证券化率(%)	GDP(十亿美元)	证券化率(%)
中国	10401.42	57.73	10426.93	83.60
美国	17418.90	151.16	17947.00	143.91
日本	4074.00	107.46	4152.96	106.38
英国	2790.41	143.81	2741.02	141.51
法国	2579.62	128.66	2377.36	116.85
德国	3512.71	49.49	3298.23	52.02
俄罗斯	1269.22	30.41	1108.73	35.45
印度	1980.29	78.69	1994.71	73.36
巴西	2079.10	40.59	1513.93	32.37
南非	328.13	284.62	257.78	210.38
韩国	1350.93	89.77	1329.29	87.30

注：计算证券化率所使用股市市值数据来自世界交易所联合会，即该经济体的世界交易所联合会会员交易所国内股市市值之和。

数据来源：世界交易所联合会。

Source: WFE.

附录1-2 世界主要交易所业务量排名表

中文名称	英文名称	2014				2015			
		市值		成交金额		市值		成交金额	
		交易所市值(百万美元)	排名	成交金额(百万美元)	排名	交易所市值(百万美元)	排名	成交金额(百万美元)	排名
纽约证券交易所	NYSE Euronext(US)	19351417.2	1	15867918.7	1	17786787.4	1	17477291.4	3
纳斯达克证券交易所	NASDAQ OMX	6979172.0	2	12237019.7	3	7280752.2	2	12515349.4	5
日本交易所集团	Japan Exchange Group	4377994.4	3	5443887.5	6	4894919.1	3	5540696.8	6
上海证券交易所	Shanghai SE	3932527.7	5	6085176.3	4	4549288.0	4	21342843.3	1
伦敦证券交易所	London SE Group	4012882.3	4	2770739.1	7	3878774.2	5	2651354.6	8
深圳证券交易所	Shenzhen SE	2072420.0	9	5940955.5	5	3638731.3	6	19611249.9	2
泛欧证券交易所	NYSE Euronext(Europe)	3319062.2	6	1952004.1	9	3305901.4	7	2076722.2	10
香港证券交易所	Hong Kong Exchanges	3233030.6	7	1520896.2	10	3184874.2	8	2125888.8	9
法兰克福证券交易所	Deutsche Börse	1738539.1	10	1469729.1	11	1715800.5	9	1555549.4	12
多伦多证券交易所集团	TMX Group	2093696.8	8	1408145.4	12	1591928.6	10	1184828.6	13
瑞士证券交易所	SIX Swiss Exchange	1495314.2	13	796506.1	16	1519323.5	11	991047.1	15
孟买证券交易所	BSE India	1558299.7	11	123234.3	31	1516216.7	12	120779.8	31
印度国家证券交易所	National Stock Exchange India	1520925.1	12	632935.3	20	1485088.6	13	676620.1	18
OMX交易所	NASDAQ OMX Nordic Exchange	1196725.4	16	722719.8	18	1268042.3	14	754640.1	17
韩国证券交易所	Korea Exchange	1212759.5	15	1350370.1	13	1231199.8	15	1929558.1	11
澳大利亚证券交易所	Australian SE	1288708.3	14	807810.5	15	1187083.5	16	799101.1	16
西班牙马德里交易所	BME Spanish Exchanges	992913.6	17	1098457.2	14	787192.3	17	997646.4	14
台湾证券交易所	Taiwan SE Corp.	850943.1	19	711477.1	19	744999.7	18	628791.3	19
约翰内斯堡证券交易所(南非)	Johannesburg SE	933930.7	18	345149.2	23	735945.2	19	362558.7	23
新加坡交易所	Singapore Exchange	752831.0	21	209351.3	26	639955.9	20	203413.0	25

注：1.各交易所市值为国内市值，包括各自国内公司在该交易所的上市股票市值、外国公司(还在其他交易所上市)在该交易所上市股票市值及外国公司(仅在该交易所上市)的所有股份(包括不在该交易所上市部分)市值。

2.此表样本选用2015年末股票市值全球排名前20位的交易所，包含一家非WFE会员的交易所，为伦敦证券交易所，成交金额排名时考虑其他交易所。

3.成交金额仅指Electronic Order Book的成交金额，伦敦证券交易所成交金额为Electronic Turnover Domestic和Electronic Turnover foreign的合计。

数据来源：世界交易所联合会。

Source: WFE.

附录1-3　全球主要经济体资本市场业务量排名表

名称	所属区域	2014				2015			
		市值		成交金额		市值		成交金额	
		市值(百万美元)	排名	成交金额(百万美元)	排名	市值(百万美元)	排名	成交金额(百万美元)	排名
美国	美洲	26330589.2	1	28104938.5	1	25067539.6	1	29992640.8	2
中国	亚洲	6004947.7	2	12026131.7	2	8188019.3	2	40954093.2	1
日本	亚洲	4377994.4	3	5443887.5	3	4894919.1	3	5540696.8	3
英国	欧洲	4012882.3	4	2770739.1	4	3878774.2	4	2651354.6	4
法国	欧洲	3319062.2	5	1952004.1	5	3305901.4	5	2076722.2	6
中国香港	亚洲	3233030.6	6	1520896.2	6	3184874.2	6	2125888.8	5
德国	欧洲	1738539.1	8	1469729.1	7	1715800.5	7	1555549.4	8
加拿大	美洲	2093696.8	7	1408145.4	8	1591928.6	8	1184828.6	9
瑞士	欧洲	1495314.2	10	796506.1	12	1519323.5	9	991047.1	11
印度	亚洲	1558299.7	9	123234.3	27	1516216.7	10	120779.8	26
瑞典	欧洲	1196725.4	13	722719.8	14	1268042.3	11	754640.1	13
韩国	亚洲	1212759.5	12	1350370.1	9	1231199.8	12	1929558.1	7
澳大利亚	亚洲	1288708.3	11	807810.5	11	1187083.5	13	799101.1	12
西班牙	欧洲	992913.6	14	1098457.2	10	787192.3	14	997646.4	10
中国台湾	亚洲	850943.1	16	711477.1	15	744999.7	15	628791.3	14
南非	非洲	933930.7	15	345149.2	19	735945.2	16	362558.7	18
新加坡	亚洲	752831.0	18	209351.3	22	639955.9	17	203413.0	20
巴西	美洲	843894.2	17	728403.4	13	490534.1	18	498335.8	15
沙特	亚洲	483115.5	19	567613.3	17	421060.1	19	436892.6	16
墨西哥	美洲	480245.3	20	156573.8	24	402253.3	20	127412.0	23

注：1.各主要经济体市值为所在地在各经济体的会员交易所国内市值合计。
2.此表样本选用2015年末股票市值全球排名前20位的交易所，包含一家非WFE会员的交易所，为伦敦证券交易所，成交金额排名时考虑其他交易所。
3.法国市值为泛欧交易所市值，包含法国、荷兰、比利时、葡萄牙四个国家的市值，因为无法单独提取，所以使用泛欧交易所市值作为法国市值进行计算，法国实际市值应为泛欧交易所市值60%左右。
4.由于印度国家证券交易所和孟买证券交易所市值存在重复统计，因此，按照世界交易所联合会只将孟买证券交易所市值作为印度市值。(成交和筹资相应只计算孟买交易所)
5.成交金额仅指Electronic Order Book的成交金额，伦敦证券交易所成交金额为Electronic Turnover Domestic和Electronic Turnover Foreign的合计。

数据来源：世界交易所联合会。
Source: WFE.

附录1–4　全球期货及期权市场前30大交易所排名表

中文名称	英文名称	2014		2015	
		名次	期货和期权成交量(手)	名次	期货和期权成交量(手)
芝加哥商业交易所集团	CME Group	1	3442766942	1	3531760591
印度国家证券交易所	National Stock Exchange of India	4	1880362513	2	3031892784
欧洲期权与期货交易所	Eurex	3	2097974756	3	2272445891
洲际交易所	Intercontinental Exchange	2	2276171019	4	1998810416
莫斯科交易所	Moscow Exchange	6	1413222196	5	1659441584
巴西期货交易所与圣保罗证券交易所	BM&FBovespa	5	1417925815	6	1358592857
芝加哥期权交易所集团	CBOE Holdings	7	1325391523	7	1173934104
大连商品交易所	Dalian Commodity Exchange	10	769637041	8	1116323375
郑州商品交易所	Zhengzhou Commodity Exchange	13	676343283	9	1070335606
上海期货交易所	Shanghai Futures Exchange	9	842294223	10	1050494146
纳斯达克OMX集团	Nasdaq OMX	8	1127130071	11	1045646992
韩国交易所	Korea Exchange	12	677789082	12	794935326
孟买证券交易所	BSE	11	725841680	13	614894523
南非约翰内斯堡证券交易所	JSE Securities Exchange	16	304003143	14	488515433
BATS交易所	BATS Exchange	20	201985667	15	397881184
日本交易所集团	Japan Exchange	15	309732384	16	361459935
香港交易所	Hong Kong Exchanges & Clearing	14	319577388	17	359364547
中国金融期货交易所	China Financial Futures Exchange	18	217581145	18	321590923
台湾期货交易所	Taiwan Futures Exchange	19	202227653	19	264495660
迈阿密洲际证券交易所	Miami International Securities Exchange	23	134535972	20	252605427
澳大利亚证券交易所	ASX	17	244070858	21	234181853
印度多种商品交易所	Multi Commodity Exchange of India	24	133751848	22	216346961
新加坡交易所	Singapore Exchange	26	120398368	23	183871004
加拿大TMX集团	TMX Group	21	168474076	24	179940613
泛欧衍生品市场	Euronext Derivatives Market	22	144058758	25	135515683
伊斯坦布尔证券交易所	Borsa Istanbul	29	58703603	26	88880168
罗萨里奥期货交易所	Rosario Futures Exchange	27	65187932	27	73870916
特拉维夫证券交易所	Tel-Aviv Stock Exchange	28	64052496	28	66054567
印度大都会股票交易所	Metropolitan Stock Exchange of India	25	124245938	29	57994099
东京金融交易所	Tokyo Financial Exchange	33	56304885	30	48986442

注：1.排名不包括未向FIA报告交易数据的交易所。
　　2.此表样本选用2015年期货和期权成交量全球排名前30位的交易所，但在2013年排名时考虑其他交易所。
　　3.FIA每年仅披露排名前30位的交易所，故当年新上榜交易所前一年排名不可查。
　　4.东京证券交易所与大阪证券交易所合并为日本交易所集团，洲际交易所集团收购纽约泛欧交易所。
数据来源：美国期货业协会。
Source: FIA.

附录1-5　历年上市公司名录

序号	公司全称	上市公司股票代码	股票简称	行业分类
1	平安银行股份有限公司	000001	平安银行	金融业
2	万科企业股份有限公司	000002	万科A	房地产业
3	深圳中国农大科技股份有限公司	000004	国农科技	制造业
4	深圳世纪星源股份有限公司	000005	世纪星源	水利、环境和公共设施管理业
5	深圳市振业(集团)股份有限公司	000006	深振业A	房地产业
6	深圳市全新好股份有限公司	000007	全新好	住宿和餐饮业
7	神州高铁技术股份有限公司	000008	神州高铁	制造业
8	中国宝安集团股份有限公司	000009	中国宝安	综合
9	深圳美丽生态股份有限公司	000010	美丽生态	建筑业
10	深圳市物业发展(集团)股份有限公司	000011	深物业A	房地产业
11	中国南玻集团股份有限公司	000012	南玻A	制造业
12	沙河实业股份有限公司	000014	沙河股份	房地产业
13	康佳集团股份有限公司	000016	深康佳A	制造业
14	深圳中华自行车(集团)股份有限公司	000017	深中华A	制造业
15	神州长城股份有限公司	000018	神州长城	制造业
16	深圳市深宝实业股份有限公司	000019	深深宝A	制造业
17	深圳中恒华发股份有限公司	000020	深华发A	制造业
18	深圳长城开发科技股份有限公司	000021	深科技	制造业
19	深圳赤湾港航股份有限公司	000022	深赤湾A	交通运输、仓储和邮政业
20	深圳市天地(集团)股份有限公司	000023	深天地A	制造业
21	深圳市特力(集团)股份有限公司	000025	特力A	批发和零售业
22	飞亚达(集团)股份有限公司	000026	飞亚达A	批发和零售业
23	深圳能源集团股份有限公司	000027	深圳能源	电力、热力、燃气及水生产和供应业
24	国药集团一致药业股份有限公司	000028	国药一致	批发和零售业
25	深圳经济特区房地产(集团)股份有限公司	000029	深深房A	房地产业
26	富奥汽车零部件股份有限公司	000030	富奥股份	制造业
27	中粮地产(集团)股份有限公司	000031	中粮地产	房地产业
28	深圳市桑达实业股份有限公司	000032	深桑达A	批发和零售业
29	深圳新都酒店股份有限公司	000033	*ST新都	住宿和餐饮业
30	神州数码集团股份有限公司	000034	神州数码	综合
31	中国天楹股份有限公司	000035	中国天楹	水利、环境和公共设施管理业
32	华联控股股份有限公司	000036	华联控股	房地产业
33	深圳南山热电股份有限公司	000037	*ST南电A	电力、热力、燃气及水生产和供应业
34	深圳大通实业股份有限公司	000038	深大通	房地产业
35	中国国际海运集装箱(集团)股份有限公司	000039	中集集团	制造业
36	宝安鸿基地产集团股份有限公司	000040	宝安地产	房地产业
37	深圳市中洲投资控股股份有限公司	000042	中洲控股	房地产业
38	中航地产股份有限公司	000043	中航地产	房地产业
39	深圳市纺织(集团)股份有限公司	000045	深纺织A	制造业
40	泛海控股股份有限公司	000046	泛海控股	房地产业
41	深圳市康达尔(集团)股份有限公司	000048	康达尔	制造业
42	深圳市德赛电池科技股份有限公司	000049	德赛电池	制造业
43	天马微电子股份有限公司	000050	深天马A	制造业
44	方大集团股份有限公司	000055	方大集团	制造业
45	深圳市皇庭国际企业股份有限公司	000056	皇庭国际	房地产业
46	深圳赛格股份有限公司	000058	深赛格	租赁和商务服务业
47	北方华锦化学工业股份有限公司	000059	华锦股份	制造业
48	深圳市中金岭南有色金属股份有限公司	000060	中金岭南	制造业
49	深圳市农产品股份有限公司	000061	农产品	租赁和商务服务业
50	深圳华强实业股份有限公司	000062	深圳华强	租赁和商务服务业

股本总数(股)	第一大股东名称	第一大股东持股数量(股)	所占比重(%)	上市地点
14308676139	中国平安保险(集团)股份有限公司——集团本级——自有资金	7092077555	49.56	深圳
11051612300	华润股份有限公司	1682759247	15.23	深圳
83976684	深圳中农大科技投资有限公司	23864667	28.42	深圳
1058536842	中国投资有限公司	184240445	17.41	深圳
1349995046	深圳市人民政府国有资产监督管理委员会	296031373	21.93	深圳
230965363	广州博融投资有限公司	35031226	15.17	深圳
2409432927	深圳市宝安宝利来实业有限公司	679884225	28.22	深圳
1592107386	深圳市富安控股有限公司	189639924	11.91	深圳
819854713	深圳五岳乾坤投资有限公司	176360000	21.51	深圳
595979092	深圳市建设投资控股公司	323796324	54.33	深圳
2075335560	前海人寿保险股份有限公司——海利年年	229953675	11.08	深圳
201705187	深业沙河(集团)有限公司	64591422	32.02	深圳
2407945408	华侨城集团公司	523746932	21.75	深圳
551347947	深圳市国晟能源投资发展有限公司	63508747	11.52	深圳
446906582	陈略	153136462	34.27	深圳
301080184	深圳市农产品股份有限公司	57474117	19.09	深圳
283161227	武汉中恒新科技产业集团有限公司	116489894	41.14	深圳
1471259363	长城科技股份有限公司	654839851	44.51	深圳
644763730	中国南山开发(集团)股份有限公司	209687067	32.52	深圳
138756240	宁波华旗同德投资管理合伙企业(有限合伙)	21000000	15.13	深圳
297281600	深圳市特发集团有限公司	151870560	51.09	深圳
392767870	中航国际控股股份有限公司	162977327	41.49	深圳
3964491597	深圳市人民政府国有资产监督管理委员会	1896000775	47.82	深圳
362631943	国药控股股份有限公司	184942291	51.00	深圳
1011660000	深圳市投资控股有限公司	642884262	63.55	深圳
1293251508	中国第一汽车集团公司	315710981	24.41	深圳
1813731596	中粮集团有限公司	828265000	45.67	深圳
351878445	中国中电国际信息服务有限公司	173048665	49.18	深圳
329402050	深圳市瀚明投资有限公司	45551000	13.83	深圳
357973531	中国希格玛有限公司	78306968	21.88	深圳
619278871	南通乾创投资有限公司	131854689	21.29	深圳
1140487712	华联发展集团有限公司	356299301	31.24	深圳
602762596	香港南海洋行(国际)有限公司	92123248	15.28	深圳
96227998	青岛亚星实业有限公司	43101098	44.79	深圳
2977819686	香港中央结算(代理人)有限公司	1430324209	48.03	深圳
469593364	东旭集团有限公司	140299605	29.88	深圳
665069639	深圳市中洲置地有限公司	314917359	47.35	深圳
666961416	中航国际控股股份有限公司	149087820	22.35	深圳
506521849	深圳市投资控股有限公司	234069436	46.21	深圳
4557311768	中国泛海控股集团有限公司	3364196152	73.82	深圳
390768671	深圳市华超投资控股集团有限公司	111532992	28.54	深圳
205243738	惠州市德赛工业发展有限公司	92827039	45.23	深圳
1131738475	中航国际控股股份有限公司	291567326	25.76	深圳
756909905	深圳市邦林科技发展有限公司	68774273	9.09	深圳
573892434	深圳市皇庭投资管理有限公司	123334266	21.49	深圳
784799010	深圳市赛格集团有限公司	237359666	30.24	深圳
1599442537	北方华锦化学工业集团有限公司	760319175	47.54	深圳
2212627938	广东省广晟资产经营有限公司	654593573	29.58	深圳
1696964131	深圳市人民政府国有资产监督管理委员会	454099270	26.76	深圳
721316774	深圳华强集团有限公司	510375966	70.76	深圳

附录1–5　续表 1

序号	公司全称	上市公司股票代码	股票简称	行业分类
51	中兴通讯股份有限公司	000063	中兴通讯	制造业
52	北方国际合作股份有限公司	000065	北方国际	建筑业
53	中国长城计算机深圳股份有限公司	000066	长城电脑	制造业
54	深圳华控赛格股份有限公司	000068	华控赛格	制造业
55	深圳华侨城股份有限公司	000069	华侨城A	水利、环境和公共设施管理业
56	深圳市特发信息股份有限公司	000070	特发信息	制造业
57	深圳市海王生物工程股份有限公司	000078	海王生物	批发和零售业
58	深圳市盐田港股份有限公司	000088	盐田港	交通运输、仓储和邮政业
59	深圳市机场股份有限公司	000089	深圳机场	交通运输、仓储和邮政业
60	深圳市天健(集团)股份有限公司	000090	天健集团	建筑业
61	深圳市广聚能源股份有限公司	000096	广聚能源	批发和零售业
62	中信海洋直升机股份有限公司	000099	中信海直	交通运输、仓储和邮政业
63	TCL集团股份有限公司	000100	TCL集团	制造业
64	宜华健康医疗股份有限公司	000150	宜华健康	房地产业
65	中成进出口股份有限公司	000151	中成股份	批发和零售业
66	安徽丰原药业股份有限公司	000153	丰原药业	制造业
67	川化股份有限公司	000155	*ST川化	制造业
68	华数传媒控股股份有限公司	000156	华数传媒	文化、体育和娱乐业
69	中联重科股份有限公司	000157	中联重科	制造业
70	石家庄常山纺织股份有限公司	000158	常山股份	制造业
71	新疆国际实业股份有限公司	000159	国际实业	批发和零售业
72	申万宏源集团股份有限公司	000166	申万宏源	金融业
73	江苏吴江中国东方丝绸市场股份有限公司	000301	东方市场	电力、热力、燃气及水生产和供应业
74	美的集团股份有限公司	000333	美的集团	制造业
75	潍柴动力股份有限公司	000338	潍柴动力	制造业
76	许继电气股份有限公司	000400	许继电气	制造业
77	唐山冀东水泥股份有限公司	000401	冀东水泥	制造业
78	金融街控股股份有限公司	000402	金融街	房地产业
79	振兴生化股份有限公司	000403	ST生化	制造业
80	华意压缩机股份有限公司	000404	华意压缩	制造业
81	山东胜利股份有限公司	000407	胜利股份	制造业
82	金谷源控股股份有限公司	000408	*ST金源	批发和零售业
83	山东地矿股份有限公司	000409	山东地矿	采矿业
84	沈阳机床股份有限公司	000410	沈阳机床	制造业
85	浙江英特集团股份有限公司	000411	英特集团	批发和零售业
86	东旭光电科技股份有限公司	000413	东旭光电	制造业
87	渤海金控投资股份有限公司	000415	渤海金控	租赁和商务服务业
88	民生控股股份有限公司	000416	民生控股	金融业
89	合肥百货大楼集团股份有限公司	000417	合肥百货	批发和零售业
90	无锡小天鹅股份有限公司	000418	小天鹅A	制造业
91	长沙通程控股股份有限公司	000419	通程控股	批发和零售业
92	吉林化纤股份有限公司	000420	吉林化纤	制造业
93	南京公用发展股份有限公司	000421	南京公用	电力、热力、燃气及水生产和供应业
94	湖北宜化化工股份有限公司	000422	湖北宜化	制造业
95	东阿阿胶股份有限公司	000423	东阿阿胶	制造业
96	徐工集团工程机械股份有限公司	000425	徐工机械	制造业
97	内蒙古兴业矿业股份有限公司	000426	兴业矿业	采矿业
98	华天酒店集团股份有限公司	000428	华天酒店	住宿和餐饮业
99	广东省高速公路发展股份有限公司	000429	粤高速A	交通运输、仓储和邮政业
100	张家界旅游集团股份有限公司	000430	张家界	水利、环境和公共设施管理业

continued

股本总数(股)	第一大股东名称	第一大股东持股数量(股)	所占比重(%)	上市地点
4150791215	深圳市中兴新通讯设备有限公司	1269830333	30.59	深圳
274371762	中国万宝工程公司	145248583	52.94	深圳
1323593886	长城科技股份有限公司	713647921	53.92	深圳
1006671464	深圳市华融泰资产管理有限公司	266103049	26.43	深圳
7353992722	华侨城集团公司	4240570720	57.66	深圳
313497373	深圳市特发集团有限公司	122841186	39.18	深圳
752513855	深圳海王集团股份有限公司	180455603	23.98	深圳
1942200000	深圳市盐田港集团有限公司	1308450000	67.37	深圳
2050769509	深圳市机场(集团)有限公司	1168295532	56.97	深圳
855561097	深圳市人民政府国有资产监督管理委员会	200841475	23.47	深圳
528000000	深圳市广聚投资控股(集团)有限公司	292571470	55.41	深圳
606070420	中国中海直有限责任公司	234119474	38.63	深圳
12228359702	惠州市投资控股有限公司	878419747	7.18	深圳
447804877	宜华企业(集团)有限公司	157085616	35.08	深圳
295980000	中国成套设备进出口(集团)总公司	134252133	45.36	深圳
312141230	安徽省无为制药厂	35842137	11.48	深圳
470000000	四川化工控股(集团)有限责任公司	143500000	30.53	深圳
1433351902	华数数字电视传媒集团有限公司	599812467	41.85	深圳
7664132250	香港中央结算(代理人)有限公司	1385690083	18.08	深圳
1271442278	石家庄常山纺织集团有限责任公司	347359911	27.32	深圳
481139294	乾泰中晟股权投资有限公司	142605016	29.64	深圳
14856744977	中国建银投资有限责任公司	4886153294	32.89	深圳
1218236445	江苏吴江丝绸集团有限公司	456213953	37.45	深圳
4266839449	美的控股有限公司	1496250000	35.07	深圳
3998619278	香港中央结算(代理人)有限公司	968690428	24.23	深圳
1008327309	许继集团有限公司	412883909	40.95	深圳
1347522914	冀东发展集团有限责任公司	505093086	37.48	深圳
2988929907	北京金融街投资(集团)有限公司	833493247	27.89	深圳
272577599	振兴集团有限公司	61621064	22.61	深圳
559623953	四川长虹电器股份有限公司	161202564	28.81	深圳
774048768	山东胜利投资股份有限公司	119221869	15.40	深圳
252301500	北京路源世纪投资管理有限公司	49680000	19.69	深圳
472709345	山东地矿集团有限公司	75043808	15.88	深圳
765470884	沈阳机床(集团)有限责任公司	230557743	30.12	深圳
207449946	浙江华辰投资发展有限公司	44691447	21.54	深圳
3835100526	东旭集团有限公司	829975697	21.64	深圳
3548606952	海航资本集团有限公司	1584175272	44.64	深圳
531871494	中国泛海控股集团有限公司	119981428	22.56	深圳
779884200	合肥市建设投资控股(集团)有限公司	172651189	22.14	深圳
632487764	美的集团股份有限公司	238948117	37.78	深圳
543582655	长沙通程实业(集团)有限公司	243972484	44.88	深圳
716603328	吉林化纤集团有限责任公司	80398684	11.22	深圳
572646934	南京公用控股(集团)有限公司	283659711	49.53	深圳
897866712	湖北宜化集团有限责任公司	153326189	17.08	深圳
654021537	华润东阿阿胶有限公司	151351731	23.14	深圳
7084287702	徐工集团工程机械有限公司	2984880990	42.13	深圳
1193889056	内蒙古兴业集团股份有限公司	364200086	30.51	深圳
1018926000	华天实业控股集团有限公司	330908920	32.48	深圳
1257117748	广东省交通集团有限公司	513356893	40.84	深圳
320835149	张家界市经济发展投资集团有限公司	96317863	30.02	深圳

附录1—5 续表 2

序号	公司全称	上市公司股票代码	股票简称	行业分类
101	山东晨鸣纸业集团股份有限公司	000488	晨鸣纸业	制造业
102	山东高速路桥集团股份有限公司	000498	山东路桥	建筑业
103	武汉武商集团股份有限公司	000501	鄂武商A	批发和零售业
104	绿景控股股份有限公司	000502	绿景控股	房地产业
105	海虹企业(控股)股份有限公司	000503	海虹控股	信息传输、软件和信息技术服务业
106	南华生物医药股份有限公司	000504	*ST生物	文化、体育和娱乐业
107	海南珠江控股股份有限公司	000505	*ST珠江	房地产业
108	中润资源投资股份有限公司	000506	中润资源	采矿业
109	珠海港股份有限公司	000507	珠海港	交通运输、仓储和邮政业
110	华塑控股股份有限公司	000509	华塑控股	制造业
111	四川金路集团股份有限公司	000510	金路集团	制造业
112	银基烯碳新材料股份有限公司	000511	*ST烯碳	制造业
113	丽珠医药集团股份有限公司	000513	丽珠集团	制造业
114	重庆渝开发股份有限公司	000514	渝开发	房地产业
115	西安国际医学投资股份有限公司	000516	国际医学	批发和零售业
116	荣安地产股份有限公司	000517	荣安地产	房地产业
117	江苏四环生物股份有限公司	000518	四环生物	制造业
118	湖南江南红箭股份有限公司	000519	江南红箭	制造业
119	长航凤凰股份有限公司	000520	长航凤凰	交通运输、仓储和邮政业
120	合肥美菱股份有限公司	000521	美菱电器	制造业
121	广州市浪奇实业股份有限公司	000523	广州浪奇	制造业
122	广州岭南集团控股股份有限公司	000524	岭南控股	住宿和餐饮业
123	南京红太阳股份有限公司	000525	红太阳	制造业
124	厦门银润投资股份有限公司	000526	银润投资	房地产业
125	广西柳工机械股份有限公司	000528	柳工	制造业
126	广东广弘控股股份有限公司	000529	广弘控股	制造业
127	大连冷冻机股份有限公司	000530	大冷股份	制造业
128	广州恒运企业集团股份有限公司	000531	穗恒运A	电力、热力、燃气及水生产和供应业
129	力合股份有限公司	000532	力合股份	综合
130	广东万家乐股份有限公司	000533	万家乐	制造业
131	万泽实业股份有限公司	000534	万泽股份	房地产业
132	华映科技(集团)股份有限公司	000536	华映科技	制造业
133	天津广宇发展股份有限公司	000537	广宇发展	房地产业
134	云南白药集团股份有限公司	000538	云南白药	制造业
135	广东电力发展股份有限公司	000539	粤电力A	电力、热力、燃气及水生产和供应业
136	中天城投集团股份有限公司	000540	中天城投	房地产业
137	佛山电器照明股份有限公司	000541	佛山照明	制造业
138	安徽省皖能股份有限公司	000543	皖能电力	电力、热力、燃气及水生产和供应业
139	中原环保股份有限公司	000544	中原环保	电力、热力、燃气及水生产和供应业
140	吉林金浦钛业股份有限公司	000545	金浦钛业	制造业
141	金圆水泥股份有限公司	000546	金圆股份	制造业
142	航天工业发展股份有限公司	000547	航天发展	制造业
143	湖南投资集团股份有限公司	000548	湖南投资	交通运输、仓储和邮政业
144	江铃汽车股份有限公司	000550	江铃汽车	制造业
145	创元科技股份有限公司	000551	创元科技	综合
146	甘肃靖远煤电股份有限公司	000552	靖远煤电	采矿业
147	湖北沙隆达股份有限公司	000553	沙隆达A	制造业
148	中国石化山东泰山石油股份有限公司	000554	泰山石油	批发和零售业
149	神州数码信息服务股份有限公司	000555	神州信息	信息传输、软件和信息技术服务业
150	宁夏西部创业实业股份有限公司	000557	西部创业	交通运输、仓储和邮政业

continued

股本总数(股)	第一大股东名称	第一大股东持股数量(股)	所占比重(%)	上市地点
1936405467	寿光晨鸣控股有限公司	293003657	15.13	深圳
1120139063	山东高速集团有限公司	679439063	60.66	深圳
529025590	武汉商联(集团)股份有限公司	127464025	24.09	深圳
184819607	广州市天誉房地产开发有限公司	41864466	22.65	深圳
898822204	中海恒实业发展有限公司	248294863	27.62	深圳
311573901	湖南省信托有限责任公司	79701655	25.58	深圳
426745404	北京市万发房地产开发有限责任公司	112479478	26.36	深圳
929017761	深圳市南午北安资产管理有限公司	233000000	25.08	深圳
789540919	珠海港控股集团有限公司	203923947	25.83	深圳
825483117	成都麦田投资有限公司	199205920	24.13	深圳
609182254	刘江东	60918318	10.00	深圳
1154832011	沈阳银基集团有限责任公司	130189267	11.27	深圳
396889547	香港中央结算(代理人)有限公司	145588370	36.68	深圳
843770965	重庆市城市建设投资(集团)有限公司	533149099	63.19	深圳
788419721	陕西世纪新元商业管理有限公司	148837260	18.88	深圳
3183922485	荣安集团股份有限公司	1525939995	47.93	深圳
1029556222	昆山市创业投资有限公司	64343641	6.25	深圳
1033224158	豫西工业集团有限公司	372369629	36.04	深圳
1012083455	天津顺航海运有限公司	181015974	17.89	深圳
763739205	四川长虹电器股份有限公司	164828330	21.58	深圳
445945023	广州轻工工贸集团有限公司	157090098	35.23	深圳
269673744	广州市东方酒店集团有限公司	100301686	37.19	深圳
507246849	南京第一农药集团有限公司	227008007	44.75	深圳
96195107	深圳椰林湾投资策划有限公司	27438544	28.52	深圳
1125242136	广西柳工集团有限公司	393562664	34.98	深圳
583790330	广东省广弘资产经营有限公司	299259520	51.26	深圳
360164975	大连冰山集团有限公司	76855683	21.34	深圳
685082820	广州凯得控股有限公司	178914710	26.12	深圳
344708340	深圳华金瑞盈股权投资基金管理有限公司	50992689	14.79	深圳
690816000	西藏汇顺投资有限公司	172472109	24.97	深圳
491785096	万泽集团有限公司	257677100	52.40	深圳
779102886	中华映管(百慕大)股份有限公司	495765572	63.63	深圳
512717581	鲁能集团有限公司	106771767	20.82	深圳
1041399718	云南白药控股有限公司	432426597	41.52	深圳
5250283986	广东省粤电集团有限公司	3538005285	67.39	深圳
4318405465	金世旗国际控股股份有限公司	1804359311	41.78	深圳
1272132868	香港华晟控股有限公司	171360391	13.47	深圳
1790395978	安徽省能源集团有限公司	764326919	42.69	深圳
269459799	郑州市热力总公司	78672060	29.20	深圳
986833096	金浦投资控股集团有限公司	368040148	37.30	深圳
598439493	金圆控股集团有限公司	245661521	41.05	深圳
1429628897	中国航天科工防御技术研究院(中国长峰机电技术研究设计院)	116146578	8.12	深圳
499215811	长沙市环路建设开发有限公司	151322140	30.31	深圳
863214000	江铃控股有限公司	354176000	41.03	深圳
400080405	苏州创元投资发展(集团)有限公司	137343001	34.33	深圳
1143485525	靖远煤业集团有限责任公司	530752790	46.42	深圳
593923220	荆州沙隆达控股有限公司	119687202	20.15	深圳
480793320	中国石油化工股份有限公司	118140120	24.57	深圳
917811916	神州数码软件有限公司	389540110	42.44	深圳
686133996	宁夏宁东铁路股份有限公司	100430245	14.64	深圳

附录1-5 续表 3

序号	公司全称	上市公司股票代码	股票简称	行业分类
151	莱茵达体育发展股份有限公司	000558	莱茵体育	房地产业
152	万向钱潮股份有限公司	000559	万向钱潮	制造业
153	昆明百货大楼(集团)股份有限公司	000560	昆百大A	批发和零售业
154	陕西烽火电子股份有限公司	000561	烽火电子	制造业
155	陕西省国际信托股份有限公司	000563	陕国投A	金融业
156	西安民生集团股份有限公司	000564	西安民生	批发和零售业
157	重庆三峡油漆股份有限公司	000565	渝三峡A	制造业
158	海南海药股份有限公司	000566	海南海药	制造业
159	海南海德实业股份有限公司	000567	海德股份	房地产业
160	泸州老窖股份有限公司	000568	泸州老窖	制造业
161	常柴股份有限公司	000570	苏常柴A	制造业
162	新大洲控股股份有限公司	000571	新大洲A	采矿业
163	海马汽车集团股份有限公司	000572	海马汽车	制造业
164	东莞宏远工业区股份有限公司	000573	粤宏远A	房地产业
165	江门甘蔗化工厂(集团)股份有限公司	000576	广东甘化	制造业
166	无锡威孚高科技集团股份有限公司	000581	威孚高科	制造业
167	北部湾港股份有限公司	000582	北部湾港	交通运输、仓储和邮政业
168	江苏友利投资控股股份有限公司	000584	友利控股	制造业
169	东北电气发展股份有限公司	000585	东北电气	制造业
170	四川汇源光通信股份有限公司	000586	汇源通信	制造业
171	金洲慈航集团股份有限公司	000587	金洲慈航	制造业
172	贵州轮胎股份有限公司	000589	黔轮胎A	制造业
173	启迪古汉集团股份有限公司	000590	启迪古汉	制造业
174	中节能太阳能股份有限公司	000591	太阳能	电力、热力、燃气及水生产和供应业
175	中福海峡(平潭)发展股份有限公司	000592	平潭发展	农、林、牧、渔业
176	四川大通燃气开发股份有限公司	000593	大通燃气	批发和零售业
177	宝塔实业股份有限公司	000595	宝塔实业	制造业
178	安徽古井贡酒股份有限公司	000596	古井贡酒	制造业
179	东北制药集团股份有限公司	000597	东北制药	制造业
180	成都市兴蓉环境股份有限公司	000598	兴蓉环境	电力、热力、燃气及水生产和供应业
181	青岛双星股份有限公司	000599	青岛双星	制造业
182	河北建投能源投资股份有限公司	000600	建投能源	电力、热力、燃气及水生产和供应业
183	广东韶能集团股份有限公司	000601	韶能股份	电力、热力、燃气及水生产和供应业
184	盛达矿业股份有限公司	000603	盛达矿业	采矿业
185	渤海水业股份有限公司	000605	渤海股份	电力、热力、燃气及水生产和供应业
186	神州易桥信息服务股份有限公司	000606	*ST易桥	制造业
187	浙江华媒控股股份有限公司	000607	华媒控股	文化、体育和娱乐业
188	阳光新业地产股份有限公司	000608	阳光股份	房地产业
189	北京绵世投资集团股份有限公司	000609	绵世股份	房地产业
190	西安旅游股份有限公司	000610	西安旅游	水利、环境和公共设施管理业
191	内蒙古天首科技发展股份有限公司	000611	*ST蒙发	制造业
192	焦作万方铝业股份有限公司	000612	焦作万方	制造业
193	海南大东海旅游中心股份有限公司	000613	大东海A	住宿和餐饮业
194	京汉实业投资股份有限公司	000615	京汉股份	房地产业
195	海航投资集团股份有限公司	000616	海航投资	房地产业
196	济南柴油机股份有限公司	000617	*ST济柴	制造业
197	芜湖海螺型材科技股份有限公司	000619	海螺型材	制造业
198	新华联不动产股份有限公司	000620	新华联	房地产业
199	恒立实业发展集团股份有限公司	000622	*ST恒立	制造业
200	吉林敖东药业集团股份有限公司	000623	吉林敖东	制造业

continued

股本总数(股)	第一大股东名称	第一大股东持股数量(股)	所占比重(%)	上市地点
859482633	莱茵达控股集团有限公司	409946787	47.70	深圳
2294299545	万向集团公司	1182231265	51.53	深圳
1170235934	西藏太和先机投资管理有限公司	226289043	19.34	深圳
595844701	陕西烽火通信集团有限公司	252085786	42.31	深圳
1545245866	陕西煤业化工集团有限责任公司	534314049	34.58	深圳
752926271	海航商业控股有限公司	299013398	39.71	深圳
433592220	重庆化医控股(集团)公司	175808982	40.55	深圳
545340432	深圳市南方同正投资有限公司	161462238	29.61	深圳
151200000	海南祥源投资有限公司	33793137	22.35	深圳
1402252476	泸州老窖集团有限责任公司	373137169	26.61	深圳
561374326	常州市人民政府国有资产监督管理委员会	170845236	30.43	深圳
814064000	海南新元投资有限公司	89481652	10.99	深圳
1644636426	海马(上海)投资有限公司	473600000	28.80	深圳
622755604	广东宏远集团有限公司	102856241	16.52	深圳
442861324	德力西集团有限公司	184000000	41.55	深圳
1008950570	无锡产业发展集团有限公司	204059398	20.22	深圳
954045720	防城港务集团有限公司	516026983	54.09	深圳
613324339	江苏双良科技有限公司	202915619	33.08	深圳
873370000	香港中央结算(代理人)有限公司	256973999	29.42	深圳
193440000	广州蕙富骐骥投资合伙企业(有限合伙)	40000000	20.68	深圳
1061874665	深圳前海九五企业集团有限公司	393338362	37.04	深圳
775464304	贵阳市工业投资(集团)有限公司	196444902	25.33	深圳
223331267	启迪科技服务有限公司	41561800	18.61	深圳
274630983	中国节能环保集团公司	408278920	40.79	深圳
965890446	山田林业开发(福建)有限公司	304061203	31.48	深圳
279940202	天津大通投资集团有限公司	109394959	39.08	深圳
372440125	宝塔石化集团有限公司	198976658	53.43	深圳
503600000	安徽古井集团有限责任公司	271404022	53.89	深圳
474655068	东北制药集团有限责任公司	101876701	21.46	深圳
2986218602	成都市兴蓉集团有限公司	1257106394	42.10	深圳
674578893	双星集团有限责任公司	157749762	23.38	深圳
1791626376	河北建设投资集团有限责任公司	1204085950	67.21	深圳
1080551669	前海人寿保险股份有限公司——海利年年	162127425	15.00	深圳
504988667	甘肃盛达集团股份有限公司	80100000	15.86	深圳
194991066	天津市水务局引滦入港工程管理处	57549458	29.51	深圳
472113600	天津泰达科技投资股份有限公司	59422000	12.59	深圳
1017698410	杭州日报报业集团有限公司	489771977	48.13	深圳
749913309	Eternal Prosperity Development Pte. Ltd.	218400000	29.12	深圳
298095522	北京中北能能源科技有限责任公司	30830643	10.34	深圳
236747901	西安旅游集团有限责任公司	66902145	28.26	深圳
321822022	合慧伟业商贸(北京)有限公司	40000000	12.43	深圳
1202844594	西藏吉奥高投资控股有限公司	211216238	17.56	深圳
364100000	罗牛山股份有限公司	61190270	16.81	深圳
390125275	京汉控股集团有限公司	167298180	42.88	深圳
1430234425	海航资本集团有限公司	285776423	19.98	深圳
287539200	中国石油集团济柴动力总厂	172523520	60.00	深圳
360000000	安徽海螺集团有限责任公司	110282693	30.63	深圳
1896690420	新华联控股有限公司	1134081595	59.79	深圳
425226000	中国华阳投资控股有限公司	76496653	17.99	深圳
894438433	敦化市金诚实业有限责任公司	231796333	25.92	深圳

附录1-5 续表 4

序号	公司全称	上市公司股票代码	股票简称	行业分类
201	重庆长安汽车股份有限公司	000625	长安汽车	制造业
202	连云港如意集团股份有限公司	000626	如意集团	批发和零售业
203	天茂实业集团股份有限公司	000627	天茂集团	制造业
204	成都高新发展股份有限公司	000628	高新发展	建筑业
205	攀钢集团钒钛资源股份有限公司	000629	*ST钒钛	采矿业
206	铜陵有色金属集团股份有限公司	000630	铜陵有色	制造业
207	顺发恒业股份公司	000631	顺发恒业	房地产业
208	福建三木集团股份有限公司	000632	三木集团	批发和零售业
209	沈阳合金投资股份有限公司	000633	*ST合金	制造业
210	宁夏英力特化工股份有限公司	000635	英力特	制造业
211	广东风华高新科技股份有限公司	000636	风华高科	制造业
212	茂名石化实华股份有限公司	000637	茂化实华	制造业
213	万方城镇投资发展股份有限公司	000638	万方发展	批发和零售业
214	西王食品股份有限公司	000639	西王食品	制造业
215	仁和药业股份有限公司	000650	仁和药业	制造业
216	珠海格力电器股份有限公司	000651	格力电器	制造业
217	天津泰达股份有限公司	000652	泰达股份	批发和零售业
218	山东金岭矿业股份有限公司	000655	金岭矿业	采矿业
219	金科地产集团股份有限公司	000656	金科股份	房地产业
220	中钨高新材料股份有限公司	000657	中钨高新	制造业
221	珠海中富实业股份有限公司	000659	珠海中富	制造业
222	长春高新技术产业(集团)股份有限公司	000661	长春高新	制造业
223	天夏智慧城市科技股份有限公司	000662	天夏智慧	制造业
224	福建省永安林业(集团)股份有限公司	000663	永安林业	制造业
225	湖北省广播电视信息网络股份有限公司	000665	湖北广电	文化、体育和娱乐业
226	经纬纺织机械股份有限公司	000666	经纬纺机	制造业
227	美好置业集团股份有限公司	000667	美好集团	房地产业
228	荣丰控股集团股份有限公司	000668	荣丰控股	房地产业
229	中油金鸿能源投资股份有限公司	000669	金鸿能源	电力、热力、燃气及水生产和供应业
230	盈方微电子股份有限公司	000670	*ST盈方	制造业
231	阳光城集团股份有限公司	000671	阳光城	房地产业
232	甘肃上峰水泥股份有限公司	000672	上峰水泥	制造业
233	当代东方投资股份有限公司	000673	当代东方	文化、体育和娱乐业
234	智度投资股份有限公司	000676	智度投资	制造业
235	恒天海龙股份有限公司	000677	恒天海龙	制造业
236	襄阳汽车轴承股份有限公司	000678	襄阳轴承	制造业
237	大连友谊(集团)股份有限公司	000679	大连友谊	批发和零售业
238	山推工程机械股份有限公司	000680	山推股份	制造业
239	视觉(中国)文化发展股份有限公司	000681	视觉中国	文化、体育和娱乐业
240	东方电子股份有限公司	000682	东方电子	制造业
241	内蒙古远兴能源股份有限公司	000683	远兴能源	制造业
242	中山公用事业集团股份有限公司	000685	中山公用	电力、热力、燃气及水生产和供应业
243	东北证券股份有限公司	000686	东北证券	金融业
244	华讯方舟股份有限公司	000687	华讯方舟	制造业
245	建新矿业股份有限责任公司	000688	建新矿业	采矿业
246	广东宝丽华新能源股份有限公司	000690	宝新能源	电力、热力、燃气及水生产和供应业
247	海南亚太实业发展股份有限公司	000691	ST亚太	房地产业
248	沈阳惠天热电股份有限公司	000692	惠天热电	电力、热力、燃气及水生产和供应业
249	成都华泽钴镍材料股份有限公司	000693	ST华泽	采矿业
250	天津滨海能源发展股份有限公司	000695	滨海能源	电力、热力、燃气及水生产和供应业

continued

股本总数(股)	第一大股东名称	第一大股东持股数量(股)	所占比重(%)	上市地点
4662886108	中国长安汽车集团股份有限公司	1823595216	39.11	深圳
202500000	中国远大集团有限责任公司	75085350	37.08	深圳
1353589866	新理益集团有限公司	327970487	24.23	深圳
311480000	成都高新投资集团有限公司	141403560	45.40	深圳
8589746202	攀钢集团有限公司	3048453113	35.49	深圳
9560643685	铜陵有色金属集团控股有限公司	3780764515	39.55	深圳
1463713654	万向资源有限公司	1007994446	68.87	深圳
465519570	福建三联投资有限公司	84086401	18.06	深圳
385106373	杨新红	52600000	13.66	深圳
303087602	国电英力特能源化工集团股份有限公司	155322687	51.25	深圳
895233111	广东省广晟资产经营有限公司	179302351	20.03	深圳
519875356	北京泰跃房地产开发有限责任公司	153363230	29.50	深圳
309400000	北京万方源房地产开发有限公司	132600000	42.86	深圳
376645668	西王集团有限公司	158685856	42.13	深圳
1238340076	仁和(集团)发展有限公司	325299386	26.27	深圳
6015730878	珠海格力集团有限公司	1096255624	18.22	深圳
1475573852	天津泰达集团有限公司	485532559	32.90	深圳
595340230	山东金岭铁矿	347740145	58.41	深圳
4327060153	重庆市金科投资控股(集团)有限责任公司	758506065	17.53	深圳
628654664	湖南有色金属有限公司	383083963	60.94	深圳
1285702520	深圳市捷安德实业有限公司	146473200	11.39	深圳
131326570	长春高新超达投资有限公司	29260367	22.28	深圳
287989200	广西索芙特科技股份有限公司	51731670	17.96	深圳
341019799	福建省永安林业(集团)总公司	64884600	19.03	深圳
636217448	武汉广播电视台	83726704	13.16	深圳
704130000	中国纺织机械(集团)有限公司	219194674	31.13	深圳
2559592332	名流投资集团有限公司	398828402	15.58	深圳
146841890	盛世达投资有限公司	57680703	39.28	深圳
486006284	新能国际投资有限公司	103514785	21.30	深圳
816627360	上海盈方微电子技术有限公司	211692576	25.92	深圳
4014777315	上海嘉闻投资管理有限公司	730519480	18.20	深圳
813619871	浙江上峰控股集团有限公司	253785071	31.19	深圳
393080000	厦门当代文化发展股份有限公司	87777777	22.33	深圳
314586699	北京智度德普股权投资中心(有限合伙)	63000000	20.03	深圳
863977948	兴乐集团有限公司	200000000	23.15	深圳
429079797	三环集团有限公司	129302000	30.13	深圳
356400000	大连友谊集团有限公司	106660000	29.93	深圳
1240787611	山东重工集团有限公司	342765440	27.62	深圳
700577436	吴春红	97912627	13.98	深圳
978163195	东方电子集团有限公司	193061426	19.74	深圳
1618891844	内蒙古博源控股集团有限公司	594746739	36.74	深圳
1475111351	中山中汇投资集团有限公司	690514857	46.81	深圳
1957166032	吉林亚泰(集团)股份有限公司	600973954	30.71	深圳
757368462	深圳市华讯方舟科技有限公司	225695802	29.80	深圳
1137299314	甘肃建新实业集团有限公司	466139241	40.99	深圳
1726612500	广东宝丽华集团有限公司	523197242	30.30	深圳
323270000	北京大市投资有限公司	32220200	9.97	深圳
532832976	沈阳供暖集团有限公司	187050118	35.10	深圳
543491923	王辉	107441716	19.77	深圳
222147539	天津京津文化传媒发展有限公司	55536885	25.00	深圳

附录1—5　续表 5

序号	公司全称	上市公司股票代码	股票简称	行业分类
251	陕西炼石有色资源股份有限公司	000697	炼石有色	采矿业
252	沈阳化工股份有限公司	000698	沈阳化工	制造业
253	江南模塑科技股份有限公司	000700	模塑科技	制造业
254	厦门信达股份有限公司	000701	厦门信达	批发和零售业
255	湖南正虹科技发展股份有限公司	000702	正虹科技	制造业
256	恒逸石化股份有限公司	000703	恒逸石化	制造业
257	浙江震元股份有限公司	000705	浙江震元	批发和零售业
258	湖北双环科技股份有限公司	000707	双环科技	制造业
259	大冶特殊钢股份有限公司	000708	大冶特钢	制造业
260	河钢股份有限公司	000709	河钢股份	制造业
261	成都天兴仪表股份有限公司	000710	天兴仪表	制造业
262	黑龙江京蓝科技股份有限公司	000711	京蓝科技	房地产业
263	广东锦龙发展股份有限公司	000712	锦龙股份	金融业
264	合肥丰乐种业股份有限公司	000713	丰乐种业	农、林、牧、渔业
265	中兴-沈阳商业大厦(集团)股份有限公司	000715	中兴商业	批发和零售业
266	南方黑芝麻集团股份有限公司	000716	黑芝麻	制造业
267	广东韶钢松山股份有限公司	000717	*ST韶钢	制造业
268	苏宁环球股份有限公司	000718	苏宁环球	房地产业
269	中原大地传媒股份有限公司	000719	大地传媒	文化、体育和娱乐业
270	山东新能泰山发电股份有限公司	000720	新能泰山	电力、热力、燃气及水生产和供应业
271	西安饮食股份有限公司	000721	西安饮食	住宿和餐饮业
272	湖南发展集团股份有限公司	000722	湖南发展	电力、热力、燃气及水生产和供应业
273	山西美锦能源股份有限公司	000723	美锦能源	制造业
274	京东方科技集团股份有限公司	000725	京东方A	制造业
275	鲁泰纺织股份有限公司	000726	鲁泰A	制造业
276	南京华东电子信息科技股份有限公司	000727	华东科技	制造业
277	国元证券股份有限公司	000728	国元证券	金融业
278	北京燕京啤酒股份有限公司	000729	燕京啤酒	制造业
279	四川美丰化工股份有限公司	000731	四川美丰	制造业
280	泰禾集团股份有限公司	000732	泰禾集团	房地产业
281	中国振华(集团)科技股份有限公司	000733	振华科技	制造业
282	罗牛山股份有限公司	000735	罗牛山	农、林、牧、渔业
283	中房地产股份有限公司	000736	中房地产	房地产业
284	南风化工集团股份有限公司	000737	南风化工	制造业
285	中航动力控制股份有限公司	000738	中航动控	制造业
286	普洛药业股份有限公司	000739	普洛药业	制造业
287	长城信息产业股份有限公司	000748	长城信息	制造业
288	国海证券股份有限公司	000750	国海证券	金融业
289	葫芦岛锌业股份有限公司	000751	锌业股份	制造业
290	西藏银河科技发展股份有限公司	000752	西藏发展	制造业
291	福建漳州发展股份有限公司	000753	漳州发展	批发和零售业
292	山西三维集团股份有限公司	000755	山西三维	制造业
293	山东新华制药股份有限公司	000756	新华制药	制造业
294	四川浩物机电股份有限公司	000757	浩物股份	制造业
295	中国有色金属建设股份有限公司	000758	中色股份	采矿业
296	中百控股集团股份有限公司	000759	中百集团	批发和零售业
297	斯太尔动力股份有限公司	000760	斯太尔	制造业
298	本钢板材股份有限公司	000761	本钢板材	制造业
299	西藏矿业发展股份有限公司	000762	西藏矿业	采矿业
300	通化金马药业集团股份有限公司	000766	通化金马	制造业

continued

股本总数(股)	第一大股东名称	第一大股东持股数量(股)	所占比重(%)	上市地点
559680049	张政	138553701	24.76	深圳
819514395	沈阳化工集团有限公司	218663539	26.68	深圳
358603951	江阴模塑集团有限公司	122076744	34.04	深圳
310884043	厦门信息-信达总公司	67750000	21.79	深圳
266634576	岳阳市屈原农垦有限责任公司	67017616	25.13	深圳
1306132696	浙江恒逸集团有限公司	807820230	61.85	深圳
334123286	绍兴震元健康产业集团有限公司	66627786	19.94	深圳
464145765	湖北双环化工集团有限公司	116563210	25.11	深圳
449408480	湖北新冶钢有限公司	134620000	29.95	深圳
10618607852	邯郸钢铁集团有限责任公司	4028108180	37.93	深圳
151200000	成都天兴仪表(集团)有限公司	89002000	58.86	深圳
160898400	京蓝控股有限公司	30000000	18.65	深圳
896000000	东莞市新世纪科教拓展有限公司	382111272	42.65	深圳
298875968	合肥市建设投资控股(集团)有限公司	101941200	34.11	深圳
279006000	沈阳中兴商业集团有限公司	94458091	33.86	深圳
318542222	广西黑五类食品集团有限责任公司	104210906	32.72	深圳
2419524410	宝钢集团广东韶关钢铁有限公司	1291214790	53.37	深圳
3034636384	苏宁环球集团有限公司	660044128	21.75	深圳
787079807	中原出版传媒投资控股集团有限公司	607101295	77.13	深圳
863460000	华能泰山电力有限公司	160087812	18.54	深圳
499055920	西安旅游集团有限责任公司	105000000	21.04	深圳
464158282	湖南发展资产管理集团有限公司	196227546	42.28	深圳
1959198390	美锦能源集团有限公司	1763000000	89.99	深圳
35153067743	北京国有资本经营管理中心	4063333333	11.56	深圳
955758496	淄博鲁诚纺织投资有限公司	140353583	14.69	深圳
2264783490	南京中电熊猫信息产业集团有限公司	555172414	24.51	深圳
1964100000	安徽国元控股(集团)有限责任公司	432000000	21.99	深圳
2818539341	北京燕京啤酒投资有限公司	1617569568	57.39	深圳
591484352	成都华川石油天然气勘探开发总公司	72053552	12.18	深圳
1244450720	福建泰禾投资有限公司	609400795	48.97	深圳
469342218	中国振华电子集团有限公司	169573344	36.13	深圳
880132000	罗牛山集团有限公司	96089444	10.92	深圳
297193885	中住地产开发有限公司	158460235	53.32	深圳
548760000	山西焦煤运城盐化集团有限责任公司	140970768	25.69	深圳
1145642349	西安航空动力控制有限责任公司	267438629	23.34	深圳
1146869310	横店集团控股有限公司	269752252	23.52	深圳
814818606	中国电子信息产业集团有限公司	164326164	20.17	深圳
2810361315	广西投资集团有限公司	627973071	22.34	深圳
1409869279	中冶葫芦岛有色金属集团有限公司	332602026	23.59	深圳
263758491	西藏光大金联实业有限公司	28099562	10.65	深圳
884146545	福建漳龙集团有限公司	182798736	20.68	深圳
469264621	山西三维华邦集团有限公司	130412280	27.79	深圳
457312830	山东新华医药集团有限责任公司	157587763	34.46	深圳
451621156	天津市浩物机电汽车贸易有限公司	138816000	30.74	深圳
984689212	中国有色矿业集团有限公司	332306616	33.75	深圳
681021500	武汉商联(集团)股份有限公司	123067656	18.07	深圳
771844628	山东英达钢结构有限公司	117400360	15.21	深圳
3136000000	本溪钢铁(集团)有限责任公司	2457560978	78.37	深圳
475974877	西藏自治区矿业发展总公司	84212240	17.69	深圳
573488849	北京晋商联盟投资管理有限公司	143291139	24.99	深圳

附录1-5 续表 6

序号	公司全称	上市公司股票代码	股票简称	行业分类
301	山西漳泽电力股份有限公司	000767	漳泽电力	电力、热力、燃气及水生产和供应业
302	中航飞机股份有限公司	000768	中航飞机	制造业
303	广发证券股份有限公司	000776	广发证券	金融业
304	中核苏阀科技实业股份有限公司	000777	中核科技	制造业
305	新兴铸管股份有限公司	000778	新兴铸管	制造业
306	兰州三毛实业股份有限公司	000779	三毛派神	制造业
307	内蒙古平庄能源股份有限公司	000780	平庄能源	采矿业
308	广东新会美达锦纶股份有限公司	000782	美达股份	制造业
309	长江证券股份有限公司	000783	长江证券	金融业
310	武汉中商集团股份有限公司	000785	武汉中商	批发和零售业
311	北新集团建材股份有限公司	000786	北新建材	制造业
312	北大医药股份有限公司	000788	北大医药	制造业
313	江西万年青水泥股份有限公司	000789	万年青	制造业
314	成都华神集团股份有限公司	000790	华神集团	制造业
315	甘肃电投能源发展股份有限公司	000791	甘肃电投	电力、热力、燃气及水生产和供应业
316	青海盐湖工业股份有限公司	000792	盐湖股份	制造业
317	华闻传媒投资集团股份有限公司	000793	华闻传媒	文化、体育和娱乐业
318	英洛华科技股份有限公司	000795	英洛华	制造业
319	海航凯撒旅游集团股份有限公司	000796	凯撒旅游	租赁和商务服务业
320	中国武夷实业股份有限公司	000797	中国武夷	房地产业
321	中水集团远洋股份有限公司	000798	中水渔业	农、林、牧、渔业
322	酒鬼酒股份有限公司	000799	酒鬼酒	制造业
323	一汽轿车股份有限公司	000800	一汽轿车	制造业
324	四川九洲电器股份有限公司	000801	四川九洲	制造业
325	北京京西文化旅游股份有限公司	000802	北京文化	文化、体育和娱乐业
326	四川金宇汽车城(集团)股份有限公司	000803	金宇车城	制造业
327	北海银河生物产业投资股份有限公司	000806	银河生物	制造业
328	云南铝业股份有限公司	000807	云铝股份	制造业
329	铁岭新城投资控股股份有限公司	000809	铁岭新城	水利、环境和公共设施管理业
330	创维数字股份有限公司	000810	创维数字	制造业
331	烟台冰轮股份有限公司	000811	烟台冰轮	制造业
332	陕西金叶科教集团股份有限公司	000812	陕西金叶	制造业
333	新疆天山毛纺织股份有限公司	000813	天山纺织	采矿业
334	中冶美利纸业股份有限公司	000815	美利纸业	制造业
335	江苏农华智慧农业科技股份有限公司	000816	智慧农业	制造业
336	方大锦化化工科技股份有限公司	000818	方大化工	制造业
337	岳阳兴长石化股份有限公司	000819	岳阳兴长	制造业
338	金城造纸股份有限公司	000820	金城股份	制造业
339	湖北京山轻工机械股份有限公司	000821	京山轻机	制造业
340	山东海化股份有限公司	000822	山东海化	制造业
341	广东汕头超声电子股份有限公司	000823	超声电子	制造业
342	山西太钢不锈钢股份有限公司	000825	太钢不锈	制造业
343	启迪桑德环境资源股份有限公司	000826	启迪桑德	水利、环境和公共设施管理业
344	东莞发展控股股份有限公司	000828	东莞控股	交通运输、仓储和邮政业
345	天音通信控股股份有限公司	000829	天音控股	批发和零售业
346	鲁西化工集团股份有限公司	000830	鲁西化工	制造业
347	五矿稀土股份有限公司	000831	*ST五稀	制造业
348	广西贵糖(集团)股份有限公司	000833	贵糖股份	制造业
349	长城国际动漫游戏股份有限公司	000835	长城动漫	制造业
350	天津鑫茂科技股份有限公司	000836	鑫茂科技	制造业

continued

股本总数(股)	第一大股东名称	第一大股东持股数量(股)	所占比重(%)	上市地点
2253737800	大同煤矿集团有限责任公司	680012800	30.17	深圳
2768645071	中国航空工业集团公司	1057055754	38.18	深圳
7621087664	香港中央结算(代理人)有限公司	1700145980	22.31	深圳
383417593	中国核工业集团公司苏州阀门厂	68715360	17.92	深圳
3643307361	新兴际华集团有限公司	1653152877	45.38	深圳
186441020	兰州三毛纺织(集团)有限责任公司	26873768	14.41	深圳
1014306324	内蒙古平庄煤业(集团)有限责任公司	622947287	61.42	深圳
528139623	江门市君合投资有限公司	68681318	13.00	深圳
4742467678	青岛海尔投资发展有限公司	697888108	14.72	深圳
251221698	武汉商联(集团)股份有限公司	103627794	41.25	深圳
1413981592	中国建材股份有限公司	639065870	45.20	深圳
595987425	西南合成医药集团有限公司	170356260	28.58	深圳
613364368	江西水泥有限责任公司	261194862	42.58	深圳
431021374	四川华神集团股份有限公司	77923973	18.08	深圳
722157900	甘肃省电力投资集团有限责任公司	607379805	84.11	深圳
1857393734	青海省国有资产投资管理有限公司	502045930	27.03	深圳
2051228683	国广环球资产管理有限公司	146500130	7.14	深圳
444486764	横店集团控股有限公司	187984247	42.29	深圳
803000258	海航旅游集团有限公司	255257202	31.79	深圳
389452440	福建建工集团总公司	119093040	30.58	深圳
319455000	中国农业发展集团有限公司	81003133	25.36	深圳
324928980	中皇有限公司	100727291	31.00	深圳
1627500000	中国第一汽车股份有限公司	862983689	53.03	深圳
511403323	四川九洲电器集团有限责任公司	243453644	47.61	深圳
388600360	中国华力控股集团有限公司	113841309	29.30	深圳
127730893	成都金宇控股集团有限公司	30026000	23.51	深圳
1099911762	银河天成集团有限公司	505290393	45.94	深圳
1898611645	云南冶金集团股份有限公司	932761382	49.13	深圳
824791293	铁岭财政资产经营有限公司	282857500	34.29	深圳
998503266	深圳创维-RGB电子有限公司	584548508	58.54	深圳
435369434	烟台冰轮集团有限公司	126891953	29.15	深圳
447375651	万裕文化产业有限公司	74324572	16.61	深圳
467495367	新疆凯迪投资有限责任公司	141354457	30.24	深圳
316800000	中冶纸业集团有限公司	85631048	27.03	深圳
1418803318	江苏江动集团有限公司	369704700	26.06	深圳
680000000	辽宁方大集团实业有限公司	200177757	29.44	深圳
246111657	中国石化集团资产经营管理有限公司	57744225	23.46	深圳
287834760	文菁华	30802254	10.70	深圳
477732636	京山京源科技投资有限公司	125891860	26.35	深圳
895091926	山东海化集团有限公司	361048878	40.34	深圳
536966000	汕头超声电子(集团)公司	162741800	30.31	深圳
5696247796	太原钢铁(集团)有限公司	3616493790	63.49	深圳
846536940	启迪科技服务有限公司	169248280	19.99	深圳
1039516992	东莞市交通投资集团有限公司	431771714	41.54	深圳
946901092	中国新闻发展深圳有限公司	131917569	13.93	深圳
1464860778	鲁西集团有限公司	492248464	33.60	深圳
980888981	五矿稀土集团有限公司	235228660	23.98	深圳
668401851	云浮广业硫铁矿集团有限公司	209261113	31.31	深圳
305370000	长城影视文化企业集团有限公司	30077516	9.85	深圳
402818408	天津鑫茂科技投资集团有限公司	75950872	18.85	深圳

附录1–5　续表 7

序号	公司全称	上市公司股票代码	股票简称	行业分类
351	秦川机床工具集团股份公司	000837	秦川机床	制造业
352	财信国兴地产发展股份有限公司	000838	财信发展	房地产业
353	中信国安信息产业股份有限公司	000839	中信国安	信息传输、软件和信息技术服务业
354	河北承德露露股份有限公司	000848	承德露露	制造业
355	安徽华茂纺织股份有限公司	000850	华茂股份	制造业
356	大唐高鸿数据网络技术股份有限公司	000851	高鸿股份	批发和零售业
357	中石化石油机械股份有限公司	000852	石化机械	制造业
358	唐山冀东装备工程股份有限公司	000856	*ST冀装	制造业
359	宜宾五粮液股份有限公司	000858	五粮液	制造业
360	安徽国风塑业股份有限公司	000859	国风塑业	制造业
361	北京顺鑫农业股份有限公司	000860	顺鑫农业	制造业
362	广东海印集团股份有限公司	000861	海印股份	租赁和商务服务业
363	宁夏银星能源股份有限公司	000862	银星能源	电力、热力、燃气及水生产和供应业
364	三湘股份有限公司	000863	三湘股份	房地产业
365	安徽安凯汽车股份有限公司	000868	安凯客车	制造业
366	烟台张裕葡萄酿酒股份有限公司	000869	张裕A	制造业
367	吉林电力股份有限公司	000875	吉电股份	电力、热力、燃气及水生产和供应业
368	新希望六和股份有限公司	000876	新希望	制造业
369	新疆天山水泥股份有限公司	000877	天山股份	制造业
370	云南铜业股份有限公司	000878	云南铜业	制造业
371	潍柴重机股份有限公司	000880	潍柴重机	制造业
372	中国大连国际合作(集团)股份有限公司	000881	大连国际	综合
373	北京华联商厦股份有限公司	000882	华联股份	房地产业
374	湖北能源集团股份有限公司	000883	湖北能源	电力、热力、燃气及水生产和供应业
375	河南同力水泥股份有限公司	000885	同力水泥	制造业
376	海南高速公路股份有限公司	000886	海南高速	房地产业
377	安徽中鼎密封件股份有限公司	000887	中鼎股份	制造业
378	峨眉山旅游股份有限公司	000888	峨眉山A	水利、环境和公共设施管理业
379	茂业通信网络股份有限公司	000889	茂业通信	批发和零售业
380	江苏法尔胜股份有限公司	000890	法尔胜	制造业
381	星美联合股份有限公司	000892	星美联合	信息传输、软件和信息技术服务业
382	广州东凌国际投资股份有限公司	000893	东凌国际	制造业
383	河南双汇投资发展股份有限公司	000895	双汇发展	制造业
384	天津津滨发展股份有限公司	000897	津滨发展	房地产业
385	鞍钢股份有限公司	000898	鞍钢股份	制造业
386	江西赣能股份有限公司	000899	赣能股份	电力、热力、燃气及水生产和供应业
387	现代投资股份有限公司	000900	现代投资	交通运输、仓储和邮政业
388	航天科技控股集团股份有限公司	000901	航天科技	制造业
389	湖北新洋丰肥业股份有限公司	000902	新洋丰	制造业
390	昆明云内动力股份有限公司	000903	云内动力	制造业
391	厦门港务发展股份有限公司	000905	厦门港务	交通运输、仓储和邮政业
392	物产中拓股份有限公司	000906	物产中拓	批发和零售业
393	湖南景峰医药股份有限公司	000908	景峰医药	制造业
394	数源科技股份有限公司	000909	数源科技	综合
395	大亚科技股份有限公司	000910	大亚科技	制造业
396	南宁糖业股份有限公司	000911	南宁糖业	制造业
397	四川泸天化股份有限公司	000912	泸天化	制造业
398	浙江钱江摩托股份有限公司	000913	*ST钱江	制造业
399	山东山大华特科技股份有限公司	000915	山大华特	制造业
400	华北高速公路股份有限公司	000916	华北高速	交通运输、仓储和邮政业

continued

股本总数(股)	第一大股东名称	第一大股东持股数量(股)	所占比重(%)	上市地点
693370910	陕西省人民政府国有资产监督管理委员会	110499048	15.94	深圳
314417763	重庆财信房地产开发有限公司	187536945	59.65	深圳
1567930541	中信国安有限公司	571395338	36.44	深圳
752740560	万向三农集团有限公司	306246060	40.68	深圳
943665009	安徽华茂集团有限公司	437860568	46.40	深圳
591364260	电信科学技术研究院	83001934	14.04	深圳
460121300	中国石油化工集团公司	270270000	58.74	深圳
227000000	冀东发展集团有限责任公司	94248421	41.52	深圳
3795966720	宜宾市国有资产经营有限公司	1366548020	36.00	深圳
739449730	安徽国风集团有限公司	175679681	23.76	深圳
570589992	北京顺鑫控股集团有限公司	223639861	39.19	深圳
2249862979	广州海印实业集团有限公司	1083680047	48.17	深圳
541632994	中铝宁夏能源集团有限公司	286597495	52.91	深圳
956481910	上海三湘投资控股有限公司	329779527	34.48	深圳
695565603	安徽江淮汽车股份有限公司	147000000	21.13	深圳
685464000	烟台张裕集团有限公司	345473856	50.40	深圳
1460612195	吉林省能源交通总公司	220213054	15.08	深圳
2084117292	南方希望实业有限公司	612999415	29.41	深圳
880101259	中国中材股份有限公司	312381609	35.49	深圳
1416398800	云南铜业(集团)有限公司	611548800	43.18	深圳
276100500	潍柴控股集团有限公司	84465500	30.59	深圳
308918400	中国大连国际经济技术合作集团有限公司	56772782	18.38	深圳
2226086429	北京华联集团投资控股有限公司	658422954	29.58	深圳
6507449486	湖北省人民政府国有资产监督管理委员会	1776634330	27.30	深圳
474799283	河南投资集团有限公司	279304235	58.83	深圳
988828300	海南省交通投资控股有限公司	249307945	25.21	深圳
1115493070	安徽中鼎控股(集团)股份有限公司	547193977	49.05	深圳
526913102	四川省峨眉山乐山大佛旅游集团总公司	171721744	32.59	深圳
621826786	中兆投资管理有限公司	208074832	33.46	深圳
379641600	江苏法尔胜泓昇集团有限公司	79973918	21.07	深圳
413876880	欢瑞世纪(天津)资产管理合伙企业(有限合伙)	57938783	14.00	深圳
756903272	广州东凌实业投资集团有限公司	163981654	21.66	深圳
3300867672	河南省漯河市双汇实业集团有限责任公司	1988571207	60.24	深圳
1617272234	天津泰达建设集团有限公司	338312340	20.92	深圳
7234807847	鞍山钢铁集团公司	4868547330	67.29	深圳
646677760	江西省投资集团公司	377849749	58.43	深圳
1011885556	湖南省高速公路建设开发总公司	275111314	27.19	深圳
323624221	中国航天科工飞航技术研究院	69105038	21.35	深圳
659224645	湖北洋丰集团股份有限公司	303447835	46.03	深圳
799013968	云南云内动力集团有限公司	268063839	33.55	深圳
531000000	厦门国际港务股份有限公司	292716000	55.13	深圳
392932669	浙江省国有资本运营有限公司	152497693	38.81	深圳
799794865	叶湘武	155871802	19.49	深圳
294000000	西湖电子集团有限公司	140252503	47.70	深圳
527500000	大亚科技集团有限公司	251700000	47.72	深圳
324080937	南宁振宁资产经营有限责任公司	136768800	42.20	深圳
585000000	泸天化(集团)有限责任公司	318100000	54.38	深圳
453536000	温岭钱江投资经营有限公司	187971397	41.45	深圳
180254989	山东山大产业集团有限公司	38841800	21.55	深圳
1090000000	招商局华建公路投资有限公司	292367935	26.82	深圳

附录1–5　续表 8

序号	公司全称	上市公司股票代码	股票简称	行业分类
401	湖南电广传媒股份有限公司	000917	电广传媒	信息传输、软件和信息技术服务业
402	嘉凯城集团股份有限公司	000918	嘉凯城	房地产业
403	金陵药业股份有限公司	000919	金陵药业	制造业
404	南方汇通股份有限公司	000920	南方汇通	制造业
405	海信科龙电器股份有限公司	000921	海信科龙	制造业
406	哈尔滨电气集团佳木斯电机股份有限公司	000922	佳电股份	制造业
407	河北宣化工程机械股份有限公司	000923	河北宣工	制造业
408	浙江众合科技股份有限公司	000925	众合科技	制造业
409	湖北福星科技股份有限公司	000926	福星股份	房地产业
410	天津一汽夏利汽车股份有限公司	000927	一汽夏利	制造业
411	中钢国际工程技术股份有限公司	000928	中钢国际	建筑业
412	兰州黄河企业股份有限公司	000929	兰州黄河	制造业
413	中粮生物化学(安徽)股份有限公司	000930	中粮生化	制造业
414	北京中关村科技发展(控股)股份有限公司	000931	中关村	综合
415	湖南华菱钢铁股份有限公司	000932	华菱钢铁	制造业
416	河南神火煤电股份有限公司	000933	*ST神火	制造业
417	四川双马水泥股份有限公司	000935	四川双马	制造业
418	江苏华西村股份有限公司	000936	华西股份	制造业
419	冀中能源股份有限公司	000937	冀中能源	采矿业
420	紫光股份有限公司	000938	紫光股份	制造业
421	凯迪生态环境科技股份有限公司	000939	凯迪生态	电力、热力、燃气及水生产和供应业
422	云南南天电子信息产业股份有限公司	000948	南天信息	信息传输、软件和信息技术服务业
423	新乡化纤股份有限公司	000949	新乡化纤	制造业
424	重庆建峰化工股份有限公司	000950	*ST建峰	制造业
425	中国重汽集团济南卡车股份有限公司	000951	中国重汽	制造业
426	湖北广济药业股份有限公司	000952	广济药业	制造业
427	广西河池化工股份有限公司	000953	河池化工	制造业
428	欣龙控股(集团)股份有限公司	000955	欣龙控股	制造业
429	中通客车控股股份有限公司	000957	中通客车	制造业
430	石家庄东方能源股份有限公司	000958	东方能源	电力、热力、燃气及水生产和供应业
431	北京首钢股份有限公司	000959	首钢股份	制造业
432	云南锡业股份有限公司	000960	锡业股份	制造业
433	江苏中南建设集团股份有限公司	000961	中南建设	建筑业
434	宁夏东方钽业股份有限公司	000962	*ST东钽	制造业
435	华东医药股份有限公司	000963	华东医药	批发和零售业
436	天津天保基建股份有限公司	000965	天保基建	房地产业
437	国电长源电力股份有限公司	000966	长源电力	电力、热力、燃气及水生产和供应业
438	盈峰环境科技集团股份有限公司	000967	盈峰环境	制造业
439	太原煤气化股份有限公司	000968	*ST煤气	采矿业
440	安泰科技股份有限公司	000969	安泰科技	制造业
441	北京中科三环高技术股份有限公司	000970	中科三环	制造业
442	高升控股股份有限公司	000971	高升控股	信息传输、软件和信息技术服务业
443	中基健康产业股份有限公司	000972	中基健康	制造业
444	佛山佛塑科技集团股份有限公司	000973	佛塑科技	制造业
445	银泰资源股份有限公司	000975	银泰资源	采矿业
446	广东开平春晖股份有限公司	000976	春晖股份	制造业
447	浪潮电子信息产业股份有限公司	000977	浪潮信息	制造业
448	桂林旅游股份有限公司	000978	桂林旅游	水利、环境和公共设施管理业
449	中弘控股股份有限公司	000979	中弘股份	房地产业
450	黄山金马股份有限公司	000980	金马股份	制造业

continued

股本总数(股)	第一大股东名称	第一大股东持股数量(股)	所占比重(%)	上市地点
1417556338	湖南广播电视产业中心	235053523	16.58	深圳
1804191500	浙江省商业集团有限公司	513560276	28.46	深圳
504000000	南京新工投资集团有限责任公司	227943839	45.23	深圳
422000000	中国南车集团公司	179940000	42.64	深圳
1362725370	青岛海信空调有限公司	612316909	44.93	深圳
543667277	哈尔滨电气集团公司	131121459	24.12	深圳
198000000	河北宣工机械发展有限责任公司	70369667	35.54	深圳
324083862	浙大网新科技股份有限公司	63381786	19.56	深圳
712355650	福星集团控股有限公司	185359071	26.02	深圳
1595174020	中国第一汽车股份有限公司	761427612	47.73	深圳
642562099	中国中钢股份有限公司	225701248	35.13	深圳
185766000	兰州黄河新盛投资有限公司	39547372	21.29	深圳
964411115	大耀香港有限公司	152000000	15.76	深圳
674846940	国美控股集团有限公司	165111795	24.47	深圳
3015650025	湖南华菱钢铁集团有限责任公司	1806560875	59.91	深圳
1900500000	河南神火集团有限公司	460097571	24.21	深圳
763440333	LAFARGE CHINA OFFSHORE HOLDING COMPANY (LCOHC) LTD.	444030333	58.16	深圳
886012887	江苏华西集团公司	391629483	44.20	深圳
3533546850	冀中能源集团有限责任公司	1559172313	44.12	深圳
206080000	西藏紫光卓远股权投资有限公司	26790400	13.00	深圳
1507292372	阳光凯迪新能源集团有限公司	549924743	36.48	深圳
246606046	南天电子信息产业集团公司	66289431	26.88	深圳
1027241303	新乡白鹭化纤集团有限责任公司	342563780	33.35	深圳
598799235	重庆建峰工业集团有限公司	280363497	46.82	深圳
419425500	中国重汽(香港)有限公司	267492579	63.78	深圳
251705513	湖北省长江产业投资集团有限公司	38044483	15.11	深圳
294059437	广西河池化学工业集团公司	124493589	42.34	深圳
538395000	海南筑华科工贸有限公司	90098591	16.73	深圳
296451968	中通汽车工业集团有限责任公司	68370644	23.06	深圳
483393000	国家电力投资集团公司	183908000	38.05	深圳
5289389600	首钢总公司	4198760871	79.38	深圳
1472055068	云南锡业集团有限责任公司	542607311	36.86	深圳
1167839226	中南城市建设投资有限公司	793370106	67.93	深圳
440832644	中色(宁夏)东方集团有限公司	201916800	45.80	深圳
434059991	中国远大集团有限责任公司	154107432	35.50	深圳
1008937178	天津天保控股有限公司	519087178	51.45	深圳
554142040	中国国电集团公司	207220666	37.39	深圳
484924403	盈峰投资控股集团有限公司	156296924	32.23	深圳
513747000	太原煤炭气化(集团)有限责任公司	254037755	49.45	深圳
862796348	中国钢研科技集团有限公司	351886920	40.78	深圳
1065200000	北京三环新材料高技术公司	246853272	23.17	深圳
427515383	北京宇驰瑞德投资有限公司	79275198	18.54	深圳
771283579	新疆生产建设兵团第六师国有资产经营有限责任公司	119243804	15.46	深圳
967423171	广东省广新控股集团有限公司	251599212	26.01	深圳
1081616070	中国银泰投资有限公司	202608648	18.73	深圳
586642796	广州市鸿锋实业有限公司	73943880	12.60	深圳
959725752	浪潮集团有限公司	408745600	42.59	深圳
360100000	桂林旅游发展总公司	83051422	23.06	深圳
4610307849	中弘卓业集团有限公司	1591183865	34.51	深圳
528140000	黄山金马集团有限公司	105566146	19.99	深圳

附录1—5　续表 9

序号	公司全称	上市公司股票代码	股票简称	行业分类
451	银亿房地产股份有限公司	000981	银亿股份	房地产业
452	宁夏中银绒业股份有限公司	000982	中银绒业	制造业
453	山西西山煤电股份有限公司	000983	西山煤电	采矿业
454	大庆华科股份有限公司	000985	大庆华科	制造业
455	广州友谊集团股份有限公司	000987	广州友谊	批发和零售业
456	华工科技产业股份有限公司	000988	华工科技	制造业
457	九芝堂股份有限公司	000989	九芝堂	制造业
458	诚志股份有限公司	000990	诚志股份	制造业
459	福建闽东电力股份有限公司	000993	闽东电力	电力、热力、燃气及水生产和供应业
460	甘肃皇台酒业股份有限公司	000995	*ST皇台	制造业
461	中国中期投资股份有限公司	000996	中国中期	批发和零售业
462	福建新大陆电脑股份有限公司	000997	新大陆	信息传输、软件和信息技术服务业
463	袁隆平农业高科技股份有限公司	000998	隆平高科	农、林、牧、渔业
464	华润三九医药股份有限公司	000999	华润三九	制造业
465	重庆宗申动力机械股份有限公司	001696	宗申动力	制造业
466	河南豫能控股股份有限公司	001896	豫能控股	电力、热力、燃气及水生产和供应业
467	招商局蛇口工业区控股股份有限公司	001979	招商蛇口	房地产业
468	浙江新和成股份有限公司	002001	新和成	制造业
469	鸿达兴业股份有限公司	002002	鸿达兴业	制造业
470	浙江伟星实业发展股份有限公司	002003	伟星股份	制造业
471	华邦生命健康股份有限公司	002004	华邦健康	制造业
472	广东德豪润达电气股份有限公司	002005	德豪润达	制造业
473	浙江精功科技股份有限公司	002006	精功科技	制造业
474	华兰生物工程股份有限公司	002007	华兰生物	制造业
475	大族激光科技产业集团股份有限公司	002008	大族激光	制造业
476	天奇自动化工程股份有限公司	002009	天奇股份	制造业
477	浙江传化股份有限公司	002010	传化股份	制造业
478	浙江盾安人工环境股份有限公司	002011	盾安环境	制造业
479	浙江凯恩特种材料股份有限公司	002012	凯恩股份	制造业
480	中航工业机电系统股份有限公司	002013	中航机电	制造业
481	黄山永新股份有限公司	002014	永新股份	制造业
482	江苏霞客环保色纺股份有限公司	002015	霞客环保	制造业
483	广东世荣兆业股份有限公司	002016	世荣兆业	房地产业
484	东信和平科技股份有限公司	002017	东信和平	制造业
485	安徽华信国际控股股份有限公司	002018	华信国际	制造业
486	亿帆鑫富药业股份有限公司	002019	亿帆鑫富	制造业
487	浙江京新药业股份有限公司	002020	京新药业	制造业
488	中捷资源投资股份有限公司	002021	中捷资源	制造业
489	上海科华生物工程股份有限公司	002022	科华生物	制造业
490	四川海特高新技术股份有限公司	002023	海特高新	制造业
491	苏宁云商集团股份有限公司	002024	苏宁云商	批发和零售业
492	贵州航天电器股份有限公司	002025	航天电器	制造业
493	山东威达机械股份有限公司	002026	山东威达	制造业
494	分众传媒信息技术股份有限公司	002027	分众传媒	租赁和商务服务业
495	思源电气股份有限公司	002028	思源电气	制造业
496	福建七匹狼实业股份有限公司	002029	七匹狼	制造业
497	中山大学达安基因股份有限公司	002030	达安基因	制造业
498	巨轮智能装备股份有限公司	002031	巨轮智能	制造业
499	浙江苏泊尔股份有限公司	002032	苏泊尔	制造业
500	丽江玉龙旅游股份有限公司	002033	丽江旅游	水利、环境和公共设施管理业

continued

股本总数(股)	第一大股东名称	第一大股东持股数量(股)	所占比重(%)	上市地点
2577015600	宁波银亿控股有限公司	1704072354	66.13	深圳
1805043279	宁夏中银绒业国际集团有限公司	515940444	28.58	深圳
3151200000	山西焦煤集团有限责任公司	1714215108	54.40	深圳
129639500	中国石油大庆石油化工总厂	51000000	39.34	深圳
358958107	广州市人民政府国有资产监督管理委员会	186266107	51.89	深圳
891116632	武汉华中科技大产业集团有限公司	288342668	32.36	深圳
755960206	李振国	319985090	42.33	深圳
387683644	清华控股有限公司	147342275	38.01	深圳
373000000	宁德市国有资产投资经营有限公司	198470000	53.21	深圳
177408000	上海厚丰投资有限公司	34770000	19.60	深圳
230000000	中期集团有限公司	44718400	19.44	深圳
938621998	新大陆科技集团有限公司	308879440	32.91	深圳
996100000	湖南新大新股份有限公司	144384310	14.49	深圳
978900000	华润医药控股有限公司	622498783	63.59	深圳
1145026920	重庆宗申高速艇开发有限公司	230192114	20.10	深圳
855275976	河南投资集团有限公司	517632210	60.52	深圳
7401797599	招商局集团有限公司	5225000000	70.59	深圳
1088919000	新和成控股集团有限公司	613678257	56.36	深圳
972039206	鸿达兴业集团有限公司	400101743	41.16	深圳
407765288	伟星集团有限公司	125766361	30.84	深圳
2034877685	西藏汇邦科技有限公司	250166705	12.29	深圳
1396400000	芜湖德豪投资有限公司	315356800	22.58	深圳
455160000	精功集团有限公司	137258188	30.16	深圳
581304800	安康	103678342	17.84	深圳
1063433411	大族控股集团有限公司	188190937	17.70	深圳
364825529	黄伟兴	56665412	15.53	深圳
3257814678	传化集团有限公司	1973050834	60.56	深圳
843427460	浙江盾安精工集团有限公司	270360000	32.05	深圳
467625470	凯恩集团有限公司	82238392	17.59	深圳
931172208	中航机电系统有限公司	401964148	43.17	深圳
325758450	黄山永佳(集团)有限公司	92697695	28.46	深圳
400703825	上海惇德股权投资有限公司	43204109	10.78	深圳
809095632	梁社增	433440000	53.57	深圳
346548936	普天东方通信集团有限公司	100901733	29.12	深圳
1198856538	上海华信国际集团有限公司	728685018	60.78	深圳
440319243	程先锋	208478523	47.35	深圳
319587943	吕钢	60384440	21.08	深圳
687815040	浙江中捷环洲供应链集团股份有限公司	120000000	17.45	深圳
512569193	League Agent (HK) Limited	95863038	18.70	深圳
756791003	李飚	130013981	17.18	深圳
7383043150	张近东	1951811430	26.44	深圳
429000000	贵州航天工业有限责任公司	178666306	41.65	深圳
354134251	山东威达集团有限公司	79290751	22.39	深圳
4115891498	Media Management Hong Kong Limited	1019588922	24.77	深圳
626386265	董增平	113998184	18.20	深圳
755670000	福建七匹狼集团有限公司	259136718	34.29	深圳
659018611	广州中大控股有限公司	109594287	16.63	深圳
733131890	吴潮忠	133704529	18.24	深圳
632875188	SEB INTERNATIONALE S.A.S	462832233	73.13	深圳
422685163	丽江玉龙雪山旅游开发有限责任公司	66491069	15.73	深圳

附录1–5 续表 10

序号	公司全称	上市公司股票代码	股票简称	行业分类
501	浙江美欣达印染集团股份有限公司	002034	美欣达	制造业
502	华帝股份有限公司	002035	华帝股份	制造业
503	联创电子科技股份有限公司	002036	联创电子	制造业
504	贵州久联民爆器材发展股份有限公司	002037	久联发展	制造业
505	北京双鹭药业股份有限公司	002038	双鹭药业	制造业
506	贵州黔源电力股份有限公司	002039	黔源电力	电力、热力、燃气及水生产和供应业
507	南京港股份有限公司	002040	南京港	交通运输、仓储和邮政业
508	山东登海种业股份有限公司	002041	登海种业	农、林、牧、渔业
509	华孚色纺股份有限公司	002042	华孚色纺	制造业
510	德华兔宝宝装饰新材股份有限公司	002043	兔宝宝	制造业
511	美年大健康产业控股股份有限公司	002044	美年健康	卫生和社会工作
512	国光电器股份有限公司	002045	国光电器	制造业
513	洛阳轴研科技股份有限公司	002046	轴研科技	制造业
514	深圳市宝鹰建设控股集团股份有限公司	002047	宝鹰股份	建筑业
515	宁波华翔电子股份有限公司	002048	宁波华翔	制造业
516	紫光国芯股份有限公司	002049	紫光国芯	制造业
517	浙江三花股份有限公司	002050	三花股份	制造业
518	中工国际工程股份有限公司	002051	中工国际	建筑业
519	深圳市同洲电子股份有限公司	002052	同洲电子	制造业
520	云南盐化股份有限公司	002053	云南盐化	制造业
521	广东德美精细化工股份有限公司	002054	德美化工	制造业
522	深圳市得润电子股份有限公司	002055	得润电子	制造业
523	横店集团东磁股份有限公司	002056	横店东磁	制造业
524	中钢集团安徽天源科技股份有限公司	002057	中钢天源	制造业
525	上海威尔泰工业自动化股份有限公司	002058	威尔泰	制造业
526	云南旅游股份有限公司	002059	云南旅游	水利、环境和公共设施管理业
527	广东水电二局股份有限公司	002060	粤水电	建筑业
528	浙江江山化工股份有限公司	002061	*ST江化	制造业
529	宏润建设集团股份有限公司	002062	宏润建设	建筑业
530	远光软件股份有限公司	002063	远光软件	信息传输、软件和信息技术服务业
531	浙江华峰氨纶股份有限公司	002064	华峰氨纶	制造业
532	东华软件股份公司	002065	东华软件	信息传输、软件和信息技术服务业
533	瑞泰科技股份有限公司	002066	瑞泰科技	制造业
534	浙江景兴纸业股份有限公司	002067	景兴纸业	制造业
535	江西黑猫炭黑股份有限公司	002068	黑猫股份	制造业
536	獐子岛集团股份有限公司	002069	*ST獐岛	农、林、牧、渔业
537	福建众和股份有限公司	002070	众和股份	制造业
538	长城影视股份有限公司	002071	长城影视	文化、体育和娱乐业
539	凯瑞德控股股份有限公司	002072	凯瑞德	制造业
540	软控股份有限公司	002073	软控股份	制造业
541	国轩高科股份有限公司	002074	国轩高科	制造业
542	江苏沙钢股份有限公司	002075	沙钢股份	制造业
543	广东雪莱特光电科技股份有限公司	002076	雪莱特	制造业
544	江苏大港股份有限公司	002077	大港股份	房地产业
545	山东太阳纸业股份有限公司	002078	太阳纸业	制造业
546	苏州固锝电子股份有限公司	002079	苏州固锝	制造业
547	中材科技股份有限公司	002080	中材科技	制造业
548	苏州金螳螂建筑装饰股份有限公司	002081	金螳螂	建筑业
549	浙江栋梁新材股份有限公司	002082	栋梁新材	制造业
550	孚日集团股份有限公司	002083	孚日股份	制造业

continued

股本总数(股)	第一大股东名称	第一大股东持股数量(股)	所占比重(%)	上市地点
83920000	单建明	28732545	34.24	深圳
358861302	石河子九洲股权投资有限合伙企业	62513789	17.42	深圳
595422367	金冠国际有限公司	84041988	14.11	深圳
327368160	保利久联控股集团有限责任公司	98210400	30.00	深圳
684900000	徐明波	154461004	22.55	深圳
305398662	中国华电集团公司	41486520	13.58	深圳
245872000	南京港(集团)有限公司	148201255	60.28	深圳
880000000	莱州市农业科学院	468008155	53.18	深圳
832992573	华孚控股有限公司	347137300	41.67	深圳
484249780	德华集团控股股份有限公司	161119990	33.27	深圳
1210741353	上海天亿投资(集团)有限公司	135888704	11.22	深圳
416904000	广东国光投资有限公司	91212685	21.88	深圳
340565970	中国机械工业集团有限公司	139880520	41.07	深圳
1263101435	古少明	271642980	21.51	深圳
530047150	周晓峰	89936799	16.97	深圳
606817968	同方股份有限公司	251115244	41.38	深圳
1801476140	三花控股集团有限公司	770359992	43.89	深圳
773418434	中国机械工业集团有限公司	453554274	58.64	深圳
745959694	袁明	125924638	16.88	深圳
279164668	云南省能源投资集团有限公司	93313565	33.43	深圳
419809471	黄冠雄	91941844	21.90	深圳
450512080	深圳市得胜资产管理有限公司	139771620	31.03	深圳
410900000	横店集团控股有限公司	206050000	50.15	深圳
199381670	中国中钢股份有限公司	51718294	25.94	深圳
143448332	盛稷股权投资基金(上海)有限公司	21520862	15.00	深圳
730792576	云南世博旅游控股集团有限公司	361883986	49.52	深圳
601131029	广东省水电集团有限公司	207574416	34.53	深圳
453259717	浙江省铁路投资集团有限公司	136958410	30.22	深圳
787500000	浙江宏润控股有限公司	353831138	44.93	深圳
596561250	陈利浩	69275391	11.61	深圳
1676800000	华峰集团有限公司	497360000	29.66	深圳
1564561700	北京东华诚信电脑科技发展有限公司	317985040	20.32	深圳
231000000	中国建筑材料科学研究总院	92697465	40.13	深圳
1093951000	朱在龙	178200000	16.29	深圳
607063596	景德镇市焦化工业集团有限责任公司	264645103	43.59	深圳
711112194	长海县獐子岛投资发展中心	325428800	45.76	深圳
635258156	许建成	91369932	14.38	深圳
525429878	长城影视文化企业集团有限公司	183097482	34.85	深圳
176000000	浙江第五季实业有限公司	21500000	12.22	深圳
818588257	袁仲雪	144725486	17.68	深圳
862332112	珠海国轩贸易有限责任公司	217193296	24.78	深圳
2206771772	江苏沙钢集团有限公司	438804780	19.88	深圳
367159836	柴国生	118759219	32.35	深圳
410000000	江苏瀚瑞投资控股有限公司	284186313	69.31	深圳
2536635238	山东太阳控股集团有限公司	1417355684	55.88	深圳
727971487	苏州通博电子器材有限公司	249577429	34.28	深圳
400000000	中国中材股份有限公司	217298286	54.32	深圳
1762205793	苏州金螳螂企业(集团)有限公司	435203553	24.70	深圳
238000000	陆志宝	44943360	18.88	深圳
908000005	孚日控股集团股份有限公司	230831617	25.42	深圳

附录1—5　续表 11

序号	公司全称	上市公司股票代码	股票简称	行业分类
551	广州海鸥卫浴用品股份有限公司	002084	海鸥卫浴	制造业
552	浙江万丰奥威汽轮股份有限公司	002085	万丰奥威	制造业
553	山东东方海洋科技股份有限公司	002086	东方海洋	农、林、牧、渔业
554	河南新野纺织股份有限公司	002087	新野纺织	制造业
555	山东鲁阳节能材料股份有限公司	002088	鲁阳节能	制造业
556	苏州新海宜通信科技股份有限公司	002089	新海宜	制造业
557	江苏金智科技股份有限公司	002090	金智科技	制造业
558	江苏国泰国际集团国贸股份有限公司	002091	江苏国泰	批发和零售业
559	新疆中泰化学股份有限公司	002092	中泰化学	制造业
560	国脉科技股份有限公司	002093	国脉科技	信息传输、软件和信息技术服务业
561	青岛金王应用化学股份有限公司	002094	青岛金王	制造业
562	浙江网盛生意宝股份有限公司	002095	生意宝	信息传输、软件和信息技术服务业
563	湖南南岭民用爆破器材股份有限公司	002096	南岭民爆	制造业
564	山河智能装备股份有限公司	002097	山河智能	制造业
565	福建浔兴拉链科技股份有限公司	002098	浔兴股份	制造业
566	浙江海翔药业股份有限公司	002099	海翔药业	制造业
567	天康生物股份有限公司	002100	天康生物	制造业
568	广东鸿图科技股份有限公司	002101	广东鸿图	制造业
569	福建冠福现代家用股份有限公司	002102	冠福股份	制造业
570	广博集团股份有限公司	002103	广博股份	制造业
571	恒宝股份有限公司	002104	恒宝股份	制造业
572	深圳信隆实业股份有限公司	002105	信隆实业	制造业
573	深圳莱宝高科技股份有限公司	002106	莱宝高科	制造业
574	山东沃华医药科技股份有限公司	002107	沃华医药	制造业
575	沧州明珠塑料股份有限公司	002108	沧州明珠	制造业
576	陕西兴化化学股份有限公司	002109	*ST兴化	制造业
577	福建三钢闽光股份有限公司	002110	三钢闽光	制造业
578	威海广泰空港设备股份有限公司	002111	威海广泰	制造业
579	三变科技股份有限公司	002112	三变科技	制造业
580	湖南天润实业控股股份有限公司	002113	天润控股	房地产业
581	云南罗平锌电股份有限公司	002114	罗平锌电	制造业
582	三维通信股份有限公司	002115	三维通信	制造业
583	中国海诚工程科技股份有限公司	002116	中国海诚	科学研究和技术服务业
584	东港股份有限公司	002117	东港股份	制造业
585	吉林紫鑫药业股份有限公司	002118	紫鑫药业	制造业
586	宁波康强电子股份有限公司	002119	康强电子	制造业
587	宁波新海电气股份有限公司	002120	新海股份	制造业
588	深圳市科陆电子科技股份有限公司	002121	科陆电子	制造业
589	天马轴承集团股份有限公司	002122	天马股份	制造业
590	荣信电力电子股份有限公司	002123	荣信股份	制造业
591	宁波天邦股份有限公司	002124	天邦股份	制造业
592	湘潭电化科技股份有限公司	002125	湘潭电化	制造业
593	浙江银轮机械股份有限公司	002126	银轮股份	制造业
594	南极电商股份有限公司	002127	南极电商	租赁和商务服务业
595	内蒙古霍林河露天煤业股份有限公司	002128	露天煤业	采矿业
596	天津中环半导体股份有限公司	002129	中环股份	制造业
597	深圳市沃尔核材股份有限公司	002130	沃尔核材	制造业
598	利欧集团股份有限公司	002131	利欧股份	信息传输、软件和信息技术服务业
599	河南恒星科技股份有限公司	002132	恒星科技	制造业
600	广宇集团股份有限公司	002133	广宇集团	房地产业

continued

股本总数（股）	第一大股东名称	第一大股东持股数量(股)	所占比重(%)	上市地点
456316228	中馀投资有限公司	137206809	30.07	深圳
911199866	万丰奥特控股集团有限公司	416359088	45.69	深圳
343850000	山东东方海洋集团有限公司	121000000	35.19	深圳
519758400	新野县财政局	171507840	33.00	深圳
233978689	奇耐联合纤维亚太控股有限公司	67853820	29.00	深圳
687334808	张亦斌	124068053	18.05	深圳
231630654	江苏金智集团有限公司	87323800	37.70	深圳
360000000	江苏国泰国际集团有限公司	109433500	30.40	深圳
1390239078	新疆中泰(集团)有限责任公司	340503621	24.49	深圳
865000000	林惠榕	220653000	25.51	深圳
321916620	青岛金王国际运输有限公司	86999013	27.03	深圳
252720000	杭州中达信息技术有限公司	123201000	48.75	深圳
371287000	湖南省南岭化工集团有限责任公司	154545912	41.62	深圳
755325000	何清华	163963140	21.71	深圳
358000000	福建浔兴集团有限公司	115241052	32.19	深圳
759758615	浙江东港投资有限公司	288000000	37.91	深圳
963384608	新疆生产建设兵团国有资产经营公司	283929184	29.47	深圳
191700000	高要鸿图工业有限公司	32047382	16.72	深圳
728727553	林福椿	101079002	13.87	深圳
305118303	王利平	67509779	22.13	深圳
713544000	钱云宝	153870247	21.56	深圳
368500000	利田发展有限公司	154522500	41.93	深圳
705816160	中国节能减排有限公司	147108123	20.84	深圳
360756000	北京中证万融投资集团有限公司	181341477	50.27	深圳
618458068	河北沧州东塑集团股份有限公司	187098559	30.25	深圳
358400000	陕西兴化集团有限责任公司	148315793	41.38	深圳
534700000	福建省三钢(集团)有限责任公司	368350002	68.89	深圳
361090177	新疆广泰空港股权投资有限合伙企业	116225267	32.19	深圳
201600000	浙江三变集团有限公司	30765931	15.26	深圳
118400000	广东恒润华创实业发展有限公司	25400000	21.45	深圳
271840827	罗平县锌电公司	97597600	35.90	深圳
410688000	李越伦	79452000	19.35	深圳
407929296	中国轻工集团公司	216769435	53.14	深圳
363806414	香港喜多来集团有限公司	82466767	22.67	深圳
512991382	敦化市康平投资有限责任公司	221475016	43.17	深圳
206200000	宁波普利赛思电子有限公司	40664400	19.72	深圳
150280000	黄新华	55900423	37.20	深圳
476093000	饶陆华	195286758	41.02	深圳
1188000000	天马控股集团有限公司	509227919	42.86	深圳
861595025	余文胜	127596533	14.81	深圳
289399941	张邦辉	86046642	29.73	深圳
161843991	湘潭电化集团有限公司	65051800	40.19	深圳
360540000	天台银轮实业发展有限公司	40222000	11.16	深圳
446458902	东方新民控股有限公司	92581010	20.74	深圳
1634378473	中电投蒙东能源集团有限责任公司	967861119	59.22	深圳
2644236466	天津中环电子信息集团有限公司	738941425	27.95	深圳
569387998	周和平	182288892	32.01	深圳
1509427649	王相荣	241846593	16.02	深圳
706362832	谢保军	243951564	34.54	深圳
774144175	杭州平海投资有限公司	134757000	17.41	深圳

附录1-5 续表 12

序号	公司全称	上市公司股票代码	股票简称	行业分类
601	天津普林电路股份有限公司	002134	天津普林	制造业
602	浙江东南网架股份有限公司	002135	东南网架	建筑业
603	安徽安纳达钛业股份有限公司	002136	安纳达	制造业
604	深圳市麦达数字股份有限公司	002137	麦达数字	制造业
605	深圳顺络电子股份有限公司	002138	顺络电子	制造业
606	深圳拓邦股份有限公司	002139	拓邦股份	制造业
607	东华工程科技股份有限公司	002140	东华科技	建筑业
608	广东蓉胜超微线材股份有限公司	002141	蓉胜超微	制造业
609	宁波银行股份有限公司	002142	宁波银行	金融业
610	印纪娱乐传媒股份有限公司	002143	印纪传媒	租赁和商务服务业
611	宏达高科控股股份有限公司	002144	宏达高科	制造业
612	中核华原钛白股份有限公司	002145	中核钛白	制造业
613	荣盛房地产发展股份有限公司	002146	荣盛发展	房地产业
614	新光圆成股份有限公司	002147	新光圆成	制造业
615	北京北纬通信科技股份有限公司	002148	北纬通信	信息传输、软件和信息技术服务业
616	西部金属材料股份有限公司	002149	西部材料	制造业
617	江苏通润装备科技股份有限公司	002150	通润装备	制造业
618	北京北斗星通导航技术股份有限公司	002151	北斗星通	制造业
619	广州广电运通金融电子股份有限公司	002152	广电运通	制造业
620	北京中长石基信息技术股份有限公司	002153	石基信息	信息传输、软件和信息技术服务业
621	浙江报喜鸟服饰股份有限公司	002154	报喜鸟	制造业
622	湖南黄金股份有限公司	002155	湖南黄金	采矿业
623	南通富士通微电子股份有限公司	002156	通富微电	制造业
624	江西正邦科技股份有限公司	002157	正邦科技	制造业
625	上海汉钟精机股份有限公司	002158	汉钟精机	制造业
626	武汉三特索道集团股份有限公司	002159	三特索道	水利、环境和公共设施管理业
627	江苏常铝铝业股份有限公司	002160	常铝股份	制造业
628	深圳市远望谷信息技术股份有限公司	002161	远望谷	制造业
629	上海悦心健康集团股份有限公司	002162	悦心健康	制造业
630	中航三鑫股份有限公司	002163	中航三鑫	建筑业
631	宁波东力股份有限公司	002164	宁波东力	制造业
632	红宝丽集团股份有限公司	002165	红宝丽	制造业
633	桂林莱茵生物科技股份有限公司	002166	莱茵生物	制造业
634	广东东方锆业科技股份有限公司	002167	东方锆业	制造业
635	深圳市惠程电气股份有限公司	002168	深圳惠程	制造业
636	广州智光电气股份有限公司	002169	智光电气	制造业
637	深圳市芭田生态工程股份有限公司	002170	芭田股份	制造业
638	安徽楚江科技新材料股份有限公司	002171	楚江新材	制造业
639	江苏澳洋科技股份有限公司	002172	澳洋科技	制造业
640	创新医疗管理股份有限公司	002173	*ST创疗	制造业
641	游族网络股份有限公司	002174	游族网络	信息传输、软件和信息技术服务业
642	东方时代网络传媒股份有限公司	002175	东方网络	制造业
643	江西特种电机股份有限公司	002176	江特电机	制造业
644	广州御银科技股份有限公司	002177	御银股份	制造业
645	上海延华智能科技(集团)股份有限公司	002178	延华智能	科学研究和技术服务业
646	中航光电科技股份有限公司	002179	中航光电	制造业
647	珠海艾派克科技股份有限公司	002180	艾派克	制造业
648	广东广州日报传媒股份有限公司	002181	粤传媒	租赁和商务服务业
649	南京云海特种金属股份有限公司	002182	云海金属	制造业
650	深圳市怡亚通供应链股份有限公司	002183	怡亚通	租赁和商务服务业

continued

股本总数(股)	第一大股东名称	第一大股东持股数量(股)	所占比重(%)	上市地点
245849768	天津中环电子信息集团有限公司	62314645	25.35	深圳
854532200	浙江东南网架集团有限公司	217640000	29.07	深圳
215020000	铜陵化学工业集团有限公司	66466784	30.91	深圳
510609376	陈亚妹	220085099	43.10	深圳
740938814	金倡投资有限公司	186719980	25.20	深圳
262656468	武永强	59322496	22.59	深圳
446034534	化学工业第三设计院有限公司	260154934	58.33	深圳
181888000	广东贤丰矿业集团有限公司	45472000	25.00	深圳
3899794081	新加坡华侨银行有限公司	724639451	18.58	深圳
1106146365	肖文革	720856720	65.17	深圳
176762528	沈国甫	37759236	21.36	深圳
535645192	李建锋	196519928	36.69	深圳
4348163851	荣盛控股股份有限公司	1480000049	34.04	深圳
258521810	钱森力	42094675	16.28	深圳
255852876	傅乐民	48769811	19.06	深圳
174630000	西北有色金属研究院	61454994	35.19	深圳
250200000	常熟市千斤顶厂	105089390	42.00	深圳
293709494	周儒欣	110442720	37.60	深圳
896684767	广州无线电集团有限公司	427718964	47.70	深圳
355596251	李仲初	194745600	54.77	深圳
1172018740	吴志泽	123460500	10.53	深圳
1131864036	湖南黄金集团有限责任公司	479740966	42.39	深圳
748177011	南通华达微电子集团有限公司	232634400	31.09	深圳
670718047	正邦集团有限公司	175485305	29.01	深圳
294656179	巴拿马海尔梅斯公司	97143222	32.97	深圳
138666666	武汉当代科技产业集团股份有限公司	20897958	15.07	深圳
636245527	常熟市铝箔厂	158798020	24.96	深圳
739757400	徐玉锁	180510113	24.40	深圳
655500000	CIMIC INDUSTRIAL INC.(斯米克工业有限公司)	325235232	49.62	深圳
803550000	韩平元	122150000	15.20	深圳
445625000	东力控股集团有限公司	138500000	31.08	深圳
539274768	江苏宝源投资管理有限公司	131009201	24.29	深圳
437281362	秦本军	76840512	17.57	深圳
620946000	中国核工业集团公司	97210818	15.66	深圳
772804768	何平	70167755	9.08	深圳
316111382	广州市金誉实业投资集团有限公司	76036804	24.05	深圳
876780499	黄培钊	240976500	27.48	深圳
444714992	安徽楚江投资集团有限公司	220169780	49.51	深圳
694881462	澳洋集团有限公司	360130731	51.83	深圳
202200000	陈夏英	82476997	40.79	深圳
287105015	林奇	100865270	35.13	深圳
230565838	彭朋	35089763	15.22	深圳
1236679509	江西江特电气集团有限公司	240875533	19.48	深圳
761191294	杨文江	179745310	23.61	深圳
730103059	胡黎明	134778273	18.46	深圳
602514884	中国航空科技工业股份有限公司	250486369	41.57	深圳
569149502	珠海赛纳打印科技股份有限公司	391256047	68.74	深圳
1161058174	广州传媒控股有限公司	546945242	47.11	深圳
288000000	梅小明	86923889	30.18	深圳
1046393496	深圳市怡亚通投资控股有限公司	381113512	36.42	深圳

附录1-5 续表 13

序号	公司全称	上市公司股票代码	股票简称	行业分类
651	上海海得控制系统股份有限公司	002184	海得控制	制造业
652	天水华天科技股份有限公司	002185	华天科技	制造业
653	中国全聚德(集团)股份有限公司	002186	全聚德	住宿和餐饮业
654	广州市广百股份有限公司	002187	广百股份	批发和零售业
655	巴士在线股份有限公司	002188	巴士在线	租赁和商务服务业
656	利达光电股份有限公司	002189	利达光电	制造业
657	四川成飞集成科技股份有限公司	002190	成飞集成	制造业
658	深圳劲嘉集团股份有限公司	002191	劲嘉股份	制造业
659	融捷股份有限公司	002192	融捷股份	制造业
660	山东济宁如意毛纺织股份有限公司	002193	山东如意	制造业
661	武汉凡谷电子技术股份有限公司	002194	武汉凡谷	制造业
662	上海二三四五网络控股集团股份有限公司	002195	二三四五	信息传输、软件和信息技术服务业
663	浙江方正电机股份有限公司	002196	方正电机	制造业
664	深圳市证通电子股份有限公司	002197	证通电子	制造业
665	广东嘉应制药股份有限公司	002198	嘉应制药	制造业
666	浙江东晶电子股份有限公司	002199	*ST东晶	制造业
667	云南云投生态环境科技股份有限公司	002200	云投生态	农、林、牧、渔业
668	江苏九鼎新材料股份有限公司	002201	九鼎新材	制造业
669	新疆金风科技股份有限公司	002202	金风科技	制造业
670	浙江海亮股份有限公司	002203	海亮股份	制造业
671	大连华锐重工集团股份有限公司	002204	大连重工	制造业
672	新疆国统管道股份有限公司	002205	国统股份	制造业
673	浙江海利得新材料股份有限公司	002206	海利得	制造业
674	新疆准东石油技术股份有限公司	002207	准油股份	采矿业
675	合肥城建发展股份有限公司	002208	合肥城建	房地产业
676	广州达意隆包装机械股份有限公司	002209	达意隆	制造业
677	深圳市飞马国际供应链股份有限公司	002210	飞马国际	租赁和商务服务业
678	江苏宏达新材料股份有限公司	002211	宏达新材	制造业
679	广东南洋电缆集团股份有限公司	002212	南洋股份	制造业
680	深圳市特尔佳科技股份有限公司	002213	特尔佳	制造业
681	浙江大立科技股份有限公司	002214	大立科技	制造业
682	深圳诺普信农化股份有限公司	002215	诺普信	制造业
683	三全食品股份有限公司	002216	三全食品	制造业
684	合力泰科技股份有限公司	002217	合力泰	制造业
685	深圳市拓日新能源科技股份有限公司	002218	拓日新能	制造业
686	恒康医疗集团股份有限公司	002219	恒康医疗	制造业
687	大连天宝绿色食品股份有限公司	002220	天宝股份	制造业
688	东华能源股份有限公司	002221	东华能源	批发和零售业
689	福建福晶科技股份有限公司	002222	福晶科技	制造业
690	江苏鱼跃医疗设备股份有限公司	002223	鱼跃医疗	制造业
691	三力士股份有限公司	002224	三力士	制造业
692	濮阳濮耐高温材料(集团)股份有限公司	002225	濮耐股份	制造业
693	安徽江南化工股份有限公司	002226	江南化工	制造业
694	深圳奥特迅电力设备股份有限公司	002227	奥特迅	制造业
695	厦门合兴包装印刷股份有限公司	002228	合兴包装	制造业
696	鸿博股份有限公司	002229	鸿博股份	制造业
697	科大讯飞股份有限公司	002230	科大讯飞	信息传输、软件和信息技术服务业
698	奥维通信股份有限公司	002231	奥维通信	制造业
699	启明信息技术股份有限公司	002232	启明信息	信息传输、软件和信息技术服务业
700	广东塔牌集团股份有限公司	002233	塔牌集团	制造业

continued

股本总数(股)	第一大股东名称	第一大股东持股数量(股)	所占比重(%)	上市地点
220000000	许泓	51894940	23.59	深圳
819658825	天水华天电子集团股份有限公司	226141120	27.59	深圳
308463955	北京首都旅游集团有限责任公司	131606774	42.67	深圳
342422568	广州百货企业集团有限公司	182276438	53.23	深圳
299585062	上海天纪投资有限公司	60013002	20.03	深圳
199240000	中国南方工业集团公司	77690015	38.99	深圳
345188382	中国航空工业集团公司	177178702	51.33	深圳
1315500000	深圳市劲嘉创业投资有限公司	430505994	32.73	深圳
173103469	融捷投资控股集团有限公司	40939995	23.65	深圳
160000000	山东如意毛纺集团有限责任公司	42060000	26.29	深圳
555880000	孟庆南	165672000	29.80	深圳
871732720	浙富控股集团股份有限公司	143513923	16.46	深圳
265295073	张敏	46831716	17.65	深圳
426036752	曾胜强	104677171	24.57	深圳
507509848	黄小彪	57200000	11.27	深圳
243442363	北京千石创富-华夏银行-中国对外经济贸易信托-东晶电子定向增发单一资金信托	36036036	14.80	深圳
184132890	云南省投资控股集团有限公司	38859124	21.10	深圳
255744208	江苏九鼎集团有限公司	119811070	46.85	深圳
2735541000	香港中央结算(代理人)有限公司	498766320	18.23	深圳
1671401113	海亮集团有限公司	819222178	49.01	深圳
965685016	大连重工 · 起重集团有限公司	593483083	61.46	深圳
116152018	新疆天山建材(集团)有限责任公司	35086950	30.21	深圳
449770500	高利民	113700000	25.28	深圳
239177378	创越能源集团有限公司	40260000	16.83	深圳
320100000	合肥市国有资产控股有限公司	185316118	57.89	深圳
195244050	张颂明	60375449	30.92	深圳
747909677	深圳市飞马投资有限公司	374400000	50.06	深圳
432475779	江苏伟伦投资管理有限公司	165259343	38.21	深圳
510260000	郑钟南	278746347	54.63	深圳
206000000	凌兆蔚	32319202	15.69	深圳
458666666	庞惠民	133465904	29.10	深圳
914411004	卢柏强	271098715	29.65	深圳
804217532	陈泽民	84278589	10.48	深圳
1422474212	文开福	307879904	21.64	深圳
618171052	深圳市奥欣投资发展有限公司	201232499	32.55	深圳
1891260330	阙文彬	794009999	41.98	深圳
464727200	大连承运投资有限公司	148512000	31.96	深圳
692346184	东华石油(长江)有限公司	162680000	23.50	深圳
285000000	中国科学院福建物质结构研究所	75825360	26.61	深圳
584767040	江苏鱼跃科技发展有限公司	177322300	30.32	深圳
656429698	吴培生	230112000	35.06	深圳
890059161	刘百宽	143495093	16.12	深圳
791278992	盾安控股集团有限公司	262920000	33.23	深圳
220663130	欧华实业有限公司	129933614	58.88	深圳
372490118	新疆兴汇聚股权投资管理有限合伙企业	141847600	38.08	深圳
298186000	尤丽娟	49810000	16.70	深圳
1286626807	中国移动通信有限公司	179198533	13.93	深圳
356800000	杜方	90500000	25.36	深圳
408548455	中国第一汽车集团公司	198854344	48.67	深圳
894655969	钟烈华	181620839	20.30	深圳

附录1—5 续表 14

序号	公司全称	上市公司股票代码	股票简称	行业分类
701	山东民和牧业股份有限公司	002234	民和股份	农、林、牧、渔业
702	厦门安妮股份有限公司	002235	安妮股份	制造业
703	浙江大华技术股份有限公司	002236	大华股份	制造业
704	山东恒邦冶炼股份有限公司	002237	恒邦股份	制造业
705	深圳市天威视讯股份有限公司	002238	天威视讯	信息传输、软件和信息技术服务业
706	奥特佳新能源科技股份有限公司	002239	奥特佳	制造业
707	广东威华股份有限公司	002240	威华股份	制造业
708	歌尔股份有限公司	002241	歌尔股份	制造业
709	九阳股份有限公司	002242	九阳股份	制造业
710	深圳市通产丽星股份有限公司	002243	通产丽星	制造业
711	杭州滨江房产集团股份有限公司	002244	滨江集团	房地产业
712	江苏澳洋顺昌股份有限公司	002245	澳洋顺昌	交通运输、仓储和邮政业
713	四川北方硝化棉股份有限公司	002246	北化股份	制造业
714	浙江帝龙新材料股份有限公司	002247	帝龙新材	制造业
715	威海华东数控股份有限公司	002248	华东数控	制造业
716	中山大洋电机股份有限公司	002249	大洋电机	制造业
717	联化科技股份有限公司	002250	联化科技	制造业
718	步步高商业连锁股份有限公司	002251	步步高	批发和零售业
719	上海莱士血液制品股份有限公司	002252	上海莱士	制造业
720	四川川大智胜软件股份有限公司	002253	川大智胜	信息传输、软件和信息技术服务业
721	烟台泰和新材料股份有限公司	002254	泰和新材	制造业
722	苏州海陆重工股份有限公司	002255	海陆重工	制造业
723	深圳市彩虹精细化工股份有限公司	002256	彩虹精化	制造业
724	利尔化学股份有限公司	002258	利尔化学	制造业
725	四川升达林业产业股份有限公司	002259	升达林业	制造业
726	德奥通用航空股份有限公司	002260	德奥通航	制造业
727	拓维信息系统股份有限公司	002261	拓维信息	信息传输、软件和信息技术服务业
728	江苏恩华药业股份有限公司	002262	恩华药业	制造业
729	浙江大东南股份有限公司	002263	大东南	制造业
730	新华都购物广场股份有限公司	002264	新华都	批发和零售业
731	云南西仪工业股份有限公司	002265	西仪股份	制造业
732	浙富控股集团股份有限公司	002266	浙富控股	制造业
733	陕西省天然气股份有限公司	002267	陕天然气	电力、热力、燃气及水生产和供应业
734	成都卫士通信息产业股份有限公司	002268	卫士通	信息传输、软件和信息技术服务业
735	上海美特斯邦威服饰股份有限公司	002269	美邦服饰	制造业
736	山东法因数控机械股份有限公司	002270	法因数控	制造业
737	北京东方雨虹防水技术股份有限公司	002271	东方雨虹	制造业
738	四川川润股份有限公司	002272	川润股份	制造业
739	浙江水晶光电科技股份有限公司	002273	水晶光电	制造业
740	江苏华昌化工股份有限公司	002274	华昌化工	制造业
741	桂林三金药业股份有限公司	002275	桂林三金	制造业
742	浙江万马股份有限公司	002276	万马股份	制造业
743	湖南友谊阿波罗商业股份有限公司	002277	友阿股份	批发和零售业
744	上海神开石油化工装备股份有限公司	002278	神开股份	制造业
745	北京久其软件股份有限公司	002279	久其软件	信息传输、软件和信息技术服务业
746	杭州联络互动信息科技股份有限公司	002280	联络互动	信息传输、软件和信息技术服务业
747	武汉光迅科技股份有限公司	002281	光迅科技	制造业
748	博深工具股份有限公司	002282	博深工具	制造业
749	天润曲轴股份有限公司	002283	天润曲轴	制造业
750	浙江亚太机电股份有限公司	002284	亚太股份	制造业

continued

股本总数(股)	第一大股东名称	第一大股东持股数量(股)	所占比重(%)	上市地点
302046632	孙希民	114310000	37.85	深圳
195000000	林旭曦	50485759	25.89	深圳
1159899502	傅利泉	478463296	41.25	深圳
910400000	烟台恒邦集团有限公司	326603866	35.87	深圳
514461000	深圳广播电影电视集团	297219270	57.77	深圳
1072973059	江苏帝奥控股集团股份有限公司	179550000	16.73	深圳
490704000	李建华	139975200	28.53	深圳
1526459692	潍坊歌尔集团有限公司	390028684	25.55	深圳
767755000	上海力鸿新技术投资有限公司	370046180	48.20	深圳
364948956	深圳市通产集团有限公司	188003552	51.52	深圳
2704000000	杭州滨江投资控股有限公司	1225120000	45.31	深圳
973611465	澳洋集团有限公司	327228000	33.61	深圳
413686536	中兵投资管理有限责任公司	66829600	16.15	深圳
264484500	浙江帝龙控股有限公司	48950000	18.51	深圳
307495600	大连高金科技发展有限公司	50624000	16.46	深圳
1722822700	鲁楚平	754953032	43.82	深圳
834873322	牟金香	254535853	30.49	深圳
778985474	步步高投资集团股份有限公司	302535517	38.84	深圳
2756259834	科瑞天诚投资控股有限公司	884158154	32.08	深圳
150417397	游志胜	13457043	8.95	深圳
610833600	烟台泰和新材集团有限公司	221868000	36.32	深圳
620634524	徐元生	128303800	20.67	深圳
315243500	深圳市彩虹创业投资集团有限公司	122616000	38.90	深圳
202444033	四川久远投资控股集团有限公司	55186206	27.26	深圳
643320000	四川升达林产工业集团有限公司	186713423	29.02	深圳
265200000	北京市梧桐翔宇投资有限公司	65387746	24.66	深圳
557277755	李新宇	96217087	17.27	深圳
485166833	徐州恩华投资有限公司	194503039	40.09	深圳
939180050	浙江大东南集团有限公司	268965846	28.64	深圳
541501975	新华都实业集团股份有限公司	237951934	43.94	深圳
291026000	南方工业资产管理有限责任公司	140277287	48.20	深圳
1978719849	孙毅	395911884	20.01	深圳
1112075445	陕西燃气集团有限公司	615650588	55.36	深圳
432523346	中国电子科技网络信息安全有限公司	191194238	44.20	深圳
2526000000	上海华服投资有限公司	1272486359	50.38	深圳
469927537	上海华明电力设备集团有限公司	168763023	33.34	深圳
830693439	李卫国	260514304	31.36	深圳
419700000	罗丽华	88176350	21.01	深圳
436612083	星星集团有限公司	99296923	22.74	深圳
634909764	苏州华纳投资股份有限公司	201906346	31.80	深圳
590200000	桂林三金集团股份有限公司	360672000	61.11	深圳
939325488	浙江万马电气电缆集团有限公司	420090812	44.72	深圳
566122600	湖南友谊阿波罗控股股份有限公司	207019300	36.57	深圳
363909648	上海业祥投资管理有限公司	47577481	13.07	深圳
216596780	北京久其科技投资有限公司	52348699	24.17	深圳
702497892	何志涛	195219835	27.79	深圳
209889584	武汉烽火科技集团有限公司	95249437	45.38	深圳
338130000	陈怀荣	46778240	13.83	深圳
559411764	天润联合集团有限公司	218739800	39.10	深圳
737556000	亚太机电集团有限公司	286150656	38.80	深圳

附录1—5 续表 15

序号	公司全称	上市公司股票代码	股票简称	行业分类
751	深圳世联行地产顾问股份有限公司	002285	世联行	房地产业
752	保龄宝生物股份有限公司	002286	保龄宝	制造业
753	西藏奇正藏药股份有限公司	002287	奇正藏药	制造业
754	广东超华科技股份有限公司	002288	超华科技	制造业
755	深圳市宇顺电子股份有限公司	002289	*ST宇顺	制造业
756	苏州禾盛新型材料股份有限公司	002290	禾盛新材	制造业
757	星期六股份有限公司	002291	星期六	制造业
758	奥飞娱乐股份有限公司	002292	奥飞娱乐	制造业
759	罗莱生活科技股份有限公司	002293	罗莱生活	制造业
760	深圳信立泰药业股份有限公司	002294	信立泰	制造业
761	广东精艺金属股份有限公司	002295	精艺股份	制造业
762	河南辉煌科技股份有限公司	002296	辉煌科技	制造业
763	湖南博云新材料股份有限公司	002297	博云新材	制造业
764	安徽中电兴发与鑫龙科技股份有限公司	002298	中电鑫龙	制造业
765	福建圣农发展股份有限公司	002299	圣农发展	农、林、牧、渔业
766	福建南平太阳电缆股份有限公司	002300	太阳电缆	制造业
767	深圳齐心集团股份有限公司	002301	齐心集团	制造业
768	中建西部建设股份有限公司	002302	西部建设	制造业
769	美盈森集团股份有限公司	002303	美盈森	制造业
770	江苏洋河酒厂股份有限公司	002304	洋河股份	制造业
771	武汉南国置业股份有限公司	002305	南国置业	房地产业
772	中科云网科技集团股份有限公司	002306	中科云网	住宿和餐饮业
773	新疆北新路桥集团股份有限公司	002307	北新路桥	建筑业
774	广东威创视讯科技股份有限公司	002308	威创股份	制造业
775	中利科技集团股份有限公司	002309	中利科技	制造业
776	北京东方园林生态股份有限公司	002310	东方园林	建筑业
777	广东海大集团股份有限公司	002311	海大集团	制造业
778	成都三泰控股集团股份有限公司	002312	三泰控股	制造业
779	深圳日海通讯技术股份有限公司	002313	日海通讯	制造业
780	深圳市新南山控股(集团)股份有限公司	002314	南山控股	建筑业
781	焦点科技股份有限公司	002315	焦点科技	信息传输、软件和信息技术服务业
782	深圳键桥通讯技术股份有限公司	002316	键桥通讯	信息传输、软件和信息技术服务业
783	广东众生药业股份有限公司	002317	众生药业	制造业
784	浙江久立特材科技股份有限公司	002318	久立特材	制造业
785	珠海市乐通化工股份有限公司	002319	乐通股份	制造业
786	海南海峡航运股份有限公司	002320	海峡股份	交通运输、仓储和邮政业
787	河南华英农业发展股份有限公司	002321	华英农业	农、林、牧、渔业
788	宁波理工环境能源科技股份有限公司	002322	理工环科	制造业
789	江苏雅百特科技股份有限公司	002323	雅百特	建筑业
790	上海普利特复合材料股份有限公司	002324	普利特	制造业
791	深圳市洪涛装饰股份有限公司	002325	洪涛股份	建筑业
792	浙江永太科技股份有限公司	002326	永太科技	制造业
793	深圳市富安娜家居用品股份有限公司	002327	富安娜	制造业
794	上海新朋实业股份有限公司	002328	新朋股份	制造业
795	皇氏集团股份有限公司	002329	皇氏集团	制造业
796	山东得利斯食品股份有限公司	002330	得利斯	制造业
797	安徽皖通科技股份有限公司	002331	皖通科技	信息传输、软件和信息技术服务业
798	浙江仙琚制药股份有限公司	002332	仙琚制药	制造业
799	苏州罗普斯金铝业股份有限公司	002333	罗普斯金	制造业
800	深圳市英威腾电气股份有限公司	002334	英威腾	制造业

continued

股本总数(股)	第一大股东名称	第一大股东持股数量(股)	所占比重(%)	上市地点
1445696230	世联地产顾问(中国)有限公司	575036557	39.78	深圳
369256000	刘宗利	98818661	26.76	深圳
406000000	甘肃奇正实业集团有限公司	280780000	69.16	深圳
931643744	梁健锋	170723040	18.32	深圳
186835822	魏连速	26105890	13.97	深圳
210672000	赵东明	62784550	29.80	深圳
398921895	深圳市星期六投资控股有限公司	146572010	36.74	深圳
1264551960	蔡东青	615082500	48.64	深圳
701815500	伟佳国际企业有限公司	125000000	17.81	深圳
1046016000	信立泰药业有限公司	708500480	67.73	深圳
251600000	周艳贞	38756524	15.40	深圳
376656420	李海鹰	55025600	14.61	深圳
398821011	中南大学粉末冶金工程研究中心有限公司	72472129	18.17	深圳
632918760	瞿洪桂	127394324	20.13	深圳
1110900000	福建省圣农实业有限公司	471649257	42.46	深圳
452250000	福州太顺实业有限公司	100887154	22.31	深圳
373599998	深圳市齐心控股有限公司	184599998	49.41	深圳
516117025	中建新疆建工(集团)有限公司	186718067	36.18	深圳
1430400000	王海鹏	654500100	45.76	深圳
1506988000	江苏洋河集团有限公司	514858939	34.16	深圳
1458831420	许晓明	354093568	24.27	深圳
800000000	孟凯	181560000	22.70	深圳
557327160	新疆生产建设兵团建设工程(集团)有限责任公司	254955930	45.75	深圳
835591560	VTRON INVESTMENT LIMITED	331268400	39.64	深圳
572232308	王柏兴	267047337	46.67	深圳
1008711947	何巧女	476198092	47.21	深圳
1537363254	广州市海灏投资有限公司	910589359	59.23	深圳
918727822	补建	280462924	30.53	深圳
312000000	深圳市海若技术有限公司	77025000	24.69	深圳
1877530273	中国南山开发(集团)股份有限公司	939275881	50.03	深圳
117500000	沈锦华	68865761	58.61	深圳
393120000	嘉兴乾德精一投资合伙企业(有限合伙)	78000000	19.84	深圳
738472000	张绍日	235710000	31.92	深圳
841505932	久立集团股份有限公司	304890421	36.23	深圳
200000000	刘秋华	26000000	13.00	深圳
425880000	海南港航控股有限公司	216814401	50.91	深圳
425800000	河南省潢川华英禽业总公司	84053334	19.74	深圳
406378675	宁波天一世纪投资有限责任公司	126656706	31.17	深圳
248576552	拉萨瑞鸿投资管理有限公司	111059792	44.68	深圳
270000000	周文	138852000	51.43	深圳
1001542415	刘年新	302767656	30.23	深圳
798702881	王莺妹	190355000	23.83	深圳
861334146	林国芳	319396710	37.08	深圳
450000000	宋琳	163000000	36.22	深圳
837640035	黄嘉棣	303023388	36.18	深圳
502000000	诸城同路人投资有限公司	259440000	51.68	深圳
291939213	王中胜	29205340	10.00	深圳
610808111	仙居县国有资产投资集团有限公司	131658869	21.55	深圳
251301800	罗普斯金控股有限公司	164494080	65.46	深圳
718375059	黄申力	130444882	18.16	深圳

附录1-5　续表 16

序号	公司全称	上市公司股票代码	股票简称	行业分类
801	厦门科华恒盛股份有限公司	002335	科华恒盛	制造业
802	人人乐连锁商业集团股份有限公司	002336	*ST人乐	批发和零售业
803	天津赛象科技股份有限公司	002337	赛象科技	制造业
804	长春奥普光电技术股份有限公司	002338	奥普光电	制造业
805	积成电子股份有限公司	002339	积成电子	制造业
806	格林美股份有限公司	002340	格林美	制造业
807	深圳市新纶科技股份有限公司	002341	新纶科技	制造业
808	巨力索具股份有限公司	002342	巨力索具	制造业
809	慈文传媒股份有限公司	002343	慈文传媒	文化、体育和娱乐业
810	海宁中国皮革城股份有限公司	002344	海宁皮城	租赁和商务服务业
811	广东潮宏基实业股份有限公司	002345	潮宏基	制造业
812	上海柘中集团股份有限公司	002346	柘中股份	制造业
813	泰尔重工股份有限公司	002347	泰尔重工	制造业
814	广东高乐玩具股份有限公司	002348	高乐股份	制造业
815	精华制药集团股份有限公司	002349	精华制药	制造业
816	北京科锐配电自动化股份有限公司	002350	北京科锐	制造业
817	深圳市漫步者科技股份有限公司	002351	漫步者	制造业
818	马鞍山鼎泰稀土新材料股份有限公司	002352	鼎泰新材	制造业
819	烟台杰瑞石油服务集团股份有限公司	002353	杰瑞股份	制造业
820	大连天神娱乐股份有限公司	002354	天神娱乐	信息传输、软件和信息技术服务业
821	山东兴民钢圈股份有限公司	002355	兴民钢圈	制造业
822	深圳赫美集团股份有限公司	002356	赫美集团	制造业
823	四川富临运业集团股份有限公司	002357	富临运业	交通运输、仓储和邮政业
824	河南森源电气股份有限公司	002358	森源电气	制造业
825	山东齐星铁塔科技股份有限公司	002359	齐星铁塔	制造业
826	山西同德化工股份有限公司	002360	同德化工	制造业
827	安徽神剑新材料股份有限公司	002361	神剑股份	制造业
828	汉王科技股份有限公司	002362	汉王科技	制造业
829	山东隆基机械股份有限公司	002363	隆基机械	制造业
830	杭州中恒电气股份有限公司	002364	中恒电气	制造业
831	潜江永安药业股份有限公司	002365	永安药业	制造业
832	台海玛努尔核电设备股份有限公司	002366	台海核电	制造业
833	康力电梯股份有限公司	002367	康力电梯	制造业
834	太极计算机股份有限公司	002368	太极股份	信息传输、软件和信息技术服务业
835	深圳市卓翼科技股份有限公司	002369	卓翼科技	制造业
836	浙江亚太药业股份有限公司	002370	亚太药业	制造业
837	北京七星华创电子股份有限公司	002371	七星电子	制造业
838	浙江伟星新型建材股份有限公司	002372	伟星新材	制造业
839	北京千方科技股份有限公司	002373	千方科技	信息传输、软件和信息技术服务业
840	山东丽鹏股份有限公司	002374	丽鹏股份	制造业
841	浙江亚厦装饰股份有限公司	002375	亚厦股份	建筑业
842	山东新北洋信息技术股份有限公司	002376	新北洋	制造业
843	湖北国创高新材料股份有限公司	002377	国创高新	制造业
844	崇义章源钨业股份有限公司	002378	章源钨业	制造业
845	鲁丰环保科技股份有限公司	002379	*ST鲁丰	制造业
846	南京科远自动化集团股份有限公司	002380	科远股份	制造业
847	浙江双箭橡胶股份有限公司	002381	双箭股份	制造业
848	蓝帆医疗股份有限公司	002382	蓝帆医疗	制造业
849	北京合众思壮科技股份有限公司	002383	合众思壮	制造业
850	苏州东山精密制造股份有限公司	002384	东山精密	制造业

continued

股本总数(股)	第一大股东名称	第一大股东持股数量(股)	所占比重(%)	上市地点
224607800	厦门科华伟业股份有限公司	86143249	38.35	深圳
400000000	深圳市浩明投资管理有限公司	192890091	48.22	深圳
594282750	天津赛象创业投资有限责任公司	189230000	31.84	深圳
120000000	中国科学院长春光学精密机械与物理研究所	51177392	42.65	深圳
378896000	杨志强	16321200	4.31	深圳
1455434823	深圳市汇丰源投资有限公司	182511431	12.54	深圳
373440000	侯毅	100000000	26.78	深圳
960000000	巨力集团有限公司	192300000	20.03	深圳
314510000	马中骏	47160753	14.99	深圳
1120000000	海宁市资产经营公司	424419102	37.89	深圳
845111200	汕头市潮鸿基投资有限公司	253643040	30.01	深圳
441575416	上海康峰投资管理有限公司	276066710	62.52	深圳
224675281	邰正彪	70184101	31.24	深圳
473600000	兴昌塑胶五金厂有限公司	93566300	19.76	深圳
280196554	南通产业控股集团有限公司	95530720	34.09	深圳
218280000	北京科锐北方科技发展有限公司	93054709	42.63	深圳
294000000	张文东	93195900	31.70	深圳
116746170	刘冀鲁	50082169	42.90	深圳
957853992	孙伟杰	214202121	22.36	深圳
286586511	朱晔	46644273	15.97	深圳
513700050	王志成	173848000	33.84	深圳
310474440	汉桥机器厂有限公司	153000000	49.28	深圳
313489036	四川富临实业集团有限公司	124945037	39.86	深圳
795595488	河南森源集团有限公司	198295040	24.92	深圳
416800000	晋中龙跃投资咨询服务有限公司	124990096	29.99	深圳
391512600	张云升	90390000	23.09	深圳
431297798	刘志坚	114262990	26.49	深圳
214102792	刘迎建	48030838	22.43	深圳
298800000	隆基集团有限公司	135208800	45.25	深圳
523242380	杭州中恒科技投资有限公司	200389724	38.30	深圳
187000000	陈勇	42312000	22.63	深圳
433528675	烟台市台海集团有限公司	182883231	42.18	深圳
738600124	王友林	355018300	48.07	深圳
415597227	华北计算技术研究所(中国电子科技集团公司第十五研究所)	155841120	37.50	深圳
488637750	夏传武	79000920	16.17	深圳
204000000	浙江亚太集团有限公司	71800000	35.20	深圳
352200000	北京七星华电科技集团有限责任公司	176515720	50.12	深圳
578689800	伟星集团有限公司	217569248	37.60	深圳
552188216	夏曙东	159795204	28.94	深圳
329653221	孙世尧	53200000	16.14	深圳
1339325692	亚厦控股有限公司	444470032	33.19	深圳
600000000	威海北洋电气集团股份有限公司	82258800	13.71	深圳
438140000	国创高科实业集团有限公司	188131600	42.94	深圳
924167436	崇义章源投资控股有限公司	651775540	70.53	深圳
926400000	于荣强	329240000	35.54	深圳
204000000	刘国耀	61097400	29.95	深圳
351000000	沈耿亮	86110293	24.53	深圳
247200000	蓝帆集团股份有限公司	126000000	50.97	深圳
197328688	郭信平	64359010	32.62	深圳
847390270	袁永刚	197136000	23.26	深圳

附录1-5 续表 17

序号	公司全称	上市公司股票代码	股票简称	行业分类
851	北京大北农科技集团股份有限公司	002385	大北农	制造业
852	宜宾天原集团股份有限公司	002386	天原集团	制造业
853	黑牛食品股份有限公司	002387	黑牛食品	制造业
854	深圳市新亚电子制程股份有限公司	002388	新亚制程	制造业
855	浙江南洋科技股份有限公司	002389	南洋科技	制造业
856	贵州信邦制药股份有限公司	002390	信邦制药	制造业
857	江苏长青农化股份有限公司	002391	长青股份	制造业
858	北京利尔高温材料股份有限公司	002392	北京利尔	制造业
859	天津力生制药股份有限公司	002393	力生制药	制造业
860	江苏联发纺织股份有限公司	002394	联发股份	制造业
861	无锡双象超纤材料股份有限公司	002395	双象股份	制造业
862	福建星网锐捷通讯股份有限公司	002396	星网锐捷	制造业
863	湖南梦洁家纺股份有限公司	002397	梦洁家纺	制造业
864	厦门市建筑科学研究院集团股份有限公司	002398	建研集团	科学研究和技术服务业
865	深圳市海普瑞药业股份有限公司	002399	海普瑞	制造业
866	广东省广告集团股份有限公司	002400	省广股份	租赁和商务服务业
867	中海网络科技股份有限公司	002401	中海科技	信息传输、软件和信息技术服务业
868	深圳和而泰智能控制股份有限公司	002402	和而泰	制造业
869	浙江爱仕达电器股份有限公司	002403	爱仕达	制造业
870	浙江嘉欣丝绸股份有限公司	002404	嘉欣丝绸	制造业
871	北京四维图新科技股份有限公司	002405	四维图新	信息传输、软件和信息技术服务业
872	许昌远东传动轴股份有限公司	002406	远东传动	制造业
873	多氟多化工股份有限公司	002407	多氟多	制造业
874	淄博齐翔腾达化工股份有限公司	002408	齐翔腾达	制造业
875	江苏雅克科技股份有限公司	002409	雅克科技	制造业
876	广联达科技股份有限公司	002410	广联达	信息传输、软件和信息技术服务业
877	江苏必康制药股份有限公司	002411	必康股份	制造业
878	湖南汉森制药股份有限公司	002412	汉森制药	制造业
879	江苏雷科防务科技股份有限公司	002413	雷科防务	制造业
880	武汉高德红外股份有限公司	002414	高德红外	制造业
881	杭州海康威视数字技术股份有限公司	002415	海康威视	制造业
882	深圳市爱施德股份有限公司	002416	爱施德	批发和零售业
883	福建三元达通讯股份有限公司	002417	三元达	制造业
884	浙江康盛股份有限公司	002418	康盛股份	制造业
885	天虹商场股份有限公司	002419	天虹商场	批发和零售业
886	广州毅昌科技股份有限公司	002420	毅昌股份	制造业
887	深圳达实智能股份有限公司	002421	达实智能	信息传输、软件和信息技术服务业
888	四川科伦药业股份有限公司	002422	科伦药业	制造业
889	中原特钢股份有限公司	002423	*ST中特	制造业
890	贵州百灵企业集团制药股份有限公司	002424	贵州百灵	制造业
891	凯撒(中国)股份有限公司	002425	凯撒股份	制造业
892	苏州胜利精密制造科技股份有限公司	002426	胜利精密	制造业
893	浙江尤夫高新纤维股份有限公司	002427	尤夫股份	制造业
894	云南临沧鑫圆锗业股份有限公司	002428	云南锗业	制造业
895	深圳市兆驰股份有限公司	002429	兆驰股份	制造业
896	杭州杭氧股份有限公司	002430	杭氧股份	制造业
897	棕榈生态城镇发展股份有限公司	002431	棕榈股份	建筑业
898	天津九安医疗电子股份有限公司	002432	九安医疗	制造业
899	广东太安堂药业股份有限公司	002433	太安堂	制造业
900	浙江万里扬股份有限公司	002434	万里扬	制造业

continued

股本总数（股）	第一大股东名称	第一大股东持股数量(股)	所占比重(%)	上市地点
2733779415	邵根伙	1152211196	42.15	深圳
671679806	宜宾市国有资产经营有限公司	117667270	17.52	深圳
469459458	林秀浩	152836900	32.56	深圳
399600000	深圳市新力达电子集团有限公司	188800000	47.25	深圳
709923000	邵雨田	178500000	25.14	深圳
1251136330	张观福	429414349	34.32	深圳
362138180	于国权	111008978	30.65	深圳
1198559434	赵继增	287183872	23.96	深圳
182454992	天津金浩医药有限公司	93710608	51.36	深圳
323700000	江苏联发集团股份有限公司	130934100	40.45	深圳
178806000	江苏双象集团有限公司	115742190	64.73	深圳
539111233	福建省电子信息(集团)有限责任公司	150931950	28.00	深圳
674743775	姜天武	254976865	37.79	深圳
342732000	蔡永太	60853129	17.76	深圳
800200000	深圳市乐仁科技有限公司	296268687	37.02	深圳
904718923	广东省广新控股集团有限公司	157301745	17.39	深圳
303240000	上海船舶运输科学研究所	162883267	53.71	深圳
332182032	刘建伟	75390000	22.70	深圳
312000000	爱仕达集团有限公司	122850000	39.38	深圳
520650000	周国建	113644600	21.83	深圳
711436510	中国四维测绘技术有限公司	86994019	12.23	深圳
561000000	刘延生	154446200	27.53	深圳
251242155	李世江	35102784	13.97	深圳
806913297	淄博齐翔石油化工集团有限公司	422593018	52.37	深圳
166320000	沈琦	55860000	33.59	深圳
1128388018	刁志中	214624845	19.02	深圳
1254106451	新沂必康新医药产业综合体投资有限公司	581930826	46.40	深圳
296000000	新疆汉森股权投资管理有限合伙企业	152057002	51.37	深圳
317399633	江苏常发实业集团有限公司	79221450	24.96	深圳
600000000	武汉市高德电气有限公司	239203122	39.87	深圳
4068772253	中电海康集团有限公司	1623855536	39.91	深圳
1003884839	深圳市神州通投资集团有限公司	562203586	56.00	深圳
270000000	周世平	36000000	13.33	深圳
378800000	陈汉康	59018544	15.58	深圳
800200000	中国航空技术深圳有限公司	347257000	43.40	深圳
401000000	广州高金技术产业集团有限公司	104198900	25.98	深圳
642482792	拉萨市达实投资发展有限公司	133407177	20.76	深圳
1440000000	刘革新	379128280	26.33	深圳
502986577	中国南方工业集团公司	339115147	67.42	深圳
1411200000	姜伟	750080416	53.15	深圳
434237786	凯撒集团(香港)有限公司	152620000	35.15	深圳
1166647793	高玉根	360784000	30.92	深圳
398154658	湖州尤夫控股有限公司	124383532	31.24	深圳
653120000	临沧飞翔冶炼有限责任公司	102470297	15.69	深圳
1601787759	新疆兆驰股权投资合伙企业(有限合伙)	986875091	61.61	深圳
831776000	杭州制氧机集团有限公司	511471152	61.49	深圳
550798600	吴桂昌	77603462	14.09	深圳
372000000	石河子三和股权投资合伙企业(有限合伙)	166333302	44.71	深圳
772070200	太安堂集团有限公司	251589701	32.59	深圳
510000000	万里扬集团有限公司	169682500	33.27	深圳

附录1–5　续表 18

序号	公司全称	上市公司股票代码	股票简称	行业分类
901	长江润发机械股份有限公司	002435	长江润发	制造业
902	深圳市兴森快捷电路科技股份有限公司	002436	兴森科技	制造业
903	哈尔滨誉衡药业股份有限公司	002437	誉衡药业	制造业
904	江苏神通阀门股份有限公司	002438	江苏神通	制造业
905	启明星辰信息技术集团股份有限公司	002439	启明星辰	信息传输、软件和信息技术服务业
906	浙江闰土股份有限公司	002440	闰土股份	制造业
907	众业达电气股份有限公司	002441	众业达	批发和零售业
908	龙星化工股份有限公司	002442	龙星化工	制造业
909	浙江金洲管道科技股份有限公司	002443	金洲管道	制造业
910	杭州巨星科技股份有限公司	002444	巨星科技	制造业
911	中南红文化集团股份有限公司	002445	中南文化	制造业
912	广东盛路通信科技股份有限公司	002446	盛路通信	制造业
913	大连壹桥海参股份有限公司	002447	壹桥海参	农、林、牧、渔业
914	中原内配集团股份有限公司	002448	中原内配	制造业
915	佛山市国星光电股份有限公司	002449	国星光电	制造业
916	康得新复合材料集团股份有限公司	002450	康得新	制造业
917	上海摩恩电气股份有限公司	002451	摩恩电气	制造业
918	湖南长高高压开关集团股份公司	002452	长高集团	制造业
919	苏州天马精细化学品股份有限公司	002453	天马精化	制造业
920	上海加冷松芝汽车空调股份有限公司	002454	松芝股份	制造业
921	无锡百川化工股份有限公司	002455	百川股份	制造业
922	深圳欧菲光科技股份有限公司	002456	欧菲光	制造业
923	宁夏青龙管业股份有限公司	002457	青龙管业	制造业
924	山东益生种畜禽股份有限公司	002458	益生股份	农、林、牧、渔业
925	秦皇岛天业通联重工股份有限公司	002459	天业通联	制造业
926	江西赣锋锂业股份有限公司	002460	赣锋锂业	制造业
927	广州珠江啤酒股份有限公司	002461	珠江啤酒	制造业
928	嘉事堂药业股份有限公司	002462	嘉事堂	批发和零售业
929	沪士电子股份有限公司	002463	沪电股份	制造业
930	昆山金利表面材料应用科技股份有限公司	002464	金利科技	制造业
931	广州海格通信集团股份有限公司	002465	海格通信	制造业
932	天齐锂业股份有限公司	002466	天齐锂业	制造业
933	二六三网络通信股份有限公司	002467	二六三	信息传输、软件和信息技术服务业
934	浙江艾迪西流体控制股份有限公司	002468	艾迪西	制造业
935	山东三维石化工程股份有限公司	002469	三维工程	科学研究和技术服务业
936	金正大生态工程集团股份有限公司	002470	金正大	制造业
937	江苏中超控股股份有限公司	002471	中超控股	制造业
938	浙江双环传动机械股份有限公司	002472	双环传动	制造业
939	宁波圣莱达电器股份有限公司	002473	圣莱达	制造业
940	福建榕基软件股份有限公司	002474	榕基软件	信息传输、软件和信息技术服务业
941	立讯精密工业股份有限公司	002475	立讯精密	制造业
942	山东宝莫生物化工股份有限公司	002476	宝莫股份	制造业
943	雏鹰农牧集团股份有限公司	002477	雏鹰农牧	农、林、牧、渔业
944	江苏常宝钢管股份有限公司	002478	常宝股份	制造业
945	浙江富春江环保热电股份有限公司	002479	富春环保	电力、热力、燃气及水生产和供应业
946	成都市新筑路桥机械股份有限公司	002480	新筑股份	制造业
947	烟台双塔食品股份有限公司	002481	双塔食品	制造业
948	深圳广田集团股份有限公司	002482	广田集团	建筑业
949	江苏润邦重工股份有限公司	002483	润邦股份	制造业
950	南通江海电容器股份有限公司	002484	江海股份	制造业

continued

股本总数(股)	第一大股东名称	第一大股东持股数量(股)	所占比重(%)	上市地点
198000000	长江润发集团有限公司	55527978	28.04	深圳
495969168	邱醒亚	101617086	20.49	深圳
733009500	哈尔滨恒世达昌科技有限公司	312375000	42.62	深圳
216091540	吴建新	44925000	21.60	深圳
830246668	王佳	270379292	32.57	深圳
767000000	张爱娟	128303262	16.73	深圳
468129527	吴开贤	158508340	33.86	深圳
480000000	刘江山	174040715	36.26	深圳
520535520	金洲集团有限公司	47015739	9.03	深圳
1014000000	巨星控股集团有限公司	488960440	48.22	深圳
738766596	江阴中南重工集团有限公司	247869000	33.55	深圳
448300153	杨华	80705533	18.00	深圳
952452000	刘德群	327600000	34.40	深圳
588102305	薛德龙	107869305	18.34	深圳
475751669	佛山市西格玛创业投资有限公司	61348500	12.90	深圳
1608735458	康得投资集团有限公司	245856507	15.28	深圳
439200000	问泽鸿	262600000	59.79	深圳
525155800	马孝武	110639240	21.07	深圳
571300000	苏州天马医药集团有限公司	118100000	20.67	深圳
422770000	陈福成	183647206	43.44	深圳
474120000	郑铁江	164320000	34.66	深圳
1030612000	深圳市欧菲投资控股有限公司	209454336	20.32	深圳
334992000	宁夏青龙投资控股有限公司	71300654	21.28	深圳
283399602	曹积生	130492660	46.05	深圳
388689351	深圳市华建盈富投资企业(有限合伙)	141431000	36.39	深圳
377952115	李良彬	89923484	23.79	深圳
680161768	广州珠江啤酒集团有限公司	353295165	51.94	深圳
240000000	中国青年实业发展总公司	41876431	17.45	深圳
1674159763	BIGGERING(BVI) HOLDINGS CO., LTD.	399762943	23.88	深圳
145589953	珠海横琴新区长实资本管理有限公司	42221086	29.00	深圳
2145751654	广州无线电集团有限公司	455275872	21.22	深圳
261469000	成都天齐实业(集团)有限公司	93717000	35.84	深圳
798320393	李小龙	136471631	17.09	深圳
331776000	南通泓石投资有限公司	89500000	26.98	深圳
335508566	山东人和投资有限公司	77516690	23.10	深圳
1567606898	临沂金正大投资控股有限公司	613440000	39.13	深圳
1268000000	江苏中超投资集团有限公司	470234030	37.08	深圳
288372000	吴长鸿	29984496	10.40	深圳
160000000	宁波金阳光电热科技有限公司	29000000	18.13	深圳
622200000	鲁峰	143655740	23.09	深圳
1257476660	立讯有限公司	720610800	57.31	深圳
612000000	胜利油田长安控股集团有限公司	110780706	18.10	深圳
1045053210	侯建芳	416388400	39.84	深圳
400100000	曹坚	110358640	27.58	深圳
796350000	浙江富春江通信集团有限公司	302635358	38.00	深圳
645368270	新筑投资集团有限公司	159770655	24.76	深圳
1263390000	招远君兴农业发展中心	416160000	32.94	深圳
625429863	深圳广田投资控股有限公司	234240000	37.45	深圳
443737950	南通威望实业有限公司	182689925	41.17	深圳
332800000	億威投资有限公司	124800000	37.50	深圳

附录1-5 续表 19

序号	公司全称	上市公司股票代码	股票简称	行业分类
951	希努尔男装股份有限公司	002485	希努尔	制造业
952	上海嘉麟杰纺织品股份有限公司	002486	嘉麟杰	制造业
953	辽宁大金重工股份有限公司	002487	大金重工	制造业
954	浙江金固股份有限公司	002488	金固股份	制造业
955	浙江永强集团股份有限公司	002489	浙江永强	制造业
956	山东墨龙石油机械股份有限公司	002490	山东墨龙	制造业
957	通鼎互联信息股份有限公司	002491	通鼎互联	制造业
958	珠海恒基达鑫国际化工仓储股份有限公司	002492	恒基达鑫	交通运输、仓储和邮政业
959	荣盛石化股份有限公司	002493	荣盛石化	制造业
960	华斯控股股份有限公司	002494	华斯股份	制造业
961	广东佳隆食品股份有限公司	002495	佳隆股份	制造业
962	江苏辉丰农化股份有限公司	002496	辉丰股份	制造业
963	四川雅化实业集团股份有限公司	002497	雅化集团	制造业
964	青岛汉缆股份有限公司	002498	汉缆股份	制造业
965	科林环保装备股份有限公司	002499	科林环保	制造业
966	山西证券股份有限公司	002500	山西证券	金融业
967	吉林利源精制股份有限公司	002501	利源精制	制造业
968	骅威文化股份有限公司	002502	骅威文化	制造业
969	搜于特集团股份有限公司	002503	搜于特	制造业
970	北京弘高创意建筑设计股份有限公司	002504	弘高创意	建筑业
971	湖南大康国际农业食品股份有限公司	002505	大康农业	农、林、牧、渔业
972	协鑫集成科技股份有限公司	002506	协鑫集成	制造业
973	重庆市涪陵榨菜集团股份有限公司	002507	涪陵榨菜	制造业
974	杭州老板电器股份有限公司	002508	老板电器	制造业
975	天广消防股份有限公司	002509	天广消防	制造业
976	天津汽车模具股份有限公司	002510	天汽模	制造业
977	中顺洁柔纸业股份有限公司	002511	中顺洁柔	制造业
978	中山达华智能科技股份有限公司	002512	达华智能	制造业
979	江苏蓝丰生物化工股份有限公司	002513	*ST蓝丰	制造业
980	苏州宝馨科技实业股份有限公司	002514	宝馨科技	制造业
981	金字火腿股份有限公司	002515	金字火腿	制造业
982	旷达科技集团股份有限公司	002516	旷达科技	制造业
983	恺英网络股份有限公司	002517	恺英网络	信息传输、软件和信息技术服务业
984	深圳科士达科技股份有限公司	002518	科士达	制造业
985	江苏银河电子股份有限公司	002519	银河电子	制造业
986	浙江日发精密机械股份有限公司	002520	日发精机	制造业
987	齐峰新材料股份有限公司	002521	齐峰新材	制造业
988	浙江众成包装材料股份有限公司	002522	浙江众成	制造业
989	株洲天桥起重机股份有限公司	002523	天桥起重	制造业
990	光正集团股份有限公司	002524	光正集团	建筑业
991	山东矿机集团股份有限公司	002526	山东矿机	制造业
992	上海新时达电气股份有限公司	002527	新时达	制造业
993	深圳英飞拓科技股份有限公司	002528	英飞拓	制造业
994	福建海源自动化机械股份有限公司	002529	海源机械	制造业
995	江苏丰东热技术股份有限公司	002530	丰东股份	制造业
996	天顺风能(苏州)股份有限公司	002531	天顺风能	制造业
997	新界泵业集团股份有限公司	002532	新界泵业	制造业
998	金杯电工股份有限公司	002533	金杯电工	制造业
999	杭州锅炉集团股份有限公司	002534	杭锅股份	制造业
1000	林州重机集团股份有限公司	002535	林州重机	制造业

continued

股本总数（股）	第一大股东名称	第一大股东持股数量(股)	所占比重（%）	上市地点
320000000	新郎希努尔集团股份有限公司	77689447	24.28	深圳
832000000	上海国骏投资有限公司	163190000	19.61	深圳
540000000	阜新金胤新能源技术咨询有限公司	256000500	47.41	深圳
508483392	孙金国	84375000	16.59	深圳
2175736503	临海市永强投资有限公司	822221624	37.79	深圳
797848400	张恩荣	265617000	33.29	深圳
1199116223	通鼎集团有限公司	539850210	45.02	深圳
270000000	珠海实友化工有限公司	117020000	43.34	深圳
2224000000	浙江荣盛控股集团有限公司	1709999904	76.89	深圳
348478000	贺国英	117012093	33.58	深圳
668304000	林平涛	114610543	17.15	深圳
396704022	仲汉根	210371856	53.03	深圳
960000000	郑戎	141119340	14.70	深圳
3326796000	青岛汉河集团股份有限公司	2318658516	69.70	深圳
189000000	宋七棣	35938670	19.02	深圳
2518725153	山西国信投资集团有限公司	860395355	34.16	深圳
936000000	王民	167000034	17.84	深圳
429914437	郭祥彬	129006308	30.01	深圳
1036800000	马鸿	521892611	50.34	深圳
412734085	北京弘高慧目投资有限公司	126295812	30.60	深圳
2887038000	上海鹏欣(集团)有限公司	522357000	18.09	深圳
5046400000	上海其印投资管理有限公司	1422630000	28.19	深圳
328898851	重庆市涪陵国有资产投资经营集团有限公司	130416000	39.65	深圳
486075000	杭州老板实业集团有限公司	241800000	49.75	深圳
708094516	陈秀玉	168000000	23.73	深圳
411520000	胡津生	30096364	7.31	深圳
486720000	广东中顺纸业集团有限公司	146316062	30.06	深圳
1000490735	蔡小如	441275951	44.11	深圳
213120000	江苏苏化集团有限公司	65910240	30.93	深圳
277017132	陈东	71776791	25.91	深圳
359674000	施延军	79404000	22.08	深圳
662175000	沈介良	342910762	51.79	深圳
676799996	王悦	148696816	21.97	深圳
296934680	新疆科士达股权投资合伙企业(有限合伙)	178427200	60.09	深圳
569551910	银河电子集团投资有限公司	197435700	34.67	深圳
369392646	浙江日发控股集团有限公司	165396619	44.78	深圳
494685819	李学峰	80695965	16.31	深圳
883282200	陈大魁	408079400	46.20	深圳
562159048	株洲市国有资产投资控股集团有限公司	143631546	25.55	深圳
503332800	光正投资有限公司	160093848	31.81	深圳
534000000	赵笃学	128246686	24.02	深圳
589770589	纪德法	110915804	18.81	深圳
711652390	JHL INFINITE LLC	247104000	34.72	深圳
200000000	福建海诚投资有限公司	48557100	24.28	深圳
268000000	大丰市东润投资管理有限公司	96900000	36.16	深圳
823000000	上海天神投资管理有限公司	294640000	35.80	深圳
321270000	许敏田	67207066	20.92	深圳
553134080	深圳市能翔投资发展有限公司	115188480	20.82	深圳
400520000	西子电梯集团有限公司	160194420	40.00	深圳
616679288	郭现生	223188889	36.19	深圳

附录1-5　续表 20

序号	公司全称	上市公司股票代码	股票简称	行业分类
1001	河南省西峡汽车水泵股份有限公司	002536	西泵股份	制造业
1002	青岛海立美达股份有限公司	002537	海立美达	制造业
1003	安徽省司尔特肥业股份有限公司	002538	司尔特	制造业
1004	成都市新都化工股份有限公司	002539	新都化工	制造业
1005	江苏亚太轻合金科技股份有限公司	002540	亚太科技	制造业
1006	安徽鸿路钢结构(集团)股份有限公司	002541	鸿路钢构	制造业
1007	中化岩土工程股份有限公司	002542	中化岩土	建筑业
1008	广东万和新电气股份有限公司	002543	万和电气	制造业
1009	广州杰赛科技股份有限公司	002544	杰赛科技	信息传输、软件和信息技术服务业
1010	青岛东方铁塔股份有限公司	002545	东方铁塔	制造业
1011	南京新联电子股份有限公司	002546	新联电子	制造业
1012	苏州春兴精工股份有限公司	002547	春兴精工	制造业
1013	深圳市金新农饲料股份有限公司	002548	金新农	制造业
1014	湖南凯美特气体股份有限公司	002549	凯美特气	水利、环境和公共设施管理业
1015	常州千红生化制药股份有限公司	002550	千红制药	制造业
1016	深圳市尚荣医疗股份有限公司	002551	尚荣医疗	制造业
1017	宝鼎科技股份有限公司	002552	宝鼎科技	制造业
1018	江苏南方轴承股份有限公司	002553	南方轴承	制造业
1019	华油惠博普科技股份有限公司	002554	惠博普	采矿业
1020	芜湖顺荣三七互娱网络科技股份有限公司	002555	三七互娱	信息传输、软件和信息技术服务业
1021	安徽辉隆农资集团股份有限公司	002556	辉隆股份	批发和零售业
1022	洽洽食品股份有限公司	002557	洽洽食品	制造业
1023	重庆新世纪游轮股份有限公司	002558	世纪游轮	水利、环境和公共设施管理业
1024	江苏亚威机床股份有限公司	002559	亚威股份	制造业
1025	河南通达电缆股份有限公司	002560	通达股份	制造业
1026	上海徐家汇商城股份有限公司	002561	徐家汇	批发和零售业
1027	兄弟科技股份有限公司	002562	兄弟科技	制造业
1028	浙江森马服饰股份有限公司	002563	森马服饰	制造业
1029	苏州天沃科技股份有限公司	002564	天沃科技	制造业
1030	上海绿新包装材料科技股份有限公司	002565	上海绿新	制造业
1031	吉林省集安益盛药业股份有限公司	002566	益盛药业	制造业
1032	唐人神集团股份有限公司	002567	唐人神	制造业
1033	上海百润投资控股集团股份有限公司	002568	百润股份	制造业
1034	浙江步森服饰股份有限公司	002569	步森股份	制造业
1035	贝因美婴童食品股份有限公司	002570	贝因美	制造业
1036	安徽德力日用玻璃股份有限公司	002571	德力股份	制造业
1037	索菲亚家居股份有限公司	002572	索菲亚	制造业
1038	北京清新环境技术股份有限公司	002573	清新环境	水利、环境和公共设施管理业
1039	浙江明牌珠宝股份有限公司	002574	明牌珠宝	制造业
1040	广东群兴玩具股份有限公司	002575	群兴玩具	制造业
1041	江苏通达动力科技股份有限公司	002576	通达动力	制造业
1042	深圳雷柏科技股份有限公司	002577	雷柏科技	制造业
1043	福建省闽发铝业股份有限公司	002578	闽发铝业	制造业
1044	惠州中京电子科技股份有限公司	002579	中京电子	制造业
1045	山东圣阳电源股份有限公司	002580	圣阳股份	制造业
1046	山东未名生物医药股份有限公司	002581	未名医药	制造业
1047	好想你枣业股份有限公司	002582	好想你	制造业
1048	海能达通信股份有限公司	002583	海能达	制造业
1049	西陇科学股份有限公司	002584	西陇科学	制造业
1050	江苏双星彩塑新材料股份有限公司	002585	双星新材	制造业

continued

股本总数(股)	第一大股东名称	第一大股东持股数量(股)	所占比重(%)	上市地点
111269292	河南省宛西控股股份有限公司	42976930	38.62	深圳
301230000	青岛海立控股有限公司	109898000	36.48	深圳
718120283	安徽省宁国市农业生产资料有限公司	250400000	34.87	深圳
1010100000	宋睿	423282949	41.91	深圳
1040000000	周福海	441915000	42.49	深圳
268000000	商晓波	129280000	48.24	深圳
1165000000	吴延炜	439834424	37.75	深圳
440000000	广东万和集团有限公司	168300000	38.25	深圳
515760000	广州通信研究所(中国电子科技集团公司第七研究所)	178070577	34.53	深圳
780750000	韩汇如	409500000	52.45	深圳
252000000	南京新联创业园管理有限公司	124688500	49.48	深圳
1011978174	孙洁晓	434700000	42.96	深圳
383173719	新疆成农远大股权投资有限合伙企业	166226967	43.38	深圳
567000000	浩讯科技有限公司	365767500	64.51	深圳
640000000	王耀方	145944000	22.80	深圳
435551461	梁桂秋	177605239	40.78	深圳
300000000	朱丽霞	98500000	32.83	深圳
348000000	史建伟	137800000	39.60	深圳
535625000	黄松	94316000	17.61	深圳
877108143	李卫伟	201829026	23.01	深圳
478400000	安徽省供销商业总公司	184549760	38.58	深圳
507000000	合肥华泰集团股份有限公司	253244423	49.95	深圳
65450000	彭建虎	43721700	66.80	深圳
366138696	江苏亚威科技投资有限公司	46063056	12.58	深圳
142727117	史万福	34565264	24.22	深圳
415763000	上海徐家汇商城(集团)有限公司	126274555	30.37	深圳
270271942	钱志达	69680000	25.78	深圳
2694540400	邱光和	464400000	17.23	深圳
739712000	陈玉忠	285315274	38.57	深圳
696680000	顺灏投资集团有限公司	317440000	45.56	深圳
330951600	张益胜	129348530	39.08	深圳
493195485	湖南唐人神控股投资股份有限公司	116903889	23.70	深圳
896000000	刘晓东	427238106	47.68	深圳
140010000	上海睿鸷资产管理合伙企业(有限合伙)	41800000	29.86	深圳
1022520000	贝因美集团有限公司	338083494	33.06	深圳
391950700	施卫东	164500000	41.97	深圳
440978000	江淦钧	112000000	25.40	深圳
1065600000	北京世纪地和控股有限公司	483226200	45.35	深圳
528000000	浙江日月首饰集团有限公司	158172819	29.96	深圳
588720000	广东群兴投资有限公司	264053000	44.85	深圳
165100000	姜煜峰	52849977	32.01	深圳
283977000	热键电子(香港)有限公司	190501079	67.08	深圳
429500000	黄天火	137655000	32.05	深圳
350460000	惠州市京港投资发展有限公司	111858462	31.92	深圳
217552347	宋斌	26555367	12.21	深圳
659735586	北京北大未名生物工程集团有限公司	174016552	26.38	深圳
147600000	石聚彬	55229356	37.42	深圳
1537699350	陈清州	898838050	58.45	深圳
234086569	黄伟波	39988606	17.08	深圳
717327642	吴培服	238198010	33.21	深圳

附录1—5 续表 21

序号	公司全称	上市公司股票代码	股票简称	行业分类
1051	浙江省围海建设集团股份有限公司	002586	围海股份	建筑业
1052	深圳市奥拓电子股份有限公司	002587	奥拓电子	制造业
1053	史丹利化肥股份有限公司	002588	史丹利	制造业
1054	山东瑞康医药股份有限公司	002589	瑞康医药	批发和零售业
1055	浙江万安科技股份有限公司	002590	万安科技	制造业
1056	江西恒大高新技术股份有限公司	002591	恒大高新	制造业
1057	南宁八菱科技股份有限公司	002592	八菱科技	制造业
1058	厦门日上集团股份有限公司	002593	日上集团	制造业
1059	比亚迪股份有限公司	002594	比亚迪	制造业
1060	山东豪迈机械科技股份有限公司	002595	豪迈科技	制造业
1061	海南瑞泽新型建材股份有限公司	002596	海南瑞泽	制造业
1062	安徽金禾实业股份有限公司	002597	金禾实业	制造业
1063	山东省章丘鼓风机股份有限公司	002598	山东章鼓	制造业
1064	北京盛通印刷股份有限公司	002599	盛通股份	制造业
1065	广东江粉磁材股份有限公司	002600	江粉磁材	制造业
1066	河南佰利联化学股份有限公司	002601	佰利联	制造业
1067	浙江世纪华通集团股份有限公司	002602	世纪华通	制造业
1068	石家庄以岭药业股份有限公司	002603	以岭药业	制造业
1069	山东龙力生物科技股份有限公司	002604	龙力生物	制造业
1070	上海姚记扑克股份有限公司	002605	姚记扑克	制造业
1071	大连电瓷集团股份有限公司	002606	大连电瓷	制造业
1072	芜湖亚夏汽车股份有限公司	002607	亚夏汽车	批发和零售业
1073	江苏舜天船舶股份有限公司	002608	*ST舜船	制造业
1074	深圳市捷顺科技实业股份有限公司	002609	捷顺科技	信息传输、软件和信息技术服务业
1075	江苏爱康科技股份有限公司	002610	爱康科技	制造业
1076	广东东方精工科技股份有限公司	002611	东方精工	制造业
1077	朗姿股份有限公司	002612	朗姿股份	制造业
1078	洛阳北方玻璃技术股份有限公司	002613	北玻股份	制造业
1079	厦门蒙发利科技(集团)股份有限公司	002614	蒙发利	制造业
1080	浙江哈尔斯真空器皿股份有限公司	002615	哈尔斯	制造业
1081	广东长青(集团)股份有限公司	002616	长青集团	制造业
1082	露笑科技股份有限公司	002617	露笑科技	制造业
1083	深圳丹邦科技股份有限公司	002618	丹邦科技	制造业
1084	浙江巨龙管业股份有限公司	002619	巨龙管业	制造业
1085	深圳瑞和建筑装饰股份有限公司	002620	瑞和股份	建筑业
1086	大连三垒机器股份有限公司	002621	三垒股份	制造业
1087	吉林永大集团股份有限公司	002622	永大集团	制造业
1088	常州亚玛顿股份有限公司	002623	亚玛顿	制造业
1089	完美环球娱乐股份有限公司	002624	完美环球	文化、体育和娱乐业
1090	浙江龙生汽车部件股份有限公司	002625	龙生股份	制造业
1091	厦门金达威集团股份有限公司	002626	金达威	制造业
1092	湖北宜昌交运集团股份有限公司	002627	宜昌交运	交通运输、仓储和邮政业
1093	成都市路桥工程股份有限公司	002628	成都路桥	建筑业
1094	四川仁智油田技术服务股份有限公司	002629	仁智油服	采矿业
1095	华西能源工业股份有限公司	002630	华西能源	制造业
1096	德尔未来科技控股集团股份有限公司	002631	德尔未来	制造业
1097	道明光学股份有限公司	002632	道明光学	制造业
1098	申科滑动轴承股份有限公司	002633	申科股份	制造业
1099	浙江棒杰数码针织品股份有限公司	002634	棒杰股份	制造业
1100	苏州安洁科技股份有限公司	002635	安洁科技	制造业

continued

股本总数(股)	第一大股东名称	第一大股东持股数量(股)	所占比重(%)	上市地点
728126600	浙江围海控股集团有限公司	302100000	41.49	深圳
373450947	吴涵渠	112978642	30.25	深圳
583560000	高文班	132259400	22.66	深圳
554543488	张仁华	147902408	26.67	深圳
412562800	万安集团有限公司	219980700	53.32	深圳
260507000	朱星河	67549281	25.93	深圳
283331157	杨竞忠	71834788	28.81	深圳
233100000	吴子文	97927800	42.01	深圳
2476000000	香港中央结算(代理人)有限公司	688848766	27.82	深圳
800000000	张恭运	239396200	29.92	深圳
324458886	张海林	46640000	14.37	深圳
568254000	安徽金瑞投资集团有限公司	289281278	50.91	深圳
312000000	章丘市公有资产经营有限公司	93000000	29.81	深圳
135000000	栗延秋	36487500	27.03	深圳
879989668	汪南东	217367200	24.70	深圳
204424200	许刚	27927076	13.66	深圳
1027092040	浙江华通控股集团有限公司	273000000	26.58	深圳
1127648400	河北以岭医药集团有限公司	376276398	33.37	深圳
504025600	程少博	89956141	17.85	深圳
374000000	姚朔斌	70502252	18.85	深圳
204000000	刘桂雪	56311877	27.60	深圳
356928000	安徽亚夏实业股份有限公司	84831423	23.77	深圳
374850000	江苏舜天国际集团有限公司	96127716	25.64	深圳
601041622	唐健	235872000	39.24	深圳
725000000	江苏爱康实业集团有限公司	135999000	18.76	深圳
580592000	唐灼林	206956078	35.65	深圳
200000000	申东日	101577750	50.79	深圳
720900000	高学明	395924170	54.92	深圳
554775000	李五令	154389090	27.83	深圳
182400000	吕强	90288000	49.50	深圳
359333322	何启强	87840000	24.45	深圳
360000000	露笑集团有限公司	156036000	43.34	深圳
182640000	深圳丹邦投资集团有限公司	55116000	30.18	深圳
320008431	日照义聚股权投资中心(有限合伙)	49484254	15.46	深圳
120000000	李介平	33522370	27.94	深圳
225000000	俞建模	87513750	38.90	深圳
420000000	吕永祥	115463480	27.49	深圳
160000000	常州市亚玛顿科技有限公司	72000000	45.00	深圳
487706996	石河子快乐永久股权投资有限公司	122224703	25.06	深圳
300754194	俞龙生	54826683	18.23	深圳
576000000	厦门金达威投资有限公司	201610572	35.00	深圳
133500000	宜昌交通旅游产业发展集团有限公司	47604636	35.66	深圳
737416215	郑渝力	88697444	12.03	深圳
411948000	钱忠良	55914120	13.57	深圳
738000000	黎仁超	154981680	21.00	深圳
649374000	德尔集团有限公司	356831040	54.95	深圳
295860516	浙江道明投资有限公司	124800000	42.18	深圳
150000000	何全波	56249955	37.50	深圳
128056271	陶建伟	48018750	37.50	深圳
388853146	吕莉	137288176	35.31	深圳

附录1—5 续表 22

序号	公司全称	上市公司股票代码	股票简称	行业分类
1101	金安国纪科技股份有限公司	002636	金安国纪	制造业
1102	浙江赞宇科技股份有限公司	002637	赞宇科技	制造业
1103	东莞勤上光电股份有限公司	002638	勤上光电	制造业
1104	福建雪人股份有限公司	002639	雪人股份	制造业
1105	跨境通宝电子商务股份有限公司	002640	跨境通	批发和零售业
1106	永高股份有限公司	002641	永高股份	制造业
1107	北京荣之联科技股份有限公司	002642	荣之联	信息传输、软件和信息技术服务业
1108	中节能万润股份有限公司	002643	万润股份	制造业
1109	兰州佛慈制药股份有限公司	002644	佛慈制药	制造业
1110	江苏华宏科技股份有限公司	002645	华宏科技	制造业
1111	青海互助青稞酒股份有限公司	002646	青青稞酒	制造业
1112	浙江宏磊铜业股份有限公司	002647	宏磊股份	制造业
1113	浙江卫星石化股份有限公司	002648	卫星石化	制造业
1114	博彦科技股份有限公司	002649	博彦科技	信息传输、软件和信息技术服务业
1115	加加食品集团股份有限公司	002650	加加食品	制造业
1116	成都利君实业股份有限公司	002651	利君股份	制造业
1117	苏州扬子江新型材料股份有限公司	002652	扬子新材	制造业
1118	海思科医药集团股份有限公司	002653	海思科	制造业
1119	深圳万润科技股份有限公司	002654	万润科技	制造业
1120	山东共达电声股份有限公司	002655	共达电声	制造业
1121	摩登大道时尚集团股份有限公司	002656	摩登大道	制造业
1122	北京中科金财科技股份有限公司	002657	中科金财	信息传输、软件和信息技术服务业
1123	北京雪迪龙科技股份有限公司	002658	雪迪龙	制造业
1124	江苏中泰桥梁钢构股份有限公司	002659	中泰桥梁	建筑业
1125	茂硕电源科技股份有限公司	002660	茂硕电源	制造业
1126	克明面业股份有限公司	002661	克明面业	制造业
1127	北京威卡威汽车零部件股份有限公司	002662	京威股份	制造业
1128	广州普邦园林股份有限公司	002663	普邦园林	建筑业
1129	信质电机股份有限公司	002664	信质电机	制造业
1130	北京首航艾启威节能技术股份有限公司	002665	首航节能	制造业
1131	广东德联集团股份有限公司	002666	德联集团	制造业
1132	鞍山重型矿山机器股份有限公司	002667	鞍重股份	制造业
1133	广东奥马电器股份有限公司	002668	奥马电器	制造业
1134	上海康达化工新材料股份有限公司	002669	康达新材	制造业
1135	广东华声电器股份有限公司	002670	华声股份	制造业
1136	山东龙泉管道工程股份有限公司	002671	龙泉股份	制造业
1137	东江环保股份有限公司	002672	东江环保	水利、环境和公共设施管理业
1138	西部证券股份有限公司	002673	西部证券	金融业
1139	兴业皮革科技股份有限公司	002674	兴业科技	制造业
1140	烟台东诚药业集团股份有限公司	002675	东诚药业	制造业
1141	广东顺威精密塑料股份有限公司	002676	顺威股份	制造业
1142	浙江美大实业股份有限公司	002677	浙江美大	制造业
1143	广州珠江钢琴集团股份有限公司	002678	珠江钢琴	制造业
1144	福建金森林业股份有限公司	002679	福建金森	农、林、牧、渔业
1145	长生生物科技股份有限公司	002680	长生生物	制造业
1146	深圳市奋达科技股份有限公司	002681	奋达科技	制造业
1147	福建龙洲运输股份有限公司	002682	龙洲股份	交通运输、仓储和邮政业
1148	广东宏大爆破股份有限公司	002683	宏大爆破	采矿业
1149	广东猛狮新能源科技股份有限公司	002684	猛狮科技	制造业
1150	无锡华东重型机械股份有限公司	002685	华东重机	制造业

continued

股本总数(股)	第一大股东名称	第一大股东持股数量(股)	所占比重(%)	上市地点
728000000	上海东临投资发展有限公司	289926000	39.83	深圳
160000000	方银军	19150920	11.97	深圳
374670000	东莞勤上集团有限公司	101986148	27.22	深圳
600000000	林汝捷(小)	198312000	33.05	深圳
635404605	杨建新	141680250	22.30	深圳
864000000	公元塑业集团有限公司	370004900	42.82	深圳
424160402	王东辉	90605262	21.36	深圳
339871250	中节能(山东)投资发展公司	74708000	21.98	深圳
510657000	兰州佛慈制药厂	306854930	60.09	深圳
209445019	江苏华宏实业集团有限公司	104067293	49.69	深圳
450000000	青海华实科技投资管理有限公司	292650000	65.03	深圳
219583000	戚建萍	80423200	36.63	深圳
800000000	浙江卫星控股股份有限公司	399000000	49.88	深圳
167630000	王斌	17647272	10.53	深圳
1152000000	湖南卓越投资有限公司	461419200	40.05	深圳
1002500000	何亚民	362999997	36.21	深圳
320040000	上海勤硕来投资有限公司	120000000	37.50	深圳
1080270000	王俊民	399550400	36.99	深圳
242060000	李志江	46155200	19.07	深圳
360000000	潍坊高科电子有限公司	52280000	14.52	深圳
200000000	广州瑞丰集团股份有限公司	79500000	39.75	深圳
316979102	沈飒	57092918	18.01	深圳
604880320	敖小强	380260000	62.87	深圳
311000000	江苏环宇投资发展有限公司	66371400	21.34	深圳
277341300	顾永德	84047547	30.30	深圳
85525300	南县克明投资有限公司	49470000	57.84	深圳
750000000	北京中环投资管理有限公司	225000000	30.00	深圳
1704799466	涂善忠	496630418	29.13	深圳
400020000	台州市椒江信质工贸有限公司	162810000	40.70	深圳
730048106	北京首航波纹管制造有限公司	188219625	25.78	深圳
754329268	徐团华	283170936	37.54	深圳
135960000	杨永柱	33800000	24.86	深圳
165350000	赵国栋	33697239	20.38	深圳
200000000	陆企亭	35944200	17.97	深圳
200000000	北京凤凰财智创新投资中心(有限合伙)	59658719	29.83	深圳
443695798	刘长杰	115379500	26.00	深圳
869382102	张维仰	242769173	27.92	深圳
2795569620	陕西省电力建设投资开发公司	708189312	25.33	深圳
242478000	石河子万兴股权投资合伙企业(有限合伙)	84744000	34.95	深圳
220606662	烟台东益生物工程有限公司	46008000	20.86	深圳
160000000	新余祥顺投资管理有限公司	74499354	46.56	深圳
400000000	美大集团有限公司	270000000	67.50	深圳
956000000	广州市人民政府国有资产监督管理委员会	782496000	81.85	深圳
138680000	福建金森集团有限公司	97516040	70.32	深圳
437875421	高俊芳	88117440	20.12	深圳
617617800	肖奋	277610870	44.95	深圳
268593228	福建省龙岩交通国有资产投资经营有限公司	71308027	26.55	深圳
609899995	广东省广业资产经营有限公司	148199643	24.30	深圳
277534400	汕头市澄海区沪美蓄电池有限公司	92734400	33.41	深圳
560000000	无锡华东重机科技集团有限公司	218400000	39.00	深圳

附录1-5　续表 23

序号	公司全称	上市公司股票代码	股票简称	行业分类
1151	浙江亿利达风机股份有限公司	002686	亿利达	制造业
1152	浙江乔治白服饰股份有限公司	002687	乔治白	制造业
1153	金河生物科技股份有限公司	002688	金河生物	制造业
1154	沈阳远大智能工业集团股份有限公司	002689	远大智能	制造业
1155	合肥美亚光电技术股份有限公司	002690	美亚光电	制造业
1156	冀凯装备制造股份有限公司	002691	冀凯股份	制造业
1157	远程电缆股份有限公司	002692	远程电缆	制造业
1158	海南双成药业股份有限公司	002693	双成药业	制造业
1159	顾地科技股份有限公司	002694	顾地科技	制造业
1160	江西煌上煌集团食品股份有限公司	002695	煌上煌	制造业
1161	百洋产业投资集团股份有限公司	002696	百洋股份	农、林、牧、渔业
1162	成都红旗连锁股份有限公司	002697	红旗连锁	批发和零售业
1163	哈尔滨博实自动化股份有限公司	002698	博实股份	制造业
1164	美盛文化创意股份有限公司	002699	美盛文化	文化、体育和娱乐业
1165	新疆浩源天然气股份有限公司	002700	新疆浩源	电力、热力、燃气及水生产和供应业
1166	奥瑞金包装股份有限公司	002701	奥瑞金	制造业
1167	海欣食品股份有限公司	002702	海欣食品	制造业
1168	浙江世宝股份有限公司	002703	浙江世宝	制造业
1169	广东新宝电器股份有限公司	002705	新宝股份	制造业
1170	上海良信电器股份有限公司	002706	良信电器	制造业
1171	北京众信国际旅行社股份有限公司	002707	众信旅游	租赁和商务服务业
1172	常州光洋轴承股份有限公司	002708	光洋股份	制造业
1173	广州天赐高新材料股份有限公司	002709	天赐材料	制造业
1174	欧浦智网股份有限公司	002711	欧浦智网	交通运输、仓储和邮政业
1175	思美传媒股份有限公司	002712	思美传媒	租赁和商务服务业
1176	东易日盛家居装饰集团股份有限公司	002713	东易日盛	建筑业
1177	牧原食品股份有限公司	002714	牧原股份	农、林、牧、渔业
1178	怀集登云汽配股份有限公司	002715	登云股份	制造业
1179	郴州市金贵银业股份有限公司	002716	金贵银业	制造业
1180	岭南园林股份有限公司	002717	岭南园林	建筑业
1181	浙江友邦集成吊顶股份有限公司	002718	友邦吊顶	制造业
1182	麦趣尔集团股份有限公司	002719	麦趣尔	制造业
1183	北京金一文化发展股份有限公司	002721	金一文化	制造业
1184	金轮蓝海股份有限公司	002722	金轮股份	制造业
1185	广东金莱特电器股份有限公司	002723	金莱特	制造业
1186	海洋王照明科技股份有限公司	002724	海洋王	制造业
1187	浙江跃岭股份有限公司	002725	跃岭股份	制造业
1188	山东龙大肉食品股份有限公司	002726	龙大肉食	制造业
1189	云南鸿翔一心堂药业(集团)股份有限公司	002727	一心堂	批发和零售业
1190	广东台城制药股份有限公司	002728	台城制药	制造业
1191	好利来(中国)电子科技股份有限公司	002729	好利来	制造业
1192	电光防爆科技股份有限公司	002730	电光科技	制造业
1193	沈阳萃华金银珠宝股份有限公司	002731	萃华珠宝	制造业
1194	广东燕塘乳业股份有限公司	002732	燕塘乳业	制造业
1195	深圳市雄韬电源科技股份有限公司	002733	雄韬股份	制造业
1196	利民化工股份有限公司	002734	利民股份	制造业
1197	深圳王子新材料股份有限公司	002735	王子新材	制造业
1198	国信证券股份有限公司	002736	国信证券	金融业
1199	葵花药业集团股份有限公司	002737	葵花药业	制造业
1200	中矿资源勘探股份有限公司	002738	中矿资源	科学研究和技术服务业

continued

股本总数(股)	第一大股东名称	第一大股东持股数量(股)	所占比重(%)	上市地点
412005000	章启忠	76500000	18.57	深圳
354852000	陈良仁	48060000	13.54	深圳
217840000	内蒙古金河建筑安装有限责任公司	86626840	39.77	深圳
962354536	沈阳远大铝业集团有限公司	384424560	39.95	深圳
676000000	田明	415433000	61.45	深圳
200000000	霍尔果斯金凯创业投资有限公司	129000000	64.50	深圳
326430000	杨小明	95030665	29.11	深圳
419185500	海南双成投资有限公司	139516546	33.28	深圳
345600000	广东顾地塑胶有限公司	142146800	41.13	深圳
126658422	煌上煌集团有限公司	64488000	50.91	深圳
176000000	孙忠义	77489570	44.03	深圳
1360000000	曹世如	754460000	55.48	深圳
681700000	哈尔滨工业大学资产投资经营有限责任公司	164390000	24.11	深圳
446000000	美盛控股集团有限公司	190806000	42.78	深圳
422426880	周举东	120384000	28.50	深圳
981344000	上海原龙投资有限公司	470180900	47.91	深圳
282800000	滕用雄	66800000	23.62	深圳
315857855	浙江世宝控股集团有限公司	165387223	52.36	深圳
442001200	广东东菱凯琴集团有限公司	204224780	46.20	深圳
115258000	任思龙	11095906	9.63	深圳
417534990	冯滨	132740904	31.79	深圳
408993200	常州光洋控股集团有限公司	138833877	33.95	深圳
130005842	徐金富	53946531	41.50	深圳
330022000	佛山市中基投资有限公司	172950542	52.41	深圳
88289509	朱明虬	40895171	46.32	深圳
249680952	北京东易天正投资有限公司	161798714	64.80	深圳
516873109	秦英林	246043873	47.60	深圳
92000000	张弢	11880865	12.91	深圳
503290616	曹永贵	169780644	33.73	深圳
325736000	尹洪卫	142549768	43.76	深圳
82560000	时沈祥	30951500	37.49	深圳
108722161	新疆麦趣尔集团有限责任公司	51899909	47.74	深圳
648036000	上海碧空龙翔投资管理有限公司	153705105	23.72	深圳
159269037	蓝海投资江苏有限公司	63256546	39.72	深圳
186700000	田畴	107642535	57.66	深圳
400000000	周明杰	281694299	70.42	深圳
160000000	林仙明	20987200	13.12	深圳
436480000	龙大食品集团有限公司	204400000	46.83	深圳
260300000	阮鸿献	87840000	33.75	深圳
200000000	许丹青	62100000	31.05	深圳
66680000	好利来控股有限公司	31500000	47.24	深圳
146670000	电光科技有限公司	75000000	51.14	深圳
150680000	深圳市翠艺投资有限公司	46000000	30.53	深圳
157350000	广东省燕塘投资有限公司	64465743	40.97	深圳
306000000	深圳市三瑞科技发展有限公司	126938745	41.48	深圳
130000000	李明	36465000	28.05	深圳
80000000	王进军	43380000	54.23	深圳
8200000000	深圳市投资控股有限公司	2749526814	33.53	深圳
292000000	葵花集团有限公司	121520000	41.62	深圳
124610000	中色矿业集团有限公司	40128000	32.20	深圳

附录1-5 续表 24

序号	公司全称	上市公司股票代码	股票简称	行业分类
1201	万达电影院线股份有限公司	002739	万达院线	文化、体育和娱乐业
1202	深圳市爱迪尔珠宝股份有限公司	002740	爱迪尔	制造业
1203	广东光华科技股份有限公司	002741	光华科技	制造业
1204	重庆三圣特种建材股份有限公司	002742	三圣特材	制造业
1205	安徽富煌钢构股份有限公司	002743	富煌钢构	制造业
1206	木林森股份有限公司	002745	木林森	制造业
1207	山东仙坛股份有限公司	002746	仙坛股份	农、林、牧、渔业
1208	南京埃斯顿自动化股份有限公司	002747	埃斯顿	制造业
1209	江西世龙实业股份有限公司	002748	世龙实业	制造业
1210	四川国光农化股份有限公司	002749	国光股份	制造业
1211	昆明龙津药业股份有限公司	002750	龙津药业	制造业
1212	深圳市易尚展示股份有限公司	002751	易尚展示	制造业
1213	昇兴集团股份有限公司	002752	昇兴股份	制造业
1214	山西永东化工股份有限公司	002753	永东股份	制造业
1215	北京东方新星石化工程股份有限公司	002755	东方新星	建筑业
1216	永兴特种不锈钢股份有限公司	002756	永兴特钢	制造业
1217	南兴装备股份有限公司	002757	南兴装备	制造业
1218	浙江华通医药股份有限公司	002758	华通医药	批发和零售业
1219	广东天际电器股份有限公司	002759	天际股份	制造业
1220	安徽省凤形耐磨材料股份有限公司	002760	凤形股份	制造业
1221	多喜爱家纺股份有限公司	002761	多喜爱	制造业
1222	金发拉比妇婴童用品股份有限公司	002762	金发拉比	制造业
1223	深圳汇洁集团股份有限公司	002763	汇洁股份	制造业
1224	重庆蓝黛动力传动机械股份有限公司	002765	蓝黛传动	制造业
1225	深圳市索菱实业股份有限公司	002766	索菱股份	制造业
1226	杭州先锋电子技术股份有限公司	002767	先锋电子	制造业
1227	青岛国恩科技股份有限公司	002768	国恩股份	制造业
1228	深圳市普路通供应链管理股份有限公司	002769	普路通	租赁和商务服务业
1229	河南科迪乳业股份有限公司	002770	科迪乳业	制造业
1230	北京真视通科技股份有限公司	002771	真视通	信息传输、软件和信息技术服务业
1231	天水众兴菌业科技股份有限公司	002772	众兴菌业	农、林、牧、渔业
1232	成都康弘药业集团股份有限公司	002773	康弘药业	制造业
1233	深圳文科园林股份有限公司	002775	文科园林	建筑业
1234	广东柏堡龙股份有限公司	002776	柏堡龙	科学研究和技术服务业
1235	四川久远银海软件股份有限公司	002777	久远银海	信息传输、软件和信息技术服务业
1236	浙江中坚科技股份有限公司	002779	中坚科技	制造业
1237	北京三夫户外用品股份有限公司	002780	三夫户外	批发和零售业
1238	深圳市奇信建设集团股份有限公司	002781	奇信股份	建筑业
1239	深圳可立克科技股份有限公司	002782	可立克	制造业
1240	湖北凯龙化工集团股份有限公司	002783	凯龙股份	制造业
1241	厦门万里石股份有限公司	002785	万里石	制造业
1242	深圳市银宝山新科技股份有限公司	002786	银宝山新	制造业
1243	苏州华源包装股份有限公司	002787	华源包装	制造业
1244	深圳赤湾石油基地股份有限公司	200053	深基地B	交通运输、仓储和邮政业
1245	重庆建设摩托车股份有限公司	200054	建摩B	制造业
1246	山东航空股份有限公司	200152	山航B	交通运输、仓储和邮政业
1247	承德南江股份有限公司	200160	南江B	房地产业
1248	广东舜喆(集团)股份有限公司	200168	舜喆B	房地产业
1249	南京普天通信股份有限公司	200468	*ST宁通B	制造业
1250	厦门灿坤实业股份有限公司	200512	闽灿坤B	制造业

continued

股本总数(股)	第一大股东名称	第一大股东持股数量(股)	所占比重(%)	上市地点
1174294974	北京万达投资有限公司	680000000	57.91	深圳
100000000	苏日明	25985000	25.99	深圳
360000000	郑创发	129180000	35.88	深圳
144000000	潘先文	71907523	49.94	深圳
121340000	安徽富煌建设有限责任公司	64000000	52.74	深圳
444500000	孙清焕	355660700	80.01	深圳
159350000	王寿纯	52050000	32.66	深圳
121466000	南京派雷斯特科技有限公司	49500000	40.75	深圳
120000000	江西大龙实业有限公司	45057500	37.55	深圳
75000000	颜昌绪	28317000	37.76	深圳
200250000	昆明群星投资有限公司	87750000	43.82	深圳
140480000	刘梦龙	39915000	28.41	深圳
420000000	昇兴控股有限公司	336101848	80.02	深圳
98700000	刘东良	28750000	29.13	深圳
101340000	陈会利	8148084	8.04	深圳
200000000	高兴江	103725000	51.86	深圳
109340000	东莞市南兴实业投资有限公司	49387200	45.17	深圳
56000000	浙江绍兴华通商贸集团股份有限公司	14700000	26.25	深圳
96000000	汕头市天际有限公司	40551111	42.24	深圳
88000000	陈宗明	25096017	28.52	深圳
120000000	陈军	34212960	28.51	深圳
119000000	林浩亮	36050000	30.29	深圳
216000000	吕兴平	76903000	35.60	深圳
208000000	朱堂福	110167200	52.97	深圳
183009301	肖行亦	88623000	48.43	深圳
100000000	石政民	49060000	49.06	深圳
80000000	王爱国	42000000	52.50	深圳
150482600	陈书智	38195560	25.38	深圳
273400000	科迪食品集团股份有限公司	127550000	46.65	深圳
80646500	王国红	17132460	21.24	深圳
148927800	陶军	53090900	35.65	深圳
445600000	成都康弘科技实业(集团)有限公司	149751231	33.61	深圳
120000000	深圳市万润实业有限公司	25600000	21.33	深圳
104880000	陈伟雄	35530000	33.88	深圳
80000000	四川久远投资控股集团有限公司	22677600	28.35	深圳
88000000	中坚机电集团有限公司	45361800	51.55	深圳
67000000	张恒	18989600	28.34	深圳
225000000	深圳市智大投资控股有限公司	95176448	42.30	深圳
170400000	深圳市盛妍投资有限公司	60600000	35.56	深圳
83470000	荆门市人民政府国有资产监督管理委员会	13960000	16.72	深圳
200000000	Finstone AG	43050050	21.53	深圳
127080000	天津中银实业发展有限公司	45422000	35.74	深圳
140800000	李志聪	62209916	44.18	深圳
230600000	中国南山开发(集团)股份有限公司	119420000	51.79	深圳
119375000	中国兵器装备集团公司	84906250	71.13	深圳
400000000	山东航空集团有限公司	168004000	42.00	深圳
706320000	王栋	208324800	29.49	深圳
318600000	深圳升恒昌惠富实业有限公司	117855000	36.99	深圳
215000000	中国普天信息产业股份有限公司	115000000	53.49	深圳
185391680	FORDCHEE DEVELOPMENT LIMITED	53940530	29.10	深圳

附录1–5　续表 25

序号	公司全称	上市公司股票代码	股票简称	行业分类
1251	瓦房店轴承股份有限公司	200706	*ST瓦轴B	制造业
1252	杭州汽轮机股份有限公司	200771	杭汽轮B	制造业
1253	佛山华新包装股份有限公司	200986	粤华包B	制造业
1254	山东省中鲁远洋渔业股份有限公司	200992	中鲁B	农、林、牧、渔业
1255	青岛特锐德电气股份有限公司	300001	特锐德	制造业
1256	北京神州泰岳软件股份有限公司	300002	神州泰岳	信息传输、软件和信息技术服务业
1257	乐普(北京)医疗器械股份有限公司	300003	乐普医疗	制造业
1258	南方风机股份有限公司	300004	南风股份	制造业
1259	探路者控股集团股份有限公司	300005	探路者	制造业
1260	重庆莱美药业股份有限公司	300006	莱美药业	制造业
1261	河南汉威电子股份有限公司	300007	汉威电子	制造业
1262	天海融合防务装备技术股份有限公司	300008	天海防务	科学研究和技术服务业
1263	安徽安科生物工程(集团)股份有限公司	300009	安科生物	制造业
1264	北京立思辰科技股份有限公司	300010	立思辰	信息传输、软件和信息技术服务业
1265	北京鼎汉技术股份有限公司	300011	鼎汉技术	制造业
1266	华测检测认证集团股份有限公司	300012	华测检测	科学研究和技术服务业
1267	江苏新宁现代物流股份有限公司	300013	新宁物流	交通运输、仓储和邮政业
1268	惠州亿纬锂能股份有限公司	300014	亿纬锂能	制造业
1269	爱尔眼科医院集团股份有限公司	300015	爱尔眼科	卫生和社会工作
1270	北京北陆药业股份有限公司	300016	北陆药业	制造业
1271	网宿科技股份有限公司	300017	网宿科技	信息传输、软件和信息技术服务业
1272	武汉中元华电科技股份有限公司	300018	中元股份	制造业
1273	成都硅宝科技股份有限公司	300019	硅宝科技	制造业
1274	银江股份有限公司	300020	银江股份	信息传输、软件和信息技术服务业
1275	大禹节水集团股份有限公司	300021	大禹节水	制造业
1276	吉峰农机连锁股份有限公司	300022	吉峰农机	批发和零售业
1277	西安宝德自动化股份有限公司	300023	宝德股份	制造业
1278	沈阳新松机器人自动化股份有限公司	300024	机器人	制造业
1279	杭州华星创业通信技术股份有限公司	300025	华星创业	信息传输、软件和信息技术服务业
1280	天津红日药业股份有限公司	300026	红日药业	制造业
1281	华谊兄弟传媒股份有限公司	300027	华谊兄弟	文化、体育和娱乐业
1282	金亚科技股份有限公司	300028	金亚科技	制造业
1283	江苏华盛天龙光电设备股份有限公司	300029	天龙光电	制造业
1284	广州阳普医疗科技股份有限公司	300030	阳普医疗	制造业
1285	无锡宝通科技股份有限公司	300031	宝通科技	制造业
1286	金龙机电股份有限公司	300032	金龙机电	制造业
1287	浙江核新同花顺网络信息股份有限公司	300033	同花顺	信息传输、软件和信息技术服务业
1288	北京钢研高纳科技股份有限公司	300034	钢研高纳	制造业
1289	湖南中科电气股份有限公司	300035	中科电气	制造业
1290	北京超图软件股份有限公司	300036	超图软件	信息传输、软件和信息技术服务业
1291	深圳新宙邦科技股份有限公司	300037	新宙邦	制造业
1292	北京梅泰诺通信技术股份有限公司	300038	梅泰诺	制造业
1293	上海凯宝药业股份有限公司	300039	上海凯宝	制造业
1294	哈尔滨九洲电气股份有限公司	300040	九洲电气	制造业
1295	湖北回天新材料股份有限公司	300041	回天新材	制造业
1296	深圳市朗科科技股份有限公司	300042	朗科科技	制造业
1297	星辉互动娱乐股份有限公司	300043	互动娱乐	制造业
1298	深圳市赛为智能股份有限公司	300044	赛为智能	信息传输、软件和信息技术服务业
1299	北京华力创通科技股份有限公司	300045	华力创通	制造业
1300	湖北台基半导体股份有限公司	300046	台基股份	制造业

continued

股本总数(股)	第一大股东名称	第一大股东持股数量(股)	所占比重(%)	上市地点
402600000	瓦房店轴承集团有限责任公司	244000000	60.61	深圳
754010400	杭州汽轮动力集团有限公司	479824800	63.64	深圳
505425000	佛山华新发展有限公司	329512030	65.20	深圳
266071320	山东省国有资产投资控股有限公司	88000000	33.07	深圳
1001964856	青岛德锐投资有限公司	438900000	43.80	深圳
1986513011	李力	256207220	12.85	深圳
812000000	中国船舶重工集团公司第七二五研究所(洛阳船舶材料研究所)	177807412	21.90	深圳
509218928	杨子善	62992592	12.37	深圳
513939242	盛发强	147600974	28.72	深圳
201793757	邱宇	51249218	25.40	深圳
293022806	任红军	63690629	21.74	深圳
252891674	刘楠	56409838	22.31	深圳
407863881	宋礼华	113712915	27.88	深圳
685592493	池燕明	147759629	21.55	深圳
527029952	顾庆伟	108562111	20.60	深圳
383208746	万里鹏	57806016	15.08	深圳
297791410	曾卓	42271034	14.19	深圳
427093711	惠州亿纬科技有限公司	180163962	42.18	深圳
985560192	西藏爱尔医疗投资有限公司	413938651	42.00	深圳
330509651	王代雪	71117018	21.52	深圳
707978860	陈宝珍	150041686	21.19	深圳
240415768	邓志刚	17650000	7.34	深圳
326400000	王跃林	63043600	19.31	深圳
655190756	银江科技集团有限公司	169608600	25.89	深圳
278600000	王栋	145096408	52.08	深圳
380240380	王新明	49932824	13.13	深圳
126442710	赵敏	54359200	42.99	深圳
709199826	中国科学院沈阳自动化研究所	179214623	25.27	深圳
214265281	程小彦	30100000	14.05	深圳
1004813981	天津大通投资集团有限公司	212714165	21.17	深圳
1391726324	王忠军	289237600	20.78	深圳
346203000	周旭辉	96251220	27.80	深圳
200000000	常州诺亚科技有限公司	40092406	20.05	深圳
308795815	邓冠华	72358074	23.43	深圳
300000000	包志方	90220952	30.07	深圳
675939890	金龙控股集团有限公司	304007368	44.98	深圳
537600000	易峥	193536000	36.00	深圳
320397169	中国钢研科技集团有限公司	150841096	47.08	深圳
233853750	余新	40306500	17.24	深圳
195821670	钟耳顺	29271040	14.95	深圳
184020884	覃九三	28549968	15.51	深圳
190430995	张敏	44690000	23.47	深圳
833684800	穆来安	247369800	29.67	深圳
346079204	李寅	68370602	19.76	深圳
200392190	章锋	45388824	22.65	深圳
133600000	邓国顺	28900000	21.63	深圳
1244198401	陈雁升	407721600	32.77	深圳
223621000	周勇	42249100	18.89	深圳
555120000	高小离	116766400	21.03	深圳
142080000	襄阳新仪元半导体有限责任公司	56860000	40.02	深圳

附录1–5　续表 26

序号	公司全称	上市公司股票代码	股票简称	行业分类
1300	深圳天源迪科信息技术股份有限公司	300047	天源迪科	信息传输、软件和信息技术服务业
1302	北京合康亿盛变频科技股份有限公司	300048	合康变频	制造业
1303	内蒙古福瑞医疗科技股份有限公司	300049	福瑞股份	制造业
1304	珠海世纪鼎利科技股份有限公司	300050	世纪鼎利	信息传输、软件和信息技术服务业
1305	厦门三五互联科技股份有限公司	300051	三五互联	信息传输、软件和信息技术服务业
1306	深圳中青宝互动网络股份有限公司	300052	中青宝	信息传输、软件和信息技术服务业
1307	珠海欧比特控制工程股份有限公司	300053	欧比特	制造业
1308	湖北鼎龙化学股份有限公司	300054	鼎龙股份	制造业
1309	北京万邦达环保技术股份有限公司	300055	万邦达	建筑业
1310	厦门三维丝环保股份有限公司	300056	三维丝	制造业
1311	汕头万顺包装材料股份有限公司	300057	万顺股份	制造业
1312	北京蓝色光标品牌管理顾问股份有限公司	300058	蓝色光标	租赁和商务服务业
1313	东方财富信息股份有限公司	300059	东方财富	信息传输、软件和信息技术服务业
1314	上海康耐特光学股份有限公司	300061	康耐特	制造业
1315	中能电气股份有限公司	300062	中能电气	制造业
1316	广东天龙油墨集团股份有限公司	300063	天龙集团	租赁和商务服务业
1317	郑州华晶金刚石股份有限公司	300064	豫金刚石	制造业
1318	北京海兰信数据科技股份有限公司	300065	海兰信	制造业
1319	三川智慧科技股份有限公司	300066	三川智慧	制造业
1320	上海安诺其集团股份有限公司	300067	安诺其	制造业
1321	浙江南都电源动力股份有限公司	300068	南都电源	制造业
1322	浙江金利华电气股份有限公司	300069	金利华电	制造业
1323	北京碧水源科技股份有限公司	300070	碧水源	水利、环境和公共设施管理业
1324	北京华谊嘉信整合营销顾问集团股份有限公司	300071	华谊嘉信	租赁和商务服务业
1325	北京三聚环保新材料股份有限公司	300072	三聚环保	制造业
1326	北京当升材料科技股份有限公司	300073	当升科技	制造业
1327	华平信息技术股份有限公司	300074	华平股份	信息传输、软件和信息技术服务业
1328	北京数字政通科技股份有限公司	300075	数字政通	信息传输、软件和信息技术服务业
1329	宁波GQY视讯股份有限公司	300076	GQY视讯	制造业
1330	国民技术股份有限公司	300077	国民技术	制造业
1331	思创医惠科技股份有限公司	300078	思创医惠	制造业
1332	北京数码视讯科技股份有限公司	300079	数码视讯	制造业
1333	河南易成新能源股份有限公司	300080	易成新能	制造业
1334	恒信移动商务股份有限公司	300081	恒信移动	批发和零售业
1335	辽宁奥克化学股份有限公司	300082	奥克股份	制造业
1336	东莞劲胜精密组件股份有限公司	300083	劲胜精密	制造业
1337	兰州海默科技股份有限公司	300084	海默科技	采矿业
1338	深圳市银之杰科技股份有限公司	300085	银之杰	信息传输、软件和信息技术服务业
1339	海南康芝药业股份有限公司	300086	康芝药业	制造业
1340	安徽荃银高科种业股份有限公司	300087	荃银高科	农、林、牧、渔业
1341	芜湖长信科技股份有限公司	300088	长信科技	制造业
1342	广东文化长城集团股份有限公司	300089	文化长城	制造业
1343	安徽盛运环保(集团)股份有限公司	300090	盛运环保	制造业
1344	江苏金通灵流体机械科技股份有限公司	300091	金通灵	制造业
1345	四川科新机电股份有限公司	300092	科新机电	制造业
1346	广东金刚玻璃科技股份有限公司	300093	金刚玻璃	制造业
1347	湛江国联水产开发股份有限公司	300094	国联水产	农、林、牧、渔业
1348	江西华伍制动器股份有限公司	300095	华伍股份	制造业
1349	易联众信息技术股份有限公司	300096	易联众	信息传输、软件和信息技术服务业
1350	大连智云自动化装备股份有限公司	300097	智云股份	制造业

continued

股本总数(股)	第一大股东名称	第一大股东持股数量(股)	所占比重(%)	上市地点
323541800	陈友	44137000	13.64	深圳
369179282	上海上丰集团有限公司	89103300	24.14	深圳
263457542	王冠一	29183838	11.08	深圳
249457233	叶滨	60200000	24.13	深圳
365698690	龚少晖	138290501	37.82	深圳
261038600	深圳市宝德投资控股有限公司	71214882	27.28	深圳
231160240	YAN JUN	47897338	20.72	深圳
447897607	朱顺全	81475341	18.19	深圳
735184815	王飘扬	212355000	28.88	深圳
329322890	罗红花	64940942	19.72	深圳
439664781	杜成城	216303751	49.20	深圳
1931169473	赵文权	136907714	7.09	深圳
1853892052	其实	474776281	25.61	深圳
249304960	费铮翔	137613312	55.22	深圳
154000000	陈添旭	39204600	25.46	深圳
290570780	冯毅	88289973	30.39	深圳
678120274	河南华晶超硬材料股份有限公司	246600000	36.37	深圳
210505940	申万秋	40842839	19.40	深圳
416013305	江西三川集团有限公司	169897826	40.84	深圳
526837300	纪立军	230966424	43.84	深圳
604980000	杭州南都电源有限公司	119016340	19.67	深圳
117000000	赵坚	42758238	36.55	深圳
1229459678	文剑平	268313257	21.82	深圳
685294641	刘伟	211942624	30.93	深圳
778223450	北京海淀科技发展有限公司	229213331	29.45	深圳
183034020	北京矿冶研究总院	49523614	27.06	深圳
528000000	刘晓丹	76348800	14.46	深圳
382493310	吴强华	120300814	31.45	深圳
212000000	宁波高斯投资有限公司	63648000	30.02	深圳
281960000	刘益谦	12345650	4.38	深圳
418750000	路楠	112789775	26.93	深圳
1377793862	郑海涛	214438518	15.56	深圳
502804021	中国平煤神马能源化工集团有限责任公司	100671095	20.02	深圳
134000000	孟宪民	42759034	31.91	深圳
673920000	奥克集团股份公司	370385698	54.96	深圳
355894642	劲辉国际企业有限公司	103500000	29.08	深圳
324765738	窦剑文	64889088	19.98	深圳
525804438	张学君	111636000	21.23	深圳
450000000	海南宏氏投资有限公司	177695947	39.49	深圳
316800000	贾桂兰	30072000	9.49	深圳
1154014198	新疆润丰股权投资企业(有限合伙)	218010000	18.89	深圳
150000000	蔡廷祥	57375000	38.25	深圳
1058989070	开晓胜	220738400	16.72	深圳
209000000	季维东	37960000	18.16	深圳
227500000	林祯华	44799401	19.69	深圳
216000000	拉萨市金刚玻璃实业有限公司	26154900	12.11	深圳
353807100	新余国通投资管理有限公司	115623560	32.68	深圳
308194800	聂景华	98280000	31.89	深圳
430000000	张曦	55000000	12.79	深圳
147838295	谭永良	61230000	41.42	深圳

附录1—5 续表 27

序号	公司全称	上市公司股票代码	股票简称	行业分类
1351	高新兴科技集团股份有限公司	300098	高新兴	信息传输、软件和信息技术服务业
1352	尤洛卡矿业安全工程股份有限公司	300099	尤洛卡	制造业
1353	宁波双林汽车部件股份有限公司	300100	双林股份	制造业
1354	成都振芯科技股份有限公司	300101	振芯科技	制造业
1355	厦门乾照光电股份有限公司	300102	乾照光电	制造业
1356	西安达刚路面机械股份有限公司	300103	达刚路机	制造业
1357	乐视网信息技术(北京)股份有限公司	300104	乐视网	信息传输、软件和信息技术服务业
1358	烟台龙源电力技术股份有限公司	300105	龙源技术	制造业
1359	新疆西部牧业股份有限公司	300106	西部牧业	农、林、牧、渔业
1360	河北建新化工股份有限公司	300107	建新股份	制造业
1361	通化双龙化工股份有限公司	300108	双龙股份	制造业
1362	博爱新开源制药股份有限公司	300109	新开源	制造业
1363	华仁药业股份有限公司	300110	华仁药业	制造业
1364	浙江向日葵光能科技股份有限公司	300111	向日葵	制造业
1365	深圳万讯自控股份有限公司	300112	万讯自控	制造业
1366	杭州顺网科技股份有限公司	300113	顺网科技	信息传输、软件和信息技术服务业
1367	中航电测仪器股份有限公司	300114	中航电测	制造业
1368	深圳市长盈精密技术股份有限公司	300115	长盈精密	制造业
1369	陕西坚瑞消防股份有限公司	300116	坚瑞消防	制造业
1370	北京嘉寓门窗幕墙股份有限公司	300117	嘉寓股份	建筑业
1371	东方日升新能源股份有限公司	300118	东方日升	制造业
1372	天津瑞普生物技术股份有限公司	300119	瑞普生物	制造业
1373	天津经纬电材股份有限公司	300120	经纬电材	制造业
1374	山东阳谷华泰化工股份有限公司	300121	阳谷华泰	制造业
1375	重庆智飞生物制品股份有限公司	300122	智飞生物	制造业
1376	太阳鸟游艇股份有限公司	300123	太阳鸟	制造业
1377	深圳市汇川技术股份有限公司	300124	汇川技术	制造业
1378	大连易世达新能源发展股份有限公司	300125	易世达	科学研究和技术服务业
1379	锐奇控股股份有限公司	300126	锐奇股份	制造业
1380	成都银河磁体股份有限公司	300127	银河磁体	制造业
1381	苏州锦富新材料股份有限公司	300128	锦富新材	制造业
1382	上海泰胜风能装备股份有限公司	300129	泰胜风能	制造业
1383	深圳市新国都技术股份有限公司	300130	新国都	制造业
1384	深圳市英唐智能控制股份有限公司	300131	英唐智控	批发和零售业
1385	福建青松股份有限公司	300132	青松股份	制造业
1386	浙江华策影视股份有限公司	300133	华策影视	文化、体育和娱乐业
1387	深圳市大富科技股份有限公司	300134	大富科技	制造业
1388	江苏宝利国际投资股份有限公司	300135	宝利国际	制造业
1389	深圳市信维通信股份有限公司	300136	信维通信	制造业
1390	河北先河环保科技股份有限公司	300137	先河环保	制造业
1391	晨光生物科技集团股份有限公司	300138	晨光生物	制造业
1392	北京晓程科技股份有限公司	300139	晓程科技	制造业
1393	西安启源机电装备股份有限公司	300140	启源装备	制造业
1394	苏州工业园区和顺电气股份有限公司	300141	和顺电气	制造业
1395	云南沃森生物技术股份有限公司	300142	沃森生物	制造业
1396	广东星河生物科技股份有限公司	300143	星河生物	农、林、牧、渔业
1397	宋城演艺发展股份有限公司	300144	宋城演艺	文化、体育和娱乐业
1398	南方中金环境股份有限公司	300145	中金环境	制造业
1399	汤臣倍健股份有限公司	300146	汤臣倍健	制造业
1400	广州市香雪制药股份有限公司	300147	香雪制药	制造业

continued

股本总数(股)	第一大股东名称	第一大股东持股数量(股)	所占比重(%)	上市地点
1070769571	刘双广	383119810	35.78	深圳
214599453	王晶华	81504325	37.98	深圳
395775246	双林集团股份有限公司	196074163	49.54	深圳
556000000	成都国腾电子集团有限公司	213120000	38.33	深圳
704553311	王维勇	112173977	15.92	深圳
211734000	陕西鼓风机(集团)有限公司	63414333	29.95	深圳
1856015158	贾跃亭	682844429	36.79	深圳
513216000	国电科技环保集团股份有限公司	119322720	23.25	深圳
163800000	石河子国有资产经营(集团)有限公司	72598593	44.32	深圳
541789454	朱守琛	215768643	39.83	深圳
424009783	卢忠奎	105414546	24.86	深圳
170482422	王东虎	33382459	19.58	深圳
664870335	华仁世纪集团有限公司	280031480	42.12	深圳
1119800000	吴建龙	183297212	16.37	深圳
268091197	傅宇晨	57903751	21.60	深圳
292419328	华勇	129034961	44.13	深圳
262560222	汉中航空工业(集团)有限公司	135926728	51.77	深圳
560093076	新疆长盈粤富股权投资有限公司	266324760	47.55	深圳
500237610	郭鸿宝	156878686	31.36	深圳
325800000	嘉寓新新投资(集团)有限公司	129226230	39.66	深圳
674593924	林海峰	220473007	32.68	深圳
389146281	李守军	167167481	42.96	深圳
204816059	董树林	30471055	14.88	深圳
280800000	王传华	127098700	45.26	深圳
800000000	蒋仁生	433020000	54.13	深圳
285166318	湖南太阳鸟控股有限公司	103320000	36.23	深圳
795251630	深圳市汇川投资有限公司	155082928	19.50	深圳
118000000	杭州光恒昱股权投资合伙企业(有限合伙)	25820000	21.88	深圳
307308000	吴明厅	81000000	26.36	深圳
323146360	戴炎	109815862	33.98	深圳
500130080	富国平	97585600	19.51	深圳
734000000	柳志成	58158622	8.33	深圳
231021360	刘祥	76640000	33.17	深圳
534763213	胡庆周	141962504	26.55	深圳
385920000	柯维龙	94949232	24.60	深圳
1091640951	傅梅城	291356992	26.69	深圳
652800000	深圳市大富配天投资有限公司	333008170	51.01	深圳
921600000	周德洪	277252128	30.08	深圳
598112899	彭浩	143424000	23.98	深圳
344395344	李玉国	47732893	13.86	深圳
179570872	卢庆国	40572910	18.73	深圳
274000000	程毅	78750000	28.74	深圳
244000000	中国新时代国际工程公司	72840000	29.85	深圳
166966400	姚建华	75820613	45.41	深圳
1404000000	李云春	162103218	11.55	深圳
147400000	叶运寿	53866375	36.54	深圳
1452680502	杭州宋城集团控股有限公司	466003690	32.08	深圳
333183384	沈金浩	97264425	29.19	深圳
728010940	梁允超	355305871	48.81	深圳
661476335	广州市昆仑投资有限公司	225649476	34.11	深圳

附录1-5 续表 28

序号	公司全称	上市公司股票代码	股票简称	行业分类
1401	天舟文化股份有限公司	300148	天舟文化	文化、体育和娱乐业
1402	量子高科(中国)生物股份有限公司	300149	量子高科	制造业
1403	北京世纪瑞尔技术股份有限公司	300150	世纪瑞尔	信息传输、软件和信息技术服务业
1404	深圳市昌红科技股份有限公司	300151	昌红科技	制造业
1405	徐州科融环境资源股份有限公司	300152	科融环境	制造业
1406	上海科泰电源股份有限公司	300153	科泰电源	制造业
1407	深圳市瑞凌实业股份有限公司	300154	瑞凌股份	制造业
1408	广东安居宝数码科技股份有限公司	300155	安居宝	制造业
1409	神雾环保技术股份有限公司	300156	神雾环保	制造业
1410	恒泰艾普石油天然气技术服务股份有限公司	300157	恒泰艾普	采矿业
1411	山西振东制药股份有限公司	300158	振东制药	制造业
1412	新疆机械研究院股份有限公司	300159	新研股份	制造业
1413	江苏秀强玻璃工艺股份有限公司	300160	秀强股份	制造业
1414	武汉华中数控股份有限公司	300161	华中数控	制造业
1415	深圳雷曼光电科技股份有限公司	300162	雷曼股份	制造业
1416	宁波先锋新材料股份有限公司	300163	先锋新材	制造业
1417	西安通源石油科技股份有限公司	300164	通源石油	采矿业
1418	江苏天瑞仪器股份有限公司	300165	天瑞仪器	制造业
1419	北京东方国信科技股份有限公司	300166	东方国信	信息传输、软件和信息技术服务业
1420	深圳市迪威视讯股份有限公司	300167	迪威视讯	信息传输、软件和信息技术服务业
1421	万达信息股份有限公司	300168	万达信息	信息传输、软件和信息技术服务业
1422	常州天晟新材料股份有限公司	300169	天晟新材	制造业
1423	上海汉得信息技术股份有限公司	300170	汉得信息	信息传输、软件和信息技术服务业
1424	上海东富龙科技股份有限公司	300171	东富龙	制造业
1425	中电环保股份有限公司	300172	中电环保	水利、环境和公共设施管理业
1426	松德智慧装备股份有限公司	300173	智慧松德	制造业
1427	福建元力活性炭股份有限公司	300174	元力股份	制造业
1428	朗源股份有限公司	300175	朗源股份	制造业
1429	广东鸿特精密技术股份有限公司	300176	鸿特精密	制造业
1430	广州中海达卫星导航技术股份有限公司	300177	中海达	制造业
1431	深圳市腾邦国际商业服务股份有限公司	300178	腾邦国际	租赁和商务服务业
1432	河南四方达超硬材料股份有限公司	300179	四方达	制造业
1433	上海华峰超纤材料股份有限公司	300180	华峰超纤	制造业
1434	浙江佐力药业股份有限公司	300181	佐力药业	制造业
1435	北京捷成世纪科技股份有限公司	300182	捷成股份	信息传输、软件和信息技术服务业
1436	青岛东软载波科技股份有限公司	300183	东软载波	信息传输、软件和信息技术服务业
1437	武汉力源信息技术股份有限公司	300184	力源信息	批发和零售业
1438	通裕重工股份有限公司	300185	通裕重工	制造业
1439	永清环保股份有限公司	300187	永清环保	水利、环境和公共设施管理业
1440	厦门市美亚柏科信息股份有限公司	300188	美亚柏科	信息传输、软件和信息技术服务业
1441	海南神农基因科技股份有限公司	300189	神农基因	农、林、牧、渔业
1442	江苏维尔利环保科技股份有限公司	300190	维尔利	水利、环境和公共设施管理业
1443	潜能恒信能源技术股份有限公司	300191	潜能恒信	采矿业
1444	苏州科斯伍德油墨股份有限公司	300192	科斯伍德	制造业
1445	深圳市佳士科技股份有限公司	300193	佳士科技	制造业
1446	福安药业(集团)股份有限公司	300194	福安药业	制造业
1447	天津长荣印刷设备股份有限公司	300195	长荣股份	制造业
1448	江苏长海复合材料股份有限公司	300196	长海股份	制造业
1449	深圳市铁汉生态环境股份有限公司	300197	铁汉生态	建筑业
1450	福建纳川管材科技股份有限公司	300198	纳川股份	制造业

continued

股本总数(股)	第一大股东名称	第一大股东持股数量(股)	所占比重(%)	上市地点
422351509	湖南天鸿投资集团有限公司	162231511	38.41	深圳
422100000	QUANTUM HI-TECH GROUP LIMITED	101696176	24.09	深圳
540000000	王铁	114000000	21.11	深圳
502500000	李焕昌	230426200	45.86	深圳
712800000	徐州杰能科技发展投资有限公司	231000000	32.41	深圳
320000000	科泰控股有限公司	149240000	46.64	深圳
447000000	邱光	176666800	39.52	深圳
546900006	张波	211130164	38.60	深圳
404009766	北京神雾环境能源科技集团股份有限公司	115289766	28.54	深圳
597702777	孙庚文	105981637	17.73	深圳
288000000	山西振东实业集团有限公司	170159224	59.08	深圳
1490360202	周卫华	258900955	17.37	深圳
186800000	宿迁市新星投资有限公司	55133598	29.51	深圳
161745000	武汉华中科技大产业集团有限公司	32924765	20.36	深圳
349787153	李漫铁	95876300	28.62	深圳
474000000	卢先锋	168218028	35.49	深圳
405095117	张国桉	111032633	27.41	深圳
230880000	刘召贵	92540500	40.08	深圳
565327748	管连平	111231123	19.68	深圳
300240000	北京安策恒兴投资有限公司	120077500	39.99	深圳
1023267842	上海万豪投资有限公司	255588800	24.98	深圳
325984340	吕泽伟	32621014	10.01	深圳
828624634	范建震	104732764	12.64	深圳
634773177	郑效东	384856416	60.63	深圳
338000000	王政福	97941336	28.98	深圳
586180503	郭景松	124323826	21.21	深圳
136000000	王延安	59258598	43.57	深圳
470800000	新疆尚龙股权投资管理有限公司	105745600	22.46	深圳
107280000	广东万和集团有限公司	31363200	29.23	深圳
436923611	廖定海	116943220	26.77	深圳
538252000	腾邦集团有限公司	177100000	31.88	深圳
478475500	方海江	134784095	28.17	深圳
395000000	华峰集团有限公司	58750000	14.87	深圳
608624848	俞有强	173187284	28.46	深圳
1416940905	徐子泉	634643100	44.79	深圳
453264857	崔健	104544000	23.06	深圳
384076504	MARK ZHAO	89400000	23.28	深圳
900000000	司兴奎	149838750	16.65	深圳
215873795	湖南永清投资集团有限责任公司	135291237	62.67	深圳
443163200	郭永芳	120911958	27.28	深圳
1024000000	黄培劲	181504000	17.73	深圳
348120888	常州德泽实业投资有限公司	180817920	51.94	深圳
320000000	周锦明	150640000	47.08	深圳
242550000	吴贤良	90840000	37.47	深圳
507113860	徐爱平	99846032	19.69	深圳
281999473	汪天祥	128087436	45.42	深圳
339299578	李莉	108474000	31.97	深圳
192000000	杨鹏威	75600000	39.38	深圳
807596268	刘水	406667615	50.36	深圳
415876500	陈志江	68698197	16.52	深圳

附录1—5 续表 29

序号	公司全称	上市公司股票代码	股票简称	行业分类
1451	深圳翰宇药业股份有限公司	300199	翰宇药业	制造业
1452	北京高盟新材料股份有限公司	300200	高盟新材	制造业
1453	徐州海伦哲专用车辆股份有限公司	300201	海伦哲	制造业
1454	聚龙股份有限公司	300202	聚龙股份	制造业
1455	聚光科技(杭州)股份有限公司	300203	聚光科技	制造业
1456	舒泰神(北京)生物制药股份有限公司	300204	舒泰神	制造业
1457	武汉天喻信息产业股份有限公司	300205	天喻信息	制造业
1458	深圳市理邦精密仪器股份有限公司	300206	理邦仪器	制造业
1459	欣旺达电子股份有限公司	300207	欣旺达	制造业
1460	青岛市恒顺众昇集团股份有限公司	300208	恒顺众昇	制造业
1461	天泽信息产业股份有限公司	300209	天泽信息	信息传输、软件和信息技术服务业
1462	鞍山森远路桥股份有限公司	300210	森远股份	制造业
1463	江苏亿通高科技股份有限公司	300211	亿通科技	制造业
1464	北京易华录信息技术股份有限公司	300212	易华录	信息传输、软件和信息技术服务业
1465	北京佳讯飞鸿电气股份有限公司	300213	佳讯飞鸿	制造业
1466	山东日科化学股份有限公司	300214	日科化学	制造业
1467	苏州电器科学研究院股份有限公司	300215	电科院	科学研究和技术服务业
1468	湖南千山制药机械股份有限公司	300216	千山药机	制造业
1469	镇江东方电热科技股份有限公司	300217	东方电热	制造业
1470	安徽安利材料科技股份有限公司	300218	安利股份	制造业
1471	广州市鸿利光电股份有限公司	300219	鸿利光电	制造业
1472	武汉金运激光股份有限公司	300220	金运激光	制造业
1473	广东银禧科技股份有限公司	300221	银禧科技	制造业
1474	科大智能科技股份有限公司	300222	科大智能	制造业
1475	北京君正集成电路股份有限公司	300223	北京君正	制造业
1476	烟台正海磁性材料股份有限公司	300224	正海磁材	制造业
1477	上海金力泰化工股份有限公司	300225	金力泰	制造业
1478	上海钢联电子商务股份有限公司	300226	上海钢联	信息传输、软件和信息技术服务业
1479	深圳光韵达光电科技股份有限公司	300227	光韵达	制造业
1480	张家港富瑞特种装备股份有限公司	300228	富瑞特装	制造业
1481	北京拓尔思信息技术股份有限公司	300229	拓尔思	信息传输、软件和信息技术服务业
1482	上海永利带业股份有限公司	300230	永利股份	制造业
1483	北京银信长远科技股份有限公司	300231	银信科技	信息传输、软件和信息技术服务业
1484	深圳市洲明科技股份有限公司	300232	洲明科技	制造业
1485	山东金城医药股份有限公司	300233	金城医药	制造业
1486	浙江开尔新材料股份有限公司	300234	开尔新材	制造业
1487	深圳市方直科技股份有限公司	300235	方直科技	信息传输、软件和信息技术服务业
1488	上海新阳半导体材料股份有限公司	300236	上海新阳	制造业
1489	山东美晨科技股份有限公司	300237	美晨科技	制造业
1490	冠昊生物科技股份有限公司	300238	冠昊生物	制造业
1491	包头东宝生物技术股份有限公司	300239	东宝生物	制造业
1492	江苏飞力达国际物流股份有限公司	300240	飞力达	交通运输、仓储和邮政业
1493	深圳市瑞丰光电子股份有限公司	300241	瑞丰光电	制造业
1494	广东明家联合移动科技股份有限公司	300242	明家联合	租赁和商务服务业
1495	山东瑞丰高分子材料股份有限公司	300243	瑞丰高材	制造业
1496	浙江迪安诊断技术股份有限公司	300244	迪安诊断	卫生和社会工作
1497	上海天玑科技股份有限公司	300245	天玑科技	信息传输、软件和信息技术服务业
1498	广东宝莱特医用科技股份有限公司	300246	宝莱特	制造业
1499	安徽乐金健康科技股份有限公司	300247	乐金健康	制造业
1500	新开普电子股份有限公司	300248	新开普	信息传输、软件和信息技术服务业

continued

股本总数(股)	第一大股东名称	第一大股东持股数量(股)	所占比重(%)	上市地点
890016362	曾少贵	228193066	25.64	深圳
213600000	广州高金技术产业集团有限公司	62139600	29.09	深圳
364925238	江苏省机电研究所有限公司	87472000	23.97	深圳
549504000	柳永诠	154820096	28.17	深圳
453181400	浙江睿洋科技有限公司	111523200	24.61	深圳
339408000	昭衍(北京)投资有限公司	126574100	37.29	深圳
430056000	武汉华工创业投资有限责任公司	112401129	26.14	深圳
234000000	张浩	48815264	20.86	深圳
645427000	王明旺	218464651	33.85	深圳
766525000	贾全臣	111650623	14.57	深圳
244930246	无锡中住集团有限公司	62084881	25.35	深圳
269011085	郭松森	118194301	43.94	深圳
159303144	王振洪	77108460	48.40	深圳
369786157	中国华录集团有限公司	132594910	35.86	深圳
261015778	林菁	39123000	14.99	深圳
405000000	赵东日	126417768	31.21	深圳
720000000	胡德霖	226970900	31.52	深圳
361434920	刘祥华	49808002	13.78	深圳
454819181	谭荣生	66748388	14.68	深圳
216987000	安徽安利科技投资集团股份有限公司	48117600	22.18	深圳
614847475	李国平	168515250	27.41	深圳
126000000	梁伟	62837120	49.87	深圳
403240000	石河子市瑞晨股权投资合伙企业(有限合伙)	105000000	26.04	深圳
602692884	黄明松	226478723	37.58	深圳
166400000	刘强	35232677	21.17	深圳
505074022	正海集团有限公司	269188336	53.30	深圳
470340000	吴国政	138959442	29.54	深圳
156000000	上海兴业投资发展有限公司	38512500	24.69	深圳
139150000	吉安光韵达投资管理有限公司	46855678	33.67	深圳
292184808	邬品芳	34300000	11.74	深圳
465887046	北京信科互动科技发展有限公司	208412500	44.73	深圳
204722886	史佩浩	72446300	35.39	深圳
336313950	詹立雄	90890400	27.03	深圳
229834654	林洺锋	94715689	41.21	深圳
253200000	淄博金城实业投资股份有限公司	95160000	37.58	深圳
264000000	邢翰学	100200000	37.95	深圳
158400000	黄元忠	35875188	22.65	深圳
184019200	SIN YANG INDUSTRIES & TRADING PTE LTD.	39155200	21.28	深圳
807262506	张磊	211601714	26.21	深圳
246995000	广东知光生物科技有限公司	71922000	29.12	深圳
230437054	包头东宝实业(集团)有限公司	74571900	32.36	深圳
243706500	昆山亚通汽车维修服务有限公司	37500000	15.39	深圳
218282159	龚伟斌	69142402	31.68	深圳
317277612	周建林	82550000	26.02	深圳
206156040	周仕斌	47047452	22.82	深圳
269870140	陈海斌	101714677	37.69	深圳
272680395	陆文雄	54060780	19.83	深圳
146088000	燕金元	48979600	33.53	深圳
339295180	金道明	58089400	17.12	深圳
302094901	杨维国	67840000	22.46	深圳

附录1-5 续表 30

序号	公司全称	上市公司股票代码	股票简称	行业分类
1501	四川依米康环境科技股份有限公司	300249	依米康	制造业
1502	杭州初灵信息技术股份有限公司	300250	初灵信息	制造业
1503	北京光线传媒股份有限公司	300251	光线传媒	文化、体育和娱乐业
1504	深圳金信诺高新技术股份有限公司	300252	金信诺	制造业
1505	卫宁健康科技集团股份有限公司	300253	卫宁健康	信息传输、软件和信息技术服务业
1506	山西仟源医药集团股份有限公司	300254	仟源医药	制造业
1507	河北常山生化药业股份有限公司	300255	常山药业	制造业
1508	浙江星星科技股份有限公司	300256	星星科技	制造业
1509	浙江开山压缩机股份有限公司	300257	开山股份	制造业
1510	江苏太平洋精锻科技股份有限公司	300258	精锻科技	制造业
1511	新天科技股份有限公司	300259	新天科技	制造业
1512	昆山新莱洁净应用材料股份有限公司	300260	新莱应材	制造业
1513	雅本化学股份有限公司	300261	雅本化学	制造业
1514	上海巴安水务股份有限公司	300262	巴安水务	建筑业
1515	洛阳隆华传热节能股份有限公司	300263	隆华节能	制造业
1516	深圳市佳创视讯技术股份有限公司	300264	佳创视讯	信息传输、软件和信息技术服务业
1517	江苏通光电子线缆股份有限公司	300265	通光线缆	制造业
1518	兴源环境科技股份有限公司	300266	兴源环境	制造业
1519	湖南尔康制药股份有限公司	300267	尔康制药	制造业
1520	万福生科(湖南)农业开发股份有限公司	300268	万福生科	制造业
1521	深圳市联建光电股份有限公司	300269	联建光电	制造业
1522	杭州中威电子股份有限公司	300270	中威电子	制造业
1523	北京华宇软件股份有限公司	300271	华宇软件	信息传输、软件和信息技术服务业
1524	上海开能环保设备股份有限公司	300272	开能环保	制造业
1525	珠海和佳医疗设备股份有限公司	300273	和佳股份	制造业
1526	阳光电源股份有限公司	300274	阳光电源	制造业
1527	重庆梅安森科技股份有限公司	300275	梅安森	信息传输、软件和信息技术服务业
1528	湖北三丰智能输送装备股份有限公司	300276	三丰智能	制造业
1529	深圳海联讯科技股份有限公司	300277	海联讯	信息传输、软件和信息技术服务业
1530	湖北华昌达智能装备股份有限公司	300278	华昌达	制造业
1531	无锡和晶科技股份有限公司	300279	和晶科技	制造业
1532	南通锻压设备股份有限公司	300280	南通锻压	制造业
1533	广东金明精机股份有限公司	300281	金明精机	制造业
1534	北京汇冠新技术股份有限公司	300282	汇冠股份	制造业
1535	温州宏丰电工合金股份有限公司	300283	温州宏丰	制造业
1536	苏交科集团股份有限公司	300284	苏交科	科学研究和技术服务业
1537	山东国瓷功能材料股份有限公司	300285	国瓷材料	制造业
1538	安科瑞电气股份有限公司	300286	安科瑞	制造业
1539	北京飞利信科技股份有限公司	300287	飞利信	信息传输、软件和信息技术服务业
1540	贵阳朗玛信息技术股份有限公司	300288	朗玛信息	信息传输、软件和信息技术服务业
1541	北京利德曼生化股份有限公司	300289	利德曼	制造业
1542	荣科科技股份有限公司	300290	荣科科技	信息传输、软件和信息技术服务业
1543	北京华录百纳影视股份有限公司	300291	华录百纳	文化、体育和娱乐业
1544	吴通控股集团股份有限公司	300292	吴通控股	制造业
1545	沈阳蓝英工业自动化装备股份有限公司	300293	蓝英装备	制造业
1546	江西博雅生物制药股份有限公司	300294	博雅生物	制造业
1547	江苏三六五网络股份有限公司	300295	三六五网	信息传输、软件和信息技术服务业
1548	利亚德光电股份有限公司	300296	利亚德	制造业
1549	蓝盾信息安全技术股份有限公司	300297	蓝盾股份	信息传输、软件和信息技术服务业
1550	三诺生物传感股份有限公司	300298	三诺生物	制造业

continued

股本总数(股)	第一大股东名称	第一大股东持股数量(股)	所占比重(%)	上市地点
175972779	孙屹峥	31398200	17.84	深圳
98028942	洪爱金	46902000	47.85	深圳
1466804216	上海光线投资控股有限公司	734339201	50.06	深圳
408532375	黄昌华	151656675	37.12	深圳
555196036	周炜	90846368	16.36	深圳
173590000	翁占国	20673508	11.91	深圳
471046750	高树华	150440000	31.94	深圳
324738305	叶仙玉	39138356	12.05	深圳
858000000	开山控股集团股份有限公司	480000000	55.94	深圳
270000000	江苏大洋投资有限公司	130560500	48.36	深圳
466748600	费战波	190220785	40.75	深圳
100050000	李水波	28393875	28.38	深圳
392404480	包头雅本投资管理有限公司	176867739	45.07	深圳
373520000	张春霖	186267396	49.87	深圳
443299652	李占明	96150546	21.69	深圳
229500000	陈坤江	66900649	29.15	深圳
337500000	通光集团有限公司	186250000	55.19	深圳
414012247	兴源控股有限公司	158619448	38.31	深圳
1028361007	帅放文	471172003	45.82	深圳
134000000	桃源县湘晖农业投资有限公司	35087719	26.18	深圳
505537595	刘虎军	115388120	22.82	深圳
272745000	石旭刚	156712100	57.46	深圳
320680060	邵学	68862747	21.47	深圳
331821360	瞿建国	127684148	38.48	深圳
787823576	郝镇熙	157606020	20.01	深圳
660862570	曹仁贤	250560000	37.91	深圳
167536000	马焰	46640000	27.84	深圳
374400000	朱汉平	148904238	39.77	深圳
134000000	中科汇通(深圳)股权投资基金有限公司	36594526	27.31	深圳
545043412	颜华	218831158	40.15	深圳
133151513	陈柏林	34573674	25.97	深圳
128000000	郭庆	80000000	62.50	深圳
244205181	马镇鑫	108471000	44.42	深圳
229379960	北京和君商学在线科技股份有限公司	52951860	23.08	深圳
276240900	陈晓	163713600	59.26	深圳
554513420	符冠华	121447803	21.90	深圳
255340000	张曦	48365280	18.94	深圳
142847000	周中	28131992	19.69	深圳
1230811208	杨振华	214312084	17.41	深圳
337941402	王伟	122496000	36.25	深圳
425295040	北京迈迪卡科技有限公司	141120000	33.18	深圳
321429652	付艳杰	91207698	28.38	深圳
708538681	华录文化产业有限公司	142560000	20.12	深圳
318967970	万卫方	100060416	31.37	深圳
270000000	沈阳蓝英自动控制有限公司	113925000	42.19	深圳
267384801	深圳市高特佳投资集团有限公司	89414275	33.44	深圳
192060000	胡光辉	32425950	16.88	深圳
733121581	李军	271800000	37.07	深圳
970685034	柯宗贵	179008904	18.44	深圳
261039654	李少波	87671187	33.59	深圳

附录1—5 续表 31

序号	公司全称	上市公司股票代码	股票简称	行业分类
1551	富春通信股份有限公司	300299	富春通信	信息传输、软件和信息技术服务业
1552	汉鼎宇佑互联网股份有限公司	300300	汉鼎宇佑	信息传输、软件和信息技术服务业
1553	深圳市长方集团股份有限公司	300301	长方集团	制造业
1554	北京同有飞骥科技股份有限公司	300302	同有科技	信息传输、软件和信息技术服务业
1555	深圳市聚飞光电股份有限公司	300303	聚飞光电	制造业
1556	江苏云意电气股份有限公司	300304	云意电气	制造业
1557	江苏裕兴薄膜科技股份有限公司	300305	裕兴股份	制造业
1558	杭州远方光电信息股份有限公司	300306	远方光电	制造业
1559	宁波慈星股份有限公司	300307	慈星股份	制造业
1560	山东中际电工装备股份有限公司	300308	中际装备	制造业
1561	吉艾科技(北京)股份公司	300309	吉艾科技	制造业
1562	广东宜通世纪科技股份有限公司	300310	宜通世纪	信息传输、软件和信息技术服务业
1563	任子行网络技术股份有限公司	300311	任子行	信息传输、软件和信息技术服务业
1564	邦讯技术股份有限公司	300312	邦讯技术	信息传输、软件和信息技术服务业
1565	新疆天山畜牧生物工程股份有限公司	300313	天山生物	农、林、牧、渔业
1566	宁波戴维医疗器械股份有限公司	300314	戴维医疗	制造业
1567	北京掌趣科技股份有限公司	300315	掌趣科技	信息传输、软件和信息技术服务业
1568	浙江晶盛机电股份有限公司	300316	晶盛机电	制造业
1569	深圳珈伟光伏照明股份有限公司	300317	珈伟股份	制造业
1570	北京博晖创新光电技术股份有限公司	300318	博晖创新	制造业
1571	深圳市麦捷微电子科技股份有限公司	300319	麦捷科技	制造业
1572	江阴海达橡塑股份有限公司	300320	海达股份	制造业
1573	山东同大海岛新材料股份有限公司	300321	同大股份	制造业
1574	惠州硕贝德无线科技股份有限公司	300322	硕贝德	制造业
1575	华灿光电股份有限公司	300323	华灿光电	制造业
1576	北京旋极信息技术股份有限公司	300324	旋极信息	信息传输、软件和信息技术服务业
1577	江苏德威新材料股份有限公司	300325	德威新材	制造业
1578	上海凯利泰医疗科技股份有限公司	300326	凯利泰	制造业
1579	中颖电子股份有限公司	300327	中颖电子	制造业
1580	东莞宜安科技股份有限公司	300328	宜安科技	制造业
1581	海伦钢琴股份有限公司	300329	海伦钢琴	制造业
1582	上海华虹计通智能系统股份有限公司	300330	华虹计通	信息传输、软件和信息技术服务业
1583	苏州苏大维格光电科技股份有限公司	300331	苏大维格	制造业
1584	天壕环境股份有限公司	300332	天壕环境	电力、热力、燃气及水生产和供应业
1585	深圳兆日科技股份有限公司	300333	兆日科技	信息传输、软件和信息技术服务业
1586	天津膜天膜科技股份有限公司	300334	津膜科技	制造业
1587	广州迪森热能技术股份有限公司	300335	迪森股份	电力、热力、燃气及水生产和供应业
1588	上海新文化传媒集团股份有限公司	300336	新文化	文化、体育和娱乐业
1589	银邦金属复合材料股份有限公司	300337	银邦股份	制造业
1590	长沙开元仪器股份有限公司	300338	开元仪器	制造业
1591	江苏润和软件股份有限公司	300339	润和软件	信息传输、软件和信息技术服务业
1592	江门市科恒实业股份有限公司	300340	科恒股份	制造业
1593	麦克奥迪(厦门)电气股份有限公司	300341	麦迪电气	制造业
1594	常熟市天银机电股份有限公司	300342	天银机电	制造业
1595	山东联创互联网传媒股份有限公司	300343	联创互联	制造业
1596	北京太空板业股份有限公司	300344	太空板业	制造业
1597	湖南红宇耐磨新材料股份有限公司	300345	红宇新材	制造业
1598	江苏南大光电材料股份有限公司	300346	南大光电	制造业
1599	杭州泰格医药科技股份有限公司	300347	泰格医药	卫生和社会工作
1600	深圳市长亮科技股份有限公司	300348	长亮科技	信息传输、软件和信息技术服务业

continued

股本总数(股)	第一大股东名称	第一大股东持股数量(股)	所占比重(%)	上市地点
380002637	福建富春投资有限公司	87607338	23.04999924	深圳
382800000	吴艳	165000000	43.09999847	深圳
690363969	邓子长	166112608	24.05999947	深圳
200700000	周泽湘	38519189	19.19000053	深圳
688053415	邢其彬	159168493	23.12999916	深圳
200000000	徐州云意科技发展有限公司	104257600	52.13000107	深圳
145255000	王建新	36356700	25.03000069	深圳
240000000	潘建根	80067960	33.36000061	深圳
802000000	宁波裕人投资有限公司	328135016	40.90999985	深圳
216010800	山东中际投资控股有限公司	99380300	46.00999832	深圳
434548000	高怀雪	131729100	30.30999947	深圳
228800000	童文伟	24882000	10.88000011	深圳
298958771	景晓军	120921600	40.45000076	深圳
160020000	张庆文	58632000	36.63999939	深圳
186951000	天山农牧业发展有限公司	56080000	30	深圳
288000000	陈再宏	71108200	24.69000053	深圳
2658377439	姚文彬	555650409	20.89999962	深圳
883436400	上虞金轮投资管理咨询有限公司	477006740	53.99000168	深圳
383661360	振发能源集团有限公司	124819102	32.52999878	深圳
409105938	杜江涛	160040230	39.11999893	深圳
215386609	新疆动能东方股权投资有限公司	68401189	31.76000023	深圳
293348000	钱胡寿	57684926	19.65999985	深圳
44400000	山东同大集团有限公司	19453846	43.81000137	深圳
407212100	惠州市硕贝德控股有限公司	136455631	33.50999832	深圳
675000000	JING TIAN CAPITAL I, LIMITED	113400000	16.79999924	深圳
500481802	陈江涛	195159864	38.99000168	深圳
320000000	苏州德威投资有限公司	105275900	32.90000153	深圳
352145754	ULTRA TEMPO LIMITED	38024252	10.80000019	深圳
173302990	威朗国际集团有限公司	52776512	30.45000076	深圳
224000000	宜安实业有限公司	132300000	59.06000137	深圳
251289880	宁波北仑海伦投资有限公司	72316800	29.98999977	深圳
169227800	上海华虹(集团)有限公司	43030704	25.43000031	深圳
186000000	陈林森	50237990	27.01000023	深圳
387189529	天壕投资集团有限公司	82330000	21.26000023	深圳
336000000	新疆晁骏股权投资有限公司	92666952	27.57999992	深圳
276037707	天津膜天膜工程技术有限公司	64004465	23.19000053	深圳
316547876	常厚春	55299599	17.46999931	深圳
537548070	上海渠丰国际贸易有限公司	132000000	24.55999947	深圳
821920000	沈于蓝	348040000	42.34000015	深圳
252000000	罗建文	65242722	25.88999939	深圳
358175850	江苏润和科技投资集团有限公司	62553000	17.45999908	深圳
100000000	万国江	22558500	22.55999947	深圳
256227737	麦克奥迪控股有限公司	109781070	42.84999847	深圳
200000000	常熟市天恒投资管理有限公司	100125000	50.06000137	深圳
125134417	李洪国	44625876	35.65999985	深圳
241248000	樊立	68349600	28.32999992	深圳
441295483	朱红玉	89425642	20.26000023	深圳
160864000	上海同华创业投资股份有限公司	32096000	19.95000076	深圳
433315910	叶小平	120649680	27.84000015	深圳
141401250	王长春	34172250	24.17000008	深圳

附录1—5 续表 32

序号	公司全称	上市公司股票代码	股票简称	行业分类
1601	金卡高科技股份有限公司	300349	金卡股份	制造业
1602	深圳市华鹏飞现代物流股份有限公司	300350	华鹏飞	交通运输、仓储和邮政业
1603	浙江永贵电器股份有限公司	300351	永贵电器	制造业
1604	北京北信源软件股份有限公司	300352	北信源	信息传输、软件和信息技术服务业
1605	北京东土科技股份有限公司	300353	东土科技	制造业
1606	江苏东华测试技术股份有限公司	300354	东华测试	制造业
1607	内蒙古蒙草生态环境(集团)股份有限公司	300355	蒙草生态	建筑业
1608	光一科技股份有限公司	300356	光一科技	制造业
1609	浙江我武生物科技股份有限公司	300357	我武生物	制造业
1610	楚天科技股份有限公司	300358	楚天科技	制造业
1611	广东全通教育股份有限公司	300359	全通教育	信息传输、软件和信息技术服务业
1612	杭州炬华科技股份有限公司	300360	炬华科技	制造业
1613	成都天翔环境股份有限公司	300362	天翔环境	制造业
1614	重庆博腾制药科技股份有限公司	300363	博腾股份	制造业
1615	中文在线数字出版集团股份有限公司	300364	中文在线	文化、体育和娱乐业
1616	北京恒华伟业科技股份有限公司	300365	恒华科技	信息传输、软件和信息技术服务业
1617	四川创意信息技术股份有限公司	300366	创意信息	信息传输、软件和信息技术服务业
1618	东方网力科技股份有限公司	300367	东方网力	制造业
1619	河北汇金机电股份有限公司	300368	汇金股份	制造业
1620	北京神州绿盟信息安全科技股份有限公司	300369	绿盟科技	信息传输、软件和信息技术服务业
1621	北京安控科技股份有限公司	300370	安控科技	制造业
1622	汇中仪表股份有限公司	300371	汇中股份	制造业
1623	丹东欣泰电气股份有限公司	300372	欣泰电气	制造业
1624	扬州扬杰电子科技股份有限公司	300373	扬杰科技	制造业
1625	北京恒通创新赛木科技股份有限公司	300374	恒通科技	制造业
1626	天津鹏翎胶管股份有限公司	300375	鹏翎股份	制造业
1627	易事特集团股份有限公司	300376	易事特	制造业
1628	深圳市赢时胜信息技术股份有限公司	300377	赢时胜	信息传输、软件和信息技术服务业
1629	鼎捷软件股份有限公司	300378	鼎捷软件	信息传输、软件和信息技术服务业
1630	北京东方通科技股份有限公司	300379	东方通	信息传输、软件和信息技术服务业
1631	上海安硕信息技术股份有限公司	300380	安硕信息	信息传输、软件和信息技术服务业
1632	广东溢多利生物科技股份有限公司	300381	溢多利	制造业
1633	苏州斯莱克精密设备股份有限公司	300382	斯莱克	制造业
1634	北京光环新网科技股份有限公司	300383	光环新网	信息传输、软件和信息技术服务业
1635	北京三联虹普新合纤技术服务股份有限公司	300384	三联虹普	科学研究和技术服务业
1636	无锡雪浪环境科技股份有限公司	300385	雪浪环境	制造业
1637	飞天诚信科技股份有限公司	300386	飞天诚信	信息传输、软件和信息技术服务业
1638	湖北富邦科技股份有限公司	300387	富邦股份	制造业
1639	安徽国祯环保节能科技股份有限公司	300388	国祯环保	水利、环境和公共设施管理业
1640	深圳市艾比森光电股份有限公司	300389	艾比森	制造业
1641	苏州天华超净科技股份有限公司	300390	天华超净	制造业
1642	康跃科技股份有限公司	300391	康跃科技	制造业
1643	北京腾信创新网络营销技术股份有限公司	300392	腾信股份	信息传输、软件和信息技术服务业
1644	苏州中来光伏新材股份有限公司	300393	中来股份	制造业
1645	苏州天孚光通信股份有限公司	300394	天孚通信	制造业
1646	湖北菲利华石英玻璃股份有限公司	300395	菲利华	制造业
1647	长春迪瑞医疗科技股份有限公司	300396	迪瑞医疗	制造业
1648	西安天和防务技术股份有限公司	300397	天和防务	制造业
1649	上海飞凯光电材料股份有限公司	300398	飞凯材料	制造业
1650	北京无线天利移动信息技术股份有限公司	300399	京天利	信息传输、软件和信息技术服务业

continued

股本总数(股)	第一大股东名称	第一大股东持股数量(股)	所占比重(%)	上市地点
180000000	浙江金卡高科技工程有限公司	65407100	36.34	深圳
296466868	张京豫	72995000	24.62	深圳
337194000	范永贵	60403200	17.91	深圳
270226124	林皓	130500000	48.29	深圳
462855750	李平	165488477	35.75	深圳
138370201	刘士钢	80202720	57.96	深圳
468769116	王召明	119690340	25.53	深圳
161221848	江苏光一投资管理有限责任公司	42600000	26.42	深圳
161600000	浙江我武管理咨询有限公司	83725979	51.81	深圳
277723982	长沙楚天投资有限公司	138535088	49.88	深圳
253680593	陈炽昌	83938009	33.09	深圳
241785000	杭州炬华集团有限公司	62280000	25.76	深圳
102731579	邓亲华	35798221	34.85	深圳
421662163	居年丰	72650008	17.23	深圳
120000000	童之磊	22426110	18.69	深圳
175759000	江春华	30806300	17.53	深圳
148016103	陆文斌	53899834	36.41	深圳
322366991	刘光	86745445	26.91	深圳
271974287	石家庄鑫汇金投资有限公司	96490800	35.48	深圳
359710956	INVESTOR AB LIMITED	75619120	21.00	深圳
267890336	俞凌	68733730	25.66	深圳
120000000	张力新	45453967	37.88	深圳
171557218	辽宁欣泰股份有限公司	45609020	26.59	深圳
419325000	江苏扬杰投资有限公司	196500000	46.86	深圳
194680000	孙志强	77228100	39.67	深圳
185931988	张洪起	66471658	35.75	深圳
250460000	扬州东方集团有限公司	163492000	65.28	深圳
110700000	唐球	31250770	28.23	深圳
200746110	DIGITAL CHINA SOFTWARE (BVI) LIMITED	35944338	17.91	深圳
115220300	张齐春	19249024	16.71	深圳
137440000	上海安硕科技发展有限公司	43164542	31.41	深圳
102540582	珠海市金大地投资有限公司	48906398	40.74	深圳
117121373	科莱思有限公司	81239310	69.36	深圳
545800000	北京百汇达投资管理有限公司	256000000	46.90	深圳
149352000	刘迪	67692800	45.32	深圳
120000000	杨建平	47086200	39.24	深圳
209022000	黄煜	69214473	33.11	深圳
124680000	应城市富邦科技有限公司	40076614	32.14	深圳
278649632	安徽国祯集团股份有限公司	116776605	41.91	深圳
160264000	丁彦辉	40598232	25.33	深圳
137819000	裴振华	47891017	34.75	深圳
166675000	寿光市康跃投资有限公司	105000000	63.00	深圳
384000000	徐炜	124264260	32.36	深圳
119490000	张育政	38509897	32.23	深圳
74340000	苏州天孚仁和投资管理有限公司	34900000	46.95	深圳
131000000	邓家贵	19883964	15.18	深圳
153350000	长春瑞发投资有限公司	82500000	53.80	深圳
120000000	贺增林	47883600	39.90	深圳
104000000	飞凯控股有限公司	55949400	53.80	深圳
152000000	钱永耀	61048140	40.16	深圳

附录1-5　续表 33

序号	公司全称	上市公司股票代码	股票简称	行业分类
1651	深圳市劲拓自动化设备股份有限公司	300400	劲拓股份	制造业
1652	浙江花园生物高科股份有限公司	300401	花园生物	制造业
1653	南京宝色股份公司	300402	宝色股份	制造业
1654	江门市地尔汉宇电器股份有限公司	300403	地尔汉宇	制造业
1655	广州博济医药生物技术股份有限公司	300404	博济医药	科学研究和技术服务业
1656	辽宁科隆精细化工股份有限公司	300405	科隆精化	制造业
1657	北京九强生物技术股份有限公司	300406	九强生物	制造业
1658	天津凯发电气股份有限公司	300407	凯发电气	制造业
1659	潮州三环(集团)股份有限公司	300408	三环集团	制造业
1660	广东道氏技术股份有限公司	300409	道氏技术	制造业
1661	广东正业科技股份有限公司	300410	正业科技	制造业
1662	浙江金盾风机股份有限公司	300411	金盾股份	制造业
1663	浙江迦南科技股份有限公司	300412	迦南科技	制造业
1664	快乐购物股份有限公司	300413	快乐购	批发和零售业
1665	四川中光防雷科技股份有限公司	300414	中光防雷	制造业
1666	广东伊之密精密机械股份有限公司	300415	伊之密	制造业
1667	苏州苏试试验仪器股份有限公司	300416	苏试试验	制造业
1668	佛山市南华仪器股份有限公司	300417	南华仪器	制造业
1669	北京昆仑万维科技股份有限公司	300418	昆仑万维	信息传输、软件和信息技术服务业
1670	北京浩丰创源科技股份有限公司	300419	浩丰科技	信息传输、软件和信息技术服务业
1671	徐州五洋科技股份有限公司	300420	五洋科技	制造业
1672	江苏力星通用钢球股份有限公司	300421	力星股份	制造业
1673	广西博世科环保科技股份有限公司	300422	博世科	水利、环境和公共设施管理业
1674	山东鲁亿通智能电气股份有限公司	300423	鲁亿通	制造业
1675	广州航新航空科技股份有限公司	300424	航新科技	制造业
1676	四川环能德美科技股份有限公司	300425	环能科技	制造业
1677	浙江唐德影视股份有限公司	300426	唐德影视	文化、体育和娱乐业
1678	厦门红相电力设备股份有限公司	300427	红相电力	制造业
1679	河北四通新型金属材料股份有限公司	300428	四通新材	制造业
1680	常州强力电子新材料股份有限公司	300429	强力新材	制造业
1681	北京诚益通控制工程科技股份有限公司	300430	诚益通	制造业
1682	暴风集团股份有限公司	300431	暴风集团	信息传输、软件和信息技术服务业
1683	绵阳富临精工机械股份有限公司	300432	富临精工	制造业
1684	蓝思科技股份有限公司	300433	蓝思科技	制造业
1685	四川金石东方新材料设备股份有限公司	300434	金石东方	制造业
1686	杭州中泰深冷技术股份有限公司	300435	中泰股份	制造业
1687	福建广生堂药业股份有限公司	300436	广生堂	制造业
1688	河南清水源科技股份有限公司	300437	清水源	制造业
1689	广州鹏辉能源科技股份有限公司	300438	鹏辉能源	制造业
1690	宁波美康生物科技股份有限公司	300439	美康生物	制造业
1691	成都运达科技股份有限公司	300440	运达科技	信息传输、软件和信息技术服务业
1692	宁波鲍斯能源装备股份有限公司	300441	鲍斯股份	制造业
1693	上海普丽盛包装股份有限公司	300442	普丽盛	制造业
1694	山东莱芜金雷风电科技股份有限公司	300443	金雷风电	制造业
1695	北京双杰电气股份有限公司	300444	双杰电气	制造业
1696	北京康斯特仪表科技股份有限公司	300445	康斯特	制造业
1697	保定乐凯新材料股份有限公司	300446	乐凯新材	制造业
1698	南京全信传输科技股份有限公司	300447	全信股份	制造业
1699	广州市浩云安防科技股份有限公司	300448	浩云科技	信息传输、软件和信息技术服务业
1700	北京汉邦高科数字技术股份有限公司	300449	汉邦高科	制造业

continued

股本总数（股）	第一大股东名称	第一大股东持股数量(股)	所占比重(%)	上市地点
120000000	吴限	40864500	34.05	深圳
181400000	浙江祥云科技股份有限公司	69678840	38.41	深圳
202000000	宝钛集团有限公司	116200000	57.52	深圳
134000000	石华山	62025000	46.29	深圳
133340000	王廷春	51710000	38.78	深圳
68000000	姜艳	33968800	49.95	深圳
249837313	刘希	37006838	14.81	深圳
136000000	孔祥洲	34979560	25.72	深圳
863818000	潮州市三江投资有限公司	322678928	37.35	深圳
97500000	荣继华	38812500	39.81	深圳
159545000	东莞市正业实业投资有限公司	91115417	57.11	深圳
160000000	周建灿	34428000	21.52	深圳
117480000	迦南科技集团有限公司	46200000	39.33	深圳
401000000	芒果传媒有限公司	172899074	43.12	深圳
168530000	四川中光高技术研究所有限责任公司	69600000	41.30	深圳
240000000	佳卓控股有限公司	81000000	33.75	深圳
62800000	苏州试验仪器总厂	30000000	47.77	深圳
40800000	杨耀光	6250000	15.32	深圳
1127230993	周亚辉	395562758	35.09	深圳
41100000	孙成文	10780000	26.23	深圳
90784308	侯友夫	12660500	13.95	深圳
112000000	南通银球投资有限公司	36036000	32.18	深圳
127285000	王双飞	30266100	23.78	深圳
88000000	纪法清	40922244	46.50	深圳
133070000	卜范胜	29362158	22.07	深圳
176621269	成都环能德美投资有限公司	76329000	43.22	深圳
160000000	吴宏亮	59267036	37.04	深圳
88670000	杨保田	39030638	44.02	深圳
80800000	臧永兴	9600000	11.88	深圳
79800000	钱晓春	24721320	30.98	深圳
97280000	北京立威特投资有限责任公司	28800000	29.61	深圳
274952683	冯鑫	58600278	21.31	深圳
360000000	四川富临实业集团有限公司	141669540	39.35	深圳
673360000	蓝思科技(香港)有限公司	546660000	81.18	深圳
68000000	蒯一希	18553800	27.29	深圳
81600000	浙江中泰钢业集团有限公司	43686275	53.54	深圳
140000000	福建奥华集团有限公司	34500000	24.64	深圳
66700000	王志清	34025000	51.01	深圳
84000000	夏信德	29365654	34.96	深圳
340020000	邹炳德	176124291	51.80	深圳
112000000	成都运达创新科技集团有限公司	57534249	51.37	深圳
168960000	怡诺鲍斯集团有限公司	94104000	55.70	深圳
100000000	上海大容贸易有限公司	27795000	27.80	深圳
56260000	伊廷雷	25665584	45.62	深圳
283391200	赵志宏	49045074	17.31	深圳
81600000	姜维利	16615800	20.36	深圳
61400000	中国乐凯集团有限公司	18795077	30.61	深圳
81000000	陈祥楼	45554000	56.24	深圳
80688500	茅庆江	31680000	39.26	深圳
70700000	王立群	22450350	31.75	深圳

附录1–5 续表 34

序号	公司全称	上市公司股票代码	股票简称	行业分类
1701	无锡先导智能装备股份有限公司	300450	先导智能	制造业
1702	创业软件股份有限公司	300451	创业软件	信息传输、软件和信息技术服务业
1703	安徽山河药用辅料股份有限公司	300452	山河药辅	制造业
1704	江西三鑫医疗科技股份有限公司	300453	三鑫医疗	制造业
1705	北京康拓红外技术股份有限公司	300455	康拓红外	制造业
1706	北京耐威科技股份有限公司	300456	耐威科技	制造业
1707	深圳市赢合科技股份有限公司	300457	赢合科技	制造业
1708	珠海全志科技股份有限公司	300458	全志科技	制造业
1709	浙江金科过氧化物股份有限公司	300459	浙江金科	制造业
1710	广东惠伦晶体科技股份有限公司	300460	惠伦晶体	制造业
1711	浙江田中精机股份有限公司	300461	田中精机	制造业
1712	上海华铭智能终端设备股份有限公司	300462	华铭智能	制造业
1713	四川迈克生物科技股份有限公司	300463	迈克生物	制造业
1714	广东星徽精密制造股份有限公司	300464	星徽精密	制造业
1715	高伟达软件股份有限公司	300465	高伟达	信息传输、软件和信息技术服务业
1716	赛摩电气股份有限公司	300466	赛摩电气	制造业
1717	四川迅游网络科技股份有限公司	300467	迅游科技	信息传输、软件和信息技术服务业
1718	深圳四方精创资讯股份有限公司	300468	四方精创	信息传输、软件和信息技术服务业
1719	上海中信信息发展股份有限公司	300469	信息发展	信息传输、软件和信息技术服务业
1720	四川日机密封件股份有限公司	300470	日机密封	制造业
1721	成都华气厚普机电设备股份有限公司	300471	厚普股份	制造业
1722	北京万向新元科技股份有限公司	300472	新元科技	制造业
1723	阜新德尔汽车部件股份有限公司	300473	德尔股份	制造业
1724	安徽聚隆传动科技股份有限公司	300475	聚隆科技	制造业
1725	胜宏科技(惠州)股份有限公司	300476	胜宏科技	制造业
1726	北京合纵科技股份有限公司	300477	合纵科技	制造业
1727	杭州高新橡塑材料股份有限公司	300478	杭州高新	制造业
1728	神思电子技术股份有限公司	300479	神思电子	制造业
1729	郑州光力科技股份有限公司	300480	光力科技	制造业
1730	濮阳惠成电子材料股份有限公司	300481	濮阳惠成	制造业
1731	广州万孚生物技术股份有限公司	300482	万孚生物	制造业
1732	上海沃施园艺股份有限公司	300483	沃施股份	制造业
1733	北京赛升药业股份有限公司	300485	赛升药业	制造业
1734	山西东杰智能物流装备股份有限公司	300486	东杰智能	制造业
1735	西安蓝晓科技新材料股份有限公司	300487	蓝晓科技	制造业
1736	恒锋工具股份有限公司	300488	恒锋工具	制造业
1737	哈尔滨中飞新技术股份有限公司	300489	中飞股份	制造业
1738	华自科技股份有限公司	300490	华自科技	制造业
1739	石家庄通合电子科技股份有限公司	300491	通合科技	制造业
1740	四川山鼎建筑工程设计股份有限公司	300492	山鼎设计	科学研究和技术服务业
1741	上海润欣科技股份有限公司	300493	润欣科技	信息传输、软件和信息技术服务业
1742	湖北盛天网络技术股份有限公司	300494	盛天网络	信息传输、软件和信息技术服务业
1743	美尚生态景观股份有限公司	300495	美尚生态	建筑业
1744	中科创达软件股份有限公司	300496	中科创达	信息传输、软件和信息技术服务业
1745	江西富祥药业股份有限公司	300497	富祥股份	制造业
1746	广东温氏食品集团股份有限公司	300498	温氏股份	农、林、牧、渔业
1747	上海浦东发展银行股份有限公司	600000	浦发银行	金融业
1748	广州白云国际机场股份有限公司	600004	白云机场	交通运输、仓储和邮政业
1749	武汉钢铁股份有限公司	600005	武钢股份	制造业
1750	东风汽车股份有限公司	600006	东风汽车	制造业

continued

股本总数(股)	第一大股东名称	第一大股东持股数量(股)	所占比重(%)	上市地点
136000000	无锡先导投资发展有限公司	55182000	40.58	深圳
70067500	葛航	14529138	20.74	深圳
46400000	尹正龙	12384778	26.69	深圳
79360000	彭义兴	23888800	30.10	深圳
140000000	航天神舟投资管理有限公司	50768981	36.26	深圳
84000000	杨云春	46810907	55.73	深圳
117000000	王维东	52970364	45.27	深圳
160000000	张建辉	15322000	9.58	深圳
265000000	金科控股集团有限公司	64116550	24.19	深圳
168274200	新疆惠伦股权投资合伙企业(有限合伙)	64359042	38.25	深圳
66680000	竹田享司	14215000	21.32	深圳
137760000	张亮	53390400	38.76	深圳
186000000	唐勇	21946760	11.80	深圳
84215000	广东星野投资有限责任公司	42290000	50.22	深圳
133340000	鹰潭市鹰高投资咨询有限公司	43228000	32.42	深圳
80000000	厉达	18900000	23.63	深圳
160000000	章建伟	21694200	13.56	深圳
100000000	益群集团控股有限公司	27742500	27.74	深圳
66800000	上海中信电子发展有限公司	21242400	31.80	深圳
53340000	四川川机投资有限责任公司	14666000	27.50	深圳
147968000	江涛	47870000	32.35	深圳
66670000	朱业胜	7450018	11.17	深圳
100000000	辽宁德尔实业股份有限公司	37260150	37.26	深圳
200000000	刘翔	54944954	27.47	深圳
149560000	深圳市胜华欣业投资有限公司	40651050	27.18	深圳
108180000	刘泽刚	27861637	25.75	深圳
66670000	高兴控股集团有限公司	25500000	38.25	深圳
80000000	山东神思科技投资有限公司	36000000	45.00	深圳
92000000	赵彤宇	46228500	50.25	深圳
80000000	濮阳市奥成化工有限公司	39600000	49.50	深圳
88000000	李文美	21852600	24.83	深圳
61500000	吴海林	7722000	12.56	深圳
120000000	马骉	59616000	49.68	深圳
138860881	姚卜文	49276944	35.49	深圳
80000000	寇晓康	20640000	25.80	深圳
62510000	恒锋控股有限公司	31878400	51.00	深圳
45375000	杨志峰	12400000	27.33	深圳
100000000	长沙华能自控集团有限公司	46739130	46.74	深圳
80000000	贾彤颖	15976112	19.97	深圳
83200000	袁歆	23107500	27.77	深圳
120000000	上海润欣信息技术有限公司	38250000	31.88	深圳
120000000	赖春临	46080000	38.40	深圳
66700000	王迎燕	32300280	48.43	深圳
100000000	赵鸿飞	36322483	36.32	深圳
72000000	包建华	25296000	35.13	深圳
3625247380	温鹏程	150497904	4.15	深圳
18653471415	中国移动通信集团广东有限公司	3730694283	20.00	上海
1150000000	广东省机场管理集团有限公司	712591458	61.96	上海
10093779823	武汉钢铁(集团)公司	6319903197	62.61	上海
2000000000	东风汽车有限公司	1202000000	60.10	上海

附录1—5　续表 35

序号	公司全称	上市公司股票代码	股票简称	行业分类
1751	中国国际贸易中心股份有限公司	600007	中国国贸	房地产业
1752	北京首创股份有限公司	600008	首创股份	电力、热力、燃气及水生产和供应业
1753	上海国际机场股份有限公司	600009	上海机场	交通运输、仓储和邮政业
1754	内蒙古包钢钢联股份有限公司	600010	包钢股份	制造业
1755	华能国际电力股份有限公司	600011	华能国际	电力、热力、燃气及水生产和供应业
1756	安徽皖通高速公路股份有限公司	600012	皖通高速	交通运输、仓储和邮政业
1757	华夏银行股份有限公司	600015	华夏银行	金融业
1758	中国民生银行股份有限公司	600016	民生银行	金融业
1759	日照港股份有限公司	600017	日照港	交通运输、仓储和邮政业
1760	上海国际港务(集团)股份有限公司	600018	上港集团	交通运输、仓储和邮政业
1761	宝山钢铁股份有限公司	600019	宝钢股份	制造业
1762	河南中原高速公路股份有限公司	600020	中原高速	交通运输、仓储和邮政业
1763	上海电力股份有限公司	600021	上海电力	电力、热力、燃气及水生产和供应业
1764	山东钢铁股份有限公司	600022	山东钢铁	制造业
1765	浙江浙能电力股份有限公司	600023	浙能电力	电力、热力、燃气及水生产和供应业
1766	中海发展股份有限公司	600026	中海发展	交通运输、仓储和邮政业
1767	华电国际电力股份有限公司	600027	华电国际	电力、热力、燃气及水生产和供应业
1768	中国石油化工股份有限公司	600028	中国石化	采矿业
1769	中国南方航空股份有限公司	600029	南方航空	交通运输、仓储和邮政业
1770	中信证券股份有限公司	600030	中信证券	金融业
1771	三一重工股份有限公司	600031	三一重工	制造业
1772	福建发展高速公路股份有限公司	600033	福建高速	交通运输、仓储和邮政业
1773	湖北楚天高速公路股份有限公司	600035	楚天高速	交通运输、仓储和邮政业
1774	招商银行股份有限公司	600036	招商银行	金融业
1775	北京歌华有线电视网络股份有限公司	600037	歌华有线	信息传输、软件和信息技术服务业
1776	中航直升机股份有限公司	600038	中直股份	制造业
1777	四川路桥建设集团股份有限公司	600039	四川路桥	建筑业
1778	保利房地产(集团)股份有限公司	600048	保利地产	房地产业
1779	中国联合网络通信股份有限公司	600050	中国联通	信息传输、软件和信息技术服务业
1780	宁波联合集团股份有限公司	600051	宁波联合	批发和零售业
1781	浙江广厦股份有限公司	600052	浙江广厦	房地产业
1782	昆吾九鼎投资控股股份有限公司	600053	九鼎投资	房地产业
1783	黄山旅游发展股份有限公司	600054	黄山旅游	水利、环境和公共设施管理业
1784	华润万东医疗装备股份有限公司	600055	华润万东	制造业
1785	中国医药健康产业股份有限公司	600056	中国医药	制造业
1786	厦门象屿股份有限公司	600057	象屿股份	租赁和商务服务业
1787	五矿发展股份有限公司	600058	五矿发展	批发和零售业
1788	浙江古越龙山绍兴酒股份有限公司	600059	古越龙山	制造业
1789	青岛海信电器股份有限公司	600060	海信电器	制造业
1790	国投安信股份有限公司	600061	国投安信	金融业
1791	华润双鹤药业股份有限公司	600062	华润双鹤	制造业
1792	安徽皖维高新材料股份有限公司	600063	皖维高新	制造业
1793	南京高科股份有限公司	600064	南京高科	房地产业
1794	郑州宇通客车股份有限公司	600066	宇通客车	制造业
1795	冠城大通股份有限公司	600067	冠城大通	房地产业
1796	中国葛洲坝集团股份有限公司	600068	葛洲坝	建筑业
1797	河南银鸽实业投资股份有限公司	600069	银鸽投资	制造业
1798	浙江富润股份有限公司	600070	浙江富润	制造业
1799	凤凰光学股份有限公司	600071	凤凰光学	制造业
1800	中船钢构工程股份有限公司	600072	钢构工程	制造业

continued

股本总数(股)	第一大股东名称	第一大股东持股数量(股)	所占比重(%)	上市地点
1007282534	中国国际贸易中心有限公司	812360241	80.65	上海
2410307062	北京首都创业集团有限公司	1309291709	54.32	上海
1926958448	上海机场(集团)有限公司	1026177895	53.25	上海
32560737606	包头钢铁(集团)有限责任公司	17796182527	54.66	上海
15200383440	华能国际电力开发公司	5066662118	33.33	上海
1658610000	安徽省交通控股集团有限公司	524644220	31.63	上海
10685572211	首钢总公司	2166607843	20.28	上海
36485348752	香港中央结算(代理人)有限公司	6898397707	18.91	上海
3075653888	日照港集团有限公司	1280207319	41.62	上海
23173674650	上海市国有资产监督管理委员会	7267201090	31.36	上海
16467517524	宝钢集团有限公司	13130265267	79.73	上海
2247371832	河南交通投资集团有限公司	1013313285	45.09	上海
2139739257	国家电力投资集团公司	920600327	43.02	上海
8420422781	济钢集团有限公司	2548435534	30.26	上海
13600689988	浙江省能源集团有限公司	9512667001	69.94	上海
4032032861	中国海运(集团)总公司	1536924595	38.12	上海
9862976653	中国华电集团公司	4620061224	46.84	上海
121071209646	中国石油化工集团公司	85792671101	70.86	上海
9817567000	中国南方航空集团公司	4039228665	41.14	上海
12116908400	香港中央结算(代理人)有限公司	2277743638	18.80	上海
7616504037	三一集团有限公司	3516468177	46.17	上海
2744400000	福建省高速公路有限责任公司	992367729	36.16	上海
1453377893	湖北省交通投资集团有限公司	586664411	40.37	上海
25219845601	香港中央结算(代理人)有限公司	4538723917	18.00	上海
1391777884	北京北广传媒投资发展中心	514175448	36.94	上海
589476716	哈尔滨航空工业(集团)有限公司	166270802	28.21	上海
3019732672	四川省铁路产业投资集团有限责任公司	1316350921	43.59	上海
10755245943	保利南方集团有限公司	4511874673	41.95	上海
21196596395	中国联合网络通信集团有限公司	13256987513	62.54	上海
310880000	浙江荣盛控股集团有限公司	90417600	29.08	上海
871789092	广厦控股集团有限公司	337050000	38.66	上海
433540800	江西中江集团有限责任公司	313737309	72.37	上海
498200000	黄山旅游集团有限公司	197730500	39.69	上海
216450000	江苏鱼跃科技发展有限公司	112706457	52.07	上海
1012513400	中国通用技术(集团)控股有限责任公司	441017272	43.56	上海
1170779403	厦门象屿集团有限公司	624488448	53.34	上海
1071910711	中国五矿股份有限公司	670604922	62.56	上海
808524165	中国绍兴黄酒集团有限公司	334624117	41.39	上海
1308481222	海信集团有限公司	514860431	39.35	上海
3694151713	国家开发投资公司	1705935390	46.18	上海
724470631	北京医药集团有限责任公司	434580294	59.99	上海
1645894692	安徽皖维集团有限责任公司	578066692	35.12	上海
774328248	南京新港开发总公司	268340723	34.65	上海
2213939223	郑州宇通集团有限公司	823314023	37.19	上海
1487794725	福建丰榕投资有限公司	448951933	30.18	上海
4604777412	中国葛洲坝集团有限公司	1949448239	42.34	上海
1249102957	漯河银鸽实业集团有限公司	591438503	47.35	上海
356613052	富润控股集团有限公司	98414814	27.60	上海
237472456	凤凰光学控股有限公司	93712694	39.46	上海
478429586	中国船舶工业集团公司	139733613	29.21	上海

附录1-5　续表 36

序号	公司全称	上市公司股票代码	股票简称	行业分类
1801	上海梅林正广和股份有限公司	600073	上海梅林	制造业
1802	江苏保千里视像科技集团股份有限公司	600074	保千里	制造业
1803	新疆天业股份有限公司	600075	新疆天业	制造业
1804	康欣新材料股份有限公司	600076	康欣新材	制造业
1805	宋都基业投资股份有限公司	600077	宋都股份	房地产业
1806	江苏澄星磷化工股份有限公司	600078	澄星股份	制造业
1807	人福医药集团股份公司	600079	人福医药	制造业
1808	金花企业(集团)股份有限公司	600080	金花股份	制造业
1809	东风电子科技股份有限公司	600081	东风科技	制造业
1810	天津海泰科技发展股份有限公司	600082	海泰发展	综合
1811	广东博信投资控股股份有限公司	600083	博信股份	制造业
1812	中信国安葡萄酒业股份有限公司	600084	中葡股份	制造业
1813	北京同仁堂股份有限公司	600085	同仁堂	制造业
1814	东方金钰股份有限公司	600086	东方金钰	制造业
1815	中视传媒股份有限公司	600088	中视传媒	文化、体育和娱乐业
1816	特变电工股份有限公司	600089	特变电工	制造业
1817	新疆啤酒花股份有限公司	600090	啤酒花	制造业
1818	包头明天科技股份有限公司	600091	ST明科	制造业
1819	四川禾嘉股份有限公司	600093	禾嘉股份	制造业
1820	上海大名城企业股份有限公司	600094	大名城	房地产业
1821	哈尔滨高科技(集团)股份有限公司	600095	哈高科	制造业
1822	云南云天化股份有限公司	600096	云天化	制造业
1823	上海开创国际海洋资源股份有限公司	600097	开创国际	农、林、牧、渔业
1824	广州发展集团股份有限公司	600098	广州发展	电力、热力、燃气及水生产和供应业
1825	林海股份有限公司	600099	林海股份	制造业
1826	同方股份有限公司	600100	同方股份	制造业
1827	四川明星电力股份有限公司	600101	明星电力	电力、热力、燃气及水生产和供应业
1828	福建省青山纸业股份有限公司	600103	青山纸业	制造业
1829	上海汽车集团股份有限公司	600104	上汽集团	制造业
1830	江苏永鼎股份有限公司	600105	永鼎股份	制造业
1831	重庆路桥股份有限公司	600106	重庆路桥	交通运输、仓储和邮政业
1832	湖北美尔雅股份有限公司	600107	美尔雅	制造业
1833	甘肃亚盛实业(集团)股份有限公司	600108	亚盛集团	农、林、牧、渔业
1834	国金证券股份有限公司	600109	国金证券	金融业
1835	诺德投资股份有限公司	600110	诺德股份	制造业
1836	中国北方稀土(集团)高科技股份有限公司	600111	北方稀土	制造业
1837	贵州长征天成控股股份有限公司	600112	天成控股	制造业
1838	浙江东日股份有限公司	600113	浙江东日	租赁和商务服务业
1839	东睦新材料集团股份有限公司	600114	东睦股份	制造业
1840	中国东方航空股份有限公司	600115	东方航空	交通运输、仓储和邮政业
1841	重庆三峡水利电力(集团)股份有限公司	600116	三峡水利	电力、热力、燃气及水生产和供应业
1842	西宁特殊钢股份有限公司	600117	西宁特钢	制造业
1843	中国东方红卫星股份有限公司	600118	中国卫星	制造业
1844	长发集团长江投资实业股份有限公司	600119	长江投资	交通运输、仓储和邮政业
1845	浙江东方集团股份有限公司	600120	浙江东方	批发和零售业
1846	郑州煤电股份有限公司	600121	郑州煤电	采矿业
1847	江苏宏图高科技股份有限公司	600122	宏图高科	批发和零售业
1848	山西兰花科技创业股份有限公司	600123	兰花科创	采矿业
1849	中铁铁龙集装箱物流股份有限公司	600125	铁龙物流	交通运输、仓储和邮政业
1850	杭州钢铁股份有限公司	600126	杭钢股份	制造业

continued

股本总数（股）	第一大股东名称	第一大股东持股数量(股)	所占比重(%)	上市地点
937729472	上海益民食品一厂(集团)有限公司	298386000	31.82	上海
2305800000	庄敏	841482488	36.49	上海
438592000	新疆天业(集团)有限公司	189760000	43.27	上海
1034264129	李洁	220429643	21.31	上海
1340122326	浙江宋都控股有限公司	599694518	44.75	上海
662572861	江阴澄星实业集团有限公司	170826693	25.78	上海
1286049062	武汉当代科技产业集团股份有限公司	314982724	24.49	上海
305295872	金花投资控股集团有限公司	48000000	15.72	上海
313560000	东风汽车零部件(集团)有限公司	203814000	65.00	上海
646115826	天津海泰控股集团有限公司	156461842	24.22	上海
230000000	杨志茂	32400000	14.09	上海
1123726830	中信国安集团有限公司	367653286	32.72	上海
1371470262	中国北京同仁堂(集团)有限责任公司	719308540	52.45	上海
1350000000	云南兴龙实业有限公司	445343892	32.99	上海
331422000	中央电视台无锡太湖影视城	180151828	54.37	上海
3249053686	新疆特变电工集团有限公司	377429387	11.62	上海
367916646	新疆嘉酿投资有限公司	110370072	29.99	上海
437412524	正元投资有限公司	151365424	34.60	上海
1122447500	云南九天投资控股集团有限公司	410423429	36.57	上海
2011556942	福州东福实业发展有限公司	400309993	19.90	上海
361263565	浙江新湖集团股份有限公司	58094308	16.08	上海
1129078166	云天化集团有限责任公司	613454675	54.33	上海
202597901	上海远洋渔业有限公司	87148012	43.02	上海
2726196558	广州国资发展控股有限公司	1709111863	62.69	上海
219120000	中国福马机械集团有限公司	92256920	42.10	上海
2963898951	清华控股有限公司	753310910	25.42	上海
324178977	国网四川省电力公司	65070097	20.07	上海
1061841600	福建省盐业集团有限责任公司	104978540	9.89	上海
11025566629	上海汽车工业(集团)总公司	8191449931	74.30	上海
472496546	永鼎集团有限公司	175729326	37.19	上海
907742000	重庆国际信托股份有限公司	135783192	14.96	上海
360000000	湖北美尔雅集团有限公司	73388738	20.39	上海
1946915121	甘肃省农垦集团有限责任公司	303121313	15.57	上海
3024359310	长沙九芝堂(集团)有限公司	547075232	18.09	上海
1150312097	西部矿业集团有限公司	39000000	3.39	上海
3633066000	包头钢铁(集团)有限责任公司	1413861219	38.92	上海
509204846	银河天成集团有限公司	83400000	16.38	上海
318600000	浙江东方集团公司	156006000	48.97	上海
390765517	睦特殊金属工业株式会社	97770000	25.02	上海
13140178860	中国东方航空集团公司	5072922927	38.61	上海
331001834	新华水利控股集团公司	37000151	11.18	上海
741219252	西宁特殊钢集团有限责任公司	369669184	49.87	上海
1182489135	中国航天科技集团公司第五研究院	603270676	51.02	上海
307400000	长江经济联合发展(集团)股份有限公司	118566341	38.57	上海
505473454	浙江省国际贸易集团有限公司	223555529	44.23	上海
1015343365	郑州煤炭工业(集团)有限责任公司	648059213	63.83	上海
1150198350	三胞集团有限公司	248474132	21.60	上海
1142400000	山西兰花煤炭实业集团有限公司	515340000	45.11	上海
1305521874	中铁集装箱运输有限责任公司	207554700	15.90	上海
838938750	杭州钢铁集团公司	549532150	65.50	上海

附录1—5 续表 37

序号	公司全称	上市公司股票代码	股票简称	行业分类
1851	金健米业股份有限公司	600127	金健米业	制造业
1852	江苏弘业股份有限公司	600128	弘业股份	批发和零售业
1853	重庆太极实业(集团)股份有限公司	600129	太极集团	制造业
1854	宁波波导股份有限公司	600130	波导股份	制造业
1855	四川岷江水利电力股份有限公司	600131	岷江水电	电力、热力、燃气及水生产和供应业
1856	重庆啤酒股份有限公司	600132	重庆啤酒	制造业
1857	武汉东湖高新集团股份有限公司	600133	东湖高新	建筑业
1858	乐凯胶片股份有限公司	600135	乐凯胶片	制造业
1859	武汉当代明诚文化股份有限公司	600136	当代明诚	文化、体育和娱乐业
1860	四川浪莎控股股份有限公司	600137	浪莎股份	制造业
1861	中青旅控股股份有限公司	600138	中青旅	租赁和商务服务业
1862	四川西部资源控股股份有限公司	600139	西部资源	采矿业
1863	湖北兴发化工集团股份有限公司	600141	兴发集团	制造业
1864	金发科技股份有限公司	600143	金发科技	制造业
1865	新疆亿路万源实业投资控股股份有限公司	600145	*ST新亿	制造业
1866	商赢环球股份有限公司	600146	商赢环球	制造业
1867	长春一东离合器股份有限公司	600148	长春一东	制造业
1868	廊坊发展股份有限公司	600149	廊坊发展	综合
1869	中国船舶工业股份有限公司	600150	中国船舶	制造业
1870	上海航天汽车机电股份有限公司	600151	航天机电	制造业
1871	宁波维科精华集团股份有限公司	600152	维科精华	制造业
1872	厦门建发股份有限公司	600153	建发股份	批发和零售业
1873	河北宝硕股份有限公司	600155	宝硕股份	制造业
1874	湖南华升股份有限公司	600156	华升股份	制造业
1875	永泰能源股份有限公司	600157	永泰能源	采矿业
1876	中体产业集团股份有限公司	600158	中体产业	房地产业
1877	北京市大龙伟业房地产开发股份有限公司	600159	大龙地产	房地产业
1878	浙江巨化股份有限公司	600160	巨化股份	制造业
1879	北京天坛生物制品股份有限公司	600161	天坛生物	制造业
1880	深圳香江控股股份有限公司	600162	香江控股	房地产业
1881	中闽能源股份有限公司	600163	中闽能源	电力、热力、燃气及水生产和供应业
1882	宁夏新日恒力钢丝绳股份有限公司	600165	新日恒力	制造业
1883	北汽福田汽车股份有限公司	600166	福田汽车	制造业
1884	联美控股股份有限公司	600167	联美控股	电力、热力、燃气及水生产和供应业
1885	武汉三镇实业控股股份有限公司	600168	武汉控股	电力、热力、燃气及水生产和供应业
1886	太原重工股份有限公司	600169	太原重工	制造业
1887	上海建工集团股份有限公司	600170	上海建工	建筑业
1888	上海贝岭股份有限公司	600171	上海贝岭	制造业
1889	河南黄河旋风股份有限公司	600172	黄河旋风	制造业
1890	卧龙地产集团股份有限公司	600173	卧龙地产	房地产业
1891	美都能源股份有限公司	600175	美都能源	综合
1892	中国巨石股份有限公司	600176	中国巨石	制造业
1893	雅戈尔集团股份有限公司	600177	雅戈尔	房地产业
1894	哈尔滨东安汽车动力股份有限公司	600178	东安动力	制造业
1895	黑龙江黑化股份有限公司	600179	*ST黑化	制造业
1896	瑞茂通供应链管理股份有限公司	600180	瑞茂通	批发和零售业
1897	佳通轮胎股份有限公司	600182	S佳通	制造业
1898	广东生益科技股份有限公司	600183	生益科技	制造业
1899	北方光电股份有限公司	600184	光电股份	制造业
1900	格力地产股份有限公司	600185	格力地产	房地产业

continued

股本总数(股)	第一大股东名称	第一大股东持股数量(股)	所占比重(%)	上市地点
641783218	湖南金霞粮食产业有限公司	143350051	22.34	上海
246767500	爱涛文化集团有限公司	59281910	24.02	上海
426894000	太极集团有限公司	165690203	38.81	上海
768000000	波导科技集团股份有限公司	125946400	16.40	上海
504125155	国网四川省电力公司	120592061	23.92	上海
483971198	嘉士伯啤酒厂香港有限公司	205882718	42.54	上海
634257784	湖北省联合发展投资集团有限公司	136041357	21.45	上海
372991735	中国乐凯集团有限公司	127068761	34.07	上海
164018461	武汉新星汉宜化工有限公司	35146071	21.43	上海
97217588	浪莎控股集团有限公司	41495355	42.68	上海
723840000	中国青旅集团公司	124305000	17.17	上海
661890508	四川恒康发展有限责任公司	267835141	40.46	上海
529981934	宜昌兴发集团有限责任公司	124060907	23.41	上海
2560000000	袁志敏	454721766	17.76	上海
377685000	新疆万源稀金资源投资控股有限公司	35500000	9.40	上海
200000000	乐源控股有限公司	11300000	5.65	上海
141516450	吉林东光集团有限公司	45378919	32.07	上海
380160000	廊坊市投资控股集团有限公司	50480000	13.28	上海
1378117598	中国船舶工业集团公司	749280666	54.37	上海
1250179897	上海航天工业(集团)有限公司	379350534	30.34	上海
293494200	维科控股集团股份有限公司	65350000	22.27	上海
2835200530	厦门建发集团有限公司	1275129670	44.97	上海
476602564	新希望化工投资有限公司	187233501	39.29	上海
402110702	湖南华升集团公司	161704312	40.21	上海
11194639548	永泰控股集团有限公司	5178394534	46.26	上海
843735373	国家体育总局体育基金管理中心	186239981	22.07	上海
830003232	北京市顺义大龙城乡建设开发总公司	395916555	47.70	上海
1810915951	巨化集团公司	1011667326	55.86	上海
515466868	中国生物技术股份有限公司	274725000	53.30	上海
1596457572	南方香江集团有限公司	406115339	25.44	上海
999465230	福建省投资开发集团有限责任公司	461703026	46.20	上海
684883775	上海中能企业发展(集团)有限公司	200000000	29.20	上海
3335065645	北京汽车集团有限公司	902644467	27.07	上海
211000000	联美集团有限公司	99100000	46.97	上海
709569692	武汉市水务集团有限公司	391536000	55.18	上海
2423955000	太原重型机械(集团)制造有限公司	662650710	27.34	上海
5943214237	上海建工(集团)总公司	1882822511	31.68	上海
673807773	华大半导体有限公司	178200000	26.45	上海
792398882	河南黄河实业集团股份有限公司	174013392	21.96	上海
725147460	浙江卧龙置业投资有限公司	314104357	43.32	上海
2451037509	闻掌华	656103748	26.77	上海
872629500	中国建材股份有限公司	298186135	34.17	上海
2226611695	宁波雅戈尔控股有限公司	701626566	31.51	上海
462080000	中国长安汽车集团股份有限公司	251893000	54.51	上海
390000000	黑龙江黑化集团有限公司	175291133	44.95	上海
1017407464	郑州瑞茂通供应链有限公司	618133813	60.76	上海
340000000	佳通轮胎(中国)投资有限公司	151070000	44.43	上海
1437553885	东莞市国弘投资有限公司	230785410	16.05	上海
418760826	北方光电集团有限公司	204458556	48.82	上海
577680899	珠海投资控股有限公司	300000000	51.93	上海

附录1-5 续表 38

序号	公司全称	上市公司股票代码	股票简称	行业分类
1901	河南莲花健康产业股份有限公司	600186	莲花健康	制造业
1902	黑龙江国中水务股份有限公司	600187	国中水务	电力、热力、燃气及水生产和供应业
1903	兖州煤业股份有限公司	600188	兖州煤业	采矿业
1904	吉林森林工业股份有限公司	600189	吉林森工	制造业
1905	锦州港股份有限公司	600190	锦州港	交通运输、仓储和邮政业
1906	包头华资实业股份有限公司	600191	华资实业	制造业
1907	兰州长城电工股份有限公司	600192	长城电工	制造业
1908	上海创兴资源开发股份有限公司	600193	创兴资源	采矿业
1909	中牧实业股份有限公司	600195	中牧股份	制造业
1910	上海复星医药(集团)股份有限公司	600196	复星医药	制造业
1911	新疆伊力特实业股份有限公司	600197	伊力特	制造业
1912	大唐电信科技股份有限公司	600198	大唐电信	制造业
1913	安徽金种子酒业股份有限公司	600199	金种子酒	制造业
1914	江苏吴中实业股份有限公司	600200	江苏吴中	综合
1915	金宇生物技术股份有限公司	600201	生物股份	制造业
1916	哈尔滨空调股份有限公司	600202	哈空调	制造业
1917	福建福日电子股份有限公司	600203	福日电子	批发和零售业
1918	有研新材料股份有限公司	600206	有研新材	制造业
1919	河南安彩高科股份有限公司	600207	安彩高科	电力、热力、燃气及水生产和供应业
1920	新湖中宝股份有限公司	600208	新湖中宝	房地产业
1921	罗顿发展股份有限公司	600209	罗顿发展	建筑业
1922	上海紫江企业集团股份有限公司	600210	紫江企业	制造业
1923	西藏诺迪康药业股份有限公司	600211	西藏药业	制造业
1924	山东江泉实业股份有限公司	600212	*ST江泉	综合
1925	扬州亚星客车股份有限公司	600213	亚星客车	制造业
1926	长春经开(集团)股份有限公司	600215	长春经开	房地产业
1927	浙江医药股份有限公司	600216	浙江医药	制造业
1928	陕西秦岭水泥(集团)股份有限公司	600217	秦岭水泥	制造业
1929	安徽全柴动力股份有限公司	600218	全柴动力	制造业
1930	山东南山铝业股份有限公司	600219	南山铝业	制造业
1931	江苏阳光股份有限公司	600220	江苏阳光	制造业
1932	海南航空股份有限公司	600221	海南航空	交通运输、仓储和邮政业
1933	河南太龙药业股份有限公司	600222	太龙药业	制造业
1934	鲁商置业股份有限公司	600223	鲁商置业	房地产业
1935	天津松江股份有限公司	600225	天津松江	房地产业
1936	浙江升华拜克生物股份有限公司	600226	升华拜克	制造业
1937	贵州赤天化股份有限公司	600227	赤天化	制造业
1938	江西昌九生物化工股份有限公司	600228	昌九生化	制造业
1939	青岛城市传媒股份有限公司	600229	城市传媒	文化、体育和娱乐业
1940	沧州大化股份有限公司	600230	*ST沧大	制造业
1941	凌源钢铁股份有限公司	600231	凌钢股份	制造业
1942	浙江金鹰股份有限公司	600232	金鹰股份	制造业
1943	大连大杨创世股份有限公司	600233	大杨创世	制造业
1944	山西广和山水文化传播股份有限公司	600234	*ST山水	制造业
1945	民丰特种纸股份有限公司	600235	民丰特纸	制造业
1946	广西桂冠电力股份有限公司	600236	桂冠电力	电力、热力、燃气及水生产和供应业
1947	安徽铜峰电子股份有限公司	600237	铜峰电子	制造业
1948	海南椰岛(集团)股份有限公司	600238	海南椰岛	房地产业
1949	云南城投置业股份有限公司	600239	云南城投	房地产业
1950	北京华业资本控股股份有限公司	600240	华业资本	房地产业

continued

股本总数(股)	第一大股东名称	第一大股东持股数量(股)	所占比重(%)	上市地点
1062024311	浙江睿康投资有限公司	110000000	10.36	上海
1455624228	国中(天津)水务有限公司	227312500	15.62	上海
4918400000	兖矿集团有限公司	2600000000	52.93	上海
310500000	中国吉林森林工业集团有限责任公司	132175341	42.57	上海
2002291500	大连港集团有限公司	382110546	19.08	上海
484932000	包头草原糖业(集团)有限责任公司	152717960	31.49	上海
441748000	甘肃长城电工集团有限责任公司	151722000	34.35	上海
425373000	厦门百汇兴投资有限公司	62540594	14.70	上海
429800000	中国牧工商(集团)总公司	225020500	52.35	上海
2314075364	上海复星高科技(集团)有限公司	920641314	39.78	上海
441000000	新疆伊犁酿酒总厂	222728867	50.51	上海
882108472	电信科学技术研究院	151252178	17.15	上海
555775002	安徽金种子集团有限公司	178257084	32.07	上海
669646070	苏州吴中投资控股有限公司	122795762	18.34	上海
572829860	内蒙古农牧药业有限责任公司	67200000	11.73	上海
383340672	哈尔滨工业投资集团有限公司	130449385	34.03	上海
380280745	福建福日集团有限公司	94234189	24.78	上海
838778332	北京有色金属研究总院	305510668	36.42	上海
690000000	河南投资集团有限公司	407835649	59.11	上海
9099670428	浙江新湖集团股份有限公司	3806910170	41.84	上海
439011169	海南罗衡机电工程设备安装有限公司	87802438	20.00	上海
1516736158	上海紫江(集团)有限公司	410375073	27.06	上海
145589000	西藏华西药业集团有限公司	31480000	21.62	上海
511697213	宁波顺辰投资有限公司	68403198	13.37	上海
220000000	潍柴(扬州)亚星汽车有限公司	112200000	51.00	上海
465032880	长春经济技术开发区创业投资控股有限公司	101736960	21.88	上海
936108000	新昌县昌欣投资发展有限公司	207282778	22.14	上海
1341587523	中国再生资源开发有限公司	340060867	25.35	上海
368755000	安徽全柴集团有限公司	126542500	34.32	上海
2835184361	南山集团有限公司	845169496	29.81	上海
1783340326	江苏阳光集团有限公司	150663362	8.45	上海
12182181790	大新华航空有限公司	4029167580	33.07	上海
573886283	郑州众生实业集团有限公司	131833086	22.97	上海
1000968000	山东省商业集团有限公司	530722779	53.02	上海
935492615	天津滨海发展投资控股有限公司	445572888	47.63	上海
1094982970	沈培今	164247445	15.00	上海
950392526	贵州赤天化集团有限责任公司	272039210	28.62	上海
241320000	江西昌九化工集团有限公司	43980000	18.22	上海
702096010	青岛出版集团有限公司	372876591	53.11	上海
294188216	沧州大化集团有限责任公司	141248160	48.01	上海
1259583065	凌源钢铁集团有限责任公司	431473247	34.26	上海
364718544	浙江金鹰集团有限公司	170952293	46.87	上海
165000000	大杨集团有限责任公司	66250000	40.15	上海
202445880	黄国忠	20000000	9.88	上海
351300000	嘉兴民丰集团有限公司	124230000	35.36	上海
6063367540	中国大唐集团公司	3610819410	59.55	上海
564369565	安徽铜峰电子集团有限公司	94561280	16.76	上海
448200000	海口市国有资产经营有限公司	78737632	17.57	上海
1070457939	云南省城市建设投资集团有限公司	373244153	34.87	上海
1424253600	华业发展(深圳)有限公司	333895031	23.44	上海

附录1–5 续表 39

序号	公司全称	上市公司股票代码	股票简称	行业分类
1951	辽宁时代万恒股份有限公司	600241	时代万恒	批发和零售业
1952	中昌海运股份有限公司	600242	中昌海运	交通运输、仓储和邮政业
1953	青海华鼎实业股份有限公司	600243	青海华鼎	制造业
1954	北京万通地产股份有限公司	600246	万通地产	房地产业
1955	吉林成城集团股份有限公司	600247	ST成城	批发和零售业
1956	陕西延长石油化建股份有限公司	600248	延长化建	建筑业
1957	柳州两面针股份有限公司	600249	两面针	制造业
1958	南京纺织品进出口股份有限公司	600250	南纺股份	批发和零售业
1959	新疆冠农果茸集团股份有限公司	600251	冠农股份	制造业
1960	广西梧州中恒集团股份有限公司	600252	中恒集团	制造业
1961	安徽鑫科新材料股份有限公司	600255	鑫科材料	制造业
1962	广汇能源股份有限公司	600256	广汇能源	采矿业
1963	大湖水殖股份有限公司	600257	大湖股份	农、林、牧、渔业
1964	北京首旅酒店(集团)股份有限公司	600258	首旅酒店	住宿和餐饮业
1965	广晟有色金属股份有限公司	600259	广晟有色	采矿业
1966	湖北凯乐科技股份有限公司	600260	凯乐科技	综合
1967	浙江阳光照明电器集团股份有限公司	600261	阳光照明	制造业
1968	内蒙古北方重型汽车股份有限公司	600262	北方股份	制造业
1969	云南景谷林业股份有限公司	600265	*ST景谷	农、林、牧、渔业
1970	北京城建投资发展股份有限公司	600266	北京城建	房地产业
1971	浙江海正药业股份有限公司	600267	海正药业	制造业
1972	国电南京自动化股份有限公司	600268	国电南自	制造业
1973	江西赣粤高速公路股份有限公司	600269	赣粤高速	交通运输、仓储和邮政业
1974	中外运空运发展股份有限公司	600270	外运发展	交通运输、仓储和邮政业
1975	航天信息股份有限公司	600271	航天信息	制造业
1976	上海开开实业股份有限公司	600272	开开实业	批发和零售业
1977	浙江嘉化能源化工股份有限公司	600273	嘉化能源	制造业
1978	湖北武昌鱼股份有限公司	600275	武昌鱼	房地产业
1979	江苏恒瑞医药股份有限公司	600276	恒瑞医药	制造业
1980	亿利洁能股份有限公司	600277	亿利洁能	制造业
1981	东方国际创业股份有限公司	600278	东方创业	批发和零售业
1982	重庆港九股份有限公司	600279	重庆港九	交通运输、仓储和邮政业
1983	南京中央商场(集团)股份有限公司	600280	中央商场	批发和零售业
1984	太原化工股份有限公司	600281	太化股份	制造业
1985	南京钢铁股份有限公司	600282	南钢股份	制造业
1986	钱江水利开发股份有限公司	600283	钱江水利	电力、热力、燃气及水生产和供应业
1987	上海浦东路桥建设股份有限公司	600284	浦东建设	建筑业
1988	河南羚锐制药股份有限公司	600285	羚锐制药	制造业
1989	江苏舜天股份有限公司	600287	江苏舜天	批发和零售业
1990	大恒新纪元科技股份有限公司	600288	大恒科技	制造业
1991	亿阳信通股份有限公司	600289	亿阳信通	信息传输、软件和信息技术服务业
1992	华仪电气股份有限公司	600290	华仪电气	制造业
1993	内蒙古西水创业股份有限公司	600291	西水股份	制造业
1994	国家电投集团远达环保股份有限公司	600292	远达环保	水利、环境和公共设施管理业
1995	湖北三峡新型建材股份有限公司	600293	三峡新材	制造业
1996	内蒙古鄂尔多斯资源股份有限公司	600295	鄂尔多斯	制造业
1997	广汇汽车服务股份公司	600297	广汇汽车	批发和零售业
1998	安琪酵母股份有限公司	600298	安琪酵母	制造业
1999	蓝星安迪苏股份有限公司	600299	安迪苏	制造业
2000	维维食品饮料股份有限公司	600300	维维股份	制造业

continued

股本总数(股)	第一大股东名称	第一大股东持股数量(股)	所占比重(%)	上市地点
226192115	辽宁时代万恒控股集团有限公司	100398430	44.39	上海
273335353	上海三盛宏业投资(集团)有限责任公司	69464217	25.41	上海
438850000	青海重型机床有限责任公司	52019200	11.85	上海
1216800000	万通投资控股股份有限公司	622463220	51.16	上海
336441600	国联信托股份有限公司-江苏新扬子造船有限公司单一资金信托-XZC100009	15800000	4.70	上海
473689200	陕西延长石油(集团)有限责任公司	251207845	53.03	上海
550000000	柳州市产业投资有限公司	183360652	33.34	上海
258692460	南京商贸旅游发展集团有限责任公司	90516562	34.99	上海
784842008	新疆冠源投资有限责任公司	320932708	40.89	上海
3475107147	广西中恒实业有限公司	782652849	22.52	上海
1769593555	芜湖恒鑫铜业集团有限公司	245058255	13.85	上海
5221424684	新疆广汇实业投资(集团)有限责任公司	2199421812	42.12	上海
427050000	西藏泓杉科技发展有限公司	94778995	22.19	上海
231400000	北京首都旅游集团有限责任公司	139108056	60.12	上海
262122646	广东省广晟资产经营有限公司	116136793	44.31	上海
666747648	荆州市科达商贸投资有限公司	148240756	22.23	上海
1452102930	世纪阳光控股集团有限公司	466695661	32.14	上海
170000000	内蒙古北方重工业集团有限公司	54841499	32.26	上海
129800000	广东宏巨投资集团有限公司	35702700	27.51	上海
1567040000	北京城建集团有限责任公司	632885693	40.39	上海
965531842	浙江海正集团有限公司	320783590	33.22	上海
635246434	国家电力公司南京电力自动化设备总厂	319276722	50.26	上海
2335407014	江西省高速公路投资集团有限责任公司	1213856322	51.98	上海
905481720	中国外运股份有限公司	551881398	60.95	上海
923400789	中国航天科工集团公司	370724086	40.15	上海
243000000	上海开开(集团)有限公司	64409783	26.51	上海
1306285261	浙江嘉化集团股份有限公司	570244992	43.65	上海
508837238	北京华普产业集团有限公司	105671418	20.77	上海
1956499106	江苏恒瑞医药集团有限公司	475509020	24.30	上海
2089589500	亿利资源集团有限公司	1239616348	59.32	上海
522241739	东方国际(集团)有限公司	366413448	70.16	上海
461972381	重庆港务物流集团有限公司	171365611	37.09	上海
1148334872	祝义财	476687416	41.51	上海
514402025	太原化学工业集团有限公司	221653339	43.09	上海
3962072457	南京南钢钢铁联合有限公司	1795351958	45.31	上海
352995758	中国水务投资有限公司	83137053	23.55	上海
693040000	上海浦东发展(集团)有限公司	146547301	21.15	上海
535481864	河南羚锐集团有限公司	79901731	14.92	上海
436796074	江苏舜天国际集团有限公司	218278355	49.97	上海
436800000	郑素贞	129960000	29.75	上海
565922684	亿阳集团股份有限公司	131397064	23.22	上海
759903511	华仪集团有限公司	244587662	32.19	上海
384000000	正元投资有限公司	114173553	17.06	上海
780816890	国家电力投资集团公司	341533307	43.74	上海
344502600	当阳市国有资产管理局	43670805	12.68	上海
1032000000	内蒙古鄂尔多斯羊绒集团有限责任公司	420000000	40.70	上海
5500400678	新疆广汇实业投资(集团)有限责任公司	2049404958	37.26	上海
329632377	湖北安琪生物集团有限公司	129761668	39.37	上海
2681901273	中国蓝星(集团)股份有限公司	2389387160	89.09	上海
1672000000	维维集团股份有限公司	523145883	31.29	上海

附录1-5 续表 40

序号	公司全称	上市公司股票代码	股票简称	行业分类
2001	南宁化工股份有限公司	600301	*ST南化	制造业
2002	西安标准工业股份有限公司	600302	标准股份	制造业
2003	辽宁曙光汽车集团股份有限公司	600303	曙光股份	制造业
2004	江苏恒顺醋业股份有限公司	600305	恒顺醋业	制造业
2005	沈阳商业城股份有限公司	600306	*ST商城	批发和零售业
2006	甘肃酒钢集团宏兴钢铁股份有限公司	600307	酒钢宏兴	制造业
2007	山东华泰纸业股份有限公司	600308	华泰股份	制造业
2008	万华化学集团股份有限公司	600309	万华化学	制造业
2009	广西桂东电力股份有限公司	600310	桂东电力	电力、热力、燃气及水生产和供应业
2010	甘肃荣华实业(集团)股份有限公司	600311	荣华实业	采矿业
2011	河南平高电气股份有限公司	600312	平高电气	制造业
2012	中农发种业集团股份有限公司	600313	农发种业	农、林、牧、渔业
2013	上海家化联合股份有限公司	600315	上海家化	制造业
2014	江西洪都航空工业股份有限公司	600316	洪都航空	制造业
2015	营口港务股份有限公司	600317	营口港	交通运输、仓储和邮政业
2016	安徽新力金融股份有限公司	600318	新力金融	制造业
2017	潍坊亚星化学股份有限公司	600319	*ST亚星	制造业
2018	上海振华重工(集团)股份有限公司	600320	振华重工	制造业
2019	四川国栋建设股份有限公司	600321	国栋建设	制造业
2020	天津市房地产发展(集团)股份有限公司	600322	天房发展	房地产业
2021	瀚蓝环境股份有限公司	600323	瀚蓝环境	电力、热力、燃气及水生产和供应业
2022	珠海华发实业股份有限公司	600325	华发股份	房地产业
2023	西藏天路股份有限公司	600326	西藏天路	建筑业
2024	无锡商业大厦大东方股份有限公司	600327	大东方	批发和零售业
2025	内蒙古兰太实业股份有限公司	600328	兰太实业	制造业
2026	天津中新药业集团股份有限公司	600329	中新药业	制造业
2027	天通控股股份有限公司	600330	天通股份	制造业
2028	四川宏达股份有限公司	600331	宏达股份	制造业
2029	广州白云山医药集团股份有限公司	600332	白云山	制造业
2030	长春燃气股份有限公司	600333	长春燃气	制造业
2031	国机汽车股份有限公司	600335	国机汽车	批发和零售业
2032	澳柯玛股份有限公司	600336	澳柯玛	制造业
2033	美克国际家居用品股份有限公司	600337	美克家居	批发和零售业
2034	西藏珠峰工业股份有限公司	600338	西藏珠峰	制造业
2035	新疆独山子天利高新技术股份有限公司	600339	*ST天利	制造业
2036	华夏幸福基业股份有限公司	600340	华夏幸福	房地产业
2037	陕西航天动力高科技股份有限公司	600343	航天动力	制造业
2038	武汉长江通信产业集团股份有限公司	600345	长江通信	制造业
2039	恒力石化股份有限公司	600346	*ST橡塑	制造业
2040	阳泉煤业(集团)股份有限公司	600348	阳泉煤业	采矿业
2041	山东高速股份有限公司	600350	山东高速	交通运输、仓储和邮政业
2042	亚宝药业集团股份有限公司	600351	亚宝药业	制造业
2043	浙江龙盛集团股份有限公司	600352	浙江龙盛	制造业
2044	成都旭光电子股份有限公司	600353	旭光股份	制造业
2045	甘肃省敦煌种业股份有限公司	600354	敦煌种业	农、林、牧、渔业
2046	精伦电子股份有限公司	600355	精伦电子	制造业
2047	牡丹江恒丰纸业股份有限公司	600356	恒丰纸业	制造业
2048	国旅联合股份有限公司	600358	国旅联合	租赁和商务服务业
2049	新疆塔里木农业综合开发股份有限公司	600359	新农开发	农、林、牧、渔业
2050	吉林华微电子股份有限公司	600360	华微电子	制造业

continued

股本总数(股)	第一大股东名称	第一大股东持股数量(股)	所占比重(%)	上市地点
235148140	南宁化工集团有限公司	75248058	32.00	上海
346009804	中国标准工业集团有限公司	147991448	42.77	上海
620324296	辽宁曙光集团有限责任公司	143713300	23.17	上海
301369000	江苏恒顺集团有限公司	132085260	43.83	上海
178138918	中兆投资管理有限公司	43141624	24.22	上海
6263357424	酒泉钢铁(集团)有限责任公司	3425910150	54.70	上海
1167561419	华泰集团有限公司	416155302	35.64	上海
2162334720	万华实业集团有限公司	1091880317	50.50	上海
827775000	广西正润发展集团有限公司	414147990	50.03	上海
665600000	武威荣华工贸集团有限公司	108976734	16.37	上海
1137485573	平高集团有限公司	522518944	45.94	上海
432879465	中国农垦(集团)总公司	100100000	23.12	上海
674032111	上海家化(集团)有限公司	182449233	27.07	上海
717114512	中国航空科技工业股份有限公司	313883294	43.77	上海
6472983003	营口港务集团有限公司	5084415378	78.55	上海
242000000	安徽新力投资集团有限公司	41967094	17.34	上海
315594000	北京光耀东方商业管理有限公司	40000000	12.67	上海
4390294584	中国交通建设股份有限公司	1265637849	28.83	上海
1510550000	四川国栋建设集团有限公司	687730570	45.53	上海
1105700000	天津房地产集团有限公司	277661690	25.11	上海
766264018	佛山市南海供水集团有限公司	137779089	17.98	上海
1169045620	珠海华发集团有限公司	284655046	24.35	上海
665680392	西藏天路建筑工业集团有限公司	150923532	22.67	上海
521711813	江苏无锡商业大厦集团有限公司	226099500	43.34	上海
359118030	中盐吉兰泰盐化集团有限公司	144152644	40.14	上海
768873076	天津市医药集团有限公司	331111998	43.06	上海
830471442	天通高新集团有限公司	107968175	13.00	上海
2032000000	四川宏达实业有限公司	542400000	26.69	上海
1291079250	广州医药集团有限公司	583966636	45.23	上海
529619808	长春长港燃气有限公司	278400000	52.57	上海
627145690	中国机械工业集团有限公司	400313179	63.83	上海
682072000	青岛市企业发展投资有限公司	259076081	37.98	上海
646336419	美克投资集团有限公司	207719014	32.14	上海
653007263	新疆塔城国际资源有限公司	271650508	41.60	上海
578154688	新疆独山子天利实业总公司	121271388	20.98	上海
2645759430	华夏幸福基业控股股份公司	1822373118	68.88	上海
638206348	西安航天科技工业公司	183663392	28.78	上海
198000000	武汉烽火科技集团有限公司	56682297	28.63	上海
667786842	大连市国有资产投资经营集团有限公司	277332850	41.53	上海
2405000000	阳泉煤业(集团)有限责任公司	1403038240	58.34	上海
4811165857	山东高速集团有限公司	3411626962	70.91	上海
787041461	山西亚宝投资有限公司	194934804	24.77	上海
3253331860	阮水龙	389653992	11.98	上海
543720000	新的集团有限公司	151771568	27.91	上海
527802080	酒泉地区现代农业(控股集团)有限责任公司	68170200	12.92	上海
492089200	张学阳	74200000	15.08	上海
298731378	牡丹江恒丰纸业集团有限责任公司	94412696	31.60	上海
432000000	厦门当代资产管理有限公司	73556106	17.03	上海
381512820	阿拉尔统众国有资产经营有限责任公司	152264300	39.91	上海
738080000	上海鹏盛科技实业有限公司	173502466	23.51	上海

附录1—5 续表 41

序号	公司全称	上市公司股票代码	股票简称	行业分类
2051	北京华联综合超市股份有限公司	600361	华联综超	批发和零售业
2052	江西铜业股份有限公司	600362	江西铜业	制造业
2053	江西联创光电科技股份有限公司	600363	联创光电	制造业
2054	通化葡萄酒股份有限公司	600365	通葡股份	制造业
2055	宁波韵升股份有限公司	600366	宁波韵升	制造业
2056	贵州红星发展股份有限公司	600367	红星发展	制造业
2057	广西五洲交通股份有限公司	600368	五洲交通	交通运输、仓储和邮政业
2058	西南证券股份有限公司	600369	西南证券	金融业
2059	江苏三房巷实业股份有限公司	600370	三房巷	制造业
2060	万向德农股份有限公司	600371	万向德农	农、林、牧、渔业
2061	中航航空电子系统股份有限公司	600372	中航电子	制造业
2062	中文天地出版传媒股份有限公司	600373	中文传媒	文化、体育和娱乐业
2063	华菱星马汽车(集团)股份有限公司	600375	*ST星马	制造业
2064	北京首都开发股份有限公司	600376	首开股份	房地产业
2065	江苏宁沪高速公路股份有限公司	600377	宁沪高速	交通运输、仓储和邮政业
2066	四川天一科技股份有限公司	600378	天科股份	制造业
2067	陕西宝光真空电器股份有限公司	600379	宝光股份	制造业
2068	健康元药业集团股份有限公司	600380	健康元	制造业
2069	青海春天药用资源科技股份有限公司	600381	青海春天	制造业
2070	广东明珠集团股份有限公司	600382	广东明珠	批发和零售业
2071	金地(集团)股份有限公司	600383	金地集团	房地产业
2072	山东金泰集团股份有限公司	600385	山东金泰	制造业
2073	北京巴士传媒股份有限公司	600386	北巴传媒	批发和零售业
2074	浙江海越股份有限公司	600387	海越股份	批发和零售业
2075	福建龙净环保股份有限公司	600388	龙净环保	制造业
2076	南通江山农药化工股份有限公司	600389	江山股份	制造业
2077	金瑞新材料科技股份有限公司	600390	*ST金瑞	制造业
2078	四川成发航空科技股份有限公司	600391	成发科技	制造业
2079	盛和资源控股股份有限公司	600392	盛和资源	制造业
2080	广州粤泰集团股份有限公司	600393	粤泰股份	房地产业
2081	贵州盘江精煤股份有限公司	600395	盘江股份	采矿业
2082	沈阳金山能源股份有限公司	600396	金山股份	电力、热力、燃气及水生产和供应业
2083	安源煤业集团股份有限公司	600397	安源煤业	采矿业
2084	海澜之家股份有限公司	600398	海澜之家	制造业
2085	抚顺特殊钢股份有限公司	600399	抚顺特钢	制造业
2086	江苏红豆实业股份有限公司	600400	红豆股份	制造业
2087	海润光伏科技股份有限公司	600401	海润光伏	制造业
2088	河南大有能源股份有限公司	600403	大有能源	采矿业
2089	北京动力源科技股份有限公司	600405	动力源	制造业
2090	国电南瑞科技股份有限公司	600406	国电南瑞	信息传输、软件和信息技术服务业
2091	山西安泰集团股份有限公司	600408	安泰集团	制造业
2092	唐山三友化工股份有限公司	600409	三友化工	制造业
2093	北京华胜天成科技股份有限公司	600410	华胜天成	信息传输、软件和信息技术服务业
2094	浙江中国小商品城集团股份有限公司	600415	小商品城	租赁和商务服务业
2095	湘潭电机股份有限公司	600416	湘电股份	制造业
2096	安徽江淮汽车股份有限公司	600418	江淮汽车	制造业
2097	新疆天润乳业股份有限公司	600419	天润乳业	制造业
2098	上海现代制药股份有限公司	600420	现代制药	制造业
2099	湖北仰帆控股股份有限公司	600421	仰帆控股	制造业
2100	昆药集团股份有限公司	600422	昆药集团	制造业

continued

股本总数（股）	第一大股东名称	第一大股东持股数量(股)	所占比重(%)	上市地点
665807918	北京华联集团投资控股有限公司	194195951	29.17	上海
3462729405	江西铜业集团公司	1403614110	40.53	上海
443476750	江西省电子集团有限公司	96362092	21.73	上海
400000000	吉林省吉祥嘉德投资有限公司	20190886	5.05	上海
556421925	韵升控股集团有限公司	174895630	31.43	上海
291200000	青岛红星化工集团有限责任公司	105067336	36.08	上海
833801532	广西交通投资集团有限公司	291432800	34.95	上海
5645109124	重庆渝富资产经营管理集团有限公司	1523443610	26.99	上海
318897692	江苏三房巷集团有限公司	160491960	50.33	上海
225060000	万向三农集团有限公司	109730873	48.76	上海
1759162938	中国航空科技工业股份有限公司	760323599	43.22	上海
1377940025	江西省出版集团公司	755541032	54.83	上海
555740597	马鞍山华神建材工业有限公司	60544793	10.89	上海
2242012500	北京首都开发控股(集团)有限公司	1142254054	50.95	上海
5037747500	江苏交通控股有限公司	2742578825	54.44	上海
297193292	中国昊华化工集团股份有限公司	70778216	23.82	上海
235858260	陕西宝光集团有限公司	47261933	20.04	上海
1583879292	深圳市百业源投资有限公司	742415520	46.87	上海
688314013	西藏荣恩科技有限公司	344430183	50.04	上海
341746600	深圳市金信安投资有限公司	68333049	20.00	上海
4499609872	富德生命人寿保险股份有限公司——万能H	979419165	21.77	上海
148107148	北京新恒基投资管理集团有限公司	25743813	17.38	上海
403200000	北京公共交通控股(集团)有限公司	221760000	55.00	上海
386100000	海口海越经济开发有限公司	85592738	22.17	上海
1069050000	福建省东正投资股份有限公司	183525140	17.17	上海
198000000	中化国际(控股)股份有限公司	57789418	29.19	上海
451256401	长沙矿冶研究院有限责任公司	123371681	27.34	上海
330129367	成都发动机(集团)有限公司	118907305	36.02	上海
941039383	中国地质科学院矿产综合利用研究所	189524783	20.14	上海
300000000	广州粤泰集团有限公司	131521570	43.84	上海
1655051861	贵州盘江投资控股(集团)有限公司	961050600	58.07	上海
1472706817	华电能源股份有限公司	308061649	20.91	上海
989959882	江西省能源集团公司	384056832	38.80	上海
4492757924	海澜集团有限公司	1765971703	39.31	上海
1300000000	东北特殊钢集团有限责任公司	501549200	38.58	上海
711850314	红豆集团有限公司	411604992	57.82	上海
4724935152	YANG HUAI JIN	312383022	6.61	上海
2390812402	义马煤业集团股份有限公司	1507183566	63.04	上海
437942802	何振亚	47819718	10.92	上海
2428953351	南京南瑞集团公司	996233861	41.01	上海
1006800000	李安民	317807116	31.57	上海
1850385487	唐山三友碱业(集团)有限公司	739855965	39.98	上海
641725496	王维航	65652297	10.23	上海
5443214176	义乌市市场发展集团有限公司	3038179392	55.82	上海
743405176	湘电集团有限公司	252819551	34.01	上海
1463233021	安徽江淮汽车集团控股有限公司	445874888	30.47	上海
103557209	新疆生产建设兵团第十二师国有资产经营(集团)有限责任公司	38142206	36.83	上海
287733402	上海医药工业研究院	119756311	41.62	上海
195600000	武汉新一代科技有限公司	34234261	17.50	上海
394344310	华方医药科技有限公司	117464358	29.79	上海

附录1-5 续表 42

序号	公司全称	上市公司股票代码	股票简称	行业分类
2101	柳州化工股份有限公司	600423	柳化股份	制造业
2102	新疆青松建材化工(集团)股份有限公司	600425	青松建化	制造业
2103	山东华鲁恒升化工股份有限公司	600426	华鲁恒升	制造业
2104	中远航运股份有限公司	600428	中远航运	交通运输、仓储和邮政业
2105	北京三元食品股份有限公司	600429	三元股份	制造业
2106	吉林吉恩镍业股份有限公司	600432	*ST吉恩	制造业
2107	广东冠豪高新技术股份有限公司	600433	冠豪高新	制造业
2108	北方导航控制技术股份有限公司	600435	北方导航	制造业
2109	漳州片仔癀药业股份有限公司	600436	片仔癀	制造业
2110	通威股份有限公司	600438	通威股份	制造业
2111	河南瑞贝卡发制品股份有限公司	600439	瑞贝卡	制造业
2112	国机通用机械科技股份有限公司	600444	国机通用	制造业
2113	深圳市金证科技股份有限公司	600446	金证股份	信息传输、软件和信息技术服务业
2114	华纺股份有限公司	600448	华纺股份	制造业
2115	宁夏建材集团股份有限公司	600449	宁夏建材	制造业
2116	重庆涪陵电力实业股份有限公司	600452	涪陵电力	电力、热力、燃气及水生产和供应业
2117	西安博通资讯股份有限公司	600455	博通股份	综合
2118	宝鸡钛业股份有限公司	600456	宝钛股份	制造业
2119	株洲时代新材料科技股份有限公司	600458	时代新材	制造业
2120	贵研铂业股份有限公司	600459	贵研铂业	制造业
2121	杭州士兰微电子股份有限公司	600460	士兰微	制造业
2122	江西洪城水业股份有限公司	600461	洪城水业	电力、热力、燃气及水生产和供应业
2123	深圳九有股份有限公司	600462	九有股份	制造业
2124	北京空港科技园区股份有限公司	600463	空港股份	建筑业
2125	四川蓝光发展股份有限公司	600466	蓝光发展	房地产业
2126	山东好当家海洋发展股份有限公司	600467	好当家	农、林、牧、渔业
2127	天津百利特精电气股份有限公司	600468	百利电气	制造业
2128	风神轮胎股份有限公司	600469	风神股份	制造业
2129	安徽六国化工股份有限公司	600470	六国化工	制造业
2130	无锡华光锅炉股份有限公司	600475	华光股份	制造业
2131	湖南湘邮科技股份有限公司	600476	湘邮科技	信息传输、软件和信息技术服务业
2132	杭萧钢构股份有限公司	600477	杭萧钢构	建筑业
2133	湖南科力远新能源股份有限公司	600478	科力远	制造业
2134	株洲千金药业股份有限公司	600479	千金药业	制造业
2135	凌云工业股份有限公司	600480	凌云股份	制造业
2136	双良节能系统股份有限公司	600481	双良节能	制造业
2137	中国船舶重工集团动力股份有限公司	600482	中国动力	制造业
2138	福建福能股份有限公司	600483	福能股份	电力、热力、燃气及水生产和供应业
2139	北京信威通信科技集团股份有限公司	600485	信威集团	制造业
2140	江苏扬农化工股份有限公司	600486	扬农化工	制造业
2141	江苏亨通光电股份有限公司	600487	亨通光电	制造业
2142	天津天药药业股份有限公司	600488	天药股份	制造业
2143	中金黄金股份有限公司	600489	中金黄金	采矿业
2144	鹏欣环球资源股份有限公司	600490	鹏欣资源	制造业
2145	龙元建设集团股份有限公司	600491	龙元建设	建筑业
2146	福建凤竹纺织科技股份有限公司	600493	凤竹纺织	制造业
2147	晋西车轴股份有限公司	600495	晋西车轴	制造业
2148	长江精工钢结构(集团)股份有限公司	600496	精工钢构	建筑业
2149	云南驰宏锌锗股份有限公司	600497	驰宏锌锗	采矿业
2150	烽火通信科技股份有限公司	600498	烽火通信	制造业

continued

股本总数(股)	第一大股东名称	第一大股东持股数量(股)	所占比重(%)	上市地点
399347513	柳州化学工业集团有限公司	117997443	29.55	上海
1378790086	阿拉尔统众国有资产经营有限责任公司	361367646	26.21	上海
958865000	山东华鲁恒升集团有限公司	308902832	32.22	上海
1690446393	中国远洋运输(集团)总公司	855045155	50.58	上海
1497557426	北京首都农业集团有限公司	535908935	35.79	上海
1603723916	吉林昊融集团股份有限公司	391838766	24.43	上海
1271315443	中国纸业投资有限公司	369905903	29.10	上海
744660000	北方导航科技集团有限公司	251607031	33.79	上海
402211473	漳州市九龙江集团有限公司	232970500	57.92	上海
817109632	通威集团有限公司	468615572	57.35	上海
943321200	河南瑞贝卡控股有限责任公司	295617681	31.34	上海
146421932	合肥通用机械研究院	53907212	36.82	上海
830506500	杜宣	101769360	12.25	上海
422364101	滨州市国有资产经营有限公司	64681000	15.31	上海
478181042	中国中材股份有限公司	227413294	47.56	上海
160000000	重庆川东电力集团有限责任公司	82630044	51.64	上海
62458000	西安经发集团有限责任公司	12740232	20.40	上海
430265700	宝钛集团有限公司	236826585	55.04	上海
661422092	中车株洲电力机车研究所有限公司	292494103	36.43	上海
260977742	云南锡业集团(控股)有限责任公司	102677188	39.34	上海
1247168000	杭州士兰控股有限公司	513503234	41.17	上海
330000000	南昌水业集团有限责任公司	114575898	34.72	上海
533780000	天津盛鑫元通资产管理有限公司	101736904	19.06	上海
300000000	北京天竺空港经济开发公司	147946207	49.32	上海
2117018039	蓝光投资控股集团有限公司	1144387888	54.06	上海
730497152	好当家集团有限公司	297212595	40.69	上海
456192000	天津液压机械(集团)有限公司	276003271	60.50	上海
374942148	中国化工橡胶有限公司	159642148	42.58	上海
521600000	铜陵化学工业集团有限公司	132971744	25.49	上海
256000000	无锡国联环保能源集团有限公司	115504522	45.12	上海
161070000	北京中邮资产管理有限公司	53128388	32.98	上海
809256600	单银木	354996876	43.87	上海
927380220	湖南科力远高技术集团有限公司	164008162	17.69	上海
348755931	株洲市国有资产投资控股集团有限公司	91224520	26.16	上海
450934166	北方凌云工业集团有限公司	153126428	33.96	上海
1620495808	双良集团有限公司	556239930	34.33	上海
536500000	中国船舶重工集团公司	163726826	30.52	上海
1258347323	福建省能源集团有限责任公司	969863611	77.07	上海
2923742782	王靖	1010923819	34.58	上海
309898907	江苏扬农化工集团有限公司	112084812	36.17	上海
1241269065	崔根良	240000000	19.34	上海
960854960	天津药业集团有限公司	449704773	46.80	上海
2943228797	中国黄金集团公司	1472174085	50.02	上海
1479000000	上海鹏欣(集团)有限公司	223125000	15.09	上海
947600000	赖振元	319695952	33.74	上海
272000000	陈澄清	29147520	10.72	上海
1208190886	晋西工业集团有限责任公司	372014755	30.79	上海
1510445200	精工控股集团有限公司	365069604	24.17	上海
1667560890	云南冶金集团股份有限公司	829505201	49.74	上海
1046918474	武汉烽火科技集团有限公司	487300306	46.55	上海

附录1—5 续表 43

序号	公司全称	上市公司股票代码	股票简称	行业分类
2151	广东科达洁能股份有限公司	600499	科达洁能	制造业
2152	中化国际(控股)股份有限公司	600500	中化国际	制造业
2153	航天晨光股份有限公司	600501	航天晨光	制造业
2154	安徽水利开发股份有限公司	600502	安徽水利	建筑业
2155	华丽家族股份有限公司	600503	华丽家族	房地产业
2156	四川西昌电力股份有限公司	600505	西昌电力	电力、热力、燃气及水生产和供应业
2157	新疆库尔勒香梨股份有限公司	600506	香梨股份	农、林、牧、渔业
2158	方大特钢科技股份有限公司	600507	方大特钢	制造业
2159	上海大屯能源股份有限公司	600508	上海能源	采矿业
2160	新疆天富能源股份有限公司	600509	天富能源	电力、热力、燃气及水生产和供应业
2161	黑牡丹(集团)股份有限公司	600510	黑牡丹	房地产业
2162	国药集团药业股份有限公司	600511	国药股份	批发和零售业
2163	腾达建设集团股份有限公司	600512	腾达建设	建筑业
2164	江苏联环药业股份有限公司	600513	联环药业	制造业
2165	海南海航基础设施投资集团股份有限公司	600515	海航基础	批发和零售业
2166	方大炭素新材料科技股份有限公司	600516	方大炭素	制造业
2167	上海置信电气股份有限公司	600517	置信电气	制造业
2168	康美药业股份有限公司	600518	康美药业	制造业
2169	贵州茅台酒股份有限公司	600519	贵州茅台	制造业
2170	铜陵中发三佳科技股份有限公司	600520	*ST中发	制造业
2171	浙江华海药业股份有限公司	600521	华海药业	制造业
2172	江苏中天科技股份有限公司	600522	中天科技	制造业
2173	贵州贵航汽车零部件股份有限公司	600523	贵航股份	制造业
2174	长园集团股份有限公司	600525	长园集团	制造业
2175	浙江菲达环保科技股份有限公司	600526	菲达环保	制造业
2176	江苏江南高纤股份有限公司	600527	江南高纤	制造业
2177	中铁二局股份有限公司	600528	中铁二局	建筑业
2178	山东省药用玻璃股份有限公司	600529	山东药玻	制造业
2179	上海交大昂立股份有限公司	600530	交大昂立	制造业
2180	河南豫光金铅股份有限公司	600531	豫光金铅	制造业
2181	山东宏达矿业股份有限公司	600532	宏达矿业	采矿业
2182	南京栖霞建设股份有限公司	600533	栖霞建设	房地产业
2183	天士力制药集团股份有限公司	600535	天士力	制造业
2184	中国软件与技术服务股份有限公司	600536	中国软件	信息传输、软件和信息技术服务业
2185	亿晶光电科技股份有限公司	600537	亿晶光电	制造业
2186	北海国发海洋生物产业股份有限公司	600538	国发股份	制造业
2187	太原狮头水泥股份有限公司	600539	狮头股份	制造业
2188	新疆赛里木现代农业股份有限公司	600540	新赛股份	农、林、牧、渔业
2189	甘肃莫高实业发展股份有限公司	600543	莫高股份	制造业
2190	新疆城建(集团)股份有限公司	600545	新疆城建	建筑业
2191	山煤国际能源集团股份有限公司	600546	*ST山煤	批发和零售业
2192	山东黄金矿业股份有限公司	600547	山东黄金	采矿业
2193	深圳高速公路股份有限公司	600548	深高速	交通运输、仓储和邮政业
2194	厦门钨业股份有限公司	600549	厦门钨业	制造业
2195	保定天威保变电气股份有限公司	600550	保变电气	制造业
2196	时代出版传媒股份有限公司	600551	时代出版	文化、体育和娱乐业
2197	凯盛科技股份有限公司	600552	凯盛科技	制造业
2198	海航创新(海南)股份有限公司	600555	海航创新	房地产业
2199	广西慧球科技股份有限公司	600556	慧球科技	制造业
2200	江苏康缘药业股份有限公司	600557	康缘药业	制造业

continued

股本总数(股)	第一大股东名称	第一大股东持股数量(股)	所占比重(%)	上市地点
705732161	卢勤	105991667	15.02	上海
2083012671	中国中化股份有限公司	1152988931	55.35	上海
421283600	中国航天科工集团公司	106160000	25.20	上海
531910099	安徽省水利建筑工程总公司	85473813	16.07	上海
1602290000	上海南江(集团)有限公司	114020000	7.12	上海
364567500	国网四川省电力公司	73449220	20.15	上海
147706873	新疆融盛投资有限公司	35278015	23.88	上海
1326092985	江西方大钢铁集团有限公司	525433571	39.62	上海
722718000	中国中煤能源股份有限公司	451191333	62.43	上海
905696586	新疆天富集团有限责任公司	336879787	37.20	上海
1047095025	常高新集团有限公司	522662086	49.92	上海
478800000	国药控股股份有限公司	210701472	44.01	上海
1018037229	叶林富	70543760	6.93	上海
168909035	江苏联环药业集团有限公司	62644091	37.09	上海
422774136	海航实业集团有限公司	127214170	30.09	上海
1719160378	辽宁方大集团实业有限公司	730782992	42.51	上海
1356167823	国网电力科学研究院	428138981	31.57	上海
4397428966	康美实业有限公司	1337748548	30.42	上海
1256197800	中国贵州茅台酒厂(集团)有限责任公司	778771955	61.99	上海
158430000	铜陵市三佳电子(集团)有限责任公司	27073333	17.09	上海
793137771	陈保华	212245300	26.76	上海
1044308426	中天科技集团有限公司	307203153	29.42	上海
288793800	中国航空汽车系统控股有限公司	106873706	37.01	上海
1091698460	吴启权	57736893	5.29	上海
547404672	巨化集团公司	140515222	25.67	上海
802089390	陶国平	94884448	11.83	上海
1459200000	中铁二局集团有限公司	701620295	48.08	上海
257380111	沂源县公有资产管理委员会	47540759	18.47	上海
312000000	大众交通(集团)股份有限公司	57273675	18.36	上海
295250776	河南豫光金铅集团有限责任公司	125770623	42.60	上海
516065720	梁秀红	77409858	15.00	上海
1050000000	南京栖霞建设集团有限公司	360850600	34.37	上海
1080475878	天士力控股集团有限公司	488201106	45.18	上海
494562782	中国电子信息产业集团有限公司	223190246	45.13	上海
588179634	荀建华	196050985	33.33	上海
464401185	朱蓉娟	122872597	26.46	上海
230000000	太原狮头集团有限公司	52770000	22.94	上海
470923313	新疆艾比湖农工商联合企业总公司	193635763	41.11	上海
321120000	甘肃黄羊河农工商(集团)有限责任公司	42729215	13.31	上海
675785778	乌鲁木齐国有资产经营(集团)有限公司	179472899	26.56	上海
1982456140	山西煤炭进出口集团有限公司	1138532430	57.43	上海
1423072408	山东黄金集团有限公司	715097736	50.25	上海
2180770326	香港中央结算(代理人)有限公司	718459099	32.95	上海
1081574000	福建省稀有稀土(集团)有限公司	354999463	32.82	上海
1534607067	中国兵器装备集团公司	513616161	33.47	上海
505825296	安徽出版集团有限责任公司	287240224	56.79	上海
383524786	安徽华光光电材料科技集团有限公司	83377966	21.74	上海
1303500000	海航资产管理集团有限公司	179492000	13.77	上海
394793708	吴鸣霄	14000000	3.55	上海
513707601	江苏康缘集团有限责任公司	141180385	27.48	上海

附录1—5　续表 44

序号	公司全称	上市公司股票代码	股票简称	行业分类
2201	四川大西洋焊接材料股份有限公司	600558	大西洋	制造业
2202	河北衡水老白干酒业股份有限公司	600559	老白干酒	制造业
2203	北京金自天正智能控制股份有限公司	600560	金自天正	制造业
2204	江西长运股份有限公司	600561	江西长运	交通运输、仓储和邮政业
2205	国睿科技股份有限公司	600562	国睿科技	制造业
2206	厦门法拉电子股份有限公司	600563	法拉电子	制造业
2207	重庆市迪马实业股份有限公司	600565	迪马股份	房地产业
2208	湖北济川药业股份有限公司	600566	济川药业	制造业
2209	安徽山鹰纸业股份有限公司	600567	山鹰纸业	制造业
2210	中珠医疗控股股份有限公司	600568	中珠控股	制造业
2211	安阳钢铁股份有限公司	600569	安阳钢铁	制造业
2212	恒生电子股份有限公司	600570	恒生电子	信息传输、软件和信息技术服务业
2213	信雅达系统工程股份有限公司	600571	信雅达	信息传输、软件和信息技术服务业
2214	浙江康恩贝制药股份有限公司	600572	康恩贝	制造业
2215	福建省燕京惠泉啤酒股份有限公司	600573	惠泉啤酒	制造业
2216	安徽皖江物流(集团)股份有限公司	600575	皖江物流	交通运输、仓储和邮政业
2217	浙江万好万家文化股份有限公司	600576	万家文化	批发和零售业
2218	铜陵精达特种电磁线股份有限公司	600577	精达股份	制造业
2219	北京京能电力股份有限公司	600578	京能电力	电力、热力、燃气及水生产和供应业
2220	青岛天华院化学工程股份有限公司	600579	天华院	制造业
2221	卧龙电气集团股份有限公司	600580	卧龙电气	制造业
2222	新疆八一钢铁股份有限公司	600581	*ST八钢	制造业
2223	天地科技股份有限公司	600582	天地科技	制造业
2224	海洋石油工程股份有限公司	600583	海油工程	采矿业
2225	江苏长电科技股份有限公司	600584	长电科技	制造业
2226	安徽海螺水泥股份有限公司	600585	海螺水泥	制造业
2227	山东金晶科技股份有限公司	600586	金晶科技	制造业
2228	山东新华医疗器械股份有限公司	600587	新华医疗	制造业
2229	用友网络科技股份有限公司	600588	用友网络	信息传输、软件和信息技术服务业
2230	广东榕泰实业股份有限公司	600589	广东榕泰	制造业
2231	泰豪科技股份有限公司	600590	泰豪科技	制造业
2232	福建龙溪轴承(集团)股份有限公司	600592	龙溪股份	制造业
2233	大连圣亚旅游控股股份有限公司	600593	大连圣亚	水利、环境和公共设施管理业
2234	贵州益佰制药股份有限公司	600594	益佰制药	制造业
2235	河南中孚实业股份有限公司	600595	中孚实业	制造业
2236	浙江新安化工集团股份有限公司	600596	新安股份	制造业
2237	光明乳业股份有限公司	600597	光明乳业	制造业
2238	黑龙江北大荒农业股份有限公司	600598	北大荒	农、林、牧、渔业
2239	熊猫金控股份有限公司	600599	熊猫金控	制造业
2240	青岛啤酒股份有限公司	600600	青岛啤酒	制造业
2241	方正科技集团股份有限公司	600601	方正科技	制造业
2242	云赛智联股份有限公司	600602	云赛智联	制造业
2243	大洲兴业控股股份有限公司	600603	*ST兴业	综合
2244	上海市北高新股份有限公司	600604	市北高新	房地产业
2245	上海汇通能源股份有限公司	600605	汇通能源	批发和零售业
2246	绿地控股集团股份有限公司	600606	绿地控股	房地产业
2247	上海宽频科技股份有限公司	600608	ST沪科	制造业
2248	金杯汽车股份有限公司	600609	金杯汽车	制造业
2249	上海中毅达股份有限公司	600610	中毅达	建筑业
2250	大众交通(集团)股份有限公司	600611	大众交通	交通运输、仓储和邮政业

continued

股本总数(股)	第一大股东名称	第一大股东持股数量(股)	所占比重(%)	上市地点
598403221	四川大西洋集团有限责任公司	197302933	32.97	上海
175224069	河北衡水老白干酿酒(集团)有限公司	50548139	28.85	上海
223645500	冶金自动化研究设计院	96061025	42.95	上海
237064000	江西长运集团有限公司	65676853	27.70	上海
257061566	中国电子科技集团公司第十四研究所	70419380	27.39	上海
225000000	厦门市法拉发展总公司	84000000	37.33	上海
2345861984	重庆东银控股集团有限公司	873659413	37.24	上海
781454701	江苏济川控股集团有限公司	516757360	66.13	上海
3766939612	福建泰盛实业有限公司	1277084850	33.90	上海
506604529	珠海中珠集团股份有限公司	172920000	34.13	上海
2393684489	安阳钢铁集团有限责任公司	1439571589	60.14	上海
617805180	杭州恒生电子集团有限公司	128013228	20.72	上海
219839609	杭州信雅达电子有限公司	43053003	19.58	上海
1673820000	康恩贝集团有限公司	458572895	27.40	上海
250000000	北京燕京啤酒股份有限公司	125067778	50.03	上海
2884013936	淮南矿业(集团)有限责任公司	1460813936	50.65	上海
634968627	万好万家集团有限公司	193822297	30.52	上海
1955324246	特华投资控股有限公司	426208383	21.80	上海
4617320954	北京京能国际能源股份有限公司	2869161970	62.14	上海
392070637	中国化工科学研究院	232900062	59.40	上海
1110527236	浙江卧龙舜禹投资有限公司	422798480	38.07	上海
766448935	宝钢集团新疆八一钢铁有限公司	383394632	50.02	上海
4138588892	中国煤炭科工集团有限公司	2866985364	69.27	上海
4421354800	中国海洋石油总公司	2270969554	51.36	上海
1035914811	江苏新潮科技集团有限公司	190272222	18.37	上海
5299302579	安徽海螺集团有限责任公司	1948869927	36.78	上海
1458892400	山东金晶节能玻璃有限公司	457635278	31.37	上海
406428091	淄博矿业集团有限责任公司	116947642	28.77	上海
1459592050	北京用友科技有限公司	419281579	28.63	上海
601730000	广东榕泰高级瓷具有限公司	137717274	22.89	上海
619245072	泰豪集团有限公司	134247440	21.68	上海
399553571	漳州市九龙江集团有限公司	151233800	37.85	上海
92000000	大连星海湾金融商务区投资管理股份有限公司	22104000	24.03	上海
791927400	窦啟玲	183317636	23.15	上海
1741540403	河南豫联能源集团有限责任公司	928044860	53.29	上海
679184633	传化集团有限公司	101725800	14.98	上海
1230636739	光明食品(集团)有限公司	668851666	54.35	上海
1777679909	黑龙江北大荒农垦集团总公司	1140262121	64.14	上海
166000000	万载县银河湾投资有限公司	40000000	24.10	上海
1350982795	青岛啤酒集团有限公司	416448055	30.83	上海
2194891204	北大方正信息产业集团有限公司	255613016	11.65	上海
1326835136	上海仪电电子(集团)有限公司	383337947	28.89	上海
194641920	陈铁铭	29214961	15.01	上海
760297079	上海市北高新(集团)有限公司	383410224	50.43	上海
147344592	上海弘昌晟集团有限公司	48373895	32.83	上海
12168154385	上海格林兰投资企业(有限合伙)	3515804109	28.89	上海
328861441	昆明市交通投资有限责任公司	39486311	12.01	上海
1092667132	沈阳市汽车工业资产经营有限公司	266424742	24.38	上海
1071274605	大申集团有限公司	266097490	24.84	上海
1576081909	上海大众公用事业(集团)股份有限公司	312357512	19.82	上海

附录1-5　续表 45

序号	公司全称	上市公司股票代码	股票简称	行业分类
2251	老凤祥股份有限公司	600612	老凤祥	制造业
2252	上海神奇制药投资管理股份有限公司	600613	神奇制药	制造业
2253	上海鼎立科技发展(集团)股份有限公司	600614	鼎立股份	制造业
2254	上海丰华(集团)股份有限公司	600615	丰华股份	制造业
2255	上海金枫酒业股份有限公司	600616	金枫酒业	制造业
2256	山西省国新能源股份有限公司	600617	国新能源	电力、热力、燃气及水生产和供应业
2257	上海氯碱化工股份有限公司	600618	氯碱化工	制造业
2258	上海海立(集团)股份有限公司	600619	海立股份	制造业
2259	上海市天宸股份有限公司	600620	天宸股份	综合
2260	上海华鑫股份有限公司	600621	华鑫股份	房地产业
2261	上海嘉宝实业(集团)股份有限公司	600622	嘉宝集团	房地产业
2262	上海华谊集团股份有限公司	600623	华谊集团	制造业
2263	上海复旦复华科技股份有限公司	600624	复旦复华	综合
2264	上海申达股份有限公司	600626	申达股份	批发和零售业
2265	上海新世界股份有限公司	600628	新世界	批发和零售业
2266	华东建筑集团股份有限公司	600629	华建集团	科学研究和技术服务业
2267	上海龙头(集团)股份有限公司	600630	龙头股份	制造业
2268	浙报传媒集团股份有限公司	600633	浙报传媒	文化、体育和娱乐业
2269	上海中技投资控股股份有限公司	600634	中技控股	制造业
2270	上海大众公用事业(集团)股份有限公司	600635	大众公用	电力、热力、燃气及水生产和供应业
2271	上海三爱富新材料股份有限公司	600636	三爱富	制造业
2272	上海东方明珠新媒体股份有限公司	600637	东方明珠	信息传输、软件和信息技术服务业
2273	上海新黄浦置业股份有限公司	600638	新黄浦	房地产业
2274	上海金桥出口加工区开发股份有限公司	600639	浦东金桥	房地产业
2275	号百控股股份有限公司	600640	号百控股	租赁和商务服务业
2276	上海万业企业股份有限公司	600641	万业企业	房地产业
2277	申能股份有限公司	600642	申能股份	电力、热力、燃气及水生产和供应业
2278	上海爱建集团股份有限公司	600643	爱建集团	金融业
2279	乐山电力股份有限公司	600644	乐山电力	电力、热力、燃气及水生产和供应业
2280	中源协和细胞基因工程股份有限公司	600645	中源协和	科学研究和技术服务业
2281	上海同达创业投资股份有限公司	600647	同达创业	批发和零售业
2282	上海外高桥集团股份有限公司	600648	外高桥	批发和零售业
2283	上海城投控股股份有限公司	600649	城投控股	房地产业
2284	上海锦江国际实业投资股份有限公司	600650	锦江投资	交通运输、仓储和邮政业
2285	上海飞乐音响股份有限公司	600651	飞乐音响	制造业
2286	上海游久游戏股份有限公司	600652	游久游戏	信息传输、软件和信息技术服务业
2287	上海申华控股股份有限公司	600653	申华控股	批发和零售业
2288	中安消股份有限公司	600654	中安消	信息传输、软件和信息技术服务业
2289	上海豫园旅游商城股份有限公司	600655	豫园商城	批发和零售业
2290	珠海市博元投资股份有限公司	600656	退市博元(退市)	批发和零售业
2291	信达地产股份有限公司	600657	信达地产	房地产业
2292	北京电子城投资开发集团股份有限公司	600658	电子城	房地产业
2293	福耀玻璃工业集团股份有限公司	600660	福耀玻璃	制造业
2294	上海新南洋股份有限公司	600661	新南洋	教育
2295	上海强生控股股份有限公司	600662	强生控股	交通运输、仓储和邮政业
2296	上海陆家嘴金融贸易区开发股份有限公司	600663	陆家嘴	房地产业
2297	哈药集团股份有限公司	600664	哈药股份	制造业
2298	天地源股份有限公司	600665	天地源	房地产业
2299	奥瑞德光电股份有限公司	600666	奥瑞德	制造业
2300	无锡市太极实业股份有限公司	600667	太极实业	制造业

continued

股本总数(股)	第一大股东名称	第一大股东持股数量(股)	所占比重(%)	上市地点
523117764	上海市黄浦区国有资产监督管理委员会	220171793	42.09	上海
534071628	贵州神奇投资有限公司	131301620	24.59	上海
1752773758	鼎立控股集团股份有限公司	338275494	19.30	上海
188020508	隆鑫控股有限公司	60016531	31.92	上海
514619192	上海市糖业烟酒(集团)有限公司	179501795	34.88	上海
1084663692	山西省国新能源发展集团有限公司	343195592	31.64	上海
1156399976	上海华谊(集团)公司	581592347	50.29	上海
866310655	上海电气(集团)总公司	218357822	25.21	上海
457784742	上海仲盛虹桥企业管理有限公司	114816776	25.08	上海
524082351	华鑫置业(集团)有限公司	139517522	26.62	上海
514303802	嘉定建业投资开发公司	62397456	12.13	上海
2117430913	上海华谊(集团)公司	1527787569	72.15	上海
526701546	复旦大学	98722000	18.74	上海
710242816	上海申达(集团)有限公司	220692510	31.07	上海
531799270	上海市黄浦区国有资产监督管理委员会	134074446	25.21	上海
359060190	上海现代建筑设计(集团)有限公司	183120927	51.00	上海
424861597	上海纺织(集团)有限公司	127811197	30.08	上海
1188287590	浙报传媒控股集团有限公司	591337056	49.76	上海
575732081	颜静刚	178381390	30.98	上海
2467304675	上海大众企业管理有限公司	495143859	20.07	上海
446941905	上海华谊(集团)公司	141233786	31.60	上海
2626538616	上海文化广播影视集团有限公司	1185118656	45.12	上海
561163988	上海新华闻投资有限公司	100584411	17.92	上海
1122412893	上海金桥(集团)有限公司	554081457	49.37	上海
535364544	中国电信集团公司	200764934	37.50	上海
806158748	上海浦东科技投资有限公司	227000000	28.16	上海
4552038316	申能(集团)有限公司	2327003188	51.12	上海
1437139844	上海工商界爱国建设特种基金会	176740498	12.30	上海
538400659	乐山市国有资产经营有限公司	103608320	19.24	上海
386255314	天津开发区德源投资发展有限公司	100464900	26.01	上海
139143550	信达投资有限公司	56606455	40.68	上海
1135349124	上海外高桥资产管理有限公司	602127116	53.03	上海
2987523518	上海城投(集团)有限公司	1362745675	45.61	上海
551610107	上海锦江国际酒店(集团)股份有限公司	212586460	38.54	上海
985220002	上海仪电电子(集团)有限公司	215285513	21.85	上海
832703498	天天科技有限公司	142512754	17.11	上海
1746380317	辽宁正国投资发展有限公司	197280000	11.30	上海
1283020992	深圳市中恒汇志投资有限公司	527977838	41.15	上海
1437321976	上海复星产业投资有限公司	247745078	17.24	上海
190343678	庄春虹	5000000	2.63	上海
1524260442	信达投资有限公司	774518291	50.81	上海
580097402	北京电子控股有限责任公司	363429503	62.65	上海
2508617532	香港中央结算(代理人)有限公司	505462000	20.15	上海
259076526	上海交大产业投资管理(集团)有限公司	61771194	23.84	上海
1053362191	上海久事(集团)有限公司	505643561	48.00	上海
1867684000	上海陆家嘴(集团)有限公司	1053706325	56.42	上海
1917483289	哈药集团有限公司	902441450	47.06	上海
864122521	西安高新技术产业开发区房地产开发公司	488359560	56.52	上海
767078900	左洪波	145764697	19.00	上海
1191274272	无锡产业发展集团有限公司	390650130	32.79	上海

附录1-5　续表 46

序号	公司全称	上市公司股票代码	股票简称	行业分类
2301	浙江尖峰集团股份有限公司	600668	尖峰集团	制造业
2302	杭州天目山药业股份有限公司	600671	天目药业	制造业
2303	广东东阳光科技控股股份有限公司	600673	东阳光科	制造业
2304	四川川投能源股份有限公司	600674	川投能源	电力、热力、燃气及水生产和供应业
2305	中华企业股份有限公司	600675	*ST中企	房地产业
2306	上海交运集团股份有限公司	600676	交运股份	交通运输、仓储和邮政业
2307	航天通信控股集团股份有限公司	600677	航天通信	批发和零售业
2308	四川金顶(集团)股份有限公司	600678	四川金顶	制造业
2309	上海凤凰企业(集团)股份有限公司	600679	上海凤凰	制造业
2310	上海普天邮通科技股份有限公司	600680	上海普天	制造业
2311	百川能源股份有限公司	600681	百川能源	建筑业
2312	南京新街口百货商店股份有限公司	600682	南京新百	批发和零售业
2313	京投发展股份有限公司	600683	京投发展	房地产业
2314	广州珠江实业开发股份有限公司	600684	珠江实业	房地产业
2315	中船海洋与防务装备股份有限公司	600685	中船防务	制造业
2316	厦门金龙汽车集团股份有限公司	600686	金龙汽车	制造业
2317	甘肃刚泰控股(集团)股份有限公司	600687	刚泰控股	制造业
2318	中国石化上海石油化工股份有限公司	600688	上海石化	制造业
2319	上海三毛企业(集团)股份有限公司	600689	上海三毛	制造业
2320	青岛海尔股份有限公司	600690	青岛海尔	制造业
2321	阳煤化工股份有限公司	600691	阳煤化工	制造业
2322	上海亚通股份有限公司	600692	亚通股份	交通运输、仓储和邮政业
2323	福建东百集团股份有限公司	600693	东百集团	批发和零售业
2324	大商股份有限公司	600694	大商股份	批发和零售业
2325	上海绿庭投资控股集团股份有限公司	600695	绿庭投资	制造业
2326	匹凸匹金融信息服务(上海)股份有限公司	600696	匹凸匹	房地产业
2327	长春欧亚集团股份有限公司	600697	欧亚集团	批发和零售业
2328	湖南天雁机械股份有限公司	600698	湖南天雁	制造业
2329	宁波均胜电子股份有限公司	600699	均胜电子	制造业
2330	哈尔滨工大高新技术产业开发股份有限公	600701	*ST工新	综合
2331	四川沱牌舍得酒业股份有限公司	600702	沱牌舍得	制造业
2332	三安光电股份有限公司	600703	三安光电	制造业
2333	物产中大集团股份有限公司	600704	物产中大	批发和零售业
2334	中航资本控股股份有限公司	600705	中航资本	金融业
2335	西安曲江文化旅游股份有限公司	600706	曲江文旅	水利、环境和公共设施管理业
2336	彩虹显示器件股份有限公司	600707	彩虹股份	制造业
2337	光明房地产集团股份有限公司	600708	光明地产	房地产业
2338	常林股份有限公司	600710	*ST常林	制造业
2339	盛屯矿业集团股份有限公司	600711	盛屯矿业	采矿业
2340	南宁百货大楼股份有限公司	600712	南宁百货	批发和零售业
2341	南京医药股份有限公司	600713	南京医药	批发和零售业
2342	青海金瑞矿业发展股份有限公司	600714	金瑞矿业	采矿业
2343	文投控股股份有限公司	600715	文投控股	制造业
2344	江苏凤凰置业投资股份有限公司	600716	凤凰股份	房地产业
2345	天津港股份有限公司	600717	天津港	交通运输、仓储和邮政业
2346	东软集团股份有限公司	600718	东软集团	信息传输、软件和信息技术服务业
2347	大连热电股份有限公司	600719	大连热电	电力、热力、燃气及水生产和供应业
2348	甘肃祁连山水泥集团股份有限公司	600720	祁连山	制造业
2349	新疆百花村股份有限公司	600721	*ST百花	制造业
2350	河北金牛化工股份有限公司	600722	金牛化工	制造业

continued

股本总数(股)	第一大股东名称	第一大股东持股数量(股)	所占比重(%)	上市地点
344083828	金华市通济国有资产投资有限公司	55564103	16.15	上海
121778885	长城影视文化企业集团有限公司	20420397	16.77	上海
2468873909	深圳市东阳光实业发展有限公司	755309160	30.59	上海
4402140480	四川省投资集团有限责任公司	2227883609	50.61	上海
1867059398	上海地产(集团)有限公司	678814224	36.36	上海
862373924	上海交运(集团)公司	261824237	30.36	上海
521791700	中国航天科工集团公司	100207883	19.20	上海
348990000	海亮金属贸易集团有限公司	97002984	27.80	上海
402198947	上海市金山区国有资产监督管理委员会	117154838	29.13	上海
382225337	中国普天信息产业股份有限公司	192073258	50.25	上海
251477550	曹飞	54439090	21.65	上海
828016327	三胞集团有限公司	259251567	31.31	上海
740777597	北京市基础设施投资有限公司	222279200	30.01	上海
711217269	广州珠江实业集团有限公司	212926507	29.94	上海
1413506378	香港中央结算(代理人)有限公司	588787945	41.66	上海
606738511	福建省汽车工业集团有限公司	176711469	29.12	上海
1078539429	上海刚泰矿业有限公司	365440057	24.55	上海
10800000000	中国石油化工股份有限公司	5460000000	50.56	上海
200991343	重庆轻纺控股(集团)公司	52158943	25.95	上海
6123154268	海尔电器国际股份有限公司	1258684824	20.56	上海
1756786906	阳泉煤业(集团)有限责任公司	564947000	32.16	上海
351764064	上海市崇明县国有资产监督管理委员会	114341751	32.51	上海
449114574	福建丰琪投资有限公司	204873359	45.62	上海
293718653	大商集团有限公司	31490883	10.72	上海
713200000	绿庭(香港)有限公司	111626770	15.65	上海
340565550	匹凸匹(中国)有限公司	20000000	5.87	上海
159088075	长春市汽车城商业总公司	37663891	23.68	上海
971817440	中国长安汽车集团股份有限公司	305474988	31.43	上海
689369800	宁波均胜投资集团有限公司	314251428	45.59	上海
498781936	哈尔滨工业大学高新技术开发总公司	103827428	20.82	上海
337300000	四川沱牌舍得集团有限公司	100695768	29.85	上海
2549015580	厦门三安电子有限公司	758639588	29.76	上海
2208555085	浙江省国有资本运营有限公司	746664567	33.81	上海
4488162883	中国航空工业集团公司	1757478107	39.16	上海
179509675	西安曲江旅游投资(集团)有限公司	92483934	51.52	上海
736757688	咸阳中电彩虹集团控股有限公司	181260000	24.60	上海
1318719966	光明食品(集团)有限公司	504043863	38.22	上海
640284000	中国国机重工集团有限公司	162105200	25.32	上海
1497052305	深圳盛屯集团有限公司	235321843	15.72	上海
544655360	南宁沛宁资产经营有限责任公司	99311510	18.23	上海
897425598	南京医药集团有限责任公司	241811214	26.94	上海
288176273	青海省投资集团有限公司	122467041	42.50	上海
824564500	北京文资控股有限公司	188694733	22.88	上海
740600634	江苏凤凰出版传媒集团有限公司	462043750	62.39	上海
1674769120	显创投资有限公司	951512511	56.81	上海
1242576745	东北大学科技产业集团有限公司	192196805	15.47	上海
404599600	大连市热电集团有限公司	133133784	32.91	上海
776290282	中国中材股份有限公司	102772822	13.24	上海
248524307	新疆生产建设兵团第六师国有资产经营有限责任公司	116988189	47.07	上海
680319676	冀中能源股份有限公司	381262977	56.04	上海

附录1-5 续表 47

序号	公司全称	上市公司股票代码	股票简称	行业分类
2351	北京首商集团股份有限公司	600723	首商股份	批发和零售业
2352	宁波富达股份有限公司	600724	宁波富达	房地产业
2353	云南云维股份有限公司	600725	*ST云维	制造业
2354	华电能源股份有限公司	600726	华电能源	电力、热力、燃气及水生产和供应业
2355	山东鲁北化工股份有限公司	600727	鲁北化工	制造业
2356	佳都新太科技股份有限公司	600728	佳都科技	信息传输、软件和信息技术服务业
2357	重庆百货大楼股份有限公司	600729	重庆百货	批发和零售业
2358	中国高科集团股份有限公司	600730	中国高科	房地产业
2359	湖南海利化工股份有限公司	600731	湖南海利	制造业
2360	上海新梅置业股份有限公司	600732	*ST新梅	房地产业
2361	成都前锋电子股份有限公司	600733	S前锋	房地产业
2362	福建实达集团股份有限公司	600734	实达集团	批发和零售业
2363	山东新华锦国际股份有限公司	600735	新华锦	制造业
2364	苏州新区高新技术产业股份有限公司	600736	苏州高新	房地产业
2365	中粮屯河股份有限公司	600737	中粮屯河	制造业
2366	兰州民百(集团)股份有限公司	600738	兰州民百	批发和零售业
2367	辽宁成大股份有限公司	600739	辽宁成大	批发和零售业
2368	山西焦化股份有限公司	600740	山西焦化	制造业
2369	华域汽车系统股份有限公司	600741	华域汽车	制造业
2370	长春一汽富维汽车零部件股份有限公司	600742	一汽富维	制造业
2371	华远地产股份有限公司	600743	华远地产	房地产业
2372	大唐华银电力股份有限公司	600744	华银电力	电力、热力、燃气及水生产和供应业
2373	中茵股份有限公司	600745	中茵股份	制造业
2374	江苏索普化工股份有限公司	600746	江苏索普	制造业
2375	大连大福控股股份有限公司	600747	大连控股	房地产业
2376	上海实业发展股份有限公司	600748	上实发展	房地产业
2377	西藏旅游股份有限公司	600749	西藏旅游	水利、环境和公共设施管理业
2378	江中药业股份有限公司	600750	江中药业	制造业
2379	天津天海投资发展股份有限公司	600751	天海投资	交通运输、仓储和邮政业
2380	河南东方银星投资股份有限公司	600753	东方银星	批发和零售业
2381	上海锦江国际酒店发展股份有限公司	600754	锦江股份	住宿和餐饮业
2382	厦门国贸集团股份有限公司	600755	厦门国贸	批发和零售业
2383	浪潮软件股份有限公司	600756	浪潮软件	信息传输、软件和信息技术服务业
2384	长江出版传媒股份有限公司	600757	长江传媒	文化、体育和娱乐业
2385	辽宁红阳能源投资股份有限公司	600758	红阳能源	电力、热力、燃气及水生产和供应业
2386	洲际油气股份有限公司	600759	洲际油气	采矿业
2387	中航黑豹股份有限公司	600760	*ST黑豹	制造业
2388	安徽合力股份有限公司	600761	安徽合力	制造业
2389	通策医疗投资股份有限公司	600763	通策医疗	卫生和社会工作
2390	中电广通股份有限公司	600764	中电广通	信息传输、软件和信息技术服务业
2391	中航重机股份有限公司	600765	中航重机	制造业
2392	烟台园城黄金股份有限公司	600766	园城黄金	采矿业
2393	运盛(上海)医疗科技股份有限公司	600767	运盛医疗	房地产业
2394	宁波富邦精业集团股份有限公司	600768	宁波富邦	制造业
2395	武汉祥龙电业股份有限公司	600769	祥龙电业	制造业
2396	江苏综艺股份有限公司	600770	综艺股份	综合
2397	广誉远中药股份有限公司	600771	广誉远	制造业
2398	西藏城市发展投资股份有限公司	600773	西藏城投	房地产业
2399	武汉市汉商集团股份有限公司	600774	汉商集团	批发和零售业
2400	南京熊猫电子股份有限公司	600775	南京熊猫	制造业

continued

股本总数(股)	第一大股东名称	第一大股东持股数量(股)	所占比重(%)	上市地点
658407554	北京首都旅游集团有限责任公司	248809378	37.79	上海
1445241071	宁波城建投资控股有限公司	1112148455	76.95	上海
616235000	云南云维集团有限公司	257506610	41.79	上海
1966675153	中国华电集团公司	881126465	44.80	上海
350986607	山东鲁北企业集团总公司	107253904	30.56	上海
499766874	堆龙佳都科技有限公司	84700086	16.95	上海
406528465	重庆商社(集团)有限公司	183069658	45.03	上海
586656002	北大方正集团有限公司	117380000	20.01	上海
327314098	湖南海利高新技术产业集团有限公司	74988175	22.91	上海
446383080	上海兴盛实业发展(集团)有限公司	49942940	11.19	上海
197586000	四川新泰克数字设备有限责任公司	81270000	41.13	上海
351558394	北京昂展置业有限公司	79122586	22.51	上海
375992296	山东鲁锦进出口集团有限公司	191718252	50.99	上海
1194292932	苏州高新区经济发展集团总公司	484477094	40.57	上海
2051876155	中粮集团有限公司	1057283605	51.53	上海
368867627	红楼集团有限公司	129225370	35.03	上海
1529709816	辽宁成大集团有限公司	169889039	11.11	上海
765700000	山西焦化集团有限公司	108867242	14.22	上海
2583200175	上海汽车集团股份有限公司	1552448271	60.10	上海
211523400	中国第一汽车集团公司	42604282	20.14	上海
1817661006	北京市华远集团有限公司	837372929	46.07	上海
1781124274	中国大唐集团公司	608793971	34.18	上海
637266387	拉萨经济技术开发区闻天下投资有限公司	153946037	24.16	上海
306421452	江苏索普(集团)有限公司	167954942	54.81	上海
1464328399	大连长富瑞华集团有限公司	520000000	35.51	上海
1083370873	上实地产发展有限公司	689566049	63.65	上海
189137931	国风集团有限公司	30454825	16.10	上海
300000000	江西江中制药(集团)有限责任公司	129081660	43.03	上海
2899337783	海航物流集团有限公司	602006689	20.76	上海
128000000	晋中东鑫建材贸易有限公司	38399999	30.00	上海
804517740	上海锦江国际酒店(集团)股份有限公司	404810935	50.32	上海
1664470022	厦门国贸控股有限公司	516456147	31.03	上海
278747280	浪潮软件集团有限公司	61881000	22.20	上海
1213650273	湖北长江出版传媒集团有限公司	678786637	55.93	上海
1340879312	沈阳煤业(集团)有限责任公司	637791737	47.57	上海
2263507518	广西正和实业集团有限公司	665081232	29.38	上海
344940390	金城集团有限公司	55559136	16.11	上海
616817335	安徽叉车集团有限责任公司	234188779	37.97	上海
320640000	杭州宝群实业集团有限公司	108232000	33.75	上海
329726984	中国电子信息产业集团有限公司	176314950	53.47	上海
778003200	贵州金江航空液压有限责任公司	229369200	29.48	上海
224226822	园城实业集团有限公司	34200000	15.25	上海
341010182	上海九川投资(集团)有限公司	53508343	15.69	上海
133747200	宁波富邦控股集团有限公司	47162160	35.26	上海
374977200	武汉葛化集团有限公司	75291177	20.08	上海
1300000000	南通综艺投资有限公司	321323958	24.72	上海
277808438	西安东盛集团有限公司	54048265	19.46	上海
729213663	上海市闸北区国有资产监督管理委员会	318061655	43.62	上海
174575386	武汉市汉阳区国有资产监督管理办公室	52372433	30.00	上海
913838529	香港中央结算(代理人)有限公司	241419569	26.42	上海

附录1-5　续表 48

序号	公司全称	上市公司股票代码	股票简称	行业分类
2401	东方通信股份有限公司	600776	东方通信	制造业
2402	山东新潮能源股份有限公司	600777	新潮实业	综合
2403	新疆友好(集团)股份有限公司	600778	友好集团	批发和零售业
2404	四川水井坊股份有限公司	600779	水井坊	制造业
2405	山西通宝能源股份有限公司	600780	通宝能源	电力、热力、燃气及水生产和供应业
2406	辅仁药业集团实业股份有限公司	600781	辅仁药业	制造业
2407	新余钢铁股份有限公司	600782	新钢股份	制造业
2408	鲁信创业投资集团股份有限公司	600783	鲁信创投	综合
2409	鲁银投资集团股份有限公司	600784	鲁银投资	综合
2410	银川新华百货商业集团股份有限公司	600785	新华百货	批发和零售业
2411	中储发展股份有限公司	600787	中储股份	交通运输、仓储和邮政业
2412	山东鲁抗医药股份有限公司	600789	鲁抗医药	制造业
2413	浙江中国轻纺城集团股份有限公司	600790	轻纺城	租赁和商务服务业
2414	京能置业股份有限公司	600791	京能置业	房地产业
2415	云南煤业能源股份有限公司	600792	云煤能源	制造业
2416	宜宾纸业股份有限公司	600793	ST宜纸	制造业
2417	张家港保税科技股份有限公司	600794	保税科技	交通运输、仓储和邮政业
2418	国电电力发展股份有限公司	600795	国电电力	电力、热力、燃气及水生产和供应业
2419	浙江钱江生物化学股份有限公司	600796	钱江生化	制造业
2420	浙大网新科技股份有限公司	600797	浙大网新	信息传输、软件和信息技术服务业
2421	宁波海运股份有限公司	600798	宁波海运	交通运输、仓储和邮政业
2422	天津环球磁卡股份有限公司	600800	天津磁卡	制造业
2423	华新水泥股份有限公司	600801	华新水泥	制造业
2424	福建水泥股份有限公司	600802	福建水泥	制造业
2425	新奥生态控股股份有限公司	600803	新奥股份	制造业
2426	鹏博士电信传媒集团股份有限公司	600804	鹏博士	信息传输、软件和信息技术服务业
2427	江苏悦达投资股份有限公司	600805	悦达投资	综合
2428	沈机集团昆明机床股份有限公司	600806	*ST昆机	制造业
2429	山东天业恒基股份有限公司	600807	天业股份	房地产业
2430	马鞍山钢铁股份有限公司	600808	马钢股份	制造业
2431	山西杏花村汾酒厂股份有限公司	600809	山西汾酒	制造业
2432	神马实业股份有限公司	600810	神马股份	制造业
2433	东方集团股份有限公司	600811	东方集团	批发和零售业
2434	华北制药股份有限公司	600812	华北制药	制造业
2435	杭州解百集团股份有限公司	600814	杭州解百	批发和零售业
2436	厦门厦工机械股份有限公司	600815	厦工股份	制造业
2437	安信信托股份有限公司	600816	安信信托	金融业
2438	西安宏盛科技发展股份有限公司	600817	*ST宏盛	综合
2439	中路股份有限公司	600818	中路股份	制造业
2440	上海耀皮玻璃集团股份有限公司	600819	耀皮玻璃	制造业
2441	上海隧道工程股份有限公司	600820	隧道股份	建筑业
2442	天津劝业场(集团)股份有限公司	600821	津劝业	批发和零售业
2443	上海物资贸易股份有限公司	600822	上海物贸	批发和零售业
2444	上海世茂股份有限公司	600823	世茂股份	房地产业
2445	上海益民商业集团股份有限公司	600824	益民集团	批发和零售业
2446	上海新华传媒股份有限公司	600825	新华传媒	文化、体育和娱乐业
2447	上海兰生股份有限公司	600826	兰生股份	批发和零售业
2448	上海百联集团股份有限公司	600827	百联股份	批发和零售业
2449	茂业商业股份有限公司	600828	茂业商业	批发和零售业
2450	哈药集团人民同泰医药股份有限公司	600829	人民同泰	批发和零售业

continued

股本总数(股)	第一大股东名称	第一大股东持股数量(股)	所占比重(%)	上市地点
1256000064	普天东方通信集团有限公司	570712740	45.44	上海
860030493	深圳金志昌顺投资发展有限公司	90199362	10.49	上海
311491352	大商集团有限公司	50305853	16.15	上海
488545698	四川成都水井坊集团有限公司	193996444	39.71	上海
1146502523	山西国际电力集团有限公司	693174819	60.46	上海
177592864	辅仁药业集团有限公司	48100024	27.08	上海
1393448106	新余钢铁集团有限公司	758435363	54.43	上海
744359294	山东省鲁信投资控股集团有限公司	510145355	68.53	上海
568177846	莱芜钢铁集团有限公司	115418000	20.31	上海
225631280	物美控股集团有限公司	69785145	30.93	上海
2199801033	中国物资储运总公司	962189841	43.74	上海
581575475	山东省人民政府国有资产监督管理委员会	142997400	24.59	上海
1046993520	绍兴市柯桥区中国轻纺城市场开发经营有限公司	374607685	35.78	上海
452880000	北京能源集团有限责任公司	204983645	45.26	上海
989923600	昆明钢铁控股有限公司	595841429	60.19	上海
105300000	宜宾市国有资产经营有限公司	39776583	37.77	上海
1191574157	张家港保税区金港资产经营有限公司	386094629	32.40	上海
19650397845	中国国电集团公司	9038709571	46.00	上海
301402144	海宁市资产经营公司	100378762	33.30	上海
914043256	浙江浙大网新集团有限公司	179638498	19.65	上海
1030850948	宁波海运集团有限公司	365062214	35.41	上海
611271047	天津环球磁卡集团有限公司	165078181	27.01	上海
1497571325	HOLCHIN B.V.	596817018	39.85	上海
381873666	福建省建材(控股)有限责任公司	109913089	28.78	上海
985785043	新奥控股投资有限公司	305261472	30.97	上海
1400454049	深圳鹏博实业集团有限公司	115035640	8.21	上海
850894494	江苏悦达集团有限公司	196223658	23.06	上海
531081103	香港中央结算(代理人)有限公司	134396015	25.31	上海
856634731	山东天业房地产开发集团有限公司	260540530	30.41	上海
7700681186	马钢(集团)控股有限公司	3506467456	45.54	上海
865848266	山西杏花村汾酒集团有限责任公司	605868472	69.97	上海
442280000	中国平煤神马能源化工集团有限责任公司	217936408	49.28	上海
1666805374	东方集团实业股份有限公司	466346232	27.98	上海
1630804729	冀中能源集团有限责任公司	602227171	36.93	上海
715026758	杭州市商贸旅游集团有限公司	404643737	56.59	上海
958969989	厦门海翼集团有限公司	393022859	40.98	上海
1769889828	上海国之杰投资发展有限公司	1008743160	56.99	上海
160910082	西安普明物流贸易发展有限公司	33589968	20.87	上海
321447910	上海中路(集团)有限公司	131530734	40.92	上海
934916069	上海建材(集团)有限公司	258861720	27.69	上海
3144096094	上海城建(集团)公司	1366449080	43.46	上海
416268225	天津劝业华联集团有限公司	55788356	13.40	上海
495972914	百联集团有限公司	238575962	48.10	上海
1913861358	峰盈国际有限公司	837000000	43.73	上海
1054027073	上海市黄浦区国有资产监督管理委员会	411496529	39.04	上海
1044887850	上海新华发行集团有限公司	289533681	27.71	上海
420642288	上海兰生(集团)有限公司	216287026	51.42	上海
1722495752	百联集团有限公司	752275570	43.67	上海
570439657	深圳茂业商厦有限公司	388226763	68.06	上海
579888597	哈药集团股份有限公司	433894354	74.82	上海

附录1-5　续表 49

序号	公司全称	上市公司股票代码	股票简称	行业分类
2451	香溢融通控股集团股份有限公司	600830	香溢融通	批发和零售业
2452	陕西广电网络传媒(集团)股份有限公司	600831	广电网络	信息传输、软件和信息技术服务业
2453	上海第一医药股份有限公司	600833	第一医药	批发和零售业
2454	上海申通地铁股份有限公司	600834	申通地铁	交通运输、仓储和邮政业
2455	上海机电股份有限公司	600835	上海机电	制造业
2456	上海界龙实业集团股份有限公司	600836	界龙实业	制造业
2457	海通证券股份有限公司	600837	海通证券	金融业
2458	上海九百股份有限公司	600838	上海九百	批发和零售业
2459	四川长虹电器股份有限公司	600839	四川长虹	制造业
2460	上海柴油机股份有限公司	600841	上柴股份	制造业
2461	上工申贝(集团)股份有限公司	600843	上工申贝	制造业
2462	丹化化工科技股份有限公司	600844	丹化科技	制造业
2463	上海宝信软件股份有限公司	600845	宝信软件	信息传输、软件和信息技术服务业
2464	上海同济科技实业股份有限公司	600846	同济科技	建筑业
2465	重庆万里新能源股份有限公司	600847	万里股份	制造业
2466	上海临港控股股份有限公司	600848	上海临港	房地产业
2467	上海华东电脑股份有限公司	600850	华东电脑	信息传输、软件和信息技术服务业
2468	上海海欣集团股份有限公司	600851	海欣股份	制造业
2469	龙建路桥股份有限公司	600853	龙建股份	建筑业
2470	江苏春兰制冷设备股份有限公司	600854	春兰股份	制造业
2471	北京航天长峰股份有限公司	600855	航天长峰	制造业
2472	长春中天能源股份有限公司	600856	中天能源	电力、热力、燃气及水生产和供应业
2473	宁波中百股份有限公司	600857	宁波中百	批发和零售业
2474	银座集团股份有限公司	600858	银座股份	批发和零售业
2475	王府井集团股份有限公司	600859	王府井	批发和零售业
2476	北京京城机电股份有限公司	600860	京城股份	制造业
2477	北京城乡贸易中心股份有限公司	600861	北京城乡	批发和零售业
2478	中航航空高科技股份有限公司	600862	中航高科	房地产业
2479	内蒙古蒙电华能热电股份有限公司	600863	内蒙华电	电力、热力、燃气及水生产和供应业
2480	哈尔滨哈投投资股份有限公司	600864	哈投股份	电力、热力、燃气及水生产和供应业
2481	百大集团股份有限公司	600865	百大集团	批发和零售业
2482	广东肇庆星湖生物科技股份有限公司	600866	*ST星湖	制造业
2483	通化东宝药业股份有限公司	600867	通化东宝	制造业
2484	广东梅雁吉祥水电股份有限公司	600868	梅雁吉祥	电力、热力、燃气及水生产和供应业
2485	远东智慧能源股份有限公司	600869	智慧能源	制造业
2486	厦门华侨电子股份有限公司	600870	厦华电子	制造业
2487	中石化石油工程技术服务股份有限公司	600871	石化油服	采矿业
2488	中炬高新技术实业(集团)股份有限公司	600872	中炬高新	制造业
2489	梅花生物科技集团股份有限公司	600873	梅花生物	制造业
2490	天津创业环保集团股份有限公司	600874	创业环保	电力、热力、燃气及水生产和供应业
2491	东方电气股份有限公司	600875	东方电气	制造业
2492	洛阳玻璃股份有限公司	600876	洛阳玻璃	制造业
2493	中国嘉陵工业股份有限公司(集团)	600877	中国嘉陵	制造业
2494	航天时代电子技术股份有限公司	600879	航天电子	制造业
2495	成都博瑞传播股份有限公司	600880	博瑞传播	文化、体育和娱乐业
2496	吉林亚泰(集团)股份有限公司	600881	亚泰集团	制造业
2497	山东华联矿业控股股份有限公司	600882	华联矿业	采矿业
2498	云南博闻科技实业股份有限公司	600883	博闻科技	制造业
2499	宁波杉杉股份有限公司	600884	杉杉股份	制造业
2500	宏发科技股份有限公司	600885	宏发股份	制造业

continued

股本总数(股)	第一大股东名称	第一大股东持股数量(股)	所占比重(%)	上市地点
454322747	浙江烟草投资管理有限责任公司	54710381	12.04	上海
563438537	陕西广播电视集团有限公司	203249114	36.07	上海
223086347	上海新路达商业(集团)有限公司	52185126	23.39	上海
477381905	上海申通地铁集团有限公司	278943799	58.43	上海
1022739308	上海电气集团股份有限公司	484220364	47.35	上海
331376536	上海界龙集团有限公司	88385876	26.67	上海
11501700000	香港中央结算(代理人)有限公司	3409153183	29.64	上海
400881981	上海九百(集团)有限公司	78540608	19.59	上海
4616244222	四川长虹电子控股集团有限公司	1070863727	23.20	上海
866689830	上海汽车集团股份有限公司	416452530	48.05	上海
548589600	上海市浦东新区国有资产监督管理委员会	105395358	19.21	上海
778620618	江苏丹化集团有限责任公司	176339550	22.65	上海
391624586	宝山钢铁股份有限公司	217365440	55.50	上海
624761516	上海同济资产经营有限公司	146051849	23.38	上海
158033400	深圳市南方同正投资有限公司	41400898	26.20	上海
895172085	上海临港经济发展集团资产管理有限公司	403473115	45.07	上海
321744887	华东计算技术研究所	148165666	46.05	上海
1207056692	上海松江洞泾工业公司	82082000	6.80	上海
536807658	黑龙江省建设集团有限公司	178979763	33.34	上海
519458538	春兰(集团)公司	131630912	25.34	上海
331617425	中国航天科工防御技术研究院	96412425	29.07	上海
567165575	青岛中天资产管理有限公司	109621794	19.33	上海
224319919	西藏泽添投资发展有限公司	35405252	15.78	上海
520066589	山东省商业集团有限公司	127338353	24.49	上海
462768088	北京王府井国际商业发展有限公司	227992556	49.27	上海
422000000	北京京城机电控股有限责任公司	180620000	42.80	上海
316804949	北京市郊区旅游实业开发公司	106088400	33.49	上海
1393049107	中航高科技发展有限公司	597081381	42.86	上海
5807745000	北方联合电力有限责任公司	3289093203	56.63	上海
546378196	哈尔滨投资集团有限责任公司	238174824	43.59	上海
376240316	西子国际控股有限公司	112872100	30.00	上海
645393465	广东省广新控股集团有限公司	96417436	14.94	上海
1135831101	东宝实业集团有限公司	422307612	37.18	上海
1898148679	廖俊发	5435141	0.29	上海
1980086736	远东控股集团有限公司	1490084782	71.54	上海
523199665	华映光电股份有限公司	79365079	15.17	上海
14142660995	中国石化集团公司	9224327662	65.22	上海
796637194	前海人寿保险股份有限公司——海利年年	147372704	18.50	上海
3108226603	孟庆山	854103033	27.48	上海
1427228430	天津市政投资有限公司	715565186	50.14	上海
2336900368	中国东方电气集团有限公司	974016763	41.68	上海
515018242	香港中央结算(代理人)有限公司	248262698	48.20	上海
687282040	中国南方工业集团公司	153566173	22.34	上海
1039537037	中国航天时代电子公司	216969476	20.87	上海
1093332092	成都博瑞投资控股集团有限公司	255519676	23.37	上海
2599945737	长春市人民政府国有资产监督管理委员会	295088616	11.35	上海
399238045	柴琇	72000000	18.03	上海
236088000	深圳市得融投资发展有限公司	40500000	17.15	上海
410858247	杉杉集团有限公司	133536993	32.50	上海
531972537	新余有格投资有限公司	182581449	34.32	上海

附录1–5 续表 50

序号	公司全称	上市公司股票代码	股票简称	行业分类
2501	国投电力控股股份有限公司	600886	国投电力	电力、热力、燃气及水生产和供应业
2502	内蒙古伊利实业集团股份有限公司	600887	伊利股份	制造业
2503	新疆众和股份有限公司	600888	新疆众和	制造业
2504	南京化纤股份有限公司	600889	南京化纤	制造业
2505	中房置业股份有限公司	600890	中房股份	房地产业
2506	哈尔滨秋林集团股份有限公司	600891	秋林集团	批发和零售业
2507	大晟时代文化投资股份有限公司	600892	大晟文化	批发和零售业
2508	中航动力股份有限公司	600893	中航动力	制造业
2509	广州广日股份有限公司	600894	广日股份	制造业
2510	上海张江高科技园区开发股份有限公司	600895	张江高科	综合
2511	中海(海南)海盛船务股份有限公司	600896	中海海盛	交通运输、仓储和邮政业
2512	元翔(厦门)国际航空港股份有限公司	600897	厦门空港	交通运输、仓储和邮政业
2513	三联商社股份有限公司	600898	三联商社	批发和零售业
2514	中国长江电力股份有限公司	600900	长江电力	电力、热力、燃气及水生产和供应业
2515	重庆燃气集团股份有限公司	600917	重庆燃气	电力、热力、燃气及水生产和供应业
2516	东方证券股份有限公司	600958	东方证券	金融业
2517	江苏省广电有线信息网络股份有限公司	600959	江苏有线	信息传输、软件和信息技术服务业
2518	山东滨州渤海活塞股份有限公司	600960	渤海活塞	制造业
2519	株洲冶炼集团股份有限公司	600961	株冶集团	制造业
2520	国投中鲁果汁股份有限公司	600962	国投中鲁	制造业
2521	岳阳林纸股份有限公司	600963	岳阳林纸	制造业
2522	河北福成五丰食品股份有限公司	600965	福成股份	农、林、牧、渔业
2523	山东博汇纸业股份有限公司	600966	博汇纸业	制造业
2524	包头北方创业股份有限公司	600967	北方创业	制造业
2525	湖南郴电国际发展股份有限公司	600969	郴电国际	电力、热力、燃气及水生产和供应业
2526	中国中材国际工程股份有限公司	600970	中材国际	制造业
2527	安徽恒源煤电股份有限公司	600971	恒源煤电	采矿业
2528	宝胜科技创新股份有限公司	600973	宝胜股份	制造业
2529	湖南新五丰股份有限公司	600975	新五丰	农、林、牧、渔业
2530	健民药业集团股份有限公司	600976	健民集团	批发和零售业
2531	宜华生活科技股份有限公司	600978	宜华生活	制造业
2532	四川广安爱众股份有限公司	600979	广安爱众	电力、热力、燃气及水生产和供应业
2533	北矿科技股份有限公司	600980	北矿磁材	制造业
2534	江苏汇鸿国际集团股份有限公司	600981	汇鸿集团	批发和零售业
2535	宁波热电股份有限公司	600982	宁波热电	电力、热力、燃气及水生产和供应业
2536	惠而浦(中国)股份有限公司	600983	惠而浦	制造业
2537	陕西建设机械股份有限公司	600984	建设机械	制造业
2538	安徽雷鸣科化股份有限公司	600985	雷鸣科化	制造业
2539	科达集团股份有限公司	600986	科达股份	建筑业
2540	浙江航民股份有限公司	600987	航民股份	制造业
2541	赤峰吉隆黄金矿业股份有限公司	600988	赤峰黄金	采矿业
2542	安徽四创电子股份有限公司	600990	四创电子	制造业
2543	贵州钢绳股份有限公司	600992	贵绳股份	制造业
2544	马应龙药业集团股份有限公司	600993	马应龙	批发和零售业
2545	云南文山电力股份有限公司	600995	文山电力	电力、热力、燃气及水生产和供应业
2546	开滦能源化工股份有限公司	600997	开滦股份	制造业
2547	九州通医药集团股份有限公司	600998	九州通	批发和零售业
2548	招商证券股份有限公司	600999	招商证券	金融业
2549	唐山港集团股份有限公司	601000	唐山港	交通运输、仓储和邮政业
2550	大同煤业股份有限公司	601001	大同煤业	采矿业

continued

股本总数(股)	第一大股东名称	第一大股东持股数量(股)	所占比重(%)	上市地点
6786023347	国家开发投资公司	3483729752	51.34	上海
6064800108	呼和浩特投资有限责任公司	533330826	8.79	上海
641225872	特变电工股份有限公司	180434922	28.14	上海
307069284	南京新工投资集团有限责任公司	101407882	33.02	上海
579194925	嘉益(天津)投资管理有限公司	109799224	18.96	上海
617585803	天津嘉颐实业有限公司	232136752	37.59	上海
63125000	深圳市大晟资产管理有限公司	12615878	19.99	上海
1948718750	西安航空发动机(集团)有限公司	596518047	30.61	上海
859946895	广州广日集团有限公司	486001929	56.52	上海
1548689550	上海张江(集团)有限公司	786036600	50.75	上海
581315773	上海览海上寿医疗产业有限公司	82000000	14.11	上海
297810000	厦门翔业集团有限公司	202500000	68.00	上海
252523820	山东龙脊岛建设有限公司	39987400	15.84	上海
16500000000	中国长江三峡集团公司	11882229292	72.01	上海
1556000000	重庆市能源投资集团有限公司	1034420000	66.48	上海
5281742921	申能(集团)有限公司	1588618183	30.08	上海
2988099845	江苏省广播电视信息网络投资有限公司	538857063	18.03	上海
524719390	北京汽车集团有限公司	172907865	32.95	上海
527457914	株洲冶炼集团有限责任公司	212248593	40.24	上海
262210000	国家开发投资公司	116855469	44.57	上海
1043159148	泰格林纸集团股份有限公司	389556901	37.34	上海
818700955	福成投资集团有限公司	391171322	47.78	上海
1336844288	山东博汇集团有限公司	345977560	25.88	上海
822827999	内蒙古第一机械集团有限公司	194339999	23.62	上海
264321774	郴州市人民政府国有资产监督管理委员会	32026400	12.12	上海
1169505285	中国中材股份有限公司	464263219	39.70	上海
1000004070	安徽省皖北煤电集团有限责任公司	549615741	54.96	上海
414370957	宝胜集团有限公司	147223819	35.53	上海
326337792	湖南省粮油食品进出口集团有限公司	114009273	34.94	上海
153398600	华方医药科技有限公司	33852409	22.07	上海
1482870004	宜华企业(集团)有限公司	353549599	23.84	上海
717892146	四川爱众发展集团有限公司	136209810	18.97	上海
152209880	北京矿冶研究总院	60883952	40.00	上海
2242433192	江苏苏汇资产管理有限公司	1511581011	67.41	上海
746930000	宁波开发投资集团有限公司	192312397	25.75	上海
766439000	惠而浦(中国)投资有限公司	390884200	51.00	上海
636764203	陕西建设机械(集团)有限责任公司	135312883	21.25	上海
262854744	淮北矿业(集团)有限责任公司	82155692	31.26	上海
868886423	山东科达集团有限公司	137844420	15.86	上海
635310000	浙江航民实业集团有限公司	209000036	32.90	上海
713190748	赵美光	215865991	30.27	上海
136702040	华东电子工程研究所(中国电子科技集团公司第三十八研究所)	54215156	39.66	上海
245090000	贵州钢绳(集团)有限责任公司	57489818	23.45	上海
431053891	中国宝安集团股份有限公司	126163313	29.27	上海
478526400	云南电网公司	146719000	30.66	上海
1234640000	开滦(集团)有限责任公司	700275765	56.72	上海
1647009434	上海弘康实业投资有限公司	433129118	26.30	上海
5808135529	深圳市招融投资控股有限公司	1435110665	24.71	上海
2248438460	唐山港口实业集团有限公司	977636855	43.48	上海
1673700000	大同煤矿集团有限责任公司	961632508	57.46	上海

附录1–5　续表 51

序号	公司全称	上市公司股票代码	股票简称	行业分类
2551	晋亿实业股份有限公司	601002	晋亿实业	制造业
2552	柳州钢铁股份有限公司	601003	柳钢股份	制造业
2553	重庆钢铁股份有限公司	601005	重庆钢铁	制造业
2554	大秦铁路股份有限公司	601006	大秦铁路	交通运输、仓储和邮政业
2555	金陵饭店股份有限公司	601007	金陵饭店	住宿和餐饮业
2556	江苏连云港港口股份有限公司	601008	连云港	交通运输、仓储和邮政业
2557	南京银行股份有限公司	601009	南京银行	金融业
2558	文峰大世界连锁发展股份有限公司	601010	文峰股份	批发和零售业
2559	宝泰隆新材料股份有限公司	601011	宝泰隆	制造业
2560	西安隆基硅材料股份有限公司	601012	隆基股份	制造业
2561	陕西黑猫焦化股份有限公司	601015	陕西黑猫	制造业
2562	中节能风力发电股份有限公司	601016	节能风电	电力、热力、燃气及水生产和供应业
2563	宁波港股份有限公司	601018	宁波港	交通运输、仓储和邮政业
2564	春秋航空股份有限公司	601021	春秋航空	交通运输、仓储和邮政业
2565	江苏玉龙钢管股份有限公司	601028	玉龙股份	制造业
2566	第一拖拉机股份有限公司	601038	一拖股份	制造业
2567	赛轮金宇集团股份有限公司	601058	赛轮金宇	制造业
2568	西部黄金股份有限公司	601069	西部黄金	采矿业
2569	中国神华能源股份有限公司	601088	中国神华	采矿业
2570	中南出版传媒集团股份有限公司	601098	中南传媒	文化、体育和娱乐业
2571	太平洋证券股份有限公司	601099	太平洋	金融业
2572	江苏恒立液压股份有限公司	601100	恒立液压	制造业
2573	北京昊华能源股份有限公司	601101	昊华能源	采矿业
2574	中国第一重型机械股份公司	601106	中国一重	制造业
2575	四川成渝高速公路股份有限公司	601107	四川成渝	交通运输、仓储和邮政业
2576	中国国际航空股份有限公司	601111	中国国航	交通运输、仓储和邮政业
2577	义乌华鼎锦纶股份有限公司	601113	华鼎股份	制造业
2578	三江购物俱乐部股份有限公司	601116	三江购物	批发和零售业
2579	中国化学工程股份有限公司	601117	中国化学	建筑业
2580	海南天然橡胶产业集团股份有限公司	601118	海南橡胶	农、林、牧、渔业
2581	北京四方继保自动化股份有限公司	601126	四方股份	制造业
2582	宁波博威合金材料股份有限公司	601137	博威合金	制造业
2583	深圳市燃气集团股份有限公司	601139	深圳燃气	电力、热力、燃气及水生产和供应业
2584	新城控股集团股份有限公司	601155	新城控股	房地产业
2585	重庆水务集团股份有限公司	601158	重庆水务	电力、热力、燃气及水生产和供应业
2586	兴业银行股份有限公司	601166	兴业银行	金融业
2587	西部矿业股份有限公司	601168	西部矿业	采矿业
2588	北京银行股份有限公司	601169	北京银行	金融业
2589	杭州前进齿轮箱集团股份有限公司	601177	杭齿前进	制造业
2590	中国西电电气股份有限公司	601179	中国西电	制造业
2591	中国铁建股份有限公司	601186	中国铁建	建筑业
2592	黑龙江交通发展股份有限公司	601188	龙江交通	交通运输、仓储和邮政业
2593	东兴证券股份有限公司	601198	东兴证券	金融业
2594	江苏江南水务股份有限公司	601199	江南水务	电力、热力、燃气及水生产和供应业
2595	四川东材科技集团股份有限公司	601208	东材科技	制造业
2596	国泰君安证券股份有限公司	601211	国泰君安	金融业
2597	内蒙古君正能源化工集团股份有限公司	601216	君正集团	制造业
2598	江苏吉鑫风能科技股份有限公司	601218	吉鑫科技	制造业
2599	江苏林洋能源股份有限公司	601222	林洋能源	制造业
2600	陕西煤业股份有限公司	601225	陕西煤业	采矿业

continued

股本总数(股)	第一大股东名称	第一大股东持股数量(股)	所占比重(%)	上市地点
792690000	CHIN CHAMP ENTERPRISE CO.,LTD.	327755207	41.35	上海
2562793200	广西柳州钢铁集团有限公司	2114433135	82.51	上海
4436022580	重庆钢铁(集团)有限责任公司	2096981600	47.27	上海
14866791491	太原铁路局	9172093536	61.70	上海
300000000	南京金陵饭店集团有限公司	118207533	39.40	上海
1015215101	连云港港口集团有限公司	538783318	53.07	上海
3365955526	法国巴黎银行	500590267	14.87	上海
1848000000	江苏文峰集团有限公司	390626850	21.14	上海
1367500000	黑龙江宝泰隆煤化工集团有限公司	497177693	36.36	上海
1771379475	李振国	298390255	16.85	上海
620000000	陕西黄河矿业(集团)有限责任公司	276000000	44.52	上海
2077780000	中国节能环保集团公司	948148000	45.63	上海
12800000000	宁波舟山港集团有限公司	9658635829	75.46	上海
800000000	上海春秋国际旅行社(集团)有限公司	504000000	63.00	上海
786237760	唐志毅	189200000	24.06	上海
995900000	中国一拖集团有限公司	443910000	44.57	上海
1042698734	杜玉岱	67254850	6.45	上海
636000000	新疆有色金属工业(集团)有限责任公司	433650000	68.18	上海
19889620455	神华集团有限责任公司	14530574452	73.06	上海
1796000000	湖南出版投资控股集团有限公司	1103789306	61.46	上海
3530467026	北京华信六合投资有限公司	450248500	12.75	上海
630000000	常州恒屹实业投资有限公司	264600000	42.00	上海
1199998272	北京京煤集团有限责任公司	747564711	62.30	上海
6538000000	中国第一重型机械集团公司	4060708961	62.11	上海
3058060000	四川省交通投资集团有限责任公司	1035914278	33.87	上海
13084751004	中国航空集团公司	5438757879	41.57	上海
833050000	三鼎控股集团有限公司	337523900	40.52	上海
410758800	上海和安投资管理有限公司	252000000	61.35	上海
4933000000	中国化学工程集团公司	3187935800	64.62	上海
3931171600	海南省农垦集团有限公司	2752012024	70.00	上海
813172000	四方电气(集团)股份有限公司	407429706	50.10	上海
215000000	博威集团有限公司	106357478	49.47	上海
2178025146	深圳市人民政府国有资产监督管理委员会	1107997523	50.87	上海
1708064758	富域发展有限公司	1060000000	62.06	上海
4800000000	重庆德润环境有限公司	2401800000	50.04	上海
19052336751	福建省财政厅	3402173769	17.86	上海
2383000000	西部矿业集团有限公司	672300000	28.21	上海
12672229737	ING BANK N.V.	1728837760	13.64	上海
400060000	杭州市萧山区国有资产经营总公司	180056250	45.01	上海
5125882352	中国西电集团公司	2591468901	50.56	上海
13579541500	中国铁道建筑总公司	7567395500	55.73	上海
1315878571	黑龙江省高速公路集团公司	686482178	52.17	上海
2504000000	中国东方资产管理公司	1454600484	58.09	上海
467600000	江阴市城乡给排水有限公司	164541290	35.19	上海
615760000	广州高金技术产业集团有限公司	143759600	23.35	上海
7625000000	上海国有资产经营有限公司	1954447453	25.63	上海
3686400000	杜江涛	1347840000	36.56	上海
991760000	包士金	364884588	36.79	上海
406601571	启东市华虹电子有限公司	199501923	49.07	上海
10000000000	陕西煤业化工集团有限责任公司	6337211229	63.37	上海

附录1-5 续表 52

序号	公司全称	上市公司股票代码	股票简称	行业分类
2601	华电重工股份有限公司	601226	华电重工	科学研究和技术服务业
2602	环旭电子股份有限公司	601231	环旭电子	制造业
2603	桐昆集团股份有限公司	601233	桐昆股份	制造业
2604	广州汽车集团股份有限公司	601238	广汽集团	制造业
2605	庞大汽贸集团股份有限公司	601258	庞大集团	批发和零售业
2606	中国农业银行股份有限公司	601288	农业银行	金融业
2607	骆驼集团股份有限公司	601311	骆驼股份	制造业
2608	江南嘉捷电梯股份有限公司	601313	江南嘉捷	制造业
2609	中国平安保险(集团)股份有限公司	601318	中国平安	金融业
2610	交通银行股份有限公司	601328	交通银行	金融业
2611	广深铁路股份有限公司	601333	广深铁路	交通运输、仓储和邮政业
2612	新华人寿保险股份有限公司	601336	新华保险	金融业
2613	百隆东方股份有限公司	601339	百隆东方	制造业
2614	广西绿城水务股份有限公司	601368	绿城水务	电力、热力、燃气及水生产和供应业
2615	西安陕鼓动力股份有限公司	601369	陕鼓动力	制造业
2616	兴业证券股份有限公司	601377	兴业证券	金融业
2617	怡球金属资源再生(中国)股份有限公司	601388	怡球资源	制造业
2618	中国中铁股份有限公司	601390	中国中铁	建筑业
2619	中国工商银行股份有限公司	601398	工商银行	金融业
2620	汕头东风印刷股份有限公司	601515	东风股份	制造业
2621	吉林高速公路股份有限公司	601518	吉林高速	交通运输、仓储和邮政业
2622	上海大智慧股份有限公司	601519	大智慧	信息传输、软件和信息技术服务业
2623	东吴证券股份有限公司	601555	东吴证券	金融业
2624	华锐风电科技(集团)股份有限公司	601558	华锐风电	制造业
2625	九牧王股份有限公司	601566	九牧王	制造业
2626	宁波三星医疗电气股份有限公司	601567	三星医疗	制造业
2627	会稽山绍兴酒股份有限公司	601579	会稽山	制造业
2628	北京北辰实业股份有限公司	601588	北辰实业	房地产业
2629	江苏鹿港文化股份有限公司	601599	鹿港文化	制造业
2630	中国铝业股份有限公司	601600	中国铝业	制造业
2631	中国太平洋保险(集团)股份有限公司	601601	中国太保	金融业
2632	上海医药集团股份有限公司	601607	上海医药	批发和零售业
2633	中信重工机械股份有限公司	601608	中信重工	制造业
2634	上海广电电气(集团)股份有限公司	601616	广电电气	制造业
2635	中国冶金科工股份有限公司	601618	中国中冶	建筑业
2636	中国人寿保险股份有限公司	601628	中国人寿	金融业
2637	长城汽车股份有限公司	601633	长城汽车	制造业
2638	株洲旗滨集团股份有限公司	601636	旗滨集团	制造业
2639	平顶山天安煤业股份有限公司	601666	平煤股份	采矿业
2640	中国建筑股份有限公司	601668	中国建筑	建筑业
2641	中国电力建设股份有限公司	601669	中国电建	建筑业
2642	河南明泰铝业股份有限公司	601677	明泰铝业	制造业
2643	滨化集团股份有限公司	601678	滨化股份	制造业
2644	华泰证券股份有限公司	601688	华泰证券	金融业
2645	宁波拓普集团股份有限公司	601689	拓普集团	制造业
2646	山西潞安环保能源开发股份有限公司	601699	潞安环能	采矿业
2647	常熟风范电力设备股份有限公司	601700	风范股份	制造业
2648	郑州煤矿机械集团股份有限公司	601717	郑煤机	制造业
2649	际华集团股份有限公司	601718	际华集团	制造业
2650	上海电气集团股份有限公司	601727	上海电气	制造业

continued

股本总数(股)	第一大股东名称	第一大股东持股数量(股)	所占比重(%)	上市地点
1155000000	中国华电工程(集团)有限公司	729120356	63.13	上海
2175923580	环诚科技有限公司	1683749126	77.38	上海
963600000	浙江桐昆控股集团有限公司	362485010	37.62	上海
6435020097	广州汽车工业集团有限公司	3912671384	60.80	上海
6480113402	庞庆华	1362900000	21.03	上海
3.24794E+11	中央汇金投资有限责任公司	130005103782	40.03	上海
851635750	刘国本	226441028	26.59	上海
400406571	金志峰	82410872	20.58	上海
18280241410	香港中央结算(代理人)有限公司	5867578046	32.10	上海
74262726645	中华人民共和国财政部	19702693828	26.53	上海
7083537000	广州铁路(集团)公司	2629451300	37.12	上海
3119546600	香港中央结算(代理人)有限公司	1033947536	33.14	上海
1500000000	新国投资发展有限公司	445799814	29.72	上海
735810898	南宁建宁水务投资集团有限责任公司	426908173	58.02	上海
1638770233	陕西鼓风机(集团)有限公司	959886469	58.57	上海
5200000000	福建省财政厅	1043915180	20.08	上海
533000000	怡球(香港)有限公司	245480000	46.06	上海
22844301543	中国铁路工程总公司	12260390308	53.67	上海
3.56406E+11	中央汇金投资有限责任公司	123717852951	34.71	上海
1112000000	香港东风投资集团有限公司	604900000	54.40	上海
1213200000	吉林省高速公路集团有限公司	596803607	49.19	上海
1987700000	张长虹	1104792657	55.58	上海
2700000000	苏州国际发展集团有限公司	693371528	25.68	上海
6030600000	萍乡市富海新能投资中心(有限合伙)	1197303370	19.85	上海
574637150	九牧王国际投资控股有限公司	308768140	53.73	上海
1198598250	奥克斯集团有限公司	450000000	37.54	上海
400000000	精功集团有限公司	132000000	33.00	上海
3367020000	北京北辰实业集团有限责任公司	1161000031	34.48	上海
381947723	钱文龙	62461861	16.35	上海
14903798236	中国铝业公司	4889864006	32.81	上海
9062000000	香港中央结算(代理人)有限公司	2772362836	30.59	上海
2688910538	香港中央结算(代理人)有限公司	748139720	27.82	上海
4186626501	中国中信有限公司	2624901147	62.70	上海
934860500	新余昊杰投资管理有限公司	131253000	14.04	上海
19110000000	中国冶金科工集团有限公司	12265108500	64.18	上海
28264705000	中国人寿保险(集团)公司	19323530000	68.37	上海
9127269000	保定创新长城资产管理有限公司	5115000000	56.04	上海
2525294500	福建旗滨集团有限公司	873750000	34.60	上海
2361164982	中国平煤神马能源化工集团有限责任公司	1281478480	54.27	上海
30000000000	中国建筑工程总公司	16879068569	56.26	上海
13754633484	中国电力建设集团有限公司	10634770776	77.32	上海
482756000	马廷义	105916800	21.94	上海
990000000	张忠正	103950000	10.50	上海
7162768800	香港中央结算(代理人)有限公司	1715284460	23.95	上海
649100000	迈科国际控股(香港)有限公司	478400000	73.70	上海
2991409200	山西潞安矿业(集团)有限责任公司	1834926512	61.34	上海
1133247000	范建刚	331340000	29.24	上海
1621122000	河南机械装备投资集团有限责任公司	521087800	32.14	上海
3857000000	新兴际华集团有限公司	2558457000	66.33	上海
12824305186	上海电气(集团)总公司	7030458711	54.82	上海

附录1-5　续表 53

序号	公司全称	上市公司股票代码	股票简称	行业分类
2651	中国中车股份有限公司	601766	中国中车	制造业
2652	力帆实业(集团)股份有限公司	601777	力帆股份	制造业
2653	光大证券股份有限公司	601788	光大证券	金融业
2654	宁波建工股份有限公司	601789	宁波建工	建筑业
2655	甘肃蓝科石化高新装备股份有限公司	601798	蓝科高新	制造业
2656	常州星宇车灯股份有限公司	601799	星宇股份	制造业
2657	中国交通建设股份有限公司	601800	中国交建	建筑业
2658	安徽新华传媒股份有限公司	601801	皖新传媒	文化、体育和娱乐业
2659	中海油田服务股份有限公司	601808	中海油服	采矿业
2660	中国光大银行股份有限公司	601818	光大银行	金融业
2661	中国石油天然气股份有限公司	601857	中国石油	采矿业
2662	中海集装箱运输股份有限公司	601866	中海集运	交通运输、仓储和邮政业
2663	招商局能源运输股份有限公司	601872	招商轮船	交通运输、仓储和邮政业
2664	浙江正泰电器股份有限公司	601877	正泰电器	制造业
2665	大连港股份有限公司	601880	大连港	交通运输、仓储和邮政业
2666	江河创建集团股份有限公司	601886	江河集团	建筑业
2667	中国国旅股份有限公司	601888	中国国旅	租赁和商务服务业
2668	江苏亚星锚链股份有限公司	601890	亚星锚链	制造业
2669	中国中煤能源股份有限公司	601898	中煤能源	采矿业
2670	紫金矿业集团股份有限公司	601899	紫金矿业	采矿业
2671	方正证券股份有限公司	601901	方正证券	金融业
2672	北京京运通科技股份有限公司	601908	京运通	制造业
2673	国投新集能源股份有限公司	601918	*ST新集	采矿业
2674	中国远洋控股股份有限公司	601919	中国远洋	交通运输、仓储和邮政业
2675	江苏凤凰出版传媒股份有限公司	601928	凤凰传媒	文化、体育和娱乐业
2676	吉视传媒股份有限公司	601929	吉视传媒	信息传输、软件和信息技术服务业
2677	永辉超市股份有限公司	601933	永辉超市	批发和零售业
2678	中国建设银行股份有限公司	601939	建设银行	金融业
2679	金堆城钼业股份有限公司	601958	金钼股份	采矿业
2680	中国汽车工程研究院股份有限公司	601965	中国汽研	制造业
2681	上海宝钢包装股份有限公司	601968	宝钢包装	制造业
2682	海南矿业股份有限公司	601969	海南矿业	采矿业
2683	中国核能电力股份有限公司	601985	中国核电	电力、热力、燃气及水生产和供应业
2684	中国银行股份有限公司	601988	中国银行	金融业
2685	中国船舶重工股份有限公司	601989	中国重工	制造业
2686	大唐国际发电股份有限公司	601991	大唐发电	电力、热力、燃气及水生产和供应业
2687	北京金隅股份有限公司	601992	金隅股份	制造业
2688	广西丰林木业集团股份有限公司	601996	丰林集团	制造业
2689	中信银行股份有限公司	601998	中信银行	金融业
2690	北方联合出版传媒(集团)股份有限公司	601999	出版传媒	文化、体育和娱乐业
2691	人民网股份有限公司	603000	人民网	信息传输、软件和信息技术服务业
2692	浙江奥康鞋业股份有限公司	603001	奥康国际	制造业
2693	宏昌电子材料股份有限公司	603002	宏昌电子	制造业
2694	上海龙宇燃油股份有限公司	603003	龙宇燃油	批发和零售业
2695	苏州晶方半导体科技股份有限公司	603005	晶方科技	制造业
2696	上海联明机械股份有限公司	603006	联明股份	制造业
2697	喜临门家具股份有限公司	603008	喜临门	制造业
2698	上海北特科技股份有限公司	603009	北特科技	制造业
2699	浙江万盛股份有限公司	603010	万盛股份	制造业
2700	合肥合锻智能制造股份有限公司	603011	合锻智能	制造业

continued

股本总数(股)	第一大股东名称	第一大股东持股数量(股)	所占比重(%)	上市地点
27288758333	中国中车集团公司	14786323011	54.18	上海
1256353379	重庆力帆控股有限公司	620642656	49.40	上海
3906698839	中国光大集团股份公司	1159456183	29.68	上海
488040000	浙江广天日月集团股份有限公司	190528000	39.04	上海
354528198	中国机械工业集团有限公司	206994737	58.39	上海
239650000	周晓萍	103002120	42.98	上海
16174735425	中国交通建设集团有限公司	10325207306	63.84	上海
910000000	安徽新华发行(集团)控股有限公司	687120563	75.51	上海
4771592000	中国海洋石油总公司	2410849300	50.53	上海
46679095000	中国光大集团股份公司	11184315034	23.96	上海
1.83021E+11	中国石油天然气集团公司	158033693528	86.35	上海
11683125000	中国海运(集团)总公司	5314194300	45.49	上海
5299458112	招商局轮船股份有限公司	2511018262	47.38	上海
1314906385	正泰集团股份有限公司	854100000	64.96	上海
4426000000	大连港集团有限公司	2308806592	52.16	上海
1154050000	北京江河源控股有限公司	315645200	27.35	上海
976237772	中国国旅集团有限公司	539846100	55.30	上海
959400000	陶安祥	265793716	27.70	上海
13258663400	中国中煤能源集团有限公司	7605207608	57.36	上海
21572813650	香港中央结算(代理人)有限公司	5708324079	26.46	上海
8232101395	北大方正集团有限公司	2284609852	27.75	上海
1993017701	北京京运通达投资有限公司	1148023808	57.60	上海
2590541800	国家开发投资公司	912228705	35.21	上海
10216274357	中国远洋运输(集团)总公司	5318082844	52.06	上海
2544900000	江苏凤凰出版传媒集团有限公司	1848055631	72.62	上海
3110801192	吉林电视台	1093203864	35.14	上海
4067536108	牛奶有限公司	813100468	19.99	上海
2.50011E+11	中央汇金投资有限责任公司	142786436627	57.11	上海
3226604400	金堆城钼业集团有限公司	2393491000	74.18	上海
961179867	中国通用技术(集团)控股有限责任公司	612160872	63.69	上海
833333300	宝钢金属有限公司	470368593	56.44	上海
1866670000	上海复星产业投资有限公司	672000000	36.00	上海
15565430000	中国核工业集团公司	10957753570	70.40	上海
2.94388E+11	中央汇金投资有限责任公司	188461533607	64.02	上海
18361665066	中国船舶重工集团公司	7238625359	39.42	上海
13310037578	中国大唐集团公司	4138977414	31.10	上海
5338885567	北京金隅集团有限责任公司	2398678786	44.93	上海
468912000	FENGLIN INTERNATIONAL LIMITED(丰林国际有限公司)	229473000	48.94	上海
46787327034	中国中信有限公司	31406992773	67.13	上海
550914700	辽宁出版集团有限公司	372000000	67.52	上海
1105691056	人民日报社	535540064	48.43	上海
400980000	奥康投资控股有限公司	131231000	32.73	上海
600000000	EPOXY BASE INVESTMENT HOLDING LTD.	315000000	52.50	上海
202000000	上海龙宇控股有限公司	117142149	57.99	上海
226696955	ENGINEERING AND IP ADVANCED TECHNOLOGIES L	57160964	25.21	上海
94494793	上海联明投资集团有限公司	57294794	60.63	上海
315000000	绍兴华易投资有限公司	112500000	35.71	上海
110040000	靳坤	56346160	51.21	上海
115632719	临海市万盛投资有限公司	33935000	29.35	上海
179500000	严建文	73650000	41.03	上海

附录1-5 续表 54

序号	公司全称	上市公司股票代码	股票简称	行业分类
2701	上海创力集团股份有限公司	603012	创力集团	制造业
2702	宁波弘讯科技股份有限公司	603015	弘讯科技	制造业
2703	中衡设计集团股份有限公司	603017	中衡设计	科学研究和技术服务业
2704	中设设计集团股份有限公司	603018	设计股份	科学研究和技术服务业
2705	曙光信息产业股份有限公司	603019	中科曙光	制造业
2706	爱普香料集团股份有限公司	603020	爱普股份	制造业
2707	山东华鹏玻璃股份有限公司	603021	山东华鹏	制造业
2708	上海新通联包装股份有限公司	603022	新通联	制造业
2709	哈尔滨威帝电子股份有限公司	603023	威帝股份	制造业
2710	北京大豪科技股份有限公司	603025	大豪科技	制造业
2711	山东石大胜华化工集团股份有限公司	603026	石大胜华	制造业
2712	上海全筑建筑装饰集团股份有限公司	603030	全筑股份	建筑业
2713	南京音飞储存设备股份有限公司	603066	音飞储存	交通运输、仓储和邮政业
2714	四川和邦生物科技股份有限公司	603077	和邦生物	制造业
2715	浙江天成自控股份有限公司	603085	天成自控	制造业
2716	宁波精达成形装备股份有限公司	603088	宁波精达	制造业
2717	长白山旅游股份有限公司	603099	长白山	水利、环境和公共设施管理业
2718	重庆川仪自动化股份有限公司	603100	川仪股份	制造业
2719	上海润达医疗科技股份有限公司	603108	润达医疗	批发和零售业
2720	南京康尼机电股份有限公司	603111	康尼机电	制造业
2721	浙江红蜻蜓鞋业股份有限公司	603116	红蜻蜓	制造业
2722	江苏万林现代物流股份有限公司	603117	万林股份	租赁和商务服务业
2723	深圳市共进电子股份有限公司	603118	共进股份	制造业
2724	北京翠微大厦股份有限公司	603123	翠微股份	批发和零售业
2725	中材节能股份有限公司	603126	中材节能	科学研究和技术服务业
2726	港中旅华贸国际物流股份有限公司	603128	华贸物流	交通运输、仓储和邮政业
2727	常州腾龙汽车零部件股份有限公司	603158	腾龙股份	制造业
2728	桂林福达股份有限公司	603166	福达股份	制造业
2729	渤海轮渡股份有限公司	603167	渤海轮渡	交通运输、仓储和邮政业
2730	浙江莎普爱思药业股份有限公司	603168	莎普爱思	制造业
2731	兰州兰石重型装备股份有限公司	603169	兰石重装	制造业
2732	江苏亚邦染料股份有限公司	603188	亚邦股份	制造业
2733	安徽迎驾贡酒股份有限公司	603198	迎驾贡酒	制造业
2734	安徽九华山旅游发展股份有限公司	603199	九华旅游	水利、环境和公共设施管理业
2735	浙江济民制药股份有限公司	603222	济民制药	制造业
2736	恒通物流股份有限公司	603223	恒通股份	交通运输、仓储和邮政业
2737	新疆雪峰科技(集团)股份有限公司	603227	雪峰科技	制造业
2738	广东松发陶瓷股份有限公司	603268	松发股份	制造业
2739	佛山市海天调味食品股份有限公司	603288	海天味业	制造业
2740	江苏井神盐化股份有限公司	603299	井神股份	制造业
2741	浙江华铁建筑安全科技股份有限公司	603300	华铁科技	租赁和商务服务业
2742	华懋(厦门)新材料科技股份有限公司	603306	华懋科技	制造业
2743	安徽应流机电股份有限公司	603308	应流股份	制造业
2744	广州维力医疗器械股份有限公司	603309	维力医疗	制造业
2745	浙江金海环境技术股份有限公司	603311	金海环境	制造业
2746	辽宁福鞍重工股份有限公司	603315	福鞍股份	制造业
2747	大连派思燃气系统股份有限公司	603318	派思股份	制造业
2748	广东依顿电子科技股份有限公司	603328	依顿电子	制造业
2749	四川明星电缆股份有限公司	603333	明星电缆	制造业
2750	浙江鼎力机械股份有限公司	603338	浙江鼎力	制造业

continued

股本总数(股)	第一大股东名称	第一大股东持股数量(股)	所占比重(%)	上市地点
318280000	中煤机械集团有限公司	56629217	17.79	上海
200100000	RED FACTOR LIMITED	120699600	60.32	上海
122340000	苏州赛普成长投资管理有限公司	50725004	41.46	上海
104000000	中科汇通(深圳)股权投资基金有限公司	5650152	5.43	上海
300000000	北京中科算源资产管理有限公司	68537898	22.85	上海
160000000	魏中浩	56610000	35.38	上海
105400000	张德华	39781100	37.74	上海
80000000	曹文洁	47034000	58.79	上海
120000000	陈振华	54255000	45.21	上海
447000000	北京一轻控股有限责任公司	136884392	30.62	上海
202680000	青岛中石大控股有限公司	57184446	28.21	上海
160000000	朱斌	55239260	34.52	上海
100000000	江苏盛和投资有限公司	45000000	45.00	上海
3312238578	四川和邦投资集团有限公司	1612440000	48.68	上海
100000000	浙江天成科投有限公司	54000000	54.00	上海
80000000	宁波成形控股有限公司	26460000	33.08	上海
266670000	吉林省长白山开发建设(集团)有限责任公司	158533060	59.45	上海
395000000	中国四联仪器仪表集团有限公司	136974854	34.68	上海
94126316	朱文怡	18961140	20.14	上海
295353300	南京工程学院资产经营有限责任公司	34037838	11.52	上海
408800000	红蜻蜓集团有限公司	179623000	43.94	上海
410500000	上海沪瑞实业有限公司	97330443	23.71	上海
309378000	汪大维	88787829	28.70	上海
524144222	北京翠微集团	172092100	32.83	上海
610500000	中国中材集团有限公司	370203686	60.64	上海
808349000	港中旅华贸国际货运有限公司	468000000	57.90	上海
106670000	腾龙科技集团有限公司	54400000	51.00	上海
493348925	桂林福达集团有限公司	338000000	68.51	上海
481400000	辽宁省大连海洋渔业集团公司	178342661	37.05	上海
163375000	陈德康	62769000	38.42	上海
945848416	兰州兰石集团有限公司	545763442	57.70	上海
576000000	亚邦投资控股集团有限公司	166112000	28.84	上海
800000000	安徽迎驾集团股份有限公司	632316000	79.04	上海
110680000	安徽九华山旅游(集团)有限公司	36109376	32.63	上海
160000000	双鸽集团有限公司	57915400	36.20	上海
120000000	刘振东	40999991	34.17	上海
329350000	新疆维吾尔自治区人民政府国有资产监督管理委员会	101142952	30.71	上海
88000000	林道藩	25080000	28.50	上海
2706246000	广东海天集团股份有限公司	1573188221	58.13	上海
559440000	江苏省盐业集团有限责任公司	273169495	48.83	上海
202670000	胡丹锋	44183000	21.80	上海
142600000	KINGSWAY INTERNATIONAL LIMITED	84525000	59.27	上海
400010000	霍山应流投资管理有限公司	132732130	33.18	上海
200000000	高博投资(香港)有限公司	74784000	37.39	上海
210000000	汇投控股集团有限公司	106471817	50.70	上海
100000000	辽宁福鞍控股有限公司	60956250	60.96	上海
120400000	大连派思投资有限公司	59500000	49.42	上海
489000000	依顿投资有限公司	391020000	79.96	上海
520005000	李广元	325500000	62.60	上海
162500000	许树根	84025000	51.71	上海

附录1-5 续表 55

序号	公司全称	上市公司股票代码	股票简称	行业分类
2751	莱克电气股份有限公司	603355	莱克电气	制造业
2752	日出东方太阳能股份有限公司	603366	日出东方	制造业
2753	广西柳州医药股份有限公司	603368	柳州医药	批发和零售业
2754	江苏今世缘酒业股份有限公司	603369	今世缘	制造业
2755	广东邦宝益智玩具股份有限公司	603398	邦宝益智	制造业
2756	锦州新华龙钼业股份有限公司	603399	新华龙	制造业
2757	浙江九洲药业股份有限公司	603456	九洲药业	制造业
2758	河南思维自动化设备股份有限公司	603508	思维列控	信息传输、软件和信息技术服务业
2759	维格娜丝时装股份有限公司	603518	维格娜丝	制造业
2760	江苏立霸实业股份有限公司	603519	立霸股份	制造业
2761	贵人鸟股份有限公司	603555	贵人鸟	制造业
2762	浙江健盛集团股份有限公司	603558	健盛集团	制造业
2763	普莱柯生物工程股份有限公司	603566	普莱柯	制造业
2764	黑龙江珍宝岛药业股份有限公司	603567	珍宝岛	制造业
2765	浙江伟明环保股份有限公司	603568	伟明环保	水利、环境和公共设施管理业
2766	北京高能时代环境技术股份有限公司	603588	高能环境	水利、环境和公共设施管理业
2767	安徽口子酒业股份有限公司	603589	口子窖	制造业
2768	引力传媒股份有限公司	603598	引力传媒	租赁和商务服务业
2769	安徽广信农化股份有限公司	603599	广信股份	制造业
2770	永艺家具股份有限公司	603600	永艺股份	制造业
2771	重庆再升科技股份有限公司	603601	再升科技	制造业
2772	宁波东方电缆股份有限公司	603606	东方电缆	制造业
2773	辽宁禾丰牧业股份有限公司	603609	禾丰牧业	制造业
2774	诺力机械股份有限公司	603611	诺力股份	制造业
2775	北京韩建河山管业股份有限公司	603616	韩建河山	制造业
2776	杭州电缆股份有限公司	603618	杭电股份	制造业
2777	南威软件股份有限公司	603636	南威软件	信息传输、软件和信息技术服务业
2778	灵康药业集团股份有限公司	603669	灵康药业	制造业
2779	福建火炬电子科技股份有限公司	603678	火炬电子	制造业
2780	福建龙马环卫装备股份有限公司	603686	龙马环卫	制造业
2781	江苏太平洋石英股份有限公司	603688	石英股份	制造业
2782	安记食品股份有限公司	603696	安记食品	制造业
2783	航天长征化学工程股份有限公司	603698	航天工程	科学研究和技术服务业
2784	苏州纽威阀门股份有限公司	603699	纽威股份	制造业
2785	浙江盛洋科技股份有限公司	603703	盛洋科技	制造业
2786	上海海利生物技术股份有限公司	603718	海利生物	制造业
2787	上海龙韵广告传播股份有限公司	603729	龙韵股份	租赁和商务服务业
2788	隆鑫通用动力股份有限公司	603766	隆鑫通用	制造业
2789	北京乾景园林股份有限公司	603778	乾景园林	建筑业
2790	宁波高发汽车控制系统股份有限公司	603788	宁波高发	制造业
2791	星光农机股份有限公司	603789	星光农机	制造业
2792	浙江华友钴业股份有限公司	603799	华友钴业	制造业
2793	苏州道森钻采设备股份有限公司	603800	道森股份	制造业
2794	杭州福斯特光伏材料股份有限公司	603806	福斯特	制造业
2795	深圳歌力思服饰股份有限公司	603808	歌力思	制造业
2796	曲美家居集团股份有限公司	603818	曲美家居	制造业
2797	苏州柯利达装饰股份有限公司	603828	柯利达	建筑业
2798	广东四通集团股份有限公司	603838	四通股份	制造业
2799	沈阳桃李面包股份有限公司	603866	桃李面包	制造业
2800	北部湾旅游股份有限公司	603869	北部湾旅	水利、环境和公共设施管理业

continued

股本总数(股)	第一大股东名称	第一大股东持股数量(股)	所占比重(%)	上市地点
401000000	莱克(苏州)投资有限公司	183600000	45.79	上海
800000000	太阳雨控股集团有限公司	462000600	57.75	上海
112500000	朱朝阳	33682194	29.94	上海
501800000	今世缘集团有限公司	224419615	44.72	上海
96000000	汕头市邦领贸易有限公司	29376000	30.60	上海
499250649	郭光华	106918000	21.42	上海
221573103	浙江中贝九洲集团有限公司	98448840	44.43	上海
160000000	郭洁	40008000	25.01	上海
147980000	王致勤	48328157	32.66	上海
80000000	卢凤仙	35851300	44.81	上海
614000000	贵人鸟集团(香港)有限公司	484365000	78.89	上海
300000000	张茂义	162000000	54.00	上海
160000000	张许科	53809836	33.63	上海
424580000	虎林创达投资有限公司	288000000	67.83	上海
453800000	伟明集团有限公司	203484000	44.84	上海
161600000	李卫国	36386493	22.52	上海
600000000	GSCP Bouquet Holdings SRL	136458000	22.74	上海
133340000	罗衍记	64500000	48.37	上海
188240000	安徽广信控股有限公司	97730000	51.92	上海
100000000	永艺控股有限公司	31125000	31.13	上海
149600000	郭茂	78540000	52.50	上海
310970000	宁波东方集团有限公司	115249900	37.06	上海
831176469	金卫东	142023451	17.09	上海
160000000	丁毅	47337200	29.59	上海
146680000	北京韩建集团有限公司	70000000	47.72	上海
213350000	永通控股集团有限公司	72000000	33.75	上海
100000000	吴志雄	57404250	57.40	上海
260000000	浙江灵康控股有限公司	128700000	49.50	上海
166400000	蔡明通	74469136	44.75	上海
266700000	张桂丰	60025000	22.51	上海
223800000	陈士斌	65985000	29.48	上海
120000000	林肖芳	64800000	54.00	上海
412300000	中国运载火箭技术研究院	189558330	45.98	上海
750000000	苏州正和投资有限公司	398650000	53.15	上海
91880000	绍兴市盛洋电器有限公司	30612000	33.32	上海
280000000	上海豪园科技发展有限公司	142518950	50.90	上海
66670000	段佩璋	21390000	32.08	上海
837313446	隆鑫控股有限公司	413776051	49.42	上海
80000000	杨静	27809635	34.76	上海
140970000	宁波高发控股有限公司	59850000	42.46	上海
200000000	湖州新家园投资管理有限公司	65688000	32.84	上海
535190000	大山私人股份有限公司	155034000	28.97	上海
208000000	江苏道森投资有限公司	81432000	39.15	上海
402000000	临安福斯特实业投资有限公司	226290000	56.29	上海
165648700	深圳市歌力思投资管理有限公司	102684000	61.99	上海
484120000	赵瑞海	160200000	33.09	上海
123785000	苏州柯利达集团有限公司	46000000	37.16	上海
133340000	蔡镇城	12868440	9.65	上海
450126000	吴学群	117491264	26.10	上海
216240000	新奥能源供应链有限公司	121959360	56.40	上海

附录1-5 续表 56

序号	公司全称	上市公司股票代码	股票简称	行业分类
2801	老百姓大药房连锁股份有限公司	603883	老百姓	批发和零售业
2802	上海吉祥航空股份有限公司	603885	吉祥航空	交通运输、仓储和邮政业
2803	浙江新澳纺织股份有限公司	603889	新澳股份	制造业
2804	广州好莱客创意家居股份有限公司	603898	好莱客	制造业
2805	上海晨光文具股份有限公司	603899	晨光文具	制造业
2806	杭州永创智能设备股份有限公司	603901	永创智能	制造业
2807	上海金桥信息股份有限公司	603918	金桥信息	信息传输、软件和信息技术服务业
2808	博敏电子股份有限公司	603936	博敏电子	制造业
2809	益丰大药房连锁股份有限公司	603939	益丰药房	批发和零售业
2810	南通醋酸化工股份有限公司	603968	醋化股份	制造业
2811	天津银龙预应力材料股份有限公司	603969	银龙股份	制造业
2812	金诚信矿业管理股份有限公司	603979	金诚信	采矿业
2813	中电电机股份有限公司	603988	中电电机	制造业
2814	湖南艾华集团股份有限公司	603989	艾华集团	制造业
2815	洛阳栾川钼业集团股份有限公司	603993	洛阳钼业	采矿业
2816	中新科技集团股份有限公司	603996	中新科技	制造业
2817	宁波继峰汽车零部件股份有限公司	603997	继峰股份	制造业
2818	湖南方盛制药股份有限公司	603998	方盛制药	制造业
2819	读者出版传媒股份有限公司	603999	读者传媒	文化、体育和娱乐业
2820	上海锦江国际旅游股份有限公司	900929	锦旅B股	租赁和商务服务业
2821	上海阳晨投资股份有限公司	900935	阳晨B股	电力、热力、燃气及水生产和供应业
2822	上海汇丽建材股份有限公司	900939	汇丽B	建筑业
2823	内蒙古伊泰煤炭股份有限公司	900948	伊泰B股	采矿业
2824	大化集团大连化工股份有限公司	900951	大化B股	制造业
2825	恒天凯马股份有限公司	900953	凯马B	制造业
2826	黄石东贝电器股份有限公司	900956	东贝B股	制造业
2827	上海凌云实业发展股份有限公司	900957	凌云B股	房地产业

注：同时发A股、B股公司所用股票代码和简称均为其A股股票代码和简称。
数据来源：上海证券交易所、深圳证券交易所。
Source:SSE、SZSE.

continued

股本总数(股)	第一大股东名称	第一大股东持股数量(股)	所占比重(%)	上市地点
267000000	泽星投资有限公司	92840660	34.77	上海
1136000000	上海均瑶(集团)有限公司	810208000	71.32	上海
162310000	浙江新澳实业有限公司	61200000	37.71	上海
294000000	沈汉标	126000000	42.86	上海
460000000	晨光控股(集团)有限公司	268000000	58.26	上海
200000000	吕婕	85800000	42.90	上海
88000000	金国培	26328000	29.92	上海
167350000	徐缓	50833000	30.38	上海
320000000	湖南益丰医药投资管理有限公司	106152000	33.17	上海
204480000	顾清泉	20414000	9.98	上海
400000000	谢铁桥	84669800	21.17	上海
375000000	金诚信集团有限公司	174860349	46.63	上海
80000000	王建裕	24000000	30.00	上海
300000000	湖南艾华投资有限公司	146533125	48.84	上海
16887198699	洛阳矿业集团有限公司	5329780425	31.56	上海
200100000	中新产业集团有限公司	102375000	51.16	上海
420000000	宁波继弘投资有限公司	208080000	49.54	上海
141732240	张庆华	52006500	36.69	上海
240000000	读者出版集团有限公司	138810810	57.84	上海
132556270	上海锦江国际酒店(集团)股份有限公司	66556270	50.21	上海
244596000	上海城投(集团)有限公司	138996000	56.83	上海
181500000	上海汇丽集团有限公司	51989300	28.64	上海
3254007000	内蒙古伊泰集团有限公司	1600000000	49.17	上海
275000000	大化集团有限责任公司	175000000	63.64	上海
640000000	中国恒天集团有限公司	190926520	29.83	上海
235000000	黄石东贝机电集团有限责任公司	117600000	50.04	上海
349000000	广州嘉业投资集团有限公司	103370000	29.62	上海

附录1-6 历年非上市公众公司名录

序号	非上市公众公司全称	证券代码	证券简称	挂牌时间	股本总数(万股)
1	中科软科技股份有限公司	430002	中科软	2006-01-23	38160.00
2	北京时代科技股份有限公司	430003	北京时代	2006-03-31	6042.48
3	北京绿创环保设备股份有限公司	430004	绿创环保	2006-06-07	10006.74
4	原子高科股份有限公司	430005	原子高科	2006-07-28	13256.00
5	北京华环电子股份有限公司	430009	华环电子	2006-11-28	5242.95
6	现代农装科技股份有限公司	430010	现代农装	2006-12-08	12000.00
7	北京指南针科技发展股份有限公司	430011	指南针	2007-01-23	15615.70
8	北京恒业世纪科技股份有限公司	430014	恒业世纪	2007-06-15	8521.96
9	北京盖特佳信息科技股份有限公司	430015	盖特佳	2007-06-18	4475.92
10	北京胜龙科技股份有限公司	430016	胜龙科技	2007-07-26	3200.00
11	北京星昊医药股份有限公司	430017	星昊医药	2007-08-16	9197.72
12	北京新松佳和电子系统股份有限公司	430019	新松佳和	2007-09-28	2750.00
13	北京建工华创科技发展股份有限公司	430020	建工华创	2007-09-28	4122.86
14	北京海鑫科金高科技股份有限公司	430021	海鑫科金	2007-09-28	19038.20
15	北京五岳鑫信息技术股份有限公司	430022	五岳鑫	2007-10-18	4920.00
16	北京金和网络股份有限公司	430024	金和网络	2007-12-27	6624.80
17	北京石晶光电科技股份有限公司	430025	石晶光电	2008-01-16	5650.80
18	北京北科光大信息技术股份有限公司	430027	北科光大	2008-02-18	5207.10
19	北京京鹏环球科技股份有限公司	430028	京鹏科技	2008-04-30	5900.00
20	北京金泰得生物科技股份有限公司	430029	金泰得	2008-06-20	3630.00
21	北京林克曼数控技术股份有限公司	430031	林克曼	2008-09-01	2000.00
22	北京凯英信业科技股份有限公司	430032	凯英信业	2008-10-28	4628.00
23	北京彩讯科技股份有限公司	430033	彩讯科技	2008-10-28	4017.92
24	北京九州大地生物技术集团股份有限公司	430034	大地股份	2008-10-28	5000.00
25	北京中兴通融资产管理股份有限公司	430035	中兴通融	2008-10-28	11000.00
26	北京鼎普科技股份有限公司	430036	鼎普科技	2008-10-28	5855.65
27	北京联飞翔科技股份有限公司	430037	联飞翔	2008-12-05	11161.35
28	北京信维科技股份有限公司	430038	信维科技	2008-12-16	2702.41
29	北京华高世纪科技股份有限公司	430039	华高世纪	2008-12-10	1880.00
30	北京中机联供非晶科技股份有限公司	430041	中机非晶	2008-12-25	5700.00
31	北京市科瑞讯科技发展股份有限公司	430042	科瑞讯	2009-01-15	4033.00
32	北京东宝亿通科技股份有限公司	430044	东宝亿通	2009-01-12	2800.00
33	北京圣博润高新技术股份有限公司	430046	圣博润	2009-02-18	3938.16
34	北京诺思兰德生物技术股份有限公司	430047	诺思兰德	2009-02-18	10103.92
35	北京建设数字科技股份有限公司	430048	建设数字	2009-02-18	3380.00
36	北京九恒星科技股份有限公司	430051	九恒星	2009-02-18	11896.20
37	北京斯福泰克科技股份有限公司	430052	斯福泰克	2009-03-19	1200.00
38	北京国学时代文化传播股份有限公司	430053	国学时代	2009-03-31	1369.17
39	北京超毅世纪网络技术股份有限公司	430054	超毅网络	2009-04-16	7924.02
40	中电达通数据技术股份有限公司	430055	达通数据	2009-04-28	5284.04
41	中航百慕新材料技术工程股份有限公司	430056	中航新材	2009-07-01	7995.00
42	北京清畅电力技术股份有限公司	430057	清畅电力	2009-07-14	10047.00
43	北京意诚信通智能卡股份有限公司	430058	意诚信通	2009-08-05	3120.00
44	北京中海纪元数字技术发展股份有限公司	430059	中海纪元	2009-08-18	3684.00
45	北京北方永邦科技股份有限公司	430060	永邦科技	2009-08-26	4000.00
46	北京富机达能电气产品股份有限公司	430061	富机达能	2009-11-09	1650.00
47	北京中科国信科技股份有限公司	430062	中科国信	2010-01-12	10303.02
48	工控网(北京)信息技术股份有限公司	430063	工控网	2010-02-08	1201.50
49	北京金山顶尖科技股份有限公司	430064	金山顶尖	2010-03-17	5000.00
50	中海阳能源集团股份有限公司	430065	中海阳	2010-03-19	20700.00

附录1–6 续表 1 continued

序号	非上市公众公司全称	证券代码	证券简称	挂牌时间	股本总数(万股)
51	北京南北天地科技股份有限公司	430066	南北天地	2010-04-22	2200.00
52	北京维信通科技股份有限公司	430067	维信通	2010-04-29	2040.00
53	北京纬纶华业环保科技股份有限公司	430068	纬纶环保	2010-06-08	5000.00
54	北京天助畅运医疗技术股份有限公司	430069	天助畅运	2010-06-23	2100.00
55	北京赛亿智能技术股份有限公司	430070	赛亿智能	2010-07-21	2000.00
56	北京首都在线科技股份有限公司	430071	首都在线	2010-08-02	8037.94
57	北京亿创网安科技股份有限公司	430072	亿创科技	2010-08-31	2348.26
58	北京兆信信息技术股份有限公司	430073	兆信股份	2010-09-10	5446.40
59	北京德鑫泉物联网科技股份有限公司	430074	德鑫物联	2010-10-08	10875.00
60	北京中讯四方科技股份有限公司	430075	中讯四方	2010-11-18	15030.00
61	北京国基科技股份有限公司	430076	国基科技	2010-12-08	5000.00
62	北京道隆华尔软件股份有限公司	430077	道隆软件	2010-12-29	2112.87
63	北京君德同创农牧科技股份有限公司	430078	君德同创	2011-01-18	1616.86
64	北京北汽天华新能源投资股份有限公司	430079	ST北华	2011-01-21	500.00
65	北京尚水信息技术股份有限公司	430080	尚水股份	2011-03-01	2556.36
66	北京五八汽车科技股份有限公司	430081	五八汽车	2011-03-03	6666.67
67	北京博雅英杰科技股份有限公司	430082	博雅英杰	2011-03-28	3399.00
68	北京中科联众科技股份有限公司	430083	中科联众	2011-03-28	3040.00
69	北京星和众工设备技术股份有限公司	430084	星和众工	2011-03-28	6630.00
70	新锐英诚(北京)科技股份有限公司	430085	新锐英诚	2011-04-01	3372.00
71	北京爱迪科森教育科技股份有限公司	430086	爱迪科森	2011-04-08	2000.00
72	北京富电绿能科技股份有限公司	430087	富电绿能	2011-05-31	13626.40
73	北京七维航测科技股份有限公司	430088	七维航测	2011-05-31	6518.13
74	北京天一众合科技股份有限公司	430089	天一众合	2011-05-31	4800.00
75	同辉佳视(北京)信息技术股份有限公司	430090	同辉信息	2011-06-17	8001.72
76	北京东方润泽生态科技股份有限公司	430091	东方生态	2011-06-23	5332.80
77	北京金刚游戏科技股份有限公司	430092	金刚游戏	2011-06-21	18060.00
78	北京掌上通网络技术股份有限公司	430093	掌上通	2011-07-08	3300.00
79	北京确安科技股份有限公司	430094	确安科技	2011-07-28	3094.00
80	北京航星网讯技术股份有限公司	430095	航星股份	2011-08-19	3000.00
81	北京航天宏达光电技术股份有限公司	430096	航天宏达	2011-08-30	650.00
82	北京赛德丽科技股份有限公司	430097	赛德丽	2011-10-19	7978.61
83	北京大津硅藻新材料股份有限公司	430098	大津股份	2011-11-02	3300.00
84	北京理想固网科技股份有限公司	430099	理想固网	2011-11-08	2000.00
85	北京九尊能源技术股份有限公司	430100	九尊能源	2011-12-02	5000.00
86	北京泰诚信测控技术股份有限公司	430101	泰诚信	2011-12-02	5250.00
87	北京科若思技术开发股份有限公司	430102	科若思	2011-12-27	1930.00
88	北京天大清源通信科技股份有限公司	430103	天大清源	2012-01-18	5000.00
89	北京全三维能源科技股份有限公司	430104	全三维	2012-01-18	3176.00
90	北京合力思腾科技股份有限公司	430105	合力思腾	2012-02-03	3345.00
91	北京爱特泰克技术股份公司	430106	爱特泰克	2012-02-10	1000.00
92	北京朗铭海川科技股份有限公司	430107	朗铭科技	2012-03-09	760.00
93	北京精耕天下农业科技股份有限公司	430108	精耕天下	2012-03-12	6479.00
94	北京中航讯科技股份有限公司	430109	中航讯	2012-03-16	4761.80
95	百拓商旅(北京)网络科技股份有限公司	430110	ST百拓	2012-04-10	1123.60
96	北京航峰科伟装备技术股份有限公司	430111	北京航峰	2012-04-10	4336.21
97	北京弘祥隆生物技术股份有限公司	430112	弘祥隆	2012-03-28	1122.00
98	中交远洲信息技术(北京)股份有限公司	430113	中交远洲	2012-04-18	500.00
99	北京永瀚星港生物科技股份有限公司	430114	永瀚星港	2012-04-10	1750.00
100	北京中矿华沃科技股份有限公司	430116	中矿华沃	2012-04-18	2000.00

附录1-6 续表 2 continued

序号	非上市公众公司全称	证券代码	证券简称	挂牌时间	股本总数(万股)
101	北京航天理想科技股份有限公司	430117	航天理想	2012-04-18	1000.00
102	中钰医疗控股(北京)股份有限公司	430118	中钰控股	2012-04-10	1300.00
103	北京鸿仪四方辐射技术股份有限公司	430119	鸿仪四方	2012-04-18	3085.36
104	北京金润方舟科技股份有限公司	430120	金润科技	2012-04-27	12000.00
105	北京英福美信息科技股份有限公司	430121	英福美	2012-05-16	1670.00
106	北京中控智联科技股份有限公司	430122	中控智联	2012-05-18	1200.00
107	北京速原中天科技股份公司	430123	速原中天	2012-06-08	2782.00
108	北京汉唐自远技术股份有限公司	430124	汉唐自远	2012-06-08	2655.00
109	北京都市鼎点科技股份有限公司	430125	都市鼎点	2012-06-08	1000.00
110	马氏兄弟科技(北京)股份有限公司	430126	马氏兄弟	2012-06-27	1300.00
111	北京英雄互娱科技股份有限公司	430127	英雄互娱	2012-06-21	11088.75
112	北京广厦网络技术股份公司	430128	广厦网络	2012-07-05	5152.00
113	卡联科技集团股份有限公司	430130	卡联科技	2012-07-12	13477.28
114	北京伟利讯信息技术股份有限公司	430131	伟利讯	2012-07-18	2000.00
115	北京国铁科林科技股份有限公司	430132	国铁科林	2012-07-18	1859.00
116	北京赛孚制药股份有限公司	430133	赛孚制药	2012-08-01	3000.00
117	北京中科可来博电子科技股份有限公司	430134	可来博	2012-09-10	800.00
118	北京三益能源环保发展股份有限公司	430135	三益能环	2012-09-05	3261.00
119	北京国顺投资股份有限公司	430136	国顺投资	2012-09-07	3500.00
120	北京金信润天信息技术股份有限公司	430137	润天股份	2012-09-21	5000.00
121	武汉国电武仪电气股份有限公司	430138	国电武仪	2012-09-07	3200.00
122	上海华岭集成电路技术股份有限公司	430139	华岭股份	2012-09-07	8400.00
123	上海新眼光医疗器械股份有限公司	430140	新眼光	2012-09-07	7561.18
124	天津久日新材料股份有限公司	430141	久日新材	2012-09-07	7375.00
125	天津锐新昌轻合金股份有限公司	430142	锐新昌	2012-09-07	7500.00
126	湖北武大有机硅新材料股份有限公司	430143	武大科技	2012-09-07	10000.00
127	北京煦联得节能科技股份有限公司	430144	煦联得	2012-09-07	6800.00
128	北京智立医学技术股份有限公司	430145	智立医学	2012-09-17	3200.00
129	亚泰都会(北京)城市规划建筑园林设计研究院股份有限公司	430146	亚泰都会	2012-09-21	2587.00
130	中矿龙科能源科技(北京)股份有限公司	430147	中矿龙科	2012-09-21	4200.00
131	北京科能腾达信息技术股份有限公司	430148	科能腾达	2012-09-28	3313.70
132	湖北江汉石油仪器仪表股份有限公司	430149	江仪股份	2012-10-12	4980.71
133	北京创和世纪通讯技术股份有限公司	430150	创和通讯	2012-10-12	5500.00
134	天津亿鑫通科技股份有限公司	430151	亿鑫通	2012-10-12	3000.00
135	北京思创银联科技股份有限公司	430152	思创银联	2012-10-18	8014.30
136	北京中金网信科技股份有限公司	430153	中金网信	2012-10-18	550.00
137	武汉中科通达高新技术股份有限公司	430154	中科通达	2012-10-25	5000.00
138	北京康辰亚奥技术股份有限公司	430155	康辰亚奥	2012-10-25	1600.00
139	上海科曼车辆部件系统股份有限公司	430156	科曼股份	2012-10-26	3550.00
140	腾龙电子技术(上海)股份有限公司	430157	腾龙电子	2012-10-29	2362.50
141	北京北方科诚科技股份有限公司	430158	北方科诚	2012-11-08	510.00
142	天津创世生态景观建设股份有限公司	430159	创世生态	2012-11-09	6140.00
143	天津三泰晟驰科技股份有限公司	430160	三泰晟驰	2012-11-07	1280.00
144	武汉光谷信息技术股份有限公司	430161	光谷信息	2012-11-06	3800.00
145	北京聚利科技股份有限公司	430162	聚利科技	2012-11-02	5458.40
146	北京合创三众能源科技股份有限公司	430163	三众能源	2012-11-16	3918.00
147	大医科技股份有限公司	430164	大医股份	2012-11-06	2000.00
148	光宝联合(北京)科技股份有限公司	430165	光宝联合	2012-11-13	4162.00
149	北京一正启源科技发展股份有限公司	430166	一正启源	2012-11-27	1639.00
150	北京四利通控制技术股份有限公司	430167	四利通	2012-11-26	5210.00

附录1–6 续表 3 continued

序号	非上市公众公司全称	证券代码	证券简称	挂牌时间	股本总数(万股)
151	北京博维仕科技股份有限公司	430168	博维仕	2012-12-06	3476.00
152	融智通科技(北京)股份有限公司	430169	融智通	2012-11-30	2850.00
153	金易通科技(北京)股份有限公司	430170	金易通	2012-12-12	4803.68
154	北京电信易通信息技术股份有限公司	430171	电信易通	2012-12-05	3200.00
155	北京瑞达恩科技股份有限公司	430172	瑞达恩	2012-12-07	1550.00
156	欧美城文化(北京)股份有限公司	430173	欧美城	2012-12-06	1000.00
157	北京沃捷文化传媒股份有限公司	430174	沃捷传媒	2012-12-18	20460.56
158	上海科新生物技术股份有限公司	430175	科新生物	2012-12-26	7920.13
159	北京中教启星科技股份有限公司	430176	中教股份	2012-12-18	6030.97
160	上海点客信息技术股份有限公司	430177	点点客	2012-12-18	27727.63
161	上海白虹软件科技股份有限公司	430178	白虹软件	2012-12-25	1400.00
162	上海宇昂水性新材料科技股份有限公司	430179	宇昂科技	2012-12-20	1590.00
163	北京东方瑞威科技发展股份有限公司	430180	东方瑞威	2012-12-21	4000.00
164	北京盖娅互娱网络科技股份有限公司	430181	盖娅互娱	2012-12-28	12550.00
165	北京全网数商科技股份有限公司	430182	全网数商	2012-12-21	3209.88
166	天津市天友建筑设计股份有限公司	430183	天友设计	2012-12-26	3400.00
167	北方跃龙科技(北京)股份有限公司	430184	北方跃龙	2012-12-26	4346.00
168	北京普瑞塞特物联科技股份有限公司	430185	普瑞物联	2012-12-28	800.00
169	北京国承瑞泰科技股份有限公司	430186	国承瑞泰	2012-12-20	2400.00
170	北京东方略生物医药科技股份有限公司	430187	东方略	2012-12-31	500.00
171	北京奥贝克电子股份有限公司	430188	奥贝克	2012-12-25	1800.00
172	北京七彩亮点环能技术股份有限公司	430189	七彩亮点	2012-12-24	500.00
173	北京新瑞理想软件股份有限公司	430190	新瑞理想	2012-12-21	1500.00
174	北京波尔通信技术股份有限公司	430191	波尔通信	2012-12-26	5232.24
175	北京东展科博科技股份有限公司	430192	东展科博	2012-12-26	1716.67
176	微传播(北京)网络科技股份有限公司	430193	微传播	2012-12-26	4423.01
177	北京锐风行艺术交流股份有限公司	430194	锐风行	2012-12-31	2007.30
178	北京欧泰克能源环保工程技术股份有限公司	430195	欧泰克	2012-12-26	5000.00
179	北京宣爱智能模拟技术股份有限公司	430196	宣爱智能	2012-12-26	4383.00
180	津伦(天津)精密机械股份有限公司	430197	津伦股份	2012-12-26	1510.00
181	武汉微创光电股份有限公司	430198	微创光电	2012-12-31	5195.89
182	北京了望投资顾问股份有限公司	430199	了望股份	2012-12-31	1210.00
183	武汉时代地智科技股份有限公司	430200	时代地智	2012-12-31	500.00
184	北京腾实信科技股份有限公司	430201	腾实信	2012-12-28	2250.00
185	北京星河康帝思科技开发股份有限公司	430202	星河科技	2012-12-31	1000.00
186	兴和鹏能源技术(北京)股份有限公司	430203	兴和鹏	2012-12-31	1901.70
187	北京石竹科技股份有限公司	430204	石竹科技	2012-12-28	900.00
188	武汉亿房信息网络股份有限公司	430205	亿房网	2012-12-31	3000.00
189	武汉尚远环保股份有限公司	430206	尚远环保	2012-12-28	4200.00
190	武汉威明德科技股份有限公司	430207	威明德	2012-12-28	1200.00
191	北京优炫软件股份有限公司	430208	优炫软件	2013-01-29	7095.00
192	北京康孚科技股份有限公司	430209	康孚科技	2013-01-22	4928.00
193	天津舜能润滑科技股份有限公司	430210	舜能润滑	2013-01-24	9730.00
194	北京丰电科技股份有限公司	430211	丰电科技	2013-01-30	4618.98
195	北京六合伟业科技股份有限公司	430212	六合伟业	2013-01-31	4410.00
196	北京乐升科技股份有限公司	430213	乐升股份	2013-05-17	4000.00
197	上海建中医疗器械包装股份有限公司	430214	建中医疗	2013-05-17	3403.26
198	北京必可测科技股份有限公司	430215	必可测	2013-05-16	3720.00
199	上海风格信息技术股份有限公司	430216	风格信息	2013-05-17	2473.69
200	上海申石软件科技股份有限公司	430217	申石软件	2013-05-17	500.00

附录1-6 续表 4 continued

序号	非上市公众公司全称	证券代码	证券简称	挂牌时间	股本总数(万股)
201	长虹立川(天津)科技股份有限公司	430218	长虹立川	2013-05-16	1000.00
202	北京拓川科研设备股份有限公司	430219	拓川股份	2013-05-17	2010.53
203	天津迈达医学科技股份有限公司	430220	迈达科技	2013-07-02	4600.00
204	武汉风帆电化科技股份有限公司	430221	风帆科技	2013-07-02	1850.00
205	武汉璟泓万方堂医药科技股份有限公司	430222	璟泓科技	2013-07-02	5160.00
206	武汉亿童文教股份有限公司	430223	亿童文教	2013-07-02	9500.00
207	北京网动网络科技股份有限公司	430224	网动科技	2013-07-03	552.49
208	上海伊禾农产品科技发展股份有限公司	430225	伊禾农品	2013-07-05	13332.00
209	北京奥凯立科技发展股份有限公司	430226	奥凯立	2013-07-05	3830.00
210	北京东软慧聚信息技术股份有限公司	430227	东软慧聚	2013-07-03	3450.00
211	天津市天房科技发展股份有限公司	430228	天房科技	2013-07-01	13600.00
212	上海绿岸网络科技股份有限公司	430229	绿岸网络	2013-07-05	6480.24
213	武汉银都文化传媒股份有限公司	430230	银都传媒	2013-07-05	5399.84
214	天津市赛诺达智能技术股份有限公司	430231	ST赛诺达	2013-07-03	1550.00
215	天津桦清信息技术股份有限公司	430232	ST桦清	2013-07-04	3500.00
216	北京星原丰泰电子技术股份有限公司	430233	星原丰泰	2013-07-04	1700.00
217	上海翼捷工业安全设备股份有限公司	430234	翼捷股份	2013-07-02	3213.60
218	北京典雅天地文化传播股份有限公司	430235	典雅天地	2013-07-03	685.70
219	创新美兰(合肥)股份有限公司	430236	美兰股份	2013-07-02	3672.00
220	上海大汉三通通信股份有限公司	430237	大汉三通	2013-07-04	3325.60
221	上海普华科技发展股份有限公司	430238	普华科技	2013-07-04	3690.00
222	北京信诺达泰思特科技股份有限公司	430239	信诺达	2013-07-05	864.08
223	北京随视传媒科技股份有限公司	430240	随视传媒	2013-07-04	4480.00
224	武汉威林科技股份有限公司	430241	威林科技	2013-07-02	4152.10
225	北京蓝贝望生物医药科技股份有限公司	430242	蓝贝望	2013-07-05	2160.00
226	北京铜牛信息科技股份有限公司	430243	铜牛信息	2013-07-05	3897.60
227	武汉颂大教育科技股份有限公司	430244	颂大教育	2013-07-02	4592.50
228	北京奥特美克科技股份有限公司	430245	奥特美克	2013-07-23	5256.60
229	北京佳星慧盟科技股份有限公司	430246	佳星慧盟	2013-07-23	3000.00
230	北京金日创科技股份有限公司	430247	金日创	2013-07-22	2126.00
231	北京奥尔斯科技股份有限公司	430248	奥尔斯	2013-07-22	1000.00
232	北京慧峰仁和科技股份有限公司	430249	慧峰仁和	2013-07-22	2400.00
233	北京智网科技股份有限公司	430250	智网科技	2013-07-18	1430.00
234	天津光电高斯通信工程技术股份有限公司	430251	光电高斯	2013-07-24	1404.82
235	武汉联宇技术股份有限公司	430252	联宇技术	2013-07-23	3000.00
236	北京兴竹同智信息技术股份有限公司	430253	兴竹信息	2013-07-23	13950.00
237	上海中卉生态科技股份有限公司	430254	中卉生态	2013-07-23	1800.00
238	北京三意时代科技股份有限公司	430255	三意时代	2013-07-18	500.00
239	上海卓繁信息技术股份有限公司	430256	卓繁信息	2013-07-19	1269.00
240	天津成科传动机电技术股份有限公司	430257	成科机电	2013-07-23	3000.00
241	上海易同科技股份有限公司	430258	易同科技	2013-07-25	5225.00
242	上海华宿电气股份有限公司	430259	华宿电气	2013-07-23	3131.15
243	布雷尔利(北京)金属家居用品股份有限公司	430260	布雷尔利	2013-07-22	11626.27
244	武汉易维科技股份有限公司	430261	易维科技	2013-07-22	2968.00
245	北京神州云动科技股份有限公司	430262	神州云动	2013-07-18	3600.00
246	北京蓝天瑞德环保技术股份有限公司	430263	蓝天环保	2013-07-22	10600.50
247	武汉中舟环保设备股份有限公司	430264	中舟环保	2013-07-19	3800.00
248	武汉国威重型机床股份有限公司	430265	国威机床	2013-07-22	4500.00
249	武汉联动设计股份有限公司	430266	联动设计	2013-07-23	3945.00
250	北京盛世光明软件股份有限公司	430267	盛世光明	2013-07-18	1350.00

附录1–6　续表 5　continued

序号	非上市公众公司全称	证券代码	证券简称	挂牌时间	股本总数(万股)
251	北京恒信启华信息技术股份有限公司	430268	恒信启华	2013-07-23	2800.00
252	上海新网程信息技术股份有限公司	430269	新网程	2013-07-23	3372.80
253	易点天下网络科技股份有限公司	430270	易点天下	2013-08-08	5355.10
254	天津瑞灵石油设备股份有限公司	430271	瑞灵石油	2013-08-06	3200.00
255	世富光伏宝(上海)环保科技股份有限公司	430272	光伏宝	2013-08-08	3330.00
256	上海永天科技股份有限公司	430273	永天科技	2013-08-08	2810.00
257	天津重钢机械装备股份有限公司	430274	重钢机械	2013-08-08	7560.00
258	上海晟矽微电子股份有限公司	430276	晟矽微电	2013-08-08	4080.76
259	北京福乐维生物科技股份有限公司	430277	福乐维	2013-08-08	500.00
260	上海连能环保科技股份有限公司	430278	连能环保	2013-08-08	1000.00
261	武汉华安科技股份有限公司	430279	华安股份	2013-08-05	1852.00
262	京西创业(北京)科技股份有限公司	430280	京西创业	2013-08-08	1800.00
263	北京能为科技股份有限公司	430281	能为科技	2013-08-07	2700.00
264	上海优睿文化传媒股份有限公司	430282	优睿传媒	2013-08-07	660.00
265	武汉景弘环保科技股份有限公司	430283	景弘环保	2013-08-08	13800.00
266	北京科胜伟达石油科技股份有限公司	430284	科胜石油	2013-08-08	4184.00
267	北京锐创信通科技股份有限公司	430285	锐创信通	2013-08-08	1102.50
268	上海东岩机械股份有限公司	430286	东岩股份	2013-08-08	4410.00
269	北京京鹏环宇畜牧科技股份有限公司	430287	环宇畜牧	2013-08-07	6300.03
270	北京威达宇电软件股份有限公司	430288	威达宇电	2013-08-08	800.00
271	北京华索科技股份有限公司	430289	华索科技	2013-08-08	10235.00
272	北京和隆优化科技股份有限公司	430290	和隆优化	2013-08-05	2000.00
273	湖北中试电力科技股份有限公司	430291	ST中试	2013-08-09	1181.00
274	北京威控科技股份有限公司	430292	威控科技	2013-08-02	1610.00
275	上海奉天电子股份有限公司	430293	奉天电子	2013-08-08	2000.00
276	武汉七环电气股份有限公司	430294	七环电气	2013-08-05	2400.00
277	北京平安力合科技发展股份有限公司	430296	平安力合	2013-08-08	5550.01
278	天津金硕信息科技集团股份有限公司	430297	金硕信息	2013-08-08	3900.00
279	北京淘礼网科技股份有限公司	430298	淘礼网	2013-08-08	2080.00
280	天津宝恒流体控制设备股份有限公司	430299	天津宝恒	2013-08-05	3500.00
281	上海辰光医疗科技股份有限公司	430300	辰光医疗	2013-08-15	6859.71
282	北京倚天凌云科技股份有限公司	430301	倚天股份	2013-08-13	2392.30
283	武汉保华石化新材料开发股份有限公司	430302	保华石化	2013-08-15	1500.00
284	北京百文宝科技股份有限公司	430303	百文宝	2013-08-09	2100.00
285	北京每日视界影视动画股份有限公司	430304	每日视界	2013-08-09	947.19
286	北京维珍创意科技股份有限公司	430305	维珍创意	2013-08-16	7820.16
287	永铭诚道(北京)医学科技股份有限公司	430306	永铭医学	2013-08-09	1100.00
288	上海扬讯计算机科技股份有限公司	430307	扬讯科技	2013-08-20	4512.73
289	上海易所试网络信息技术股份有限公司	430309	易所试	2013-08-13	5758.59
290	博易智软(北京)技术股份有限公司	430310	博易股份	2013-08-30	2130.00
291	北京达美盛软件股份有限公司	430311	达美盛	2013-08-12	2951.24
292	天津伟力盛世节能科技股份有限公司	430312	伟力盛世	2013-08-08	5432.03
293	北京国创富盛通信股份有限公司	430313	国创富盛	2013-08-16	10752.50
294	北京北化新橡特种材料科技股份有限公司	430314	新橡科技	2013-08-08	1500.00
295	武汉众联信息技术股份有限公司	430315	众联信息	2013-08-14	530.00
296	上海巨灵信息技术股份有限公司	430316	巨灵信息	2013-08-29	1050.00
297	北京日升天信科技股份有限公司	430317	日升天信	2013-10-15	1000.00
298	上海四维文化传媒股份有限公司	430318	四维传媒	2013-10-16	13200.00
299	上海欧萨评价咨询股份有限公司	430319	欧萨咨询	2013-10-16	2803.50
300	武汉江扬环境科技股份有限公司	430320	江扬环境	2013-10-16	5300.00

附录1-6 续表 6 continued

序号	非上市公众公司全称	证券代码	证券简称	挂牌时间	股本总数(万股)
301	北京博德世达石油技术股份有限公司	430321	博德石油	2013-10-16	1000.00
302	智合新天(北京)传媒广告股份有限公司	430322	智合新天	2013-10-16	1001.00
303	北京世贸天阶生物科技股份有限公司	430323	天阶生物	2013-10-16	9938.50
304	上海致远绿色能源股份有限公司	430324	上海致远	2013-10-18	8061.50
305	北京精英智通科技股份有限公司	430325	精英智通	2013-10-16	4125.00
306	武汉希文科技股份有限公司	430326	希文科技	2013-10-22	1100.00
307	北京元工国际科技股份有限公司	430327	元工国际	2013-10-16	500.00
308	北京锦鸿希电信息技术股份有限公司	430328	北京希电	2013-10-16	3300.00
309	上海百林通信网络科技服务股份有限公司	430329	百林通信	2013-10-15	1726.00
310	北京捷世智通科技股份有限公司	430330	捷世智通	2013-10-16	5219.45
311	天津开发区中环系统电子工程股份有限公司	430331	中环系统	2013-10-16	1343.00
312	安华智能股份公司	430332	安华智能	2013-10-22	5700.00
313	普康迪(北京)数码科技股份有限公司	430333	普康迪	2013-10-23	1105.00
314	上海科洋科技股份有限公司	430334	科洋科技	2013-11-06	2127.66
315	华韩整形美容医院控股股份有限公司	430335	华韩整形	2013-11-06	7776.32
316	天津皇冠幕墙装饰股份有限公司	430336	皇冠幕墙	2013-11-06	5540.16
317	北京朗威视讯科技股份有限公司	430337	朗威视讯	2013-11-08	1321.30
318	上海银音信息科技股份有限公司	430338	银音科技	2013-11-08	15548.00
319	北京中搜网络技术股份有限公司	430339	中搜网络	2013-11-08	11258.00
320	上海伟钊光学科技股份有限公司	430340	伟钊科技	2013-11-06	1730.00
321	北京呈创科技股份有限公司	430341	呈创科技	2013-11-06	2452.94
322	北京天润康隆科技股份有限公司	430342	天润康隆	2013-11-01	1530.00
323	优网科技(上海)股份有限公司	430343	优网科技	2013-11-08	500.00
324	上海鼎晖科技股份有限公司	430344	鼎晖科技	2013-11-15	3437.00
325	上海天呈医流科技股份有限公司	430345	天呈医流	2013-12-09	1434.74
326	哇棒移动传媒股份有限公司	430346	哇棒传媒	2013-12-04	6049.11
327	武汉地大信息工程股份有限公司	430347	地大信息	2013-11-13	1124.18
328	北京瑞斯福高新科技股份有限公司	430348	瑞斯福	2013-11-15	4000.00
329	上海安威士科技股份有限公司	430349	安威士	2013-11-13	1900.00
330	武汉万德智新科技股份有限公司	430350	万德智新	2013-11-15	3218.52
331	爱科凯能科技(北京)股份有限公司	430351	爱科凯能	2013-11-15	2130.60
332	北京慧网通达科技股份有限公司	430352	慧网通达	2013-11-15	1200.00
333	上海百傲科技股份有限公司	430353	百傲科技	2013-11-13	5108.25
334	武汉华敏测控技术股份有限公司	430354	华敏测控	2013-11-18	822.00
335	上海沃特奇能源科技股份有限公司	430355	沃特能源	2013-12-09	3140.00
336	上海雷腾软件股份有限公司	430356	雷腾软件	2013-12-10	2900.00
337	行悦信息科技股份有限公司	430357	行悦信息	2013-12-13	12680.00
338	上海基美影业股份有限公司	430358	基美影业	2013-12-10	29753.29
339	武汉同济现代医药科技股份有限公司	430359	同济医药	2013-12-20	7824.90
340	北京世纪竹邦能源技术股份有限公司	430360	竹邦能源	2013-12-25	3000.00
341	北京财猫时代网络股份有限公司	430361	财猫网络	2013-12-24	651.00
342	东电创新(北京)科技发展股份有限公司	430362	东电创新	2013-12-26	4000.00
343	上海上电电机股份有限公司	430363	上海上电	2013-12-23	5730.00
344	北京赫宸环境工程股份有限公司	430365	赫宸环境	2014-01-24	4200.00
345	北京金天地影视文化股份有限公司	430366	金天地	2014-01-24	19844.00
346	北京力码科信息技术股份有限公司	430367	力码科	2014-01-24	2047.80
347	上海明波通信技术股份有限公司	430368	明波通信	2014-01-24	1090.00
348	贵州威门药业股份有限公司	430369	威门药业	2014-01-24	10900.00
349	谢裕大茶叶股份有限公司	430370	谢裕大	2014-01-24	6800.00
350	广州市科传计算机科技股份有限公司	430371	科传股份	2014-01-24	3000.00

附录1-6 续表 7 continued

序号	非上市公众公司全称	证券代码	证券简称	挂牌时间	股本总数(万股)
351	安徽泰达新材料股份有限公司	430372	泰达新材	2014-01-24	4350.00
352	郑州捷安高科股份有限公司	430373	捷安高科	2014-01-24	4154.00
353	北京英富森软件股份有限公司	430374	英富森	2014-01-24	5207.29
354	北京星立方科技发展股份有限公司	430375	星立方	2014-01-24	5315.23
355	东亚装饰股份有限公司	430376	东亚装饰	2014-01-24	7000.00
356	深圳市海格物流股份有限公司	430377	海格物流	2014-01-24	12764.00
357	深圳市山本光电股份有限公司	430378	山本光电	2014-01-24	7250.00
358	上海昂盛智能工程股份有限公司	430379	昂盛智能	2014-01-24	3400.00
359	陕西成明节能技术股份有限公司	430380	成明节能	2014-01-24	900.00
360	江西三星阿兰德电器股份有限公司	430381	阿兰德	2014-01-24	1100.00
361	深圳市大族元亨光电股份有限公司	430382	元亨光电	2014-01-24	5130.00
362	江苏红豆杉生物科技股份有限公司	430383	红豆杉	2014-01-24	25000.00
363	上海宜达胜科贸股份有限公司	430384	宜达胜	2014-01-24	750.00
364	浙江中一检测研究院股份有限公司	430385	中一检测	2014-01-24	3705.00
365	大禹电气科技股份有限公司	430386	大禹电气	2014-01-24	6000.00
366	西安旌旗电子股份有限公司	430387	旌旗电子	2014-01-24	6000.00
367	苏州苏大明世光学股份有限公司	430388	苏大明世	2014-01-24	1725.60
368	东莞市意普万尼龙科技股份有限公司	430389	意普万	2014-01-24	2000.00
369	湖北中科网络科技股份有限公司	430390	中科网络	2014-01-24	1530.00
370	郑州万特电气股份有限公司	430391	万特电气	2014-01-24	3545.10
371	湖南斯派克科技股份有限公司	430392	斯派克	2014-01-24	2050.00
372	昆山三景科技股份有限公司	430393	三景科技	2014-01-24	8001.10
373	广东伯朗特智能装备股份有限公司	430394	伯朗特	2014-01-24	3450.00
374	青岛奥盖克化工股份有限公司	430395	奥盖克	2014-01-24	9500.00
375	哈尔滨亿汇达电气科技发展股份有限公司	430396	亿汇达	2014-01-24	7160.60
376	无锡金帆钻凿设备股份有限公司	430397	金帆股份	2014-01-24	3000.00
377	安徽励图信息科技股份有限公司	430398	励图科技	2014-01-24	1598.40
378	湘财证券股份有限公司	430399	湘财证券	2014-01-24	319725.59
379	株洲日望电子科技股份有限公司	430400	日望电子	2014-01-24	550.00
380	苏州声威电声股份有限公司	430401	声威电声	2014-01-24	1000.00
381	武汉吉事达科技股份有限公司	430402	吉事达	2014-01-24	1419.10
382	武汉英思工程科技股份有限公司	430403	英思科技	2014-01-24	1100.00
383	苏州瑞腾照明科技股份有限公司	430404	瑞腾科技	2014-01-24	1000.00
384	苏州星火环境净化股份有限公司	430405	星火环境	2014-01-24	2340.00
385	广东奥美格传导科技股份有限公司	430406	奥美格	2014-01-24	2250.00
386	上海长合信息技术股份有限公司	430407	长合信息	2014-01-24	1000.00
387	沈阳帝信通信股份有限公司	430408	帝信通信	2014-01-24	5119.00
388	厦门市天泉鑫膜科技股份有限公司	430409	天泉鑫膜	2014-01-24	3648.00
389	济南微纳颗粒仪器股份有限公司	430410	微纳颗粒	2014-01-24	1200.00
390	北京中电方大科技股份有限公司	430411	中电方大	2014-01-24	1374.50
391	天津晓沃环保工程股份公司	430412	晓沃环保	2014-01-24	2120.00
392	湖南沄辉科技股份有限公司	430413	沄辉科技	2014-01-24	1500.00
393	苏州三光科技股份有限公司	430414	三光科技	2014-01-24	6000.00
394	江阴钟舟电气股份有限公司	430415	钟舟电气	2014-01-24	1050.00
395	北京地林伟业科技股份有限公司	430416	地林伟业	2014-01-24	1002.00
396	苏州良才物流科技股份有限公司	430417	良才股份	2014-01-24	3360.50
397	苏州轴承厂股份有限公司	430418	苏轴股份	2014-01-24	4000.00
398	广东三凯新材料股份有限公司	430419	三凯股份	2014-01-24	1230.00
399	上海易城工程顾问股份有限公司	430420	易城股份	2014-01-24	3316.84
400	上海华之邦科技股份有限公司	430421	华之邦	2014-01-24	3478.32

附录1—6 续表 8 continued

序号	非上市公众公司全称	证券代码	证券简称	挂牌时间	股本总数(万股)
401	上海永继电气股份有限公司	430422	永继电气	2014-01-24	9130.00
402	宁波宁变电力科技股份有限公司	430423	宁变科技	2014-01-24	2120.00
403	北京联合创业环保工程股份有限公司	430424	联合创业	2014-01-24	1343.00
404	成都乐创自动化技术股份有限公司	430425	乐创技术	2014-01-24	2200.00
405	四川长城软件科技股份有限公司	430426	长城软件	2014-01-24	2035.00
406	上海飞田通信股份有限公司	430427	飞田通信	2014-01-24	17891.25
407	陕西瑞科新材料股份有限公司	430428	陕西瑞科	2014-01-24	4700.00
408	广州星业科技股份有限公司	430429	星业科技	2014-01-24	5100.00
409	苏州普滤得净化股份有限公司	430430	普滤得	2014-01-24	5530.00
410	天津枫盛阳医疗器械技术股份有限公司	430431	枫盛阳	2014-01-24	6081.93
411	苏州方林科技股份有限公司	430432	方林科技	2014-01-24	6760.00
412	山东中瑞电子股份有限公司	430433	中瑞电子	2014-01-24	3000.00
413	深圳市万泉河科技股份有限公司	430434	万泉河	2014-01-24	4443.46
414	上海数聚软件系统股份有限公司	430435	数聚股份	2014-01-24	2400.00
415	万洲电气股份有限公司	430436	万洲电气(退市)	2014-01-24	5678.00
416	广东达元绿洲食品安全科技股份有限公司	430437	食安科技	2014-01-24	5309.41
417	星弧涂层新材料科技(苏州)股份有限公司	430438	星弧涂层	2014-01-24	1200.00
418	上海亚杜润滑材料股份有限公司	430439	亚杜股份	2014-01-24	1000.00
419	广东松本绿色新材股份有限公司	430440	松本绿色	2014-01-24	3150.00
420	英极软件(大连)股份有限公司	430441	英极股份	2014-01-24	2229.09
421	无锡华昊电器股份有限公司	430442	华昊电器	2014-01-24	1390.00
422	北京易丰印捷科技股份有限公司	430443	易丰股份	2014-01-24	500.00
423	苏州昆拓热控系统股份有限公司	430444	昆拓热控	2014-01-24	1405.60
424	仙宜岱股份有限公司	430445	仙宜岱	2014-01-24	10200.00
425	武汉三灵科技产业股份有限公司	430446	三灵科技	2014-01-24	650.00
426	湖南广信科技股份有限公司	430447	广信科技	2014-01-24	5937.20
427	重庆和航科技股份有限公司	430448	和航科技	2014-01-24	2391.90
428	深圳市蓝泰源信息技术股份有限公司	430449	蓝泰源	2014-01-24	5600.00
429	江苏正佰电气股份有限公司	430450	正佰电气	2014-01-24	7485.00
430	深圳市万人市场调查股份有限公司	430451	万人调查	2014-01-24	4200.00
431	西安汇龙科技股份有限公司	430452	汇龙科技	2014-01-24	6700.00
432	大连恒锐科技股份有限公司	430453	恒锐科技	2014-01-24	3294.00
433	东莞市百大新能源股份有限公司	430454	百大能源	2014-01-24	3906.00
434	杭州德联科技股份有限公司	430455	德联科技	2014-01-24	3640.00
435	苏州和氏设计营造股份有限公司	430456	和氏股份	2014-01-24	4800.00
436	浙江三网科技股份有限公司	430457	三网科技	2014-01-24	3156.15
437	大连陆海科技股份有限公司	430458	陆海科技	2014-01-24	5396.80
438	华艺生态园林股份有限公司	430459	华艺园林	2014-01-24	9000.00
439	苏州太湖电工新材料股份有限公司	430460	太湖股份	2014-01-24	8250.00
440	南京视威电子科技股份有限公司	430461	视威科技	2014-01-24	3240.00
441	树业环保科技股份有限公司	430462	树业环保	2014-01-24	8268.00
442	广西春茂投资股份有限公司	430463	春茂股份	2014-01-24	44968.94
443	深圳市方迪科技股份有限公司	430464	方迪科技	2014-01-24	2250.00
444	贵州东方世纪科技股份有限公司	430465	东方科技	2014-01-24	3750.00
445	新疆华油技术服务股份有限公司	430466	新疆华油	2014-01-24	5000.00
446	深圳市行健自动化股份有限公司	430467	深圳行健	2014-01-24	2530.00
447	新疆锦棉种业科技股份有限公司	430468	锦棉种业	2014-01-24	6900.00
448	成都必控科技股份有限公司	430469	必控科技	2014-01-24	5014.33
449	杭州哲达科技股份有限公司	430470	哲达科技	2014-01-24	5000.00
450	郑州豪威尔电子科技股份有限公司	430471	豪威尔	2014-01-24	3025.50

附录1-6 续表 9 continued

序号	非上市公众公司全称	证券代码	证券简称	挂牌时间	股本总数(万股)
451	昆明安泰得软件股份有限公司	430472	安泰得	2014-01-24	3024.00
452	成都网动光电子技术股份有限公司	430473	网动股份	2014-01-24	950.00
453	广东恒裕灯饰股份有限公司	430474	恒裕灯饰	2014-01-24	1025.00
454	上海陆道智城文化创意产业集团股份有限公司	430475	陆道文创	2014-01-24	3457.50
455	济南海能仪器股份有限公司	430476	海能仪器	2014-01-24	4453.38
456	芜湖盛力科技股份有限公司	430477	盛力科技	2014-01-24	3200.00
457	安徽峆一药业股份有限公司	430478	峆一药业	2014-01-24	3003.75
458	成都网阔信息技术股份有限公司	430479	网阔信息	2014-01-24	3059.18
459	郑州辰维科技股份有限公司	430480	辰维科技	2014-01-24	2024.00
460	新疆吉瑞祥科技股份有限公司	430481	吉瑞祥	2014-01-24	5000.00
461	河源富马硬质合金股份有限公司	430482	河源富马	2014-01-24	5790.00
462	哈尔滨森鹰窗业股份有限公司	430483	森鹰窗业	2014-01-24	7110.00
463	福建求实智能股份有限公司	430484	求实智能	2014-01-24	4445.30
464	南京旭建新型建材股份有限公司	430485	旭建新材	2014-01-24	17000.00
465	广州普金计算机科技股份有限公司	430486	普金科技	2014-01-24	3718.00
466	深圳市佳信捷技术股份有限公司	430487	佳信捷	2014-01-24	8000.00
467	杭州东创科技股份有限公司	430488	东创科技	2014-01-24	3740.00
468	安徽佳先功能助剂股份有限公司	430489	佳先股份	2014-02-17	4920.40
469	广东旭龙物联科技股份有限公司	430490	旭龙物联	2014-01-24	2664.00
470	厦门蓝斯通信股份有限公司	430491	蓝斯股份	2014-01-24	2360.00
471	济南老来寿生物集团股份有限公司	430492	老来寿	2014-01-24	3950.00
472	大同新成新材料股份有限公司	430493	新成新材	2014-01-24	13681.00
473	安徽华博胜讯信息科技股份有限公司	430494	华博胜讯	2014-01-24	1580.00
474	大连奥远电子股份有限公司	430495	奥远电子	2014-01-24	2210.00
475	山东大正医疗器械股份有限公司	430496	大正医疗	2014-01-24	3700.00
476	威海威硬工具股份有限公司	430497	威硬工具	2014-01-24	3234.87
477	嘉源网络股份有限公司	430498	嘉网股份	2014-01-24	700.00
478	安徽中科自动化股份有限公司	430499	中科股份	2014-01-24	3800.00
479	江苏亚奥科技股份有限公司	430500	亚奥科技	2014-01-24	3360.00
480	厦门超宇环保科技股份有限公司	430501	超宇环保	2014-01-24	2000.00
481	潍坊万隆电气股份有限公司	430502	万隆电气	2014-01-24	1045.00
482	蚌埠市双环电感股份有限公司	430503	双环电感	2014-01-24	1300.00
483	郑州众智科技股份有限公司	430504	众智科技	2014-01-24	2500.00
484	宁夏上陵牧业股份有限公司	430505	上陵牧业	2014-01-24	19000.00
485	郑州云飞扬信息技术股份有限公司	430506	云飞扬	2014-01-24	500.00
486	无锡信达胶脂材料股份有限公司	430507	信达胶脂	2014-01-24	4000.00
487	海南中视文化传播股份有限公司	430508	中视文化	2014-01-24	6500.00
488	中山银利智能科技股份有限公司	430509	银利智能	2014-01-24	1304.00
489	青岛丰光精密机械股份有限公司	430510	丰光精密	2014-01-24	11725.00
490	山东省远大网络多媒体股份有限公司	430511	远大股份	2014-01-24	4800.00
491	无锡芯朋微电子股份有限公司	430512	芯朋微	2014-01-24	7710.00
492	沈阳中科三耐新材料股份有限公司	430513	中科三耐	2014-01-24	4546.80
493	江苏速升自动化装备股份有限公司	430514	速升装备	2014-01-24	6425.00
494	沈阳麟龙科技股份有限公司	430515	麟龙股份	2014-01-24	14535.00
495	青岛文达通科技股份有限公司	430516	文达通	2014-01-24	6072.00
496	济南新吉纳远程测控股份有限公司	430517	新吉纳	2014-01-24	1700.00
497	广东嘉达早教科技股份有限公司	430518	嘉达早教	2014-01-24	6870.83
498	大连博控科技股份有限公司	430519	博控科技	2014-01-24	1200.00
499	大连世安科技股份有限公司	430520	世安科技	2014-01-24	1200.00
500	苏州康捷医疗股份有限公司	430521	康捷医疗	2014-01-24	1900.00

附录1–6 续表 10 continued

序号	非上市公众公司全称	证券代码	证券简称	挂牌时间	股本总数(万股)
501	湖南超弦科技股份有限公司	430522	超弦科技	2014-01-24	5010.00
502	湖南泰谷生物科技股份有限公司	430523	泰谷生物	2014-01-24	5105.62
503	大连量天科技发展股份有限公司	430524	量天科技	2014-01-24	2000.00
504	厦门英诺尔电子科技股份有限公司	430525	英诺尔	2014-01-24	5000.00
505	无锡精业丝普兰科技股份有限公司	430526	丝普兰	2014-01-24	3200.00
506	申昱环保科技股份有限公司	430527	申昱环保	2014-01-24	6000.00
507	郑州欧丽信大电子信息股份有限公司	430528	欧丽信大	2014-01-24	3396.00
508	成都恒成工具股份有限公司	430529	恒成工具	2014-01-24	1950.00
509	云南铜业科技发展股份有限公司	430530	云铜科技	2014-01-24	9220.00
510	深圳市北鼎晶辉科技股份有限公司	430532	北鼎晶辉	2014-01-24	16000.00
511	烟台同立高科新材料股份有限公司	430533	同立高科	2014-01-24	7030.00
512	广西天涌节能科技股份有限公司	430534	天涌科技	2014-01-24	1650.00
513	柳州爱格富食品科技股份有限公司	430535	柳爱科技	2014-01-24	1199.98
514	重庆渝万通新材料科技股份有限公司	430536	万通新材	2014-01-24	3138.00
515	哈尔滨恒通排水设备制造股份有限公司	430537	恒通股份	2014-01-24	800.00
516	哈尔滨中大型材科技股份有限公司	430538	中大科技	2014-01-24	6900.00
517	安徽扬子地板股份有限公司	430539	扬子地板	2014-01-24	10035.00
518	石家庄五龙制动器股份有限公司	430540	五龙制动	2014-01-24	2277.00
519	大连翼兴节能科技股份有限公司	430541	翼兴节能	2014-01-24	3340.00
520	西安利雅得电气股份有限公司	430542	利雅得	2014-01-24	2800.00
521	东莞市锐源仪器股份有限公司	430543	锐源仪器	2014-01-24	500.00
522	福建省闽保信息技术股份有限公司	430544	闽保股份	2014-01-24	2008.30
523	山东星科智能科技股份有限公司	430545	星科智能	2014-01-24	3600.00
524	郑州乐彩科技股份有限公司	430546	乐彩科技	2014-01-24	2600.00
525	郑州畅想高科股份有限公司	430547	畅想高科	2014-01-24	3220.12
526	郑州大方软件股份有限公司	430548	大方软件	2014-01-24	1800.00
527	苏州天弘激光股份有限公司	430549	天弘激光	2014-01-24	6432.00
528	重庆沃克斯科技股份有限公司	430550	沃克斯	2014-01-24	830.00
529	陕西中兴林产科技股份有限公司	430551	林产科技	2014-01-24	10000.00
530	陕西亚成微电子股份有限公司	430552	亚成微	2014-01-24	2880.00
531	兰州海红技术股份有限公司	430553	海红技术	2014-01-24	6629.00
532	深圳市金正方科技股份有限公司	430554	金正方	2014-01-24	5550.00
533	长虹塑料集团英派瑞塑料股份有限公司	430555	英派瑞	2014-01-24	24254.42
534	广东雅达电子股份有限公司	430556	雅达股份	2014-01-24	12531.52
535	河南希芳阁绿化工程股份有限公司	430557	希芳阁	2014-01-24	2010.43
536	哈尔滨均信投资担保股份有限公司	430558	均信担保	2014-01-24	46200.00
537	珠海新华通软件股份有限公司	430559	新华通	2014-01-24	4200.00
538	成都西部泰力智能设备股份有限公司	430560	西部泰力	2014-01-24	2700.00
539	深圳市齐普光电子股份有限公司	430561	齐普光电	2014-01-24	3528.00
540	重庆安运科技股份有限公司	430562	安运科技	2014-01-24	3860.00
541	江西华宇软件股份有限公司	430563	华宇股份	2014-01-24	880.00
542	陕西天润科技股份有限公司	430564	天润科技	2014-01-24	3090.60
543	大连莱力柏信息技术股份有限公司	430565	莱力柏	2014-01-24	1100.00
544	浙江虹越花卉股份有限公司	430566	虹越花卉	2014-01-24	5800.00
545	无锡市海航电液伺服系统股份有限公司	430567	无锡海航	2014-01-24	500.00
546	厦门光莆电子股份有限公司	430568	光莆电子	2014-01-24	8685.00
547	广东安尔发智能科技股份有限公司	430569	安尔发	2014-01-24	3184.00
548	武汉蓝星科技股份有限公司	430570	蓝星科技	2014-01-24	13369.00
549	广东科硕机械科技股份有限公司	430571	科硕科技	2014-01-24	500.00
550	保定奥普节能科技股份有限公司	430572	奥普节能	2014-01-24	1600.00

附录1–6 续表 11 continued

序号	非上市公众公司全称	证券代码	证券简称	挂牌时间	股本总数(万股)
551	湖南山水节能科技股份有限公司	430573	山水节能	2014-01-24	5050.00
552	北京星奥科技股份有限公司	430574	星奥股份	2014-01-24	2840.00
553	苏州迈科网络安全技术股份有限公司	430575	迈科网络	2014-01-24	3941.48
554	山东泰信电子股份有限公司	430576	泰信电子	2014-01-24	1628.50
555	武汉力龙信息科技股份有限公司	430577	力龙信息	2014-01-24	1200.00
556	吉林省差旅天下网络技术股份有限公司	430578	差旅天下	2014-01-24	3668.00
557	苏州市龙源电力科技股份有限公司	430579	龙源科技	2014-01-24	3188.00
558	杭州云天软件股份有限公司	430580	云天软件	2014-01-24	1900.00
559	北京八亿时空液晶科技股份有限公司	430581	八亿时空	2014-01-24	5833.16
560	安徽华菱西厨装备股份有限公司	430582	华菱西厨	2014-01-24	4950.00
561	江苏国贸酝领智能科技股份有限公司	430583	国贸酝领	2014-01-24	3200.00
562	上海弘陆物流设备股份有限公司	430584	弘陆股份	2014-01-24	1686.62
563	徐州中矿微星软件股份有限公司	430585	中矿微星	2014-01-24	1680.00
564	无锡市兴港包装股份有限公司	430586	兴港包装	2014-01-24	640.00
565	浙江天松医疗器械股份有限公司	430588	天松医疗	2014-01-24	4500.00
566	苏州银河激光科技股份有限公司	430589	银河激光	2014-01-24	1600.00
567	成都晶宝时频技术股份有限公司	430590	晶宝股份	2014-01-24	3000.00
568	武汉明德生物科技股份有限公司	430591	明德生物	2014-01-24	4993.89
569	凯德自控技术长沙股份有限公司	430592	凯德自控	2014-01-24	3459.00
570	苏州华尔美特装饰材料股份有限公司	430593	华尔美特	2014-01-24	4468.71
571	广州盈光科技股份有限公司	430594	盈光科技	2014-01-24	2726.00
572	唐人通信技术服务股份有限公司	430595	唐人通服	2014-01-24	9693.33
573	新达通科技股份有限公司	430596	新达通	2014-01-24	17304.90
574	深圳市博安通科技股份有限公司	430597	博安通	2014-01-24	3575.50
575	艾艾精密工业输送系统(上海)股份有限公司	430599	艾艾精工	2014-01-24	5000.00
576	安徽徽电科技股份有限公司	430600	徽电科技	2014-01-24	3456.00
577	苏州吉玛基因股份有限公司	430601	吉玛基因	2014-01-24	1072.40
578	江苏腾旋科技股份有限公司	430602	腾旋科技	2014-01-24	3257.68
579	杭州回水科技股份有限公司	430603	回水科技	2014-01-24	5528.11
580	福建三炬生物科技股份有限公司	430604	三炬生物	2014-01-24	2820.00
581	无锡阿科力科技股份有限公司	430605	阿科力	2014-01-24	6500.00
582	广州金鹏源康精密电路股份有限公司	430606	金鹏源康	2014-01-24	5500.00
583	南京大树智能科技股份有限公司	430607	大树智能	2014-01-24	6097.50
584	西安奇维科技股份有限公司	430608	奇维科技(退市)	2014-01-24	4600.00
585	山东中磁视讯股份有限公司	430609	中磁视讯	2014-01-24	6993.00
586	江苏瀚远科技股份有限公司	430610	瀚远科技	2014-01-24	2000.00
587	上海长信科技股份有限公司	430611	长信股份	2014-01-24	3000.00
588	大连雅威特生物技术股份有限公司	430612	雅威特	2014-01-24	3188.50
589	广东腾晖信息科技开发股份有限公司	430613	腾晖科技	2014-01-24	3000.00
590	北京星通联华科技发展股份有限公司	430614	星通联华	2014-01-24	2960.00
591	大连华工创新科技股份有限公司	430615	华工创新	2014-01-24	2000.00
592	郑州鸿盛数码科技股份有限公司	430616	鸿盛数码	2014-01-24	3100.00
593	北京欧迅体育文化股份有限公司	430617	欧迅体育	2014-01-24	4800.00
594	深圳市凯立德科技股份有限公司	430618	凯立德	2014-01-24	34413.00
595	四川格纳斯光电科技股份有限公司	430619	格纳斯	2014-01-24	4857.08
596	益善生物技术股份有限公司	430620	益善生物	2014-01-24	5000.00
597	固安信通信号技术股份有限公司	430621	固安信通	2014-01-24	7339.00
598	无锡顺达智能自动化工程股份有限公司	430622	顺达智能	2014-01-24	6912.16
599	江苏箭鹿毛纺股份有限公司	430623	箭鹿股份	2014-01-24	11000.00
600	北京中天金谷科技股份有限公司	430624	中天金谷	2014-01-24	1000.00

附录1-6 续表 12 continued

序号	非上市公众公司全称	证券代码	证券简称	挂牌时间	股本总数(万股)
601	北京联创种业股份有限公司	430625	联创种业	2014-01-24	10258.00
602	潍坊胜达科技股份有限公司	430626	胜达科技	2014-01-24	4500.00
603	成都页游科技股份有限公司	430627	页游科技	2014-01-24	1034.13
604	成都国科海博信息技术股份有限公司	430629	国科海博	2014-04-11	6720.00
605	上海合胜计算机科技股份有限公司	430630	合胜科技	2014-01-24	3150.00
606	宁夏早康枸杞股份有限公司	430631	早康枸杞	2014-01-24	5000.00
607	上海希奥信息科技股份有限公司	430632	希奥信息	2014-02-14	1691.00
608	上海卡姆南洋医疗器械股份有限公司	430633	卡姆医疗	2014-02-14	2315.14
609	上海南安机电设备股份有限公司	430634	南安机电	2014-02-14	3000.00
610	展唐通讯科技(上海)股份有限公司	430635	展唐科技	2014-02-19	8000.00
611	上海法普罗新材料股份有限公司	430636	法普罗	2014-02-18	2040.82
612	上海菱博电子技术股份有限公司	430637	菱博电子	2014-02-19	6586.97
613	上海景格科技股份有限公司	430638	景格科技	2014-02-18	1360.00
614	派芬自控(上海)股份有限公司	430639	派芬自控	2014-02-20	1015.67
615	上海摩威环境科技股份有限公司	430640	摩威环境	2014-02-21	2812.90
616	天健创新(北京)监测仪表股份有限公司	430641	天健创新	2014-02-18	1000.00
617	北京映翰通网络技术股份有限公司	430642	映翰通	2014-02-18	3350.00
618	北京蓝科泰达科技股份有限公司	430643	蓝科泰达	2014-02-20	700.00
619	北京紫贝龙科技股份有限公司	430644	紫贝龙	2014-02-18	5100.00
620	天津中瑞药业股份有限公司	430645	中瑞药业	2014-02-18	2600.00
621	上海底特精密紧固件股份有限公司	430646	上海底特	2014-02-21	5048.33
622	上海青鹰实业股份有限公司	430647	青鹰股份	2014-02-19	3910.00
623	上海群雁信息股份有限公司	430648	群雁信息	2014-02-14	1197.00
624	天津绿清管道科技股份有限公司	430649	绿清科技	2014-02-18	3700.00
625	莱博实业(上海)股份有限公司	430650	莱博股份	2014-02-18	1000.00
626	上海金豹实业股份有限公司	430651	金豹实业	2014-02-18	4208.70
627	安徽三联泵业股份有限公司	430652	三联泵业	2014-02-21	5000.00
628	广东同望科技股份有限公司	430653	同望科技	2014-02-14	5629.00
629	广东聚科照明股份有限公司	430654	聚科照明	2014-02-20	2500.00
630	广州今泰科技股份有限公司	430655	今泰科技	2014-02-18	2083.40
631	上海财安金融服务股份有限公司	430656	财安金融	2014-02-17	3850.00
632	大连楼兰科技股份有限公司	430657	楼兰股份	2014-02-21	23874.28
633	山东舜网传媒股份有限公司	430658	舜网传媒	2014-02-14	1000.00
634	江苏省铁路发展股份有限公司	430659	江苏铁发	2014-03-28	14674.31
635	天津市益佰广通文化传媒股份有限公司	430660	益佰广通	2014-03-07	1200.00
636	上海派尔科化工材料股份有限公司	430661	派尔科	2014-03-07	10000.00
637	上海罗曼照明科技股份有限公司	430662	罗曼股份	2014-03-05	5500.00
638	济南大陆机电股份有限公司	430663	大陆机电	2014-03-13	3790.00
639	北京联合永道软件股份有限公司	430664	联合永道	2014-03-07	3705.83
640	广州市高衡力节能科技股份有限公司	430665	高衡力	2014-03-13	2289.50
641	北京绿伞化学股份有限公司	430666	绿伞化学	2014-03-20	2826.22
642	北京三多堂传媒股份有限公司	430667	三多堂	2014-03-20	2100.00
643	江苏笃诚医药科技股份有限公司	430668	笃诚科技	2014-03-31	3300.00
644	上海现代环境工程技术股份有限公司	430669	现代环境	2014-04-02	1000.00
645	合肥东芯通信股份有限公司	430670	东芯通信	2014-03-28	4053.00
646	深圳一卡易科技股份有限公司	430671	一卡易	2014-04-02	500.00
647	哈尔滨东安液压机械股份有限公司	430672	东安液压	2014-04-02	500.00
648	上海天佑铁道新技术研究所股份有限公司	430673	天佑铁道	2014-04-11	1810.40
649	上海巴兰仕汽车检测设备股份有限公司	430674	巴兰仕	2014-04-10	3000.00
650	上海天跃科技股份有限公司	430675	天跃科技	2014-04-15	12406.00

附录1—6 续表 13 continued

序号	非上市公众公司全称	证券代码	证券简称	挂牌时间	股本总数(万股)
651	浙江恒立数控科技股份有限公司	430676	恒立数控	2014-04-11	5500.00
652	洛阳升华感应加热股份有限公司	430677	升华感应	2014-04-10	500.00
653	深圳蓝波绿建集团股份有限公司	430678	蓝波绿建	2014-04-09	6416.80
654	潍坊联兴新材料科技股份有限公司	430680	联兴科技	2014-04-10	8542.31
655	南京芒冠科技股份有限公司	430681	芒冠股份	2014-04-10	841.00
656	甘肃中天羊业股份有限公司	430682	中天羊业	2014-04-11	7600.00
657	武汉新中德塑机股份有限公司	430683	新中德	2014-04-10	700.00
658	上海厚扬投资控股股份有限公司	430684	厚扬控股	2014-04-08	500.00
659	宁波新芝生物科技股份有限公司	430685	新芝生物	2014-04-09	2260.00
660	安徽华盛科技控股股份有限公司	430686	华盛控股	2014-04-08	5890.00
661	北京华瑞核安科技股份有限公司	430687	华瑞核安	2014-04-14	1800.00
662	河北鹏远光电股份有限公司	430688	鹏远光电	2014-04-10	5000.00
663	广州摩登百货股份有限公司	430689	摩登百货	2014-04-15	4600.00
664	酷买网(北京)科技股份有限公司	430690	酷买网	2014-04-10	1250.00
665	合肥麦稻之星机械科技股份有限公司	430691	麦稻之星	2014-04-18	521.00
666	深圳市杰纳瑞医疗仪器股份有限公司	430692	杰纳瑞	2014-04-09	1600.00
667	宁波恒力液压股份有限公司	430693	恒力液压	2014-04-10	3000.00
668	安徽华印机电股份有限公司	430694	华印机电	2014-04-09	3002.15
669	青岛浩海网络科技股份有限公司	430695	浩海科技	2014-04-11	2700.00
670	重庆秀山金银花中药材股份有限公司	430696	金银花	2014-04-10	630.00
671	沈阳宝石金卡信息技术股份有限公司	430697	宝石金卡	2014-04-11	2205.00
672	武汉康普常青软件技术股份有限公司	430698	康普常青	2014-04-18	3957.17
673	上海海欣医药股份有限公司	430699	海欣医药	2014-05-05	1296.54
674	北京飞尼课斯科技股份有限公司	430700	飞尼课斯	2014-04-22	1000.00
675	扬州立德粉末冶金股份有限公司	430701	立德股份	2014-04-24	809.57
676	北京昊福文化传播股份有限公司	430702	昊福文化	2014-05-06	2564.10
677	深圳市高山水生态园林股份有限公司	430703	高山水	2014-04-23	2979.00
678	山东同智伟业软件股份有限公司	430704	同智伟业	2014-04-22	1750.00
679	广州万惠金控科技股份有限公司	430705	万惠金科	2014-04-23	16760.00
680	海芯华夏(北京)科技股份有限公司	430706	海芯华夏	2014-04-23	2600.00
681	佛山欧神诺陶瓷股份有限公司	430707	欧神诺	2014-04-25	14550.00
682	武汉深蓝自动化设备股份有限公司	430709	武汉深蓝	2014-04-24	5160.00
683	江苏泓源光电科技股份有限公司	430711	泓源光电	2014-04-24	4800.00
684	福建索天信息科技股份有限公司	430712	索天科技	2014-04-24	1000.00
685	山东昌润钻石股份有限公司	430713	昌润钻石	2014-04-30	6000.00
686	苏州奇才电子科技股份有限公司	430714	奇才股份	2014-04-30	3627.40
687	郑州春泉节能股份有限公司	430715	春泉节能	2014-04-30	1580.00
688	浙江爱力浦科技股份有限公司	430716	爱力浦	2014-04-30	3421.00
689	山东省源通机械股份有限公司	430717	源通机械	2014-04-30	2000.00
690	合肥高科科技股份有限公司	430718	合肥高科	2014-05-05	6800.00
691	同创九鼎投资管理集团股份有限公司	430719	九鼎集团	2014-04-29	550000.02
692	北京东方炫辰科技发展股份有限公司	430720	东方炫辰	2014-05-07	2000.00
693	常州瑞杰新材料科技股份有限公司	430721	瑞杰科技	2014-04-30	3360.00
694	上海鸿图建筑设计股份有限公司	430722	鸿图建筑	2014-05-06	3300.00
695	广东金源科技股份有限公司	430723	金源科技	2014-04-30	5000.00
696	武汉芳笛环保股份有限公司	430724	芳笛环保	2014-05-05	1177.00
697	北京九五智驾信息技术股份有限公司	430725	九五智驾	2014-05-06	4535.29
698	北京津宇嘉信科技股份有限公司	430726	津宇嘉信	2014-05-06	5743.00
699	江西金格科技股份有限公司	430727	金格科技	2014-05-06	3091.40
700	山东五岳钻具股份有限公司	430728	五岳钻具	2014-04-30	920.00

附录1—6　续表 14　continued

序号	非上市公众公司全称	证券代码	证券简称	挂牌时间	股本总数(万股)
701	宁波万里智能科技股份有限公司	430729	万里智能	2014-05-05	2146.00
702	山东先大药业股份有限公司	430730	先大药业	2014-05-06	3299.99
703	凯地钻探(北京)股份有限公司	430731	凯地钻探	2014-04-30	2300.00
704	山东威马泵业股份有限公司	430732	威马股份	2014-04-30	5625.00
705	北京御食园食品股份有限公司	430733	御食园	2014-05-06	8348.17
706	源渤科技发展(大连)股份有限公司	430734	ST源渤	2014-05-07	500.00
707	南京智达康无线通信科技股份有限公司	430735	智达康	2014-07-11	6000.00
708	江苏中江种业股份有限公司	430736	中江种业	2014-05-05	17765.80
709	无锡斯达新能源科技股份有限公司	430737	斯达科技	2014-04-30	4200.00
710	安徽白兔湖动力股份有限公司	430738	白兔湖	2014-04-30	11545.00
711	山东银花朝阳农业发展股份有限公司	430739	银花股份	2014-04-30	1000.00
712	深圳市中天超硬工具股份有限公司	430740	中天超硬	2014-05-06	3533.33
713	重庆格林绿化设计建设股份有限公司	430741	格林绿化	2014-05-05	2110.00
714	上海光维通信技术股份有限公司	430742	光维通信	2014-05-06	5937.20
715	广州尚思传媒广告股份有限公司	430743	尚思传媒	2014-05-06	1800.00
716	广州全岛互联网科技股份有限公司	430744	全岛互联	2014-05-05	720.00
717	西安诺文电子科技股份有限公司	430745	诺文科技	2014-05-05	1050.00
718	新疆七星建设科技股份有限公司	430746	七星科技	2014-05-05	9378.00
719	赛普健身(武汉)股份有限公司	430747	赛普健身	2014-05-05	1200.00
720	安徽恒均粉末冶金科技股份有限公司	430748	恒均科技	2014-04-30	4450.00
721	衡阳金化高压容器股份有限公司	430749	金化高容	2014-05-06	4964.00
722	北京欣易晨科技发展股份有限公司	430750	欣易晨	2014-05-29	510.00
723	南京赛格微电子科技股份有限公司	430751	赛格微	2014-05-30	1000.00
724	武汉索泰能源科技股份有限公司	430752	索泰能源	2014-05-30	3510.00
725	琼中黎族苗族自治县农村信用合作联社股份有限公司	430753	琼中农信	2014-05-29	9801.00
726	北京波智高远信息技术股份有限公司	430754	波智高远	2014-05-30	1176.47
727	深圳市华曦达科技股份有限公司	430755	华曦达	2014-05-30	2072.00
728	北京科电瑞通科技股份有限公司	430756	科电瑞通	2014-05-30	1000.00
729	北京天翔昌运科技股份有限公司	430757	天翔昌运	2014-05-30	2454.00
730	四联智能技术股份有限公司	430758	四联智能	2014-05-30	6600.00
731	广州凯路仕自行车运动时尚产业股份有限公司	430759	凯路仕	2014-05-30	12114.79
732	广西升禾环保科技股份有限公司	430761	升禾环保	2014-05-30	2334.00
733	山东荣昌育种股份有限公司	430762	荣昌育种	2014-07-17	7320.67
734	北京爱科迪通信技术股份有限公司	430763	爱科迪	2014-05-30	3100.00
735	上海美诺福科技股份有限公司	430764	美诺福	2014-05-30	2007.00
736	天津协盛科技股份有限公司	830765	协盛科技	2014-05-30	1001.00
737	北京博锐尚格节能技术股份有限公司	830766	博锐尚格	2014-05-30	4000.00
738	宁夏网虫信息技术股份有限公司	830767	网虫股份	2014-05-30	3930.00
739	山东耀通节能环保科技股份有限公司	830768	耀通科技	2014-05-30	2550.00
740	北京华财会计股份有限公司	830769	华财会计	2014-06-04	502.94
741	深圳市牛商网络股份有限公司	830770	牛商股份	2014-06-10	3300.00
742	江苏华灿电讯股份有限公司	830771	华灿电讯	2014-06-03	7586.10
743	威海远航科技发展股份有限公司	830772	远航科技	2014-06-03	4225.00
744	洛阳正扬冶金技术股份有限公司	830773	正扬股份	2014-05-30	2619.00
745	济南百博生物技术股份有限公司	830774	百博生物	2014-05-30	1234.00
746	杭州吉华高分子材料股份有限公司	830775	吉华材料	2014-05-30	1672.00
747	哈尔滨帕特尔科技股份有限公司	830776	帕特尔	2014-06-09	3420.00
748	江西金达莱环保股份有限公司	830777	金达莱	2014-06-05	20000.00
749	深圳市博思堂文化传媒股份有限公司	830778	博思堂	2014-06-04	2700.00
750	武汉市蓝电电子股份有限公司	830779	武汉蓝电	2014-05-30	2400.00

附录1-6 续表 15 continued

序号	非上市公众公司全称	证券代码	证券简称	挂牌时间	股本总数(万股)
751	重庆永鹏网络科技股份有限公司	830780	永鹏科技	2014-06-09	4000.00
752	佛山精鹰传媒股份有限公司	830781	精鹰传媒	2014-06-04	2628.00
753	泰安众诚自动化设备股份有限公司	830782	泰安众诚	2014-06-04	6232.00
754	聊城广源精密机械制造股份有限公司	830783	广源精密	2014-05-28	3900.00
755	威尔凯电气(上海)股份有限公司	830784	威尔凯	2014-06-10	1428.00
756	大连冰洋科技股份有限公司	830785	冰洋科技	2014-06-05	4000.00
757	江苏华源建筑设计研究院股份有限公司	830786	华源股份	2014-06-04	3142.56
758	福州唐朝彩印股份有限公司	830787	唐朝股份	2014-06-04	2260.00
759	运通四方汽配供应链股份有限公司	830788	运通四方	2014-06-09	10351.33
760	博富科技股份有限公司	830789	博富科技	2014-06-06	14792.00
761	长春希迈气象科技股份有限公司	830790	希迈气象	2014-06-10	2784.00
762	昆明佳晓自来水工程技术股份有限公司	830791	佳晓股份	2014-06-10	1600.00
763	山东创新腐植酸科技股份有限公司	830792	创新科技	2014-05-28	4579.75
764	上海阿拉丁生化科技股份有限公司	830793	阿拉丁	2014-06-12	3785.00
765	南京奥派信息产业股份公司	830794	奥派股份	2014-06-11	2171.44
766	广东骏汇汽车科技股份有限公司	830795	骏汇股份	2014-06-13	5156.22
767	云南路桥股份有限公司	830796	云南路桥	2014-06-06	35000.00
768	上海易之景和环境技术股份有限公司	830797	易之景和	2014-06-18	1700.00
769	北京中外名人文化传媒股份有限公司	830798	中外名人	2014-06-13	6395.64
770	上海艾融软件股份有限公司	830799	艾融软件	2014-06-09	2016.00
771	重庆天开园林股份有限公司	830800	天开园林	2014-06-10	9000.00
772	深圳市盈富通文化股份有限公司	830801	盈富通	2014-06-06	1290.00
773	江苏省金象传动设备股份有限公司	830802	金象传动	2014-07-09	10000.00
774	沈阳新松医疗科技股份有限公司	830803	新松医疗	2014-06-10	3870.00
775	浙江德马科技股份有限公司	830805	德马科技	2014-06-10	5501.00
776	宁波亚锦电子科技股份有限公司	830806	ST亚锦	2014-06-06	500.00
777	安徽恒瑞新能源股份有限公司	830807	恒瑞能源	2014-06-18	10079.53
778	中智华体(北京)科技股份有限公司	830808	中智华体	2014-06-25	3400.00
779	贵州安达科技能源股份有限公司	830809	安达科技	2014-06-18	17363.00
780	广东羚光新材料股份有限公司	830810	广东羚光	2014-06-19	5110.00
781	贵州安凯达实业股份有限公司	830811	安凯达	2014-06-23	7000.00
782	大连约伴旅游股份有限公司	830812	约伴旅游	2014-06-20	1600.80
783	河南熔金高温材料股份有限公司	830813	熔金股份	2014-06-18	4150.00
784	江苏浩博新材料股份有限公司	830814	浩博新材	2014-06-26	7559.20
785	北京蓝山科技股份有限公司	830815	蓝山科技	2014-06-20	33840.00
786	武汉卡特工业股份有限公司	830816	卡特股份	2014-06-25	3450.00
787	浙江鼎炬电子科技股份有限公司	830817	鼎炬科技	2014-06-20	1830.00
788	苏州巨峰电气绝缘系统股份有限公司	830818	巨峰股份	2014-06-30	12310.00
789	致生联发信息技术股份有限公司	830819	致生联发	2014-06-24	33922.97
790	辽宁大族冠华印刷科技股份有限公司	830820	大族冠华	2014-06-30	16000.00
791	安徽雪郎生物科技股份有限公司	830821	雪郎生物	2014-06-23	12540.00
792	青岛海容商用冷链股份有限公司	830822	海容冷链	2014-07-01	6000.00
793	湖南拓天节能控制技术股份有限公司	830823	拓天节能	2014-07-02	1000.00
794	福州华虹智能科技股份有限公司	830824	华虹科技	2014-06-24	3500.00
795	重庆和泰塑胶股份有限公司	830825	和泰塑胶	2014-06-27	1551.89
796	天津泰瑞机械装备科技股份有限公司	830826	泰瑞机械	2014-07-08	1000.00
797	湖南世优电气股份有限公司	830827	世优电气	2014-06-27	3749.95
798	云南万绿生物股份有限公司	830828	万绿生物	2014-07-04	9690.00
799	无锡华精新材股份有限公司	830829	华精新材	2014-07-01	7200.00
800	江阴市新昶虹电力科技股份有限公司	830830	新昶虹	2014-07-07	10445.40

附录1—6 续表 16 continued

序号	非上市公众公司全称	证券代码	证券简称	挂牌时间	股本总数(万股)
801	福建华泰集团股份有限公司	830831	华泰集团	2014-06-26	7900.00
802	山东齐鲁华信实业股份有限公司	830832	齐鲁华信	2014-07-09	5722.20
803	武汉九生堂生物科技股份有限公司	830833	九生堂	2014-07-04	1200.00
804	平原信达化工股份有限公司	830834	信达化工	2014-07-09	6200.00
805	贵州南源电力科技股份有限公司	830835	南源电力	2014-07-08	3300.00
806	湖北荆楚网络科技股份有限公司	830836	荆楚网	2014-07-11	8000.00
807	河北古城香业集团股份有限公司	830837	古城香业	2014-07-08	15606.17
808	深圳市新产业生物医学工程股份有限公司	830838	新产业	2014-07-25	37040.00
809	山东万通液压股份有限公司	830839	万通液压	2014-07-14	6000.00
810	武汉永力科技股份有限公司	830840	永力科技	2014-07-15	1800.00
811	广东长牛电气股份有限公司	830841	长牛股份	2014-07-08	3600.00
812	广东长天思源环保科技股份有限公司	830842	长天思源	2014-07-11	1960.00
813	上海沃迪自动化装备股份有限公司	830843	沃迪装备	2014-07-09	4160.00
814	天津市鸿远电气股份有限公司	830844	鸿远电气	2014-07-18	1486.50
815	深圳芯邦科技股份有限公司	830845	芯邦科技	2014-07-14	10880.00
816	山东格林检测股份有限公司	830846	格林检测	2014-07-14	2000.00
817	乐山晟嘉电气股份有限公司	830847	晟嘉电气	2014-07-11	2208.20
818	厦门鑫森海电子股份有限公司	830848	鑫森海	2014-07-14	3000.00
819	河南平原智能装备股份有限公司	830849	平原智能	2014-07-11	7333.44
820	江苏万企达股份有限公司	830850	万企达	2014-07-14	11677.27
821	宁夏骏华月牙湖农牧科技股份有限公司	830851	骏华农牧	2014-07-08	6505.00
822	中国科学院沈阳科学仪器股份有限公司	830852	中科仪	2014-07-16	6200.00
823	苏州天加新材料股份有限公司	830853	天加新材	2014-07-14	4000.00
824	长沙族兴新材料股份有限公司	830854	族兴新材	2014-07-11	9700.00
825	宁夏盈谷实业股份有限公司	830855	盈谷股份	2014-07-04	11935.00
826	安徽合矿机械股份有限公司	830856	合矿股份	2014-07-15	2858.00
827	广东金冠科技股份有限公司	830857	金冠科技	2014-07-11	3900.00
828	北京华图宏阳教育文化发展股份有限公司	830858	华图教育	2014-07-24	12300.00
829	湖北金旭农业发展股份有限公司	830859	金旭农发	2014-07-21	14755.17
830	银川奥特信息技术股份公司	830860	奥特股份	2014-07-14	3166.00
831	合肥金诺数码科技股份有限公司	830861	金诺科技	2014-07-14	1240.91
832	广州市丰海科技股份有限公司	830862	丰海科技	2014-07-15	3241.71
833	北京瑞华天健科技股份有限公司	830863	瑞华天健	2014-07-22	697.40
834	大连诚思科技股份有限公司	830864	诚思科技	2014-07-17	500.00
835	广州南菱汽车股份有限公司	830865	南菱汽车	2014-07-16	14000.00
836	苏州工业园区凌志软件股份有限公司	830866	凌志软件	2014-07-30	14637.80
837	武汉全华光电科技股份有限公司	830867	全华光电	2014-07-15	1296.00
838	南京建策科技股份有限公司	830868	建策科技	2014-07-16	600.00
839	天津英康科技股份有限公司	830869	英康科技	2014-07-18	2000.00
840	铜陵松宝智能装备股份有限公司	830870	松宝智能	2014-07-21	4100.00
841	北京天元晟业科技股份有限公司	830871	天元晟业	2014-07-17	550.00
842	湖南长信畅中科技股份有限公司	830872	长信畅中	2014-07-23	3131.50
843	奥测世纪(北京)技术股份有限公司	830873	奥测世纪	2014-07-16	785.00
844	无锡金田元丰科技股份有限公司	830874	金田元丰	2014-07-21	2679.00
845	四川千草生物技术股份有限公司	830875	千草生物	2014-07-17	5300.00
846	洛阳市黄河软轴控制器股份有限公司	830876	黄河软轴	2014-07-21	1000.00
847	浙江康莱宝体育用品股份有限公司	830877	康莱体育	2014-07-21	2445.50
848	云南智云信息技术股份有限公司	830878	智信股份	2014-07-16	2500.00
849	基康仪器股份有限公司	830879	基康仪器	2014-07-23	13800.00
850	江苏火凤凰线缆系统技术股份有限公司	830880	火凤凰	2014-07-18	800.00

附录1-6 续表 17 continued

序号	非上市公众公司全称	证券代码	证券简称	挂牌时间	股本总数(万股)
851	济南圣泉集团股份有限公司	830881	圣泉集团	2014-07-28	64371.68
852	无锡佳龙换热器股份有限公司	830882	佳龙股份	2014-07-24	5000.00
853	威海联桥新材料科技股份有限公司	830883	联桥新材	2014-07-28	1600.00
854	北京同力华盛环保供水科技股份有限公司	830884	华盛供水	2014-07-22	1180.00
855	广东波斯科技股份有限公司	830885	波斯科技	2014-07-25	10510.00
856	福建太尔电子科技股份有限公司	830886	太尔科技	2014-07-23	4485.00
857	江苏吉美思物联网产业股份有限公司	830887	吉美思	2014-07-28	4300.00
858	北京环球世纪工场文化传媒股份有限公司	830888	世纪工场	2014-07-30	534.44
859	湖南深拓智能设备股份有限公司	830889	深拓智能	2014-08-05	4825.00
860	上海海魄信息科技股份有限公司	830890	海魄科技	2014-07-31	1938.75
861	广东轩辕网络科技股份有限公司	830891	轩辕网络	2014-07-30	3978.00
862	厦门海迈科技股份有限公司	830892	海迈科技	2014-08-08	2100.00
863	上海亚泽实业股份有限公司	830893	亚泽股份	2014-07-29	2000.00
864	辽宁紫竹桩基础工程股份有限公司	830894	紫竹桩基	2014-08-01	10000.00
865	张家港玉成精机股份有限公司	830895	玉成精机	2014-07-25	1000.00
866	重庆市旺成科技股份有限公司	830896	旺成科技	2014-08-01	3904.68
867	苏州志向纺织科研股份有限公司	830897	志向科研	2014-07-29	5152.00
868	北京华人天地影视策划股份有限公司	830898	华人天地	2014-08-01	8150.00
869	联讯证券股份有限公司	830899	联讯证券	2014-08-01	312617.45
870	江苏维福特科技发展股份有限公司	830900	维福特	2014-08-04	10000.00
871	无锡隆玛科技股份有限公司	830901	隆玛科技	2014-07-25	550.00
872	四川长仪油气集输设备股份有限公司	830902	长仪股份	2014-07-31	3691.00
873	上海复展智能科技股份有限公司	830903	复展科技	2014-07-29	3500.00
874	博思特能源装备(天津)股份有限公司	830904	博思特	2014-07-29	7111.00
875	湖南成聪软件股份有限公司	830905	成聪软件	2014-07-29	1212.67
876	山东万事达建筑钢品股份有限公司	830906	万事达	2014-07-30	8000.00
877	宁波瑞丽洗涤股份有限公司	830907	瑞丽洗涤	2014-07-25	1470.00
878	江苏普诺威电子股份有限公司	830908	普诺威	2014-07-25	10920.00
879	河北同成科技股份有限公司	830909	同成股份	2014-08-08	6000.00
880	北京安证通信息科技股份有限公司	830910	安证通	2014-07-25	2000.00
881	江苏标榜装饰新材料股份有限公司	830911	标榜新材	2014-08-08	7200.00
882	山东科汇电力自动化股份有限公司	830912	科汇电自	2014-08-04	7300.00
883	沈阳中北通磁科技股份有限公司	830913	中北通磁	2014-08-08	9200.00
884	长沙海赛电装科技股份有限公司	830914	海赛电装	2014-08-11	2418.00
885	保定味群食品科技股份有限公司	830915	味群食品	2014-08-06	8130.00
886	公准肉食品股份有限公司	830916	公准股份	2014-08-07	9098.80
887	上海网波软件股份有限公司	830917	网波股份	2014-08-12	1770.00
888	云南银发绿色环保产业股份有限公司	830918	银发环保	2014-08-11	5196.00
889	山东飞达集团生物科技股份有限公司	830919	飞达股份	2014-08-07	4000.00
890	重庆聚融建设(集团)股份有限公司	830920	聚融集团	2014-08-06	4400.00
891	上海海阳保安服务股份有限公司	830921	海阳股份	2014-08-11	5000.00
892	上海裕荣光电科技股份有限公司	830922	裕荣光电	2014-08-08	2088.00
893	南京上元堂医药股份有限公司	830923	上元堂	2014-07-31	7471.72
894	深圳市星龙科技股份有限公司	830924	星龙科技	2014-08-13	1200.00
895	湖北鄂信钻石科技股份有限公司	830925	鄂信钻石	2014-08-01	4730.00
896	山东迪浩耐磨管道股份有限公司	830926	迪浩股份	2014-08-08	4242.00
897	浙江兆久成信息技术股份有限公司	830927	兆久成	2014-08-08	1500.00
898	珠海市康定电子股份有限公司	830928	康定电子	2014-08-05	2750.00
899	广东幸美化妆品股份有限公司	830929	幸美股份	2014-08-06	8589.50
900	青岛天行健物流股份有限公司	830930	天行健	2014-08-13	600.00

附录1-6 续表 18 continued

序号	非上市公众公司全称	证券代码	证券简称	挂牌时间	股本总数(万股)
901	上海仁会生物制药股份有限公司	830931	仁会生物	2014-08-11	10798.30
902	威海博扬超声仪器股份有限公司	830932	博扬超声	2014-08-11	1141.30
903	纳晶科技股份有限公司	830933	纳晶科技	2014-08-05	7500.00
904	武汉玻尔科技股份有限公司	830934	玻尔科技	2014-08-07	2218.30
905	新疆伊帕尔汗香料股份有限公司	830935	伊帕尔汗	2014-08-05	2400.00
906	河南约克动漫影视股份有限公司	830936	约克动漫	2014-08-12	3369.90
907	湖南信达智能设备股份有限公司	830937	信达智能	2014-08-11	10300.00
908	德州可恩口腔医院股份有限公司	830938	可恩口腔	2014-08-12	3600.00
909	上海君山表面技术工程股份有限公司	830939	君山股份	2014-08-12	4200.00
910	黄山科宏生物香料股份有限公司	830940	科宏生物	2014-08-05	6600.00
911	上海明硕供应链管理股份有限公司	830941	明硕股份	2014-08-01	1920.00
912	无锡北方数据计算股份有限公司	830942	北方数据	2014-08-11	4500.00
913	济南科明数码技术股份有限公司	830943	科明数码	2014-08-05	1511.60
914	江苏景尚旅业集团股份有限公司	830944	景尚旅业	2014-08-11	6550.00
915	江苏麟龙新材料股份有限公司	830945	麟龙新材	2014-08-13	7060.00
916	江苏森萱医药化工股份有限公司	830946	森萱医药	2014-08-06	5600.00
917	金柏生态环境股份有限公司	830947	金柏股份	2014-08-06	12995.00
918	浙江捷昌线性驱动科技股份有限公司	830948	捷昌驱动	2014-08-08	8560.00
919	广东中窑窑业股份有限公司	830949	中窑股份	2014-08-01	7800.00
920	新疆华隆油田科技股份有限公司	830950	华隆股份	2014-08-13	11107.71
921	西安嘉行影视传媒股份有限公司	830951	西安同大	2014-08-04	1615.00
922	胜利方兰德石油装备股份有限公司	830952	方兰德	2014-08-08	6516.00
923	江西惠当家信息技术股份有限公司	830953	惠当家	2014-08-08	1055.00
924	宁波华宝石节能科技股份有限公司	830954	华宝石	2014-08-12	2000.00
925	大盛微电科技股份有限公司	830955	大盛微电	2014-08-08	15200.00
926	苏州润佳工程塑料股份有限公司	830956	润佳股份	2014-08-08	5980.00
927	江苏佳成科技股份有限公司	830957	佳成科技	2014-08-12	3433.33
928	苏州高新区鑫庄农村小额贷款股份有限公司	830958	鑫庄农贷	2014-08-08	37000.00
929	宁波爱珂照明股份有限公司	830959	爱珂照明	2014-08-13	1070.00
930	深圳微步信息股份有限公司	830960	微步信息	2014-08-13	2500.00
931	西安圣华农业科技股份有限公司	830961	圣华农科	2014-08-12	3300.00
932	哈尔滨科德威冶金股份有限公司	830962	科德威	2014-08-08	2200.00
933	伽力森主食企业(无锡)股份有限公司	830963	伽力森	2014-08-13	1875.00
934	河北润农节水科技股份有限公司	830964	润农节水	2014-08-08	9600.00
935	大力电工襄阳股份有限公司	830965	大力电工	2014-08-13	6000.00
936	江苏苏北花卉股份有限公司	830966	苏北花卉	2014-08-08	5208.00
937	山东巨环铸造机械股份有限公司	830967	ST巨环	2014-08-13	1000.00
938	苏州华电电气股份有限公司	830968	华电电气	2014-08-08	6050.00
939	广东智通人才连锁股份有限公司	830969	智通人才	2014-08-13	5919.70
940	上海艾录包装股份有限公司	830970	艾录股份	2014-08-13	14028.15
941	苏州科特环保股份有限公司	830971	科特环保	2014-08-08	4210.53
942	广东道一信息技术股份有限公司	830972	道一信息	2014-08-12	2330.00
943	辽宁双强塑胶科技发展股份有限公司	830973	双强科技	2014-08-08	2800.00
944	杭州凯大催化金属材料股份有限公司	830974	凯大催化	2014-08-13	5100.00
945	青岛东和科技股份有限公司	830975	东和股份	2014-08-13	900.00
946	深圳电通纬创微电子股份有限公司	830976	电通微电	2014-08-13	3470.00
947	山东婴儿乐股份有限公司	830977	婴儿乐	2014-08-07	1650.00
948	杭州先临三维科技股份有限公司	830978	先临三维	2014-08-08	14675.00
949	山东泰宝生物科技股份有限公司	830979	泰宝生物	2014-08-08	1700.00
950	厦门日懋城建园林建设股份有限公司	830980	日懋园林	2014-08-12	8400.00

附录1−6 续表 19 continued

序号	非上市公众公司全称	证券代码	证券简称	挂牌时间	股本总数(万股)
951	湖南世纪钨材股份有限公司	830981	世纪钨材	2014-08-08	3000.00
952	深圳市中易腾达科技股份有限公司	830982	中易腾达	2014-08-12	4138.00
953	广州保得威尔电子科技股份有限公司	830983	保得威尔	2014-08-08	1900.00
954	南京德邦金属装备工程股份有限公司	830984	德邦工程	2014-08-13	9448.00
955	浙江力诺流体控制科技股份有限公司	830985	浙江力诺	2014-08-08	5112.75
956	合肥九星娱乐股份有限公司	830986	九星娱乐	2014-08-11	2478.18
957	重庆四平塑料包装股份有限公司	830987	四平包装	2014-08-12	636.00
958	湖北兴和电力新材料股份有限公司	830988	兴和股份	2014-08-12	6000.00
959	北京北方空间建筑科技股份有限公司	830989	北方空间	2014-08-12	7988.22
960	上海鹏盾电子商务股份有限公司	830990	鹏盾电商	2014-08-13	7217.00
961	北京康盛伟业工程技术股份有限公司	830991	康盛伟业	2014-08-13	2695.00
962	上海磐合科学仪器股份有限公司	830992	磐合科仪	2014-08-13	3288.21
963	壹玖壹玖酒类平台科技股份有限公司	830993	壹玖壹玖	2014-08-13	8533.85
964	上海金友金弘智能电气股份有限公司	830994	金友智能	2014-08-13	2510.00
965	四川九洲光电科技股份有限公司	830995	九洲光电	2014-08-13	17433.50
966	北京汇能精电科技股份有限公司	830996	汇能精电	2014-08-13	4063.16
967	上海领意信息系统集成股份有限公司	830997	领意信息	2014-08-13	505.00
968	浙江大铭新材料股份有限公司	830998	大铭新材	2014-08-13	3350.00
969	上海银橙文化传媒股份有限公司	830999	银橙传媒	2014-08-13	13541.67
970	北京吉芬时装设计股份有限公司	831000	吉芬设计	2014-08-13	6239.80
971	上海英特罗机械电气制造股份有限公司	831001	英特罗	2014-08-15	1200.00
972	成都飞鱼星科技股份有限公司	831002	飞鱼星	2014-08-15	1500.00
973	金大智能技术股份有限公司	831003	金大股份	2014-08-19	15180.00
974	南京宝泰特种材料股份有限公司	831004	宝泰股份	2014-08-22	7200.00
975	萍乡华维电瓷科技股份有限公司	831005	华维电瓷	2014-08-20	2935.00
976	安徽久易农业股份有限公司	831006	久易农业	2014-08-19	5080.00
977	无锡汉咏微电子股份有限公司	831007	汉咏股份	2014-08-19	500.00
978	北京百华悦邦科技股份有限公司	831008	百华悦邦	2014-08-29	4073.15
979	北京合锐赛尔电力科技股份有限公司	831009	合锐赛尔	2014-08-14	5910.00
980	银川天佳能源科技股份有限公司	831010	天佳科技	2014-08-21	5000.00
981	北京三友创美饲料科技股份有限公司	831011	三友创美	2014-08-19	1600.00
982	北京岳能科技股份有限公司	831012	岳能科技	2014-08-22	4335.00
983	贵州兴艺景生态景观工程股份有限公司	831013	兴艺景	2014-08-21	3500.00
984	北京海联捷讯科技股份有限公司	831014	海联捷讯	2014-08-19	2400.00
985	广东小白龙动漫文化股份有限公司	831015	小白龙	2014-08-14	4830.00
986	北京帝测科技股份有限公司	831016	帝测科技	2014-08-21	1588.00
987	吉林省星月时尚宾馆连锁股份有限公司	831017	星月股份	2014-08-21	3000.00
988	江西大族能源科技股份有限公司	831018	大族能源	2014-08-20	5100.00
989	秦皇岛博硕光电设备股份有限公司	831019	博硕光电	2014-08-18	36200.00
990	大连华阳密封股份有限公司	831020	华阳密封	2014-08-22	4600.00
991	四川华雁信息产业股份有限公司	831021	华雁信息	2014-08-15	5950.00
992	郑州三和视讯技术股份有限公司	831022	三和视讯	2014-08-21	1388.90
993	大连北方国际展览股份有限公司	831023	北展股份	2014-08-14	3578.00
994	宁波中一石化科技股份有限公司	831024	中一石科	2014-08-22	1000.00
995	佛山市万兴隆再生资源开发股份有限公司	831025	万兴隆	2014-08-14	7560.00
996	杭州熙浪信息技术股份有限公司	831026	熙浪股份	2014-08-20	5310.00
997	北京兴致科技股份有限公司	831027	兴致科技	2014-08-22	1325.00
998	河南华丽纸业包装股份有限公司	831028	华丽包装	2014-08-29	10885.00
999	湖北银丰棉花股份有限公司	831029	银丰棉花	2014-08-29	14288.08
1000	北京卓华信息技术股份有限公司	831030	卓华信息	2014-08-21	6246.00

附录1-6 续表 20 continued

序号	非上市公众公司全称	证券代码	证券简称	挂牌时间	股本总数(万股)
1001	江苏诚盟装备股份有限公司	831031	诚盟装备	2014-08-21	10639.20
1002	上海景睿营销策划股份有限公司	831032	景睿策划	2014-08-29	1000.00
1003	厦门市朗星节能照明股份有限公司	831033	朗星照明	2014-08-22	2530.00
1004	无锡红光微电子股份有限公司	831034	红光股份	2014-08-15	4218.00
1005	扬州中天利新材料股份有限公司	831035	中天利	2014-08-22	2892.50
1006	湖北裕国菇业股份有限公司	831036	裕国股份	2014-08-19	8750.00
1007	深圳华力兴新材料股份有限公司	831037	华力兴	2014-08-29	5350.00
1008	河南宇建科技股份有限公司	831038	宇建科技	2014-08-22	2000.00
1009	国义招标股份有限公司	831039	国义招标	2014-08-19	14002.00
1010	郑州优波科新材料股份有限公司	831040	优波科	2014-08-20	1412.50
1011	江苏兆鋆新材料股份有限公司	831041	兆鋆新材	2014-08-21	5814.00
1012	芜湖起重运输机器股份有限公司	831042	芜起股份	2014-08-14	5000.00
1013	银川市锦旺农业发展股份有限公司	831043	锦旺农业	2014-08-18	1300.00
1014	贵州安顺家喻新型材料股份有限公司	831044	家喻新材	2014-08-18	3000.00
1015	郑州科慧科技股份有限公司	831045	科慧科技	2014-08-22	4895.00
1016	北京雷克利达节能环保科技股份有限公司	831046	雷克利达	2014-08-20	2000.00
1017	四川深远石油钻井工具股份有限公司	831047	深远石油	2014-08-19	4200.00
1018	承德天成印刷科技股份有限公司	831048	天成股份	2014-08-22	2000.00
1019	广州赛莱拉干细胞科技股份有限公司	831049	赛莱拉	2014-08-14	6504.25
1020	武汉天喻软件股份有限公司	831050	天喻软件	2014-08-20	800.00
1021	北京春秋鸿文化投资股份有限公司	831051	ST春秋	2014-08-21	2095.43
1022	深圳市金开利科技股份有限公司	831052	金开利	2014-08-14	7950.00
1023	安徽美佳新材料股份有限公司	831053	美佳新材	2014-08-20	7000.00
1024	湖南巴陵炉窑节能股份有限公司	831054	巴陵节能	2014-08-15	5280.00
1025	厦门三优光电股份有限公司	831055	三优光电	2014-08-29	2830.00
1026	贵州千叶药品包装股份有限公司	831056	千叶药包	2014-09-02	3405.00
1027	重庆多普泰制药股份有限公司	831057	多普泰	2014-08-19	4438.00
1028	武汉天颖环境工程股份有限公司	831058	天颖环境	2014-08-21	1725.00
1029	广州霍斯通电气股份有限公司	831059	霍斯通	2014-08-15	3125.00
1030	珠海天香苑生物科技发展股份有限公司	831060	天香苑	2014-08-29	4866.25
1031	深圳市中瀛鑫科技股份有限公司	831061	中瀛鑫	2014-08-29	6676.76
1032	西安远古信息科技股份有限公司	831062	远古信息	2014-08-29	1750.00
1033	安徽省安泰科技股份有限公司	831063	安泰股份	2014-08-29	5803.66
1034	上海浩驰科技股份有限公司	831064	浩驰科技	2014-08-21	6833.00
1035	鑫干线(北京)科技股份公司	831065	鑫干线	2014-08-29	1100.00
1036	辽宁圣维机电科技股份有限公司	831066	圣维科技	2014-08-19	5000.00
1037	根力多生物科技股份有限公司	831067	根力多	2014-08-21	6270.00
1038	凌志环保股份有限公司	831068	凌志环保	2014-09-12	10752.24
1039	浙江瑞明节能科技股份有限公司	831069	瑞明节能	2014-08-21	6600.00
1040	厦门威尔圣电气股份有限公司	831070	威尔圣	2014-08-22	2530.00
1041	上海北塔软件股份有限公司	831071	北塔软件	2014-08-18	3620.00
1042	福建瑞聚信息技术股份有限公司	831072	瑞聚股份	2014-08-21	3419.92
1043	福建瑞恒信息科技股份有限公司	831073	瑞恒科技	2014-08-22	5650.00
1044	浙江佳力科技股份有限公司	831074	佳力科技	2014-08-20	10616.00
1045	武汉宏海科技股份有限公司	831075	宏海科技	2014-08-15	4000.00
1046	江苏展博电扶梯成套部件股份有限公司	831076	展博股份	2014-08-21	1480.25
1047	合肥中鼎信息科技股份有限公司	831077	中鼎科技	2014-08-29	2000.00
1048	广东斯科电气股份有限公司	831078	斯科电气	2014-08-29	1004.50
1049	成都瑞琦科技实业股份有限公司	831079	瑞琦科技	2014-08-14	1000.00
1050	厦门立思科技股份有限公司	831080	立思股份	2014-08-18	2000.00

附录1—6　续表 21　continued

序号	非上市公众公司全称	证券代码	证券简称	挂牌时间	股本总数(万股)
1051	西安西驰电气股份有限公司	831081	西驰电气	2014-08-18	2190.00
1052	唐山汇鑫嘉德节能减排科技股份有限公司	831082	汇鑫嘉德	2014-09-19	7400.00
1053	北京东润环能科技股份有限公司	831083	东润环能	2014-08-15	8096.63
1054	绿网天下(福建)网络科技股份有限公司	831084	绿网天下	2014-08-21	3420.00
1055	广州博冠光电科技股份有限公司	831085	博冠股份	2014-08-19	10000.00
1056	湖南星城石墨科技股份有限公司	831086	星城石墨	2014-08-22	6400.00
1057	河南秋乐种业科技股份有限公司	831087	秋乐种业	2014-08-18	13086.00
1058	安徽华恒生物科技股份有限公司	831088	华恒生物	2014-08-22	4588.00
1059	上海金东唐科技股份有限公司	831089	金东唐	2014-08-15	860.00
1060	凉山州锡成新材料股份有限公司	831090	锡成新材	2014-12-10	20267.10
1061	北京精冶源新材料股份有限公司	831091	精冶源	2014-08-19	3184.87
1062	山东乾元泽孚科技股份有限公司	831092	乾元泽孚	2014-08-29	2718.00
1063	河北鑫航铁塔科技股份有限公司	831093	鑫航科技	2014-08-29	6808.00
1064	成都光大灵曦科技发展股份有限公司	831094	光大灵曦	2014-08-19	1681.92
1065	中网科技(苏州)股份有限公司	831095	中网科技	2014-08-22	1158.00
1066	江苏物润船联网络股份有限公司	831096	物润船联	2014-08-21	1145.50
1067	武汉思为同飞网络技术股份有限公司	831097	思为同飞	2014-08-29	820.00
1068	常州市武进区通利农村小额贷款股份有限公司	831098	通利农贷	2014-08-15	63300.00
1069	新疆维泰开发建设(集团)股份有限公司	831099	维泰股份	2014-08-29	31649.75
1070	武汉博奇玉宇环保股份有限公司	831100	玉宇环保	2014-08-19	3505.00
1071	北京奥维云网大数据科技股份有限公司	831101	奥维云网	2014-08-18	3030.00
1072	湖南湘佳牧业股份有限公司	831102	湘佳牧业	2014-08-21	7625.00
1073	江苏怡达化学股份有限公司	831103	怡达化学	2014-08-22	4980.00
1074	天津市翔维科技发展股份有限公司	831104	翔维科技	2014-08-21	1600.00
1075	上海盟云移软网络科技股份有限公司	831105	盟云移软	2014-08-18	2700.00
1076	上海埃林哲软件系统股份有限公司	831106	埃林哲	2014-08-15	3000.00
1077	福建金科信息技术股份有限公司	831107	金科信息	2014-08-22	5168.00
1078	浙江茶乾坤食品股份有限公司	831108	茶乾坤	2014-08-29	2500.00
1079	威海金牌生物科技股份有限公司	831109	金牌股份	2014-08-14	2000.00
1080	江苏荣腾精密组件科技股份有限公司	831110	ST荣腾	2014-08-14	3987.50
1081	北京智明恒石油科技股份有限公司	831111	智明恒	2014-08-14	2000.00
1082	江苏哥伦布商业管理股份有限公司	831112	哥伦布	2014-08-15	3300.00
1083	上海杰盛通信工程股份有限公司	831113	杰盛通信	2014-08-18	500.00
1084	上海易销科技股份有限公司	831114	易销科技	2014-08-22	3604.00
1085	新疆福克油品股份有限公司	831115	福克油品	2014-08-22	5000.00
1086	腾远食品(上海)股份有限公司	831116	腾远股份	2014-08-22	3000.00
1087	深圳维恩贝特科技股份有限公司	831117	维恩贝特	2014-08-21	13341.00
1088	深圳市兰亭科技股份有限公司	831118	兰亭科技	2014-08-19	7532.90
1089	云南蓝钻生物科技股份有限公司	831119	蓝钻生物	2014-08-15	3730.00
1090	江苏达海智能系统股份有限公司	831120	达海智能	2014-08-18	10800.00
1091	山东力久特种电机股份有限公司	831121	力久电机	2014-08-14	1780.00
1092	福建永信数控科技股份有限公司	831122	永信科技	2014-08-29	2600.00
1093	湖北大成空间科技股份有限公司	831123	大成空间	2014-08-21	2220.00
1094	北京中标新亚节能工程股份有限公司	831124	中标节能	2014-09-02	5000.00
1095	湖北欧安电气股份有限公司	831125	欧安电气	2014-08-29	1000.00
1096	北京元鼎时代科技股份有限公司	831126	元鼎科技	2014-08-21	2630.00
1097	宁波大汉印邦股份有限公司	831128	大汉印邦	2014-09-10	9180.00
1098	山东领信信息科技股份有限公司	831129	领信股份	2014-09-01	4423.20
1099	河南环宇石化装备科技股份有限公司	831130	环宇装备	2014-09-02	4700.00
1100	新疆兴宏泰股份有限公司	831131	兴宏泰	2014-09-02	16345.00

附录1-6　续表 22　continued

序号	非上市公众公司全称	证券代码	证券简称	挂牌时间	股本总数(万股)
1101	山东临风科技股份有限公司	831132	临风股份	2014-09-01	5428.75
1102	科润智能科技股份有限公司	831133	科润智能	2014-09-17	8600.00
1103	常州爱特科技股份有限公司	831134	爱特科技	2014-09-17	1214.00
1104	上海永冠众诚新材料科技(集团)股份有限公司	831135	永冠股份	2014-09-15	10496.80
1105	安徽颍元农业科技股份有限公司	831136	颍元股份	2014-09-30	4880.00
1106	芜湖泰和管业股份有限公司	831137	泰和股份	2014-09-16	1500.00
1107	北京光影侠数码科技股份有限公司	831138	光影侠	2014-09-12	543.70
1108	江西省广蓝传动科技股份有限公司	831139	江西广蓝	2014-09-09	7925.00
1109	上海力阳道路加固科技股份有限公司	831140	力阳科技	2014-09-16	1506.00
1110	沈阳风云汇投资股份有限公司	831141	风云汇	2014-09-15	1862.00
1111	北京易讯通信息技术股份有限公司	831142	易讯通	2014-09-11	825.00
1112	江苏焕鑫新材料股份有限公司	831143	焕鑫新材	2014-09-19	9900.00
1113	上海欣影电力科技股份有限公司	831144	欣影科技	2014-09-23	6300.00
1114	江苏阿路美格新材料股份有限公司	831145	阿路美格	2014-09-17	3744.00
1115	上海建科建筑节能技术股份有限公司	831146	建科节能	2014-09-19	2667.00
1116	浙江合建重工科技股份有限公司	831147	合建重科	2014-09-18	7156.00
1117	湖南长宏锅炉科技股份有限公司	831148	长宏科技	2014-09-19	7000.00
1118	山东奥美环境股份有限公司	831149	奥美环境	2014-09-18	2757.20
1119	吉林省金越交通装备股份有限公司	831150	金越交通	2014-09-22	6500.00
1120	上海全胜物流股份有限公司	831151	全胜物流	2014-09-23	3000.00
1121	昆明理工恒达科技股份有限公司	831152	昆工科技	2014-09-24	7150.00
1122	杭州全维通信服务股份有限公司	831153	全通服	2014-09-19	1000.00
1123	广州益方田园环保股份有限公司	831154	益方田园	2014-09-19	1694.64
1124	武汉振源电气股份有限公司	831155	振源电气	2014-09-19	3820.00
1125	上海浩祯自动化技术股份有限公司	831156	浩祯股份	2014-09-22	700.00
1126	山东信合节能科技股份有限公司	831157	信合节能	2014-09-19	3600.00
1127	张家界金鲵生物工程股份有限公司	831158	金鲵生物	2014-09-25	3000.00
1128	天津安达物流股份有限公司	831159	安达物流	2014-09-24	5260.00
1129	浙江晨龙锯床股份有限公司	831160	晨龙锯床	2014-09-24	3000.00
1130	辽宁伊菲科技股份有限公司	831161	伊菲股份	2014-09-25	4200.00
1131	南京天河汽车零部件股份有限公司	831162	天河股份	2014-09-26	4730.00
1132	广州艾科新材料股份有限公司	831163	艾科新材	2014-09-25	1034.48
1133	南京腾楷网络股份有限公司	831164	腾楷网络	2014-09-29	2133.34
1134	上海远洲管业科技股份有限公司	831165	远洲股份	2014-09-26	2150.00
1135	苏州纳地金属制品股份有限公司	831166	纳地股份	2014-09-25	3547.18
1136	深圳市鑫汇科股份有限公司	831167	鑫汇科	2014-09-30	3000.00
1137	南通华尔康医疗科技股份有限公司	831168	华尔康	2014-09-30	1800.00
1138	北京百特莱德工程技术股份有限公司	831169	百特莱德	2014-09-26	3743.00
1139	广州熵能创新材料股份有限公司	831170	熵能新材	2014-10-09	3000.00
1140	广东海纳川生物科技股份有限公司	831171	海纳生物	2014-10-08	8911.00
1141	浙江华尔达热导技术股份有限公司	831172	华尔达	2014-09-30	3928.00
1142	广东泰恩康医药股份有限公司	831173	泰恩康	2014-10-08	7770.00
1143	沈阳全密封变压器股份有限公司	831174	全密封	2014-10-13	8500.00
1144	珠海派诺科技股份有限公司	831175	派诺科技	2014-10-14	6150.00
1145	山东天鸿模具股份有限公司	831176	天鸿股份	2014-10-16	1721.55
1146	河南心连心深冷能源股份有限公司	831177	深冷能源	2014-10-14	7300.00
1147	浙江科马摩擦材料股份有限公司	831178	科马材料	2014-10-10	5680.00
1148	武汉奥杰科技股份有限公司	831179	奥杰科技	2014-10-08	975.00
1149	南京华苏科技股份有限公司	831180	华苏科技(退市)	2014-10-14	10234.00
1150	北京莱特九州技术服务股份有限公司	831181	莱特九州	2014-10-09	1900.00

附录1-6　续表 23　continued

序号	非上市公众公司全称	证券代码	证券简称	挂牌时间	股本总数(万股)
1151	深圳市堃琦鑫华股份有限公司	831182	堃琦鑫华	2014-10-09	1500.00
1152	北京可视化节能科技股份有限公司	831183	可视化	2014-10-08	565.00
1153	江苏强盛功能化学股份有限公司	831184	强盛股份	2014-10-08	10350.00
1154	洛阳众智软件科技股份有限公司	831185	众智软件	2014-10-09	3300.00
1155	珠海金鸿药业股份有限公司	831186	金鸿药业	2014-10-08	6560.00
1156	广州创尔生物技术股份有限公司	831187	创尔生物	2014-10-08	6142.47
1157	雅安正兴汉白玉股份有限公司	831188	正兴玉	2014-10-14	5962.00
1158	浙江乔顿服饰股份有限公司	831189	乔顿服饰	2014-10-10	5310.00
1159	常州第六元素材料科技股份有限公司	831190	第六元素	2014-10-15	8333.33
1160	郑州彩通科技股份有限公司	831191	彩通科技	2014-10-09	2201.00
1161	威海市海明威集团股份有限公司	831192	海明威	2014-10-08	3000.00
1162	四川新健康成生物股份有限公司	831193	新健康成	2014-10-13	2167.50
1163	上海派拉软件股份有限公司	831194	派拉软件	2014-10-14	2800.00
1164	青岛三祥科技股份有限公司	831195	三祥科技	2014-10-16	7300.00
1165	深圳市恒扬科技股份有限公司	831196	恒扬科技	2014-10-14	6240.00
1166	佛山市雅洁源科技股份有限公司	831197	雅洁源	2014-10-15	562.50
1167	北京博华信智科技股份有限公司	831198	博华科技	2014-10-09	3000.00
1168	浙江海博小额贷款股份有限公司	831199	海博小贷	2014-10-24	66000.00
1169	深圳巨正源股份有限公司	831200	巨正源	2014-10-17	17750.00
1170	江苏润华电缆股份有限公司	831201	润华股份	2014-10-24	12680.00
1171	广东摩德娜科技股份有限公司	831202	摩德娜	2014-10-27	4340.00
1172	上海瑞纽机械股份有限公司	831203	瑞纽机械	2014-10-24	3000.00
1173	合肥汇通控股股份有限公司	831204	汇通控股	2014-10-20	3508.00
1174	上海圣博华康文化创意投资股份有限公司	831205	圣博华康	2014-10-28	9160.00
1175	广州尚恩科技股份有限公司	831206	尚恩科技	2014-10-22	1500.00
1176	福建南方制药股份有限公司	831207	南方制药	2014-10-21	8550.00
1177	上海洁昊环保股份有限公司	831208	洁昊环保	2014-10-21	9751.21
1178	河南鑫安利安全科技股份有限公司	831209	鑫安利	2014-10-22	2000.00
1179	北京圣海林生态环境科技股份有限公司	831210	圣海林	2014-10-17	5000.00
1180	上海尊马汽车管件股份有限公司	831211	尊马管件	2014-10-21	1443.00
1181	云南昆钢耐磨材料科技股份有限公司	831212	耐磨科技	2014-10-22	6620.00
1182	宁波博汇化工科技股份有限公司	831213	博汇股份	2014-10-21	3600.00
1183	浙江中晶科技股份有限公司	831214	中晶股份	2014-10-21	5460.00
1184	贵阳新天药业股份有限公司	831215	新天药业	2014-10-23	5166.00
1185	浙江中林勘察研究股份有限公司	831216	中林股份	2014-10-24	5280.00
1186	河南书网教育科技股份有限公司	831217	书网教育	2014-10-16	1000.00
1187	宁夏成丰农业科技开发股份有限公司	831218	成丰股份	2014-10-17	1500.00
1188	安徽詹氏食品股份有限公司	831219	詹氏食品	2014-10-21	2000.00
1189	安徽新宁装备股份有限公司	831220	新宁股份	2014-10-21	2300.00
1190	苏州聚阳环保科技股份有限公司	831221	聚阳环保	2014-10-17	1000.00
1191	北京市金龙腾装饰股份有限公司	831222	金龙腾	2014-10-23	7111.00
1192	江苏中旗作物保护股份有限公司	831223	江苏中旗	2014-10-28	5500.00
1193	杭州沈氏节能科技股份有限公司	831224	沈氏节能	2014-10-23	1598.00
1194	北京宏景世纪软件股份有限公司	831225	宏景软件	2014-10-22	1615.00
1195	上海聚宝网络科技股份有限公司	831226	聚宝网络	2014-10-24	2300.00
1196	江西宜春汽车运输股份有限公司	831227	宜运股份	2014-10-27	8000.00
1197	安徽夏阳机动车辆检测股份有限公司	831228	夏阳检测	2014-10-23	2247.00
1198	湖北木兰花家政服务股份有限公司	831229	木兰花	2014-10-24	500.00
1199	上海双申医疗器械股份有限公司	831230	双申医疗	2014-10-23	2450.00
1200	深圳市佳保安全股份有限公司	831231	佳保安全	2014-10-30	200.00

附录1-6 续表 24 continued

序号	非上市公众公司全称	证券代码	证券简称	挂牌时间	股本总数(万股)
1201	江苏红旗种业股份有限公司	831232	红旗种业	2014-10-30	10581.00
1202	新疆恒丰现代农业科技股份有限公司	831233	恒丰科技	2014-10-29	2000.00
1203	济南天辰铝机股份有限公司	831234	天辰股份	2014-10-28	3350.00
1204	点米网络科技股份有限公司	831235	点米科技	2014-11-03	4000.00
1205	威海华东修船股份有限公司	831236	华东修船	2014-10-24	5000.00
1206	苏州飞宇精密科技股份有限公司	831237	飞宇科技	2014-10-28	5080.00
1207	山东旭业新材料股份有限公司	831238	旭业新材	2014-10-27	7650.00
1208	云南杨丽萍文化传播股份有限公司	831239	云南文化	2014-11-03	3710.00
1209	祺景(上海)光电科技股份有限公司	831240	祺景光电	2014-10-31	2000.00
1210	新疆博峰新业石油工程技术股份有限公司	831241	博峰新业	2014-10-30	2100.00
1211	深圳市特辰科技股份有限公司	831242	特辰科技	2014-10-30	13326.57
1212	宁夏晓鸣农牧股份有限公司	831243	晓鸣农牧	2014-10-30	5396.60
1213	西安星展测控科技股份有限公司	831244	星展测控	2014-10-30	2400.00
1214	江苏扬开电力设备股份有限公司	831245	扬开电力	2014-10-31	8560.00
1215	珠海欧力配网自动化股份有限公司	831246	欧力配网	2014-11-07	1434.18
1216	成都盛帮密封件股份有限公司	831247	盛帮股份	2014-10-30	3828.00
1217	杭州瑞德设计股份有限公司	831248	瑞德设计	2014-11-03	4550.00
1218	无锡朗源科技股份有限公司	831249	朗源科技	2014-10-30	600.00
1219	浙江维涅斯装饰材料股份有限公司	831250	维涅斯	2014-10-29	2900.00
1220	深圳市库马克新技术股份有限公司	831251	库马克	2014-10-31	5740.90
1221	武汉博润通文化科技股份有限公司	831252	博润通	2014-10-31	1843.00
1222	惠州东进农牧股份有限公司	831253	东进农牧	2014-11-03	6600.00
1223	深圳市平方科技股份有限公司	831254	平方科技	2014-10-31	1083.60
1224	杭州佳和电气股份有限公司	831255	佳和电气	2014-10-31	3150.00
1225	新疆银丰现代农业装备股份有限公司	831256	新疆银丰	2014-10-31	9600.00
1226	北京赛德盛医药科技股份有限公司	831257	赛德盛	2014-11-03	1594.40
1227	黑龙江省龙蛙农业发展股份有限公司	831258	龙蛙农业	2014-11-03	3477.37
1228	天津福斯特科技股份有限公司	831259	津福斯特	2014-11-04	1150.00
1229	宁国东方碾磨材料股份有限公司	831260	东方碾磨	2014-11-04	2400.00
1230	山东天海科技股份有限公司	831261	天海科技	2014-11-03	1710.00
1231	重庆广建装饰股份有限公司	831262	广建装饰	2014-11-04	7700.00
1232	科华控股股份有限公司	831263	科华控股	2014-11-03	10000.00
1233	武汉柏康科技股份有限公司	831264	柏康科技	2014-11-04	500.00
1234	湖北省宏源药业科技股份有限公司	831265	宏源药业	2014-11-04	15597.60
1235	广西一铭软件股份有限公司	831266	一铭软件	2014-11-06	6100.00
1236	宁夏法福来清真食品股份有限公司	831267	法福来	2014-11-03	7780.00
1237	江苏惠丰润滑材料股份有限公司	831268	惠丰润滑	2014-11-05	1000.00
1238	浙江博凡动力装备股份有限公司	831269	博凡动力	2014-11-05	4000.00
1239	山东宇虹新颜料股份有限公司	831270	宇虹颜料	2014-11-06	2324.00
1240	浙江燎原药业股份有限公司	831271	燎原药业	2014-11-06	2810.96
1241	同力天合(北京)管理软件股份有限公司	831272	同力天合	2014-11-05	577.50
1242	北京金视和科技股份有限公司	831273	金视和	2014-11-03	526.32
1243	苏州瑞可达连接系统股份有限公司	831274	瑞可达	2014-11-04	7130.00
1244	北京睿力恒一物流技术股份公司	831275	睿力物流	2014-11-04	7000.00
1245	上海松科快换自动化股份有限公司	831276	松科快换	2014-11-04	3180.00
1246	钢钢网电子商务(上海)股份有限公司	831277	钢钢网	2014-11-04	5238.00
1247	青岛泰德汽车轴承股份有限公司	831278	泰德股份	2014-11-04	5500.00
1248	江苏和乔科技股份有限公司	831279	和乔科技	2014-11-04	2500.00
1249	厦门兴恒隆股份有限公司	831280	兴恒隆	2014-11-04	4960.00
1250	上海天悦实业发展股份有限公司	831281	天悦实业	2014-11-06	500.00

附录1-6 续表 25 continued

序号	非上市公众公司全称	证券代码	证券简称	挂牌时间	股本总数(万股)
1251	北京欧亚机械设备股份有限公司	831282	欧亚股份	2014-11-05	5000.00
1252	北京蛙视通信技术股份有限公司	831283	蛙视通信	2014-11-11	3995.00
1253	珠海迈科智能科技股份有限公司	831284	迈科智能	2014-11-06	13150.00
1254	无锡常欣科技股份有限公司	831285	常欣科技	2014-11-05	4500.00
1255	竹林伟业科技发展(天津)股份有限公司	831286	竹林伟业	2014-11-05	3999.10
1256	唐山启奥科技股份有限公司	831287	启奥科技	2014-11-07	4000.00
1257	成都安美勤信息技术股份有限公司	831288	安美勤	2014-11-07	1481.00
1258	丰泽工程橡胶科技开发股份有限公司	831289	丰泽股份	2014-11-07	10038.00
1259	广东金达照明科技股份有限公司	831290	金达照明	2014-11-10	8600.00
1260	郑州恒博科技股份有限公司	831291	恒博科技	2014-11-06	1632.00
1261	汇智光华(北京)文化传媒股份有限公司	831292	汇智光华	2014-11-06	1401.23
1262	山东征宙机械股份有限公司	831293	征宙机械	2014-11-12	1718.00
1263	浙江中德自控科技股份有限公司	831294	中德科技	2014-11-06	6644.61
1264	湖北川东环保能源开发股份有限公司	831295	川东环能	2014-11-06	4000.00
1265	沈阳奥拓福科技股份有限公司	831296	奥拓福	2014-12-04	8500.28
1266	陕西省数字证书认证中心股份有限公司	831297	数字认证	2014-11-12	4580.00
1267	河南永达美基食品股份有限公司	831298	美基食品	2014-11-10	5000.00
1268	京版北教文化传媒股份有限公司	831299	北教传媒	2014-11-06	6667.00
1269	山东同创汽车散热装置股份有限公司	831300	同创股份	2014-11-07	2800.00
1270	上海零动数码科技股份有限公司	831301	上海零动	2014-11-11	700.00
1271	北京飞扬天下网络科技股份有限公司	831302	飞扬天下	2014-11-06	1200.00
1272	洛阳澳凯富汇信息技术股份有限公司	831303	澳凯富汇	2014-11-10	5906.40
1273	山东华阳迪尔化工股份有限公司	831304	迪尔化工	2014-11-10	3600.00
1274	上海海希工业通讯股份有限公司	831305	海希通讯	2014-11-11	5000.00
1275	长春丽明科技开发股份有限公司	831306	丽明股份	2014-11-13	3440.00
1276	佛罗伦萨(北京)暖通科技股份有限公司	831307	佛罗伦萨	2014-11-07	3000.00
1277	福建华博教育科技股份有限公司	831308	华博教育	2014-11-12	1840.00
1278	湖北雷迪特冷却系统股份有限公司	831309	雷迪特	2014-11-07	4000.00
1279	上海航嘉电子科技股份有限公司	831310	航嘉电子	2014-11-13	3000.00
1280	山东博安智能科技股份有限公司	831311	博安智能	2014-11-11	5770.00
1281	四川赛卓药业股份有限公司	831312	赛卓药业	2014-11-07	10500.00
1282	南京中超新材料股份有限公司	831313	中超新材	2014-11-07	9000.00
1283	深圳市深科达智能装备股份有限公司	831314	深科达	2014-11-11	4950.00
1284	上海安畅网络科技股份有限公司	831315	安畅网络	2014-11-11	4542.24
1285	江苏连连化学股份有限公司	831316	连连化学	2014-11-10	4700.00
1286	上海海典软件股份有限公司	831317	海典软件	2014-11-10	3000.00
1287	上海信易信息科技股份有限公司	831318	信易科技	2014-11-10	500.00
1288	湖南绿蔓生物科技股份有限公司	831319	绿蔓生物	2014-11-07	1817.60
1289	上海路骋国际旅行社股份有限公司	831320	路骋国旅	2014-11-10	4461.00
1290	深圳市顺电连锁股份有限公司	831321	顺电股份	2014-11-12	13298.41
1291	北京朗悦科技股份有限公司	831322	朗悦科技	2014-11-11	950.00
1292	珠海长先新材料科技股份有限公司	831323	长先新材	2014-11-10	4957.80
1293	大连凯洋世界海鲜股份有限公司	831324	凯洋海鲜	2014-11-12	4500.00
1294	迈奇化学股份有限公司	831325	迈奇化学	2014-11-12	7692.00
1295	焦作市三利达射箭器材股份有限公司	831326	三利达	2014-11-12	1800.00
1296	飞翼股份有限公司	831327	飞翼股份	2014-11-12	10800.00
1297	科耐特电缆附件股份有限公司	831328	科耐特	2014-11-11	8000.00
1298	山东海源达国际贸易股份有限公司	831329	海源达	2014-11-12	8495.85
1299	上海普适导航科技股份有限公司	831330	普适导航	2014-11-10	5076.00
1300	湖北华奥安防科技运营股份有限公司	831331	华奥科技	2014-11-14	4110.00

附录1-6　续表 26　continued

序号	非上市公众公司全称	证券代码	证券简称	挂牌时间	股本总数(万股)
1301	重庆申高生化制药股份有限公司	831332	申高制药	2014-11-12	1600.00
1302	江苏世航国际货运代理股份有限公司	831333	世航国际	2014-11-14	886.00
1303	上海竞天科技股份有限公司	831334	竞天科技	2014-11-27	4250.00
1304	时空客集团股份有限公司	831335	时空客	2014-11-13	5868.78
1305	江苏苏丝丝绸股份有限公司	831336	苏丝股份	2014-11-19	10600.00
1306	北京雷力海洋生物新产业股份有限公司	831337	雷力生物	2014-11-17	10000.00
1307	山东信和造纸工程股份有限公司	831338	山东信和	2014-11-10	2600.00
1308	洛阳新思路电气股份有限公司	831339	新思路	2014-11-13	2520.00
1309	苏州金童机械制造股份有限公司	831340	金童股份	2014-11-11	3280.00
1310	大连必由学教育网络股份有限公司	831341	必由学	2014-11-10	1000.00
1311	无锡市大元广盛电气股份有限公司	831342	大元广盛	2014-11-13	1500.00
1312	湖北益通建设股份有限公司	831343	益通建设	2014-11-11	10580.00
1313	中际联合(北京)科技股份有限公司	831344	中际联合	2014-11-20	7000.00
1314	江苏海特服饰股份有限公司	831345	海特股份	2014-11-13	5077.60
1315	北京木联能软件股份有限公司	831346	木联能	2014-11-11	1230.00
1316	武汉大禹阀门股份有限公司	831347	大禹阀门	2014-11-13	5580.00
1317	江苏碧松照明股份有限公司	831348	碧松照明	2014-11-13	2000.00
1318	扬州市德运塑业科技股份有限公司	831349	德运塑业	2014-11-12	1500.00
1319	包头市展浩电气股份有限公司	831350	展浩电气	2014-11-14	4000.00
1320	杭州浙达精益机电技术股份有限公司	831351	浙达精益	2014-11-14	5000.00
1321	浙江健力股份有限公司	831352	健力股份	2014-11-13	58000.00
1322	浙江海盐力源环保科技股份有限公司	831353	力源环保	2014-11-13	6940.00
1323	话机世界通信集团股份有限公司	831354	话机世界	2014-11-12	7400.00
1324	江苏亚特尔地源科技股份有限公司	831355	地源科技	2014-11-13	1409.61
1325	中电智能(福建)系统集成股份有限公司	831356	中电智能	2014-11-20	2010.00
1326	河南黄国粮业股份有限公司	831357	黄国粮业	2014-11-12	12960.00
1327	石家庄新华能源环保科技股份有限公司	831358	新华环保	2014-11-18	7500.00
1328	湖南恒光科技股份有限公司	831359	恒光股份	2014-11-18	8000.00
1329	武汉超级玩家科技股份有限公司	831360	超级玩家	2014-11-17	1000.00
1330	郑州胜龙信息技术股份有限公司	831361	胜龙股份	2014-11-13	1400.00
1331	北京品今资本管理股份有限公司	831362	品今股份	2014-11-17	1650.00
1332	襄阳佰蒂生物科技股份有限公司	831363	佰蒂生物	2014-11-14	2000.00
1333	上海丰汇医学科技股份有限公司	831364	丰汇医学	2014-11-19	2500.00
1334	深圳华意隆电气股份有限公司	831365	华意隆	2014-11-21	10800.00
1335	宁夏国龙医疗发展股份有限公司	831366	国龙医疗	2014-12-03	4681.43
1336	宁夏红山河食品股份有限公司	831367	红山河	2014-11-19	8200.00
1337	新疆阳光电通科技股份有限公司	831368	阳光电通	2014-11-26	1200.00
1338	北京帜扬信通科技股份有限公司	831369	帜扬信通	2014-11-20	2080.12
1339	重庆新安洁景观园林环保股份有限公司	831370	新安洁	2014-11-25	4720.00
1340	广东美涂士建材股份有限公司	831371	美涂士	2014-11-27	10000.00
1341	天津宝成机械制造股份有限公司	831372	宝成股份	2014-11-21	6750.00
1342	深圳市电科电源股份有限公司	831373	电科电源	2014-11-21	7210.00
1343	苏州吉人高新材料股份有限公司	831374	吉人高新	2014-11-24	5040.00
1344	上海三强企业集团股份有限公司	831375	三强股份	2014-11-21	6480.00
1345	吉林金洪汽车部件股份有限公司	831376	金洪股份	2014-11-26	6600.00
1346	有友食品股份有限公司	831377	有友食品	2014-11-20	22504.50
1347	富耐克超硬材料股份有限公司	831378	富耐克	2014-11-28	12906.00
1348	融信租赁股份有限公司	831379	融信租赁	2014-12-05	47500.00
1349	贵州省地质矿产资源开发股份有限公司	831380	地矿股份	2014-12-01	12000.00
1350	中持依迪亚(北京)环境检测分析股份有限公司	831381	中持检测	2014-12-04	804.90

附录1—6 续表 27 continued

序号	非上市公众公司全称	证券代码	证券简称	挂牌时间	股本总数(万股)
1351	北京智创联合科技股份有限公司	831382	智创联合	2014-11-28	3600.00
1352	西安楼市通网络科技股份有限公司	831383	楼市通网	2014-12-02	2500.00
1353	北京华创网安科技股份有限公司	831384	华创网安	2014-12-01	510.00
1354	深圳市大地和电气股份有限公司	831385	大地和	2014-12-08	2000.00
1355	广东风华环保设备股份有限公司	831386	风华环保	2014-12-02	3995.00
1356	山东华特磁电科技股份有限公司	831387	华特磁电	2014-12-02	6475.00
1357	青海福来喜得生物科技股份有限公司	831388	福来喜得	2014-12-05	3600.00
1358	新乡市万和过滤技术股份公司	831389	万和过滤	2014-12-02	3000.00
1359	湖北宜都运机机电股份有限公司	831390	宜都运机	2014-12-03	4000.00
1360	三达奥克化学股份有限公司	831391	三达奥克	2014-12-04	6000.00
1361	郑州天迈科技股份有限公司	831392	天迈科技	2014-12-02	4635.10
1362	湖北中碧环保科技股份有限公司	831393	中碧环保	2014-12-04	2000.00
1363	上海南麟电子股份有限公司	831394	南麟电子	2014-12-25	1267.59
1364	上海智通建设发展股份有限公司	831395	智通建设	2014-12-04	2400.00
1365	河南许继智能科技股份有限公司	831396	许继智能	2014-12-03	5050.00
1366	康泽药业股份有限公司	831397	康泽药业	2014-12-02	7200.00
1367	内蒙古东联教育科技集团股份有限公司	831398	东联教育	2014-12-05	4509.43
1368	参仙源参业股份有限公司	831399	参仙源	2014-12-09	10040.00
1369	九信资产管理股份有限公司	831400	九信资产	2014-12-08	6600.00
1370	北京信立方科技发展股份有限公司	831401	信立方	2014-12-03	2000.00
1371	上海帝联信息科技股份有限公司	831402	帝联科技	2014-12-02	5670.00
1372	哈尔滨庆功林泵业股份有限公司	831403	庆功林	2014-12-02	5000.00
1373	北京宝丽兴源技术服务股份有限公司	831404	宝丽兴源	2014-12-08	2500.00
1374	天津赞普科技股份有限公司	831405	赞普科技	2014-12-03	4396.50
1375	福建森达电气股份有限公司	831406	森达电气	2014-12-03	6000.00
1376	北京万泰中联科技股份有限公司	831407	万泰中联	2014-12-02	2000.00
1377	重庆大美长江三峡游轮股份有限公司	831408	大美游轮	2014-12-09	6700.00
1378	华油阳光(北京)科技股份有限公司	831409	华油科技	2014-12-03	6000.20
1379	天和自动化科技(苏州)股份有限公司	831410	天和科技	2014-12-03	700.00
1380	烟台三重技术股份有限公司	831411	三重股份	2014-12-02	1475.00
1381	武汉天际航信息科技股份有限公司	831412	天际航	2014-12-04	650.00
1382	山东中创软件商用中间件股份有限公司	831413	中创股份	2014-12-09	5500.00
1383	武汉大洋义天科技股份有限公司	831414	大洋义天	2014-12-05	1200.00
1384	河北城兴市政设计院股份有限公司	831415	城兴股份	2014-12-04	4096.00
1385	江苏大成医药科技股份有限公司	831416	大成医药	2014-12-08	2400.00
1386	重庆峻岭能源股份有限公司	831417	峻岭能源	2014-12-04	4533.00
1387	山西三合盛节能环保技术股份有限公司	831418	三合盛	2014-12-05	1460.00
1388	衡阳鸿铭科技股份有限公司	831419	鸿铭科技	2014-12-05	12300.00
1389	北京北信得实科技股份有限公司	831420	北信得实	2014-12-22	2600.00
1390	广东天富电气股份有限公司	831421	天富电气	2014-12-08	8265.17
1391	重庆奥根科技股份有限公司	831422	奥根科技	2014-12-03	1077.80
1392	上海快易名商企业发展股份有限公司	831423	快易名商	2014-12-08	1000.00
1393	江苏薪泽奇机械股份有限公司	831424	薪泽奇	2014-12-08	1250.00
1394	厦门致善生物科技股份有限公司	831425	致善生物	2014-12-09	3330.00
1395	北京拂尘龙科技发展股份有限公司	831426	拂尘龙	2014-12-05	1818.00
1396	山东信通电子股份有限公司	831427	信通电子	2014-12-05	3160.00
1397	数据堂(北京)科技股份有限公司	831428	数据堂	2014-12-10	5746.39
1398	浙江创力电子股份有限公司	831429	创力股份	2014-12-05	6100.00
1399	北京天易门窗幕墙股份有限公司	831430	天易股份	2014-12-08	8200.00
1400	泉州市东南光电股份有限公司	831431	东南光电	2014-12-03	2822.05

附录1-6 续表 28 continued

序号	非上市公众公司全称	证券代码	证券简称	挂牌时间	股本总数(万股)
1401	湖北优尼科光电技术股份有限公司	831432	优尼科	2014-12-04	3300.00
1402	佛山市川东磁电股份有限公司	831433	川东磁电	2014-12-09	5268.00
1403	重庆巨创计量设备股份有限公司	831434	巨创计量	2014-12-30	4270.00
1404	哈尔滨行健智能机器人股份有限公司	831435	行健智能	2014-12-11	680.00
1405	福建白水农夫农业股份有限公司	831436	白水农夫	2014-12-09	1625.00
1406	广东天劲新能源科技股份有限公司	831437	天劲股份	2014-12-08	4132.00
1407	益阳生力材料科技股份有限公司	831438	生力材料	2014-12-08	2500.00
1408	中喜生态产业股份有限公司	831439	中喜生态	2014-12-08	24000.00
1409	沃顿信息科技(湖南)股份有限公司	831440	沃顿股份	2014-12-09	3000.00
1410	温州瓷爵士科技股份有限公司	831441	瓷爵士	2014-12-11	2018.00
1411	烟台枫林食品股份有限公司	831442	枫林食品	2014-12-09	2000.00
1412	湖南黑美人茶业股份有限公司	831443	黑美人	2014-12-08	2440.00
1413	浙江汇隆新材料股份有限公司	831444	汇隆新材	2014-12-08	7260.00
1414	福建龙泰竹业股份有限公司	831445	龙泰竹业	2014-12-10	3300.00
1415	内蒙古亨利新技术工程股份有限公司	831446	亨利技术	2014-12-09	1620.00
1416	浙江明烁节能科技股份有限公司	831447	明烁节能	2014-12-12	1730.00
1417	南昌贝欧特医疗科技股份有限公司	831448	贝欧特	2014-12-09	3000.00
1418	北京赛格立诺办公科技股份有限公司	831449	赛格立诺	2014-12-11	2720.00
1419	苏州金宏气体股份有限公司	831450	金宏气体	2014-12-15	7000.00
1420	安徽亿海矿山设备股份有限公司	831451	亿海股份	2014-12-10	1000.00
1421	武汉宝特龙科技股份有限公司	831452	宝特龙	2014-12-10	2628.50
1422	江西远泉林业股份有限公司	831453	远泉股份	2014-12-17	6000.00
1423	福建省皇品文化传播股份有限公司	831454	皇品文化	2014-12-08	3600.00
1424	广东粤林电气科技股份有限公司	831455	粤林股份	2014-12-12	11646.00
1425	贵州森瑞新材料股份有限公司	831456	森瑞新材	2014-12-10	20750.00
1426	杭州祥龙钻探设备科技股份有限公司	831457	祥龙钻探	2014-12-09	2008.00
1427	山东联科新材料股份有限公司	831458	联科股份	2014-12-08	11025.00
1428	珠海伟诚科技股份有限公司	831459	伟诚科技	2014-12-09	675.95
1429	上海光和光学制造股份有限公司	831460	光和光学	2014-12-22	1750.69
1430	河北百年巧匠手工艺品股份有限公司	831461	百年巧匠	2014-12-09	1000.00
1431	浙江友泰电气股份有限公司	831462	友泰电气	2014-12-08	2120.00
1432	郑州凯雪冷链股份有限公司	831463	凯雪冷链	2014-12-08	5927.00
1433	福建创高安防技术股份有限公司	831464	创高安防	2014-12-10	3996.00
1434	北京广佳建筑装饰股份有限公司	831465	广佳装饰	2014-12-12	3510.00
1435	深圳市软通供应链股份有限公司	831466	软通股份	2014-12-17	6300.00
1436	河北世窗信息技术股份有限公司	831467	世窗信息	2014-12-09	1255.00
1437	贵州威顿晶磷电子材料股份有限公司	831468	威顿晶磷	2014-12-24	5000.00
1438	新疆金磊建材股份有限公司	831469	金磊建材	2014-12-10	3545.00
1439	山东创通信息技术股份有限公司	831470	创通信息	2014-12-08	660.06
1440	天津市北方创业园林股份有限公司	831471	北方园林	2014-12-12	8200.00
1441	上海复娱文化传播股份有限公司	831472	复娱文化	2014-12-08	15400.00
1442	江苏科幸新材料股份有限公司	831473	江苏科幸	2014-12-12	4350.00
1443	上海科特新材料股份有限公司	831474	科特新材	2014-12-09	5000.00
1444	浙江春晖智能控制股份有限公司	831475	春晖智控	2014-12-16	5193.70
1445	广东硕源科技股份有限公司	831476	硕源科技	2014-12-11	1167.60
1446	福建菲达阀门科技股份有限公司	831477	菲达阀门	2014-12-12	5000.00
1447	北京天际数字技术股份公司	831478	天际数字	2014-12-12	3000.00
1448	湖南湘联节能科技股份有限公司	831479	湘联股份	2014-12-12	3444.00
1449	山东福生佳信科技股份有限公司	831480	福生佳信	2014-12-09	1280.00
1450	浙江瑞铃企业管理股份有限公司	831481	瑞铃企管	2015-01-08	2000.00

附录1—6 续表 29 continued

序号	非上市公众公司全称	证券代码	证券简称	挂牌时间	股本总数(万股)
1451	山西和信基业科技股份有限公司	831482	和信基业	2014-12-09	1200.00
1452	贵州汇通华城股份有限公司	831483	汇通华城	2014-12-16	5930.00
1453	吉林久盛生态环境科技股份有限公司	831484	久盛生态	2014-12-16	5190.00
1454	南通科达建材股份有限公司	831485	科达建材	2014-12-10	6066.00
1455	江苏索尔新能源科技股份有限公司	831486	索尔科技	2014-12-09	3300.00
1456	山西山大合盛新材料股份有限公司	831487	山大合盛	2014-12-10	2150.00
1457	江苏华宏医药股份有限公司	831488	华宏医药	2014-12-16	4026.00
1458	湖南天衡儿童用品股份有限公司	831489	天衡股份	2014-12-11	4700.00
1459	成都成电光信科技股份有限公司	831490	成电光信	2014-12-10	2310.00
1460	深圳市佳音王科技股份有限公司	831491	佳音王	2014-12-12	2200.00
1461	山东安信种苗股份有限公司	831492	安信种苗	2014-12-09	2130.00
1462	福建赛特传媒股份有限公司	831493	赛特传媒	2014-12-10	3012.33
1463	江苏美居客科技发展股份有限公司	831494	美居客	2014-12-11	5000.00
1464	成都中联信通科技股份有限公司	831495	中联信通	2014-12-10	4000.00
1465	上海华燕房盟网络科技股份有限公司	831496	华燕房盟	2014-12-16	12500.00
1466	上海事成软件股份有限公司	831497	事成股份	2014-12-15	1955.00
1467	浙江立元通信技术股份有限公司	831499	立元通信	2014-12-09	3800.00
1468	新疆西部蓝天新材料股份有限公司	831500	西部蓝天	2014-12-15	2800.00
1469	北京远方动力可再生能源科技股份公司	831501	远方动力	2014-12-22	2222.00
1470	浙江东都节能技术股份有限公司	831502	东都节能	2014-12-15	3450.53
1471	河南广安生物科技股份有限公司	831503	广安生物	2014-12-15	14000.00
1472	中晟光电设备(上海)股份有限公司	831504	中晟光电	2014-12-31	9036.00
1473	中青朗顿(北京)教育科技股份有限公司	831505	朗顿教育	2014-12-09	2040.82
1474	苏州市沧浪区昌信农村小额贷款股份有限公司	831506	昌信农贷	2014-12-10	10000.00
1475	博广热能股份有限公司	831507	博广热能	2014-12-15	8218.00
1476	新乡拓新生化股份有限公司	831508	拓新股份	2014-12-17	6300.00
1477	青岛中科英泰商用系统股份有限公司	831509	中科英泰	2014-12-16	2500.00
1478	江苏特思达电子科技股份有限公司	831510	特思达	2014-12-22	890.00
1479	南京中科水治理股份有限公司	831511	水治理	2014-12-17	3730.00
1480	环创(厦门)科技股份有限公司	831512	环创科技	2014-12-16	624.00
1481	保定爱廸新能源股份有限公司	831513	爱廸新能	2014-12-17	2700.00
1482	北京艾迪尔建筑装饰工程股份有限公司	831514	艾迪尔	2014-12-16	1000.00
1483	武汉威和光电股份有限公司	831515	威和光电	2014-12-16	1000.00
1484	湖北金科环保科技股份有限公司	831516	金科环保	2014-12-16	5128.46
1485	江苏凯伦建材股份有限公司	831517	凯伦建材	2014-12-16	5400.00
1486	南京波长光电科技股份有限公司	831518	波长光电	2014-12-16	3844.00
1487	南通百正电子新材料股份有限公司	831519	百正新材	2014-12-16	5000.00
1488	南京东来办公产业股份有限公司	831520	东来办公	2014-12-18	1700.00
1489	张家港汉龙新能源科技股份有限公司	831521	汉龙科技	2014-12-16	1181.40
1490	黄石汇波材料科技股份有限公司	831522	汇波材料	2014-12-18	1456.00
1491	兰州亚成生物科技股份有限公司	831523	亚成生物	2014-12-17	6400.00
1492	河南康耀电子股份有限公司	831524	康耀电子	2014-12-19	5600.00
1493	安徽学府信息科技股份有限公司	831525	学府信息	2014-12-19	500.00
1494	天津凯华绝缘材料股份有限公司	831526	凯华材料	2014-12-19	5700.43
1495	北京约顿气膜建筑技术股份有限公司	831527	约顿气膜	2014-12-19	1560.00
1496	河北尚真新材料科技股份有限公司	831528	尚真新材	2014-12-18	1800.00
1497	广东能龙教育股份有限公司	831529	能龙教育	2014-12-19	11869.44
1498	浙江才府玻璃股份有限公司	831530	才府玻璃	2014-12-18	7200.00
1499	深圳市康雅建筑装饰股份有限公司	831531	康雅股份	2014-12-16	1200.00
1500	苏州市君悦新材料科技股份有限公司	831532	君悦科技	2014-12-18	1000.00

附录1-6 续表 30 continued

序号	非上市公众公司全称	证券代码	证券简称	挂牌时间	股本总数(万股)
1501	上海绩优机电股份有限公司	831533	绩优股份	2014-12-18	3587.50
1502	江苏艾倍科科技股份有限公司	831534	艾倍科	2014-12-19	1000.00
1503	广东拓斯达科技股份有限公司	831535	拓斯达	2014-12-24	5434.78
1504	河南太能电气股份有限公司	831536	太能电气	2014-12-17	714.29
1505	武汉莱恩输变电设备股份有限公司	831537	莱恩股份	2015-01-05	3502.00
1506	苏州筑园景观规划设计股份有限公司	831538	筑园景观	2014-12-23	1400.00
1507	江苏国网自控科技股份有限公司	831539	国网自控	2015-01-06	1300.00
1508	江苏京源环保股份有限公司	831540	京源环保	2014-12-19	1853.00
1509	中节环(北京)环境科技股份有限公司	831541	中节环	2014-12-19	4600.00
1510	常州贝斯塔德机械股份有限公司	831542	贝斯塔德	2014-12-26	3900.00
1511	广东松炀再生资源股份有限公司	831543	松炀资源	2014-12-22	5400.00
1512	北京超同步伺服股份有限公司	831544	北超伺服	2014-12-19	6949.60
1513	广东达一农林生态科技股份有限公司	831545	达一农林	2014-12-22	2000.00
1514	西安美林数据技术股份有限公司	831546	美林数据	2014-12-22	2246.36
1515	江苏唯益换热器股份有限公司	831547	唯益股份	2015-01-08	3000.00
1516	郑州光大百纳科技股份有限公司	831548	光大百纳	2014-12-31	3680.00
1517	广东高新凯特精密机械股份有限公司	831549	高新凯特	2014-12-30	7500.00
1518	辽宁成大生物股份有限公司	831550	成大生物	2014-12-31	36000.00
1519	北京世纪合辉医药科技股份有限公司	831551	世纪合辉	2014-12-19	711.00
1520	黑龙江省庆东阳光农业生物科技股份有限公司	831552	庆东农科	2014-12-26	4318.50
1521	陕西中科非开挖技术股份有限公司	831553	陕中科	2014-12-31	5400.00
1522	北京智博联科技股份有限公司	831554	智博联	2014-12-18	1500.00
1523	张家港天乐橡塑科技股份有限公司	831555	天乐橡塑	2014-12-19	1200.00
1524	山东文正衣品股份有限公司	831556	文正股份	2014-12-26	3182.66
1525	浙江中呼科技股份有限公司	831557	中呼科技	2014-12-23	2000.00
1526	江苏阳光四季新能源科技股份有限公司	831558	阳光四季	2014-12-18	1436.00
1527	武汉天高熔接股份有限公司	831559	天高股份	2015-01-16	3399.00
1528	北京盈建科软件股份有限公司	831560	盈建科	2014-12-25	4170.00
1529	张家港威孚热能股份有限公司	831561	威孚热能	2014-12-18	1781.50
1530	山水环境科技股份有限公司	831562	山水环境	2014-12-22	14764.10
1531	浙江高盛输变电设备股份有限公司	831563	高盛股份	2014-12-26	5900.00
1532	欧伏电气股份有限公司	831564	欧伏电气	2014-12-26	8746.40
1533	淮南润成科技股份有限公司	831565	润成科技	2014-12-31	15000.00
1534	盛世大联保险代理股份有限公司	831566	盛世大联	2014-12-31	6060.00
1535	南达新农业股份有限公司	831567	南达农业	2014-12-26	13600.00
1536	上海张铁军翡翠股份有限公司	831568	张铁军	2015-01-15	10343.00
1537	山东华牧天元农牧股份有限公司	831569	华牧天元	2015-01-06	2947.55
1538	深圳市鸿益达供应链股份有限公司	831570	鸿益达	2014-12-30	2430.00
1539	常州大洋线缆股份有限公司	831571	大洋股份	2015-01-21	4680.00
1540	新疆新华能电气股份有限公司	831572	疆能股份	2015-01-05	14260.00
1541	云南佳盈物流股份有限公司	831573	佳盈物流	2014-12-30	5000.00
1542	上海富翊装饰工程股份有限公司	831574	富翊装饰	2014-12-31	3071.00
1543	南京光辉互动网络科技股份有限公司	831575	光辉互动	2014-12-31	2400.00
1544	北京汉博商业管理股份有限公司	831576	汉博商业	2015-01-05	4000.00
1545	安阳鑫盛机床股份有限公司	831577	安阳机床	2014-12-31	13550.00
1546	河南省路嘉路桥股份有限公司	831578	路嘉路桥	2014-12-30	3100.00
1547	山东三信商贸股份有限公司	831579	三信股份	2014-12-30	3300.00
1548	江阴苏达汇诚复合材料股份有限公司	831580	苏达汇诚	2014-12-30	1600.00
1549	洛阳八佳电气科技股份有限公司	831581	八佳电气	2014-12-30	2000.00
1550	苏州井利电子股份有限公司	831582	井利电子	2014-12-30	4560.00

附录1—6 续表 31 continued

序号	非上市公众公司全称	证券代码	证券简称	挂牌时间	股本总数(万股)
1551	上海未来宽带技术股份有限公司	831583	未来宽带	2014-12-31	5395.35
1552	上海雷博司电气股份有限公司	831584	雷博司	2014-12-30	7500.00
1553	洛阳鸿业信息科技股份有限公司	831585	鸿业科技	2014-12-30	1210.00
1554	福建高奇电子科技股份有限公司	831586	高奇电子	2014-12-31	1280.00
1555	江阴万事兴医疗器械股份有限公司	831587	万事兴	2014-12-31	1700.00
1556	山川秀美生态环境工程股份有限公司	831588	山川秀美	2014-12-31	9000.00
1557	江苏吉福新材料股份有限公司	831589	吉福新材	2015-01-06	1500.00
1558	百川伟业(天津)建筑科技股份有限公司	831590	百川建科	2014-12-29	500.00
1559	浙江云涛生物技术股份有限公司	831591	云涛生物	2015-01-06	8226.00
1560	廊坊市北方嘉科印务股份有限公司	831592	北方嘉科	2015-01-06	8506.00
1561	哈尔滨朗昇电气股份有限公司	831593	朗昇电气	2014-12-29	2442.00
1562	广东赛力克防水材料股份有限公司	831594	赛力克	2014-12-31	2606.00
1563	上海科致电气自动化股份有限公司	831595	科致电气	2015-01-06	1500.00
1564	南通高欣耐磨科技股份有限公司	831596	高欣耐磨	2014-12-31	3850.00
1565	抚州苍源中药材种植股份有限公司	831597	苍源种植	2014-12-30	5000.00
1566	上海热像机电科技股份有限公司	831598	热像科技	2015-01-16	531.00
1567	江苏龙虎网信息科技股份有限公司	831599	龙虎网	2014-12-26	7500.00
1568	辽宁润迪汽车环保科技股份有限公司	831600	润迪环保	2014-12-30	7000.00
1569	郑州威科姆科技股份有限公司	831601	威科姆	2015-01-12	9756.34
1570	江苏昊华传动控制股份有限公司	831602	昊华传动	2015-01-05	1550.00
1571	广东金润和科技股份有限公司	831603	金润和	2014-12-31	2066.90
1572	广东世纪网通信设备股份有限公司	831604	世纪网通	2015-01-08	1381.11
1573	山东奔速电梯股份有限公司	831605	奔速电梯	2014-12-30	5470.00
1574	山东方硕电子科技股份有限公司	831606	方硕科技	2014-12-30	2160.00
1575	广东邦鑫勘测科技股份有限公司	831607	邦鑫勘测	2015-01-05	2000.00
1576	海南易建科技股份有限公司	831608	易建科技	2014-12-31	4303.00
1577	宁夏壹加壹农牧股份有限公司	831609	壹加壹	2014-12-31	12533.00
1578	中成新星油田工程技术服务股份有限公司	831610	中成新星	2015-01-19	9800.00
1579	北京圣才教育科技股份有限公司	831611	圣才教育	2015-01-09	3000.00
1580	苏州维艾普新材料股份有限公司	831612	维艾普	2015-01-14	7335.00
1581	山东雷帕得汽车技术股份有限公司	831613	雷帕得	2015-01-12	3830.30
1582	上海合富建筑科技股份有限公司	831614	合富科技	2015-01-06	3500.00
1583	烟台禹成机械股份有限公司	831615	禹成股份	2015-01-06	1000.00
1584	西安博达软件股份有限公司	831616	博达软件	2015-01-09	550.00
1585	无锡巨力重工股份有限公司	831617	巨力重工	2015-01-08	6000.00
1586	镇江市丹徒区文广世民农村小额贷款股份有限公司	831618	文广农贷	2014-12-31	25000.00
1587	广州五舟科技股份有限公司	831619	五舟科技	2015-01-09	2864.00
1588	湖南宝信建筑设计平台股份有限公司	831620	宝信平台	2015-01-08	3600.00
1589	辽宁中镁控股股份有限公司	831621	中镁控股	2015-01-13	8847.00
1590	苏州攀特电陶科技股份有限公司	831622	攀特电陶	2015-01-08	3960.00
1591	山东金汇膜科技股份有限公司	831623	金汇膜	2015-01-05	936.50
1592	张家港嘉成建设材料股份有限公司	831624	嘉成股份	2015-01-08	570.00
1593	邢台蓝天精细化工股份有限公司	831625	蓝天精化	2015-01-06	2130.00
1594	苏州胜禹材料科技股份有限公司	831626	胜禹股份	2015-01-05	6950.00
1595	广东力王新能源股份有限公司	831627	力王股份	2015-01-16	3400.00
1596	西部超导材料科技股份有限公司	831628	西部超导	2014-12-31	34707.20
1597	北京安恒利通科技股份公司	831629	安恒利通	2015-01-19	1000.00
1598	深圳市博安达信息技术股份有限公司	831630	博安达	2015-01-09	1230.00
1599	北京北邮国安技术股份有限公司	831631	北邮国安	2015-01-23	5000.00
1600	北京安之文化传播股份有限公司	831632	安之文化	2015-01-06	800.00

附录1-6 续表 32 continued

序号	非上市公众公司全称	证券代码	证券简称	挂牌时间	股本总数(万股)
1601	那然生命文化股份有限公司	831633	那然生命	2015-01-07	18000.00
1602	北京盛世创业科技股份有限公司	831634	盛世股份	2015-01-12	5200.00
1603	河南金鹏信息技术股份有限公司	831635	金鹏信息	2015-01-08	3630.00
1604	杭州三叶新材料股份有限公司	831636	三叶新材	2015-01-19	3170.00
1605	新疆银朵兰维药股份有限公司	831637	银朵兰	2014-12-31	4200.00
1606	新疆天物生态科技股份有限公司	831638	天物生态	2015-01-13	4740.00
1607	达仁投资管理集团股份有限公司	831639	达仁资管	2015-01-12	27618.50
1608	佛山市碧沃丰生物科技股份有限公司	831640	碧沃丰	2015-01-16	3071.70
1609	格利尔数码科技股份有限公司	831641	格利尔	2015-01-13	5450.00
1610	成都蜀虹装备制造股份有限公司	831642	蜀虹装备	2015-01-09	4199.00
1611	上海仙剑文化传媒股份有限公司	831643	仙剑文化	2015-01-12	3850.00
1612	江苏透平密封高科技股份有限公司	831644	透平高科	2015-01-07	1800.00
1613	浙江三星新材股份有限公司	831645	三星新材	2015-01-07	6600.00
1614	汉能碳资产管理(北京)股份有限公司	831646	汉能碳	2015-01-23	1530.00
1615	江苏联瑞新材料股份有限公司	831647	联瑞新材	2015-01-15	5750.00
1616	苏州盛景信息科技股份有限公司	831648	盛景科技	2015-01-14	528.00
1617	江苏金宏泰科技股份有限公司	831649	金宏泰	2015-01-13	2200.00
1618	广东盛华德通讯科技股份有限公司	831650	盛华德	2015-01-13	2290.00
1619	北海保通食品股份有限公司	831651	保通食品	2015-01-19	13250.00
1620	北京康华远景科技股份有限公司	831652	康华远景	2015-01-26	3289.70
1621	耐诺邦纳米生物技术股份有限公司	831653	耐诺邦	2015-01-13	10615.00
1622	安徽嘉智信诺化工股份有限公司	831654	嘉智信诺	2015-01-06	1514.50
1623	江苏马龙国华工贸股份有限公司	831655	马龙国华	2015-01-27	5000.00
1624	江西中港硬质合金股份有限公司	831656	中港股份	2015-01-15	600.00
1625	徐州中矿大贝克福尔科技股份有限公司	831657	贝克福尔	2015-01-08	1000.00
1626	合肥华升泵阀股份有限公司	831658	华升泵阀	2015-01-16	1170.00
1627	大连远东钨业科技股份有限公司	831659	远东钨业	2015-02-03	6800.00
1628	江苏富深协通科技股份有限公司	831660	富深协通	2015-01-14	2000.00
1629	北京中科金马科技股份有限公司	831661	金马科技	2015-01-12	1000.00
1630	河北快乐沃克人力资源股份有限公司	831662	快乐沃克	2015-01-28	2000.00
1631	云南云叶化肥股份有限公司	831663	云叶股份	2015-01-12	5461.70
1632	北京点众电子股份有限公司	831664	点众股份	2015-01-09	800.00
1633	广东自动化电气股份有限公司	831665	自动化	2015-01-16	6000.00
1634	亿丰洁净科技江苏股份有限公司	831666	亿丰洁净	2015-01-12	3139.00
1635	深圳市优能控股股份有限公司	831667	优能控股	2015-01-16	1000.00
1636	聊城市东昌府区天元小额贷款股份有限公司	831668	天元小贷	2014-12-31	15000.00
1637	东莞市永晟电线科技股份有限公司	831669	永晟科技	2015-01-16	2750.00
1638	捷福装备(武汉)股份有限公司	831670	捷福装备	2015-01-15	1837.00
1639	徐州东方传动机械股份有限公司	831671	东方传动	2015-01-22	4000.00
1640	淄博莲池妇婴医院股份有限公司	831672	莲池医院	2015-01-16	6901.00
1641	浙江交联辐照材料股份有限公司	831673	交联辐照	2015-01-07	2490.60
1642	江西省奥特多电器股份有限公司	831674	奥特多	2015-01-09	500.00
1643	安徽一拓通信科技集团股份有限公司	831675	一拓通信	2015-01-05	1620.00
1644	武汉景川诊断技术股份有限公司	831676	景川诊断	2015-01-22	850.00
1645	天意有福科技股份有限公司	831677	天意有福	2015-01-08	8472.00
1646	湖南利德电子浆料股份有限公司	831678	利德浆料	2015-01-19	3320.00
1647	长春易点科技股份有限公司	831679	易点科技	2015-01-12	1000.00
1648	上海麒润文化传播股份有限公司	831680	麒润文化	2015-01-15	4833.33
1649	山东智洋电气股份有限公司	831681	智洋电气	2015-01-12	2200.00
1650	内蒙古金田科技股份有限公司	831682	金田科技	2015-01-12	3910.00

附录1—6 续表 33 continued

序号	非上市公众公司全称	证券代码	证券简称	挂牌时间	股本总数(万股)
1651	重庆新金航国际物流股份有限公司	831683	金航股份	2015-01-15	20000.00
1652	上海瑞珑汽车科技股份有限公司	831684	瑞珑科技	2015-01-16	2436.00
1653	河南亿恩科技股份有限公司	831685	亿恩科技	2015-01-13	1000.00
1654	威海市正大环保设备股份有限公司	831686	正大环保	2015-01-19	2422.00
1655	青岛亨达股份有限公司	831687	亨达股份	2015-01-15	10775.00
1656	山大地纬软件股份有限公司	831688	山大地纬	2015-01-29	8045.00
1657	威海克莱特菲尔风机股份有限公司	831689	克莱特	2015-01-19	5000.00
1658	芜湖恒升重型机床股份有限公司	831690	恒升机床	2015-01-13	11680.00
1659	上海三高计算机中心股份有限公司	831691	三高股份	2015-01-13	4950.00
1660	河南杰科新材料股份有限公司	831692	杰科股份	2015-01-14	1928.92
1661	宁波亚茂光电股份有限公司	831693	亚茂光电	2015-01-19	10000.00
1662	贵州黔驰信息股份有限公司	831694	黔驰信息	2015-01-09	3365.00
1663	黄山创想科技股份有限公司	831695	创想科技	2015-01-12	4501.00
1664	五峰赤诚生物科技股份有限公司	831696	赤诚生物	2015-01-12	4491.00
1665	上海海优威新材料股份有限公司	831697	海优新材	2015-01-22	5085.00
1666	哈尔滨工业大学软件工程股份有限公司	831698	工大软件	2015-01-12	8250.00
1667	西安泰力松新材料股份有限公司	831699	泰力松	2015-01-13	2368.00
1668	株洲华信精密工业股份有限公司	831700	华信精工	2015-01-21	3000.00
1669	苏州万龙电气集团股份有限公司	831701	万龙电气	2015-01-27	8100.00
1670	山东源怡能源股份有限公司	831702	源怡股份	2015-01-14	8158.00
1671	青岛广电无线传媒集团股份有限公司	831703	青广无线	2015-02-09	3000.00
1672	世纪九如(北京)环境科技股份有限公司	831704	九如环境	2015-01-12	1121.07
1673	江西永通科技股份有限公司	831705	永通股份	2015-01-23	3948.00
1674	成都中节能领航科技股份有限公司	831706	领航科技	2015-01-14	7500.00
1675	武汉绿岛园林股份有限公司	831707	绿岛园林	2015-01-15	2000.00
1676	广州市吉华勘测股份有限公司	831708	吉华勘测	2015-01-15	1695.00
1677	北京瑞特爱能源科技股份有限公司	831709	瑞特爱	2015-01-21	2336.00
1678	安徽昊方机电股份有限公司	831710	昊方机电	2015-01-19	18000.00
1679	上海青浦资产经营股份有限公司	831711	青浦资产	2015-01-20	15000.00
1680	山东创泽信息技术股份有限公司	831712	创泽信息	2015-01-20	1170.00
1681	武汉天源环保股份有限公司	831713	天源环保	2015-01-14	5517.00
1682	山东福航新能源环保股份有限公司	831714	福航环保	2015-01-08	2400.00
1683	广西瀚特信息产业股份有限公司	831715	瀚特信息	2015-01-20	2520.00
1684	聊城金新建筑节能股份有限公司	831716	金新股份	2014-12-31	3000.00
1685	山东首信高分子材料股份有限公司	831717	首信材料	2014-12-31	1010.00
1686	山东青鸟软通信息技术股份有限公司	831718	青鸟软通	2015-01-26	3000.01
1687	安徽菱湖漆股份有限公司	831719	菱湖漆	2015-01-14	3600.00
1688	盐城诚赢照明电器股份有限公司	831720	诚赢股份	2015-01-20	850.00
1689	宁夏盛天彩数字科技股份有限公司	831721	盛天彩	2015-01-20	600.00
1690	武汉阿迪克电子股份有限公司	831722	阿迪克	2015-01-27	5001.20
1691	南通市通州区恒晟农村小额贷款股份有限公司	831723	恒晟农贷	2015-01-12	16900.00
1692	北京信而泰科技股份有限公司	831724	信而泰	2015-01-16	1617.32
1693	内蒙古凌志马铃薯科技股份有限公司	831725	凌志股份	2015-01-27	7200.00
1694	长春市朱老六食品股份有限公司	831726	朱老六	2015-01-12	5000.00
1695	北京中钢网信息股份有限公司	831727	中钢网	2015-01-16	8400.00
1696	阿尼信息技术股份有限公司	831728	阿尼股份	2015-01-13	5260.00
1697	大连维钛克科技股份有限公司	831729	维钛克	2015-01-27	1226.00
1698	河北亚诺生物科技股份有限公司	831730	亚诺生物	2015-02-17	5336.90
1699	襄阳硅海电子股份有限公司	831731	硅海电子	2015-01-22	2800.00
1700	深圳市爱车屋汽车用品股份有限公司	831732	爱车屋	2015-01-15	3300.00

附录1-6 续表 34 continued

序号	非上市公众公司全称	证券代码	证券简称	挂牌时间	股本总数(万股)
1701	四川省宏图物流股份有限公司	831733	宏图物流	2015-01-20	8066.00
1702	宁波展通电信设备股份有限公司	831734	展通电信	2015-01-20	3850.00
1703	北京国瑞升科技股份有限公司	831735	国瑞升	2015-01-23	5000.00
1704	天津利源捷能气体设备股份有限公司	831736	利源捷能	2015-01-19	860.00
1705	江苏地浦科技股份有限公司	831737	地浦科技	2015-01-13	5380.00
1706	深圳市振野蛋品智能设备股份有限公司	831738	振野智能	2015-01-21	858.50
1707	吉林省艾斯克机电股份有限公司	831739	艾斯克	2015-01-26	1664.00
1708	河南地平线传媒股份有限公司	831740	地平线	2015-01-13	1500.00
1709	信音电子(中国)股份有限公司	831741	信音电子	2015-01-22	12000.00
1710	重庆云天化纽米科技股份有限公司	831742	纽米科技	2015-01-16	16600.00
1711	黑龙江立高科技股份有限公司	831743	立高科技	2015-01-13	3760.00
1712	深圳市万信达生态环境股份有限公司	831744	万信达	2015-01-19	5162.50
1713	考迈托(佛山)挤压科技股份有限公司	831745	考迈托	2015-02-17	5200.00
1714	三门峡弘奥生物科技股份有限公司	831746	弘奥生物	2015-01-15	3000.00
1715	青岛中景设计咨询股份有限公司	831747	中景股份	2015-01-19	832.00
1716	温州雅格胶板股份有限公司	831748	雅格股份	2015-01-21	1000.00
1717	北京大和恒粮油贸易股份有限公司	831749	大和恒	2015-01-21	1000.00
1718	中山华明泰化工股份有限公司	831750	华明泰	2015-01-13	3266.00
1719	虎符智能科技股份有限公司	831751	虎符智能	2015-01-22	5100.00
1720	贵州蓝图新材料股份有限公司	831752	蓝图新材	2015-01-20	5600.00
1721	深圳市艾博德科技股份有限公司	831753	艾博德	2015-01-15	2000.00
1722	江苏康能生物工程股份有限公司	831754	康能生物	2015-01-20	6500.00
1723	邦正科技股份有限公司	831755	邦正科技	2015-01-20	5000.00
1724	天津德高化成新材料股份有限公司	831756	德高化成	2015-01-22	485.00
1725	河南振华工程发展股份有限公司	831757	振华股份	2015-01-15	4730.00
1726	意欧斯智能科技股份有限公司	831758	意欧斯	2015-01-22	7370.00
1727	沧州天河化纤制品股份有限公司	831759	天河化纤	2015-01-15	1100.00
1728	湖北玉如意芽业科技股份有限公司	831760	玉如意	2015-01-22	1000.00
1729	黑龙江中惠地热股份有限公司	831761	中惠地热	2015-01-12	5000.00
1730	浙江和达科技股份有限公司	831762	和达科技	2015-01-15	2418.60
1731	江阴康爱特包装股份有限公司	831763	康爱特	2015-01-15	3000.00
1732	北京拓美文化传媒股份有限公司	831764	拓美传媒	2015-01-12	560.00
1733	无锡惠达铝业股份有限公司	831765	惠达铝业	2015-01-19	2000.00
1734	珠海三木科技股份有限公司	831766	三木科技	2015-01-14	2296.00
1735	上海知音音乐文化股份有限公司	831767	知音文化	2015-01-21	4730.00
1736	珠海拾比佰彩图板股份有限公司	831768	拾比佰	2015-01-15	6000.00
1737	浙江中马园林机器股份有限公司	831769	中马园林	2015-01-20	1397.50
1738	济南同智创新能源科技股份有限公司	831770	同智科技	2015-01-22	1700.00
1739	江阴市天邦涂料股份有限公司	831771	天邦涂料	2015-01-22	1080.00
1740	安徽海洋风文化传媒股份有限公司	831772	海洋风	2015-01-16	688.00
1741	青岛金巴赫国际物流股份有限公司	831773	金巴赫	2015-01-23	1100.00
1742	浙江凯实激光科技股份有限公司	831774	凯实股份	2015-01-23	1050.00
1743	河南巨龙生物工程股份有限公司	831775	巨龙生物	2015-01-20	10550.00
1744	河南中云创光电科技股份有限公司	831776	中云创	2015-01-13	5450.00
1745	杭州丽晶光电股份有限公司	831777	丽晶光电	2015-01-14	1000.00
1746	青岛鸿森重工股份有限公司	831778	鸿森重工	2015-01-16	5800.00
1747	北京卓越信通电子股份有限公司	831779	卓越信通	2015-01-16	5364.75
1748	上海中道糖业股份有限公司	831780	中道糖业	2015-01-23	2000.00
1749	成都力思特制药股份有限公司	831781	力思特	2015-01-23	7212.29
1750	上海唯尔福集团股份有限公司	831782	唯尔福	2015-01-26	5100.00

附录1-6　续表 35　continued

序号	非上市公众公司全称	证券代码	证券简称	挂牌时间	股本总数(万股)
1751	江苏丽洋新材料股份有限公司	831783	丽洋新材	2015-01-20	1741.00
1752	无锡市贝尔机械股份有限公司	831784	贝尔机械	2015-01-22	3000.00
1753	山东恒远利废技术股份有限公司	831785	恒远利废	2015-01-16	3071.00
1754	烟台东方威思顿电气股份有限公司	831786	威思顿	2015-01-15	7980.00
1755	江苏高和智能装备股份有限公司	831787	高和智能	2015-01-13	6400.00
1756	江苏金龙科技股份有限公司	831788	金龙科技	2015-01-14	10000.00
1757	苏州英诺迅科技股份有限公司	831789	英诺迅	2015-01-20	4250.00
1758	东莞市凯昶德电子科技股份有限公司	831790	凯德科技	2015-01-22	7566.67
1759	吐鲁番雪银金属矿业股份有限公司	831791	雪银矿业	2015-01-28	13800.00
1760	山东海思堡服装服饰集团股份有限公司	831792	海思堡	2015-01-16	7300.00
1761	广州利洋水产科技股份有限公司	831793	利洋水产	2015-01-19	5000.00
1762	江苏正大富通股份有限公司	831794	正大富通	2015-02-03	9050.00
1763	湖南省晚安家纺股份有限公司	831795	晚安家纺	2015-01-30	3000.00
1764	汉镒资产管理股份有限公司	831796	汉镒资产	2015-01-21	14647.00
1765	北京爱乐祺文化发展股份有限公司	831797	爱乐祺	2015-01-13	2626.67
1766	天津博益气动股份有限公司	831798	博益气动	2015-01-23	3000.00
1767	安徽九华山酒业股份有限公司	831799	九华山酒	2015-01-21	1440.00
1768	北京高科中天技术股份有限公司	831800	高科中天	2015-01-19	1300.00
1769	银川城市管家商业服务股份有限公司	831801	城市管家	2015-01-23	1478.00
1770	北京智华信科技股份有限公司	831802	智华信	2015-01-15	1220.00
1771	天津炫泰文化发展股份有限公司	831803	炫泰文化	2015-01-15	1500.00
1772	肇庆绿宝石电子科技股份有限公司	831804	绿宝石	2015-01-20	2277.78
1773	上海微企信息技术股份有限公司	831805	微企信息	2015-01-20	1909.20
1774	北京奥斯马特科技发展股份有限公司	831806	奥斯马特	2015-01-21	1000.00
1775	邵阳维克液压股份有限公司	831807	维克液压	2015-01-27	6292.00
1776	苏州神元生物科技股份有限公司	831808	神元生物	2015-01-16	5000.00
1777	无锡锡南铸造机械股份有限公司	831809	锡南铸机	2015-01-22	1000.00
1778	本益新材料股份公司	831810	本益新材	2015-01-22	5130.00
1779	湖南中普防雷股份有限公司	831811	中普防雷	2015-01-23	3025.00
1780	广东广新信息产业股份有限公司	831813	广新信息	2015-01-16	7600.00
1781	无锡富岛科技股份有限公司	831814	富岛科技	2015-01-27	750.00
1782	上海山源电子科技股份有限公司	831815	山源科技	2015-01-20	4500.00
1783	广东兴锐电子科技股份有限公司	831816	兴锐科技	2015-01-29	3300.00
1784	宁波捷创技术股份有限公司	831817	捷创技术	2015-01-23	2000.00
1785	中山鑫辉精密技术股份有限公司	831818	鑫辉精密	2015-01-22	2100.00
1786	上海宜瓷龙新材料股份有限公司	831819	宜瓷龙	2015-01-14	3000.00
1787	常州容大结构减振股份有限公司	831820	容大股份	2015-01-14	1558.00
1788	江西华源新材料股份有限公司	831821	华源新材	2015-01-15	4000.00
1789	浙江米奥兰特商务会展股份有限公司	831822	米奥会展	2015-01-27	4335.00
1790	广东智冠信息技术股份有限公司	831823	智冠股份	2015-01-13	4470.00
1791	江苏东方滤袋股份有限公司	831824	东方滤袋	2015-01-19	4268.50
1792	上海蓝海人力资源股份有限公司	831825	蓝海股份	2015-01-23	2040.00
1793	张家港华菱医疗设备股份公司	831826	华菱医疗	2015-01-23	770.00
1794	山东宝来利来生物工程股份有限公司	831827	宝来利来	2015-01-19	3775.00
1795	江苏利特尔绿色包装股份有限公司	831828	利特尔	2015-01-21	2685.00
1796	大连同方软银科技股份有限公司	831829	同方软银	2015-01-22	2300.00
1797	上海和创化学股份有限公司	831830	和创化学	2015-01-20	1200.00
1798	天津大无缝彩涂板股份有限公司	831831	天津彩板	2015-01-19	6500.00
1799	山西科达自控股份有限公司	831832	科达自控	2015-01-27	4500.00
1800	苏州红冠庄国药股份有限公司	831833	红冠庄	2015-01-21	1170.40

附录1-6 续表 36 continued

序号	非上市公众公司全称	证券代码	证券简称	挂牌时间	股本总数(万股)
1801	镇江三维输送装备股份有限公司	831834	三维股份	2015-01-26	6196.00
1802	山东苏柯汉生物工程股份有限公司	831835	苏柯汉	2015-01-26	3776.00
1803	山西澳坤生物农业股份有限公司	831836	澳坤生物	2015-01-22	9070.00
1804	广东硕泉园林股份有限公司	831837	硕泉园林	2015-01-22	7485.75
1805	吉林福康药业股份有限公司	831838	福康药业	2015-02-03	1522.00
1806	成都广达新网科技股份有限公司	831839	广达新网	2015-01-15	9480.40
1807	北京东光物业管理股份有限公司	831840	东光股份	2015-01-22	4000.00
1808	石家庄中扬网络科技股份有限公司	831841	中扬科技	2015-01-22	2910.00
1809	上海名冠净化材料股份有限公司	831842	名冠股份	2015-01-22	1000.00
1810	大连汇能科技股份有限公司	831843	汇能科技	2015-01-22	530.00
1811	沧州会友线缆股份有限公司	831844	会友线缆	2015-02-03	11657.38
1812	马鞍山市新马精密铝业股份有限公司	831845	新马精密	2015-01-22	2430.00
1813	苏州飞驰环保科技股份有限公司	831846	飞驰环保	2015-01-21	2320.00
1814	杭州中兵环保股份有限公司	831847	中兵环保	2015-01-23	2500.00
1815	深圳合信达控制系统股份有限公司	831848	合信达	2015-01-23	3600.00
1816	绵阳众工机械股份有限公司	831849	众工机械	2015-01-20	2500.00
1817	北京分豆教育科技股份有限公司	831850	分豆教育	2015-01-26	12500.00
1818	贵州绿健神农有机农业股份有限公司	831851	绿健神农	2015-01-26	5695.00
1819	广东东研网络科技股份有限公司	831852	东研科技	2015-01-26	5577.50
1820	宁波世游信息科技股份有限公司	831853	世游科技	2015-01-23	1145.68
1821	浙江曼克斯缝纫机股份有限公司	831854	曼克斯	2015-02-05	4600.00
1822	浙江大农实业股份有限公司	831855	浙江大农	2015-02-03	5369.00
1823	明光浩淼安防科技股份公司	831856	浩淼科技	2015-01-27	5525.00
1824	广州增立钢管结构股份有限公司	831857	增立钢构	2015-02-16	8200.00
1825	贵州海誉科技股份有限公司	831858	海誉科技	2015-01-29	2979.39
1826	甘肃祁连山药业股份有限公司	831859	祁药股份	2015-01-27	4800.00
1827	江苏驰翔精密齿轮股份有限公司	831860	驰翔精密	2015-01-26	5670.00
1828	柏承科技(昆山)股份有限公司	831861	柏承科技	2015-02-06	30100.00
1829	厦门致力金刚石科技股份有限公司	831862	致力科技	2015-01-30	700.00
1830	焦作泰利机械制造股份有限公司	831863	焦作泰利	2015-02-25	2000.00
1831	北京华夏未来信息技术股份有限公司	831864	华夏未来	2015-01-27	1200.00
1832	威海凯瑞电气股份有限公司	831865	凯瑞电气	2015-02-03	1008.00
1833	濮阳蔚林化工股份有限公司	831866	蔚林股份	2015-02-02	7756.00
1834	江阴延利汽车饰件股份有限公司	831867	延利饰件	2015-01-23	2200.00
1835	浙江新农化工股份有限公司	831868	新农股份	2015-01-27	6000.00
1836	苏州东南药业股份有限公司	831869	东南药业	2015-01-27	1650.00
1837	烟台欧森纳地源空调股份有限公司	831870	欧森纳	2015-02-11	4660.00
1838	河南省万隆精密铸造股份有限公司	831871	万隆精铸	2015-01-28	1500.00
1839	江苏宏微科技股份有限公司	831872	宏微科技	2015-01-27	6000.00
1840	环宇建工设计股份有限公司	831873	环宇建工	2015-01-29	30020.11
1841	宁波畅想软件股份有限公司	831874	畅想软件	2015-01-23	1500.00
1842	安徽岳塑汽车工业股份有限公司	831875	岳塑股份	2015-01-29	1000.00
1843	杭州华辰植绒股份有限公司	831876	华辰股份	2015-02-06	2000.00
1844	厦门小羽佳家政股份有限公司	831877	小羽佳	2015-02-04	1000.00
1845	浙江先锋科技股份有限公司	831878	先锋科技	2015-01-27	5150.00
1846	龙南龙钇重稀土科技股份有限公司	831879	龙钇科技	2015-01-29	6862.50
1847	深圳市春旺环保科技股份有限公司	831880	春旺环保	2015-02-17	2398.00
1848	东莞市鑫聚光电科技股份有限公司	831881	鑫聚光电	2015-01-29	3500.00
1849	湖南众益文化传媒股份有限公司	831882	众益传媒	2015-01-30	4033.00
1850	南京嘉翼精密机器制造股份有限公司	831883	嘉翼精机	2015-01-27	1928.00

附录1-6　续表 37　continued

序号	非上市公众公司全称	证券代码	证券简称	挂牌时间	股本总数(万股)
1851	福建成达兴智能科技股份有限公司	831884	成达兴	2015-01-30	1850.00
1852	四川鱼鳞图信息技术股份有限公司	831885	鱼鳞图	2015-01-29	2613.03
1853	安徽云智科技信息股份有限公司	831886	云智科技	2015-02-06	2000.00
1854	福建长潮信息科技股份有限公司	831887	长潮股份	2015-01-29	2805.85
1855	北大荒垦丰种业股份有限公司	831888	垦丰种业	2015-01-27	43251.00
1856	福建天信投资咨询顾问股份有限公司	831889	天信投资	2015-01-28	3300.00
1857	中润油新能源股份有限公司	831890	中润油	2015-02-10	20400.00
1858	上海行动成功教育科技股份有限公司	831891	行动教育	2015-01-28	3121.98
1859	天津市新玻电力复合绝缘子制造股份有限公司	831892	新玻电力	2015-02-04	3447.50
1860	浙江五谷铜业股份有限公司	831893	五谷股份	2015-02-17	4471.80
1861	深圳市高捷联股份有限公司	831894	高捷联	2015-02-05	7500.00
1862	爱威科技股份有限公司	831895	爱威科技	2015-02-05	5100.00
1863	浙江思考投资管理股份有限公司	831896	思考投资	2015-01-30	30000.00
1864	江苏远大信息股份有限公司	831897	远大信息	2015-01-28	1600.00
1865	玉树藏族自治州三江源冬虫夏草科技股份有限公司	831898	冬虫夏草	2015-02-27	5000.00
1866	山东省再担保集团股份有限公司	831899	山东再担	2015-02-04	119065.46
1867	海航冷链控股股份有限公司	831900	海航冷链	2015-01-29	117298.40
1868	北京隆科兴非开挖工程股份有限公司	831901	隆科兴	2015-01-28	6000.00
1869	万绿生态园林股份有限公司	831902	万绿生态	2015-01-30	6583.90
1870	福建汇川物联网技术科技股份有限公司	831903	汇川科技	2015-01-28	2625.00
1871	大连优创液压股份有限公司	831904	优创股份	2015-02-02	1150.00
1872	湖北欧华达纤维科技股份有限公司	831905	欧华达	2015-02-05	2600.00
1873	宁波舜宇模具股份有限公司	831906	舜宇模具	2015-02-04	4630.00
1874	上海佳友文化科技股份有限公司	831907	佳友科技	2015-01-30	1000.00
1875	古麒羽绒股份公司	831908	古麒羽绒	2015-01-28	9550.00
1876	河南百川锁业股份公司	831909	百川锁业	2015-01-30	1300.00
1877	上海梦地工业自动控制系统股份有限公司	831910	梦地自控	2015-02-03	500.00
1878	浙江锯力煌锯床股份有限公司	831911	锯力煌	2015-02-10	4000.00
1879	大连金三元生态园林工程股份有限公司	831912	金三元	2015-01-30	3400.00
1880	山东东方誉源农资连锁股份有限公司	831913	东方誉源	2015-02-05	5180.00
1881	东莞瑞柯电子科技股份有限公司	831914	瑞柯科技	2015-01-29	3300.00
1882	四川川娇农牧科技股份有限公司	831915	川娇农牧	2015-03-17	9767.00
1883	厦门商中在线科技股份有限公司	831916	商中在线	2015-01-30	2560.03
1884	北京中电红石科技股份有限公司	831917	中电红石	2015-01-28	1500.00
1885	安徽天立泰科技股份有限公司	831918	天立泰	2015-02-02	3006.00
1886	浙江科菲科技股份有限公司	831919	科菲科技	2015-01-28	3000.00
1887	浙江车头制药股份有限公司	831920	车头制药	2015-02-04	8437.50
1888	武汉泰可电气股份有限公司	831921	泰可电气	2015-02-02	2100.00
1889	广东长宝信息科技股份有限公司	831922	长宝科技	2015-01-29	3089.85
1890	襄阳三金模具科技股份有限公司	831923	三金科技	2015-01-30	500.00
1891	山东海天物联股份有限公司	831924	海天物联	2015-02-06	2150.00
1892	广西政通工程股份有限公司	831925	政通股份	2015-02-13	13400.00
1893	北京丰荣航空科技股份有限公司	831926	丰荣航空	2015-01-28	3270.00
1894	宁波瑞奥物联技术股份有限公司	831927	瑞奥物联	2015-01-28	1000.00
1895	山东开泰石化股份有限公司	831928	开泰石化	2015-02-03	6979.82
1896	惠尔明(福建)化学工业股份有限公司	831929	惠尔明	2015-03-19	7270.56
1897	北京和君商学在线科技股份有限公司	831930	和君商学	2015-02-05	12120.00
1898	云南能投威士科技股份有限公司	831931	云能威士	2015-03-05	5000.00
1899	常州市东南电器电机股份有限公司	831932	东南电器	2015-02-16	1760.00
1900	湖北百杰瑞新材料股份有限公司	831933	百杰瑞	2015-02-16	2000.00

附录1-6 续表 38 continued

序号	非上市公众公司全称	证券代码	证券简称	挂牌时间	股本总数(万股)
1901	江苏宇迪光学股份有限公司	831934	宇迪光学	2015-02-16	5628.00
1902	湖州倍格曼新材料股份有限公司	831935	倍格曼	2015-02-12	1000.00
1903	杭州联科生物技术股份有限公司	831936	联科生物	2015-02-12	1100.00
1904	湖南建研信息技术股份有限公司	831937	建研信息	2015-02-13	1249.40
1905	上海亿格企业管理咨询股份有限公司	831938	上海亿格	2015-02-25	1062.50
1906	承德博琳包装制品股份有限公司	831939	博琳包装	2015-02-17	2954.00
1907	北京网高科技股份有限公司	831940	网高科技	2015-02-10	2500.00
1908	江苏兴荣高新科技股份有限公司	831941	兴荣高科	2015-02-16	6119.29
1909	西安天一生物技术股份有限公司	831942	天一生物	2015-02-16	3548.50
1910	西格码电气股份有限公司	831943	西格码	2015-02-17	2400.00
1911	广东卓耐普智能股份有限公司	831944	卓耐普	2015-03-17	760.00
1912	安徽安泽电工股份有限公司	831945	安泽电工	2015-02-27	5800.00
1913	名洋国际会展(北京)股份有限公司	831946	名洋会展	2015-02-09	1100.00
1914	珠海市丹田物业管理股份有限公司	831947	丹田股份	2015-03-11	4150.00
1915	天津世纪天源集团股份有限公司	831948	世纪天源	2015-02-09	3000.00
1916	江苏捷阳科技股份有限公司	831949	捷阳科技	2015-02-17	6166.14
1917	河南亚太能源科技股份有限公司	831950	亚太能源	2015-02-26	7300.00
1918	浙江美麟文化发展股份有限公司	831951	美麟文化	2015-02-10	1000.00
1919	北京华图供应链管理股份有限公司	831952	华图股份	2015-03-05	4300.00
1920	烟台天圣科技股份有限公司	831953	天圣科技	2015-02-10	3580.00
1921	江苏协昌电子科技股份有限公司	831954	协昌科技	2015-02-06	5500.00
1922	烟台海益宝水产科技股份有限公司	831955	海益宝	2015-02-12	4150.00
1923	青岛汇森能源设备股份有限公司	831956	汇森能源	2015-02-16	500.00
1924	山东晨宇电气股份有限公司	831957	晨宇电气	2015-02-10	5513.00
1925	广东健博通科技股份有限公司	831958	健博通	2015-02-13	6150.00
1926	苏州香塘担保股份有限公司	831959	香塘担保	2015-02-11	30000.00
1927	厦门市佳音在线股份有限公司	831960	佳音在线	2015-02-12	543.48
1928	上海创远仪器技术股份有限公司	831961	创远仪器	2015-03-17	5040.79
1929	江苏尚慧新能源科技股份有限公司	831962	尚慧能源	2015-02-13	4200.00
1930	广西明利创新实业股份有限公司	831963	明利股份	2015-02-16	36500.00
1931	成都储翰科技股份有限公司	831964	储翰科技	2015-02-11	4000.00
1932	大连固瑞聚氨酯股份有限公司	831965	固瑞股份	2015-02-12	1000.00
1933	青州市坦博尔服饰股份有限公司	831967	坦博尔	2015-02-16	16730.00
1934	江苏德润环保科技股份有限公司	831968	德润环保	2015-02-12	1200.00
1935	上海埃蒙迪材料科技股份有限公司	831969	埃蒙迪	2015-02-11	1210.00
1936	四川永强机械施工股份有限公司	831970	四川永强	2015-02-10	3000.00
1937	浙江开元物业管理股份有限公司	831971	开元物业	2015-02-10	1053.00
1938	上海北泰实业股份有限公司	831972	北泰实业	2015-03-03	3450.00
1939	深圳善为影业股份有限公司	831973	善为影业	2015-02-10	1125.50
1940	辽宁维森信息技术股份有限公司	831974	维森信息	2015-02-12	3193.40
1941	广东温迪数字传播股份有限公司	831975	温迪数字	2015-02-13	3630.00
1942	安徽通宇电子股份有限公司	831977	通宇电子	2015-04-09	1230.00
1943	常州金康精工机械股份有限公司	831978	金康精工	2015-02-17	4000.00
1944	大兴安岭林格贝寒带生物科技股份有限公司	831979	林格贝	2015-02-25	7786.52
1945	江西正拓新能源科技股份有限公司	831980	正拓能源	2015-02-09	5000.00
1946	中浩紫云科技股份有限公司	831981	中浩紫云	2015-02-09	6000.00
1947	广东腾骏动物药业股份有限公司	831982	腾骏药业	2015-02-10	3000.00
1948	成都市都江堰春盛中药饮片股份有限公司	831983	春盛中药	2015-02-09	1400.00
1949	北京大道信通科技股份有限公司	831984	大道信通	2015-02-17	3050.00
1950	酒泉华杰电气股份有限公司	831985	华杰电气	2015-02-12	2000.00

附录1—6　续表 39　continued

序号	非上市公众公司全称	证券代码	证券简称	挂牌时间	股本总数(万股)
1951	北京东方基业科技发展股份有限公司	831986	东方基业	2015-02-17	1600.00
1952	温州煌盛管件股份有限公司	831987	煌盛管件	2015-02-10	1000.00
1953	北京乐普四方方圆科技股份有限公司	831988	乐普四方	2015-06-15	9886.60
1954	昆山晋桦豹胶轮车制造股份有限公司	831989	晋桦豹	2015-02-16	7000.00
1955	宁夏纵横宝盈软件服务股份有限公司	831990	纵横宝盈	2015-02-09	1646.00
1956	北京莱比德模具科技股份有限公司	831991	莱比德	2015-02-13	1400.00
1957	广东嘉得力清洁科技股份有限公司	831992	嘉得力	2015-02-05	1000.00
1958	河北欧克精细化工股份有限公司	831993	欧克精化	2015-02-12	6630.00
1959	深圳市中冀联合技术股份有限公司	831994	中冀联合	2015-02-16	1980.00
1960	山东贝特智联表计股份有限公司	831995	贝特智联	2015-02-11	3000.00
1961	浙江永裕竹业股份有限公司	831996	永裕竹业	2015-02-16	7282.70
1962	深圳海斯迪能源科技股份有限公司	831997	海斯迪	2015-02-17	1216.35
1963	广东合迪科技股份有限公司	831998	合迪科技	2015-02-13	5000.00
1964	北京仟亿达科技股份有限公司	831999	仟亿达	2015-02-13	10839.00
1965	安徽凤凰滤清器股份有限公司	832000	安徽凤凰	2015-03-06	4984.00
1966	贵州黑碳节能减排股份有限公司	832001	黑碳节能	2015-02-16	1200.00
1967	宁夏赛文技术股份有限公司	832002	赛文技术	2015-02-16	3926.00
1968	黑龙江同信通信股份有限公司	832003	同信通信	2015-02-11	3906.25
1969	北京海林节能科技股份有限公司	832004	海林节能	2015-06-17	6000.00
1970	湖南永盛新材料股份有限公司	832005	永盛新材	2015-03-09	1335.00
1971	郑州水务建筑工程股份有限公司	832006	郑州水务	2015-03-13	6255.00
1972	云南航天工程物探检测股份有限公司	832007	航天检测	2015-02-16	3215.00
1973	湖南金天铝业高科技股份有限公司	832008	金天高科	2015-03-05	10620.00
1974	普瑞奇科技(北京)股份有限公司	832009	普瑞奇	2015-02-16	2022.48
1975	浙江亘古电缆股份有限公司	832010	亘古电缆	2015-03-03	15177.00
1976	沈阳天众合金股份有限公司	832011	天众合金	2015-02-17	1173.91
1977	上海博玺电气股份有限公司	832012	博玺电气	2015-02-11	500.00
1978	大连博涛文化科技股份有限公司	832013	博涛文化	2015-03-11	2225.94
1979	广东绿之彩印刷科技股份有限公司	832014	绿之彩	2015-02-25	7330.00
1980	北京基调网络股份有限公司	832015	基调网络	2015-02-11	5100.00
1981	深圳市奥伦德科技股份有限公司	832016	奥伦德	2015-02-16	7050.00
1982	石家庄中兴机械制造股份有限公司	832017	中兴机械	2015-03-03	5950.00
1983	广东固特超声股份有限公司	832018	固特超声	2015-02-16	6220.00
1984	中棉种业科技股份有限公司	832019	中棉种业	2015-02-16	7000.00
1985	恩施自治州好又多商贸股份有限公司	832020	恩施商贸	2015-02-16	5000.00
1986	上海安谱实验科技股份有限公司	832021	安谱实验	2015-02-11	3117.80
1987	宁波珈诚生物科技股份有限公司	832022	珈诚生物	2015-02-25	1620.00
1988	田野创新股份有限公司	832023	田野股份	2015-02-13	12000.00
1989	深圳市时代华影科技股份有限公司	832024	时代华影	2015-03-10	4719.00
1990	江西省川盛科技股份有限公司	832025	川盛科技	2015-02-10	2618.00
1991	江苏海龙核科技股份有限公司	832026	海龙核科	2015-03-06	3200.00
1992	山东智衡减振科技股份有限公司	832027	智衡减振	2015-02-11	4647.06
1993	北京汇元网科技股份有限公司	832028	汇元科技	2015-02-12	3920.00
1994	潍坊金正食品股份有限公司	832029	金正食品	2015-02-11	8000.00
1995	上海皆悦文化影视传媒股份有限公司	832030	皆悦传媒	2015-03-13	1680.00
1996	上海嘉银金融科技股份有限公司	832031	嘉银金科	2015-03-09	5000.00
1997	上海奇想青晨新材料科技股份有限公司	832032	青晨科技	2015-03-06	6000.00
1998	北京九通衢检测技术股份有限公司	832033	九通衢	2015-03-10	1100.00
1999	常德市正阳生物科技股份有限公司	832034	正阳生物	2015-02-12	2910.00
2000	黑龙江天晴干细胞股份有限公司	832035	天晴股份	2015-02-25	6800.00

附录1-6 续表 40 continued

序号	非上市公众公司全称	证券代码	证券简称	挂牌时间	股本总数(万股)
2001	武汉康复得生物科技股份有限公司	832036	康复得	2015-03-12	1120.00
2002	安徽华能医用橡胶制品股份有限公司	832037	华能橡胶	2015-03-06	4200.00
2003	宁夏新龙蓝天科技股份有限公司	832038	宁夏新龙	2015-02-25	1070.00
2004	深圳市科雷特能源科技股份有限公司	832039	科雷特	2015-03-11	1000.00
2005	新疆神木药业股份有限公司	832040	神木药业	2015-03-09	4267.00
2006	北京中兴通软件科技股份有限公司	832041	中兴通科	2015-02-27	11018.00
2007	深圳市高健实业股份有限公司	832042	高健实业	2015-03-23	1085.00
2008	福建卫东环保股份有限公司	832043	卫东环保	2015-02-25	16700.00
2009	洛阳炼化奥油化工股份有限公司	832044	奥油化工	2015-02-25	3919.05
2010	安徽红星药业股份有限公司	832045	红星药业	2015-02-16	1488.00
2011	江苏天安智联科技股份有限公司	832046	天安智联	2015-03-09	2400.00
2012	浙江联洋新材料股份有限公司	832047	联洋新材	2015-03-06	3600.00
2013	江苏三艾国际广告股份有限公司	832048	三艾广告	2015-03-05	647.20
2014	江西省广德环保科技股份有限公司	832049	广德环保	2015-03-05	3375.00
2015	新疆百富餐饮股份有限公司	832050	百富餐饮	2015-02-16	5923.22
2016	经报证券日报投资股份公司	832051	经证投资	2015-02-12	10690.00
2017	新疆紫罗兰餐饮管理股份有限公司	832052	紫罗兰	2015-02-17	830.00
2018	湖州富得利木业股份有限公司	832053	富得利	2015-03-06	3580.00
2019	福建永强岩土股份有限公司	832054	永强岩土	2015-03-03	6262.00
2020	无锡军工智能电气股份有限公司	832055	军工智能	2015-03-02	6550.00
2021	江西春光药品包装材料股份有限公司	832056	春光股份	2015-03-16	2030.00
2022	雅安茶厂股份有限公司	832057	雅安茶厂	2015-03-10	3076.00
2023	北京东联世纪科技股份有限公司	832058	东联科技	2015-03-04	1047.00
2024	江苏欧密格光电科技股份有限公司	832059	欧密格	2015-03-13	4200.00
2025	福建施可瑞医疗科技股份有限公司	832060	施可瑞	2015-03-09	2689.97
2026	贵州贵材创新科技股份有限公司	832061	贵材科技	2015-03-17	3000.00
2027	深圳市爱科赛科技股份有限公司	832062	爱科赛	2015-03-06	1700.00
2028	上海鸿辉光通科技股份有限公司	832063	鸿辉光通	2015-03-05	13000.00
2029	苏州同里印刷科技股份有限公司	832064	同里印刷	2015-03-09	2160.00
2030	江苏乔扬数控设备股份有限公司	832065	乔扬数控	2015-03-25	1800.00
2031	大连和道家具股份有限公司	832066	和道股份	2015-06-09	2480.00
2032	郑州翱翔医药科技股份有限公司	832067	翱翔科技	2015-04-14	3200.00
2033	苏变电气股份有限公司	832068	苏变电气	2015-03-16	6121.03
2034	三明科飞产气新材料股份有限公司	832069	科飞新材	2015-03-03	707.00
2035	江苏磁谷科技股份有限公司	832070	磁谷科技	2015-02-13	6649.28
2036	广州市晶华精密光学股份有限公司	832071	晶华光学	2015-03-05	10000.00
2037	北京紫晶之光科技股份有限公司	832072	紫晶股份	2015-03-05	1450.00
2038	武汉吉和昌化工科技股份有限公司	832073	吉和昌	2015-03-17	4300.00
2039	杭州慧景科技股份有限公司	832074	慧景科技	2015-03-03	2320.00
2040	四川东方水利装备工程股份有限公司	832075	东方水利	2015-03-03	3660.00
2041	山东泰鹏环保材料股份有限公司	832076	泰鹏环保	2015-03-03	5100.00
2042	陕西合成药业股份有限公司	832077	合成药业	2015-03-04	3113.20
2043	烟台泰利汽车模具股份有限公司	832078	泰利模具	2015-03-06	3800.00
2044	广东华邦云计算股份有限公司	832079	华邦云	2015-03-06	4200.00
2045	广西七色珠光材料股份有限公司	832080	七色珠光	2015-03-19	8310.00
2046	江西金利城市矿产股份有限公司	832081	金利股份	2015-03-26	6062.00
2047	山东聚祥机械股份有限公司	832082	聚祥股份	2015-03-11	2328.00
2048	杭州奥默医药股份有限公司	832083	奥默医药	2015-03-10	4517.00
2049	山东深川变频科技股份有限公司	832084	深川股份	2015-03-23	2700.00
2050	北京万古科技股份有限公司	832085	万古科技	2015-03-09	1450.00

附录1—6 续表 41 continued

序号	非上市公众公司全称	证券代码	证券简称	挂牌时间	股本总数(万股)
2051	现在(北京)支付股份有限公司	832086	现在支付	2015-03-09	5779.50
2052	北京市凯伯特建设工程股份有限公司	832087	凯伯特	2015-03-09	2000.00
2053	苏州市姑苏区鑫鑫农村小额贷款股份有限公司	832088	鑫鑫农贷	2015-03-06	40000.00
2054	苏州禾昌聚合材料股份有限公司	832089	禾昌聚合	2015-03-13	6630.00
2055	深圳时代装饰股份有限公司	832090	时代装饰	2015-03-17	9333.00
2056	北京清科科技股份有限公司	832091	清科股份	2015-03-12	675.00
2057	淮安安洁医疗用品股份有限公司	832092	安洁医疗	2015-03-10	1500.00
2058	河北科伦塑料科技股份有限公司	832093	科伦股份	2015-03-05	3660.00
2059	沈阳金昌蓝宇新材料股份有限公司	832094	金昌蓝宇	2015-03-11	7000.00
2060	爱芯环保科技(厦门)股份有限公司	832095	爱芯环保	2015-03-10	1518.00
2061	江苏南铸科技股份有限公司	832096	南铸科技	2015-03-09	3146.00
2062	苏州浩辰软件股份有限公司	832097	浩辰软件	2015-03-17	3245.46
2063	湖南同健大药房连锁股份有限公司	832098	同健股份	2015-03-12	1000.00
2064	新疆火炬燃气股份有限公司	832099	新疆火炬	2015-03-11	10600.00
2065	北京泰利思诺信息技术股份有限公司	832100	泰利思诺	2015-03-09	1200.00
2066	上海浩亚机电股份有限公司	832101	浩亚股份	2015-03-10	2600.00
2067	烟台宏田汽车零部件股份有限公司	832102	宏田股份	2015-03-09	2370.00
2068	山东齐畅冷链物流股份有限公司	832103	齐畅物流	2015-03-20	500.00
2069	杭州诺晟信息技术股份有限公司	832104	诺晟股份	2015-03-26	1000.00
2070	陕西宇宏新能源科技股份有限公司	832105	宇宏新科	2015-03-11	2600.00
2071	广东中设智控科技股份有限公司	832106	中设智控	2015-03-11	5040.00
2072	辽宁达能电气股份有限公司	832107	达能电气	2015-03-11	4380.00
2073	亨达科技集团股份有限公司	832108	亨达科技	2015-03-11	5000.00
2074	山东新港模板工程技术股份有限公司	832109	新港模板	2015-03-11	1000.00
2075	珠海雷特科技股份有限公司	832110	雷特科技	2015-03-09	1800.00
2076	浙江双林机械股份有限公司	832111	双林机械	2015-03-06	5800.00
2077	北京网智天元科技股份有限公司	832112	网智天元	2015-03-10	3000.00
2078	青岛中康国际医疗健康产业股份有限公司	832113	中康国际	2015-03-09	3900.00
2079	广州中爆数字信息科技股份有限公司	832114	中爆数字	2015-03-09	3000.00
2080	北京喜宝动力网络技术股份有限公司	832115	喜宝动力	2015-03-10	600.00
2081	珠海天岳科技股份有限公司	832116	天岳科技	2015-03-06	500.00
2082	苏州腾冉电气设备股份有限公司	832117	腾冉电气	2015-03-09	2000.00
2083	山东华网智能科技股份有限公司	832118	华网智能	2015-03-10	2300.00
2084	烟台路通精密科技股份有限公司	832119	路通精密	2015-03-19	6000.00
2085	中山永辉化工股份有限公司	832120	永辉股份	2015-03-12	3000.00
2086	上海六晶科技股份有限公司	832121	六晶科技	2015-03-10	1000.00
2087	山东泽辉新材料股份有限公司	832122	泽辉股份	2015-03-17	4054.54
2088	环球石材(东莞)股份有限公司	832123	环球石材	2015-03-26	30750.00
2089	南京东南工业装备股份有限公司	832124	东南股份	2015-03-13	860.00
2090	青岛乐克玻璃科技股份有限公司	832125	乐克科技	2015-03-11	3528.00
2091	浙江康乐药业股份有限公司	832126	康乐药业	2015-03-16	6000.00
2092	上海谊熙加品牌管理股份有限公司	832127	谊熙加	2015-03-13	1112.00
2093	苏州喜之家母婴护理服务股份有限公司	832128	喜之家	2015-03-16	1575.00
2094	新兴(铁岭)药业股份有限公司	832129	新兴药业	2015-03-17	6337.40
2095	四川圣迪乐村生态食品股份有限公司	832130	圣迪乐村	2015-03-23	4806.66
2096	深圳市斯盛能源股份有限公司	832131	斯盛能源	2015-03-13	1800.00
2097	河南民正农牧股份有限公司	832132	民正农牧	2015-03-18	5850.00
2098	上海天涌影视传媒股份有限公司	832133	天涌影视	2015-03-10	2658.08
2099	宇都供应链(山东)股份有限公司	832134	宇都股份	2015-03-20	1400.00
2100	云宏信息科技股份有限公司	832135	云宏信息	2015-03-12	7600.00

附录1–6 续表 42 continued

序号	非上市公众公司全称	证券代码	证券简称	挂牌时间	股本总数(万股)
2101	杭州蓝天园林生态科技股份有限公司	832136	蓝天园林	2015-03-24	12780.00
2102	安徽罗伯特科技股份有限公司	832137	罗伯特	2015-03-31	5950.00
2103	中衡保险公估股份有限公司	832138	中衡股份	2015-03-13	3430.00
2104	江苏沃田农业股份有限公司	832139	沃田农业	2015-03-16	6328.00
2105	广州戈兰迪新材料股份有限公司	832140	戈兰迪	2015-03-20	1500.00
2106	江苏燎原环保科技股份有限公司	832141	燎原环保	2015-03-13	3875.00
2107	深圳新为软件股份有限公司	832142	新为股份	2015-03-12	840.00
2108	深圳市海昌华海运股份有限公司	832143	海昌华	2015-03-10	11500.00
2109	南京软智科技股份有限公司	832144	软智科技	2015-03-13	2500.00
2110	北京恒合信业技术股份有限公司	832145	恒合股份	2015-03-12	4550.00
2111	洛阳德平科技股份有限公司	832146	德平科技	2015-03-12	2000.00
2112	浙江斯菱汽车轴承股份有限公司	832147	斯菱股份	2015-03-18	2270.00
2113	山东云媒软件股份有限公司	832148	云媒股份	2015-03-16	2109.19
2114	利尔达科技集团股份有限公司	832149	利尔达	2015-03-24	15340.00
2115	晋华和佐(厦门)食品股份有限公司	832150	和佐股份	2015-03-12	4200.00
2116	云南海潮集团听牧肉牛产业股份有限公司	832151	听牧肉牛	2015-03-16	4200.00
2117	昆山华富新材料股份有限公司	832152	华富股份	2015-03-16	4350.00
2118	浙江新邦建设股份有限公司	832153	新邦股份	2015-03-16	15680.00
2119	广东文灿压铸股份有限公司	832154	文灿股份	2015-03-18	16500.00
2120	湖北卫东化工股份有限公司	832155	卫东化工	2015-03-17	3600.00
2121	上海强田液压股份有限公司	832156	强田液压	2015-03-19	3800.00
2122	四川龙华光电薄膜股份有限公司	832157	龙华薄膜	2015-03-25	6350.00
2123	汕头市金森源化工股份有限公司	832158	金森源	2015-03-17	609.30
2124	上海合全药业股份有限公司	832159	合全药业	2015-04-03	12927.01
2125	广州红鹰能源科技股份有限公司	832160	红鹰能源	2015-03-12	3400.00
2126	河北金力新能源科技股份有限公司	832161	金力股份	2015-03-12	5000.00
2127	深圳市超思维电子股份有限公司	832162	超思维	2015-03-13	3500.00
2128	深圳市巨潮科技股份有限公司	832163	巨潮科技	2015-03-26	1725.00
2129	洛阳尚柳园林绿化股份有限公司	832164	尚柳园林	2015-03-17	1690.00
2130	江苏九州传动股份有限公司	832165	九州传动	2015-03-13	3588.00
2131	连云港市东海县水晶之都农村小额贷款股份有限公司	832166	晶都农贷	2015-03-12	6000.00
2132	福建宝中海洋工程股份有限公司	832167	宝中海洋	2015-03-17	2200.00
2133	中科招商投资管理集团股份有限公司	832168	中科招商	2015-03-20	180474.63
2134	山东世阳德尔冶金科技股份有限公司	832169	世阳德尔	2015-03-19	1560.00
2135	武汉珞珈德毅科技股份有限公司	832170	德毅科技	2015-03-19	1500.00
2136	河北志晟信息技术股份有限公司	832171	志晟信息	2015-03-23	2446.79
2137	深圳市倍通检测股份有限公司	832172	倍通股份	2015-04-10	1156.80
2138	广东凯林科技股份有限公司	832173	凯林科技	2015-03-26	1300.00
2139	浙江益立胶囊股份有限公司	832174	益立胶囊	2015-04-03	3800.00
2140	平顶山东方碳素股份有限公司	832175	东方碳素	2015-04-02	8500.00
2141	广东顺德三扬科技股份有限公司	832176	三扬股份	2015-03-30	3888.00
2142	江苏晶鑫新材料股份有限公司	832177	晶鑫股份	2015-03-30	5430.00
2143	沈阳递家物流股份有限公司	832178	递家物流	2015-04-07	8559.00
2144	江苏达胜高聚物股份有限公司	832179	达胜股份	2015-03-27	2000.00
2145	绿洲森工股份有限公司	832180	绿洲森工	2015-04-08	12000.00
2146	宁波永成双海汽车部件股份有限公司	832181	永成双海	2015-04-07	3000.00
2147	欧好光电控制技术(上海)股份有限公司	832182	欧好光电	2015-04-14	2100.00
2148	郑州远见安全装备股份有限公司	832183	郑州远见	2015-04-20	3300.00
2149	浙江陆特能源科技股份有限公司	832184	陆特能源	2015-03-30	6300.00
2150	河南双建管桩股份有限公司	832185	双建管桩	2015-03-27	7500.00

附录1-6 续表 43 continued

序号	非上市公众公司全称	证券代码	证券简称	挂牌时间	股本总数(万股)
2151	宁波惠尔顿婴童安全科技股份有限公司	832186	惠尔顿	2015-04-01	2000.00
2152	常州市运控电子股份有限公司	832187	运控电子	2015-03-31	2800.00
2153	深圳科安达电子科技股份有限公司	832188	科安达	2015-04-01	6612.00
2154	河北科瑞达仪器科技股份有限公司	832189	科瑞达	2015-03-30	3500.00
2155	洛阳市河之阳高分子材料股份有限公司	832190	河之阳	2015-04-08	900.00
2156	云南欣绿茶花股份有限公司	832191	欣绿茶花	2015-04-01	2000.00
2157	武汉博晟安全技术股份有限公司	832192	博晟安全	2015-03-31	1000.00
2158	合肥宏晶微电子科技股份有限公司	832193	宏晶科技	2015-04-01	1225.00
2159	江苏蔚联机械股份有限公司	832194	蔚联股份	2015-03-31	4000.00
2160	云南名家智能设备股份有限公司	832195	名家智能	2015-04-02	1500.00
2161	上海秦森园林股份有限公司	832196	秦森园林	2015-04-01	10028.57
2162	湖北丹江电力股份有限公司	832197	丹江电力	2015-04-03	7500.00
2163	安徽中晶光技术股份有限公司	832198	中晶技术	2015-04-07	656.00
2164	北京九方天和新能源技术股份有限公司	832199	九方天和	2015-04-01	1097.00
2165	浙江宝威纺织股份有限公司	832200	宝威纺织	2015-04-07	1009.00
2166	广东澄星无人机股份有限公司	832201	无人机	2015-04-13	3650.00
2167	山东沪鸽口腔材料股份有限公司	832202	沪鸽口腔	2015-04-10	2940.00
2168	江苏华燃油气科技股份有限公司	832203	华燃油气	2015-04-03	1600.00
2169	北京易科势腾科技股份有限公司	832204	易科势腾	2015-03-31	1000.00
2170	河南全宇制药股份有限公司	832205	全宇制药	2015-04-01	5000.00
2171	北京华科飞扬科技股份公司	832206	华科飞扬	2015-04-01	710.00
2172	北京永拓工程咨询股份有限公司	832207	永拓咨询	2015-04-02	2100.00
2173	浙江尔格科技股份有限公司	832208	尔格科技	2015-04-16	6043.00
2174	广东新比克斯实业股份有限公司	832209	新比克斯	2015-04-09	3578.46
2175	宁波科诺铝业股份有限公司	832210	科诺铝业	2015-04-20	1780.00
2176	山东鸿源金属容器科技股份有限公司	832211	鸿源科技	2015-04-01	2810.00
2177	深圳卓尔智联科技股份有限公司	832212	卓尔智联	2015-04-01	3700.00
2178	浙江双森金属科技股份有限公司	832213	双森股份	2015-04-02	1000.00
2179	珠海太川云社区技术股份有限公司	832214	太川股份	2015-04-02	4088.50
2180	新疆瀚盛建设工程股份有限公司	832215	瀚盛建工	2015-04-02	4000.00
2181	深圳市善营自动化股份有限公司	832216	善营股份	2015-04-08	1000.00
2182	徐州丰禾回转支承制造股份有限公司	832217	丰禾支承	2015-04-21	2424.46
2183	德长环保股份有限公司	832218	德长环保	2015-04-13	15450.00
2184	深圳市建装业集团股份有限公司	832219	建装业	2015-04-01	16656.15
2185	海德尔节能技术股份有限公司	832220	海德尔	2015-04-03	8400.00
2186	福建省聚元食品股份有限公司	832221	聚元食品	2015-04-07	3000.00
2187	北京鼎实创新科技股份有限公司	832222	鼎实科技	2015-04-10	750.00
2188	深圳市配天智造装备股份有限公司	832223	配天智造	2015-03-31	3267.00
2189	厦门积硕科技股份有限公司	832224	积硕科技	2015-04-02	1676.00
2190	漯河利通液压科技股份有限公司	832225	利通液压	2015-04-17	4950.00
2191	苏州新阳升科技股份有限公司	832226	新阳升	2015-04-07	575.56
2192	宁波付世光电科技股份有限公司	832227	付世光电	2015-04-03	1450.00
2193	广元市广信农业融资担保股份有限公司	832228	广信担保	2015-04-13	20616.70
2194	江苏孚尔姆焊业股份有限公司	832229	孚尔姆	2015-04-07	2150.00
2195	开封市新伟电子科技股份有限公司	832230	新伟科技	2015-04-01	500.00
2196	河北恒华盛世环保科技股份有限公司	832231	恒盛环保	2015-04-09	4000.00
2197	广东正全科技股份有限公司	832232	正全股份	2015-04-16	1088.50
2198	南京阿法贝文化创意股份有限公司	832233	阿法贝	2015-04-16	1300.00
2199	威海鸿通管材股份有限公司	832234	鸿通管材	2015-04-16	3000.00
2200	中环辽宁工程技术股份有限公司	832235	中环技术	2015-04-15	3000.00

附录1–6 续表 44 continued

序号	非上市公众公司全称	证券代码	证券简称	挂牌时间	股本总数(万股)
2201	山东丰源生物质发电股份公司	832236	丰源股份	2015-04-02	3291.40
2202	无锡美好世界科技股份有限公司	832237	美好世界	2015-04-15	1000.00
2203	锦州康泰润滑油添加剂股份有限公司	832238	康泰股份	2015-04-15	5469.00
2204	广东恒鑫智能装备股份有限公司	832239	恒鑫智能	2015-04-07	2000.00
2205	山西亚森实业股份有限公司	832240	亚森实业	2015-04-09	1001.00
2206	大连亚泰科技新材料股份有限公司	832241	亚泰科技	2015-04-07	769.50
2207	武汉现代精工机械股份有限公司	832242	现代精工	2015-04-10	1149.00
2208	焦作力合节能装备股份有限公司	832243	力合节能	2015-04-07	6700.00
2209	平顶山佳瑞高科实业股份有限公司	832244	佳瑞高科	2015-04-07	9800.00
2210	慧翰微电子股份有限公司	832245	慧翰股份	2015-04-03	5000.00
2211	深圳市润天智数字设备股份有限公司	832246	润天智	2015-04-15	5344.00
2212	苏州晶品新材料股份有限公司	832247	晶品新材	2015-04-09	1030.00
2213	浙江安正科技股份有限公司	832248	安正科技	2015-04-10	2690.00
2214	深圳普点信息科技股份有限公司	832249	普点科技	2015-04-10	500.00
2215	安徽铜都流体科技股份有限公司	832250	铜都流体	2015-04-07	5700.00
2216	上海众深科技股份有限公司	832251	众深股份	2015-04-13	1824.60
2217	天津荣进睿达物流股份有限公司	832252	荣进睿达	2015-04-07	650.00
2218	苏州万琦威电子股份有限公司	832253	万琦威	2015-04-07	1125.65
2219	安徽万安环境科技股份有限公司	832254	万安环境	2015-04-07	15050.00
2220	广州建通测绘地理信息技术股份有限公司	832255	建通测绘	2015-04-09	3600.00
2221	深圳市大乘科技股份有限公司	832256	大乘科技	2015-04-10	2200.60
2222	吉林省正和药业集团股份有限公司	832257	正和药业	2015-04-14	8400.00
2223	广东红太阳传媒股份有限公司	832258	太阳传媒	2015-04-13	2030.00
2224	南京鸿发有色金属制造股份有限公司	832259	鸿发有色	2015-04-20	4280.00
2225	内蒙古瑞特优化科技股份有限公司	832260	瑞特股份	2015-04-20	3000.00
2226	湖北鑫鹰环保科技股份有限公司	832261	鑫鹰科技	2015-04-13	6000.00
2227	四川德惠商业股份有限公司	832262	德惠商业	2015-04-10	6000.00
2228	美亚高新材料股份有限公司	832263	美亚高新	2015-04-08	3283.69
2229	普克科技(苏州)股份有限公司	832264	普克科技	2015-04-08	2500.00
2230	芍花堂国药股份有限公司	832265	芍花堂	2015-04-14	7000.00
2231	首帆动力科技股份有限公司	832266	首帆动力	2015-04-17	5000.00
2232	北京诺君安信息技术股份有限公司	832267	诺君安	2015-04-08	1965.00
2233	山东鑫秋农业科技股份有限公司	832268	鑫秋农业	2015-04-20	13336.00
2234	广东耶萨智能科技股份有限公司	832269	耶萨智能	2015-04-13	2000.00
2235	广东骏驰科技股份有限公司	832270	骏驰科技	2015-04-13	4340.00
2236	苏州威绾精密机械股份有限公司	832271	威绾股份	2015-04-13	900.00
2237	大连龙图信息技术股份有限公司	832272	龙图信息	2015-04-30	1000.00
2238	大连华鹰玻璃股份有限公司	832273	华鹰玻璃	2015-04-08	2500.00
2239	广州佳时达软件股份有限公司	832274	佳时达	2015-04-10	2777.78
2240	新疆敦华石油技术股份有限公司	832275	敦华石油	2015-04-14	1000.00
2241	翔宇药业股份有限公司	832276	翔宇药业	2015-04-17	8400.00
2242	苏州金泉新材料股份有限公司	832277	金泉股份	2015-04-08	4000.26
2243	江苏鹿得医疗电子股份有限公司	832278	鹿得医疗	2015-04-20	8525.00
2244	北京三川世纪能源科技股份公司	832279	三川能源	2015-04-09	3010.00
2245	创元期货股份有限公司	832280	创元期货	2015-04-09	12000.00
2246	广东和氏自动化技术股份有限公司	832281	和氏技术	2015-04-20	3800.00
2247	江苏智途科技股份有限公司	832282	智途科技	2015-04-21	2336.25
2248	杭州天丰电源股份有限公司	832283	天丰电源	2015-04-09	5500.00
2249	北京贝达化工股份有限公司	832284	贝达化工	2015-04-14	2100.00
2250	江苏瑞恩电气股份有限公司	832285	瑞恩电气	2015-04-10	6000.00

附录1-6 续表 45 continued

序号	非上市公众公司全称	证券代码	证券简称	挂牌时间	股本总数(万股)
2251	山东凯翔生物化工股份有限公司	832286	凯翔生物	2015-04-15	2860.00
2252	深圳市金凯新瑞光电股份有限公司	832287	金凯光电	2015-04-14	6835.00
2253	西安三人行传媒网络科技股份有限公司	832288	三人行	2015-04-21	3700.00
2254	沧州运输集团股份公司	832289	沧运集团	2015-04-10	10000.00
2255	新疆金双猫化工股份有限公司	832290	双猫股份	2015-04-15	1210.30
2256	河北中泊防爆工具集团股份有限公司	832291	中泊防爆	2015-04-17	8000.00
2257	扬州曙光电缆股份有限公司	832292	曙光电缆	2015-04-22	22480.00
2258	浙江日高智能机械股份有限公司	832293	日高股份	2015-04-22	1520.00
2259	河北鑫乐医疗器械科技股份有限公司	832294	鑫乐医疗	2015-04-16	2600.00
2260	安徽富泰发饰文化股份有限公司	832295	富泰股份	2015-04-16	9000.00
2261	天维尔信息科技股份有限公司	832296	天维尔	2015-04-13	6780.00
2262	海南新生飞翔文化传媒股份有限公司	832297	新生飞翔	2015-04-22	33000.00
2263	山东菲达电力电缆股份有限公司	832298	菲缆股份	2015-04-15	3760.00
2264	新疆石大科技股份有限公司	832299	石大科技	2015-04-16	3680.00
2265	河南宏源车轮股份有限公司	832300	宏源车轮	2015-04-16	14737.40
2266	南通三信塑胶装备科技股份有限公司	832301	三信科技	2015-04-20	1181.28
2267	江苏世昌农牧股份有限公司	832302	世昌股份	2015-04-15	2270.00
2268	山东广安车联科技股份有限公司	832303	广安车联	2015-04-15	2000.00
2269	武汉纽威晨创科技发展股份有限公司	832304	纽威科技	2015-04-27	2734.41
2270	保定市东利机械制造股份有限公司	832305	东利机械	2015-04-17	11000.00
2271	山东崇峻房地产经纪股份有限公司	832306	崇峻股份	2015-04-22	551.00
2272	常州中航蜂窝新材料股份有限公司	832307	中航蜂窝	2015-04-17	500.00
2273	山东旺盛园林股份有限公司	832308	旺盛园林	2015-04-17	4400.00
2274	河北凯翔电气科技股份有限公司	832309	凯翔科技	2015-04-21	4500.00
2275	新疆威奥科技股份有限公司	832310	威奥科技	2015-04-21	4000.00
2276	苏州兆科电子股份有限公司	832311	兆科电子	2015-04-14	500.00
2277	深圳市领耀东方科技股份有限公司	832312	领耀科技	2015-04-17	4400.00
2278	北京汉能华科技股份有限公司	832313	汉能华	2015-04-16	500.00
2279	青岛四砂泰益超硬研磨股份有限公司	832314	四砂泰益	2015-04-15	3022.80
2280	四川君和环保股份有限公司	832315	君和环保	2015-04-17	2459.40
2281	吉林省添正医药股份有限公司	832316	添正医药	2015-04-15	7000.00
2282	观典防务技术股份有限公司	832317	观典防务	2015-04-15	11875.00
2283	天津市广通信息技术工程股份有限公司	832318	广通股份	2015-04-14	500.00
2284	青岛华仁物业股份有限公司	832319	华仁物业	2015-04-16	1000.00
2285	安徽大富装饰股份有限公司	832320	大富装饰	2015-04-17	6880.00
2286	东莞市福华健康管理股份有限公司	832321	福华股份	2015-04-16	500.00
2287	东台市凯润精密机械股份有限公司	832322	凯润精密	2015-04-13	1019.00
2288	无锡聚丰数控金属制品股份有限公司	832323	聚丰股份	2015-04-16	800.00
2289	岳阳金瀚高新技术股份有限公司	832324	金瀚高新	2015-04-14	1300.00
2290	浙江捷尚视觉科技股份有限公司	832325	捷尚股份	2015-04-17	3675.00
2291	华清安泰(北京)科技股份有限公司	832326	华清安泰	2015-04-17	900.00
2292	烟台海颐软件股份有限公司	832327	海颐软件	2015-04-20	4350.00
2293	安泰生物工程股份有限公司	832328	安泰生物	2015-04-22	6800.00
2294	云南吉成园林科技股份有限公司	832329	吉成园林	2015-04-15	5975.00
2295	芜湖市中天管桩股份有限公司	832330	中天管桩	2015-04-16	8500.00
2296	厦门高士达科技股份有限公司	832331	高士达	2015-04-14	1180.00
2297	甘肃巨鹏清真食品股份有限公司	832332	巨鹏食品	2015-04-28	7255.00
2298	天津渤商大百商贸股份有限公司	832333	渤商大百	2015-04-15	1300.00
2299	江苏金呢工程织物股份有限公司	832334	金呢股份	2015-04-20	8946.35
2300	山东科立森生物股份有限公司	832335	科立森	2015-04-17	500.00

附录1-6 续表 46 continued

序号	非上市公众公司全称	证券代码	证券简称	挂牌时间	股本总数(万股)
2301	哈尔滨广顺小额贷款股份有限公司	832336	广顺小贷	2015-04-22	20000.00
2302	环渤海金岸(天津)集团股份有限公司	832337	环渤海	2015-05-12	19634.40
2303	北京博克森传媒科技股份有限公司	832338	博克森	2015-04-15	1230.00
2304	北京远大宏略科技股份有限公司	832339	远大宏略	2015-04-16	560.00
2305	北京国联视讯信息技术股份有限公司	832340	国联股份	2015-04-23	2875.00
2306	南京常荣声学股份有限公司	832341	常荣声学	2015-04-20	2500.00
2307	青岛思普润水处理股份有限公司	832342	思普润	2015-04-20	6400.00
2308	天长市秦栏小额贷款股份有限公司	832343	天秦小贷	2015-04-20	10000.00
2309	罗美特(上海)自动化仪表股份有限公司	832344	罗美特	2015-04-17	2000.00
2310	北京海泰斯工程设备股份有限公司	832345	海泰斯	2015-04-17	1800.00
2311	山西汾西电子科技股份有限公司	832346	汾西电子	2015-04-23	1400.00
2312	太原矿机电气股份有限公司	832347	太矿电气	2015-05-07	4000.00
2313	新疆双色港农业投资股份有限公司	832348	双色港	2015-04-29	2620.00
2314	武汉武新电气科技股份有限公司	832349	武新电气	2015-04-23	6000.00
2315	河南曙光汇知康生物科技股份有限公司	832350	汇知康	2015-04-23	600.00
2316	上海美力新建筑装饰股份有限公司	832351	美力新	2015-04-23	1100.00
2317	安徽瑞格电梯服务股份有限公司	832352	瑞格股份	2015-04-27	1587.14
2318	湖北益泰药业股份有限公司	832353	益泰药业	2015-04-22	9391.00
2319	益阳湘运集团股份有限公司	832354	益运股份	2015-04-21	5400.00
2320	山东动脉智能科技股份有限公司	832355	动脉智能	2015-05-08	1239.50
2321	常熟市金华机械股份有限公司	832356	金华机械	2015-04-20	2000.00
2322	益通天然气股份有限公司	832357	益通股份	2015-04-22	25110.98
2323	江西省一保通信息科技股份有限公司	832358	一保通	2015-04-22	811.60
2324	浙江益森科技股份有限公司	832359	益森科技	2015-04-28	5500.00
2325	河北智达光电科技股份有限公司	832360	智达光电	2015-05-04	2800.00
2326	北京众智同辉科技股份有限公司	832361	众智同辉	2015-04-22	3300.00
2327	佩蒂动物营养科技股份有限公司	832362	佩蒂股份	2015-04-23	5800.00
2328	宁波索科纺织股份有限公司	832363	索科股份	2015-04-23	1043.00
2329	太仓兴宇印刷包装股份有限公司	832364	兴宇包装	2015-04-23	1100.00
2330	开勒环境科技(上海)股份有限公司	832365	开勒环境	2015-04-21	2000.00
2331	广西英伦信息技术股份有限公司	832366	英伦信息	2015-04-21	1000.00
2332	北京慧图科技股份有限公司	832367	慧图科技	2015-04-22	5000.00
2333	厦门佳创科技股份有限公司	832368	佳创科技	2015-04-21	1200.00
2334	江苏神农灭菌设备股份有限公司	832369	江苏神农	2015-04-22	1045.00
2335	河北博柯莱智能装备科技股份有限公司	832370	博柯莱	2015-04-22	2800.00
2336	北京国环莱茵环保科技股份有限公司	832371	莱茵环保	2015-04-22	1200.00
2337	西藏金凯新能源股份有限公司	832372	西藏能源	2015-04-14	3000.00
2338	许昌美特桥架股份有限公司	832373	美特桥架	2015-05-27	6100.00
2339	江苏丽岛新材料股份有限公司	832374	丽岛新材	2015-05-13	15666.00
2340	江苏宝达汽车股份有限公司	832375	宝达股份	2015-04-30	2520.00
2341	承德天原药业股份有限公司	832376	天原药业	2015-05-06	5100.00
2342	江苏创一佳照明股份有限公司	832377	创一佳	2015-05-12	11858.60
2343	广州利昂建筑设计股份有限公司	832378	利昂设计	2015-04-30	1180.00
2344	河南鑫融基金控股份有限公司	832379	鑫融基	2015-04-30	163900.00
2345	黑龙江鲁冀管业股份有限公司	832380	鲁冀股份	2015-04-29	5100.00
2346	大连旅顺国汇小额贷款股份有限公司	832381	国汇小贷	2015-04-30	15000.00
2347	大同开发区阳光小额贷款股份有限公司	832382	阳光小贷	2015-05-11	20000.00
2348	湖北大通互联物流股份有限公司	832383	大通物流	2015-05-05	6000.00
2349	南阳格瑞光电科技股份有限公司	832384	格瑞光电	2015-04-30	873.00
2350	湖南快乐文化传媒股份有限公司	832385	快乐传媒	2015-05-20	3201.00

附录1-6 续表 47 continued

序号	非上市公众公司全称	证券代码	证券简称	挂牌时间	股本总数(万股)
2351	深圳市凯瑞德电子股份有限公司	832386	深凯瑞德	2015-05-04	1800.00
2352	武汉大众口腔门诊部股份有限公司	832387	大众口腔	2015-05-12	2000.00
2353	安徽龙磁科技股份有限公司	832388	龙磁科技	2015-05-05	5300.00
2354	无锡睿思凯科技股份有限公司	832389	睿思凯	2015-05-06	2400.00
2355	内蒙古金海新能源科技股份有限公司	832390	金海股份	2015-05-04	9500.00
2356	江苏润达光伏股份有限公司	832391	润达光伏	2015-05-05	5300.00
2357	天津百控安全科技股份有限公司	832392	百控股份	2015-05-05	3745.00
2358	江苏舒茨测控设备股份有限公司	832393	舒茨股份	2015-05-20	685.00
2359	漳州佳龙科技股份有限公司	832394	佳龙科技	2015-05-04	2243.32
2360	福建闽东电机股份有限公司	832395	闽东电机	2015-05-07	10000.00
2361	开源证券股份有限公司	832396	开源证券	2015-04-30	130000.00
2362	江苏恒神股份有限公司	832397	恒神股份	2015-05-06	123000.00
2363	山东索力得焊材股份有限公司	832398	索力得	2015-05-04	5400.00
2364	宁波公运集团股份有限公司	832399	宁波公运	2015-05-21	16335.00
2365	苏州微缔软件股份有限公司	832400	微缔软件	2015-05-05	500.00
2366	深圳市奥宇节能技术股份有限公司	832401	奥宇节能	2015-05-05	2200.00
2367	上海辉文生物技术股份有限公司	832402	辉文生物	2015-05-06	2264.00
2368	山东德尔智能数码股份有限公司	832403	德尔智能	2015-05-08	500.00
2369	江西兴邦光电股份有限公司	832404	兴邦光电	2015-05-11	2370.00
2370	大连圣锋物联科技股份有限公司	832405	圣锋物联	2015-04-30	1080.00
2371	北京众力德邦科技股份有限公司	832406	众力德邦	2015-05-21	2000.00
2372	山东华翼微电子技术股份有限公司	832407	华翼微	2015-05-06	5925.00
2373	深圳市科瑞普光电股份有限公司	832408	科瑞普光	2015-05-07	1200.00
2374	希雅图(上海)新材料科技股份有限公司	832409	希雅图	2015-05-05	1500.00
2375	新疆科神农业装备科技开发股份有限公司	832410	科神股份	2015-05-11	5000.00
2376	湖南海龙国际智能科技股份有限公司	832411	海龙国际	2015-05-08	1080.00
2377	江苏同益国际物流股份有限公司	832412	同益物流	2015-05-13	2302.50
2378	山东亿盛融资担保股份有限公司	832413	亿盛担保	2015-05-19	22680.00
2379	江苏精湛光电仪器股份有限公司	832414	精湛光电	2015-05-19	3905.52
2380	北京联合普肯工程技术股份有限公司	832415	联合普肯	2015-05-08	1000.00
2381	潍坊华美精细技术陶瓷股份有限公司	832416	华美精陶	2015-05-08	8256.00
2382	无锡报业延嘉创意快印股份有限公司	832417	报业延嘉	2015-05-08	600.00
2383	吉林旭海科技股份有限公司	832418	旭海科技	2015-05-07	500.00
2384	山东路斯宠物食品股份有限公司	832419	路斯股份	2015-05-19	8000.00
2385	江苏优生活传媒科技股份有限公司	832420	优生活	2015-05-29	1000.00
2386	云南世界恐龙谷旅游股份有限公司	832421	恐龙谷	2015-05-22	11000.00
2387	福建福昕软件开发股份有限公司	832422	福昕软件	2015-05-12	3150.00
2388	深圳市德卡科技股份有限公司	832423	德卡科技	2015-05-07	5031.40
2389	广东科海信息科技股份有限公司	832424	科海股份	2015-05-11	3630.00
2390	北京国农基业科技发展股份有限公司	832425	国农基业	2015-05-13	500.00
2391	河南灵佑药业股份有限公司	832426	灵佑药业	2015-05-07	3200.00
2392	新疆天羚绒业科技股份有限公司	832427	天羚绒业	2015-05-12	3000.00
2393	武汉刻度信息科技股份有限公司	832428	刻度信息	2015-05-12	659.27
2394	江苏朗恩斯科技股份有限公司	832429	朗恩斯	2015-05-06	1500.00
2395	浙江中凯科技股份有限公司	832430	中凯股份	2015-05-21	3000.00
2396	广东兴亿海洋生物工程股份有限公司	832431	兴亿海洋	2015-05-15	3780.00
2397	深圳市科列技术股份有限公司	832432	科列技术	2015-07-15	6720.00
2398	亚克医用制品(北京)股份有限公司	832433	亚克股份	2015-05-12	2000.00
2399	浙江三星特种纺织股份有限公司	832434	三星股份	2015-05-19	5000.00
2400	上海俪德照明科技股份有限公司	832435	俪德照明	2015-05-11	1750.00

附录1-6 续表 48 continued

序号	非上市公众公司全称	证券代码	证券简称	挂牌时间	股本总数(万股)
2401	苏州弗克技术股份有限公司	832436	弗克股份	2015-05-12	3000.00
2402	湖南三泰新材料股份有限公司	832437	三泰新材	2015-05-27	4900.00
2403	广西钦州润港林业股份有限公司	832438	润港林业	2015-05-11	3730.00
2404	北京马可正嘉汽车运动股份有限公司	832439	马可正嘉	2015-05-14	2120.00
2405	江苏九天高科技股份有限公司	832440	九天高科	2015-05-13	3008.00
2406	南通合兴铁链股份有限公司	832441	合兴铁链	2015-05-13	1588.00
2407	北京思必拓科技股份有限公司	832442	思必拓	2015-05-08	800.00
2408	景德镇江隆汽车消声器股份有限公司	832443	江隆股份	2015-06-01	2050.00
2409	深圳市蓝海骆驼网络股份有限公司	832444	蓝海骆驼	2015-05-08	1326.00
2410	浙江世博新材料股份有限公司	832445	世博新材	2015-05-21	2000.00
2411	上海三瑞高分子材料股份有限公司	832446	三瑞高材	2015-05-26	3300.00
2412	北京森馥科技股份有限公司	832447	森馥科技	2015-05-18	3590.00
2413	广东佳业食品股份有限公司	832448	佳业股份	2015-05-13	3519.00
2414	深圳市恒宝通光电子股份有限公司	832449	恒宝通	2015-05-18	8000.00
2415	连云港市赣榆区中兴农村小额贷款股份有限公司	832450	中兴农贷	2015-05-13	10500.00
2416	福建神州电子股份有限公司	832451	神州电子	2015-05-12	6185.00
2417	安吉兴华电力管道股份有限公司	832452	兴华股份	2015-05-11	4620.00
2418	广州恒福茶文化股份有限公司	832453	恒福股份	2015-05-18	4817.00
2419	浙江新涛电子科技股份有限公司	832454	新涛科技	2015-06-01	2600.00
2420	苏州传视影视传媒股份有限公司	832455	传视影视	2015-06-30	1660.00
2421	厦门恒坤新材料科技股份有限公司	832456	恒坤股份	2015-05-25	3510.40
2422	宁波技冠智能科技发展股份有限公司	832457	技冠智能	2015-05-13	2000.00
2423	河南红枫种苗股份有限公司	832458	红枫种苗	2015-05-14	5860.00
2424	新疆华澳能源化工股份有限公司	832459	华澳能源	2015-05-26	18000.00
2425	深圳成光兴光电技术股份有限公司	832460	成光兴	2015-05-21	4050.00
2426	西域旅游开发股份有限公司	832461	西域旅游	2015-05-18	9125.00
2427	广州广电计量检测股份有限公司	832462	广电计量	2015-05-13	11000.00
2428	月旭科技(上海)股份有限公司	832463	月旭科技	2015-05-18	1739.16
2429	山东科大机电科技股份有限公司	832464	科大科技	2015-05-18	3162.90
2430	福建众益太阳能科技股份公司	832465	众益科技	2015-05-19	6520.00
2431	山东众和植保机械股份有限公司	832466	山东众和	2015-05-11	2500.00
2432	郑州帝益肥业生态保护工程股份有限公司	832467	帝益生态	2015-05-19	2720.00
2433	上海向明轴承股份有限公司	832468	向明轴承	2015-05-14	1400.00
2434	深圳市富恒新材料股份有限公司	832469	富恒新材	2015-05-20	7000.00
2435	万里运业股份有限公司	832470	万里运业	2015-05-20	6600.00
2436	河北美邦工程科技股份有限公司	832471	美邦科技	2015-05-18	5820.00
2437	广东裕丰食品股份有限公司	832472	裕丰食品	2015-05-21	2000.00
2438	上海欧泰科智能科技股份有限公司	832473	欧泰科	2015-05-15	2400.00
2439	福建卓越鸿昌环保智能装备股份有限公司	832474	卓越鸿昌	2015-07-21	6000.00
2440	浙江欣欣饲料股份有限公司	832475	欣欣饲料	2015-05-22	3722.78
2441	山西柯立沃特环保科技股份有限公司	832476	柯立沃特	2015-05-18	1000.00
2442	北京世纪航凯电力科技股份有限公司	832477	航凯电力	2015-05-12	3700.00
2443	郑州建东科技股份有限公司	832478	建东科技	2015-05-25	4000.00
2444	山西长荣农业科技股份有限公司	832479	长荣农科	2015-05-12	1440.00
2445	上海商会网网络集团股份有限公司	832480	商会网络	2015-05-19	3489.00
2446	张家港鸿盛电子科技股份有限公司	832481	鸿盛科技	2015-05-19	2250.00
2447	甘肃菁茂生态农业科技股份有限公司	832482	菁茂农业	2015-05-18	5953.75
2448	成都普罗米新科技股份有限公司	832483	普罗米新	2015-05-18	1200.00
2449	郴州金晋农牧股份有限公司	832484	金晋农牧	2015-05-18	3400.00
2450	广东中钰科技股份有限公司	832485	中钰科技	2015-05-13	9330.00

附录1—6　续表 49　continued

序号	非上市公众公司全称	证券代码	证券简称	挂牌时间	股本总数(万股)
2451	苏州久美玻璃钢股份有限公司	832486	久美股份	2015-05-19	4500.00
2452	汉得利(常州)电子股份有限公司	832487	汉得利	2015-05-19	3750.00
2453	山东奔腾漆业股份有限公司	832488	奔腾股份	2015-05-11	5310.00
2454	西安济邦生态科技股份有限公司	832489	济邦生态	2015-05-26	1875.00
2455	宜春金洋新材料股份有限公司	832490	金洋新材	2015-05-21	5520.00
2456	广东奥迪威传感科技股份有限公司	832491	奥迪威	2015-05-18	10050.00
2457	上海金蓝络科技信息系统股份有限公司	832492	金蓝络	2015-05-25	1000.00
2458	珠海港信息技术股份有限公司	832493	珠海港信	2015-05-19	5100.00
2459	北京首航直升机股份有限公司	832494	首航直升	2015-05-22	42000.00
2460	广东精铟海洋工程股份有限公司	832495	精铟海工	2015-05-14	5625.00
2461	北京首创博桑环境科技股份有限公司	832496	首创博桑	2015-05-18	7000.00
2462	上海安技智能科技股份有限公司	832497	安技智能	2015-05-19	1001.00
2463	深圳市明源软件股份有限公司	832498	明源软件	2015-06-19	4000.00
2464	铜陵天海流体控制股份有限公司	832499	天海流体	2015-05-27	1292.50
2465	宁波祥路汽车部件股份有限公司	832500	祥路股份	2015-06-04	1000.00
2466	广东中星科技股份有限公司	832501	中星科技	2015-05-28	1005.00
2467	圆融光电科技股份有限公司	832502	圆融科技	2015-06-16	24157.00
2468	辽宁华鼎科技股份有限公司	832503	华鼎科技	2015-05-28	2222.00
2469	深圳市科威特斯特科技股份有限公司	832504	科威股份	2015-06-02	800.00
2470	陕西运维电力股份有限公司	832505	运维电力	2015-05-28	3189.00
2471	浙江美通筑路机械股份有限公司	832506	美通筑机	2015-05-26	5261.10
2472	上海晶宇环境工程股份有限公司	832507	晶宇环境	2015-05-22	2134.00
2473	山东白马永诚数控机床股份有限公司	832508	白马数控	2015-05-29	800.00
2474	浙江华光胶囊股份有限公司	832509	华光胶囊	2015-05-22	1008.00
2475	江苏星月测绘科技股份有限公司	832510	星月科技	2015-05-25	2100.00
2476	河南科益气体股份有限公司	832511	科益气体	2015-06-09	6400.00
2477	江苏万舜保险代理股份有限公司	832512	万舜股份	2015-05-25	1000.00
2478	广东汇群中药饮片股份有限公司	832513	汇群中药	2015-05-26	3232.89
2479	杭州华旺新材料科技股份有限公司	832514	华旺股份	2015-05-26	7550.00
2480	深圳市易瑞来科技股份有限公司	832515	易瑞来	2015-05-27	300.00
2481	重庆罗曼耐磨新材料股份有限公司	832516	罗曼新材	2015-05-27	1422.60
2482	常熟联邦化工股份有限公司	832517	联邦化工	2015-05-27	9024.00
2483	浙江佳汇建筑设计股份有限公司	832518	佳汇设计	2015-05-29	1000.00
2484	湖南中通电气股份有限公司	832519	中通电气	2015-06-15	3460.00
2485	杭州环申包装新材料股份有限公司	832520	环申包装	2015-05-28	1820.00
2486	深圳市合一康生物科技股份有限公司	832521	合一康	2015-05-26	4080.00
2487	邢台纳科诺尔精轧科技股份有限公司	832522	纳科诺尔	2015-05-28	4000.00
2488	新疆天山黑蜂产业股份有限公司	832523	天山黑蜂	2015-05-28	2586.25
2489	北京尚洋易捷信息技术股份有限公司	832524	尚洋信息	2015-06-03	1100.00
2490	宁波德业变频技术股份有限公司	832525	德业变频	2015-05-29	6000.00
2491	深圳市鸿普森科技股份有限公司	832526	鸿普森	2015-06-15	2180.00
2492	深圳市恒康达国际食品股份有限公司	832527	恒康达	2015-05-28	500.00
2493	南京斯迈柯特种金属装备股份有限公司	832528	斯迈柯	2015-05-29	7395.00
2494	深圳市裕农科技股份有限公司	832529	裕农科技	2015-06-04	600.00
2495	长沙麦融高科股份有限公司	832530	麦融高科	2015-06-11	1868.00
2496	河南元丰科技网络股份有限公司	832531	元丰科技	2015-05-28	1442.70
2497	淄博大亚金属科技股份有限公司	832532	大亚股份	2015-06-12	7200.00
2498	贵州利美康外科医院股份有限公司	832533	利美康	2015-06-04	3666.00
2499	江苏东宝农化股份有限公司	832534	东宝股份	2015-05-29	3060.00
2500	宁夏润龙包装新材料股份有限公司	832535	润龙包装	2015-06-02	1650.00

附录1-6 续表 50 continued

序号	非上市公众公司全称	证券代码	证券简称	挂牌时间	股本总数(万股)
2501	北京科创京成科技股份有限公司	832536	京成科技	2015-05-26	1800.00
2502	洁华控股股份有限公司	832537	洁华控股	2015-06-03	5000.00
2503	四川远方高新装备零部件股份有限公司	832538	远方装备	2015-06-02	2516.00
2504	江苏新广联光电股份有限公司	832539	新广联	2015-05-27	3000.00
2505	江苏康沃动力科技股份有限公司	832540	康沃动力	2015-06-03	7975.00
2506	镇江新区固废处置股份有限公司	832541	镇江固废	2015-06-10	3600.00
2507	山东金软科技股份有限公司	832542	金软科技	2015-06-11	3000.00
2508	衡阳鸿大特种钢管股份有限公司	832543	鸿大股份	2015-06-01	1566.75
2509	湖北怡莲蚕桑科技股份有限公司	832544	怡莲蚕桑	2015-06-09	1100.00
2510	广州市三川田文化科技股份有限公司	832545	三川田	2015-06-04	2200.00
2511	广东科富科技股份有限公司	832546	科富股份	2015-06-01	2048.48
2512	上海利策科技股份有限公司	832547	利策科技	2015-06-02	4500.00
2513	安徽金泉生物科技股份有限公司	832548	金泉科技	2015-06-10	1600.00
2514	苏州船用动力系统股份有限公司	832549	苏船动力	2015-06-29	4500.00
2515	江苏双盛锌业股份有限公司	832550	双盛锌业	2015-05-28	2330.00
2516	江苏中诚印染股份有限公司	832551	中诚印染	2015-06-01	5000.00
2517	辽宁华隆电力科技股份有限公司	832552	华隆电力	2015-06-02	5828.28
2518	湖南新财智文化传媒股份有限公司	832553	新财智	2015-06-03	1000.00
2519	安徽宁国晨光精工股份有限公司	832554	晨光精工	2015-06-05	2594.00
2520	宁夏金宇浩兴农牧业股份有限公司	832555	金宇农牧	2015-06-03	12000.00
2521	山东宏力热泵能源股份有限公司	832556	宏力能源	2015-06-05	6500.00
2522	湖南智多星软件股份有限公司	832557	智多星	2015-06-05	1000.00
2523	甘肃爽口源生态科技股份有限公司	832558	爽口源	2015-06-11	3500.00
2524	浙江熊猫乳业集团股份有限公司	832559	熊猫乳业	2015-06-16	7700.00
2525	浙江立泰复合材料股份有限公司	832560	浙江立泰	2015-06-09	1411.73
2526	甘肃天奇植物科技股份有限公司	832561	天奇科技	2015-06-12	4128.00
2527	广东盈嘉科技工程发展股份有限公司	832562	盈嘉科技	2015-07-01	2187.43
2528	重庆帮豪种业股份有限公司	832563	帮豪种业	2015-06-08	10800.00
2529	山东富特能源管理股份有限公司	832564	富特股份	2015-06-05	2389.00
2530	重庆松德再生资源股份有限公司	832565	松德资源	2015-06-12	3000.00
2531	四川梓檀宫药业股份有限公司	832566	梓檀宫	2015-06-08	5675.88
2532	福建伟志工程勘测股份有限公司	832567	伟志股份	2015-06-05	840.00
2533	上海阿波罗机械股份有限公司	832568	阿波罗	2015-06-17	11667.56
2534	郑州腾升装饰股份有限公司	832569	腾升装饰	2015-06-05	5000.00
2535	北京蓝海华业科技股份有限公司	832570	蓝海科技	2015-06-12	3662.58
2536	厦门鑫点击网络科技股份有限公司	832571	点击网络	2015-06-08	6800.00
2537	上海青禾服装股份有限公司	832572	上海青禾	2015-06-08	1000.00
2538	山东地瑞科森能源技术股份有限公司	832573	地瑞科森	2015-06-08	1000.00
2539	浙江亨戈机械股份有限公司	832574	亨戈股份	2015-06-09	4050.00
2540	深圳市云迅通科技股份有限公司	832575	云迅通	2015-06-11	2300.00
2541	河南振新生物技术股份有限公司	832576	振新生物	2015-06-10	1500.00
2542	优美特(北京)环境材料科技股份公司	832577	优美特	2015-06-10	2500.00
2543	建科机械(天津)股份有限公司	832578	建科机械	2015-06-10	6600.00
2544	浙江同兴技术股份有限公司	832579	同兴股份	2015-06-25	2225.00
2545	中绿环保科技股份有限公司	832580	中绿环保	2015-06-15	5500.00
2546	浙江安道设计股份有限公司	832581	安道设计	2015-06-08	1000.00
2547	安徽众源新材料股份有限公司	832582	众源新材	2015-06-11	9330.00
2548	浙江至信新材料股份有限公司	832583	浙江至信	2015-06-09	1500.00
2549	四川观想科技股份有限公司	832584	观想科技	2015-06-10	500.00
2550	山西精英科技股份有限公司	832585	精英科技	2015-06-24	6450.00

附录1—6 续表 51 continued

序号	非上市公众公司全称	证券代码	证券简称	挂牌时间	股本总数(万股)
2551	浙江圣兆药物科技股份有限公司	832586	圣兆药物	2015-06-26	5800.00
2552	上海金杉粮油食品股份有限公司	832587	金杉粮油	2015-06-09	650.00
2553	广东葫芦堡文化科技股份有限公司	832588	葫芦堡	2015-06-08	2070.00
2554	西安比特利光电股份有限公司	832589	比特利	2015-06-11	1500.00
2555	深圳市恒德生物技术股份有限公司	832590	恒德股份	2015-06-09	588.00
2556	威海翔宇环保科技股份有限公司	832591	翔宇科技	2015-06-09	1800.00
2557	襄阳群龙汽车部件股份有限公司	832592	群龙股份	2015-06-09	5000.00
2558	广州森宝电器股份有限公司	832593	森宝电器	2015-06-12	3000.00
2559	江苏联海通信股份有限公司	832594	联海通信	2015-06-11	2499.90
2560	大连海宝生物科技股份有限公司	832595	海宝生物	2015-06-10	1456.00
2561	吉林省迈达医疗器械股份有限公司	832596	迈达医疗	2015-06-08	1398.61
2562	山东中移能节能环保科技股份有限公司	832597	中移能	2015-06-08	10525.00
2563	重庆大野景观创意设计股份有限公司	832598	大野创意	2015-06-10	1285.00
2564	广东皓业青花彩瓷股份有限公司	832599	皓业彩瓷	2015-06-11	3900.00
2565	山东金鸿新材料股份有限公司	832600	金鸿新材	2015-06-09	3000.00
2566	界首市天鸿新材料股份有限公司	832601	天鸿新材	2015-06-19	1420.00
2567	南京泰通科技股份有限公司	832602	泰通科技	2015-06-18	8380.00
2568	青岛懿姿饰品股份有限公司	832603	懿姿股份	2015-06-05	500.00
2569	宁波中源欧佳渔具股份有限公司	832604	中源欧佳	2015-06-15	8500.00
2570	江苏腾达缸泵机械股份有限公司	832605	江苏腾达	2015-06-16	4600.00
2571	河南省日立信股份有限公司	832606	日立信	2015-06-10	4900.00
2572	山东安华生物医药股份有限公司	832607	安华生物	2015-06-08	3100.00
2573	辽宁天禹星科技股份有限公司	832608	天禹星	2015-06-17	4120.00
2574	福建意昂机电股份公司	832609	意昂股份	2015-06-09	2660.00
2575	江苏合海集团股份有限公司	832610	合海股份	2015-06-16	3000.00
2576	海南凯迪网络资讯股份有限公司	832611	凯迪网络	2015-06-11	1035.00
2577	女娲珠宝(北京)股份有限公司	832612	女娲珠宝	2015-06-10	1000.00
2578	四川资博农副产品股份有限公司	832613	资博股份	2015-06-10	1425.00
2579	广东旺大集团股份有限公司	832614	旺大集团	2015-06-11	7650.00
2580	河南双发石油装备制造股份有限公司	832615	双发股份	2015-06-17	5089.00
2581	城光(湖南)节能环保服务股份有限公司	832616	城光节能	2015-06-11	5000.00
2582	北京数码大方科技股份有限公司	832617	数码大方	2015-06-25	4500.00
2583	中能兴科(北京)节能科技股份有限公司	832618	中能兴科	2015-06-30	2700.00
2584	杭州天创环境科技股份有限公司	832619	天创环境	2015-06-12	5250.00
2585	山东中安科技股份有限公司	832620	中安股份	2015-06-09	5180.00
2586	山东三维钢结构股份有限公司	832621	三维钢构	2015-06-09	4000.00
2587	安徽天鹅家纺股份有限公司	832622	天鹅家纺	2015-06-19	3200.00
2588	南京铱迅信息技术股份有限公司	832623	铱迅信息	2015-06-12	2345.00
2589	江苏金智教育信息股份有限公司	832624	金智教育	2015-06-17	2800.00
2590	新疆巴口香农业投资发展股份有限公司	832625	巴口香	2015-06-17	1000.00
2591	上海预言软件股份有限公司	832626	预言软件	2015-06-23	870.00
2592	江苏锦达保税仓储股份有限公司	832627	锦达保税	2015-06-10	3350.00
2593	江苏爱源医疗科技股份有限公司	832628	爱源股份	2015-06-12	1000.00
2594	成都易信达科技股份有限公司	832629	易信达	2015-06-11	5500.00
2595	浙江诺之股份有限公司	832630	诺之股份	2015-06-23	4600.00
2596	河北安泰可耐特冶金科技股份有限公司	832631	安特科技	2015-06-12	1000.00
2597	三门峡德安饲料股份有限公司	832632	德安股份	2015-06-30	4000.00
2598	苏州市伏泰信息科技股份有限公司	832633	伏泰科技	2015-06-16	2662.00
2599	山东赛特电工股份有限公司	832634	赛特电工	2015-06-16	4280.00
2600	北京中捷四方生物科技股份有限公司	832635	中捷四方	2015-07-02	3334.29

附录1-6　续表 52　continued

序号	非上市公众公司全称	证券代码	证券简称	挂牌时间	股本总数(万股)
2601	江苏大运信息科技股份有限公司	832636	大运科技	2015-06-24	900.00
2602	上海华源磁业股份有限公司	832637	华源磁业	2015-06-26	4477.00
2603	广东瓦力网络科技股份有限公司	832638	瓦力科技	2015-06-16	2122.00
2604	北京正和恒基滨水生态环境治理股份有限公司	832639	正和生态	2015-06-16	10780.00
2605	荣成青木高新材料股份有限公司	832640	青木高新	2015-06-26	2270.00
2606	湖北天蓝地绿生态科技股份有限公司	832641	天蓝地绿	2015-06-16	2000.00
2607	山东确信信息产业股份有限公司	832642	确信信息	2015-06-16	647.00
2608	广东华联建设投资管理股份有限公司	832643	广东华联	2015-06-24	2800.00
2609	苏州固泰新材股份有限公司	832644	固泰新材	2015-06-19	1000.00
2610	深圳市高德信通信股份有限公司	832645	高德信	2015-06-23	3200.00
2611	北京讯众通信技术股份有限公司	832646	讯众股份	2015-06-16	1176.47
2612	辽宁北国传媒网络科技股份有限公司	832647	北国传媒	2015-06-18	5000.00
2613	贵州万峰电力股份有限公司	832648	万峰电力	2015-06-19	50000.00
2614	北京医模科技股份有限公司	832649	医模科技	2015-07-01	2625.00
2615	内蒙古赤峰奔腾实业(集团)股份有限公司	832650	奔腾集团	2015-06-24	37097.88
2616	威海市天罡仪表股份有限公司	832651	天罡股份	2015-06-24	4400.00
2617	杭州目乐医疗科技股份有限公司	832652	目乐医疗	2015-06-30	500.00
2618	北京长城金点物联网科技股份有限公司	832653	金点物联	2015-06-29	10000.00
2619	湖北天宜机械股份有限公司	832654	天宜机械	2015-07-06	3190.00
2620	台州市涌艺清洁设备股份有限公司	832655	涌艺股份	2015-06-23	500.00
2621	武汉优力克自动化系统工程股份有限公司	832656	优力克	2015-07-02	900.00
2622	光合文旅控股股份有限公司	832657	光合文旅	2015-06-18	6296.30
2623	湖北特别关注传媒股份有限公司	832658	特别传媒	2015-06-19	3750.00
2624	南京盛航海运股份有限公司	832659	盛航海运	2015-06-26	5278.00
2625	广东恒成科技股份有限公司	832660	恒成股份	2015-06-26	1300.00
2626	北京蓝太平洋科技股份有限公司	832661	蓝太平洋	2015-06-19	1125.63
2627	无锡方盛换热器股份有限公司	832662	方盛股份	2015-06-23	1050.00
2628	武威金苹果农业股份有限公司	832663	金苹果	2015-06-30	12180.00
2629	福建未名信息技术股份有限公司	832664	未名信息	2015-06-24	1500.00
2630	新疆德安环保科技股份有限公司	832665	德安环保	2015-06-24	8940.00
2631	齐鲁银行股份有限公司	832666	齐鲁银行	2015-06-29	284075.00
2632	竹林松大科技股份有限公司	832667	竹林松大	2015-07-14	5000.00
2633	无锡市环境卫生服务股份有限公司	832668	无锡环卫	2015-07-01	500.00
2634	陕西华电树脂股份有限公司	832669	华电股份	2015-07-02	1500.00
2635	杭州数亮科技股份有限公司	832670	数亮科技	2015-06-25	565.00
2636	厦门冠宇科技股份有限公司	832671	冠宇科技	2015-07-01	3706.00
2637	浏阳河农业产业集团股份有限公司	832672	浏阳河	2015-06-30	5700.00
2638	湖北中香农业科技股份有限公司	832673	中香农科	2015-07-08	3000.00
2639	珠海泓利服饰股份有限公司	832674	泓利股份	2015-07-06	7000.00
2640	福达合金材料股份有限公司	832675	福达合金	2015-07-01	7372.00
2641	武汉先路医药科技股份有限公司	832676	先路医药	2015-06-26	1000.00
2642	浙江贵仁信息科技股份有限公司	832677	贵仁科技	2015-06-29	1000.00
2643	湖南众鑫新材料科技股份有限公司	832678	众鑫科技	2015-07-02	3000.00
2644	广州市尚洋文化股份有限公司	832679	尚洋文化	2015-07-07	500.00
2645	张家口长城乳业股份有限公司	832680	长城乳业	2015-06-29	1038.00
2646	苏州宇邦新型材料股份有限公司	832681	宇邦新材	2015-06-26	6950.00
2647	广州像素数据技术股份有限公司	832682	像素数据	2015-06-26	730.00
2648	湖北祥锦汽车转向系统股份有限公司	832683	湖北祥锦	2015-07-08	1200.00
2649	广德天运新技术股份有限公司	832684	天运股份	2015-07-02	10600.00
2650	山西华洋吉禄科技股份有限公司	832685	华洋科技	2015-07-02	2500.00

附录1–6　续表 53　continued

序号	非上市公众公司全称	证券代码	证券简称	挂牌时间	股本总数(万股)
2651	银川育星达科技股份有限公司	832686	育星达	2015-07-02	500.00
2652	江苏京东农业股份有限公司	832687	京东农业	2015-06-29	7430.00
2653	云南福慧科技股份有限公司	832688	福慧科技	2015-07-02	3912.00
2654	东莞市德尔能新能源股份有限公司	832689	德尔能	2015-07-20	3875.14
2655	浙江百固电气科技股份有限公司	832690	百固科技	2015-06-29	2500.00
2656	南通路博石英材料股份有限公司	832691	路博石英	2015-07-01	2700.00
2657	福建文鑫莲业股份有限公司	832692	文鑫莲业	2015-06-26	5000.00
2658	浙江东鼎电子股份有限公司	832693	东鼎股份	2015-07-02	1000.00
2659	北京维冠机电股份有限公司	832694	维冠机电	2015-07-01	3500.00
2660	郑州华航科技股份有限公司	832695	华航科技	2015-07-06	873.00
2661	上海铂宝集团股份有限公司	832696	铂宝集团	2015-07-01	3000.00
2662	新乡市振源电器股份有限公司	832697	振源电器	2015-07-10	5158.00
2663	东阳青雨传媒股份有限公司	832698	青雨传媒	2015-07-03	10400.00
2664	武汉南华工业设备工程股份有限公司	832699	南华工业	2015-07-15	6547.05
2665	卡松科技股份有限公司	832700	卡松科技	2015-07-07	5500.00
2666	武汉银采天纸业股份有限公司	832701	银采天	2015-07-02	3000.00
2667	珠海九通水务股份有限公司	832702	九通水务	2015-07-07	1000.00
2668	沈阳佳德联益能源科技股份有限公司	832703	佳德联益	2015-07-02	2693.83
2669	成都安美科燃气技术股份有限公司	832704	安美科	2015-07-06	2000.00
2670	广州市达瑞生物技术股份有限公司	832705	达瑞生物	2015-07-09	3511.11
2671	北京时代凌宇科技股份有限公司	832706	时代凌宇	2015-07-06	5200.00
2672	南京国豪装饰安装工程股份有限公司	832707	国豪股份	2015-07-21	6908.00
2673	贵州三力制药股份有限公司	832708	三力制药	2015-08-17	11144.46
2674	深圳市达特照明股份有限公司	832709	达特照明	2015-07-07	9789.47
2675	北京志能祥赢节能环保科技股份有限公司	832710	志能祥赢	2015-07-10	23352.00
2676	浙江迪恩生物科技股份有限公司	832711	迪恩生物	2015-07-09	2001.00
2677	上海创侨实业股份有限公司	832712	创侨股份	2015-07-24	1200.00
2678	武汉华莱士工程项目管理股份有限公司	832713	华莱士	2015-07-07	200.00
2679	成都思晗科技股份有限公司	832714	思晗科技	2015-07-14	1389.30
2680	大连华信计算机技术股份有限公司	832715	华信股份	2015-07-15	13470.50
2681	南通跃通机械科技股份有限公司	832716	跃通科技	2015-07-17	4201.93
2682	浙江斯泰新材料科技股份有限公司	832717	斯泰科技	2015-07-14	3180.00
2683	苏州玖隆再生科技股份有限公司	832718	玖隆再生	2015-07-09	2080.00
2684	泉州市诺伊曼信息科技股份公司	832719	诺伊曼	2015-07-09	500.00
2685	重庆兴渝涂料股份有限公司	832720	兴渝股份	2015-07-09	400.00
2686	大连思达新能源股份有限公司	832721	思达新能	2015-07-10	1000.00
2687	上海百胜软件股份有限公司	832722	百胜软件	2015-07-23	5000.00
2688	宁波市五角阻尼股份有限公司	832723	五角阻尼	2015-07-09	530.00
2689	江苏三鑫特殊金属材料股份有限公司	832724	江苏三鑫	2015-07-17	5600.00
2690	宁波时代铝箔科技股份有限公司	832725	时代铝箔	2015-07-07	600.00
2691	艾瑞斯股份有限公司	832726	艾瑞斯	2015-07-22	18000.00
2692	广州市景心科技股份有限公司	832727	景心科技	2015-07-09	1000.00
2693	广东全宝科技股份有限公司	832728	全宝科技	2015-07-10	3000.00
2694	江苏图南合金股份有限公司	832729	图南股份	2015-07-10	13608.00
2695	山东蓝贝思特教装科技股份有限公司	832730	蓝贝股份	2015-07-27	4100.00
2696	浙江精通科技股份有限公司	832731	精通科技	2015-08-11	3157.00
2697	无锡亚夫农业科技股份有限公司	832732	亚夫农业	2015-07-10	600.00
2698	威格气体纯化科技(苏州)股份有限公司	832733	威格科技	2015-07-21	1288.00
2699	福建洁利来智能厨卫股份有限公司	832734	洁利来	2015-07-09	1000.00
2700	江苏德源药业股份有限公司	832735	德源药业	2015-07-14	4382.00

附录1-6 续表 54 continued

序号	非上市公众公司全称	证券代码	证券简称	挂牌时间	股本总数(万股)
2701	山东华鼎伟业能源科技股份有限公司	832736	华鼎股份	2015-07-10	4000.00
2702	恒信玺利实业股份有限公司	832737	恒信玺利	2015-07-10	10279.44
2703	北京天润基业科技发展股份有限公司	832738	天润基业	2015-07-09	1000.00
2704	江苏辰午节能科技股份有限公司	832739	辰午节能	2015-07-09	3900.00
2705	福建省芝星炭业股份有限公司	832740	芝星炭业	2015-07-13	5200.00
2706	上海禾泰特种润滑科技股份有限公司	832741	禾泰股份	2015-07-10	1015.00
2707	常州市博聪儿童用品股份有限公司	832742	博聪股份	2015-07-13	1000.00
2708	福能(平潭)融资租赁股份有限公司	832743	福能租赁	2015-07-03	30000.00
2709	北京瑞风协同科技股份有限公司	832744	瑞风协同	2015-07-15	5901.56
2710	广东奥飞数据科技股份有限公司	832745	奥飞数据	2015-07-15	1142.00
2711	内蒙古长明机械股份有限公司	832746	长明机械	2015-07-17	1500.00
2712	福建吉诺车辆服务股份有限公司	832747	吉诺股份	2015-07-14	6440.00
2713	洛阳豫新工程技术股份有限公司	832748	豫新股份	2015-07-15	1500.00
2714	奎屯市德信燃气股份有限公司	832749	德信股份	2015-07-13	3900.00
2715	佛山市合璟节能环保科技股份有限公司	832750	合璟环保	2015-07-21	601.00
2716	安顺新金秋科技股份有限公司	832751	金秋科技	2015-07-24	3000.00
2717	广州环峰能源科技股份有限公司	832752	环峰能源	2015-07-10	2100.00
2718	上海杰易森股份有限公司	832753	杰易森	2015-07-14	3434.00
2719	商安信(上海)企业管理咨询股份有限公司	832754	商安信	2015-07-17	1500.00
2720	吉林省施泰信息技术股份有限公司	832755	施泰信息	2015-07-15	1250.00
2721	深圳中科君浩科技股份有限公司	832756	中科君浩	2015-07-14	500.00
2722	郑州市景安网络科技股份有限公司	832757	景安网络	2015-07-16	2280.00
2723	浙江鑫甬生物化工股份有限公司	832758	鑫甬生物	2015-08-04	6208.00
2724	福建古甜食品科技股份有限公司	832759	古甜食品	2015-07-16	1600.00
2725	上海君屹工业自动化股份有限公司	832760	上海君屹	2015-07-13	1648.00
2726	上海煜鹏通讯电子股份有限公司	832761	煜鹏通讯	2015-07-15	3000.00
2727	广州市大洋信息技术股份有限公司	832762	大洋信息	2015-07-16	3220.00
2728	中天科盛(上海)企业发展股份有限公司	832763	中天科盛	2015-07-10	4800.00
2729	洛阳德胜生物科技股份有限公司	832764	德胜科技	2015-07-15	1515.80
2730	天津唐邦科技股份有限公司	832765	唐邦科技	2015-08-20	1295.00
2731	江西沃格光电股份有限公司	832766	沃格光电	2015-07-20	6966.67
2732	安徽墨药制药股份有限公司	832767	墨药股份	2015-07-14	2900.00
2733	上海爱可生信息技术股份有限公司	832768	爱可生	2015-07-15	2880.00
2734	广东汕樟轻工机械股份有限公司	832769	汕樟轻工	2015-07-22	3300.00
2735	深圳市赛格导航科技股份有限公司	832770	赛格导航	2015-07-21	6588.00
2736	扬州佳境环境科技股份有限公司	832771	佳境科技	2015-07-16	2260.00
2737	银都餐饮设备股份有限公司	832772	银都股份	2015-07-17	7500.00
2738	山西寰烁电子科技股份有限公司	832773	寰烁股份	2015-07-24	6682.70
2739	武汉森泰环保股份有限公司	832774	森泰环保	2015-07-17	1560.00
2740	新疆永升嘉轩食品股份有限公司	832775	永升嘉轩	2015-07-16	1000.00
2741	雨来智能科技服务(苏州)股份有限公司	832776	雨来科技	2015-07-21	1000.00
2742	兰州华冶技术工程股份有限公司	832777	兰州华冶	2015-07-16	1000.00
2743	重庆多邦科技股份有限公司	832778	多邦科技	2015-07-16	1000.00
2744	北京东方明康医用设备股份有限公司	832779	东方明康	2015-07-16	1000.00
2745	湖南科瑞生物制药股份有限公司	832780	科瑞生物	2015-07-23	5000.00
2746	惠州市伟乐科技股份有限公司	832781	伟乐科技	2015-07-24	6450.00
2747	北京依科曼生物技术股份有限公司	832782	依科曼	2015-07-14	4324.97
2748	黑龙江省恒源食品股份有限公司	832783	恒源食品	2015-07-15	6700.00
2749	好样传媒股份有限公司	832784	好样传媒	2015-07-30	6076.00
2750	安徽国通亿创科技股份有限公司	832785	国通亿创	2015-07-16	1200.00

附录1-6 续表 55 continued

序号	非上市公众公司全称	证券代码	证券简称	挂牌时间	股本总数(万股)
2801	江苏华绿生物科技股份有限公司	832838	华绿生物	2015-07-21	1589.89
2802	成都共同管业集团股份有限公司	832839	共同管业	2015-07-16	2600.00
2803	亚世光电股份有限公司	832840	亚世光电	2015-07-21	5620.00
2804	无锡市天语和声文化传媒股份有限公司	832841	天语和声	2015-07-16	850.00
2805	江苏柯瑞机电工程股份有限公司	832842	柯瑞工程	2015-07-20	4270.00
2806	南京惠通创意展示股份有限公司	832843	惠通创意	2015-07-22	5000.00
2807	赛浪汽车科技(北京)股份有限公司	832844	赛浪股份	2015-07-16	600.00
2808	宁波木村树鞋业股份有限公司	832845	木村树	2015-07-28	1000.00
2809	山东开泰抛丸机械股份有限公司	832846	山东开泰	2015-07-24	6000.00
2810	山西三水能源股份有限公司	832847	三水能源	2015-07-22	2600.00
2811	昆明自动化成套集团股份有限公司	832848	昆自股份	2015-07-24	2400.00
2812	湖南华宽通科技股份有限公司	832849	华宽通	2015-07-24	2132.00
2813	云南大泽电极科技股份有限公司	832850	大泽电极	2015-07-22	5000.00
2814	浙江天杭生物科技股份有限公司	832851	天杭生物	2015-07-20	2000.00
2815	浙江百川导体技术股份有限公司	832852	百川导体	2015-07-20	6000.00
2816	北京电旗通讯技术股份有限公司	832853	电旗股份	2015-07-30	6338.30
2817	陕西紫光新能科技股份有限公司	832854	紫光新能	2015-07-21	3503.00
2818	北京博远欣绿科技股份有限公司	832855	博远欣绿	2015-07-24	615.38
2819	山东一滕新材料股份有限公司	832856	一滕股份	2015-07-22	5250.00
2820	芜湖宏景电子股份有限公司	832857	宏景电子	2015-07-28	8765.00
2821	苏州中信科技股份有限公司	832858	中信科技	2015-07-30	1333.33
2822	成都晨越建设项目管理股份有限公司	832859	晨越建管	2015-07-20	3510.00
2823	深圳海龙精密股份有限公司	832860	海龙精密	2015-07-16	900.00
2824	武汉奇致激光技术股份有限公司	832861	奇致激光	2015-07-24	5000.00
2825	惠柏新材料科技(上海)股份有限公司	832862	惠柏新材	2015-07-30	5620.00
2826	湖南军芃科技股份有限公司	832863	军芃科技	2015-07-30	1000.00
2827	合肥协力仪表控制技术股份有限公司	832864	协力仪控	2015-07-29	2300.00
2828	南京天膜科技股份有限公司	832865	天膜科技	2015-07-21	5100.00
2829	上海博杰科技股份有限公司	832866	博杰科技	2015-07-16	2402.00
2830	长沙瑞捷机械科技股份有限公司	832867	瑞捷股份	2015-07-30	2500.00
2831	深圳金亿帝医疗设备股份有限公司	832868	金亿帝	2015-07-27	1000.00
2832	安徽达尔智能控制系统股份有限公司	832869	达尔智能	2015-07-30	1000.00
2833	重庆博浪塑胶股份有限公司	832870	博浪股份	2015-07-23	1900.00
2834	广东地球村计算机系统股份有限公司	832871	地球村	2015-07-24	1200.00
2835	广东飞新达智能设备股份有限公司	832872	飞新达	2015-08-20	5610.00
2836	广东金奇精化股份有限公司	832873	金奇精化	2015-07-23	3800.00
2837	江西益家食品股份有限公司	832874	益家食品	2015-07-24	2260.00
2838	芜湖富仕德机械股份有限公司	832875	富仕德	2015-07-29	800.00
2839	深圳市慧为智能科技股份有限公司	832876	慧为智能	2015-07-23	2000.00
2840	广东八记食品股份有限公司	832877	八记食品	2015-07-21	2001.60
2841	延边宝利祥蜂业股份有限公司	832878	宝利祥	2015-07-27	1000.00
2842	开瑞国际物流(山东)股份有限公司	832879	开瑞物流	2015-07-20	1100.00
2843	贵州长泰源节能建材股份有限公司	832880	长泰源	2015-07-21	2000.00
2844	秦皇岛燕大源达机电科技股份有限公司	832881	源达股份	2015-07-29	1000.00
2845	吉林省金沙数控机床股份有限公司	832882	金沙数控	2015-07-23	500.00
2846	胜利德润能源股份有限公司	832883	德润能源	2015-07-10	10500.00
2847	浙江瑞晟智能科技股份有限公司	832884	瑞晟智能	2015-07-30	1042.00
2848	桂林星辰科技股份有限公司	832885	星辰科技	2015-07-22	3190.21
2849	浙江依特诺科技股份有限公司	832886	依特诺	2015-07-20	3298.00
2850	苏州克里爱工贸股份有限公司	832887	克里爱	2015-07-23	500.00

附录1-6 续表 56 continued

序号	非上市公众公司全称	证券代码	证券简称	挂牌时间	股本总数(万股)
2851	海南天地人生态农业股份有限公司	832888	天地人	2015-07-27	3725.49
2852	武汉深捷科技股份有限公司	832889	深捷科技	2015-07-23	1780.00
2853	徐州超伟电子股份有限公司	832890	超伟股份	2015-08-04	1397.03
2854	新疆广陆能源科技股份有限公司	832891	广陆科技	2015-07-24	1500.00
2855	厦门捷昕精密科技股份有限公司	832892	捷昕精密	2015-07-22	1500.00
2856	内蒙古宏源农牧业科技股份有限公司	832893	宏源农牧	2015-07-24	4000.00
2857	杭州紫光通信技术股份有限公司	832894	紫光通信	2015-07-27	2500.00
2858	南昌浩瀚数字科技股份有限公司	832895	浩瀚股份	2015-07-31	500.00
2859	道有道(北京)科技股份有限公司	832896	道有道	2015-07-21	8050.00
2860	回头客食品集团股份有限公司	832897	回头客	2015-07-22	20670.00
2861	天地壹号饮料股份有限公司	832898	天地壹号	2015-08-20	41000.00
2862	景津环保股份有限公司	832899	景津环保	2015-07-17	30000.00
2863	福州紫荆动漫游戏股份有限公司	832900	紫荆股份	2015-07-22	525.00
2864	山东孔圣电缆股份有限公司	832901	山东孔圣	2015-07-24	4000.00
2865	福建画龙点睛园林集团股份有限公司	832902	画龙点睛	2015-07-27	2888.00
2866	安庆永强农业科技股份有限公司	832903	永强农业	2015-07-28	1069.00
2867	苏州高登威科技股份有限公司	832904	高登威	2015-07-27	750.00
2868	海南信源小额贷款股份有限公司	832905	信源小贷	2015-07-24	16250.00
2869	杭州指安科技股份有限公司	832906	指安科技	2015-07-30	1550.00
2870	广西宏华生物实业股份有限公司	832907	宏华股份	2015-07-24	3027.15
2871	上海西恩科技股份有限公司	832908	西恩科技	2015-07-23	5379.08
2872	昆明兴海绿化股份有限公司	832909	兴海绿化	2015-07-29	2217.87
2873	河南伊赛牛肉股份有限公司	832910	伊赛牛肉	2015-07-29	13257.81
2874	大庆正方软件科技股份有限公司	832911	正方股份	2015-07-27	1027.00
2875	四川西科种业股份有限公司	832912	西科种业	2015-08-06	11100.00
2876	广东西奥物联网科技股份有限公司	832913	西奥科技	2015-07-24	870.00
2877	广州锐嘉工业股份有限公司	832914	锐嘉工业	2015-07-23	1020.39
2878	河北汉尧环保科技股份有限公司	832915	汉尧环保	2015-07-23	2268.00
2879	唐山京东大健康股份有限公司	832916	京东健康	2015-07-24	4000.00
2880	安徽惠洲地质安全研究院股份有限公司	832917	惠洲院	2015-07-28	2065.00
2881	山东鼎讯智能交通股份有限公司	832918	鼎讯股份	2015-07-28	2000.00
2882	北京世纪龙文品牌管理股份有限公司	832919	世纪龙文	2015-07-24	1750.00
2883	河南去吧看看网络科技股份有限公司	832920	去吧看看	2015-07-27	1466.14
2884	北京博电新力电气股份有限公司	832921	博电电气	2015-07-23	8500.00
2885	安徽亳州浙皖中药饮片股份有限公司	832922	浙皖中药	2015-07-23	1000.00
2886	山东视观察信息科技股份有限公司	832923	视观察	2015-07-31	1600.00
2887	明石创新投资集团股份有限公司	832924	明石创新	2015-07-22	376896.54
2888	克拉玛依市城投鹏基物业股份有限公司	832925	城投鹏基	2015-07-29	552.68
2889	呼伦贝尔恒屹农牧业股份有限公司	832926	恒屹农牧	2015-07-24	1099.00
2890	浙江顶峰影业股份有限公司	832927	顶峰影业	2015-07-23	2509.20
2891	江苏曼氏生物科技股份有限公司	832928	曼氏生物	2015-07-21	1000.00
2892	北京雷石原点互动科技股份有限公司	832929	原点股份	2015-08-04	500.00
2893	江苏徕兹智能装备科技股份有限公司	832930	徕兹科技	2015-07-29	584.80
2894	武汉维特科思教育股份有限公司	832931	维特科思	2015-07-29	1397.85
2895	辽宁永恒实业股份有限公司	832932	永恒股份	2015-07-23	7670.00
2896	湖南九典制药股份有限公司	832933	九典制药	2015-07-24	8058.00
2897	辽宁普天数码股份有限公司	832934	普天数码	2015-07-24	1200.00
2898	河南省黄泛区天鹰缸套股份有限公司	832935	天鹰缸套	2015-07-28	3960.00
2899	郑州万达重工股份有限公司	832936	万达重工	2015-07-23	5407.52
2900	广东宏达印业股份有限公司	832937	宏达印业	2015-07-28	1003.50

附录1−6 续表 57 continued

序号	非上市公众公司全称	证券代码	证券简称	挂牌时间	股本总数(万股)
2901	青岛国林环保科技股份有限公司	832938	国林环保	2015-07-28	3600.00
2902	杭州杨利石化股份有限公司	832939	杨利石化	2015-07-30	900.00
2903	河南红东方化工股份有限公司	832940	东方化工	2015-07-27	5000.00
2904	天津信鸿医疗科技股份有限公司	832941	信鸿医疗	2015-08-03	3000.00
2905	河南名品彩叶苗木股份有限公司	832942	名品彩叶	2015-07-30	3185.55
2906	安徽徽远成电气科技股份有限公司	832943	徽远成	2015-07-28	500.00
2907	南京市雨花台区银信农村小额贷款股份有限公司	832944	银信农贷	2015-07-27	13000.00
2908	淮安市清浦区金长城农村小额贷款股份有限公司	832945	金长城	2015-07-27	11000.00
2909	福鼎白茶股份有限公司	832946	白茶股份	2015-07-24	2900.00
2910	北京意畅科技股份有限公司	832947	意畅科技	2015-07-30	540.51
2911	武汉金牌电工股份有限公司	832948	金牌电工	2015-07-23	5228.00
2912	成都皇家壹号家居艺术股份有限公司	832949	皇家壹号	2015-08-17	2000.00
2913	上海益盟软件技术股份有限公司	832950	益盟股份	2015-07-29	43750.00
2914	湘潭华进科技股份有限公司	832951	华进科技	2015-07-22	1000.00
2915	云南文山坤七药业股份有限公司	832952	坤七药业	2015-07-21	820.00
2916	福建创识科技股份有限公司	832953	创识科技	2015-08-06	3150.00
2917	上海龙创汽车设计股份有限公司	832954	龙创设计	2015-08-04	5802.50
2918	云南七丹药业股份有限公司	832955	七丹药业	2015-07-23	6578.00
2919	中山市光阳游乐科技股份有限公司	832956	光阳游乐	2015-07-23	800.00
2920	无锡矽瑞微电子股份有限公司	832957	矽瑞股份	2015-07-31	1000.00
2921	江西艾芬达暖通科技股份有限公司	832958	艾芬达	2015-07-28	4500.00
2922	上海立昌环境工程股份有限公司	832959	立昌环境	2015-07-27	5600.00
2923	重庆望变电气(集团)股份有限公司	832960	望变电气	2015-07-30	18490.00
2924	铜陵铜官府文化创意股份公司	832961	铜官府	2015-07-30	1010.00
2925	浙江悦居智能科技股份有限公司	832962	悦居智能	2015-07-23	1000.00
2926	河北海鹰环境安全科技股份有限公司	832963	海鹰环境	2015-07-23	4066.00
2927	凯瑞环保科技股份有限公司	832964	凯瑞环保	2015-07-24	6000.00
2928	上海金易久大酒业股份有限公司	832965	金易久大	2015-07-23	625.00
2929	深圳市道尔智控科技股份有限公司	832966	道尔智控	2015-07-29	4049.10
2930	山东利达产业发展股份有限公司	832967	利达发展	2015-08-14	4030.00
2931	杭州东部软件园股份有限公司	832968	东软股份	2015-07-24	5626.00
2932	重庆龙者高新材料股份有限公司	832969	龙者新材	2015-08-17	4050.00
2933	东海证券股份有限公司	832970	东海证券	2015-07-27	167000.00
2934	深圳市卡司通展览股份有限公司	832971	卡司通	2015-08-06	5000.00
2935	黑龙江省中能控制工程股份有限公司	832972	中能股份	2015-07-30	13200.00
2936	上海思亮信息技术股份有限公司	832973	思亮信息	2015-08-06	760.00
2937	广东鲜美种苗股份有限公司	832974	鲜美种苗	2015-07-24	3800.00
2938	广东新凌嘉新能源股份有限公司	832975	新凌嘉	2015-07-31	3705.88
2939	北京富雷实业股份有限公司	832976	富雷实业	2015-07-22	2000.00
2940	上海伊斯曼电气股份有限公司	832977	伊斯曼	2015-07-30	1000.00
2941	湖北开特汽车电子电器系统股份有限公司	832978	开特股份	2015-07-27	13603.80
2942	北京弘润天源生物技术股份有限公司	832979	弘天生物	2015-07-23	4800.00
2943	新疆怡林实业股份有限公司	832980	怡林实业	2015-07-29	1600.00
2944	浙江忠信新型建材股份有限公司	832981	忠信新材	2015-07-27	1388.00
2945	山西锦波生物医药股份有限公司	832982	锦波生物	2015-07-24	2185.00
2946	山东泡宝网络科技股份有限公司	832983	泡宝网	2015-07-28	500.00
2947	成都埃森普特科技股份有限公司	832984	埃森普特	2015-07-24	650.00
2948	重庆必然传媒股份有限公司	832985	必然传媒	2015-07-23	1170.00
2949	河北瑞诺医疗器械股份有限公司	832986	瑞诺医疗	2015-07-24	1000.00
2950	北京牡丹联友环保科技股份有限公司	832987	牡丹联友	2015-08-12	6900.00

附录1-6 续表 58 continued

序号	非上市公众公司全称	证券代码	证券简称	挂牌时间	股本总数(万股)
2951	力软科技(大连)股份有限公司	832988	力软科技	2015-07-28	500.00
2952	沈阳鑫博工业技术股份有限公司	832989	鑫博技术	2015-08-04	4600.00
2953	无锡创达新材料股份有限公司	832990	创达新材	2015-07-24	3000.00
2954	吉林亚融科技股份有限公司	832991	亚融科技	2015-07-31	13600.00
2955	山东神戎电子股份有限公司	832992	神戎电子	2015-11-04	3100.00
2956	深圳市高飞创新技术集团股份有限公司	832993	高飞集团	2015-07-29	1500.00
2957	新疆德康慈惠健康服务集团股份有限公司	832994	慈惠健康	2015-07-28	3300.00
2958	广东杰创智能科技股份有限公司	832995	杰创智能	2015-07-24	3118.00
2959	苏州开元民生科技股份有限公司	832996	民生科技	2015-07-30	3300.00
2960	苏州宝丽洁纳米材料科技股份有限公司	832997	宝丽洁	2015-07-29	4065.00
2961	深圳市雅昌科技股份有限公司	832998	雅昌股份	2015-07-28	3546.49
2962	深圳市法本信息技术股份有限公司	832999	法本信息	2015-07-27	2050.00
2963	杭州海皇科技股份有限公司	833000	海皇科技	2015-07-27	3000.00
2964	新疆三江实业股份有限公司	833001	三江股份	2015-08-07	15800.00
2965	珠海保税区星汉智能卡股份有限公司	833002	星汉股份	2015-09-07	2000.00
2966	东莞缔奇智能股份有限公司	833003	缔奇智能	2015-07-29	600.00
2967	深圳市博阅科技股份有限公司	833004	博阅科技	2015-07-28	2744.33
2968	上海仁众实业股份有限公司	833005	仁众实业	2015-07-29	1050.00
2969	广东通莞科技股份有限公司	833006	通莞股份	2015-07-30	2976.00
2970	北京东华宏泰科技股份有限公司	833007	东华宏泰	2015-07-30	2000.00
2971	上海舜富压铸股份有限公司	833008	舜富压铸	2015-07-31	2500.00
2972	北京开拓明天科技股份有限公司	833009	开拓明天	2015-08-04	500.00
2973	盛景网联科技股份有限公司	833010	盛景网联	2015-07-29	18120.27
2974	江苏奥斯汀光电科技股份有限公司	833011	江奥光电	2015-07-31	3000.00
2975	珠海和凡医药股份有限公司	833012	和凡医药	2015-07-28	2400.00
2976	泛湾物流股份有限公司	833013	泛湾物流	2015-07-29	5000.00
2977	中标建设集团股份有限公司	833014	中标集团	2015-07-30	31958.82
2978	北京瑞朗创新净化技术股份有限公司	833015	瑞朗净化	2015-07-29	2000.00
2979	广东希尔文化传媒投资股份有限公司	833016	希尔传媒	2015-07-27	1250.00
2980	山东力诺特种玻璃股份有限公司	833017	力诺特玻	2015-08-12	16296.00
2981	唐山海清源科技股份有限公司	833018	海清源	2015-07-30	10000.00
2982	北京天下书盟文化传媒股份有限公司	833019	天下书盟	2015-07-29	1000.00
2983	深圳宁冠鸿科技股份有限公司	833020	宁冠鸿	2015-07-29	2000.00
2984	西双版纳新高深橡胶股份有限公司	833021	高深橡胶	2015-10-20	12000.00
2985	山东欧迈机械股份有限公司	833022	欧迈机械	2015-08-04	1200.00
2986	东莞市速普得电子科技股份有限公司	833023	速普得	2015-07-31	500.00
2987	北京欣智恒科技股份有限公司	833024	欣智恒	2015-07-29	600.00
2988	江西天佳生物工程股份有限公司	833025	天佳生物	2015-07-30	2600.00
2989	中邦园林股份有限公司	833026	中邦园林	2015-07-28	5000.00
2990	阳光恒美金融信息技术服务(上海)股份有限公司	833027	阳光金服	2015-07-30	4270.42
2991	贵州精英天成科技股份有限公司	833028	精英天成	2015-07-27	500.00
2992	浙江鹏信信息科技股份有限公司	833029	鹏信科技	2015-07-27	1200.00
2993	杭州立方控股股份有限公司	833030	立方控股	2015-07-29	3529.41
2994	江苏嗨购网络科技股份有限公司	833031	嗨购科技	2015-07-29	1200.00
2995	河南特耐工程材料股份有限公司	833032	特耐股份	2015-08-12	3100.00
2996	上海誉德动力技术集团股份有限公司	833033	誉德股份	2015-07-30	5500.00
2997	上海兰庆新材料技术股份有限公司	833034	兰庆新材	2015-07-31	1000.00
2998	大唐融合通信股份有限公司	833035	大唐融合	2015-07-30	6900.00
2999	浙江山屿海旅游发展股份有限公司	833036	山屿海	2015-07-31	6683.00
3000	湖南中技环保能源股份有限公司	833037	中技能源	2015-07-30	5016.00

附录1—6　续表 59　continued

序号	非上市公众公司全称	证券代码	证券简称	挂牌时间	股本总数(万股)
3001	上海欧开建筑装饰股份有限公司	833038	欧开股份	2015-08-03	2450.00
3002	上海昶昱黄金制品股份有限公司	833039	昶昱黄金	2015-08-04	3000.00
3003	江苏中凌高科技股份有限公司	833040	中凌高科	2015-09-07	5086.00
3004	武汉网信机电工程股份有限公司	833041	网信机电	2015-08-25	2140.00
3005	海南天汇能源股份有限公司	833042	天汇能源	2015-08-18	32305.06
3006	江苏新光镭射包装材料股份有限公司	833043	新光镭射	2015-08-10	8000.00
3007	硅谷天堂资产管理集团股份有限公司	833044	硅谷天堂	2015-07-30	147738.00
3008	上海禾健营养食品股份有限公司	833045	禾健股份(退市)	2015-07-29	600.00
3009	湖北上层广告传媒股份有限公司	833046	上层传媒	2015-07-27	500.00
3010	天津天堰科技股份有限公司	833047	天堰科技	2015-07-29	4404.53
3011	成都米米乐电子商务股份有限公司	833048	米米乐	2015-08-07	1162.30
3012	大连绿洲园林绿化工程股份有限公司	833049	绿洲园林	2015-08-05	15000.00
3013	南京欣威视通信息科技股份有限公司	833050	欣威视通	2015-07-30	500.00
3014	杭州九新能源科技股份有限公司	833051	九新能源	2015-07-30	600.00
3015	中山迪玛卫浴股份有限公司	833052	迪玛卫浴	2015-07-30	500.00
3016	西安创典全程地产顾问股份有限公司	833053	创典全程	2015-07-29	2500.00
3017	苏州未来电器股份有限公司	833054	未来电器	2015-08-04	4110.00
3018	青岛旭域土工材料股份有限公司	833055	旭域股份	2015-08-05	5200.00
3019	天津南大通用数据技术股份有限公司	833056	通用数据	2015-07-31	10870.00
3020	上海新世傲文化传播股份有限公司	833057	新世傲	2015-07-30	1000.00
3021	北京触动时代国际文化传播股份有限公司	833058	触动时代	2015-07-30	600.00
3022	杭州超腾能源技术股份有限公司	833059	超腾能源	2015-08-05	1000.00
3023	杭州顺治科技股份有限公司	833060	顺治科技	2015-08-10	1200.00
3024	美轲(广州)化学股份有限公司	833061	美轲股份	2015-08-24	12500.00
3025	云南立翔科技股份有限公司	833062	立翔科技	2015-07-30	753.00
3026	蚌埠高华电子股份有限公司	833063	高华股份	2015-07-28	6241.87
3027	北京绿色空间生物科技股份有限公司	833064	绿色空间	2015-08-04	571.00
3028	四川川油天然气科技股份有限公司	833065	川油科技	2015-09-15	3000.00
3029	青岛亿联信息科技股份有限公司	833066	亿联科技	2015-07-30	6000.00
3030	苏州中德宏泰电子科技股份有限公司	833067	中德宏泰	2015-07-29	3333.33
3031	云南山河园林股份有限公司	833068	山河园林	2015-07-30	2518.00
3032	深圳市石金科技股份有限公司	833069	石金科技	2015-07-29	1190.00
3033	杭州三耐环保科技股份有限公司	833070	三耐环保	2015-07-29	1100.00
3034	青岛科恩锐通信息技术股份有限公司	833071	科恩锐通	2015-07-31	1500.00
3035	江西大江传媒网络股份有限公司	833072	大江传媒	2015-07-24	1500.00
3036	西安威盛电子科技股份有限公司	833073	威盛电子	2015-08-28	6600.00
3037	优万科技(北京)股份有限公司	833074	优万科技	2015-07-30	1052.50
3038	深圳市柏星龙创意包装股份有限公司	833075	柏星龙	2015-08-14	5000.00
3039	西安方元明科技股份有限公司	833076	方元明	2015-08-17	1000.00
3040	北京伯肯节能科技股份有限公司	833077	伯肯节能	2015-07-29	6300.00
3041	捷玛计算机信息技术(上海)股份有限公司	833078	捷玛信息	2015-07-30	1000.00
3042	甘肃金桥水科技(集团)股份有限公司	833079	金桥水科	2015-07-29	6038.00
3043	杭州百事特实业股份有限公司	833080	百事特	2015-07-29	1000.00
3044	重庆顺博铝合金股份有限公司	833081	顺博合金	2015-07-28	24000.00
3045	河南龙凤山农牧股份有限公司	833082	龙凤山	2015-09-02	7000.00
3046	成都爱林至善贸易股份有限公司	833083	爱林至善	2015-08-07	5153.50
3047	杭州赛奇机械股份有限公司	833084	赛奇股份	2015-07-27	1000.00
3048	昆山腾飞内衣科技股份有限公司	833085	腾飞科技	2015-07-29	5100.00
3049	青岛明药堂医疗股份有限公司	833086	明药堂	2015-07-31	2486.00
3050	绵阳市勇辉生态农业股份有限公司	833087	勇辉生态	2015-08-04	3966.59

附录1－6 续表 60 continued

序号	非上市公众公司全称	证券代码	证券简称	挂牌时间	股本总数(万股)
3051	山东泰金精锻股份有限公司	833088	泰金精锻	2015-08-18	2500.00
3052	北京索福特安全设备股份公司	833089	索福特	2015-07-27	1800.00
3053	深圳市杰曼科技股份有限公司	833090	杰曼科技	2015-07-28	640.00
3054	浙江恒达仪器仪表股份有限公司	833091	恒达股份	2015-07-27	500.00
3055	上海健耕医药科技股份有限公司	833092	健耕医药	2015-07-29	1143.87
3056	深圳市希科普股份有限公司	833093	希科普	2015-07-31	5000.00
3057	湖南耐普泵业股份有限公司	833094	耐普泵业	2015-08-11	5100.00
3058	福建邮通技术股份有限公司	833095	福建邮通	2015-08-07	2880.00
3059	上海仰邦科技股份有限公司	833096	仰邦科技	2015-10-23	1366.97
3060	江西新龙生物科技股份有限公司	833098	新龙股份	2015-07-29	5300.00
3061	上海乐骋国际旅行社股份有限公司	833099	乐旅股份	2015-07-31	1500.00
3062	商丘爱己爱牧生物科技股份有限公司	833100	爱己爱牧	2015-07-30	2000.00
3063	武汉禾元生物科技股份有限公司	833101	禾元生物	2015-07-29	3800.00
3064	杭州融都科技股份有限公司	833102	融都科技	2015-07-31	6780.00
3065	东莞兆舜有机硅科技股份有限公司	833103	兆舜科技	2015-07-30	860.00
3066	山东融汇管通股份有限公司	833104	融汇管通	2015-08-05	7500.00
3067	河北华通科技股份有限公司	833105	华通科技	2015-07-31	2416.00
3068	瑞奥电气(北京)股份有限公司	833106	瑞奥电气	2015-07-29	3700.00
3069	湖北鸣利来冶金机械股份有限公司	833107	鸣利来	2015-07-31	2095.00
3070	西安博冠信息科技股份有限公司	833108	博冠科技	2015-07-31	500.00
3071	杭州心有灵犀互联网金融股份有限公司	833109	灵犀金融	2015-08-07	4200.00
3072	山东中教产业发展股份有限公司	833110	中教产业	2015-07-29	1080.00
3073	青岛国泰药业股份有限公司	833111	国泰股份	2015-08-13	2000.00
3074	江苏海宏电力工程顾问股份有限公司	833112	海宏电力	2015-08-13	2500.00
3075	天津正大珍吾堂食品股份有限公司	833113	珍吾堂	2015-08-13	1900.00
3076	重庆商汇小额贷款股份有限公司	833114	商汇小贷	2015-08-10	100500.00
3077	浙江畅尔智能装备股份有限公司	833115	畅尔装备	2015-08-10	1567.50
3078	深圳市施美乐科技股份有限公司	833116	施美乐	2015-08-05	5470.00
3079	润泰化学股份有限公司	833117	润泰股份	2015-08-04	5000.00
3080	义乌市棒杰小额贷款股份有限公司	833118	棒杰小贷	2015-07-31	30000.00
3081	山东得普达电机股份有限公司	833119	得普达	2015-07-31	1110.00
3082	江苏瑞铁轨道装备股份有限公司	833120	瑞铁股份	2015-08-05	4800.00
3083	上海伊索热能技术股份有限公司	833121	伊索股份	2015-08-10	1000.00
3084	武汉中仪物联技术股份有限公司	833122	中仪股份	2015-07-31	875.00
3085	重庆瑞丰包装股份有限公司	833123	瑞丰股份	2015-07-30	7280.00
3086	大连中盈科技股份有限公司	833124	中盈科技	2015-07-31	5000.00
3087	浙江华益精密机械股份有限公司	833125	华益精机	2015-09-02	3000.00
3088	通化耐博新材料股份有限公司	833126	通化耐博	2015-08-05	4500.00
3089	广州晶品智能压塑科技股份有限公司	833127	晶品压塑	2015-07-30	1237.86
3090	山东金正印务股份有限公司	833128	金正印务	2015-07-30	2000.00
3091	江苏苏美材料股份有限公司	833129	苏美材料	2015-07-31	2000.00
3092	云南司珈尔木业股份有限公司	833130	司珈尔	2015-07-29	5000.00
3093	久盛电气股份有限公司	833131	久盛电气	2015-07-30	6630.00
3094	上海企源科技股份有限公司	833132	企源科技	2015-08-12	6000.00
3095	中红普林医疗用品股份有限公司	833133	中红医疗	2015-07-31	5000.00
3096	黑龙江省正赫新型材料科技股份有限公司	833134	正赫新材	2015-07-31	1000.00
3097	中源智人科技(深圳)股份有限公司	833135	中源智人	2015-12-07	4870.92
3098	广东世创金属科技股份有限公司	833136	世创科技	2015-07-31	2000.00
3099	常州通宝光电股份有限公司	833137	通宝光电	2015-07-30	1800.00
3100	重庆长江造型材料(集团)股份有限公司	833138	长江材料	2015-07-30	5808.99

附录1–6 续表 61 continued

序号	非上市公众公司全称	证券代码	证券简称	挂牌时间	股本总数(万股)
3101	哈尔滨正德科技开发股份有限公司	833139	正德科技	2015-08-06	3300.00
3102	中博农畜牧科技股份有限公司	833140	中博农	2015-08-04	7000.00
3103	山东耀华医疗器械股份有限公司	833141	耀华医疗	2015-08-04	2060.00
3104	江苏佳一教育科技股份有限公司	833142	佳一教育	2015-07-29	1800.00
3105	江苏贝特创意环境设计股份有限公司	833143	贝特创意	2015-07-30	3000.00
3106	山东毅康科技股份有限公司	833144	毅康股份	2015-08-04	2900.00
3107	安徽天智信息科技集团股份有限公司	833145	天智科技	2015-08-07	2325.32
3108	珠海双喜电器股份有限公司	833146	双喜电器	2015-07-29	4200.00
3109	西安华江环保科技股份有限公司	833147	华江环保	2015-08-18	5600.00
3110	乐卓网络科技(上海)股份有限公司	833148	乐卓网络	2015-07-29	4774.19
3111	浙江卓锦环保科技股份有限公司	833149	卓锦环保	2015-08-07	1500.00
3112	北京安宁创新网络科技股份有限公司	833150	安宁创新	2015-07-30	2000.00
3113	同方健康科技(北京)股份有限公司	833151	同方健康	2015-07-31	5180.00
3114	新风光电子科技股份有限公司	833152	新风光	2015-07-30	8200.00
3115	上海剧星传媒股份有限公司	833153	剧星传媒	2015-07-29	3000.00
3116	上海希尔企业管理咨询股份有限公司	833154	希尔股份	2015-08-03	1000.00
3117	内江东工设备制造股份有限公司	833155	东工股份	2015-07-31	3000.00
3118	浙江中南卡通股份有限公司	833156	中南卡通	2015-08-19	10200.00
3119	北京京冶轴承股份有限公司	833157	京冶轴承	2015-08-14	8300.00
3120	马上游科技股份有限公司	833158	马上游	2015-08-05	10000.00
3121	广东力好科技股份有限公司	833159	力好科技	2015-07-31	5260.00
3122	黄冈鲁班药业股份有限公司	833160	鲁班药业	2015-08-05	2900.00
3123	神州英才企业管理顾问(北京)股份有限公司	833161	神州英才	2015-08-07	740.00
3124	重庆港力环保股份有限公司	833162	港力环保	2015-08-11	1000.00
3125	苏州齐顺信息科技股份有限公司	833163	齐顺科技	2015-08-06	2000.00
3126	厦门琥珀日化科技股份有限公司	833164	琥珀股份	2015-08-06	3000.00
3127	广东智科电子股份有限公司	833165	智科股份	2015-08-13	1022.00
3128	上海华证联检测技术股份有限公司	833166	华证联	2015-08-11	550.00
3129	重庆乐邦科技股份有限公司	833167	乐邦科技	2015-08-11	1300.00
3130	哈尔滨海润国际文化传播股份有限公司	833168	海润传播	2015-08-11	1000.00
3131	山东鼎泰盛食品工业装备股份有限公司	833169	鼎泰盛	2015-07-30	2000.00
3132	福建亿能达信息技术股份有限公司	833170	亿能达	2015-07-30	1400.00
3133	福建国航远洋运输(集团)股份有限公司	833171	福建国航	2015-08-04	44440.75
3134	玉溪明珠花卉股份有限公司	833172	明珠股份	2015-08-10	4200.00
3135	北京赢鼎教育科技股份有限公司	833173	赢鼎教育	2015-07-31	570.78
3136	沃德传动(天津)股份有限公司	833174	沃德传动	2015-08-05	8840.00
3137	北京浩瀚深度信息技术股份有限公司	833175	浩瀚深度	2015-10-09	10000.00
3138	桂林五洲旅游股份有限公司	833176	桂林五洲	2015-09-07	9485.69
3139	张家口时代橡胶制品股份有限公司	833177	时代股份	2015-08-05	6000.00
3140	中美福源生物技术(北京)股份有限公司	833178	中美福源	2015-07-30	2000.00
3141	南京化学试剂股份有限公司	833179	南京试剂	2015-08-06	3200.00
3142	吉林瀚丰矿业科技股份有限公司	833180	瀚丰矿业	2015-08-04	10000.00
3143	深圳市泰久信息系统股份有限公司	833181	泰久信息	2015-08-17	5833.33
3144	湖北万星面业股份有限公司	833182	万星面业	2015-07-31	2000.00
3145	四川超凡知识产权服务股份有限公司	833183	超凡股份	2015-08-13	1000.00
3146	洛阳润环轴承科技股份有限公司	833184	润环科技	2015-08-04	600.00
3147	安徽富煌和利时科技股份有限公司	833185	富煌科技	2015-08-06	1000.00
3148	内蒙古一机集团宏远电器股份有限公司	833186	宏远电器	2015-07-31	3000.00
3149	浙江九川竹木股份有限公司	833187	九川竹木	2015-08-14	5080.00
3150	江西画店文化产业股份有限公司	833188	画店文化	2015-08-07	500.00

附录1-6 续表 62 continued

序号	非上市公众公司全称	证券代码	证券简称	挂牌时间	股本总数(万股)
3151	江苏达诺尔科技股份有限公司	833189	达诺尔	2015-08-17	3000.00
3152	江苏华生基因数据科技股份有限公司	833190	华生基因	2015-08-17	3040.00
3153	成都博世德能源科技股份有限公司	833191	博世德	2015-08-21	1128.00
3154	深圳市佑康健康管理股份有限公司	833192	佑康股份	2015-08-20	1500.00
3155	北京盈和科技股份有限公司	833193	盈和科技	2015-08-12	3100.00
3156	秦皇岛市碧螺塔旅游开发股份有限公司	833194	碧螺塔	2015-08-11	1910.00
3157	钓鱼台医药集团吉林天强制药股份有限公司	833195	天强制药	2015-08-17	3000.00
3158	大连荣邦医疗卫生用品股份有限公司	833196	荣邦医疗	2015-07-31	3000.00
3159	浙江天晟建材股份有限公司	833197	天晟股份	2015-08-11	6400.00
3160	北京奋斗致远文化传媒股份有限公司	833198	奋斗传媒	2015-08-11	500.00
3161	苏州灵岩医疗科技股份有限公司	833199	灵岩医疗	2015-08-11	1200.00
3162	浙江宏业农装科技股份有限公司	833200	宏业农装	2015-08-17	1000.00
3163	杭州仁盈科技股份有限公司	833201	仁盈科技	2015-08-10	1000.00
3164	广东佳科风机股份有限公司	833202	佳科股份	2015-08-11	3000.00
3165	郑州威尔克科技股份有限公司	833203	威尔克	2015-08-05	2000.00
3166	深圳市百事达卓越科技股份有限公司	833204	百事达	2015-08-11	1976.00
3167	杭州博采网络科技股份有限公司	833205	博采网络	2015-08-07	1381.00
3168	上海影达文化传媒股份有限公司	833206	影达传媒	2015-08-13	2440.00
3169	北京中科灵瑞生物技术股份有限公司	833207	中科生物	2015-08-18	2000.00
3170	青岛世纪良品电子商务股份有限公司	833208	良品电商	2015-09-24	755.00
3171	苏州园林营造产业股份有限公司	833209	苏州园林	2015-08-10	11313.29
3172	临安市兆丰小额贷款股份有限公司	833210	兆丰小贷	2015-08-11	30000.00
3173	江西赣南海欣药业股份有限公司	833211	海欣药业	2015-08-13	9000.00
3174	大连捷瑞流体控制股份有限公司	833212	捷瑞流体	2015-08-14	1600.00
3175	安徽翼迈科技股份有限公司	833213	翼迈科技	2015-08-10	2350.10
3176	东莞汇乐环保股份有限公司	833214	汇乐环保	2015-08-25	500.00
3177	陕西红星美羚乳业股份有限公司	833215	红星美羚	2015-08-20	2550.00
3178	北京海涛国际旅行社股份有限公司	833216	海涛股份	2015-08-26	2648.00
3179	深圳市九叶科技股份有限公司	833217	九叶科技	2015-08-14	1575.22
3180	浙江优森软件股份有限公司	833218	优森股份	2015-08-11	1605.76
3181	重庆软汇科技股份有限公司	833219	软汇科技	2015-08-10	1000.00
3182	北京思比科微电子技术股份有限公司	833220	思比科	2015-08-10	5250.00
3183	上海艾为电子技术股份有限公司	833221	艾为电子	2015-08-10	2000.00
3184	苏州基业生态园林股份有限公司	833222	基业园林	2015-08-10	7000.00
3185	深圳市杰尔斯展示股份有限公司	833223	杰尔斯	2015-08-12	3100.00
3186	保定唐北电瓷电器股份有限公司	833224	唐北电瓷	2015-08-18	2358.00
3187	山东赛特新材料股份有限公司	833225	赛特股份	2015-08-14	4546.00
3188	湖南达美程智能科技股份有限公司	833226	达美程	2015-08-11	4000.00
3189	河南博元电力科技股份有限公司	833227	博元电力	2015-08-07	6000.00
3190	中国电子进出口国际电子服务股份有限公司	833228	中电国服	2015-08-18	2700.00
3191	龙利得包装印刷股份有限公司	833229	龙利得	2015-08-07	19150.00
3192	成都欧康医药股份有限公司	833230	欧康医药	2015-08-18	3800.00
3193	苏州天准科技股份有限公司	833231	天准科技	2015-08-11	6580.00
3194	江苏城中园林股份有限公司	833232	城中园林	2015-08-19	3800.00
3195	海宁鸿丰小额贷款股份有限公司	833233	鸿丰小贷	2015-08-06	30000.00
3196	成都美创医疗科技股份有限公司	833234	美创医疗	2015-08-18	1255.00
3197	山东瑞泽生物科技股份有限公司	833235	ST瑞泽	2015-08-12	1000.00
3198	扬州江亚消防药剂股份有限公司	833236	江亚消防	2015-11-03	1050.00
3199	北京市国路安信息技术股份有限公司	833237	国路安	2015-08-13	1000.00
3200	广东森维园林股份有限公司	833238	森维园林	2015-08-19	3210.64

附录1-6 续表 63 continued

序号	非上市公众公司全称	证券代码	证券简称	挂牌时间	股本总数(万股)
3201	湖北晨科农牧集团股份有限公司	833239	晨科农牧	2015-08-07	4030.00
3202	浙江弛达信息科技股份有限公司	833240	弛达科技	2015-08-17	1600.00
3203	江苏和成显示科技股份有限公司	833241	和成显示	2015-08-18	4333.33
3204	北京鲁视领航文化传媒股份有限公司	833242	领航传媒	2015-08-10	6000.00
3205	湖北龙辰科技股份有限公司	833243	龙辰科技	2015-08-10	6805.44
3206	江苏骏环昇旺科技产业股份有限公司	833244	骏环昇旺	2015-08-17	2728.71
3207	湖南华望科技股份有限公司	833245	华望科技	2015-08-19	2200.00
3208	北京澳佳生态农业股份有限公司	833246	澳佳生态	2015-08-13	5588.00
3209	江苏军一物联网股份有限公司	833247	军一物联	2015-08-18	1000.00
3210	北京中景橙石生态艺术地面科技股份有限公司	833248	中景橙石	2015-08-19	3000.00
3211	浙江国祥空调股份有限公司	833249	浙江国祥	2015-08-11	8800.00
3212	瑞科际再生能源股份有限公司	833250	瑞科际	2015-08-13	25000.00
3213	杭州东忠科技股份有限公司	833251	东忠科技	2015-08-28	13000.00
3214	上海帜讯信息技术股份有限公司	833252	帜讯信息	2015-08-18	1000.00
3215	河南大建桥梁钢构股份有限公司	833253	大建桥梁	2015-08-07	3750.00
3216	山东中惠生物科技股份有限公司	833254	中惠生物	2015-08-12	3150.00
3217	西部电缆股份有限公司	833255	西部股份	2015-08-13	13239.00
3218	厦门永华光电科技股份有限公司	833256	永华光电	2015-09-18	1100.00
3219	克拉玛依市鑫盛小额贷款股份有限公司	833257	鑫盛小贷	2015-08-31	8000.00
3220	中山尚洋科技股份有限公司	833258	尚洋科技	2015-08-12	600.00
3221	江苏新泰材料科技股份有限公司	833259	新泰材料	2015-08-10	5500.00
3222	福建万辰生物科技股份有限公司	833260	万辰生物	2015-08-18	7675.00
3223	福建中瑞国际影视股份有限公司	833261	中瑞影视	2015-08-06	2940.00
3224	江苏奥神新材料股份有限公司	833262	奥神新材	2015-08-17	5189.00
3225	大承医疗投资股份有限公司	833263	大承医疗	2015-08-13	5000.00
3226	浙江鹤群机械股份有限公司	833264	鹤群机械	2015-08-10	5579.50
3227	云南润杰农业科技股份有限公司	833265	润杰农科	2015-08-18	1322.50
3228	云南生物谷药业股份有限公司	833266	生物谷	2015-08-11	10000.00
3229	保定津海服装股份有限公司	833267	津海股份	2015-08-20	1200.00
3230	北京北亚时代科技股份有限公司	833268	北亚时代	2015-08-14	500.00
3231	成都华美牙科连锁管理股份有限公司	833269	华美牙科	2015-09-10	2000.00
3232	宁夏沃福百瑞枸杞产业股份有限公司	833270	沃福枸杞	2015-08-25	4682.35
3233	广东永畅兴精密制造股份有限公司	833271	永畅兴	2015-08-10	3000.00
3234	吉林省金塔实业(集团)股份有限公司	833272	金塔股份	2015-08-18	15267.00
3235	山东蓝思种业股份有限公司	833273	蓝思种业	2015-08-11	9700.00
3236	南京臣功制药股份有限公司	833274	臣功制药	2015-08-11	6000.00
3237	深圳市神拓机电股份有限公司	833275	神拓机电	2015-08-13	2979.88
3238	浙江竹林居科技股份有限公司	833276	竹林居	2015-08-13	500.00
3239	广州丽晶软件科技股份有限公司	833277	丽晶软件	2015-08-10	1000.00
3240	辽宁北旺农牧股份公司	833278	北旺农牧	2015-08-20	13949.95
3241	佛山市三求光固材料股份有限公司	833279	三求光固	2015-08-18	1200.00
3242	浙江万享科技股份有限公司	833280	万享科技	2015-08-13	3000.00
3243	吉林派诺生物技术股份有限公司	833281	派诺生物	2015-08-13	6125.00
3244	康达新能源设备股份有限公司	833282	康达新能	2015-08-14	5625.00
3245	盛瑞传动股份有限公司	833283	盛瑞传动	2015-08-18	16500.00
3246	无锡灵鸽机械科技股份有限公司	833284	灵鸽科技	2015-08-17	1481.68
3247	大连环球矿产股份有限公司	833285	环球矿产	2015-08-20	3000.00
3248	深圳市海斯比船艇科技股份有限公司	833286	海斯比	2015-08-28	6496.40
3249	江苏银珠集团海拜科技股份有限公司	833287	海拜科技	2015-08-26	2580.00
3250	德阳天元重工股份有限公司	833288	天元重工	2015-08-14	6870.00

附录1-6 续表 64 continued

序号	非上市公众公司全称	证券代码	证券简称	挂牌时间	股本总数(万股)
3251	安徽超洋装饰工程股份有限公司	833289	超洋股份	2015-08-14	3715.00
3252	东莞市瑞必达科技股份有限公司	833290	瑞必达	2015-08-27	22740.00
3253	广西森合高新科技股份有限公司	833291	森合高科	2015-08-17	3000.00
3254	东营泰然材料科技股份有限公司	833292	泰然科技	2015-08-14	1500.00
3255	郑州速达煤炭机械服务股份有限公司	833293	速达股份	2015-08-13	5000.00
3256	浙江亿邦通信科技股份有限公司	833294	亿邦股份	2015-08-19	6207.00
3257	珠海国佳新材股份有限公司	833295	国佳新材	2015-08-12	6000.00
3258	江苏三希科技股份有限公司	833296	三希科技	2015-08-21	3136.00
3259	河南德宏种业股份有限公司	833297	德宏种业	2015-08-19	5032.00
3260	上海悦高软件股份有限公司	833298	悦高软件	2015-08-17	1000.00
3261	久康云健康科技股份有限公司	833299	久康云	2015-08-20	5000.00
3262	福建利树股份有限公司	833300	利树股份	2015-08-12	22590.00
3263	浙江亚迪纳新材料科技股份有限公司	833301	亚迪纳	2015-08-10	2000.00
3264	北川羌山农牧科技股份有限公司	833302	羌山农牧	2015-09-02	16106.00
3265	云南恒光科技股份有限公司	833303	恒光科技	2015-08-17	1000.00
3266	杭州申昊科技股份有限公司	833304	申昊科技	2015-08-13	5550.00
3267	宁夏万仕隆冷冻科技股份有限公司	833305	万仕隆	2015-08-12	3000.00
3268	北京六行君通信息科技股份有限公司	833306	六行君通	2015-08-18	1250.00
3269	青岛优格花园餐饮管理股份有限公司	833307	优格花园	2015-08-14	750.00
3270	河南德威科技股份有限公司	833308	德威股份	2015-08-20	3617.02
3271	北京慧辰资道资讯股份有限公司	833309	慧辰资讯	2015-08-12	4125.00
3272	成都仁新科技股份有限公司	833310	仁新科技	2015-08-12	4028.00
3273	湖南万容科技股份有限公司	833311	万容科技	2015-08-20	6500.00
3274	上海行动者企业管理股份有限公司	833312	行动者	2015-08-13	1220.00
3275	北京方胜有成科技股份有限公司	833313	方胜有成	2015-08-18	2000.00
3276	北京中诚昊天科技股份有限公司	833314	中诚股份	2015-08-26	538.00
3277	广州石头造环保科技股份有限公司	833315	石头造	2015-12-15	1306.26
3278	深圳市宏商材料科技股份有限公司	833316	宏商科技	2015-08-21	7500.00
3279	上海粤珍小厨餐饮管理股份有限公司	833317	粤珍小厨	2015-08-14	2000.00
3280	深圳市图敏智能视频股份有限公司	833318	图敏视频	2015-08-25	1220.00
3281	北京比酷天地文化股份有限公司	833319	比酷股份	2015-08-11	1200.00
3282	广州图卫科技股份有限公司	833320	图卫科技	2015-09-16	720.00
3283	广州瑞立科密汽车电子股份有限公司	833321	瑞立科密	2015-08-12	9830.34
3284	北京广通信达软件股份有限公司	833322	广通软件	2015-08-12	3350.00
3285	广东好帮手电子科技股份有限公司	833323	好帮手	2015-08-19	9612.38
3286	武汉迪赛环保新材料股份有限公司	833324	迪赛环保	2015-08-13	2980.00
3287	德迈斯文化创意(北京)股份有限公司	833325	德迈斯	2015-08-19	800.00
3288	山东华软金盾软件股份有限公司	833326	金盾软件	2015-08-17	1518.00
3289	浙江泰林生物技术股份有限公司	833327	泰林生物	2015-08-17	3657.00
3290	上海霍普建筑设计事务所股份有限公司	833328	霍普股份	2015-08-14	3000.00
3291	漳州三利达环保科技股份有限公司	833329	利达股份	2015-10-15	2050.00
3292	上海君实生物医药科技股份有限公司	833330	君实生物	2015-08-13	2205.00
3293	深圳市爱夫卡科技股份有限公司	833331	爱夫卡	2015-08-13	555.00
3294	山西多尔晋泽煤机股份有限公司	833332	多尔晋泽	2015-08-18	1300.00
3295	江苏科雷斯普能源科技股份有限公司	833333	科雷斯普	2015-08-18	1697.00
3296	西安摩尔石油工程实验室股份有限公司	833334	摩尔股份	2015-08-13	3000.00
3297	天水风动机械股份有限公司	833335	天水风动	2015-08-14	7000.00
3298	唐山德生防水股份有限公司	833336	德生防水	2015-08-19	10350.00
3299	广东利德包装科技股份有限公司	833337	利德包装	2015-08-19	2000.00
3300	北京康爱瑞浩生物科技股份有限公司	833338	康爱生物	2015-08-31	1530.00

附录1−6 续表 65 continued

序号	非上市公众公司全称	证券代码	证券简称	挂牌时间	股本总数(万股)
3301	山东胜软科技股份有限公司	833339	胜软科技	2015-08-14	4653.00
3302	奥美森智能装备股份有限公司	833340	奥美森	2015-08-14	6000.00
3303	贵州省交通科学研究院股份有限公司	833341	贵交科	2015-08-17	8836.00
3304	扬州市江都区滨江农村小额贷款股份有限公司	833342	滨江小贷	2015-08-17	10000.00
3305	东文高压电源(天津)股份有限公司	833343	东文高压	2015-08-17	500.00
3306	江西巨网科技股份有限公司	833344	巨网科技	2015-09-24	9476.60
3307	江苏中标节能科技发展股份有限公司	833345	中标科技	2015-08-25	3290.00
3308	上海威贸电子股份有限公司	833346	威贸电子	2015-08-19	4000.00
3309	四川三元环境治理股份有限公司	833347	三元环境	2015-08-11	3000.00
3310	苏州亿阳值通科技发展股份有限公司	833348	亿阳值通	2015-08-17	1000.00
3311	山西鼎隆智装科技股份有限公司	833349	鼎隆智装	2015-08-26	1050.00
3312	上海海印环保科技股份有限公司	833350	海印环保	2015-08-17	3200.00
3313	中奥汇成科技股份有限公司	833351	中奥汇成	2015-08-19	6900.00
3314	上海东尚信息科技股份有限公司	833352	东尚信息	2015-08-25	1000.00
3315	南京天梯自动化设备股份有限公司	833353	南京天梯	2015-08-21	1000.00
3316	易物恒通(北京)国际投资股份有限公司	833354	易物恒通	2015-08-18	1000.00
3317	深圳崇德动漫股份有限公司	833355	崇德动漫	2015-08-19	3000.00
3318	浙江瑞虹空调配件股份有限公司	833356	瑞虹股份	2015-08-21	1500.00
3319	成都斯贝尔新材料股份有限公司	833357	斯贝尔	2015-08-28	1200.00
3320	天涯社区网络科技股份有限公司	833359	ST天涯	2015-08-26	9300.00
3321	武汉致众科技股份有限公司	833360	致众科技	2015-08-24	666.67
3322	惠州市银农科技股份有限公司	833361	银农科技	2015-08-25	2000.00
3323	福建海通发展股份有限公司	833362	海通发展	2015-08-20	22263.47
3324	深圳市华阳微电子股份有限公司	833363	华阳微电	2015-08-25	1561.02
3325	吉林森东电力设备股份有限公司	833364	森东电力	2015-08-20	6000.00
3326	山西民基生态环境工程股份有限公司	833365	民基生态	2015-08-31	4756.00
3327	上海利隆新媒体股份有限公司	833366	利隆媒体	2015-09-21	10100.00
3328	广东宝德利新材料科技股份有限公司	833367	宝德利	2015-09-10	2200.00
3329	江苏省新能源开发股份有限公司	833368	江苏新能	2015-08-20	50000.00
3330	深圳市朗尼科智能股份有限公司	833369	朗尼科	2015-08-28	4720.00
3331	上海运鹏高科技股份有限公司	833370	运鹏股份	2015-08-20	900.00
3332	河南蓝天燃气股份有限公司	833371	蓝天燃气	2015-08-21	39720.20
3333	上海神农节能环保科技股份有限公司	833372	神农股份	2015-08-24	9750.00
3334	北京锐融天下科技股份有限公司	833373	锐融科技	2015-08-26	500.00
3335	浙江衢州东方集团股份有限公司	833374	东方股份	2015-08-28	5000.00
3336	深圳手付通科技股份有限公司	833375	手付通	2015-08-27	960.00
3337	赣州圣尼特遮阳科技股份有限公司	833376	圣尼特	2015-08-26	1660.00
3338	上海童石网络科技股份有限公司	833377	童石网络	2015-08-31	5556.00
3339	深圳深爱半导体股份有限公司	833378	深深爱	2015-08-28	19900.00
3340	安徽源和堂药业股份有限公司	833379	源和药业	2015-09-02	6933.89
3341	上海起航企业管理咨询股份有限公司	833380	起航股份	2015-08-25	5254.00
3342	山西宏安翔科技股份有限公司	833381	宏安翔	2015-09-01	1100.00
3343	云南长江绿海环境工程股份有限公司	833382	长江绿海	2015-08-28	3680.00
3344	河南漯效王生物科技股份有限公司	833383	漯效王	2015-08-28	2000.00
3345	安徽新在线科技股份有限公司	833384	新在线	2015-08-26	4480.00
3346	深圳康普盾科技股份有限公司	833385	康普盾	2015-10-08	5100.00
3347	江西安智物流股份有限公司	833386	安智物流	2015-08-27	4000.00
3348	湖北展朋新材料股份有限公司	833387	湖北展朋	2015-09-01	1200.00
3349	苏州大源自动化科技股份有限公司	833388	大源股份	2015-09-01	1250.00
3350	金钱猫科技股份有限公司	833389	金钱猫	2015-08-25	5366.00

附录1-6 续表 66 continued

序号	非上市公众公司全称	证券代码	证券简称	挂牌时间	股本总数(万股)
3351	福建国德医疗科技股份有限公司	833390	国德医疗	2015-09-09	5263.00
3352	广州建成工程咨询股份有限公司	833391	广建咨询	2015-08-27	1128.00
3353	宁波民和影视动画股份有限公司	833392	民和影视	2015-08-28	5000.00
3354	三门峡速达交通节能科技股份有限公司	833393	速达科技	2015-08-28	12206.00
3355	烟台民士达特种纸业股份有限公司	833394	民士达	2015-09-09	10000.00
3356	江苏帕卓管路系统股份有限公司	833395	帕卓管路	2015-08-26	2200.00
3357	唐山市昱卓贸易股份有限公司	833396	昱卓股份	2015-08-24	799.98
3358	杭州天舰信息技术股份有限公司	833397	天舰股份	2015-08-27	500.00
3359	福建奥翔体育塑胶科技股份有限公司	833398	奥翔科技	2015-08-27	5600.00
3360	北京香哈网络股份有限公司	833399	香哈网	2015-09-15	1000.00
3361	南通东惠通建设工程股份有限公司	833400	东惠通	2015-08-26	5000.00
3362	北京鸿合智能系统股份有限公司	833401	鸿合智能	2015-08-27	2100.00
3363	上海众引文化传播股份有限公司	833402	众引传播	2015-08-26	2100.00
3364	西安华通新能源股份有限公司	833403	华通能源	2015-09-21	24700.00
3365	南宁飞日润滑科技股份有限公司	833404	飞日科技	2015-09-18	6267.41
3366	珠海原妙医学科技股份有限公司	833405	原妙医学	2015-08-28	1300.00
3367	北京中税网控股股份有限公司	833406	中税网	2015-09-01	2000.00
3368	深圳亚华智库管理顾问股份有限公司	833407	亚华智库	2015-08-27	600.00
3369	青岛伊森新材料股份有限公司	833408	伊森新材	2015-09-14	3000.00
3370	成都泉源堂大药房连锁股份有限公司	833409	泉源堂	2015-09-09	2685.00
3371	四川自贡百味斋食品股份有限公司	833410	百味斋	2015-08-25	4256.00
3372	盐城宏景机械科技股份有限公司	833411	宏景股份	2015-08-25	1500.00
3373	苏州帝瀚环保科技股份有限公司	833412	帝瀚环保	2015-08-26	4270.00
3374	安徽宾肯电气股份有限公司	833413	宾肯股份	2015-09-11	3000.00
3375	广州凡拓数字创意科技股份有限公司	833414	凡拓创意	2015-09-01	6180.00
3376	安徽广艺园林股份有限公司	833415	广艺园林	2015-09-01	4100.00
3377	掌上纵横信息技术(北京)股份有限公司	833416	掌上纵横	2015-10-09	7267.39
3378	武汉起点人力资源股份有限公司	833417	起点人力	2015-09-01	1000.00
3379	深圳市中兰环保科技股份有限公司	833418	中兰环保	2015-09-29	5800.00
3380	苏州东仪核电科技股份有限公司	833419	东仪核电	2015-08-31	3000.00
3381	北京集趣信息技术股份有限公司	833420	集趣股份	2015-08-31	1300.00
3382	沈阳金利洁环保科技股份有限公司	833421	金利洁	2015-09-25	750.00
3383	安徽康海时代科技股份有限公司	833422	康海时代	2015-09-14	630.00
3384	深圳市穗晶光电股份有限公司	833423	穗晶光电	2015-09-17	5750.00
3385	成都羿明信息技术股份有限公司	833424	羿明信息	2015-09-09	550.00
3386	南京高华科技股份有限公司	833425	高华科技	2015-08-28	4000.00
3387	先控捷联电气股份有限公司	833426	先控电气	2015-09-09	5000.00
3388	江西同济设计集团股份有限公司	833427	同济设计	2015-08-27	3000.00
3389	江苏江大源生态生物科技股份有限公司	833428	江大源	2015-08-28	2600.00
3390	北京康比特体育科技股份有限公司	833429	康比特	2015-08-28	5200.00
3391	江苏八达科技股份有限公司	833430	八达科技	2015-08-25	2300.00
3392	宜昌金海科技股份有限公司	833431	金海科技	2015-09-21	5432.00
3393	上海国瑞环保科技股份有限公司	833432	国瑞环保	2015-09-10	1000.00
3394	贵州天保生态股份有限公司	833433	天保股份	2015-08-28	1058.82
3395	中山博锐斯新材料股份有限公司	833434	博锐斯	2015-08-24	2670.00
3396	洛阳国润新材料科技股份有限公司	833435	国润新材	2015-09-01	4629.00
3397	苏州奥杰汽车技术股份有限公司	833436	奥杰股份	2015-09-01	3160.00
3398	珠海亿邦制药股份有限公司	833437	亿邦制药	2015-09-30	10000.00
3399	哈尔滨鑫时空科技股份有限公司	833438	鑫时空	2015-09-10	500.00
3400	南京领先环保技术股份有限公司	833439	领先环保	2015-09-07	2200.00

附录1-6 续表 67 continued

序号	非上市公众公司全称	证券代码	证券简称	挂牌时间	股本总数(万股)
3401	南京新鸿运物业管理股份有限公司	833440	新鸿运	2015-09-01	1000.00
3402	佛山市斯派力管业科技股份有限公司	833441	斯派力	2015-09-01	2500.00
3403	江苏铁科新材料股份有限公司	833442	江苏铁科	2015-08-25	5000.00
3404	宁夏皇达生物科技股份有限公司	833443	皇达科技	2015-09-16	2000.00
3405	昆山华恒焊接股份有限公司	833444	华恒股份	2015-08-25	8100.00
3406	天津市海王星海上工程技术股份有限公司	833445	海王星	2015-09-14	12500.00
3407	新昌县日升昌小额贷款股份有限公司	833446	日升昌	2015-09-01	15000.00
3408	广东凯力船艇股份有限公司	833447	凯力船艇	2015-08-31	4280.00
3409	上海灵动微电子股份有限公司	833448	灵动微电	2015-08-31	1120.00
3410	北京联达动力信息科技股份有限公司	833449	联达动力	2015-09-02	2800.00
3411	常州奥立思特电气股份有限公司	833450	奥立思特	2015-09-10	2000.00
3412	璧合科技股份有限公司	833451	璧合科技	2015-08-31	5623.31
3413	广州星辰热能股份有限公司	833452	星辰热能	2015-09-11	1000.00
3414	江苏永创医药科技股份有限公司	833453	永创医药	2015-08-31	3000.00
3415	河南同心传动股份有限公司	833454	同心传动	2015-09-02	7635.00
3416	大连汇隆活塞股份有限公司	833455	汇隆活塞	2015-09-07	9800.00
3417	山东世纪天鸿文教科技股份有限公司	833456	世纪天鸿	2015-09-15	7000.00
3418	宁波云朵网络科技股份有限公司	833457	云朵网络	2015-09-24	150.00
3419	常州悦为电子商务股份有限公司	833458	悦为电商	2015-09-07	1000.00
3420	京华信息科技股份有限公司	833459	京华信息	2015-09-01	7400.00
3421	深圳博得世纪企业管理顾问股份有限公司	833460	博得世纪	2015-09-10	1000.00
3422	河南金凤牧业设备股份有限公司	833461	金凤股份	2015-08-28	1333.00
3423	甘肃华瑞农业股份有限公司	833462	华瑞农业	2015-09-01	5000.00
3424	常州格林照明股份有限公司	833463	格林照明	2015-08-27	800.00
3425	苏州沪云肿瘤研究中心股份有限公司	833464	苏州沪云	2015-09-07	1000.00
3426	福建特力惠信息科技股份有限公司	833465	特力惠	2015-09-11	1324.50
3427	广州盛盈汇电子商务股份有限公司	833466	盛盈汇	2015-10-14	870.00
3428	浙江纳美新材料股份有限公司	833467	纳美新材	2015-09-01	1950.00
3429	湖北双剑鼓风机股份有限公司	833468	双剑股份	2015-08-31	4800.00
3430	杭州爱普医疗器械股份有限公司	833469	爱普医疗	2015-10-08	1890.00
3431	成都泰聚泰科技股份有限公司	833470	泰聚泰	2015-10-21	500.00
3432	江苏天龙玄武岩连续纤维股份有限公司	833471	江苏天龙	2015-09-01	8000.00
3433	新疆康润洁环保科技股份有限公司	833472	康润洁	2015-09-10	1000.00
3434	上海博丹环境工程技术股份有限公司	833473	博丹环境	2015-09-14	855.00
3435	广东利扬芯片测试股份有限公司	833474	利扬芯片	2015-09-07	7200.00
3436	山东深蓝机器股份有限公司	833475	深蓝机器	2015-09-14	1300.00
3437	广州点动信息科技股份有限公司	833476	点动股份	2015-09-02	1951.00
3438	西安希德电子信息技术股份有限公司	833477	希德电子	2015-09-18	1000.00
3439	侨益物流股份有限公司	833478	侨益股份	2015-09-28	5911.76
3440	北京朗德金燕自动化装备股份有限公司	833479	朗德金燕	2015-10-16	5000.00
3441	陕西红旗民爆集团股份有限公司	833480	红旗民爆	2015-09-01	15756.00
3442	巨立电梯股份有限公司	833481	巨立股份	2015-09-01	5175.00
3443	北京能量影视传播股份有限公司	833482	能量传播	2015-09-01	7130.00
3444	上海凯科管业科技股份有限公司	833483	凯科科技	2015-09-02	8000.00
3445	武汉万邦激光金刚石工具股份有限公司	833484	万邦工具	2015-09-16	1876.93
3446	成都市硕达科技股份有限公司	833485	硕达科技	2015-09-11	550.00
3447	广西锦绣前程人力资源股份有限公司	833486	前程人力	2015-09-01	2000.00
3448	东莞市林氏生物技术股份有限公司	833487	东莞林氏	2015-09-21	700.00
3449	广东伟旺达科技股份有限公司	833488	伟旺达	2015-09-02	3000.00
3450	新疆美特智能安全工程股份有限公司	833489	美特安全	2015-09-11	5740.00

附录1-6　续表 68　continued

序号	非上市公众公司全称	证券代码	证券简称	挂牌时间	股本总数(万股)
3451	珠海佳讯创新科技股份有限公司	833490	佳讯创新	2015-09-14	1000.00
3452	河北沧海核装备科技股份有限公司	833491	沧海核装	2015-11-10	11160.00
3453	四川奇石缘科技股份有限公司	833492	奇石缘	2015-09-10	741.50
3454	河南中岳非晶新型材料股份有限公司	833493	中岳非晶	2015-09-24	13210.43
3455	北京世纪金政信息技术股份有限公司	833494	世纪金政	2015-09-10	500.00
3456	北京微瑞思创信息科技股份有限公司	833495	微瑞思创	2015-09-09	560.00
3457	黑龙江林海华安新材料股份有限公司	833496	华安新材	2015-09-02	5800.00
3458	深圳小田冷链物流股份有限公司	833497	小田冷链	2015-10-14	1497.39
3459	深圳市鑫灏源精密技术股份有限公司	833498	鑫灏源	2015-09-29	3000.00
3460	中国康富国际租赁股份有限公司	833499	中国康富	2015-09-09	249791.89
3461	广州光大教育软件科技股份有限公司	833500	光大教育	2015-09-07	1200.00
3462	上海新虹伟信息科技股份有限公司	833501	新虹伟	2015-09-07	7710.00
3463	北京联创永宣投资管理股份有限公司	833502	联创投资	2015-09-23	1500.00
3464	上海花嫁丽舍婚庆股份有限公司	833503	花嫁丽舍	2015-09-09	2000.00
3465	厦门骐俊物联科技股份有限公司	833504	骐俊股份	2015-09-10	3000.00
3466	深圳市美的连医疗电子股份有限公司	833505	美的连	2015-09-09	1000.00
3467	湖北勤劳农夫生态农业股份有限公司	833506	勤劳农夫	2015-09-09	2000.00
3468	浙江美安普矿山机械股份有限公司	833507	美安普	2015-09-07	1275.00
3469	廊坊精工模切机械股份有限公司	833508	精工股份	2015-09-16	3000.00
3470	常州同惠电子股份有限公司	833509	同惠电子	2015-10-16	2740.00
3471	汕头市三宝云母科技股份有限公司	833510	三宝云母	2015-09-10	1000.00
3472	广东裕田霸力科技股份有限公司	833511	裕田霸力	2015-09-11	4259.89
3473	金尚新能源科技股份有限公司	833512	金尚新能	2015-09-07	5262.00
3474	江苏派诺光电科技股份有限公司	833513	派诺光电	2015-09-09	2980.00
3475	湖州市中杰创意产业发展股份有限公司	833514	中创发	2015-09-09	600.00
3476	广西禾美生态农业股份有限公司	833515	禾美农业	2015-09-10	1350.00
3477	河南牧宝车居股份有限公司	833516	牧宝车居	2015-09-18	4600.00
3478	上海策源置业顾问股份有限公司	833517	策源股份	2015-09-09	7500.00
3479	湖北人福药用辅料股份有限公司	833518	人福药辅	2015-09-15	1961.00
3480	上海泉欣织造新材料股份有限公司	833519	泉欣新材	2015-09-22	550.00
3481	天津生隆纤维材料股份有限公司	833520	生隆纤维	2015-09-15	2000.00
3482	上海海积信息科技股份有限公司	833521	海积信息	2015-09-07	1515.16
3483	吉林喜丰节水科技股份有限公司	833522	喜丰节水	2015-09-09	4800.00
3484	惠州市惠德瑞锂电科技股份有限公司	833523	德瑞锂电	2015-09-16	1500.00
3485	广东顺德光晟电器股份有限公司	833524	光晟电器	2015-09-23	595.00
3486	上海利驰租赁股份有限公司	833525	利驰租赁	2015-09-22	750.00
3487	北京林大林业科技股份有限公司	833526	北林科技	2015-09-23	3600.00
3488	杭州马斯汀医疗器材股份有限公司	833527	马斯汀	2015-09-16	2100.00
3489	宁波中药制药股份有限公司	833528	宁波中药	2015-09-30	1000.00
3490	湖北视纪印象科技股份有限公司	833529	视纪印象	2015-09-22	1095.71
3491	江苏高科物流科技股份有限公司	833530	江苏高科	2015-10-14	5000.00
3492	襄阳博亚精工装备股份有限公司	833531	博亚精工	2015-09-25	5740.00
3493	厦门福慧达果蔬股份有限公司	833532	福慧达	2015-09-21	6000.00
3494	苏州骏创汽车科技股份有限公司	833533	骏创科技	2015-09-11	500.00
3495	河北神玥软件科技股份有限公司	833534	神玥软件	2015-09-18	4000.00
3496	杭州新青年歌舞团股份有限公司	833535	新青年	2015-09-10	500.00
3497	郑州香堤湾酒店股份有限公司	833536	香堤湾	2015-09-16	1000.00
3498	天合石油集团汇丰石油装备股份有限公司	833537	天合石油	2015-09-25	10721.59
3499	辽宁中旭石化科技股份有限公司	833538	中旭石化	2015-09-14	4550.00
3500	重庆大方生态环境治理股份有限公司	833539	大方生态	2015-09-21	8587.00

附录1-6 续表 69 continued

序号	非上市公众公司全称	证券代码	证券简称	挂牌时间	股本总数(万股)
3501	洛阳建龙微纳新材料股份有限公司	833540	建龙微纳	2015-09-17	3188.00
3502	南京新康达磁业股份有限公司	833541	新康达	2015-09-16	4555.00
3503	苏州达菲特过滤技术股份有限公司	833542	达菲特	2015-09-14	2400.00
3504	浙江灵通道路设施股份有限公司	833543	灵通股份	2015-09-22	4500.00
3505	江苏绿岩生态技术股份有限公司	833544	绿岩生态	2015-10-14	2268.00
3506	上海千年城市规划工程设计股份有限公司	833545	千年设计	2015-09-17	8000.00
3507	广东盛世华诚保险销售股份有限公司	833546	盛世华诚	2015-09-14	1200.00
3508	广东深华消防设备工程股份有限公司	833547	深华消防	2015-09-18	2000.00
3509	广州市锐丰音响科技股份有限公司	833548	锐丰科技	2015-09-16	8500.00
3510	武汉湾流科技股份有限公司	833549	湾流股份	2015-09-16	555.55
3511	深圳市路维光电股份有限公司	833550	路维光电	2015-09-15	2933.50
3512	北京活跃科技股份有限公司	833551	活跃科技	2015-09-16	3000.00
3513	山东威尔数据股份有限公司	833552	威尔数据	2015-09-10	2000.00
3514	湖北天立坤鑫装备股份有限公司	833553	天立坤鑫	2015-09-15	5000.00
3515	北京新翔维创科技股份有限公司	833554	新翔科技	2015-09-15	688.00
3516	四川华南信息产业股份有限公司	833555	华南信息	2015-09-23	2500.00
3517	施勒智能科技(上海)股份有限公司	833556	施勒智能	2015-09-16	1418.00
3518	深圳市中诺思科技股份有限公司	833557	中诺思	2015-10-19	1350.00
3519	大庆亚东无纺新材料股份有限公司	833558	亚东无纺	2015-09-09	3333.00
3520	广东亚太天能科技股份有限公司	833559	亚太天能	2015-09-09	5517.00
3521	东南电梯股份有限公司	833560	东南电梯	2015-10-09	10296.00
3522	武汉新科谷技术股份有限公司	833561	新科谷	2015-09-10	1000.00
3523	山西金粮饲料股份有限公司	833562	金粮股份	2015-09-29	5500.00
3524	湖南力天钨业股份有限公司	833563	力天钨业	2015-10-15	6600.00
3525	北京乐华圆娱文化传播股份有限公司	833564	乐华文化	2015-09-22	11000.00
3526	陕西协和资产管理股份有限公司	833565	协和资产	2015-09-07	6000.00
3527	杭州和顺科技股份有限公司	833566	和顺科技	2015-09-22	2000.00
3528	云南和谐通用航空股份有限公司	833567	和谐通航	2015-09-18	10000.00
3529	北京华谊兄弟创星娱乐科技股份有限公司	833568	华谊创星	2015-09-14	7000.00
3530	银川蓝擎网络信息技术股份有限公司	833569	蓝擎股份	2015-09-17	500.00
3531	万全现代物流股份有限公司	833570	万全物流	2015-09-16	9900.00
3532	江苏锁龙消防科技股份有限公司	833571	锁龙消防	2015-09-18	1500.00
3533	励福(江门)环保科技股份有限公司	833572	励福环保	2015-10-09	6380.00
3534	四川蓝源广告传媒股份有限公司	833573	蓝源传媒	2015-09-16	341.25
3535	北京爱知之星科技股份有限公司	833574	爱知之星	2015-09-18	1610.00
3536	北京康乐卫士生物技术股份有限公司	833575	康乐卫士	2015-09-18	6450.00
3537	北京金尚互联科技股份有限公司	833576	金尚互联	2015-09-30	1500.00
3538	成都欧林生物科技股份有限公司	833577	欧林生物	2015-09-15	18800.00
3539	奥美之路(北京)健康科技股份有限公司	833578	奥美健康	2015-09-28	1000.00
3540	山东鼎盛精工股份有限公司	833579	鼎盛精工	2015-09-11	6535.00
3541	洛阳科创新材料股份有限公司	833580	科创新材	2015-10-13	5000.00
3542	北京长城华冠汽车科技股份有限公司	833581	长城华冠	2015-09-22	12230.00
3543	新疆华特信息网络股份有限公司	833582	华特信息	2015-09-25	2200.00
3544	南通华盛高聚物科技股份有限公司	833583	华盛科技	2015-09-15	4450.00
3545	汕尾高峰科特纸业股份有限公司	833584	高峰科特	2015-10-20	5700.00
3546	北京市千叶珠宝股份有限公司	833585	千叶珠宝	2015-10-29	9626.25
3547	上海雷诺尔科技股份有限公司	833586	雷诺尔	2015-09-22	17000.00
3548	上海网班教育科技股份有限公司	833587	网班教育	2015-09-21	1061.22
3549	九州方园新能源股份有限公司	833588	九州方园	2015-09-21	20000.00
3550	上海多维度网络科技股份有限公司	833589	多维度	2015-10-09	1882.35

附录1-6 续表 70 continued

序号	非上市公众公司全称	证券代码	证券简称	挂牌时间	股本总数(万股)
3551	福建长庚新材料股份有限公司	833590	长庚新材	2015-09-25	3000.00
3552	浙江开创环保科技股份有限公司	833591	开创环保	2015-09-29	3160.92
3553	湖南丰汇银佳科技股份有限公司	833592	丰汇股份	2015-09-25	3000.00
3554	东莞市健来福实业投资股份有限公司	833593	健来福	2015-09-17	300.00
3555	北京中斗科技股份有限公司	833594	中斗科技	2015-10-15	2394.96
3556	湖南海尚环境生物科技股份有限公司	833595	海尚环境	2015-10-09	4690.00
3557	河北吴氏润康牧业股份有限公司	833596	润康牧业	2015-10-16	8155.50
3558	北京雷格讯电子股份有限公司	833597	雷格讯	2015-09-17	3000.00
3559	安徽壹石通材料科技股份有限公司	833598	壹石通	2015-09-21	4072.00
3560	苏州营财保安服务股份有限公司	833599	营财保安	2015-10-08	1000.00
3561	扬州红人实业股份有限公司	833600	红人股份	2015-09-25	2000.00
3562	路德环境科技股份有限公司	833601	路德环境	2015-10-08	6000.00
3563	江苏洪昌科技股份有限公司	833602	洪昌科技	2015-10-09	5965.00
3564	保定澳森制衣股份有限公司	833603	澳森制衣	2015-09-30	1166.00
3565	杭州南广影视股份有限公司	833604	南广影视	2015-10-19	5960.00
3566	黑龙江龙视星传媒股份有限公司	833605	龙视星	2015-09-25	1000.00
3567	长兴科迪光电股份有限公司	833606	科迪光电	2015-09-28	1200.00
3568	安徽航天生物科技股份有限公司	833607	航天生物	2015-09-29	905.60
3569	常州二维碳素科技股份有限公司	833608	二维碳素	2015-09-18	4678.70
3570	上海乐通通信设备(集团)股份有限公司	833609	乐通通信	2015-10-28	12500.00
3571	山东天力能源股份有限公司	833610	山东天力	2015-10-14	8980.00
3572	山东镭之源激光科技股份有限公司	833611	镭之源	2015-09-30	2000.00
3573	天津北方网新媒体集团股份有限公司	833612	北方新媒	2015-09-25	6502.78
3574	安徽华夏显示技术股份有限公司	833613	华夏显示	2015-09-25	1200.00
3575	上海新大陆翼码信息科技股份有限公司	833614	翼码科技	2015-10-08	3836.40
3576	湖南博雅智能装备股份有限公司	833615	博雅智能	2015-09-28	1700.01
3577	江西省金锂科技股份有限公司	833616	金锂科技	2015-09-25	2392.34
3578	浙江元本检测技术股份有限公司	833617	元本检测	2015-09-29	1000.00
3579	武汉迪派无线科技股份有限公司	833618	迪派无线	2015-09-22	2000.00
3580	广州佰聆数据股份有限公司	833619	佰聆数据	2015-09-25	1200.00
3581	无锡煤矿机械股份有限公司	833620	无锡煤机	2015-09-28	2450.00
3582	上海颖川佳固信息工程股份有限公司	833621	上海颖川	2015-09-30	1250.00
3583	西安正昌电子股份有限公司	833622	正昌电子	2015-09-25	3000.00
3584	深圳市胜高连锁酒店管理股份有限公司	833623	胜高股份	2015-09-28	2475.00
3585	云南维和药业股份有限公司	833624	维和药业	2015-11-11	12773.00
3586	四川捷报文化传播股份有限公司	833625	捷报文化	2015-10-08	2500.00
3587	江苏捷程机动车检测股份有限公司	833626	捷程检测	2015-09-30	2020.00
3588	河南多尔克司食品股份有限公司	833627	多尔克司	2015-10-19	6606.13
3589	山东金山地质勘探股份有限公司	833628	金山地质	2015-09-24	1600.00
3590	北京合力亿捷科技股份有限公司	833629	合力亿捷	2015-09-29	4408.00
3591	浙江嘉利(丽水)工业股份有限公司	833630	嘉利股份	2015-10-15	7500.00
3592	江苏汇通金融数据股份有限公司	833631	汇通金融	2015-09-23	5000.00
3593	荣信教育文化产业发展股份有限公司	833632	荣信教育	2015-10-08	5000.00
3594	联众智慧科技股份有限公司	833633	联众智慧	2015-10-19	5000.00
3595	江苏辉达塑模股份有限公司	833634	辉达股份	2015-10-23	1690.00
3596	广东瑞德智能科技股份有限公司	833635	瑞德智能	2015-10-12	6600.00
3597	北京邦瑞达机电设备股份有限公司	833636	邦瑞达	2015-09-30	500.00
3598	福建省三星电气股份有限公司	833637	福建三星	2015-09-29	7020.00
3599	深圳市贝斯达医疗股份有限公司	833638	贝斯达	2015-09-29	22620.00
3600	盐城市亭湖区顺泰农村小额贷款股份有限公司	833639	顺泰农贷	2015-10-09	15000.00

附录1-6 续表 71 continued

序号	非上市公众公司全称	证券代码	证券简称	挂牌时间	股本总数(万股)
3601	广州市中崎商业机器股份有限公司	833640	广州中崎	2015-09-30	4420.00
3602	青海小西牛生物乳业股份有限公司	833641	小西牛	2015-10-19	4200.00
3603	南通华隆微电子股份有限公司	833642	华隆微电	2015-09-28	1336.00
3604	江苏必得科技股份有限公司	833643	必得科技	2015-10-15	1000.00
3605	山东瀚高基础软件股份有限公司	833644	瀚高股份	2015-10-08	1525.00
3606	珠海安联锐视科技股份有限公司	833645	安联锐视	2015-11-13	5060.00
3607	河南百汇环保科技股份有限公司	833646	百汇环保	2015-10-08	2100.00
3608	深圳怡钛积科技股份有限公司	833647	怡钛积	2015-09-25	3000.00
3609	贵州得轩堂护康药业股份有限公司	833648	得轩堂	2015-09-29	1000.00
3610	江苏宝美户外用品股份有限公司	833649	宝美户外	2015-10-15	3000.00
3611	杭州美亚药业股份有限公司	833650	美亚药业	2015-10-08	2200.00
3612	无锡正大轴承机械制造股份有限公司	833651	正大股份	2015-09-22	2473.70
3613	河南一恒贞珠宝股份有限公司	833652	一恒贞	2015-10-13	9000.00
3614	深圳市凯东源现代物流股份有限公司	833653	凯东源	2015-10-08	4280.00
3615	能拓电力股份有限公司	833654	能拓股份	2015-09-29	5555.56
3616	安徽天虹数码科技股份有限公司	833655	天虹数码	2015-09-28	1050.00
3617	确成硅化学股份有限公司	833656	确成硅化	2015-10-12	15000.00
3618	河南创力新能源科技股份有限公司	833657	创力新能	2015-10-16	1180.00
3619	北京铁血科技股份公司	833658	铁血科技	2015-11-05	5347.55
3620	深圳市浩丰科技股份有限公司	833659	浩丰股份	2015-09-25	3000.00
3621	北京腾瑞明技术股份有限公司	833660	腾瑞明	2015-10-22	2300.00
3622	华夏龙晖(北京)汽车电子科技股份有限公司	833661	华夏龙晖	2015-10-20	6712.24
3623	荆州大地生物工程股份有限公司	833662	大地生物	2015-09-25	3000.00
3624	广东百事泰电子商务股份有限公司	833663	百事泰	2015-09-29	1050.86
3625	威特龙消防安全集团股份公司	833664	威特龙	2015-10-09	8200.00
3626	北京清大天达光电科技股份有限公司	833665	清大天达	2015-10-28	3000.00
3627	江苏通灵电器股份有限公司	833666	通灵股份	2015-10-16	9000.00
3628	东莞长联新材料科技股份有限公司	833667	长联科技	2015-10-12	4290.00
3629	成都天力卓越软件股份有限公司	833668	天力软件	2015-09-25	500.00
3630	安徽携泰健康产业股份有限公司	833669	携泰健康	2015-09-29	2000.00
3631	易康云(北京)健康科技股份有限公司	833670	易康云	2015-09-30	650.00
3632	上海邦诚电信技术股份有限公司	833671	邦诚电信	2015-10-14	2200.00
3633	中创清洁能源发展(沈阳)股份有限公司	833672	中创洁能	2015-09-28	6800.00
3634	南京茂莱光学科技股份有限公司	833673	茂莱光学	2015-09-30	3600.00
3635	天津佰焰科技股份有限公司	833674	佰焰科技	2015-09-28	1010.00
3636	河南环宇玻璃科技股份有限公司	833675	环宇科技	2015-10-23	5000.00
3637	青岛宇方机器人工业股份有限公司	833676	宇方工业	2015-10-30	1750.00
3638	浙江芯能光伏科技股份有限公司	833677	芯能科技	2015-09-30	12500.00
3639	株洲南方阀门股份有限公司	833678	南方阀门	2015-09-30	6000.00
3640	洛阳涧光特种装备股份有限公司	833679	涧光股份	2015-10-15	5020.00
3641	深圳市一览网络股份有限公司	833680	一览网络	2015-10-16	5000.00
3642	湖南辰泰信息科技股份有限公司	833681	辰泰科技	2015-09-29	5000.00
3643	福建福特科光电股份有限公司	833682	福特科	2015-10-21	7190.00
3644	上海吉联新软件股份有限公司	833683	吉联新软	2015-10-15	4000.00
3645	深圳市联赢激光股份有限公司	833684	联赢激光	2015-10-14	6600.00
3646	山东天元信息技术股份有限公司	833685	天元信息	2015-10-09	2462.64
3647	顺昊细胞生物技术(天津)股份有限公司	833686	顺昊生物	2015-09-28	1100.00
3648	河南中拓石油工程技术股份有限公司	833687	中拓石油	2015-10-09	8736.00
3649	辽宁天赐钙业股份有限公司	833688	天赐钙业	2015-10-19	4200.00
3650	深圳市架桥资本管理股份有限公司	833689	架桥资本	2015-09-29	3300.00

附录1–6 续表 72 continued

序号	非上市公众公司全称	证券代码	证券简称	挂牌时间	股本总数(万股)
3651	上海礼多多电子商务股份有限公司	833690	礼多多	2015-10-20	5000.00
3652	四川宏洲新型材料股份有限公司	833691	宏洲新材	2015-10-20	1465.00
3653	浙江托普云农科技股份有限公司	833692	托普云农	2015-10-08	5700.00
3654	威海华邦精冲科技股份有限公司	833693	华邦科技	2015-10-09	2500.00
3655	新道科技股份有限公司	833694	新道科技	2015-10-12	10300.00
3656	苏州富士莱医药股份有限公司	833695	富士莱	2015-10-09	6000.00
3657	上海张江超艺多媒体系统股份有限公司	833696	张江超艺	2015-09-28	600.00
3658	上海未来企业股份有限公司	833697	上海未来	2015-10-22	2792.80
3659	广州中喜传媒股份有限公司	833698	中喜传媒	2015-10-15	1500.00
3660	成都指南针联网科技股份有限公司	833699	联网科技	2015-10-29	850.00
3661	浙江阿斯克建材科技股份有限公司	833700	阿斯克	2015-10-13	3640.00
3662	江苏坚力电子科技股份有限公司	833701	坚力科技	2015-09-30	1666.67
3663	宁格朗电气股份有限公司	833702	宁格朗	2015-10-08	5100.00
3664	苏州瑞光电子科技股份有限公司	833703	瑞光科技	2015-10-20	500.00
3665	千里马机械供应链股份有限公司	833704	千里马	2015-10-20	10928.57
3666	江苏中孚达科技股份有限公司	833705	中孚达	2015-10-16	1500.00
3667	深圳市博远高科股份有限公司	833706	博远高科	2015-10-09	2100.00
3668	宁波精华电子科技股份有限公司	833707	精华股份	2015-10-08	500.00
3669	深圳市捷佳伟创新能源装备股份有限公司	833708	捷佳伟创	2015-10-16	24000.00
3670	南通和信科技小额贷款股份有限公司	833709	和信科贷	2015-10-14	23000.00
3671	吉林风雷网络科技股份有限公司	833710	风雷网络	2015-09-30	2400.00
3672	上海卓易科技股份有限公司	833711	卓易科技	2015-10-13	10300.00
3673	四川观堂建筑工程设计股份有限公司	833712	观堂设计	2015-10-13	1200.00
3674	绵阳立德电子股份有限公司	833713	立德电子	2015-10-13	1073.50
3675	安世亚太科技股份有限公司	833714	安世亚太	2015-10-29	10500.00
3676	深圳凯世光研股份有限公司	833715	凯世光研	2015-10-14	3000.00
3677	河南天工橡胶科技股份有限公司	833716	天工科技	2015-10-13	4080.00
3678	北京华彦邦科技股份有限公司	833717	华彦邦	2015-09-28	550.00
3679	山东宏运达电梯股份有限公司	833718	宏运达	2015-09-29	15800.00
3680	常州市宏发纵横新材料科技股份有限公司	833719	宏发新材	2015-10-08	6665.00
3681	深圳市网信联动通信技术股份有限公司	833720	网信联动	2015-10-08	5778.70
3682	深圳市嘉兰图设计股份有限公司	833721	嘉兰图	2015-10-09	2600.00
3683	浙江巨科新材料股份有限公司	833722	巨科新材	2015-10-30	10000.00
3684	云南三江并流农业科技股份有限公司	833723	三江并流	2015-10-13	9000.00
3685	广州威尔弗汽车用品股份有限公司	833724	威尔弗	2015-11-02	1229.86
3686	湖南童梦文化股份有限公司	833725	童梦文化	2015-11-09	2200.00
3687	杭州蜂派科技股份有限公司	833726	蜂派科技	2015-09-30	1000.00
3688	浙江兆晟科技股份有限公司	833727	兆晟科技	2015-10-14	1000.00
3689	赣州诚正稀土新材料股份有限公司	833728	诚正稀土	2015-10-09	5600.00
3690	北京恩济和生物科技股份有限公司	833729	恩济和	2015-10-20	1724.00
3691	湖南金旅环保股份有限公司	833730	金旅环保	2015-10-14	5000.00
3692	山东默锐环境产业股份有限公司	833731	默锐环境	2015-10-13	1000.00
3693	上海合晟资产管理股份有限公司	833732	合晟资产	2015-10-09	1000.00
3694	四川贡嘎雪新材料股份有限公司	833733	贡嘎雪	2015-10-20	7200.00
3695	河南华唐新材料股份有限公司	833734	华唐新材	2015-10-28	6356.00
3696	浙江森井防爆电气股份有限公司	833735	森井防爆	2015-10-28	660.00
3697	浙江中塑在线股份有限公司	833736	中塑在线	2015-10-08	1200.00
3698	望湘园(上海)餐饮管理股份有限公司	833737	望湘园	2015-10-16	6000.00
3699	大象广告股份有限公司	833738	大象股份	2015-10-16	9000.00
3700	宁夏杞爱原生黑果枸杞股份有限公司	833739	黑果枸杞	2015-11-17	3000.00

附录1-6　续表 73　continued

序号	非上市公众公司全称	证券代码	证券简称	挂牌时间	股本总数(万股)
3701	上海音锋机器人股份有限公司	833740	音锋股份	2015-10-09	1000.00
3702	山水假日(北京)国际旅行社股份有限公司	833741	山水股份	2015-10-09	500.00
3703	秦皇岛天秦装备制造股份有限公司	833742	天秦装备	2015-10-08	3600.00
3704	北京东邦御厨科技股份有限公司	833743	东邦御厨	2015-10-09	1300.00
3705	深圳市世纪本原科技股份有限公司	833744	世纪本原	2015-09-30	900.00
3706	常州恐龙园股份有限公司	833745	恐龙园	2015-10-15	16500.00
3707	湖北宏中药业股份有限公司	833746	宏中药业	2015-10-14	2696.60
3708	北京广厦环能科技股份有限公司	833747	广厦环能	2015-10-09	2100.00
3709	济南奥图自动化股份有限公司	833748	奥图股份	2015-10-15	1060.00
3710	广东每通测控科技股份有限公司	833749	每通测控	2015-10-14	1000.00
3711	深圳市长宁钻石股份有限公司	833750	长宁钻石	2015-10-19	8850.00
3712	湖南惠同新材料股份有限公司	833751	惠同新材	2015-11-16	6200.00
3713	上海广申建筑设计股份有限公司	833752	广申股份	2015-10-14	800.00
3714	广州超音速自动化科技股份有限公司	833753	超音速	2015-10-13	548.95
3715	浏阳市通源小额贷款股份有限公司	833754	通源小贷	2015-10-19	10000.00
3716	北京扬德环境科技股份有限公司	833755	扬德环境	2015-10-16	9120.00
3717	深圳恩鹏健康产业股份有限公司	833756	恩鹏健康	2015-09-30	3000.00
3718	新乡天力锂能股份有限公司	833757	天力锂能	2015-10-16	2604.00
3719	江苏瑞雪海洋科技股份有限公司	833758	瑞雪海洋	2015-10-09	4688.00
3720	广东大众农业科技股份有限公司	833759	大众科技	2015-10-23	5110.00
3721	汉中天然谷生物科技股份有限公司	833760	天然谷	2015-11-10	8490.00
3722	科顺防水科技股份有限公司	833761	科顺防水	2015-10-15	19658.77
3723	北京励思信息技术股份有限公司	833762	励思股份	2015-10-13	500.00
3724	浙江原态农业股份有限公司	833763	原态农业	2015-11-04	1152.35
3725	浙江斯达电气设备股份有限公司	833764	斯达电气	2015-10-20	1000.00
3726	上海爱扑网络科技股份有限公司	833765	爱扑网络	2015-10-27	1063.83
3727	龙福环能科技股份有限公司	833766	龙福环能	2015-10-23	17258.00
3728	深圳市五轮电子股份有限公司	833767	五轮电子	2015-10-14	1050.00
3729	上海寰创通信科技股份有限公司	833768	上海寰创	2015-10-19	7651.43
3730	浙江中泰环保股份有限公司	833769	中泰环保	2015-11-02	7500.00
3731	浙江宏伟供应链集团股份有限公司	833770	宏伟供应	2015-10-15	6000.00
3732	顺泰融资租赁股份有限公司	833771	顺泰租赁	2015-12-03	30000.00
3733	浙江天蓝环保技术股份有限公司	833772	天蓝环保	2015-11-17	8017.20
3734	上海山美重型矿山机械股份有限公司	833773	山美股份	2015-10-27	3000.00
3735	上海创建达一系统集成股份有限公司	833774	创建达一	2015-10-20	1000.00
3736	深圳华侨城文化旅游科技股份有限公司	833775	文旅科技	2015-10-30	7600.00
3737	浙江华方药业股份有限公司	833776	华方药业	2015-11-04	2788.73
3738	上海棠棣信息科技股份有限公司	833777	棠棣信息	2015-10-15	5000.00
3739	山东永能节能环保服务股份有限公司	833778	山东环保	2015-10-21	3000.00
3740	深圳市奥科斯特智能装备股份有限公司	833779	奥科斯特	2015-10-22	670.00
3741	山东昌润创业投资股份有限公司	833780	昌润创投	2015-10-16	12500.00
3742	成都瑞奇石化工程股份有限公司	833781	瑞奇工程	2015-10-19	3000.00
3743	桂林天锐医药股份有限公司	833782	天锐医药	2015-10-19	1250.00
3744	上海源培生物科技股份有限公司	833783	源培生物	2015-10-15	3000.00
3745	北京美福润医药科技股份有限公司	833784	美福润	2015-10-19	3150.00
3746	北京递蓝科软件股份有限公司	833785	递蓝科	2015-10-19	1000.00
3747	深圳市超纯环保股份有限公司	833786	超纯环保	2015-10-20	5500.00
3748	珠海市银科医学工程股份有限公司	833787	银科医学	2015-10-20	1500.00
3749	深圳市品尚汇电子商务股份有限公司	833788	品尚汇	2015-11-02	5475.00
3750	湖南新贵之步工贸股份有限公司	833789	贵之步	2015-10-23	2189.00

附录1-6 续表 74 continued

序号	非上市公众公司全称	证券代码	证券简称	挂牌时间	股本总数(万股)
3751	广东嘉元科技股份有限公司	833790	嘉元科技	2015-10-22	11617.60
3752	北京和道金城文化传媒股份公司	833791	和道传媒	2015-10-14	1200.00
3753	长沙博能科技股份有限公司	833792	博能科技	2015-11-12	5099.00
3754	长春孔辉汽车科技股份有限公司	833793	孔辉汽车	2015-10-20	1325.39
3755	优诺电梯股份有限公司	833794	优诺股份	2015-10-15	5000.00
3756	山东十方环保能源股份有限公司	833795	十方环能	2015-10-29	5955.60
3757	广东骅锋科技股份有限公司	833796	骅锋科技	2015-10-15	1000.00
3758	宁波思明汽车科技股份有限公司	833797	思明科技	2015-10-20	2500.00
3759	五常市金福泰农业股份有限公司	833798	金福泰	2015-10-26	7000.00
3760	陕西嘉禾生物科技股份有限公司	833799	嘉禾生物	2015-10-20	10634.30
3761	广东泰安模塑科技股份有限公司	833800	泰安科技	2015-10-21	4156.00
3762	北京金信瑞通科技股份有限公司	833801	金信瑞通	2015-10-16	1000.00
3763	浙江希尔化工股份有限公司	833802	希尔化工	2015-10-19	1000.00
3764	苏州勃朗科技股份有限公司	833803	勃朗科技	2015-10-29	2708.33
3765	山东康威通信技术股份有限公司	833804	康威通信	2015-11-26	4500.00
3766	山东森诺特环保能源股份有限公司	833805	森诺特	2015-10-15	2000.00
3767	光合(北京)文化创意股份有限公司	833806	光合文创	2015-10-19	1000.00
3768	天津华鸿科技股份有限公司	833807	华鸿科技	2015-10-19	2000.00
3769	广东精讯科技股份有限公司	833808	精讯科技	2015-11-11	1000.00
3770	延边白山国际旅行社股份有限公司	833809	白山国旅	2015-10-19	700.00
3771	重庆睿博光电股份有限公司	833810	睿博光电	2015-10-19	3350.00
3772	辽宁中新自动控制集团股份有限公司	833811	中新股份	2015-10-21	1000.00
3773	深圳天溯计量检测股份有限公司	833812	天溯计量	2015-10-26	1000.00
3774	江苏中超环保股份有限公司	833813	中超环保	2015-10-19	8000.00
3775	深圳市德润达光电股份有限公司	833814	德润达	2015-10-16	1000.00
3776	山东嘉友互联软件股份有限公司	833815	嘉友互联	2015-11-06	1200.00
3777	安徽省志成建设工程咨询股份有限公司	833816	志成股份	2015-10-14	1000.00
3778	广东聚石化学股份有限公司	833817	聚石化学	2015-11-12	5700.00
3779	南京威克曼科技股份有限公司	833818	威克曼	2015-11-24	2000.00
3780	北京颖泰嘉和生物科技股份有限公司	833819	颖泰生物	2015-10-20	67796.00
3781	深圳市凯琦佳科技股份有限公司	833820	凯琦佳	2015-10-20	4750.00
3782	南京浦江合金材料股份有限公司	833821	浦江股份	2015-10-22	5700.00
3783	广州市铭慧机械股份有限公司	833822	铭慧股份	2015-10-29	6000.00
3784	湖北综联桓能源投资管理股份有限公司	833823	综桓能源	2015-11-17	8000.00
3785	洛阳九久科技股份有限公司	833824	九久科技	2015-11-05	1680.00
3786	神州锐达(北京)科技股份公司	833825	神州锐达	2015-10-16	900.00
3787	哈尔滨凯利汽车云服务股份有限公司	833826	凯利云股	2015-10-16	777.00
3788	浙江浩腾电子科技股份有限公司	833827	浩腾科技	2015-11-04	3450.00
3789	广东新视野信息科技股份有限公司	833828	新视野	2015-10-22	1000.00
3790	洛阳鹏飞耐磨材料股份有限公司	833829	鹏飞股份	2015-10-16	4983.64
3791	北京市蓝宝新技术股份有限公司	833830	蓝宝股份	2015-10-21	1000.00
3792	淄博鲁华泓锦新材料股份有限公司	833831	鲁华泓锦	2015-12-15	21210.00
3793	湖北追日电气股份有限公司	833832	追日电气	2015-11-02	6030.00
3794	湖北美天生物科技股份有限公司	833833	美天生物	2015-11-06	3828.85
3795	浙江绩丰物联科技股份有限公司	833834	绩丰物联	2015-10-19	4000.00
3796	海南天鸿市政设计股份有限公司	833835	天鸿设计	2015-10-29	1900.00
3797	江西盛祥电子材料股份有限公司	833836	盛祥电子	2015-10-27	12477.02
3798	南京市江宁区恒沣农村小额贷款股份有限公司	833837	恒沣农贷	2015-11-17	10000.00
3799	美世联合创业投资股份有限公司	833838	美世创投	2015-10-21	24100.00
3800	广东天波信息技术股份有限公司	833839	天波信息	2015-11-17	5060.00

附录1-6 续表 75 continued

序号	非上市公众公司全称	证券代码	证券简称	挂牌时间	股本总数(万股)
3801	永安期货股份有限公司	833840	永安期货	2015-10-28	86000.00
3802	浙江夜光明光电科技股份有限公司	833841	夜光明	2015-10-23	3000.00
3803	厦门市天艺传媒股份有限公司	833842	天艺传媒	2015-10-15	1080.00
3804	扬州市邗江区正新农村小额贷款股份有限公司	833843	正新农贷	2015-10-20	22400.00
3805	山西智德安全技术股份有限公司	833844	智德安全	2015-10-22	1500.00
3806	江西人之初营养科技股份有限公司	833845	人之初	2015-10-29	6600.00
3807	江苏中正检测股份有限公司	833846	中正股份	2015-10-20	500.00
3808	上海狂龙数字科技股份有限公司	833847	狂龙数字	2015-10-19	1000.00
3809	山西光宇半导体照明股份有限公司	833848	光宇股份	2015-11-27	5882.35
3810	上海携宁计算机科技股份有限公司	833849	携宁科技	2015-10-22	2632.00
3811	杭州临安恒生科技股份有限公司	833850	恒生科技	2015-10-21	1500.00
3812	四川景云祥通信股份公司	833851	景云祥	2015-10-26	10621.00
3813	北京清软创新科技股份有限公司	833852	清软创新	2015-10-21	1011.90
3814	芜湖通和汽车管路系统股份有限公司	833853	通和股份	2015-11-09	3000.00
3815	浙江远望信息股份有限公司	833854	远望信息	2015-10-16	3960.00
3816	河北三楷深发科技股份有限公司	833855	三楷深发	2015-10-23	3333.00
3817	北京宝润兴业科技股份有限公司	833856	宝润兴业	2015-11-04	2255.00
3818	上海时光科技股份有限公司	833857	时光科技	2015-10-20	3000.00
3819	北京信中利投资股份有限公司	833858	信中利	2015-10-23	64499.92
3820	珠海国能新材料股份有限公司	833859	国能新材	2015-10-21	3000.00
3821	四川力诚百货股份有限公司	833860	力诚百货	2015-10-21	12000.00
3822	麦可思数据(成都)股份有限公司	833861	麦可思	2015-10-21	1000.00
3823	六合峰(天津)科技股份有限公司	833862	六合峰	2015-11-06	2700.00
3824	上海道盾科技股份有限公司	833863	道盾科技	2015-10-19	500.00
3825	灵汇技术股份有限公司	833864	灵汇股份	2015-11-06	5718.00
3826	凯盛家纺股份有限公司	833865	凯盛家纺	2015-10-20	5570.00
3827	重庆紫翔生物医药股份有限公司	833866	紫翔生物	2015-10-20	1500.00
3828	新疆泓坤工程技术股份有限公司	833867	泓坤股份	2015-10-16	700.00
3829	南京证券股份有限公司	833868	南京证券	2015-10-30	247399.95
3830	山东海普安全环保技术股份有限公司	833869	海普安全	2015-10-23	500.00
3831	深圳市创想天空科技股份有限公司	833870	创想天空	2015-10-29	1111.11
3832	无锡昌德微电子股份有限公司	833871	昌德微电	2015-10-26	600.00
3833	北京卓信智恒数据科技股份有限公司	833872	卓信数据	2015-10-16	500.00
3834	重庆中设工程设计股份有限公司	833873	中设股份	2015-11-13	5631.54
3835	十堰市泰祥实业股份有限公司	833874	泰祥股份	2015-10-19	5000.00
3836	博信通信股份有限公司	833875	博信通信	2015-11-10	7800.00
3837	宁夏鑫浩源生物科技股份有限公司	833876	宁鑫生科	2015-10-28	3466.00
3838	金华万得福日用品股份有限公司	833877	万得福	2015-10-20	3518.00
3839	常州帕斯菲克自动化技术股份有限公司	833878	帕斯菲克	2015-10-20	1100.00
3840	张家港中环海陆特锻股份有限公司	833879	中环海陆	2015-11-03	7500.00
3841	上海中城联盟投资管理股份有限公司	833880	中城投资	2015-10-26	163630.00
3842	河北一森园林绿化工程股份有限公司	833881	一森园林	2015-10-20	1155.00
3843	江苏汉印机电科技股份有限公司	833882	汉印股份	2015-10-27	1003.93
3844	苏州吴江春宇电子股份有限公司	833883	春宇电子	2015-10-30	2462.69
3845	成都博高信息技术股份有限公司	833884	博高信息	2015-10-19	3300.00
3846	深圳市蝶讯网科技股份有限公司	833885	蝶讯网	2015-10-26	3600.00
3847	佛山市万达业机械股份有限公司	833886	万达业	2015-10-27	708.00
3848	江西庞泰环保股份有限公司	833887	庞泰环保	2015-10-20	3260.00
3849	杭州华普永明光电股份有限公司	833888	华普永明	2015-10-20	3700.00
3850	河南雪阳坯衫股份有限公司	833889	雪阳坯衫	2015-10-29	4000.00

附录1—6 续表 76 continued

序号	非上市公众公司全称	证券代码	证券简称	挂牌时间	股本总数(万股)
3851	大连华富食品股份有限公司	833890	大连华富	2015-10-27	3210.00
3852	烟台三和新能源科技股份有限公司	833891	三和能源	2015-10-30	2000.00
3853	浙江艺能传媒股份有限公司	833892	艺能传媒	2015-10-21	2880.44
3854	安徽亿民照明股份有限公司	833893	亿民照明	2015-10-28	1000.00
3855	成都卓影科技股份有限公司	833894	卓影科技	2015-10-23	617.91
3856	常州康耐特环保科技股份有限公司	833895	常康环保	2015-10-26	3500.00
3857	海诺尔环保产业股份有限公司	833896	海诺尔	2015-11-02	10600.00
3858	心动网络股份有限公司	833897	心动网络	2015-11-04	5792.00
3859	磊曜微电子(上海)股份有限公司	833898	磊曜股份	2015-11-10	1200.00
3860	深圳菁英时代基金管理股份有限公司	833899	菁英时代	2015-10-22	13528.00
3861	广东阿尔创通信技术股份有限公司	833900	阿尔创	2015-10-27	5000.00
3862	大连壮元海生态苗业股份有限公司	833901	壮元海	2015-10-23	5700.00
3863	上海琪瑜光电科技股份有限公司	833902	琪瑜光电	2015-10-30	580.00
3864	浙江杭真能源科技股份有限公司	833903	杭真能源	2015-11-09	1485.00
3865	浙江远图互联科技股份有限公司	833904	远图互联	2015-10-23	4000.00
3866	普瑞特机械制造股份有限公司	833905	普瑞特	2015-10-21	7500.00
3867	广州卡宝宝互联网金融信息服务股份有限公司	833906	卡宝宝	2015-11-02	900.00
3868	广东倍智测聘网络科技股份有限公司	833907	测聘网	2015-11-19	2300.00
3869	深圳比科斯电子股份有限公司	833908	比科斯	2015-10-27	8823.68
3870	北京三维天下科技股份有限公司	833909	三维天下	2015-10-26	1400.00
3871	绿茵天地体育产业股份有限公司	833910	绿茵天地	2015-10-23	6011.00
3872	河北中振博盛新材料股份有限公司	833911	博盛新材	2015-10-30	3800.00
3873	宜诺包装(上海)股份有限公司	833912	宜诺股份	2015-11-12	3000.00
3874	坤鼎投资管理集团股份有限公司	833913	坤鼎集团	2015-10-30	12100.00
3875	江苏远航精密合金科技股份有限公司	833914	远航合金	2015-11-12	7500.00
3876	北京建云科技股份有限公司	833915	建云科技	2015-10-28	150.00
3877	天津壹鸣环境科技股份有限公司	833916	壹鸣环境	2015-10-23	5000.00
3878	重庆富燃科技股份有限公司	833917	富燃科技	2015-10-23	1000.00
3879	北京融安特智能科技股份有限公司	833918	融安特	2015-10-23	1834.98
3880	酒仙网电子商务股份有限公司	833919	酒仙网	2015-10-29	13606.11
3881	大连举扬科技股份有限公司	833920	举扬科技	2015-11-06	2500.00
3882	安徽省文胜生物工程股份有限公司	833921	文胜生物	2015-10-28	3333.33
3883	河北丰源智控科技股份有限公司	833922	丰源智控	2015-10-27	1600.00
3884	苏州华辰净化股份有限公司	833923	华辰净化	2015-10-27	2360.00
3885	大连华讯投资股份有限公司	833924	华讯投资	2015-10-29	3000.00
3886	北京兴业源物业管理股份有限公司	833925	兴业源	2015-10-20	1200.00
3887	上海安集协康生物技术股份有限公司	833926	安集协康	2015-10-23	1804.20
3888	佛山宁宇科技股份有限公司	833927	宁宇科技	2015-10-29	2000.00
3889	北京火谷网络科技股份有限公司	833928	火谷网络	2015-10-21	5000.00
3890	浙江世纪康大医疗科技股份有限公司	833929	康大医疗	2015-10-28	4100.00
3891	陕西通海绒业股份有限公司	833930	通海绒业	2015-10-27	5000.00
3892	河南华通电缆股份有限公司	833931	华通股份	2015-10-26	11138.00
3893	云南北方奥雷德光电科技股份有限公司	833932	奥雷德	2015-11-12	23000.00
3894	诸葛天下(北京)信息技术股份有限公司	833933	ST诸葛	2015-10-28	8484.53
3895	威海震宇智能科技股份有限公司	833934	震宇科技	2015-10-30	4800.00
3896	明游天下国际旅游投资(北京)股份有限公司	833935	明游天下	2015-11-05	2280.00
3897	广东百味佳味业科技股份有限公司	833936	百味佳	2015-10-26	3000.00
3898	长春嘉诚信息技术股份有限公司	833937	嘉诚信息	2015-10-28	3000.00
3899	上海天狐创意设计股份有限公司	833938	天狐创意	2015-10-21	2700.00
3900	上海御康医疗发展股份有限公司	833939	御康医疗	2015-10-30	2100.00

附录1-6 续表 77 continued

序号	非上市公众公司全称	证券代码	证券简称	挂牌时间	股本总数(万股)
3901	四川蜀塔实业股份有限公司	833940	蜀塔实业	2015-10-21	5280.00
3902	台州市伊悦尼塑模股份有限公司	833941	伊悦尼	2015-10-23	500.00
3903	湖北祥源新材科技股份有限公司	833942	祥源新材	2015-11-04	2467.82
3904	四川优机实业股份有限公司	833943	优机股份	2015-10-26	6300.00
3905	湖南现代环境科技股份有限公司	833944	现代环科	2015-10-21	30000.00
3906	南京市滨江科技小额贷款股份有限公司	833945	滨江科贷	2015-10-22	20000.00
3907	上海杰隆生物制品股份有限公司	833946	杰隆生物	2015-11-09	8500.00
3908	哈尔滨同为电气股份有限公司	833947	同为电气	2015-11-02	2565.00
3909	江苏康泰环保股份有限公司	833948	康泰环保	2015-11-06	1086.00
3910	鞍山正发表面技术工程股份有限公司	833949	正发股份	2015-11-06	2000.00
3911	苏州金凯达机械科技股份有限公司	833950	金凯达	2015-11-02	500.00
3912	浩蓝环保股份有限公司	833951	浩蓝环保	2015-10-27	8807.50
3913	苏州宝优际科技股份有限公司	833952	宝优际	2015-10-27	500.00
3914	广州唯思软件股份有限公司	833953	唯思软件	2015-10-30	4513.92
3915	北京飞天经纬科技股份有限公司	833954	飞天经纬	2015-10-29	3571.50
3916	杭州盈丰软件股份有限公司	833955	盈丰软件	2015-10-23	1000.00
3917	江苏三和生物工程股份有限公司	833956	三和生物	2015-10-28	1600.00
3918	珠海威丝曼服饰股份有限公司	833957	威丝曼	2015-10-28	6998.33
3919	广东顶固集创家居股份有限公司	833958	顶固集创	2015-10-21	8400.00
3920	重庆美心翼申机械股份有限公司	833959	美心翼申	2015-11-10	4286.00
3921	河北华发教育科技股份有限公司	833960	华发教育	2015-10-27	1400.00
3922	通辽市通发文化传媒股份有限公司	833961	通发传媒	2015-10-29	1000.00
3923	北京方富资本管理股份有限公司	833962	方富资本	2015-10-20	1310.00
3924	安澳智能系统(南京)股份有限公司	833963	安澳智能	2015-10-27	1200.00
3925	广西科创机械股份有限公司	833965	科创股份	2015-11-04	3500.00
3926	国电康能科技股份有限公司	833966	国电康能	2015-10-28	10000.00
3927	深圳市万极科技股份有限公司	833967	万极科技	2015-11-19	4010.70
3928	广州资源环保科技股份有限公司	833968	资源环保	2015-10-21	822.00
3929	安徽江淮园艺种业股份有限公司	833969	江淮园艺	2015-10-29	1360.63
3930	克拉玛依市广盛小额贷款股份有限公司	833970	广盛小贷	2015-11-11	8269.00
3931	江苏四新科技应用研究所股份有限公司	833971	四新科技	2015-10-30	1000.00
3932	上海司南卫星导航技术股份有限公司	833972	司南导航	2015-10-29	3900.00
3933	成都杨振之来也旅游发展股份有限公司	833973	来也股份	2015-11-05	1120.00
3934	漯河众益达食品股份有限公司	833974	众益达	2015-11-03	10000.00
3935	厦门新游网络股份有限公司	833976	新游网络	2015-10-26	2100.00
3936	芜湖悠派护理用品科技股份有限公司	833977	悠派科技	2015-10-26	2800.00
3937	黑龙江龙广传媒股份有限公司	833978	龙广传媒	2015-10-26	500.00
3938	深圳市天图投资管理股份有限公司	833979	天图投资	2015-11-16	51977.31
3939	无锡博伊特科技股份有限公司	833980	博伊特	2015-10-27	2500.00
3940	广东凯威检测技术股份有限公司	833981	凯威检测	2015-11-02	1200.00
3941	高邮市龙腾农村小额贷款股份有限公司	833982	龙腾农贷	2015-11-03	15000.00
3942	烟台一品鲜蔬菜股份有限公司	833983	一品鲜蔬	2015-10-27	1300.00
3943	民太安财产保险公估股份有限公司	833984	民太安	2015-10-27	13091.50
3944	湖南三方供应链股份有限公司	833985	三方股份	2015-10-26	868.00
3945	许昌市天源热能股份有限公司	833986	天源热能	2015-10-23	5000.00
3946	大连碧城环保科技股份有限公司	833987	碧城环保	2015-10-26	1000.00
3947	江苏中成紧固技术发展股份有限公司	833988	中成发展	2015-11-25	3630.00
3948	雅安太时生物科技股份有限公司	833989	太时股份	2015-10-30	1200.00
3949	迈得医疗工业设备股份有限公司	833990	迈得医疗	2015-10-30	6000.00
3950	趋势(北京)文化传媒股份有限公司	833991	趋势传媒	2015-11-02	500.00

附录1-6 续表 78 continued

序号	非上市公众公司全称	证券代码	证券简称	挂牌时间	股本总数(万股)
3951	深圳普菲特信息科技股份有限公司	833992	普菲特	2015-10-21	500.00
3952	重庆茂余燃气设备股份有限公司	833993	茂余燃气	2015-11-10	1283.00
3953	翰博高新材料(合肥)股份有限公司	833994	翰博高新	2015-11-06	4405.00
3954	黄河文化产业股份有限公司	833995	黄河文化	2015-10-29	5000.00
3955	浙江花集网科技股份有限公司	833996	花集网	2015-10-29	4000.00
3956	浙江巴鲁特服饰股份有限公司	833997	巴鲁特	2015-11-10	5000.00
3957	北京久银投资控股股份有限公司	833998	久银控股	2015-11-17	12860.50
3958	昆山艾博机器人股份有限公司	833999	昆机器人	2015-11-05	1060.00
3959	扬州市邗江区国鑫农村小额贷款股份有限公司	834000	国鑫农贷	2015-11-06	25000.00
3960	鼎宏汽车保险销售股份有限公司	834001	鼎宏保险	2015-11-17	5000.00
3961	山东易构软件技术股份有限公司	834002	易构软件	2015-11-11	2550.00
3962	北京挖金客信息科技股份有限公司	834003	挖金客	2015-11-30	5100.00
3963	新乡日升数控轴承装备股份有限公司	834004	新乡日升	2015-11-05	4200.00
3964	东莞市松湖塑料机械股份有限公司	834005	松湖股份	2015-11-02	1000.00
3965	芜湖金胜电子科技股份有限公司	834006	金胜科技	2015-11-16	800.00
3966	江苏华溢物流股份有限公司	834007	华溢物流	2015-11-09	5000.00
3967	江苏群鑫粉体科技股份有限公司	834008	群鑫科技	2015-11-06	1100.00
3968	浙江盘石信息技术股份有限公司	834009	盘石股份	2015-11-13	2200.00
3969	大庆亚兴安全科技股份有限公司	834010	亚兴科技	2015-11-02	2000.00
3970	捷胜海洋装备股份有限公司	834011	捷胜海洋	2015-11-12	5350.81
3971	上海浦敏科技发展股份有限公司	834012	浦敏科技	2015-11-16	1500.00
3972	深圳市利和兴股份有限公司	834013	利和兴	2015-12-10	1304.43
3973	特瑞斯能源装备股份有限公司	834014	特瑞斯	2015-11-25	6000.00
3974	杭州金海岸文化发展股份有限公司	834015	金海岸	2015-11-10	4308.00
3975	北京易二零环境股份有限公司	834016	易二零	2015-11-11	5010.00
3976	上海方心健康科技发展股份有限公司	834017	方心健康	2015-11-03	1000.00
3977	尚宝罗江苏节能科技股份有限公司	834018	尚宝罗	2015-11-16	1598.00
3978	杭州大自然科技股份有限公司	834019	大自然	2015-11-23	8560.06
3979	大连东霖食品股份有限公司	834020	东霖食品	2015-11-20	17517.91
3980	北京流金岁月文化传播股份有限公司	834021	流金岁月	2015-10-30	2225.00
3981	武汉华枫传感技术股份有限公司	834022	华枫股份	2015-11-04	4500.00
3982	四川金投金融电子服务股份有限公司	834023	金投金融	2015-10-30	13500.00
3983	北京华夏科创仪器股份有限公司	834024	华夏科创(退市)	2015-10-29	5000.00
3984	北京赛思信安技术股份有限公司	834025	赛思信安	2015-11-10	1000.00
3985	武汉武新新型建材股份有限公司	834026	武新股份	2015-11-27	18000.00
3986	青岛冠尔科技股份有限公司	834027	冠尔股份	2015-11-16	2000.00
3987	广东品胜电子股份有限公司	834028	品胜股份	2015-11-16	8000.00
3988	广东中筑天佑照明技术股份有限公司	834029	中筑天佑	2015-11-04	1688.00
3989	贵州黔昌生态农林股份有限公司	834030	黔昌农林	2015-10-30	965.00
3990	浙江群大饲料科技股份有限公司	834031	群大科技	2015-11-12	2188.00
3991	北京天融信科技股份有限公司	834032	天融信	2015-11-02	7575.76
3992	重庆康普化学工业股份有限公司	834033	康普化学	2015-11-16	3000.00
3993	元道通信股份有限公司	834034	元道通信	2015-10-30	5010.00
3994	浙江力驰雷奥环保科技股份有限公司	834035	力驰雷奥	2015-11-10	1000.00
3995	上海立特营销股份有限公司	834036	立特营销	2015-11-02	1600.00
3996	北京龙盛世纪科技股份有限公司	834037	龙盛世纪	2015-10-29	2000.00
3997	巢湖市诚信小额贷款股份有限公司	834038	诚信小贷	2015-11-05	10000.00
3998	杭州世创电子技术股份有限公司	834039	世创电子	2015-10-30	6800.00
3999	辽宁华信电气股份有限公司	834040	华信电气	2015-11-19	5378.00
4000	上海恒业分子筛股份有限公司	834041	上海恒业	2015-11-19	5000.00

附录1–6　续表 79　continued

序号	非上市公众公司全称	证券代码	证券简称	挂牌时间	股本总数(万股)
4001	福建欣宇卫浴科技股份有限公司	834042	欣宇科技	2015-11-16	2372.00
4002	杭州杭科光电股份有限公司	834043	杭科光电	2015-11-02	6000.00
4003	深圳市富泰和精密制造股份有限公司	834044	富泰和	2015-11-12	6315.76
4004	山西泰和鑫软件股份有限公司	834045	泰和鑫	2015-10-30	1100.00
4005	金锐同创(北京)科技股份有限公司	834046	金锐同创	2015-10-29	3000.00
4006	上海缔安科技股份有限公司	834047	缔安科技	2015-11-13	2500.00
4007	上海蓝灯数据科技股份有限公司	834048	蓝灯数据	2015-11-04	1500.00
4008	常州市建筑科学研究院股份有限公司	834049	建科股份	2015-10-30	5700.00
4009	福建省天润园景景观工程设计股份有限公司	834050	天润园景	2015-11-16	500.00
4010	河南省汇隆精密设备制造股份有限公司	834051	汇隆精密	2015-11-20	3500.00
4011	河北海川能源科技股份有限公司	834052	海川能源	2015-11-06	800.00
4012	上田环境修复股份有限公司	834053	上田环境	2015-11-04	5500.00
4013	上海游戏多网络科技股份有限公司	834054	游戏多	2015-11-10	1889.73
4014	上海百事通信息技术股份有限公司	834055	百事通	2015-11-11	9000.00
4015	陕西伟恒生物科技股份有限公司	834056	伟恒生物	2015-11-19	4781.00
4016	深圳新基点智能股份有限公司	834057	新基点	2015-11-12	6000.00
4017	浙江华洋赛车股份有限公司	834058	华洋赛车	2015-11-02	1455.46
4018	灵通展览系统股份有限公司	834059	灵通展览	2015-11-16	6000.00
4019	上海营邑城市规划设计股份有限公司	834060	营邑股份	2015-11-04	850.00
4020	广东佳奇科技教育股份有限公司	834061	佳奇科技	2015-11-06	4000.00
4021	科润电力科技股份有限公司	834062	科润电力	2015-11-06	6720.00
4022	北京卡车之家信息技术股份有限公司	834063	卡车之家	2015-11-11	1411.76
4023	上海技美科技股份有限公司	834064	技美科技	2015-11-10	3000.00
4024	安徽合凯电气科技股份有限公司	834065	合凯电气	2015-11-24	3600.00
4025	内蒙古大统体育用品股份有限公司	834066	大统体育	2015-11-05	1500.00
4026	西藏华勤互联人力资源股份有限公司	834067	华勤互联	2015-11-19	1200.00
4027	珠海市新依科蓝氧科技股份有限公司	834068	蓝氧科技	2015-11-06	10000.00
4028	杭州金通公共自行车科技股份有限公司	834069	金通科技	2015-11-10	4000.00
4029	盛全物业服务股份有限公司	834070	盛全物业	2015-11-10	5080.00
4030	重庆首键医药包装股份公司	834071	首键药包	2015-11-06	2655.00
4031	江苏苏美达德隆汽车部件股份有限公司	834072	德隆股份	2015-11-20	2500.00
4032	山东隆和节能科技股份有限公司	834073	隆和节能	2015-11-18	3000.00
4033	长沙锐风信息科技股份有限公司	834074	锐风科技	2015-11-06	1000.00
4034	武汉云传媒科技股份有限公司	834075	云传媒	2015-11-06	3124.00
4035	广州市海森环保科技股份有限公司	834076	海森环保	2015-11-06	2000.00
4036	天津新智视讯技术股份有限公司	834077	新智视讯	2015-11-05	1055.56
4037	北京大德捷盈科技股份有限公司	834078	大德捷盈	2015-11-06	1000.00
4038	武汉人天包装自动化技术股份有限公司	834079	人天包装	2015-11-05	3208.00
4039	德阳市中嘉实业股份有限公司	834080	中嘉实业	2015-11-10	5000.00
4040	上海通领汽车科技股份有限公司	834081	通领科技	2015-11-03	4505.00
4041	中建材信息技术股份有限公司	834082	中建信息	2015-11-05	5000.00
4042	黑龙江盛华霖科技发展股份有限公司	834083	盛华霖	2015-11-10	2400.00
4043	北京聚能鼎力科技股份有限公司	834084	聚能鼎力	2015-12-03	3155.90
4044	新疆春秋园林股份有限公司	834085	春秋园林	2015-11-17	1500.00
4045	德泓国际绒业股份有限公司	834086	德泓国际	2015-12-15	28000.00
4046	广州康芙莱照明科技股份有限公司	834087	康芙莱	2015-11-24	1000.00
4047	宁波恒通诺达液压股份有限公司	834088	恒通液压	2015-11-09	2000.00
4048	浙商创投股份有限公司	834089	浙商创投	2015-11-05	65300.00
4049	无锡兴达泡塑新材料股份有限公司	834090	兴达泡塑	2015-11-10	15750.00
4050	北京世纪平安汽车租赁股份有限公司	834091	平安租赁	2015-11-16	3700.00

附录1-6　续表 80　continued

序号	非上市公众公司全称	证券代码	证券简称	挂牌时间	股本总数(万股)
4051	厦门惠和股份有限公司	834092	惠和股份	2015-11-10	2500.00
4052	广州盛成网络科技股份有限公司	834093	盛成网络	2015-11-09	2197.00
4053	上海恒精感应科技股份有限公司	834094	恒精感应	2015-11-04	1130.00
4054	浙江精雷电器股份有限公司	834095	精雷电器	2015-11-06	1000.00
4055	江川金融服务股份有限公司	834096	江川金融	2015-11-04	10000.00
4056	江苏兆胜科技股份有限公司	834097	兆胜科技	2015-11-09	2000.00
4057	新疆慧尔农业集团股份有限公司	834098	慧尔农业	2015-11-06	5800.00
4058	上海蓝怡科技股份有限公司	834099	蓝怡科技	2015-11-20	4021.31
4059	天津狗不理食品股份有限公司	834100	狗不理	2015-11-06	3000.00
4060	无锡择尚科技股份有限公司	834101	择尚科技	2015-11-05	888.89
4061	电联工程技术股份有限公司	834102	电联股份	2015-11-20	37000.00
4062	昆山市诚泰电气股份有限公司	834103	诚泰股份	2015-11-18	5100.00
4063	海航期货股份有限公司	834104	海航期货	2015-11-10	50000.00
4064	申江万国数据信息股份有限公司	834105	申江万国	2015-11-05	5200.00
4065	南京亚派科技股份有限公司	834106	亚派科技	2015-11-09	5100.00
4066	长兴华强电子股份有限公司	834107	华强电子	2015-11-09	1200.00
4067	杭州万隆光电设备股份有限公司	834108	万隆股份	2015-11-16	5111.40
4068	德御坊食品股份有限公司	834109	德御坊	2015-12-14	8750.40
4069	上海灵信视觉技术股份有限公司	834110	灵信视觉	2015-11-09	2812.50
4070	广州建誉利业建设发展股份有限公司	834111	建誉利业	2015-11-05	1430.00
4071	贵阳兴塑科技股份有限公司	834112	兴塑股份	2015-11-09	3600.00
4072	石家庄福润新技术股份有限公司	834113	福润股份	2015-11-06	1000.00
4073	河北明尚德玻璃科技股份有限公司	834114	明尚德	2015-11-12	3500.00
4074	深圳市中兴新地技术股份有限公司	834115	中兴新地	2015-11-05	26800.00
4075	北京高信达通信科技股份有限公司	834116	高信达	2015-11-10	6116.72
4076	山东绿霸化工股份有限公司	834117	山东绿霸	2015-11-10	15300.00
4077	云南爱尔发生物技术股份有限公司	834118	爱尔发	2015-11-13	5208.33
4078	湖南伟业动物营养集团股份有限公司	834119	伟业股份	2015-11-13	3080.00
4079	山东朵云清农业股份有限公司	834120	朵云清	2015-11-18	1000.00
4080	云南润紫源生物科技股份有限公司	834121	润紫源	2015-11-27	2000.00
4081	常州云端网络科技股份有限公司	834122	云端网络	2015-11-06	2500.00
4082	辽宁天丰特殊工具制造股份有限公司	834123	辽宁天丰	2015-11-05	6051.00
4083	湖南宇晶机器股份有限公司	834124	宇晶机器	2015-11-12	7500.00
4084	广东林中宝生物科技股份有限公司	834125	林中宝	2015-11-05	1000.00
4085	北京联益合创科技股份有限公司	834126	联益科技	2015-11-11	2620.00
4086	深圳太极云软技术股份有限公司	834127	太极云软	2015-11-11	8000.00
4087	湖南新中合光电科技股份有限公司	834128	新中合	2015-11-26	5000.00
4088	软脑科技(北京)股份有限公司	834129	软脑科技	2015-11-05	200.93
4089	科升无线(苏州)股份有限公司	834130	科升无线	2015-11-10	2360.00
4090	杭州水晶运动机械股份有限公司	834131	水晶股份	2015-11-19	2030.00
4091	四川我要去哪科技股份有限公司	834132	我要去哪	2015-11-11	3300.00
4092	成都卓杭网络科技股份有限公司	834133	卓杭科技	2015-11-27	51.89
4093	郑州中业科技股份有限公司	834134	中业科技	2015-11-04	2000.00
4094	山东龙盛食品股份有限公司	834135	龙盛股份	2015-11-10	3000.00
4095	北京仙果广告股份有限公司	834136	仙果广告	2015-11-10	2500.00
4096	山东汇锋传动股份有限公司	834137	汇锋传动	2015-11-20	15625.00
4097	广东盛瑞科技股份有限公司	834138	盛瑞科技	2015-11-09	3660.00
4098	北京时代亿信科技股份有限公司	834139	时代亿信	2015-12-03	3000.00
4099	甘肃华协农业生物科技股份有限公司	834140	华协农业	2015-11-25	5478.00
4100	蓝德环保科技集团股份有限公司	834141	蓝德环保	2015-11-13	11868.00

附录1–6　续表 81　continued

序号	非上市公众公司全称	证券代码	证券简称	挂牌时间	股本总数(万股)
4101	山东立晨数据股份有限公司	834142	立晨数据	2015-11-12	1100.00
4102	广东三人行管理咨询股份有限公司	834143	三人咨询	2015-11-10	1000.00
4103	华创电子股份有限公司	834144	华创电子	2015-11-16	5188.00
4104	福建省蓝深环保技术股份有限公司	834145	蓝深环保	2015-11-19	1800.00
4105	北京信义时代电影股份有限公司	834146	时代电影	2015-11-13	1190.00
4106	武汉汉密顿生物科技股份有限公司	834147	汉密顿	2015-11-26	800.00
4107	深圳市志凌伟业技术股份有限公司	834148	志凌伟业	2015-11-19	3150.00
4108	动信通(北京)科技股份有限公司	834149	动信通	2015-11-13	1500.00
4109	云南昆钢钢结构股份有限公司	834150	云南钢构	2015-11-09	16660.00
4110	山东恒基集团股份有限公司	834151	恒基股份	2015-11-13	7999.00
4111	深圳博芯科技股份有限公司	834152	博芯科技	2015-11-13	500.00
4112	广东炜田环保新材料股份有限公司	834153	炜田新材	2015-11-18	1180.00
4113	上海建为历保工程科技股份有限公司	834154	建为历保	2015-11-10	2200.00
4114	海南香树沉香产业股份有限公司	834155	海南沉香	2015-11-06	4000.00
4115	有米科技股份有限公司	834156	有米科技	2015-11-10	7162.24
4116	福建一丁芯半导体股份有限公司	834157	一丁芯	2015-11-12	1292.13
4117	杭州鸿大网络发展股份有限公司	834158	鸿大网络	2015-11-18	1295.56
4118	深圳市海盈科技股份有限公司	834159	海盈科技	2015-11-10	6000.00
4119	深圳市永联科技股份有限公司	834160	永联科技	2015-11-17	9833.33
4120	北京万象娱通网络科技股份有限公司	834161	ST娱通	2015-11-19	1500.00
4121	厦门市江平生物基质技术股份有限公司	834162	江平生物	2015-11-13	1300.00
4122	杭州蓝狮子文化创意股份有限公司	834163	蓝狮子	2015-11-26	4000.00
4123	江苏双江能源科技股份有限公司	834164	双江股份	2015-11-23	2500.00
4124	恒勃控股股份有限公司	834165	恒勃股份	2015-11-05	7318.00
4125	合肥杰事杰新材料股份有限公司	834166	杰事杰	2015-11-16	20000.00
4126	河南安盛科技股份有限公司	834167	安盛科技	2015-11-12	1000.00
4127	江苏蔚金模塑股份有限公司	834168	江苏蔚金	2015-11-16	2000.00
4128	山西高科耐火材料股份有限公司	834169	山西高科	2015-11-12	6500.00
4129	武汉汉德阀门股份有限公司	834170	汉德股份	2015-11-11	1900.00
4130	杭州阿拉丁信息科技股份有限公司	834171	阿拉科技	2015-11-20	13967.00
4131	珠海横琴新区信汇金融服务股份有限公司	834172	信汇金融	2015-11-09	4000.00
4132	北京融聚天下小微财务顾问股份有限公司	834173	融聚财顾	2015-11-09	1000.00
4133	贵州维康子帆药业股份有限公司	834174	维康子帆	2015-11-10	2500.00
4134	温州市冠盛汽车零部件集团股份有限公司	834175	冠盛集团	2015-11-20	12000.00
4135	上海厚谊俊捷国际物流发展股份有限公司	834176	厚谊俊捷	2015-12-01	3500.00
4136	华贸广通供应链管理(北京)股份有限公司	834177	华贸广通	2015-12-01	3540.00
4137	宁波金田铜业(集团)股份有限公司	834178	金田铜业	2015-12-01	121496.90
4138	内蒙古赛科星繁育生物技术(集团)股份有限公司	834179	赛科星	2015-11-12	81900.00
4139	宁波鸿立光电科技股份有限公司	834180	鸿立光电	2015-11-09	1650.00
4140	北京龙贝世纪科技股份有限公司	834181	龙贝世纪	2015-11-12	2488.00
4141	合肥工大高科信息科技股份有限公司	834182	工大高科	2015-11-18	6306.30
4142	广东长旺财务股份有限公司	834183	长旺财务	2015-11-17	1688.00
4143	秦皇国际旅游开发股份有限公司	834184	秦皇旅游	2015-11-09	5200.00
4144	黎明钢构股份有限公司	834185	黎明钢构	2015-11-18	5000.00
4145	健隆生物科技股份有限公司	834186	健隆生物	2015-11-06	10400.00
4146	上海储吉信息技术股份有限公司	834187	储吉信息	2015-12-11	761.90
4147	广东九九华立新材料股份有限公司	834188	九九华立	2015-11-23	1200.00
4148	浙江惠同新材料股份有限公司	834189	惠同股份	2015-11-18	1000.00
4149	四川索牌科技股份有限公司	834190	索牌科技	2015-12-07	1055.00
4150	山东世博演艺股份有限公司	834191	世博演艺	2015-11-18	1100.00

附录1–6　续表 82　continued

序号	非上市公众公司全称	证券代码	证券简称	挂牌时间	股本总数(万股)
4151	中钜铖(北京)文化股份有限公司	834192	中钜铖	2015-11-17	2114.00
4152	浙江大川新材料股份有限公司	834193	大川新材	2015-11-10	3525.00
4153	福建实邑科技信息股份有限公司	834194	实邑科技	2015-11-17	3500.00
4154	北京华清飞扬网络股份有限公司	834195	华清飞扬	2015-11-17	3000.00
4155	福建大娱号信息科技股份有限公司	834196	大娱号	2015-11-12	750.00
4156	上海浦公检测技术股份有限公司	834197	浦公检测	2015-11-23	8000.00
4157	西安展芯微电子技术股份有限公司	834198	展芯微	2015-11-23	1054.28
4158	苏州吴江同里湖旅游度假村股份有限公司	834199	同里旅游	2015-11-25	5000.00
4159	浙江天子股份有限公司	834200	天子股份	2015-11-27	10000.00
4160	深圳市柳鑫实业股份有限公司	834201	柳鑫股份	2015-11-19	4386.00
4161	四川纵横六合科技股份有限公司	834202	纵横六合	2015-11-06	1206.10
4162	杭州华澜微电子股份有限公司	834203	华澜微	2015-11-13	5750.00
4163	无锡日联科技股份有限公司	834204	日联科技	2015-11-24	4500.00
4164	新疆东方红番茄股份有限公司	834205	东方红	2015-11-12	6066.00
4165	深圳市傲基电子商务股份有限公司	834206	傲基电商	2015-11-16	2222.22
4166	东方数码(武汉)股份有限公司	834207	东方数码	2015-11-13	3000.00
4167	苏州科迪环保石化股份有限公司	834208	科迪环保	2015-11-13	1000.00
4168	成都正合地产顾问股份有限公司	834209	正合股份	2015-11-20	3913.00
4169	苏州市明东电器股份有限公司	834210	明东电器	2015-11-18	2000.00
4170	大卫之选信息技术(北京)股份有限公司	834211	大卫之选	2015-11-27	1058.00
4171	广州市毅航互联通信股份有限公司	834212	毅航互联	2015-11-10	1700.00
4172	苏州市会议中心物业管理股份有限公司	834213	物管股份	2015-11-10	1875.00
4173	百合网股份有限公司	834214	百合网	2015-11-20	64650.00
4174	深圳市普乐方文化科技股份有限公司	834215	普乐方	2015-11-16	5100.00
4175	北京德康莱健康安全科技股份有限公司	834216	德康莱	2015-11-19	1000.00
4176	徐州斯尔克纤维科技股份有限公司	834217	斯尔克	2015-11-30	7500.00
4177	和创(北京)科技股份有限公司	834218	和创科技	2015-11-13	10500.00
4178	深圳市乙辰科技股份有限公司	834219	乙辰科技	2015-11-13	2500.00
4179	深圳市三一联光智能设备股份有限公司	834220	三一智能	2015-11-13	900.00
4180	华畅科技(大连)股份有限公司	834221	华畅科技	2015-11-23	2600.00
4181	上海迈动医疗器械股份有限公司	834222	迈动医疗	2015-11-12	1961.85
4182	永诚财产保险股份有限公司	834223	永诚保险	2015-12-28	217800.00
4183	上海泰昌健康科技股份有限公司	834224	上海泰昌	2015-11-20	5600.00
4184	哈尔滨秋林饮料科技股份有限公司	834225	秋林股份	2015-11-17	13400.00
4185	河南彩虹光网络印刷股份有限公司	834226	彩虹光	2015-11-17	4200.00
4186	无锡国联环保科技股份有限公司	834227	国联环科	2015-11-12	5000.00
4187	广州市田缘网络科技股份有限公司	834228	田缘网络	2015-11-12	510.00
4188	南京微创医学科技股份有限公司	834229	南京微创(退市)	2015-12-22	9000.00
4189	上海众盟软件科技股份有限公司	834230	众盟软件	2015-11-13	1400.00
4190	合众高科(北京)环保技术股份有限公司	834231	合众环保	2015-11-13	2200.00
4191	南京水杯子科技股份有限公司	834232	水杯子	2015-11-12	3523.00
4192	长沙沙电电气股份有限公司	834233	沙电电气	2015-11-18	500.00
4193	北京易观亚太科技股份有限公司	834234	易观亚太	2015-11-27	953.47
4194	广东穗源农业科技股份有限公司	834235	穗源科技	2015-11-23	3160.20
4195	苏州伊塔电器科技股份有限公司	834236	伊塔科技	2015-11-12	600.00
4196	皖江金融租赁股份有限公司	834237	皖江金租	2015-11-24	300000.00
4197	深圳市泰昂能源科技股份有限公司	834238	泰昂能源	2015-11-24	5000.00
4198	武汉长联来福制药股份有限公司	834239	长联来福	2015-11-25	11773.72
4199	北京中广瑞波科技股份有限公司	834240	中广瑞波	2015-11-12	3300.00
4200	山东天利和软件股份有限公司	834241	天利和	2015-11-11	2000.00

附录1—6 续表 83 continued

序号	非上市公众公司全称	证券代码	证券简称	挂牌时间	股本总数(万股)
4201	无锡大智涵科技股份有限公司	834242	智涵科技	2015-11-12	1600.00
4202	北京紫竹慧建设服务股份有限公司	834243	紫竹慧	2015-11-11	19907.51
4203	广东星美灿照明科技股份有限公司	834244	星美灿	2015-11-16	1129.00
4204	深圳易普森科技股份有限公司	834245	易普森	2015-11-10	2202.00
4205	新疆喀纳斯旅游发展股份有限公司	834246	喀纳斯	2015-11-30	13500.00
4206	东莞市海威智能装备股份有限公司	834247	海威智能	2015-11-24	500.00
4207	杭州科佳新材料股份有限公司	834248	科佳新材	2015-11-13	2000.00
4208	北京神鹰城讯科技股份有限公司	834249	神鹰城讯	2015-11-13	600.00
4209	大连福岛精密零部件股份有限公司	834250	福岛精密	2015-11-12	3570.00
4210	深圳市兴源智能仪表股份有限公司	834251	兴源仪表	2015-11-10	2050.00
4211	江西中藻生物科技股份有限公司	834252	中藻生物	2015-11-12	2000.00
4212	大同煤矿集团朔州煤电宏力再生工业股份有限公司	834253	宏力再生	2015-11-17	4000.00
4213	廊坊鼎润投资股份有限公司	834254	鼎润投资	2015-11-12	12000.00
4214	上海上讯信息技术股份有限公司	834255	上讯信息	2015-11-16	5260.00
4215	北京天地华泰矿业管理股份有限公司	834256	天地华泰	2015-11-19	18000.00
4216	上海科旭网络科技股份有限公司	834257	科旭网络	2015-11-23	5000.00
4217	南京天纵易康生物科技股份有限公司	834258	天纵生物	2015-11-13	852.83
4218	中光高科(北京)节能投资管理股份有限公司	834259	中光高科	2015-11-16	2000.00
4219	中惠旅景区管理股份有限公司	834260	中惠旅	2015-12-02	6000.00
4220	山东一诺威聚氨酯股份有限公司	834261	一诺威	2015-11-12	6000.00
4221	南昌康富科技股份有限公司	834262	康富科技	2015-11-11	2500.00
4222	贵阳市清镇黔中泉小额贷款股份有限公司	834263	黔中泉	2015-11-25	31000.00
4223	上海华通自动化设备股份有限公司	834264	华通设备	2015-11-27	1000.00
4224	青岛冠中生态股份有限公司	834265	冠中生态	2015-11-24	6100.00
4225	青岛英谷教育科技股份有限公司	834266	英谷教育	2015-11-24	1000.00
4226	苏州立瓷电子技术股份有限公司	834267	苏州立瓷	2015-11-17	684.00
4227	北京金控数据技术股份有限公司	834268	金控数据	2015-11-18	1000.00
4228	浙江创源环境科技股份有限公司	834269	创源环境	2015-11-13	1200.00
4229	山东远大特材科技股份有限公司	834270	远大特材	2015-11-13	5608.86
4230	新昌县三花小额贷款股份有限公司	834271	三花小贷	2015-11-13	15000.00
4231	上海数腾软件科技股份有限公司	834272	数腾软件	2015-11-18	568.18
4232	云南新天力机械制造股份有限公司	834273	新天力	2015-11-13	6000.00
4233	四川和嘉天健体育文化股份有限公司	834274	和嘉天健	2015-11-12	1000.00
4234	甘肃中科药源生物工程股份有限公司	834275	中科药源	2015-11-27	3000.00
4235	苏州澳冠智能装备股份有限公司	834276	澳冠智能	2015-11-30	500.00
4236	天风期货股份有限公司	834277	天风期货	2015-11-24	16000.00
4237	青岛高测科技股份有限公司	834278	高测股份	2015-11-16	3330.00
4238	常州科威天使环保科技股份有限公司	834279	科威环保	2015-11-12	5180.00
4239	源和电站股份有限公司	834280	源和电站	2015-11-20	8000.00
4240	无锡威达智能电子股份有限公司	834281	威达智能	2015-11-12	2500.00
4241	宁波前程家居股份有限公司	834282	前程股份	2015-11-25	3668.00
4242	深圳市好百年家居连锁股份有限公司	834283	好百年	2015-11-16	48000.00
4243	保定嘉盛光电科技股份有限公司	834284	嘉盛光电	2015-11-17	5000.00
4244	深圳市艾维普思科技股份有限公司	834285	艾维普思	2015-11-30	3000.00
4245	苏州爱得科技发展股份有限公司	834286	爱得科技	2015-11-16	3100.00
4246	杭州鼎楚节能科技股份有限公司	834287	鼎楚节能	2015-11-13	2000.00
4247	哈尔滨宝德生物技术股份有限公司	834288	宝德生物	2015-12-02	1620.00
4248	广州西麦科技股份有限公司	834289	西麦科技	2015-11-18	3000.00
4249	青岛培诺教育科技股份有限公司	834290	培诺教育	2015-11-17	2161.87
4250	中信出版集团股份有限公司	834291	中信出版	2015-11-26	12550.00

附录1-6　续表 84　continued

序号	非上市公众公司全称	证券代码	证券简称	挂牌时间	股本总数(万股)
4251	苏州伟仕泰克电子科技股份有限公司	834292	伟仕泰克	2015-11-18	1000.00
4252	深圳市搜了网络科技股份有限公司	834293	搜了网络	2015-11-25	800.00
4253	上海捷信医药科技股份有限公司	834294	捷信医药	2015-11-18	2000.00
4254	虎彩印艺股份有限公司	834295	虎彩印艺	2015-11-25	34000.00
4255	中航宝胜电气股份有限公司	834296	宝胜电气	2015-11-27	5000.00
4256	北京数智源科技股份有限公司	834297	数智源	2015-11-13	2125.00
4257	海南皇隆制药股份有限公司	834298	皇隆制药	2015-11-25	6240.00
4258	广州汇量网络科技股份有限公司	834299	汇量科技	2015-11-25	8014.14
4259	常州合泰电机电器股份有限公司	834300	合泰电机	2015-11-12	800.00
4260	厦门金邦科技股份有限公司	834301	金邦科技	2015-11-24	3500.00
4261	无锡韩光电器股份有限公司	834302	韩光电器	2015-12-11	2000.00
4262	华龙期货股份有限公司	834303	华龙期货	2015-11-13	13000.00
4263	河南黑蜘蛛电子商务股份有限公司	834304	黑蜘蛛	2015-11-18	1000.00
4264	江苏荣程锻造股份有限公司	834305	荣程股份	2015-11-13	5500.00
4265	北京神州互联科技股份有限公司	834306	神州科技	2015-11-17	1000.00
4266	湖北黄商集团股份有限公司	834308	黄商股份	2015-12-24	8000.00
4267	成都瀚江新材科技股份有限公司	834309	瀚江新材	2015-12-15	6000.00
4268	南通华夏飞机工程技术股份有限公司	834310	华夏飞机	2015-11-23	5000.00
4269	浙江和利氢能科技股份有限公司	834311	和利氢能	2015-11-13	1000.00
4270	广东悠派智能展示科技股份有限公司	834312	悠派智能	2015-11-19	5122.00
4271	宁波杰艾人力资源股份有限公司	834313	杰艾人力	2015-11-20	1000.00
4272	烟台卓能电池材料股份有限公司	834314	卓能材料	2015-11-18	1500.00
4273	广东富源科技股份有限公司	834315	富源科技	2015-11-16	60000.00
4274	天津振威展览股份有限公司	834316	振威展览	2015-11-24	842.11
4275	上海正帆科技股份有限公司	834317	正帆科技	2015-12-11	14924.50
4276	三椒口腔健康股份有限公司	834319	三椒口腔	2015-11-16	5000.00
4277	江苏天辰新材料股份有限公司	834320	天辰新材	2015-11-24	4000.00
4278	海南明盛达药业股份有限公司	834321	明盛达	2015-11-13	1100.00
4279	武汉东方赛思软件股份有限公司	834322	赛思软件	2015-11-13	1300.00
4280	安徽韩华建材科技股份有限公司	834323	韩华建材	2015-11-17	5000.00
4281	重庆安碧捷科技股份有限公司	834324	安碧捷	2015-11-17	2100.00
4282	北京天行天下科技股份有限公司	834325	天行股份	2015-11-17	1600.00
4283	天津欧诺仪器股份有限公司	834326	欧诺仪器	2015-11-16	1000.00
4284	北京车讯互联网股份有限公司	834327	车讯互联	2015-11-25	5250.00
4285	焦作鸽德新材料股份有限公司	834328	鸽德新材	2015-11-25	4496.00
4286	苏州博洋化学股份有限公司	834329	博洋股份	2015-11-24	4200.00
4287	宁夏东吴农化股份有限公司	834330	东吴农化	2015-11-12	4000.00
4288	北京开运联合信息技术股份有限公司	834331	开运联合	2015-11-16	500.00
4289	珠海中慧微电子股份有限公司	834332	中慧股份	2015-11-13	3300.00
4290	北京国是经纬科技股份有限公司	834333	国是经纬	2015-11-16	709.68
4291	北京朔方科技发展股份有限公司	834334	朔方科技	2015-11-27	1105.00
4292	海南蓝岛环保产业股份有限公司	834335	蓝岛环保	2015-11-17	17413.00
4293	江苏欧耐尔新型材料股份有限公司	834336	欧耐尔	2015-11-20	1500.00
4294	广东宏川智慧物流股份有限公司	834337	宏川智慧	2015-11-19	16500.00
4295	广州恒大淘宝足球俱乐部股份有限公司	834338	恒大淘宝	2015-11-06	37500.00
4296	济南市高新区东方小额贷款股份有限公司	834339	东方贷款	2015-11-26	10000.00
4297	扬州市宝利杰农村小额贷款股份有限公司	834340	宝利小贷	2015-11-25	7700.00
4298	无锡杰西医药股份有限公司	834341	杰西医药	2015-11-24	567.69
4299	江苏广和慧云科技股份有限公司	834342	慧云股份	2015-11-23	15000.00
4300	华凯保险销售股份有限公司	834343	华凯保险	2015-11-19	5100.00

附录1—6 续表 85 continued

序号	非上市公众公司全称	证券代码	证券简称	挂牌时间	股本总数(万股)
4301	中邮创业基金管理股份有限公司	834344	中邮基金	2015-11-24	30000.00
4302	深圳市房谱网络科技股份有限公司	834345	房谱网	2015-11-24	900.00
4303	亿海蓝(北京)数据技术股份公司	834346	亿海蓝	2015-11-23	3119.05
4304	山东天畅环保科技股份有限公司	834347	天畅环保	2015-11-19	5000.00
4305	德清凯瑞高温材料股份有限公司	834348	凯瑞股份	2015-11-25	700.00
4306	江苏博圣云峰信息咨询股份有限公司	834350	博圣云峰	2015-11-27	1000.00
4307	陕西科隆能源科技股份有限公司	834351	科隆能源	2015-12-02	5445.53
4308	湖南贵太太茶油科技股份有限公司	834352	贵太太	2015-11-27	7000.00
4309	山东大汉建设机械股份有限公司	834353	大汉股份	2015-11-13	10300.00
4310	深圳市繁兴科技股份有限公司	834354	繁兴科技	2015-11-26	5000.00
4311	北京华麒通信科技股份有限公司	834355	华麒通信	2015-11-17	3970.00
4312	金雅豪精密金属科技(深圳)股份有限公司	834356	金雅豪	2015-11-20	3000.00
4313	上海绿度信息科技股份有限公司	834357	绿度股份	2015-11-23	600.00
4314	体育之窗文化股份有限公司	834358	体育之窗	2015-11-16	8000.00
4315	山东金色童年股份有限公司	834359	金色童年	2015-11-16	1589.00
4316	北京天智航医疗科技股份有限公司	834360	天智航	2015-11-19	15814.79
4317	上海融航信息技术股份有限公司	834361	融航信息	2015-11-25	591.91
4318	深圳市润和天泽环境科技发展股份有限公司	834362	润和天泽	2015-11-27	800.00
4319	广东衡标检测技术股份有限公司	834363	衡标检测	2015-11-23	1050.00
4320	湖南固尔邦幕墙装饰股份有限公司	834364	固尔邦	2015-11-17	3080.00
4321	杭州掌盟软件股份有限公司	834365	杭州掌盟	2015-11-23	3000.00
4322	常德市柳叶湖汇丰小额贷款股份有限公司	834366	汇丰小贷	2015-11-24	5000.00
4323	北京美康基因科学股份有限公司	834367	美康基因	2015-11-17	4500.00
4324	西安华新新能源股份有限公司	834368	华新能源	2015-11-24	5500.00
4325	北京锐志天宏科技股份有限公司	834369	锐志天宏	2015-11-23	2000.00
4326	珠海市威旗防腐科技股份有限公司	834370	威旗科技	2015-11-19	1500.00
4327	浙江东阳新安传媒股份有限公司	834371	新安传媒	2015-11-18	3380.00
4328	芜湖市容川机电科技股份有限公司	834372	容川机电	2015-11-20	900.00
4329	南京晶森节能材料股份有限公司	834373	晶森材料	2015-11-17	3055.00
4330	北京博瑞彤芸文化传播股份有限公司	834374	博瑞彤芸	2015-11-17	3789.00
4331	深圳市富友昌科技股份有限公司	834375	富友昌	2015-11-16	2000.00
4332	新疆冠新世纪软件股份有限公司	834376	冠新软件	2015-11-23	1900.00
4333	萍乡德博科技股份有限公司	834377	德博科技	2015-11-30	4000.00
4334	上海锐英科技股份有限公司	834378	锐英科技	2015-11-26	1225.00
4335	深圳市美柯海斯医疗科技股份有限公司	834379	美柯海斯	2015-12-22	1980.00
4336	广州方圆现代生活服务股份有限公司	834381	方圆现代	2015-11-23	3000.00
4337	北京爱尚文化传媒股份有限公司	834382	爱尚传媒	2015-11-18	500.00
4338	吉林省都邦药业股份有限公司	834383	都邦药业	2015-11-27	6000.00
4339	桂林力港网络科技股份有限公司	834385	力港网络	2015-12-01	8547.22
4340	深圳市易图资讯股份有限公司	834386	易图资讯	2015-11-25	7000.00
4341	广东肇庆动力金属股份有限公司	834387	肇庆动力	2015-12-02	8000.00
4342	江西远成汽车技术股份有限公司	834388	远成股份	2015-12-08	8505.00
4343	青岛富景农业开发股份有限公司	834389	富景农业	2015-11-25	1600.00
4344	浙江润格木业股份有限公司	834390	润格股份	2015-11-24	1764.71
4345	北京龙软科技股份有限公司	834391	龙软科技	2015-12-02	5025.00
4346	安徽兆尹信息科技股份有限公司	834392	兆尹科技	2015-11-20	5000.00
4347	爱柯迪股份有限公司	834393	爱柯迪	2015-12-14	68000.00
4348	江苏常峰电力设备股份有限公司	834394	常峰股份	2015-11-20	10000.00
4349	天津博信鑫元资产管理股份有限公司	834395	博信资产	2015-11-23	4437.00
4350	云南坤瑞泰隆建材科技股份有限公司	834396	坤瑞科技	2015-12-02	1500.89

附录1-6 续表 86 continued

序号	非上市公众公司全称	证券代码	证券简称	挂牌时间	股本总数(万股)
4351	安徽新安金融集团股份有限公司	834397	新安金融	2015-12-02	190000.00
4352	内蒙古塞飞亚农业科技发展股份有限公司	834398	塞飞亚	2015-12-03	9135.65
4353	广东贝源检测技术股份有限公司	834399	贝源检测	2015-11-26	1161.00
4354	广东新球清洗科技股份有限公司	834400	新球清洗	2015-11-24	950.00
4355	上海苏河汇投资管理股份有限公司	834401	苏河汇	2015-11-20	1034.30
4356	浙江海昌药业股份有限公司	834402	海昌药业	2015-11-20	1000.00
4357	郑州信大捷安信息技术股份有限公司	834403	信大捷安	2015-11-24	11727.00
4358	扬戈科技股份有限公司	834404	扬戈科技	2015-12-01	5800.00
4359	常德市汉寿县永丰华盛小额贷款股份有限公司	834405	永丰小贷	2015-11-26	5000.00
4360	南京迪威普光电技术股份有限公司	834406	迪威普	2015-11-25	1000.00
4361	河南驰诚电气股份有限公司	834407	驰诚股份	2015-12-03	3109.00
4362	濮阳市盛源能源科技股份有限公司	834408	盛源科技	2015-11-30	15000.00
4363	广东西电动力科技股份有限公司	834409	西电动力	2015-12-03	12000.00
4364	苏州电瓷厂股份有限公司	834410	苏州电瓷	2015-12-16	8300.00
4365	成都星娱文化传媒股份有限公司	834411	星娱文化	2015-12-01	500.00
4366	珠海美合科技股份有限公司	834412	美合科技	2015-11-26	6000.00
4367	杭州环特生物科技股份有限公司	834413	环特生物	2015-12-02	1800.00
4368	上海源耀生物股份有限公司	834414	源耀生物	2015-11-26	5255.00
4369	恒拓开源(天津)信息科技股份有限公司	834415	恒拓开源	2015-12-07	3177.58
4370	深圳市丰兆新材料股份有限公司	834416	丰兆新材	2015-12-16	2000.00
4371	天津市环宇橡塑股份有限公司	834417	环宇橡塑	2015-11-23	2000.00
4372	好买财富管理股份有限公司	834418	好买财富	2015-11-27	5250.86
4373	杭州沃镭智能科技股份有限公司	834419	沃镭智能	2015-12-10	1684.25
4374	南京云田数码科技股份有限公司	834420	云田股份	2015-12-10	6000.00
4375	保定易通光伏科技股份有限公司	834421	易通科技	2015-11-30	5000.00
4376	青岛鑫光正钢结构股份有限公司	834422	鑫光正	2015-12-18	3000.00
4377	苏州欧思瑞医疗科技股份有限公司	834423	欧思瑞	2015-11-26	512.00
4378	宁波美乐雅荧光科技股份有限公司	834424	美乐雅	2015-11-27	703.09
4379	北京新赛点体育投资股份有限公司	834425	新赛点	2015-11-23	2812.50
4380	黑龙江省发现者机器人股份有限公司	834426	发现者	2015-12-10	1143.50
4381	长春弘大能源勘探开发股份有限公司	834427	弘大能源	2015-11-23	3000.00
4382	山东蓝孚高能物理技术股份有限公司	834428	蓝孚高能	2015-11-24	8500.00
4383	江苏金贸钢宝电子商务股份有限公司	834429	钢宝股份	2015-12-14	11000.00
4384	苏州东福电子科技股份有限公司	834430	东福科技	2015-11-27	2000.00
4385	北京广育德视觉技术股份有限公司	834431	广育德	2015-12-04	3303.00
4386	四川德博尔生物科技股份有限公司	834432	德博尔	2015-12-09	2484.00
4387	广东晖速通信技术股份有限公司	834433	晖速通信	2015-12-02	6951.87
4388	深圳恒安兴智联生活科技集团股份有限公司	834434	恒安兴	2015-12-07	9000.00
4389	重庆东田药业股份有限公司	834435	东田药业	2015-11-24	2505.00
4390	河南天祥新材料股份有限公司	834436	天祥新材	2015-11-26	11180.00
4391	江苏梦兰神彩科技股份有限公司	834437	梦兰神彩	2015-12-03	4500.00
4392	江苏良晋电子商务股份有限公司	834438	良晋电商	2015-12-07	3400.00
4393	内蒙古华腾科技股份有限公司	834439	华腾科技	2015-12-07	900.00
4394	江苏怡丽科姆新材料股份有限公司	834440	怡丽科姆	2015-11-27	3200.00
4395	大力神铝业股份有限公司	834441	大力神	2015-11-30	61100.00
4396	北京中泰恒达文化传媒股份有限公司	834442	中泰传媒	2015-11-27	800.00
4397	北京华路时代信息技术股份有限公司	834443	华路时代	2015-11-27	2000.00
4398	上海中驰集团股份有限公司	834444	中驰股份	2015-12-25	10271.69
4399	顶柱检测技术(上海)股份有限公司	834445	顶柱检测	2015-11-25	600.00
4400	江西风尚电视购物股份有限公司	834446	风尚购	2015-11-30	10204.08

附录1–6　续表 87　continued

序号	非上市公众公司全称	证券代码	证券简称	挂牌时间	股本总数(万股)
4401	辽宁格林生物药业集团股份有限公司	834447	格林生物	2015-11-27	11500.00
4402	杭州遥望网络股份有限公司	834448	遥望网络	2015-12-14	4147.01
4403	深圳市讯方技术股份有限公司	834449	讯方技术	2015-12-03	1781.11
4404	江苏兴农环保科技股份有限公司	834450	兴农环保	2015-11-23	3300.00
4405	深圳市奔凯安全技术股份有限公司	834451	奔凯安全	2015-11-30	3000.00
4406	上海奥菲广告传媒股份有限公司	834452	奥菲传媒	2015-12-16	625.00
4407	广东顺德顺炎新材料股份有限公司	834453	顺炎新材	2015-12-01	500.00
4408	天津市和泰鑫工程技术股份有限公司	834454	和泰鑫	2015-12-02	1027.39
4409	北京奥吉通信息技术股份有限公司	834455	奥吉通	2015-12-23	1000.00
4410	德而美医疗科技(天津)股份有限公司	834456	德而美	2015-12-01	2600.00
4411	江苏永葆环保科技股份有限公司	834457	永葆环保	2015-12-21	3700.00
4412	东莞市海天磁业股份有限公司	834458	海天磁业	2015-11-27	1000.00
4413	湖南利洁生物集团股份有限公司	834459	利洁生物	2015-12-03	3778.48
4414	北京亿美汇金信息技术股份有限公司	834460	亿美汇金	2015-12-04	4800.00
4415	齐齐哈尔华工机床股份有限公司	834461	华工股份	2015-12-03	3237.00
4416	江苏欧佩日化股份有限公司	834462	欧佩股份	2015-11-27	2500.00
4417	哈尔滨强石混凝土技术开发股份有限公司	834463	强石股份	2015-11-24	3000.00
4418	北京纽哈斯科技股份有限公司	834464	纽哈斯	2015-12-15	200.00
4419	国科政信科技(北京)股份有限公司	834465	国科股份	2015-11-23	3000.00
4420	北京赛融信科技股份有限公司	834466	赛融信	2015-11-24	2000.00
4421	赣州经纬科技股份有限公司	834467	经纬科技	2015-12-21	6899.22
4422	浙江绿凯环保科技股份有限公司	834468	绿凯环保	2015-11-30	2000.00
4423	沈阳东管电力科技集团股份有限公司	834469	东管电力	2015-12-29	14304.54
4424	河南羲和网络科技股份有限公司	834470	羲和网络	2015-12-07	1127.10
4425	泰州鑫宇精工股份有限公司	834471	鑫宇股份	2015-12-08	5800.00
4426	盛世园林集团股份有限公司	834472	盛世园林	2015-12-08	13333.00
4427	深圳市傲冠软件股份有限公司	834473	傲冠股份	2015-12-01	2115.38
4428	武汉里得电力科技股份有限公司	834474	里得电科	2015-11-26	3000.00
4429	三门三友科技股份有限公司	834475	三友科技	2015-11-27	1300.00
4430	北京无限自在文化传媒股份有限公司	834476	自在传媒	2015-12-07	550.00
4431	浙江华艺生物科技股份有限公司	834477	华艺股份	2015-12-08	1000.00
4432	江苏东星智慧医疗科技股份有限公司	834478	东星医疗	2015-12-04	3000.00
4433	浙江建宏链传动材料股份有限公司	834479	建宏股份	2015-11-26	1200.00
4434	丽都整形美容医院股份有限公司	834480	丽都整形	2015-11-24	6000.00
4435	辽宁普峰国际旅行社股份有限公司	834481	普峰旅行	2015-12-04	500.00
4436	山东海格尔信息技术股份有限公司	834482	海格尔	2015-11-24	1800.00
4437	元和药业股份有限公司	834483	元和药业	2015-12-02	6200.00
4438	博拉网络股份有限公司	834484	博拉网络	2015-11-30	8000.00
4439	上海逸尚云联信息技术股份有限公司	834485	ST逸尚	2015-12-01	600.00
4440	山东德佑电气股份有限公司	834486	德佑电气	2015-11-30	4200.00
4441	上海孔诚物联网科技股份有限公司	834487	孔诚物联	2015-12-02	500.00
4442	苏州市贝特利高分子材料股份有限公司	834488	贝特利	2015-12-01	6379.00
4443	安徽安瑞升新能源股份有限公司	834489	安瑞升	2015-12-02	7000.00
4444	上海聚标广告股份有限公司	834490	聚标股份	2015-11-30	5565.00
4445	深圳市博鹏发科技股份有限公司	834491	博鹏发	2015-11-26	1460.00
4446	深圳市凯莱特科技股份有限公司	834492	凯莱特	2015-12-22	1000.00
4447	湖南华诚生物资源股份有限公司	834493	华诚生物	2015-11-24	2000.00
4448	深圳维拓环境科技股份有限公司	834494	维拓环境	2015-11-25	1120.00
4449	内蒙古华欧淀粉工业股份有限公司	834495	华欧股份	2015-11-26	4641.51
4450	珠海赛乐奇生物技术股份有限公司	834496	赛乐奇	2015-12-02	3756.95

附录1-6　续表 88　continued

序号	非上市公众公司全称	证券代码	证券简称	挂牌时间	股本总数(万股)
4451	美茵机电科技(上海)股份有限公司	834497	美茵科技	2015-12-09	560.00
4452	易简广告传媒集团股份有限公司	834498	易简集团	2015-12-07	5000.00
4453	福建喜相逢汽车服务股份有限公司	834499	喜相逢	2015-12-11	17000.00
4454	上海猫诚电子商务股份有限公司	834500	猫诚电商	2015-11-27	1700.00
4455	河南万杰智能科技股份有限公司	834501	万杰智能	2015-12-01	6330.00
4456	深圳市富海银涛资产管理股份有限公司	834502	富海银涛	2015-12-01	3000.00
4457	浙江西盈科技股份有限公司	834503	西盈科技	2015-12-08	500.00
4458	大连通铁热动力股份有限公司	834504	通铁股份	2015-12-02	3000.00
4459	浙江兰德纵横网络技术股份有限公司	834505	兰德网络	2015-12-08	5555.00
4460	雷蒙德(北京)科技股份有限公司	834506	雷蒙德	2015-12-01	11680.00
4461	北京元年科技股份有限公司	834507	元年科技	2015-12-07	7161.46
4462	上海东自电气股份有限公司	834508	上海东自	2015-12-08	3100.00
4463	广东凯迪威文化股份有限公司	834509	凯迪威	2015-11-25	3580.00
4464	宇鑫(厦门)货币兑换股份有限公司	834510	宇鑫货币	2015-11-30	5590.00
4465	重庆凯歌电子股份有限公司	834511	凯歌电子	2015-11-30	7800.00
4466	上海传诚时装股份有限公司	834512	传诚时装	2015-11-30	826.00
4467	苏州新海生物科技股份有限公司	834513	新海生物	2015-12-11	500.00
4468	苏州莱茵电梯股份有限公司	834514	莱茵电梯	2015-12-14	10020.00
4469	北京蓝卡科技股份有限公司	834515	蓝卡科技	2015-12-11	1000.00
4470	河北智恒医药科技股份有限公司	834516	智恒医药	2015-11-30	500.00
4471	北京瓜尔润科技股份有限公司	834517	瓜尔润	2015-12-01	4000.00
4472	深圳市晨日科技股份有限公司	834518	晨日科技	2015-12-07	1100.00
4473	江苏鑫华能环保工程股份有限公司	834519	华能环保	2015-12-04	2000.00
4474	深圳市万佳安物联科技股份有限公司	834520	万佳安	2015-12-07	6293.00
4475	中瑞新源能源科技(天津)股份有限公司	834521	中瑞新源	2015-12-03	1280.00
4476	浙江东阳新媒诚品文化传媒股份有限公司	834522	新媒诚品	2015-11-30	1187.00
4477	浙江田歌实业股份有限公司	834523	田歌股份	2015-12-09	5000.00
4478	北京海金格医药科技股份有限公司	834524	海金格	2015-12-01	500.00
4479	北京西普阳光教育科技股份有限公司	834525	西普教育	2015-11-26	1000.00
4480	安徽新视野科教文化股份有限公司	834526	新视文化	2015-11-27	1000.00
4481	北京虎嗅信息科技股份有限公司	834527	虎嗅科技	2015-12-01	2500.00
4482	深圳红酒世界电商股份有限公司	834528	红酒世界	2015-12-08	6800.00
4483	上海蓝色星球科技股份有限公司	834529	蓝色星球	2015-11-30	1000.00
4484	黑龙江鑫鑫龙鑫科技股份有限公司	834530	鑫鑫龙鑫	2015-12-04	3070.00
4485	宁夏信友监理咨询管理股份有限公司	834531	信友咨询	2015-11-30	2100.00
4486	青岛萨纳斯智能科技股份有限公司	834532	萨纳斯	2015-12-02	1200.00
4487	河北联冠电极股份有限公司	834533	联冠电极	2015-12-31	7000.00
4488	上海曼恒数字技术股份有限公司	834534	曼恒数字	2015-12-23	4320.00
4489	北京远特科技股份有限公司	834535	远特科技	2015-12-01	8100.00
4490	北京金诺佳音国际文化传媒股份公司	834536	金诺佳音	2015-12-16	2300.00
4491	杭州中焯信息技术股份有限公司	834537	中焯股份	2015-12-02	1400.00
4492	北京聚智未来科技股份有限公司	834538	聚智未来	2015-12-07	2000.00
4493	辽宁运通车联发展股份有限公司	834539	运通车联	2015-12-01	11000.00
4494	深圳众禄金融控股股份有限公司	834540	众禄金融	2015-12-04	3000.00
4495	广州创显科教股份有限公司	834541	创显科教	2015-12-04	6000.00
4496	杭州维欧艾丝绸股份有限公司	834542	维欧艾	2015-12-08	1000.00
4497	湖北蔚蓝国际航空学校股份有限公司	834543	蔚蓝航空	2015-12-03	6000.00
4498	北京糖友文化传媒股份有限公司	834544	糖友股份	2015-12-01	500.00
4499	安徽润升牛业股份有限公司	834545	润升牛业	2015-12-16	2000.00
4500	上海鸿冠信息科技股份有限公司	834546	鸿冠信息	2015-12-02	1800.00

附录1-6 续表 89 continued

序号	非上市公众公司全称	证券代码	证券简称	挂牌时间	股本总数(万股)
4501	鼎合远传技术(北京)股份有限公司	834547	鼎合远传	2015-12-10	2000.00
4502	厦门市天视文化传媒股份有限公司	834548	天视文化	2015-12-22	2678.00
4503	江苏天工科技股份有限公司	834549	天工股份	2015-12-03	30000.00
4504	唯捷创芯(天津)电子技术股份有限公司	834550	唯捷创芯	2015-12-03	2700.00
4505	浙江母爱婴童用品股份有限公司	834551	母爱婴童	2015-12-07	3250.00
4506	天津斯巴克瑞汽车电子股份有限公司	834552	斯巴克瑞	2015-12-08	2500.00
4507	上海龙腾科技股份有限公司	834553	龙腾科技	2015-12-03	4500.00
4508	无锡豪帮高科股份有限公司	834554	豪帮高科	2015-12-08	4000.00
4509	天津日津科技股份有限公司	834555	日津科技	2015-12-08	7000.00
4510	天津市神州商龙科技股份有限公司	834556	神州商龙	2015-11-30	8350.00
4511	芜湖市雨田润农业科技股份有限公司	834557	雨田润	2015-12-04	2799.96
4512	满洲里口岸旅游股份有限公司	834558	口岸旅游	2015-11-30	2000.00
4513	上海河马动画设计股份有限公司	834559	河马动画	2015-12-08	6500.00
4514	北京思维实创科技股份有限公司	834560	思维实创	2015-12-10	3000.00
4515	深圳市磊鑫园林建设股份有限公司	834561	磊鑫园林	2015-12-08	2193.00
4516	厦门陆海环保股份有限公司	834562	陆海环保	2015-12-21	3750.00
4517	北京光慧鸿途科技股份有限公司	834564	光慧科技	2015-12-14	6200.00
4518	浙江特美新材料股份有限公司	834565	特美股份	2015-12-09	2000.00
4519	深圳市家鸿口腔医疗股份有限公司	834566	家鸿口腔	2015-12-02	5600.00
4520	华多九州科技股份有限公司	834567	华多科技	2015-12-09	7000.00
4521	广东国鸿资讯科技股份有限公司	834568	国鸿科技	2015-12-14	3838.42
4522	重庆微标科技股份有限公司	834569	微标科技	2015-12-04	1050.00
4523	江苏新瑞贝科技股份有限公司	834570	瑞贝科技	2015-12-08	1000.00
4524	润建通信股份有限公司	834571	润建通信	2015-12-14	13814.08
4525	湖南恒缘新材科技股份有限公司	834572	恒缘新材	2015-12-07	3775.00
4526	湖南梅山黑茶股份有限公司	834573	梅山黑茶	2015-12-04	6136.00
4527	四川德恩精工科技股份有限公司	834574	德恩精工	2015-12-09	10000.00
4528	苏州星贝尔中空成型科技股份有限公司	834575	星贝尔	2015-12-10	500.00
4529	深圳市沃尔奔达新能源股份有限公司	834576	沃尔奔达	2015-12-09	3000.00
4530	安徽祈艾特电子科技股份有限公司	834577	祈艾特	2015-12-10	990.00
4531	广州锐正知识产权服务股份有限公司	834578	锐正股份	2015-12-02	500.00
4532	深圳市残友软件股份有限公司	834579	残友软件	2015-12-10	690.00
4533	福建天线宝宝食品股份有限公司	834580	天线宝宝	2015-12-23	17307.39
4534	北京创智信科科技股份有限公司	834581	创智信科	2015-12-14	1000.00
4535	上海卓仕物流科技股份有限公司	834582	卓仕物流	2015-12-08	3750.00
4536	上海钢之家电子商务股份有限公司	834583	钢之家	2015-12-17	2000.00
4537	江门市蒙德电气股份有限公司	834584	蒙德电气	2015-12-17	6000.00
4538	成都否玖伍网络科技股份有限公司	834585	否玖伍	2015-12-25	1191.47
4539	中鼎联合牧业股份有限公司	834586	中鼎联合	2015-12-10	42187.24
4540	株洲鼎端装备股份有限公司	834587	鼎端装备	2015-11-30	1000.00
4541	上海星光电影股份有限公司	834588	星光电影	2015-12-14	2500.00
4542	广州洁特生物过滤股份有限公司	834589	洁特生物	2015-12-14	4250.03
4543	苏州信拓物流股份有限公司	834590	信拓物流	2015-12-04	1000.00
4544	云南一乘驾驶培训股份有限公司	834592	一乘股份	2015-12-07	20000.00
4545	深圳开维教育信息技术股份有限公司	834593	开维教育	2015-12-10	2200.00
4546	江苏大隆汇生物科技股份有限公司	834594	大隆汇	2015-12-25	2000.00
4547	苏州市海岸钛业股份有限公司	834595	海岸钛业	2015-12-04	500.00
4548	深圳市拜特科技股份有限公司	834596	拜特科技	2015-12-18	3066.60
4549	北京颗豆互动科技股份有限公司	834597	颗豆互动	2015-11-30	555.56
4550	珠海天沐温泉旅游发展股份有限公司	834598	天沐温泉	2015-12-04	1500.00

附录1-6 续表 90 continued

序号	非上市公众公司全称	证券代码	证券简称	挂牌时间	股本总数(万股)
4551	陕西同力重工股份有限公司	834599	同力股份	2015-12-14	16000.00
4552	浙江润阳新材料科技股份有限公司	834600	润阳科技	2015-12-14	1600.00
4553	广州能迪能源科技股份有限公司	834601	能迪能源	2015-12-08	601.80
4554	吉林省宜家清洁股份有限公司	834602	宜家清洁	2015-12-09	1100.00
4555	中清能绿洲科技股份有限公司	834603	中清能	2015-12-11	9972.38
4556	内蒙古浩源新材料股份有限公司	834604	浩源新材	2015-12-09	10723.97
4557	上海鸿晔电子科技股份有限公司	834605	鸿晔科技	2015-12-09	1000.00
4558	青岛拥湾资产管理集团股份有限公司	834606	拥湾资产	2015-12-14	6900.00
4559	湖北祥云(集团)化工股份有限公司	834607	祥云股份	2015-12-22	12869.09
4560	北京星光影视设备科技股份有限公司	834608	星光影视	2015-12-08	14062.50
4561	江阴万事兴汽车部件股份有限公司	834609	万兴股份	2015-12-03	4200.00
4562	龙泉市佳和小额贷款股份有限公司	834610	佳和小贷	2015-12-31	10000.00
4563	老肯医疗科技股份有限公司	834611	老肯医疗	2015-12-14	7837.00
4564	江阴百意中医医院股份有限公司	834612	百意中医	2015-12-04	1200.00
4565	百禾传媒股份有限公司	834614	百禾传媒	2015-12-03	1500.00
4566	河南亚龙金刚石制品股份有限公司	834615	亚龙股份	2015-12-07	3200.00
4567	山东京博物流股份有限公司	834616	京博物流	2015-12-02	15000.00
4568	厦门飞博共创网络科技股份有限公司	834617	飞博共创	2015-12-11	1111.11
4569	上海置辰智慧建筑集团股份有限公司	834618	置辰智慧	2015-12-03	19000.00
4570	江苏日明消防设备股份有限公司	834619	日明消防	2015-12-03	1500.00
4571	四川唯鸿生物科技股份公司	834620	四川唯鸿	2015-12-09	3600.00
4572	云南润晶水利电力工程技术股份有限公司	834621	润晶水利	2015-12-04	1500.00
4573	北京通铭教育科技股份有限公司	834622	通铭教育	2015-12-17	423.25
4574	山西聚海龙电通科技股份有限公司	834623	聚海龙	2015-12-04	6862.70
4575	北京天涯泰盟科技股份有限公司	834624	天涯泰盟	2015-12-10	500.00
4576	苏州弗尔赛能源科技股份有限公司	834626	弗尔赛	2015-12-04	2000.00
4577	厦门易法通法务信息管理股份有限公司	834627	易法通	2015-12-16	1667.00
4578	鄂尔多斯市中轩生化股份有限公司	834628	中轩生化	2015-12-04	50000.00
4579	江西大麦互娱科技股份有限公司	834629	大麦互娱	2015-12-04	2300.00
4580	北京新片场传媒股份有限公司	834630	新片场	2015-12-04	1250.00
4581	福建海药股份有限公司	834631	海药股份	2015-12-04	5887.00
4582	山东新绿食品股份有限公司	834632	新绿股份	2015-12-15	14698.26
4583	中科盛创(青岛)电气股份有限公司	834634	中科盛创	2015-12-21	10526.32
4584	贵州航宇科技发展股份有限公司	834635	航宇科技	2015-12-15	8600.00
4585	上海莘泽创业投资管理股份有限公司	834636	莘泽股份	2015-12-15	900.00
4586	江西禾益化工股份有限公司	834637	禾益化工	2015-12-16	14000.00
4587	北京宝利明威软件股份有限公司	834638	宝利明威	2015-12-07	3000.00
4588	浙江晨光电缆股份有限公司	834639	晨光电缆	2015-12-22	13300.00
4589	镇江达普电子科技股份有限公司	834640	达普电子	2015-12-04	900.00
4590	浙江东阳中广影视文化股份有限公司	834641	中广影视	2015-12-02	16800.00
4591	杭州乐程航新科技股份有限公司	834642	乐程科技	2015-12-08	500.00
4592	深圳市豹凤网络股份有限公司	834643	豹凤网络	2015-12-10	3000.00
4593	武汉楚誉科技股份有限公司	834644	楚誉科技	2015-12-21	3000.00
4594	珠海心游科技股份有限公司	834645	心游科技	2015-12-03	3002.00
4595	上海泓源建筑工程科技股份有限公司	834646	泓源科技	2015-12-16	500.00
4596	广州若羽臣科技股份有限公司	834647	若羽臣	2015-12-02	7500.00
4597	中纸在线(苏州)电子商务股份有限公司	834648	中纸在线	2015-12-04	4200.00
4598	广州仕元光电股份有限公司	834649	仕元光电	2015-12-07	1625.00
4599	成都之维安科技股份有限公司	834650	之维安	2015-12-15	2010.00
4600	浙江飞扬国际旅游集团股份有限公司	834651	飞扬旅游	2015-12-08	2000.00

附录1—6 续表 91 continued

序号	非上市公众公司全称	证券代码	证券简称	挂牌时间	股本总数(万股)
4601	北京洛奇临床检验所股份有限公司	834652	洛奇检验	2015-12-15	3450.00
4602	湖南汉宇钟表股份有限公司	834653	汉宇钟表	2015-12-01	3410.00
4603	宁夏银利电气股份有限公司	834654	银利电气	2015-12-09	3000.00
4604	恩迪生物科技河北股份有限公司	834655	恩迪生物	2015-12-02	4000.00
4605	河南勃达微波装备股份有限公司	834656	勃达微波	2015-12-15	3760.00
4606	上海名传信息技术股份有限公司	834657	名传股份	2015-12-08	125.00
4607	南京华天科技发展股份有限公司	834658	华天发展	2015-12-30	1200.00
4608	苏州科逸住宅设备股份有限公司	834659	科逸股份	2015-12-14	7500.00
4609	安徽戈瑞电子科技股份有限公司	834660	戈瑞电子	2015-12-01	2700.00
4610	沈阳天安科技股份有限公司	834661	天安科技	2015-12-04	7250.00
4611	宁波赛耐比光电科技股份有限公司	834662	赛耐比	2015-12-07	500.00
4612	深圳市华语传媒股份有限公司	834663	华语传媒	2015-12-15	3750.00
4613	新疆中元天能油气科技股份有限公司	834664	中元天能	2015-12-14	1000.00
4614	东莞市科旺科技股份有限公司	834665	科旺科技	2015-12-02	3000.00
4615	杭州桑尼能源科技股份有限公司	834666	桑尼能源	2015-12-11	11910.43
4616	无锡安特源科技股份有限公司	834667	安特源	2015-12-16	1136.36
4617	同昌保险经纪股份有限公司	834668	同昌保险	2015-12-09	5000.00
4618	深圳市美易家商务服务集团股份有限公司	834669	美易家	2015-12-09	2500.00
4619	海宁宏达小额贷款股份有限公司	834670	宏达小贷	2015-12-11	50000.00
4620	苏州开眼数据技术股份有限公司	834671	开眼数据	2015-12-15	1000.00
4621	浙江瑞邦药业股份有限公司	834672	瑞邦药业	2015-12-11	8650.00
4622	广东泰宝医疗科技股份有限公司	834673	泰宝医疗	2015-12-10	6200.00
4623	深圳市瑞能实业股份有限公司	834674	瑞能股份	2015-12-04	1500.00
4624	宁夏中科天际防雷股份有限公司	834675	中科防雷	2015-12-11	1000.00
4625	沈阳万合胶业股份有限公司	834676	万合胶业	2015-12-09	1800.00
4626	浙江古纤道股份有限公司	834677	古纤道	2015-12-14	5000.00
4627	上海东方网股份有限公司	834678	东方网	2015-12-28	85700.00
4628	湖南恒润高科股份有限公司	834679	恒润股份	2015-12-15	15888.00
4629	河南金象文化发展股份有限公司	834681	金象文化	2015-12-07	1100.00
4630	宁波球冠电缆股份有限公司	834682	球冠电缆	2015-12-14	12000.00
4631	爹地宝贝股份有限公司	834683	爹地宝贝	2015-12-10	14074.28
4632	广州聚合新材料科技股份有限公司	834684	聚合科技	2015-12-24	3602.30
4633	浙江先锋机械股份有限公司	834685	先锋机械	2015-12-04	4000.00
4634	北京华夏旷安科技股份有限公司	834686	华夏科技	2015-12-17	6000.00
4635	北京海唐宋元公关顾问股份有限公司	834687	海唐公关	2015-12-10	526.75
4636	苏州聚元微电子股份有限公司	834688	聚元微	2015-12-07	1100.00
4637	杭州小拇指汽车维修科技股份有限公司	834689	小拇指	2015-12-09	1000.00
4638	深圳市捷先数码科技股份有限公司	834690	捷先数码	2015-12-14	2000.00
4639	安徽鑫固环保股份有限公司	834691	鑫固环保	2015-12-04	2000.00
4640	芜湖恒泰有色线材股份有限公司	834692	恒泰股份	2015-12-17	2500.00
4641	上海金陵电机股份有限公司	834693	金陵电机	2015-12-17	2880.00
4642	江苏宝鑫瑞机械股份有限公司	834694	宝鑫瑞	2015-12-10	1000.00
4643	煤炭工业郑州设计研究院股份有限公司	834695	郑设股份	2015-12-15	11100.00
4644	北京海通基业国际货运代理股份有限公司	834696	海通基业	2015-12-15	500.00
4645	深圳市道旅旅游科技股份有限公司	834697	道旅旅游	2015-12-17	350.00
4646	北京国舜科技股份有限公司	834698	国舜股份	2015-12-10	2501.00
4647	南通联科汽车零部件股份有限公司	834699	南通联科	2015-12-28	1000.00
4648	山东征途信息科技股份有限公司	834700	征途科技	2015-12-22	500.00
4649	河北鑫考教育科技股份有限公司	834701	鑫考教育	2015-12-07	900.00
4650	江苏伊贝实业股份有限公司	834702	伊贝股份	2015-12-15	4801.39

附录1—6 续表 92 continued

序号	非上市公众公司全称	证券代码	证券简称	挂牌时间	股本总数(万股)
4651	丹阳飓风物流股份有限公司	834703	飓风股份	2015-12-08	3230.00
4652	武汉默联股份有限公司	834704	默联股份	2015-12-17	1000.00
4653	无锡联力电子科技股份有限公司	834705	联力股份	2015-12-09	650.00
4654	上海士诺健康科技股份有限公司	834706	士诺健康	2015-12-11	5018.00
4655	武汉爱迪科技股份有限公司	834707	爱迪科技	2015-12-10	1520.00
4656	武汉光庭信息技术股份有限公司	834708	光庭信息	2015-12-15	6666.67
4657	广州注意力数字新媒体股份有限公司	834709	注意力	2015-12-10	1000.00
4658	昆明嘉和科技股份有限公司	834710	嘉和科技	2015-12-07	5000.00
4659	固德电材系统(苏州)股份有限公司	834711	固德电材	2015-12-11	4960.68
4660	北京掌上明珠科技股份有限公司	834712	掌上明珠	2015-12-11	8590.00
4661	余江天余生态农业科技股份有限公司	834714	天余生态	2015-12-17	1610.00
4662	山东十川节能科技股份有限公司	834715	十川股份	2015-12-08	5000.00
4663	上海至臻文化传媒股份有限公司	834716	至臻传媒	2015-12-30	531.92
4664	北京天天美尚信息科技股份有限公司	834717	天天美尚	2015-12-15	4424.00
4665	北京绿创声学工程股份有限公司	834718	绿创声学	2015-12-22	5285.00
4666	江苏鼎阳绿能电力股份有限公司	834719	鼎阳电力	2015-12-08	10000.00
4667	福建闽瑞环保纤维股份有限公司	834720	闽瑞环保	2015-12-17	15250.00
4668	安徽爱瑞特环保科技股份有限公司	834721	爱瑞特	2015-12-16	2000.00
4669	北京赛科世纪科技股份有限公司	834722	赛科科技	2015-12-15	5000.00
4670	北京春腾网络科技股份有限公司	834723	春腾网络	2015-12-11	1400.00
4671	南京国图信息产业股份有限公司	834724	国图信息(退市)	2015-12-17	2000.00
4672	江苏联通纪元印务股份有限公司	834725	联通纪元	2015-12-09	10000.00
4673	广东公信智能会议股份有限公司	834726	公信会议	2015-12-07	1680.00
4674	山东天茂新材料科技股份有限公司	834727	天茂新材	2015-12-11	2000.00
4675	北京中盈安信技术服务股份有限公司	834728	中盈安信	2015-12-07	5000.00
4676	山东朗朗教育科技股份有限公司	834729	朗朗教育	2015-12-14	2200.00
4677	深圳市联君科技股份有限公司	834730	联君科技	2015-12-22	2500.00
4678	上海童康健康管理股份有限公司	834731	童康健康	2015-12-09	3200.00
4679	云南雄汇医疗科技股份有限公司	834732	雄汇医疗	2015-12-07	5000.00
4680	北京华卓精科科技股份有限公司	834733	华卓精科	2015-12-11	1700.00
4681	福建麦凯智造婴童文化股份有限公司	834735	麦凯智造	2015-12-15	4036.00
4682	深圳市康铭盛科技实业股份有限公司	834736	康铭盛	2015-12-14	5000.00
4683	天津民祥生物医药股份有限公司	834738	民祥医药	2015-12-09	6730.00
4684	深圳市冠为科技股份有限公司	834739	冠为科技	2015-12-24	3410.23
4685	南阳凯鑫光电股份有限公司	834740	凯鑫光电	2015-12-14	2000.00
4686	江苏三棱智慧物联发展股份有限公司	834741	三棱股份	2015-12-15	6000.00
4687	深圳麦克韦尔股份有限公司	834742	麦克韦尔	2015-12-14	6000.00
4688	浙江迈新科技股份有限公司	834743	迈新科技	2015-12-17	1401.70
4689	浙江康德药业集团股份有限公司	834745	康德药业	2015-12-15	2800.00
4690	北京鲲鹏万恒网络科技股份有限公司	834746	鲲鹏万恒	2015-12-22	1208.11
4691	上海富鹰物流股份有限公司	834747	富鹰物流	2015-12-16	1500.00
4692	江西日普升能源科技股份有限公司	834749	日普升	2015-12-16	1000.00
4693	深圳市宁远科技股份有限公司	834750	宁远科技	2015-12-15	5160.00
4694	云南曲辰种业股份有限公司	834751	曲辰种业	2015-12-15	3000.00
4695	蓬莱海洋(山东)股份有限公司	834752	蓬莱海洋	2015-12-04	4400.00
4696	上海兰卫医学检验所股份有限公司	834753	兰卫检验	2015-12-15	8900.00
4697	八马茶业股份有限公司	834754	八马茶业	2015-12-08	7500.00
4698	湖北嘉一三维高科股份有限公司	834755	嘉一高科	2015-12-17	3000.00
4699	北京凡星光电医疗设备股份有限公司	834756	凡星医疗	2015-12-28	3000.00
4700	上海声望声学科技股份有限公司	834757	声望科技	2015-12-11	1000.00

附录1-6　续表 93　continued

序号	非上市公众公司全称	证券代码	证券简称	挂牌时间	股本总数(万股)
4701	大连伯瑞信息技术股份有限公司	834758	伯瑞信息	2015-12-15	4000.00
4702	深圳麦高金融服务股份有限公司	834759	麦高金服	2015-12-11	13958.00
4703	广东华凯科技股份有限公司	834760	华凯科技	2015-12-07	5660.00
4704	天津市锦聚成商贸股份有限公司	834761	锦聚成	2015-12-14	3000.00
4705	上海清鹤科技股份有限公司	834762	清鹤科技	2015-12-08	2650.00
4706	无锡市万力粘合材料股份有限公司	834763	万力粘合	2015-12-18	2000.00
4707	无锡巨龙硅钢股份有限公司	834764	巨龙硅钢	2015-12-09	10000.00
4708	深圳市美之高科技股份有限公司	834765	美之高	2015-12-15	5000.00
4709	江西地宝网络股份有限公司	834766	地宝网络	2015-12-11	500.00
4710	江苏爱富希新型建材股份有限公司	834767	爱富希	2015-12-11	9036.20
4711	浙江邦业科技股份有限公司	834768	邦业科技	2015-12-10	1500.00
4712	浙江艾能聚光伏科技股份有限公司	834770	艾能聚	2015-12-16	8000.00
4713	上海基玉金融信息服务股份有限公司	834771	基玉金服	2015-12-09	4705.88
4714	中悦科技股份有限公司	834772	中悦科技	2015-12-08	7059.29
4715	北京中科润金环保工程股份有限公司	834773	中科润金	2015-12-10	2240.00
4716	上海柏科管理咨询股份有限公司	834774	柏科咨询	2015-12-22	500.00
4717	苏州华成保险代理股份有限公司	834775	华成保险	2015-12-04	1000.00
4718	北京山禾金缘艺术设计股份有限公司	834776	山禾金缘	2015-12-09	1200.00
4719	中国投融资担保股份有限公司	834777	中投保	2015-12-15	450000.00
4720	安徽省通源环境节能股份有限公司	834778	通源环境	2015-12-23	7700.00
4721	美瑞新材料股份有限公司	834779	美瑞新材	2015-12-10	5000.00
4722	北京图安世纪科技股份有限公司	834780	图安世纪	2015-12-07	808.80
4723	广西新生活后勤服务管理股份有限公司	834781	新生活	2015-12-10	820.00
4724	上海成也商业保理股份有限公司	834783	成也保理	2015-12-14	5000.00
4725	大连保税区中祥和小额贷款股份有限公司	834784	中祥和	2015-12-08	10000.00
4726	北京云畅游戏科技股份有限公司	834785	云畅游戏	2015-12-15	3529.41
4727	江苏乐科节能科技股份有限公司	834786	乐科节能	2015-12-24	5000.00
4728	江苏飞搏软件股份有限公司	834787	飞搏软件	2015-12-21	3480.00
4729	重庆西山科技股份有限公司	834788	西山科技	2015-12-11	1000.00
4730	上海久江科技股份有限公司	834789	久江科技	2015-12-25	11764.71
4731	吉林经济技术开发区城发集塑管业股份有限公司	834790	城发集塑	2015-12-25	5000.00
4732	广东飞企互联科技股份有限公司	834791	飞企互联	2015-12-09	2000.00
4733	郑州贝博电子股份有限公司	834792	贝博电子	2015-12-18	1128.00
4734	深圳华强方特文化科技集团股份有限公司	834793	华强方特	2015-12-28	40000.00
4735	绍兴咸亨食品股份有限公司	834794	咸亨股份	2015-12-15	2072.00
4736	大连鑫玉龙海洋珍品股份有限公司	834795	鑫玉龙	2015-12-07	6000.00
4737	安徽鑫海环保新材料股份有限公司	834796	鑫海新材	2015-12-14	4060.00
4738	荣达禽业股份有限公司	834797	荣达禽业	2015-12-30	5754.70
4739	湖北太岳园林古建工程股份有限公司	834798	太岳古建	2015-12-16	1080.00
4740	武汉光谷医院股份有限公司	834799	光谷医院	2015-12-08	3600.00
4741	北京荣程创新科技发展股份有限公司	834800	荣程创新	2015-12-21	625.00
4742	北京宝贝格子控股股份有限公司	834802	宝贝格子	2015-12-10	1800.00
4743	深圳市鑫昌龙新材料科技股份有限公司	834803	鑫昌龙	2015-12-18	3000.00
4744	江苏正济药业股份有限公司	834804	正济药业	2015-12-16	5000.00
4745	杭州淘粉吧网络技术股份有限公司	834805	淘粉吧	2015-12-17	3975.00
4746	上海紫越网络科技股份有限公司	834806	紫越科技	2015-12-21	2000.00
4747	上海鸿翼软件技术股份有限公司	834807	鸿翼股份	2015-12-15	563.20
4748	浙江金昌特种纸股份有限公司	834808	金昌股份	2015-12-11	4800.00
4749	易瓦特科技股份公司	834809	易瓦特	2015-12-14	5000.00
4750	江苏斯得福纺织股份有限公司	834810	斯得福	2015-12-09	4800.00

附录1－6　续表 94　continued

序号	非上市公众公司全称	证券代码	证券简称	挂牌时间	股本总数(万股)
4751	廊坊维尔达软件股份有限公司	834811	维尔达	2015-12-08	1120.00
4752	山东圣士达机械科技股份有限公司	834812	圣士达	2015-12-28	1000.00
4753	佛山市青松科技股份有限公司	834813	佛山青松	2015-12-08	500.00
4754	泰州海天电子科技股份有限公司	834814	海天科技	2015-12-14	2100.00
4755	浙江巨东股份有限公司	834815	巨东股份	2015-12-15	20000.00
4756	深圳市京泰防护科技股份有限公司	834816	京泰防护	2015-12-10	1000.00
4757	爱知世元(北京)网络股份有限公司	834817	爱知网络	2015-12-18	2000.00
4758	珠海市蓝海之略医疗股份有限公司	834818	蓝海之略	2015-12-07	7587.48
4759	北京玛诺生物制药股份有限公司	834819	玛诺生物	2015-12-17	3000.00
4760	北京鼎瀚恒海生物科技股份有限公司	834820	鼎瀚生物	2015-12-10	5000.00
4761	宇祐通讯科技(上海)股份有限公司	834821	宇祐通讯	2015-12-22	1000.00
4762	浙江弘晨印染科技股份有限公司	834822	弘晨科技	2015-12-16	3800.00
4763	广州帝隆科技股份有限公司	834823	帝隆科技	2015-12-09	760.00
4764	浙江永盛科技股份有限公司	834824	永盛科技	2015-12-16	5000.00
4765	重庆瑞阳科技股份有限公司	834825	瑞阳科技	2015-12-28	4000.00
4766	山东常青树胶业股份有限公司	834826	常青树	2015-12-15	4000.00
4767	邯郸市飞翔新能源科技股份有限公司	834827	飞翔科技	2015-12-17	5600.00
4768	苏州天源磁业股份有限公司	834828	天源磁业	2015-12-18	2020.00
4769	苏州氟特电池材料股份有限公司	834830	氟特电池	2015-12-09	2000.00
4770	天津盛实百草中药科技股份有限公司	834831	盛实百草	2015-12-09	2935.02
4771	北京络捷斯特科技发展股份有限公司	834832	络捷斯特	2015-12-08	1246.25
4772	成都文化旅游发展股份有限公司	834833	成都文旅	2015-12-15	7500.00
4773	社忧(上海)网络技术股份有限公司	834834	社忧网络	2015-12-14	2105.00
4774	青岛海力威新材料科技股份有限公司	834835	海力威	2015-12-21	5000.00
4775	江苏一鸣生物股份有限公司	834836	一鸣生物	2015-12-09	5260.00
4776	南京联畅物流股份有限公司	834837	联畅物流	2015-12-09	800.00
4777	上海之江生物科技股份有限公司	834839	之江生物	2015-12-14	7007.41
4778	饶河县中顺农业开发股份有限公司	834840	中顺农业	2015-12-18	2000.00
4779	浙江远传信息技术股份有限公司	834841	远传技术	2015-12-14	5000.00
4780	北京光彩世纪传媒股份有限公司	834842	光彩传媒	2015-12-11	2000.00
4781	江苏明昊新材料科技股份有限公司	834843	明昊科技	2015-12-22	2650.00
4782	辽宁卓异装备制造股份有限公司	834844	卓异装备	2015-12-10	6000.00
4783	广州华腾教育科技股份有限公司	834845	华腾教育	2015-12-23	1680.00
4784	珠海众协港口物流服务股份有限公司	834846	众协港服	2015-12-17	3000.00
4785	重庆睿安特盾构技术股份有限公司	834847	睿安特	2015-12-07	4000.00
4786	中能服能源科技股份有限公司	834848	中能服	2015-12-18	5000.00
4787	石家庄博宇科技股份有限公司	834849	博宇科技	2015-12-28	3000.00
4788	AEM科技(苏州)股份有限公司	834850	AEM科技	2015-12-22	7850.00
4789	山东威能环保电源科技股份有限公司	834851	威能电源	2015-12-31	13720.00
4790	广州市正点未来营销策划股份有限公司	834852	正点未来	2015-12-15	2000.00
4791	延边创业软件开发股份有限公司	834853	延边创业	2015-12-11	2050.00
4792	上海名颂科技股份有限公司	834854	名颂科技	2015-12-18	2126.00
4793	上海赛特康新能源科技股份有限公司	834855	赛特康	2015-12-28	7500.00
4794	广州国游网络科技股份有限公司	834856	国游网络	2015-12-23	3000.00
4795	北京清水爱派建筑设计股份有限公司	834857	清水爱派	2015-12-15	2000.00
4796	海南一卡通物业管理股份有限公司	834858	一卡通	2015-12-14	13500.00
4797	苏州新锐合金工具股份有限公司	834859	新锐股份	2015-12-14	6000.00
4798	山东广大航空地面服务股份有限公司	834860	广大航服	2015-12-14	2438.50
4799	同福碗粥股份有限公司	834861	同福碗粥	2015-12-16	7424.24
4800	上海炫伍科技股份有限公司	834862	炫伍科技	2015-12-17	500.00

附录1-6 续表 95 continued

序号	非上市公众公司全称	证券代码	证券简称	挂牌时间	股本总数(万股)
4801	深圳市佳顺智能机器人股份有限公司	834863	佳顺智能	2015-12-24	2314.00
4802	万马科技股份有限公司	834864	万马科技	2015-12-09	10050.00
4803	湖南琴海数码股份有限公司	834865	琴海数码	2015-12-09	2400.00
4804	河南利欣制药股份有限公司	834866	利欣制药	2015-12-09	5000.00
4805	上海智臻智能网络科技股份有限公司	834869	智臻智能	2015-12-17	1981.23
4806	浙江瑞翌新材料科技股份有限公司	834870	瑞翌新材	2015-12-16	3000.00
4807	广东上川智能装备股份有限公司	834871	上川智能	2015-12-21	1000.00
4808	黑龙江省五米常香农业科技发展股份有限公司	834872	五米常香	2015-12-21	2800.00
4809	深圳市科脉技术股份有限公司	834873	科脉技术	2015-12-16	800.00
4810	苏州谐通光伏科技股份有限公司	834874	谐通科技	2015-12-23	800.00
4811	广西喷施宝股份有限公司	834875	喷施宝	2015-12-10	5000.00
4812	南大傲拓科技江苏股份有限公司	834876	傲拓科技	2015-12-11	2500.00
4813	北京全景视觉网络科技股份有限公司	834877	全景网络	2015-12-11	6800.00
4814	深圳市华尊科技股份有限公司	834878	华尊科技	2015-12-10	2550.00
4815	泰华智慧产业集团股份有限公司	834880	泰华智慧	2015-12-22	5300.00
4816	北京雅迪力特航空新材料股份公司	834881	雅迪力特	2015-12-21	2200.00
4817	江苏谢馥春国妆股份有限公司	834882	谢馥春	2015-12-15	1620.00
4818	北京关键科技股份有限公司	834883	关键科技	2015-12-07	1400.00
4819	四川新天杰文化传媒股份有限公司	834884	新天杰	2015-12-09	3200.00
4820	深圳开永广告传媒股份有限公司	834885	开永股份	2015-12-15	2118.00
4821	南通市久正人体工学股份有限公司	834886	久正工学	2015-12-31	325.83
4822	广州健佰氏医药股份有限公司	834887	健佰氏	2015-12-11	1800.00
4823	广东康之家云健康医药股份有限公司	834888	ST康之家	2015-12-14	1400.00
4824	开封盛达电机科技股份有限公司	834889	盛达电机	2015-12-16	3150.00
4825	河南大陆农牧技术股份有限公司	834890	大陆农牧	2015-12-15	2000.00
4826	西安岳达生物科技股份有限公司	834891	岳达生物	2015-12-25	2200.00
4827	宁夏智诚安环科技发展股份有限公司	834892	智诚安环	2015-12-18	6000.00
4828	西安凯立新材料股份有限公司	834893	西安凯立	2015-12-15	6000.00
4829	内蒙古宝亮信息技术股份有限公司	834894	宝亮股份	2015-12-16	1000.00
4830	深圳一道通科技股份有限公司	834895	一道通	2015-12-14	1500.00
4831	宁波世贸通网络科技股份有限公司	834896	世贸通	2015-12-21	1000.00
4832	江西若邦科技股份有限公司	834897	若邦科技	2015-12-15	2110.00
4833	恒大文化产业集团股份有限公司	834899	恒大文化	2015-12-04	60000.00
4834	山东科耐燃气冰箱制造股份有限公司	834900	山东科耐	2015-12-17	2546.24
4835	深圳锐取信息技术股份有限公司	834901	锐取信息	2015-12-22	3000.00
4836	上海网映文化传播股份有限公司	834902	网映文化	2015-12-14	1000.00
4837	金现代信息产业股份有限公司	834903	金现代	2015-12-16	10100.00
4838	上海银纪资产管理股份有限公司	834904	银纪资产	2015-12-14	4835.00
4839	新疆和合玉器股份有限公司	834905	和合玉器	2015-12-28	9369.00
4840	深圳市蓝凌软件股份有限公司	834906	蓝凌软件	2015-12-23	2641.71
4841	浙江梧斯源通信科技股份有限公司	834907	梧斯源	2015-12-15	1000.00
4842	苏州高创特新能源发展股份有限公司	834908	高创特	2015-12-14	10000.00
4843	北京汉氏联合生物技术股份有限公司	834909	汉氏联合	2015-12-11	10936.00
4844	上海游酷网络科技股份有限公司	834910	游酷网络	2015-12-15	1000.00
4845	杭州高达软件系统股份有限公司	834911	高达软件	2015-12-17	3180.00
4846	武汉三好教育科技股份有限公司	834912	三好教育	2015-12-21	3300.00
4847	广东峰华卓立科技股份有限公司	834914	峰华卓立	2015-12-16	1260.00
4848	天津同仁堂集团股份有限公司	834915	津同仁堂	2015-12-11	11000.00
4849	山西成功通用航空股份有限公司	834916	成功通航	2015-12-11	15000.00
4850	安徽苏立电热科技股份有限公司	834917	苏立电热	2015-12-21	4500.00

附录1–6　续表 96　continued

序号	非上市公众公司全称	证券代码	证券简称	挂牌时间	股本总数(万股)
4851	深圳市易快来科技股份有限公司	834918	易快来	2015-12-22	5000.00
4852	重庆狼卜品牌营销策划股份有限公司	834919	狼卜股份	2015-12-15	3298.00
4853	威海人合机电股份有限公司	834920	人合机电	2015-12-21	1169.66
4854	新疆善好生物技术股份有限公司	834921	善好生物	2015-12-10	3990.00
4855	吉林依华渔具股份有限公司	834922	依华股份	2015-12-24	3500.00
4856	北京德达物流股份有限公司	834923	德达物流	2015-12-14	750.00
4857	上海悦游网络信息科技股份有限公司	834924	悦游网络	2015-12-11	6000.00
4858	武汉滨会生物科技股份有限公司	834925	滨会生物	2015-12-16	1100.00
4859	四川安杰信科技股份有限公司	834926	安杰信	2015-12-15	1000.00
4860	贵州大自然科技股份有限公司	834927	自然科技	2015-12-28	5000.00
4861	上海雷珏信息科技股份有限公司	834928	雷珏股份	2015-12-11	1000.00
4862	深圳风向标教育资源股份有限公司	834929	风向标	2015-12-23	3000.00
4863	北京时代奥视科技股份有限公司	834930	奥视股份	2015-12-21	3600.00
4864	郑州鸿贝科技股份有限公司	834931	鸿贝科技	2015-12-16	3000.00
4865	北京麒麟网文化股份有限公司	834932	麒麟文化	2015-12-15	9000.00
4866	深圳市正弦电气股份有限公司	834933	正弦电气	2015-12-17	6450.00
4867	长兴艾飞特科技股份有限公司	834934	艾飞特	2015-12-16	1000.00
4868	深圳祥云信息科技股份有限公司	834935	祥云信息	2015-12-15	1100.00
4869	深圳市康莱米电子股份有限公司	834936	康莱米	2015-12-24	1000.00
4870	南通通机股份有限公司	834938	南通通机	2015-12-24	2000.00
4871	南京盈放科技股份有限公司	834939	盈放科技	2015-12-15	1000.00
4872	北京恩瑞达科技股份有限公司	834940	恩瑞达	2015-12-22	3000.00
4873	东莞市希锐自动化科技股份有限公司	834941	希锐科技	2015-12-16	500.00
4874	陕西安得科技股份有限公司	834942	安得科技	2015-12-29	4300.00
4875	福建联圣兴路建设发展股份有限公司	834944	联圣发展	2015-12-15	3000.00
4876	河南英飞网络技术股份有限公司	834945	英飞网络	2015-12-29	500.00
4877	杭州恒星高虹光电科技股份有限公司	834946	恒星高虹	2015-12-11	2020.00
4878	江西耐普矿机新材料股份有限公司	834947	耐普矿机	2015-12-17	5250.00
4879	浙江晨泰科技股份有限公司	834948	晨泰科技	2015-12-11	8126.32
4880	上海耀客传媒股份有限公司	834949	耀客传媒	2015-12-24	6000.00
4881	常州迅安科技股份有限公司	834950	迅安科技	2015-12-16	3500.00
4882	广东捷成科创电子股份有限公司	834951	捷成科创	2015-12-21	1406.00
4883	北京中电联环保股份有限公司	834952	中联环保	2015-12-15	5005.00
4884	山东金朋健康股份有限公司	834953	金朋健康	2015-12-17	800.00
4885	厦门市海德龙电子股份有限公司	834954	海德龙	2015-12-11	1600.00
4886	河南永威安防股份有限公司	834955	永威安防	2015-12-21	12149.20
4887	广州善元堂健康科技股份有限公司	834956	善元堂	2015-12-23	765.00
4888	上海凯鑫分离技术股份有限公司	834957	上海凯鑫	2015-12-28	2391.67
4889	江苏华夏商品检验股份有限公司	834958	华夏商检	2015-12-16	800.00
4890	上海意迪尔科技股份有限公司	834959	意迪尔	2015-12-24	3875.00
4891	江苏金茂投资管理股份有限公司	834960	金茂投资	2015-12-17	8000.00
4892	商丘市东和专用设备股份有限公司	834961	东和设备	2015-12-22	4380.00
4893	四川嘉宝资产管理集团股份有限公司	834962	嘉宝股份	2015-12-17	2116.11
4894	深圳森虎科技股份有限公司	834963	森虎科技	2015-12-17	4500.00
4895	宁波旷世智源工艺设计股份有限公司	834964	旷世智源	2015-12-17	7000.00
4896	新疆伊珠葡萄酒股份有限公司	834965	伊珠股份	2015-12-29	3225.80
4897	平顶山金晶生物科技股份有限公司	834966	金晶生物	2015-12-16	4000.00
4898	北京国信同科信息技术股份有限公司	834967	国信同科	2015-12-18	500.00
4899	广州市玄武无线科技股份有限公司	834968	玄武科技	2015-12-17	4856.98
4900	无锡挪瑞科技股份有限公司	834970	挪瑞科技	2015-12-09	2000.00

附录1–6 续表 97 continued

序号	非上市公众公司全称	证券代码	证券简称	挂牌时间	股本总数(万股)
4901	山东三元生物科技股份有限公司	834971	三元生物	2015-12-18	3000.00
4902	辽宁英冠高技术陶瓷股份有限公司	834972	英冠陶瓷	2015-12-18	736.85
4903	江苏宏力光电科技股份有限公司	834973	江苏宏力	2015-12-16	2250.00
4904	浙江新锐焊接科技股份有限公司	834975	新锐科技	2015-12-31	3010.56
4905	上海互普信息技术股份有限公司	834976	互普股份	2015-12-11	500.00
4906	盐城市新亚自控设备股份有限公司	834977	新亚自控	2015-12-18	1000.00
4907	浙江光大普特通讯科技股份有限公司	834978	光大科技	2015-12-31	1130.00
4908	自贡天健生物科技股份有限公司	834979	天健生物	2015-12-16	1000.00
4909	山东实杰生物科技股份有限公司	834981	ST实杰	2015-12-17	20000.00
4910	广东远东国兰股份有限公司	834982	远东国兰	2015-12-17	9189.00
4911	吉林黑尊生物科技股份有限公司	834983	黑尊生物	2015-12-14	7500.00
4912	北京网库信息技术股份有限公司	834984	网库股份	2015-12-21	2140.35
4913	北京平治东方科技股份有限公司	834985	平治东方	2015-12-11	3535.46
4914	江苏大利节能科技股份有限公司	834986	大利科技	2015-12-15	5000.00
4915	苏州清睿教育科技股份有限公司	834987	清睿教育	2015-12-16	3072.00
4916	浙江爱丽莎环保科技股份有限公司	834989	爱丽莎	2015-12-16	1088.00
4917	上海新数网络科技股份有限公司	834990	新数网络	2015-12-16	658.44
4918	江苏新瀚新材料股份有限公司	834991	新瀚新材	2015-12-17	5000.00
4919	上海上亿传媒股份有限公司	834992	上亿传媒	2015-12-15	770.00
4920	北京海泰方圆科技股份有限公司	834993	海泰方圆	2015-12-17	3080.00
4921	苏州新宏博智能科技股份有限公司	834995	新宏博	2015-12-16	2300.00
4922	众至诚信息技术股份有限公司	834996	众至诚	2015-12-31	5000.00
4923	深圳邦健生物医疗设备股份有限公司	834997	邦健医疗	2015-12-18	6330.00
4924	深圳华强电子商务股份有限公司	834998	华强电商	2015-12-17	2352.94
4925	江苏上游文化旅游股份有限公司	834999	上游文旅	2015-12-16	500.00
4926	吉林省锐迅信息技术股份有限公司	835000	锐迅股份	2015-12-15	2000.00
4927	广州亨龙智能装备股份有限公司	835001	亨龙智能	2015-12-22	4857.65
4928	深圳市维冠视界科技股份有限公司	835002	维冠视界	2015-12-14	2000.00
4929	龙腾艺都(北京)影视传媒股份有限公司	835003	龙腾影视	2015-12-30	3883.54
4930	深圳市维力谷无线技术股份有限公司	835004	维力谷	2015-12-29	3400.00
4931	江苏曼荼罗软件股份有限公司	835005	曼荼罗	2015-12-24	4360.67
4932	上海战诚电子科技股份有限公司	835007	战诚电子	2015-12-18	1800.00
4933	攀枝花卓越钒业科技股份有限公司	835008	卓越钒业	2015-12-17	12305.74
4934	江西金力永磁科技股份有限公司	835009	金力永磁	2015-12-18	16667.00
4935	浙江麦迪制冷科技股份有限公司	835011	麦迪制冷	2015-12-21	4000.00
4936	深圳市麦驰物联股份有限公司	835012	麦驰物联	2015-12-18	4900.00
4937	北京英诺威尔科技股份有限公司	835013	英诺威尔	2015-12-22	6000.00
4938	北京梵诺空间设计股份有限公司	835014	梵诺空间	2015-12-21	1080.00
4939	四川福德机器人股份有限公司	835015	福德股份	2015-12-22	2000.00
4940	河南河顺自动化设备股份有限公司	835016	河顺股份	2015-12-18	3000.00
4941	吉林省中研高性能工程塑料股份有限公司	835017	中研高塑	2015-12-21	7133.50
4942	安徽中天石化股份有限公司	835018	中天股份	2015-12-23	2000.00
4943	深圳市神尔科技股份有限公司	835019	神尔科技	2015-12-21	4000.00
4944	山东北辰机电设备股份有限公司	835020	山东北辰	2015-12-16	6288.00
4945	湖南农商通电子商务股份有限公司	835021	农商通	2015-12-28	2600.00
4946	湖南融兴融资担保股份有限公司	835023	融兴担保	2015-12-16	20000.00
4947	昆明七彩云南庆沣祥茶业股份有限公司	835024	七彩云南	2015-12-14	10000.00
4948	北京市金运电气安装股份有限公司	835026	金运电气	2015-12-16	1200.00
4949	宁波江宸智能装备股份有限公司	835027	江宸智能	2015-12-22	1280.00
4950	诚德科技股份有限公司	835028	诚德股份	2015-12-21	5680.00

附录1-6 续表 98 continued

序号	非上市公众公司全称	证券代码	证券简称	挂牌时间	股本总数(万股)
4951	浙江欧歌科技股份有限公司	835030	欧歌科技	2015-12-21	2008.00
4952	正益移动互联科技股份有限公司	835032	正益移动	2015-12-16	5000.00
4953	精晶药业股份有限公司	835033	精晶药业	2015-12-29	9000.00
4954	常州化龙网络科技股份有限公司	835034	化龙网络	2015-12-16	500.00
4955	天津华彩信和电子科技集团股份有限公司	835035	华彩信和	2015-12-29	6200.00
4956	上海众联能创新能源科技股份有限公司	835036	众联能创	2015-12-23	1292.21
4957	安徽环球药业股份有限公司	835037	环球药业	2015-12-18	5000.00
4958	上海广生行母婴用品股份有限公司	835038	广生行	2015-12-17	2000.00
4959	浙江海牛环境科技股份有限公司	835039	海牛环境	2015-12-25	1000.00
4960	成都莲合创想科技股份有限公司	835040	莲合科技	2015-12-18	1200.00
4961	成都三加六信息技术股份有限公司	835041	三加六	2015-12-24	1381.82
4962	东莞洁澳思精密科技股份有限公司	835043	洁澳思	2015-12-22	1000.00
4963	贵州勤邦生物科技股份有限公司	835044	勤邦生物	2015-12-17	5000.00
4964	上海智子信息科技股份有限公司	835045	智子科技	2015-12-22	1500.00
4965	北京圣世博泰科技股份有限公司	835046	圣世博泰	2015-12-23	2930.00
4966	江苏中融外包服务股份有限公司	835047	中融股份	2015-12-29	1000.00
4967	黑龙江龙云旅游管理股份有限公司	835048	龙云旅游	2015-12-30	2818.60
4968	苏州瀚易特信息技术股份有限公司	835049	瀚易特	2015-12-22	1000.00
4969	四川名齿齿轮制造股份有限公司	835050	四川名齿	2015-12-21	5000.00
4970	深圳市美信检测技术股份有限公司	835052	美信检测	2015-12-18	500.00
4971	武汉帝尔激光科技股份有限公司	835053	帝尔激光	2015-12-15	1538.50
4972	北京乐享方登网络科技股份有限公司	835055	乐享方登	2015-12-16	8000.00
4973	广州栋方生物科技股份有限公司	835056	栋方股份	2015-12-21	5000.00
4974	安徽智蓝生物工程股份有限公司	835057	智蓝生物	2015-12-17	8000.00
4975	北京黑油数字展览股份有限公司	835058	黑油展览	2015-12-21	1050.00
4976	广西桂牛水牛乳业股份有限公司	835059	桂牛乳业	2015-12-21	1500.00
4977	深圳市群晖智能科技股份有限公司	835060	群晖股份	2015-12-29	2099.00
4978	北京新锋艾普科技股份有限公司	835061	新锋艾普	2015-12-22	1100.00
4979	常州市远东塑料科技股份有限公司	835062	远东科技	2015-12-18	3000.00
4980	上海旺翔文化传媒股份有限公司	835063	旺翔传媒	2015-12-31	1150.00
4981	广东华大互联网股份有限公司	835064	华大股份	2015-12-23	6090.00
4982	北京竹远科创科技股份有限公司	835065	竹远科创	2015-12-18	800.00
4983	辽宁垠艺生物科技股份有限公司	835066	垠艺生物	2015-12-18	11000.00
4984	深圳墨麟科技股份有限公司	835067	墨麟股份	2015-12-23	10987.80
4985	广州德珑磁电科技股份有限公司	835069	德珑磁电	2015-12-29	2160.00
4986	上海洁润丝新材料股份有限公司	835070	洁润丝	2015-12-29	2500.00
4987	安徽慧达通信网络科技股份有限公司	835071	慧达通信	2015-12-18	1000.00
4988	山东东海融资租赁股份有限公司	835072	东海租赁	2015-12-29	50000.00
4989	北京行知探索文化发展股份有限公司	835073	行知探索	2015-12-23	1500.00
4990	深圳市华芯开拓科技股份有限公司	835074	华芯开拓	2015-12-18	1300.00
4991	深圳清源投资管理股份有限公司	835075	清源投资	2015-12-21	2000.00
4992	马鞍山市普邦融资担保股份有限公司	835076	普邦担保	2015-12-29	50000.00
4993	青岛博宁福田通道设备股份有限公司	835077	博宁福田	2015-12-21	4260.00
4994	北京华丽达视听科技股份有限公司	835078	华丽达	2015-12-24	3600.00
4995	全美在线(北京)教育科技股份有限公司	835079	全美在线	2015-12-21	5588.00
4996	山东蓝川环保股份有限公司	835080	蓝川环保	2015-12-21	1000.00
4997	湖北精川智能装备股份有限公司	835082	精川智能	2015-12-21	4500.00
4998	台州新立模塑科技股份有限公司	835083	新立科技	2015-12-30	2080.00
4999	杭州多麦电子商务股份有限公司	835084	多麦股份	2015-12-18	625.00
5000	凯米(北京)教育科技股份有限公司	835085	凯米教育	2015-12-18	600.00

附录1-6 续表 99 continued

序号	非上市公众公司全称	证券代码	证券简称	挂牌时间	股本总数(万股)
5001	厦门房米网络股份有限公司	835086	房米网	2015-12-24	1434.00
5002	桂林森农农业股份有限公司	835087	桂林森农	2015-12-23	800.00
5003	北京爱酷游科技股份有限公司	835089	爱酷游	2015-12-29	1200.00
5004	珠海上富电技股份有限公司	835090	上富股份	2015-12-23	6758.00
5005	上海钢银电子商务股份有限公司	835092	钢银电商	2015-12-21	64214.00
5006	苏州英多智能科技股份有限公司	835096	英多智能	2015-12-22	300.00
5007	北京讯腾智慧科技股份有限公司	835097	讯腾智科	2015-12-28	1250.00
5008	芜湖科阳新材料股份有限公司	835098	科阳新材	2015-12-25	3000.00
5009	北京开心麻花娱乐文化传媒股份有限公司	835099	开心麻花	2015-12-29	4300.00
5010	北京艾漫数据科技股份有限公司	835100	艾漫数据	2015-12-22	2500.00
5011	北京诚品快拍物联网科技股份有限公司	835101	快拍物联	2015-12-28	925.93
5012	深圳市巨兆数码股份有限公司	835102	巨兆数码	2015-12-25	2000.00
5013	广州骏伯网络科技股份有限公司	835103	骏伯网络	2015-12-24	1380.00
5014	广东索特来酒店管理股份有限公司	835105	索特来	2015-12-22	1500.00
5015	温州源大创业服务股份有限公司	835107	源大股份	2015-12-25	300.00
5016	上海顺舟智能科技股份有限公司	835108	顺舟智能	2015-12-21	660.00
5017	深圳市鑫益嘉科技股份有限公司	835109	鑫益嘉	2015-12-25	2770.00
5018	杭州泛远国际物流股份有限公司	835110	泛远国际	2015-12-28	3000.00
5019	常州万联网络数据信息安全股份有限公司	835111	万联网络	2015-12-25	528.00
5020	宁夏汇丰源牧业股份有限公司	835112	汇丰源	2015-12-25	6600.00
5021	广州爱美互动网络股份有限公司	835113	爱美互动	2015-12-23	250.00
5022	广西海世通食品股份有限公司	835114	海世通	2015-12-31	2800.00
5023	广州捷世通物流股份有限公司	835117	捷世通	2015-12-22	1000.00
5024	深圳市集万物流股份有限公司	835118	集万股份	2015-12-24	2000.00
5025	河南信谊纸塑包装股份有限公司	835119	信谊包装	2015-12-25	4000.00
5026	芜湖市金贸流体科技股份有限公司	835120	金贸流体	2015-12-30	6088.00
5027	苏州光舵微纳科技股份有限公司	835121	光舵微纳	2015-12-23	305.00
5028	深圳市电明科技股份有限公司	835122	电明科技	2015-12-22	3000.00
5029	上海泰坦科技股份有限公司	835124	泰坦科技	2015-12-25	4387.50
5030	南京商络电子股份有限公司	835125	商络电子	2015-12-31	4000.00
5031	深圳市金版文化发展股份有限公司	835126	金版文化	2015-12-30	4000.00
5032	芜湖圣大医疗器械技术股份有限公司	835127	圣大医疗	2015-12-24	500.00
5033	景森设计股份有限公司	835128	景森设计	2015-12-28	5550.00
5034	山东普瑞聚能达科技发展股份有限公司	835132	聚能达	2015-12-30	2366.50
5035	广州启光智造技术服务股份有限公司	835135	启光智造	2015-12-25	1766.00
5036	唐山报春电子商务股份有限公司	835136	报春电商	2015-12-25	1020.40
5037	北京金色池塘传媒股份有限公司	835137	金色传媒	2015-12-22	1000.00
5038	克拉玛依宏兴石油工程技术服务股份有限公司	835138	宏兴股份	2015-12-25	1000.00
5039	安徽金春无纺布股份有限公司	835140	金春股份	2015-12-25	6817.12
5040	呼阀科技控股股份有限公司	835141	呼阀控股	2015-12-25	5500.00
5041	浙江信和科技股份有限公司	835142	信和科技	2015-12-28	5580.00
5042	江苏金马扬名信息技术股份有限公司	835144	金马扬名	2015-12-30	1150.00
5043	浙江南自智能科技股份有限公司	835145	南自股份	2015-12-28	1000.00

附录1-6 续表 100 continued

序号	非上市公众公司全称	证券代码	证券简称	挂牌时间	股本总数(万股)
5044	江西同欣机械制造股份有限公司	835146	同欣机械	2015-12-29	3000.00
5045	浙江恒达新材料股份有限公司	835147	恒达新材	2015-12-31	5500.00
5046	苏州复睿电力科技股份有限公司	835148	复睿电力	2015-12-25	2000.00
5047	广东鸿伟家居股份有限公司	835149	鸿伟家居	2015-12-30	1000.00
5048	浙江珠城科技股份有限公司	835150	珠城科技	2015-12-28	4500.00
5049	北京中科星冠生物技术股份有限公司	835151	中科星冠	2015-12-25	1200.00
5050	西安未来国际信息股份有限公司	835152	未来国际	2015-12-25	12300.00
5051	上海琥崧智能科技股份有限公司	835153	琥崧智能	2015-12-29	920.00
5052	赣州鑫冠科技股份有限公司	835155	鑫冠科技	2015-12-28	2000.00
5053	丽江东巴谷生态文化旅游股份有限公司	835156	丽江文旅	2015-12-23	5460.00
5054	新疆时讯立维信息技术股份有限公司	835157	时讯立维	2015-12-25	1000.00
5055	安徽正洁高新材料股份有限公司	835158	正洁股份	2015-12-29	4200.00
5056	上海共创信息技术股份有限公司	835160	上海共创	2015-12-22	1000.00
5057	湖南金铠文化传播股份有限公司	835161	金铠文化	2015-12-28	1800.00
5058	安徽菲利特过滤系统股份有限公司	835162	菲利特	2015-12-28	1200.00
5059	河南天邦菌业股份有限公司	835163	天邦菌业	2015-12-28	1000.00
5060	黑龙江鑫联华信息股份有限公司	835164	鑫联华	2015-12-24	2000.00
5061	成都嘉尚广告传媒股份有限公司	835165	嘉尚传媒	2015-12-29	500.00
5062	山东综艺联创包装股份有限公司	835166	综艺联创	2015-12-25	2800.00
5063	山东福座母婴护理股份有限公司	835167	福座母婴	2015-12-29	1000.00
5064	北京宗源营销策划股份有限公司	835168	宗源营销	2015-12-23	3000.00
5065	宁夏新华物流股份有限公司	835169	新华物流	2015-12-28	200.00
5066	厦门本捷网络股份有限公司	835170	本捷网络	2015-12-24	500.00
5067	上海汇检菁英科技股份有限公司	835171	汇检菁英	2015-12-22	350.00
5068	北京鼎能开源电池科技股份有限公司	835172	鼎能开源	2015-12-23	3900.00
5069	湖南五新隧道智能装备股份有限公司	835174	五新隧装	2015-12-29	7200.00
5070	镇江恒达包装股份有限公司	835175	恒达包装	2015-12-24	1000.00
5071	北京核新伟鸿建设工程股份有限公司	835176	核新伟鸿	2015-12-22	1260.00
5072	淄博人立文化创意股份有限公司	835177	人立文创	2015-12-23	3250.00
5073	北京凯德石英股份有限公司	835179	凯德石英	2015-12-24	3800.00
5074	安徽纽麦特新材料科技股份有限公司	835180	纽麦特	2015-12-30	2000.00
5075	山东中阳碳素股份有限公司	835181	中阳股份	2015-12-28	5000.00
5076	湖南体运通信息技术股份有限公司	835182	体运通	2015-12-23	2300.00
5077	浙江鸿禧能源股份有限公司	835183	鸿禧能源	2015-12-31	15800.00
5078	北京世纪国源科技股份有限公司	835184	国源科技	2015-12-24	8460.00
5079	深圳市贝特瑞新能源材料股份有限公司	835185	贝特瑞	2015-12-28	8700.00
5080	上海景域文化传播股份有限公司	835188	景域文化	2015-12-22	9000.00
5081	颐信泰通(北京)信息科技股份有限公司	835189	颐信泰通	2015-12-24	500.00
5082	杭州东方网升科技股份有限公司	835191	东方网升	2015-12-30	2550.00
5083	四川东立科技股份有限公司	835193	东立科技	2015-12-28	1000.00
5084	山东金正动画股份有限公司	835195	金正动画	2015-12-30	501.00
5085	西安开天铁路电气股份有限公司	835196	开天股份	2015-12-31	7500.00
5086	北京奥美达科技股份有限公司	835201	奥美达	2015-12-29	1000.00

附录1—6 续表 101 continued

序号	非上市公众公司全称	证券代码	证券简称	挂牌时间	股本总数(万股)
5087	山东亚微软件股份有限公司	835203	亚微软件	2015-12-31	500.00
5088	广东辉源机械股份有限公司	835204	辉源机械	2015-12-30	4800.00
5089	天津梵雅文化传播股份有限公司	835205	梵雅文化	2015-12-24	1000.00
5090	河南众诚信息科技股份有限公司	835207	众诚科技	2015-12-24	6600.00
5091	维尼健康(深圳)股份有限公司	835208	维尼健康	2015-12-31	500.00
5092	江苏固德威电源科技股份有限公司	835209	固德威	2015-12-25	5250.00
5093	北京十二年教育科技股份有限公司	835210	十二年	2015-12-30	3077.00
5094	古莱特科技股份有限公司	835211	古莱特	2015-12-31	5102.04
5095	厦门多想互动文化传播股份有限公司	835212	多想互动	2015-12-31	1100.00
5096	福建省福信富通网络科技股份有限公司	835213	福信富通	2015-12-24	1000.00
5097	江西美凯宝科技股份有限公司	835214	美凯宝	2015-12-30	4600.00
5098	新疆芳香庄园酒业股份有限公司	835218	芳香庄园	2015-12-31	5000.00
5099	汉米敦(上海)工程咨询股份有限公司	835221	汉米敦	2015-12-25	111.41
5100	湖北华鼎团膳管理股份有限公司	835222	华鼎团膳	2015-12-29	1500.00
5101	天津市建研工程咨询股份有限公司	835226	建研咨询	2015-12-31	2000.00
5102	广东美味源香料股份有限公司	835233	美味源	2015-12-30	2270.00
5103	天合新媒(北京)网络科技股份有限公司	835242	天合新媒	2015-12-25	270.50
5104	河北发那数控机床股份有限公司	835245	发那数控	2015-12-28	3000.00
5105	深圳市华夏光彩股份有限公司	835252	华夏光彩	2015-12-25	2000.00
5106	淮北汇邦小额贷款股份有限公司	835253	汇邦小贷	2015-12-29	5000.00
5107	厦门欢乐逛科技股份有限公司	835254	欢乐逛	2015-12-29	500.00
5108	河南晶锐新材料股份有限公司	835257	晶锐材料	2015-12-28	5256.00
5109	票管家(上海)电子商务股份有限公司	835260	票管家	2015-12-30	500.00
5110	浙江佳乐科仪股份有限公司	835262	佳乐股份	2015-12-30	6000.00
5111	云南威鑫农业科技股份有限公司	835263	威鑫农科	2015-12-31	6128.00
5112	浙江康宏物流股份有限公司	835264	康宏股份	2015-12-30	1800.00
5113	上海华恩利热能机器股份有限公司	835267	华恩利	2015-12-30	1156.07
5114	客如云科技(北京)股份有限公司	835268	客如云	2015-12-30	4000.00
5115	长兴制药股份有限公司	835269	长兴制药	2015-12-30	3000.00
5116	上海同是科技股份有限公司	835274	同是科技	2015-12-30	1375.00
5117	北京奇良海德印刷股份有限公司	835275	奇良海德	2015-12-30	2500.00
5118	广州达森灯光股份有限公司	835277	达森灯光	2015-12-31	3200.00
5119	浙江沃得尔科技股份有限公司	835279	沃得尔	2015-12-31	3000.00
5120	翰林汇信息产业股份有限公司	835281	翰林汇	2015-12-29	13000.00
5121	北京梅珑体育文化股份有限公司	835282	梅珑体育	2015-12-31	1300.00
5122	吉林省节水灌溉发展股份有限公司	835283	节水股份	2015-12-30	15000.00
5123	郑州悉知信息科技股份有限公司	835285	悉知科技	2015-12-30	2000.00
5124	河南正旭科技股份有限公司	835290	正旭科技	2015-12-29	1800.00
5125	北京银色坐标生物科技股份有限公司	835301	银色坐标	2015-12-30	500.00
5126	南京云创大数据科技股份有限公司	835305	云创数据	2015-12-28	3000.00
5127	河南洁利康医疗用品股份有限公司	835310	洁利康	2015-12-30	4500.00
5128	安徽广博机电制造股份有限公司	835317	广博机电	2015-12-31	732.30
5129	北京明朝万达科技股份有限公司	835348	明朝万达	2015-12-31	6000.00

数据来源：全国中小企业股份转让系统。

附录1-7　历年退市公司名录

序号	退市公司全称	股票代码	股票简称
1	海南民源现代农业发展股份有限公司	000508	琼民源A(退市)
2	上海水仙电器股份有限公司	600625	PT水仙(退市)
3	上海水仙电器股份有限公司	900931	PT水仙B(退市)
4	广东金曼集团股份有限公司	000588	PT粤金曼(退市)
5	深圳中浩(集团)股份有限公司	000015	PT中浩A(退市)
6	深圳中浩(集团)股份有限公司	200015	PT中浩B(退市)
7	南洋航运集团股份有限公司	000556	PT南洋(退市)
8	金田实业(集团)股份有限公司	000003	PT金田A(退市)
9	金田实业(集团)股份有限公司	200003	PT金田B(退市)
10	四川银山化工(集团)股份有限公司	000675	ST银山(退市)
11	汕头宏业(集团)股份有限公司	000689	ST宏业(退市)
12	福建九州集团股份有限公司	000653	ST九州(退市)
13	鞍山第一工程机械股份有限公司	600813	ST鞍一工(退市)
14	厦门海洋实业(集团)股份有限公司	000658	ST海洋(退市)
15	湖北洪湖生态农业股份有限公司	600709	ST生态(退市)
16	深圳市中侨发展股份有限公司	000047	ST中侨(退市)
17	长春北方五环实业股份有限公司	000412	ST五环(退市)
18	上海国嘉实业股份有限公司	600646	ST国嘉(退市)
19	TCL通讯设备股份有限公司	000542	TCL通讯(退市)
20	珠海鑫光集团股份有限公司	000405	ST鑫光(退市)
21	广州汇集实业股份有限公司	000660	*ST南华(退市)
22	鞍山合成(集团)股份有限公司	600669	*ST鞍成(退市)
23	大连北大科技(集团)股份有限公司	600878	*ST北科(退市)
24	深圳石化工业集团股份有限公司	000013	*ST石化A(退市)
25	深圳石化工业集团股份有限公司	200013	*ST石化B(退市)
26	沈阳天创信息科技股份有限公司	000730	*ST环保(退市)
27	长春高斯达生物科技集团股份有限公司	600670	*ST斯达(退市)
28	比特科技控股股份有限公司	000621	*ST比特(退市)
29	上海华联商厦股份有限公司	600632	华联商厦(退市)
30	西安达尔曼实业股份有限公司	600788	*ST达曼(退市)
31	汇绿生态科技集团股份有限公司	000765	*ST华信(退市)
32	广东华圣科技投资股份有限公司	600672	*ST华圣(退市)
33	中国四川国际合作股份有限公司	600852	*ST中川(退市)
34	陕西煤航数码测绘(集团)股份有限公司	600700	*ST数码(退市)
35	猴王股份有限公司	600535	*ST猴王(退市)

退市日期	退市时 股　价	退市时每 股净资产	退市原因
1999-07-12	23.50	4.03	证券置换
2001-04-23	4.80	-0.25	连续三年亏损
2001-04-23	0.18	-0.25	连续三年亏损
2001-06-15	4.37	—	连续三年亏损
2001-10-22	6.85	-6.50	连续三年亏损
2001-10-22	1.95	-6.50	连续三年亏损
2002-05-29	1.50	0.73	连续三年亏损
2002-06-14	2.71	-2.99	连续三年亏损
2002-06-14	1.60	-2.99	连续三年亏损
2002-08-20	7.94	-1.54	连续三年亏损
2002-09-05	4.88	-4.15	连续三年亏损
2002-09-13	2.51	-4.45	连续三年亏损
2002-09-16	3.83	-3.50	连续三年亏损
2002-09-20	4.24	-3.22	连续三年亏损
2003-05-23	3.02	-0.23	连续三年亏损
2003-05-30	8.03	—	连续三年亏损
2003-09-19	2.89	-0.16	连续三年亏损
2003-09-22	5.82	-2.74	连续三年亏损
2004-01-13	27.34	3.29	吸收合并
2004-03-19	2.86	-0.31	连续三年亏损
2004-09-13	2.38	-5.32	连续三年亏损
2004-09-15	2.19	-2.20	连续三年亏损
2004-09-15	2.64	-1.78	连续三年亏损
2004-09-20	2.47	-8.80	连续三年亏损
2004-09-20	1.47	-8.80	连续三年亏损
2004-09-24	2.60	0.10	连续三年亏损
2004-09-24	2.87	-0.88	连续三年亏损
2004-09-27	2.66	-1.42	连续三年亏损
2004-11-18	9.53	4.00	吸收合并
2005-03-25	0.91	-3.07	连续三年亏损
2005-07-04	2.36	-1.15	连续三年亏损
2005-08-05	0.70	-1.09	连续三年亏损
2005-09-16	0.72	-3.18	连续三年亏损
2005-09-20	0.64	-1.76	连续三年亏损
2005-09-21	0.5	-2.23	连续三年亏损

附录1—7　续表1

序号	退市公司全称	股票代码	股票简称
36	沈阳非非澳家现代农业股份有限公司	000769	*ST大菲(退市)
37	大连长兴实业股份有限公司	000827	*ST长兴(退市)
38	浙江信联股份有限公司	600899	*ST信联(退市)
39	深圳大洋海运股份有限公司	200057	*ST大洋B(退市)
40	哈慈股份有限公司	600752	*ST哈慈(退市)
41	锦州石化股份有限公司	000763	锦州石化(退市)
42	辽河金马油田股份有限公司	000817	辽河油田(退市)
43	黑龙江省科利华网络股份有限公司	600799	*ST龙科(退市)
44	吉林化学工业股份有限公司	000618	吉林化工(退市)
45	福建闽越花雕股份有限公司	600659	*ST花雕(退市)
46	中国石化胜利油田大明(集团)股份有限公司	000406	石油大明(退市)
47	中国石化扬子石油化工股份有限公司	000866	扬子石化(退市)
48	中国石化中原油气高新股份有限公司	000956	中原油气(退市)
49	中国石化齐鲁股份有限公司	600002	齐鲁石化(退市)
50	黑龙江龙涤股份有限公司	000832	*ST龙涤(退市)
51	上海港集装箱股份有限公司	T00018	上港集箱(退市)
52	陕西精密合金股份有限公司	600092	S*ST精密(退市)
53	中油龙昌股份有限公司	600772	S*ST龙昌(退市)
54	佳木斯金地造纸股份有限公司	000699	S*ST佳纸(退市)
55	湘火炬汽车集团股份有限公司	000549	S湘火炬(退市)
56	山东铝业股份有限公司	600205	S山东铝(退市)
57	兰州铝业股份有限公司	600296	S兰铝(退市)
58	四川托普软件投资股份有限公司	000583	S*ST托普(退市)
59	湖南国光瓷业集团股份有限公司	600286	S*ST国瓷(退市)
60	云大科技股份有限公司	600181	*ST云大(退市)
61	衡阳市金荔科技农业股份有限公司	600762	S*ST金荔(退市)
62	大庆联谊石化股份有限公司	600065	*ST联谊(退市)
63	包头铝业股份有限公司	600472	包头铝业(退市)
64	东方电气集团东方锅炉股份有限公司	600786	东方锅炉(退市)
65	上海输配电股份有限公司	600627	上电股份(退市)
66	攀钢集团重庆钛业股份有限公司	000515	攀渝钛业(退市)
67	攀钢集团四川长城特殊钢股份有限公司	000569	长城股份(退市)
68	浙江新湖创业投资股份有限公司	600840	新湖创业(退市)
69	深圳本鲁克斯实业股份有限公司	200041	*ST本实B(退市)
70	邯郸钢铁股份有限公司	600001	邯郸钢铁(退市)

continued

退市日期	退市时股　价	退市时每股净资产	退市原因
2005-09-21	0.90	0.29	连续三年亏损
2005-09-21	1.16	0.19	连续三年亏损
2005-09-21	1.13	-1.14	连续三年亏损
2005-09-21	0.27	-1.21	连续三年亏损
2005-09-22	0.84	0.27	连续三年亏损
2006-01-04	4.22	1.01	私有化
2006-01-04	8.75	2.95	私有化
2006-01-04	0.54	-1.20	连续三年亏损
2006-02-20	5.24	1.60	私有化
2006-03-23	1.41	0.88	暂停上市后未披露定期报告
2006-04-21	10.12	5.20	私有化
2006-04-21	13.84	6.13	私有化
2006-04-21	11.91	6.25	私有化
2006-04-24	10.09	3.92	私有化
2006-06-29	1.45	-1.86	连续三年亏损
2006-10-20	16.37	4.06	吸收合并
2006-11-30	0.96		暂停上市后未披露定期报告
2006-11-30	1.30	1.82	暂停上市后未披露定期报告
2007-04-04	0.81	-3.14	连续三年亏损
2007-04-27	8.90	2.17	吸收合并
2007-04-30	25.41	6.03	吸收合并
2007-04-30	14.61	5.85	吸收合并
2007-05-21	0.76	-6.08	连续三年亏损
2007-05-31	0.67	-4.20	连续三年亏损
2007-06-01	1.02	-0.67	连续四年亏损
2007-11-20	0.77	-3.43	连续三年亏损
2007-12-13	1.70	0.61	连续三年亏损
2007-12-26	51.82	4.97	吸收合并
2008-03-18	82.20	6.44	私有化
2008-11-26	28.73	5.40	吸收合并
2009-05-06	15.29	1.34	吸收合并
2009-05-06	7.05	0.05	吸收合并
2009-08-27	23.80	2.80	吸收合并
2009-12-04	1.16	-6.45	暂停上市后未披露定期报告
2009-12-29	5.29	4.41	吸收合并

附录1–7 续表2

序号	退市公司全称	股票代码	股票简称
71	承德新新钒钛股份有限公司	600357	承德钒钛(退市)
72	上海航空股份有限公司	600591	*ST上航(退市)
73	上海实业医药投资股份有限公司	600607	上实医药(退市)
74	上海中西药业股份有限公司	600842	中西药业(退市)
75	东北高速公路股份有限公司	600003	ST东北高(退市)
76	河北太行水泥股份有限公司	600553	太行水泥(退市)
77	青海盐湖工业集团股份有限公司	000578	盐湖集团(退市)
78	上海百联集团股份有限公司(原)	600631	百联股份(退市)
79	莱芜钢铁股份有限公司	600102	莱钢股份(退市)
80	路桥集团国际建设股份有限公司	600263	路桥建设(退市)
81	广汽长丰汽车股份有限公司	600991	广汽长丰(退市)
82	中国国际海运集装箱(集团)股份有限公司	200039	中集B(退市)
83	创智信息科技股份有限公司	000787	*ST创智(退市)
84	江苏高能时代在线股份有限公司	000805	*ST炎黄(退市)
85	广州白云山制药股份有限公司	000522	白云山A(退市)
86	河南天方药业股份有限公司	600253	天方药业(退市)
87	广东金马旅游集团股份有限公司	000602	金马集团(退市)
88	广东美的电器股份有限公司	000527	美的电器(退市)
89	浙江东南发电股份有限公司	900949	东电B股(退市)
90	丽珠医药集团股份有限公司	200513	丽珠B(退市)
91	中国长江航运集团南京油运股份有限公司	600087	长油(退市)
92	万科企业股份有限公司	200002	万科B(退市)
93	宏源证券股份有限公司	000562	宏源证券(退市)
94	上海东方明珠(集团)股份有限公司	600832	东方明珠(退市)
95	中国北车股份有限公司	601299	中国北车(退市)
96	二重集团(德阳)重型装备股份有限公司	601268	*ST二重(退市)
97	天津国恒铁路控股股份有限公司	000594	国恒(退市)
98	武汉锅炉股份有限公司	200770	武锅B(退市)
99	广东大华农动物保健品股份有限公司	300186	大华农(退市)
100	江苏新城地产股份有限公司	900950	新城B股(退市)
101	招商局地产控股股份有限公司	200024	招商局B(退市)
102	招商局地产控股股份有限公司	000024	招商地产(退市)
103	珠海市博元投资股份有限公司	600656	退市博元(退市)

注：同时发行A股、B股公司所用股票代码、简称、股价和净资产数据均为其A股对应数据。

数据来源：上海证券交易所、深圳证券交易所。

Source:SSE、SZSE.

continued

退市日期	退市时 股　价	退市时每 股净资产	退市原因
2009-12-29	7.40	3.55	吸收合并
2010-01-25	7.27	0.84	吸收合并
2010-02-12	23.52	6.28	吸收合并
2010-02-12	13.96	1.71	吸收合并
2010-02-26	3.87	3.11	证券置换
2011-02-18	14.98	2.49	吸收合并
2011-03-22	24.44	2.92	吸收合并
2011-08-23	15.68	6.11	吸收合并
2012-02-28	7.13	6.70	吸收合并
2012-03-01	16.43	5.27	吸收合并
2012-03-20	17.82	4.47	吸收合并
2012-12-14	9.70	7.16	转板上市
2013-02-08	4.68	0.04	连续三年亏损
2013-03-27	1.88	0.24	连续三年亏损
2013-04-26	23.27	3.55	吸收合并
2013-07-15	6.26	2.12	吸收合并
2013-08-14	13.41	3.60	私有化
2013-09-18	14.02	6.67	吸收合并
2013-11-07	0.83	5.15	吸收合并
2014-01-10	37.92	11.31	转板上市
2014-06-05	0.83	-0.70	连续三年亏损
2014-06-19	12.41	6.68	转板上市
2015-01-26	30.50	3.98	吸收合并
2015-05-20	23.18	3.14	吸收合并
2015-05-20	29.98	4.06	吸收合并
2015-05-21	2.35	-2.78	连续四年亏损
2015-07-13	1.29	1.73	连续四年亏损
2015-07-13	2.05	-4.86	连续四年亏损
2015-11-02	45.72	3.94	吸收合并
2015-11-23	2.22	5.33	吸收合并
2015-12-11	35.30	12.76	吸收合并
2015-12-30	40.50	12.76	吸收合并
2016-05-13	4.49	2.36	

附录1-8　2015年上海证券交易所（以下简称上交所）收费标准

业务类别			收费项目	收费标准	最终收费对象
交易	A 股		经手费	成交金额的 0.00487% （双向）	会员等交上交所
	B 股		经手费	成交金额的 0.00487% （双向）	会员等交上交所
	优先股		经手费	成交金额的0.0001%(双向)	会员等交上交所
	基金（封闭式基金、ETF、LOF）		经手费	成交金额的 0.0045% （双向），货币ETF、债券ETF暂免	会员等交上交所
	权证		经手费	成交金额的 0.0045% （双向）	会员等交上交所
	债券现券（含资产支持证券）*		经手费	成交金额的0.0001%（双向）（固定收益平台现券交易，最高不超过100元/笔）	会员等交上交所
	债券质押式回购、国债买断式回购、债券质押式协议回购*		经手费	暂免	会员等交上交所
	质押式报价回购		经手费	暂免	会员等交上交所
	股票质押式回购		经手费	按每笔初始交易金额的0.001%收取，起点5元人民币，最高不超过100元人民币	会员等交上交所
	资产管理计划份额转让		经手费	按转让金额的0.00009%的标准向转让双方收取转让经手费，最高不超过100元/笔	会员等交上交所
	约定购回式证券交易		经手费	按现有股票、基金或债券现券交易收费标准在初始交易及购回交易中收取	会员等交上交所
	大宗交易（含大宗专场）	A 股、B 股	经手费	相对于竞价市场同品种费率下浮 30%	会员等交上交所
		基金（封闭式基金、ETF、LOF ）	经手费	相对于竞价市场同品种费率下浮 50%（双向）	会员等交上交所
		优先股	经手费	成交金额的0.0001%的90%，最高不超过100元/笔(双向)	会员等交上交所
		债券现券（含资产支持证券）	经手费	成交金额的0.0001%（双向）（最高不超过100元/笔）	会员等交上交所
	期权		经手费	合约标的为股票的，交易经手费为每张3元；合约标的为交易所交易基金的，交易经手费为每张2元；暂免收取卖出开仓交易经手费	会员等交上交所
	国债预发行		经手费	暂免	会员等交上交所
	股份协议转让		经手费	同二级市场交易经手费，双向收取，单向每笔最低50元、最高10万元	协议双方交上交所
发行	新股认购、优先股发行、可转换公司债券认购		经手费	暂免	会员等交上交所
	配股、公开增发		经手费	暂免	会员等交上交所
上市	普通股（对2015年8月1日到2018年7月31日上市，总股本4亿股（含）以下的上市公司，暂免其在此期间的上市初费；从2016年1月1日到2018年12月31日，暂免总股本4亿股（含）以下的上市公司上市年费）		上市初费	A股、B股总股本2亿股（含）以下的30万元	上市公司交上交所
				2亿股至4亿股（含）的45万元	
				4亿股至6亿股（含）的55万元	
				6亿股至8亿股（含）的60万元	
				8亿股以上的65万元	
			上市年费	上年末A股、B股总股本2亿股以下的5万元/年	上市公司交上交所
				2亿股至4亿股（含）的8万元/年	
				4亿股至6亿股（含）的10万元/年	
				6亿股至8亿股（含）的12万元/年	
				8亿股以上的15万元/年	
				上市不足1年的，按实际上市月份计算，上市当月为1个月	

附录1–8 续表 1 continued

<table>
<tr><th colspan="2">业务类别</th><th>收费项目</th><th>收费标准</th><th>最终收费对象</th></tr>
<tr><td rowspan="17">上市</td><td rowspan="11">优先股（减免标准参照普通股）</td><td rowspan="5">上市初费</td><td>优先股总股本2亿股（含）以下的24万元</td><td rowspan="5">上市公司交上交所</td></tr>
<tr><td>2亿股至4亿股（含）的36万元</td></tr>
<tr><td>4亿股至6亿股（含）的44万元</td></tr>
<tr><td>6亿股至8亿股（含）的48万元</td></tr>
<tr><td>8亿股以上的52万元</td></tr>
<tr><td rowspan="6">上市年费</td><td>上年末总股本2亿股（含）以下的4万元/年</td><td rowspan="6">上市公司交上交所</td></tr>
<tr><td>2亿股至4亿股（含）的6.4万元/年</td></tr>
<tr><td>4亿股至6亿股（含）的8万元/年</td></tr>
<tr><td>6亿股至8亿股（含）的9.6万元/年</td></tr>
<tr><td>8亿股以上的12万元/年</td></tr>
<tr><td>上市不足1年的，按实际上市月份计算，上市当月为1个月</td></tr>
<tr><td rowspan="2">基金（封闭式基金、ETF、LOF ）</td><td>上市初费</td><td>3万元，普通LOF暂免</td><td>基金管理人交上交所</td></tr>
<tr><td>上市年费</td><td>6万元 / 年，普通LOF暂免</td><td>基金管理人交上交所</td></tr>
<tr><td>权证</td><td>上市初费</td><td>20 万元</td><td>发行人交上交所</td></tr>
<tr><td rowspan="2">债券（含资产支持证券）</td><td>上市初费</td><td>暂免</td><td>发行人交上交所</td></tr>
<tr><td>上市年费</td><td>暂免</td><td>发行人交上交所</td></tr>
<tr><td rowspan="2">席位</td><td>非 B 股席位</td><td>初费</td><td>60 万元/个</td><td>会员等交上交所</td></tr>
<tr><td>B 股席位</td><td>初费</td><td>7.5 万美元/个</td><td>会员等交上交所</td></tr>
<tr><td colspan="2" rowspan="7">交易单元</td><td>交易单元使用费</td><td>会员等机构接入交易系统流速之和超出其免费流速额度时，超出部分每年按每个标准流速计收1万元的流速费（2010年12月1日起，暂免收取债券现券及回购交易专用的交易单元流速费）</td><td rowspan="7">会员等交上交所</td></tr>
<tr><td>流速费</td><td>会员等机构接入交易系统流速之和超出其免费流速额度时，超出部分每年按每个标准流速计收1万元的流速费（2010年12月1日起，暂免收取债券现券及回购交易专用的交易单元流速费）</td></tr>
<tr><td rowspan="5">流量费</td><td>1.计费期间为上年 12 月 1 日至当年 11 月 30 日</td></tr>
<tr><td>2.流量费＝（该机构所用交易单元的年交易类申报笔数总和−3万笔/年×持有席位数）×0.10 元＋（该机构所用交易单元的年非交易类申报笔数总和−3万笔/年×持有席位数）×0.01元</td></tr>
<tr><td>3.2010年12月1日起，暂免收取各交易参与人参与债券现券及回购交易的流量费</td></tr>
<tr><td>4.暂免收取货币ETF、债券ETF的交易单元流量费</td></tr>
<tr><td>5.股票期权试点初期暂免收取期权经营机构流量费</td></tr>
<tr><td colspan="2">其他业务</td><td colspan="3">费用项目、标准、收取方式按照相关业务规定执行</td></tr>
</table>

数据来源：上海证券交易所。
Source:SSE.

附录1-9　2015年深圳证券交易所（以下简称深交所）收费标准

收费对象	收费项目	收费标的	收费标准	备注
投资者	证券交易经手费	A股	按成交额双边收取0.0487‰	1.大宗交易收费：A股大宗交易按标准费率下浮30%收取；B股、基金大宗交易按标准费率下浮50%收取；债券大宗交易费率标准维持不变；债券回购大宗交易费率暂免。2.约定购回式证券交易参照相应品种大宗交易收费标准执行。3.债券ETF、货币ETF暂免收取证券交易经手费
		B股		
		基金		
		优先股	试点期间按普通股标准的80%收取	
		权证	按成交额双边收取0.045‰	
		国债现货	成交金额在100万元以下（含）每笔收0.1元；成交金额在100万元以上每笔收10元	
		企业债/公司债现货		
		专项资产管理计划		
		中小企业私募债		
		债券质押式回购（含国债回购与其他债券回购）	成交金额在100万元以下（含）每笔收0.1元，反向交易不再收取；成交金额在100万元以上每笔收1元，反向交易不再收取（暂免收取）	
		股票质押式回购	按每笔初始交易质押标的证券面值1‰收取，最高不超过100元	
		可转债	按成交金额双边收取0.04‰	
	证券交易监管费	A股	按成交额双边收取0.02‰	代中国证监会收取
		B股		
		优先股		
	证券交易印花税	A股	对出让方按成交金额的1‰征收，对受让方不再征税	代国家税务局扣缴
		B股		
		优先股		
发行人	上市初费	A股、B股	总股本2亿元以下（含），30万元；总股本2亿元至4亿元（含），45万元；总股本4亿元至6亿元（含），55万元；总股本6亿元至8亿元（含），60万元；总股本8亿元以上，65万元	本所在此标准上减半取整收取，创业板再减半。总股本为A股、B股合计
		优先股	试点期间按普通股标准的80%收取	—
		基金	3万元	—
		权证	20万元	—
		企业债/公司债	暂免收取	—
		可转债	上市债券总额0.01%，最高不超过3万元（暂免收取）	—
		专项资产管理计划	暂免收取	—
		中小企业私募债券	暂免收取	—
	上市年费	A股、B股	总股本2亿元以下（含），5万元；总股本2亿元至4亿元（含），8万元；总股本4亿元至6亿元（含），10万元；总股本6亿元至8亿元（含），12万元；总股本8亿元以上，15万元	创业板减半征收。总股本为A、B股合计
		优先股	试点期间按普通股标准的80%收取	—
		基金	6万元	—
		债券	暂免收取	—
		可转债	以1亿元为基数，每年缴纳6000元；超过1亿元的，每增加2000万元，年费增加1200元，最高不超过24000元（暂免收取）	—
		专项资产管理计划	暂免收取	—
		中小企业私募债券	暂免收取	—

附录1–9 续表 1 continued

收费对象	收费项目	收费标的	收费标准	备注
会员	席位费	席位	普通60万元/个，特别席位20万元/个	—
	交易单元费用	交易单元	1. 交易单元使用费：对会员使用超出交费席位（指已交席位初费的席位）数量以外的交易单元，每年收取30000元/个的交易单元使用费	—
			2. 流速费：对会员使用超出交费席位（指已交席位初费的席位）数量以外的流速，每年收取9600元/份的流速费。每份流速为50笔/秒	2014年7月1日起，由深圳证券通信公司收取
			3. 流量费：每笔交易类申报（指买入、卖出、撤单申报）收取0.1元，每笔非交易类申报（指除买入、卖出、撤单以外的申报）收取0.01元	1.2014年7月1日起，本所与深圳证券通信公司按6：4比例分别收取；2.债券ETF、货币ETF免收交易单元流量费

注：1.经手费和证券交易监管费包含在佣金之中，证券交易所风险基金由交易所自行计提，不另外收取。

2.从2012年6月1日起，A股交易经手费收取标准下调至0.0087%，股票上市初费和年费按分档收取。

3.从2012年9月1日起，A股交易经手费收取标准下调至0.00696%，A股、B股的监管规费收取标准下调至0.002%，基金、债券、权证和专项资产管理计划免收监管规费。

数据来源：深圳证券交易所。

Source:SZSE.

后记
Postscript

在年鉴的编写过程中，我们得到了中国证监会领导的关心和指导，得到了会内外有关单位的大力支持和配合。它们是：中国证监会办公厅、发行监管部、市场监管部、证券基金机构监管部、上市公司监管部、期货监管部、国际合作部，中国人民银行调查统计司，上海证券交易所，深圳证券交易所，中国证券登记结算公司，上海期货交易所，大连商品交易所，郑州商品交易所，中国金融期货交易所，中国证券投资者保护基金有限责任公司，中国证券金融股份有限公司，中国期货市场监控中心有限责任公司，全国中小企业股份转让系统有限责任公司，中证指数有限公司，中国证券业协会。中国金融出版社在年鉴的编辑、出版及发行过程中给予了大力的支持。在此，我们对上述单位表示衷心的感谢！

参加年鉴编写的人员有：

霍　达　王雪松　皮六一　赵立新　徐　刚　陈华文　郭永强　杨春蕾　王春玲
王　利　魏　莉　陈兴跃　陈佩露　郝　莹　李　辉　刘　琛　刘　峻　吕　蒙
任肖珏　师　谭　王　川　王　雪　徐仕达　张　栋　岳新宇　谢进慧　张浩舵
汤　超　丁　卓　吕　娟　张　博　王宇浩　袁珊玲　何碧欣　张文璋　张玉玺
周　宇　朱玉玺　武　杨　李　萌　叶　盛　陶　茜　刘文宇　袁　博　李　倩
赵治翔　姚　笛　倪天一　戴　琳　丁　妍　许　嘉

中国证券监督管理委员会
2016 年 7 月